U0782059

《北京知识产权审判年鉴》

北京知识产权审判年鉴

（第2版）

BEIJING ZHISHI CHANQUAN SHENPAN NIANJIAN

北京市高级人民法院民三庭　编

知识产权出版社

全国百佳图书出版单位

内 容 提 要

北京是中国受理知识产权案件最多的地区之一，北京法院审理的知识产权案件以类型新、影响大、专业性强著称。2003 年，北京法院在知识产权案件的审理以及审判经验的总结等各个方面又取得了新的进展，本书即是这些审判成果的汇集。

全书共编辑各类知识产权纠纷案件 99 件，这些案件系从 2003 年全市各级法院审结的案件中精心选择而出，涵盖了该年全部新类型、疑难复杂和有广泛社会影响的案件，例如"丰田"商标侵权及不正当竞争纠纷案、《乌苏里船歌》著作权侵权纠纷案、《汤加丽人体艺术写真》著作权侵权纠纷案等。每个案例不仅严格依据判决书的内容进行详细整理，而且还以案件终审日期为序，将案号、合议庭成员、结案日期及附图等内容一并排列，保证了案例内容的全面准确，便于读者查阅。同时，编者还归纳出每一案例的"判决要旨"，简练反映出每一案例的特点与价值。

此外，本书还将北京市高级人民法院 2003 年经调研下发的两个规范性文件及其相关调研报告，以及全市法院知识产权审判庭收、结案情况一并收录，使读者可以对北京法院 2003 年知识产权审判工作有更加全面的了解，并使本书更加具有研究和参考价值。

本书可供广大知识产权审判人员、行政执法人员、诉讼代理人、法学研究机构的学者以及高等院校师生在工作、学习中使用。

前言：北京市法院 2003 年知识产权审判工作概况

2003 年，北京市法院在最高人民法院的监督指导下，在市高院党组的正确领导下，切实落实"司法为民"思想和要求，围绕"公正与效率"主题，知识产权审判保护工作又取得了新的成绩和新的进展。主要表现在以下方面：

一、公正、高效地完成案件审判任务

2003 年，全市各级法院知识产权审判庭共受理各类一审知识产权纠纷案件 1 111 件，同比增长 25%；共审结一审案件 1 102 件，同比增长 26%。审结的案件中，著作权纠纷 601 件、专利纠纷 247 件、商标纠纷 62 件、不正当竞争纠纷 95 件、技术合同纠纷 96 件，其他纠纷 1 件。收、结案均创历史最高记录。

案件审判的主要特点是：

1.在审理好普通案件的同时，注重大案、要案的审判质量。北京知识产权案件中引起社会关注的案件多，这些案件的审理相当程度上代表着首都知识产权审判的质量。例如，全国数十家期刊社诉重庆维普公司侵犯著作权纠纷案，是目前国内涉及当事人最多的著作权侵权案件之一，引起了国内媒体的广泛关注。面对纷繁复杂的案情，法院准确认定事实，正确适用法律，对被告的侵权行为作出及时、严厉的制裁，取得了良好的社会效果。

2.在审理好常规案件的同时，努力提高新类型案件的裁判质量。新类型案件多是北京知识产权审判的显著特点之一，北京法院在确保常规案件审判质量的同时，对新类型案件加强研究，严把质量关。例如，黑龙江省饶河县四排乡政府诉郭颂、中央电视台等侵犯著作权案不仅社会影响巨大，而且是我国首例民间文学艺术作品纠纷案。法院经过认真研究，在国内法律法规对民间文学艺术作品尚无明确规定的情况下，适用民法和著作权法的基本原则和精神，公正作出判决。

3. **在审理好民事纠纷案件的同时，大力提高知识产权行政纠纷案件的审判质量**。知识产权行政案件在我市法院知识产权案件中所占的比例越来越高，而且这些案件中涉及较多的新情况、新问题。对此，法院认真研究并及时总结案件的各种问题，对有些问题还在全庭业务学习时进行讨论，以确保案件的审判质量。例如，通过审理本田技研工业株式会社诉国家专利局专利复审委员会专利行政纠纷案，法院确定"对于不同的外观设计产品，要分别采用要部判断或者整体观察、综合判断的方法"。通过审理云南红河光明股份有限公司诉国家工商行政管理总局商标评审委员会商标行政纠纷案，法院在认定"县级以上行政区划的地名，不得作为商标，但是地名具有其他含义的除外"这一原则的同时，也注意到商标评审委员会在商标评审中的做法并不统一，故以提出"司法建议"的形式指出了这一问题，商标评审委员会对此反馈意见表示感谢，并表示要加以改进。

4. **在普遍以判决方式审结案件的同时，加强以调解方式审结案件**。多年来，北京法院一直非常重视案件调解工作，在《关于司法为民为群众办实事的实施意见》中提出"加大调解工作力度"的要求后，各级法院对调解工作更加重视。今年，市高院成功调解审结了北京恒升远东电子计算机集团诉北京市恒生科技发展公司等侵犯"恒升"商标权纠纷案和法国拉科斯特衬衫股份有限公司诉香港鳄鱼恤有限公司侵犯"鳄鱼"商标权纠纷案两起影响巨大的案件，取得了很好的社会效果。

二、切实落实司法大检查和"司法为民"要求

2003 年 7 月，北京市各级法院知识产权庭按照市高院《关于兴起学习贯彻"三个代表"重要思想新高潮，进一步开展"公正与效率"司法大检查的意见》的通知精神，认真落实相关部署，要求全体审判人员站在学习贯彻十六大精神和"三个代表"重要思想的高度开展司法大检查，并且要以此解决知识产权审判自身建设上存在的突出问题，着重检查并解决司法指导思想、审判作风、审判质量等问题。为此，市高院民三庭不仅对本庭的案件进行了检查，并且对下级法院知识产权审判庭的案件进行了抽查。检查结束后，撰写

了相关的调研报告，分析了目前全市知识产权案件审判中存在的问题，并且提出了整改意见。

9 月，市高院下发《关于司法为民为群众办实事的实施意见》后，市各级法院高度重视，及时传达贯彻，并采取措施积极把相关要求落在实处。其中，重点抓好了以下三个方面的工作：

第一，及时清理超审限案件。对超审限案件，各庭层层抓落实，严格要求到每一个案件和每一个案件的承办人。对于没有审限要求的涉外案件、专利行政案件，也同样要求尽可能及时审结。市高院还发挥督导职能，对全市长期未审结的知识产权案件进行认真调查研究，完成调研报告，提出减少超审限案件的具体建议。经过努力，全市知识产权超审限案件数量明显减少，大多数业务庭已经无超审限案件。尤其是市第一中院几件长期未审结的重大案件得以顺利审结，标志着全市清理超审限案件取得了显著成绩。

第二，落实裁判文书上网工作。裁判文书上网公布是增强审判工作透明度的新方式。为此，市高院制定并下发《关于建立裁判文书网页的规定》。2003 年 10 月 30 日，市高院朱江副院长在新闻发布会上对外宣布，从 11 月起，全市法院全部知识产权裁判文书上网公布。目前，2003 年全部知识产权裁判文书已经及时上网。从反馈的情况看，这项工作取得了良好的社会反响。

第三，进一步改进审判作风。在这方面，各级法院对按时开庭作出特别强调，要求无论当事人是否到庭，法官都要准时出庭；在开庭时，要注意询问的方式、方法和态度，依法行使释明权；必须严格遵守法官"十三个不得有的行为"等各项纪律要求；要通过审理案件，展现首都法官的良好形象。各级法院知识产权审判庭的审判作风赢得了当事人的好评。

三、圆满完成专业审判十周年系列活动

2003 年 8 月，北京市高、中两级人民法院知识产权审判庭成立十周年，为了对全市知识产权专业审判十年来的经验和成果进行总结，市高院以"回顾过去，开拓未来"为主题，组织了一系列活动：

第一，于 7 月 31 日组织了"知识产权司法保护专家论坛"，广泛听取知识产权界的著名专家以及最高法院领导对如何进一步做好知识产权审判工作提出的意见和建议。与会专家对北京法院十年来的知识产权司法保护工作给予了很高评价。

第二，于8月5日组织召开"知识产权专业审判十周年座谈会"，全市知识产权审判庭的全体审判人员参加了会议。会议气氛隆重热烈。会上，副院长王振清回顾了十年来我市知识产权审判走过的历程，并对做好未来的审判工作提出殷切期望。

第三，组织编写和出版了《北京知识产权审判丛书》一套四册，共200余万字。这套丛书分别从审判规范、经典案例、研究成果等三个角度对十年来的工作进行了系统而全面的总结。该丛书出版后，受到了读者的广泛欢迎。

四、顺利完成调研任务

《审理商标纠纷案件的调研报告及其规范性意见》是知识产权办公会议办公室确定的2003年重点工作资助项目，也是今年全市法院知识产权重点调研课题。商标案件在北京市知识产权案件中数量最少，但遇到的疑难问题却较多，这给此次调研工作带来一定的难度。因此，课题组广泛收集相关案例，调取和研究重点、典型和疑难案件的卷宗材料，同时收集国内外的判例信息，在此基础上，召开多次研讨会，对审理商标纠纷案件中的疑难问题进行研讨，并最终完成调研报告和规范性意见，于2004年初经市高院审判委员会通过实施，这对提高全市知识产权司法保护水平必将起到一定的促进作用。

今年，市高院还在多年调查研究的基础上，完成了《关于涉外知识产权民事案件法律适用的调查报告》以及规范性意见。关于知识产权涉外案件的法律适用问题尚没有明确的法律依据，在司法实践中做法不一且不规范，在我国"入世"后，这个问题愈发突出，亟待规范。为此，市高院成立了课题组，对该问题进行了专题调研，并取得了初步成果。相关规范性意见的出台为规范全市涉外知识产权案件的法律适用意义重大。

专利法修改后，北京法院受理的外观设计专利侵权和无效行政纠纷案件大幅度增长，司法实践中遇到大量新情况、新问题。有鉴于此，市高院民三庭结合司法实践，对相关问题进行研究，总结和归纳出了一些有待规范的问题。今年10月，市高院组织召开了"外观设计专利无效审查与侵权判断研讨会"，全市和全国近50名专利专家和法官参加了研讨。目前，已经完成了此次研讨会的会议纪要，并加紧制定相关规范性意见，用以指导全市外观设计专利案件的审判工作。

2003年9月，市高院组织了"知识产权审判实务培训班"，对全市知识产权审判庭的审判人员进行了培训。这次培训采取互教互学的方式，分别就竞业禁止、技术合同、摄影作品赔偿等专题进行了学习和讨论。培训取得了非常好的效果。

市高院民三庭和中国社科院知识产权中心合作编写的《知识产权办案参考》出版了两辑，另有一辑即将出版。这套系列丛书在知识产权界的影响日渐扩大。

此外，在完成上述各项工作中，各级法院知识产权庭还密切结合审判实践，大力做好法制宣传工作，均取得了很好的宣传效果，对宣传知识产权法制、提高全民的知识产权法律意识作出了贡献。

目　录

上编　案例

专　利

商 标

著　作　权

反不正当竞争

知识产权合同

下编　调研督导

上编 案 例

专 利

1. "旋摆式破碎机" 实用新型专利权属纠纷案

——北京市京海鹰矿山工程设备公司
诉王梓奇、徐正一、孙成林

原告（上诉人）：北京市京海鹰矿山工程设备公司
被告（被上诉人）：王梓奇
被告（被上诉人）：徐正一
被告（被上诉人）：孙成林
案由：专利权属纠纷

原审案号：北京市第二中级人民法院（2002）二中民初字第 1119 号
原审合议庭成员：邵明艳、何暄、刘薇
原审结案日期：2002 年 6 月 20 日
二审案号：北京市高级人民法院（2003）高民终字第 61 号
二审合议庭成员：程永顺、刘辉、岑宏宇
二审结案日期：2003 年 3 月 28 日

【判决要旨】

王梓奇、徐正一除股东身份外，与北京市京海鹰矿山工程设备公司（以下简称京海鹰公司）还存在事实上的劳务关系，孙成林亦与京海鹰公司存在事实上的劳务关系。王梓奇等三人是京海鹰公司的职员。涉案专利技术是发明人在公司工作期间研制完成的，也是在 "双腔回转颚式破碎机" 实施实用新型专利技术的过程和基础上完成的，因此，是在本职工作中完成的发明创造。

【起诉与答辩】

原告京海鹰公司起诉称：王梓奇、徐正一、孙成林原为我公司职工，分别担任总工程师和副总经理职务，负责公司的技术和新产品研制开发工作。2000

年7月，三被告不辞而别，其实三被告早于2000年5月背着公司私自申请了"旋摆式破碎机"实用新型专利，并已获得国家知识产权局的授权。该项专利是我公司所实施的"双腔回转颚式破碎机"技术的后续改进技术，也是我公司向三被告下达的工作任务。三被告在完成上述专利设计工作时，亦利用了我公司的物质条件。综上，"旋摆式破碎机"实用新型专利是三被告在职期间的职务发明，请求判令该项专利权转归我公司所有。

被告王梓奇、徐正一、孙成林共同辩称：王梓奇、徐正一发明了"双腔回转颚式破碎机"技术，并取得了专利权。我们将该项技术许可京海鹰公司实施，并进行技术指导。我们有自己的正式工作单位，在退休后到京海鹰公司作聘用人员，但没有劳务合同，不是该单位的职工。对本案争议的"旋摆式破碎机"实用新型专利技术，京海鹰公司没有给我们布置研究任务，我们也没有利用公司的物质条件，该专利技术应属于我们的非职务发明。因此，不同意原告的诉讼请求。

【原审查明事实】

原审法院经审理查明：1992年12月2日，王梓奇、徐正一、赵国运获得了国家知识产权局授予的"双腔回转颚式破碎机"实用新型专利权，专利号为91232505.4。1993年12月23日，王梓奇、徐正一与珠海侨星实业发展公司（以下简称侨星公司）签订合同，决定实施该项专利技术。双方约定组建生产、销售"双腔回转颚式破碎机"产品的专营公司，由侨星公司提供生产资金并向王梓奇、徐正一支付技术入门费；由王梓奇、徐正一提供生产工艺，并负责生产、技术把关，开发新产品；王梓奇、徐正一以技术入股形式在新组建的公司内占有15%的股份；新组建的公司隶属于侨星公司。

合同签订后，侨星公司于1993年12月25日向王梓奇、徐正一支付了技术入门费3万元。侨星公司按约定于1994年成立了京海鹰公司。该公司为企业法人，主营制造、销售矿山采掘和选矿设备等，经济性质为集体所有制。京海鹰公司主要从事"双腔回转颚式破碎机"系列产品的生产、销售。

王梓奇原为北京市化油器厂职工，于1992年3月退休，1994年12月，其到京海鹰公司工作，担任技术总监职务。徐正一原为北京朝阳科兴技术公司（以下简称科兴公司）职工。1994年3月，京海鹰公司与科兴公司签订协议，聘用徐正一到京海鹰公司工作，并由京海鹰公司每年向科兴公司交纳公摊费。徐正一在京海鹰公司担任副总经理职务。1999年，徐正一在科兴公司办理了内部退休手续，京海鹰公司亦不再向科兴公司交纳公摊费。孙成林原为中国有色金属矿业总公司北京矿冶研究总院职工，于1996年3月退休，同年4月到京海鹰公司工作，担任副总经理职务。王梓奇和徐正一在京海鹰公司工作期间，负责指导"双腔回转颚式破碎机"系列产品的生产工作。孙成林负责该项产品的销售工作。三人均在公司内按月领取固定工资及规定的福利，但未与京海鹰公司签署劳务合同。1999年，王梓奇、徐正一开始研制"旋摆式破碎机"技术，它属于"双腔回转颚式破碎机"的后续改进技术。该设计工作于同年内完成。2000年5月23日，王梓奇、徐正一、孙成林就该项技术方案向国家知识产权局申请了实用新型专利。同年6月至7月，王梓奇、徐正一、孙成林先后离开了京海鹰公司。2001年3月7日，王梓奇、徐正一、孙成林被国家知识产权局授予专利权，专利号为00233281.7。

诉讼中，京海鹰公司为证明曾向王梓奇、徐正一、孙成林下达了研制"旋摆式破碎机"技术的任务，向法庭提供了一份会谈纪要和一份机械绘图。该会谈纪要无王梓奇等三人的签字，该三人亦不认可。该份机械绘图只有偏心套部分与涉案专利有关，对此，王梓奇、徐正一、孙成林称该份图纸系离开公司时所遗留，亦不是涉案专利图纸，绘制图纸属于其个人行为，与京海鹰公司无关。京海鹰公司对其称王梓奇、徐正一、孙成林研制"旋摆式破碎机"技术利用了本公司不对外公开的技术信息的说法，未能提供相应证据。此外，京海鹰公司向法庭提交了部分购买原材料的支出凭证，借以证明王梓奇、徐正一、孙成林在从事发明创造过程中利用了本公司的物质条件。对此，王梓奇、徐正一、孙成林称与本发明创造无关。

【原审审理结果】

原审法院认为：根据专利法的规定，构成职务发明的条件必须是发明创造的设计人执行本单位的任务或者利用了本单位的物质条件。

京海鹰公司基于实施王梓奇和徐正一发明的"双腔回转颚式破碎机"技术而成立。"旋摆式破碎机"技术属于"双腔回转颚式破碎机"的后续改进技术。鉴于王梓奇、徐正一在与侨星公司签订的合同中，并未对今后在京海鹰公司实施"双腔回转颚式破碎机"所要产生的后续改进技术的权利归属作出明确约定，因此，该合同对涉案专利的归属不产生影响。京海鹰公司为证明曾向王梓奇、徐正一、孙成林下达了研制"旋摆式破碎机"技术的任务，向法庭提供了一份会谈纪要和一份机械绘图。由于该会谈纪要无王梓奇等三人的签字，且该三人亦不认可，本院对该证据不予采信。该份机械绘图经双方辨认后，不能证明是涉案专利的图纸，亦无法证明京海鹰公司是基于该图纸向王梓奇、徐正一、孙成林下达过研制"旋摆式破碎机"的任务。

根据王梓奇、徐正一与侨星公司签订的协议，二人与京海鹰公司之间存在专利实施许可合同关系，王梓奇、徐正一仍为"双腔回转颚式破碎机"的专利权人，他们在京海鹰公司所从事的工作，是依约定对该公司的"双腔回转颚式破碎机"系列产品的生产进行技术指导。在京海鹰公司未能证明已向王梓奇、徐正一、孙成林分配了研制"双腔回转颚式破碎机"后续改进技术任务的前提下，三被告从事的研制行为不属于其本职工作。此外，由于诉讼双方对"双腔回转颚式破碎机"后续改进技术也即涉案专利技术的归属事先未作出特别约定，因此，涉案专利技术应归属发明设计人，也即被告。王梓奇、徐正一及孙成林对该技术方案所从事的发明设计工作，不具有执行京海鹰公司任务的性质。

京海鹰公司对于其称王梓奇、徐正一、孙成林研制"旋摆式破碎机"技术利用了本公司不对外公开的技术信息的说法，未能提供相应证据予以佐证。京海鹰公司向法庭提交的部分购买原材料的支出凭证，也无法直接证明是专为王梓奇、徐正一、孙成林研制涉案专利技术而购买，三被告亦不认可，因此，京海鹰公司主张王梓奇、徐正一、孙成林在从事涉案专利的发明创造过程中利用了其物质技术条件，证据不足，本院不予支持。

综上所述，京海鹰公司称王梓奇、徐正一、孙成林所有的"旋摆式破碎机"专利技术属于该公司的职务发明，证据不足，对京海鹰公司提出的诉讼请求，本院不予支持。依照《中华人民共和国专利法》第六条第一、二款，《中华人民共和国专利法实施细则》第十一条之规定，判决如下：

驳回北京市京海鹰矿山工程设备公司的诉讼请求。

京海鹰公司不服原审判决，提出上诉，请求撤销原判，改判"旋摆式破碎机"专利权归属京海鹰公司。理由是：王梓奇、徐正一、孙成林都是公司的员工，其职务与公司主营的项目完全一致，其在聘任期间所完成的本职工作的技术成果，应归属公司。"旋摆式破碎机"技术属于"双腔回转颚式破碎机"技术的后续改进技术，王梓奇等三人主要是利用京海鹰公司的物质条件所完成的发明创造，应属于职务发明。王梓奇、徐正一、孙成林服从原审判决。

【二审查明事实】

二审法院经审理查明：1992年12月2日，王梓奇、徐正一、赵国运获得中国专利局授予的"双腔回转颚式破碎机"实用新型专利权，专利号为91232505.4。1993年12月23日，王梓奇、徐正一作为该专利的专利权人，与侨星公司签订《协议书》，决定实施该项专利技术。双方约定组建生产、销售"双腔回转颚式破碎机"产品的专营公司，由侨星公司提供生产资金并向王梓奇、徐正一支付技术入门费；由王梓奇、徐正一提供生产工艺，并负责生产、技术把关，开发新产品；王梓奇、徐正一以技术入股形式在新组建的公司内占有15%的股份；新组建的公司隶属于侨星公司。合同签订后，侨星公司于1993年12月25日向王梓奇、徐正一支付了技术入门费3万元。侨星公司按约定于1994年成立了京海鹰公司，即双方约定的专营公司。该公司为企业法人，主营制造、销售矿山采掘和选矿设备等，经济性质为集体所有制。在实际经营中，京海鹰公司主要生产、销售矿山采掘设备"双腔回转颚式破碎机"系列产品。

王梓奇原为北京市化油器厂职工，于1992年3月退休，1994年12月到京海鹰公司工作。徐正一原为北京朝阳科兴技术公司职工。1994年3月京海鹰公司与北京朝阳科兴技术公司签订劳务协议，聘用徐正一到京海鹰公司工作，并由京海鹰公司每年向北京朝阳科兴技术公司交纳公摊费用。1999年徐正一在北京朝阳科兴技术公司办理了内部退休手续，京海鹰公司亦不再向科兴公司交纳公摊费用。孙成林原为中国有色金属矿业总公司北京矿冶研究总院职工，于1996年3月退休，同年4月到京海鹰公司工作。王梓奇和徐正一在京海鹰公司工作期间，负责指导基于"双腔回转颚式破碎机"专利技术的系列产品的生产工作；孙成林负责该系列产品的销售工作。三人均在京海鹰公司按月领取固定工资及福利，但未与京海鹰公司签订劳务合同。

1999年王梓奇、徐正一开始研制"旋摆式破碎机"技术，它属于"双腔回转颚式破碎机"的后续改进技术，该设计工作于同年内完成。2000年5月23日，王梓奇、徐正一、孙成林三人就"旋摆式破碎机"技术向国家知识产权局申请实用新型专利，并于2001年3月7日获得授权，专利号为00233281.7。2000年6月至7月王梓奇、徐正一、孙成林先后离开了京海鹰公司。

【二审审理结果】

二审法院认为：根据专利法的规定，构成职务发明的条件，首先是作出发明创造的发明人或设计人应是申请专利的单位的职工，其次发明人或者设计人必须是执行本单位的任务或者利用了本单位的物质条件。

王梓奇、徐正一作为"双腔回转颚式破碎机"实用新型专利的专利权人，与侨星公司签订了专利实施许可合同，并以技术入股的形式，在侨星公司基于实施王梓奇、徐正一的"双腔回转颚式破碎机"专利技术而成立的京海鹰公司中占有15%的股份，所以王梓奇、徐正一是以股东身份参与京海鹰公司的经营管理，同时因为王梓奇、徐正一不承认是以公司支付工资、福利的形式取得其股东利益。所以，王梓奇、徐正一除股东身份外，与京海鹰公司还存在事实上的劳务关系，孙成林亦与京海鹰公司存在事实上的劳务关系。王梓奇等三人是京海鹰公司的职员。

根据双方当事人的陈述可以确认，王梓奇、徐正一二人在京海鹰公司主要是负责技术工作，为实施专利技术提供技术服务和保障，并负责新产品的开发，"旋摆式破碎机"与"双腔回转颚式破碎机"属于同类产品。"旋摆式破碎机"技术是王梓奇、徐正一二人在京海鹰公司工作期间研制完成的，也是在"双腔回转颚式破碎机"实施实用新型专利技术的过程和基础上完成的。因此，是在本职工作中完成的发明创造。

由于王梓奇、徐正一在与侨星公司签订的合同中，并未对今后在京海鹰公司实施"双腔回转颚式破碎机"所要产生的后续改进技术的权利归属作出明确约定，故王梓奇、徐正一在京海鹰公司工作期间对公司实施的专利技术进行研制、改进，完成的技术成果，应当属于职务发明。孙成林虽未实际参与本案专利的研制开发，但京海鹰公司、王梓奇、徐正一均未对其发明人身份提出异议。

综上所述，京海鹰公司称王梓奇等三人所有的"旋摆式破碎机"专利技术属于该公司的职务发明的上诉请求及理由证据充分，本院予以支持。原审法院认定事实有误，适用法律不当，应予改判。故依照《中华人民共和国民事诉讼法》第一百五十三条第一款第（二）、（三）项之规定，判决如下：

一、撤销北京市第二中级人民法院（2002）二中民初字第 1119 号民事判决；

二、专利号为 00233281.7 的"旋摆式破碎机"实用新型专利权归北京市京海鹰矿山工程设备公司所有。

原、二审案件受理费各 1 000 元，均由王梓奇、徐正一、孙成林负担。

2. "颅内血肿粉碎穿刺针"实用新型专利侵权纠纷案

——北京万特福科技有限责任公司诉北京科霖众
医学技术研究所、徐屹、谢湘桂

原告（上诉人）： 北京万特福科技有限责任公司

被告（被上诉人）： 北京科霖众医学技术研究所

被告（被上诉人）： 徐屹

被告（被上诉人）： 谢湘桂

案由： 专利侵权纠纷

原审案号： 北京市第二中级人民法院（2002）二中民初字第4399号

原审合议庭成员： 刘薇、梁立君、宋光

原审结案日期： 2002年11月5日

二审案号： 北京市高级人民法院（2003）高民终字第108号

二审合议庭成员： 程永顺、刘辉、岑宏宇

二审结案日期： 2003年4月16日

【判决要旨】

在判断是否存在侵权行为时，不仅要考虑制造、销售时产品的状态，有时还要考虑该产品使用时的状态。对销售时不是完整的产品，使用时必须加入其他部件才能实现该产品的功能的被控侵权物，在进行技术特征对比时，就应当把使用状态下包含的全部技术特征一并考虑。

被控侵权产品相对于本案专利技术而言，在技术效果上，基本上能够实现本案专利的发明目的，但属于变劣技术方案，应当适用等同原则，认定被告销售"微创硬通道颅内穿刺针"产品的行为侵犯了原告的专利权。

【起诉与答辩】

原告北京万特福科技有限责任公司（以下简称万特福公司）诉称：1996年3月28日，原告通过签订专利权转让合同，从首都医科大学附属北京红十字朝阳医院（以下简称朝阳医院）取得了ZL93244252.8号"颅内血肿粉碎穿刺针"实用新型专利的专利权。该项专利权转让行为已由原中国专利局于1996年12月25日公告生效。本案被告生产销售的"微创硬通道颅内穿刺针"

侵犯了原告享有的专利权，且其生产销售该产品时没有取得法定的《医疗器械产品注册证》，没有标注生产单位的名称和地址，也无使用说明书，被告的行为严重违法。请求法院判令三被告：（1）立即停止生产、销售被控侵权产品；（2）立即销毁尚未售出的被控侵权产品及其生产模具；（3）向原告公开赔礼道歉；（4）共同赔偿原告经济损失人民币 50 万元；（5）共同承担本案全部诉讼费用。

被告北京科霖众医学技术研究所（以下简称科霖众研究所）、徐屹、谢湘桂辩称：将被告生产、销售的产品与原告专利的必要技术特征相比较，可以看出被告生产、销售的产品结构与原告专利截然不同，缺少原告专利权利要求 1 中所载的血肿粉碎器以及相应的结构。根据完全覆盖原则，被告生产的产品没有落入原告专利的保护范围，根本不构成侵权。另外，被告是刚刚开始试制这种产品，正在申办《医疗器械产品注册证》和《医疗器械生产许可证》，现只在进行产品的临床试验，在临床试验过程中适当收取工本费，没有形成任何销售，并不违反有关行政管理规定。原告的起诉没有任何依据，请求法院驳回原告的诉讼请求。

【原审查明事实】

原审法院经审理查明：1996 年 3 月 28 日，原告通过与朝阳医院签订专利权转让合同，取得了 ZL93244252.8 号"颅内血肿粉碎穿刺针"实用新型专利的专利权。该项专利权转让行为已由原中国专利局于 1996 年 12 月 25 日公告生效。

该专利权利要求为：1.一种颅内血肿粉碎穿刺针，其特征在于：针体为中空管状，后端与一带顶孔螺帽相配合；血肿粉碎器为针管状，前端封闭，靠近端部沿内壁切线方向有一个以上微孔，尾部有一固定片。2.根据权利要求 1 所述的血肿粉碎穿刺针，其特征在于针体有侧管。3.根据权利要求 1 所述的颅内血肿粉碎穿刺针，其特征在于针芯前端为钝圆形并插于针体中。4.根据权利要求 1 所述的颅内血肿粉碎穿刺针，其特征在于血肿粉碎器插于针体中。

原告以广东省顺德市人民医院的名义于 2002 年 2 月 25 日，在朝阳医院神经外科办公室内向徐屹、谢湘桂购买了 10 支"微创硬通道颅内穿刺针"，总价款为 3 200 元，徐屹、谢湘桂为购买者出具了收条。26 日，科霖众研究所为购买者出具了发票。整个购买过程，原告均已录像。

本院证据保全取得的徐屹、谢湘桂的销售记录表中记载：自 2002 年 3 月 27 日至 6 月 8 日，二人向多个单位销售了 150 余支穿刺针，共计收取金额 4 万余元。其中，徐屹、谢湘桂为在 2002 年 4 月 22 日、5 月 10 日、5 月 14 日、5

月 23 日购买穿刺针的单位，开具了盖有科霖众研究所财务专用章的收据。本院证据保全取得的穿刺针产品及外包装与原告提交的从徐屹、谢湘桂处购买的产品相同。

徐屹、谢湘桂销售的产品中包括：（1）一个中空管状针体，针体上装有侧管；（2）一个带顶孔螺帽，可与针体的后端相拧合；（3）一个针芯；（4）一个塑料软管。原告不针对第 3 和第 4 两个部件主张专利权。

另，徐屹、谢湘桂销售的产品包装上除有产品名称、规格、消毒方式、消毒日期、使用期限外，没有生产厂商、批准文号等其他信息。

【原审审理结果】

原审法院认为：原告通过与朝阳医院签订专利权转让合同，取得了专利号为 ZL93244252.8 的"颅内血肿粉碎穿刺针"实用新型专利的专利权，受法律保护。任何单位或个人未经原告许可，不得实施其专利。

根据我国专利法的规定，原告专利权的保护范围应以其权利要求的内容为准，说明书及其附图可以用于解释权利要求。本案所涉专利的权利要求 1 包含了以下 5 项必要技术特征：（1）中空管状针体；（2）装在针体后端的带顶孔螺帽；（3）血肿粉碎器为针管状，前端封闭；（4）血肿粉碎器靠近端部沿内壁切线方向有一个以上的微孔；（5）血肿粉碎器尾部有一固定片。权利要求 2 则在上述 4 项必要技术特征基础上增加了 1 项附加技术特征：针体上装有侧管。在本案中，原告主张按照上述 6 项技术特征来确定本案专利的权利保护范围，并与被控侵权产品进行侵权技术特征对比。

本案被控侵权产品——"微创硬通道颅内穿刺针"，是由徐屹、谢湘桂销售的，科霖众研究所为其二人的销售行为提供发票及收据，故应认定三被告共同销售了"微创硬通道颅内穿刺针"。徐屹、谢湘桂辩称其只是在试制阶段，收取的是工本费，科霖众研究所辩称其仅提供发票并无销货，没有形成销售，三被告的上述主张依据不足，本院不予采信。

三被告销售的"微创硬通道颅内穿刺针"包括以下技术特征：（1）中空管状针体；（2）装在针体后端的带顶孔螺帽；（3）针体上装有侧管。由于三被告销售的产品中不包括血肿粉碎器这一部件，因此与原告的上述权利保护范围相比，缺少了 3 个与血肿粉碎器相关的技术特征。根据全面覆盖原则，三被告销售的"微创硬通道颅内穿刺针"产品不构成侵犯原告专利权。

原告在庭审中主张被控侵权产品在医疗实践应用时必然要使用与血肿粉碎器有类似功能和作用的替代用具——普通注射针，否则就不可能实现其治疗颅内血肿的目的。由于普通注射针系各医院均有的常规器具，所以三被告在销售被控侵权产品时才未将其作为产品部件一并出售。被告这样做的目的是为了规避侵权而故意对专利技术方案进行改劣设计，通过省略专利权利要求中个别必要技术特征，使其技术方案成为在性能和效果上均不如专利技术方案优越的变劣技术方案，故应适用等同原则认定三被告销售"微创硬通道颅内穿刺针"的行为构成侵权。对此，本院认为判断是否构成等同应当以被控侵权产品中的具体技术特征与专利独立权利要求中相应的必要技术特征相对比，看两者是否采用了基本相同的手段，实现了基本相同的功能，产生了基本相同的效果，且本领域普通技术人员无需经过创造性劳动就能联想到的。本案三被告销售的产品中并不包含"血肿粉碎器"这一部件的替代品，因此，对其技术特征就无从对比。即便被告承认在使用时会以普通注射针来替代血肿粉碎器，但普通注射针是针体的前端开孔，虽然能够达到注射药液以粉碎肿块的功用，但它不具备专利权利要求中关于血肿粉碎器的3项必要技术特征，它与原告专利权利要求中的血肿粉碎器采取了完全不同的技术手段。而且在专利说明书中明确写明了血肿粉碎器的功能和效果——沿切线方向均匀分布的微孔喷出的液流形成高压漩涡，即可对一定范围内的血肿进行冲洗粉碎等。普通注射针的使用根本不具备、也不准备具备这样的功能和效果，等同原则的适用不能扩大到替专利权人修改权利要求。因此，血肿粉碎器与普通注射针不能认定构成等同，原告的上述主张依据不足，本院不予采信。

综上，本案三被告销售的"微创硬通道颅内穿刺针"，不构成侵犯原告的专利权。依照2000年8月25日修正后的《中华人民共和国专利法》第十一条第一款、第五十六条第一款的规定，判决如下：

驳回原告北京万特福科技有限责任公司的诉讼请求。

万特福公司不服原审判决，提出上诉，请求撤销原判，改判支持其原诉请求。上诉理由是：本案应当按照权利要求2所记载的全部技术特征来确定其权利保护范围，被控侵权物仅缺少"血肿粉碎器"这个部件，但被控侵权物需要加上普通注射针才能成为一套治疗颅内血肿的完整医疗器械。故在进行侵权对比时，应将普通注射针作为被控侵权物的一个组成部分纳入侵权对比范围予以考虑，侵权物属于变劣技术方案，应认定科霖众研究所、徐屹、谢湘桂销售被控侵权产品的行为侵犯了万特福公司的专利权。科霖众研究所、徐屹、谢湘桂服从原审判决。

【二审查明事实】

二审法院经审理查明：万特福公司于1996年3月28日与 ZL93244252.8 号"颅内血肿粉碎穿刺针"实用新型专利的专利权人朝阳医院签订《实用新型专

利"颅内血肿粉碎穿刺针"转让合同书》，取得了该项专利权，并于 1996 年 12 月 25 日由原中国专利局予以公告。该实用新型专利授权的权利要求为："1. 一种颅内血肿粉碎穿刺针，其特征在于：针体为中空管状，后端与一带顶孔螺帽相配合；血肿粉碎器为针管状，前端封闭，靠近端部沿内壁切线方向有一个以上微孔，尾部有一固定片。2. 根据权利要求 1 所述的血肿粉碎穿刺针，其特征在于针体有侧管。3. 根据权利要求 1 所述的颅内血肿粉碎穿刺针，其特征在于针芯前端为钝圆形并插于针体中。4. 根据权利要求 1 所述的颅内血肿粉碎穿刺针，其特征在于血肿粉碎器插于针体中。"

万特福公司于 2002 年 2 月 25 日以广东省顺德市人民医院的名义在朝阳医院神经外科办公室内向徐屹、谢湘桂二人购买了 10 支"微创硬通道颅内穿刺针"，总价款为 3 200 元，徐屹、谢湘桂为购买者出具了收条。次日科霖众研究所为购买者出具了发票。该产品包装上除有产品名称、规格、消毒方式、消毒日期、使用期限外，没有注明生产厂商、批准文号等。徐屹、谢湘桂确认其销售行为是个人行为，与朝阳医院无关。

原审法院根据万特福公司的申请，于 2002 年 6 月 12 日，到徐屹、谢湘桂的工作地点朝阳医院神经外科办公室进行了证据保全，查封、扣押了徐屹、谢湘桂销售"微创硬通道颅内穿刺针"产品一件、在计算机软盘中存储的名为"穿刺针"的产品销售记录表一张并当场予以打印，以及销售该产品的收据本一本，该收据本的三联均盖有科霖众研究所的财务专用章。根据保全取得的徐屹、谢湘桂的销售记录表中记载：自 2002 年 3 月 27 日至 6 月 8 日，向多个单位销售了 150 余支穿刺针，共计收取金额 4 万余元。其中，徐屹、谢湘桂为在 2002 年 4 月 22 日、5 月 10 日、5 月 14 日、5 月 23 日购买穿刺针的单位开具了盖有科霖众研究所财务专用章的收据。证据保全取得的穿刺针产品及外包装与万特福公司提交的以广东省顺德市人民医院名义从徐屹、谢湘桂处购买的产品相同。科霖众研究所、徐屹、谢湘桂销售的产品中包括：（1）一个中空管状针体，针体上装有侧管；（2）一个带顶孔螺帽，可与针体的后端相拧合；（3）一个针芯；（4）一个塑料软管。万特福公司不针对第 3 和第 4 两个部件主张专利权。

二审期间科霖众研究所、徐屹、谢湘桂提交了两份专利文件，一份是 92238136.4 号"扩张型多功能套管穿刺针"实用新型专利说明书，一份是 90213936.3 号"诊断定位引导置管穿刺针"实用新型专利说明书，用以证明本案专利的技术特征中除"血肿粉碎器"外都是现有技术。万特福公司对这两份证据的真实性无异议。

【二审审理结果】

二审法院认为：万特福公司是"颅内血肿粉碎穿刺针"实用新型专利权的受让人，在其取得专利权后，任何单位和个人未经其许可，都不得实施其专利，包括不得销售其专利产品。根据专利法的规定，实用新型专利权的保护范围以其权利要求的内容为准，说明书及附图可以用于解释权利要求，是指专利权的保护范围应当以权利要求书中明确记载的必要技术特征所确定的范围为准，也包括与该必要技术特征相等同的特征所确定的范围。等同特征是指与所记载的技术特征以基本相同的手段，实现基本相同的功能，达到基本相同的效果，并且本领域的普通技术人员无需经过创造性劳动就能联想到的特征。

科霖众研究所、徐屹、谢湘桂认可有销售被控侵权产品的行为。本案专利的权利要求1包含5项必要技术特征：(1) 中空管状针体；(2) 装在针体后端的带顶孔螺帽；(3) 针管状血肿粉碎器的前端封闭；(4) 血肿粉碎器靠近端部沿内壁切线方向有一个以上的微孔；(5) 血肿粉碎器尾部的固定片。权利要求2则在上述4项必要技术特征基础上增加了1项附加技术特征：针体上有侧管。科霖众研究所、徐屹、谢湘桂销售的被控侵权产品包括以下技术特征：(1) 中空管状针体；(2) 装在针体后端的带顶孔螺帽；(3) 针体上装有侧管，缺少了3个与血肿粉碎器相关的技术特征。科霖众研究所、徐屹、谢湘桂承认，在实际使用时，必须同时使用普通注射器，才是一套完整的医疗器械。由于使用该产品的用户均为医疗单位，普通注射器可以随时取得，故在该产品中无需配置。对科霖众研究所、徐屹、谢湘桂在二审中提交的证据，即两份专利文件，权利要求书中记载的技术特征与本案专利权利要求不同，不能证明除"血肿粉碎器"外的技术特征为现有技术。

在判断是否存在侵权行为时，不仅要考虑制造、销售时产品的状态，有时还要考虑该产品使用时的状态。对销售时不是完整的产品、使用时必须加入其他部件才能实现该产品的功能的被控侵权物，在进行技术特征对比时，就应当把使用状态下包含的全部技术特征一并考虑。本案中，在科霖众研究所、徐屹、谢湘桂销售的被控侵权物中缺少了"血肿粉碎器"这一部件，同时也就缺少了血肿粉碎器特有的三项子特征。但仅就被控侵权物本身而言，在临床上并不能使用。只有用普通注射器代替"血肿粉碎器"的情况下，才能使用。也只有在临床应用中，被控侵权物的完整形态才能表现出来。经过分析比较，根据专利说明书的描述，在专利技术方案中，冲洗液经血肿粉碎器针尖微孔喷出形成高压漩涡液流，即可对血肿进行粉碎冲洗；而被控侵权物在使用中，冲洗液经注射器针尖注入起到对血肿进行浸泡溶化的目的，需要时间比较长。由此可以认定，被控侵权产品相对于本案专利技术而言，在技术效果上，基本上能够实现本案专利所提出的通过微创穿刺术来清除颅内固态血肿这一发明目的，但属于变劣技术方案。鉴于被控侵权物"微创硬通道颅内穿刺针"与"颅内血肿粉碎穿刺针"实用新型专利基于相同的技术构思，根据已为公知的专利技术方案，作出将其中"血肿粉碎器"省略的技术方案，并在使用中用普通注射器代替血肿粉碎器，是不需要付出创造性劳动的，且被控侵权物经省略"血肿粉碎器"这一必要技术特征，用普通注射器加以替代之后，虽然优于"颅内血肿粉碎穿刺针"专利申请前的已有技术，但其技术效果明显低于专利技术。因此，应当适用等同原则，认定科霖众研究所、徐屹、谢湘桂销售"微创硬通道颅内穿刺针"产品的行为侵犯了万特福公司的专利权。

由于万特福公司已提供的证据不能充分证明其具体的损失数额和侵权人获利的具体数额，其主张法院应按法定赔偿额的最高限50万元认定依据不足。本院根据科霖众研究所、徐屹、谢湘桂的销售情况等侵权事实和法律规定的标准，酌情确定具体赔偿数额。

综上所述，万特福公司主张科霖众研究所、徐屹、谢湘桂销售被控侵权产品的行为侵犯了其专利权的上诉请求及理由有事实和法律依据，但请求的赔偿数额过高，本院支持其部分的赔偿请求。由于万特福公司未能提供证据证明科霖众研究所、徐屹、谢湘桂的销售行为对其信誉等造成损害，故对其赔礼道歉和消除影响的要求不予支持。原审判决认定事实有误，应予纠正。依照《中华人民共和国民事诉讼法》第一百五十三条第一款第（三）项之规定，判决如下：

一、撤销北京市第二中级人民法院（2002）二中民初字第4399号民事判决；

二、北京科霖众医学技术研究所、徐屹、谢湘桂停止销售侵权产品，立即销毁尚未售出的侵权产品；

三、北京科霖众医学技术研究所、徐屹、谢湘桂赔偿北京万特福科技有限责任公司10万元人民币（于收到本判决书后10日内支付）；

四、驳回北京万特福科技有限责任公司其他上诉请求。

原审案件受理费10 010元，由北京科霖众医学技术研究所、徐屹、谢湘桂负担8 000元，由北京万特福科技有限责任公司负担2 010元；二审案件受理费10 010元，由北京科霖众医学技术研究所、徐屹、谢湘桂负担8 000元，由北京万特福科技有限责任公司负担2 010元。

3. "全耐火纤维复合防火隔热卷帘"实用新型专利侵权纠纷案

——北京英特莱特种纺织有限公司诉北京东铁热陶瓷有限公司

原告（被上诉人）：北京英特莱特种纺织有限公司
被告（上诉人）：北京东铁热陶瓷有限公司
案由：专利侵权纠纷

原审案号：北京市第一中级人民法院（2002）一中民初字第3255号
原审合议庭成员：娄宇红、苏杭、赵静
原审结案日期：2003年3月7日
二审案号：北京市高级人民法院（2003）高民终字第504号
二审合议庭成员：刘继祥、魏湘玲、李嵘
二审结案日期：2003年8月19日

【判决要旨】

行为人生产和销售专用于制作专利产品的半成品，主观上具有侵犯他人专利权的故意，诱导或唆使别人侵犯他人专利权，客观上为别人直接侵权行为的发生提供了必要的条件，构成间接侵犯专利权。间接侵犯专利权亦应承担侵犯专利权的责任。

【起诉与答辩】

原告北京英特莱特种纺织有限公司（以下简称英特莱公司）诉称：我公司是名称为"全耐火纤维复合防火隔热卷帘"实用新型专利（专利号ZL00234256.1，以下简称本专利）的权利人。本专利最初的申请人和设计人是刘学锋先生，申请日是2000年4月28日，颁证日是2001年3月1日，授权公告日是2001年3月14日。刘学锋先生在充分吸收现有技术的基础上，自主研究设计出新型的"全耐火纤维复合防火隔热卷帘"。本专利公开了一种新型防火隔热卷帘，具有耐火温度高、耐火极限时间长、使用安全、结构简单、成本低等优点。原专利权人为尽快将本专利技术产业化，先将本专利转让给北京英特莱技术公司，后在征得刘学锋先生的允许后又将本专利转让给原告所有，并

约定自本专利授权之日起一切相关权利均由原告享有，除此之外没有许可任何第三人使用本专利技术。经国家知识产权局检索，本专利具备新颖性和创造性，现为有效专利，依据《中华人民共和国专利法》第十一条的规定，受法律保护。本专利独立权利要求公布了以下技术方案："一种全耐火纤维复合防火隔热卷帘，其特征在于包括耐火纤维布、耐火纤维毯、耐高温不锈钢丝、铝箔、连接螺钉和薄钢带，其中，耐火纤维毯夹在二层耐火纤维布中间，在耐火纤维毯中放置耐高温不锈钢丝和铝箔，薄钢带在耐火纤维布的外部，通过连接螺钉将薄钢带、耐火纤维布、耐火纤维毯、耐高温不锈钢丝和铝箔连接在一起。"同时本专利的从属权利要求对独立权利要求的方案作出了进一步补充。其从属权利要求2公开的是"全耐火纤维复合防火隔热卷帘，其特征在于包括耐火纤维布、耐火纤维毯、耐高温不锈钢丝、贴铝箔的耐火纤维布、连接螺钉和薄钢带，其中，耐高温不锈钢丝在耐火纤维毯的中间，耐火纤维毯的两边分别是耐火纤维布和贴铝箔的耐火纤维布，通过连接螺钉将薄钢带、耐火纤维布、耐火纤维毯、耐高温不锈钢丝和贴铝箔的耐火纤维布连接在一起"；从属权利要求4进一步补充为"如权利要求1所述的全耐火纤维复合防火隔热卷帘，其特征在于卷帘表面可以加一层具有装饰作用的薄型耐火纤维布或阻燃布"。本专利的说明书部分对上述权利要求作了充分说明，并给出了较佳实施例，任何本领域的技术人员在阅读完本专利文件后，均能将本专利付诸实施。本专利公开的该新型防火隔热卷帘，与现有技术相比具有耐火温度高、耐火极限时间长、防热辐射性能好、高温强力好、化学性能稳定、使用安全、结构简单、安装方便、成本较低的优点，广泛用于商场、宾馆、博物馆、展览馆、影剧院等各类工业及民用建筑物的防火分区。本专利自原告实施以后，专利产品深受消费者的欢迎，具有良好的市场空间，同时也成为不法者仿冒侵权的对象。原告发现，自本专利产品推出之后不久，市场上就出现了大量侵犯本专利权的侵权产品或者专门提供用于制造侵权产品的半成品。原告为此专门在2001年7月14日的《人民公安报》第4版上刊登了律师声明，声明本专利权有效，奉劝一切侵权者停止侵权。被告是一家专门生产陶瓷纤维制品的公司，具有生产本专利产品的条件。自本专利公告之后，原告发现被告为逃脱侵权责任，专门为专利产成品生产、销售半成品。被告向许多用户销售了缺少"薄钢带和连接螺钉"的半成品。其所生产、销售的半成品包括着色玻璃纤维布、防火布、防火毯和防辐射贴铝箔防火布，防火毯中间有耐高温不锈钢丝，然后再由用户根据需要用薄钢带和螺钉或等同方式连接在一起使用。可见被告不顾专利权人的声明，为追求非法利润生产、销售的半成品具有本专利上述权利要求的必要技术特征，覆盖了本专利的保护范围，而且其生产、销售的半成品专门是为制造专利产品之用。被告具有诱导、怂恿、教唆他人直接侵犯专利权的故意，在明知他人使用其提供的半成品后直接侵犯原告专利权的情况下仍然生产、销售、提供半成品，并从中获得巨额利润。此外，被告在各种场合、利用各种手段大肆宣传其侵权产品。依据专利法的规定，被告上述故意生产、销售、许诺销售用于制造专利产品所必须的半成品及用户利用被告提供的专门的半成品制成专利成品后使用的行为，已经构成共同专利侵权，侵犯了本专利权，应承担相应的法律责任。因此根据有关规定特对被告提起专利侵权诉讼，要求其承担相应的侵权责任。本专利经专业的评估机构评估具有巨大的商业价值，被告的侵权行为给原告造成了巨大损害。一方面挤占了原告专利产品的市场，给原告造成直接经济损失；另一方面，被告在生产、销售侵权产品的同时还进行大肆宣扬，造成恶劣的社会影响，给原告造成不可估量、无法弥补的无形损害，被告理应对其侵权行为承担损害赔偿责任。依据《中华人民共和国专利法》第五十六条、第五十七条，《中华人民共和国民法通则》第一百一十八条的规定和《中华人民共和国民事诉讼法》第一百零八条的规定，请求判令被告："一、立即停止生产、销售专门用于制造专利产品的半成品和产成品，停止宣传、散发样本等许诺销售行为；二、销毁生产侵权产品所使用的模具、工具、已生产出的侵权半成品、产成品；三、在《人民公安报（消防周刊）》、《经济日报》上向原告公开赔礼道歉、消除影响；四、赔偿原告经济损失150万元；五、承担本案全部诉讼费用。"

被告北京东铁热陶瓷有限公司（以下简称东铁公司）辩称：（一）原告不能证明我公司是专利侵权。原告的9～12份侵权证据材料都不能证明我公司产品的技术特征覆盖了原告专利的必要技术特征。原告在起诉状中已自认我公司"销售了缺少薄钢带和连接螺钉的半成品"，实际上缺少的技术特征还不止这两项。原告以间接侵权为由起诉我公司，没有事实和法律依据。（二）将法院封存的我公司生产、销售的产品样品与本专利相比，样品除"缺少薄钢带和连接螺钉"外，还没有"在耐火纤维毯中放置耐高温不锈钢丝和铝箔，薄钢带在耐火纤维布的外部，通过连接螺钉将薄钢带、耐火纤维布、耐火纤维毯、耐高温不锈钢丝和铝箔连接在一起"四项必要技术特征，也没有"耐火纤维毯夹在二层耐火纤维布中间"的特征，因我公司的产品是一层耐火纤维布和一层玻璃纤维布夹着耐火纤维毯。此项不同不仅涉及用途和建筑物结构，也涉及发明目的的同异。总之，我公司生产、销售的产品技术特征与本专利必要技术特征不相同，不构成侵权。（三）我公司的产品技术是自由公知技术。我公司成立于1993年，是从事耐火陶瓷纤维和玻璃纤维纺织品及其制品生产经营的专业厂。1993年印制的中英文对照产品说明中就介绍了窑炉幕帘技术，这是国内首创产品。其示意图中就示出了相当于连接螺钉的不锈钢扣这一重要技术特征。1995年开始试生产附铝箔的陶瓷纤维布。从1995年就开始向江苏省宜兴市天马消防器材有限公司（以下简称天马公司）和东北的长春市建筑消防器材厂等单位供应生产防火卷帘用的耐火纤维复合材料。1996年8月，天马公司绘制并向用户提供的"陶瓷纤维防火卷帘安装示意图"已基本包括了涉案专利的所有必要技术特征。天马公司用我公司供应的陶瓷纤维材料制成的防火卷帘，早已在涉案专利申请日前，在广州、武汉、南京等地建筑物中公开使用。因此，我公司使用的产品技术及产品结构是公知公用的已有技术，根本不可能产生侵权的问题。为此，我公司已正式向国家知识产权局请求宣告本专利权无效。

（四）我公司对原告是否是适格当事人提出异议。本案是专利侵权案，原告应是专利权人。按起诉状的说法，本专利的原专利权人是刘学锋，刘学锋先将专利权转让给北京英特莱技术公司，该公司在征得刘学锋的允许后又将本专利转让给原告所有，然而，原告提供的00234256.1号专利登记簿副本中没有刘学锋将专利权转让给北京英特莱技术公司的登记记录，只有北京英特莱技术公司将本专利转让给原告的记录。由于专利登记簿是国家机关制作的公文书证，证明力大于一般其他书证。按专利登记簿的内容看：2001年11月26日，非专利权人北京英特莱技术公司将他人即刘学锋的专利权转让给原告；2001年5月28日登记事项记录了原专利权人刘学锋变更为原告。既然原告已于2001年5月28日取得专利权，为什么半年后，又要从非专利权人手中重复转让取得本专利权，如此矛盾的登记事项很难判断登记的意思表示是否真实，从而否定了原告可能是善意第三人的地位。我公司认为，原告的专利权人资格是否合法，应由国家知识产权局来解决，在没有办理此法律手续前，原告不是适格的当事人。由于专利登记簿是国家机关制作的公文书证，只能由国家知识产权局法制部门裁决哪条登记事项无效或变更，并将裁定书登记在本专利登记簿中，以理顺现有混乱的法律事实。综上所述，原告不仅不是本案的适格当事人，而且其向法院提供的证据材料，不能证明我公司生产、销售了被控侵权产品，并且我公司生产、销售的产品与本专利必要技术特征不相同，是自由公知技术，根本不可能侵犯任何人的专利权。因此，请求人民法院驳回原告的诉讼请求。

【原审查明事实】

原审法院经审理查明：本案涉及国家知识产权局于2001年3月1日授权的"全耐火纤维复合防火隔热卷帘"实用新型专利，专利号为ZL00234256.1，申请日为2000年4月28日，原专利权人为刘学锋。2001年5月28日，经国家知识产权局核准，该专利的专利权人变更为原告英特莱公司。2001年12月10

日，本专利的相关权利人刘学锋、北京英特莱技术公司与原告共同约定，由原告承继本专利授权之日起与该专利相关的一切权利义务。

本专利权利要求书的内容为："1. 一种全耐火纤维复合防火隔热卷帘，其特征在于包括耐火纤维布、耐火纤维毯、耐高温不锈钢丝、铝箔、连接螺钉和薄钢带，其中，耐火纤维毯夹在二层耐火纤维布中间，在耐火纤维毯中放置耐高温不锈钢丝和铝箔，薄钢带在耐火纤维布的外部，通过连接螺钉将薄钢带、耐火纤维布、耐火纤维毯、耐高温不锈钢丝和铝箔连接在一起。2. 如权利要求 1 所述的全耐火纤维复合防火隔热卷帘，其特征在于包括耐火纤维布、耐火纤维毯、耐高温不锈钢丝、贴铝箔的耐火纤维布、连接螺钉和薄钢带，其中，耐高温不锈钢丝在耐火纤维毯的中间，耐火纤维毯的两边分别是耐火纤维布和贴铝箔的耐火纤维布，通过连接螺钉将薄钢带、耐火纤维布、耐火纤维毯、耐高温不锈钢丝和贴铝箔的耐火纤维布连接在一起。3. 如权利要求 2 所述的全耐火纤维复合防火隔热卷帘，其特征在于可以将二层或多层卷帘合在一起，内侧是贴铝箔的耐火纤维布。4. 如权利要求 1 所述的全耐火纤维复合防火隔热卷帘，其特征在于卷帘表面可以加一层具有装饰作用的薄型耐火纤维布或阻燃布。5. 如权利要求 1 所述的全耐火纤维复合防火隔热卷帘，其特征在于卷帘可以分段搭接组装而成。6. 如权利要求 1 所述的全耐火纤维复合防火隔热卷帘，其特征在于铝箔可以贴在耐火纤维布、耐火纤维毯上，也可以单独夹在帘芯中。7. 如权利要求 1 所述的全耐火纤维复合防火隔热卷帘，其特征在于在耐火纤维布、耐火纤维毯上还可以有一层防火涂料。8. 如权利要求 1 所述的全耐火纤维复合防火隔热卷帘，其特征在于耐火纤维布、耐火纤维毯通过耐高温缝纫线或耐高温不锈钢丝缝合，也可以用耐火纤维纱线缝合。9. 如权利要求 1 所述的全耐火纤维复合防火隔热卷帘，其特征在于在卷帘中等间距植入耐高温不锈钢丝、耐高温不锈钢丝绳或耐高温不锈钢薄带，卷帘表面与耐高温不锈钢丝、耐高温不锈钢丝绳或耐高温不锈钢薄带垂直方向等距或非等距加上若干根小薄钢带。10. 如权利要求 1 所述的全耐火纤维复合防火隔热卷帘，其特征在于耐火纤维布、耐火纤维毯由碳纤维、硅酸铝纤维、膨体或普通玻璃纤维、高硅氧纤维、莫来石纤维、氧化铝纤维、氧化锆纤维、硅酸钙纤维、矿棉纯纺或混纺制成，可以单独使用一种，也可以混合使用。"本专利说明书附图3、4 标明，耐高温不锈钢丝和铝箔分别可设置在耐火纤维毯的一侧或中心。

2001 年 9 月 6 日，国家知识产权局对本专利出具的《实用新型检索报告》的初步结论为：全部权利要求 1~10 符合《中华人民共和国专利法》第二十二条有关新颖性、创造性的规定。

2001 年 7 月 5 日，原告经北京市昌平区公证处公证，在本市大兴区黄村镇前高米店村被告住所地总经理办公室，取得被告总经理商连增提供的被告制造、销售的特级防火卷帘帘面样品一套（两件）以及被告与北京国汇装饰材料厂购销特级防火卷帘合同样本。在本案诉讼中，经原告申请，本院于2002年4月22日作出（2002）一中民初字第3255号民事裁定，并于同年6月5日对被告执行证据保全，提取了被告制造的防火卷帘等产品样品，并委托北京天正华会计师事务所对被告生产、销售被控侵权产品的经营获利情况进行财务审计。在本案法庭调查中，双方当事人均认可本院提取的被控侵权产品防火卷帘样品与原告公证取得的特级防火卷帘帘面样品相同，具有以下技术结构，即第一层是玻璃纤维布，第二层是耐高温纤维布，第三层是耐火纤维毯，第四层是贴有铝箔的玻璃纤维布。其中耐火纤维毯在耐火纤维布之间，不锈钢丝和铝箔分别设在耐火纤维毯的一侧或中间。被告承认，其根据客户的要求在防火卷帘耐火纤维毯的一侧或中间放置钢丝，并在防火卷帘的外部配置螺钉和钢带。并认为其产品材料是玻璃纤维布，耐火性能低，与本专利的耐火纤维布材料不同，因此没有全部覆盖原告专利的必要技术特征。被告以其列举的证据3为根据，主张其产品使用的是已有技术。原告认为被告证据3的图示页的图号缺号，图示页有缺失，该证据的证明力不足，应不予认可。

根据北京天正华会计师事务所作出的（2002）正华会字第278号《审计验证报告》及被告的相关财务票据材料证明，自2001年3月至2002年4月，被告先后向深圳市蓝盾实业有限公司、保定九华门业有限公司、北京市通州永成陶瓷纤维制品厂、深圳市方大安防技术有限公司、深圳鹏基龙电安防股份有限公司、深圳宝盾防火器材厂、杭州新兴卷闸厂、杭州钱江阻燃材料厂等单位，销售其制造的特级防火卷帘、防火无机卷帘（又通称为防火帘或防火卷帘）等产品或签订上述产品销售合同。上述《审计验证报告》主要结论为：自2001年3月至2002年4月，被告销售防火帘、防火卷帘、防火炉帘合计13 307.549平方米（其中防火炉帘为283.722平方米），销售收入合计1 439 896.61元，获利共计221 465.33元。被告虽主张被控侵权产品的销售获利中应扣除审计报告中与本案被控侵权产品无关的防火炉帘、防火卷帘的销售获利，但未在举证期限内提交相关证据予以证明。鉴于诉讼中原告同意防火炉帘不属于被控侵权产品，应将防火炉帘的获利额从被控侵权产品获利额中减除，故被控侵权产品总面积应扣除防火炉帘面积，即为13 023.827平方米，被告在此获利为216 716.48元。

【原审审理结果】

原审法院认为：根据查明的事实，原告依据专利权转让协议和国家知识产权局核准专利变更登记证明取得本专利权，是本专利的受让权利人，其享有自授权日以后本专利的一切权利义务，依法有权对他人擅自实施本专利的行为提起诉讼，是本案适格的原告。根据当事人的控辩理由，本案涉及以下焦点：

第一，关于本专利保护范围的确定。我国专利法规定，实用新型专利权的保护范围以其权利要求的内容为准，说明书及附图可以用于解释权利要求。专利法实施细则规定，专利的独立权利要求应当从整体上反映发明或实用新型的技术方案，记载解决技术问题的必要技术特征。由此可见，本专利最大的权利保护范围的确定，应当以独立权利要求 1 的必要技术特征的内容为准。被告对本专利独立权利要求 1 内容的真实性不持异议，并承认根据客户要求在耐火纤维毯中间或一侧放置耐高温不锈钢丝，仅认为其产品的玻璃纤维布与本专利耐火纤维布材料不同，对此，本院认为，本专利权利要求 10 对耐火纤维布的制作原料进行了明确限定，其限定的可单独使用的材料中包括普通玻璃纤维等制作材料，在说明书中也有相同的说明。因此玻璃纤维布也是本专利保护的技术方案的技术特征，被告的产品中使用玻璃纤维布，与原告专利的相应技术特征不存在区别。

第二、关于被告的行为性质。根据以上认定和查明的事实，被告制造的防火帘在未安装连接螺钉和薄钢带前是专用于本专利的半成品，该半成品与连接螺钉和薄钢带共同构成本专利的全部必要技术特征，完全落入本专利的权利保护范围。被告明确承认其根据客户的要求在防火帘的外部配置螺钉和钢带，因此，客户使用被告制造的本专利的半成品与薄钢带和连接螺钉配套安装使用被告系明知，其主观上具有与他人实施侵害原告专利的故意。同时，被告长期向客户实际销售专用于实施本专利的半成品即被控侵权产品从中获取商业利益，其与他人共同侵权的事实已经实际发生。同时，被告有关公知技术的抗辩理由，因缺乏事实根据，不能成立，本院不予采信。

综上所述，被告制造、销售专用于实施原告专利技术的半成品，所组装完成的最终产品的技术特征完全覆盖了本专利的全部必要技术特征，落入了原告专利的权利保护范围，被告的行为侵犯了原告的实用新型专利权，应当承担侵权责任，停止侵权行为，并赔偿原告经济损失。被告有关其行为对本专利不构成侵权等抗辩理由不能成立，本院不予采信。被告所应承担的侵权赔偿数额，应以被告制造、销售侵权产品所获得的利润数额确定。即根据《审计验证报告》得出的相关数值，以侵权产品的总面积 130 23.827 平方米乘以侵权产品每平方米的利润 16.64 元，则被告侵权产品获利额为 216 716.48 元。原告主张销毁被告生产侵权半成品所使用的模具、工具、已生产出的侵权半成品、产成品，因原告未提交相关证据，该项主张本院不予支持。原告要求被告向其公开赔礼道歉没有法律根据，对此本院亦不予支持。原告为本案诉讼所预付的审计费、证据保全费属于因诉讼支出的必要费用，应由败诉一方即被告予以负担。依照《中华人民共和国专利法》第五十六条第一款、第五十七条第一款、第六十条的规定，判决如下：

一、被告北京东铁热陶瓷有限公司自本判决生效之日起，立即停止制造、销售侵犯原告北京英特莱特种纺织有限公司 ZL00234256.1 号实用新型专利权的特级防火卷帘、防火卷帘、防火无机卷帘（通称防火帘或防火卷帘）产品的行为；

二、被告北京东铁热陶瓷有限公司自本判决生效之日起 10 日内，赔偿原告北京英特莱特种纺织有限公司经济损失合计 216 716 元；

三、驳回原告北京英特莱特种纺织有限公司其他诉讼请求。

东铁公司不服原审判决，提出上诉，请求撤销原审判决，发回重审或改判驳回英特莱公司的诉讼请求。主要理由是：（一）原审法院没有中止审理是导致判决不当的主要原因。上诉人东铁公司在原审答辩期内提出了无效请求，请求理由不仅涉及新颖性和创造性，还涉及实用性。而检索报告对实用性是不作评价的，故检索报告不足以作为不中止审理的依据。（二）原审法院没有查明被上诉人英特莱公司的专利权是否有效。英特莱公司仅提供了专利证书和 2001 年 11 月 30 日出具的专利登记簿副本，而其起诉时间是 2002 年 4 月 28 日，故应提供第三年度的交费收据，但英特莱公司原审期间没有提供。（三）原审没有查清东铁公司是否侵权的事实。原审判决认定东铁公司"承认根据客户要求在耐火纤维毯中间或一侧放置耐高温不锈钢丝"的记载错误。东铁公司对封存于法院的自己的产品样品的解释从未涉及不锈钢丝的放置位置。东铁公司的产品不构成间接侵权，东铁公司产品中没有"在耐火纤维毯中放置耐高温不锈钢丝和铝箔"；东铁公司的产品不是专用于英特莱公司专利的半成品。（四）原审确定的赔偿数额没有依据。《审计验证报告》所称的"防火帘"是东铁公司销售"防火炉帘"、"防火帘"及"防火卷帘"三种产品的总和。第三种产品中扣除有明确订单为三层结构、应属于第二种产品的数量后所剩平方米数为 473.76 平方米，以每平方米 16.64 元计算，相应的利润为 7 883.37 元人民币。（五）原审法院程序违法，对证据的采信不符合证据规则。东铁公司原审提供的 5 份证据仅有 2 份被采信，英特莱公司提供的 12 份证据中仅有 6 份被采信。开庭审理仓促，使东铁公司很多问题没有陈述清楚。

英特莱公司服从原审判决。

【二审查明事实】

二审法院经审理查明：刘学锋于 2000 年 4 月 28 日向国家知识产权局申请名称为"全耐火纤维复合防火隔热卷帘"实用新型专利。2001 年 3 月 1 日获得授权，专利号为 ZL00234256.1。2001 年 5 月 28 日，经国家知识产权局核准，专利权人变更为英特莱公司，刘学锋、北京英特莱技术公司及英特莱公司于 2001 年 12 月 10 日约定，由英特莱公司承继授权之日起与该专利相关的一切权利义务。国家知识产权局于 2001 年 11 月 30 日出具了 ZL00234256.1 号专利的登记簿副本。

2001 年 9 月 6 日，国家知识产权局对该专利出具的《实用新型检索报告》初步结论为：全部权利要求 1~10 符合《中华人民共和国专利法》第二十二条有关新颖性、创造性的规定。

2002 年 6 月 18 日，国家知识产权局专利复审委员会（以下简称专利复审委员会）受理了北京新辰陶瓷纤维制品公司提出的第 425939 号实用新型专利无效请求，6 月 19 日东铁公司也提出了该实用新型专利无效宣告的请求，专利复审委员会将两个请求合案审理，并于 2003 年 3 月 7 日作出维持该实用新型专利权有效的决定。

该专利权利要求书为：1. 一种全耐火纤维复合防火隔热卷帘，其特征在于包括耐火纤维布、耐火纤维毯、耐高温不锈钢丝、铝箔、连接螺钉和薄钢带，其中，耐火纤维毯夹在二层耐火纤维布中间，在耐火纤维毯中放置耐高温不锈钢丝和铝箔，薄钢带在耐火纤维布的外部，通过连接螺钉将薄钢带、耐火纤维布、耐火纤维毯、耐高温不锈钢丝和铝箔连接在一起。2. 如权利要求 1 所述的全耐火纤维复合防火隔热卷帘，其特征在于包括耐火纤维布、耐火纤维毯、耐高温不锈钢丝、贴铝箔的耐火纤维布、连接螺钉和薄钢带，其中，耐高温不锈钢丝在耐火纤维毯的中间，耐火纤维毯的两边分别是耐火纤维布和贴铝箔的耐火纤维布，通过连接螺钉将薄钢带、耐火纤维布、耐火纤维毯、耐高温不锈钢丝和贴铝箔的耐火纤维布连接在一起。3. 如权利要求 2 所述的全耐火纤维复合防火隔热卷帘，其特征在于可以将二层或多层卷帘合在一起，内侧是贴铝箔的耐火纤维布。4. 如权利要求 1 所述的全耐火纤维复合防火隔热卷帘，其特征在于卷帘表面可以加一层具有装饰作用的薄型耐火纤维布或阻燃布。5. 如权利要求 1 所述的全耐火纤维复合防火隔热卷帘，其特征在于卷帘可以分段搭接组装而成。6. 如权利要求 1 所述的全耐火纤维复合防火隔热卷帘，其特征在于铝箔可以贴在耐火纤维布、耐火纤维毯上，也可以单独夹在帘芯中。7. 如权利要求 1 所述的全耐火纤维复合防火隔热卷帘，其特征在于在耐火纤维布、耐火纤维毯上还可以有一层防火涂料。8. 如权利要求1所述的全耐火纤维复合防火隔热卷帘，其特征在于耐火纤维布、耐火纤维毯通过耐高温缝纫线或耐高温不锈钢丝缝合，也可以用耐火纤维纱线缝合。9. 如权利要求1所述的全耐火纤维复合防火隔热卷帘，其特征在于在卷帘中等间距植入耐高温不锈钢丝、耐高温不锈钢丝绳或耐高温不锈钢薄带，卷帘表面与耐高温不锈钢丝、耐高温不锈钢丝绳或耐高温不锈钢薄带垂直方向等距或非等距加上若干根小薄钢带。10. 如权利要求1所述的全耐火纤维复合防火隔热卷帘，其特征在于耐火纤维布、耐火纤维毯由碳纤维、硅酸铝纤维、膨体或普通玻璃纤维、高硅氧纤维、莫来石纤维、氧化铝纤维、氧化锆纤维、硅酸钙纤维、矿棉纯纺或混纺制成，可以单独使用一种，也可以混合使用。该专利说明书附图3、4标明，耐高温不锈钢丝和铝箔分别设置在耐火纤维毯的一侧或中心。

2001年7月14日，英特莱公司及北京英特莱技术公司在《人民公安报》上刊登了律师声明，写明英特莱公司是ZL00234256.1号全耐火纤维复合防火隔热卷帘实用新型专利的专利权人，说明了专利技术的结构，并对未经许可生产、销售及使用专利产品的单位及个人发出警告，要求其停止侵权行为，否则承担一切不良法律后果。

2001年7月5日，英特莱公司以公证方式取得东铁公司总经理商连增提供的该公司制造、销售的特级防火卷帘帘面样品两件及其与北京国汇装饰材料厂购销特级防火卷帘合同样本。帘面样品具有以下结构：玻璃纤维布、耐高温纤维布、耐火纤维毯及贴铝箔的玻璃纤维布。其中耐火纤维毯的两边分别是耐火纤维布和贴铝箔的耐火纤维布，不锈钢丝在耐火纤维毯一侧。

东铁公司董伟于2001年7月11日给王伟先生的信中表明，东铁公司制作的无机布复合卷帘门的结构包括玻璃纤维布、防火布、防火毯及防辐射布。该卷帘门中横向间距每500mm有不锈钢丝绳，纵向间距每500mm由用户自行加一条扁钢。

东铁公司商连增给王立文先生的信中介绍了与前述结构同样的卷帘门，并注明不含扁钢及固定的价格为每平方米145元。

2001年3月至2002年4月，东铁公司先后向深圳市蓝盾实业有限公司、保定九华门业有限公司、北京市通州永成陶瓷纤维制品厂、深圳市方大安防技术有限公司、深圳鹏基龙电安防股份有限公司、深圳宝盾防火器材厂、杭州新兴卷闸厂及杭州钱江阻燃材料厂等单位销售被控侵权产品。

受原审法院委托，北京天正华会计师事务所于2002年6月28日，对东铁公司2001年3月至2002年4月生产销售被控侵权产品的经营获利情况出具了审计验证报告。该报告显示，东铁公司在上述期间共销售"防火卷帘"及"防火帘"13 023.827 平方米，获利 216 716.48 元。

【二审审理结果】

二审法院认为：国家知识产权局于 2001 年 11 月 30 日出具的专利登记簿副本，足以证明至英特莱公司提起诉讼的 2002 年 3 月 18 日，其为涉案专利的专利权人。上诉人所提原审法院没有查明英特莱公司的专利权是否有效的上诉理由不能成立。

根据有关法律及司法解释的规定，当国家知识产权局《实用新型检索报告》得出涉案专利的全部权利要求符合专利法有关新颖性和创造性要求的结论，且专利复审委员会作出了维持该专利权有效的无效宣告请求审查决定时，本案可以不中止审理。

实用新型专利权的保护范围以其权利要求的内容为准，说明书及附图可以用于解释权利要求。在解释专利权利要求时，应当以专利权利要求书记载的技术内容为准，而不是以权利要求书的文字或措辞为准。本院同意专利复审委员会在第 4983 号无效宣告请求审查决定中对涉案专利独立权利要求和从属权利要求的认定，即"权利要求 2 所保护的技术方案就是用权利要求 2 限定部分的技术特征'耐火纤维毯的两边分别是耐火纤维布和贴铝箔的耐火纤维布'这一铝箔设置方式代替权利要求 1 特征部分的技术特征'耐火纤维毯夹在二层耐火纤维布中间，在耐火纤维毯中放置耐高温不锈钢丝和铝箔'的铝箔设置方式。即在本专利权利要求 1 的技术方案中铝箔设置在耐火纤维毯中间，在权利要求 2 的技术方案中铝箔设置在耐火纤维毯旁边，两者并不矛盾"。

根据权利要求 10 的记载，耐火纤维布可以由玻璃纤维制成，而公证的帘面样品具有以下结构：玻璃纤维布、耐高温纤维布、耐火纤维毯及贴有铝箔的玻璃纤维布，故东铁公司所生产的被控侵权产品的层次结构与专利权利要求 2 所记载的技术方案中所表明的层次结构相同。

东铁公司给王伟先生的信中表明，东铁公司生产的卷帘产品中含有钢丝绳，且放置位置及所起的增强及防止下垂的作用与本案专利技术方案所记载的钢丝的作用相同。

综上，英特莱公司公证取得的东铁公司产品的结构与专利权利要求 2 所述技术方案相比仅缺少连接螺钉和薄钢带这一技术特征。而未加装连接螺钉和薄钢带的东铁公司产品是专用于制造涉案专利产品的半成品。东铁公司商连增给王立文先生的信说明，上述产品须加装薄钢带和连接螺钉配套安装使用。东铁公司制造了专用于专利产品的半成品，生产这些半成品的目的是销售给他人用于实施专利技术，且东铁公司已经将上述产品销售给其他企业，系帮助他人实施专利侵权行为。在英特莱公司刊登了律师声明后，东铁公司仍生产和销售专用于制作专利产品的半成品，并告知客户其产品须加装薄钢带和连接螺钉，应认定其行为具有主观故意，构成间接侵犯专利权。上诉人所提其行为不构成对被上诉人专利权的侵犯之上诉理由不能成立。

上诉人提出一审确定的赔偿数额没有依据的上诉理由，因缺乏证明其主张的订单及相应票据佐证，故其上诉理由不能成立，依法不予支持。

综上，一审判决认定事实清楚，适用法律正确，应予维持。依照《中华人民共和国民事诉讼法》第一百五十三条第一款第（一）项的规定，判决如下：

驳回上诉，维持原判。

原审案件受理费 17 510 元，由北京英特莱特种纺织有限公司负担 7 500 元，由北京东铁热陶瓷有限公司负担 10 010 元；一审审计费 20 000 元，由北京东铁热陶瓷有限公司负担。二审案件受理费 17 510 元，由北京东铁热陶瓷有限公司负担。

4. "大型装饰灯具（玉兰灯）" 外观设计专利侵权纠纷案

—— 张志杰、娄宁伟、房力诉北京天诚
鼎力环境艺术有限公司

原告：张志杰
原告：娄宁伟
原告：房力
被告：北京天诚鼎力环境艺术有限公司
案由：专利侵权纠纷

一审案号：北京市第二中级人民法院（2003）二中民初字第 8411 号
一审合议庭成员：邵明艳、何暄、宋光
一审结案日期：2003 年 9 月 15 日

【判决要旨】

销售未经专利权人许可制造的专利产品，应承担专利侵权责任。

【起诉与答辩】

原告张志杰、娄宁伟、房力共同诉称：三原告于 2002 年 6 月 26 日获得了国家知识产权局授予的"大型装饰灯具（玉兰灯）"外观设计专利权。后经调查发现，被告未经原告许可，向湖南省湘潭市韶山东路建设指挥部和湖南省湘潭市灯饰管理处销售了"玉兰灯"236 盏，其行为已构成对原告专利权的侵犯，现诉至法院，请求判令被告停止侵权，消除影响，赔偿损失 684 400 元及因诉讼的合理支出 3 450 元。

被告北京天诚鼎力环境艺术有限公司（以下简称天成鼎力公司）辩称：被告是在不知道涉案产品系未经专利权人许可而制造的情况下销售的，不应承担赔偿责任。

【一审查明事实】

一审法院经审理查明：2001 年 11 月 12 日，张志杰、娄宁伟、房力共同向国家知识产权局提出了名称为"大型装饰灯具（玉兰灯）"的外观设计专利申请。国家知识产权局经审查后，于 2002 年 6 月 26 日授予该项申请专利权，专

利号为 ZL01350377.4。

张志杰、娄宁伟、房力等三原告均在北京澳尔环境艺术有限公司（以下简称澳尔公司）工作，并分别担任总经理和副总经理职务。该公司以制造、销售艺术灯为主要经营业务，其中包括"玉兰灯"。张士亮、李宁曾为澳尔公司员工，主管销售工作。二人分别于 2002 年 7 月和 10 月离开澳尔公司。天成鼎力公司于 2002 年 8 月成立，张士亮、李宁为该公司股东。2002 年 9 月，天成鼎力公司分别向湖南省湘潭市韶山东路建设指挥部和湖南省湘潭市灯饰管理处销售了"玉兰灯"共 236 盏，总销售额为 109.20 万元。

诉讼中，天成鼎力公司向法庭提供了其与南京晟辉照明设备有限公司的销售合同，其共向南京晟辉照明设备有限公司订购"庭院灯"266 盏，合同价款为 585 200 元。天成鼎力公司认可合同中的"庭院灯"即是"玉兰灯"，并以此证明其销售的该产品是由南京晟辉照明设备有限公司制造的。对此，原告认为，根据该合同显示，"玉兰灯"的图纸是由被告设计的，南京晟辉照明设备有限公司只是按照被告提供的图纸进行加工制作。

原告根据被告的实际销售额，推算其非法获利为 684 400 元。被告对此不予认可。

庭审中，根据原告拍摄的被告销售的"玉兰灯"外观照片，观察其外观，与原告的"玉兰灯"专利外观是相同的。

【一审审理结果】

一审法院认为：原告对"玉兰灯"的外观设计享有的专利权合法有效，受法律保护。

鉴于张士亮、李宁曾为澳尔公司负责销售的职员，二人在职期间，"玉兰灯"外观设计已获得专利授权，其对于本公司制造、销售的这一种产品是专利产品的事实应是知悉的。由于张士亮、李宁是被告的股东，因此，对上述事实，被告亦应知晓。虽然涉案被控侵权的"玉兰灯"并非由被告自行制造，但是根据订购合同显示，该产品的技术图纸是由被告方提供的，综合此因素，对被告称其是在不知道涉案产品系未经专利权人许可制造的情况下销售了被控侵权的产品且不承担赔偿责任的抗辩主张，本院不予支持。

根据我国专利法的规定，外观设计专利权的保护范围以表示在图片或者照片中的该外观设计专利产品为准。外观设计专利权被授予后，任何个人或者单位未经专利权人许可，不得为经营目的销售其专利产品。鉴于被告销售的被控侵权产品的外观与原告专利相同，其行为构成了对原告专利权的侵犯，理应承担停止侵权行为，并赔偿损失的民事责任。对原告要求被告承担消除影响的请求，因原告未能证明被告的侵权行为给原告的人身权造成了损害，故对其上述请求，本院不予支持。对原告主张的被告因侵权的实际获利数额，因被告未予认可，且缺乏充分证据的支持，本院不予采纳。本院将参照被告销售涉案侵权产品的数额、被告委托他人制造侵权产品的合同款项等因素，对侵权赔偿数额予以酌定。对原告要求被告承担其因诉讼而支出的合理费用的请求，因未向法庭提供相应的证据予以证明，本院对此不予支持。

综上所述，依照《中华人民共和国专利法》第十一条第二款、《中华人民共和国民法通则》第一百三十四条第一款第（一）项、第（七）项之规定，判决如下：

一、北京天诚鼎力环境艺术有限公司未经张志杰、娄宁伟、房力许可，不得实施"大型装饰灯具（玉兰灯）"专利技术；

二、北京天诚鼎力环境艺术有限公司于本判决生效后10日内赔偿张志杰、娄宁伟、房力经济损失30万元；

三、驳回张志杰、娄宁伟、房力的其他诉讼请求。

案件受理费11 888元，由张志杰、娄宁伟、房力负担3 888元，由北京天诚鼎力环境艺术有限公司负担8 000元。

各方当事人均服从一审判决。

5. "辨钞药水"发明专利侵权纠纷案
——徐大明诉北京中技长风技术
开发有限公司

原告（被上诉人）：徐大明
被告（上诉人）：北京中技长风技术开发有限公司
案由：专利侵权纠纷

原审案号：北京市第二中级人民法院（2003）二中民初字第 6747 号
原审合议庭成员：邵明艳、何暄、宋光
原审结案日期：2003 年 9 月 11 日
二审案号：北京市高级人民法院（2003）高民终字第 982 号
二审合议庭成员：程永顺、岑宏宇、刘辉
二审结案日期：2003 年 12 月 2 日

【判决要旨】
　　人民法院在审理专利侵权案件时一般不对专利的新颖性、创造性、实用性作出判断，遇此情况，如果被告对涉案专利权的"三性"产生异议，可依照专利法规定的无效程序向国家知识产权局专利复审委员会提出无效宣告请求。

【起诉与答辩】
　　原告徐大明起诉称：其是"辨钞药水"的专利权人，后发现被告制造、销售的神奇验钞笔中使用的验钞液配方构成对原告专利权的侵犯，现诉至法院，请求判令被告停止侵权行为，赔偿损失 102 539 元。
　　被告北京中技长风技术开发有限公司（以下简称中技长风公司）辩称：原告所有的专利技术方案早已被他人申请专利并公开，从而丧失了新颖性，属于公知技术。被告的技术方案是在借鉴公知技术的基础上又经过研制形成的，因此不构成对原告专利权的侵犯。此外，原告请求赔偿的依据不足，请求驳回原告的诉讼请求。

【原审查明事实】
　　原审法院经审理查明：1997 年 5 月 28 日，徐大明向国家知识产权局申请了名称为"辨钞药水"的发明专利。国家知识产权局经审查后,于 2002 年 2 月 13 日授予该项申请专利权,专利号为 97107531.X。根据该专利权利要求书 1 记载:一种用水湿沾浸法辨别真假币的辨钞药水,包括碘酊、香精、蒸馏水,其特征是其配方中加有纯白酒;其配方为碘酊 1%～29%,纯白酒 10%～65%,香精、蒸馏水加至 100%。此外,徐大明于 2001 年 12 月成立了梁平县实用技术服务部,对外推广该项专利技术。

　　2002 年 5 月,徐大明发现中技长风公司对外销售一种名称为"神奇验钞笔"的产品,其购买后发现笔中验钞液的配方为:碘酒 11%、白酒 28.6%、甘油 1.27%、蒸馏水 28.9%、香精 3.23%、酒精 27%。中技长风公司认可上述技术配方形成于 2001 年上半年,并称是参照了包括他人在先专利在内的多家技术后产生的,并为此向法庭提供了两份专利文件,一份是名称为"验钞笔"的实用新型专利,该项专利的申请日为 1996 年 8 月 7 日,授权日为 1997 年 4 月 17 日。根据该专利文献中披露的一种实施例记载,在其验钞笔中使用的验钞液由碘 26%～60%、无水乙醇 36%～70%、香精 3%～8%配制而成。另一份是名称为"一种验钞笔试剂"的发明专利申请公开说明书,该项专利的申请日为 1998 年 5 月 4 日,公开日为 1999 年 11 月 10 日。根据该申请的权利要求书记载,其验钞笔试剂的配方由碘 2%～4%、乙醇 76%～80%、葡萄糖 2%～4%、水 2%～12%组成。中技长风公司称,其在配方中添加的甘油是为保持药液的稳定性。

　　诉讼中,徐大明为支持其索赔额的请求,向法庭提供了以其本人及梁平县实用技术服务部名义对外转让"辨钞药水"的发明专利的转让合同。中技长风公司认为上述证据不能证明徐大明受到的实际损失。徐大明另向法庭提交了部分因诉讼而支出的合理费用票据,中技长风公司对此不予认可。

【原审审理结果】

　　原审法院认为:徐大明对其"辨钞药水"享有的专利权合法有效,受法律保护。该专利的保护范围体现为制造辨钞药水的配方和配比。对中技长风公司提供"验钞笔"和"一种验钞笔试剂"两项发明创造以证明"辨钞药水"缺乏新颖性一节,应依照专利法规定的无效受理程序向国家知识产权局专利复审委员会提出,人民法院在审理专利侵权案件时并不对专利的新颖性作出判断,因此,对中技长风公司的上述主张,本院不予支持。同时,对中技长风公司在根据上述两份证据的前提下,称其实施的被控侵权的技术方案属公知技术的说法,因其技术方案与上述披露的方案不等同,被告的该抗辩主张不成立。另根据我国专利法的规定,发明专利权被授予后,任何单位或者个人未经专利权人许可，都不得为生产经营目的制造、销售其产品。现中技长风公司在其制造、销售的验钞液中使用的配方及配比已落入了原告专利的保护范围，构成对原告专利权的侵犯，理应承担停止侵权行为并赔偿损失的民事责任。根据徐大明提供的转让合同，不能准确反映其在本案中受到的实际损失，本院将参照被告销售验钞液的价格、侵权存续的时间以及原告的专利实施许可费等项因素，对侵权赔偿数额予以酌定，并依照有关法律规定的精神，酌情判处被告向原告支付因诉讼而支出的合理费用。

综上所述，依照《中华人民共和国专利法》第十一条第一款、《中华人民共和国民法通则》第一百三十四条第一款第（一）项、第（七）项之规定，判决如下：

一、北京中技长风技术开发有限公司未经徐大明许可，不得实施"辨钞药水"专利技术；

二、北京中技长风技术开发有限公司于本判决生效后 10 日内赔偿徐大明经济损失 2 万元，赔偿徐大明因本案诉讼支出的合理费用 2 000 元；

三、驳回徐大明的其他诉讼请求。

中技长风公司不服原审判决，提起上诉。理由是：徐大明的发明专利"辨钞药水"已丧失了新颖性、创造性、实用性，原审法院对此不进行审查，不符合法律规定；原审判决赔偿徐大明经济损失 20 000 元，无事实及法律依据；原审判决北京中技长风公司承担诉讼费 2 560 元不符合法律规定。请求二审法院撤销原审判决，改判驳回徐大明的诉讼请求。

徐大明服从原审判决。

【二审查明事实】

二审法院经审理查明：1997 年 5 月 28 日，徐大明向国家知识产权局提出名称为"辨钞药水"的发明专利申请，2002 年 2 月 1 日被授予发明专利权，专利号是 97107531.X。该专利权利要求为："1.一种用水湿沾浸法辨别真假币的辨钞药水，包括碘酊、香精、蒸馏水，其特征是其配方中加有纯白酒；其配方为碘酊 1%～29%，纯白酒 10%～65%，香精、蒸馏水加至 100%。2.如权利要求 2 所述的辨钞药水，其特征是碘酊与纯白酒的最佳配比为 1～2:3～8。3.如权利要求 1 或 2 所述的辨钞药水，其特征是纯白酒以 50 度以上的为佳。"

为证明上述事实，徐大明提交了"辨钞药水"发明专利的专利证书及权利要求书、说明书。对前述证据的真实性，中技长风公司未提出异议。本院对上述证据予以采信，对上述事实予以认定。

2001 年 12 月，徐大明在"辨钞药水"发明专利申请未被授予专利权前，成立个体工商户性质的梁平县实用技术服务部，对外推广该项技术。为证明该事实，徐大明提交了梁平县实用技术服务部的个体工商户营业执照。对该事实，中技长风公司未提出异议。本院对上述事实予以认定。

2002 年 5 月，徐大明从中技长风公司购买了验钞液和有关资料，其中名称为《神奇验钞笔》的资料上记载的验钞液的配方是："1. 碘酒 11%，2. 白酒 28.6%，3. 甘油 1.27%，4. 蒸馏水 28.9%，5. 香精 3.23%，6. 酒精 27%"。为证明上述事实，徐大明提交了数额为 168 元并盖有中技长风公司印章、收款人为刘长青、交款人为徐玉驹、编号为 No.0061587 的收据，该收据上记载购买的物品是"光盘及资料验钞液款"以及记载验钞液配方的《神奇验钞笔》文字资料一页。对上述证据，中技长风公司认可其真实性。本院对上述证据予以采信，对上述事实予以认定。徐大明还提交了《长风科技》（网员专刊第十七期），其中记载"凡本刊业务来函汇款一律请寄：100070　北京市丰台区丰台南路 122 号协作网办公室，联系人：邓茂华、张育恩"以及"38. 打假专家——速效验钞笔"等内容。对该证据的真实性中技长风公司未提出异议。本院对该证据予以采信。

徐大明为证明其受到的经济损失，提交了其与他人于 2000 年 8 月 30 日，即徐大明提出发明专利申请后、授权前签订的转让辨钞药水及技术配方生产技术的《技术转让合同书》和徐大明与他人签订的委托他人代理转让涉案专利技术的《授权代理协议》以及支付代理转让费用的收据、代理人出具的收取代理转让费用的证明。徐大明还提交了数份以其本人名义或者以梁平县实用技术服务部名义与他人签订的由他人经销辨钞神笔的协议。中技长风公司对《授权代理协议》、支付代理转让费用的收据、代理人出具的按照技术转让费的一定比例收取代理转让费用的证明等证据的真实性没有异议；对《技术转让合同书》转让的技术是否就是《授权代理协议》所涉及的技术有异议；对徐大明提交的经销协议的真实性有异议。由于双方当事人对《授权代理协议》、支付代理转让费用的收据、代理人出具的收取代理转让费用的证明等证据的真实性没有异议，本院对上述证据的真实性予以认可。由于中技长风公司对《技术转让合同书》、经销辨钞神笔的协议等证据的真实性有异议，且《技术转让合同书》不能证明徐大明转让的辨钞药水及技术配方生产技术就是"辨钞药水"发明专利技术；经销辨钞神笔的协议也不能证明徐大明许可他人经销的是含有"辨钞药水"发明专利技术的验钞笔产品，因此，本院对上述证据不予采信。

徐大明提交的火车票、公共汽车票、住宿费等票据，中技长风公司未对其真实性提出异议。本院对上述票据的真实性予以认可。

中技长风公司承认其"神奇验钞笔"产品中使用的验钞液配方形成于

2001年上半年。为证明其销售的验钞液配方是参照了何川的在先专利技术形成的，中技长风公司提交了申请日为1996年8月7日、授权公告日为1997年5月14日、专利权人为何川、专利号为96218857.3、名称为"验钞笔"的实用新型专利文件，其中的说明书中记载："验钞液按下述重量百分比配制：碘26%～60%；无水乙醇36%～70%；香精3%～8%。"此外，为证明徐大明的"辨钞药水"发明专利为公知技术，中技长风公司提交了两份证据，一份是申请日为1998年5月4日、公开日为1999年11月10日、申请人为武汉市诚功专利技术研究所、申请号为98113533.1、名称为"一种验钞笔试剂"的发明专利申请公开说明书，其中的权利要求书中记载"一种验钞笔试剂的配制方法，由氧化剂、溶剂、助剂混合而成，其特征在于其中的氧化剂是碘，溶剂为乙醇，助剂为低浓度葡萄糖，各组份的配比数量如下（单位：份）：（1）碘2%～4%，（2）乙醇76%～80%，（3）葡萄糖2%～4%，（4）水2%～12%"；另一份是《精细化工产品手册——日用化学品》一书的部分内容。该书前言的落款时间是2001年12月。徐大明对上述证据的真实性没有异议，但提出《精细化工产品手册——日用化学品》的出版时间晚于其"辨钞药水"发明专利的申请日。本院对于"验钞笔"实用新型专利文件、"一种验钞笔试剂"发明专利申请公开说明书的真实性予以认可。《精细化工产品手册——日用化学品》一书前言的落款时间为2001年12月，应认定该书的出版时间晚于其"辨钞药水"发明专利的申请日，故该书记载的内容不能作为"辨钞药水"发明专利前的公知技术，对该证据，本院不予采信。

原审法院开庭审理时，中技长风公司的代理人金凤华在回答合议庭"你的配方与原告和何川的区别在哪里"的询问时陈述："我们的多了甘油，其他的一样。"

【二审审理结果】

二审法院认为：发明创造被授予发明专利权后，任何人未经专利权人许可不得实施。发明专利的保护范围以权利要求书中记载的为准。在专利侵权民事诉讼中，人民法院不能对涉案发明专利权是否具备新颖性、创造性、实用性进行审查。本案中，徐大明的"辨钞药水"发明专利在有效期内，其可以起诉中技长风公司侵犯其"辨钞药水"发明专利权。本案是专利侵权纠纷，审理时，应严格按照"辨钞药水"发明专利权利要求确定保护范围，根据双方当事人提交的证据判定中技长风公司销售验钞液是否侵犯徐大明的"辨钞药水"发明专利权，至于"辨钞药水"发明专利是否具备新颖性、创造性、实用性不是本案审理范围。中技长风公司所提原审法院不对"辨钞药水"发明专利是否具备新颖性、创造性、实用性进行审查，不符合法律规定的上诉理由，不能成立。

中技长风公司未对原审法院认定销售含有验钞液的行为侵犯了徐大明"辨钞药水"发明专利权以及赔偿徐大明因本案诉讼而支出的合理费用提出异议，本院对此予以认可。根据徐大明提交的《授权代理协议》、支付代理转让费用的收据、代理人出具的收取代理转让费用的证明等证据，可以认定徐大明对外确曾转让过本案涉及的专利技术，根据上述证据，参考中技长风公司销售验钞液的价格、侵权存续的时间等因素，酌定中技长风公司的赔偿数额并无不当。中技长风公司所提原审法院判决其赔偿徐大明经济损失 20 000 元无事实、法律依据的上诉理由不能成立。

原审法院根据中技长风公司构成对徐大明"辨钞药水"发明专利权的侵犯以及中技长风公司应承担的赔偿数额与徐大明诉讼请求要求的赔偿数额的比例，确定该公司负担的本案案件受理费数额，并未违反有关法律规定。中技长风公司所提原审法院判决由其负担案件受理费 2 560 元不符合法律规定的上诉理由，不能成立。

中技长风公司提出的上诉理由均不能成立，其上诉请求，本院不予支持。

综上，原审判决认定事实清楚，适用法律正确。依据《中华人民共和国民事诉讼法》第一百五十三条第一款第（一）项的规定，判决如下：

驳回上诉，维持原判。

原审案件受理费 3 560 元，由徐大明负担 1 000 元，由北京中技长风技术开发有限公司负担 2 560 元；二审案件受理费 3 560 元，由徐大明负担 1 000 元，由北京中技长风技术开发有限公司负担 2 560 元。

6. "用于面板固定的紧固件" 发明专利侵权纠纷案

—— 德国阿图尔 – 费希尔股份公司费希尔厂诉杭州
斯泰幕墙机械有限公司、北京江河幕墙
装饰工程有限公司

原告：（德国）阿图尔 – 费希尔股份公司费希尔厂
被告：杭州斯泰幕墙机械有限公司
被告：北京江河幕墙装饰工程有限公司
案由：专利侵权纠纷

一审案号：北京市第二中级人民法院（2003）二中民初字第 05999 号
一审合议庭成员：邵明艳、何暄、张晓津
一审结案日期：2003 年 12 月 17 日

【判决要旨】

在一项专利发明中，如果其保护的是结构，则该结构必然受到所设定的功能的限定，反过来，该限定又决定了结构。涉案专利中盲铆钉的结构限定是通过专利权利要求书中前序部分的功能描述的形式作出的，被控侵权产品所作出的改动是以不同的结构、不同的特征，分散地实现了涉案发明目的所要解决的同一功能，所实施的手段不同，是需要本领域的普通技术人员经过创造性劳动才能够联想到的，故应认定涉案被控侵权产品所使用的技术方案与涉案专利技术不等同。

【起诉与答辩】

原告（德国）阿图尔 – 费希尔股份公司费希尔厂（以下简称费希尔厂）起诉称：原告于 1996 年 1 月 7 日获得了中国专利局授予的名称为"用于面板固定的紧固件"的发明专利权。现原告发现杭州斯泰幕墙机械有限公司（以下简称斯泰公司）制造、许诺销售了侵犯原告上述专利权的产品，北京江河幕墙装饰工程有限公司（以下简称江河公司）与其共同实施了许诺销售行为。故诉至法院，请求判令：斯泰公司停止侵权行为；斯泰公司向原告公开赔礼道歉；斯泰公司销毁制造侵权产品的模具、工具；斯泰公司赔偿原告经济损失及因诉讼而支出的律师费、差旅费共计 100 万元，江河公司对上述赔偿费用承担连带责任。

被告斯泰公司辩称：根据原告提供的现有证据，不能证明我公司制造、许诺销售了被控侵权产品；原告指控我公司制造、许诺销售的被控侵权产品与原告的专利不等同。因此，不同意原告的诉讼请求。

被告江河公司辩称：我公司未实施与斯泰公司的共同许诺销售行为，请求驳回原告的诉讼请求。

【一审查明事实】

一审法院经审理查明：1993 年 1 月 30 日，费希尔厂向原中华人民共和国专利局申请了名称为"用于面板固定的紧固件"发明专利，经审查后，原中华人民共和国专利局于 1996 年 1 月 7 日授予该项发明专利权，专利号为93100651.1。该项专利的权利要求书 1 记载：一种金属紧固件，特别是适用于面板紧固的金属紧固件，设有一在钻孔的后割槽中能张开的带割缝的扩张套筒和一个起扩张作用的、具有一个将物件压紧在面板上的顶部的扩张元件，其特征在于：扩张套筒带有向里弯曲的扩张片，围绕其前端部的外表面设有突出物，扩张元件是一盲铆钉，其扁头和铆钉杆穿入扩张套筒内孔的带割缝部分并予以铆紧。

该紧固件的工作原理为：把紧固件推入事先准备的钻孔，直到扩张套筒的端部位于钻孔底部为止。然后把盲铆钉的扁头从待紧固在面板背部的物件上的钻孔和扩张套筒的内孔推入，直到铆钉头位于待紧固物件的外表面为止。利用一铆钉钳通过铆钉杆把盲铆钉的扁头穿入扩张套筒内孔的裂口部分并铆紧。通过扁头的顶压和成形能使扩张片张开并使其突出物的外表面压在钻孔后割槽上。同时待紧固的物件通过铆钉头向面板的背面压紧。其中，扩张片的张开是依靠铆钉杆的扁头部分被专用铆钉钳拉入盲铆钉的膨胀套中，并首先使其产生膨胀来实现的。

在本案公证书照片中显示的背栓与涉案专利权利要求书中记载的必要技术特征相比较，不同之处在于其扩张元件是一铆钉杆，其扁头下部带有摩擦纹，扩张套筒的顶部设有帽头，帽头与扩张套筒构成一体。基于上述结构的不同，所带来的工作原理的不同在于：铆钉杆取代了涉案专利的盲铆钉起扩张作用；将物件压紧在面板顶部的是扩张套筒的帽头。

【一审审理结果】

一审法院认为：原告费希尔厂对"用于面板固定的紧固件"所享有的专利权合法有效。

涉案的"用于面板固定的紧固件"属于一项产品专利，其发明目的在于以较廉价的装置将物件压紧在面板上并紧固。根据该专利权利要求书中记载的必要技术特征，所要求保护的是结构，并限定了功能。本发明由扩张套筒和扩张元件两部分构成，其中，扩张元件与盲铆钉二者之间系指代关系，所限定的功能为扩张和将物件压紧。在实现扩张功能时，是通过带扁头的铆钉杆和膨胀套这两个结构来完成的。在实现将物件压紧时，则是依靠铆钉头这一结构来完成的。需要指出的是，根据专利说明书的解释，盲铆钉在实现扩张功能时，须先通过扩张其自身装置铆钉膨胀套来完成，而铆钉杆作为盲铆钉的一部分，其本身并未被设置有扩张功能。

就本案被控侵权产品而言，在实现扩张功能时，其在结构上缺少膨胀套，仅依靠铆钉杆的扁头部分将扩张套筒扩张，同时该铆钉杆并不具备将物件压紧的功能，与此功能对应的结构被转移至扩张套筒的帽头部分，从而以分散的形式实现了涉案专利中盲铆钉的功能。

在进行专利侵权等同判断时，应将被控侵权产品的技术方案与涉案专利必要技术特征相比较，判断二者是否以基本相同的手段，实现基本相同的功能，达到基本相同的效果，并且要从本领域的普通技术人员无需经过创造性劳动就能够联想到这一原则出发。在一项专利发明中，如果其保护的是结构，则该结构必然受到所设定的功能的限定，反过来，该限定又决定了结构。涉案专利中盲铆钉的结构限定是通过专利权利要求书中前序部分的功能描述的形式作出的，被控侵权产品所作出的改动是以不同的结构、不同的特征，分散地实现了涉案发明目的所要解决的同一功能，所实施的手段不同，是需要本领域的普通技术人员经过创造性劳动才能够联想到的，因此，应认定涉案被控侵权产品所使用的技术方案与涉案专利技术不等同。

综上，鉴于费希尔厂指控斯泰公司制造、许诺销售的被控侵权产品的技术方案与涉案的专利技术方案不等同，不构成对原告享有的涉案专利权的侵犯。费希尔厂指控江河公司许诺销售侵犯其专利权的产品，侵犯了其享有的专利权，依据不足，其指控不能成立。因此，原告在本案诉讼中针对斯泰公司、江河公司提出的全部诉讼请求，缺乏事实与法律依据，本院不予支持。本院依照《中华人民共和国专利法》第十一条第一款、第五十六条第一款之规定，判决如下：

驳回（德国）阿图尔－费希尔股份公司费希尔厂的诉讼请求。

案件受理费 15 010 元，由（德国）阿图尔－费希尔股份公司费希尔厂负担。

各方当事人均服从一审判决。

7. "竹制切菜板"实用新型专利侵权纠纷案

——丁建安诉浙江省仙居县华立工艺厂、华普超市有限公司

原告：丁建安
被告：浙江省仙居县华立工艺厂
被告：华普超市有限公司
案由：专利侵权纠纷

一审案号：北京市第二中级人民法院（2003）二中民初字第 9348 号
一审合议庭成员：董建中、何暄、张晓津
一审结案日期：2003 年 12 月 19 日

【判决要旨】

被控侵权产品在实现了专利权利要求的全部必要技术特征的基础上，又增加了新的技术特征时，应当认定被告侵权，此时，一般可以不再考虑被控侵权产品的技术效果与专利技术是否相同。

【起诉与答辩】

原告丁建安诉称：原告于 1999 年 11 月 8 日申请了"竹制切菜板"实用新型专利，并于 2000 年 7 月 21 日获得了授权，专利号为 99253808.4。后，原告在市场上发现了由浙江省仙居县华立工艺厂（以下简称华立工艺厂）生产、华普超市有限公司（以下简称华普超市）销售的竹菜板。原告认为，该产品的结构完全落入涉案专利的保护范围，属于侵权产品，故诉至法院，请求判令华立工艺厂销毁涉案产品的生产模具，两被告立即停止侵权、销毁全部侵权产品和半成品，公开赔礼道歉，消除影响，向原告连带赔偿 20 万元，并负担本案的诉讼费及原告因诉讼支出的合理费用。

被告华立工艺厂辩称：我厂已经针对涉案专利向国家知识产权局专利复审委员会提出无效申请，并且已经得到正式受理。我厂生产的竹菜板上市时间较早，且在产品结构方面与原告的产品存在重大区别，没有侵害原告的涉案专利权，故请求法院驳回原告的诉讼请求。

被告华普超市辩称：我公司销售的华立工艺厂生产的竹菜板来源合法，没

有侵害原告的专利权。请求法院驳回原告的诉讼请求。

【一审查明事实】

一审法院经审理查明：1999 年 11 月 8 日，丁建安向国家知识产权局提出了名称为"竹制切菜板"的实用新型专利申请。国家知识产权局经审查后，该项专利申请于 2000 年 7 月 21 日被授予专利权。该项专利的权利要求书中第一项权利要求记载的内容为：一种竹制切菜板，其特征在于长条竹片通过胶粘粘合形成竹排，横向排列的竹排和纵向排列的竹排交错叠在一起，经胶粘压合形成多层竹板构成。

2003 年 2 月 18 日，丁建安就涉案专利与天津鑫泽家工贸有限公司签订了专利实施许可合同，合同形式为普通许可，合同期限 2 年，许可费为 20 万元。

2003 年 1 月 21 日，原告丁建安在华普超市购买了"味老大菜板"一件。之后，原告又以公证形式于 2003 年 10 月 17 日在华普超市航天桥店购买了由被告华立工艺厂生产的、案外人天津鑫泽家工贸有限公司经销的"味老大天然竹菜板"两件。经查，以公证形式购买的"味老大天然竹菜板"的结构为长竹条竖叠，在端面上嵌入横条，没有多层叠置结构。另，华立工艺厂向法庭提供的其生产的竹菜板结构为：中间一层采用"口"字形竹条边框结构，并且在该框架内的竹条选用边角料填满；三层竹片排放整齐后，一次压挤成型。

【一审审理结果】

一审法院认为：因本案未中止诉讼，对于华立工艺厂提出丁建安享有专利权的"竹制切菜板"发明创造不具备专利性的主张，应另行通过专利复审程序解决。

对于丁建安以公证形式购买并当庭出示的"味老大天然竹菜板"，其结构与涉案专利的技术方案明显不同。根据华立工艺厂在诉讼中举证出的一块竹菜板，称其代表了该厂制造、销售的一种产品，丁建安亦表示认同，因此，该产品即作为原告指控的侵权产品，进而归纳出本案的争议焦点在于该产品的技术方案与涉案专利是否构成等同。

首先，华立工艺厂强调被控侵权产品是将三层竹片叠置后一次性压制成型，不具备先形成竹排的步骤，其描述的系工艺，但是，根据涉案实用新型专利权利要求书的记载，其受保护的是竹菜板的结构，因此，与制作工艺无关。

其次，涉案专利的基本结构在于竹片，使用胶粘只是一种手段，其目的在于将数个竹片进行同一方向的平面排列后不散，所形成的外表结构即为竹排。在涉案被控侵权产品中包含该结构，因此，对于华立工艺厂称被控侵权产品使用的是竹片，而没有形成竹排特征一节，本院不予采信。

第三，根据涉案专利的记载，竹排以及竹排的交错叠置均是涉案专利的必要技术特征，而且竹排构成了每一层面的全部结构。在专利说明书中，解释竹排交错叠设的目的在于防止变形和开胶。由于被控侵权产品在中间一层采用了"口"字形竹条边框结构，使得在同一层面中出现了不同方向排列的竹片，应该说该边框不属于竹排，也没有实现完全意义上的交错叠置，但是华立工艺厂为该边框设置了遮挡缝隙、固定废料等特定功能，从而与专利设置的功能有所不同，由于该边框实现的功能是独立的，它相当于增加了一个新的技术特征。边框内仍具有竹排与其他层面交错叠置的结构特征。根据专利侵权判定的有关原则，被控侵权产品在利用了专利权利要求的全部必要技术特征的基础上，又增加了新的技术特征时，不再考虑被控侵权产品的技术效果与专利技术是否相同。综上，涉案被控侵权产品全面覆盖了原告专利权利要求中记载的技术方案的全部必要技术特征。

根据我国专利法的规定，实用新型专利权被授予后，任何单位未经专利权人许可，都不得实施其专利，即不得为生产经营目的制造、销售其专利产品。华立工艺厂制造、销售被控侵权的竹菜板的行为构成了对原告专利权的侵犯，理应依法承担立即停止侵权行为并赔偿损失的民事责任。鉴于上述措施足以制止侵权行为的继续发生，对丁建安要求销毁侵权制成品、半成品及模具的请求，本院不予支持。丁建安提出的赔偿请求，因缺乏原告受到的实际损失或者华立工艺厂获利的直接证据，本院将参照被控侵权产品的销售单价、涉案专利的实施许可费等项因素，并结合有关司法解释的精神予以酌定。对丁建安请求赔偿因诉讼支出费用中的合理部分，本院亦予以支持。丁建安主张赔礼道歉、消除影响的请求，于法无据，本院不予支持。

根据现有证据，不能证明华普超市销售了涉案被控侵权的产品，对丁建安要求华普超市承担侵权责任的请求，本院不予支持。

综上所述，依照《中华人民共和国专利法》第十一条第一款、第五十六条第一款、《中华人民共和国民法通则》第一百三十四条第一款第（一）项、第（七）项之规定，判决如下：

一、浙江省仙居县华立工艺厂于本判决书生效后，未经丁建安许可，不得实施"竹制切菜板"专利；

二、浙江省仙居县华立工艺厂于本判决书生效后 10 日内，赔偿丁建安经济损失 20 000 元，赔偿丁建安因诉讼支出的合理费用 1 079.6 元；

三、驳回丁建安的其他诉讼请求。

案件受理费 5 510 元,丁建安负担 1 510 元,浙江省仙居县华立工艺厂负担 4 000 元。

各方当事人均服从一审判决。

8. 本田"小型摩托车"外观设计专利权无效行政纠纷案

—— (日本) 本田技研工业株式会社诉中华人民共和国
国家知识产权局专利复审委员会

原告 (上诉人): (日本) 本田技研工业株式会社
被告 (被上诉人): 中华人民共和国国家知识产权局专利复审委员会
第三人 (原审第三人): 浙江黄岩华日 (集团) 公司
第三人 (原审第三人): 上海飞羚摩托车制造有限公司
案由: 专利权无效行政纠纷

原审案号: 北京市第一中级人民法院 (2002) 一中行初字第 138 号
原审合议庭成员: 马来客、赵静、彭文毅
原审结案日期: 2002 年 9 月 20 日
二审案号: 北京市高级人民法院 (2003) 高行终字第 15 号
二审合议庭成员: 程永顺、刘辉、岑宏宇
二审结案日期: 2003 年 5 月 30 日

【判决要旨】

判断两个外观设计是否属于同样的发明创造,应当对两个外观设计是否相同或相近似作出判断。根据外观设计的具体对象,采用要部判断或整体观察、综合判断的方法。但是这两种判断方法并非互相排斥。对于外观设计产品简单、消费者关注的设计要部明显的,一般可以采用要部判断的方法;对于外观设计产品复杂、消费者关注的设计要部较多的,一般可以先进行要部比较,再进行整体观察、综合判断。

【起诉与答辩】

中华人民共和国国家知识产权局专利复审委员会 (以下简称专利复审委员会) 第 3669 号决定认为:基于请求人浙江黄岩华日 (集团) 公司 (以下简称黄岩公司)、上海飞羚摩托车制造有限公司 (以下简称飞羚公司) 和黄岩华日集团新乡市摩托车有限公司提出的无效宣告请求的理由,专利复审委员会对本专利是否符合《中华人民共和国专利法》第九条、第二十三条和《中华人民共和国专利法实施细则》第十三条第一款 (替代原《中华人民共和国专利法实施

细则》第十二条第一款的相关内容）的规定进行审理。

在上述三请求人提交的众多附件中，专利复审委员会采用了第一请求人即飞羚公司提交的证据 1 作为对比文件。飞羚公司提交的证据 1 是授权公告日为1994 年 1 月 5 日的 92307683.2 号外观设计专利的公报文本复印件，其申请日为1992 年 11 月 8 日，专利权人是光阳工业股份有限公司。经过核实，该证据所示内容与原件一致，确系在本专利申请日前由他人向中国专利局提出申请的外观设计专利的公报文本，即属于符合《中华人民共和国专利法》第九条规定的在先申请，适用于本案。该在先申请所示的外观设计产品为"摩托车"（以下简称对比文件）。

对于本田株式会社认为《中华人民共和国专利法》第九条只针对专利申请阶段的观点，专利复审委员会认为，发明创造只有先申请才会被授予专利权，已授权的专利必然是先向专利局提出申请的，因此只要提出过申请的外观设计，不论其最终是否被授予专利权，均适用于《中华人民共和国专利法》第九条，《中华人民共和国专利法实施细则》第六十四条第二款也明确了无效宣告请求的理由包括依照《中华人民共和国专利法》第九条的规定不能取得专利权的情形。

对比文件由六面视图和立体图来表现（附件 2 各图）。从图片上观察，对比文件为踏板式车型，车头转向部形状为类似三角形的圆滑曲面；车前罩形状为类似楔形的圆滑曲面，下端较尖，上部凸起一个大灯罩，内含双灯，大灯罩下有两条凸沿；车前部、踏板部与坐垫间的内弧线围成不规则的折线形；坐垫形状呈阶梯状；车尾部前倾为近似梯形，车后灯处凸出；轮辐为肋条型；其他另有消音器、转向灯、车把、后视镜、仪表板、后支架、后挡板及脚架等结构。

93303569.1 号专利（以下简称本专利，附件 1 各图）也是一种踏板式车型，车头转向部形状为类似三角形的圆滑曲面；车前罩形状为类似楔形的圆滑曲面，下端较尖，上部凸起一个大灯罩，内含一个大灯；车前部、踏板部与坐垫间的内弧线围成不规则的折线形；坐垫形状呈阶梯状；车尾部上扬为近似鸭尾形，车后灯处内收；轮辐为肋条型；其他另有消音器、转向灯、车把、后视镜、仪表板、后支架、后挡板及脚架等结构。

将本专利与对比文件相比较，其不同点为：车尾部、消音器和后视镜的形状不同，大灯罩内灯的数量不同，另有其他细微结构的形状有所不同。从整体视觉观察，上述不同点在整体形状中均属于局部的变化，在视觉上均处于非醒目明显的部位，本专利和对比文件无论是在整体车身、车架的形状上还是在大部分主要组成部件如车头转向部、车前罩、脚踏板、坐垫等结构的形状、连接及布局等方面均采用了相同或者相近似的设计，使二者的整体外观形状产生了同样的视觉效果，尤其是在异时异地、间接对比的情况下，足以导致一般购买者从单纯外观设计的角度对二者产生混淆和误认，因此二者属于相近似的外观设计，即本专利与对比文件属于同样的发明创造。由此，专利复审委员会认定在本专利申请日前已有他人就同样的发明创造向中国专利局提出过外观设计专利申请并被授予专利权，本专利属于在后申请，不符合《中华人民共和国专利法》第九条的规定。

鉴于由上述对比文件与本专利相比较已得出本专利不符合中国专利法所规定的授权条件的结论，专利复审委员会对三个请求人提交的其他理由和证据不再作任何评述。

基于上述事实，被告专利复审委员会作出宣告 93303569.1 号外观设计专利权无效的第 3669 号决定。

原告不服第 3669 号决定，向本院提起行政诉讼。

原告诉称：原告认为被告将对比文件所展示的摩托车外观设计判定为与本专利所要求保护的外观设计相近似的结论是错误的。

一、基本造型不应当作为判断外观设计相同或相近似的标准。被告作出的第 3669 号决定对两种外观设计的相近似性判断是以所涉及产品的现有基本造型为基础进行的，而非以所述产品的原始构成为依据。踏板式摩托车有着共同的基本造型，却有着许许多多的外观设计专利，其都是在一个基本造型的基础上对局部进行了变化，而且需求者也并不是以基本造型来选择产品，而是以在此基础上所产生的变化来区别产品并购买产品。所以，在进行相近似性比较时不应简单地以是否包括基本造型的各组成部分为依据，而应当比较各设计要部的具体外形设计是否有较大的差异，并判断具有这些差异的摩托车在整体上是否使该类产品的购买者造成混淆。原告认为，从产品的性质上看，摩托车的前面以及侧面是最容易引起消费者注意的部位。通过比较对比文件与本专利的设计内容可以发现二者在以下几个主要设计部位存在着显著差异。

1. 车头转向部

本专利车把盖的整体为长椭圆形，两个后视镜分别从其上端两侧斜向上方笔直延伸，其中央下部有一长方形白色装饰条，紧位于该装饰条的两侧设有一对大体为平行四边形的转向灯，该转向灯在左右方向上排成一列，并且和装饰条成一体化，在转向灯的上方形成如眉毛状的台阶线。用拟人的词语来形容，本专利的车把盖给人以线条柔和的人脸的印象。而对比文件车把盖的外轮廓呈扁平的菱形，两个后视镜分别从其上端经由曲折的臂向两侧斜向延伸，中央上方有一个呈倒三角形的突起的额状区域，车把盖的两侧，朝向中央下方配置着一对转向灯,它们的形状是越接近中央,其上下宽度越小,在转向灯之间,设有一个水平的线状条纹,其宽度约为转向灯幅度的一半。对比文件的车把盖给人的印象是宛如具有两只非常敏感的"吊眼"的螳螂的脸部。

2.车前罩

本专利车前罩的上表面和其侧面均成楔形造型,车前罩上表面在灯罩之下被设计成整体上无凹陷或台阶的简单的曲面,其两侧夹着曲面大致垂直地垂下,与车体背后构成的内箱的下轮廓线处于同一水平面,主大灯为单个大灯,灯罩沿朝向车把盖的方向突出车前罩表面,车前罩上表面前下部无槽孔。对比文件车前罩在侧面视图中呈现为从上至下厚度较薄且大致一定的构成,从而给人以"扁平"类似"鸭嘴"的印象,在灯罩下侧,以比灯罩的横向宽度略窄的平行凸缘限定出带状的凹部,用以加强外观装饰效果,在其本体两侧设置有横向鼓出的台阶,它和车前罩上的平行凸缘一起使得该车前罩的表面得到了充分的装饰性处理,形成了其独特的个性。

3.脚踏板

本专利脚踏板呈现向下地向前挡泥板延伸的走向。其与车前罩非整体形成,脚踏板轮廓线的前端延伸到车前罩的下部,其后端延伸到车体的后端部,所以形成在前后方向上可使人感觉到其长度的外观设计,强调了向后方的设计上的流畅性。对比文件车前罩下方与脚踏板自然地相连接,由此强调了车前罩和脚踏板之间的一体感和连续性,脚踏板后端仅延伸到后车体盖中部,加上车前部的倾斜角度,在视觉上给人以紧凑的外观印象。

4.后车体盖

本专利后车体盖的构成简洁明了,线条清晰。如侧视图所示,在后轮上方,呈现为以下方踏板的延长线为下缘的平行四边形。对比文件的后车体盖没有进行特定的美化处理,因而其形状显得杂乱不清,没有一定的规则,在外观设计上无存在感。

5.尾部

本专利在后部形成了一个后悬置面,该后悬置面的轮廓线与后车体盖后缘的轮廓线相一致,由上方朝向下前方,如侧视图所示,在该面和后挡泥板之间形成"<"字形轮廓线,致使本专利的后部呈现出"鸭尾"的形态。刹车灯在悬置的车体后部上呈带状配置,转向灯被配置成"八"字状,其上端以桥连接。"八"字之下为刹车灯。对比文件车尾后端部的倾斜轮廓线与后挡泥板相同地朝向下后方。后转向灯左右分离地配置着,其中央没有刹车灯。

总之,本专利与对比文件在车头转向部、车前罩、脚踏板、后车体盖及车尾部等视觉要部的外观设计上均有显著的差异,视觉效果明显不同。因此,本专利与对比文件既不相同也不相近似。

二、一般消费者对本专利和对比文件不容易产生混淆和误认。专利法是保护对产业发展有贡献的外观设计的法律，所以，外观设计的近似性判断应该包括判断二者在产业价值上是否不同。外观设计的产业价值在于：是否该外观设计具有现有外观设计所没有的构成，从而其具有不同于现有产品的刺激需求者购买欲的价值。因此，外观设计相似性的具体判断者应为欲购买涉及该外观设计物品的需求者，且看需求者是否将具有该外观设计的产品当作不同的购买对象。因此，判断外观设计相似性的主体应当是该外观设计所涉及产品的潜在的和/或实际的购买者，该购买者必然具有关于其欲购买商品的一般知识，并了解该商品的当前现状。特别是欲购买价格昂贵的物品时，购买者通常会比较慎重地进行选择，仔细地对比同类产品。和购买便宜商品的需求者相比，购买贵重物品的购买者会对商品倾注更高程度的注意力，而且通常具有较高水平的判断力，因此不能单纯地将判断外观设计相似性的主体理解为一般的消费者。

三、无效决定是以模糊不清的对比文件图片为依据作出的。第 3669 号决定错误的另一个主要原因是对比文件图片模糊不清。这在一定程度上掩盖了对比文件与本专利外观设计要部的显著不同和不相近似，而无效决定中使用的笼统的比对比文件图片更为模糊不清的语言，进一步将显著不同也不相近似的外观设计表述为相同或相近似的外观设计，从而得出了错误的结论。

综上所述，即使根据对比文件模糊不清的图片，也能分辨出与本专利设计要部的显著不相同和不相近似。基本造型相同不应作为认定外观设计相同或相近似的标准，无论是一般消费者还是专家都不容易对本专利和对比文件产生混淆和误认，本专利和对比文件不构成相同或相近似的外观设计，因此第 3669号决定是错误的，应依法予以撤销，本专利的授权符合专利法的有关规定，依法应当被认定为有效。

被告辩称：专利复审委员会所作出的第 3669 号决定中关于本专利与对比文件的相近似性判断是正确的，原告的诉讼请求不能成立；同时答辩人对原告的主体资格和诉讼时效存在质疑。具体答辩理由如下：

1. 本诉讼原告名称为"日本国本田技研株式会社"，而第 3669 号无效宣告请求审查决定中涉及的相关当事人是"本田技研工业株式会社"，主体名称不一致；同时第 3669 号无效宣告请求审查决定是 2001 年 9 月 17 日发出的，当事人的诉讼时效应自收到决定之日起至 2002 年 1 月上旬，答辩人从收到的诉讼文件中不能确定原告是否是在诉讼时效内提起本诉讼。

2. 原告诉称答辩人作出错误的相近似性判断一项，答辩人根据外观设计相近似性判断的标准和原则，整体观察、综合判断，异时异地、隔离对比，坚持第 3669 号决定中所作出的相近似性判断，在此不作赘述；从原告的起诉状中可以看出，原告在相近似性判断中将摩托车类产品的整体形状进行了分割，忽视两个外观设计整体车身、车架及主要组成部件的形状和布局等在视觉上明显醒目的同样设计，而仅考虑局部之异，以偏概全，实际上是替换了判断客体；同时原告主观上有意采用不同的词汇区分主要组成部件的近似形状，并引入与外观设计相近似性判断无关的产业价值的概念加以影响，以上均背离了外观设计相近似性判断的标准和原则。

3. 原告提交的在第 3669 号决定中并未采用过的新证据，不是作出第 3669 号决定的依据，因而与本案无关。

4. 根据《中华人民共和国专利法》第五十六条第二款的规定，外观设计的保护范围以表示在图片或者照片中的该外观设计专利产品为准。不能以其他图片或实物代替。

5. 产业价值不是判断外观设计相同或相近似所应当考虑的因素。

6. 设计的构思方法、设计者的理念不是判断外观设计相同或相近似所应当考虑的因素。

综上，答辩人认为：原告在起诉状中所述事实和理由不能成立，请求人民法院依法驳回原告的诉讼请求，维持答辩人作出的第 3669 号无效宣告请求审查决定。

第三人黄岩公司辩称：

一、专利复审委员会于 2001 年 9 月 17 日作出的第 3669 号决定，对本专利与对比文件相近似性的判断所采用的判断客体、判断主体、判断原则和判断方式均符合我国的相关规定，该决定认定事实清楚、适用法律法规正确，符合法定程序。

二、原告在行政起诉状中所称的理由和观点完全背离外观设计相近似性判断的基本准则：

1. 原告在对本专利和对比文件相近似性的对比分析中，其着眼点是两者的局部、细小的地方，并且有意将一个本来完整的外观设计产品进行简单、机械的分割，片面罗列二者在细微地方存在一些差异的数量，而忽视一般消费者引起注意的要部的相同或相近似。

2. 原告对摩托车特别是小型摩托车的分析研究已达到了很高的境界，把高水平的、现代的摩托车设计理念融会贯通到对不同摩托车的外形是否相近似的判断中。但是，原告的这种知识结构、设计理念、判断方式正是在外观设计相近似性判断中应彻底排除的，它有背于我国对外观设计相同或相近似性判断的基本准则。判断外观设计是否相近似的主体应是一般消费者，而不是专家或者专业设计人员，并且仅以一般注意力来分辨产品的外观设计。

3. 原告在对摩托车外观设计是否相近似的分析中，有意大量引进与外观设计相近似性判断毫无关系的所谓产业价值概念，这显然不符合我国对外观设计相近似性判断的根本原则和宗旨。同时，答辩人需要指出的是，消费者对不同种类产品的选购中，因产品的使用用途的明显差异，所采用的着重点是不同的。对于摩托车这种高速载人运输工具，产品的安全可靠性最为重要，所以消费者在选择购买摩托车时，首先是从已知的产品性能、品牌上作出选择，第二步是价位的确定，最后一步才是对已确定的候选产品的外观设计和色彩布局进行选择。因此，对购买摩托车这样一种高速运输产品而言，产品的外观设计并不是导致消费者决定购买的第一因素，一般消费者对摩托车外观的注意力度远不如其他日常生活用品（如服装、玩具等）重要，这就使得购买摩托车的一般消费者对外观形状的敏感程度会落后于购买其他日常生活用品的一般消费者，因而，对购买摩托车的一般消费者来说，摩托车外形的局部、细小差异是无法进行分辨的。

综上所述，原告所述的事实和理由不能成立，为此，请求法院依法驳回原告的诉讼请求，维持专利复审委员会作出的第 3669 号决定。

第三人飞羚公司未提交书面意见，在庭审中表示同意专利复审委员会和第三人黄岩公司的意见，请求法院维持专利复审委员会作出的第 3669 号决定，驳回原告诉讼请求。其具体理由为：（1）原告将两产品的外观设计分割成几部分进行对比违反了专利法的有关规定；（2）原告有关"购买摩托车的消费者的认知能力高于一般消费者"的观点是错误的；（3）双方的差异主要在主大灯、后排是否外翻等四个问题，车前罩是否是楔形的问题是新提出的问题，不应在本案的审理范围内。

【原审查明事实】

原审法院经审理查明：本案涉及中国专利局于 1994 年 6 月 1 日授权公告的名称为"小型摩托车"的 93303569.1 号外观设计专利权（本专利），其申请日为 1993 年 7 月 1 日，优先权日为 1993 年 5 月 14 日，专利权人是本田株式会社。其授权公告文本中公开了小型摩托车的主视图、左视图、右视图、俯视图、仰视图、后视图和四幅立体图。

针对上述专利权，飞羚公司于 1998 年 1 月 8 日向专利复审委员会提出无效宣告请求，认为在本专利申请日之前已有与其相近似的外观设计在出版物上公开发表过，并同时提交了下述证据：

证据 1 是授权公告日为 1994 年 1 月 5 日的 92307683.2 号外观设计专利的

公报文本复印件；

证据 2 是授权公告日为 1992 年 10 月 14 日的 92300087.9 号外观设计专利的公报文本复印件；

证据 3 是授权公告日为 1992 年 12 月 30 日的 92301303.2 号外观设计专利的公报文本复印件。

本田株式会社于 1998 年 6 月 29 日提交了意见陈述书，认为飞羚公司提交的证据 1 的公开日在本专利申请日后，不能作为本案的证据，且将证据 2 和证据 3 中所示产品分别与本专利相比较，均属于不相近似的外观设计，因此本专利应予维持。同时本田株式会社为说明本专利确有专利性，提交了四个附件作为旁证：

附件 1 是六种摩托车型的外观设计专利公报复印件，授权公告日均在本专利申请日后；

附件 2 是由日本国特许厅发行的两种摩托车的意匠公报复印件，发行日均在本专利申请日前；

附件 3 是由日本国特许厅发行的两种摩托车的意匠公报复印件，发行日均在本专利申请日后；

附件 4 是本专利产品图片一张。

飞羚公司于 1999 年 6 月 18 日提交了意见陈述书，认为本方提交的证据 1 的公开日虽然在本专利申请日后，但其申请日在本专利优先权日之前，仍可作为在先申请适用于《中华人民共和国专利法》第九条和《中华人民共和国专利法实施细则》第十二条第一款宣告本专利无效。同时飞羚公司主动撤回了证据 2 和证据 3，另外新补充了 3 个证据（编号续前）：

证据 4 是 1992 年 3 月 10 日出版的台湾省第 87 期《摩托车》杂志第 245 页复印件；

证据 5 是授权公告日为 1993 年 10 月 27 日的 92306539.3 号外观设计专利的公报文本复印件，其申请日为 1992 年 9 月 17 日；

证据 6 是 1993 年 5 月 1 日发行的日本《オートバイ》杂志（第 59 卷第 6 号）第 108 页复印件。

飞羚公司于 2000 年 9 月 25 日向专利复审委员会提交了证据 4 和证据 6 的整本原件。

针对本专利，1999 年 10 月 12 日黄岩公司以本专利不符合《中华人民共和国专利法》第二十三条为由，向专利复审委员会提出无效宣告请求。其认为在本专利申请日前已有与其相同或相近似的外观设计产品在出版物上公开发表过和在国内公开使用过，并同时提交了作为证据的四个附件：

附件1是《风火轮91机车年鉴》杂志的封面和部分内页复印件；

附件2是公告日为1992年10月14日的92300087.9号外观设计专利的公报文本复印件；

附件3是公告日为1992年10月21日的92300088.7号外观设计专利的公报文本复印件；

附件4是公告日为1992年10月28日的92300089.5号外观设计专利的公报文本复印件。

针对本专利，2000年8月1日黄岩华日集团新乡市摩托车有限公司同样以本专利不符合《中华人民共和国专利法》第二十三条为由，向专利复审委员会提出无效宣告请求。其认为在本专利申请日前已有与其相同或相近似的外观设计产品在出版物上公开发表过和在国内公开使用过，并同时提交了作为证据的两个附件：

附件1是《风火轮91机车年鉴》杂志的封面和部分内页复印件；

附件2是人民邮电出版社于1993年2月出版的《风火轮92机车年鉴》杂志的封面和部分内页复印件。

在口头审理过程中，各方相关当事人对飞羚公司提交的证据1、证据4、证据5、证据6和黄岩华日集团新乡市摩托车有限公司提交的附件2这些证据本身的真实性和法律适用性均无异议。口头审理结束后，专利复审委员会于2001年4月20日向本田株式会社发出无效宣告请求审查通知书，要求其在规定期限内针对飞羚公司提交的证据1就《中华人民共和国专利法》第九条陈述意见。

被请求人于2001年5月14日提交了意见陈述书，认为《中华人民共和国专利法》第九条针对的是专利申请阶段，强调的是申请人，而本专利和第一请求人提交的附件1均为已授权专利，不属于《中华人民共和国专利法》第九条规定的情况；同时本专利和飞羚公司提交的证据1所示的外观设计区别明显，属于不相近似的外观设计，即不构成同样的发明创造。

第3669号决定采用飞羚公司提交的证据1作为对比文件，认为该对比文件的申请日在本专利优先权日之前，属于《中华人民共和国专利法》第九条中规定的在先申请。将该对比文件与本专利相比，二者属于相近似的外观设计，故以本专利不符合《中华人民共和国专利法》第九条的规定宣告其无效。

为了支持其主张，原告在法院庭审前提交了八份书证和两个物证。其中书证1、书证2和书证3分别是本专利授权公告文本复印件、第3669号决定复印件和对比文件授权公告文本复印件。书证3的补充书证3－S中的（1）为对比文件实际产品的彩色广告材料复印件，（2）为对比文件专利权人证明上述（1）

是书证3对比文件的广告宣传资料的来往信函，（3）是从上述（1）的背面翻拍的产品彩色照片。书证4是本专利的照片，书证5是对比文件的照片，书证6是个人就第3669号决定出具的意见书，书证7为广东省江门市公证处和河北省沧州市公证处出具的公证书。物证1为五羊－本田（广州）有限公司制造的KCWKJ型踏板式摩托车，物证2为光阳工业股份有限公司制造的豪汉125型踏板式摩托车。

被告提交了第3669号决定中采用的对比文件即专利号为92307683.2号外观设计专利的公报文本复印件。该公报文本公开了摩托车的主视图、左视图、右视图、俯视图、仰视图、后视图和立体图。被告当庭出示了本专利和对比文件专利申请案卷，其中被授权的摩托车图片清晰可见。

第三人黄岩公司提交了人民邮电出版社《风火轮92机车车鉴》的部分复印件。第三人飞羚公司提交了上海市黄浦区第一公证处出具的公证书及其附件1即《问卷调查表》和附件2即被调查对象年龄分布表。

庭审中对原告、被告和第三人提供的所有证据均当庭进行了质证。

被告和第三人对本田株式会社提交的证据1至证据3（同被告提交的证据）的真实性无异议。

本案诉讼过程中，本院曾依法通知无效宣告请求人之一黄岩华日集团新乡市摩托车有限公司作为第三人参加诉讼，但该公司未参加2001年度年检，且下落不明。

【原审审理结果】

原审法院认为：《中华人民共和国专利法》第二十三条规定，授予专利权的外观设计，应当同申请日以前在国内外出版物上公开发表过或者国内公开使用过的外观设计不相同和不相近似，并不得与他人在先取得的合法权利冲突。

《中华人民共和国专利法》第五十六条第二款规定，外观设计专利权的保护范围以表示在图片或者照片中的该外观设计专利产品为准。故原告提交的书证3－S、书证4和书证5中的产品照片以及物证1、物证2的产品均不能作为有效证据被采信。判断外观设计是否相近似的审查依据是专利法、专利法实施细则和审查指南的有关规定，而不是个别人的观点。由于原告提交的书证6是关于小型摩托车外观设计专利权无效请求案的个人意见，因此，该证据不能作为本案的有效证据。书证7是广东省江门市公证处和河北省沧州市公证处出具的公证书，其内容是在公证员参加的情况下，采用问卷的方式对隔离放置的两款踏板式摩托车的外观设计是否相近似进行现场调查的情况。对于该证据，首先进行现场调查的两款摩托车的外观设计与授权公告文本中以图片表示的摩托车外观设计不完全一致，如现场调查的光阳工业股份有限公司的摩托车车前部有四个明显的横向槽孔，而对比文件的授权公告图中并没有这些槽孔，现场调查的本田株式会社摩托车车头转向部转向灯之间的装饰条与本专利授权公告文本中的装饰条也有所不同。再者，虽然两样品车上出现的商标、厂家名称、品牌等显著标识被遮蔽，但这些被调查者与专利法意义上的一般消费者仍有所不同，专利法意义上的一般消费者是指一种假想的人，他不会注意和分辨产品的大小、材料、功能、技术性能和内部结构等因素。设计的构思方法、设计者的观念等都不是一般消费者所考虑的因素。专利法意义上的一般消费者只考虑产品的形状、图案和色彩，而本专利未要求保护色彩，从授权公报图片中看到的摩托车也没有任何图案，所以一般消费者考虑的仅是摩托车的形状要素。而现场调查的对象是一些随机抽查的人，他们有可能考虑到产品的大小、材料、性能、设计构思等非外观设计的要素，因此，该证据的判断主体不符合专利法审查指南中的有关规定。而且第三人飞羚公司提交的证据，即上海市黄浦区第一公证处的公证书中的调查结果与该证据中的调查结果完全相反，正说明现场调查这种判断方式不符合专利法关于外观设计相同和相近似的判断原则。因此，该证据不能作为有效证据予以采信。

第三人飞羚公司提交的证据，即上海市黄浦区第一公证处的公证书，在本专利无效宣告请求审查程序中并未提交，而且其判断方式不符合专利法关于外观设计相同和相近似的判断原则，因此不能作为评判第 3669 号决定正确与否的证据。第三人黄岩公司提交的人民出版社《风火轮 92 机车年鉴》部分复印件虽然在本专利无效宣告请求审查程序中已提交，但第 3669 号决定并未以该证据作为对比文件宣告本专利无效，所以，该证据同样不能作为认定第 3669 号决定正确与否的证据。

经过开庭质证，本案的焦点在于本专利与对比文件相比是否属于相近似的外观设计。

被告专利复审委员会当庭出示的本专利和对比文件的专利申请案卷中的图片是清晰的，因此，原告关于本专利和对比文件的图片不清晰，无法正确进行相近似性比较判断的主张，本院不予支持。

下面将本专利与对比文件中显示的摩托车进行相近似性比较判断。

本专利是由产品六面视图和立体图所反映的外观设计。本专利为一种踏板式摩托车，车头转向部形状为类似椭圆形的圆滑曲面，中央上方有一近似扇形的稍突出的区域，下方两侧配置着一对转向灯，转向灯之间有一近似长方形的装饰条，两个后视镜从车头转向部上部两侧斜向延伸，车把从其两端伸出；车前罩为下端较尖的上表面及其两侧面类似楔形的圆滑曲面，上部正面凸出一个大灯罩，内含一个大灯；车前罩下方、踏板部与坐垫间的内弧线围成不规则的折线形；坐垫形状呈阶梯形；在坐垫与脚踏板延伸部分之间的后车体盖比较光滑，车后灯在后车体盖后部两侧并向内收；车尾部上扬近似鸭尾形，后挡泥板从脚踏板延伸部后部下方斜向向下延伸；其他另有消音器、仪表板、后支架、后挡板等结构。对比文件也是由六面视图和立体图所表示的产品。从图片上观察，对比文件为踏板式摩托车，从对比文件主视图看车头转向部形状为类似椭圆形（比本专利略扁）的圆滑曲面，中央上方有一呈扇形的突出部，下方两侧配置着一对转向灯，两个后视镜从车头转向部上部两侧斜向延伸，车把从其两端伸出；车前罩形状为下端较尖的类似楔形的曲面，上部凸起一个大灯罩，内含双灯，大灯罩下有两条比灯罩的横向宽度略窄的平行凸缘；车前罩下部、踏板部与坐垫间的内弧线围成不规则的折线形；坐垫形状呈阶梯状；在坐垫与脚踏板延伸部分之间的后车体盖凹凸不平，车后灯在后车体盖后部两侧，比车体盖后部凸出；车尾部上扬近似鸭尾形，后挡泥板从脚踏板延伸部后部下方斜向向下延伸；其他另有消音器、仪表板、后支架、后挡板等结构。

将本专利与对比文件相比较，其不同点为：从车前方观察，对比文件椭圆形车头转向部比本专利略扁，转向灯之间的部分仔细观察有所区别，本专利车前罩为光滑曲面，对比文件车前罩有两条凸缘，大灯罩内灯的数量不同，本专利后车体盖比对比文件后车体盖光滑，另有其他细微结构的形状有所不同。

本院认为，如原告所述那样，在摩托车的许多部位均为要部的情况下，就要对车的外观设计采用整体观察、综合判断的方式进行相同和相近似判断。所谓综合判断的方式是指由本专利的全部来确定是否与对比文件相同或者相近似，而不从本专利的部分或局部出发得出与在先设计是否相同或者相近似的结论，也不能把本专利的各个部分分割开与对比文件进行对比判断。因此，原告将摩托车分割成几个部分单独进行对比的方式已经背离了专利法审查指南关于外观设计相同相近似的判断原则和判断方式。经过上述对二者的对比分析可知，本专利和对比文件在整体车身、车架的形状和布局上均很近似，其各主要组成部件如车头转向部、车前罩、脚踏板、坐垫、尾部等结构的形状、连接及布局等均采用了相近似的设计，虽然二者的后车体盖一个比较光滑，一个凹凸不平，但在其他部分均相似的情况下，对一般消费者来说，二者的整体外观形状仍然会产生同样的视觉效果，尤其是在异时异地、间接对比的情况下，足以导致一般消费者从单纯外观设计的角度上对二者产生混淆和误认。正如前面所述，专利法意义上的一般消费者是一种假想的人，其在购买产品时，仅注意产品的形状、图案和色彩，不会考虑价格等其他要素，因此，原告关于"购买贵重物品的购买者会对商品倾注很高程度的注意力，而且通常具有较高水平的判断力"的主张本院不予支持。

综上所述，在本专利申请日前已有他人就同样的发明创造向中国专利局提出过外观设计专利申请并被授予专利权，本专利属于在后申请，不符合《中华人民共和国专利法》第九条的规定。原告本田株式会社的诉讼请求没有事实和法律依据，本院不予支持。专利复审委员会作出的第 3669 号决定事实清楚，适用法律正确，程序合法，应予维持。依照《中华人民共和国行政诉讼法》第五十四条第（一）项之规定，判决如下：

维持中华人民共和国国家知识产权局专利复审委员会的第 3669 号无效宣告请求审查决定。

本田株式会社不服原审判决，提起上诉。理由是：原审法院采用的判断"小型摩托车"外观设计专利与对比文件记载的已有外观设计是否相同和相近似的方法错误；原审法院关于外观设计相同和相近似性判断的主体错误；"小型摩托车"外观设计专利与对比文件记载的已有外观设计相比有多处不同，因此，不属于相近似的外观设计。请求二审法院撤销原审判决；撤销专利复审委员会第 3669 号无效决定；确认"小型摩托车"外观设计专利权有效。

专利复审委员会、浙江华日公司、上海飞羚公司服从原审判决。

【二审查明事实】

二审法院经审理查明：本田株式会社于 1993 年 7 月 1 日向原中国专利局提出名称为"小型摩托车"的外观设计专利申请，该申请的优先权日是 1993 年 5 月 14 日，1994 年 6 月 1 日被授予外观设计专利权，专利号是 93303569.1。该专利授权公告文本包括主视图、左视图、右视图、俯视图、仰视图、后视图和四幅立体图。

1998 年 1 月 8 日，上海飞羚公司以"小型摩托车"外观设计专利申请日之前已有与之相近似的外观设计在出版物上公开发表过为由，提出宣告该专利权无效的请求。上海飞羚公司同时提交了三份证据：证据 1，授权公告日为 1994 年 1 月 5 日的 92307683.2 号外观设计专利的公报文本复印件（见本判决附件 2）；证据 2，授权公告日为 1992 年 10 月 14 日的 92300087.9 号外观设计专利的公报文本复印件；证据 3，授权公告日为 1992 年 12 月 30 日的 92301303.2 号外观设计专利的公报文本复印件。

专利复审委员会将上述无效宣告请求及证据转送给本田株式会社。本田株式会社于 1998 年 6 月 29 日提交了意见陈述书，并提交了四个附件：附件 1，六种摩托车车型的外观设计专利公报复印件，授权公告日均在"小型摩托车"外观设计专利申请日后；附件 2，日本特许厅发行的两种摩托车的意匠公报复印件，发行日在"小型摩托车"外观设计专利申请日后；附件3，日本特许厅发行的两种摩托车的意匠公报复印件，发行日在"小型摩托车"外观设计专利申请日前；附件4，"小型摩托车"外观设计专利产品图片一张。

上海飞羚公司于1999年6月18日提交意见陈述书，撤回了证据2和证据3，另外，新补充了三个证据：证据4，1992年台湾出版的台湾第87期《摩托车》杂志第245页复印件；证据5，申请日为1992年9月17日、授权公告日为1993年10月27日、专利号为92306539.3的外观设计专利的公报文本复印件；证据6，1993年5月1日发行的日本《オートバイ》（中文意思为《摩托车》）杂志第59卷第6号第108页复印件。2000年9月25日，上海飞羚公司向专利复审委员会提交了证据4和证据6的整本原件。

1999年10月12日，浙江华日公司（原名称为浙江黄岩华日集团公司，2001年10月13日变更为现名称）以"小型摩托车"外观设计专利不符合《中华人民共和国专利法》第二十三条为由，向专利复审委员会提出宣告该专利权无效请求，并同时提交了四个附件：附件1，《风火轮91机车年鉴》杂志的封面和部分内页复印件；附件2，公告日为1992年10月14日的92300087.9号外观设计专利的公报文本复印件；附件3，公告日为1992年10月21日的92300088.7号外观设计专利的公报文本复印件；附件4，公告日为1992年10月28日的92300089.5号外观设计专利的公报文本复印件。

2001年8月1日，新乡摩托车公司以"小型摩托车"外观设计专利不符合《中华人民共和国专利法》第二十三条的规定为由，向专利复审委员会提出无效宣告请求，并提交了两个附件：附件1，《风火轮91机车年鉴》杂志的封面和部分内页复印件；附件2，人民邮电出版社于1993年2月出版的《风火轮92机车年鉴》杂志的封面和部分内页复印件。

2001年4月10日，专利复审委员会对上述三个无效请求人针对"小型摩托车"外观设计专利权提出的无效宣告请求进行合并口头审理。口头审理结束后，专利复审委员会于2001年4月20日向本田株式会社发出无效宣告请求审查通知书，要求本田株式会社在规定期限内针对上海飞羚公司提交的证据1就专利法第九条陈述意见。本田株式会社于2001年5月14日提交了意见陈述书。

2001年9月11日，专利复审委员会作出第3669号无效决定，宣告"小型摩托车"外观设计专利权无效。专利复审委员会认为：基于三个无效宣告请求人提出的无效宣告请求理由，专利复审委员会对"小型摩托车"外观设计专利是否符合《中华人民共和国专利法》第九条、第二十三条和《中华人民共和国专利法实施细则》第十三条第一款的规定进行审查。上海飞羚公司提交的证据

1 是授权公告日为 1994 年 1 月 5 日的 92307683.2 号外观设计专利文本复印件，其申请日是 1992 年 11 月 8 日，专利权人是光阳工业股份有限公司，确系在"小型摩托车"外观设计专利申请日前由他人向中国专利局提出申请的外观设计专利的公报文本，属于《中华人民共和国专利法》第九条规定的在先申请。发明创造只有先申请才会被授予专利权，已授权的专利必然是先向专利局提出申请的，因此，只要提出过申请的外观设计，不论其最终是否被授予专利权，均适用于《中华人民共和国专利法》第九条。《中华人民共和国专利法实施细则》第六十四条第二款也明确了无效宣告请求的理由包括依照《中华人民共和国专利法》第九条的规定不能取得专利权的。对比文件为踏板式车型，车头转向部形状为类似三角形的圆滑曲线；车前罩形状为类似楔形的圆滑曲面，下端较尖，上部凸起一个大灯罩，内含双灯，大灯罩下有两条凸沿；车前部、踏板部与坐垫间的内弧线围成不规则的折线形；坐垫形状呈阶梯状；车尾部前倾为近似梯形，车后灯处凸出；轮辐为肋条型；其他另有消音器、转向灯、车把、后视镜、仪表板、后支架、后挡板及脚架等结构。"小型摩托车"外观设计专利也是一种踏板式车型，车头转向部形状为类似三角形的圆滑曲面；车前罩形状为类似楔形的圆滑曲面，下端较尖，上部凸起一个大灯罩，内含一个大灯；车前部、踏板部与坐垫间的内弧线围成不规则的折线形；坐垫形状呈阶梯状；车尾部上扬为近似鸭尾形，车后灯处内收，轮辐为肋条型；其他另有消音器、转向灯、车把、后视镜、仪表板、后支架、后挡板及脚架等结构。将"小型摩托车"外观设计专利与对比文件相比较，其不同点为：车尾部、消音器和后视镜的形状不同，大灯罩内灯的数量不同，另有其他细微结构的形状有所不同。从整体视觉观察，上述不同点在整体形状中均属于局部的变化，在视觉上均处于非醒目明显的部位，"小型摩托车"外观设计专利和对比文件无论是在整体车身、车架的形状上还是在大部分主要组成部件，如车头转向部、车前罩、脚踏板、坐垫等结构形状、连接及布局等方面均采用了相同或者相近似的设计，使二者的整体外观形状产生了同样的视觉效果，尤其是在异时异地、间接对比的情况下，足以导致一般购买者从单纯外观设计的角度上对二者产生混淆和误认，因此二者属于相近似的外观设计，即"小型摩托车"外观设计专利与对比文件属于同样的发明创造。在"小型摩托车"外观设计专利申请日前已有他人就同样的发明创造向中国专利局提出过外观设计专利申请并被授予专利权，"小型摩托车"外观设计专利属于在后申请，不符合《中华人民共和国专利法》第九条的规定。基于以上理由，专利复审委员会作出第 3669 号无效决定。

另查明，新乡摩托车公司未参加 2001 年年检，且下落不明。

【二审审理结果】

二审法院认为：根据《中华人民共和国专利法》第九条的规定，两个以上的申请人分别就同样的发明创造申请专利的，专利权授予最先申请的人，在后的申请不能被授予专利权。已经被授予专利权的，在无效宣告请求审查程序中应当依据先申请原则宣告其无效。

判断两个外观设计是否属于同样的发明创造，应当对两个外观设计是否相同和相近似作出判断。根据外观设计的具体对象，采用要部判断或者整体观察、综合判断的方法。但是这两种判断方法并非互相排斥。对于外观设计产品简单、消费者关注的设计要部明显的，一般可以采用要部判断的方法；对于外观设计产品复杂、消费者关注的设计要部较多的，一般可以先进行要部比较，再进行整体观察、综合判断。本案中，争议的外观设计为"小型摩托车"，作为对比文件的证据1也是一种摩托车。将"小型摩托车"外观设计专利与证据1记载的摩托车进行对比，可以得出以下结论：（1）两者均为小型摩托车产品，属于相同类产品；（2）两种摩托车产品的组成部分相同；（3）在相对应的组成部分有所区别，具体是："小型摩托车"外观设计专利记载的摩托车的车头转向部形状为类似椭圆形的圆滑曲面，两侧各有一呈长方形的转向灯，转向灯之间有一近似长方形的装饰条，证据1记载的摩托车的车头转向部形状为类似椭圆形、比"小型摩托车"外观设计专利略扁的圆滑曲面，两侧各有一呈椭圆形的转向灯；"小型摩托车"外观设计专利记载的摩托车的车前罩为圆滑的表面，上部正面凸出一个大灯罩，内含一个大灯，证据1记载的摩托车的车前罩上部凸起一个大灯罩，内含双灯，大灯罩下有两条比灯罩的横向宽度略窄的平行凸缘；"小型摩托车"外观设计专利记载的摩托车的坐垫与脚踏板之间的后车体盖比较光滑，车后灯在车后体盖后部两侧并向内收，证据1记载的摩托车在坐垫与脚踏板延伸部分之间的后车体盖凹凸不平，车后灯在后车体盖后部两侧，比车后体盖后部凸出；"小型摩托车"外观设计专利记载的摩托车的脚踏板从车前罩下部一直延伸到车体的后端部，证据1记载的摩托车的脚踏板从车前罩延伸到车后体盖下端的中部。从车前方观察，证据1记载的摩托车椭圆形车头转向部比"小型摩托车"外观设计专利记载的摩托车车头转向部略扁，转向灯之间的部分也有所区别；"小型摩托车"外观设计专利记载的摩托车车前罩为光滑曲面，证据1记载的摩托车车前罩有两条凸缘；大灯罩内的灯数量不同。从车后方观察，"小型摩托车"外观设计专利记载的摩托车后车体盖比证据1记载的摩托车的后车体盖光滑；另有其他细微结构的形状有所不同。由此可见，"小型摩托车"外观设计专利消费者关注的要部较多，在进行要部对比之后，采用整体观察、综合判断的方法，将"小型摩托车"外观设计专利的各个视图所记载的摩托车的各个组成部分——进行观察，得出的整体印象，与证据1记载的在先的摩托车外观设计专利各个组成部分——进行观察，得出的整体印象进行对比，整体上可以得到"小型摩托车"外观设计专利比证据1记载的在先的摩托车外观设计更加简洁明快的印象，富有与证据1记载的在先的摩托车外观设计所不同的美感，而且在进行整体观察时，通过要部对比二者呈现出的区别并不会在视觉中消失。由于二者之间的区别在视觉上多数处于明显位置，不论是采用要部判断，还是整体观察、综合判断，均足以使对摩托车产品具有一般知识水平和认知能力的消费者将"小型摩托车"外观设计专利与证据1记载的在先的摩托车外观设计专利区别开，不会产生美感上的混淆，因此，"小型摩托车"外观设计专利与证据1记载的在先的摩托车外观设计专利相比，虽然两者属相同类产品，但两者的外观设计并不相同，也不相近似，两者不属于同样的发明创造。

本田株式会社关于"小型摩托车"外观设计专利与证据1记载的在先的摩托车外观设计相比有多处不同，构成整体不相同也不相近似的外观设计的上诉理由成立，本院予以支持。

综上，第3669号无效决定认定事实不清，适用法律、法规错误。原审判决认定事实不清，适用法律错误。依据《中华人民共和国行政诉讼法》第六十一条第一款第（三）项的规定，判决如下：

一、撤销北京市第一中级人民法院（2002）一中行初字第138号行政判决；

二、撤销国家知识产权局专利复审委员会第3669号无效宣告请求审查决定。

原、二审案件受理费各1 000元，均由国家知识产权局专利复审委员会负担。

附 件 1

主视图

后视图

左视图

右视图

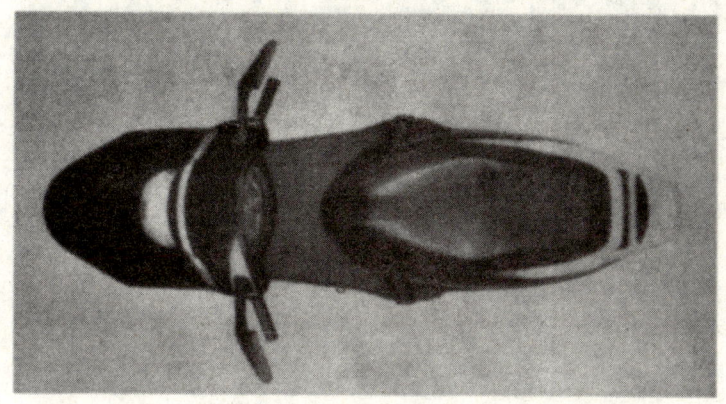

俯视图

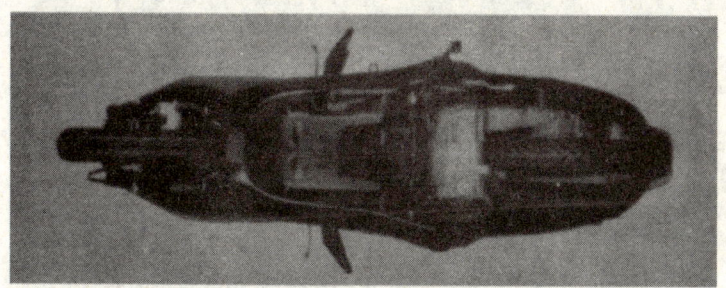

仰视图

左前立体图

左后立体图

右前立体图

右后立体图

附 件 2

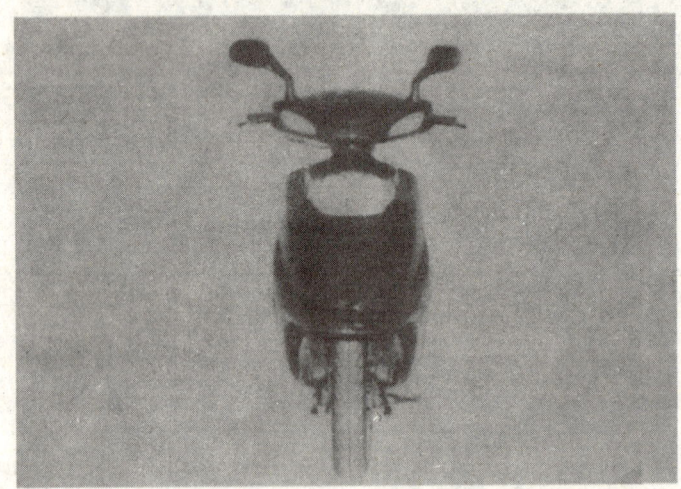

主视图

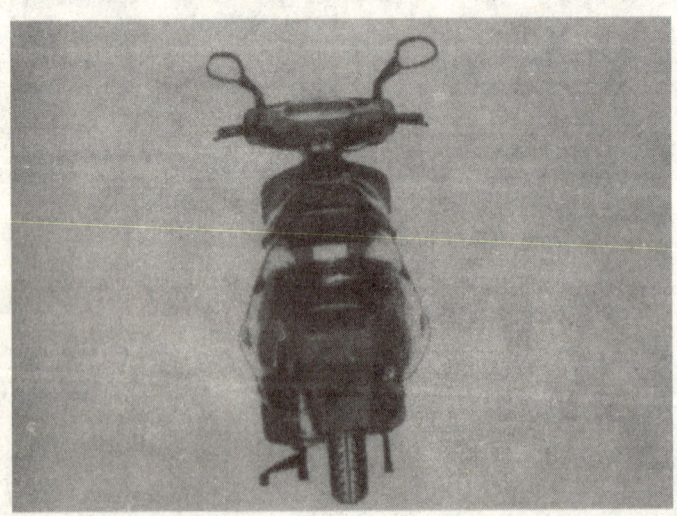

后视图

左视图

右视图

 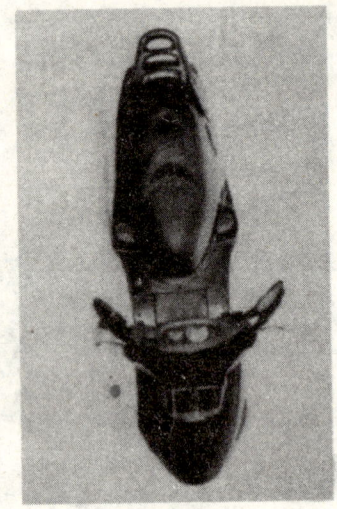

仰视图　　　　　　　　　　　俯视图

立体图

9. "印章（黄杨木、榆木）"外观设计专利权无效行政纠纷案

——韩吉星、韩连洙诉中华人民共和国国家知识产权局专利复审委员会

原告（上诉人）： 韩吉星

原告（上诉人）： 韩连洙

被告（被上诉人）： 中华人民共和国国家知识产权局专利复审委员会

第三人（原审第三人）： 朴德春

案由： 专利权无效行政纠纷

原审案号： 北京市第一中级人民法院（2002）一中行初字第 325 号

原审合议庭成员： 刘海旗、任进、李燕蓉

原审结案日期： 2002 年 12 月 16 日

二审案号： 北京市高级人民法院（2003）高行终字第 72 号

二审合议庭成员： 程永顺、刘辉、岑宏宇

二审结案日期： 2003 年 6 月 20 日

【判决要旨】

实用新型专利说明书中的附图完整清晰，可以作为外观设计专利权无效时的对比文件。

【起诉与答辩】

中华人民共和国国家知识产权局专利复审委员会（以下简称专利复审委员会）第 4176 号无效宣告请求审查决定（以下简称第 4176 号决定）系就朴德春针对韩吉星、韩连洙享有的第 97313181.0 号外观设计专利权（以下简称本专利）所提出的无效宣告请求作出的。专利复审委员会在该决定中认定：请求人提交的附件 2 是韩国实用专利公报复印件，该附件是由李光仪国际特许法律事务所所长辩理士李光仪出具的。该附件的公开日期是 1996 年 10 月 22 日，其名称为"印章面截取形成沟的椭圆形木图章料"。对其在本案中的适用性，被请求人声明没有异议。该附件的公开日期早于本专利的申请日，属于《中华人民共和国专利法》第二十三条规定的出版物，适用于本案。对于口头审理中双方当事人对附件译文关于木章形状的争论，专利复审委员会认为，外观设计所保护的内容仅以图片所表示的内容为准，而不以文字记载的内容为准。故本专

利与对比文件进行比较判断时，应仅以图片作为比较对象，而不以文字描述作为比较对象。所以仅就该附件中所记载章的附图（以下简称对比文件）作为对比文件与本专利进行比较：本专利是一木章，其整体形状为椭圆柱体。从其主视图看，整体形状为矩形，其中一端外轮廓为弧状，上边缘中间部位有一凹陷。从其俯视图看，整体形状为矩形，其中一端外轮廓为弧状，其中间部位有一矩形设计（即主视图中的凹陷）。从其右视图看（即印章的刻字面），整体形状为椭圆形，中部自上而下贯穿一平面，该平面沿长轴方向延伸至椭圆形边缘，其左右两侧各有一月牙形凹陷。对比文件是一木章，其整体形状为椭圆柱体，在椭圆柱体中部有一矩形凹陷。其刻字面为椭圆形，中部自上而下贯穿一平面，该平面沿长轴方向延伸至椭圆形边缘，其左右两侧各有一月牙形凹陷。经上述比较，专利复审委员会认为：二者均为印章，属于同种类产品。整体形状相同，印章面形状相同，椭圆柱体中部的凹陷设计相同。对于一般消费者而言，在视觉上很难区分二者。因此，二者属于相同的外观设计。综上所述，在本专利申请日之前，已有与之相同的外观设计在出版物上公开发表过。本专利不符合《中华人民共和国专利法》第二十三条的规定。鉴于上述比较已得出二者属于相同的外观设计的结论，对请求人提交的其他附件不再作出评述。据此作出第 4176 号决定，宣告 97313181.0 号外观设计专利权无效。

原告韩吉星、韩连洙不服该决定，起诉称：（1）原告的外观设计专利权根本不与第三人产生《中华人民共和国专利法》第二十三条规定的内容，第三人向专利复审委员会提交的韩国实用专利公报早就被韩国专利审查员第 8 部审理终结，通知无效。专利申请的内容是申请制作印章机器，用该机器生产印章面截取形成沟的椭圆型木章，并不是外观设计专利公报。所以原告于 1997 年 5 月 15 日申请并获得的外观设计专利权应依法受到保护。（2）第三人提供的韩国专利晚于原告的申请日半年之久，因此原告的外观设计专利是合法的。（3）原告的外观设计专利与第三人提供的印章在外观上截然不同，第 4176 号决定认为其整体形状相同是完全错误的，是对《中华人民共和国专利法》第二十三条的认识错误，背离了专利法对外观设计相似与不相似的认定原则。原告认为产品的部分形状差异可以构成外观设计的不相似性，原告的外观设计是一个整体一致的椭圆型印章，而第三人提供的是上下粗细不等的椭圆型印章，整体构成不相近似。专利法所说的不相近似是指此外观设计与彼外观设计有着明显的区别，而第 4176 号决定的认定显然是不公正的。故请求法院撤销专利复审委员会的第 4176 号决定。

被告专利复审委员会辩称：（1）被告作出的第 4176 号决定所依据的是《中华人民共和国专利法》第二十三条的规定，所依据的证据是第三人提交的证据，该证据在口头审理中已通过第三人与原告质证，且原告对该证据的适用性当庭签字认可。(2) 被告认为第三人提交的证据所表示的外观设计与原告的专利所示的外观设计属于相同的外观设计。综上所述，第 4176 号决定认定事实清楚，适用法律正确，程序合法，原告的诉讼请求不能成立，请求法院驳回原告的诉讼请求，维持第 4176 号决定。

第三人朴德春述称：原告的外观设计专利已于申请日前公开，不符合专利法的相关规定，专利复审委员会的审查决定是正确的，故请求法院驳回原告的诉讼请求，维持专利复审委员会的第 4176 号决定。

【原审查明事实】

原审法院经审理查明：韩吉星、韩连洙于 1997 年 5 月 15 日向中华人民共和国国家知识产权局申请了名称为"印章（黄杨木、榆木）"的外观设计专利，1999 年 8 月 4 日被授予专利权，专利号为 97313181.0。该专利所保护的外观设计为，主视图的整体形状为矩形，一端的外边缘为弧形，上边缘中间部位有一平行凹陷；俯视图的整体为矩形，其中一端外边缘为弧状，中间部位有一矩形设计（即主视图中的凹陷）；右视图（即印章的刻字面）的整体形状为椭圆形，中部自上而下贯穿一平面，该平面沿长轴方向延伸至椭圆形边缘，其左右两侧各有一月牙形凹陷（详见下图）。

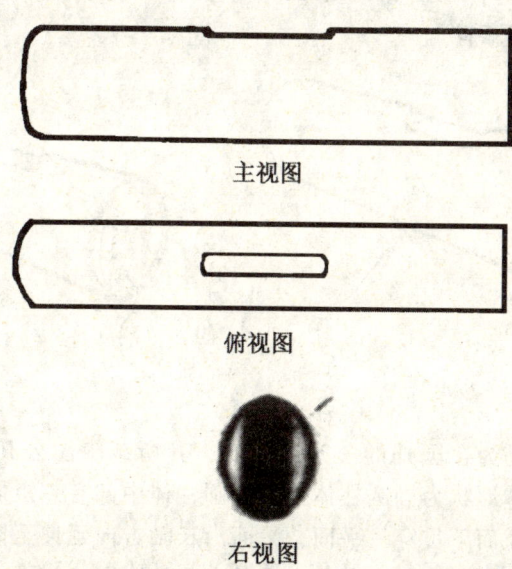

主视图

俯视图

右视图

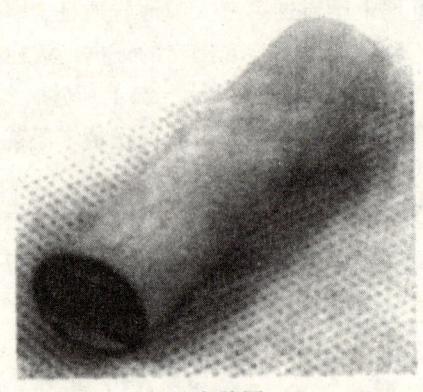

立体图

本 专 利

　　2001 年 7 月 27 日，朴德春以本专利与申请日前公开的韩国专利公报上记载的外观设计相同或相似为由，向专利复审委员会提出了无效宣告请求，并提交了以下两份证据作为对比文件：（1）大韩民国专利公告复印件；（2）大韩民国实用专利（即外观设计专利，下同）公报复印件。

　　专利复审委员会在对该案口头审理时，就证据 2 是否适用于本案征询了韩吉星、韩连洙的意见，韩吉星、韩连洙对此没有提出异议。证据 2 为韩国实用专利公报，公开日为 1996 年 10 月 22 日，实用专利的名称为"印章面截取形成沟的椭圆形木图章料"。

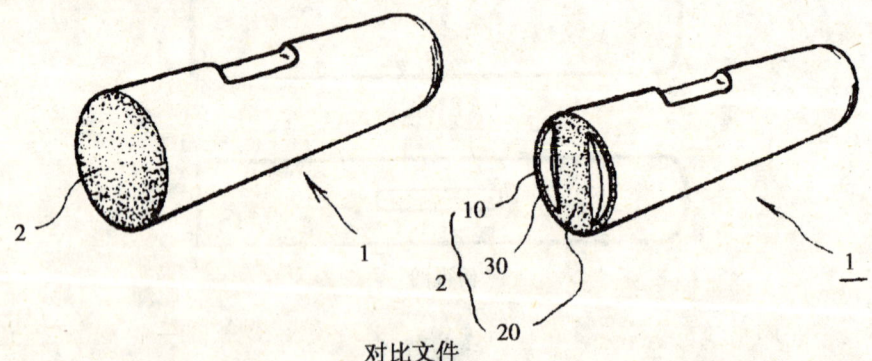

对比文件

　　韩国实用专利为在国外的公开出版物，其所载附图公开了一种木章的图形，该木章的整体形状为椭圆柱体，在椭圆柱体中部有一矩形凹陷，刻字面为椭圆形，中部自上而下贯穿一平面，平面沿长轴方向延伸至椭圆形边缘，其左右两侧各有一月牙形凹陷。专利复审委员会将该附图（详见上图）作为本专利的对比文件，并进行了对比。

2002 年 2 月 28 日，专利复审委员会作出第 4176 号决定：宣告第 97313181.0 号外观设计专利权无效。

【原审审理结果】

原审法院认为：本案是基于被告所做的具体行政行为而提起的行政诉讼，专利复审委员会主要依据证据 2 作为对比文件，认为其在先公开了与本专利相同的外观设计，并依据《中华人民共和国专利法》第二十三条的规定，决定撤销本专利。原告在口头审理中对该对比文件的适用性不持异议。故本案的审理仅限于专利复审委员会对证据 2 的认定是否正确，证据 2 所公开的木章图形是否构成与本专利相同的外观设计。原告关于第三人提交的证据 1，即韩国专利晚于本专利申请日半年之久的主张，本院不予涉及。

证据 2 作为韩国实用专利公报，属于《中华人民共和国专利法》第二十三条规定的出版物，其公开日期在本专利申请日前，由于本专利是外观设计，故证据 2 中的附图可以作为评价本案外观设计专利权的对比文件。原告关于韩国实用专利公报不是外观设计，不能用于评价本外观设计专利权的主张，没有法律依据，本院不予支持。根据《中华人民共和国专利法实施细则》第二条的规定，我国专利法所保护的外观设计是对产品的形状、图案或者其结合以及色彩与形状、图案的结合所作出的富于美感并适于工业应用的新的设计。上述规定明确了我国专利法所保护的外观设计仅限于上述规定所列的内容，并不包括文字本身。故原告要求以证据 2 中的文字所描述的内容进行对比的主张，本院不予支持。

本案中外观设计专利的保护范围仅限于形状，不涉及色彩。本专利在设计上的特点由三个部分组成：（1）从主视图观察整体形状为矩形，一端的外边缘为弧形，上边缘中间部位有一平行凹陷；（2）从俯视图观察整体为矩形的一端外边缘为弧状，中间部位有一矩形设计（即主视图中的凹陷）；（3）从右视图观察（即印章的刻字面）的整体形状为椭圆形，中部自上而下贯穿一平面，该平面沿长轴方向延伸至椭圆形边缘，其左右两侧各有一月牙形凹陷。对比文件中公开的木图章与本专利属于同一种类，虽然该外观设计仅有一个视图，但完全可以清楚地显示出其基本外观形态：其整体形状为椭圆柱体，在椭圆柱体中部有一矩形凹陷，其刻字面为椭圆形，中部自上而下贯穿一平面，该平面沿长轴方向延伸至椭圆形边缘，其左右两侧各有一月牙形凹陷。一般的消费者以普通注意力是无法注意到二者之间存在的差异的，很容易对二者产生混淆。因此，被告对二者构成相同的外观设计的认定是正确的。

综上所述，被告专利复审委员会作出的第 4176 号决定认定事实清楚，证据充分，适用法律正确，程序合法，应予维持。原告韩吉星、韩连洙的起诉理由均不能成立，其诉讼请求本院不予支持。依照《中华人民共和国行政诉讼法》第五十四条第（一）项之规定，判决如下：

维持被告中华人民共和国国家知识产权局专利复审委员会作出的第4176号无效宣告请求审查决定。

韩吉星、韩连洙不服原审判决，提出上诉，请求撤销原审判决和专利复审委员会第4176号无效宣告请求审查决定。理由是：原审法院程序违法，未给其陈述的机会，侵犯了其诉讼权利；原审判决认定事实错误，将韩国实用专利公报即实用新型专利公报认定为"外观设计专利"公报，另外口头审理记录表上无上诉人的签字，不能作为证据；原审判决适用法律不当，实用新型专利文件不能作为外观设计专利的对比文件。

专利复审委员会、朴德春服从原审判决。

【二审查明事实】

二审法院经审理查明：韩吉星、韩连洙于1997年5月15日向中国专利局申请了名称为"印章（黄杨木、榆木）"的外观设计专利，1999年8月4日被授予专利权，专利号为97313181.0，专利权人韩吉星、韩连洙。本案专利保护的外观设计为：主视图的整体形状为矩形，一端的外边缘为弧形，上边缘中间部位有一平行凹陷；俯视图的整体为矩形，其中一端外边缘为弧状，中间部位有一矩形设计，即主视图中的凹陷；右视图为印章的刻字面，整体形状为椭圆形，中部自上而下贯穿一平面，该平面沿长轴方向延伸至椭圆形边缘，其左右两侧各有一月牙形凹陷。

针对本案专利，朴德春于2001年7月27日向中华人民共和国国家知识产权局专利复审委员会提出无效宣告请求，并提交了以下证据：证据1，大韩民国专利公告复印件；证据2，大韩民国"印章面截取形成沟的椭圆形木图章料"实用专利公报复印件，登记番号10－0228009，公开日为1996年10月22日，其所附图公开了一种木章的图形，该木章的整体形状为椭圆柱体，在椭圆柱体中部有一矩形凹陷，刻字面为椭圆形，中部自上而下贯穿一平面，平面沿长轴方向延伸至椭圆形边缘，其左右两侧各有一月牙形凹陷。

专利复审委员会将证据2中的附图作为对比文件与本案专利进行了对比，并于2002年2月28日作出第4176号无效宣告请求审查决定，宣告97313181.0号外观设计专利权无效。理由是：朴德春提交的证据2公开日期早于本案专利申请日，属于《中华人民共和国专利法》第二十三条规定的出版物，对其在本案中的适用性，韩吉星、韩连洙没有异议，适用于本案。外观设计保护的内容仅以图片所表示的内容为准，而不以文字记载的内容为准。故本案专利与对比文件进行比较判断时，应仅以对比文件中的图片作为比较对象进行比较。经过比较，二者均为印章，属于同种类产品。整体形状相同，印章面形状相同，椭圆柱体中部的凹陷设计相同。对于一般消费者而言，在视觉上很难区分二者。因此，二者属于相同的外观设计。所以在本案专利申请日之前，已有与之相同的外观设计在出版物上公开发表过，本案专利不符合《中华人民共和国专利法》第二十三条的规定，应当宣告无效。

【二审审理结果】

二审法院认为：韩吉星、韩连洙上诉提出原审法院在审理过程中有程序违法的情况，在开庭审理中未给其陈述的机会，经查阅原审法院卷宗，二上诉人的委托代理人出席了开庭审理，委托代理人在其代理权限内作出的陈述视为当事人本人的陈述。二上诉人及其委托代理人均在庭审笔录上签名确认，并未提出异议，故上诉提出原审法院程序违法，没有事实依据。

我国专利法规定，授予专利权的外观设计，应当同申请日以前在国内外出版物上公开发表过或者国内公开使用过的外观设计，或者在申请日以前申请并且在该申请日以后公布的外观设计专利不相同和不相近似。本案专利的保护范围只涉及印章产品的形状，不保护图案和色彩，所以，只要能够体现相同产品的形状即可作为对比文件。朴德春提交的证据2为韩国实用专利公报，属于公开出版物，且公开日期在本案专利申请日之前，虽然该公报涉及的专利本身不是外观设计专利，但是其附图清楚地公开了印章产品的外观设计形状，属于在先设计，专利复审委员会认为外观设计保护的内容仅以图片所表示的内容为准，而不以文字记载的内容为准，将证据2中的附图作为本案印章外观设计的对比文件并无不当。

本案专利所保护外观设计的产品为"印章"，而对比文件所涉及的产品也是印章，属于同一种类。将本案专利与对比文件相比较，可以看出，对比文件虽然只有一个视图，但完全能够体现产品的整体形状特征：其整体形状为椭圆柱体，在椭圆柱体中部有一矩形凹陷，其刻字面为椭圆形，中部自上而下贯穿一平面，该平面沿长轴方向延伸至椭圆形边缘，其左右两侧各有一月牙形凹陷。本案专利权人韩吉星、韩连洙上诉提出，对比文件中的木图章形状与本案专利不同，是圆柱体，而本案外观设计专利产品是椭圆柱体。对上诉人提出的这一理由，按照《审查指南》的规定，不足以得出本案外观设计专利与对比文件不相同的结论。

综上，韩吉星、韩连洙的上诉请求和理由缺乏事实和法律依据，本院不予支持。专利复审委员会作出的第 4176 号无效宣告请求审查决定认定事实清楚，程序合法，适用法律正确，应予维持。原审判决中关于大韩民国实用专利即外观设计专利的陈述属于笔误，应当予以纠正。其他事实认定和处理结果并无不当，本院予以维持。依照《中华人民共和国行政诉讼法》第六十一条第一款第（一）项之规定，判决如下：

驳回上诉，维持原判。

原、二审案件受理费各 1 000 元，均由韩吉星、韩连洙负担。

10. "床饰件（成套）"的外观设计专利权无效行政纠纷案

——温州市宏福家具制造有限公司诉中华人民共和国
国家知识产权局专利复审委员会

原告（被上诉人）： 温州市宏福家具制造有限公司
被告（原审被告）： 中华人民共和国知识产权局专利复审委员会
第三人（上诉人）： 深圳大豪兴利家具实业有限公司
案由： 专利权无效行政纠纷

原审案号： 北京市第一中级人民法院（2002）一中行初字第 297 号
原审合议庭成员： 赵静、娄宇红、仪军
原审结案日期： 2002 年 12 月 18 日
二审案号： 北京市高级人民法院（2003）高行终字第 61 号
二审合议庭成员： 程永顺、岑宏宇、刘辉
二审结案日期： 2003 年 6 月 20 日

【判决要旨】

依商业惯例，同一厂家的同一型号、同一品名的产品，其外观形状应当是统一的，一方当事人主张其涉案争议的产品存在违反商业惯例的情况时，应当举证证明。

【起诉与答辩】

中华人民共和国知识产权局专利复审委员会（以下简称专利复审委员会）第 4331 号决定认定：温州市宏福家具制造有限公司（以下简称宏福家具公司）作为请求人提交的证据 1 是天津市河西区公证处于 2001 年 3 月 8 日出具的公证书，其内容主要是证明 No.0016006 号销售单复印件与其原件相符。该公证书可以证明其所述内容，该复印件视为原件。该销售单上盖有被请求人深圳大豪兴利家具实业有限公司（以下简称大豪兴利家具公司）的业务专用章，交货日期是 1999 年 5 月 10 日，在其所列产品中有型号为"M18T8"、名称为"床"的产品。对于该销售单，专利复审委员会认为：首先，从其内容看，该销售单属于大豪兴利家具公司与其客户之间签订的销售合同，其是否实际履行应由宏福家具公司进一步举证，证明其所述产品何时向公众公开。其次，其上虽明确

记载有型号为"M18T8"、名称为"床"的产品，但从其所记载的内容中不能得知该产品的形状。

宏福家具公司提交的证据2是大豪兴利家具公司的产品目录，其中记载有一款型号为"M18T8"、名称为"床"的产品。但该产品目录本身没有标注公开时间，仅凭该产品目录不能证明其中所记载产品是何时向公众公开的。

宏福家具公司提交的证据1与证据2之间没有必然联系，该公司也没有提交能够证明二者之间存在必然联系的证据，特别是原始证据。所以，宏福家具公司关于证据1中所列型号为"M18T8"、名称为"床"产品的外观形状即为证据2中记载的"M18T8"、名称为"床"产品的外观形状的主张不能成立。

宏福家具公司提交的证据3是大豪兴利家具公司书写的民事诉状，其中记载了关于"M18T8"产品就是本专利的内容。对此，专利复审委员会认为：此"M18T8"产品与销售单中记载的"M18T8"产品是否是同一外观设计产品，即本专利与销售单中记载的"M18T8"产品是否是同一外观设计产品，仅凭该民事诉状中所记载的内容不能证明这一事实。

综上所述，专利复审委员会认为宏福家具公司提交的证据没有组成完整的、其结论必须是惟一的证明体系，宏福家具公司尚未通过上述证据证明公众只要想了解就能得知该产品的外观设计，因此不足以证明本专利在申请日之前已在国内公开使用过。所以，宏福家具公司对本专利提出的无效宣告请求的理由不成立。基于上述理由，被告专利复审委员会作出第4331号决定，维持第99312773.8号外观设计专利权有效。

宏福家具公司不服上述决定，在法定期限内向本院提起诉讼称：专利权人大豪兴利家具公司在其申请专利之前已经在社会上公开销售本专利产品。原告在向专利复审委员会提出无效宣告请求时，提交的证据已证明大豪兴利家具公司产品目录编号为M18T8产品是该公司1999年7月29日申请专利的产品，而该编号的产品在其自家的销售单中于1999年5月10日已经向社会公开销售。根据《中华人民共和国专利法》第二十三条，本专利应宣告无效。被告专利复审委员会无视原告提交证据的关联性，不顾客观事实，所作的决定有失公正。因此，原告请求法院撤销第4331号决定，并判令被告重新作出宣告第99312773.8号外观设计专利权无效的决定。

被告辩称：对于证据1、证据2、证据3的认定，专利复审委员会仍坚持其在第4331号决定的理由，并认为按照我国目前家具销售的惯例，因家具属大件且易出各种售后问题的商品，销售者与购买者均会存有多种凭据，例如销售发票等。而本案中宏福家具公司只依靠一份销售单来作为销售单上"M18T8"的床在本专利申请日前已公开的证据，显然是不充分的。对于本案的主要待证事实而言，证据 1 与证据 2 之间缺乏必然联系，宏福家具公司也没有提交能够证明二者之间存在必然联系的证据。所以，宏福家具公司关于证据 1 中所列型号为 "M18T8"、名称为 "床" 产品的外观形状即为证据 2 中记载的 "M18T8"、名称为 "床" 产品的外观形状的主张不能成立。证据 3 即民事起诉状中所称 "M18T8" 产品与 No.0016006 号销售单中记载的 "M18T8" 产品是否是同一外观设计产品，即本专利与销售单中记载的 "M18T8" 产品是否是同一外观设计产品，仅凭该民事诉状中所记载的内容不能证明这一事实。宏福家具公司提交的证据没有组成完整的、其结论是惟一的证明体系，因此不足以证明本专利在申请日之前已在国内公开使用过。所以，宏福家具公司对本专利提出的无效宣告请求的理由不成立。被告请求法院依法驳回原告的诉讼请求，维持第 4331 号决定。

第三人大豪兴利家具公司未向本院提交书面意见，其委托代理人当庭表示同意被告的答辩意见，请求法院维持第 4331 号决定。

【原审查明事实】

原审法院经审理查明：1999 年 7 月 29 日，大豪兴利家具公司申请名称为 "床饰件（成套）" 的外观设计专利（简称本专利），其申请号是 99312773.8。国家知识产权局于 2000 年 7 月 19 日对本专利公告授权，专利权人为大豪兴利家具公司。

针对上述专利权，宏福家具公司向专利复审委员会提出无效宣告请求，其理由是：本专利在其申请日之前于 1999 年 5 月 10 日公开销售，丧失新颖性，故不符合《中华人民共和国专利法》第二十三条的规定。为支持其无效请求，宏福家具公司在无效程序中共提交了如下三份证据：证据 1 为天津市河西区公证处出具的 (2001) 津西证经字第 0338 号公证书，证据 1 所附大豪兴利家具公司 No.0016006 号销售单中所载销售的产品中有一种型号为 M18T8、品名为 "床" 的产品，交货日期为 1999 年 5 月 10 日；证据 2 为大豪兴利家具公司的 "M18T8 床" 产品图片（在第 4331 号决定中称产品目录）；证据 3 为大豪兴利家具公司向北京市第二中级人民法院提交的指控宏福家具公司侵犯本专利权的民事诉讼状复印件。宏福家具公司陈述意见，认为：大豪兴利家具公司在其民事诉讼状中提到 "M18T8" 产品就是本专利产品，该产品即为证据 2 其产品图片中所记载的 "M18T8" 产品，即销售单中的 "M18T8" 产品就是证据 2 产品图片中所记载的 "M18T8" 产品；大豪兴利家具公司的 No.0016006 号产品销售单经天津市河西区公证处公证，其真实有效；该销售单所记载销售的产品有 "M18T8" 产品，由该销售单中可以清楚地看出开具日期为 1999 年 5 月 10 日。

　　针对上述无效理由及其证据，大豪兴利家具公司在无效程序中陈述意见，认为：在本专利申请日前，大豪兴利家具公司从未公开销售本专利产品。宏福家具公司没有提交证据证明证据 1 中品名为"床"的产品与证据 2 中的"M18T8"产品相同，更没有任何事实证明其就是本专利产品。作为评价本专利在申请日前公开销售的证据，其本身必须真实可靠，所认定事实根据的间接证据必须形成一个完整的证明体系，而且其得出的结论必须是惟一的。显然，宏福家具公司提交的证据不满足上述条件，其无效宣告理由不能成立。

　　基于上述事实，专利复审委员会作出第 4331 号决定，维持第 99312773.8 号外观设计专利权有效。原告宏福家具公司不服第 4331 号决定，于法定期限内向本院提起诉讼。

　　另查明，宏福家具公司在无效程序中提交的证据 2、证据 3 均来源于大豪兴利家具公司向北京市第二中级人民法院起诉并被受理的（2001）二中知初字第 17 号专利侵权纠纷诉讼案。证据 3 中载明："1999 年 5 月，我公司自主设计开发了 M18T8 产品（附件 5），于 1999 年 7 月 29 日向中国专利局提交了题为床饰件（成套）的外观设计专利申请，申请号为 99312773.8，……。"证据 2 系上述证据 3 中所指的"附件 5"。在本院开庭审理中，大豪兴利家具公司对上述事实明确表示没有异议，且专利复审委员会及大豪兴利家具公司均承认证据 2 中所载 M18T8 床产品图形与本专利相近似。但大豪兴利家具公司以其产品型号不固定为由，主张证据 1 中所载"M18T8"型号产品与本专利的外观形状既不相同也不相似。对此主张，大豪兴利家具公司在诉讼中未提交相关证明。

【原审审理结果】

　　原审法院认为：本案所涉第 99312773.8 号外观设计专利的申请日是 1999 年 7 月 29 日，对本专利新颖性的判断应适用修改前的《中华人民共和国专利法》第二十三条的规定："授予专利权的外观设计，应当同申请日以前在国内外出版物上公开发表过或者国内公开使用过的外观设计不相同或者不相近似。"

　　本案中，当事人各方对宏福家具公司在无效程序中提交的证据 2 中所载明的 M18T8 床产品图形与本专利相近似并无异议，有争议的是证据 1 销售单中所载明的产品是否与证据 2 中载明的产品属同一产品。

　　宏福家具公司在无效程序中提交的证据 1 中所附的 No.0016006 号销售单，能够证明大豪兴利家具公司在 1999 年 5 月 10 日已经向公众公开销售其型号为 M18T8、品名为"床"的产品。证据 2 载明了"M18T8 床"产品的具体外观形状。在此基础上结合证据 3 中专利权人大豪兴利家具公司的自述承认，足以确认大豪兴利家具公司已在本专利申请日前公开销售了证据 2 图片显示的产品。

　　大豪兴利家具公司虽以其公司产品型号不固定为由，主张证据1中所载"M18T8"型号床产品与证据2中载明的同一型号床产品外观形状既不相同也不相似。本院认为，依商业惯例，同一厂家的同一型号、同一品名的产品，其外观形状应同一，当然也不能排除例外情况。因此，当有一方当事人主张上述违反商业惯例的情况存在时，应当由该异议方举证证明，否则应视同一厂家的同一型号、同一品名的产品为相同外观形状产品。由于大豪兴利家具公司在本专利无效宣告请求审查过程中及本案诉讼过程中均未提交该方面的证据，因此，大豪兴利家具公司关于证据1、证据2中共同载明的"M18T8"型号床产品不属于同一产品外观形状的主张，本院不予支持。宏福家具公司在无效程序中提交的证据1、证据2之间具有关联性，证据1所附大豪兴利家具公司销售单中的产品型号为M18T8、品名为"床"的产品与证据2大豪兴利家具公司的产品图片中所载的名为"M18T8床"的外观形状为同一产品。鉴于当事人各方对证据2中所载的"M18T8床"产品图片与本专利相近似并无异议，故宏福家具公司关于本专利产品已于其申请日前公开销售、本专利丧失新颖性的主张能够成立。

　　综上所述，原告宏福家具公司的诉讼主张及其请求，具有事实与法律根据，本院予以支持。被告专利复审委员会所作第4331号决定主要证据不足，应予撤销。依照《中华人民共和国行政诉讼法》第五十四条第（二）项第1目之规定，判决如下：

　　一、撤销被告国家知识产权局专利复审委员会作出的第4331号无效宣告请求审查决定；

　　二、被告国家知识产权局专利复审委员会就原告温州市宏福家具制造有限公司针对99312773.8号外观设计专利所提出的无效宣告请求重新作出无效宣告请求审查决定。

　　大豪兴利家具公司不服原审判决，提出上诉，请求撤销原审判决，维持专利复审委员会作出的第4331号无效宣告请求审查决定。理由是：原审判决认定事实错误，宏福家具公司没有证据证明证据1中"M18T8床"产品外观设计就是本案专利的外观设计，也没有证据证明销售单已实际履行。宏福家具公司、专利复审委员会服从原审判决。

【二审查明事实】

　　二审法院经审理查明：1999年7月29日，大豪兴利家具公司申请名称为"床饰件（成套）"的外观设计专利，申请号为99312773.8，国家知识产权局于2000年7月19日公告授权，专利权人为大豪兴利家具公司。

　　针对本案专利权，宏福家具公司于 2001 年 8 月 17 日向专利复审委员会提出无效宣告请求，其理由是：本案专利在其申请日之前于 1999 年 5 月 10 日公开销售，丧失新颖性，故不符合《中华人民共和国专利法》第二十三条的规定。宏福家具公司在无效程序中共提交了如下三份证据：

　　证据 1：天津市河西区公证处出具的（2001）津西证经字第 0338 号公证书，所附大豪兴利家具公司 No.0016006 号销售单中所载销售的产品中有一种型号为 M18T8、品名为"床"的产品，交货日期为 1999 年 5 月 10 日；

　　证据 2：大豪兴利家具公司的"M18T8 床"产品图片；

　　证据 3：大豪兴利家具公司向北京市第二中级人民法院提交的指控宏福家具公司侵犯本案专利权的民事诉讼状复印件。

　　宏福家具公司提交的证据 2、证据 3 均来源于大豪兴利家具公司向北京市第二中级人民法院起诉的（2001）二中知初字第 17 号侵犯专利权纠纷一案。证据 3 中载明"1999 年 5 月，我公司自主设计开发了 M18T8 产品，于 1999 年 7 月 29 日向中国专利局提交了题为床饰件（成套）的外观设计专利申请，申请号为 99312773．8"，证据 2 为证据 3 的附件。专利复审委员会及大豪兴利家具公司均承认证据 2 中所载 M18T8 产品形状与本案专利相近似。

　　专利复审委员会根据请求人提交的证据以及双方当事人的意见陈述，于 2002 年 3 月 25 日作出第 4331 号无效宣告请求审查决定，维持 99312773.8 号"床饰件（成套）"外观设计专利权有效。理由是：公证书所附销售单上盖有大豪兴利家具公司的业务专用章，交货日期是 1999 年 5 月 10 日，在其所列产品中有型号为"M18T8"、名称为"床"的产品。该销售单属于大豪兴利家具公司与其客户之间签订的销售合同，其是否实际履行应由宏福家具公司进一步举证，证明其所述产品何时向公众公开。其次，其上虽明确记载有型号为"M18T8"、名称为"床"的产品，但从其所记载的内容中不能得知该产品的形状。宏福家具公司提交的证据 2 是大豪兴利家具公司的产品目录，其中记载有一款型号为"M18T8"、名称为"床"的产品。但该产品目录本身没有标注公开时间，仅凭该产品目录不能证明其中所记载产品是何时向公众公开的。证据 1 与证据 2 之间没有必然联系，该公司也没有提交能够证明二者之间存在必然联系的证据。所以，宏福家具公司关于证据 1 中所列型号为"M18T8"、名称为"床"产品的外观形状即为证据 2 中记载的"M18T8"、名称为"床"产品的外观形状的主张不能成立。而根据宏福家具公司提交的证据 3，仅凭该民事诉状中所记载的内容，不能证明本案专利与销售单中记载的"M18T8"产品是否是同一外观设计产品这一事实。所以宏福家具公司提交的证据没有组成完整的、其结论必须是惟一的证明体系，不足以证明本案专利在申请日之前已在国内公开使用过，其对本案专利提出的无效宣告请求的理由不成立。

【二审审理结果】

二审法院认为：本案争议焦点在于，宏福家具公司在无效程序中提交的证据能否证明本案专利产品在申请日之前就已公开销售，即证据 1 销售单中所载明的"M18T8"与证据 2 产品目录中相同型号的产品是否为同一产品。

上诉人大豪兴利家具公司及专利复审委员会对于证据 1 销售单的真实性并无异议，该销售单上记载的交货日期为 1999 年 5 月 10 日，按一般交易习惯，销售单为出卖方已将货物移交给买方的证明，故该证据可以证明"M18T8 床"产品在此日期已实际销售。而该销售单上记载的产品型号"M18T8"、品名"床"与证据 2 产品目录中是一致的。按照一般商业惯例，同一厂家的产品编号应当是一种产品一个编号，所以证据 1 中的产品型号与证据 2 中的型号应当具有对应的关系。为了进一步印证这种对应关系，宏福家具公司还提供了大豪兴利家具公司在另案中的民事诉状，该公司在此民事诉状中确认了产品型号与产品图片之间具有关联性。因此，宏福家具公司在无效宣告程序中提交的证据，完全能够证明与本案专利外观设计相同的产品在申请日之前已公开销售。故专利复审委员会关于宏福家具公司提交的证据没有组成完整的、其结论必须是惟一的证明体系的认定是错误的。

综上，本案产品的外观设计已于本专利申请日前以销售的方式公开，故丧失了外观设计的新颖性，应当宣告无效。原审判决认定事实清楚，程序合法，但是，在根据现有证据认定本案外观设计专利已丧失新颖性的前提下，判令专利复审委员会重新作出无效宣告请求审查决定，程序上已无必要，本院依法予以改判。

依照《中华人民共和国行政诉讼法》第六十一条第一款第（二）项之规定，判决如下：

一、维持北京市第一中级人民法院（2002）一中行初字第 297 号行政判决第一项；

二、撤销北京市第一中级人民法院（2002）一中行初字第 297 号行政判决第二项；

三、专利权人为深圳大豪兴利家具实业有限公司，名称为"床饰件（成套）"的 99312773.8 号外观设计专利权无效。

原审案件受理费 1 000 元，由国家知识产权局专利复审委员会负担；二审案件受理费 1 000 元，由深圳大豪兴利家具实业有限公司负担。

11. "金鳞食用调和油标贴"外观设计专利权无效行政纠纷案

——广州市年丰食品有限公司诉中华人民共和国国家知识产权局专利复审委员会

原告（上诉人）：广州市年丰食品有限公司
被告（被上诉人）：中华人民共和国国家知识产权局专利复审委员会
第三人（原审第三人）：（新加坡）郭兄弟粮油私人有限公司
案由：专利权无效行政纠纷

原审案号：北京市第一中级人民法院（2002）一中行初字第 264 号
原审合议庭成员：马来客、赵静、彭文毅
原审结案日期：2002 年 12 月 16 日
二审案号：北京市高级人民法院（2003）高行终字第 66 号
二审合议庭成员：程永顺、岑宏宇、刘辉
二审结案日期：2003 年 7 月 30 日

【判决要旨】

相同种类产品的外观设计相近似，应当是指被比外观设计的形状、图案、色彩与在先同类产品外观设计相近似，即受专利法保护的外观设计的全部要素均相近似。如果被比外观设计要求保护色彩，而在先设计仅为黑、白两种颜色，即使形状、图案相近似，也不能直接得出两者为相近似的外观设计的结论。

【起诉与答辩】

中华人民共和国国家知识产权局专利复审委员会（以下简称专利复审委员会）第 4081 号决定认为：请求人（本案第三人）提交的附件 10 中 1996 年 5 月 1 日发表的《成都晚报》和 1996 年 4 月 25 日发表的《春城晚报》与请求人 2001 年 3 月 8 日提交的由上海市虹口区公证处出具的两份公证书中所证明的《成都晚报》和《春城晚报》一致，该两份晚报属于《中华人民共和国专利法》第二十三条所称的出版物，适用于本案。上述《成都晚报》第 7 页刊登有桶装的"金龙鱼"食用调和油的广告照片，该油桶身上显示有"金龙鱼"食用调和油的标贴（以下简称对比文件，见附图）。本专利（见附图）标帖为近似的圆

角长方形（其上下两个长边略带弧形），从其视图看，其底色为红色，在左侧竖向长条内有两个较大的用白色描边的"金鳞"红色字，在其下方有一白色长方形，该竖向长条内的底色为土黄色；在整个标帖的右侧的主要设计图案的中间位置有一条弯曲的金黄色的鱼（其头部及半个鱼身向左弯曲，鱼尾向左下弯曲）的图案，在鱼的上方有"食用调和油"5个白色的中文字，其下面是"QUALITY COOKING OIL"英文字，在"食用调和油"的左侧有一黄色的徽章图案。

对比文件的标贴为圆角矩形（其左边的边长比右边的边长略长），从其视图看，在其左侧的竖向长条内有三个较大的"金龙鱼"中文字，这三个字用白色描边；整个标贴右侧主要设计图案的中间位置有一条鱼（其头朝右呈水平状）图案，其上方有一徽章图案和"食用调和油"5个白色中文字，在"食用调和油"下面有"QUALITY COOKING OIL"英文字，在鱼图案的下方有一行英文字。

经过上述比较，合议组认为：本专利标帖与对比文件标贴属于同一类物品。二者的不同点是品牌名称不同，本专利为"金鳞"，对比文件为"金龙鱼"，但其设计位置都在标贴的左侧；二者的主要设计图案中都有鱼的图案、徽章图案和中英文字，虽然二者鱼的形状有所不同，但其都在主要设计图案的中间位置；二者的徽章和中英文字的位置都在鱼图案的上方，徽章的形状是相近似的，中英文字是相同的。就本专利标贴和对比文件标贴的设计而言，其品牌文字、鱼图案、徽章图案和其他中英文字的设计在整体图案构图中所处的位置是判断二者是否相同或相近似的主要因素。尽管二者鱼图案和个别文字有所不同，但从整体观察、综合判断的方式比较分析，二者的图案构图、标贴的整体图案设计是相近似的。虽然对比文件的标贴只显示了黑白的颜色，但是其主要设计图案及色彩在国内市场已广为人知，其主要设计图案的色彩是底色为红色，鱼的图案为金黄色，中英文字为白色，徽章为黄色，"金龙鱼"三字为红色。因此，上述二者实际使用的色彩是近似的，况且从对比文件图案题材所表现的明暗色差变化与本专利色彩明暗色差变化是相同的，对普通消费者而言，在不同的时间和地域来观察二者的标贴，在视觉上易产生误认。

综上所述，在本专利申请日以前已有与之相似的外观设计专利在出版物上公开发表过，故本专利不符合《中华人民共和国专利法》第二十三条的规定。鉴于本专利与对比文件的比较已得出二者的设计是相近似的判断，本决定对其他证据不再作出评述。

专利复审委员会决定宣告97310506.2号外观设计专利权无效。

原告广州市年丰食品有限公司（以下简称年丰公司）不服被告专利复审委

员会该决定，提出起诉，诉称：被告所作的决定认定事实错误，没有事实根据，应予撤销。被告在决定书中案由部分写明：就本案标帖这类外观设计产品而言，图案和色彩都非常重要。被告在决定书决定的理由部分又明确写明：虽然对比文件的标贴只显示了黑白的颜色，但是其主要设计图案及色彩在国内市场已广为人知，其主要设计图案的色彩底色为红色，鱼的图案为金黄色，中英文字为白色，徽章为黄色，"金龙鱼"三字为红色。原告认为，原告与第三人的外观设计虽然相同，但进行综合判断，其设计的具体形态，如鱼游动方向、文字内容、文字数量、字体位置的摆放是不同的，两者的外观设计图案即使进行间接对比，也不会产生混同误认。被告不仅在两外观设计的判断近似问题上明显有误，更在两外观设计的色彩对比上进行了毫无根据的判定。原告的外观设计专利是 1997 年 7 月 11 日申请的，被告在决定的理由中关于第三人外观设计色彩的认定及广为人知的判定完全是结论性的，没有阐述其判定的任何证据或依据，也没有指明第三人 1997 年 7 月 11 日之前在任何刊物、媒体上广告宣传过其标贴设计的产品。但被告却在其决定理由中将第三人的产品色彩描述得十分详尽，而其详尽的描述的根据就是所谓广为人知，而被告又未为其所下的广为人知的结论提供出任何事实证据。据此，原告认为，被告一方面承认在外观设计专利案件中图案与色彩有非常重要的作用，另一方面却在判定原告与第三人的外观设计近似与否上采取没有证据的主观判断。据此，原告认为被告作出的第 4081 号决定是错误的。

被告专利复审委员会辩称：在双方当事人意见和口头陈述基础上，被告依据《中华人民共和国专利法》第二十三条对涉案无效宣告请求进行审理，并根据第三人提供的对比文件与原告专利进行比较后，得出原告专利与对比文件的外观设计是相近似的结论。被告正是根据《审查指南》有关外观设计相同和相近似的判断的有关规定，遵循了"按一般消费者的角度进行判断"、"整体观察、综合判断"的方式，对第三人提供的对比文件与原告专利的外观设计进行比较后，认为二者的标贴的外观设计是相近似的。虽然第三人提供的对比文件显示的是黑白颜色图案，但是作为"金龙鱼'食用调和油'"的标贴在国内市场上使用至今，其标贴所使用的主要色彩是底色为红色，鱼的颜色为金黄色，这一点一般消费者是熟知的。民事主体在民事活动中应遵循诚实信用的原则，被告正是基于这一原则，根据《中华人民共和国专利法》第二十三条的规定，对上述对比文件的标贴与原告专利标贴进行分析比较后，得出二者是相近似的外观设计的结论。综上所述，被告对第 97310506.2 号外观设计专利无效宣告请求案作出的第 4081 号决定认定事实清楚，适用法律正确，审理程序合法，审查决定是正确的。原告诉讼理由不能成立，请求驳回原告诉讼请求，维持被告第 4081 号决定。

第三人（新加坡）郭兄弟粮油私人有限公司（以下简称郭兄弟粮油公司）辩称：第 4081 号决定完全正确，应予维持。原告主要以被告作出有关色彩公知的结论时未能充分举证为由提起诉讼。第三人认为，《审查指南》第四部分第五章专门规定了"外观设计相同和相近似的判断"。其中被告答辩中提到的"按一般消费者的角度进行判断"、"整体观察、综合判断"的判断方法是合乎法律、法规和规章的规定的，而且是正确的科学判断方法。既然"整体观察、综合判断"是判断外观设计专利近似的基本原则，在实践时，被告自然依职权审查有关设计的各方面的异同。因而色彩与其他因素一样，如图案要素的组合、分布等，均只是整个判断过程的其中一个环节。从第 4081 号决定中可见，被告认定专利设计与被比专利设计近似的结论是建立在对两者全面比较、分析的基础上，就两者的色彩这一点而言，不能忽视被告已考虑到"被比设计图案题材所表现的明暗色差变化与本专利色彩明暗变化是相同的"。虽然本案中被比设计没有披露色彩，但是和外观设计专利相比其相同和相似之处具有醒目的视觉效果，而且被比设计图案色彩的明暗与外观设计专利基本相同，因此说，被告坚持了基本的审查原则，其认定二者是相近似的外观设计是准确无误的。第三人同意被告以"民事主体在民事活动中应遵循诚实信用的原则"作为一般的判断原则的提法。由于第三人的"金龙鱼"食用调和油早于原告专利申请日之前很久就已经在中国大陆地区为人所知，原告在口头审理时表示其承认请求人的标帖早就是大家熟悉的，设计时参考了请求人的设计。但后来反口不予承认。对于像"金龙鱼"这样很早就走入中国百姓家庭的产品，是至少在 20 世纪 90 年代初就为一般消费者所熟悉的。作为审查员或者法官，本身也是当时的消费者，他们的认知，在这一点上是与普通消费者无异的。在第三人提供的证据 2 中，原无效阶段的附件 2 至附件 14 均证明这一点。作为大家能够认识的一般常识，被告是无须举证的。原告在刻意模仿第三人的设计的同时，为了规避法律又作出了似是而非的变化，难免有抄袭之嫌。被告本着民事活动最基本的诚实信用原则进行审查和判断，是合理合法的。以"金龙鱼"为食用油的商标，并以金龙鱼为标贴设计，这是极为独特的。对于这样一条金色的鱼，消费者有着极深的印象。而原告的外观设计专利从图案到色彩都是围绕这样一条鱼作文章，其意正是为了引起消费者的误认，从而达到赢利的目的。请求法院驳回原告的诉讼请求，维持第 4081 号决定。

【原审查明事实】

原审法院经审理查明：本案所涉及的名称为"标贴"的外观设计专利（以

下简称本专利），专利号为 97310506.2，专利权人为原告。本专利申请日为
1997 年 7 月 11 日，颁证日为 1998 年 7 月 30 日，授权公告日为 1998 年 10 月 28
日。本专利请求保护色彩。本专利标贴外观特征如第 4081 号决定所述。

　　1999 年 7 月 27 日，第三人向被告提出无效宣告请求，理由是在本专利申
请日之前，已有与其相近似的外观设计在出版物上公开发表过，第三人的"金
龙鱼"标帖与本专利标贴比较，二者整体设计概念相同，都是使用在食用调和
油上的鱼状图案；二者的整体设计构成相同，都有四大显著构成部分：(1) 汉
字部分；(2) "食用调和油"及其正文下方的英文"QUALITY COOKING OIL"；
(3) 在"食用调和油"文字左侧的"精选"文字与图案标志；(4) 鱼状图形，
二者的局部设计相同或近似，两设计的"金龙鱼"与"金鳞"的字体相同。因
此，本专利不符合《中华人民共和国专利法》第二十三条的规定。另外，本专
利违反《中华人民共和国反不正当竞争法》第五条的规定，该外观设计极容易
使消费者与第三人使用的"金龙鱼"标贴相混淆。第三人同时提供了 19 份附
件：附件 1，委托书复印件；附件 2，本专利专利公报复印件；附件 3，郭氏集
团简介；附件 4，刊登在《展览会刊》上的请求人简介；附件 5，《人民日报》
及《中国企业报》对"金龙鱼"商标被许可人的报道复印件；附件 6，深圳南
海油脂工业（赤湾）有限公司荣获的 ISO 9002 质量体系认证证书复印件；附件
7，带有"金龙鱼"标贴的商品在中国的销售发票及单据复印件 32 张；附件 8，
深圳市技术监督局颁发的《产品质量监督检查合格证书》复印件；附件 9，有
关"金龙鱼"商品被选为推荐产品的推荐公告复印件；附件 10，刊登在 1996
年 5 月 1 日《成都晚报》、1996 年 4 月 25 日《春城晚报》及《南宁晚报》、《武
汉晚报》、《桂林晚报》和《展览会刊》上的"金龙鱼"商品广告复印件；附件
11，第三人展开的各项公益活动记录及其宣传材料复印件；附件 12，带有
"金龙鱼"标贴的商品所获得的中国社会科学院颁发的荣誉证书复印件；附件
13，"金龙鱼"食用调和油的多项名优产品荣誉证书复印件；附件 14，《人民
日报》刊登的全国市场调查国产品牌排行前 10 名的报道；附件 15，杭州市中
级人民法院（1995）杭经初字第 316 号民事判决书；附件 16，新华社、《江西
日报》等报刊的报道剪报复印件；附件 17，福建省福州市中级人民法院
(1996) 榕知初字第 13 - 1 号民事裁定书复印件和福建省福州市中级人民法院
(1996) 榕知初字第 13 号民事判决书复印件；附件 18，萧山市、广州市和上海
市工商局的处罚决定书和处理决定书复印件；附件 19，专利号为 97325605.2、
97322817.2 和 98315387.6 的外观设计专利公报复印件。

　　针对第三人的无效宣告请求，原告认为：第三人的"金龙鱼"的外观设计
与本专利外观设计既不相同也不相近似。二者是否相同或相近似，是由外观设

计的整体或其主要构成上来判断的，上述二者虽然题材相同，但进行综合判断，可以明显地区分出两外观设计的具体形态是不相同的。二者的局部设计不相同、不相近似。按一般购买者水平判断，完全不会因为两者商标名称中同时出现"金"字，误将"金鳞"当作"金龙鱼"，从字面意义上解释，两者字义是完全不同的；虽然"食用调和油"及其正下方的英文"QUALITY COOKING OIL"的内容是相同的，但其外观设计摆放位置不同，更何况"食用调和油"及其英文"QUALITY COOKING OIL"是食用油行业内常用文字，并不存在谁使用在先问题；"食用调和油"和左侧的"精选"字样，虽然内容相同，但是该图案的大小及摆放位置完全不同。由于二者外观设计存在诸多不同之处，所以即使用肉眼或间接对比，也不会令两者产生混同和误认。因此，本专利符合《中华人民共和国专利法》第二十三条的规定。同时，原告提交了广告宣传材料和检验报告复印件各一页。

被告于 2001 年 12 月 17 日作出第 4081 号决定。

在本案诉讼过程中，被告提交了 3 份证据：第 4081 号决定书复印件，本专利授权公报复印件，上海市虹口区（2001）沪虹证经字第 798 号公证书复印件。上海市虹口区（2001）沪虹证经字第 798 号公证书载明，公证事项申请人之代理人于 2001 年 2 月 28 日到上海图书馆，对 1996 年 5 月 1 日的《成都晚报》进行查阅，并复印其第一版和第七版，公证人员对上述过程进行了现场监督。公证书证明与公证书相粘连的 1996 年 5 月 1 日《成都晚报》第一版和第七版的复印件与原件相符。该晚报第七版刊登有深圳南海油脂工业（赤湾）有限公司桶装"金龙鱼"食用调和油的广告照片，该油桶桶身上显示有"金龙鱼"食用调和油的标贴。该复印件未显示色彩。该标贴外观特征如第 4081 号决定中对对比文件的描述所述。

在本案诉讼过程中，原告提交了一份证据：桶装"金龙鱼"色拉油照片，该照片中产品使用的标贴图案与无效宣告请求审查决定所称的对比文件相同，但对比文件右上角为"食用调和油"及下面的"QUALITY COOKING OIL"字样，照片中产品标贴相同位置为"色拉油"及下面的"SALAD OIL"字样。照片中产品标贴的底色为绿色。原告据此主张"金龙鱼"桶装油产品标帖的底色并非均是红色。第三人则主张原告所举证据为"金龙鱼"色拉油产品，而"金龙鱼"食用调和油产品标贴的底色均为红色。

在本案诉讼过程中，第三人提交了其在无效宣告审查程序中提交的附件 1 至附件 19 的复印件。根据附件 17 福建省福州市中级人民法院（1996）榕知初字第 13 号民事判决书复印件内容，第三人于 1989 年申请"金龙鱼及鱼图形"商标，1991 年 11 月 10 日核准注册，核定使用范围为 29 类。第三人同时与深

圳南海油脂工业（赤湾）有限公司订立商标使用许可合同，允许该公司自
1991 年 1 月 2 日至 1996 年 1 月 1 日使用第三人的"金龙鱼及鱼图形"注册商
标。原告对第三人的上述证据无异议。

【原审审理结果】

原审法院认为：外观设计专利相近似性判断，应根据第三人提供的对比文
件及外观设计专利的图片及照片进行对比。在本案中，第 4081 号决定所依据
的对比文件为第三人提供的 1996 年 5 月 1 日《成都晚报》广告复印件中桶装
"金龙鱼"食用调和油的标贴照片，本专利与该标贴是否相近似，应根据对比
文件所展示的内容进行对比。由于第三人提交的对比文件并未显示色彩，第
4081 号决定认定对比文件标贴与本专利标贴色彩一致，没有相应证据，对此
本院不予采信。在将对比文件标贴和本专利标贴进行对比时，色彩因素不应予
以考虑。

《审查指南》规定，在判断外观设计是否相同或近似时，应以外观设计产
品的一般消费者是否容易混淆为准，该消费者对被比外观设计的同类产品的外
观设计状况有常识性的了解。由于同类产品的外观设计状况不是抽象存在的，
申请日时同类产品在市场上所使用的外观设计的实际情况，应作为一般消费者
所掌握的常识，在认定时予以考虑。因此，作为对比文件的同类产品在市场上
是否知名，其产品所使用的外观设计是否为一般消费者所熟悉，对判定一般消
费者认知程度具有意义。一般来说，该产品如较为知名、所使用的外观设计较
为公众所熟知，在与被比外观设计相对比时，一般消费者造成混淆的可能性就
较大。第三人在无效宣告审查程序中提交的附件 6、附件 7、附件 9、附件 10、
附件 11、附件 12、附件 13、附件 14 等证据，均可证明"金龙鱼"食用油产品
在本专利申请日前已有较大的市场占有量及较大广告投入，获得多项荣誉。第
三人提供的对比文件亦可证明"金龙鱼"产品以往所使用的标贴的设计图案。
因此，第 4081 号决定认定对比文件标贴的设计图案在国内市场已广为人知，
并将此作为相近似性判断的参考因素是正确的。

将对比文件标贴与本专利标贴进行对比：二者均是由产品名称（本专利标
贴为"金龙鱼"，对比文件标贴为"金鳞"）、鱼图形、"食用调和油"字样及下
面的英文字样、"食用调和油"字样旁的徽章图案、鱼图形下面的字样（对比
文件标贴为中文、本专利标贴为英文）、鱼图形下面字样旁的小徽章、条形码
框组成。因此，二者的基本构成要素是相同的。在这些构成因素的布局排列
上，均分为两主要部分：左部均为各自的产品名称，文字均为上、下排列；右
部均为"食用调和油"字样及下面的英文字样、"食用调和油"字样旁的徽章

图案、鱼图形，这些要素各自在标贴中的位置也是相同的。对于对对比文件所涉及产品有一定了解的一般消费者而言，对比文件标贴的主要要素及其大致的布局会给其留下一定的印象，而本专利标贴恰恰在这些方面与对比文件标贴基本相同，故一般消费者极容易将二者相混淆。虽然对比文件标贴与本专利标贴的鱼图形不同，但是，对比文件标贴会给一般消费者留下该标贴有鱼图形的印象，一般消费者看到本专利标贴时，他们感觉到的是二者均有鱼图形这一特征，而鱼图形的具体形状则并非一般消费者所能够特别注意及记忆的。原告所称的两标贴在产品名称字数上的差异也是如此，由于外观设计保护不包括文字的字型和意义，标贴中的产品名称给一般消费者留下的主要印象应是文字的排列方式、在标贴中的位置及字体，在这些内容上两标贴完全一致。因此，从整体观察、综合判断角度出发，在两个标贴其他要素及其布局排列基本相同的情况下，二者鱼图形及产品名称字数这些个别要素的差异不足以使一般消费者将二者相区分。特别是对比文件所涉及产品及标贴图案享有较大的知名度，本专利与其所涉及产品又均为食用调和油这一同类产品，在市场环境下，本专利标贴更容易给一般消费者造成混淆。原告所主张的差异已不足以对一般消费者识别商品产生决定性影响。根据以上理由，即使排除色彩因素，对比文件标贴与本专利标贴也应认定为相近似的外观设计。

综上所述，被告第 4081 号决定认定对比文件标贴与本专利标贴为相近似的外观设计，并宣告本专利无效，其结论是正确的，应予维持。原告诉讼请求理由不足，本院不予支持。依照《中华人民共和国行政诉讼法》第五十四条第一款的规定，判决如下：

维持被告国家知识产权局专利复审委员会作出的第 4081 号无效宣告请求审查决定。

广州市年丰食品有限公司不服原审判决，提出上诉，请求撤销原审判决和中华人民共和国国家知识产权局专利复审委员会作出的第 4081 号无效宣告请求审查决定，维持名称为"标贴"的 97310506.2 号外观设计专利权有效。理由是：原审法院应当仅就专利复审委员会的具体行政行为的合法性进行审查，而专利复审委员会认定的事实依据仅限于郭兄弟粮油公司提供的证据广告黑白图片，即出版物公开导致争议外观设计无效，对其他证据未予认定。原审法院却对郭兄弟粮油公司提交的其他证据进行了认定，在程序上违法。另外，原审法院认为色彩因素不予考虑，并依据《中华人民共和国反不正当竞争法》的规定认定本案专利与"金龙鱼"标贴相混淆，属于适用法律不当。

专利复审委员会、郭兄弟粮油公司服从原审判决。

【二审查明事实】

二审法院经审理查明：年丰食品公司于 1997 年 7 月 11 日向中国专利局申请名称为"标贴"的外观设计专利，并于 1998 年 10 月 28 日授权公告，专利号为 97310506.2，专利权人为年丰食品公司。在本案专利授权公告"简要说明"一栏中说明"请求保护色彩"。该标贴为近似的圆角长方形，从其视图看，其底色为红色，在左侧竖向长条内有两个较大的用白色描边的"金鳞"红色字，在其下方有一白色长方形，该竖向长条内的底色为土黄色；在整个标贴的右侧的主要设计图案的中间位置有一条弯曲的金黄色的鱼，其头部及半个鱼身向左弯曲，鱼尾向左下弯曲，在鱼的上方有"食用调和油" 5 个白色的中文字，其下面是"QUALTY COOKING OIL"英文字，在"食用调和油"的左侧有一黄色的徽章图案。

针对本案外观设计专利，郭兄弟粮油公司于 1999 年 7 月 27 日向专利复审委员会提出无效宣告请求，理由是在本案专利申请日之前，已有与其相近似的外观设计在出版物上公开发表过，不符合《中华人民共和国专利法》第二十三条第四款的规定。

2001 年 9 月 11 日专利复审委员会进行了口头审理，并于 2001 年 12 月 17 日作出第 4081 号无效宣告请求审查决定，宣告 97310506.2 号外观设计专利无效。理由是：根据郭兄弟粮油公司提供的证据 10，即"金龙鱼"食用调和油的黑白广告照片，该油桶身上显示有"金龙鱼"食用调和油的标贴，即本案专利的对比文件的标贴为圆角矩形，其左边的边长比右边的边长略长，从其视图看，在其左侧的竖向长条内有三个较大的"金龙鱼"中文字，这三个字用白色描边，整个标贴右侧主要设计图案的中间位置有一条鱼图案，其头朝右呈水平状，其上方有一徽章图案和"食用调和油" 5 个白色中文字，在"食用调和油"下面有"QUALITY COOKING OIL"英文字，在鱼图案的下方有一行英文字。经过比较，合议组认为：本案专利标贴与对比文件标贴属于同一类物品。二者的不同点是品牌名称不同，本案专利为"金鳞"，对比文件为"金龙鱼"，但其设计位置都在标贴的左侧。二者的主要设计图案中都有鱼的图案、徽章图案和中英文字，虽然二者鱼的形状有所不同，但其都在主要设计图案的中间位置。二者的徽章和中英文字的位置都在鱼图案的上方，徽章的形状是相近似的，中英文字是相同的。就本案专利标贴和对比文件标贴的设计而言，其品牌文字、鱼图案、徽章图案和其他中英文字的设计在整体图案构图中所处的位置是判断二者是否相同或相近似的主要因素。尽管二者鱼图案和个别文字有所不同，但从整体观察、综合判断的方式比较分析，二者的图案构图、标贴的整体图案设计是相近似的。虽然对比文件的标贴只显示了黑白的颜色，但是其主要设计图案及色彩在国内市场已广为人知，其主要设计图案的色彩是底色为红色，鱼的图案为金黄色，中英文字为白色，徽章为黄色，“金龙鱼”三字为红色。因此，上述二者实际使用的色彩是相近似的，况且从对比文件图案题材所表现的明暗色差变化与本案专利色彩明暗色差变化是相同的，对普通消费者而言，在不同的时间和地域来观察二者的标贴，在视觉上易产生误认。综上所述，在本案专利申请日以前已有与之相近似的外观设计专利在出版物上公开发表过，故本案专利不符合《中华人民共和国专利法》第二十三条的规定。鉴于本案专利与对比文件的比较已得出二者的设计是相近似的判断，该决定对其他证据不再作出评述，宣告本案专利无效。

【二审审理结果】

二审法院认为：专利法所称的外观设计是指对产品的形状、图案或者其结合以及色彩与形状、图案的结合所作出的富有美感并适于工业应用的新设计。相同种类的产品的外观设计相近似，应当是指被比外观设计的形状、图案、色彩与在先同类产品外观设计相近似，即受专利法保护的外观设计的全部要素均相近似。根据郭兄弟粮油公司提供的证据附件10“金龙鱼”食用调和油的广告照片，与本案专利标贴进行对比，二者为同类产品；标贴的形状是相近似的；二者的图案基本构成要素是相同的，如均有产品名称、鱼图形、“食用调和油”字样、徽章等等，尽管鱼图案和个别文字有所不同，但从整体观察、综合判断的方式比较分析，二者图案设计是相近似的。

专利权人在请求保护的外观设计简要说明中根据专利法实施细则的规定，特别注明：请求保护色彩。在进行对比时，应当就各个要素均进行对比，如果被比外观设计要求保护色彩，而在先设计仅为黑、白两种颜色，即使形状、图案相近似，也不能直接得出两者为相近似的外观设计的结论。所以，原审判决中“在将对比文件标贴和本案专利标贴进行对比时，色彩因素不应予以考虑；……即使排除色彩因素，对比文件标贴与本案专利标贴也应认定为相近似的外观设计”的认定，没有对本案专利所要求保护的色彩作出评判，即得出本案专利与在先设计相近似的结论缺乏法律依据。

专利复审委员会在第4081号无效宣告请求审查决定中，虽然认为应当对本案标贴外观设计与对比文件的色彩进行对比，但是该无效决定又认为对比文件标贴的主要设计图案及色彩在国内市场已广为人知。《审查指南》规定，在外观设计相同和相近似性判断中，一般只能用一项在先设计与被比外观设计进行单独对比，而不能将两项或者两项以上的在先设计结合起来进行对比。也就是说，专利复审委员会采用的一篇对比文件应当包含被比外观设计所要保护的所有要素。专利复审委员会所引用的对比文件并没有包含色彩要素。而且作为一种具体的商品的标贴的色彩在国内市场上是否广为人知，应当有相应证据加以证明。专利复审委员会没有引用任何证据，即认定对比文件标贴的色彩是底色为红色，鱼的图案为金黄色，中英文字为白色，徽章为黄色，"金龙鱼"三个字为红色，完全是一种主观的判断，其作出的本案标贴外观设计与报纸上公开的标贴在形状、图案及色彩相近似的结论证据不足。故年丰食品公司的上诉理由成立，本院予以支持。

综上所述，原审判决及第 4081 号无效宣告请求审查决定认定事实不清，适用法律不当，应予撤销。依照《最高人民法院关于执行〈中华人民共和国行政诉讼法〉若干问题的解释》第七十条和《中华人民共和国行政诉讼法》第五十四条第（二）项第 1 目和第 2 目、第六十一条第（二）项和第（三）项之规定，判决如下：

一、撤销北京市第一中级人民法院（2002）一中行初字第 264 号行政判决；

二、撤销中华人民共和国国家知识产权局专利复审委员会作出的第 4081 号无效宣告请求审查决定。

原、二审案件受理费各 1 000 元，均由中华人民共和国国家知识产权局专利复审委员会负担。

本专利

对比文件

12. "香格里拉招牌" 外观设计专利权无效行政纠纷案

—— 香格里拉国际饭店管理有限公司诉中华人民共和国
国家知识产权局专利复审委员会

原告： 香格里拉国际饭店管理有限公司（SHANGRI – LA INTERNATIONAL HOTEL MANAGEMENT LIMITED）

被告： 中华人民共和国国家知识产权局专利复审委员会

第三人： 黄惠娟

案由： 专利权无效行政纠纷

一审案号： 北京市第一中级人民法院（2002）一中行初字第 555 号

一审合议庭成员： 马来客、姜颖、赵静

一审结案日期： 2003 年 8 月 4 日

【判决要旨】

依据《中华人民共和国专利法》第二十三条的规定，授予专利权的外观设计不得与他人在先取得的合法权利相冲突，如果在授权过程中由于不进行实质审查出现了冲突，应当在无效程序中予以解决。

【起诉与答辩】

国家知识产权局专利复审委员会（以下简称专利复审委员会）第 3869 号决定系就香格里拉公司对番禺市市桥镇北城香格里拉西餐厅享有的第 99330367.6 号外观设计专利（以下简称本专利）所提出的无效宣告请求作出的。专利复审委员会在该决定中认定：（1）本专利具有的形状和图案，在生产制作中没有不能实现的部分，在技术上完全可以批量生产，属于专利法意义上的外观设计。（2）香格里拉公司提供的证据均涉及 "香格里拉" 和 "SHangri-la" 商标专用权与本专利是否构成冲突的问题，由于对于某项专利权是否与商标专用权等在先合法权利相冲突的认定应以最终生效的相关部门的处罚决定或者人民法院的判决为依据。所以，仅依据商标注册的证明文件及其他案件的处理决定或判决，以本专利与在先商标专用权等在先合法权利相冲突为由请求宣告本专利权无效不能成立。（3）《中华人民共和国专利法》第二十三条规定的外观设计指的是产品的外观设计，而不是游离于产品之外的外观设计。香格里

拉公司提供的附件 6 和附件 7 公开的是"香格里拉"和"Shangri – La"文字商标，没有产品作为其载体，因此其以此为由请求宣告本专利权无效不能成立。（4）香格里拉公司提供的附件 4 和附件 5 中所示的"香格里拉"和"Shangri – La"等相关图案均为标识设计，不属于对产品的形状、图案和色彩等方面所作出的设计，因此不符合我国专利法所规定的外观设计的定义，香格里拉公司以此为证，以本专利与在先使用的招牌相近似，不符合《中华人民共和国专利法》第二十三条的规定为由宣告本专利权无效不能成立。综上，专利复审委员会作出了驳回无效宣告请求、维持本专利权有效的第 3869 号决定。

香格里拉国际饭店管理有限公司（以下简称香格里拉公司）诉称：首先，本专利不符合授予外观设计专利的条件，即不是专利法意义上的外观设计。使用本外观设计的产品是西餐厅的招牌，而本外观设计专利并不涉及"招牌"的形状和色彩，其内容仅仅包括图案这一惟一要素。本外观设计图案是由艺术字体的"香格里拉"中、英文字样和正楷字体的"西餐厅"中英文字样组合而成。正楷字体的"西餐厅"中英文字本身不构成图案，没有任何专利性。其全部主体核心内容"香格里拉"和"Shangri – La"早在 1969 年 6 月 30 日开始，即作为"香格里拉国际饭店管理有限公司"的企业名称、招牌和商标应用于国内外。与原告"香格里拉国际饭店管理有限公司"的名称、招牌相比，本外观设计是将原告名称、招牌中最核心最主要的部分取下，稍作修改而成，纯属抄袭行为，二者构成近似。因此，本专利除了不受专利保护的正楷"西餐厅"中英文字样和抄袭原告名称、招牌的艺术字体的"香格里拉"中英文字样之中英文字样之外，没有可予专利保护的实质内容。其次，本专利与原告在先取得的合法权利相冲突，侵犯了原告的商标专用权。原告早在 1988 年就已经在中国获得"香格里拉"和"Shangri – La"商标专用权。原告是世界知名的高品质宾馆和饭店服务的代表，其"香格里拉"和"Shangri – La"商标不仅代表了时尚，更是人们心中质量和信誉的保证，在广大消费者中广为熟知，知名度甚高。但本专利将原告的"香格里拉"和"Shangri – La"商标简单地组合在一起，即变成自己的设计，纯属抄袭行为。以一般消费者对二者主体易见部分的整体观察和综合判断，尤其是时间和空间相分隔的对比后，二者的区别是微乎其微的，极易给广大消费者造成混淆。原告提交的国家工商行政管理局商标局关于"Shangri – La"和"香格里拉"商标异议裁定，均是他人将原告的"香格里拉"和"Shangri – La"商标稍加改动，注册成为自己商标的异议裁定，可以作为"相关部门的处罚决定"在本案中采用。更为重要的是，《中华人民共和国专利法实施细则》第六十五条第三款规定的是提交"生效的能够证明权利冲突的处理决定或者判决"，与被告所要求出具的"以最终生效的相关部门的处罚决定或者人民法院的判决为依据"并不相同。该规定的立法原意是要求专利无效请求人提交一定的证据文件证明和显示权利冲突存在的状态和可能性，专利复审委员会适用《中华人民共和国专利法》第二十三条的初始依据。被告对该规定的理解和适用是违背了立法原意的。综上所述，被告在作出第3869号无效决定时，主要证据不足，导致认定事实不清，并囿于对现有法律、法规的不正确理解，得出了错误结论。据此，原告请求法院判决撤销第3869号决定，并宣告本专利权无效。

被告专利复审委员会辩称：第3869号决定所依据的是原告提出的《中华人民共和国专利法》第二十三条和《中华人民共和国专利法实施细则》第二条第三款；所依据的证据是原告在无效宣告请求审查程序中提交的证据。其作出的第3869号决定认定事实清楚，适用法律正确，审理程序合法，请求法院予以维持。

第三人黄惠娟没有提供书面意见，也没有出庭参加诉讼。

【一审查明事实】

一审法院经审理查明："SHANGRI－LA"、"香格里拉"两文字商标由香格里拉公司申请注册，核定服务项目为第42类，包括：旅馆；备办宴席及餐馆；提供集会、会议及展览会设施；旅馆膳宿预定服务。两商标注册有效期分别为1994年10月7日至2004年10月6日和1995年2月14日至2005年2月13日。注册证号分别为769447和777861。

番禺市市桥镇北城香格里拉西餐厅成立于1998年12月14日，企业组成形式为个人经营，经营者姓名为黄惠娟，经营范围及方式为零售、中餐、西餐。

1999年5月12日，番禺市市桥镇北城香格里拉西餐厅向国家知识产权局专利局申请了使用于产品名称为"招牌"的外观设计专利，该专利于2000年1月19日被授权公告，专利号为99330367.6。本专利授权公告的视图仅为主视图（如附图所示）。

2001年1月5日，香格里拉公司就本专利向专利复审委员会提出无效宣告请求，其理由为本专利不符合《中华人民共和国专利法实施细则》第二条第三款和《中华人民共和国专利法》第二十三条的规定。在无效审理过程中，香格里拉公司共提交了8份附件：

1. 国家工商行政管理局商标局商标档字（2000）第468号和第469号商标注册证明复印件；

2. 国家工商行政管理局商标局关于"SHANGRI－LA"和"香格里拉"商

标异议的裁定复印件；

3. 国家工商行政管理局商标局编著的《商标侵权典型案例评析》一书封面及有关页复印件；

4. 1995年6月至8月香格里拉公司在杭州市开设的香格里拉饭店进行推广宣传时印制和散发的宣传单复印件；

5. 香格里拉公司在北京市开设的香格里拉饭店推广宣传时印制和散发的宣传单复印件；

6. 第777861号商标公告复印件；

7. 第769447号商标公告复印件；

8. 国家工商行政管理局商标局商标监（1999）369号关于"香格里拉"有关问题的答复复印件。

2001年1月15日，番禺市市桥镇北城香格里拉西餐厅变更企业名称为番禺市市桥镇北城新翡翠西餐厅。2002年7月1日，该西餐厅注销企业登记。

2002年7月23日，专利复审委员会针对香格里拉公司的无效宣告请求作出第3869号决定。

【一审审理结果】

一审法院认为：番禺市市桥镇北城香格里拉西餐厅系被告黄惠娟个人经营的企业，该西餐厅注销企业登记后的债权、债务应当由黄惠娟个人承担。本专利系由番禺市市桥镇北城香格里拉西餐厅申请，虽然在该西餐厅注销企业登记后，本专利未进行著录事项变更，但专利权人应为黄惠娟。

本案系因香格里拉公司不服专利复审委员会第3869号决定提起的行政诉讼。人民法院审理行政案件是对行政机关的具体行政行为的合法性进行审查，相对于本案而言，即应审查专利复审委员会作出第3869号决定是否具备相应的事实和法律依据。

原告不服第3869号决定有两个理由：其一为本专利不符合授予外观设计专利的条件，即不是专利法意义上的外观设计；其二为本专利与原告在先取得的合法权利相冲突，侵犯了原告的商标专用权。

针对原告提出的理由一，本院认为，《中华人民共和国专利法实施细则》第二条第三款规定的外观设计，是指对产品的形状、图案或者其结合以及色彩与形状、图案的结合所作出的富有美感并适于工业应用的新设计。也就是说，构成外观设计的是产品的形状、图案或者其结合以及色彩与形状、图案的结合。本专利系对西餐厅招牌进行的设计。从专利公开的主视图可以看出：该招牌系长方形，具备形状要素；本专利的图案系由"香格里拉"、"Shangri - la"、

"西餐厅"和"Western Restaurant"几部分文字组合、排列而成,其中"香格里拉"、"Shangri – la"系艺术字造型,已与普通字体的文字构成区别,这些文字的选择、组合和排列使本专利设计具备了图案要素。专利法实施细则所称的"新设计",是对产品作出的新的设计。原告提供的附件均不能证明在本专利申请日以前已经有内容相同或者相近似的招牌被公开,不能否定本专利是新设计。由于本外观设计系对招牌的形状和图案的结合进行的新设计,能够在工业上应用,并形成批量生产,因此,属于我国专利法所称的外观设计。专利复审委员会就此所作认定正确。

对于原告提出的理由二,本院认为,2000 年 8 月 25 日修订并于 2001 年 7 月 1 日施行的《中华人民共和国专利法》第二十三条增加了"授予专利权的外观设计不得与他人在先取得的合法权利相冲突"的规定,该规定的目的在于保护在先权利人的合法权益。依此规定,对于与他人在先取得的合法权利相冲突的外观设计不授予专利权,已经授权的,应当宣告该专利权无效。根据审理查明的事实可以认定,原告香格里拉公司分别于 1994 年和 1995 年开始对第769447 号"SHANGRI – LA"和第 777861 号"香格里拉"两文字商标享有商标专用权,第三人则于 1999 年申请本外观设计专利,故原告对"SHANGRI – LA"和"香格里拉"商标享有的专用权相对于第三人的外观设计专利权是在先取得的合法权利。原告的注册商标"香格里拉"和"SHANGRI – LA"文字系本外观设计中主要的设计要素,两商标的文字在整个外观设计中占有较大比例,是外观设计中引人注目的部分,且该外观设计使用在西餐厅的招牌上,属于原告注册商标核定使用的范围之内。在外观设计中虽未表明"香格里拉"和"SHANGRI – LA"是服务商标,但从外观设计中突出醒目使用"香格里拉"和"SHANGRI – LA"字样的方式和使用该外观设计的招牌在实际经营活动中所起到的作用来看,已经足以实现服务商标所具有的区分服务来源的功能。故本专利与原告对"SHANGRI – LA"和"香格里拉"商标享有的专用权存在构成冲突的可能。

尽管 2001 年 6 月 15 日公布并于 2001 年 7 月 1 日实施的《中华人民共和国专利法实施细则》第六十五条第三款规定,以授予专利权的外观设计与他人在先取得的合法权利相冲突为理由请求宣告外观设计专利权无效,但是未提交生效的能够证明权利冲突的处理决定或者判决的,专利复审委员会不予受理。但从该规定可以看出,生效的能够证明权利冲突的处理决定或者判决是专利复审委员会是否受理以授予专利权的外观设计与他人在先取得的合法权利相冲突为理由请求宣告外观设计专利权无效的前提条件,而不是专利复审委员会是否进行无效审查的前提。本无效宣告请求在该实施细则实施之前,已经由专利复审委员会予以受理，因此，该实施细则第六十五条第三款的规定在本案中并不适用，专利复审委员会应当就此无效宣告请求进行审理。专利复审委员会在第3869号决定中以香格里拉公司没有提供本专利与在先取得的合法权利相冲突的最终生效的相关部门的处罚决定或者人民法院的判决为由，认定香格里拉公司请求宣告本专利无效不能成立，没有法律依据。

综上，专利复审委员会在第3869号决定中没有正确适用《中华人民共和国专利法》第二十三条的规定，对原告是否享有在先取得的合法权利以及本专利是否与原告在先取得的合法权利相冲突作出认定，该决定在认定事实和适用法律上均存在错误，应予撤销。专利复审委员会应当在原告已经提供证据证明其拥有在先取得的合法权利的情况下，就本专利是否与原告在先取得的合法权利相冲突进行审理，从而作出维持本专利权有效或宣告本专利权无效的决定。因此，本院依照《中华人民共和国行政诉讼法》第五十四条第（二）项之规定，判决如下：

一、撤销国家知识产权局专利复审委员会第3869号无效宣告请求审查决定；

二、国家知识产权局专利复审委员会重新作出无效宣告请求审查决定。

案件受理费1 000元，由被告国家知识产权局专利复审委员会负担。

各方当事人均服从一审判决。

13. "具有补正功能无级变速装置" 实用新型专利权无效行政纠纷案

——盟立自动化股份有限公司诉中华人民共和国国家知识产权局专利复审委员会

原告（上诉人）： 盟立自动化股份有限公司

被告（被上诉人）： 中华人民共和国国家知识产权局专利复审委员会

第三人（原审第三人）： 沈臻卿

案由： 专利权无效行政纠纷

原审案号： 北京市第一中级人民法院（2002）一中行初字第 200 号

原审合议庭成员： 娄宇红、张晓霞、仪军

原审结案日期： 2002 年 9 月 18 日

二审案号： 北京市高级人民法院（2003）高行终字第 21 号

二审合议庭成员： 程永顺、刘辉、岑宏宇

二审结案日期： 2003 年 8 月 15 日

【判决要旨】

未记载在权利要求书中的技术特征不受保护。专利权人不能将仅记载于专利说明书或附图中的技术特征作为和对比文件不同的区别技术特征，用来支持其实用新型专利具备新颖性的主张。

【起诉与答辩】

中华人民共和国国家知识产权局专利复审委员会（以下简称专利复审委员会）的第 4050 号无效决定对针对名称为"具有补正功能无级变速装置"（专利号 97201299.0）的实用新型专利权（以下简称本专利）提起的无效宣告请求进行审查后认为，被请求人在现场勘验和口头审理中均承认物证（"BWR－3000 自动控制包装机"）在本专利申请日前已经公开销售，被请求人的陈述与证据 1～6 完全相符，根据《审查指南》第四部分第三章第 3.1 节的规定，合议组对双方当事人均承认的事实予以确认，故对证据 1～6 不再查证，即予采信。经现场勘验，"BWR－3000 自动控制包装机"的实物结构已经完全公开了本专利权利要求 1～6 所记载的技术方案，因此可以认定本专利权利要求 1～6 所记载的技术方案已经在 1995 年 7 月通过公开销售的方式在国内被公开，故本专

利的权利要求 1~6 不符合《中华人民共和国专利法》第二十二条第二款的规定，不具有新颖性。

被请求人一再强调被勘验物证与其后来修正的"专利产品"存在下述区别：无级变速机构中安装斜度变速盘的轴上的轴承有变化，所勘验物证的轴上是三个滚动轴承；"专利产品"是将其中一个滚动轴承改为止推轴承。而且该差别给"专利产品"带来特别的效果。但被请求人强调的区别技术特征并没有在本专利的权利要求书中作出限定，在说明书中也没有表述，而仅仅在附图中有所体现。根据《中华人民共和国专利法》第五十六条"发明或者实用新型专利权的保护范围以其权利要求的内容为准"的规定，"专利产品"的区别技术特征不能纳入本专利权利要求所要求保护的技术方案中，即该区别技术特征不属于本专利的保护范围。故在审查本案时，对该区别技术特征不予考虑。

依据上述理由，专利复审委员会的第 4050 号无效决定宣告本专利无效。

原告盟立自动化股份有限公司（以下简称盟立公司）不服专利复审委员会的第 4050 号无效决定，诉称：原告在提出本案所涉专利申请之前，从未使用该先进技术生产产品，更不可能销售给第三人所称的"专利产品"。1995 年初，原告曾将本公司生产的"BWR-3000 型横式包装机"通过上海斯米克公司销售给上海真露泰康食品有限公司，而该产品与原告专利技术"具有补正功能无级变速装置"是两个采用不同技术的根本不同的产品。正由于原有公开技术的不成熟，使产品无法达到预期之功能，特别是在结构、速度、受力均匀等方面的功能更显不足，在实用性方面也不能产生积极的效果，因此原告经过多次修改原公开技术，并且在作了实质性变动，使专利技术较原公开技术有了实质性区别的情况下，才提出了专利申请，并制定了相应的权利要求书。由此可见，"具有补正功能无级变速装置"技术与前公开技术相比，有了实质性的变化和革新，故该技术是前所未有的，完全具备了《中华人民共和国专利法》及《中华人民共和国专利法实施细则》所规定的专利技术所必须具备的新颖性、创造性和实用性，是完全符合被授予实用新型专利权的要求的。同时，第 4050 号无效决定也不符合《审查指南》对抵触申请的规定。综上，被告的第 4050 号无效决定缺乏事实与法律依据，显属不当，请求法院依法撤销被告的第 4050 号无效决定。

被告专利复审委员会辩称：原告在现场勘验和在后的口头审理过程中均承认被勘验物证（"BWR-3000 自动控制包装机"）在本专利申请日前已经公开销售，原告的陈述与第三人提供的证据完全相符，根据《审查指南》第四部分第三章第 3.1 节的规定，合议组对双方当事人均承认的事实予以确认，故对这些证据 1~6 不再查证，即予采信。经现场勘验，"BWR-3000 自动控制包装机"的实物结构已经完全公开了本专利权利要求 1~6 所记载的技术方案。因此可以认定本专利权利要求 1~6 所记载的技术方案已经在 1995 年 7 月通过公开销售的方式在国内被公开，故本专利的权利要求 1~6 不符合《中华人民共和国专利法》第二十二条第二款的规定，不具有新颖性。原告一再强调被勘验物证与其后来修正的"专利产品"存在差别，而且该差别给"专利产品"带来特别的效果。但原告强调的区别技术特征并没有在本专利的权利要求书中作出限定，在说明书中也没有表述，而仅仅在附图中有所体现。根据《中华人民共和国专利法》第五十六条"发明或者实用新型专利权的保护范围以其权利要求的内容为准"的规定，"专利产品"的区别技术特征不能纳入本专利权利要求所要求保护的技术方案中，即该区别技术特征不属于本专利的保护范围。故合议组在审查本无效案时，对该区别特征不予考虑。综上所述，第 4050 号无效决定认定事实清楚、适用法律、法规正确、审理程序合法，原告的诉讼请求没有事实及法律依据，请求法院依法驳回原告的诉讼请求，维持第 4050 号无效决定。

第三人沈臻卿未提交书面意见，其在庭上表示同意专利复审委员会的意见，认为勘验笔录能够证明相关的事实已经确定，专利的保护范围应当以权利要求书为准。

【原审查明事实】

原审法院经审理查明：1997 年 2 月 12 日，盟立公司向国家知识产权局提出名称为"具有补正功能无级变速装置"的实用新型专利申请。1998 年 8 月 12 日，该申请被公告授予实用新型专利权，专利号为 97201299.0，专利权人为盟立公司，该权利授权公告的权利要求如下：

"1. 一种具有补正功能无级变速装置，包括无级变速机构，其特征在于其主要由一组改良结构的无级变速机构（21）及一差动调速机构（30）所组成，其中：

该无级变速机构（21）包括有一输入轴（11），传动轴（20），两对斜度变速盘（12）、（13）、（121）、（131）及一个小马达（22），其中该输入轴（11）上安装有一对斜度变速盘（12）、（13），并设有一间接控制该对斜度变速盘开合动作的小马达（22），且该对斜度变速盘（12）、（13）并设有一与另一对斜度变速盘（121）、（131）作动力传递的 V 型皮带（16）；动力从输入轴（11）传递输入，该小马达（22）间接驱动该对斜度变速盘（12）、（13）开合，V 型皮带（16）产生径向移动，改变该对斜度变速盘（12）、（13）与斜度变速盘（121）、（131）之间的传动比，输入轴（11）与传动轴（20）之间的转速产生速度落差，而可达到变速；

该差动调速机构（30），其动力由传动轴（20）传递至一套环（31）与齿轮（32），该套环（31）与齿轮（32）为一体式结构，齿轮（32）将动力传递至小齿轮（341）、（342），再传动至大齿轮（34），而至输出轴（33）输出；

欲修正调节输出轴（33）的输出转速时，间歇启动小马达（35），驱动齿轮（351）与大齿轮（34），输出轴（32）间歇产生差动而改变输出转速，而达到补正输出转速。

2.根据权利要求1所述的具有补正功能无级变速装置，其特征在于所述的小马达（22）为以其正反转调节输入轴（11）与传动轴（20）传动比的正反转的马达。

3.根据权利要求1所述的具有补正功能无级变速装置，其特征在于所述的小马达（35）为正转或反转形成增加或减少输出轴（33）输出转速结构的马达。

4.根据权利要求2或3所述的具有补正功能无级变速装置，其特征在于所述的差动调速机构（30）其在输出轴（33）上设有大齿轮（34），其轴面上设有二个同轴小齿轮（341）、（342），二者将齿轮（32）的转速传递至输出轴（33）输出。

5.根据权利要求4所述的具有补正功能无级变速装置，其特征在于所述的斜度变速盘（13）与一调整环（14）及一齿轮（15）相连接，其中，该齿轮（15）其一端的外径设有外螺纹，并在输入轴（11）上呈自由旋转结构，且该外螺纹与调整环（14）内缘的内螺纹为相配螺合结构设置，该齿轮（15）旋转驱动调整环（14）作轴向移动；

所述的小马达（22）设置于与输入轴（11）相平行的其侧方的适当位置处，该小马达（22）端部的转轴连接有一齿轮（23），该齿轮（23）与输入轴（11）上的齿轮（15）相啮合，驱动该齿轮（15）转动；该齿轮（23）其前侧的适当处另设有一限制调整环（14）只能作轴向移动的制动板（24）；该小马达（22）作正反转动作时，驱动齿轮（23），再带动齿轮（15）旋转，调整环（14）产生轴向运动，再推动斜度变速盘（13）作轴向开合动作；

所述的另一对斜度变速盘（121）、（131），在其内部设有自动调节开合动作的压缩弹簧，V型皮带（16）设置在该对斜度变速盘（12）、（13）及斜度变速盘（121）、（131）之间作径向移动，改变斜度变速盘（12）、（13）与斜度变速盘（121）、（131）的传动比，再驱动传动轴（20），达到改变转速。

6.根据权利要求5所述的具有补正功能无级变速装置，其特征在于所述的差动调速机构其输入由输入轴（11）经变速传递至传动轴（20），再经该传动轴（20）设有的时规皮带（301）传递至一套环（31），该套环（31）及齿轮（32）与输出轴（33）间设有滚珠轴承相装合；

另该输出轴（33）上装设有二个齿轮即大齿轮（34）与齿轮（343），大齿轮（34）为设有滚珠轴承与输出轴（33）相连接，齿轮（343）则固定于输出轴（33）上；大齿轮（34）二侧轴面上分别装设有一对小齿轮（341）、（342），该对小齿轮（341）、（342）为同轴设置一体连动结构，小齿轮（341）与齿轮（32）相啮合，小齿轮（342）与齿轮（343）相啮合；

该输出轴（33）在其平行的外侧装设有一个小马达（35），该小马达（35）的输出轴端连接设有一个齿轮（351），且该齿轮（351）与大齿轮（34）相互啮合，形成制动结构。"

针对上述专利权，沈臻卿于2001年5月16日向专利复审委员会提出无效宣告请求，请求的理由是本专利不具有新颖性，其提交的附件2为"BWR-3000自动控制包装机"的一组照片共6张。专利复审委员会经审查受理了该无效宣告请求。

2001年11月29日，专利复审委员会召集盟立公司及沈臻卿在上海对物证"BWR-3000自动控制包装机"进行现场勘验。在勘验过程中，盟立公司承认该物证系于本专利申请日前销售。将物证的传动箱从物证上拆卸下来后，盟立公司的代理人、沈臻卿的代理人及专利复审委员会的合议组成员对传动箱内的结构进行了勘验，现场勘验过程及结论被记录在《现场勘验记录纸》上，盟立公司的代理人、沈臻卿的代理人及专利复审委员会的合议组成员均在《现场勘验记录纸》上签字。《现场勘验记录纸》与本案有关的技术特征对比内容为：现场勘验物证和专利产品有区别，第一道传动结构中安装斜度变速盘的轴上的轴承有变化，物证：轴上三个滚球轴承—易损坏。专利产品：将其中一个轴承改为止推轴承（见专利说明书图6）。

2001年12月6日，专利复审委员会召集双方当事人对本无效宣告请求案进行口审。在口审中，盟立公司确认被勘验物证于本专利申请日前已公开销售。

在本专利行政案庭审中，盟立公司、专利复审委员会、沈臻卿对物证"BWR-3000自动控制包装机"于本专利申请日之前在国内公开销售过无异议，对《现场勘验记录纸》的真实性及其记载的现场勘验物证与本专利的区别系体现在本专利的说明书附图上亦无异议。同时，盟立公司认为在《现场勘验记录纸》记载的区别之外，尚存在第二个区别，经法庭询问，盟立公司对该第二个区别没有具体说明，仅认为该区别体现在本专利的说明书附图上。经查，上述的说明书附图为实施例的附图。

【原审审理结果】

原审法院认为：在本案诉讼过程中，各方当事人对物证"BWR－3000自动控制包装机"于本专利申请日之前在国内公开销售过均无异议，本院对该事实予以确认。根据我国专利法的规定，新颖性是指在申请日以前没有同样的发明或实用新型在国内外出版物上公开发表过、在国内公开使用过或者以其他方式为公众所知，也没有同样的发明或者实用新型由他人向国务院专利行政部门提出过申请并记载在申请日以后公布的专利申请文件中。根据上述规定，物证"BWR－3000自动控制包装机"因在本专利的申请日以前在国内公开销售过，因此可以作为评价本专利新颖性的对比文件。

在本案的诉讼过程中，各方当事人对《现场勘验记录纸》的真实性及其记载的现场勘验物证与本专利的区别系体现在本专利的说明书附图上无异议，对此事实本院予以确认。本案当事人争议的焦点在于，在评价本专利的专利性时，本专利所保护的技术方案中的技术特征是否包括仅记载在说明书附图上的技术特征。即专利权所保护的技术方案是否以权利要求中记载的内容为准，仅记载在本专利说明书附图中的技术特征能否纳入本专利的保护范围。

《中华人民共和国专利法》第五十六条规定："发明或者实用新型专利权的保护范围以其权利要求的内容为准，说明书及附图可以用于解释权利要求。"根据上述规定，发明或者实用新型所保护的技术方案应以记载在权利要求书中的技术特征组成，说明书及附图起解释权利要求的作用，而不能替代权利要求书的作用，专利权的保护范围还是应以其权利要求的内容为准。在本案中，说明书的附图为一个实施例，其保护范围较权利要求书为小。因此，仅记载在本专利说明书附图中的技术特征不能纳入到本专利的保护范围中，否则组成的保护范围不是本专利权利要求所保护的范围。在评价本专利的新颖性时，上述技术特征不能加入到权利要求书中，否则将导致专利权保护范围的变化，最终导致该专利是否有新颖性结论的变化。

本案中，盟立公司所主张的本专利与物证之间存在的区别特征，仅记载在本专利的说明书附图上，因此，该特征在评价本专利的新颖性时不应予以考虑。除在《现场勘验记录纸》上记载的区别外，盟立公司在本案诉讼中认为物证与本专利还存在着其他区别，虽然盟立公司对区别的具体情况没有陈述，但其承认该区别亦体现在本专利的说明书附图上，因此同样不能在评价本专利新颖性时予以考虑。

此外，因为本专利不是对比文件的抵触申请，盟立公司关于第4050号无效决定不符合审查指南对抵触申请的规定的主张没有依据，本院不予支持。

　　综上所述，原告盟立公司的诉讼请求没有法律依据，本院不予支持。专利复审委员会的第 4050 号无效决定证据充分，适用法律正确，程序并无不当，应予维持。依照《中华人民共和国行政诉讼法》第五十四条第一项之规定，判决如下：

　　维持被告中华人民共和国国家知识产权局专利复审委员会第 4050 号无效宣告请求审查决定。

　　盟立公司不服原审判决，提出上诉，请求撤销原审判决及专利复审委员会第 4050 号无效宣告请求审查决定，维持 97201299.0 号实用新型专利权有效。理由是：本案专利是在被勘验物证的技术基础上改进后申请的，解决了现有技术结构不合理、受力不均匀的现象，改进后的专利产品符合专利法关于新颖性、创造性、实用性的要求，应当予以保护。

　　专利复审委员会、沈臻卿服从原审判决。

【二审查明事实】

　　二审法院经审理查明：盟立公司于 1997 年 2 月 12 日向中华人民共和国国家知识产权局提出名称为"具有补正功能无级变速装置"的实用新型专利申请。1998 年 8 月 12 日，该申请被公告授予实用新型专利权，专利号为 97201299.0，专利权人为盟立公司。授权的权利要求如下：

　　"1. 一种具有补正功能无级变速装置，包括无级变速机构，其特征在于其主要由一组改良结构的无级变速机构及一差动调速机构所组成，其中：

　　该无级变速机构包括有一输入轴、传动轴、两对斜度变速盘及一个小马达，并设有一间接控制该对斜度变速盘开合动作的小马达，且该对斜度变速盘并设有一与另一对斜度变速盘作动力传递的 V 型皮带；动力从输入轴传递输入，该小马达间接驱动该对斜度变速盘开合，V 型皮带产生径向移动，改变该对斜度变速盘、与斜度变速盘之间的传动笔，输入轴与传动轴之间的转速产生速度落差，而可达到变速；

　　该差动调速机构，其动力由传动轴传递至一套环与齿轮，该套环与齿轮为一体式结构，齿轮将动力传递至小齿轮，再传动至大齿轮，而至输出轴输出；

　　欲修正调节输出轴的输出转速时，间歇启动小马达，驱动齿轮与大齿轮，输出轴间歇产生差而改变输出转速，而达到补正输出转速。

　　2. 根据权利要求 1 所述的具有补正功能无级变速装置，其特征在于所述的小马达为以其正反转调节输入轴与传动轴传动比的正反转的马达。

　　3. 根据权利要求 1 所述的具有补正功能无级变速装置，其特征在于所述的小马达为正转或反转形成增加或减少输出轴输出转速结构的马达。

4．根据权利要求 2 或 3 所述的具有补正功能无级变速装置，其特征在于所述的差动调速机构其在输出轴上设有大齿轮，其轴面上设有二个同轴小齿轮，二者将齿轮的转速传递至输出轴输出。

5．根据权利要求 4 所述的具有补正功能无级变速装置，其特征在于所述的斜度变速盘与一调整环及一齿轮相连接，其中，该齿轮一端的外径设有外螺纹，并在输入轴上呈自由旋转结构，且该外螺纹与调整环内缘的内螺纹为相配螺合结构设置，该齿轮旋转驱动调整环作轴向移动；

所述的小马达设置于与输入轴相平行的其侧方的适当位置处，该小马达端部的转轴连接有一齿轮，该齿轮与输入轴上的齿轮相啮合，驱动该齿轮转动；该齿轮其前侧的适当处另设有一限制调整环只能作轴向移动的制动板；该小马达作正反转动作时，驱动齿轮，再带动齿轮旋转，调整环产生轴向运动，再推动斜度变速盘作轴向开合动作；

所述的另一对斜度变速盘，在其内部设有自动调节开合动作的压缩弹簧，V 型皮带设置在该对斜度变速盘及斜度变速盘之间作径向移动，改变斜度变速盘与斜度变速盘的传动比，再驱动传动轴，达到改变转速。

6．根据权利要求 5 所述的具有补正功能无级变速装置，其特征在于所述的差动调速机构其输入由输入轴经变速传递至传动轴，再经该传动轴设有的时规皮带传递至一套环，该套环及齿轮与输出轴间设有滚珠轴承相装合；

另该输出轴上装设有二个齿轮即大齿轮与齿轮，大齿轮为设有滚珠轴承与输出轴相连接，齿轮则固定于输出轴上；大齿轮二侧轴面上分别装设有一对小齿轮，该对小齿轮为同轴设置一体连动结构，小齿轮与齿轮相啮合，小齿轮与齿轮相啮合；

该输出轴在其平行的外侧装设有一个小马达，该小马达的输出轴端连接设有一个齿轮，且该齿轮与大齿轮相互啮合，形成制动结构。”

本案专利说明书中载明：“……以上所述，仅是本实用新型的较佳实施例而已，并非对本实用新型作任何限制，凡是依据本实用新型的技术实质对以上实施例所作的任何简单修改、等同变化与修饰，均仍属于本实用新型技术方案的范围内。”

针对上述实用新型专利权，沈臻卿于 2001 年 5 月 16 日向专利复审委员会提出无效宣告请求，理由是本案专利不具有新颖性，其提交的附件 2 为“BWR－3000 自动控制包装机”的一组照片，共 6 张。

专利复审委员会受理该无效宣告请求后，于 2001 年 11 月 29 日召集盟立公司及沈臻卿在上海市对物证“BWR－3000 自动控制包装机”进行了现场勘验。在勘验过程中，盟立公司承认该物证系于本案专利申请日前销售。将物证的传动箱从物证上拆卸下来后，盟立公司的代理人、沈臻卿的代理人及专利复审委员会的合议组成员对传动箱内的结构进行了勘验，现场勘验过程及结论被记录在《现场勘验记录纸》上，盟立公司的代理人、沈臻卿的代理人及专利复审委员会的合议组成员均在《现场勘验记录纸》上签字。《现场勘验记录纸》与本案有关的技术特征对比内容为：现场勘验物证和专利产品有区别，第一道传动结构中安装斜度变速盘的轴上的轴承有变化，物证：轴上三个滚球轴承一易损坏。专利产品：将其中一个轴承改为止推轴承（见专利说明书图6）。

2001年12月6日，专利复审委员会召集双方当事人进行口头审理。在口头审理过程中，盟立公司确认被勘验物证于本案专利申请日前已公开销售。

2001年12月13日专利复审委员会作出第4050号无效宣告请求审查决定，宣告97201299.0号实用新型专利权全部无效。理由是：盟立公司在现场勘验和口头审理过程中均承认被勘验物证"BWR－3000自动控制包装机"在本案专利申请日前已经公开销售，根据审查指南的规定，合议组对双方当事人均承认的事实予以确认。经现场勘验，"BWR－3000自动控制包装机"的实物结构已经完全公开了本案专利权利要求1~6所记载的技术方案。因此，可以认定本案专利权利要求1~6所记载的技术方案已经在1995年7月通过公开销售的方式在国内被公开，故本案专利的权利要求1~6不符合《中华人民共和国专利法》第二十二条第二款的规定，不具有新颖性。盟立公司强调的区别技术特征并没有在本案专利的权利要求书中作出限定，在说明书中也没有表述，而仅仅在附图中有所体现。根据《中华人民共和国专利法》第五十六条"发明或者实用新型专利权的保护范围以其权利要求的内容为准"的规定，"专利产品"的区别技术特征不能纳入本案专利权利要求所要求保护的技术方案中，即该区别技术特征不属于本案专利的保护范围，故合议组在审查本案时，对该区别技术特征不予考虑。

在法院审理过程中，盟立公司、专利复审委员会、沈臻卿对物证"BWR－3000自动控制包装机"于本案专利申请日之前在国内公开销售过的事实无异议，对《现场勘验记录纸》的真实性及其记载的现场勘验物证与本案专利的区别系体现在本案专利的说明书附图上亦无异议。同时，盟立公司认为在《现场勘验记录纸》上记载的区别之外，尚存在第二个区别，该区别亦体现在本案专利的说明书附图上。经查，上述的说明书附图为实施例的附图。

【二审审理结果】

二审法院认为：根据我国专利法的规定，发明或者实用新型的新颖性是指在申请日以前没有同样的发明或者实用新型在国内外出版物上公开发表过、在国内公开使用过或者以其他方式为公众所知，也没有同样的发明或者实用新型由他人向国务院专利行政部门提出过申请并记载在申请日以后公布的专利申请文件中。上诉人盟立公司认可被勘验物证"BWR－3000 自动控制包装机"在本案专利申请日之前公开销售，属于以在国内公开使用的方式为公众所知，所以专利复审委员会将其作为评价本案专利新颖性的对比文件符合法律规定。

专利复审委员会认定本案专利失去新颖性，而本案争议的焦点在于评价实用新型专利的新颖性时，专利权人能否将记载于专利说明书或附图中的技术特征作为和对比文件不同的区别技术特征，用来支持其实用新型专利具备新颖性的主张。根据《现场勘验记录纸》的记载，当事人所确认的区别技术特征体现在本案专利说明书附图中，该附图系本案专利的实施例，即盟立公司所称专利产品。这些区别技术特征在本案专利的权利要求书中并无记载，对此，盟立公司并无异议。我国专利法及专利法实施细则规定，权利要求书应当以说明书为依据，说明要求专利保护的范围。也就是说，权利要求书所记载的技术方案，是专利权的保护范围，说明书附图仅是一个实施例，其保护范围要小于权利要求书记载的技术方案。盟立公司在本案专利说明书中亦特别指出，实施例并非对本实用新型作任何限制。专利权人在没有主动修改权利要求书、缩小实用新型保护范围的前提下，在评价实用新型新颖性时要求以保护范围较小的实施例作为基准，其主张有矛盾之处。实用新型专利的技术方案仍应以权利要求书记载的范围为准。故盟立公司上诉提出实施例中的某些技术特征未被对比文件公开，所以本案专利具备新颖性的上诉理由没有法律依据，不能成立。由于对比文件已经公开了本案专利权利要求 1~6 的全部技术特征，所以本案专利不具备新颖性。

综上所述，原审判决和专利复审委员会作出的第 4050 号无效宣告请求审查决定认定事实清楚，适用法律正确，程序合法，应予维持。依照《中华人民共和国行政诉讼法》第六十一条第（一）项之规定，判决如下：

驳回上诉，维持原判。

原、二审案件受理费各 1 000 元，均由盟立自动化股份有限公司负担。

14. "轻型客车（CHB 6401 TA）"外观设计专利权无效行政纠纷案

——珠海公牛高性能复合材料有限公司诉中华人民共和国
国家知识产权局专利复审委员会

原告（上诉人）： 珠海公牛高性能复合材料有限公司
被告（被上诉人）： 中华人民共和国国家知识产权局专利复审委员会
第三人（原审第三人）： 北京中华汽车制造有限公司
案由： 专利权无效行政纠纷
原审案号： 北京市第一中级人民法院（2002）一中行初字第 139 号
原审合议庭成员： 赵静、娄宇红、苏杭
原审结案日期： 2002 年 9 月 13 日
二审案号： 北京市高级人民法院（2003）高行终字第 17 号
二审合议庭成员： 程永顺、岑宏宇、刘辉
二审结案日期： 2003 年 9 月 9 日

【判决要旨】

授予专利权的外观设计，应当同申请日以前在国内外出版物上公开发表过或者国内公开使用过的外观设计不相同和不相近似。作为记载在国内外出版物上公开发表过或者国内公开使用过的外观设计的对比文件，不应仅反映产品外观设计的局部，必须清楚、完整。

【起诉与答辩】

国家知识产权局专利复审委员会（以下简称专利复审委员会）第 3594 号决定认为：无效宣告请求人北京中华汽车制造有限公司（以下简称中华汽车公司）提交的证据 5、证据 6、证据 7 的内容已在本专利申请日之前公开。

本专利是由产品六面视图——（见附件 1 各图）所反映的外观设计。该轻型客车的车型为两厢式客车车型。主视图反映的是车的前部外观，车厢前部的进气孔格栅形成较宽的倒梯形外轮廓，其内有两横一竖的格栅条，两侧的前大灯及转向灯组成了近似长方形的轮廓，保险杠较宽并设有倒梯形轮廓的格栅进气孔；左、右视图对称反映了车的侧面外观，车身侧面设计有三个车窗、两个车门，后门车窗分隔成两部分，车尾示廓灯位于后车窗处；俯视图反映了车的顶部外观，车顶部比车底部略窄，顶部设有行李架；后视图反映了车的后部外

观，车窗两侧自接近车顶高度到与车窗下边缘平齐为示廓灯、转向灯，保险杠较宽。立体图则较全面地反映了本专利汽车的外形。

证据6目录的第92页中列有"△CHB 6401 TA 轻型客车"的车型，从证据7光盘（附件2）中可以看到该车型的技术参数和照片。从照片可以看出，该车型为两厢式轿车车型；车厢前部的进气孔格栅形成横向较窄的倒梯形外轮廓，两侧的前大灯及转向灯组成了近似长方形的轮廓，保险杠较宽并设有倒梯形轮廓的格栅进气孔；车厢左、右对称，车身侧面设计有三个车窗，两个车门，后门车窗分隔成两部分，车尾示廓灯位于后车窗处；车的顶部较底部略窄，顶部设有行李架；车后方不可见，但可看到后保险杠较宽。

证据7的照片是在一定角度（与本专利立体图的拍摄角度接近）下拍摄的立体图，该立体图除对该车型的后面的外观情况无显示外，其他各视图的外观情况都能得到相应的显示，也就是说证据7的立体图已反映出该车型的总体外观特征。将本专利与证据7所显示的外观设计进行对比可以看出，二者整体造型相同，都呈纵向左右对称，其车车身、驾驶室、车门及车窗挡风玻璃、后视镜、保险杠、行李架等的形状均相同，且这些组成部件的相对位置和尺寸比例关系都是相同的；二者的不同在于，二者前车灯的弧度略有不同，另外本专利进气孔格栅轮廓横向较宽，证据7的格栅轮廓横向较窄，且没有清晰反映出如本专利那样的两横一竖格栅条。对汽车这类产品的外观设计而言，其整体的形状造型具有最为醒目的视觉效果，最容易给人留下印象，本专利和证据7所显示的外观设计的整体形状造型是基本相同的，区别仅在于车灯弧度、格栅形状等细节部位，并没有使人在整体视觉上产生明显不同的视觉差异，使普通消费者容易产生混同。根据整体观察、综合判断的原则，被告专利复审委员会认为，二者属于相近似的外观设计。

基于上述事实，被告专利复审委员会作出宣告第99329209.7号外观设计专利权无效的第3594号决定。

原告不服第3594号决定，向原审法院提起行政诉讼。

原告诉称：

1. 第3594号决定中采信的证据5、证据6、证据7所包含的外观设计并未公开发表过或公开使用过，因此，原告专利符合《中华人民共和国专利法》第二十三条的规定。

被告在其决定中认定证据5、证据6、证据7的内容已在本专利申请日之前公开是错误的。根据《中华人民共和国专利法》第二十三条的规定，授予专利权的外观设计应当同申请日以前在国内外出版物上公开发表过或者国内公开使用过的外观设计不相同和不相近似。本案中的证据5、证据6、证据7是国家机械工业局、公安部司局文件，该文件只下发到特定的政府部门，只为特定的人知晓，并非向公众公布；且公众通过正常的途径并不能知晓该文件的存在，因而也就不存在得到该文件的前提条件。因此从专利法的角度上说，该文件及其所包含的外观设计并未在国内外出版物上公开发表。另外，该文件本身也无法证明该文件所包含的外观设计被公开使用过。因此，被告以第5、6、7号证据作为与原告专利进行相同和相似性比较的合法、有效的证据来采信，违反了《中华人民共和国专利法》第二十三条的规定。

2. 原告专利与第3594号决定中的证据5、证据6、证据7所包含的外观设计既不相同，也不相似。

判断外观设计是否相近似，应当根据整体观察、综合判断的原则。然而，被告在其决定中实际上却违背了《审查指南》所确定的这一原则。

第一，被告未真正进行"整体观察"。作为不同的外观设计之间的比较，应是在作了全面的、对各个对应视图均作了比较后，才能称得上是"整体观察"。原告专利包含了至少正视、右侧视、左侧视、后视和俯视五个视图照片；而被告作为证据采信的外观设计只有一个视图，从中至少无法看到关于后视图的任何技术信息，也即有五份视图中的至少1/5未作、也无法比较。

第二，被告忽略了原告专利中"要部"上的改进，未进行"综合判断"。在被告工作中应遵循的《审查指南》第4~45和第4~46页中已明确规定，进行不同外观设计之间的相同和相近似性比较时，一般要进行"要部判断"，即将两者容易引起一般消费者注意的部位（要部）进行相同和相似性比较。

小型轿车这类产品属于比较成熟的产品，已开发使用了一百多年，其外观上整体形状都采用流线型设计，这是其空气动力学所要求的；其次，其各部件的位置和形状也基本随其功能而大致规定了，这类成熟产品上能够作出变化和改进的空间已不大了。尽管如此，小型轿车外观是存在要部、并可以对其进行改进而提出新的外观设计的。原告认为，至少汽车的前部、尾部可以作为要部或包含了要部，因为它们较容易作出设计上的变化并吸引消费者的注意。原告认为，从正面来讲，车（前）灯处于下视轮廓边缘线上方向发生变化的部位，位于正视、俯视和侧视三个视角的交汇点，且它还产生由车身到车灯关于材质和颜色等外观变化，故它很容易吸引消费者的注意力，应该认定小汽车（前）灯为汽车的"要部"。此外，正面上可视的前机盖中间的透风网和前大灯下面的透风网存在形状上、实体与虚空上和格栅的纵横形式上的变化，这些存在变化的部位也容易吸引消费者的注意，也应该认定为小汽车的要部。

原告外观设计专利中的车灯采用原装进口产品，由角灯、前灯两部分构成。其型号、形状及整体上产生的弧度感显著不同于被告采用的证据中外观设计的车灯，前者的前灯与角灯形成一个整体连续性的延伸，产生一种流动的、潇洒的美感；这与所称证据中车灯的美感是显著不同的；原告外观设计专利的两个通风网也在大小、宽窄、格栅条数和纵横安排的方式、标志物所安置的位置等方面均有不同，使得原告专利的通风网呈现出一种比例匀称、均衡、大方的美感，它还具有使通风能力足够大，保证发动机散热的实用功能，产生了明显的技术效果。

汽车的后部也可以产生很多的变化，使消费者仅从尾部就能将不同的汽车区别开来，这种例子比比皆是。在本案中，由于所称证据未能提供其外观设计后部的视图，无从判断它与原告外观设计后部视图的区别。因此不能认定它与原告专利的后部视图相同或相似。

除了前部和尾部不能认为相似外，两个外观设计在汽车侧挡风玻璃的尺寸、外型、位置上，在后门上方角度过渡方式上，在后轮、外罩上均有较明显的区别。

而在被告作出的决定中，将上述这些区别均认定为是"细节部位"的区别，这是完全违反了《审查指南》中关于"要部判断"的原则和认定方式的有关规定。

综上所述，原告专利的授权符合《中华人民共和国专利法》的有关规定，依法不应当被宣告无效。被告所作的决定是错误的，违反了《中华人民共和国专利法》第二十三条、第四十五条及《中华人民共和国专利法实施细则》第六十四条的规定，请求人民法院依法予以撤销。

被告辩称：第 3594 号决定认定事实清楚、适用法律正确、审理程序合法，原告的诉讼理由不能成立，请求法院驳回原告诉讼请求，维持第 3594 号决定。

第三人未提交书面意见，在庭审中表示同意被告专利复审委员会的答辩意见，请求驳回原告诉讼请求。

【原审查明事实】

原审法院经审理查明：本案涉及国家知识产权局于 1999 年 11 月 10 日公告授予的名称为"轻型客车（CHB 6401 TA）"的 99329209.7 号外观设计专利权（以下简称本专利），其申请日为 1999 年 3 月 31 日，专利权人为珠海市高新区公牛复合材料开发有限公司（原告的原名称）。

本专利是由产品六面视图所反映的外观设计。该轻型客车的车型为两厢式客车车型。左、右视图反映的是车的侧面外观，车身侧面设计有三个车窗、两个车门，后门车窗分隔成两部分；俯视图反映了车的顶部外观，车顶部比车底部略窄，顶部设有行李架；主视图反映了车的前部外观，车厢前部的进气孔格栅形成较窄的倒梯形外轮廓，其内有两横一竖的格栅条，两侧的前大灯及转向灯相邻接，前大灯比转向灯长，二者一起组成了整体连续延伸的近似长方形的轮廓，保险杠有两层，其中第一层上设有较宽的倒梯形轮廓的格栅进气孔；后视图反映了车的后部外观，车窗两侧自接近车顶处到与车窗下边缘平齐的位置为示廓灯、转向灯，保险杠较宽；从左、右视图上看，后部保险杠的下部向内缩进。立体图则全面地反映了本专利汽车的整体流线形外形设计及各部分之间的比例关系（详见判决书附图）。

针对上述外观设计专利权，中华汽车公司于 2000 年 12 月 7 日向专利复审委员会提出无效宣告请求，认为该专利与在其申请日之前定型投产的轻型客车的外观设计相同，与其申请日之前的出版物上公开的客车外观设计相同，因此该专利不符合《中华人民共和国专利法》第二十三条的规定。中华汽车公司提交了下述证据：

证据 1，1998 年 11 月印刷在年历卡上的汽车广告两页（复印件）；

证据 2，1998 年 11 月印刷在年历卡上的汽车广告两页（复印件）；

证据 3，1998 年全国汽车、民用改装车和摩托车生产企业及产品目录（光盘，复印件两页）；

证据 4，1998 年《世界名车》杂志封面及第 292 页（复印件）。

经形式审查合格后，专利复审委员会受理了上述请求，于 2000 年 12 月 12 日向双方当事人发出《无效宣告请求受理通知书》，并将请求书及其所附附件的副本转送给专利权人珠海公牛高性能复合材料有限公司（以下简称公牛材料公司），要求其在指定的期限内答复。

2001 年 1 月 2 日，中华汽车公司提交了意见陈述书，并补充提交了以下证据：

证据 5，机械工业部、公安部文件，机械汽〔1998〕191 号，《关于公布〈1997 年全国汽车、民用改装车和摩托车生产企业及产品目录（总目录）〉的通知》（复印件，共两页，1998 年 3 月 12 日）；

证据 6，《1997 年全国汽车、民用改装车和摩托车生产企业及产品目录》（复印件，封面及第 92 页）；

证据 7，《1997 年全国汽车、民用改装车和摩托车生产企业及产品目录》光盘（复印件两页）。

2001 年 2 月 13 日，专利复审委员会将中华汽车公司的补充意见陈述及其所附附件的副本转送给公牛材料公司，并要求其在指定期限内答复。

针对中华汽车公司提出无效请求时提交的理由及证据，公牛材料公司于 2001 年 1 月 16 日提交了意见陈述书，认为中华汽车公司提供的证据 1 至证据 3

不是公开出版物且日期可以修改，故不能破坏本专利的专利性。将本专利与证据 4 对比，本专利前机盖中间透风网、前大灯下面透风网、后轮轮罩、前大灯等处与证据 4 上的不同。因此，本专利符合专利法的规定。但对专利复审委员会于 2001 年 2 月 13 日转送的中华汽车公司的补充意见及证据 5 至证据 7，公牛材料公司没有进行答复。

随后，中华汽车公司向被告专利复审委员会提交了证据 1~7 的原件。专利复审委员会经核实证据 5、证据 6、证据 7 的复印件与原件内容相同。在本院庭审过程中，原告对证据 5、证据 6 和证据 7 的真实性无异议。

证据 5 为机械汽［1998］191 号文件——《关于公布〈1997 年全国汽车、民用改装车和摩托车生产企业及产品目录（总目录）〉的通知》，是机械工业部、公安部于 1998 年 3 月 12 日联合向各省、自治区、直辖市机械厅、局（公司）、汽车办（公司）、公安厅、局发布的文件，并抄送国务院有关部委，各省、自治区、直辖市计经委。该文件的内容是：

"《1997 年全国汽车、民用改装车和摩托车生产企业及产品目录（总目录）》（以下简称《目录》）经机械工业部和公安部审查批准，现发给你们，请遵照执行。现将有关事项通知如下：

一、各地要继续贯彻执行《汽车工业产业政策》和七部委联合颁布的《关于禁止非法拼（组）装汽车、摩托车的通告》精神，对《目录》内的汽车、摩托车生产企业及产品要认真监督管理。已列入《目录》的企业，要严格按照《目录》中批准的车型组织生产销售。严禁盗用、套用、转让、出卖《目录》中产品型号及合格证，违者将取消生产企业及产品列入《目录》的资格。未列入《目录》的企业，不得生产汽车、摩托车，违者按有关规定处理。

二、凡列入《目录》的轿车、客车、部分专用车（5010、5020 系列）（《目录》中注有"△"标记）和摩托车产品，同时配发录有其车型技术参数及照片的光盘。各地公安机关车辆管理部门应当对照光盘中车型技术参数和照片，办理注册登记；对未注有"△"标记的车型，按《目录》公布的产品型号办理注册登记。

三、……

四、本《目录》自发布之日起执行。……

附件：1997 年全国汽车、民用改装车和摩托车生产企业及产品目录（总目录）"

中华汽车公司提供的证据 6 和证据 7 是证据 5 的附件及其组成部分。在证据 6 目录的第 92 页中列有"△CHB 6401 T 型轻型客车"的车型，从证据 7 光盘中可以看到该车型的技术参数和照片。从照片可以看出：该车型为两厢式轿车车型；车厢前部的进气孔格栅呈横向较窄的倒梯形外轮廓；两侧的前大灯与转向灯邻接，前大灯比转向灯长；车前部保险杠有两层；车厢左、右对称，车身侧面设计有三个车窗、两个车门，后门车窗分隔成两部分；车的顶部较底部略窄，顶部设有行李架。从照片上，虽不能直观车后方的全貌，但仍可以看出：该车后部包含有三部分，即后车窗、保险杠及位于后车窗与保险杠之间的车壳部分，后部保险杠较宽且下部向内缩进。

专利复审委员会经审查以证据5、证据6、证据7作为本专利的对比文件作出宣告本专利无效的第3594号决定。

另查明，本案所涉的专利权人珠海高新区公牛复合材料开发有限公司于2000年12月27日经广东省珠海市工商行政管理局核准，企业名称变更为珠海公牛高性能复合材料有限公司（本案原告）。

【原审审理结果】

原审法院认为：根据《中华人民共和国专利法》第二十三条的规定，授予专利权的外观设计，应当同申请日以前在国内外出版物上公开发表过或者国内公开使用过的外观设计不相同和不相近似，并不得与他人在先取得的合法权利冲突。针对原告的起诉理由，本案涉及以下两个问题：

1. 关于证据5、证据6、证据7能否作为与本专利进行相同或相近似性比较的合法、有效证据使用的问题

由证据5即机械汽〔1998〕191号文件记载的内容可知，该文件及其附件——目录和配发的光盘是为规范全国汽车、民用改装车和摩托车的生产、销售、监督管理和登记注册而制作的，有关的生产、销售经营部门、监督管理、登记注册部门都要遵照执行。而且，该文件及其附件——目录和配发的光盘并未标注"保密"字样，在执行中也没有具体的保密要求。因此，任何想要得知其信息的相关人员不需采取任何特殊手段均可以合法地获得这些资料。综上，应当认定证据6、证据7中所载明的中华牌CHB 6401 TA车型及其照片在本专利申请日之前已被社会不特定公众所知悉，证据5、证据6、证据7是评判本专利相同或相近似性的合法、有效证据。

2. 关于证据6、证据7中公开的中华牌CHB 6401 TA型轻型客车与本专利相比是否相同或相近似的问题

从照片中不能直观车的后部特征，但从车体侧面向车体后部延伸的结构特征以及后车窗透视效果仍可以看出其与本专利后视图中反映出的特征的相同之处，如车后部包含有三部分，即后车窗、保险杠及位于后车窗与保险杠之间的车壳部分，后部保险杠较宽且下部向内缩进。二者车后部的整个大体轮廓基本

相同，只有一些局部细节差异，不能导致二者车后部整体形状不相近似。因此，本专利车尾部的特征实际上已在对比文件中公开。公牛材料公司关于对比文件中无法看到本专利后视图即车尾部的任何技术信息因而无法做到整体观察的主张，因没有事实依据，本院不予支持。

证据7光盘中的照片是在一定角度（比本专利立体图的拍摄角度略低）下拍摄的中华牌CHB 6401 TA型轻型客车的立体图。将本专利与该照片中所显示的外观设计进行对比可以看出，二者整体造型雷同，均呈纵向左右对称，车身、驾驶室、车门及车窗挡风玻璃、后视镜、保险杠、行李架等的形状均非常相近，且这些组成部件的相对位置和尺寸比例关系均基本相同。二者的不同在于：二者前车灯和转向灯相互之间的长宽、转向灯角部弧度有所不同；本专利进气孔格栅轮廓横向较宽，照片中的格栅轮廓横向较窄，且没有清晰反映出如本专利那样的两横一竖格栅条。

原告认为至少在汽车的前部、尾部较容易作出设计上的变化并吸引消费者的注意，因此车前部、尾部可以作为要部或包含了要部，车前灯位于正视、俯视和侧视三个视角的交汇点，且它还产生由车身到车灯关于材质和颜色等外观变化，故它很容易引起一般消费者的注意力，也应该认定为"要部"，进气孔也容易引起消费者注意，也应该作为要部等。本院认为，如果如原告所述那样，在车的许多部位均为要部的情况下，正说明经过对产品进行整体观察，难以确定其最容易引起一般消费者注意的部位，在这种情况下，就要对车的外观设计采用综合判断的方式进行相同和相近似判断，即由本专利的全部来确定是否与在先公开的证据7相同或者相近似，而不从本专利的部分或局部出发得出与在先设计是否相同或者相近似的结论，也不把外观设计的各个部分分割开与在先设计进行对比判断。经过上述对二者的对比分析可知，本专利和证据7中照片所显示的外观设计的整体形状设计风格雷同，虽然车前灯、进气孔格栅形状等细节部位的设计有所不同，但它们结合起来与整车相比所占的比例等并没有使人在整体视觉上产生明显不同的视觉差异。尤其是一般消费者采用隔离对比的判断方式，不将二者摆放在一起，而是在有一定时空间隔下进行比较时，很容易产生混同。因此二者属于相近似的外观设计。

综上所述，原告公牛材料公司的诉讼请求没有事实和法律依据，本院不予支持。专利复审委员会作出的第3594号决定事实清楚，适用法律正确，程序合法，应予维持。依照《中华人民共和国行政诉讼法》第五十四条第（一）项之规定，判决如下：

维持中华人民共和国国家知识产权局专利复审委员会的第3594号无效宣告请求审查决定。

　　公牛材料公司不服原审判决，提起上诉。理由是：原审判决关于对比文件于申请日前已公开的结论没有依据；原审判决关于对比文件中汽车照片与"轻型客车（CHB 6401 TA）"外观设计专利相近似的认定是错误的。请求二审法院撤销专利复审委员会第 3594 号无效决定；判令专利复审委员会承担诉讼费用。专利复审委员会、中华汽车公司服从原审判决。

【二审查明事实】

　　二审法院经审理查明：公牛材料公司（原名称是珠海高新区公牛高性能复合材料开发有限公司，2000 年 12 月 27 日变更为珠海公牛高性能复合材料有限公司，2001 年 1 月 30 日变更为现名称）于 1999 年 3 月 31 日向国家知识产权局提出名称为"轻型客车（CHB 6401 TA）"外观设计专利申请，1999 年 11 月 10 日被授予专利权，专利号是 99329209．7。该专利为小客车外形的外观设计。

　　中华汽车公司于 2000 年 12 月 7 日以"轻型客车（CHB 6401 TA）"外观设计专利与在该专利申请日之前定型投产的轻型客车的外观设计相同，与其申请日之前的出版物上公开的轻型客车外观设计相同，因此，该专利不符合《中华人民共和国专利法》第二十三条的规定为由，向专利复审委员会提出宣告该专利权无效的请求。同时，中华汽车公司向专利复审委员会提交了以下证据材料：证据 1，1998 年 11 月印刷在年历卡上的汽车广告两页（复印件）；证据 2，1998 年 11 月印刷在年历卡上的汽车广告两页（复印件）；证据 3，《1998 年全国汽车、民用改装车和摩托车生产企业及产品目录》光盘（复印件两页）；证据 4，1998 年《世界名车》杂志英文版封面和第 292 页的复印件。2001 年 1 月2 日，中华汽车公司向专利复审委员会提交了：证据 5，机械工业部、公安部文件，机械汽〔1998〕191 号，《关于公布〈1997 年全国汽车、民用改装车和摩托车生产企业及产品目录（总目录）〉的通知》（1998 年 3 月 13 日印发，复印件共两页）；证据 6，《1997 年全国汽车、民用改装车和摩托车生产企业及产品目录》（封面、目录及第 91 页复印件）；证据 7，《1997 年全国汽车、民用改装车和摩托车生产企业及产品目录》光盘（复印件两页）。其中证据 5 是机械工业部、公安部于 1998 年 3 月联合向各省、自治区、直辖市机械厅、局（公司）、汽车办（公司）、公安厅、局发布，并抄送国务院有关部委以及各省、自治区、直辖市计经委的文件。该文件载明："《1997 年全国汽车、民用改装车和摩托车生产企业及产品目录（总目录）》（简称《目录》）经机械工业部和公安部审查批准，现发给你们，请遵照执行。现将有关事项通知如下：一、各地要继续贯彻执行《汽车工业产业政策》和七部委联合颁布的《关于禁止非法拼（组）装汽车、摩托车的通告》精神，对《目录》内的汽车、摩托车生产企业及产品要认真监督管理。已列入《目录》的企业，要严格按照《目录》中批准的车型组织生产销售。严禁盗用、套用、转让、出卖《目录》中产品型号及合格证，违者将取消生产企业及产品列入《目录》的资格。未列入《目录》的企业，不得生产汽车、摩托车，违者按有关规定处理。二、凡列入《目录》的轿车、客车、部分专用车（5010、5020系列）（《目录》中注有'△'标记）和摩托车产品，同时配发录有其车型技术参数及照片的光盘。各地公安机关车辆管理部门应当对照光盘中车型技术参数和照片，办理注册登记；对未注有'△'标记的车型，按《目录》公布的产品型号办理注册登记。……四、本《目录》自发布之日起执行。"证据6是证据5的附件，其中第92页上第56号序列号所列出的"北京中华汽车制造有限公司中华牌"的产品中包括"△CHB 6401 TA轻型客车"。证据7是证据6配发的录有车型参数及照片的光盘。在该光盘的内容摘要中载明：本数据库包含经机械工业部、公安部审批的符合国家有关政策规定的，已列入《1997年全国汽车、民用改装车和摩托车生产企业及产品目录》中的总质量在3吨以下的专用车（5020、5010系列）、客车和轿车产品技术参数、生产企业和车型照片。该光盘中有企业名称为北京中华汽车制造有限公司、产品型号为中华牌CHB 6401 TA轻型客车的照片，该光盘包装上印有"中华人民共和国机械工业部、公安部监制"字样。专利复审委员会于2000年12月12日向中华汽车公司和公牛材料公司发出《无效宣告请求受理通知书》，同时将中华汽车公司提交的证据1～4转送给公牛材料公司。2001年2月13日，专利复审委员会将中华汽车公司2001年1月2日提交的意见陈述和证据5～7转送给公牛复合材料公司。公牛复合材料公司对专利复审委员会于2000年12月12日转送的无效宣告请求及证据1～4进行了意见陈述；对专利复审委员会于2001年2月13日转送的意见陈述及证据5～7没有答复。中华汽车公司在专利复审委员会审查过程中，提交了证据1～7的原件。由于公牛复合材料公司没有对证据5、证据6、证据7进行答复，专利复审委员会经对中华汽车公司提交的证据5、证据6、证据7原件进行核实，该原件与复印件内容相同。

专利复审委员会于2001年9月3日作出第3594号无效决定，专利复审委员会认为：中华汽车公司提交的证据6、证据7是证据5的附件及其组成部分，与证据5一起相互印证组成了一组完整的证据。由证据5的内容可以看出该文件已在"轻型客车（CHB 6401 TA）"外观设计专利的申请日之前发布给各省、自治区、直辖市机械厅、局（公司）、汽车办（公司）、公安厅、局，并要求全国汽车、摩托车的生产、经营、监督、管理单位遵照执行。因此，可以认定证据5、证据6、证据7的内容已在该专利申请日之前公开。"轻型客车（CHB 6401TA）"外观设计专利是由产品六面视图所反映的外观设计。该客车的车型为两厢式客车车型。主视图反映的是车的前部外观，车厢前部的进气孔格栅形成较宽的倒梯形外轮廓，其内有两横一竖的格栅条，两侧的前大灯及转向灯组成了近似长方形的轮廓，保险杠较宽并设有倒梯形轮廓的格栅进气孔；左、右视图对称反映了车的侧面外观，车身设计有三个车窗、两个车门，后门车窗分隔成两部分，车尾示廓灯位于后车窗处；俯视图反映了车的顶部外观，车顶部比车底部略窄，顶部设有行李架；后视图反映了车的后部外观，车窗两侧自接近车顶高度到与车窗下边缘平齐为示廓灯、转向灯，保险杠较宽。立体图较全面地反映了该专利汽车的外形。证据6目录的第92页中列有"CHB 6401 TA 轻型客车"的车型，从证据7中可以看到该车型的技术参数和照片。从照片可以看出，该车型为两厢式轿车车型，车厢前部的进气孔格栅形成横向较窄的倒梯形外轮廓，两侧的前大灯及转向灯组成了近似长方形的轮廓，保险杠较宽并设有倒梯形轮廓的格栅进气孔；车厢左、右对称，车身侧面设计有三个车窗、两个车门，后门车窗分隔成两部分，车尾示廓灯位于后车窗处；车的顶部较底部略窄，顶部设有行李架；车后方不可见，但可看到后保险杠较宽。证据7的照片是在一定角度下拍摄的立体图，该立体图除对该车型的后面的外观情况无显示外，其他各视图的外观情况都能得到相应的显示，也就是说，证据7的立体图已反映出该车型的总体外观特征。将"轻型客车（CHB 6401 TA）"外观设计专利与证据7所显示的外观设计进行对比可以看出，二者整体造型相同，都呈纵向左右对称，其车身、驾驶室、车门及车窗挡风玻璃、后视镜、保险杠、行李架等的形状均相同，且这些组成部件的相对位置和尺寸比例关系都是相同的；二者的不同在于，二者前车灯的弧度略有不同，另外，"轻型客车（CHB 6401 TA）"外观设计专利进气孔格栅轮廓横向较宽，证据7的格栅轮廓横向较窄，且没有清晰反映出如该专利那样的两横一竖格栅条。对汽车这类产品的外观设计而言，其整体的形状造型具有最为醒目的视觉效果，最容易给人留下印象，"轻型客车（CHB 6401 TA）"外观设计专利和证据7所显示的外观设计的整体形状造型是基本相同的，区别仅在于车灯弧度、格栅形状等细节部位，并没有使人在整体视觉上产生明显不同的视觉差异，使普通消费者容易产生混同。根据整体观察、综合判断的原则，二者属于相近似的外观设计。证据5、证据6、证据7的内容已在"轻型客车（CHB 6401 TA）"外观设计专利申请日之前公开，该专利与其中显示的外观设计相近似，可以得出该专利不符合《中华人民共和国专利法》第二十三条规定的结论。由于证据5、证据6、证据7已被采信，并据以得出结论，对于中华汽车公司提供的其他证据专利复审委员会不再作出评述。根据以上理由，专利复审委员会决定宣告"轻型客车（CHB 6401 TA）"外观设计专利权无效。

公牛材料公司不服第 3594 号无效决定，在法定期限内向原审法院提起诉讼。

在原审审理期间，中华汽车公司提交了北京市公证处于 2003 年 3 月 11 日出具的（2003）京证字第 02367 号《公证书》（以下简称第 02367 号《公证书》）和 2003 年 4 月 3 日出具的（2003）京证字第 06985 号《公证书》（以下简称第 06985 号《公证书》）。第 02367 号《公证书》的内容是：申请人中华汽车公司的委托代理人于 2003 年 3 月 5 日向北京市公证处申请对 CHB 6401 TA 型中华牌小轿车外型进行保全证据公证，2003 年 3 月 26 日，北京市公证处公证员在北京市丰台区万泉寺 638 号中华汽车公司院内，监督中华汽车公司工作人员对一辆车号为京 AU7411（发动机号：1597313；车架号：S9608035D）的中华牌小轿车进行了拍照和拓印。兹证明与本公证书相粘连的照片 7 张和拓号纸模为中华汽车工作人员现场所拍摄和拓取，与实际情况相符。并证明所附的行驶证影印本与原本内容相符。第 02367 号《公证书》所附的《中华人民共和国机动车行驶证》记载的登记日期是 1996 年 11 月，发证日期是 1997 年 1 月 22 日，发动机号是 1597313，车架号是 9608035，厂牌型号是旅行车中华 CHB 6401 TA，号牌号码是京 A/U7411；所附的 6 张照片分别是车牌号为京 A U7411 的小轿车的正面、后面、左侧、右侧、顶部和从该小轿车侧前方拍摄的照片（附件 3 各图）。第 06985 号《公证书》的内容是：申请人中华汽车公司的委托代理人于 2003 年 3 月 26 日向北京市公证处申请对 CHB 6401 TA 型中华牌小轿车外型进行保全证据公证，2003 年 3 月 26 日，北京市公证处公证员在北京市丰台区万泉寺 638 号中华汽车公司院内，监督中华汽车公司工作人员对一辆车号为京 AT7003（发动机号：1599750；车架号：S9608036D）的中华牌小轿车进行了拍照并对发动机号和车架号进行了拓印。兹证明与本公证书相粘连的照片 6 张和拓号纸模为中华汽车工作人员现场所拍摄和拓取，与实际情况相符。本公证书所附的《中华人民共和国机动车行驶证》、《产品验收合格证》、《车辆购置附加费缴费凭证》和购车发票影印本与原本内容相符。第 06985 号《公证书》所附的《中华人民共和国机动车行驶证》记载的登记日期是 1996 年 10 月，发证日期是 1996 年 10 月 23 日，发动机号是 1599750，车架号是 S9608036D，厂牌型号是旅行车中华 CHB 6401 TA，号牌号码京 AT7003；所附的 6 张照片分别是车牌号为京 AT7003 的小轿车的正面、后面、左侧、右侧、顶部和从该小轿车侧前方拍摄的照片（附件 4 各图）。本院将第 02367 号《公证书》、第 06985 号《公证书》送达公牛材料公司和专利复审委员会。经本院征询公牛材料公司、专利复审委员会，该二当事人同意以提交书面质证意见的方式对第 02367 号《公证书》、第 06985 号《公证书》进行质证，此后，公牛材料公司、专利复审委员会分别向本院提交了书面质证意见。

【二审审理结果】

二审法院认为：授予专利权的外观设计，应当同申请日以前在国内外出版物上公开发表过或者国内公开使用过的外观设计不相同和不相近似。作为记载在国内外出版物上公开发表过或者国内公开使用过的外观设计的对比文件，必须清楚、完整。

本案中，中华汽车公司提交的证据5、证据6、证据7中，证据5是机械工业部、公安部下发证据6的通知，证据7是证据6配发的光盘，因此，证据5、证据6、证据7形成了完整的证据链。证据5虽然标明证据5、证据7是下发给各省、自治区、直辖市机械厅、局（公司、汽车办（公司）、公安厅、局的文件和光盘，但是，证据5、证据6、证据7中均没有标明是属于"秘密"以上密级的文件，其内容中也没有明确要求对证据5、证据6、证据7进行保密。证据5、证据6、证据7均是对汽车、民用改装车和摩托车生产企业制造、销售行为进行规范的文件及配套光盘，不仅各省、自治区、直辖市机械厅、局（公司）、汽车办（公司）、公安厅、局要执行，全国各汽车生产企业也要执行，而全国汽车、民用改装车和摩托车生产企业是一个不特定的范围，因此，证据5、证据6、证据7是公开发行的文件和光盘，且其公开发行的时间早于"轻型客车（CHB 6401 TA）"外观设计专利申请日，其中记载的内容可以作为对比文件使用。

第02367号《公证书》、第06985号《公证书》虽然是中华汽车公司在本院审理期间提交的，但该证据是记载该公司在"轻型客车（CHB 6401 TA）"外观设计专利申请日之前生产的、符合证据5、证据6、证据7规定的CHB 6401 TA型中华牌小轿车的外形，是对证据5、证据6、证据7的完善和补充。

就轻型客车外观设计专利而言，在无效程序中可以以车的整体形状作为判断的对象，也可以以要部作为判断的对象，但是，在具体无效程序中是采用整体观察、综合判断的方法，还是采用要部判断的方法必须作出明确的解释，以说明采取该种判断方法的合理性。不论采用何种判断方法，所使用的对比文件，应当清楚、完整地公开已有外观设计。本案中，专利复审委员会以汽车的整体造型具有最为醒目的视觉效果，最容易给人留下印象为由采用了整体观察、综合判断的方法，证据7公开了"CHB 6401 TA 轻型客车"的前部、该车侧面（轻型客车一般是左右对称，在照片记载了轻型客车一侧的情况下，应认定另一侧与之相同）、该车部分顶部。中华汽车公司提交的第02367号、第06985号《公证书》中记载的汽车均属于证据7中记载的"CHB 6401 TA 轻型客车"，其中记载了证据 7 中记载不全面的该型汽车的顶部和后部。将证据 7 及上述两《公证书》中记载的汽车外观与"轻型客车（CHB 6401 TA）"外观设计专利的各个视图相比较，二者的组成部分相同，整体造型相同，都呈纵向左右对称；其车身、驾驶室、车门及车窗挡风玻璃、后视镜、保险杠、行李架等的形状均相同，且这些组成部件的相对位置和尺寸比例关系都是相同的。虽然二者前车灯的弧度略有不同；"轻型客车（CHB 6401 TA）"外观设计专利进气孔格栅轮廓横向较宽，证据 7 的格栅轮廓横向较窄，且没有清晰反映出如该专利那样两横一竖的格栅条，但这些区别仅在于车灯弧度、格栅形状等细节部位，不足以使对轻型小客车产品具有一般知识水平和认知能力的消费者将该两种外观设计产品区别开来。专利复审委员会对车的前部、两侧及部分后部的认定是正确的。第 02367 号、第 06985 号《公证书》中记载的"CHB 6401 TA 轻型客车"属于证据 7 中记载的车型，其前部、两侧及部分后部与证据 7 是相同的，上述《公证书》记载的"CHB 6401 TA 轻型客车"的顶部和后部与"轻型客车（CHB 6401 TA）"外观设计专利相同部位相比，二者后部形状相同，顶部的区别仅在于"轻型客车（CHB 6401 TA）"外观设计专利顶部的行李架比"CHB 6401 TA 轻型客车"多出了两根横梁，这些区别，仍不足以使对轻型小客车产品具有一般知识水平和认知能力的消费者将该两种外观设计产品区别开来。因此，证据 7 和第 02367 号、第 06985 号《公证书》中记载的"CHB 6401 TA 轻型客车"与"轻型客车（CHB 6401 TA）"外观设计专利属于相近似的外观设计，专利复审委员会作出的第 3594 号无效决定结论正确。

公牛材料公司提出的上诉理由不能成立，其诉讼请求，本院不予支持。

综上，一审判决认定事实虽有不清之处，但适用法律正确，处理结果并无不当。依据《中华人民共和国行政诉讼法》第六十一条第一款第（一）项的规定，判决如下：

驳回上诉，维持原判。

原、二审案件受理费各 1 000 元，均由珠海公牛高性能复合材料股份有限公司负担。

附件1（本专利）

立体图

主视图

右视图

后视图

左视图

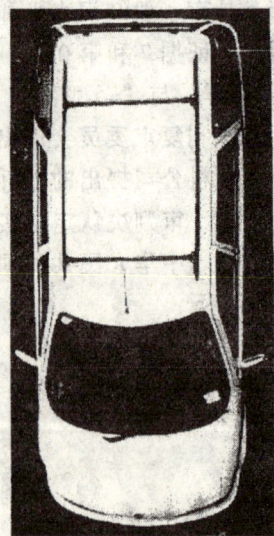

俯视图

附件 2（证据 7）

附件 3（行驶证）

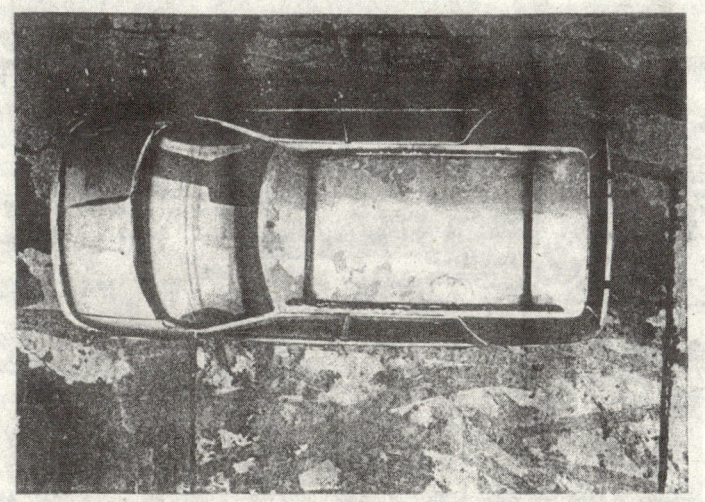

俯视图

立体图

左视图

右视图

主视图

后视图

附件 4

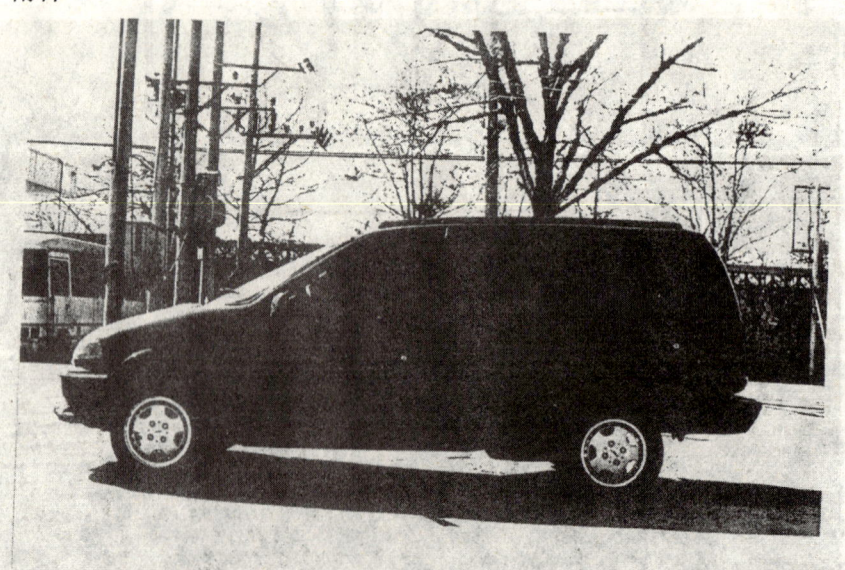

左视图

后视图

主视图

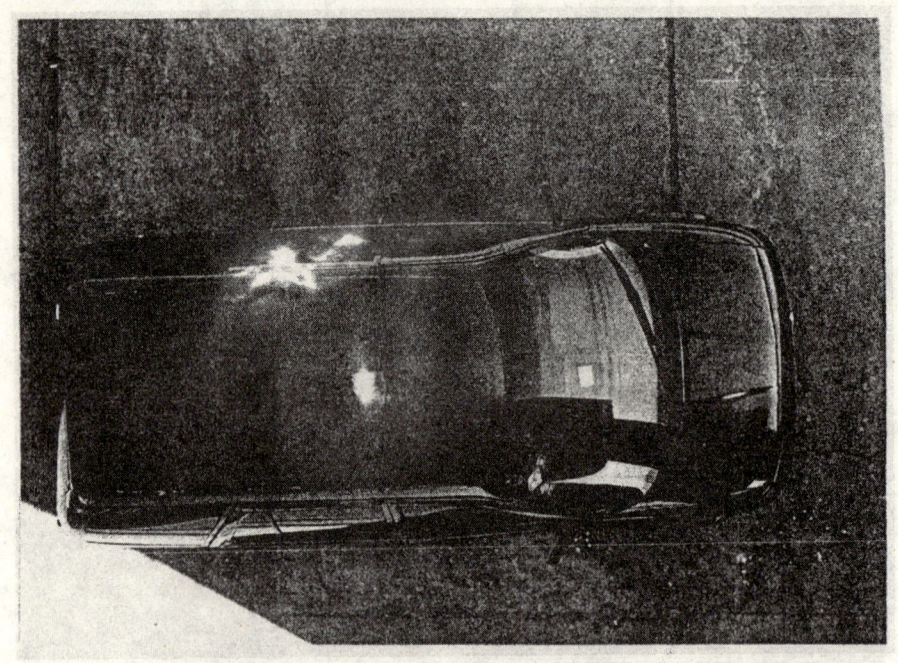

俯视图

立体图

右视图

15. "内凹键大哥大"实用新型专利权无效行政纠纷案

—— 张占平诉中华人民共和国国家知识产权局专利复审委员会

原告（上诉人）：张占平
被告（被上诉人）：中华人民共和国国家知识产权局专利复审委员会
第三人（原审第三人）：摩托罗拉公司（MOTOROLA INC.）
案由：专利权无效行政纠纷

原审案号：北京市第一中级人民法院（2002）一中行初字第 363 号
原审合议庭成员：娄宇红、仪军、任进
原审结案日期：2002 年 12 月 20 日
二审案号：北京市高级人民法院（2003）高行终字第 67 号
二审合议庭成员：程永顺、岑宏宇、刘辉
二审结案日期：2003 年 9 月 19 日

【判决要旨】
国家知识产权局专利复审委员会在对无效宣告请求进行审查时，依据《审查指南》的规定作出的具体行政行为应当得到司法判决的支持。

【起诉与答辩】
1998 年 4 月 14 日，第三人针对原告拥有的名称为"内凹键大哥大"的实用新型专利（专利号为 96216244.2，以下简称本案专利）向被告中华人民共和国国家知识产权局专利复审委员会（以下简称专利复审委员会）提出无效宣告请求。就此，被告作出第 4174 号决定，认为：

该实用新型专利的目的是实现一种手机的内凹键结构。从该专利的申请文件的描述中可以看出，其"内凹键"就是按键内凹在键孔里。对于本领域的技术人员来说，根据这种教导，可以作出手机键盘的内凹键结构，因此，该申请文件已经对其实用新型作出了清楚完整的说明，符合《中华人民共和国专利法》第二十六条第三款之规定。

由于对比文件 1（EP0676781A1）和对比文件 2（US4292510）的公开日均早于本案专利的申请日，因此其内容可以作为评价本案专利的现有技术。

本案专利的权利要求 1 要求保护的内凹键大哥大，即为一种移动电话，其技术特征可以概括为：（1）手机的键盘上设置有键孔；（2）键孔里有按键；（3）按键内凹在键孔里。

对比文件1公开了一种可用于移动电话的键盘，其键盘的表面包括在键孔（12）、按键（13），按键（13）设置于键孔（12）的底部。与本案专利的权利要求1相比，对比文件1公开了本案专利的权利要求1中的特征（1）和（2）。但就权利要求1中的特征（3）而言，本专利表述为"按键内凹在键孔里"，而对比文件1中表述为"按键设置于键孔的底部"。

对比文件2公开了一种用于小型计算器的键盘，其每个按键都有一个上部键杆部分，其通常（即在非按压状态下）从键孔之下伸入到其相应的键孔中，但不伸出面板1的上表面（支撑面）1a，即按键内凹在键孔内。因此，对比文件2已经公开了本案专利的权利要求中的特征（3）。

对比文件1和2已公开了本案专利的权利要求的全部技术特征（1）~（3）。

尽管对比文件1和2在国际分类表中的位置不同，但是，针对本案专利所要解决的键盘结构问题而言，二者属于相近或相似领域。对于从事移动电话键盘结构设计的普通技术人员来说，参考相关电子技术领域，例如计算机、计算器、普通电话机等均使用键盘作为输入手段的电子设备中的键盘结构的现有技术是自然的选择。

对比文件1中已经给出了使用各种按键、特别是该对比文件附图1所示的按键与键孔位置关系的启示，因此，对于本领域的普通技术人员来说，为了有效避免用户误操作按键，将对比文件1与对比文件2相结合而得到本案专利权利要求1的技术方案不需要花费任何创造性的劳动，即与对比文件1和对比文件2的结合相比，本案专利不具备实质性特点和进步，因此，本案专利的权利要求的技术方案不具备《中华人民共和国专利法》第二十二条第三款规定的创造性。

据此，被告作出第4174号决定，宣告本案专利权无效。

原告张占平不服第4174号决定，在法定期限内向原审法院提起行政诉讼。其诉称：（一）被告对于原告的意见陈述有误解。原告一直把"内凹键"的技术特征之一解释为"凹键的上表面高于键盘的下表面"，而在被告作出的第4174号决定中陈述为"被请求人认为内凹键的含义为按键的上表面低于键盘的下表面"。（二）被告没有注意到原告的一些陈述。本案专利的权利要求书中载明："按键内凹在键孔里"，这一必要技术特征必然受"键孔"这一具体技术特征的限定。原告在第二次口头审理时已经缩小了本案专利的保护范围，即把"按键内凹在键孔里"中的"键孔"缩小限定在"自外向内有坡面"的范围之内，原告的这种修改符合专利法及相关法规的规定，而被告则没有注意到原告缩小专利保护范围的意见陈述。（三）原告没有得到充分发表意见的机会。第三人是在第二次口头审理时才明确对比文件1和对比文件2为最有用的证据，而在该次口头审理之后合议组宣布不允许再提交新的意见陈述书和新的证据，这使得原告无法对第三人在第二次口审时才明确的证据组合进行充分的和有针对性的答辩。（四）被告对于涉案实用新型专利的创造性要求过高。本案专利的权利要求的必要技术特征为"按键内凹在键孔里"，这一特征可以解释为：按键顶面比键孔上表面低同时又比键孔下表面高，其中，键孔自外周的任一周边处至键孔内部某一具体的横截面处均有坡面，同时从该坡面的坡底处至键孔的底端面是通常那种没有坡面的键孔状。由此，该专利的发明目的和有益效果有三种：（1）当实施例的体积与目前的移动电话的体积相当时，使手指肚在触按按键时有舒适感；（2）防止误触按键，避免造成错误指令；（3）按键不容易被外界损坏。与对比文件1（EP0676781A1）、对比文件2（US4292510）或对比文件1和2的组合相比，本案专利具有突出的实质性特点和进步，具有创造性。综上，请求法院判令："一、撤销第4174号决定，维持本案专利权有效；二、本案诉讼费由被告承担。"

被告专利复审委员会辩称：（一）原告认为被告对其陈述意见有误解并且没有注意到一些陈述意见，但原告没有具体指出什么"误解"，也没有明确哪些陈述意见没有被注意到。实际上，被告审查了原告的全部陈述意见，第4174号决定中也记载了意见陈述书的提交和转送过程。至于"误解"，被告与当事人对某些事实和理由的看法不一致是正常的，这并不是原告所称的"误解"。（二）原告认为其没有得到充分发表意见的机会不符合事实情况，本案在无效程序中经过多次文件转送并且进行了两次口头审理，被告也从未阻止原告发表书面和口头意见。（三）原告认为被告对该专利的创造性要求太高，但未指明具体事实和理由。综上，被告作出的第4174号决定是正确的，原告的诉讼理由不能成立，请求法院维持第4174号决定。

第三人述称：被告作出的第4174号无效决定中"与对比文件1和对比文件2的结合相比，该专利不具备实质性特点和进步，因此，该专利的权利要求的技术方案不具备《中华人民共和国专利法》第二十二条第三款规定的创造性"的结论是正确的。此外，本案专利的权利要求1相对于对比文件1不具备新颖性；权利要求1相对于对比文件1或对比文件2均不具备创造性，不符合《中华人民共和国专利法》第二十二条的规定，应当被宣告无效。综上，被告作出的第4174号决定认定事实清楚，适用法律正确，审查程序合法，请求法院依法维持。

【原审查明事实】

原审法院经审理查明：1996 年 6 月 26 日，原告向原中国专利局提出名称为"内凹键大哥大"的实用新型专利申请，该申请于 1997 年 8 月 20 日日被授权公告，专利权人为张占平。该专利的权利要求只有一项，其内容为：一种内凹键大哥大，大哥大的键盘上设置有键孔，键孔里有按键，其特征是：按键内凹在键孔里。

本案专利说明书载明：本实用新型的目的是提供一种内凹键大哥大，从而克服大哥大在使用外凸键和音控键方面的缺点。本实用新型的目的是这样实现的：在大哥大的键盘上设置键孔，键孔内设置按键，按键内凹在键孔里，键孔自外向内可以有坡面，也可以没有坡面。本实用新型可以有效避免大哥大被不经意碰到按键造成错误指令的情况，按键也不容易被意外情况损坏。

本案专利说明书附图公开了一种实施例，即"一种手表式内凹键大哥大"。

1998 年 4 月 14 日，第三人以本案专利不具备新颖性和创造性为由向被告提出无效宣告请求。此后第三人和原告分别向被告提交了大量的证据和意见陈述，其中，涉及第 4174 号决定的对比文件 2（US4292510）是第三人于 1998 年 4 月 14 日提交的，对比文件 1（EP0676781A1）是第三人于 1999 年 10 月 8 日提交的。第三人和原告提交的上述证据均由被告转送对方。

被告于 2000 年 1 月 5 日进行了第一次口头审理。2001 年 3 月 26 日，原告向被告提交了"口审后的意见陈述书"，在该文件的第 10 页和第 19 页，原告分别对对比文件 1 和对比文件 2 进行了意见陈述。

2001 年 7 月 4 日被告进行了第二次口头审理。在口头审理中，第三人确定了无效宣告的理由是本案专利不符合《中华人民共和国专利法》第二十六条第三款、第四款以及《中华人民共和国专利法》第二十二条第二款、第三款的规定。同时第三人确定，与对比文件 1（EP0676781A1）相比本案专利不具备新颖性，与对比文件 1（EP0676781A1）或对比文件 2（US4292510）或两者的结合相比本案专利不具备创造性。

2002 年 3 月 20 日，被告作出的第 4174 号决定，宣告本案专利权无效。

另查明，对比文件 1 系一名称为"键盘"（专利号为 EP0676781A1）的欧洲专利文件，该专利的申请日为 1995 年 6 月 4 日，公开日为 1995 年 10 月 11 日。该实用新型专利涉及的是一种可用于移动电话的键盘，其中与本案有关的权利要求 1 的内容为：一种用于向便携式电子装置输入数据的键盘，其特征在于表面（11）包括内凹部（12），按键元件（13），其设置于所述内凹部的下部，所述按键元件可以由插入所述内凹部中的触部（14）来操作。对比文件 1

的说明书中载明：本发明特别适用于小尺寸、便携式数据处理和传送装置，如笔记本和笔式计算机或移动电话。……根据本发明的键盘的剖视图，该键盘包括其表面（11）上的内凹部（12）以及位于内凹部下部的按键元件（13）。……这种结构是与已知的键盘结构不同的，在已知的键盘结构中，按键通常是从装置的表面凸起的，触压按键，特别是触压小型按键，会产生困难。内凹部（12）的壁防止笔尖在各个按键之间移动，从而有效地避免了误触压……。

对比文件2系一份美国专利文件（专利号为US4292510），该名称为"用于小型计算器的键盘"的美国专利申请日为1979年3月15日，公开于1981年9月29日，对比文件2的说明书载明：……在面板上设置有窄的内凹部，它们与各自的按键对准……每个按键都有一个上部键杆部分，其通常（即在非按压状态下）从键孔之下伸入到其相应的键孔中，但不伸出面板1的上表面（支撑面）1a。……本发明的优点在于减少了表面尺寸的按键可以由使用者以不出错的方式来触压而不必借助于附加的工具……另一方面，位于一个键孔之上的使用者的指尖不会触及与按键孔相邻的另外的按键。

在本案审理过程中，各方当事人均认可本案无效审查程序应适用1993年版《审查指南》的相关规定，原告及第三人对于被告向本院提供的对比文件1和对比文件2的真实性及译文的内容亦不持异议。被告当庭陈述其作出的第4174号决定第10页第24行"被请求人认为内凹键的含义为按键的上表面低于键盘的下表面"一句出现了笔误，正确的表述应为"被请求人认为内凹键的含义为按键的上表面低于键盘的上表面"，但认为该笔误不影响决定结论。对此，原告仅对"存在笔误"表示同意。另查明，原告在诉讼过程中并未提交其在第二次口头审理时曾对权利要求书作出修改的证据。

【一审审理结果】

一审法院认为：根据原、被告及第三人的诉辩主张及其理由，本案的焦点问题在于：

第一，被告对于原告的意见陈述是否存在误解以及对本案处理结果有无影响。

《中华人民共和国专利法》第二十六条规定："说明书应当对实用新型作出清楚、完整的说明，以所属技术领域的技术人员能够实现为准；必要的时候，应当有附图。……权利要求书应当以说明书为依据，说明要求专利保护的范围。"第五十六条规定："实用新型专利权的保护范围以其权利要求的内容为准，说明书及附图可以用于解释权利要求。"

根据上述规定，本案专利的技术方案应当在其说明书中得到完整的体现和说明，以本领域普通技术人员能够实现为标准，并在此基础上形成权利要求书的内容。同时，原告在无效程序中所作的意见陈述也应当是在说明书和权利要求书内容的基础上对技术方案作出的便于理解的解释，而不是在说明书和权利要求书之外对原技术方案的技术特征予以增加或减少。否则将会造成说明书和权利要求书所限定的技术方案与原告在意见陈述中所作限定的不一致。

分析本案专利的权利要求1，其技术特征大哥大、键盘、键孔、按键均属于现有技术的范畴，在权利要求中限定的区别技术特征仅为"按键内凹在键孔里"，说明书并没有对"内凹"这一特征作出任何的解释。因此，对该特征应当以最普通的理解方式去阐释其含义。原告在诉状中将"内凹键"的技术特征之一解释为"凹键的上表面高于键盘的下表面"，但是，原告的这一解释既未出现在本案专利权利要求中，也未出现在说明书中，因此，原告的解释不应对本案专利的无效与否产生作用，无论被告是否对该解释存有误解，原告的主张均不能成立。

第二，原告关于其在第二次口头审理时已经缩小了专利的保护范围，即将"键孔"限定在"自外向内有坡面"的范围之内的主张是否成立。

《中华人民共和国专利法实施细则》第六十八条规定，在无效宣告请求的审查过程中，实用新型专利的专利权人可以修改其权利要求书，但是不得扩大原专利的保护范围。实用新型专利的专利权人不得修改专利说明书和附图。

根据上述规定，如果原告缩小本案专利的保护范围，应当在不扩大原专利保护范围的基础上通过修改权利要求的方式进行，但不得修改专利说明书和附图。依据已经查明的事实，原告在无效程序中并未修改权利要求书，因此，原告所述其对"键孔"的进一步限定虽然在说明书中有记载，但由于说明书的不可修改性以及说明书只能解释权利要求而不能限定权利要求，故原告关于其已经在第二次口头审理时缩小了本案专利保护范围的主张没有事实与法律依据，本院不予支持。

第三，被告在无效程序中是否违反法定程序。

鉴于原告并未举证证明其曾经就"对比文件是英文，故导致其无法充分发表意见"向被告提出过异议，且在原告2001年3月26日的意见陈述中已经就第三人提交的并为被告使用的对比文件1和对比文件2陈述了其意见，故原告关于第三人提交的文件多为英文，使得其无法充分发表意见的主张，本院不予支持。

原告认为第三人是在第二次口头审理时才提出将上述两篇对比文件结合，用以否定本案专利的创造性，使其没有充分发表意见的机会。但是，在口头审理前，原告对这两篇对比文件已分别发表了意见，在口头审理过程中，原告也就两篇对比文件的结合进行了意见陈述，故原告的上述主张缺乏事实依据，本院亦不予支持。

第四，本案专利是否具有创造性。

对比文件1和2的技术方案不属于相同技术领域且在国际专利分类表中的位置也不同，但是，由于本案专利为实用新型，其技术方案是解决键盘结构，故本领域普通技术人员在从事移动电话键盘结构设计时，考虑相近、相关电子技术领域的现有技术，例如计算机、计算器、普通电话机等的键盘结构既是自然的也是必要的。

在对比文件1的有关文字部分和图1中以及对比文件2的有关文字和图2中，有关按键与键孔的结构、尤其是位置关系已经有明确的表述和标示，虽然两者的按键类型并不完全相同，但是本领域的普通技术人员为了实现避免用户误操作按键，将对比文件1与对比文件2相结合而得到本案专利的技术方案是显而易见的，无需付出创造性的劳动。由于本案专利不具备实质性特点和进步，故不具备《中华人民共和国专利法》第二十二条第三款规定的创造性。

综上，被告作出的第4174号决定认定事实清楚，适用法律正确，程序合法，应予维持。依照《中华人民共和国行政诉讼法》第五十四条第一款第（一）项之规定，判决如下：

维持被告中华人民共和国国家知识产权局专利复审委员会作出的第4174号无效宣告请求审查决定。

张占平不服原审判决，提起上诉。理由是：专利复审委员会作出的第4174号无效决定存在笔误，将"按键的上表面高于按键的下表面"中的"高于"写成"低于"；在无效宣告请求审查程序中，专利权人没有得到充分发表意见的机会，专利复审委员会将对比文件1和2结合后，没有给专利权人陈述意见的机会。请求二审法院撤销原审判决；撤销专利复审委员会的第4174号无效决定，判决专利复审委员会更正错误并重新审理和重新作出决定；一、二审诉讼费由专利复审委员会负担。

专利复审委员会、摩托罗拉公司服从原审判决。

【二审查明事实】

二审法院经审理查明：1996年6月26日，张占平向原中国专利局提出名称为"内凹键大哥大"的实用新型专利申请，该申请于1997年8月20日被授权，专利权人为张占平，专利号为96216244.2。该专利的权利要求是："一种内凹键大哥大，大哥大的键盘上设置有键孔，键孔里有按键，其特征是：按键内凹在键孔里。"

　　该专利说明书载明：本实用新型的目的是提供一种内凹键大哥大，从而克服大哥大在使用外凸键和音控键方面的缺点。本实用新型的目的是这样实现的：在大哥大的键盘上设置键孔，键孔内设置按键。按键内凹在键孔里。键孔自外向内可以有坡面，也可以没有坡面。本实用新型可以有效避免大哥大被不经意碰到按键造成错误指令的情况，按键也不容易被意外情况损坏。该说明书的实施例记载了"一种手表式内凹键大哥大"。

　　1998年4月14日，摩托罗拉公司以"内凹键大哥大"实用新型专利不具备新颖性和创造性为由向专利复审委员会提出宣告该专利权无效的请求。

　　摩托罗拉公司和张占平分别多次向专利复审委员会提交了大量的证据材料和意见陈述，其中，1998年4月14日，摩托罗拉公司提交的证据材料中包括了公开日为1981年9月29日的US4292510号美国专利；1999年10月8日，摩托罗拉公司提交的证据材料中包括了公开日为1995年10月11日的EP067678A1号欧洲专利。EP0676781A1号欧洲专利名称为"键盘"，该专利的申请日为1995年6月4日，该专利涉及的是一种可用于移动电话的键盘，其中权利要求1的内容为：一种用于向便携式电子装置输入数据的键盘，其特征在于表面包括内凹部，按键元件，其设置于所述内凹部的下部，所述按键元件可以由插入所述内凹部中的触棒来操纵。该专利的说明书中载明：本发明特别适用于小尺寸、便携式数据处理和传送装置，如笔记本和笔试计算机或移动电话。……根据本发明的键盘的剖视图，该键盘包括其表面上的内凹部以及位于内凹部下部的按键元件。……这种结构是与已知的键盘结构不同的，在已知的键盘结构中，按键通常是从装置的表面凸起的，触压按键，特别是触压小型按键，会产生困难。内凹部的壁防止笔尖在各个按键之间移动，从而有效地避免了误触压……。US4292510号美国专利名称为"用于小型计算器的键盘"，公开日为1981年9月29日，该专利文件中载明：……对于每个按键，设有一个与之相对应的键孔，各键孔与各自的按键对齐……每个按键都有一个上部键杆部分，其通常（在非按压状态下）从键孔之下伸入到其相应的键孔中，但不伸出面板的上表面（支撑面）。……本发明的优点在于减少了表面尺寸的按键可以由使用者以不出错的方式来触压而不必借助于附加的工具……位于一个键孔之上的使用者的指尖不会触及与该键孔相邻的另外的按键。专利复审委员会将摩托罗拉公司和张占平提交的证据材料和意见陈述均向对方进行了转送。

　　2000年1月5日，专利复审委员会针对摩托罗拉公司提出宣告"内凹键大哥大"实用新型专利权无效的请求进行口头审理。摩托罗拉公司和张占平均参加了此次口头审理。此后，摩托罗拉公司和张占平又分别多次向专利复审委员会提交了证据材料和意见陈述。专利复审委员会将摩托罗拉公司和张占平提交的证据材料和意见陈述均向对方进行了转送。2001 年 7 月 4 日，专利复审委员会进行了第二次口头审理。摩托罗拉公司和张占平均参加了此次口头审理。2002 年 1 月 28 日，专利复审委员会作出第 4174 号无效决定，宣告"内凹键大哥大"实用新型专利权无效。专利复审委员会认为：摩托罗拉公司明确其提交的 US4292510 号美国专利和 EP067678A1 号欧洲专利为最能证明"内凹键大哥大"实用新型专利不具备新颖性和创造性的对比文件，由于上述两个文件的公开日均早于"内凹键大哥大"实用新型专利申请日，其记载的内容可以作为评价该专利的专利性的现有技术。EP067678A1 号欧洲专利称为对比文件 1，US4292510 号美国专利称为对比文件 2。"内凹键大哥大"实用新型专利的目的是实现一种手机的内凹键结构。从该专利的申请文件的描述中可以看出，其"内凹键"就是按键内凹在键孔里。对于本领域的技术人员来说，根据这种教导，可以作出手机键盘的内凹键结构，因此，该申请文件已经对其实用新型作出了清楚完整的说明，符合《中华人民共和国专利法》第二十六条第三款之规定。由于对比文件 1 和对比文件 2 的公开日均早于"内凹键大哥大"实用新型专利的申请日，因此，其内容可以作为评价该专利的现有技术。"内凹键大哥大"实用新型专利的权利要求所要求保护的内凹键大哥大为一种移动电话，其技术特征可以概括为：（1）手机的键盘上设置有键孔；（2）键孔里有按键；（3）按键内凹在键孔里。对比文件 1 公开了一种可用于移动电话的键盘，其键盘的表面包括有键孔、按键，按键设置于键孔的底部。与"内凹键大哥大"实用新型专利的权利要求相比，对比文件 1 公开了该专利权利要求中的特征（1）和（2）。但就权利要求中的特征（3）而言，该专利表述为"按键内凹在键孔里"，而对比文件 1 中表述为"按键设置于键孔的底部"。对比文件 2 公开了一种用于小型计算器的键盘，其每个按键都有一个上部键杆部分，其通常（在非按压状态下）从键孔之下伸入到其相应的键孔中，但不伸出面板的上表面（支撑面），即按键内凹在键孔内。因此，对比文件 2 已经公开了"内凹键大哥大"实用新型专利权利要求中的特征（3）。对比文件 1 和 2 已公开了"内凹键大哥大"实用新型专利权利要求的全部技术特征。尽管对比文件 1 和 2 在国际分类表中的位置不同，但是，针对"内凹键大哥大"实用新型专利所要解决的键盘结构问题而言，二者属于相近或相似领域。对于从事移动电话键盘结构设计的普通技术人员来说，参考相关电子技术领域，例如计算机、计算器、普通电话机等均使用键盘作为输入手段的电子设备中的键盘结构的现有技术是自然的选择。对比文件 1 中已经给出了使用各种按键，特别是该对比文件附图 1 所示的按键与键孔位置关系的启示，因此，对于本领域的普通技术人员来说，为了有效避免用户误操作按键，将对比文件 1 与对比文件 2 相结合而得到"内凹键大哥大"实用新型专利权利要求的技术方案不需要花费任何创造性的劳动,即与对比文件1和对比文件2的结合相比,该专利不具备实质性特点和进步,因此,"内凹键大哥大"实用新型专利权利要求中的技术方案不具备《中华人民共和国专利法》第二十二条第三款规定的创造性。根据以上理由,专利复审委员会作出第4174号无效决定。

张占平不服专利复审委员会作出的第4174号无效决定,在法定期限内向北京市第一中级人民法院提起诉讼。

在原审法院审理过程中,张占平、专利复审委员会、摩托罗拉公司均认可在本案的无效宣告请求审查程序中应适用1993年4月1日施行的《审查指南》(以下简称1993年《审查指南》)的相关规定。张占平、摩托罗拉公司对于专利复审委员会向原审法院提交的对比文件1和对比文件2的真实性及译文的内容不持异议。专利复审委员会在原审法院公开开庭审理时,当庭陈述其作出的第4174号无效决定第10页第24行"被请求人认为内凹键的含义为按键的上表面低于键盘的下表面"一句出现了笔误,正确的表述应为"被请求人认为内凹键的含义为按键的上表面低于键盘的上表面",但认为该笔误不影响决定结论。对此,张占平仅对"存在笔误"表示同意。

在本院审理期间,张占平为证明专利复审委员会在第二次口头审理时宣布过不再接受任何证据材料和意见陈述,提交了其于国家图书馆复印的2001年7月8日出版的《大众科技报》第5版上刊登的、由记者李万刚撰写的、名称为《河南农民状告摩托罗拉赔我一个亿》的报道,其中记载:"复审委员会合议组没有宣布审理结果,但合议组宣布,不再接受任何有关本案的书面陈述或证据"。

另查,专利复审委员会于2003年6月5日作出更正处分通知书,其内容是:"专利复审委员会第4174号无效决定第10页倒数第11行的'下'更正为'上'。"第4174号无效决定第10页倒数第11行,即为正数第24行。

【二审审理结果】

二审法院认为:专利复审委员会在对无效宣告请求进行审查时,应当依据《审查指南》的规定规范其具体行政行为。专利复审委员会作出无效宣告请求审查决定后,如果发现其中有笔误,可以进行补正。本案中,摩托罗拉公司向专利复审委员会提出宣告"内凹键大哥大"实用新型专利权无效的时间是1998年4月14日,因此,专利复审委员会应适用1993年《审查指南》对该无效宣告请求进行审查。

专利复审委员会作出的第4174号无效决定中将"按键的上表面高于键盘

的下表面"误写为"按键的上表面低于键盘的下表面",对此,张占平和摩托罗拉公司均认可属于笔误,且专利复审委员会在本院审理过程中已经就上述笔误作出了补正,因此,张占平关于专利复审委员会作出的第 4174 号无效决定存在笔误,将"按键的上表面高于键盘的下表面"中的"高于"写成"低于",据此要求撤销第 4174 号无效决定的上诉理由不能成立。

专利复审委员会在审查摩托罗拉公司提出的宣告"内凹键大哥大"实用新型专利权无效请求的过程中,摩托罗拉公司和张占平均多次向专利复审委员会提交证据和意见陈述书,并进行了两次口头审理,张占平和摩托罗拉公司均就对方提出的每一份证据充分陈述了各自的意见。尽管摩托罗拉公司将其提交的对比文件 1 和对比文件 2 进行组合后,张占平没有进行意见陈述,但是,1993 年《审查指南》中没有规定无效宣告请求人将其所提交的证据进行组合后,必须让专利权人陈述意见。虽然现有证据不能证明专利复审委员会在第二次口头审理时没有宣布不再接受当事人提交的任何书面意见陈述和证据,但是,张占平在该次口头审理时没有对此提出异议,在口头审理结束后也没有对此提出异议。专利复审委员会的上述行为没有违反 1993 年《审查指南》的规定,并无不当。张占平所提其没有得到充分发表意见的机会的上诉理由不能成立。

张占平对专利复审委员会作出的"内凹键大哥大"实用新型专利与对比文件 1 和对比文件 2 相比不具备创造性以及该专利符合《中华人民共和国专利法》第二十六条第三款、第四款的认定未提出异议,故对专利复审委员会的上述认定,本院予以认可。

张占平所提上诉理由均不能成立,其上诉请求,本院不予支持。

综上,专利复审委员会作出的第 4174 号无效决定认定事实清楚,适用法律、法规正确;原审判决认定事实清楚,适用法律正确。依据《中华人民共和国行政诉讼法》第六十一条第一款第(一)项的规定,判决如下:

驳回上诉,维持原判。

原、二审案件受理费各 1 000 元,均由张占平负担。

16. "推拉窗构件（维卡 85 系列）" 外观设计
专利权无效行政纠纷案

——中山市中标建材有限公司、上海威塑建材有限公司、
上海中山威力塑钢门窗厂诉中华人民共和国
国家知识产权局专利复审委员会

原告（上诉人）：中山市中标建材有限公司
原告（原审原告）：上海威塑建材有限公司
原告（原审原告）：上海中山威力塑钢门窗厂
被告（被上诉人）：中华人民共和国国家知识产权局专利复审委员会
第三人（原审第三人）：维卡塑料（上海）有限公司
案由：专利权无效行政纠纷

原审案号：北京市第一中级人民法院（2002）一中行初字第 260 号
原审合议庭成员：马来客、彭文毅、赵静
原审结案日期：2002 年 12 月 10 日
二审案号：北京市高级人民法院（2003）高行终字第 89 号
二审合议庭成员：程永顺、岑宏宇、刘辉
二审结案日期：2003 年 12 月 10 日

【判决要旨】

成套产品可以申请为一件外观设计专利。只要不制造、销售、进口表示在
"组合状态立体图"中的该外观设计专利产品，就不能认定是侵权行为。对于
单独或者分别制造、销售、进口表示在三个构件六面视图中的产品的，不能认
为该行为侵犯了该外观设计专利权。

在判断涉案外观设计专利与在先外观设计是否相同和相近似时，应以具有
一般的知识水平和认知能力，能够辨认产品的形状、图案以及色彩，对被比外
观设计产品的同类或者相近类产品的外观设计状况有常识性的了解的一般消费
者作为判断的主体。一般消费者在将两者以一定的方法对比后，以能否在视觉
美感上留下不相同和不相近似的印象作为判断的标准。

【起诉与签辩】

被告国家知识产权局专利复审委员会（以下简称专利复审委员会）的第4314号决定认为：专利名称为推拉窗构件（维卡85系列）的第99322802.X号外观设计专利（以下简称本专利）所包含的各构件在实际使用中必须是组合在一起的，各构件中的任何一件都不能脱离惟一的组合状态而独立使用。因此，本专利外观设计的产品应视为一件产品。请求人中山市中标建材有限公司（以下简称中标公司）、上海威塑建材有限公司（以下简称威塑公司）、上海中山威力塑钢门窗厂（以下简称威力公司）提供的五份证据均是在本专利申请日以前出版的，每份证据分别公开了与本专利构件中相对应的一件或两件构件。但根据请求人提交的证据，尚不能确切地得知，将请求人提供的证据中公开的各个构件，按照有关组装工艺，相应进行不同的组合，组合后可以达到本专利外观设计的整体结构插接咬合状态。基于上述原因，请求人提交的证据尚不能构成将本专利同在先公开的各个构件分别进行比较的基础。综上所述，专利复审委员会作出第4314号决定，驳回无效宣告请求，维持99322802.X号外观设计专利权继续有效。

原告中标公司、威塑公司、威力公司不服第4314号决定，在法定期限内向原审法院提起诉讼。

原告中标公司、威塑公司、威力公司诉称：被告作出的第4314号决定是错误的。其理由：（1）专利的"组合状态立体图"只是三个构件如何成套配合、使用的示意图，而不是专利的客体。专利图片着力表现的是成套推拉窗产品的三个单件型材，即三组图片分别为三个单件型材各自的六个视图。若专利属于三个单件型材组合后的一件产品，则通过图片应当得知该"单件产品"的确切形状。事实上，专利的"组合状态立体图"（见附图）仅为单向的局部剖面示意图，不仅包括专利分别表现的"件一"（见附图）、"件二"（见附图）和"件三"（见附图），还有玻璃、单（双）玻压条等其他构件，从中无法得知该"单件产品"确切的完整形状。（2）本专利属于成套产品。各种建材出版物及《外观设计专利公报》公开的数以万计的窗户型材，总是通过单件的形式表现其形状，这意味着任何一件窗户型材都具有独立的使用价值，可以与各种相关的型材按公知的组装工艺进行插接装配组合。专利的"三件构件组合装配方式是惟一的"，并不表明其中每一个构件不具备独立使用价值，并不意味着每个构件不能与其他窗户型材另行组合。被告专利复审委员会违背众所周知的事实，否认专利涉及的组合。被告专利复审委员会违背众所周知的事实，否认专利涉及的三个单件型材是有独立使用价值的三件产品，以"专利三个构件中的任何一件都不能脱离惟一的组合状态而独立使用"为由称其为一件产品，失之审慎，牵强附会。（3）原告提供的证据已证明构成专利的每个单件型材与申请日前公开出版物上发表的外观设计相同或相近似，故本专利不符合授予专利权的条件。故请求法院判决：撤销被告作出的第 4314 号决定并由被告承担本案诉讼费用。

被告专利复审委员会辩称：（1）法律的相关规定。专利法规定外观设计专利权的保护范围以表示图片或照片中的该外观设计专利产品为准。《审查指南》规定的成套产品是由两件以上各自独立的产品组成，其中每一件产品均有独立的特性和使用价值，而各件产品组合在一起又能体现出其组合使用的价值。对于一些由数件物品组合为一体的产品，其中每一件单独的构成部分没有独立的使用价值，组合成一体时才能使用，这些物品应当视为一件产品，只能作为一项申请提出。《审查指南》有关单独对比的规定：被对比外观设计是由只能组装在一起使用的至少两个构件构成的产品的外观设计的，可以将与其构件数量相对应的组装使用过的构件的外观结合起来作为一项在先设计与被对比外观设计进行对比。（2）关于使用本专利外观设计的产品的类型。本专利所包含的各构件在实际使用中必须是组合在一起的，而且口审时，双方都认为上述各构件的组合状态是惟一的。这说明上述各构件中的任何一件都不能脱离惟一的组合状态而独立使用。因此，本专利外观设计的产品应视为一件产品。（3）关于本专利和在先公开的外观设计的对比。原告提交的五个附件分别公开了与本专利构件中相对应的一个或两个构件，但根据原告提交的证据，尚不能认定公开于上述各附件中的构件能够以本专利各构件组合在一起的方式组合成一件产品。即被告不能确切得知，将原告提供的证据中公开的各个构件按照有关组装工艺，相应进行不同的组合，组合后可以达到本专利外观设计的整体结构插接咬合状态。基于上述原因，原告提交的证据，尚不能构成将本专利同在先公开的各个构件分别进行比较的基础。综上，被告作出的第 4314 号决定认定事实清楚、适用法律正确、审理程序合法，符合《中华人民共和国专利法》第二十三条的规定。请求法院驳回原告诉讼请求，维持第 4314 号决定。

第三人维卡塑料（上海）有限公司（以下简称维卡公司）述称：被告作出的第 4314 号决定是公平、公正和合法的。理由是：（1）本专利外观设计图片所示的推拉窗构件在实际使用中必须组合在一起，使用时是缺一不可的，因此该外观设计专利属于《中华人民共和国专利法》第三十一条第二款"一种产品所使用的一项外观设计"的规定，而非原告认为的专利法意义上可以合案申请的产品。（2）本专利外观设计图片中所示的产品清楚地表示了所要保护的组件，根据专利法的规定，外观设计专利权的保护范围以表示在图片或照片中该外观设计产品为准。(3) 由于本专利保护范围是作为推拉窗构件这一组产品，原告在无效程序中提供的都是各厂家不同系列的各单独构件的外观设计，其尺寸、数量、外形轮廓都各不相配，而根本无法按有关组装工艺将其组合在一起，故无法与本外观设计组合状态进行一对一比较。综上，原告在无效程序中提出的无效理由及证据不能破坏本外观设计的专利性，被告依法维持本专利有效的决定是完全正确的。请求法院维持被告作出的第4314号决定。

【原审查明事实】

原审法院经审理查明：本案涉及的本专利系名称为推拉窗构件（维卡85系列）的外观设计专利，专利号为99322802.X，申请日为1999年4月1日，授权公告日为1999年12月1日，专利权人为维卡公司。

本专利的授权文本中的"简要说明"载明：(1) 各件的后视图与主视图对称，省略后视图；(2) 在组合状态立体图，有两个件一构件。

本专利的授权文本还登载了19幅视图，即组合状态立体图、件一、件二、件三立体图及件一、件二、件三各自的主视图、左视图、右视图、俯视图、仰视图。从视图可以得知，本专利"推拉窗构件"是由一个三轨框、两个推拉扇、一个纱扇组成的窗户型材构件，两个推拉扇、一个纱扇并排位于三轨框的上面，其外观设计要部反映在主视图的型材横截面上。本专利的"件一"系推拉扇型材，其外型轮廓类似"椅子"的侧视面，空心内腔里有横竖不规则的分隔筋；"件二"是纱扇型材，其外形大致呈矩形，上方一角为一斜边代替，另一角与斜边对称处有一横向开口、开口的宽度与纱扇高度的比例约为1:5；开口一侧的下方有一纵向开口，纵向开口宽度与纱扇宽度的比例为1:2；"件三"是窗框型材，它由三条轨道并列成大致形似"山"的造型，相临两条等宽的导轨较另一条宽一倍且略低，两条等宽导轨的间距与另一间距之比为2:1，外侧较窄导轨中部与中间导轨底部往上三轨框高度的1/4处斜边过渡，底端有两组对称排列的凸体，并分别与上端较宽的两条导轨垂直相对应，以上件一、件二、件三都为空心多内腔结构。

2001年7月17日，原告中标公司、威塑公司、威力公司向被告专利复审委员会提出无效宣告请求，其理由是：本专利与申请日以前公开出版物上发表的产品外观相近似，因此，本专利的授予不符合专利法的规定，应当宣告其无效。同时，三原告提交以下证据：

1.《现代化学建材》1998年第2期（1998年4月15日出版）；

2.《中大型材》1999年第3期（1999年3月出版）；

3.《光明月刊》1997年第3期（1997年3月30日出版）；

4.《光明月刊》1998 年第 12 期（1998 年 12 月 30 日出版）；

5.《硬聚氯乙烯塑料异型材和塑料窗制造与应用》（1997 年 5 月出版）；

6. 本专利与对比文件相对比的比较视图共 1 页。

同年 7 月 24 日，被告专利复审委员会受理了该无效宣告请求，并将请求文件及相关证据转送给第三人维卡公司。

同年 9 月 10 日，第三人维卡公司向专利复审委员会提交了意见陈述书，认为：本专利是组合产品，须将本外观设计与申请日前公开的同类外观设计在各构件组合状态下进行对比，而不能将本外观设计的各构件单独取出与早先的外观设计相比，同样，更不能从早先的不同厂家、不同系列产品中抽出一个构件与本外观设计的各构件相比，这是因为不同厂家、不同系列产品中的构件是不能互换使用的，只有同一厂家、同一系列的各构件才能构成一完整的、实际可用的推拉窗产品，这无疑是推拉窗产品安装或施工人员众所周知的常识，这些人员也就是专利法意义上的"普通购买者"。本专利产品与三原告提出的各附件进行详细对比，是不相同和不相近似的外观设计。

同年 10 月 31 日，被告专利复审委员会将第三人维卡公司的意见陈述书转送给三原告。

同年 12 月 17 日，三原告向被告专利复审委员会提交了意见陈述书，认为：本专利产品属于专利法意义上的成套产品，本专利的保护对象主要是三个构件的本身形状，评价本专利应着眼于各个构件的形状，而不仅仅是各构件的组合状态；只要一个构件不满足专利性，则本专利就应当被宣告无效。

2002 年 2 月 5 日，被告专利复审委员会进行了口头审理。在口头审理过程中，双方当事人对本专利产品三个构件的组合是成套使用没有异议，并且认可这种组合是惟一的。关于本专利产品是成套产品还是一件组合产品。第三人维卡公司认为本专利是一件如本外观图"组合状态立体图"所示的组合产品，而不同于外观设计专利申请意义上的成套出售的合案申请产品，更不是三原告提出的"争议专利包括三个习惯于成套出售的窗户型材构件"，本专利外观设计的构件必须同时使用、同时销售，才能组成一推拉窗；而三原告则强调本专利是通过三个构件来表现的，构件中任何一个不具备专利性时，整个设计方案由于缺乏必要组成部分，自然不成其为完整的"推拉窗构件"，当然也不具备专利性。

2002 年 3 月 19 日，被告专利复审委员会作出了前述的第 4314 号决定。

另查，三原告提交的证据 1 登载了与本专利"件一"相对应的构件；证据 2 登载了与本专利"件一"、"件二"相对应的构件；证据 3 登载了与本专利"件二"相对应的构件；证据 4 登载了与本专利"件一"、"件二"相对应的构件；证据 5 登载了与本专利"件三"相对应的构件。

在本案庭审中，原告中标公司、威塑公司、威力公司为证明本专利产品是通用产品，向本院提交了证据 7 维卡公司的产品样本。同时，三方当事人确认：在无效宣告请求审查程序中，三原告未提交证据 7，故被告专利复审委员会作出第 4314 号决定时对该证据未予涉及。对于被告专利复审委员会在无效请求审查程序中未涉及的证据，本院在行政诉讼程序中亦不予采用。

【原审审理结果】

原审法院认为：针对三方当事人争议的事实，本案的焦点在于：（一）本专利是成套产品还是一件产品；（二）本专利权的保护范围；（三）本专利与在先设计的对比。

一、关于本专利产品是成套产品还是一件产品的问题

成套产品是由两件以上各自独立的产品组成，其中每一件产品有独立的特性和使用价值，而各件产品组合在一起能体现出其组合使用的价值。一件产品是由数件物品组合为一体的产品，其中每一件单独的构成部分没有独立的使用价值，组合成一体时才能使用，这些物品应当视为一件产品。本专利所包含的三个构件各自没有独立的使用价值，需与其他构件组合才能体现组合整体的使用价值。本专利的三个构件的组合状态是惟一的，且这三种构件只有在这种组合状态下才能形成产品。因此，本专利产品不是成套产品，应视为一件产品。三原告关于本专利属于成套产品的主张，本院不予支持。

二、关于本专利权的保护范围

外观设计专利权的保护范围以表示在图片或者照片中的该外观设计专利产品为准。既然本专利产品应视为一件产品，故本专利权的保护范围应以表示在授权文件中"组合状态立体图"为准。至于该立体图中玻璃、单（双）玻压条等其他构件，不属于本专利权的保护范围。

三、关于本专利与在先设计的对比

在相同和相近似性判断中，一般只能用一项在先设计与被比外观设计进行单独对比。被比外观设计是由只能组装在一起使用的至少两个构件构成的产品的外观设计的，可以将与其构件数量相对应的组装使用过的构件的外观结合起来作为一项在先设计与被比外观设计进行对比。

本专利的组合状态立体图是由只能组合在一起使用的三个构件构成的产品的外观设计，因此作为对比的在先设计亦应为三个构件组装使用过的相同和相近似的外观设计。

原告提交的证据 1 ~ 5 系本专利申请日以前出版的公开出版物，原告主张

它们分别公开了本专利所包含的三种构件，但原告并未提供能反映出它们组合状态的对比文件，且普通消费者因不具备本领域技术人员的专业设计知识及认知水平，无法确定其根据上述证据 1～5 中公开的各个构件，能够按照有关组装工艺组合成本专利的插接咬合整体形状。因此，原告提交的证据所公开的各个构件不构成与本专利进行对比的在先设计。

综上所述，被告专利复审委员会的第 4314 号决定认定事实清楚，程序合法，适用法律正确，应予维持。依照《中华人民共和国行政诉讼法》第五十四条第一款第（一）项之规定，判决如下：

维持被告国家知识产权局专利复审委员会作出的第 4314 号无效宣告请求审查决定。

案件受理费 1 000 元，由原告中山市中标建材有限公司、上海威塑建材有限公司及上海中山威力塑钢门窗厂共同负担。

中标建材公司不服一审判决，提起上诉。理由是："推拉窗构件（维卡 85系列）"外观设计专利是"成套产品"，不属于"组合产品"或"一件产品"的范畴；一审判决关于"推拉窗构件（维卡 85 系列）"外观设计专利是三种构件组合后的一件产品的认定错误；一审判决将分别记载在"推拉窗构件（维卡 85 系列）"外观设计专利图片中的三个构件排除在该专利权保护范围之外于法无据；中标建材公司在一审法院审理期间提交的关于维卡塑料公司将"推拉窗构件（维卡 85 系列）"外观设计专利三个构件中的两个构件单独作广告的证据不予采纳，没有理由；一审判决对"普通消费者"定义错误。请求二审法院：撤销一审判决；撤销专利复审委员会作出的第 4314 号无效决定；判决"推拉窗构件（维卡 85 系列）"外观设计专利权无效。

专利复审委员会、维卡塑料公司、威力门窗厂、威塑公司服从原审判决。

【二审查明事实】

二审法院经审理查明：维卡塑料公司于 1999 年 4 月 1 日向国家知识产权局提出名称为"推拉窗构件（维卡 85 系列）"的外观设计专利申请，该申请于1999 年 12 月 1 日被授权公告，专利权人是维卡塑料公司，专利号为99322802.X。该专利授权公告文本包括件一、件二、件三各自的主视图、左视图、右视图、俯视图、仰视图以及立体图和件一、件二、件三的组合状态立体图（以上各图见本判决书附件）。该专利授权文本中的"简要说明"载明："1.各件的后视图与主视图对称，省略后视图。2. 在组合状态立体图，有两个件一构件。"

2001 年 7 月 17 日，中标建材公司、威力门窗厂、威塑公司以"推拉窗构件（维卡 85 系列）"外观设计专利与申请日前公开出版物上发表的产品外观相近似不符合专利法的规定为由，向专利复审委员会提出宣告该专利权无效的请求。中标建材公司、威力门窗厂、威塑公司提交了以下证据：证据 1，《现代化学建材》1998 年第 2 期（1998 年 4 月 15 日出版）；证据 2，《中大型材》1999 年第 3 期（1999 年 3 月出版）；证据 3，《光明月刊》1997 年第 3 期（1997 年 3 月 30 日出版）；证据 4，《光明月刊》1998 年第 12 期（1998 年 12 月 30 日出版）；证据 5，《硬聚氯乙烯塑料异型材和塑料窗制造与应用》1997 年 5 月出版；证据 6，"推拉窗构件（维卡 85 系列）"外观设计专利与对比文件相对应的比较视图 1 页。

专利复审委员会于 2001 年 7 月 24 日受理了中标建材公司、威力门窗厂、威塑公司针对"推拉窗构件（维卡 85 系列）"外观设计专利提出的无效宣告请求，将中标建材公司、威力门窗厂、威塑公司提交的无效宣告请求书及相关证据转送给维卡塑料公司。

2001 年 9 月 10 日，维卡塑料公司向专利复审委员会提交了意见陈述书，专利复审委员会于 2001 年 10 月 31 日将该意见陈述书转送给中标建材公司、威力门窗厂、威塑公司。2001 年 12 月 17 日，中标建材公司、威力门窗厂、威塑公司向专利复审委员会提交了意见陈述书。

专利复审委员会于 2002 年 2 月 5 日就中标建材公司、威力门窗厂、威塑公司针对"推拉窗构件（维卡 85 系列）"外观设计专利提出的无效宣告请求进行了口头审理。维卡塑料公司、中标建材公司、威力门窗厂、威塑公司均参加了口头审理。在口头审理过程中，维卡塑料公司、中标建材公司、威力门窗厂、威塑公司对"推拉窗构件（维卡 85 系列）"外观设计专利的三个构件是成套使用，且三个构件的组合是惟一的没有异议。专利复审委员会于 2002 年 3 月 19 日作出第 4314 号无效决定，维持"推拉窗构件（维卡 85 系列）"外观设计专利权有效。专利复审委员会认为：证据 1、证据 2、证据 3、证据 4、证据 5 属于专利法意义上的出版物，且出版日期均在"推拉窗构件（维卡 85 系列）"外观设计专利申请日以前，故予以采纳。"推拉窗构件（维卡 85 系列）"外观设计专利所包含的各构件在实际使用中必须是组合在一起的。在口头审理中，无效宣告请求人和专利权人双方都认为，上述各构件的组合状态是惟一的。这说明，上述各构件中的任何一件都不能脱离惟一的组合状态而独立使用。因此，"推拉窗构件（维卡 85 系列）"外观设计专利产品应视为一件产品。该专利是组合构件，也就是说，其保护的客体是这三个构件的整体组合。无效宣告请求人提交的证据 1 公开了与该专利"件一"相对应的构件；证据 2 公开了与该专利"件一"、"件二"相对应的构件；证据 3 公开了与该专利"件二"

相对应的构件；证据4公开了与该专利"件一"、"件二"相对应的构件；证据5公开了与该专利"件三"相对应的构件，但是，专利复审委员会根据上述各证据，尚不能认定公开于上述各证据中的所述构件能够以"推拉窗构件（维卡85系列）"外观设计专利各构件组合在一起的方式组合成一件产品，即尚不能确切地得知无效宣告请求人提交的证据中公开的各个构件，按照有关组装工艺，相应进行不同的组合，组合后可以达到该专利外观设计的整体结构插接咬合状态。无效宣告请求人提交的证据，尚不能构成将"推拉窗构件（维卡85系列）"外观设计专利同在先公开的各个构件分别进行比较的基础，无效宣告请求人未能提供充分证据来支持自己的主张，故"推拉窗构件（维卡85系列）"外观设计专利权的授予符合《中华人民共和国专利法》第二十三条的规定。基于以上理由，专利复审委员会作出了第4314号无效决定。

中标建材公司、威力门窗厂、威塑公司不服专利复审委员会作出的第4314号无效决定，在法定期限内向北京市第一中级人民法院提起诉讼。

在本院2003年7月8日公开开庭审理本案时，专利复审委员会的代理人陈述："我们在决定中也写明保护的是整体的组合，是一个组件，本产品的名称是推拉窗构件。"在回答合议庭所提"本外观设计保护的是否是组合状态的立体图"的询问时，专利复审委员会的代理人陈述："是。"在回答合议庭所提"按照《中华人民共和国专利法》第五十六条外观设计保护范围的规定，外观设计的保护范围是以照片、图片为准，实际上专利复审委员会对本案外观设计是以这一个立体图为准，该立体图与其他构件有何关系？在发生侵权的时候，如果被控侵权人仅制作了一部分，是否认为在保护范围之内"的询问时，专利复审委员会的代理人陈述："是以这一个立体图为准。如果发生侵权，则其他的不在保护范围之内。"维卡塑料公司对专利复审委员会的陈述未表示异议。

【二审审理结果】

二审法院认为：外观设计专利申请应当限于一种产品所使用的一项外观设计。用于同一类别并且成套出售或者使用的产品的两项以上的外观设计，可以作为一件申请提出。一件产品和成套产品可以作为一件外观设计专利。由两件以上各自独立的产品组成，其中每一件产品有独立的特性和使用价值，而各件产品组合在一起又能体现出其组合使用的价值的是成套产品。根据专利法、专利法实施细则等法律、法规及审查指南等部门规章的规定，外观设计专利的分类只有一件产品和成套产品两种，而没有组合产品的概念。由数件物品组合为一体的产品，其中每一件单独的构成部分没有独立的使用价值，组合成一体时才能使用，这些物品应当视为一件产品。不论外观设计专利是一件产品，还是成套产品，外观设计专利权的保护范围，均必须以表示在图片或者照片中的该外观设计专利产品为准，即在确定外观设计专利的保护范围时，必须以全部图片或者照片所表示的内容为准，不能以其中的某一幅图片或者照片为准。

本案中，在专利复审委员会进行的口头审理过程中，维卡塑料公司、中标建材公司、威力门窗厂、威塑公司对"推拉窗构件（维卡85系列）"外观设计专利的件一、件二、件三三个构件是成套使用，且三个构件的组合是惟一的没有异议。由于件一、件二、件三三个构件组成成套使用的"推拉窗构件（维卡85系列）"外观设计专利产品，且件一、件二、件三的组合是惟一的，"推拉窗构件（维卡85系列）"外观设计专利产品必须由件一、件二、件三组成，缺少任何一个构件，就不能成为一件完整产品，因此，"推拉窗构件（维卡85系列）"外观设计专利应视为是一件产品的外观设计专利。中标建材公司所提"推拉窗构件（维卡85系列）"外观设计专利是"成套产品"，不属于"组合产品"或"一件产品"的范畴；一审判决关于"推拉窗构件（维卡85系列）"外观设计专利是三种构件组合后的一件产品的认定错误的上诉理由，不能成立。

尽管"推拉窗构件（维卡85系列）"外观设计专利共有19幅视图，这19幅视图在确定该专利保护范围时，其效力是一样的，不能仅以其中的"组合状态立体图"为准，但是，根据专利复审委员会在本院开庭审理时的陈述，该委员会认为"推拉窗构件（维卡85系列）"外观设计专利保护的范围就是该专利视图中的"组合状态立体图"所表示的外观设计专利产品，维卡塑料公司对专利复审委员会的上述陈述，没有异议，因此，在确定"推拉窗构件（维卡85系列）"外观设计专利的保护范围时，应当按照专利权人维卡塑料公司及专利复审委员会无效决定中的意思表示，以"组合状态立体图"为准，件一、件二、件三不在"推拉窗构件（维卡85系列）"外观设计专利的保护范围之内。中标建材公司所提一审判决将分别记载在"推拉窗构件（维卡85系列）"外观设计专利图片中的三个构件排除在该专利权保护范围之外于法无据的上诉理由，不能成立。

中标建材公司在一审法院审理期间提交关于维卡塑料公司将"推拉窗构件（维卡85系列）"外观设计专利三个构件中的两个构件单独作广告的证据，因其未在无效宣告请求审查程序中提交，故对该公司在一审诉讼程序中提交的证据不予采纳是正确的。中标建材公司所提其在一审法院审理期间提交的关于维卡塑料公司将"推拉窗构件（维卡85系列）"外观设计专利三个构件中的两个构件单独作广告的证据不予采纳没有理由的上诉理由，不能成立。

在判断"推拉窗构件（维卡85系列）"外观设计专利与中标建材公司、威力门窗厂、威塑公司提交的证据1~5中记载的在先外观设计是否相同和相近似时，应以具有一般的知识水平和认知能力，能够辨认产品的形状、图案以及色彩，对被比外观设计产品的同类或者相近类产品的外观设计状况有常识性的了解的一般消费者作为判断的主体。一般消费者在将两者以一定的方法对比后，以能否在视觉美感上留下不相同和不相近似的印象作为判断的标准。一般消费者在进行判断时，不必将件一、件二、件三进行组合，即一般消费者不必具备该"推拉窗构件（维卡85系列）"外观设计专利产品所属技术领域组装工艺的技术知识。虽然一审判决中使用了"普通消费者"一词，也要求"普通消费者"具备"推拉窗构件（维卡85系列）"外观设计专利产品所属技术领域组装工艺的技术知识，但是，一审判决并没有将"普通消费者"作为与一般消费者不同的判断主体，且由于件一、件二、件三已经明确排除在"推拉窗构件（维卡85系列）"外观设计专利保护范围之外，一审判决中所称的"普通消费者"是否具备该专利产品所属技术领域组装工艺的技术知识，并不能影响该专利与在先外观设计是否相同和相近似的判断结果，故中标建材公司所提一审判决对"普通消费者"定义错误的上诉理由，不能成立。

此外，由于维卡塑料公司明确表示"推拉窗构件（维卡85系列）"外观设计专利的保护范围，以表示在"组合状态立体图"中的该外观设计专利产品为准，且专利复审委员会在其作出的第4314号无效决定中认定证据1~5已经分别公开了与"推拉窗构件（维卡85系列）"外观设计专利中的件一、件二、件三的相对应的构件，因此，只要不制造、销售、进口表示在"组合状态立体图"中的该外观设计专利产品，就不能认定是侵权行为。对于单独或者分别制造、销售、进口表示在件一、件二、件三六面视图中的产品的，不能认为该行为侵犯了"推拉窗构件（维卡85系列）"外观设计专利权。

中标建材公司的上诉理由均不能成立，其上诉请求，本院不予支持。

综上，原审判决认定事实清楚，适用法律正确。依据《中华人民共和国行政诉讼法》第六十一条第一款第（一）项的规定，判决如下：

驳回上诉，维持原判。

原审案件受理费1 000元，由中山市中标建材有限公司、上海威塑建材有限公司、上海中山威力塑钢门窗厂负担；二审案件受理费1 000元，由中山市中标建材有限公司负担。

附　件

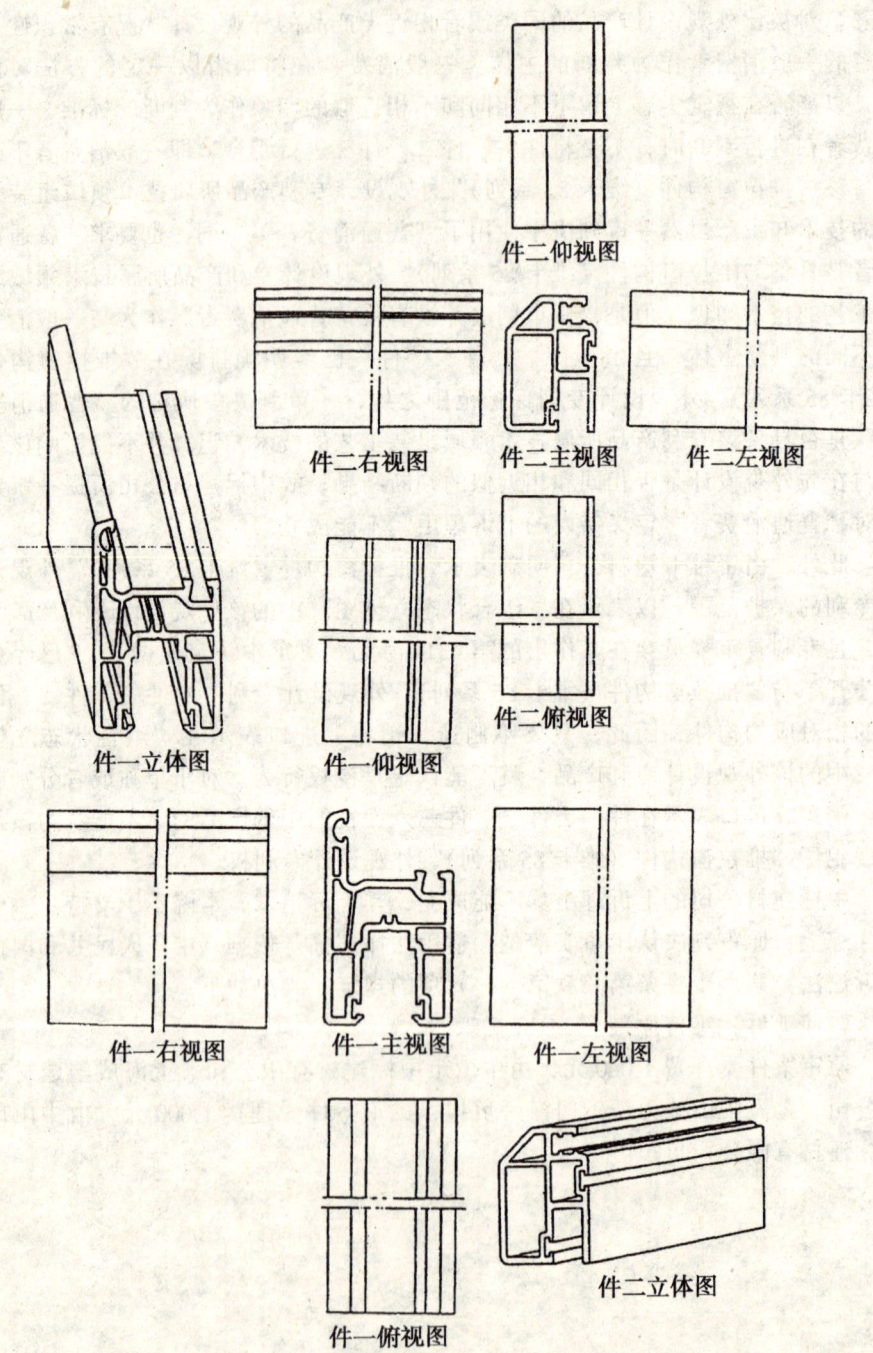

件二仰视图

件二右视图　　　件二主视图　　　件二左视图

件一立体图　　　件一仰视图

件二俯视图

件一右视图　　　件一主视图　　　件一左视图

件二立体图

件一俯视图

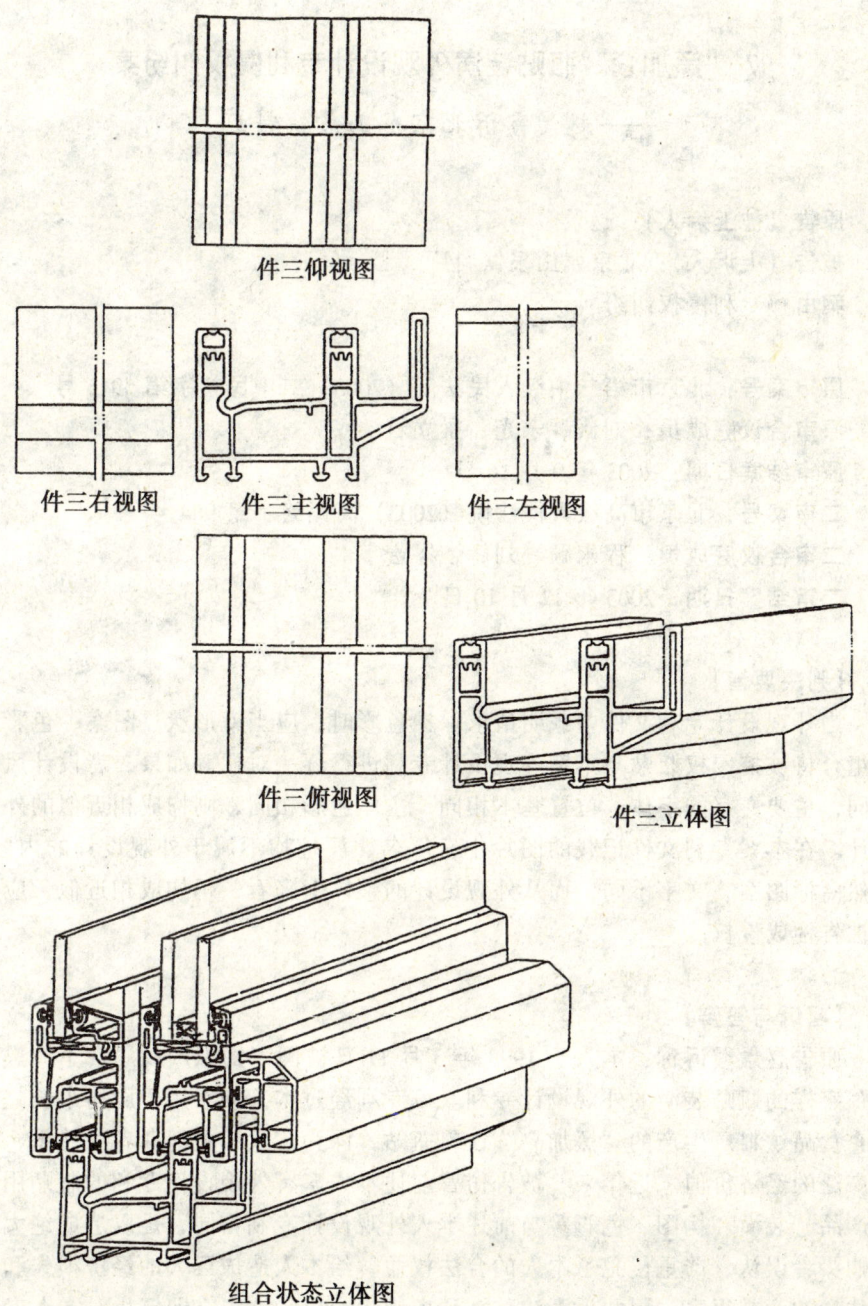

件三仰视图

件三右视图　　　　件三主视图　　　　件三左视图

件三俯视图　　　　　　件三立体图

组合状态立体图

17. "黑加仑" 瓶贴装潢外观设计专利侵权纠纷案

——赵景霞诉北京龙山泉饮料厂

原告（被上诉人）： 赵景霞
被告（上诉人）： 北京龙山泉饮料厂
案由： 专利侵权纠纷

原审案号： 北京市第二中级人民法院（2003）二中民初字第 5915 号
原审合议庭成员： 刘薇、宋光、梁立君
原审结案日期： 2003 年 9 月 16 日
二审案号： 北京市高级人民法院（2003）高民终字第 984 号
二审合议庭成员： 程永顺、刘辉、岑宏宇
二审结案日期： 2003 年 12 月 10 日

【判决要旨】

当外观设计专利文件中载明请求保护色彩时，应当就形状、图案、色彩及其组合将被控侵权瓶贴与本案外观设计专利进行逐一对比。如果二者设计风格相同，主要文字的字体、位置基本相同，主体色彩相同，则构成相近似的外观设计。在本案专利文件记载的图片中，厂名、厂址均不属于外观设计的内容，虽然商标图案、文字不同，而从外观设计的整体上来看，仍构成相近似，应认定被告构成侵权。

【起诉与答辩】

原告赵景霞诉称：本人于 1993 年 3 月 11 日被国家知识产权局授予 "黑加仑" 字样的瓶贴装潢的外观设计专利。该专利经过本人同意用于廊坊市长虹黑加仑食品饮料厂生产的 "黑加仑" 饮料瓶贴，深为广大相关消费者所熟悉，具有广泛的经济价值。近年来，被告仿冒前述本人享有外观设计专利的瓶贴用于其产品，装潢、构图、色彩等与前述本人外观设计专利雷同，足以造成绝大多数购买者误认，严重侵犯了本人的合法权益，给本人造成巨大的经济损失和难以估量的商誉损害。因此诉至法院，请求判决：（1）被告立即停止对本人专利权的侵犯；（2）被告赔偿本人经济损失 9 万元并支付律师费、调查费等 1 万元；（3）被告就其侵权行为在相应报纸上公开向本人赔礼道歉，消除影响；

（4）本案诉讼费由被告承担。

被告北京龙山泉饮料厂（以下简称龙山泉饮料厂）辩称：原告提交的证据不能证明其专利权现在仍然有效。本厂于1998年3月就已使用本案被控侵权的“金月牌”黑加仑饮料瓶贴，先于原告的专利申请日，并一直在原有范围内使用，而且使用范围逐渐缩小，到2002年初已不生产使用涉案被控侵权瓶贴的黑加仑饮料产品。原告的外观设计专利与被控侵权瓶贴有很大差别，本厂在被控侵权瓶贴的显著部位标注了自己的品牌、厂名、厂址，不会引起消费者的误认。因此，本厂没有侵犯原告的专利权。此外，原告也没有提供相应的证据证明其所说的损失。综上，请求法院依法驳回原告的诉讼请求。

【原审查明事实】

原审法院经审理查明：原告于1998年6月4日向国家知识产权局申请了名称为“瓶贴（黑加仑）”的外观设计专利，申请号为ZL98302379.4。原告前述外观设计申请于1999年3月11日被国家知识产权局授予外观设计专利权，专利号为ZL98302379.4，授权公告日为1999年4月14日，该外观设计专利现处有效期内。授权公告除载明该外观设计专利的黑白主视图1和2外，另附简要说明：“1.本外观设计的主视图1和主视图2同时使用，同时销售。2.请求保护色彩。”

前述原告外观设计专利由主视图1和主视图2显示的瓶贴共同组成（附图1）。其中：

（一）主视图1显示的瓶贴用于瓶体处，为一纵轴方向的椭圆形，最外圈为黄色，次圈为绿色。中间部分的椭圆自上而下被黑、黄、白三色分割成大、小不等的六部分，其中：第一部分为黑色的半圆，内有一横轴方向的小椭圆，该小椭圆底色为红色，其上画有白色的椭圆及曲线；第二部分为一黄色横窄条；第三部分为黑色宽条，其上有黄色的“黑加仑”三个美术字；第四部分为黄色窄条，其上有黑色汉语拼音字体“HEI JIA LUN”；第五部分为一白色窄条；第六部分为一黄色半圆，其上部有绿色的“特制”二字。

（二）主视图2为用于瓶颈的瓶贴，该瓶贴中间为圆形：最外圈为黄色，次圈为绿色，中间部分为红色，其上有白色的圆及曲线。与中间圆形相连接，左右各有一向上斜置的部分：其外圈为黄色，内为黑色，分别写有“高级”、“饮料”四字。

被告成立于1998年4月1日，其经营范围为制造冷饮品、饮料。被靠在其生产的黑加仑饮料产品的外包装瓶上使用了与原告外观设计专利主视图1和2显示的形状相同的两个瓶贴，但各部分的色彩及标注的内容与原告外观设计专利不完全相同（附图2）。具体为：用于瓶体的椭圆形瓶贴次圈为红色，中间部分的第一部分为黑色，其上写有白色字体"金月牌"三字；第二部分为绿色窄条，其上写有"低热量果味饮料"七个黑色字；第三部分为黑色，其上写有与原告外观设计专利相同部位字体相同的"黑加仑"三字，但颜色为黄色；第四部分与原告外观设计专利基本相同，但加注了"净含量：640ML"等黑色字体；第五部分为黑色窄条，其上有多个绿色小圆点；第五部分与原告外观设计专利基本相同，只是"精制"二字为黑色字体。用于瓶颈处的瓶贴左右部分分别写有"精制"、"产品"二字，中间部分圆形的最外圈亦为黄色，次圈及中间部分均为绿色，其上有黑色字体的"金月"注册商标标志、黄色的"爽"字及黑色字体的汉语拼音"JIN YUE"。

原告认为被告的前述瓶贴与其外观设计专利相比构成相似，已构成对其就涉案外观设计专利享有的专利权的侵犯。

被告认为其前述瓶贴与原告外观设计专利相比既不构成相同也不构成近似。被告另称其前述瓶贴在原告外观设计专利申请前就已使用，为支持此主张，被告提供了一份证明，内容为"北京龙山泉饮料厂于1998年3月委托我厂设计、印刷黑加仑瓶贴，设计参照北京'燕京'啤酒标形。同时印刷的还有'果汁蜜'汽水标、'大枣王'饮料标"。该证明落款为"温州佳能印务有限公司"，落款时间为2003年7月15日，但加盖的公章为"苍南县佳能印务有限公司"。原告对被告提交的前述证明的真实性及证明力均不予认可。

被告还称其采用涉案被控侵权瓶贴的黑加仑饮料产品在2002年已停止生产、其企业2002年也未进行企业年检，为支持其此主张，被告提交了北京市怀柔区地方税务局征收管理科及北京市怀柔区国家税务局出具的被告已办理注销税务登记的证明。原告对于被告提交的办理注销税务登记的证明的真实性不持异议，但认为此不足以说明被告已在2002年停止被控侵权产品的生产。同时，原告提交了廊坊市公证处（2001）廊证经字第885号公证书，证明在2002年6月23日仍可在市场上购买到被告生产的使用涉案被控侵权瓶贴的黑加仑饮料产品。

在诉讼中，原告明确表示：（一）放弃其外观设计专利中的色彩保护；（二）不掌握被告生产涉案侵权产品的数量及获利情况方面的证据。

在诉讼中，被告表示不能提供反映其生产、销售采用被控侵权瓶贴的黑加仑饮料产品的数量及利润情况的证据。

另查，原告将其外观设计专利许可给其任法定代表人的廊坊市长虹黑加仑食品饮料厂（集体所有制）使用，用于该厂生产、销售的黑加仑饮料产品。在本案庭审结束后，原告向本院提交了该厂出具的向原告支付许可费及该厂

2000年后采用原告外观设计专利为瓶贴的黑加仑饮料产品销售数量及利润逐年下降的证明材料。对于前述原告提供的该厂证明材料，被告首先认为已超过举证期限，不能作为本案的证据；其次，被告认为该厂与原告之间存在利害关系，故该证据不足采信。

【原审审理结果】

原审法院认为：原告就涉案外观设计专利享有的专利权受法律保护，任何人未经原告许可，均不得为生产经营目的制造、销售、进口其外观设计专利产品。

虽然被告主张其在原告外观设计专利申请前已生产、销售了带有涉案被控侵权瓶贴的黑加仑饮料产品，但被告为支持其此主张仅提供了案外人出具的涉案被控侵权瓶贴印制时间的证明，而该证明落款的企业名称与所盖印章的企业名称不相符，在原告对该证明的真实性不予认可的情况下，本院认定该证据不具有证据效力。而且，该证据即使是真实的，也仅能说明涉案被控侵权瓶贴印制的时间，而不能说明被告生产的贴有涉案被控侵权瓶贴的黑加仑饮料产品在市场上公开销售的时间。因此，被告关于其在原告外观设计专利申请前已生产、销售了带有涉案被控侵权瓶贴的黑加仑饮料产品的主张，不能成立。

根据我国专利法的规定，外观设计专利权的保护范围以表示在图片或者照片中的该外观设计专利产品为准。根据此原则，被告生产的黑加仑饮料上的瓶贴与原告外观设计专利相比，形状相同，构图相似，主要色彩相同或相似，仅有局部色彩及文字存在不同。因此，本院认定被告生产的黑加仑饮料上的瓶贴与原告外观设计专利相似，已构成对原告就其外观设计专利所享有的专利权的侵犯。根据我国民法通则及专利法的规定，原告要求判决被告停止侵权、公开赔礼道歉以消除影响、赔偿经济损失的诉讼请求，本院予以支持。

本院将根据被告的侵权行为给原告造成的不良影响延及的范围，确定被告应承担的赔礼道歉、消除影响的具体方式。

鉴于被告不提供其生产销售侵权产品的数量及获利方面的证据，本院根据被告侵权行为给原告造成损失的合理程度、被告侵权持续的时间等因素，结合我国法律的有关规定，认定原告关于判决被告赔偿其9万元经济损失的诉讼请求尚属合理，本院予以全额支持。

原告关于判决被告赔偿其1万元合理诉讼支出的诉讼请求，因原告未提交相关证据，故本院对原告此诉讼请求，不予支持。

综上，依照《中华人民共和国民法通则》第一百一十八条、《中华人民共和国专利法》第十一条第二款、第五十六条第二款、第六十条及《最高人民法院关于审理专利纠纷案件适用法律问题的若干规定》（法释［2001］21 号）第二十一条的有关规定，判决如下：

一、被告北京龙山泉饮料厂于本判决生效之日起立即停止生产、销售贴有涉案侵权瓶贴的黑加仑饮料产品；

二、被告北京龙山泉饮料厂于本判决生效后 30 日内，在一家全国发行的报纸上就其侵犯原告赵景霞专利权的行为，向原告赵景霞公开赔礼道歉，消除影响（内容须经本院核准），逾期不执行，本院将在报纸上公布本判决内容，相关费用由被告北京龙山泉饮料厂负担；

三、被告北京龙山泉饮料厂于本判决生效后 10 日内赔偿原告赵景霞经济损失 90 000 元。

驳回原告赵景霞其他诉讼请求。

龙山泉饮料厂不服原审判决，提出上诉，请求撤销原审判决，驳回赵景霞的全部诉讼请求。理由是：被控侵权的瓶贴与本案外观设计专利瓶贴在整体设计、色彩、文字上都有明显的区别，不会造成消费者的误认。而且，龙山泉饮料厂使用被控侵权瓶贴，先于本案外观设计专利的申请日，不构成侵权。龙山泉饮料厂已于 2002 年 6 月停止生产采用被控侵权瓶贴的黑加仑饮料产品，原审判决赔偿赵景霞经济损失 9 万元，没有事实和法律依据。

赵景霞服从原审判决。

【二审查明事实】

二审法院经审理查明：赵景霞于 1998 年 6 月 4 日向国家知识产权局申请了名称为"瓶贴（黑加仑）"的外观设计专利，申请号为 98302379.4。该申请于1999 年 4 月 14 日被公告授予外观设计专利权，专利权人为赵景霞。在本案外观设计专利授权公告中，除载明该外观设计的主视图 1 和 2 外，另附简要说明："1. 本外观设计的主视图 1 和主视图 2 同时使用，同时销售。2. 请求保护色彩。"

"瓶贴（黑加仑）"外观设计主视图 1 显示的瓶贴用于瓶体处，为一纵轴方向的椭圆形，最外圈为黄色，次圈为绿色。中间部分的椭圆形自上而下被黑、黄、白三色分割成大小不等的六部分，其中：第一部分为黑色的半圆，内有一横轴方向的小椭圆，该小椭圆底色为红色，其上画有白色的椭圆及曲线；第二部分为一黄色横窄条；第三部分为黑色宽条，其上有黄色的"黑加仑"三个美术字；第四部分为黄色窄条，其上有黑色汉语拼音字体"HEI JIA LUN"；第五部分为一白色窄条；第六部分为一黄色半圆，其上部有绿色的"特制"二字。主视图 2 为用于瓶颈的瓶贴，中间为圆形：最外圈为黄色，次圈为绿色，中间部分为红色，其上有白色的圆及曲线。与中间圆形相连接，左右各有一向上斜置的部分：其外圈为黄色，内为黑色，分别写有“高级”、“饮料”四字。

龙山泉饮料厂成立于 1998 年 4 月 1 日，经营范围为制造冷饮品、饮料。其生产的黑加仑饮料产品的包装瓶上使用的两个瓶贴的形状分别与本案外观设计专利的主视图 1 和 2 相同。其用于瓶体的标贴图案和色彩与本案外观设计专利主视图 1 的不同之处具体为：用于瓶体的椭圆形瓶贴次圈为红色，中间部分的第一部分为黑色，其上写有白色字体“金月牌”三字；第二部分为绿色窄条，其上写有“低热量果味饮料”七个黑色字；第三部分为黑色，其上写有与本案外观设计专利相同部位、字体、颜色相同的“黑加仑”三字；第四部分与本案外观设计专利基本相同，但加注了“净含量：640ML”等黑色字体；第五部分为黑色窄条，其上有多个绿色小圆点；第六部分有“精制”两个黑色字体。其用于瓶颈的标贴图案和色彩与本案外观设计专利主视图 2 不同之处为：瓶贴左右部分分别写有“精制”、“产品”字样，中间部分圆形的最外圈亦为黄色，次圈及中间部分均为绿色，其上有黑色字体的“金月”注册商标标志、黄色的“爽”字，及黑色字体的汉语拼音“JIN YUE”。

赵景霞向法院提交了廊坊市公证处（2001）廊证经字第 885 号公证书，该公证书证明 2001 年 6 月 22 日在北京市场上可购得由龙山泉饮料厂生产的、使用被控侵权瓶贴的黑加仑饮料产品。龙山泉饮料厂称涉案产品已于 2002 年停止生产和销售，并且企业未参加 2002 年的工商年检，已经停止经营。其提交的证据是 2003 年 7 月 14 日北京市怀柔区国家税务局出具的证明信，内容为：“兹证明北京市怀柔区龙山泉饮料厂已于 2002 年 6 月 18 日在我局办理注销手续，该企业已注销登记。”但龙山泉饮料厂未能向法院提供其企业法人营业执照已被工商行政管理部门吊销或注销的证据。

诉讼过程中，龙山泉饮料厂称其采用被控侵权的瓶贴是在本案外观设计专利申请日之前，并提供了一份落款为温州佳能印务有限公司于 2003 年 7 月 15 日出具的证明，内容为“北京龙山泉饮料厂于 1998 年 3 月委托我厂设计、印刷黑加仑瓶贴，设计参照北京‘燕京’啤酒标形。同时印刷的还有‘果汁蜜’汽水标、‘大枣王’饮料标”。但该证明加盖的公章为“苍南县佳能印务有限公司”。赵景霞对该份证据的真实性及证明力均不予认可。

另外，赵景霞、龙山泉饮料厂均未向法院提供龙山泉饮料厂生产、销售采用被控侵权瓶贴的黑加仑饮料产品的数量及利润情况的证据。赵景霞作为本案外观设计专利的专利权人，将本案外观设计专利许可给廊坊市长虹黑加仑食品饮料厂使用。为证明其经济损失，赵景霞向法院提供了廊坊市长虹黑加仑食品饮料厂出具的证明材料，证明该厂向赵景霞支付专利实施许可费、生产黑加仑饮料产品销售数量及利润自 2000 年后逐年下降的情况。对于该证据，龙山泉饮料厂不予认可。

【二审审理结果】

二审法院认为：赵景霞作为本案外观设计专利的专利权人，就其享有的专利权受到法律保护，他人未经其许可，不得为生产经营目的制造、销售、进口其外观设计专利产品。

针对赵景霞的诉讼请求，龙山泉饮料厂以在本案外观设计专利申请日之前使用被控侵权瓶贴为由进行抗辩，证据是一份单位出具的证明。但是该份证据落款的单位名称和印章上的名称不相符，形式要件有瑕疵，又属于证人证言性质的证据，在没有其他证据加以佐证且赵景霞不予认可的情况下，对于龙山泉饮料厂在先使用的事实，该份证据缺乏足够的证明力，本院不予采信。

本案外观设计专利文件中载明请求保护色彩，因此，被控侵权瓶贴与本案外观设计专利相比，应当就形状、图案、色彩及其组合进行逐一对比。龙山泉饮料厂认可被控侵权瓶贴与本案外观设计专利瓶贴的形状是相同的。通过被控侵权瓶贴的图案与本案外观设计专利瓶贴的图案的比较可以看出：二者设计风格相同；主要文字的字体、位置基本相同；色彩虽不完全相同，但主要色彩相同，整体色彩构成相近似。根据以上分析，结合形状、图案、色彩三个要素，被控侵权瓶贴与本案外观设计专利瓶贴构成相近似。龙山泉饮料厂上诉提出，被控侵权瓶贴上有其"金月"商标，与本案外观设计专利瓶贴上的"虹霞及图"商标有着显著不同，厂名、厂址也均不相同，不会造成消费者的误认。在本案专利文件记载的图片中，厂名、厂址均不是本案外观设计的内容，虽然商标图案、文字不同，但从外观设计的整体上来看，仍构成相近似。故龙山泉饮料厂用于其生产、销售的黑加仑饮料产品上的瓶贴，侵犯了赵景霞的外观设计专利权，应当承担相应的民事责任。

关于赔偿数额，虽然赵景霞提供的被许可人产、销量逐年下降的证据，被龙山泉饮料厂予以否认，但由于龙山泉饮料厂不能证明其在先使用，也不能否定公证书所证明的其生产、销售被控侵权产品的事实，故原审判决依据龙山泉饮料厂的侵权行为给赵景霞造成损失的合理程度、侵权的持续时间等因素确定的赔偿数额，在法定赔偿数额之内，并无不当，判令龙山泉饮料厂承担停止侵权、赔礼道歉、消除影响等民事责任亦有法律依据，本院予以维持。

综上所述，龙山泉饮料厂提出的被控侵权瓶贴与本案外观设计专利不构成相近似，没有侵犯赵景霞专利权的上诉请求和理由，缺乏事实和法律依据，本院不予支持。原审判决认定事实清楚，适用法律正确，应予维持。依照《中华人民共和国民事诉讼法》第一百五十三条第一款第（一）项之规定，判决如下：

驳回上诉，维持原判。

原、二审案件受理费各 3 510 元，均由北京龙山泉饮料厂负担。

附图 1：本专利

附图 2：被控侵权瓶贴

18. "铝合金型材 A（铝合金门）" 外观设计专利权
无效行政纠纷案

——林新添诉中华人民共和国国家知识产权局专利复审委员会

原告（被上诉人）： 林新添
被告（原审被告）： 中华人民共和国国家知识产权局专利复审委员会
第三人（上诉人）： 黄朝宗
案由： 专利权无效行政纠纷案

原审案号： 北京市第一中级人民法院（2003）一中行初字第 78 号
原审合议庭成员： 刘勇、仪军、任进
原审结案日期： 2003 年 9 月 19 日
二审案号： 北京市高级人民法院（2003）高行终字第 204 号
二审合议庭成员： 刘继祥、孙苏理、魏湘玲
二审结案日期： 2003 年 12 月 18 日

【判决要旨】

如无相反证据，公证机关依照法定程序对公证证据制作的公证书，其证据效力应当优于其他书证；如无相反证据，不能否定未出庭质证的证人的证言的效力。

【起诉与答辩】

针对原告林新添就黄朝宗拥有的名称为 "铝合金型材 A（铝合金门）" 的外观设计专利（申请号：00334853.9，以下简称本案专利）提出的无效宣告请求，国家知识产权局专利复审委员会（以下简称专利复审委员会）作出第4493 号决定，认为：

在本次无效宣告请求案中，请求人在法定的期限内共提交了四份证据。证据 3 是福建省福鼎市公安局刑事警察大队出具的证明，只能证明刑警大队技术中队中队长是唐宗勇，公安局未对涉案卷闸门进行证据保全，且没有提供合法的保管或者封存手续，不能得出公证处于 2002 年 1 月 18 日所作的（2002）鼎证字第 28 号公证书中 "所附 39 张照片均拍自于 2000 年 6 月被硫酸浇损的卷闸门" 的结论。因此，合议组对该证据中的公安局作出的结论不予支持。

证据4是口审中请求人提交的经公证的唐宗勇的证人证言。唐宗勇的证言是本案结论的重要依据，证人应当出席口头审理作证，特别是在被请求人对证据2中的卷闸门是否是证据1的卷闸门提出质疑后，证人应该接受当事人的质询；唐宗勇的证人证言，虽然经过了公证，但公证只能证明证言是唐宗勇出具的，唐宗勇没有出席口头审理作证，接受当事人的质询，该证人证言合议组不予以采信。

证据1和证据2记述的内容可被采信。证据1是福建省福鼎市公证处的（2002）鼎证字第99号公证书，其内容是，证明前面的复印件与现场侦查笔录的原件相符。公证书中附有福建省福鼎市公安局刑事警察大队现场勘查笔录和4张图片，勘查时间为2000年6月30日。其所拍的4张照片只是反映安装后整个卷闸门的安装状态，看不到每片铝型材的外观形状，也看不到卷闸门铝型材的截面形状。

证据2是福建省福鼎市公证处（2002）鼎证字第28号公证书，其内容是：请求人向公证处申请对其安装在福鼎市南大路50米大街双福楼一层的温州市翰墨斋装饰实业有限公司福鼎分公司中间一扇卷闸门进行证据保全。在证据保全中公证处拍摄人员陈文对上述卷闸门进行了拍照，现场拍摄照片为39张，拍摄的时间为2002年1月18日，所拍的照片显示了当时的卷闸门铝型材的截面。

请求人的证明逻辑是：证据1证实2000年6月30日（申请日前）被硫酸浇损的卷闸门，证据2证实证据1中被硫酸浇损的卷闸门的型材的截面，所以，本专利的专利产品在申请日前已经公开使用。证据3、证据4试图结合证据1、证据2来证明证据2的卷闸门就是证据1所表示的卷闸门。

合议组对证据审查后发现，证据2的拍摄照片显示了与本案专利相关的型材，但照片的拍摄时间晚于本专利的申请日，证据1和证据2的拍摄时间相差18个月。证据1照片中的卷闸门未显示与本案专利相关的型材。合议组认为，鉴于证据3、证据4未被采信，缺乏证据证明证据2中的卷闸门和证据1中的卷闸门是同一客体，待证事实未得到证明，即请求人不能证明在本案专利申请日之前有与本案专利产品相同或相近似产品在国内公开使用过。

综上所述，请求人没有提交有效证据证明在本案专利申请日之前有与本案专利产品相同或相近似形状产品在国内公开使用过。故驳回林新添的无效宣告请求，维持本案专利权有效。

原告林新添不服该决定，于法定期限内起诉，认为：（一）原告在无效程序中所提供的四份证据已构成一个完整的证据链。原告提供的第一份经公证的证据说明，在2000年6月30日有一扇卷闸门曾遭人为破坏，且被公安机关侦查立案的基本事实；第二份已经公证的证据表明，卷闸门完整时相应型材配件的各种状态特别是截面状态的照片图形；第三份证据是公安机关职能部门针对第二份证据中的卷闸门作出的勘验认定证明，该证据清楚地表明了第二份证据中的卷闸门就是第一份证据所涉卷闸门；第四份证据是参与提取第一、二、三份证据的公安干警的证言公证文本，进一步证明了涉案的物证勘验情况。上述四份证据已构成了一个完整的证明体系，而且每个证据本身是真实可靠的相互之间不存在任何的矛盾，且得出的结论是惟一的。不管从证据本身取证的合法性、证据与事实的关联性还是事实本身的真实性，均说明了这样一个事实，即涉案专利申请日前已有一扇被人为破坏的卷闸门其型材与涉案专利外观设计的型材产品相同，并已经被公知公用。（二）被告决定认定事实有误。原告提交的证据 3 是公安机关依职权所作的公文性书证，该书证的效力应当得到确认，但决定中被告却认为公安局未对涉案卷闸门进行证据保全，且没有提供合法的保管或者封存手续，故对该证据 3 中的公安局作出的结论不予支持。这样的事实认定有误。关于证据 4 经公证的证人证言，被告的决定书认定部分有误，既然被告也认为证人证言是本案结论的重要的依据，且知道原告在口审时已说明该证人是公安人员，公安机关不为不相干的民事纠纷跑到北京出庭作证，而无视证人证言已就如何勘验认定所作的陈述，以一句“没有出席口头审理作证，接受当事人的质询”而否定该证据是不妥的，违反最高人民法院《关于行政诉讼证据若干问题的规定》第四十一条规定的精神。综上，请求人民法院撤销第 4493 号决定，改判本案专利无效。

被告专利复审委员会辩称：原告提交的证据无法形成完整的证据链来证明在本专利申请日之前已有相同的外观设计在国内公开使用。证据 2 的拍摄照片显示了与本专利相关的型材，但照片的拍摄时间晚于本专利的申请日，证据 1 和证据 2 的拍摄时间相差 18 个月。证据 1 照片中的卷闸门未显示与本专利相关的型材。证据 3 只能证明刑警大队技术中队中队长是唐宗勇，公安局未对涉案卷闸门进行证据保全，且没有提供合法的保管或者封存手续，不能得出证据 2“所附 39 张照片均拍自于 2000 年 6 月被硫酸浇损的卷闸门”的结论。证据 4 证人唐宗勇没有接受当事人的质询。在转送文件中，专利权人对证据 2 中的卷闸门是否是证据 1 的卷闸门提出质疑后，证人应该接受当事人的质询；唐宗勇的证人证言，虽然经过了公证，但公证只能证明证言是唐宗勇出具的。故证据 3、证据 4 不能被采信。由于证据 3、证据 4 未被采信，故缺乏证据证明证据 2 中的卷闸门和证据 1 中的卷闸门是同一客体，也就无法证明在本专利申请日之前已有相同的外观设计在国内公开使用。因此专利复审委员会作出的第 4493 号决定认定事实清楚、适用法律正确、审理程序合法，请求驳回原告诉讼请求，维持专利复审委员会的第 4493 号无效宣告请求审查决定。

第三人黄朝宗未提交书面答辩意见，在庭审中述称：被告作出的第 4493 号决定事实清楚、适用法律正确、审理程序合法，请求驳回原告诉讼请求，维持专利复审委员会的第 4493 号无效宣告请求审查决定。

【原审查明事实】

原审法院经审理查明：2000 年 9 月 13 日，黄朝宗向国家知识产权局提出名称为"铝合金型材 A（铝合金门）"的外观设计专利申请，申请号为00334853.9，该申请于 2001 年 5 月 2 日被授权公告（以下简称本案专利），专利权人为黄朝宗。

针对上述专利权，林新添、章宦清于 2002 年 4 月 25 日以在本案专利申请日之前已经有与本案专利形状相近似的产品在国内公开使用为由，向专利复审委员会提出无效宣告请求，并在无效程序中先后提交了 4 份证据。

证据 1：福建省福鼎市公证处（2002）鼎证字第 99 号公证书的复印件。该公证书主文为："兹证明前面的复印件与现场勘查笔录的原件相符。原件上的福鼎市公安局刑事警察大队技术中队的印章属实。"在该公证书所附的《现场勘查笔录》中载明："案件类别：故意损坏公私财物；勘查人员：唐宗勇、朱学同、钟瀚；勘查时间：2000 年 6 月 30 日；2000 年 6 月 30 日 9 时 10 分，福鼎市城区侦缉中队干警钟瀚接游芳芳（女，温州翰墨斋实业福鼎分公司经理）电话：'今上午 9 时 2 分，我来开温州翰墨斋实业福鼎分公司的门时，发现门口部位的门上有大量液体，门前地面也有液体，液体里面有大量门上的细屑，我怀疑是被人用硫酸泼门进行故意破坏活动。'接报后，城区侦缉中队探长朱学同带领干警钟瀚，会同刑警大队技术中队探长唐宗勇当即赶往现场。现场位于本市桐城街道南大路……其中，中间卷闸门西侧有个可朝内推的小门，这小门及其周围部位粘附有液体，范围为 170×100。……初步判断门上所粘液体及地面上液体为较强的酸性物质。现场勘查结束。拍摄现场照片一套。"在现场勘查笔录所附的拍摄照片上反映了被泼损的卷闸门整体以及被泼损的具体部位的情况。

证据 2：福建省福鼎市公证处（2002）鼎证字第 28 号公证书的复印件，在该公证书主文中载明："公证员及拍照人员陈文、拆卸人员陈敬宾、福鼎市公安局刑警大队技术中队中队长唐宗勇于 2002 年 1 月 18 日上午来到福鼎市南大路 50 米大街双福楼一层，拍摄人员陈文对温州市翰墨斋实业福鼎分公司中间一扇卷闸门进行了拍照，公证员现场制作了《现场工作记录》一份 1 页。现场拍摄照片 39 张。《现场工作记录》原件上在场人员陈敬宾、唐宗勇、陈文的签名均属实。"

证据 3：福建省福鼎市公安局刑事警察大队出具的证明，该证明载明："兹证明福鼎市公证处于 2002 年 1 月 18 日制作的（2002）鼎证字第 28 号公证书中所附的 39 张照片均拍自于 2000 年 6 月被硫酸烧损的卷闸门，我局刑警大队技术中队中队长唐宗勇在福鼎市公证处拍照公证时已现场确认，特此证明。"

证据 4：福建省福鼎市公证处（2002）鼎证字第 596 号公证书，该公证书正文载明："兹证明唐宗勇（身份证编号 35224720406001）于 2002 年 8 月 30 日来到我处，在公证员的面前在前面的声明书签名、捺指印。"在该公证书所附唐宗勇的声明书中载明："2002 年 8 月 30 日下午，浙江正昌律师事务所律师徐观瑞、朱晓耕在福鼎市公证处就有关温州翰墨斋福鼎分公司卷闸门被硫酸烧损情况，对我进行调查了解，并制作《调查笔录》一份 3 页（复印件附后）。现在我声明：本人在《调查笔录》中所陈述的内容及在《调查笔录》上的签名均属实，否则愿负法律责任。"在该声明书后的《调查笔录》中当律师询问："请你谈谈是如何确认福鼎翰墨斋分公司那扇 2002 年 1 月 18 日被拆卸下来进行拍照公证的卷闸门就是 2000 年 6 月底被硫酸浇损的卷闸门？"时，唐宗勇回答："我（是）在福鼎市刑警大队专门从事痕迹检验的技术人员，具有一定的这方面的专业知识；其次，公证人员于 2002 年 1 月 18 日拍照公证的现场卷闸门上面仍遗留有被腐蚀的痕迹，我对卷闸门上的痕迹与 2000 年 6 月 30 日勘查现场当时所记录的被烧损部位所在位置、大小及其他如卷闸门的概貌、安装部位、连接件等情况进行对照。通过对照，确认福鼎翰墨斋分公司那扇 2002 年 1 月 18 日被拆卸下来进行拍照公证的卷闸门就是 2000 年 6 月被硫酸烧损的卷闸门。"

2002 年 9 月 23 日，专利复审委员会作出第 4493 号决定。在该决定作出后的法定期限内，无效请求人之一的章宦清未提起行政诉讼，并明确表示其放弃作为第三人参加诉讼的权利。

在本案庭审过程中，专利复审委员会和黄朝宗表示对上述四份证据在形式上的真实性予以认可，但专利复审委员会和黄朝宗表示在上述证据中存有疑点，认为上述证据不能形成一个完整的证据链。

根据林新添在起诉时提出的申请，本院决定于 2003 年 7 月 11 日到福鼎市公安局进行调查，并提前通知专利复审委员会和黄朝宗参加。2003 年 7 月 4 日和 7 月 7 日，专利复审委员会和黄朝宗均明确表示不参加调查。2003 年 7 月 11 日，我院审判人员到福鼎市公安局刑警大队技术中队对唐宗勇本人进行询问，并制作了讯问笔录（以下简称 7.11 询问笔录）。唐宗勇陈述：开庭时正在办理一个重要案件，我被抽调到专案组，无法出差。另外，由于随时都有可能出现案件，警察出差需要领导批准。报案后，我们到现场才发现案件不属于我们处理，就简单拍了几张照片，主要是从整体概貌上反映案发现场的情况，不可能拍得太细，但确有腐蚀的痕迹。从 2002 年 1 月 18 日公证时拍摄的照片上可以看到，在卷闸门的构件接缝处明显有腐蚀痕迹，和没有被腐蚀的地方对比很明显。

经核实，2000 年 6 月 30 日和 2002 年 1 月 18 日经公证拍摄的照片在卷闸门的概貌、安装部位、连接件等方面一致。在 2002 年 1 月 18 日公证时拍摄的第 9、第 10 幅照片上确实可看到在卷闸门的构件接缝处明显有腐蚀痕迹，与相邻的没有被腐蚀部位相比较，有比较明显的差异。

调查结束后，我院将 7.11 询问笔录送达专利复审委员会和黄朝宗，专利复审委员会和黄朝宗收到该询问笔录后，向本院提交了意见陈述，均坚持认为，通过证据 4 和 7.11 询问笔录仍不能证明 2002 年 6 月被硫酸烧损的卷闸门与 2002 年 1 月 18 日经公证拍照的卷闸门是同一扇门。

【原审审理结果】

原审法院认为：

一、关于对本案证据的采信

根据我国民事诉讼法的规定，经过法定程序公证证明的法律行为、法律事实和文书，人民法院应当作为认定事实的依据。但有相反证据足以推翻公证证明的除外。就本案而言，证据 1、证据 2、证据 4 均为公证证据，虽然专利复审委员会和黄朝宗在本案庭审时认为证据 1、证据 2 存在疑点，但其并未依照法律、法规的规定就此问题向有关机构提出异议，也没有提交相反的证据。在本案庭审过程中专利复审委员会和黄朝宗对这三份证据的真实性予以认可，故本院对证据 1、证据 2、证据 4 予以采信。对证据 3 的真实性，在本案庭审过程中专利复审委员会和黄朝宗予以认可，本院亦予以采信。7.11 询问笔录是本院依据林新添的申请，并依照最高人民法院《关于行政诉讼证据若干问题的规定》调取的证据，应当作为本案的证据使用。

二、关于证据 1 和证据 2 中所涉及的卷闸门是否为同一扇门

解决上述问题的关键在于对证据 4 和 7.11 询问笔录以及证据 3 如何认定。

1. 关于在无效程序中证据 4 是否应当被采用

最高人民法院《关于民事诉讼证据的若干规定》第五十六条规定，《中华人民共和国民事诉讼法》第七十条规定的"证人确有困难不能出庭"，是指有下列情形：（1）年迈体弱或者行动不便无法出庭的；（2）特殊岗位确实无法离开的；（3）路途特别遥远、交通不便难以出庭的；（4）因自然灾害等不可抗力

的原因无法出庭的；（5）其他无法出庭的特殊情况。前款情形，经人民法院许可，证人可以提交书面证言或者视听资料或者通过双向视听传输技术手段作证。根据该规定，证人在特殊情况下可以采用除出庭以外的其他方式作证。在本案中，唐宗勇因其从事工作的特殊性，无法在口头审理及本案庭审时出庭作证，为此，林新添聘请律师对唐宗勇进行询问，唐宗勇在询问过程中特别对证据 1 和证据 2 中所涉及的卷闸门是否为同一扇门的问题作了比较充分的回答。由于该询问笔录已经公证，故询问笔录中有关内容系唐宗勇本人陈述完全可以认定。因此，证据 4 应当作为证据采用，并应当由专利复审委员会对其内容是否可以实现林新添提交该证据所要达到的证明目的作出评价。专利复审委员会仅以唐宗勇未出庭作证并接受当事人质询为由，对证据 4 实质上不予采用是错误的。

2．关于唐宗勇出具证言的证明力

首先，根据证据 1 和证据 2 的内容，唐宗勇在 2000 年 6 月 30 日现场勘查时作为勘查技术人员在现场，而根据证据 3 的内容，亦可确认唐宗勇在 2002 年 1 月 18 日经公证对卷闸门拍照时以刑警大队技术中队中队长的身份也在现场，故唐宗勇在本案涉及的两次关键的勘查活动中均以公安局技术人员的身份在现场，是两次勘查活动的亲历者。其次，现有证据中没有证据证明唐宗勇与原告或黄朝宗有任何利害关系，且唐宗勇是公安机关从事技术鉴定工作的国家公务员，其从事的工作和两次亲历现场进行勘验的事实使其具有对前后两次勘验涉及的卷闸门进行技术鉴定的资格和能力。同时，福建省福鼎市公安局刑事警察大队出具证明对唐宗勇于 2002 年 1 月 18 日对公证拍照的卷闸门进行勘验的行为和最终作出的勘验结论均予以确认。因此，被告和黄朝宗如无相反证据不能否定唐宗勇出具证言的客观性和公正性。

从唐宗勇证言的内容来看，两次勘验所拍摄的照片反映的卷闸门的概貌、安装部位、连接件等情况，被烧损部位所在位置、大小，2002 年 1 月 18 日拍摄照片中卷闸门的构件接缝处的腐蚀痕迹情况等，可以认定 2002 年 1 月 18 日经公证拍照的卷闸门就是 2000 年 6 月 30 日被硫酸烧损的卷闸门。

3．关于被告和黄朝宗对原告证据证明力的异议

专利复审委员会和黄朝宗对证据 3、证据 4 以及 7.11 询问笔录虽然提出了多种怀疑，但这种怀疑既没有任何的证据佐证，也不是建立在对证人进行调查了解或对有关实物进行勘验的基础之上，故缺乏事实依据，本院不予采信。

通过以上分析，根据林新添提交的证据 3、证据 4 以及 7.11 询问笔录的内容，可以将证据 1、证据 2 衔接起来，形成了一个完整的证据链条，可以作为本案专利的对比文件使用。

综上，专利复审委员会作出的第 4493 号决定认定事实错误，适用法律有误，应予撤销。专利复审委员会应在认定证据的基础上重新作出无效宣告请求审查决定。依照《中华人民共和国行政诉讼法》第五十四条第（二）项第 2 目之规定，判决如下：

一、撤销被告国家知识产权局专利复审委员会作出的第 4493 号无效宣告请求审查决定；

二、被告国家知识产权局专利复审委员会就原告林新添针对申请号为 00334853.9 的外观设计专利所提出的无效宣告请求重新作出无效宣告请求审查决定。

黄朝宗不服原审判决，以原审法院对林新添提交的各项证据认定有误，导致判决错误为由，提起上诉。请求二审法院：（1）撤销原审判决，维持专利复审委员会第 4493 号无效宣告请求审查决定；（2）对林新添提交的证据 1 和证据 2（公证书所附卷帘门的照片）进行司法鉴定，确定二者是否为同一客体；（3）在二审庭审时当庭进行硫酸泼洒铝合金后化学试验，印证（2002）鼎证字第 99 号公证书的证明效力。

林新添、专利复审委员会服从原审判决。

【二审查明事实】

二审法院经审理查明：2000 年 9 月 13 日，黄朝宗向国家知识产权局提出名称为"铝合金型材 A（铝合金门）"的外观设计专利申请，申请号为 00334853.9，该申请于 2001 年 5 月 2 日被授权公告（以下简称本案专利），专利权人为黄朝宗。

针对上述专利权，林新添、章宦清于 2002 年 4 月 25 日以在本案专利申请日之前已经有与本案专利形状相近似的产品在国内公开使用为由，向专利复审委员会提出无效宣告请求，并在无效程序中先后提交了四份证据。

证据 1：福建省福鼎市公证处（2002）鼎证字第 99 号公证书的复印件。该公证书证明其公证的内容复印件与现场勘查笔录的原件相符，原件上的福鼎市公安局刑事警察大队技术中队的印章属实。现场勘查笔录所附的拍摄照片反映了被泼损的卷闸门整体以及被泼损的具体部位的情况。

证据 2：福建省福鼎市公证处（2002）鼎证字第 28 号公证书的复印件。该公证书证明公证员及拍照人员陈文、拆卸人员陈敬宾、福鼎市公安局刑警大队技术中队中队长唐宗勇于 2002 年 1 月 18 日上午来到福鼎市南大路 50 米大街双福楼一层，拍摄人员陈文拍照卷闸门照片 39 张，公证员现场制作了《现场工作记录》。《现场工作记录》原件上在场人员陈敬宾、唐宗勇、陈文的签名均属实。

证据 3：福建省福鼎市公安局刑事警察大队出具的证明。其证明福鼎市公证处于 2002 年 1 月 18 日制作的（2002）鼎证字第 28 号公证书中所附的 39 张照片均拍自于 2000 年 6 月被硫酸烧损的卷闸门，唐宗勇在福鼎市公证处拍照公证时已现场确认。

证据 4：福建省福鼎市公证处（2002）鼎证字第 596 号公证书。该公证书证明，唐宗勇于 2002 年 8 月 30 日来到该公证处，经公证员见证，其在声明书上签名、捺指印。唐宗勇的声明书中载明：2002 年 8 月 30 日下午，浙江正昌律师事务所律师徐观瑞、朱晓耕在福鼎市公证处就有关温州翰墨斋福鼎分公司卷闸门被硫酸烧损情况，对我进行调查了解，并制作《调查笔录》一份 3 页。本人在《调查笔录》中所陈述的内容及在《调查笔录》上的签名均属实，否则愿负法律责任。在《调查笔录》中，唐宗勇明确回答律师询问，2002 年 1 月 18 日被拆卸下来进行拍照公证的卷闸门就是 2000 年 6 月底被硫酸烧损的卷闸门。2002 年 1 月 18 日公证拍照的现场卷闸门上面仍遗留有被腐蚀的痕迹，唐宗勇说他对卷闸门上的痕迹与 2000 年 6 月 30 日勘查现场当时所记录的被烧损部位所在位置、大小及其他如卷闸门的概貌、安装部位、连接件等情况对照过。

专利复审委员会认为，证据 3 是福建省福鼎市公安局刑事警察大队出具的证明，只能证明刑警大队技术中队中队长是唐宗勇，公安局未对涉案卷闸门进行证据保全，且没有提供合法的保管或者封存手续，不能得出公证处于 2002 年 1 月 18 日所作的（2002）鼎证字第 28 号公证书中"所附 39 张照片均拍自于 2000 年 6 月被硫酸烧损的卷闸门"的结论。因此，对该证据中公安局作出的结论未予采纳。

证据 4 是口审中请求人提交的经公证的唐宗勇的证言。唐宗勇的证言是本案结论的重要依据。专利复审委员会认为，证人应当出席口头审理作证，特别是在被请求人黄朝宗对证据 2 中的卷闸门是否是证据 1 的卷闸门提出质疑后，证人应该接受当事人的质询；唐宗勇的证言，虽然经过了公证，但公证只能证明证言是唐宗勇出具的，唐宗勇没有出席口头审理作证，接受当事人的质询，该证人证言不予采信。证据 1 中的 4 张照片只是反映整个卷闸门安装后的状态，看不到每片铝型材的外观形状，也看不到卷闸门铝型材的截面形状。证据 2 中的 39 张照片虽显示了卷闸门铝型材的截面，但照片的拍摄时间晚于本专利的申请日，证据 1 和证据 2 的拍摄时间相差 18 个月。证据 1 照片中的卷闸门未显示与本案专利相关的型材。鉴于证据 3、证据 4 未被采信，缺乏证据证明证据 2 中的卷闸门和证据 1 中的卷闸门是同一客体，待证事实未得到证明，即请求人林新添、章宦清不能证明在本案专利申请日之前有与本案专利产品相同或相近似产品在国内公开使用过。

据此，专利复审委员会以林新添、章宦清没有提交有效证据证明在本案专利申请日之前有与本案专利产品相同或相近似形状产品在国内公开使用过为由，于 2002 年 9 月 23 日作出第 4493 号无效宣告请求审查决定，驳回林新添、章宦清的无效宣告请求，维持本案专利权有效。

林新添不服专利复审委员会第 4493 号无效宣告请求审查决定，在法定期限内向原审法院提起行政诉讼。另一无效请求人章宦清明确表示放弃作为第三人参加诉讼的权利。

原审庭审时，专利复审委员会和黄朝宗表示对林新添在无效程序中提交的四份证据形式上的真实性予以认可，但认为上述证据存在疑点，不能形成完整的证据链。为此，根据林新添的申请，原审法院通知专利复审委员会和黄朝宗与法院一起前往福鼎市公安局进行调查，专利复审委员会和黄朝宗均明确表示不参加调查。2003 年 7 月 11 日，原审法院审判人员到福鼎市公安局刑警大队技术中队对证人唐宗勇本人进行询问，并制作了讯问笔录。证人唐宗勇陈述了专利复审委员会口审时其未出庭作证，是因为当时其被抽调到专案组，正在办理一个重要案件，无法出差。证人唐宗勇还陈述了他最初接到报案后，到现场才发现案件不归刑警处理，就简单拍了几张照片，主要是从整体概貌上反映案发现场的情况，不可能拍得太细，但拍照的卷闸门确有被腐蚀的痕迹。从 2002 年 1 月 18 日公证时拍摄的照片上可以看到，在卷闸门的构件接缝处有被腐蚀痕迹，和没有被腐蚀的地方对比很明显。

经原审法院核实确认，2000 年 6 月 30 日和 2002 年 1 月 18 日经公证拍摄的照片在卷闸门的概貌、安装部位、连接件等方面均一致。从 2002 年 1 月 18 日公证时拍摄的第 9 和第 10 幅照片上确实可看到在卷闸门的构件接缝处明显有被腐蚀的痕迹，与相邻的未被腐蚀的部位相比较，有比较明显的差异。

原审法院将 7.11 询问笔录送达专利复审委员会和黄朝宗进行质证。专利复审委员会和黄朝宗均坚持认为，证据 4 和 7.11 询问笔录仍不能证明 2002 年 6 月被硫酸烧损的卷闸门与 2002 年 1 月 18 日经公证拍照的卷闸门是同一扇门。

【二审审理结果】

二审法院认为：本案涉及的是林新添在无效程序中提交的公证证据 1 ~ 4 能否用于评价黄朝宗第 00334853.9 号外观设计专利的新颖性问题。

在据以规范专利行政机关具体行政行为的《审查指南》有关无效审查程序的规定中，虽无明确规定关于公证证据的效力优先问题，但按照对证据审查认定的一般原则，公证机关依照法定程序对公证证据制作的公证书，其证据效力应当优于其他书证。林新添在无效程序中提交的证据 1～4 均为公证证据。黄朝宗对证据 1～4 之间的客观性和关联性虽持有疑义，但未提交相反证据印证其所持疑义成立。这表明黄朝宗对其主张未能尽到举证责任。在此情况下，专利复审委员会既未要求黄朝宗履行举证义务，也未依职权对黄朝宗提出的疑义进行审查核实，遂以林新添没有提交有效证据证明在本案专利申请日之前有与本案专利产品相同或相近似形状产品在国内公开使用过为由，作出第 4493 号无效宣告请求审查决定，驳回林新添的无效宣告请求，维持本案专利权有效，证据不足。

关于黄朝宗在本院审理期间提出的对林新添提交的证据 1～4 进行司法鉴定和庭审时当庭对铝合金泼洒硫酸进行化学试验的请求，由于其在无效程序中对林新添提交的证据持有疑义而未尽举证责任，又未请求专利复审委员会进行有关鉴定和试验，且在原审程序中仍未提出上述请求，故对黄朝宗在二审中提出的这一新的诉讼请求，本院不予支持。

关于证人唐宗勇未出庭作证其出据的证言效力问题。专利复审委员会在无效程序中认为证人唐宗勇应当出庭作证而未出庭，故其证言不予采信。对于证人必须出庭作证问题，法律在作出了明确规定的同时，还规定了一些例外情形。因此，证人是否出庭作证，应当根据具体案件的具体情况而定。本案证人唐宗勇身为公安刑警，其工作性质特殊，且专利复审委员会口头审理时其又有重要工作不能离岗。在此情况下，林新添在口审时提交了其委托浙江正昌律师事务所律师向证人唐宗勇调查取证并经公证的证言。专利复审委员会在无确切证据足以否定该证人证言的证据效力的情况下，以证人未出庭而对该证言未予采信，证据不足。

综上，专利复审委员会作出的第 4493 号无效宣告请求审查决定证据不足，适用法律错误，应予撤销。原审判决认定事实清楚，适用法律正确。黄朝宗所提上诉理由不能成立，其诉讼请求不予支持。依照《中华人民共和国行政诉讼法》第六十一条第（一）项的规定，判决如下：

驳回上诉，维持原判。

原审案件受理费 1 000 元，由国家知识产权局专利复审委员会负担；二审案件受理费 1 000 元，由黄朝宗负担。

商　标

19．"恒升"商标侵权及不正当竞争纠纷案
——北京恒升远东电子计算机集团诉北京市恒生科技
发展公司、北京市金恒生科技发展有限公司

原告（被上诉人）： 北京恒升远东电子计算机集团
被告（上诉人）： 北京市恒生科技发展公司
被告（上诉人）： 北京市金恒生科技发展有限公司
案由： 商标侵权及不正当竞争纠纷

原审案号： 北京市第一中级人民法院（2001）一中知初字第 343 号
原审合议庭成员： 马来客、李燕蓉、姜颖
原审结案日期： 2003 年 1 月 28 日
二审案号： 北京市高级人民法院（2003）高民终字第 399 号
二审合议庭成员： 王振清、张鲁民、刘继祥
二审结案日期： 2003 年 7 月 31 日

【判决要旨】
双方均拥有注册商标权的情况下，一方被诉侵权应如何处理，需继续研究，规范做法。通过调解，使双方化解矛盾，有利于维护市场经济秩序，公平、合理地保护商标权人的权益。

【起诉与答辩】
原告北京恒升远东电子计算机集团（以下简称恒升集团）诉称：原告1996 年 11 月 18 日成立后，即承接经营安徽伟创电子有限公司（以下简称伟创公司）自 1991 年 2 月 6 日成立以来一直经营的以"恒升"为商标的电脑。1999年 6 月 28 日，伟创公司将"恒升"注册商标专用权（1993 年 2 月 20 日经核准注册）转让给原告，原告是"恒升"商标合法所有权人。原告为"恒升"电脑

的宣传投入了巨额广告费用，"恒升"在国内电脑市场属于知名品牌，评估价值 2.8 亿元人民币。两被告也是电脑生产商，其经营的产品与原告的相同。两被告自公司成立以来，以"恒生电脑"字样醒目标注于其制造、销售的电脑产品外观及包装上，并刊登广告、散发产品介绍，使消费者将"恒生电脑"与原告在公众中享有普遍知名度的"恒升电脑"混淆在一起，造成误认。两被告凭借这种行为获得了巨额非法利益，给原告造成了巨大损失，被告的行为侵犯了原告的注册商标专用权，并构成不正当竞争，故请求法院判令两被告：1. 停止侵害、消除影响、赔礼道歉；2. 第一被告北京市恒生科技发展公司（以下简称恒生公司）赔偿原告人民币 30 万元、第二被告北京市金恒生科技发展有限公司（以下简称金恒生公司）赔偿原告人民币 920 万元；3. 承担本案诉讼费、其他诉讼费用、律师费。

被告恒生公司辩称：1. 本案已超过诉讼时效。答辩人自 1996 年 10 月 31 日注册成立之日起（后发现是 1993 年 6 月 8 日注册成立），即开始使用"恒生"商标，原告直到 2001 年 10 月 23 日才将本案提交法院审理。期间原告从未就所谓的侵权事实向答辩人提出任何要求，原告所称的答辩人的法定代表人曾于 1999 年底赴原告处与其总经理磋商恒升、恒生商标的使用问题的事实根本不存在。故原告的起诉已过诉讼时效。2. 原告起诉书中所称的答辩人的行为已侵犯原告的注册商标专用权并且构成不正当竞争的结论不能成立。答辩人早在 1997 年 5 月 9 日、1998 年 3 月 18 日就向商标局提交了"恒生 ASCEND"、260112 号图形要素图形及"恒生"商标的注册申请，并分别于 1998 年 6 月 21 日、1999 年 4 月 21 日被初审公告。"恒生 ASCEND"、260112 号图形要素图形已分别被核准注册（注册商标证第 1208934 号、1296156 号），"恒生"商标亦已由商标局（2001）商标异字第 1133 号《"恒生"商标异议裁定书》予以核准注册。答辩人对"恒生"商标享有专用权。恒生公司以"恒生"电脑字样醒目标注于其制造、销售的电脑产品外观及包装上以及其刊登广告、散发产品介绍的行为，属于答辩人依法对"恒生"商标专用权的正当行使行为，没有侵犯原告的注册商标专用权，也不构成不正当竞争，请求人民法院依法驳回原告的诉讼请求。

被告金恒生公司辩称：（一）本案已超过诉讼时效。答辩人自 1999 年 7 月 12 日经北京市工商行政管理局登记注册成立，当月 20 日取得商标权人的授权，使用"恒生"商标。直到原告将本案提交法院审理之日，即 2001 年 10 月 23 日止。原告既未就所谓的侵权事实向答辩人提出任何要求，答辩人亦更不可能同意就所谓的侵权事实履行任何义务。原告所称的答辩人的法定代表人曾于 1999 年底赴原告处与其总经理磋商恒升、恒生商标的使用问题的事实根本不存在。故原告起诉已超过诉讼时效。（二）原告所称的答辩人的行为侵犯了原告的注册商标专用权且构成不正当竞争的结论不能成立。恒生公司早在1997年5月9日、1998年3月18日就向商标局提交了"恒生 ASCEND"、260112号图形要素图形及"恒生"商标的注册申请，并分别于1998年6月21日、1999年4月21日被初审公告。"恒生 ASCEND"、260112号图形要素图形已分别被核准注册（注册商标证第1208934号、1296156号），"恒生"商标亦已由商标局（2001）商标异字第1133号《"恒生"商标异议裁定书》予以核准注册。恒生公司对"恒生"商标享有专用权。金恒生公司与恒生公司依法对"恒生"商标的正当使用，不构成对原告注册商标专用权的侵犯，也不构成不正当竞争，请求人民法院依法驳回原告的诉讼请求。

【原审查明事实】

原审法院经审理查明：1993年2月20日，安徽伟创电子有限公司申请的"恒升"商标被国家工商行政管理局商标局（以下简称商标局）核准注册，商标注册证号为630486，核定使用的商品为第9类，即计算机、计算机配件及外围设备、计算机工作站、计算机软件、计算机便携机等，注册有效期为1993年2月20日至2003年2月19日。该注册商标为美术体设计的"恒升"二字，其中"升"字为繁体字。

1993年3月30日后，"恒升"笔记本电脑的广告就出现在《中国计算机报》、《计算机世界》、《参考消息》等媒体上。

1996年10月31日，恒生公司注册成立。

1996年11月18日，恒升集团注册成立，同日，恒升集团与伟创公司签订商标许可使用合同，伟创公司许可恒升集团自1996年11月18日起，在中国境内在其制造、出售、分销产品时使用"恒升"商标（注册号630486）。该商标许可使用合同未在商标局备案。

1996年11月19日，恒升集团作为乙方与甲方伟创公司签订协议书，约定：甲方授权乙方就甲方拥有的"恒升"注册商标行使如下权利：对侵犯商标专用权的行为进行调查、监测、全权对侵犯商标专用权的侵权人向工商管理部门投诉、全权对侵犯商标专用权的侵权人向人民法院起诉、因"恒升"商标所产生利益受让权等。

1996年11月26日，国家计算机质量监督检验中心出具检验报告，载明"产品名称：微型计算机，生产单位：恒生公司，商标：恒生电脑，生产日期：1996年11月，抽样日期：1996年11月7日"。国家计算机质量监督检验中心认定"恒生电脑"产品为优等品。

　　1997年6月21日，恒生公司申请的"金恒生"文字及图形组合商标被商标局核准注册，商标注册证号为第1035935号，核定使用的商品为第9类，即计算机配件及外围设备，注册有效期为1997年6月21日至2007年6月20日。该注册商标为黑体设计的"金恒生"三字及圆中有箭头的图形。

　　1997年7月22日，中国保护消费者基金会、中国民营科技实业家协会向恒生公司颁发荣誉证书，恒生牌电脑被推荐为消费者信得过科技产品。

　　1998年9月21日，恒生公司申请的"恒生 ASCEND"商标被商标局核准注册，商标注册证号为第1208934号，核定使用的商品为第9类，即计算机、计算机键盘、计算机周边设备、计算机软件、监视器、显示器等，注册有效期为1998年9月21日至2008年9月20日。该注册商标为黑体字设计。

　　1999年5月8日，恒升品牌被湖北省商品质量计量管理协会、武汉市商品质量计量管理协会确认为"99年湖北市场质量信得过品牌及单位"。

　　1999年6月14日，恒生公司申请的"恒生"文字及图形组合商标被商标局核准注册，商标注册证号为第1284969号，核定使用的商品为第42类，即计算机出租、计算机程序编制、计算机软件设计、计算机软件出租等，注册有效期为1999年6月14日至2009年6月13日。该注册商标为黑体设计的"恒生"二字及圆中有箭头的图形。

　　1999年6月23日，原电子工业部计算机与微电子发展研究中心出具证明，载明：根据 CCID – MIC 的调查，1998年至1999年度中国笔记本电脑市场的排名中，"恒升"排名第一，销量1.9万台，市场占有率8.0%。

　　1999年6月28日，经商标局核准，第630486号注册商标即"恒升"商标转让给恒升集团。

　　1999年7月12日，金恒生公司注册成立。1999年7月20日，恒生公司出具授权书，无偿许可金恒生公司使用其所有注册商标。该许可使用未在商标局备案。

　　1999年7月21日，恒生公司申请的"恒生"商标被商标局核准注册，商标注册证号为第1296155号，核定使用的商品为第9类，即计算机、计算机存储器、计算机键盘、数据处理设备、计算机周边设备、监视器等，注册有效期为1999年7月21日至2009年7月20日。该注册商标为黑体设计的"恒生"二字。

　　1999年7月21日，恒生公司申请的图形商标被商标局核准注册，商标注册证号为第1296156号，核定使用的商品为第9类，即计算机、计算机存储器、计算机键盘、数据处理设备、计算机周边设备、监视器等，注册有效期为1999年7月21日至2009年7月20日。该注册商标为圆中有箭头的图形。

1999 年 7 月 26 日，中国互联网络信息中心向恒升集团颁发域名注册证，通知恒升集团申请的 "maxstation.com.cn" 域名获准注册。

1999 年 8 月 14 日，恒生公司申请的 "GOLDASCEND" 商标被商标局核准注册，商标注册证号为第 1303642 号，核定使用的商品为第 9 类，即计算机、计算机存储器、计算机键盘、数据处理设备、计算机周边设备、监视器等，注册有效期为 1999 年 8 月 14 日至 2009 年 8 月 13 日。

2000 年 5 月，北京电子商会计算机行业分会向恒生公司颁发奖牌，恒生牌电脑被列入 2000 年北京电子商会计算机行业分会推荐产品。

2000 年 5 月 31 日，北京质量管理协会用户委员会向金恒生公司颁发了证书，载明金恒生公司生产的恒生牌电脑被推荐为北京用户满意产品。

2001 年 1 月 10 日，国家工商行政管理局商标评审委员会发出（2001）商评综字（S）第 148 号通知，受理恒升集团 2001 年 1 月 9 日在第 9 类商品上提出的 "恒生 ascend" 商标评审申请。

2001 年 6 月，北京市消费者协会认定金恒生公司生产的金恒生电脑为绿色消费品。

2001 年 7 月 5 日，商标局发出（2001）商标异字第 1133 号 "恒生" 商标异议裁定书，认为：被异议商标 "恒生" 与异议人商标 "恒升" 发音虽相同，但异议人商标 "恒升" 为美术体，被异议商标 "恒生" 为黑体，两商标字体、含义有一定区别，在实际使用中，消费者已完全可以将二者区分，不会造成误认。因此，对 "恒生" 商标予以核准注册。

2001 年 8 月 6 日，国家工商行政管理局商标评审委员会发出商标评审申请受理通知书，受理恒升集团提出的 "恒生 ASCEND"（商标注册号 1208934 号）撤销注册不当商标申请。

2001 年 9 月 26 日，北京北方亚事资产评估有限责任公司出具 ［2001］第 128 号资产评估证书，载明 "恒升" 商标权无形资产价值人民币 28 203 万元，评估基准日为 2001 年 8 月 31 日。

2001 年 8 月，恒生 "维也纳 916" 电脑在 2001 年度 "京城百万百姓评电脑" 活动中被评为十佳 P4 电脑产品、视觉造型十佳产品。该活动主办单位为《邮政周报 生活新周刊》、计算机世界网站。

2001 年 8 月 27 日，新浪网站刊登文章，报道恒生电脑倾情奉献大学生运动会。2001 年 9 月 10 日，新浪网站报道恒生电脑被十二部委指定为采购品牌。

2001 年 9 月 21 日，恒生公司申请的 "GASCEND" 商标被商标局核准注册，商标注册证号为第 1638443 号，核定使用的商品为第 9 类，即计算机存储器、计算机、便携计算机、已录制的计算机程序、计算机外围设备、笔记本电脑、监视器等，注册有效期为 2001 年 9 月 21 日至 2011 年 9 月 20 日。

2001 年 9 月 21 日，恒生公司申请的图形商标被商标局核准注册，商标注册证号为第 1638444 号，核定使用的商品为第 9 类，即计算机存储器、计算机、便携计算机、已录制的计算机程序、计算机外围设备、笔记本电脑、监视器等，注册有效期为 2001 年 9 月 21 日至 2011 年 9 月 20 日。该注册商标为长方形中有一圆形，且圆形中有一箭头的图形。

2001 年 9 月，金恒生公司生产的“恒生电脑”荣获中国电脑市场用户购物十大信誉品牌。该活动主办单位为中国保护消费者基金会。

2001 年 10 月 14 日，恒生公司申请的“GASCEND Technologies”文字及图形组合商标被商标局核准注册，商标注册证号为第 1650397 号，核定使用的商品为第 9 类，即计算机存储器、计算机、便携计算机、已录制的计算机程序、计算机外围设备、笔记本电脑、监视器等，注册有效期为 2001 年 10 月 14 日至 2011 年 10 月 13 日。该注册商标为英文“GASCEND”及长方形中有一圆形中有一箭头的图形。

2002 年 9 月，北京市质量技术监督局、北京市经济委员会将金恒生公司的“恒生电脑”产品列为 2002 年北京名牌产品。

另查明，1999 年 7 月起，被告金恒生公司在《北京晚报》、《北京晨报》、《北京青年报》、《电脑爱好者》、《环球时报》、《联合商报》、《中国经营报》等媒体上刊登了广告，对“恒生”电脑进行宣传，其广告中醒目标明一圆中有箭头的图形及英文“ASCEND COMPUTER”、中文“恒生电脑”字样，并在图形边加注“®”标志。

被告生产的恒生电脑的外包装上有恒生公司的企业名称、地址、电话、传真，生产许可证号：XK09 - 104 - 1140，并醒目标明“恒生电脑”字样，圆中有箭头的图形及英文“ASCEND COMPUTER”、中文“恒生电脑”。其电脑主机上标有一圆中有箭头的图形及英文“ASCEND COMPUTER”、中文“恒生电脑”或在其电脑显示器、主机上标注“恒生电脑”字样。被告恒生公司对其产品进行宣传时，将其生产的电脑称为“恒生电脑”。

再查明，2000 年 8 月 5 日，恒升集团收到用户对“恒生”笔记本电脑的投诉信，2000 年 8 月 22 日，恒升集团租用的北京航天长城大厦与恒升集团的电话协议中，将“恒升”集团误写为“恒生”集团；恒升集团曾收到邮寄给“恒生”笔记本电脑、恒生集团的信函。

2002 年 7 月 26 日，山东《齐鲁晚报》A9 版刊登报道，称：中消协公布电脑抽检结果，恒升、柏安等电脑辐射超标。恒升集团遂与《齐鲁晚报》就此报道进行交涉，2002 年 7 月 28 日，《齐鲁晚报》刊登重要更正，称：本报 7 月 26

日 A9 版"恒升、柏安等电脑辐射超标"一文中"恒升"应为"恒生"。

2002 年 7 月 30 日，北京敏通讯业公司给恒升集团发来传真，称该公司检测到了关于恒升集团的负面报道，并将 2002 年 7 月 26 日《齐鲁晚报》A9 版刊登的报道附后。

2002 年 11 月 8 日，北京市高级人民法院作出（2002）高行终字第 20 号行政判决书。北京市高级人民法院查明：安徽伟创电子有限公司 1993 年 2 月 20 日依法取得"恒升"注册商标，并在 1998 年 1 月 10 日与恒升集团签订了商标转让协议。1999 年 4 月 21 日，商标局对恒生公司申请注册的"恒生"商标予以初审公告后，于 1999 年 6 月 24 日收到安徽伟创电子有限公司对"恒生"商标提出的异议。同年 6 月 28 日，商标局核准"恒升"商标转让注册。1999 年 7 月 26 日，安徽伟创电子有限公司因未年检被吊销营业执照。次日，安徽伟创电子有限公司向商标局提交了关于对"恒生"商标提出的异议由恒升集团承接的《情况说明》。2000 年 8 月初，恒升集团将上述《情况说明》及一份以自己公司名义提出的《异议书》面交商标局，商标局以该异议请求已超过 3 个月的法定期限为由，未予接收。同月 18 日，恒升集团用挂号信将《异议书》寄交商标局，该局于同月 22 日签收。北京市高级人民法院认为，对初步审定的商标，自公告之日起 3 个月，任何人均可以提出异议。恒升集团在"恒生"商标初审公告发布后的 3 个月内，享有提出异议的权利，特别是在依法取得"恒升"商标所有权以后，认为初审公告的"恒生"商标可能侵犯其合法权益的情况下，更应及时、有效地行使相关权利，以保护自己的合法权益。由于恒升集团在法律规定的 3 个月内未行使上述异议权，商标局对其在后提出的异议申请未予受理是合法的。故驳回恒升集团就商标局对安徽伟创电子公司和恒生公司作出的第 1133 号裁定书所提诉讼请求。

2001 年 12 月 28 日，本院根据原告恒升集团的请求，对被告恒生公司、金恒生公司的财务账册进行了证据保全，并委托北京天正华会计师事务所对恒生公司 1997 年 6 月 25 日至 1999 年 6 月 24 日、金恒生公司 1999 年 11 月 3 日至 2001 年 11 月 2 日的财务状况进行了审计验证。

2002 年 3 月 15 日，北京天正华会计师事务所出具了（2002）正华会字第 185 号审查验证报告，载明：恒生公司 1998 年 1 月至 1999 年 6 月以当期销售发票汇集的电脑数量 3 295 台计算，总毛利为 1 180 466 元，其中 1998 年 1 753 台，单台毛利 229.48 元，1999 年 1～6 月 1 542 台，单台毛利 505.65 元；以当期结转成本的电脑数量 3 332 台计算，总毛利为 1 238 392 元，其中 1998 年 1 611 台，1999 年 1～6 月 1 721 台。金恒生公司 2000 年至 2001 年 11 月以当期销售发票汇集的电脑数量 30 995 台计算，总毛利 44 289 977 元，其中

2000 年 10 396 台，单台毛利 583.91 元，2001 年 1～11 月 20 599 台，单台毛利 1 857.96 元；以当期结转成本的电脑数量 27 911 台计算，总毛利为 40 881 348 元，其中 2000 年 8 574 台，2001 年 1～11 月 19 337 台。并且，北京天正华会计师事务所对该审查验证报告作了如下说明：由于自发票采集销售数量与账面结转数量之间存在差异，所以总毛利出现两组数字；由于金恒生公司自 2000 年 12 月以后没有"结转销售成本表"，其销售成本难以确定，而根据"生产成本表"或"原材料耗用表"代替销售成本，使产品销售成本失去了准确性，故 2001 年统计的两组毛利 38 226 698 元和 35 881 953 元有高算的情况，只供参考。

本院将上述审查验证报告送达了双方当事人，双方当事人均对该审查验证报告提出了各自的意见，本院将该意见转送北京天正华会计师事务所后，北京天正华会计师事务所作出书面答复，并明确本审查验证报告所汇集的仅为标明"恒生"商标的电脑，广告费、销售商返利不应计入产品销售成本。

2002 年 9 月 26 日，本院根据原告恒升集团的请求，对被告恒生公司、金恒生公司进行了财产保全，恒升集团提供了担保。

原告恒升集团为本案预付审计费 8 万元，财产保全费 30 520 元。原告恒升集团未举证证明其为本案支出的律师费数额。

【原审审理结果】

原审法院认为：关于原告恒升集团的起诉是否超过诉讼时效。民法通则规定，民事主体向人民法院请求保护民事权利的一般诉讼时效期间为 2 年，诉讼时效期间从权利人知道或应当知道其民事权利被侵害时起算。基于侵权行为的持续状态，权利人对于侵权行为的损害赔偿请求权不应适用诉讼时效的限制，但人民法院对其赔偿数额的计算只能自权利人起诉之日起向前推算 2 年。本案中，根据北京天正华会计师事务所的审查验证报告，不能证明恒生公司在 1999 年 10 月 24 日后仍制造、销售恒生电脑，仅能证明金恒生公司自 2000 年起制造、销售恒生电脑的事实。故原告恒升集团关于被告恒生公司生产、销售"恒生"电脑侵犯其商标专用权及不正当竞争的起诉，已超过诉讼时效。但是，由于恒生公司是"恒生"等 9 个注册商标的商标权人，且其无偿许可金恒生公司使用上述商标，故金恒生公司制造、销售恒生电脑的被控侵权行为属于二者共同的行为。由于上述行为直至原告恒升集团起诉时仍在持续，故本案诉讼并未超过诉讼时效，但是，对原告恒升集团请求赔偿数额的计算，只能自原告起诉之日起向前推算 2 年，即自 2001 年 10 月 23 日起算至 1999 年 10 月 24 日止。

关于被告恒生公司、金恒生公司的行为是否构成对原告恒升集团的商标专用权的侵害。我国商标法规定，注册商标的专用权，以核准注册的商标和核定使用的商品为限。未经商标注册人的许可，在同一种商品或者类似商品上使用与其注册商标相同或者近似的商标的行为，属于侵犯注册商标专用权的行为。本案中，安徽伟创电子有限公司于1993年2月20日获得"恒升"注册商标专用权，其核定使用的商品为第9类，即计算机、计算机配件及外围设备、计算机工作站、计算机软件、计算机便携机等。原告恒升集团于1996年11月18日与安徽伟创电子有限公司签订了商标使用许可合同，该合同虽然未在商标局备案，但并不能影响恒升集团已被许可使用"恒升"商标制造、出售、分销产品的事实。1999年6月28日，经商标局核准，恒升集团受让了"恒升"注册商标，成为"恒升"商标的商标权人。任何人未经其许可，不得在同一种商品或者类似商品上使用与其注册商标相同或者近似的商标。

　　被告金恒生公司制造、销售的"恒生电脑"产品上及对该产品所作的广告宣传中，均使用了"恒生"字样，该字样对消费者识别电脑产品的生产者起到指导作用，故被告产品使用的"恒生"字样属于该产品的商标。由于原告享有的"恒升"注册商标的核定使用范围包括计算机、计算机便携机等，因此，被告生产、销售的"恒生电脑"产品与原告"恒升"注册商标核定使用的商品为相同商品。在侵权诉讼中，判断"恒生"商标与"恒升"商标是否相近似，应根据在市场环境下，普通消费者施以一般注意力，是否会对二者造成混淆进行分析、判定。"恒升"商标属于文字商标，在文字商标中，商标的读音、字形对消费者识别商标具有决定性作用。在读音上，"恒升"与"恒生"的读音完全相同；在字形上，二者均由"恒"字与另一文字组合而成，二者的差别仅为"升"与"生"字不同。因两商标读音相同、字数相同且均具备"恒"字，足以导致普通消费者将二者相混淆。在两商标上述内容相同的情况下，对于施以一般注意力的普通消费者而言，"升"与"生"两字字形的不同，对其识别活动不会产生实质性的影响。"恒升"与"恒生"的字面意义因"升"与"生"字的不同而有差别，但由于"恒升"与"恒生"均不是常用的通用词汇，其字面意义对普通消费者的识别活动作用有限，不属于决定性的因素。由于"恒升"不属于通用词汇，"恒升"商标作为文字商标，其之所以被核准注册并非仅因为其所使用的是美术字体，故不能以"恒生"字样未使用"恒升"商标的美术字体而认为二者不相近似，普通消费者亦不会因字体的不同而将两个商标相区分。因此，在市场环境下，普通消费者极易对使用"恒升"与"恒生"商标的电脑产品的来源产生误认，认为它们是同一厂家生产、销售的产品，或认为二者存在某种联系。即便是对于知道存在"恒升"与"恒生"两种电脑产品的消费者来说，在其不特别注意且特别记忆的情况下，亦很难分清且记忆"恒升"与"恒生"哪一个是原告的商标，哪一个是被告的商标。恒升集团收到用户对"恒生"笔记本电脑的投诉信、《齐鲁晚报》的相关报道，亦可说明被告产品使用"恒生"商标的行为，已给公众造成了事实上的混淆和误认。根据以上理由，"恒升"与"恒生"商标应认定为相近似的商标。

虽然被告"恒生"商标已由商标局（2001）商标异字第1133号裁定核准注册，但在侵犯注册商标专用权的民事诉讼中，人民法院有权根据实际情况，对被控侵权产品所使用的商标与原告主张权利的注册商标是否相近似作出独立的判断。行政管理机关的相关认定系从"恒生"商标是否应核准注册角度出发作出的，不能成为人民法院在侵权诉讼中判断商标相近似性的依据。北京市高级人民法院（2002）高行终字第20号行政判决书仅涉及程序问题，并未对"恒生"与"恒升"商标是否相同和近似进行审查及判决，该判决不能作为认定"恒生"与"恒升"商标不相近似的根据。

关于被告主张其系合法使用自己注册商标的抗辩理由，本院认为，商标是用于区别不同的商品生产者或者服务提供者的标识，商标的重要性就体现在其识别性上，在同一核定使用范围内，一个商标只能存在一项专用权，与其相同或相近似的商标不符合法定的注册条件。同时，从公平及诚实信用原则出发，任何权利的行使，均不能对他人的合法权益造成损害。与他人在先权利相冲突的商标，不具备合法性，无论其是否注册，行为人均无使用该商标的合法依据，否则，会给消费者判断商品来源造成困难，亦会给在先商标注册人的合法权益造成损害，与商标法的立法目的相违背。故作为商品的生产者或者服务的提供者，其在使用或者申请注册商标时，必须尊重他人权益，不得侵犯他人的合法在先权利，不能与他人在先的注册商标相同或相近似。就本案而言，原告拥有专用权的"恒升"商标是1993年2月20日获准注册的，使用在第9类商品上。原告虽系经转让获得该商标的专用权，但该商标所包含的在先权利应为该商标专用权的组成部分，由原告同时行使。作为同行业的经营者，被告恒生公司在其后注册和使用商标时，应本着诚实信用的原则进行合理的避让。但其无视他人合法的、在先的注册商标专用权，在相同的商品上注册并许可他人使用与"恒升"注册商标相近似的商标，其行为有悖诚实信用原则。故虽然恒生公司于1998年9月21日后注册了"恒生 ASCEND"、"恒生"文字及图形组合、"恒生"等商标，但由于这些商标均含有与他人在先注册及使用的"恒升"商标相近似的内容，从公平、诚实信用、保护在先权利以及维护正常的市场经济秩序的原则出发，被告不能以拥有上述商标专用权作为其不侵权的抗辩理由。

根据以上理由，被告金恒生公司未经原告许可，使用与原告"恒升"商标相近似的"恒生"商标，这种行为使"恒升"商标的显著性、识别性降低，且在事实上给公众造成了混淆和误认，侵犯了原告对"恒升"商标所享有的注册商标专用权。由于恒生公司是"恒生"等9个商标的商标权人，且其无偿许可金恒生公司使用上述商标，故恒生公司应对金恒生公司的侵权行为承担连带责任。被告恒生公司、金恒生公司应承担停止侵权、赔礼道歉、赔偿原告因侵权所受损失的法律责任。需特别指出的是，自1999年6月24日起，安徽伟创电子有限公司即对恒生公司获准注册的"恒生"商标提出异议，因此，虽然原告恒升集团于2001年10月提起本案诉讼，但"恒升"商标权人早在1999年即对被告注册使用与"恒生"文字有关的商标提出了异议，并未超过合理的期限，故原告不存在懈怠行使权利的情况。作为经营者，被告至少从这时起就应认识到继续使用与"恒生"文字有关的商标可能导致的侵权责任，并停止使用相关商标。但被告此后仍然继续注册、使用、宣传相关商标，由此造成的后果，应由被告自行承担。

关于赔偿数额的计算。根据北京天正华会计师事务所的审查验证报告，被告金恒生公司在自2000年至2001年11月期间，以当期销售发票计算的总毛利为44 289 977元，以当期结转成本的电脑数量计算的总毛利为40 881 348元。由于金恒生公司自2000年12月后财务报表中缺少"结转销售成本表"，使得审查验证报告对该公司2001年的毛利率的计算有高算的情况。因该情况的发生是由于金恒生公司自身的财务账目存在缺陷所致，其后果应由金恒生公司自行负担。并且，即使扣除高算及毛利润的因素，金恒生公司获利数额仍远高于原告请求的920万元的赔偿数额。故本院对原告要求金恒生公司赔偿其920万元的请求，予以全额支持。如上所述，对于金恒生公司应承担的赔偿责任，恒生公司应承担连带责任，由于原告恒升集团仅请求恒生公司赔偿其经济损失30万元，故恒生公司对上述金恒生公司应赔偿恒升集团920万元经济损失中的30万元，承担连带赔偿责任。

综上所述，被告金恒生公司在其生产、销售的"恒生电脑"产品上及所作广告宣传中，使用"恒生"商标的行为，侵犯了原告恒升集团的注册商标专用权，应承担侵权责任。恒生公司许可金恒生公司使用"恒生"商标，构成共同侵权。原告恒升集团虽主张被告构成不正当竞争，但其主张被告构成不正当竞争的行为也是被告使用"恒生"商标的行为，在该行为已被认定侵犯商标权的情况下，原告主张该行为构成不正当竞争缺乏法律依据，本院不予支持。依据《中华人民共和国民法通则》第四条，第一百三十四条第一款第（一）、（七）、（十）项和第二款以及《中华人民共和国商标法》第五十二条第（一）项、第五十六条第一款之规定，判决如下：

一、被告北京市恒生科技发展公司、北京市金恒生科技发展有限公司于本判决生效之日起，立即停止侵犯原告北京恒升远东电子计算机集团商标专用权的行为；

二、自本判决生效之日起 30 日内，被告北京市恒生科技发展公司、北京市金恒生科技发展有限公司在《法制日报》上刊登致歉声明，公开向原告北京恒升远东电子计算机集团致歉（致歉内容须经本院审核）。逾期不履行，本院将公开判决主要内容，费用由被告北京市恒生科技发展公司、北京市金恒生科技发展有限公司共同承担；

三、被告北京市金恒生科技发展有限公司于本判决生效之日起 10 日内，赔偿原告北京恒升远东电子计算机集团经济损失 920 万元，北京市恒生科技发展公司对其中的 30 万元承担连带赔偿责任；

四、驳回原告北京恒升远东电子计算机集团的其他诉讼请求。

恒生公司、金恒生公司不服原审判决，提起上诉，请求撤销原审判决，驳回恒升集团的诉讼请求。

恒生集团服从原审判决。

【二审查明事实】

二审法院经审理查明：1991 年 2 月 6 日，檀劲松等成立了伟创公司。伟创公司于 1993 年 2 月 20 日经国家商标局核准在第 9 类商品，即计算机、计算机配件及外围设备、计算机工作站、计算机软件、计算机便携机等商品上注册了"恒升"商标，注册号为 630486，有效期自 1993 年 2 月 20 日至 2003 年 2 月 19 日。自 1993 年 3 月开始，伟创公司在《中国计算机报》、《计算机世界》等刊物上刊登广告宣传该商标。1996 年 11 月 18 日，檀劲松等又在北京成立了北京恒升远东电子计算机集团，同日伟创公司许可恒升集团使用并维护"恒升"商标。1996 年伟创公司和恒升集团在《参考消息》、《计算机世界》等刊物上刊登广告宣传"恒升"商标达百余次。1998 年 1 月 10 日，伟创公司与恒升集团签订商标转让协议，由恒升集团受让"恒升"商标，该转让登记于 1999 年 6 月 28 日经国家商标局公告。同年，"恒升"牌笔记本电脑销量在全国排列第一。1999 年 7 月 26 日，伟创公司因故被吊销营业执照。

恒生公司成立于 1993 年 6 月 8 日，其自 1994 年 6 月开始经营"恒生"牌电脑，1996 年 11 月 7 日"恒生"牌电脑通过了国家质量检测。1996 年，恒生公司向国家商标局申请注册"金恒生"商标，使用商品为第 9 类，注册号为 1035935，该商标于 1997 年 6 月 21 日获得核准。1997 年 5 月 9 日，恒生公司向国家商标局申请注册"ASCEND 恒生"商标，使用商品为第 9 类，注册号为 1208934，该商标于 1998 年 9 月 21 日获得核准。1998 年 3 月 18 日，恒生公司又向国家商标局申请注册"恒生"商标，使用商品为第 9 类，注册号为 1296155，该商标于 1999 年 7 月 21 日获得核准。1999 年 7 月 12 日，张曙光等共同成立了金恒生公司，同月恒生公司授权金恒生公司无偿使用上述 3 个商标。此后，恒生公司不再生产"恒生"牌电脑。自 1999 年 9 月起，恒生公司、金恒生公司在北京媒体上刊登广告，大力宣传"恒生"、"恒生 ASCEND"商标。2000 年 8 月 5 日，恒升集团收到了消费者投诉金恒生公司产品的信件。2001 年 11 月 7 日，恒升集团向北京市第一中级人民法院起诉，状告恒生公司、金恒生公司侵犯其商标专用权。

"恒生 ASCEND"商标于 1998 年 9 月 21 日获得核准后，恒升集团于 2001 年 8 月 3 日向国家工商行政管理总局商标评审委员会提出商标注册不当争议，现该案正在审理中。"恒生"商标于 1999 年 4 月 21 日公告后，伟创公司于 1999 年 6 月 24 日提出异议。伟创公司于 1999 年 7 月 26 日被吊销营业执照后，次日向商标局提出《情况声明》，指定由恒升集团承接其异议权。1999 年 8 月，恒升集团依据《情况声明》和自拟的异议书，向商标局提出异议，但未被受理。2001 年 7 月 5 日，商标局作出第 1133 号异议裁定，驳回伟创公司的异议请求。恒升集团于 2001 年 9 月 26 日，向北京市第一中级人民法院提起行政诉讼，要求商标局对其作出行政决定，北京市第一中级人民法院于 2001 年 12 月 20 日作出（2001）一中行初字第 299 号行政判决，判决恒升集团胜诉。后商标局向北京市高级人民法院提起上诉，北京市高级人民法院于 2002 年 11 月 8 日，作出（2002）高行终字第 20 号行政判决，驳回了恒升集团的诉讼请求。

基于上述事实，恒升集团认为恒生公司注册"ASCEND 恒生"、"恒生"商标的行为具有主观恶意，金恒生公司使用"ASCEND 恒生"、"恒生"商标，因商标近似造成了相关消费者对双方产品来源的混淆，侵害了恒升集团的合法权益。恒生公司、金恒生公司认为，"恒生"商标经国家商标局公告后，恒生集团没有证据证明其在寻求行政救济的过程中不存有懈怠行为，因而恒生公司、金恒生公司持有并使用合法有效的"ASCEND 恒生"、"恒生"商标，并无不当。

【二审审理结果】

二审法院主持调解，双方当事人本着积极合作、互谅互让的精神，自愿达成如下协议：

一、注册在后的"恒生 ASCEND"、"恒生"商标与注册在先的"恒升"商标发音相同，容易造成相关消费者对双方产品来源的混淆和误认，而且这种混淆和误认已经在一定范围内实际发生。有鉴于此，北京市恒生科技发展公司、北京市金恒生科技发展有限公司承诺将积极采取各种措施避免相关消费者对双方产品来源的混淆和误认，包括自本调解书生效之日起在广告宣传中，自本调解书生效6个月后开始在商品包装上，以改变字形、添加色彩、附加短语等方式突出强化“恒生 ASCEND”、“恒生”商标的含义；或者以适当方式加注特别说明，使相关消费者对双方产品来源进行有效区分。

　　二、北京市恒生科技发展公司、北京市金恒生科技发展有限公司承诺对北京恒升远东电子计算机集团的第630486号“恒升”商标给予充分尊重，同时北京恒升远东电子计算机集团确认对北京市恒生科技发展公司注册的“恒生 ASCEND”、“恒生”商标的合法性不持异议，并承诺自本调解书生效之日起30日内向商标评审委员会撤销对第1208934号“恒生 ASCEND”商标注册不当之申请。

　　三、北京市恒生科技发展公司、北京市金恒生科技发展有限公司向北京恒升远东电子计算机集团支付一定数额的人民币作为补偿（另见调解书附件），由北京市高级人民法院代收代付。双方因北京市恒生科技发展公司、北京市金恒生科技发展有限公司注册、使用“恒生 ASCEND”、“恒生”商标引起的纠纷已获解决，不得再相互追究。

　　四、一审诉讼费168 030元由北京恒升远东电子计算机集团负担，二审诉讼费57 510元由北京市恒生科技发展公司、北京市金恒生科技发展有限公司共同负担。

　　上述协议符合有关法律规定，本院予以确认。

　　本调解书经双方当事人签收后，即具有法律效力。

20. "香格里拉" 商标侵权及不正当竞争纠纷案

——香格里拉国际饭店管理有限公司诉黄惠娟

原告：香格里拉国际饭店管理有限公司（SHANGRI – LA INTERNATIONAL HOTEL MANAGEMENT LIMITED）

被告：黄惠娟

案由：商标侵权及不正当竞争纠纷

一审案号：北京市第一中级人民法院（2002）一中民初字第 8951 号
一审合议庭成员：马来客、姜颖、赵静
一审结案日期：2003 年 8 月 4 日

【判决要旨】

人民法院应对专利权人未投入实际使用的外观设计专利是否与他人在先取得的合法权利相冲突作出判决。人民法院应当遵循诚实信用、保护在先取得的合法权利的原则，为外观设计与在先取得的合法权利的冲突提供民事解决途径，切实保护在先权利人的合法权益。

【起诉与答辩】

原告香格里拉国际饭店管理有限公司（SHANGRI – LA INTERNATIONAL HOTEL MANAGEMENT LIMITED）（以下简称香格里拉公司）诉称：第 777861 号 "香格里拉" 和第 769447 号 "SHANGRI – LA" 商标分别于 1994 年 11 月 14 日、1994 年 7 月 7 日在中国获得注册，原告是该两商标专用权的所有人。香格里拉公司的企业名称、商标早于 1969 年 6 月 30 日即开始使用，在国际上享有很高的知名度和美誉度，是高品质宾馆和饭店服务的代表，在国际上屡获殊荣。"香格里拉" 和 "SHANGRI – LA" 作为商标在多个国家、各个类别项下获得注册，已经建立了相当的商誉。在国家工商行政管理总局商标局之前的相关裁定中多次裁定上述两商标 "在我国消费者中有一定周知程度/有较高知名度"。本案被告系番禺市市桥镇香格里拉西餐厅的经营者，该西餐厅擅自将原告的注册商标作为其餐厅的名称，并将原告的两个注册商标组合并稍加改动后，作为其餐厅的招牌，申请了外观设计专利，其行为侵犯了原告的注册商标专用权。同时，被告的上述行为也违反了《中华人民共和国反

不正当竞争法》第二条规定的诚实信用原则，构成不正当竞争行为。原告因此请求法院：判令被告立即停止侵犯原告商标权专用权的行为；判令被告立即停止在其企业名称和招牌上使用原告注册商标及企业名称的不正当竞争行为；判令被告以公开方式向原告道歉；向国家知识产权局专利复审委员会发出司法建议函，建议其宣告第99330367.6号和第99330420.6号外观设计专利权无效。

被告黄惠娟未提交答辩状，没有出庭陈述意见，且未提交证据。

【一审查明事实】

一审法院经审理查明："SHANGRI–LA"、"香格里拉"两文字商标由香格里拉公司申请注册，核定服务项目为第42类，包括：旅馆，备办宴席及餐馆；提供集会、会议及展览会设施；旅馆膳宿预定服务。两商标注册有效期分别为1994年10月7日至2004年10月6日和1995年2月14日至2005年2月13日。注册证号分别为769447和777861。

番禺市市桥镇北城香格里拉西餐厅成立于1998年12月14日，企业组成形式为个人经营，经营者姓名为黄惠娟，经营范围及方式为零售、中餐、西餐。

1999年5月12日和14日，番禺市市桥镇北城香格里拉西餐厅分别向国家知识产权局专利局申请了使用于产品名称为"招牌（西餐厅）"的两个外观设计专利。两专利于2000年1月19日被授权公告，专利号分别为99330367.6和99330420.6。两专利授权公告的视图仅为主视图（分别见附图1和附图2）。

2001年1月15日，番禺市市桥镇北城香格里拉西餐厅变更企业名称为番禺市市桥镇北城新翡翠西餐厅。2002年7月1日，该西餐厅注销企业登记。

【一审审理结果】

一审法院认为：番禺市市桥镇北城香格里拉西餐厅系被告黄惠娟个人经营的企业，该西餐厅注销企业登记后的债权债务应当由黄惠娟个人承担。

2000年8月25日修订并于2001年7月1日施行的《中华人民共和国专利法》第二十三条增加了"授予专利权的外观设计不得与他人在先取得的合法权利相冲突"的规定，该规定的目的在于保护在先权利人的合法权益，对于与他人在先取得的合法权利相冲突的外观设计不授予专利权，已经授权的，应当宣告该专利权无效。2001年6月15日公布并于2001年7月1日实施的《中华人民共和国专利法实施细则》第六十五条第三款规定，以授予专利权的外观设计与他人在先取得的合法权利相冲突为理由请求宣告外观设计专利权无效，但是未提交生效的能够证明权利冲突的处理决定或者判决的，专利复审委员会不予受理。从该规定可以看出，人民法院关于权利冲突的判决已经成为当事人以此为理由请求宣告外观设计专利权无效的前提条件。因此，人民法院应当遵循诚实信用、保护在先取得的合法权利的原则，为外观设计与在先取得的合法权利的冲突提供民事解决途径，以保障相关法律规定的贯彻实施，切实保护在先权利人的合法权益。根据《中华人民共和国专利法》第二十三条及《中华人民共和国专利法实施条例》第六十五条的规定，与在先合法权利相冲突的外观设计专利应予宣告无效，因此，无论专利权人是否将该外观设计专利实际使用，只要其与他人在先取得的合法权利相冲突，该专利就应被宣告无效。在人民法院关于权利冲突的判决是提起此类无效宣告程序的前提条件的情况下，人民法院应可以对专利权人未投入实际使用的外观设计专利是否与他人在先取得的合法权利相冲突作出判决。

本案中，原告主张被告享有专利权的两外观设计，与其在先取得的商标权存在冲突，侵犯了其享有的商标专用权，因此，被告的外观设计专利是否与原告对"SHANGRI‐LA"和"香格里拉"享有的商标专用权存在冲突是本案处理的关键。根据审理查明的事实，原告香格里拉公司分别于 1994 年和 1995 年开始对第 769447 号"SHANGRI‐LA"和第 777861 号"香格里拉"两文字商标享有商标专用权，被告则于 1999 年申请涉案的两外观设计专利，故原告对"SHANGRI‐LA"和"香格里拉"商标享有的专用权相对于被告的外观设计专利权是合法的在先取得的权利。

商标是用以区别不同企业所提供的商品或服务的标识。注册人对其核准注册的商标在核定使用的商品或服务上享有的专用权不受他人的非法侵害。本案被告在其申请的外观设计中，以与原告的注册商标"香格里拉"和"SHANGRI‐LA"完全相同的文字作为其主要的设计要素，该两商标的文字在整个外观设计中占有较大比例，是外观设计中引人注目的部分，且该两外观设计使用在西餐厅的招牌上。尽管两外观设计在"香格里拉"和"SHANGRI‐LA"文字上使用的字体与原告的注册商标存在差别，但这种差别不会导致文字、读音和含义的整体变化。被告在外观设计中虽未表明"香格里拉"和"SHANGRI‐LA"是其服务商标，但从被告在外观设计中突出醒目使用"香格里拉"和"SHANGRI‐LA"字样的方式和使用该外观设计的招牌在实际经营活动中所起到的作用来看，它已经足以实现服务商标所具有的区分服务来源的功能。如果被告将两外观设计投入实际使用，将足以导致一般消费者对服务的来源产生混淆和误认，给原告对"香格里拉"和"SHANGRI‐LA"享有的商标专用权造成损害。虽然原告没有举证证明被告实际使用了两外观设计，但被告申请两外观设计专利的目的就是为在市场经营中使用。如果不及时制止被告的行为，势必将给原告的商标专用权造成难以弥补的损害。因此，原告有权要求判令禁止被告使用两外观设计。

关于原告主张被告将其享有专用权的"香格里拉"商标作为企业字号使用构成不正当竞争的主张，本院认为，企业名称是不同的生产经营者为区分彼此而经工商部门核准登记注册的标识。企业名称中的字号是区别不同经营主体的主要标志。被告黄惠娟未经许可，使用原告享有商标专用权的"香格里拉"商标作为其开办的西餐厅的字号，未举证证明其使用"香格里拉"具有合法的来源。如果黄惠娟在经营中使用以原告注册商标作为字号的企业名称，将会使消费者对服务的来源产生混淆和误认，或认为该西餐厅与原告具有关联性，从而给原告对"香格里拉"商标享有的专用权造成损害，其行为违背了市场经营者应当遵循的诚实信用原则，属于不正当竞争。鉴于番禺市市桥镇北城香格里拉西餐厅于2001年1月15日已经变更企业名称为番禺市市桥镇北城新翡翠西餐厅，且于2002年7月1日注销了企业登记，证明被告已经主动变更了企业字号，停止了侵权行为，因此，原告要求被告停止在企业名称中使用"香格里拉"字号的诉讼请求没有事实依据，本院不予支持。

由于原告未举证证明被告在市场经营中实际使用了番禺市市桥镇北城香格里拉西餐厅的企业名称和被告获得专利权的两外观设计，也未举证证明被告注册该企业名称和申请两外观设计的行为给原告企业的声誉和商标信誉造成了实际损害，因此，其请求判令被告公开赔礼道歉的诉讼请求，没有事实依据，本院不予支持。

因原告要求本院向国家知识产权局专利复审委员会发出司法建议函的诉讼请求，不属于民事责任的承担方式，不属本民事争议的处理范围，本院不予支持。

综上，本院依照《中华人民共和国商标法》第五十二条第（五）项、《中华人民共和国反不正当竞争法》第二项、中华人民共和国最高人民法院《关于审理商标民事纠纷案件适用法律若干问题的解释》第一条第（一）项之规定，判决如下：

一、被告黄惠娟不得使用第99330367.6号名称为"招牌（西餐厅）"和第99330420.6号名称为"招牌（西餐厅）"的外观设计专利产品；

二、驳回原告香格里拉国际饭店管理有限公司的其他诉讼请求。

案件受理费1 000元，由被告黄惠娟负担。

双方当事人均服从一审判决。

附图：

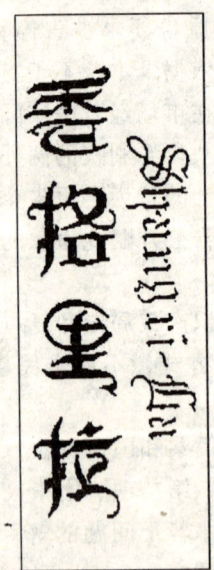

附图 1

附图 2

21. "甑流"商标侵权纠纷案

——北京汇成酒业技术开发公司诉北京龙泉四喜酿造有限公司

原告（上诉人）： 北京汇成酒业技术开发公司

被告（被上诉人）： 北京龙泉四喜酿造有限公司

案由： 商标侵权纠纷

原审案号： 北京市第一中级人民法院（2002）一中民初字第 8465 号

原审合议庭成员： 刘海旗、任进、仪军

原审结案日期： 2003 年 4 月 16 日

二审案号： 北京市高级人民法院（2003）高民终字第 543 号

二审合议庭成员： 刘继祥、孙苏理、魏湘玲

二审结案日期： 2003 年 8 月 27 日

【判决要旨】

北京龙泉四喜酿造有限公司（以下简称龙泉公司）仅凭现有材料不能证明其产品上使用的"甑馏"为公众早已熟知的高度白酒的酿造工艺和高度白酒的通俗名称，也不能证明汇成公司申请"甑流"注册商标的行为不当。因此对汇成公司依法享有的商标专用权应予以保护。

【起诉与答辩】

原告北京汇成酒业技术开发公司（以下简称汇成公司）诉称：原告是"甑流"商标所有人，1994 年 11 月原告取得该注册商标专用权。被告龙泉公司与原告同属酿酒企业，自 2002 年起被告即有意在其产品包装上使用"北京甑馏"字样，其中"甑馏"二字与原告的"甑流"商标字形、发音均相近，已构成近似和混同，该使用侵犯了原告对"甑流"商标的专用权，依据我国商标法的有关规定，请求法院判令被告立即停止侵权。

被告龙泉公司辩称："北京甑馏"中"甑馏"之名如同"二锅头"等名称一样是一种酿造白酒的工艺名称，也是人们对未经勾兑的白酒的一种俗称，早已进入公有领域，该使用没有侵犯原告的商标权，法院应当驳回原告的诉讼请求。

【原审查明事实】

原审法院经审理查明:

一、双方当事人没有争议的事实

1. 原告于 1994 年 11 月 21 日经国家商标局核准注册了"甑流"商标,该商标为草书"甑流"二字,注册证号为第 715810 号,核定使用商品为第 33 类,即含酒精的饮料(啤酒除外)。注册有效期至 2004 年 11 月 20 日。

2. 2002 年被告开始在其产品瓶贴上使用"北京甑馏"四个方形字作为产品名称。原告称其"甑"字读音同"赠"字,被告称其"甑"字读音同"静"字,是方言叫俗所致。

3. 以"甑"为酿酒器具古已有之,且"甑"为蒸馏之具。

二、双方当事人有争议的事实

除前述认定的证据以外,被告为证明"甑馏"二字原意为一种酿造白酒的工艺名称,进而演变成为特定地区的通俗名称,向本院提交了以下 3 份证据,原告对被告所提交的证据分别阐述了质证意见:

1. 中国轻工业出版社 2000 年 9 月第 1 版第 2 次印刷出版的《白酒生产指南》一书。该书第十二章载有"甑桶蒸馏"内容简介,指出:"固态发酵,将带有酒精及香味成分的酒醅,利用组分挥发性的不同,在低矮的甑桶中蒸馏分离,是我国白酒生产的独特形式,也是形成白酒风味的主要关键。蒸馏是白酒中最后一道工序……就是要将发酵生成物最大限度地通过蒸馏以提取回收。"原告对被告这一证据来源的真实性、合法性均无异议,但认为该证据仅为白酒酿造方面的一种学理解释,而文中并无"甑馏"一词及其任何解释,无法证明被告所称的"甑馏"系一种工艺名称,更非通俗名称。鉴于双方当事人对该证据来源的真实性及合法性均无异议,本院对此予以采信。在关联性方面,被告以此证明了以甑具蒸馏白酒作为白酒酿造工艺这一事实的客观实在性,该事实与"甑馏"一词的由来存在关联性,但尚不能证明"甑馏"一词已成为特定地区的通俗名称。

2. 网上下载的李时珍《本草纲目》节选:"其法用浓酒和糟入甑蒸,令气上,用器承取滴露。凡酸坏之酒皆可蒸烧。近时惟以糯米或粳米,黍米或秫米和曲酿瓮中,7 日,以甑蒸取,其清如水,味极浓烈,盖酒露也。"由于被告未能举证说明该证据来源的确切网址或出处,原告对其证据来源的真实性不认可,据此本院对该证据不予采信。

3. 北京酿酒协会《有关"甑流"产品的说明》证明:"甑馏"曾是白酒生产最后一道工序蒸出的未经勾兑的高度原酒在北方一些地区的通俗称呼。原告认为被告的这一证据为影印件，不是原件，证据本身不具有真实性，即使作为证据，北京酿酒协会的证词也没有证明力，仅属一家之言。

依照最高人民法院《关于民事诉讼证据的若干规定》第十五条第（一）项之规定，本院认为北京酿酒协会出具的《有关"甑流"产品的说明》属于涉及社会公共利益或者他人合法权益事实之证据，本院应予查证。2003年2月21日，经本院向北京酿酒协会查证：原、被告均非北京酿酒协会会员。北京酿酒协会证明"甑馏"的称谓源自北京、河北等地对以甑具蒸酿白酒所流出的去掉初始和结尾后的中段部分酒液，因该酒属于未经勾兑加工的原酒而被传称为"甑馏"，且"甑"音俗读同"静"音，成为在北方一些地区的通俗称呼。原告认为北京酿酒协会反对其将"甑流"二字注册为商标，该证词内容具有倾向性，不能客观地反映事实真相。但原告没有举出反证推翻该证据所印证的内容。据此本院对该证据予以采信。

【原审审理结果】

原审法院认为：本案的关键事实是"甑馏"是否属于一种白酒的通俗名称，即被告的抗辩是否成立。根据被告提交的《白酒生产指南》一证、双方当事人陈述以及本院查证核实的北京酿酒协会《有关"甑流"产品的说明》，可以确认"甑馏"之意取自一种酿酒工艺，即以甑桶蒸酿白酒，该工艺因自古有之而为白酒酿造行业所熟悉，由此形成的特点及其来历也为此酒的消费者所知晓，由于北京酿酒协会属行业性协会组织，对于酒文化领域的常识具有相对的权威性，没有证据显示其所证明的内容缺乏客观性，因此本院对该说明的真实性、合法性予以采信，对其关于"甑馏"属于通俗名称等事实的印证力予以确认。

原告为酒业公司，其注册商标"甑流"因与消费者所知晓的此种白酒的"甑馏"酒名相接近，故使其作为商标所应具备的显著性区别特征趋于弱化，这也势必导致其商标被保护的特性趋于弱化，即原告在被核准范围内行使商标专用权的同时，无法以其商标对抗公众对公有领域已有成果如通俗名称使用权的正常行使，这是原告作为该商标的所有人在注册商标时应能预见的法律后果。被告将"甑馏"二字作为自己的产品名称，属于对通俗名称的正常使用，不会导致相关公众的误认，原告诉称被告侵犯其商标专用权缺乏事实依据，本院不予采信。

综上所述，依照《中华人民共和国商标法》第五十一条之规定，判决如下：

驳回原告北京汇成酒业技术开发公司的诉讼请求。

　　汇成公司不服原审判决，提出上诉。其上诉称：（1）原审判决对于"甑馏"是否属于一种白酒的通俗名称这一关键事实认定错误。汇成公司为"甑流"商标的合法注册人，对该商标享有专用权。龙泉公司使用的"甑馏"标志与汇成公司的注册商标"甑流"极为近似，明显构成对汇成公司注册商标专用权的严重侵害。本案争议的焦点在于龙泉公司使用的标志"甑馏"与汇成公司的注册商标"甑流"是否近似，并非龙泉公司使用的商品名称是否为通俗名称。（2）原审判决在对证据的认定上存在重大失误。原审判决主要是依据北京酿酒协会出具的《有关"甑流"产品的说明》及法院依职权调取的调查笔录作出的。北京酿酒协会名誉理事长陈天宝是北京红星股份有限公司的董事长。而北京红星股份有限公司也同样因使用"甑流"商标侵犯汇成公司商标权。为此，北京红星股份有限公司和华都酿酒食品工业公司已向商标评审委员会提出撤销"甑流"的商标权。故北京酿酒协会与龙泉公司有利害关系，其出具的证据在公正性上存在瑕疵，因而不具证据效力。综上，原审判决认定事实不清，对证据的采纳不合法，适用法律明显错误，请求二审法院查清事实，依法改判，维护汇成公司的合法权益。

　　龙泉公司服从原审判决。

【二审查明事实】

　　二审法院经审理查明：在原审法院查明事实的基础上，本院另外查明，商务印书馆1998年5月出版的《新华字典》修订本第616页载明："甑"旧时读音同"静"，有两种解释：（1）古代蒸饭的一种瓦器。现在称蒸饭用的木制桶状物。（2）蒸馏或使物体分解用的器皿。

　　中国酿酒协会2002年6月21日出具的《有关"甑流"产品的说明》中载明：在白酒生产中，由甑锅蒸馏酒醅直接流出的原酒，酒度较高，可达70度左右。解放前，在我国北方某些地区（京、津、河北等地）把这种酒直接出售，并俗称"清流"或"甑流"、"甑馏"，以表示未经掺兑、质量好，曾受到不少消费者欢迎。因此"甑流"属地区俗称。它是酿制白酒工艺过程的名称，也属于未经掺兑、高度白酒一种质量概念的区域性通俗名称。

【二审审理结果】

　　二审法院认为：汇成公司作为注册商标"甑流"的商标权人，其依法对该商标享有专用权。龙泉公司在汇成公司的"甑流"商标获得核准注册多年后在与汇成公司相同产品上使用读音相同、字形近似的"甑馏"文字，在相关消费者中足以造成两家产品的混淆。龙泉公司辩称"甑流"或"甑馏"为白酒行业和相关公众熟知的一种高度白酒的酿造工艺和白酒名称，其提交的中国酿酒协会和北京酿酒协会出具的书面材料只是本案诉讼期间该两家协会对"甑流"产品的情况说明，不能证明在汇成公司获准注册"甑流"商标之前，白酒制造行业和相关公众即已经公开使用"甑馏"这一酿酒工艺和白酒通用名称。有关著作中并未将用甑桶这一容器酿酒的工艺解释为"甑馏"，字典或词典中也无"甑馏"为高度白酒的酿造工艺和高度白酒名称记载及解释。因此，龙泉公司仅凭现有材料不能证明其产品上使用的"甑馏"为公众早已熟知的高度白酒的酿造工艺和高度白酒的通俗名称，也不能证明汇成公司申请"甑流"注册商标的行为不当。

商标专用权作为一项民事权利，只能依照法定程序通过行政批准取得。而对合法取得的商标专用权持有异议，也必须通过行政途径解决，即向国家工商行政管理总局商标评审委员会（以下简称商标评审委员会）提出申请，以商标注册不当为由请求撤销已经获准注册的商标。案外人北京市华都酿酒食品工业公司和北京红星股份有限公司虽于本案诉讼期间（2002年8月2日）以注册不当为由，共同向商标评审委员会申请撤销汇成公司的注册商标"甑流"，但该商标在未被依法撤销之前，商标权人汇成公司仍然对该商标享有专用权。龙泉公司在其产品上使用与汇成公司注册商标"甑流"相近似的"甑馏"二字的行为，构成对汇成公司商标权的侵犯。

综上，上诉人汇成公司所提上诉理由成立，一审判决认定事实和适用法律均有错误，应当依法予以纠正。依照《中华人民共和国商标法》第五十二条第（一）项和《中华人民共和国民事诉讼法》第一百五十三条第一款第（三）项之规定，判决如下：

一、撤销北京市第一中级人民法院（2002）一中民初字第8465号民事判决。

二、北京龙泉四喜酿造有限公司立即停止侵权，不得在其白酒产品上使用与北京汇成酒业技术开发公司注册商标"甑流"文字和读音相同或相近似的文字。

三、原、二审案件受理费各1 000元，均由被上诉人北京龙泉四喜酿造有限公司负担。

22. "香妃"图文组合商标侵权纠纷案

——北京市香妃烤鸡快餐有限责任公司诉 北京市红伟食品有限公司

原告：北京市香妃烤鸡快餐有限责任公司
被告：北京市红伟食品有限公司
案由：商标侵权纠纷

一审案号：北京市第二中级人民法院（2003）二中民初字第 6434 号
一审合议庭成员：刘薇、宋光、梁立君
一审结案日期：2003 年 9 月 15 日

【判决要旨】

被告在未取得原告许可的情况下，在同类商品上使用与原告注册商标近似的商标，被告对此种使用方式既无合理的解释，亦无合理使用的依据，已构成对原告注册商标专用权的侵害，依法应承担停止侵权行为、销毁侵权标识并赔偿原告经济损失的法律责任。

【起诉与答辩】

原告北京市香妃烤鸡快餐有限责任公司（以下简称香妃烤鸡公司）诉称：1997 年 11 月 14 日，原告就"香妃"图文组合商标取得了国家工商行政管理总局商标局（以下简称商标局）颁发的第 1127146 号《商标注册证》，核定使用商品为烧饼，有效期至 2007 年 11 月 13 日。2003 年 1 月，原告发现被告在本市多家超市出售"新香妃烧饼"，该行为违反了有关法律规定，侵害了原告的注册商标专用权。故诉至法院，请求判令被告停止侵权行为，公开赔礼道歉、消除影响，赔偿经济损失 300 000 元，并承担本案诉讼费用。

被告北京市红伟食品有限公司（以下简称红伟食品公司）辩称：商标局于 2003 年 4 月 2 日受理了被告提出的"品香阁"图文组合商标注册申请。被告的"品香阁"商标与原告的"香妃"商标没有任何相似之处，因此不构成对原告商标权的侵害。被告自 2003 年 1 月至 7 月在本市共销售烧饼 106 955 袋，销售单价为 2.5 元，销售金额共计 267 387.5 元，所获利润为 26 738.75 元，原告要求被告赔偿经济损失 300 000 元没有事实依据。请求法院依法驳回原告的诉讼

请求。

【一审查明事实】

一审法院经审理查明：1997年11月14日，原告香妃烤鸡公司就"香妃"图文组合商标取得了商标局颁发的第1127146号《商标注册证》，核定使用商品为第30类烧饼，有效期至2007年11月13日。该商标的图案为：圆圈内的古代仕女侧面像、汉字"香妃"及汉语拼音"XIANG FEI"的图形和文字的组合。取得商标专用权后，原告一直将该商标用于自己生产的相关产品的包装袋上。

2003年4月2日，商标局受理了被告红伟食品公司提出的"品香阁"商标注册申请。该商标的图案为：男性胖炊事员、汉语拼音"Pin Xiang Ge"及汉字"品香阁"的图形和文字的组合。

2003年1月至7月，被告生产并在本市多家商店销售"品香阁新香妃烧饼"，该产品包装的上部印有汉语拼音"Xin Xiang Fei"和汉字"新香妃"；中部印有被告的"品香阁"商标标识及汉字"新香妃烧饼"；下部为汉字"传统美食"及被告的企业名称。

被告产品的销售情况是：北京顺天府商贸有限公司及北京顺天府货仓式商业有限责任公司的共计11家分店均有销售，其中10家分店的销售单价为每袋2.8元、1家分店的销售单价为3元；华普超市有限公司的6家超市有销售，单价均为2.8元；北京美廉美连锁商业有限公司的4家超市有销售，单价为2.55元；北京中恒鸿禧超市有限公司分公司的销售单价为2.65元；北京创益佳商场的销售单价为3元；北京中恒鸿禧超市有限公司、北京乐怡商贸发展有限公司、北京分中寺家世界购物广场有限公司及北京华联综合超市股份有限公司广安门分公司的销售单价均为2.8元。原告提供的上述商店的销售发票中除两张发票外标明的日期均为2003年6月28日及29日。

原告向北京三星元出租汽车有限公司支付2003年6月28日及29日的租车费800元。

在本案审理过程中，被告认可其在2003年1月至7月共销售使用前述包装的烧饼106 955袋，批发价为每袋2.5元，销售总金额267 387.5元。

【一审审理结果】

一审法院认为："香妃"图文组合商标是经商标局审核批准的注册商标，原告香妃烤鸡公司为该商标的注册人，依法享有商标专用权，并受法律保护。原告的"香妃"图文组合商标核定使用商品的类别为"烧饼"，任何人未经原告许可，不得在相同商品上使用与原告注册商标相同或近似的标识。

被告红伟食品公司在其生产、销售的烧饼的包装上突出使用汉字"新香妃"及汉语拼音"Xin Xiang Fei"，将其与原告的注册商标进行对比可知，被告使用的文字是在原告注册商标组成部分的文字"香妃"前添加一个辅助用字"新"、在汉语拼音"XIANG FEI"前增加汉语拼音"Xin"，二者在字形、读音及含义上基本相同，易使相关公众产生被告商品的来源与原告注册商标的商品有某种特定联系的认识。并且，"新香妃"一词与被告的主要组成部分为男性胖炊事员的"品香阁"商标无任何关联性，被告对此种使用方式既无合理的解释、亦无合理使用的依据。被告在未取得原告许可的情况下，在同类商品上使用与原告注册商标近似的标识，已构成对原告注册商标专用权的侵害，依法应承担停止侵权行为、销毁侵权标识并赔偿原告经济损失的法律责任。

关于被告赔偿经济损失的具体数额，本院将综合考虑被告的获利情况、销售侵权产品的持续时间、涉及的地域范围以及原告为诉讼支出的合理费用等因素，酌情确定。原告提出的索赔 300 000 元的主张缺乏充分的事实依据，本院不予全额支持。原告要求被告赔礼道歉、消除影响的诉讼请求，于法无据，本院不予支持。

综上所述，依据《中华人民共和国商标法》第五十二条第（一）项、第五十六条第一款的规定，判决如下：

一、被告北京市红伟食品有限公司立即停止侵犯原告北京市香妃烤鸡快餐有限责任公司注册商标专用权的行为；

二、被告北京市红伟食品有限公司于本判决生效后 10 日内赔偿原告北京市香妃烤鸡快餐有限责任公司经济损失人民币 90 000 元；

三、驳回原告北京市香妃烤鸡快餐有限责任公司的其他诉讼请求。

案件受理费 7 010 元，由原告北京市香妃烤鸡快餐有限责任公司负担 2 010 元，由被告北京市红伟食品有限公司负担 5 000 元。

双方当事人均服从一审判决。

23. "良子"商标侵权及不正当竞争纠纷案

——北京台联良子保健技术有限公司诉北京金钩良子健身服务有限责任公司

原告：北京台联良子保健技术有限公司
被告：北京金钩良子健身服务有限责任公司
案由：商标侵权及不正当竞争纠纷

一审案号：北京市海淀区人民法院（2003）海民初字第 10382 号
一审合议庭成员：宋鱼水、李东涛、任杰
一审结案日期：2003 年 9 月 20 日

【判决要旨】

企业在拟订及注册登记其企业名称时，不应侵犯其他企业或个人的在先注册商标专用权。对已核准的企业名称应当规范使用。

【起诉与答辩】

原告北京台联良子保健技术有限公司（以下简称台联良子公司）诉称：我公司于 1999 年 1 月 11 日经北京市工商行政管理局核准登记成立，经营范围为健身技术开发、浴池服务等。1999 年 1 月 18 日，我公司与新疆良子健身有限公司签订合同，约定将新疆良子公司所有的"良子"商标独家许可我公司使用。2002 年 2 月 22 日又经国家工商行政管理局商标局核准将"良子"商标转让给我公司，我公司成为该商标的专用权人。北京金钩良子健身服务有限责任公司（以下简称金钩良子公司）在没有征得我公司同意的情况下，擅自使用"良子"商标作为其企业商号，且经营范围与我公司相同。金钩良子公司的行为致使公众认为其与我公司之间存在某种联系，误导消费者以为其服务来源于我公司，从而构成了对我公司"良子"商标专用权的侵犯，同时其利用我公司商业信誉的行为也构成了不正当竞争。故诉至法院，请求判令：(1) 被告停止侵犯原告"良子"商标专用权并停止不正当竞争行为；(2) 赔偿经济损失 50 000 元。

被告金钩良子公司辩称：我公司并未使用台联良子公司的商标，我公司招牌是由白、绿色块加公司简介组成，而台联良子公司的商标为良子加脚部图

案，二者并不相同。我公司是经合法注册成立的，因此在公司门前悬挂公司名称及简介是合法的。我公司自 2003 年 4 月成立以来，因 5 月、6 月受"非典"影响未正式营业，因此给台联良子公司造成损失无从谈起，并且台联良子公司所称的损失也没有证据证明，故不同意台联良子公司的诉讼请求。

【一审查明事实】

一审法院经审理查明：国家工商行政管理局核准的第 1235891 号商标注册证载明：左侧"良子"文字与右侧的一脚掌图形组合构成的商标注册人为新疆良子健身有限公司；许可使用服务的类别为 42 类，即按摩、推拿；注册有效期为 1998 年 12 月 28 日至 2008 年 12 月 27 日。1999 年 1 月 18 日，新疆良子健身有限公司与台联良子公司签订商标使用许可合同，该许可合同在国家工商行政管理局商标局进行了备案。依据该合同，台联良子公司取得了上述商标的独占使用许可。2002 年 2 月 22 日，新疆良子健身有限公司将"良子"商标转让给台联良子公司所有，并经国家工商行政管理局商标局核准。

台联良子公司成立于 1999 年 1 月 11 日，其经营范围包括按摩、推拿等健身服务项目。台联良子公司在开业后即开始使用"良子"商标，自开业至今，已拥有相当数量的连锁店和消费者群体。

金钩良子公司自称其企业名称之所以有"良子"字样，是准备与良子公司合作，成为良子公司的分店，但后发现，几家大型良子店都没有取得合法的授权，其遂打消成为"良子"连锁店的念头。另查，金钩良子公司被工商行政管理部门核准的经营期限是 2003 年 4 月 1 日至 2023 年 3 月 31 日，其宣传材料写明：经营足部保健、全身经络推拿、茶艺服务项目。该公司在其户外服务招牌上使用了"良子健身"四个醒目的文字。

台联良子公司的 5 万元损失的提出是按金钩良子公司每位客人收入 67 元，每月接待 50 人，共 4 个月进行估算的，并请求按法定赔偿额支持其主张。金钩良子公司则称，一直是试营业，且值"非典"时期，并无盈利。

【一审审理结果】

一审法院认为：台联良子公司的商标为合法取得和合法使用，其注册商标专用权受商标法保护，未经其许可，在同种类的商品上使用与其注册商标相同的行为都应视为侵权行为。金钩良子公司在公司设立期间主观上具有借助"良子"商标的商誉发展本企业的故意，公司设立之后，明知在无授权的情况下，借助"良子"商标的商誉是一种非法的经营活动，主观上放任此种结果的发生，其直接的行为表现为，在招牌上突出使用"良子"二字，这种使用的目的是希望消费者误认为其公司是台联良子公司开在被告场所的连锁店。实际上,从普通消费者的角度看,由于台联良子公司是一家在国内有一定知名度的集团公司,已经形成一个消费者群体,消费者在看到具有"良子"字样的服务招牌时,很容易与台联良子公司产生联系,误认为是台联良子公司的关联企业。

根据我国有关法律规定,法人单位有权命名企业名称,并有权使用,但企业名称权在拟订和使用时,不应侵犯企业注册商标在先使用专用权的合法利益。本案中,金钩良子公司在拟订企业名称时就有侵权故意,对企业名称的使用突出了"良子"字样,造成了侵权后果,因此,其不能享有企业名称的合法保护。

金钩良子公司的上述行为,既构成对台联良子公司注册商标专用权的侵犯,同时,也违反了反不正当竞争法,是一种不正当竞争行为,故其应立即停止侵权。

对台联良子公司的损害赔偿请求权,本院将考虑金钩良子公司的侵权故意程度、台联良子公司的举证程度及估算方法进行酌定,但由于当时正值"非典"时期,企业普遍遭受影响,金钩良子公司也不会例外,故对金钩良子公司的抗辩理由也予以考虑。

综上所述,依照《中华人民共和国民法通则》第一百一十八条及第一百三十四条第一款第(一)、(七)项,《中华人民共和国商标法》第五十二条第一款第(一)项、第五十六条第二款,《中华人民共和国反不正当竞争法》第五条第(一)项之规定,判决如下:

一、本判决生效之日起,被告北京金钩良子健身服务有限责任公司立即停止使用与原告北京台联良子保健技术有限公司注册的"良子"文字和商标相同的商业标志;本判决生效之日起6个月内被告北京金钩良子健身服务有限责任公司应到工商管理部门办理停止使用含有"良子"的企业名称的相关核准手续,自核准之日起停止使用含有"良子"的企业名称。

二、本判决生效之日起10日内,被告北京金钩良子健身服务有限责任公司赔偿原告北京台联良子保健技术有限公司损失10 000元。

案件受理费2 010元,由被告北京金钩良子健身服务有限责任公司负担。

双方当事人均服从一审判决。

24. "丰田"商标侵权及不正当竞争纠纷案
——（日本）丰田自动车株式会社诉浙江吉利汽车
有限公司、北京亚辰伟业汽车销售中心

原告：（日本）丰田自动车株式会社
被告：浙江吉利汽车有限公司
被告：北京亚辰伟业汽车销售中心
案由：商标侵权及不正当竞争纠纷

一审案号：北京市第二中级人民法院（2003）二中民初字第 06286 号
一审合议庭成员：邵明艳、何暄、张晓津
一审结案日期：2003 年 11 月 24 日

【判决要旨】

结合汽车产品的特点、相关公众在市场中的感知规律和注意力程度、涉案丰田图形商标的显著性和知名度、丰田图形商标和美日图形商标所存在的差异以及上述图形商标所标识的汽车产品的差别程度等因素，可以综合判断出吉利公司的美日图形商标与原告的丰田图形注册商标不近似，相关公众不会产生混淆或对其来源产生误认，也不会产生对原告注册商标专用权不利的联想。故原告未侵犯被告注册商标权。

【起诉与答辩】

原告（日本）丰田自动车株式会社（以下简称丰田株式会社）诉称：原告在与汽车相关的领域拥有图形商标（附图 1，以下简称丰田图形商标）、"丰田"商标、和"TOYOTA"商标的注册商标专用权，该商标在中国享有极高的知名度，是无可争议的驰名商标。但原告发现被告北京亚辰伟业汽车销售中心（以下简称亚辰伟业中心）在北京市亚运村汽车交易市场销售由被告浙江吉利汽车有限公司（以下简称吉利公司）制造的带有图形标识（附图 2，以下简称美日图形商标）和"丰田"、"TOYOTA"商标的汽车产品。被告吉利公司在其制造的汽车前脸、轮胎、方向盘、后备箱等显著位置使用的美日图形商标已经构成了对原告注册商标权的侵犯，同时构成了不正当竞争行为；被告吉利公司及亚辰伟业中心在销售涉案美日汽车时使用"美日汽车 丰田动力"、"丰田 8A

发动机"、"技术参数：TOYOTA8A"等宣传用语误导消费者，违背了诚实信用原则，也同时构成了侵犯商标权和不正当竞争。因此，原告要求法院：判定被告吉利公司使用美日图形商标、"丰田"、"TOYOTA"商标的行为构成侵犯原告商标权；判定被告亚辰伟业中心销售带有上述侵权标识的产品及在广告宣传中使用"丰田"和"TOYOTA"商标的行为构成侵犯原告商标权；判定二被告的上述行为同时构成不正当竞争；认定原告的丰田图形商标、"丰田"、"TOY-OTA"注册商标为驰名商标；判令二被告停止侵权行为；判令二被告赔偿原告经济损失人民币 13 920 000 元，并支付原告为制止二被告侵权而支出的合理费用 150 000 元，二被告对此承担连带责任。

被告吉利公司答辩称：美日图形商标与丰田图形注册商标客观上不近似，两个图形商标不仅在设计理念、图形含义上完全不同，而且在图形基本结构上、视觉效果上完全不同；美日汽车与丰田汽车有不同的市场定位，基于相关公众在选购汽车这一高档消费品时的慎重态度以及在购车时考虑的价格、质量、外观、品牌等主要因素，不会造成混淆与误认，事实上，从来没有任何一例相关公众把美日汽车混淆成丰田汽车的情况出现，被告使用美日图形商标不构成侵犯原告的商标权；被告不存在不正当竞争行为，被告有自己的品牌战略，没有实施任何虚假宣传，对美日汽车所使用的 8A 发动机的宣传是真实、准确和符合商业惯例的，原告指控被告不当使用其商标或企业名称没有任何事实依据；原告的文字及图形商标不应被认定为驰名商标。

被告亚辰伟业中心答辩称：被告未侵犯原告商标权且未对原告构成不正当竞争。第一，被告销售的美日汽车所使用的美日图形商标与原告的丰田图形注册商标不近似；被告在销售美日汽车时没有作引人误解的虚假宣传，只是向购车人如实说明美日汽车的发动机情况，有关"TOYOTA8A"发动机的表述不构成侵权；8A 发动机是原告与天津丰田汽车发动机有限公司（以下简称天津丰田公司）制造的，丰田 8A 发动机是天津丰田公司冠予的称谓并对外使用的；天津丰田 8A 发动机不会被误认为日本原装发动机。第二，被告销售美日汽车是完全符合法律规定的合法行为，被告是依法登记的具有小汽车销售资格的企业，被告不应当承担侵权赔偿责任。因此，原告针对被告的诉讼请求没有事实和法律依据，请求法院驳回原告的诉讼请求。

【一审查明事实】

一审法院经审理查明：原告丰田株式会社于 1937 年 8 月 27 日在日本注册成立，以经营汽车制造为主。1990 年 3 月 10 日，其经中国国家工商行政管理局商标局核准注册了丰田图形商标，核准使用商品为商品国际分类第 12 类：

汽车及其部件、车辆轮胎，商标注册号为514114，经续展注册，有效期截至2010年3月9日；1989年12月10日，其在中国经核准注册了"丰田"文字商标，核准使用商品为商品国际分类第12类：汽车及其部件、车辆轮胎，商标注册号为506683，经续展注册，有效期截至2009年12月9日；1980年1月20日，其在中国经核准注册了"TOYOTA"两种不同字体的文字商标，核准使用商品为商品国际分类第19类：汽车和12类：汽车及其部件、车辆轮胎，商标注册号为135092和135095，经续展注册，有效期截至2010年1月19日。丰田株式会社在其制造的各款型汽车的车头、车尾等处均镶嵌有丰田图形标志。

被告吉利公司成立于2002年2月17日，其由原宁波美日汽车制造有限公司、浙江豪情汽车制造有限公司、吉利集团临海机车工业有限公司合并设立，原三公司的债权、债务均由新设立的吉利公司继承。吉利公司为吉利集团有限公司的控股子公司，经营范围主要为汽车（含吉利美日轿车、吉利美日系列客车）及其发动机、零部件的制造和经营。

美日文字和图形商标于1996年5月7日经中国国家工商行政管理局商标局核准注册，核定使用商品为商品国际分类第12类：汽车、摩托车，商标注册号为836611，有效期至2006年5月6日，商标注册人为黄岩市华田摩托车总厂。1998年6月28日，该商标经核准转让注册，商标注册人变更为吉利集团有限公司。2000年4月29日和2001年1月11日，吉利集团有限公司分别向中国国家工商行政管理总局商标局申请注册两种美日图形商标，申请号为1621886和1757344，申请使用商品均为汽车、农用运输车、运货车、陆地车辆发动机、汽车（车辆）、汽车、汽车车身、摩托车、轻型客车。中国国家工商行政管理局商标局分别于2001年5月21日及2002年1月28日进行了商标初步审定公告。吉利集团有限公司授权被告吉利公司使用上述已注册和正在申请注册的商标。

被告吉利公司前身之一，宁波美日汽车制造有限公司制造的MR6370A型美日汽车的车头正面、车尾、方向盘和车轮轴外面均镶嵌有美日图形商标。该车型的使用说明书（2000年5月版）前言中表明"MR6370、MR6370A型轻型客车"、"分别配装我公司生产的MQ479Q型和丰田汽车公司生产的8A－FE四缸电控汽油喷射发动机"，该车型的使用说明书（2001年10月版）前言中表明"MR6370A1、MR6370A1豪华型客车"、"分别装配我公司生产的MQ479Q型和天津丰田汽车发动机公司生产的8A型四缸闭环电控汽油喷射发动机"。在该车型的宣传画册中表明该车的发动机为"TOYOTA8A"（8A－FE），宁波美日汽车制造有限公司于2001年3月14日《北京晚报》上刊登的宣传广告中含有"丰田动力 动心价格"、"搭载日本TOYOTA8A－FE四缸电喷发动机"字样。

天津丰田公司系丰田株式会社与中国天津汽车工业总公司在中国注册成立的合资公司，在中国境内，丰田株式会社向天津丰田公司独家转让 8A - FE 发动机产品技术。2000 年 1 月 5 日，吉利公司与天津丰田公司签订供货合同，合同约定由天津丰田公司向吉利公司供应 8A - FE 汽油机。2000 年 4 月 12 日，双方又签订《供货状态协议书》，约定天津丰田公司以协议约定的整机状态及随机附件、包装为准向吉利公司提供 8A 型汽油机，作为吉利公司制造的轻型客车的动力。吉利公司制造的涉案美日汽车所使用的发动机的分电器、发电机和调整带速的皮带上均标有 "TOYOTA" 商标，发动机的侧面标有：8A 型汽油机，天津丰田公司，TTME 及天津丰田公司的双环型图形商标。

被告亚辰伟业中心成立于 2000 年 7 月 20 日，经营范围主要为销售汽车（含小轿车）、汽车配件、润滑油等。2001 年 1 月 11 日，亚辰伟业中心与吉利公司前身宁波美日汽车制造有限公司签订了美日汽车销售合同，亚辰伟业中心作为美日 MR6370A 汽车在北京地区独家经销单位，该合同有效期至 2001 年 12 月 31 日。亚辰伟业中心销售了涉案美日汽车，其在宣传时使用了 "丰田 8A - FE 电喷发动机"、"美日汽车搭载 TOYOTA - 8A 引擎" 字样。

涉案丰田图形商标外部为椭圆型，内部为一横向椭圆与纵向椭圆的组合，呈 "TOYOTA" 的第一个字母 "T" 形，内部线条比外部线条粗重，原告在丰田汽车上使用的图形商标为内外部线条粗细一致，颜色为单一金属色；涉案美日图形商标外部为椭圆型，内部中间为一条横向弧线，四条纵向弧线，内外部线条粗细相同，颜色为单一金属色。

另，中国于 1985 年 3 月 19 日成为《保护工业产权巴黎公约》的成员国。日本于 1899 年 7 月 15 日成为《保护工业产权巴黎公约》的成员国。

【一审审理结果】

一审法院认为：中国和日本同为《保护工业产权巴黎公约》的成员国，依据该公约的规定，工业产权的保护对象是专利、实用新型、工业外观设计、商标、服务商标、商号、产地标记或原产地名称以及制止不正当竞争，因此，本案原告丰田株式会社作为在日本注册成立的公司，可以请求依据中国法律保护其合法取得的商标权及制止在中国境内发生的针对其的不正当竞争行为。

涉案丰田图形商标、"丰田" 及 "TOYOTA" 文字商标在中国经核准予以注册，原告丰田株式会社作为上述注册商标权人，其所享有的注册商标专用权，应受中国法律保护。

我国商标法于 2001 年 10 月 27 日进行了修正，并于 2001 年 12 月 1 日起生效。鉴于本案被告吉利公司及亚辰伟业中心的被控侵权行为发生在商标法修正生效日前，并延续至商标法修正生效日后，因此，本案应适用我国修正后的商标法。

本案双方当事人争议的焦点问题是：被告吉利公司使用涉案美日图形商标是否构成对原告享有的丰田图形注册商标专用权的侵犯；被告吉利公司使用"丰田"及"TOYOTA"文字的涉案行为是否构成对原告享有的"丰田"及"TOYOTA"注册商标专用权的侵犯，吉利公司使用美日图形商标、"丰田"及"TOYOTA"文字的涉案宣传行为是否构成对原告的不正当竞争；被告亚辰伟业中心销售涉案美日汽车以及在销售过程中所实施的涉案宣传行为是否构成对原告享有的注册商标专用权的侵犯及不正当竞争；原告的丰田图形商标、"丰田"及"TOYOTA"文字商标是否为驰名商标。

首先，关于被告吉利公司在涉案美日汽车上所使用的美日图形商标是否与原告的丰田图形注册商标近似，是否使相关公众产生误认，构成对原告享有的丰田图形注册商标专用权的侵犯问题。

我国商标法规定，未经商标注册权人许可，在同一种商品或者类似商品上使用与其注册商标相同或者近似的商标的，构成侵犯注册商标专用权。最高人民法院《关于审理商标民事纠纷案件适用法律若干问题的解释》规定：商标近似，是指被控侵权的商标与原告的注册商标相比较，其文字的字形、读音、含义或者图形的构图及颜色，或者其各要素组合后的整体结构相似，或者其立体形状、颜色组合近似，易使相关公众对商品的来源产生误认或者认为其来源与原告注册商标的商品有特定的联系。认定商标近似按照以下原则：以相关公众的一般注意力为标准；既要进行对商标的整体比对，又要进行对商标主要部分的比对，比对应当在比对对象隔离的状态下分别进行；应当考虑请求保护的注册商标的显著性和知名度。

商标的基本功能在于使消费者能够识别商品及其来源。本案被告吉利公司的美日图形商标所使用的汽车产品与原告丰田图形注册商标所核定使用的商品属于相同商品。根据我国上述法律规定，判断商标近似要以相关公众的一般注意力为标准。所谓相关公众，是指与商标标识的某类商品或者服务有关的消费者和与前述商品或者服务的营销有密切关系的其他经营者。本案涉案产品为汽车，与其相关的消费者应指汽车的购买者或使用者，与其相关的经营者应指经销、提供汽车维修和其他服务的经营者，因此，本案中，相关公众应指汽车的购买者或使用者以及经销或提供汽车维修和其他服务的经营者。上述消费者包括有购买计划的潜在消费者、正在实施购买行为的消费者、购买后的消费者和使用者。相对而言，汽车应属高价位商品，汽车消费者对于所购买或所使用的汽车的品牌、性能、价格、制造厂商，一般都要进行较为仔细地了解，购买前会在相同或不同档次的汽车品牌之间进行充分地比对和反复地选择，深思熟虑后才会购买，购买后通过对汽车的使用、保养和维修等，能够进一步加深对该汽车品牌和制造厂商的认识和了解，并能够持续关注该品牌汽车的后续系列品牌的产品；上述经营者往往对所经营的汽车品牌有一定的熟知程度和较高水平的认识，并能够对不同品牌的汽车产品和制造厂商加以区别，具有较强的识别能力。

将原告的丰田图形注册商标与吉利公司所使用的美日图形商标进行比对，二者外部轮廓虽同为椭圆型，但前者椭圆型内部由三条弧线组成，内部线条粗重，外部线条轻细，内部横、纵两个椭圆造型突出，整体结构简约；后者椭圆型内部由5条弧线组成，内外部线条粗细一致，且内外部线条组合呈"美"字汉语拼音的第一个字母"M"与汉字"日"的艺术变形，整体结构相对复杂。将二者进行隔离观察比对，凭借上述相关公众的一般注意力，能够判断出二者在整体视觉上存在着较大的差异，该两个图形商标主要部分的线条结构也明显不同，相关公众不会将二者混淆或误认。

实践中，丰田株式会社对丰田图形商标较长时间的使用及其对该商标所标识的汽车产品所采取的有效的市场经营行为，使得丰田图形商标作为丰田汽车的标识具有较高的显著性和知名度。但是对于汽车产品的相关公众来说，由于对涉案汽车产品的外在形状、配置、性能和是否源自中国本土、外国或合资企业等主要方面具有一定的熟悉程度和认知水平，并由于两个图形商标所标识的汽车产品的市场定位、内涵、价格差别明显，因此，不会对美日图形商标所标识的美日汽车的来源产生误认，或者认为其与丰田图形商标所标识的丰田汽车之间存在特定的联系。

综上，结合汽车产品的特点、汽车产品的相关公众在市场中的感知规律和注意力程度、涉案丰田图形商标的显著性和知名度、比对丰田图形商标和美日图形商标所存在的差异以及上述图形商标所标识的汽车产品的差别程度等因素，可以综合判断出被告吉利公司的美日图形商标与原告的丰田图形注册商标不近似，相关公众不会产生混淆或对其来源产生误认，也不会产生对原告注册商标专用权不利的联想。吉利公司在其制造的美日汽车上使用美日图形商标的行为不构成对原告注册商标专用权的侵犯。原告丰田株式会社指控被告吉利公司的上述行为侵犯其注册商标专用权的诉讼主张，缺乏事实与法律依据，本院不予支持。

其次，关于被告吉利公司对涉案美日汽车进行宣传时使用"丰田"及"TOYOTA"文字是否构成对上述注册商标专用权的侵犯，吉利公司使用美日图形商标和涉案宣传行为是否构成不正当竞争的问题。

按照我国法律规定，未经注册商标权人许可，在同类或类似商品上使用与注册商标相同或近似的商标等行为，为侵犯注册商标专用权的行为。法律还对其他侵犯注册商标专用权的行为作出了明确的规定。本案现有证据表明：被告吉利公司在对涉案美日汽车进行宣传时使用"丰田"及"TOYOTA"文字，是对涉案美日汽车发动机所具有的性能、来源进行说明，是向消费者介绍汽车产品配置的主要部件的技术、制造等来源情况，以便消费者对汽车产品的基本情况有所了解，这种对汽车产品配置进行介绍或说明的方式是符合商业惯例的；吉利公司并未将"丰田"及"TOYOTA"文字作为涉案美日汽车的商品标识予以使用，"丰田"及"TOYOTA"文字在此不具有用来标识美日汽车产品和吉利公司的意义，未对"丰田"及"TOYOTA"注册商标权造成损害。吉利公司的上述行为不属我国法律规定的侵犯注册商标专用权的行为，原告丰田株式会社指控被告吉利公司的上述行为侵犯其注册商标专用权的诉讼主张，于法无据，本院不予支持。

我国反不正当竞争法规定，不正当竞争是指经营者违反该法规定，损害其他经营者的合法权益，扰乱社会经济秩序的行为；经营者不得利用广告或者其他方法，对商品的质量、制作成分、性能、用途、生产者、有效期限、产地等作引人误解的虚假宣传。法律规定的虚假宣传，是指故意散布与实际不相符合的信息。

根据已查明的事实，吉利公司制造的涉案美日汽车所使用的发动机系天津丰田公司制造的 8A 型汽油机，而天津丰田公司作为丰田株式会社在我国注册成立的合资公司，其制造 8A 型汽油机的技术系经丰田株式会社独家授权取得，因此，涉案 8A 型汽油机实为丰田株式会社提供技术，由天津丰田公司制造。

由此可见，吉利公司在对涉案美日汽车进行宣传时使用"丰田"及"TOYOTA"文字及"丰田动力 动心价格"、"搭载日本 TOYOTA8A－FE 四缸电喷发动机"字样，并在产品使用说明书中使用"丰田汽车公司生产"字样，带有一定的夸大成分，该行为显属不当。但是该行为的性质尚未达到我国法律所规定的对产品的性能、用途等作引人误解的虚假宣传的程度，涉案汽车产品的相关公众不会因此误认涉案美日汽车的发动机系自日本本土制造，且由于涉案8A 发动机的技术实际来源于原告丰田株式会社，该行为不会对丰田汽车的品牌声誉产生不利的影响，并不会造成损害原告的合法权益、扰乱社会经济秩序的客观后果。吉利公司在美日汽车上使用美日图形商标及其上述宣传行为，不会导致相关公众对涉案美日汽车或吉利公司与丰田汽车或丰田株式会社的误认或对它们之间的关联性产生联想，亦未对原告相应的合法权益构成损害。因此,吉利公司的上述行为不构成不正当竞争,原告丰田株式会社指控吉利公司上述行为构成不正当竞争的诉讼请求,缺乏事实与法律依据,本院不予支持。

第三,关于被告亚辰伟业中心销售涉案美日汽车以及所实施的涉案宣传行为是否构成对原告注册商标专用权的侵犯及不正当竞争问题。

亚辰伟业中心作为涉案美日汽车的销售者,其销售汽车产品的行为符合相关法律、法规的规定,其与被告吉利公司之间存在正当的经营关系。其销售的涉案美日汽车是由吉利公司制造和提供的,其针对涉案美日汽车所作宣传的内容源于吉利公司,因此,基于认定吉利公司的涉案行为不构成对原告注册商标专用权的侵犯及不正当竞争,亚辰伟业中心上述涉案行为亦不构成对原告注册商标专用权的侵犯及不正当竞争。原告丰田株式会社指控亚辰伟业中心的涉案行为构成对原告注册商标专用权的侵犯及不正当竞争,缺乏依据,本院不予支持。

第四,关于是否认定原告丰田株式会社的丰田图形商标、"丰田"及"TOYOTA"文字注册商标为驰名商标的问题。

我国商标法对驰名商标的保护作了明确的规定。法律对驰名商标予以较一般注册商标更为特殊的保护,包括禁止在与注册商标不相同或者不相类似的商品上使用与该注册商标相同或近似的商标误导相关公众的行为,也包括禁止在与未注册商标相同或者相类似的商品上使用与该未注册商标相同或近似的商标易导致混淆的行为。人民法院在处理商标纠纷案件中,根据当事人的请求和案件的具体情况,可以对涉及的注册商标是否驰名作出认定。就本案而言,原告的涉案注册商标不需要适用驰名商标的特殊保护,因为被告被控侵权行为所涉及的汽车产品与原告涉案注册商标所核定使用的商品属于相同商品,判断在与注册商标相同或类似的商品上所使用的商标是否误导相关公众,以及该商标是否与该注册商标近似,并不以认定该注册商标是否驰名为前提。因此,本院在本案中没有必要对原告的涉案注册商标是否驰名作出判断和认定。原告关于认定涉案注册商标为驰名商标的诉讼请求,本院不予支持。

综上,原告丰田株式会社提出的被告吉利公司、亚辰伟业中心的涉案行为构成对其注册商标专用权的侵犯及不正当竞争的诉讼主张不能成立。其要求被告吉利公司、亚辰伟业公司承担停止侵权行为、赔偿经济损失法律责任的诉讼请求,缺乏事实与法律依据,本院不予支持。其认定涉案注册商标为驰名商标的诉讼请求,因缺乏必要性,本院亦不予支持。依照《中华人民共和国商标法》第五十二条第(一)项、第(五)项,《中华人民共和国商标法实施条例》第五十条,《中华人民共和国反不正当竞争法》第二条第二款、第九条第一款,最高人民法院《关于审理商标民事纠纷案件适用法律若干问题的解释》第一条、第九条第二款、第十条、第二十二条的规定，判决如下：

驳回（日本）丰田自动车株式会社的诉讼请求。

案件受理费 80 360 元，由（日本）丰田自动车株式会社负担。

各方当事人均服从一审判决。

附图 1：

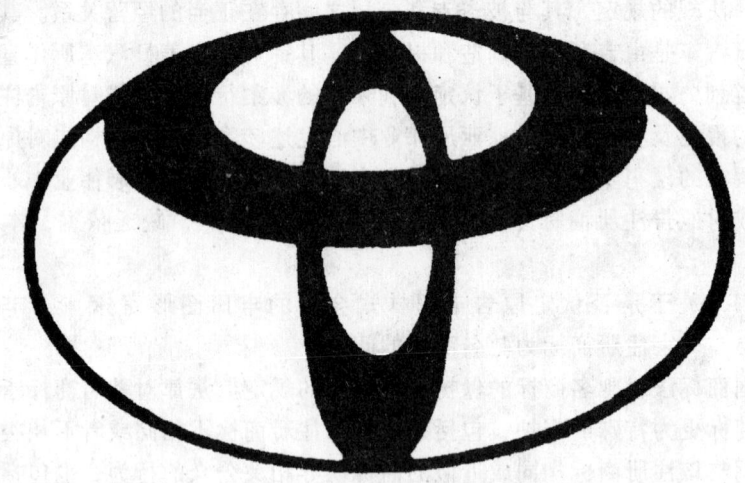

附图 2：

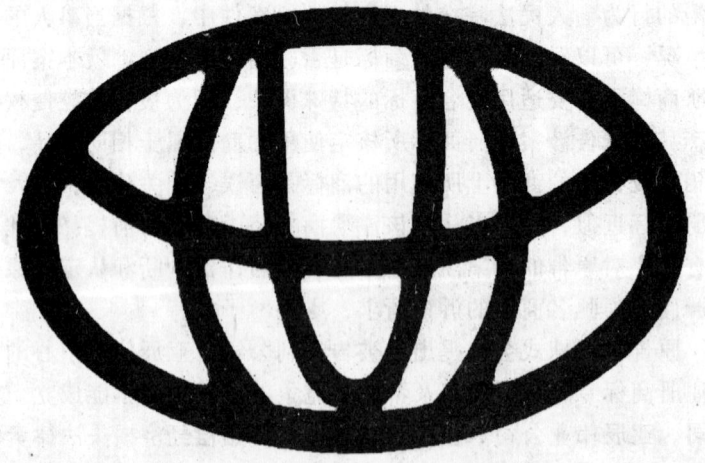

25. "家庭"商标侵权纠纷案

——《家庭》杂志社诉北京里肯咨询有限公司、北京奥肯广告有限公司等

原告（上诉人）：《家庭》杂志社
被告（被上诉人）：北京里肯咨询有限公司
被告（被上诉人）：北京奥肯广告有限公司
被告（被上诉人）：中国非处方药物协会
被告（被上诉人）：北京双鹤药业股份有限公司
被告（被上诉人）：芜湖绿叶制药有限公司
被告（被上诉人）：承德中药集团有限责任公司（2003年5月22日变更名
　　　　　　　　　　　称为承德颈复康药业集团有限公司）
被告（被上诉人）：上海先灵葆雅制药有限公司
被告（被上诉人）：济南体恒健生物工程有限公司
被告（被上诉人）：陕西东盛医药有限责任公司
被告（被上诉人）：西安杨森制药有限公司
被告（被上诉人）：哈药集团制药总厂
被告（被上诉人）：重庆桐君阁大药房连锁有限责任公司
案由：商标侵权纠纷

原审案号：北京市第二中级人民法院（2002）二中民初字第5666号
原审合议庭成员：刘薇、宋光、何暄
原审结案日期：2002年12月2日
二审案号：北京市高级人民法院（2003）高民终字第901号
二审合议庭成员：刘继祥、魏湘玲、周翔
二审结案日期：2003年12月2日

【判决要旨】

《家庭》杂志社将一个区别特征不强的常用词汇作为杂志名称且注册为商标，对该商标的保护应该严格限定在他人不得单独或突出地在相同或近似商品上使用该商标或名称的范围内，《家庭》杂志社不能阻止他人对"家庭"二字的合理使用。《家庭 OTC》杂志与《家庭》杂志的发行渠道不同，不会使消费

者对商品来源产生混淆。里肯咨询公司创办的《家庭 OTC》杂志使用"家庭"二字完全是善意地说明该杂志的特征或者属性，其行为不构成对《家庭》杂志社所享有的"家庭"注册商标专用权的侵犯。

【起诉与答辩】

原告《家庭》杂志社诉称：原告于 1982 年创办了《家庭》杂志，又于 1990 年 1 月 10 日经原国家工商行政管理局商标局（以下简称国家商标局）核准，在第 16 类上注册了"家庭"商标，商标注册号为 509556 号，核定使用的商品是杂志。经过 20 年的努力，《家庭》杂志已成为全国最畅销的杂志之一，"家庭"商标也已成为知名的商标，经广东省物价局价格认证中心鉴证，"家庭"品牌价值人民币 268 120 000 元。第一被告北京里肯咨询有限公司（以下简称里肯咨询公司）非法出版发行、其他 11 被告主办、协办的《家庭 OTC》杂志，虽在"家庭"二字后面加上了"OTC"三个英文字母，但普通读者的第一印象都会认为是原告出版的杂志，故本案 12 被告的行为侵犯了原告的商标权。该杂志销售范围涉及北京、上海、重庆、南京、广州、深圳等全国十几家城市，已获取了暴利，给原告造成了很大经济损失。请求法院判令：（1）本案 12 被告立即停止非法印刷和发行《家庭 OTC》杂志；（2）本案 12 被告在全国公开发行的报纸上就侵权行为向原告公开致歉；（3）里肯咨询公司、北京奥肯广告有限公司（以下简称奥肯广告公司）、中国非处方药物协会（以下简称非处方药物协会）支付经济赔偿费人民币 1 091 300 元、承担原告为本案诉讼支出的差旅费、调查费等合理费用并承担本案的诉讼费；（4）其余被告对第 3 项请求承担连带责任。

被告里肯咨询公司辩称：里肯咨询公司主办的《家庭 OTC》杂志是一本直投式杂志，每期印刷量不超过 5 000 册，主要以赠送为主，虽也有个别销售，但不是通过新华书店公开上市发行，影响很小。里肯咨询公司使用的杂志名称"家庭 OTC"与"家庭"商标的文字及使用时的形态均不相同，对"家庭"商标不构成任何侵害。具体到原、被告的两本杂志从内容到形式也完全不同，根本不会给消费者造成混淆和误认。在原告《家庭》杂志创刊前后，至少有 46 家杂志的名称中都含有"家庭"二字，并且有的杂志将名称注册了商标，就是因为"家庭"二字是一个常用词，被普遍、经常地使用，原告不能对"家庭"二字形成垄断。故请求法院驳回原告的诉讼请求。

奥肯广告公司辩称：《家庭 OTC》杂志是里肯咨询公司自己出版、发行的杂志，奥肯广告公司仅是为里肯咨询公司发布广告，没有参与该杂志的其他任何工作，不应被认为是与里肯咨询公司有共同侵权的行为。另外，"家庭"二字是一常用词汇，不能因为原告注册了商标，别人就不能使用。《家庭OTC》杂志与《家庭》杂志根本不相同，不会导致读者的误认，故奥肯广告公司没有侵权行为，请求法院驳回原告的诉讼请求。

非处方药物协会辩称：本案被控侵权的《家庭OTC》杂志与非处方药物协会无任何关系。该杂志创刊时，里肯咨询公司未经允许擅自把非处方药物协会列为协办单位。为此，经非处方药物协会要求，里肯咨询公司已于2001年9月17日向非处方药物协会书面致歉并向有关单位进行了澄清，在以后出版的杂志中也没有再使用非处方药物协会的名称。故本案中里肯咨询公司出版、发行《家庭OTC》杂志所引发的任何法律责任和后果，均应由其自行承担，请求法院驳回原告的诉讼请求。

北京双鹤药业股份有限公司（以下简称双鹤药业公司）辩称：双鹤药业公司与里肯咨询公司从未有过任何业务往来，也未参与《家庭OTC》杂志的任何赞助活动，更不是《家庭OTC》杂志的协办单位，甚至于里肯咨询公司不知道双鹤药业公司的确切名称，在杂志上将名称列错了。因此，原告向双鹤药业公司提出的诉讼请求无事实及法律依据，请求法院驳回原告诉讼请求。

芜湖绿叶制药有限公司（以下简称芜湖绿叶制药公司）辩称：根据芜湖绿叶制药公司与里肯咨询公司的约定，芜湖绿叶制药公司仅有在《家庭OTC》杂志上优惠刊登广告并获赠杂志的权利，芜湖绿叶制药公司没有参与《家庭OTC》杂志的编辑、发行工作，也不是《家庭OTC》杂志的协办单位，原告的起诉没有事实依据。另外，芜湖绿叶制药公司同意里肯咨询公司及奥肯广告公司的主张，《家庭OTC》杂志名称的使用不构成侵犯原告的商标权，也不会冲击《家庭》杂志的销售市场。

承德中药集团有限责任公司（以下简称承德中药集团公司）辩称：承德中药集团公司与里肯咨询公司只是广告业务关系，双方曾就在《家庭OTC》杂志上刊登广告事宜签订合同，但签合同时承德中药集团公司明确反对将其列为协办单位，在合同上划掉了这一条。《家庭OTC》杂志仍然把承德中药集团公司列为协办单位，所产生的一切法律后果应由里肯咨询公司承担。另外，承德中药集团公司也提出《家庭OTC》杂志名称的使用不构成侵犯原告的商标权，也不会冲击《家庭》杂志的销售市场，原告提出的赔偿数额没有事实依据。请求法院驳回原告的诉讼请求。

上海先灵葆雅制药有限公司（以下简称先灵葆雅制药公司）辩称：先灵葆雅制药公司与里肯咨询公司只是广告业务关系，双方曾就在《家庭OTC》杂志上刊登广告事宜签订过合同，所刊登的广告均是合法的，先灵葆雅制药公司支付了广告费。先灵葆雅制药公司根本不是《家庭OTC》杂志的协办单位，该杂志是否侵犯他人的商标权，与先灵葆雅制药公司无关，所产生的一切法律后果应由里肯咨询公司承担。请求法院驳回原告的诉讼请求。

济南体恒健生物工程有限公司（以下简称体恒健生物工程公司）没有进行答辩。

陕西东盛医药有限责任公司（以下简称东盛医药公司）辩称：东盛医药公司与里肯咨询公司从未有过任何业务往来，也不是《家庭OTC》杂志的协办单位，里肯咨询公司甚至不知道东盛医药公司的确切名称，在杂志上将名称列错了。因此，原告的诉讼请求无事实及法律依据，请求法院驳回原告诉讼请求。

西安杨森制药有限公司（以下简称西安杨森制药公司）辩称：西安杨森制药公司与里肯咨询公司之间不存在任何关系，更不是《家庭OTC》杂志的所谓"发起人"。双方没有签订过广告合同，西安杨森制药公司也从未主动在《家庭OTC》杂志上刊登过广告，即使里肯咨询公司有侵犯原告商标权的行为，原告也无权要求西安杨森制药公司承担任何责任。请求驳回原告诉讼请求。

哈药集团制药总厂辩称：哈药集团制药总厂原名哈尔滨制药总厂，早已在2001年2月14日更名，里肯咨询公司甚至不知道这一情况，在《家庭OTC》杂志上仍使用原名称，充分说明哈药集团制药总厂与《家庭OTC》杂志的创办、经营无任何关系，且哈药集团制药总厂也未给该杂志以任何形式的支持，原告的诉讼无事实及法律依据，请求法院驳回原告的诉讼请求。

重庆桐君阁大药房连锁有限责任公司（以下简称桐君阁大药房）辩称：桐君阁大药房从未参与过《家庭OTC》杂志的任何事务，也不是所谓协办或发起人。杂志上的署名完全是里肯咨询公司单方的行为。桐君阁大药房曾多次提出要求更正，里肯咨询公司为此也出具了相应证明，故原告的诉讼请求无事实及法律依据，请求法院予以驳回。

【原审查明事实】

原审法院经审理查明：原告于1990年1月10日，经国家商标局核准注册了"家庭"文字商标，注册号为509556号。核定使用的商品为第16类：杂志。此商标于2000年3月续展，有效期至2010年1月9日。原告自1982年起出版、发行《家庭》杂志至今。该杂志全国统一刊号为：CN44-1066/C。该杂志的规格为16开，封面为128克进口铜板纸彩页，内页均为黑白页，共64页。在封面的左上方印有杂志名称"家庭"，并有注册商标英文标记。该杂志内容为介绍名人或普通人的家庭生活、命运悲欢、爱情故事、家庭生活新理念及心理咨询等。

被告里肯咨询公司于2001年创办了《家庭OTC》杂志，至2002年6月共发行了 4 期。该杂志没有国内统一刊号。该杂志规格为大 16 开，封面为 157 克铜板纸彩页、覆亮膜，内页为 105 克铜板纸，大多为彩页，页数为 90～128 页不等。在封面正上方印有杂志名称"家庭 OTC"，其中"家庭"二字为艺术字体，字体颜色配合封面整体色调，有黑色及黄色两种，"OTC"三个英文字母均为白色，与"家庭"二字的大小相同，呈平行整齐排列（首刊号除外）。该杂志内容为家庭非处方药物用药指南、家庭非处方药物百科、家庭非处方药物市场、家庭保健常识等，其中有多页广告。在该杂志后面有征订函、广告刊例等，在征订函中其宣称每期发行 5 万份。

该杂志首刊号第 1 页印有"发起人：非处方药物协会、西安杨森制药公司、先灵葆雅制药公司、哈尔滨制药总厂、里肯咨询公司"等。第 4 页印有"主办：里肯咨询公司，协办：非处方药物协会，承办：奥肯广告公司，协办单位：芜湖绿叶制药公司"，杂志最后印有"成本价 10 元 1 册"（后 3 期没有此报价条目）。

该杂志 2001 年 11 月出版发行的第二期中第 1 页印有"发起人：西安杨森制药公司、先灵葆雅制药公司、桐君阁大药房、里肯咨询公司"等。第 6 页印有"主办：里肯咨询公司，承办：奥肯广告公司，协办单位：芜湖绿叶制药公司、东盛科技陕西东盛医药有限责任公司、双鹤药业公司、先灵葆雅制药公司"。

该杂志 2002 年 2 月出版的第三期中第 4 页印有"主办：里肯咨询公司，承办：奥肯广告公司，协办单位：承德中药集团公司、先灵葆雅制药公司、体恒健生物工程公司、芜湖绿叶制药公司"。

该杂志 2002 年 6 月出版的第四期中第 12 页印有"主办：里肯咨询公司，承办：奥肯广告公司，协办单位：承德中药集团公司、先灵葆雅制药公司"等。

2001 年 9 月，里肯咨询公司就《家庭 OTC》杂志首刊号上单方面将非处方药协会列为发起人一事，应非处方药物协会要求向其致歉并起草了一封致企业的公开信。自该杂志的第二期起，在发起人一页中已删除了非处方药物协会。

里肯咨询公司于 2002 年 2 月、3 月、8 月、9 月给奥肯广告公司、芜湖绿叶制药公司、承德中药集团公司、桐君阁大药房发函，说明在《家庭 OTC》杂志上所列协办单位的称号，属于杂志馈赠的荣誉称号，不存在实质性协办合作，且里肯咨询公司在庭审中明确表示《家庭 OTC》杂志系其独立创办，与其余 11 被告没有合作关系。

在其余 11 被告中只有承德中药集团公司与先灵葆雅制药公司提交了与里肯咨询公司签订的广告合同，证明双方只存在广告业务关系。而奥肯广告公在庭审中只承认其是为里肯咨询公司代理广告业务的关系。里肯咨询公司对此均表示认可。

本院还查明，目前在期刊市场上，有多达四十余种带有"家庭"字样的杂志。如《家庭医药》、《家庭医生》及《家庭保健》等。

【原审审理结果】

原审法院认为：申请注册的商标在形、义或色彩上，应当有显著特征，便于消费者识别。原告注册的商标——"家庭"二字，从其含义来讲是一个使用频率高、使用范围广的常用词，从该商标的字体形式来看，区别特征也不强，只是经过原告将其作为杂志名称长期使用之后，使"家庭"二字有了特定的杂志名称的含义，经国家商标局核准原告将其注册为商标后，原告依法享有了对该商标的专用权。但是，鉴于本案原告将一个区别特征不强的常用词作为杂志名称且注册为商标，本院认为对该商标的保护应该严格限定在他人不得单独或突出地在相同或近似商品上使用该商标或名称的范围内。

本案被告里肯咨询公司创办的《家庭OTC》杂志，在名称中虽包含有"家庭"二字，但该名称的使用（尤其是后3期的使用）是呈整齐排列的整体结构，且在字体、字号上均与原告不同，从形式上看没有突出使用"家庭"二字。原告提出因为消费者不熟悉"OTC"的含义，更多地会注意到"家庭"二字，"家庭"二字构成了该杂志名称中的显著部分，故被告使用"家庭OTC"的名称存在侵权的故意，对此，本院认为原告这一主张不能成立。"OTC"作为"非处方药物"一词的英文缩写，虽是近几年来新兴的一个词汇，但已经被广泛用于药物包装及药店柜台的标示牌等处，并被广泛宣传，而"家庭"二字只是一个常用词，比较之下人们的注意力应更容易放在新兴的词汇上。从《家庭OTC》杂志在名称的使用方式上看，以白颜色标识"OTC"，也不能认为是有意淡化该三个字母，故不存在所谓"'家庭'二字构成显著部分"。原告的主张缺乏事实依据。

此外，商标的重要作用是标识自己的商品，并使之与其他商品相区别。目前市场上带有"家庭"二字名称的杂志很多，每个杂志都有其特定的内容，因此形成不同的读者群。在两个杂志外观不近似的情况下，人们的注意力一般是放在不同点上，而不是相同近似点上。被告里肯咨询公司出版、发行的《家庭OTC》杂志除名称外，在纸张规格及材质、印刷质量、版面设计、内容安排等各方面均与原告出版的《家庭》杂志均有较大差别。原告主张"读者第一印象都会认为是原告出版的杂志"，但没有提供进一步的证据证明有消费者对《家庭》杂志及《家庭OTC》杂志产生了混淆和误认，故本院认为《家庭OTC》杂志名称的使用不构成对"家庭"商标的侵权。

关于原告提出奥肯广告公司等 11 被告均与里肯咨询公司共同发起、承办、协办了《家庭 OTC》杂志，应共同承担法律责任的主张，无充分证据证明，本院不予支持。

至于《家庭 OTC》杂志在没有取得全国统一刊号的情况下，被告里肯咨询公司在其公司住所地销售该杂志的行为是否违反了相关行政法规的规定，应由有关行政管理部门进行处理，本案对此不予涉及。

综上，本院依据《中华人民共和国商标法》第九条第一款、第五十二条第一款第（一）项之规定，判决如下：

驳回原告《家庭》杂志社的诉讼请求。

《家庭》杂志社不服原审判决，提起上诉。理由是：（1）原审判决认定"《家庭 OTC》杂志名称的使用不构成对'家庭'商标的侵权"的事实错误。"家庭 OTC"与注册商标"家庭"的显著部分相同。字体、字号不影响对近似商标的认定，我国商标法对侵犯注册商标专用权的行为并无突出使用的要求。OTC 并非众所周知，其在医学上的含义达 9 种之多，非处方药物非 OTC 的基本含义。"家庭"与"家庭 OTC"足以使公众产生联想，误认为《家庭 OTC》是《家庭》杂志社所办，且二者适用的商品类别均为第 16 类：杂志。被上诉人使用的名称《家庭 OTC》已经具备了侵犯注册商标专用权的一般行为要素，以普通消费者的一般注意力足以对企业的身份造成误认。（2）原审判决认为对上诉人注册商标专用权的保护应严格限定范围属于适用法律错误。我国商标法第九条第一款不适用在商标注册以后的行为，《家庭 OTC》并非在《家庭》注册之前先取得合法权益；第五十二条根本无第一款第（二）项。（3）被上诉人主观上有恶意使用"家庭 OTC"名称误导消费者的故意。医学术语的缩略语 OTC 是涉案标识的一部分，一般人对此是没有识别能力的，但被上诉人在使用时并没有善意地予以说明，其主观上有利用《家庭》的知名品牌宣传自身的动机和目的。综上，原审判决认定事实不清，适用法律错误，请求二审法院撤销原审判决，依法改判。

里肯咨询公司、奥肯广告公司、非处方药物协会、双鹤药业公司、芜湖绿叶制药公司、承德颈复康药业集团有限公司（以下简称颈复康公司）、先灵葆雅制药公司、体恒健生物公司、东盛医药公司、西安杨森制药公司、哈药集团制药总厂、桐君阁大药房均服从原审判决。

【二审查明事实】

二审法院经审理查明：1990 年 1 月 10 日，《家庭》杂志社经国家工商行政管理局商标局核准注册了"家庭"文字商标，注册证号为 509556，核定使用的商品为第 16 类：杂志。该商标经过续展，有效期至 2010 年 1 月 9 日。

《家庭》杂志社自 1982 年起出版、发行《家庭》杂志至今，其全国统一刊号为：CN44－1066/C。该杂志的规格为 16 开，封面为 128 克进口铜板纸彩页，内页均为黑白页，共 64 页。在封面的左上方印有杂志名称"家庭"，并有注册商标英文标记。该杂志内容为介绍名人或普通人的家庭生活、命运悲欢、爱情故事、家庭生活新理念及心理咨询等。

里肯咨询公司于 2001 年创办了《家庭 OTC》杂志，至 2002 年 6 月共发行了 4 期。该杂志没有国内统一刊号，其规格为大 16 开，封面为 157 克铜板纸彩页、覆亮膜，内页为 105 克铜板纸，大多为彩页，页数为 90～128 页不等。在封面的正上方印有杂志名称"家庭 OTC"，其中"家庭"二字为艺术字体，字体颜色配合封面整体色调，有黑色和黄色两种，"OTC"三个英文字母均为白色，与"家庭"二字的大小相同，呈平行整齐排列（首刊号除外）。该杂志内容为家庭非处方药物用药指南、家庭非处方药物百科、家庭非处方药物市场、家庭保健常识等，其中有多页广告。在该杂志后面有征订函、广告刊例等，在征订函中其宣称每期发行 5 万份。

《家庭 OTC》杂志首刊号第 1 页印有"发起人：非处方药物协会、西安杨森制药公司、先灵葆雅制药公司、哈尔滨制药总厂、里肯咨询公司"等。第 4 页印有"主办：里肯咨询公司，协办：非处方药物协会，承办：奥肯广告公司，协办单位：芜湖绿叶制药公司"。杂志最后印有"成本价 10 元 1 册"（后 3 期没有此报价条目）。

该杂志 2001 年 11 月出版发行的第 2 期中第 1 页印有"发起人：西安杨森制药公司、先灵葆雅制药公司、桐君阁大药房、里肯咨询公司"等。第 6 页印有"主办：里肯咨询公司，承办：奥肯广告公司，协办单位：芜湖绿叶制药公司、东盛科技陕西东盛医药有限责任公司、双鹤药业公司、先灵葆雅制药公司"。

该杂志 2002 年 2 月出版的第 3 期中第 4 页印有"主办：里肯咨询公司，承办：奥肯广告公司、协办单位：承德中药集团有限责任公司（该公司名称于 2003 年 5 月 22 日变更为承德颈复康药业集团有限公司）、先灵葆雅制药公司、体恒健生物公司、芜湖绿叶制药公司"。

该杂志 2002 年 6 月出版的第 4 期中第 12 页印有"主办：里肯咨询公司，承办：奥肯广告公司，协办单位：承德中药集团有限责任公司、先灵葆雅制药公司"等。

2001 年 9 月，里肯咨询公司应非处方药物协会要求，就其单方面在《家庭 OTC》杂志首刊号上将非处方药物协会列为发起人一事，起草了一封致企业的公开信，公开向非处方药物协会致歉。并从该杂志第 2 期起，在发起人一页中删除了非处方药物协会。

里肯咨询公司于 2002 年 2 月、3 月、8 月、9 月分别给奥肯广告公司、芜湖绿叶制药公司、承德中药集团公司、桐君阁大药房发函，说明在《家庭 OTC》杂志上所列协办单位的称号，属于杂志馈赠的荣誉称号，不存在实质性协办合作。里肯咨询公司在庭审中明确表示《家庭 OTC》杂志系其独立创办，与本案中其他被告没有合作关系。

本案中只有先灵葆雅制药公司提交了与里肯咨询公司签订的广告合同，证明双方只存在广告业务关系。奥肯广告公司在庭审中表示其与里肯咨询公司之间只是代理广告业务的关系。里肯咨询公司对此表示认可。

另查明，目前在国内期刊市场上，带有"家庭"字样的杂志多达四十余种，如《家庭医药》、《家庭医生》、《家庭保健》等。

1999 年 11 月 19 日，国家药品监督管理局发布国药管安［1999］399 号《关于公布非处方药专有标识及管理规定的通知》，要求全国的非处方药都要在药品标签、使用说明书、包装以及药品分类销售中使用"OTC"非处方药专有标志。

【二审审理结果】

二审法院认为：本案二审争议的焦点在于：《家庭 OTC》作为杂志名称，是否对《家庭》杂志社注册在第 16 类杂志类商品上的"家庭"注册商标构成商标侵权。

《中华人民共和国商标法实施条例》第四十九条规定："注册商标中含有的本商品的通用名称、图形、型号，或者直接表示商品的质量、主要原料、功能、用途、重量、数量及其他特点，或者含有地名，注册商标专用权人无权禁止他人正当使用。""家庭"一词是人们在日常生活、工作和学习中使用的常用基本词汇，其作为报刊杂志名称的一部分，具有说明刊物本身特点或者刊物读者群特点的功能和属性。《家庭》杂志社在选用"家庭"二字作为商标时，由于"家庭"一词表达的是商品或者服务本身的特征，因而它的区别作用，即显著性就弱，只是经过《家庭》杂志社将其作为杂志名称长期使用后，才使"家庭"二字有了特定的杂志名称的含义，即在"家庭"二字的基本含义之外产生出第二含义。因此，《家庭》杂志社虽经国家商标局核准在第 16 类杂志类商品上注册了"家庭"文字商标，成为该注册商标的专用权人，但不能阻止他人对"家庭"二字的合理使用。目前国内期刊市场上诸多带有"家庭"字样的杂志存在的客观事实，亦足以说明在报刊杂志类商品上确实存在着对"家庭"一词合理使用的情况。鉴于里肯咨询公司创办的《家庭OTC》杂志使用"家庭"二字完全是善意地说明该杂志的特征或者属性，因此，其行为不构成对《家庭》杂志社所享有的"家庭"注册商标专用权的侵犯。《家庭》杂志社关于"里肯咨询公司主观上有恶意使用'家庭OTC'名称误导消费者的故意"的主张不能成立。

我国改革开放以来，外来词汇，包括英语缩略语越来越多地出现在人们的日常生活当中，人们往往不需要懂得很多英文，不需要知道缩略语原来对应的英文是什么，就能大体上了解其含义。一词多义是语言的基本现象，"OTC"三个英文字母在英语辞典中可能有多种含义，但在《家庭OTC》杂志中，"OTC"却只有一种含义，即非处方药。特别是在国家药品监督管理局已有明文规定，要求全国的非处方药都要在药品标签、使用说明书、包装以及药品分类销售中使用"OTC"非处方药专有标识的情况下，相关公众对"OTC"是有认知力的。我国商标法所称相关公众，是指与商标所标识的某类商品或者服务有关的消费者和与前述商品或者服务的营销有密切关系的其他经营者。《家庭OTC》杂志的相关公众主要是医院、药店、制药企业、医药经销企业以及医生、患者，这部分人不但知道"OTC"的含义，而且更关注杂志中的"OTC"，而不是"家庭"这两个字。况且，《家庭OTC》杂志与《家庭》杂志的发行渠道不同。《家庭OTC》杂志采用的是直投的方式，主要是针对医院、药店、制药企业以及医药经销企业发放，并没有在公开渠道发行；而《家庭》杂志在国内是通过全国各地邮局订阅和发行，在国外是通过中国国际图书贸易总公司发行。因此，二者在发行渠道中不可能发生交叉，当然不会使消费者对商品来源产生混淆。《家庭》杂志社关于"'家庭'与'家庭OTC'足以使公众产生联想，误认为《家庭OTC》杂志是《家庭》杂志社所办"的主张缺乏事实依据。

综上，原审判决认定事实清楚，适用法律基本正确。《家庭》杂志社的上诉理由不能成立，对其上诉请求本院不予支持。依照《中华人民共和国民事诉讼法》第一百五十三条第一款第（一）项的规定，判决如下：

驳回上诉，维持原判。

一、二审案件受理费各15 467元，均由《家庭》杂志社负担。

26. "东风"商标侵权纠纷案

——北京东风润滑油有限公司诉东风汽车公司（十堰）润滑油有限公司、北京市京通东风汽车技术服务站

原告： 北京东风润滑油有限公司

被告： 东风汽车公司（十堰）润滑油有限公司

被告： 北京市京通东风汽车技术服务站

案由： 商标侵权纠纷

一审案号： 北京市第二中级人民法院（2003）二中民初字第08319号

一审合议庭成员： 邵明艳、张晓津、蒋春燕

一审结案日期： 2003年12月3日

【判决要旨】

被告生产、销售的涉案产品标识上所使用的"东风"文字，虽然字形与原告主张权利的注册商标的文字有所区别，但所使用的文字、读音与原告的注册商标完全相同，易使相关公众造成混淆，应认定二者为近似商标。并且原告所享有注册商标核定使用的商品与被告生产销售的产品在功能、用途、生产部门等方面相同，且参考《类似商品和服务区分表》中有关规定，应认定二者为类似商品。

【起诉与答辩】

原告北京东风润滑油有限公司（以下简称东风润滑油公司）诉称：原告于2000年11月28日自天津市日用化学厂受让了注册号为第184438号的"东风"文字商标，该商标核定使用商品分别为表油和润滑油。2002年3月14日，原告企业名称由北京莫迪润滑油有限公司变更为北京东风润滑油有限公司。随后原告在商标局进行了注册人名义变更。因此，原告在表油类产品上享有"东风"注册商标专用权。2002年4月19日至2002年7月5日，被告北京市京通东风汽车技术服务站（以下简称京通服务站）自被告东风汽车公司（十堰）润滑油有限公司（以下简称十堰公司）处购进润滑油2 850桶，该润滑油包装上使用了由"东风"文字和"双飞燕"图形组成的组合标识。2003年4月14日，北京市工商行政管理局朝阳分局以该产品侵犯"东风"文字注册商标权为由对

京通服务站进行了查处。原告认为被告十堰公司作为涉案商品的制造商、京通服务站作为该商品的销售商，在该商品上使用侵犯原告注册商标专用权的标识，侵犯了原告的注册商标专用权。故诉至法院，请求判令：两被告停止侵权行为；被告十堰公司赔偿原告经济损失 300 万元，被告京通服务站赔偿原告经济损失 3.15 万元，被告十堰公司对京通服务站的赔偿责任承担连带责任；两被告承担本案诉讼费用。

被告十堰公司辩称：第一，十堰公司对涉案"东风"商标的使用属于善意使用。因为十堰公司是驰名商标"东风"注册商标权人——东风汽车公司的下属单位，是东风汽车公司指定的东风汽车专用润滑油生产商；经东风汽车公司授权许可十堰公司使用"双燕图"注册商标，该公司参照东风汽车公司将"双燕图"商标与"东风"文字商标结合使用的传统，在涉案产品上将二者联合使用是有合理逻辑的；"东风"是十堰公司企业名称的一部分，其在涉案产品上使用"东风"文字，是对产品提供者的合理描述；第二，原告东风公司主张权利的涉案注册商标是使用在表油上的，与十堰公司生产的涉案产品汽车用润滑油不属于类似商品，十堰公司未侵犯其注册商标权；第三，原告东风公司取得涉案注册商标具有恶意，以损害东风汽车公司及广大消费者的利益为目的，为自己牟取非法利益。因此十堰公司并未侵犯原告的注册商标专用权，请求驳回原告的诉讼请求。

被告京通服务站辩称：京通服务站所经销的润滑油产品是从十堰公司购得的。该服务站自经销该产品以来，从未有人提出侵权问题，也无从知晓该商标已由原告注册。根据我国商标法的有关规定，销售不知道是侵犯注册商标专用权的商品，能证明该商品是合法取得并说明提供者的，不应承担赔偿责任。故该服务站不应承担侵权责任，请求法院驳回原告的诉讼请求。

【一审查明事实】

一审法院经审理查明：1983 年 7 月 3 日，天津市日用化学厂经国家工商行政管理局商标局核准注册了"东风"文字商标。该商标注册证号为第 184438 号，核准使用的商品为第 24 类表油，后核准转为商品国际分类第 4 类，有效期自 1983 年 7 月 3 日至 1993 年 7 月 4 日，经续展，有效期至 2003 年 7 月 4 日。2000 年 11 月 28 日，北京莫迪润滑油有限公司受让取得该注册商标。2002 年 3 月 5 日，北京莫迪润滑油有限公司更名为北京东风润滑油有限公司。2002 第 27 期《商标公告》刊载的《送达公告》表明，2002 年 5 月 20 日国家工商行政管理局商标局已经向东风润滑油公司发出关于注册人名义变更申请受理通知书。

2003年4月7日，经北京市通州区公证处公证，东风润滑油公司法定代表人纪立光自北京市东辰汽配联销公司购买"金康力东风康明斯专用王牌高级柴油机油（API CF—4/SAE 15W/40 净含量 4L，净重量 3.5kg）"一桶，并取得发票一张。该产品外包装桶上标明：东风汽车公司（十堰）润滑油有限公司出品，并标有"双燕图"图形商标和"东风"文字的组合标识。该组合标识的上方为"双燕图"图形商标，下方为"东风"文字。此外，在该产品外包装桶上标注十堰公司的名称时，还标有"双燕图"标识及该公司的联系电话和地址。在开庭审理过程中，被告十堰公司对上述公证购买事实无异议，并认可公证封存的产品系由其生产的产品。经查，京通服务站于2003年3月12日开具的北京增值税专用发票表明，北京市东辰汽配联销公司自京通服务站购进"机油（金康力）"产品108桶，进货单价为41.88元，总金额为4 523.08元。据此，原告东风润滑油公司主张被告十堰公司、京通服务站至2003年4月仍生产、销售使用"双燕图"图形商标和"东风"文字组合标识的润滑油产品。

2003年4月14日，北京市工商行政管理局朝阳分局作出京工商朝处字（2003）第496号行政处罚决定书，该决定书对京通服务站销售涉案产品的行为进行了查处，责令其停止侵权行为，收缴并销毁商标标识1 668个，并罚款20 000元。该决定书载明，京通服务站自2002年4月19日至2002年7月5日，分两次自十堰公司购入润滑油产品2 859桶，进货金额为133 840元，该润滑油产品包装上带有"东风"文字商标与"双燕图"图形商标的组合标识。京通服务站在经营期间共销售涉案润滑油产品1 182桶，销售金额为62 720.09元，税后利润为8 845.09元。在本案审理过程中，被告京通服务站向本院提交的湖北增值税发票载明，其自十堰公司购进涉案产品540桶，金额为15 461.54元。被告京通服务站认可上述北京市工商行政管理局朝阳分局所做行政处罚决定书记载的其进货及销售涉案润滑油产品的数量。原告东风润滑油公司对此予以认可。

在本案审理过程中，十堰公司称其于2000年9月与东风汽车公司签订关于"双燕图"图形商标的使用许可协议，此后该公司开始使用"双燕图"商标；其自2001年底至2002年6月、7月间，生产了少量使用"双燕图"图形商标和"东风"企业名称的组合标识的涉案产品，但具体生产数量不清。十堰公司称其现已停止生产、销售使用涉案"双燕图"图形商标和"东风"文字组合标识的产品。原告东风润滑油公司对此不予认可，并主张应根据京通服务站销售涉案产品的数量，考虑该类服务站在全国分布的数量，确定十堰公司生产、销售涉案产品的数量。原告东风润滑油公司还主张被告京通服务站在接受有关工商机关查处后，仍销售涉案产品，具有侵权的主观故意，京通服务站提出其曾在受到有关工商机关调查前后曾销售过不带"东风"文字标识的润滑油产品，但其未就此提供证据予以证明。

另查明，1997年4月9日，国家工商行政管理局商标局向东风汽车公司发出《关于认定"东风"商标为驰名商标的通知》，认定东风汽车公司注册并使用在汽车商品上的"东风"商标为驰名商标，并附有"东风"文字和"双燕图"图形标识；1997年3月17日，东风专用汽车公司与宁夏银南汽车配件工业公司、北京美迪高级润滑油有限公司签订《关于联合创办东风汽车专用润滑油有限责任公司的协议书》；后东风专用汽车公司向北京美迪高级润滑油有限公司发出通知，宣布其于1997年3月25日委托北京美迪高级润滑油有限公司生产东风专用油的委托书作废；东风汽车公司知识产权办公室于2002年6月20日向东风汽车公司所属各单位发出紧急通知，该通知载明：由于"东风"商标被北京莫迪润滑油有限公司在第4类商品中恶意抢注，望各单位不要在第4类商品中使用"东风"文字商标。

本院另查明，根据国家工商行政管理总局商标局编制的《类似商品和服务区分表》，钟表油、润滑油同为第4类第1类似群；2002年10月25日，十堰东风汽车油品有限公司就涉案"东风"文字注册商标以该商标连续3年不使用为由，向国家工商行政管理局商标局提出撤销申请，并于2003年4月8日予以受理。

【一审审理结果】

一审法院认为：本案焦点问题是被告十堰公司生产销售、被告京通服务站销售带有"东风"文字标识的"金康力东风康明斯专用王牌高级柴油机油"产品的行为是否侵犯原告东风润滑油公司所主张的"东风"文字注册商标专用权的问题。

原告东风润滑油公司受让取得"东风"文字注册商标，其为"东风"文字注册商标专用权人，其所享有的注册商标专用权应当受到我国法律的保护。被告十堰公司提出了原告东风润滑油公司系恶意受让取得涉案注册商标的抗辩主张，但其未提供充分证据予以证明，本院对此不予采纳。

根据我国商标法的规定，未经注册商标所有人的许可，在同一种商品或者类似商品上使用与其注册商标相同或者近似的商标的，为侵犯注册商标专用权的行为。根据最高人民法院《关于审理商标民事纠纷案件适用法律若干问题的解释》的有关规定，将与他人注册商标相同或者近似的文字作为企业的字号在相同或者类似商品上突出使用，容易使相关公众产生误认的，属于我国商标法所规定的侵犯商标专用权的行为。判断是否构成侵犯注册商标专用权，首先应判断被控侵权标识与该注册商标是否相同或近似。本案被告生产、销售的涉案产品标识上所使用的“东风”文字，虽然字形与原告主张权利的注册商标的文字有所区别，但所使用的文字、读音与原告的注册商标完全相同，易使相关公众造成混淆，因此，应当认定二者为近似商标。其次，应当判断被控侵权商品与注册商标核定使用的商品是否相同或类似。根据有关法律规定，类似商品是指在功能、用途、生产部门、销售渠道、消费对象等方面相同，或者相关公众一般认为其存在特定联系、容易造成混淆的商品。本案原告所享有的“东风”文字注册商标核定使用的商品为第4类表油产品，与被告十堰公司、京通服务站生产、销售的汽车发动机专用润滑油产品在功能、用途、生产部门等方面相同，且参考《类似商品和服务区分表》中有关润滑油与表油同属第4类第1类似群的规定，应当认定二者为类似商品。

综上，本院认定被告十堰公司在生产、销售的涉案产品上使用“东风”文字标识的行为侵犯了原告的注册商标专用权，应当承担相应的法律责任。被告十堰公司提出涉案产品与原告核准注册的商品不属同种或近似商品的抗辩主张，缺乏事实和法律依据，本院不予采纳。被告十堰公司还提出了其系基于东风汽车公司的授权而使用东风汽车公司的“双燕图”和“东风”驰名商标，并根据东风汽车公司将“双燕图”和“东风”商标结合使用的传统而使用涉案标识，并未侵犯原告所享有的注册商标专用权的抗辩主张，但根据本案查明的事实，十堰公司仅就“双燕图”图形商标的使用取得东风汽车公司的授权许可，并不包含“东风”文字商标，东风汽车公司的“东风”文字注册商标核定使用的商品并非第4类润滑油产品，且其所述二者结合使用的传统亦缺乏事实和法律依据，因此十堰公司不能据此在涉案润滑油产品上使用该商标，其上述主张依据不足，本院不予采纳；十堰公司还提出其在涉案产品上使用的“东风”文字标识是该公司企业名称的一部分，是对产品提供者的合理描述，未侵犯原告所享有的注册商标专用权的抗辩主张，但该公司企业名称的全称为“东风汽车公司（十堰）润滑油有限公司”，其涉案使用行为并非对其企业名称的简化等规范性使用行为，而属于将“东风”文字作为产品标识突出使用的商标侵权行为，因此其上述主张亦缺少事实和法律依据，本院对此不予采纳。

被告京通服务站销售了涉案带有“东风”文字标识的侵权产品，亦侵犯了原告东风润滑油公司的注册商标专用权，应承担停止销售、赔偿损失的法律责任。京通服务站主张其并不知晓所售涉案商品为侵犯注册商标专用权的商品，该商品是其自十堰公司合法取得的，因此不应承担赔偿责任，但根据本案已查明的事实，被告京通服务站在接受北京市工商行政管理局朝阳分局调查后，仍销售涉案侵权产品，虽然被告京通服务站提出其在同期还销售带有其他标识的产品的主张，但其未就此提供证据予以证明，故被告京通服务站的上述主张，缺乏事实和法律依据，本院不予支持。

因此，本案原告请求法院判令被告十堰公司和京通服务站承担停止侵权、赔偿经济损失的法律责任的主张，理由正当，本院予以支持。关于赔偿经济损失的数额问题，原告所提赔偿请求数额过高，本院不予全额支持。本院将根据本案的具体情况，综合考虑被告十堰公司和京通服务站涉案侵权行为的方式、范围、持续时间、利润以及主观过错程度等因素，酌情确定被告十堰公司和京通服务站赔偿原告经济损失的合理数额。鉴于被告十堰公司与京通服务站之间并不存在共同侵权行为，原告主张被告十堰公司应对被告京通服务站赔偿经济损失的数额承担连带责任，依据不足，本院不予支持。

据此，依照《中华人民共和国民法通则》第一百三十四条，《中华人民共和国商标法》第五十一条、第五十二条第（一）项和第（二）项、第五十三条、第五十六条，最高人民法院《关于审理商标民事纠纷案件适用法律若干问题的解释》第一条第（一）项之规定，判决如下：

一、东风汽车公司（十堰）润滑油有限公司于本判决生效之日起，停止在其生产、销售的涉案侵权产品上使用"东风"文字标识；

二、东风汽车公司（十堰）润滑油有限公司于本判决生效之日起 30 日内赔偿北京东风润滑油有限公司经济损失人民币 35 万元；

三、北京市京通东风汽车技术服务站于本判决生效之日起，停止销售带有"东风"文字标识的涉案侵权产品；

四、北京市京通东风汽车技术服务站于本判决生效之日起 30 日内赔偿北京东风润滑油有限公司经济损失人民币 24 000 元；

五、驳回北京东风润滑油有限公司的其他诉讼请求。

案件受理费 25 167.5 元，由北京东风润滑油有限公司负担 7 550 元；由东风汽车公司（十堰）润滑油有限公司负担 15 000 元，由北京市京通东风汽车技术服务站负担 2 617.5 元。

各方当事人均服从一审判决。

27. "天星"商标侵权纠纷案

——田荣奎诉刘维顺、范玉佳

原告（被上诉人）：田荣奎
被告（上诉人）：刘维顺
被告（原审被告）：范玉佳
案由：商标侵权纠纷

原审案号：北京市第二中级人民法院（2003）二中民初字第 02250 号
原审合议庭成员：邵明艳、张晓津、何暄
原审结案日期：2003 年 8 月 11 日
二审案号：北京市高级人民法院（2003）高民终字第 980 号
二审合议庭成员：刘继祥、魏湘玲、岑宏宇
二审结案日期：2003 年 12 月 11 日

【判决要旨】

涉案产品外包装箱为刘维顺经营的西果工艺蜡烛厂所使用的外包装箱，内包装纸上亦标注有刘维顺的家庭联系电话号码和其曾使用的寻呼机号码，且被告范玉佳已举证证明其所销售的涉案产品是由刘维顺送货的，故可以认定被告刘维顺是涉案产品的生产者。

当事人二审中补充提交的证据应符合最高人民法院《关于民事诉讼证据的若干规定》第 41 条的规定。

【起诉与答辩】

原告田荣奎诉称：原告开办玉田县西果天星蜡烛厂（以下简称天星蜡烛厂），从事蜡烛的生产、销售业务多年，并且一直使用"天星"牌作为自己产品的商标标识。2001 年 2 月 21 日，"天星"商标为国家工商行政管理局商标局核准注册，核定使用商品为蜡烛。2002 年 11 月 16 日，原告发现北京市所属几个外县的批发市场都有假冒的"天星"牌蜡烛在销售，其中包括北京市顺义玉佳商店。经查，这些蜡烛是被告刘维顺非法生产并销售到各批发市场的。原告认为被告刘维顺未经注册商标权人许可，在同一种商品上使用与其注册商标相近似的商标，被告范玉佳销售涉案侵权产品，两被告的行为侵犯了原告的相关

权利，故诉至法院请求判令：二被告立即停止侵权行为，被告刘维顺赔偿原告经济损失 873 015.40 元，并赔偿律师代理费用 95 000 元，且承担本案诉讼费用。

被告刘维顺辩称：原告注册"天星"商标后，从未生产、销售过使用"天星"商标标识的蜡烛，原告的起诉缺乏事实依据，原告应对其指控被告侵权的事实提供证据证明；被告刘维顺与原告均为家庭作坊式生产，即使构成侵权，也不可能造成原告近百万元的经济损失。故请求法院驳回原告的诉讼请求。

被告范玉佳辩称：2002 年 11 月 4 日，刘维顺到范玉佳经营的北京市顺义玉佳商店送蜡烛 1 箱。该产品外包装箱上写有"河北省玉田县西果工艺蜡烛厂"、"光明"牌蜡烛，售价为 50 元。后范玉佳售出 2 包，其余 58 包由原告田荣奎于 2002 年 12 月 6 日购买，范玉佳为其开具了发票。在销售过程中，范玉佳发现该产品外包装所使用的商标标识与内包装不一致。作为销售商，其并不知道刘维顺生产的产品是假冒注册商标的商品，没有主观过错，因此不应承担赔偿责任。故请求法院驳回原告的诉讼请求。

【原审查明事实】

原审法院经审理查明：1996 年 1 月 12 日，个体工商户田荣奎经营的"玉田县西果天星蜡烛厂"成立，其经营范围为"蜡烛制售"。2001 年 2 月 21 日，天星蜡烛厂经国家工商行政管理局商标局核准注册了"天星"文字和图形组合商标。该商标注册证号为第 1524365 号，核准使用的商品为第 4 类蜡烛，有效期自 2001 年 2 月 21 日至 2011 年 2 月 20 日。

1997 年 10 月，个体工商户刘维顺领取了个体工商户营业执照，其经营范围为"蜡烛、日用百货零售"，在经营中使用"河北省玉田县西果工艺蜡烛厂"的字号，但该字号未予备案。

1998 年 11 月 10 日，个体工商户范玉佳经营的"顺义县顺义镇玉佳商店"成立，其经营范围包括日用百货、杂品。2000 年 3 月 27 日，该商店更名为"北京市顺义玉佳商店"。2002 年 11 月 4 日，刘维顺为北京市顺义玉佳商店送蜡烛 1 箱，在售出其中 2 包蜡烛后，该产品于 2002 年 12 月 6 日被田荣奎购得，田荣奎支付价款 58 元，北京市顺义玉佳商店为其开具了发票。唐山市公证处公证书公证了田荣奎的上述购买过程。该产品的外包装箱上标有"光明蜡烛，河北省玉田县西果工艺蜡烛厂"字样，并标有该厂联系电话；该产品的内包装纸上标有天星文字、拼音和星形图形组合标识、"天星蜡烛、六十度、河北天星蜡烛总厂、电话：0315 - 6445039、BP 机：95900 呼 27523"字样。范玉佳在销售该产品过程中，发现该产品外包装使用的商标标识与内包装标识不一致。

在开庭审理过程中，被告刘维顺认可上述产品所使用的外包装箱为其经营的西果工艺蜡烛厂的包装箱，内包装纸上所标注的电话号码为其家庭联系电话，BP 机号码为其 1998 年以前曾使用的寻呼机号码。但刘维顺否认曾生产涉案侵权产品，亦否认曾向北京市顺义玉佳商店提供上述产品。刘维顺称其生产蜡烛产品所使用的标识为"光明"标识，所使用的内包装纸为使用"光明"标识的透明玻璃纸。2003 年 3 月 8 日，被告范玉佳曾与刘维顺电话联系，在通话过程中刘维顺对范玉佳提及的其曾给范玉佳送天星牌蜡烛的事实未予否认。

此外，经河北省唐山市公证处公证，田荣奎于 2002 年 11 月 28 日自北京市怀柔县南华农贸市场购买天星牌蜡烛 1 箱并取得收据 1 张，价款为 62 元；2002 年 12 月 6 日，自北京市怀柔县下元市场西大厅 2 个摊位各购买天星牌蜡烛 10 包并各取得收据 1 张，价款分别为 10 元和 12 元；自北京市顺义石门市场购买天星牌蜡烛 65 包并取得收据 1 张，价款为 65 元；自北京市怀柔县南华农贸市场购买天星牌蜡烛 1 箱并取得收据 1 张，价款为 51 元；自北京市怀柔县下元市场西大厅购买天星牌蜡烛 2 箱并取得收据 1 张，价款为 106 元。上述产品除自北京市顺义石门市场购买的 65 包蜡烛所使用的外包装箱为华龙牌方便面包装箱外，所使用的外包装箱和内包装纸与北京市顺义玉佳商店销售的涉案产品的包装相同。

另查明，原告田荣奎为本案诉讼支出购买物证费用 364 元，公证费 7 260 元，工商查询费用 110 元，复印费 220 元。

【原审审理结果】

原审法院认为：本案的争议焦点是被告刘维顺是否为使用"天星"商标标识的涉案蜡烛产品的生产者，被告刘维顺生产该产品、被告范玉佳销售该产品的行为是否侵犯了原告享有的"天星"注册商标专用权，两被告是否应承担相应的法律责任问题。

原告田荣奎为"天星"文字及图形组合注册商标专用权人，其所享有的注册商标专用权应当受到我国法律的保护。

根据我国商标法的规定，未经注册商标所有人的许可，在同一种商品或者类似商品上使用与其注册商标相同或者近似的商标的，为侵犯注册商标专用权的行为。判断是否构成侵犯注册商标专用权，首先应判断被控侵权标识与该注册商标是否相同或近似。本案中涉案产品标识上所使用的"天星"文字与原告的注册商标相同，文字字形与原告的注册商标相近似；涉案产品标识上所使用的星形图形与原告注册商标中的图形亦基本近似，因此应当认定二者为近似商标。其次，应当判断被控侵权商品与注册商标核定使用的商品是否相同或近似。原告的注册商标核定使用的商品为第 4 类蜡烛产品，涉案产品亦为蜡烛产品，二者为相同商品。因此，涉案产品标识为侵犯原告注册商标专用权的标识。

依据本案现有证据可以认定被告刘维顺为涉案产品的生产者，被告刘维顺虽否认其为使用"天星"商标标识的涉案产品的生产者，但涉案产品外包装箱为刘维顺经营的西果工艺蜡烛厂所使用的外包装箱，内包装纸上亦标注有刘维顺的家庭联系电话号码和其曾使用的寻呼机号码，且被告范玉佳已举证证明其所销售的涉案产品是由刘维顺送货的，因此，可以认定被告刘维顺是涉案产品的生产者，刘维顺否认其为生产者的抗辩主张不能成立。被告刘维顺未经原告田荣奎许可，在其生产的涉案产品上使用与原告享有注册商标专用权的注册商标相近似的"天星"商标标识，侵犯了田荣奎所享有的注册商标专用权。

综上，本院认定被告刘维顺在其生产的涉案蜡烛产品上使用"天星"商标标识的行为侵犯了原告的注册商标专用权，应当承担相应的法律责任。被告刘维顺提出其不是涉案产品的生产者、不应承担侵权责任的抗辩主张，缺乏事实和法律依据，本院不予采纳。

被告范玉佳销售了被告刘维顺生产的使用"天星"商标标识的涉案侵权产品，亦侵犯了原告田荣奎的注册商标专用权，应承担相应的法律责任。虽然范玉佳已提供证据证明涉案产品是自该产品生产者刘维顺处合法取得的，但范玉佳作为销售商，在知晓涉案产品的外包装箱所使用的商标标识与内包装纸所使用的标识不一致的情况下，未对所售产品的合法性进行审查，故其提出并不知晓所售商品为侵权商品，不应承担赔偿责任的主张不能成立，被告范玉佳应承担停止销售、赔偿损失的法律责任。鉴于原告田荣奎在本案审理过程中放弃对被告范玉佳的经济赔偿请求，本院对此不作处理。

因此，本案原告请求法院判令被告刘维顺和范玉佳承担停止侵权、判令被告刘维顺承担赔偿经济损失的法律责任的主张，理由正当，本院予以支持。关于赔偿经济损失的数额问题，原告所提赔偿请求数额过高，其计算方式缺乏事实和法律依据，本院不予全额支持。本院将根据本案的具体情况，综合考虑涉案产品的利润、被告刘维顺侵权的方式、范围、生产规模等因素，酌情确定被告刘维顺赔偿原告经济损失的合理数额。

综上所述，依照《中华人民共和国民法通则》第一百三十四条，《中华人民共和国商标法》第五十一条、第五十二条第一款第（一）项和第（二）项、第五十三条、第五十六条之规定，判决如下：

一、刘维顺立即停止在其生产的涉案蜡烛产品上使用"天星"商标标识；

二、刘维顺于本判决生效之日起 15 日内赔偿田荣奎经济损失人民币 3 万元；赔偿田荣奎因本案诉讼而支出的合理费用 11 000 元；

三、范玉佳立即停止销售刘维顺生产的使用"天星"商标标识的涉案侵权产品；

四、驳回田荣奎的其他诉讼请求。

刘维顺不服原审判决，提起上诉。理由是：（1）原审判决认定事实错误。在"天星"注册为商标后，上诉人在自己生产的蜡烛产品上从未使用过"天星"商标。在此之前，上诉人与田荣奎彼此都在同一产品上使用过对方的商标，即上诉人使用过"天星"商标，田荣奎也使用过"光明"商标。且在"天星"成为注册商标之前，上诉人委托他人印制了"天星"牌内包装纸万余张，在该包装纸上除印有"河北天星蜡烛总厂"生产厂家的名称外，还印有上诉人的家庭联系电话及上诉人以前用过的寻呼机号码。上诉人用去 3 000 张，其余 7 000 余张由田荣奎拿去使用并抵销了原有的欠账。从那时起，上诉人再没有印制或使用过"天星"商标。（2）原审判决证据不足。原审判决认定侵权事实的主要依据是"光明"外包装箱及"天星"内包装纸上上诉人的厂名和寻呼机号码。"光明"外包装箱市场上随处都是，由此认定涉案外包装箱是上诉人所为不足为凭。上诉人印制的"天星"内包装纸在"天星"成为注册商标之前就已用完，以后并没有再印制和使用过。因此，依据上诉人的厂名和寻呼机号码认定涉案包装纸是上诉人所为未免牵强附会。至于范玉佳证明是上诉人送的货，也证明不了涉案产品是上诉人所为。（3）证人证言不确实。请求二审法院撤销原审判决，依法改判或发回重审；原、二审诉讼费由田荣奎负担。

田荣奎、范玉佳服从原审判决。

【二审查明事实】

二审法院经审理查明：个体工商户田荣奎经营的"玉田县西果天星蜡烛厂"于 1996 年 1 月 12 日成立，其经营范围为"蜡烛制售"。2001 年 2 月 21 日，天星蜡烛厂经国家工商行政管理局商标局核准注册了"天星"文字和图形组合商标。该商标注册证号为第 1524365 号，核定使用的商品为第 4 类蜡烛，有效期自 2001 年 2 月 21 日至 2011 年 2 月 20 日。

刘维顺于 1997 年 10 月领取了个体工商户营业执照，其经营范围为蜡烛、日用百货零售，刘维顺在经营中使用"河北省玉田县西果工艺蜡烛厂"的字号，但该字号未在工商行政管理部门备案。

个体工商户范玉佳经营的"顺义县顺义镇玉佳商店"于 1998 年 11 月 10 日成立，其经营范围包括销售日用百货、日用杂品、家用电器、针纺织品、鞋帽。2000 年 3 月 27 日，该商店更名为"北京市顺义玉佳商店"。2002 年 11 月

4日，刘维顺为北京市顺义玉佳商店送蜡烛1箱，该商店在售出其中2包蜡烛后，剩余的58包蜡烛于2002年12月6日被田荣奎购得，田荣奎为此支付价款58元，北京市顺义玉佳商店为其开具了 NO.5069655 号北京市商业企业专用发票1张。唐山市公证处对上述购买过程进行了公证。在田荣奎购得的58包蜡烛产品的外包装箱上标有"光明蜡烛，河北省玉田县西果工艺蜡烛厂"字样，并标有该厂联系电话；其产品的内包装纸上标有天星文字、拼音和星形图形组合标识、"天星蜡烛、六十度、河北天星蜡烛总厂、电话：0315－6445039、BP机：95900 呼 27523"字样。范玉佳在销售该产品过程中，发现该产品外包装使用的商标标识与内包装标识不一致。

在原审开庭审理过程中，刘维顺认可上述产品所使用的外包装箱为其经营的河北省玉田县西果工艺蜡烛厂的包装箱，内包装纸上所标注的电话号码为其家庭联系电话，BP机号码为其1998年以前曾使用的寻呼机号码。但刘维顺否认其曾生产涉案侵权产品，亦否认曾向北京市顺义玉佳商店提供上述产品。刘维顺称其生产蜡烛产品所使用的标识为"光明"标识，所使用的内包装纸为使用"光明"标识的透明玻璃纸。2003年3月8日，范玉佳曾与刘维顺电话联系，在通话过程中刘维顺对范玉佳提及的其曾给范玉佳送天星牌蜡烛的事实未予否认。

此外，经河北省唐山市公证处公证，田荣奎于2002年11月28日自北京市怀柔县南华农贸市场购买天星牌蜡烛1箱并取得收据1张，价款为62元；2002年12月6日，自北京市怀柔县下元市场西大厅2个摊位各购买天星牌蜡烛10包并各取得收据1张，价款分别为10元和12元；自北京市顺义石门市场购买天星牌蜡烛65包并取得收据1张，价款为65元；自北京市怀柔县南华农贸市场购买天星牌蜡烛1箱并取得收据1张，价款为51元；自北京市怀柔县下元市场西大厅购买天星牌蜡烛2箱并取得收据1张，价款为106元。上述产品除自北京市顺义石门市场购买的65包蜡烛所使用的外包装箱为华龙牌方便面包装箱外，在其他各处购买的蜡烛所使用的外包装箱和内包装纸均与北京市顺义玉佳商店销售的涉案产品的包装相同。

另查明，田荣奎为本案诉讼支出：购买被控侵权产品花费364元，公证费7 260元，工商查询费110元，复印费220元。

在二审审理过程中，刘维顺向本院补充提交了如下证据：（1）刘宝良出具的证明材料；（2）玉田县地方税务局亮甲店税务所出具的证明，用以证明刘维顺的生产方式及其生产量；（3）杨桂春、杨如伍的证人证言；（4）北京市亿达律师事务所律师阎凌宇、实习律师汪春旭的调查笔录；（5）王佃山、刘振国、马保秋、廖妙生的证人证言。

【二审审理结果】

二审法院认为：田荣奎系"天星"文字及图形组合商标的专用权人，其所享有的注册商标专用权，以核准注册的商标和核定使用的商品为限，并受我国法律保护。

根据我国商标法的规定，未经注册商标所有人的许可，在同一种商品或者类似商品上使用与其注册商标相同或者近似的商标的，为侵犯注册商标专用权的行为。因此，判断是否构成侵犯注册商标专用权，首先应看被控侵权产品与田荣奎注册商标核定使用的商品是否相同或者类似，其次要看被控侵权产品的标识与该注册商标是否相同或者近似。本案中田荣奎的注册商标核定使用的商品为第4类蜡烛产品，被控侵权产品亦为蜡烛产品，二者为相同商品。被控侵权产品标识上所使用的"天星"文字与田荣奎的注册商标相同，其文字字形与田荣奎注册商标相近似；被控侵权产品标识上所使用的星形图形与田荣奎注册商标中的图形亦基本近似。因此，被控侵权产品的标识为侵犯田荣奎注册商标专用权的标识。

二审中双方争议的焦点在于：刘维顺是否系使用"天星"商标标识的涉案蜡烛产品的生产者。唐山市公证处（2002）唐证经字第327号公证书表明，田荣奎在北京市顺义玉佳商店购买的被控侵权产品的外包装箱系刘维顺经营的河北省玉田县西果工艺蜡烛厂所使用的外包装箱，其内包装纸上亦标注有刘维顺的家庭联系电话和其过去曾使用过的寻呼机号码，况且范玉佳已举证证明其所销售的被控侵权产品是由刘维顺送的货。刘维顺虽否认其是使用"天星"商标标识的涉案蜡烛产品的生产者，但其没能提供足够证据来推翻现有证据。因此，可以认定刘维顺系使用"天星"商标标识的涉案蜡烛产品的生产者。刘维顺未经田荣奎许可，在其生产的蜡烛产品上使用与田荣奎注册商标相近似的"天星"商标标识，侵犯了田荣奎所享有的注册商标专用权，应承担相应的法律责任。原审法院根据本案的具体情况，酌情确定的赔偿数额并无不当。

刘维顺在二审中补充提交的证据不属于最高人民法院《关于民事诉讼证据的若干规定》第41条所规定的二审程序中的新证据，且相关证人亦未出庭接受双方当事人的质询，其中玉田县地方税务局亮甲店税务所出具的证明，其证明内容与刘维顺的工商档案中所记载的经营性质亦不相符，故本院对上述证据不予采纳。

综上，原审判决认定事实清楚，适用法律正确，应予维持。刘维顺的上诉理由不能成立，对其上诉请求本院不予支持。依照《中华人民共和国民事诉讼法》第一百五十三条第一款第（一）项的规定，判决如下：

驳回上诉，维持原判。

原审案件受理费 14 690 元，由田荣奎负担 10 000 元，由刘维顺负担 4 600 元，由范玉佳负担 90 元；二审案件受理费 14 690 元，由刘维顺负担。

28. "贵妃" 商标侵权纠纷案

—— 北京方太新怡华食品销售有限公司诉长沙马王堆农产品
股份有限公司、北京英茹食品销售有限公司

原告（被上诉人）： 北京方太新怡华食品销售有限公司
被告（上诉人）： 长沙马王堆农产品股份有限公司
被告（原审被告）： 北京英茹食品销售有限公司
案由： 商标侵权纠纷

原审案号： 北京市第二中级人民法院（2003）二中民初字第 06997 号
原审合议庭成员： 邵明艳、张晓津、何暄
原审结案日期： 2003 年 9 月 17 日
二审案号： 北京市高级人民法院（2003）高民终字第 1005 号
二审合议庭成员： 刘继祥、魏湘玲、孙苏理
二审结案日期： 2003 年 12 月 19 日

【判决要旨】

审理商标侵权案件、判断类似商品时，应在注册商标专用权核定使用的商
品与被控侵权产品之间进行比较，而不应在权利人实际生产销售的产品与被控
侵权产品之间进行比较。

认定商品或服务是否类似，应当以相关公众对商品或者服务的一般认识综
合判断；《类似商品或者服务区分表》可以作为判断类似商品或者服务的参考。

【起诉与答辩】

原告北京方太新怡华食品销售有限公司（以下简称方太新怡华公司）诉
称：原告于 2002 年 9 月 7 日自广西南方儿童食品厂受让了"贵妃"文字商标，
该商标核定使用商品分别为第 30 类豆制品、米、醋、酱油等。原告将该商标
用于贵妃醋产品，该产品自投放市场后取得良好的销售业绩。被告长沙马王堆
农产品股份有限公司（以下简称马王堆公司）未经原告许可，大量生产冒用
"贵妃"注册商标的同类产品，并由被告北京英茹食品销售有限公司（以下简
称英茹公司）销售。原告认为两被告的行为违反了我国商标法的规定，侵犯了
原告的注册商标专用权，故诉至法院，请求判令两被告停止侵权，被告马王堆

公司赔偿原告经济损失 50 万元并承担诉讼费用。

被告英茹公司辩称：该公司自湖南省长沙市高桥大市场小批量购买了马王堆公司生产的 6 箱贵妃醋产品，用于试销。该公司并不知晓该产品为侵犯原告注册商标专用权的产品，未侵犯原告的相关权利，故请求法院依法驳回原告的诉讼请求。

被告马王堆公司辩称：原告方太新怡华公司所享有的注册商标专用权，仅限于商标局核定的第 30 类商品。该公司生产的涉案产品并非第 30 类商品，应属含醋饮料，属于第 32 类商品。而含醋饮料与醋并非类似商品，两种产品的用途、生产工艺、成分、销售渠道、消费对象都存在明显区别，二者之间没有联系，不会造成混淆。且该公司提出的"百岁人"、"百岁人贵妃"商标在第 30 类、第 32 类注册的申请已由国家商标局初步审定，因此该公司使用的"百岁人贵妃"等标识不存在侵权问题。故请求法院依法驳回原告的诉讼请求。

【原审查明事实】

原审法院经审理查明：1995 年 2 月 28 日，广西南方儿童食品厂经国家工商行政管理局商标局核准注册了"贵妃"文字商标。该商标注册证号为第 732128 号，核准使用的商品为第 30 类豆制品、醋、酱油等商品。该注册商标有效期自 1995 年 2 月 28 日至 2005 年 2 月 27 日。后广西南方儿童食品厂更名为广西黑五类食品集团有限责任公司。2002 年 1 月 12 日，广西黑五类食品集团有限责任公司就所持有的"贵妃"商标与方太新怡华公司协商达成协议，同意将该商标转让给方太新怡华公司并授权方太新怡华公司对侵犯该商标权的行为申请进行行政或司法处理。2002 年 10 月 18 日，广西黑五类食品集团有限责任公司再次出具了授权证明，重申了上述授权内容。2002 年 9 月 7 日，国家商标局将广西黑五类食品集团有限责任公司的"贵妃"商标核准转让给方太新怡华公司，并在 2002 年第 33 期商标公告上予以公告。

后方太新怡华公司在其"御制贵妃醋"产品上使用该商标和"方姐"商标，并标注有注册标记。该产品采用方太新怡华公司 2001 年 8 月 28 日发布的"甜醋"企业标准，2003 年 1 月 9 日该产品被中国保护消费者基金会推介为消费者信赖的知名品牌。该"御制贵妃醋"产品瓶贴上标明："食用醋饮品，可直接饮用或加入 1～3 倍水饮用。加入冰块、雪碧等饮料饮用，味道更佳。配调 XO 洋酒或红酒，即成为高尚品位的鸡尾酒，美味爽口，令人心旷神怡。酿造食醋微有沉淀物不影响品质，开瓶后，保持品质，请贮存于冰箱内。保质期：二十四个月。配料：酿造食醋（水、糯米）、生姜、红枣、蜂蜜、山梨酸钾、陈皮、罗汉果、薄荷。"

2002年9月12日，方太新怡华公司自英茹公司购买马王堆公司生产的"百岁人贵妃醋"、"西汉丽人贵妃醋"各1箱，价格分别为416元和390元。英茹公司称其所售涉案产品系自湖南省长沙市高桥大市场中的长沙高桥参芝林贸易商行、长沙高桥大市场金华酒楼饮料批发部、长沙市雨花区东湖食品经营部购进的，其共进货6箱，计86瓶，其中包括"百岁人贵妃醋"2箱、"西汉丽人贵妃醋"2箱、"金世纪贵妃醋"2箱，总价款为1 900元。现除销售给原告的两箱产品外，其已零售7～8瓶产品，零售价为每瓶26元，尚余40多瓶。在本案审理过程中，英茹公司认可涉案产品与酱油、醋等调味品一起陈列销售。

现原告指控被告马王堆公司生产的贵妃醋产品所使用的3种瓶贴使用了原告的注册商标，并向本院提交了该3种瓶贴。

"百岁人贵妃醋"产品瓶贴上标明："百岁人贵妃醋饮料"8字呈纵向排列，其中"醋"字的颜色为黑色，其余7字颜色为白色，并在"百岁人"文字处标注有注册标记。此外，该瓶贴还使用了标注有注册标记的"马王堆"文字及图形标识。该瓶贴上还标明"长沙马王堆农产品股份有限公司长沙百岁人醋厂"字样，生产日期为2002年9月2日，及"一、可直接饮用或加水兑饮用。二、加入冰块、调配雪碧等饮料饮用。三、调配洋酒、红酒等成为高档次、高品位的鸡尾酒"；"一、如有沉淀物，饮用前请摇匀。二、本品开盖后，建议存放于冰箱内。保质期：二十四个月"；"配料：酿造米醋、红枣、蜂蜜、生姜、陈皮、花粉、珍珠粉、低聚异麦芽糖、双乙酸钠"。

"西汉丽人贵妃醋"产品瓶贴上标明："西汉丽人御制贵妃醋饮料"文字，其中"醋"与"饮料"呈横向排列，"饮料"2字明显小于"醋"字，其他文字呈纵向排列。该瓶贴上还标明"制造商：长沙马王堆农产品股份有限公司长沙百岁人醋厂，持有商：长沙皇泰贸易有限公司"，生产日期为2002年3月15日；及"一、可直接饮用或加水兑饮用。二、加入冰块、调配雪碧等饮料饮用。三、调配洋酒、红酒等成为高档次、高品位的鸡尾酒"；"一、如有沉淀物，饮用前请摇匀。二、本品开盖后，建议存放于冰箱内。保质期：二十四个月"；"配料：酿造米醋、红枣、蜂蜜、生姜、陈皮、花粉、珍珠粉、低聚异麦芽糖、双乙酸钠"。

"杨氏贵妃醋"产品瓶贴上标明："杨氏贵妃醋"5字，呈纵向排列，"杨氏"2字明显偏小，"贵妃醋"3字字体大，较为突出和醒目。该瓶贴上还标明"制造商：长沙马王堆农产品股份有限公司长沙百岁人醋厂，持有商：长沙杨氏健康饮品有限公司"，生产日期为2002年5月12日，及"可直接饮用或加入1～3倍水饮用。兑入雪碧等饮料、加入冰块饮用，味道更佳。配调XO洋酒或红酒等，即成为高品位的鸡尾酒，美味爽口，令人心旷神怡"；"酿造食醋中如有沉淀物不影响品质，饮用前请摇匀，本品开盖后，为保持品质，建议存放于冰箱内。保质期：二十四个月"；"配料：酿造米醋、红枣、蜂蜜、生姜、陈皮、花粉、珍珠粉、低聚异麦芽糖、双乙酸钠"。

在本案审理过程中，被告马王堆公司认可其自 2002 年 3 月起生产、销售涉案"百岁人贵妃醋"产品，但原告指控侵权的另外 2 种产品"西汉丽人贵妃醋"和"杨氏贵妃醋"，系其接受长沙皇泰贸易有限公司和长沙杨氏健康饮品有限公司的委托而为其加工的，其并未销售上述 2 种产品。被告马王堆公司未向法庭提供涉案 3 种产品的生产、销售数量。被告马王堆公司还提出其所使用的"百岁人贵妃醋"产品瓶贴与原告提交法庭的瓶贴并不相同，但其未举证证明其所使用的瓶贴。根据马王堆公司向法院提交的"百岁人醋饮料"产品企业标准，其产品名称包括"百岁人贵妃醋、杨氏贵妃醋、西汉丽人御制醋、百岁人宫廷御用醋"。马王堆公司提交的"百岁人贵妃醋饮料"配方表明酿造米醋为该产品的主要成分。

2003 年 6 月 3 日，国家工商行政管理总局商标局在商标案（2003）60 号《关于"槟榔"等商品有关问题的批复》中，对湖南省工商行政管理局的请示批复：含醋饮料应为一种添加了醋成分的不含酒精的饮料，属于国际分类第32 类第 2 组"不含酒精饮料"，与国际分类第 30 类第 15 组"醋"商品不类似。据原告向法院提交的商标查询资料显示，使用在"含醋饮料"商品上的核准注册商标类别为第 32 类。

2003 年 6 月 9 日，湖南省营养保健食品协会出具了《关于"杨氏贵妃醋"属醋饮料而非调味醋的说明》。该说明主要内容为，杨氏贵妃醋系含醋饮料与传统食醋是完全不同的两类商品。

【原审审理结果】

原审法院认为：本案焦点问题是被告马王堆公司在其制造的涉案产品上使用"贵妃醋"、"贵妃醋饮料"产品名称、被告英茹公司销售涉案产品的行为是否侵犯了原告方太新怡华公司享有的"贵妃"文字注册商标专用权。

依据本案查明的事实，2002 年 9 月 7 日后原告方太新怡华公司依法受让取得"贵妃"文字注册商标，作为"贵妃"文字注册商标专用权人，其所享有的注册商标专用权应当受到我国法律的保护，但该注册商标专用权应以核准注册的商标和核定使用的商品为限。在国家商标局对该商标核准转让公告前，经广西黑五类食品集团有限责任公司明确授权，原告取得涉案商标的使用权，并有权作为利害关系人以自己的名义提起诉讼。

根据我国商标法及其实施条例的有关规定，未经注册商标专用权人的许可，在同一种商品或者类似商品上，将与其注册商标相同或者近似的标志作为商品名称或者商品装潢使用，误导公众的，为侵犯注册商标专用权的行为。判断是否构成侵犯注册商标专用权，首先应判断被控侵权标识与该注册商标是否相同或近似。本案被告制造、销售的涉案产品标识上所使用的"贵妃"文字，虽然字形、字体及文字大小和原告主张权利的注册商标的文字有所区别，但所使用的文字与原告的注册商标完全相同，因此，应当认定二者为近似标志。其次，应当判断被控侵权商品与注册商标核定使用的商品是否相同或类似。根据有关法律规定，类似商品是指在功能、用途、生产部门、销售渠道、消费对象等方面相同，或者相关公众一般认为其存在特定联系、容易造成混淆的商品。在认定商品是否类似时，应当以相关公众对商品的一般认识综合判断。本案原告的注册商标核定使用的商品为包含醋在内的第30类产品，被告制造、销售的贵妃醋产品在国家工商行政管理局商标局《类似商品和服务区分表》中没有明确规定。鉴于被告马王堆公司生产的贵妃醋产品的主要成分为醋，该产品标明的制造商为马王堆公司下属的长沙百岁人醋厂，表明该产品是由制造醋产品的企业生产的，且贵妃醋产品的销售渠道与醋产品的销售渠道相同，易使相关公众认为二者之间存在特定联系，因此，应当认定二者为近似商品。被告马王堆公司主张涉案产品为含醋饮料，属于第32类商品，与第30类醋产品不属类似商品，缺乏依据，本院对此不予采纳。

综上，本院认定被告马王堆公司在与原告享有注册商标专用权的注册商标核定商品相类似的商品上使用了与原告注册商标相近似的商品名称，其上述行为侵犯了原告的注册商标专用权，应当承担相应的法律责任。被告马王堆公司提出该公司制造的涉案"西汉丽人贵妃醋"和"杨氏贵妃醋"产品是接受案外人的委托为其加工生产的，并非涉案商品名称的实际使用者，不应就此承担侵权责任的主张，但马王堆公司未提供充分证据证明其与案外人之间存在委托加工关系，且其在涉案产品标贴上标明马王堆公司为制造商，使该产品在市场流通中以公示的方式向消费者表明了该产品制造商为马王堆公司，因此，马王堆公司的上述主张依据不足，本院不予采纳。

被告英茹公司销售了涉案侵权产品，亦侵犯了原告方太新怡华公司的注册商标专用权，应承担停止销售的法律责任。但英茹公司并不知晓其所售涉案商品为侵犯注册商标专用权的商品，且已提供证据证明了该商品是其自长沙高桥大市场合法取得的，因此，其不应承担赔偿责任。

本案原告请求法院判令被告马王堆公司和英茹公司承担停止侵权、被告马王堆公司承担赔偿经济损失的法律责任的主张，理由正当，本院予以支持。关于赔偿经济损失的数额问题，原告所提赔偿请求数额过高，本院不予全额支持。本院将根据本案的具体情况，考虑被告制造涉案侵权产品的种类、价格、持续时间、生产规模、市场情况等因素酌情确定被告赔偿原告经济损失的合理数额。

综上所述，依照《中华人民共和国商标法》第五十一条、第五十二条第（五）项、第五十三条、第五十六条，最高人民法院《关于审理商标民事纠纷案件适用法律若干问题的解释》第十一条、第十二条之规定，判决如下：

一、长沙马王堆农产品股份有限公司于本判决生效之日起未经许可不得在其制造的涉案产品上使用"贵妃"标识；

二、长沙马王堆农产品股份有限公司于本判决生效之日起 30 日内赔偿北京方太新怡华食品销售有限公司经济损失人民币 15 万元；

三、北京英茹食品销售有限公司于本判决生效之日起停止销售长沙马王堆农产品股份有限公司制造的涉案侵权产品；

四、驳回北京方太新怡华食品销售有限公司其他诉讼请求。

马王堆公司不服原审判决，提起上诉。马王堆公司上诉称：第一，马王堆公司生产的贵妃醋饮料与方太新怡华公司注册商标核定使用的商品不相同，也不类似，前者为含醋饮料，后者为酿造食醋。两者的产品标准不一样，功能、配方、生产工艺、饮用方法、销售渠道、消费对象也不相同。国家商标局专函批复中还明确指出含醋饮料与醋不构成类似商品。第二，原审判决仅以马王堆公司生产的产品主要成分为醋，由制造醋产品的企业生产和销售渠道相同就认定二者为类似商品，依据不足。实际上，含醋饮料与醋的销售渠道完全不同。第三，马王堆公司已于 2003 年 10 月 14 日在第 30 类醋商品上取得了"百岁人贵妃"注册商标专用权，我公司不存在侵权问题，是在合法行使自己的权利。请求二审法院撤销原审判决，驳回方太新怡华公司的诉讼请求。

方太新怡华公司和英茹公司服从原审判决。

【二审查明事实】

二审法院经审理查明：1995 年 2 月 28 日广西南方儿童食品厂经国家商标局核准注册了"贵妃"文字商标，商标注册证号第 732128，核定使用的商品为第 30 类豆制品、醋、酱油等，有效期至 2005 年 2 月 27 日。后广西南方儿童食品厂更名为广西黑五类食品集团有限责任公司。2002 年 1 月 12 日，该公司与方太新怡华公司达成协议，将"贵妃"商标转让给方太新怡华公司，并授权方太新怡华公司对侵犯该商标专用权的行为进行行政或司法处理。2002 年 9 月 7 日国家商标局核准了上述转让注册。2002 年 9 月 12 日方太新怡华公司自英茹公司购买了马王堆公司生产的"百岁人贵妃醋"、"西汉丽人贵妃醋"各 1 箱，价格分别为 416 元和 390 元。英茹公司述称，上述产品系自湖南省长沙市高桥大市场合法购得。上述两种产品瓶贴上均标有"长沙马王堆农产品股份有限公司长沙百岁人醋厂"字样，并且标明：①可直接饮用或加水兑饮用；②加入冰块、调配雪碧等饮料饮用；③调配洋酒、红酒等成为高档次、高品位的鸡尾酒。所用配料均是：酿造米醋、红枣、蜂蜜、生姜、陈皮、花粉、珍珠粉、低聚异麦芽糖、双乙酸钠。总酸度≥1.6g/100ml。在马王堆公司企业标准中，除上述两种产品外，还有杨氏贵妃醋。2003 年 7 月 24 日，方太新怡华公司向北京市第二中级人民法院提起民事诉讼，状告马王堆公司和英茹公司侵犯其注册商标专用权。本案原审审理中，马王堆公司承认其自 2002 年 3 月开始生产、销售"百岁人贵妃醋"，但"西汉丽人贵妃醋"和"杨氏贵妃醋"系为长沙皇泰贸易有限公司和长沙杨氏健康饮品有限公司加工生产，并未从事过销售活动。

另查明，国家商标局在 2003 年 6 月 3 日给湖南省工商行政管理局《关于槟榔等商品有关问题的批复》中指出，含醋饮料应为一种添加了醋成分的不含酒精的饮料，属于国际分类第 32 类第 2 组不含酒精饮料，与国际分类第 30 类第 15 组醋商品不类似。马王堆公司曾于 2002 年 8 月 13 日向国家商标局申请在第 30 类醋商品上注册"百岁人贵妃"文字商标，该注册申请于 2003 年 7 月 14 日初步审定并公告，2003 年 10 月 14 日核准注册，商标注册证号为第 3272276。

【二审审理结果】

二审法院认为：依据《中华人民共和国商标法》第五十二条第（一）项之规定，审理商标侵权案件、判断类似商品时，应在注册商标专用权核定使用的商品与被控侵权产品之间进行比较，而不应在权利人实际生产销售的产品与被控侵权产品之间进行比较。具体到本案中，就是在权利人方太新怡华公司"贵妃"注册商标专用权核定使用的商品醋与马王堆公司生产的百岁人贵妃醋、西汉丽人贵妃醋和杨氏贵妃醋之间进行比较。本案二审争议的焦点在于马王堆公司生产的被控侵权产品是调味品醋还是含醋饮料，调味品醋与本案被控侵权产品是否构成类似商品。就本案马王堆公司生产的"百岁人贵妃醋"、"西汉丽人贵妃醋"、"杨氏贵妃醋"的功能、配料、饮用方法以及总酸度≥1.6g/100ml 来看，上述被控侵权产品应属含醋饮料。最高人民法院《关于审理商标民事纠纷案件适用法律若干问题的解释》第十一条规定，《中华人民共和国商标法》第五十二条第（一）项规定的类似商品，是指功能、用途、生产部门、销售渠道、消费对象等方面相同，或者相关公众一般认为其存在特定联系、容易造成混淆的商品。该解释第十二条规定，人民法院依据《中华人民共和国商标法》第五十二条第（一）项的规定，认定商品或服务是否类似，应当以相关公众对商品或者服务的一般认识综合判断；《类似商品或者服务区分表》可以作为判断类似商品或者服务的参考。本案中涉及的含醋饮料在《类似商品和服务区分表》中确实未明确规定，但国家商标局在给湖南省工商行政管理局的专函批复中已明确指出调味品醋与含醋饮料不相类似。在此情况下，原审判决仅依据被控侵权产品的主要成分是醋、被控侵权产品系由制造醋产品的企业生产以及英茹公司认可被控侵权产品与调味品醋一起陈列销售就认定醋与本案被控侵权产品相类似应属不当。类似商品的判断是商标授权审批及审理商标侵权案件中的一个重要问题，为了保证法制的统一，宜由权威部门作出统一认定。实践中，判断类似商品一般首先应当参考《类似商品和服务区分表》或者权威部门作出的规定或批复等，但有相反证据足以推翻上述结论的，可以不予参考。马王堆公司生产的被控侵权产品主要成分是醋，但其总酸度≥1.6g/100ml，而醋的总酸度≥3.5g/100ml，这正是醋与醋饮料的重要区别特征，原审判决却未予考虑。生产部门、销售渠道是否相同也是判断类似商品的重要因素，但在实践中还应考虑到企业可以从事多种生产经营活动，不能把生产部门与类似商品之间的联系绝对化，而且还应当注意销售渠道相同是从抽象的、普遍的意义上来说的，不能用具体的、特殊的个别情况来代替。原审判决对国家商标局的批复不予采信，仅凭被控侵权产品由长沙百岁人醋厂生产、英茹公司承认被控侵权产品与酱油、醋等调味品一起陈列销售认定二者构成类似商品亦属不当。综上，马王堆公司生产的被控侵权产品属于含醋饮料，其与调味品醋不构成类似商品。马王堆公司与英茹公司生产、销售被控侵权产品的行为并未侵犯方太新怡华公司的"贵妃"商标专用权。原审判决认定事实、适用法律均有错误，应予改判。上诉人马王堆公司的上诉理由成立，其上诉请求应予支持。据此，依照《中华人民共和国商标法》第五十二条第（一）项，最高人民法院《关于审理商标民事纠纷案件适用法律若干问题的解释》第十一条、第十二条，《中华人民共和国民事诉讼法》第一百五十三条第一款第（三）项之规定，判决如下：

一、撤销北京市第二中级人民法院（2003）二中民初字第06997号民事判决；

二、驳回北京方太新怡华食品销售有限公司的诉讼请求。

原、二审案件受理费共计20 020元，均由北京方太新怡华食品销售有限公司负担。

29. "红河"商标权撤销行政纠纷案

——云南红河光明股份有限公司诉国家工商行政管理总局商标评审委员会、济南红河饮料制剂经营部

原告（上诉人）：云南红河光明股份有限公司
被告（被上诉人）：国家工商行政管理总局商标评审委员会
第三人（原审第三人）：济南红河饮料制剂经营部
案由：商标行政纠纷

原审案号：北京市第一中级人民法院（2002）一中行初字第 508 号
原审合议庭成员：马来客、姜颖、彭文毅
原审结案日期：2003 年 2 月 12 日
二审案号：北京市高级人民法院（2003）高行终字第 65 号
二审合议庭成员：刘继祥、魏湘玲、李嵘
二审结案日期：2003 年 7 月 8 日

【判决要旨】

地名有其他含义的可以作为商标注册。地名具有其他含义应理解为，该地名具有明显有别于地名的、明确的、易为公众所接受的含义，从而足以使该地名起到商标所应具有的标识性作用。

【起诉与答辩】

原告云南红河光明股份有限公司（以下简称红河公司）诉称：（1）依据修改前的《中华人民共和国商标法》第八条第二款和现行《中华人民共和国商标法》第十条第二款的规定，县级以上行政区划地名不得作为商标注册。"红河"不仅是中国云南省红河县的地名，而且还是云南省红河哈尼族彝族自治州的行政区划地名。因此，"红河"不得注册为商标。（2）依据《中华人民共和国商标法》第十条第二款的规定，县级以上行政区划地名不得注册为商标。但是，地名具有其他含义的除外。在中国境内和越南境内均不存在名为"红河"的河流。被告在裁定中认定"红河"源出中国云南省西部，在中国境内称元江，经河口以南进入越南，称红河。而事实上该河在越南境内的官方正式名称为"S¤NG HàNG"（越南语），越南民间俗称为"HàNG Hμ"（越南语）。"红河"仅

是汉语对这条河流的一种翻译,并且越南的"S¤NG HãNG"河在中国的汉语中称为"洱河"。由此可见,被告关于"红河"为自然地理中已经存在的河流名称的认定没有事实依据,故红河不具有其他含义。因此,将作为县级以上地名的"红河"注册为商标违反了商标法的规定,也不能发挥商标区别产品和服务提供者的功能,并明显违背商标法"保护商标专用权、保障消费者和生产、经营者的利益"的立法宗旨。(3)修改前的《中华人民共和国商标法》第八条第二款中有关于"已经注册的使用地名的商标继续有效"的规定,由于该法于1993年7月1日起实施,而第1022719号红河商标系1995年注册,不应适用该条规定。(4)第1022719号红河商标的存在严重影响他人正当权利的行使,且没有显著性。对县级以上行政区划地名的合理使用权是一种公权。在同一行政区域的生产者、经营者都有权利用该地名来表明自己产品的产地和服务的提供地。但当该地名被注册为商标后,将严重影响同一行政区域的众多生产、经营者在相同或类似商品、服务上表明产地的权利;再者,县级以上行政区划地名被同一行政区域的不同生产、经营者用于表示产品和服务的产地和来源地,被作为商标使用则无法起到区别产品和服务提供者的功能,没有显著性。因此,红河作为商标不但没有显著性,而且它的存在还严重影响红河地区生产、经营者标明产品产地的权利的合理使用。(5)原告曾在啤酒商品上在先使用"红河",并在当地产生一定的影响。同时原告于1994年在先申请注册红河商标,被开远市工商局以"红河"为县级以上地名为由驳回,未予核转。由此,不仅证明第1022719号"红河"商标的注册不当,而且该商标的注册也违反了现行《中华人民共和国商标法》第三十一条"申请商标注册不得损害他人现有的在先权利,也不得以不正当手段抢先注册他人已经使用并有一定影响的商标"的规定。综上,原告请求法院依法撤销(2002)第17号裁定,支持原告的撤销注册不当商标申请。

被告国家工商行政管理总局商标评审委员会(以下简称商标评审委员会)辩称:(1)原告认为被告所作裁定缺乏事实依据,即"红河"不具有其他含义的主张不能成立。被告在裁定中查明的"红河,为河流名称,源出中国云南省西部,在中国境内名元江,经河口以南进入越南,称红河"的事实,有《辞海》、《世界地图册》及《中国地图册》为证。原告提供的证据3亦证明"红河"是我国对越南境内的此条河流的称谓和名称翻译,原告称在越南境内不存在名叫红河的河流与其提供的证据自相矛盾并与事实不符。同时,虽然"红河"为县级以上行政区划的地名,但"红河"按其字面含义和构词习惯已经能够使人理解为是一条河流的名称,且"红河"确为自然地理中已存在的河流名称,已经具有县级以上行政区划地名以外的其他含义。(2)对于原告所称第

1022719号"红河"商标不适用修改前的《中华人民共和国商标法》第八条第二款中"已经注册的使用地名的商标继续有效"的规定的主张，被告认为，该条规定并不是其作出该裁定的法律依据。(3)原告称第1022719号"红河"商标的存在严重影响他人正当权利的行使。对此，被告认为商标专用权的保护与生产者在产品上正常标示厂名、厂址或产地的权利并不矛盾，"红河"商标的存在并不会剥夺原告等当地企业正常标示厂名、厂址或产地的权利。同时，原告等当地企业正常标示厂名、厂址或产地的行为也不会致使"红河"商标丧失显著性。(4)《中华人民共和国商标法》对于商标专用权的保护实行注册原则。虽然原告称曾在啤酒商品上在先使用"红河"，并于1994年在先申请并被当地工商局驳回，但不能以此为由对抗他人已经注册的商标专用权。且原告在第1022719号"红河"商标争议案中并未提出并举证证明其在先将"红河"作为商标进行使用，且该商标已具有了一定影响，故被告在裁定中未予考虑。综上，被告认为其对第1022719号红河商标争议案的裁定认定事实清楚、适用法律正确，请求法院予以维持。

第三人济南红河饮料制剂经营部（以下简称红河经营部）述称：(1)基于原告在商标争议程序中并未提及"在先使用"的主张，因此在本案中不应予以考虑。(2)商标法实行注册在先原则，因此无论原告所谓"在先"的真实性是否成立，均不能对抗该立法宗旨。(3)原告在起诉状中已承认老百姓普遍认为"红河"是一条河流的名称，并未与行政区划名称联系在一起。而且啤酒和饮料是一种大众消费商品，并非红河县的特产，红河县境内也从未有过啤酒生产厂家，因此将红河作为商标在该商品上使用并不会造成消费者的误认。(4)"红河"具有其他含义，是自然界中存在的一条河流的名称。综上，请求法院维持被告作出的［2002］第17号裁定。

【原审查明事实】

原审法院经审理查明：第1022719号"红河"商标系由大兴安岭北奇神保健品有限公司于1995年12月4日向国家商标局申请注册，并于1997年6月7日被核准注册，核定使用的商品为啤酒、饮料制剂。2000年11月28日，该商标经国家商标局核准公告，转让给红河经营部。2001年8月13日，红河公司向商标评审委员会提出撤销第1022719号"红河"商标的申请，理由为：(1)该商标属于县级以上行政区划的地名；(2)"红河"不具有县级以上行政区划地名以外的其他含义；(3)该商标转让不当；(4)该商标曾经连续3年停止使用，应予撤销。

根据商标评审委员提交的证据，1979年版、1988年第9次印刷、上海辞书出版社出版的《辞海》的第 1147 页对"红河"的解释为："①县名。在云南省红河哈尼族彝族自治州的西南部，……②也叫洮江。源出中国云南省西部，在中国境内名元江，经河口以南进入越南，称红河。"2002 年 5 月第 2 版、天津第 13 次印刷、中国地图出版社编制出版的《世界地图册》第 12 页和 2002 年 5 月第 1 版、北京第 1 次印刷、中国地图出版社编制出版的《中国地图册》第 72 页中均标注在越南境内有名为"红河"的河流。

商标评审委员会经审查，依据上述 3 份证据确认"红河"为县级以上行政区划的地名，且为自然地理中已存在的河流名称，具有县级以上行政区划地名以外的其他含义，并据此作出了［2002］第 17 号裁定。

【原审审理结果】

原审法院认为：《中华人民共和国商标法》第十条第二款规定："县级以上行政区划的地名或者公众知晓的外国地名，不得作为商标。但是，地名具有其他含义的除外。"根据审理查明的事实可以认定，在我国云南省存在云南省红河哈尼族彝族自治州及红河县，"红河"确为县级以上行政区划的地名。因此，本案处理的关键在于"红河"是否具有地名以外的其他含义。这里所说的其他含义应理解为除作为地名使用外，"红河"还具有明确、公知的其他含义或是已在公众中约定俗成的其他用语。被告提交的《辞海》、《中国地图册》和《世界地图册》均为我国权威的公开出版物，可以证明在越南境内存在名为"红河"的河流，故"红河"具有地名以外的其他含义，可以作为商标注册。因此，原告主张越南境内不存在"红河"，"红河"不具有其他含义的主张不能成立。原告虽然提供证据 3 即越南地图及越南长春（Ageless）知识产权代理咨询公司出具的说明，用以证明越南不存在名为"红河"的河流。由于此证据源自越南，按照最高人民法院《关于行政诉讼证据若干问题的规定》法释［2002］21 号第十六条的规定，应当办理所在国公证机关证明，并经我国驻该国使领馆认证。该证据虽然进行了公证，但因未办理认证手续，不具备法律规定的要件，因此本院不予采信。况且，该证据的内容也不足以推翻"红河"为我国对越南境内的一条河流的正式称谓的事实。同时，商标法规定，地名只要具备其他含义即可注册，并未限定该其他含义必须是某一事物的正式名称。因此，即使"红河"不是越南境内某一河流的正式称谓，但只要公众中存在该河流被称为"红河"的这种认识，"红河"就应认定为具有行政区划地名以外的其他含义。此外，原告提交的证据 6，即地方工商行政管理局的情况说明和第三人提供的国家工商行政管理总局商标局曾经在其他商品上核准注册了"红河"商标的证据，均非法律规范性文件，不具有法律效力，对商标评审委员会没有约束力,本院亦不予采信。

对于原告提出的本案不适用商标法有关"已经注册的使用地名的商标继续有效"的规定的主张,因该规定并非商标评审委员会作出行政裁决的法律依据,且与本案处理没有关系,本院不予考虑。

关于原告提出的"红河"商标的使用会影响该行政区域内其他生产、经营者在企业名称中将"红河"作为行政区划地名使用及该商标不具有显著性的主张。本院认为,"红河"商标的注册,并不妨碍他人在相同或类似商品上合法标示厂名、厂址或产地的权利。他人在商品上标识厂名、厂址或产地时,只要不将"红河"突出使用,即不构成商标侵权;同时,因"红河"具有县级以上行政区划地名以外的其他含义,他人以"红河"合法标示厂名、厂址或产地的行为也并不会使"红河"商标丧失显著性。因此,原告的此项主张不能成立。

由于行政诉讼系对行政机关作出的具体行政行为的合法性进行审查的程序,商标评审委员会的商标争议裁定系针对撤销请求作出的,因原告在撤销申请中并未提出"红河"商标的注册侵犯他人在先权利的理由,商标评审委员会也未就该理由进行审查,故该理由不属于本案的审理范围,本院不予审理,对原告就此主张提交的证据4~5以及7~10和第三人为反驳红河公司"在先权利"主张的证据1~2不予采信。

综上所述,原告红河公司的诉讼请求没有事实与法律依据,本院不予支持。被告商标评审委员会作出的〔2002〕第17号裁定证据确凿,适用法律正确,程序合法,应予维持。依照《中华人民共和国行政诉讼法》第五十四条第(一)项之规定,判决如下:

维持被告国家工商行政管理总局商标评审委员会商评字〔2002〕第17号《关于第1022719号"红河"商标争议裁定书》。

红河公司不服原审判决提起上诉,要求撤销原审判决及商标评审委员会的裁定,并由被上诉人承担本案诉讼费用。主要理由是:原审认定事实错误,适用法律不当。第一,原审错误认定"红河"具有地名以外的其他含义,且该含义符合商标法规定之要求。商标法中关于地名"有其他含义"应理解为为公众所熟知,且公众不因名称相同而将地名与商标混淆。第二,原审认定云南省红河州开远市工商行政管理局(以下简称开远市工商局)出具的情况说明"非法律规范性文件,不具有法律效力,不予采信"不当。

针对上诉人的上诉,商标评审委员会答辩如下:第一,上诉人一审提供的越南地图及越南长春知识产权代理咨询公司出具的说明未经认证,没有效力。第二,虽然"红河"是县级以上行政区划的地名,但按中国文字的构词习惯及其字面含义已经能够使一般消费者首先理解为是一条河流的名称,且"红河"

确为自然地理中已经存在的名称，综合考虑，"红河"文字已经具有县级以上行政区划地名以外的其他含义。第三，关于开远市工商局出具的情况说明，因该证据并非法律规范性文件，对商标评审委员会作出具体行政行为不具有法律约束力，对于红河文字本身是否具有可注册性无证明力。综上，请求维持原审判决及商标评审委员会的裁定。

红河经营部提出如下意见：第一，"红河"在其字义构成和公众的理解上是一条河流的名称，且是地理上已经存在的一条河流的称谓，具有商标法规定的其他含义。且在公众意识中，"红河"作为河流称谓的知名度远远超过其作为地名的使用。第二，上诉人提供的开远市工商局的情况说明及昆明耀达印刷有限公司的印刷证明均属伪证。请求驳回上诉，维持原审判决。

【二审查明事实】

二审法院经审理查明：1995年12月4日，大兴安岭北奇神保健品有限公司向国家商标局申请注册"红河"文字商标。1997年6月7日，该商标被核准注册，注册有效期限至2007年6月6日，注册号为1022719，核定使用的商品为第32类啤酒、饮料制剂。2000年11月28日，该商标经国家商标局核准公告，转让给红河经营部。

1994年12月，红河公司申请在第32类商品上注册"红河"商标，开远市工商局认为其申请注册的商标不符合商标法的有关规定，而未予核转和代理。

2001年8月13日，红河公司向商标评审委员会提出撤销该注册商标的申请，主要理由是："红河"是云南省红河州及红河县两级行政区划的名称，是县级以上行政区划的地名且不具有其他含义；"红河"商标转让不当；"红河"商标曾于1997年6月7日至2000年11月28日连续3年停止使用。

商标评审委员会经审查认为，"红河"虽然为县级以上行政区划的地名，但按其字面含义和构词习惯已经能够使人理解为是一条河流的名称，且确为自然地理中已存在的河流名称，具有县级以上行政区划地名以外的其他含义。据此，商标评审委员会作出"对'红河'商标所提撤销理由不成立，维持该注册商标"的裁定。

商标评审委员会作出裁定依据了如下证据，即1979年版、1988年第9次印刷，上海辞书出版社出版的《辞海》，其中第1147页对"红河"的解释："①县名。在云南红河哈尼族彝族自治州西南部，……②也叫滔江。源出中国云南省西部，在中国境内名元江，经河口以南进入越南，称红河。"2002年5月第2版，天津第13次印刷，中国地图出版社编制出版的《世界地图册》第12页和2002年5月第1版，北京第1次印刷，中国地图出版社编制出版的

《中国地图册》第72页,其中均标注在越南境内有名为"红河"的河流。

红河公司不服商标评审委员会裁定,向北京市第一中级人民法院提起行政诉讼。

商标评审委员会对红河公司二审期间提供的1996标审(二)驳字第011075号《国家工商行政管理局商标局核驳通知书》的真实性不持异议,但认为该证据对商标评审委员会没有约束力。

红河经营部二审期间提供了如下证据,中国地图,山东省潍坊地区地图,第294865号、1652547号、328157号、840290号商标公告,上诉人的《红河商标注册申请书》、《企业法人申请开业登记注册书》及《公司变更登记申请书》,昆明耀达印刷有限公司的年检档案及2003济南证字第2260号公证书。红河公司认为,上述证据不是商标评审委员会作出裁定的依据。

【二审审理结果】

二审法院认为:根据我国商标法的规定,县级以上行政区划的名称,不得作为商标使用。但是,地名具有其他含义的除外。"地名具有其他含义"应结合地名一般不得作为商标注册使用的原因来理解,地名的主要功能在于标识产品或服务的地理来源,而不能起到商标的区别不同生产者和经营者的作用。如果将地名作为商标为一家企业或个人所独占,则会妨碍他人将该地名作为地理标志的使用,或使商标具有地理欺骗性。因此,地名具有其他含义应理解为,该地名具有明显有别于地名的、明确的、易于为公众所接受的含义,从而足以使该地名起到商标所应具有的标识性作用。

我国的公开出版物记载"红河"除作为我国县级以上行政区划地名以外,还是越南境内一条河流的名称。故能够证明"红河"具有地名以外的明确、公知的含义。同时,在中文里"红河"还具有"红色的河流"的常见含义,更易于为公众所接受。"红河"具有有别于地名的其他含义,能够起到商标的标识性作用,具有了商标法所要求的县级以上行政区划地名以外的其他含义。上诉人提交的越南地图及越南长春知识产权代理咨询公司出具的说明,未经认证,不能作为证据使用。

上诉人原审期间提供了开远市工商局出具的情况说明作为证据"证明商标行政主管部门已经明确确认'红河'是县级以上行政区划名称"。根据1993年6月24日《国家工商行政管理局关于申请商标注册有关问题的通知》,自1993年7月1日起,经国家工商行政管理局认可的商标代理组织,其商标代理业务范围不受行政区划限制;地方各级工商行政管理机关在商标申请注册过程中的商标核转工作同时停止。而上诉人于1994年12月申请注册"红河"商标,仍然由开远市工商局核转和代理，而没有委托商标代理组织进行，不符合有关行政法规的规定，应承担由此带来的不利后果。而开远市工商局其时也已没有权利核转和代理商标申请事宜，故该局所出具的情况说明作为证据对确认"国家商标局是否准许'红河'作为商标注册"这一事实没有证明力，而且即使是国家商标局的决定也并不能影响商标评审委员会依法作出裁决，不能证明商标评审委员会的裁决是否合法。红河公司就该证据所提上诉理由不能成立。

由于行政诉讼是对被诉具体行政行为进行合法性审查，因此，被诉具体行政行为没有作为依据的证据不能作为合法性审查的事实依据。

红河公司二审提供的国家商标局对案外人作出的核驳通知书不是商标评审委员会作出行政行为的依据，不能影响商标评审委员会作出裁决，且不能证明商标评审委员会的行政行为违法，故该证据对本案事实亦没有证明力。

红河经营部二审提供的证据，亦不是商标评审委员会作出行政行为的依据，故本院不予采纳。

综上，原审判决认定事实清楚，适用法律正确。红河公司的上诉理由不能成立，对其上诉请求本院不予支持。根据《中华人民共和国行政诉讼法》第六十一条第（一）项之规定，判决如下：

驳回上诉，维持原判。

原、二审案件受理费各 1 000 元，均由云南红河光明股份有限公司负担。

著 作 权

30.《龙的世纪》金箔画著作权侵权纠纷案
——林岫诉江苏艺海楼金艺实业有限公司、北京
工美集团有限责任公司王府井工美大厦

原告（被上诉人）：林岫
被告（上诉人）：江苏艺海楼金艺实业有限公司
被告（原审被告）：北京工美集团有限责任公司王府井工美大厦
案由：著作权侵权纠纷

原审案号：北京市第二中级人民法院（2002）二中民初字第4739号
原审合议庭成员：邵明艳、张晓津、何暄
原审结案日期：2002年9月20日
二审案号：北京市高级人民法院（2002）高民终字第933号
二审合议庭成员：陈锦川、张冬梅、何马根
二审结案日期：2003年2月14日

【判决要旨】
　　未经作者许可使用其书法作品时，对作品割裂使用，删去题跋部分，只选取部分文字，并与其他图形任意组合，该行为违背了书法作品作者所要表达的思想主题和创作风格，应认定构成了对作者修改权和保护作品完整权的侵害。

【起诉与答辩】
　　原告林岫诉被告江苏艺海楼金艺实业有限公司（以下简称艺海楼公司）和被告北京工美集团有限责任公司王府井工美大厦（以下简称工美大厦）著作权侵权纠纷一案，原审法院于2002年6月24日受理后，依法组成合议庭，于2002年9月3日公开开庭进行了审理。原告林岫及其委托代理人胡星光、刘东升，被告艺海楼公司的委托代理人刘彬、周斌和被告工美大厦的委托代理人谢

景山均到庭参加了诉讼。

原告林岫诉称：1998 年 12 月至 1999 年 1 月，其先后创作了 6 幅"龙"文化书法作品。1999 年 1 月 12 日，该 6 幅作品由中华女子学院余映丽个人收藏，这些作品未公开发表过。2000 年上半年开始，原告发现被告艺海楼公司未经其许可，非法从原告两幅"龙"文化书法作品中割裂出行书和草书"龙"字后，组合成新的图案，制作成《龙的世纪》金箔画和金箔画书册，在全国许多大城市的商场包括被告工美大厦进行非法销售，侵犯了原告的著作权。此外，被告艺海楼公司介绍金箔画产品的宣传资料《艺海楼金箔工艺画》中包括侵权作品《龙的世纪》金箔画图案，亦侵犯了原告的著作权。原告认为：被告艺海楼公司的行为侵犯了其发表权、署名权、修改权、保护作品完整权、使用权和获得报酬权，被告工美大厦的行为亦侵犯了其著作权。故诉至法院，请求判令两被告停止侵权，在全国发行的《中国艺术报》上公开向原告赔礼道歉，被告艺海楼公司赔偿原告包括诉讼合理支出在内的损失 30 万元，被告工美大厦赔偿原告损失 5 000 元，并由艺海楼公司承担本案诉讼费。

被告艺海楼公司辩称：该公司制作的《龙的世纪》金箔画及该公司宣传材料中所使用的相关图案均来源于南京金麒麟贴金工艺品厂的有关宣传材料，因此，其并非故意侵犯原告的著作权。在本案纠纷发生前，其并不知晓涉案金箔画所使用图案的著作权人为原告，且南京金麒麟贴金工艺品厂已就其侵权行为在其他案件中赔偿了原告的损失，原告不应重复主张，其也不应重复赔偿。此外，该公司还提出：原告请求的损失赔偿数额缺乏证据支持，事实上其只制作、销售了涉案金箔画 127 套，其中包含 6 套金箔画书册。该公司承认侵犯了原告的著作权，但不包括原告主张的保护作品完整权和修改权。

被告工美大厦辩称：该大厦所销售的涉案金箔画的手续及相关证明齐全，在销售时，其并不知该商品为侵权商品，故未侵犯原告的著作权，不应承担侵权责任。

【原审查明事实】

原审法院经审理查明：自 1998 年 12 月 27 日至 1999 年 1 月 10 日，林岫创作完成了 6 幅"龙"文化书法作品。该 6 幅作品均由不同体例的"龙"字和相应题跋、落款组成，其中包括 1 幅行书"龙"字和 1 幅草书"龙"字。林岫的上述 6 幅作品均未发表。作品完成后，林岫将上述作品的原件以每幅 2 000 元的价格出售他人，双方未就作品的使用方式达成协议。

1999 年 4 月 14 日，江苏艺海楼贴金工艺品制作有限公司（以下简称艺海楼贴金工艺品公司）成立。2000 年 3 月 28 日，该公司成立江苏艺海楼贴金工艺品制作有限公司北京艺海楼销售分公司。2001年3月28日，艺海楼贴金工艺品公司更名为江苏艺海楼金艺实业有限公司，即本案被告艺海楼公司，该公司经营范围包括金银箔工艺品。2000年1月，艺海楼贴金工艺品公司制作了名称为《龙的世纪》的金箔画。金箔画所使用的图案是以林岫书写的草书"龙"字为底衬，以行书"龙"字压中，并与一条绘画龙的造型相结合组成，把林岫原作品中的题跋、落款舍去，未能保持原告作品的完整性。此外，在该公司发放的有关其金箔画制品的《艺海楼金箔工艺画》宣传册中包括《龙的世纪》金箔画图案，该宣传册封底还载明："江苏艺海楼经过多年的努力，已在北京、成都、哈尔滨、长沙、福州、西安等地设立了分支机构"。在上述两处对原告书法作品的使用中，均未署作者姓名。

艺海楼贴金工艺品公司制作的《龙的世纪》金箔画制品包括金箔画和金箔画书册两种产品，每套1幅。其中，金箔画的规格为10厘米×15厘米。根据南京永达会计师事务所接受被告艺海楼公司的委托对艺海楼贴金工艺品公司2000年度账目进行审计后出具的审计报告，该公司在2000年度售出金箔画127套、金箔画书册6套，产品销售利润为8 222.78元，净利润为6 991.38元。原告林岫主张艺海楼贴金工艺品公司还生产、销售了其他规格的侵权产品，但未能提供证据予以证明。

在本案审理过程中，艺海楼公司承认侵犯了原告林岫的著作权，但否认侵犯了其中的保护作品完整权和修改权。艺海楼公司还向法院提供了南京金麒麟贴金工艺品厂印有《龙的世纪》金箔画图案的宣传册，据此，主张其用于制作《龙的世纪》金箔画的图案具有合法来源，并不存在侵权的故意。

另查，工美大厦自2000年年初开始销售涉案侵权金箔画制品，包括金箔画和金箔画书册两种产品。工美大厦称其与艺海楼贴金工艺品公司之间属代销关系，目前不能提供相关进货和销售数量方面的证据材料。

林岫自江苏艺海楼贴金工艺品制作有限公司南京分公司、工美大厦购买涉案侵权金箔画和金箔画书册制品，计支出726元。

【原审审理结果】

原审法院认为：林岫对其创作的6幅"龙"文化书法作品所享有的著作权，应当受到我国著作权法的保护。虽然6幅书法作品的原件所有权发生了转移，但林岫仍依法享有该6幅作品的发表权、署名权、修改权、保护作品完整权以及使用权和获得报酬权。

艺海楼公司未经林岫许可，将其尚未发表的作品以金箔画的形式公之于众，该行为侵犯了林岫所享有的发表权。艺海楼公司在制作金箔画时对原告林岫的两幅作品割裂使用,将题跋部分舍去,只选取了单一"龙"字,并与其他绘画龙图形任意组合,该行为违背了该两幅书法作品作者所要表达的思想主题和创作风格,构成了对作者林岫修改权和保护作品完整权的侵害。艺海楼公司未经著作权人许可,以营利为目的,制作、销售金箔画的行为侵犯了林岫所享有的作品使用权和获得报酬权。在艺海楼公司发放的有关其金箔画制品的宣传册中包括《龙的世纪》金箔画图案,亦侵犯了原告的著作权。艺海楼公司对其上述侵权行为应承担相应的法律责任。艺海楼公司虽然举证证明《龙的世纪》金箔画图案设计来源于案外人,但带有该图案的金箔画作为一件完整、独立的产品是由艺海楼公司制作完成的,其使用该作品未征得著作权人的同意,故艺海楼公司认为其不具有主观故意,其行为不构成侵犯原告保护作品完整权和修改权的主张,本院不予支持。

被告工美大厦销售了涉案侵权金箔画制品,亦构成对原告著作权的侵犯。鉴于工美大厦提供证据证明了其进货渠道的合法性以及履行了相关的审查义务,根据有关法律规定,其应当承担停止销售行为的法律责任。原告请求判令工美大厦承担公开赔礼道歉和赔偿损失的法律责任的主张,依据不足,本院不予支持。被告工美大厦主张其并未侵犯原告的著作权,不应承担侵权责任,依据不足,本院亦不予支持。

本案原告请求法院判令被告艺海楼公司承担停止侵权、公开赔礼道歉及赔偿经济损失的法律责任以及被告工美大厦承担停止侵权的法律责任的主张,理由正当,本院予以支持。本院将根据被告艺海楼公司侵权行为的影响等因素确定公开赔礼道歉的方式。关于赔偿经济损失的数额问题,原告所提赔偿请求数额过高,本院不予全额支持。本院将根据本案的具体情况,参考相关作品使用的付酬标准,综合考虑被告艺海楼公司侵权的方式、范围和主观过错程度等因素,酌情确定被告艺海楼公司赔偿原告经济损失的数额。鉴于本案被告艺海楼公司承担公开赔礼道歉的法律责任,足以弥补原告因被侵权所受到的精神损害,因此对于本案原告提出请求法院判令被告赔偿原告精神损失的主张,本院不予支持。

综上所述,依照 2001 年 10 月 27 日修正前的《中华人民共和国著作权法》第十条、第十八条、第四十五条第(一)项和第(四)项、第四十六条第(二)项之规定,判决如下:

一、江苏艺海楼金艺实业有限公司立即停止制作、销售《龙的世纪》金箔画制品,立即停止制作、发放含有《龙的世纪》金箔画图案的宣传材料;

二、江苏艺海楼金艺实业有限公司于本判决生效之日起 30 日内,在《中国艺术报》上发表向林岫赔礼道歉的声明(致歉内容须经本院核准,逾期不履行，本院将在该报登载本判决内容，所需费用由江苏艺海楼金艺实业有限公司负担）；

三、江苏艺海楼金艺实业有限公司于本判决生效之日起 15 日内赔偿林岫经济损失 10 万元人民币，赔偿林岫因本案而支出的合理费用 726 元人民币；

四、北京工美集团有限责任公司王府井工美大厦立即停止销售江苏艺海楼金艺实业有限公司制作的《龙的世纪》金箔画制品；

五、驳回林岫其他诉讼请求。

案件受理费 7 085 元，由林岫负担 1 585 元，由江苏艺海楼金艺实业有限公司负担 5 000 元，由北京工美集团有限责任公司王府井工美大厦负担 500 元。

艺海楼公司不服原审判决，提起上诉。林岫、工美大厦服从原审判决。

【二审查明事实】

二审法院经审理查明：1998 年 12 月 27 日至 1999 年 1 月 10 日，林岫创作完成了 6 幅"龙"文化书法作品。该 6 幅作品均由不同体例的"龙"字和相应题跋、落款组成，其中包括 1 幅行书"龙"字和 1 幅草书"龙"字。林岫的上述 6 幅作品均未发表。作品完成后，林岫将上述作品的原件以每幅 2 000 元的价格出售他人，双方未就作品的使用方式达成协议。

1999 年 4 月 14 日，艺海楼贴金工艺品公司成立。2000 年 3 月 28 日，该公司成立江苏艺海楼贴金工艺品制作有限公司北京艺海楼销售分公司。2001 年 3 月 28 日，艺海楼贴金工艺品公司更名为江苏艺海楼金艺实业有限公司，该公司经营范围包括金银箔工艺品。2000 年 1 月，艺海楼贴金工艺品公司制作了名称为《龙的世纪》的金箔画。金箔画所使用的图案是以林岫书写的草书"龙"字为底衬，以行书"龙"字压中，并与一条绘画龙的造型相结合组成，把林岫原作品中的题跋、落款舍去。此外，在该公司发放的有关其金箔画制品《艺海楼金箔工艺画》宣传册中包括《龙的世纪》金箔画图册，该宣传册封底还载明："江苏艺海楼经过多年的努力，已在北京、成都、哈尔滨、长沙、福州、西安等地设立了分支机构。"在上述两处对林岫书法作品的使用中，均未署作者姓名。

艺海楼贴金工艺品公司制作的《龙的世纪》金箔画制品包括金箔画和金箔画书册两种产品，每套 1 幅。其中金箔画的规格为 10 厘米×15 厘米。根据南京永达会计师事务所接受被告艺海楼公司委托对艺海楼贴金工艺品公司 2000 年度账目进行审计后所出具的审计报告，该公司在 2000 年度销售出金箔画 127 套、金箔画书册 6 套，产品销售利润为 8 222.78 元，净利润为 6 991.38 元。

另查，工美大厦自 2000 年年初开始销售涉案侵权金箔画制品，包括金箔画和金箔画书册两种产品。

林岫自江苏艺海楼贴金工艺品制作有限公司南京分公司、工美大厦购买涉案侵权金箔画和金箔画书册产品，计支出 726 元。

【二审审理结果】

本案在二审审理过程中，经法院主持调解，各方当事人自愿达成如下协议：

一、江苏艺海楼金艺实业有限公司立即停止制作、销售《龙的世纪》金箔画制品，立即停止制作、发放含有《龙的世纪》金箔画图案的宣传材料；

二、江苏艺海楼金艺实业有限公司于本调解书生效之日起 30 日内，在《中国艺术报》上发表向林岫赔礼道歉的声明（致歉内容须经法院核准，逾期不履行，本院将在该报登载本调解书内容，所需费用由江苏艺海楼金艺实业有限公司负担）；

三、江苏艺海楼金艺实业有限公司赔偿林岫经济损失 75 000 元人民币；赔偿林岫因本案支出的合理费用 726 元人民币；上述两笔款项的支付时间为：本调解书生效之日支付 15 000 元，2003 年 4 月底以前支付 25 000 元，2003 年 6 月底以前支付剩余款项；

四、北京工美集团有限责任公司王府井工美大厦立即停止销售江苏艺海楼金艺实业有限责任公司制作的《龙的世纪》金箔画制品；

五、一审案件受理费 7 085 元，由林岫负担 1 585 元，由江苏艺海楼金艺实业有限公司负担 5 000 元，由北京工美集团有限责任公司王府井工美大厦负担 500 元。二审案件受理费 7 085 元，由江苏艺海楼金艺实业有限公司负担；

六、各方再无其他争议。

上述协议，符合有关法律规定，本院予以确认。

本调解书经双方当事人签收后，即具有法律效力。

31. "脑白金"广告摄影作品著作权侵权纠纷案
——韩建华诉上海健特生物科技有限公司、北京日报报业集团

原告（上诉人）：韩建华
被告（被上诉人）：上海健特生物科技有限公司
被告（被上诉人）：北京日报报业集团
案由：著作权侵权纠纷

原审案号：北京市第二中级人民法院（2002）二中民初字第 5465 号
原审合议庭成员：邵明艳、何暄、张晓津
原审结案日期：2002 年 11 月 28 日
二审案号：北京市高级人民法院（2003）高民终字第 106 号
二审合议庭成员：陈锦川、张冬梅、何马根
二审结案日期：2003 年 3 月 19 日

【判决要旨】

委托创作作品的目的，是委托人能够使用所委托创作的作品。在委托创作的作品著作权属于受委托人的前提下，委托人应享有在约定的范围内使用该作品的权利，即使双方没有约定作品使用范围，只要受托人能认识到受托创作作品的使用目的的，委托人就可以在委托创作的特定目的的范围内使用该作品。

【起诉与答辩】

原告韩建华诉称：被告北京日报报业集团（以下简称北京日报）于 2001 年 12 月 5 日在其出版发行的《北京晚报》上，未经原告许可，将原告拍摄的照片用于被告上海健特生物科技有限公司（以下简称上海健特公司）"脑白金"产品的宣传广告中。二被告的行为侵犯了原告对所拍摄照片享有的署名权、发表权、使用权和获得报酬权。故原告诉至法院请求判令：（1）被告北京日报停止刊登含有侵权照片的广告；（2）被告上海健特公司在《北京晚报》上公开赔礼道歉；（3）被告上海健特公司赔偿原告经济损失 24 370 元；（4）被告上海健特公司承担本案诉讼费和原告为本案支出的费用 5 280 元。

被告上海健特公司辩称：涉案广告是由北京中视台艺术广告中心制作完成的，是法人作品，原告并不对其享有著作权；原告作为广告摄制组成员，获得

了 1 000 元的劳动报酬；原告的诉讼请求没有事实和法律依据，请求驳回原告的诉讼请求。

被告北京日报辩称：我报社在发布涉案广告时尽到了合理的审查义务，我报社有理由相信该广告无侵权内容，因此不应承担任何责任，故不同意原告的诉讼请求。

【原审查明事实】

原审法院经审理查明：2000 年 4 月 18 日，原告应北京中视台艺术广告中心负责被告上海健特公司"脑白金"产品平面广告拍摄的人员郭燕琪的要求，以姜昆、"大山"为拍照对象，拍摄了规格为 120 型的反转片 60 张。其中有些照片突出表现姜昆、"大山"相互争抢"脑白金"产品十分喜悦的中心内容，在照片中，"脑白金"产品处于明显的位置，"脑白金"产品的外包装及"脑白金"文字清晰可见。邀请姜昆、"大山"及广告设计的其他事宜均由被告上海健特公司及北京中视台艺术广告中心负责，原告只负责拍摄 120 反转片。原告拍摄后，除自己存留 5 张外，将其余的反转片均交给了郭燕琪，并从郭燕琪处领取了酬金 1 000 元人民币。庭审中，原告称其将反转片交给郭燕琪时，郭燕琪表示征求过被告上海健特公司的意见，使用原告拍摄的照片要经过原告的同意。

2001 年 12 月 5 日至 2002 年 2 月 8 日，《北京晚报》刊登"送礼当然还送脑白金"照片和文字广告，所使用的照片为原告所拍摄系列照片中的一张，该照片为姜昆、"大山"相互抢抱"脑白金"产品，照片中"脑白金"产品和"脑白金"文字明显、清晰。《北京晚报》共刊登上述广告 12 次，现已按照与被告上海健特公司的书面合同刊登完毕。

【原审审理结果】

原审法院认为：本案双方当事人争议的焦点问题在于涉案摄影作品是否为委托创作完成的作品、该摄影作品的著作权归属及被告使用涉案摄影作品是否属于委托创作目的特定使用范围之内。

首先，关于涉案摄影作品的创作基础及著作权的归属问题。依据我国著作权法的规定，摄影作品的著作权应归属于摄影作品的拍摄者。委托拍摄的摄影作品的著作权归属应依据委托合同双方的约定，没有约定的，著作权仍归属于该摄影作品的拍摄者。依据查明的事实，本案原告系接受他人的委托拍摄了涉案照片，原告未就该照片著作权的归属与委托方有明确的约定。被告上海健特公司虽主张涉案照片系集体创作完成，著作权约定由其享有，但其未能提交相应的证据予以证明，且其认可涉案照片系委托原告拍摄完成的事实，故其上述抗辩主张不能成立，本院确认涉案照片系原告接受他人委托完成，因委托方与受托方未明确约定作品著作权的归属，依照法律规定，该照片的著作权由原告享有。

其次，关于被告使用涉案照片是否属于委托创作许可使用的特定范围之内，即是否构成侵权的问题。依据本院确认的证据及原告的当庭陈述，原告以姜昆、"大山"及"脑白金"产品为拍摄对象进行拍摄，其将所拍摄的反转片交付涉案"脑白金"广告拍摄组负责人之一的郭燕琪，并收取了相应的酬金，且原告拍摄的涉案照片旨在宣传"脑白金"产品的创作意图是十分明显的，因此，可以认定原告知晓其是受被告上海健特公司的委托为"脑白金"产品拍摄广告照片。原告作为涉案照片的拍摄者，其拍摄照片的创作过程亦是其付出智力劳动的过程，其领取的酬金，应视为是其创作劳动成果价值的实现，因此，对于形成委托合同法律关系的原告与被告上海健特公司来讲，该酬金应视为被告上海健特公司支付给原告的委托创作费用。

委托创作作品的目的，是委托人能够使用所委托创作的作品，在委托创作的作品著作权归属于受委托人的前提下，委托人应享有在约定的使用范围内使用该作品的权利，即使双方没有约定作品使用范围的，委托人也可以在委托创作的特定目的范围内无偿使用该作品。本案被告上海健特公司委托原告拍摄涉案照片的目的在于使用该照片宣传"脑白金"产品，其在支付原告相应费用后，将委托原告拍摄的涉案照片用于"脑白金"产品广告中，该种使用方式应视为在原告所知晓的使用范围内，即在被告上海健特公司委托原告拍摄涉案照片的特定目的范围内，被告上海健特公司享有在"脑白金"产品广告的范围内使用涉案作品的权利，无需取得原告的再许可及另行支付使用费。原告提出其不知晓是为"脑白金"产品拍摄广告照片，所领取的是劳务费，并非使用涉案照片的相应费用，被告上海健特公司以任何方式使用涉案照片均应取得其许可的主张，本院基于上述理由，不予支持。

综上，原告享有接受委托拍摄的涉案照片的著作权，但被告上海健特公司在涉案广告中使用涉案照片的行为属于在委托创作的特定目的范围内使用的行为，该使用行为不构成对原告著作权的侵害。被告北京日报发布涉案广告的行为，亦不构成对原告著作权的侵害。原告要求二被告停止侵权、被告上海健特公司公开赔礼道歉并赔偿经济损失的诉讼请求，缺乏依据，本院不予支持。依据《中华人民共和国著作权法》第十七条的规定，判决如下：

驳回原告韩建华的诉讼请求。

韩建华不服原审判决，提出上诉，其理由为：原审法院认定"涉案照片系韩建华接受他人委托完成，因委托方与受托方未明确约定作品著作权的归属，该照片的著作权由韩建华享有"是正确的；但是判决中关于委托的一些基本事实没有调查清楚，因而作出了关于委托创作目的的错误判定。原审判决认定郭燕琪是"北京中视台艺术广告中心负责上海健特公司脑白金产品平面广告拍摄的人员"没有事实依据。认定委托拍摄平面广告不符合常理，事实上郭燕琪未提起过上海健特公司，而仅仅告诉韩建华是拍摄资料片。请求二审法院撤销原审判决，依法改判。

上海健特公司和北京日报服从原审判决。

【二审查明事实】

二审法院审理查明的事实与一审基本相同。另补充查明以下事实：

二审庭审中韩建华称，2000 年 4 月 18 日接到好友史杰的电话，史杰说其朋友郭燕琪要找一位摄影师拍几张照片，因为白天拍的 135 型有问题，需要当天晚上重拍。史杰说都是朋友，让韩建华多费心。后郭燕琪与韩建华直接进行了联系。当天晚上，韩建华在今日捷成图片社进行了拍摄。经查，原审中韩建华曾向法院提交证人史杰以及今日捷成图片社工作人员朱燕秋的证言，以证明涉案照片的拍摄经过。由于上海健特公司以史杰、朱燕秋证言的提交已超过规定的举证期限为由不予质证及反对该两位证人出庭接受询问，故原审法院对上述证人的书面证言未予采纳。二审中，韩建华主张其收取的 1 000 元属于劳务费，拍摄的照片是作为资料使用，并对原审所认定的郭燕琪的身份不予认可。但韩建华对上述主张均未能提供任何证据。

二审庭审中上海健特公司称其与北京中视台艺术广告中心之间是口头的委托创作的关系。证人朱克嘉、郭燕琪了解整个事情的全过程。经查，原审中韩建华以证人朱克嘉、郭燕琪旁听了该案的庭审调查为由，反对该两位证人出庭接受询问，原审法院对上述两位证人的书面证言的证明力不予确认。

【二审审理结果】

二审法院认为：根据著作权法的规定，受委托创作的作品，在双方未有约定的情况下，著作权属于受托人。原审法院依据查明的事实认定韩建华系接受他人的委托拍摄了涉案照片，涉案照片系委托作品，著作权由韩建华享有。上诉人韩建华上诉意见中虽然认为关于委托的一些基本事实未调查清楚，但对一审法院关于作品系委托作品以及著作权由韩建华享有的认定是完全认可的。因此，二审中双方当事人争议的焦点是上海健特公司以广告形式使用涉案照片是否属于委托创作涉案照片的特定目的的范围之内。本案涉案照片的拍摄对象是姜昆、"大山"及"脑白金"产品，内容为姜昆、"大山"正在抢抱"脑白金"产品，因此所拍摄的照片旨在宣传"脑白金"产品的目的是明确、特定的，照片的拍摄者应能认识到照片欲作为广告使用的意图。韩建华上诉认为创作涉案照片仅仅是作为资料使用，并未提供任何证据，本院不予采信。虽然韩建华所收取的酬金较低，但韩建华拍摄照片是基于朋友互相帮助，且韩建华并未就该酬金属于劳务费一节提供任何证据，故酬金较低的事实并不能影响本院关于涉案照片创作目的的认定。

综上，原审法院认定上海健特公司在涉案广告中使用涉案照片属于在委托创作的特定目的范围内使用作品，该使用行为不构成对韩建华著作权的侵害是正确的。韩建华所提上诉理由不能成立，对其上诉请求，本院不予支持。依据《中华人民共和国民事诉讼法》第一百五十三条第一款第（一）项之规定，判决如下：

驳回上诉，维持原判。

原、二审案件受理费各 1 190 元，均由韩建华负担。

32. "赛野"建筑模型著作权侵权及不正当竞争纠纷案

——北京赛野模型有限公司诉北京市京一天成模型制作中心

原告（被上诉人）：北京赛野模型有限公司
被告（上诉人）：北京市京一天成模型制作中心
案由：著作权侵权及不正当竞争纠纷

原审案号：北京市朝阳区人民法院（2002）朝民初字第 21579 号
原审合议庭成员：李有光、党淑平、谢甄珂
原审结案日期：2002 年 12 月 18 日
二审案号：北京市第二中级人民法院（2003）二中民终字第 2565 号
二审合议庭成员：邵明艳、何暄、张晓津
二审结案日期：2003 年 3 月 19 日

【判决要旨】

未经许可在他人制作的模型作品上加贴自己的企业名称，使公众对模型制作者的身份产生误认，构成对著作权人署名权的侵犯。

【起诉与答辩】

原告北京赛野模型有限公司（以下简称赛野公司）诉称：我公司制作的"万润家园"、"光华欣居"、"东方太阳城"、"亮马水晶"、"新华经典丽园"5 个房地产项目的建筑模型于"2002 年中国北京秋季房地产展示交易会"上展出。北京市京一天成模型制作中心（以下简称京一天成中心）参加了该展会，但其未经许可擅自在我公司制作的上述模型上张贴含有其企业图标、主要名称和服务电话的标识，严重误导参展商和参展者，使之误认为上述模型均由京一天成中心制作，从而影响了我公司的信誉，导致我公司客户明显减少。我公司是技术力量雄厚的模型制作专业公司，承担过北京奥林匹克公园、北京商务中心区等多个大型市政总体规划及公建模型；京一天成中心则成立较晚，规模较小。其借我公司之名气及房展会的广泛宣传性，无偿扩大自身企业知名度，不仅侵犯了我公司的著作权，还扰乱了模型制作同业的市场公平交易，构成不正当竞争。现起诉要求：京一天成中心停止侵害，即停止在我公司制作的上述建筑模型上署名；消除影响、恢复名誉、赔礼道歉，在市级报刊上刊登赔礼道歉启示；赔偿经济损失 15 万元，其中因侵犯署名权赔偿 5 万元，因不正当竞争赔偿 10 万元；支付公证费、工商登记查询费等调查费用 1 268 元。

被告京一天成中心辩称：我中心未参与制作涉案的房地产项目模型，更没有制作、张贴涉案模型上的标识。因此不同意赛野公司的诉讼请求。

【原审查明事实】

原审法院经审理查明：2001 年、2002 年，赛野公司先后接受委托制作了"万润家园"、"光华欣居"、"东方太阳城"、"亮马水晶"、"新华经典丽园" 5 个房地产项目的建筑模型。2002 年 9 月 5 日，在"2002 年中国北京秋季房地产展示交易会"（会期 9 月 5 日至 8 日）上，上述 5 个房地产项目展台内的参展模型上均标有赛野公司的标牌，标牌上有"北京赛野"字样及赛野公司的电话与地址。参展模型底座边框处另贴有不干胶标识，标识上有"京一天成模型"字样、京一天成中心服务电话及其以字母 W 为主体的图标。长安公证处对拍摄上述 5 个房地产项目展台内建筑模型参展状态的过程进行了公证，并出具了公证书。

赛野公司经营范围包括模型产品的技术开发、技术服务等，曾制作过若干总体规划、公建、住宅区的模型。为诉讼其支付了公证费 1 020 元，查询费 152 元。

京一天成中心主营建筑、工业模型、美工产品制作等项目，以 3019 号独立展台参加了上述展会。其承认未参与制作上述参展模型。

【原审审理结果】

原审法院认为：参展的"万润家园"、"光华欣居"、"东方太阳城"、"亮马水晶"、"新华经典丽园" 5 个房地产项目建筑模型是受我国著作权法保护的模型作品。作品的著作权属于作者。如无相反证明，在作品上署名的公民、法人或者其他组织为作者。根据模型作品的特点，在模型上附加含有企业名称中的字号或简称的标牌或标识，就是对模型作品的署名。涉案的 5 个参展模型上均以附加赛野公司标牌的形式署名，京一天成中心未就此提供相反证据，因此可以认定赛野公司是上述模型作品的作者，并依法享有著作权。尽管涉案模型上也有京一天成中心的不干胶标识，但其承认不曾参与涉案模型的创作，没有参加创作的人不能成为作者，因此京一天成中心并非上述模型的作者。

制作模型是京一天成中心的经营范围之一，张贴于参展模型作品之上的不干胶标识包含其名称、服务电话等内容，除具有标明制作者身份的作用外，还具有宣传其产品或服务的作用。张贴该标识的结果对京一天成中心有利，如其主张张贴行为系他人所为，则应当就此承担举证责任。现京一天成中心没有就此提供证据，因此应当对该行为后果承担民事责任。

京一天成中心没有参加创作，却在他人作品上署名，侵犯了赛野公司的署名权，应就此承担赔礼道歉的民事责任。赛野公司以署名权被侵犯主张赔偿损失5万元，缺乏依据，本院不予支持。

京一天成中心与赛野公司均以制作建筑模型为主要经营内容。为宣传自己的产品与服务，京一天成中心以独立展台参展。与此同时其在未参加制作的情况下，将自己的标识张贴在上述房地产项目展台内公开展示的赛野公司模型作品上。这就足以使与会者对上述参展模型的制作者产生误解。京一天成中心借助他人作品为自己作宣传的行为是一种虚假的宣传行为，违反了经营者应当普遍遵循的诚实信用、公平竞争的商业道德，扰乱了模型制作行业正常的经营秩序，已构成不正当竞争，应予制止。由于上述违法行为系在公开的展会上所为，故京一天成中心应以适当的方式消除影响。赛野公司主张在市级报纸上赔礼道歉，消除影响，并未超出法律规定的合理范围，本院予以支持。但其就不正当竞争行为提出的赔偿金额，因依据不足本院不予全额保护。根据京一天成中心的行为性质与后果，考虑赛野公司为诉讼支出的公证费、查询费等合理费用，本院将酌情判定赔偿金额。

综上，依据《中华人民共和国著作权法》第四十六条第（三）项、《中华人民共和国反不正当竞争法》第二条第一款、第九条第一款、第二十条之规定，判决如下：

一、北京市京一天成模型制作中心立即停止在北京赛野模型有限公司模型作品上署名的行为；

二、北京市京一天成模型制作中心于本判决生效之日起30日内在一家全市发行的非专业性报纸上公开向北京赛野模型有限公司赔礼道歉（致歉内容须经本院审核，逾期不执行，本院将在一家全市发行的报纸上登载本判决的主要内容，相关费用由北京市京一天成模型制作中心负担）；

三、北京市京一天成模型制作中心于本判决生效之日起10日内赔偿北京赛野模型有限公司损失11 172元；

四、驳回北京赛野模型有限公司的其他诉讼请求。

京一天成中心不服原审判决，提起上诉，请求二审法院依法改判。其上诉理由为：原审法院在没有证据证明上诉人京一天成中心制作和张贴涉案标识的情况下，仅以张贴该标贴的结果对上诉人有利，就判定上诉人就此承担举证责任，并就此承担在他人模型作品上署名及造成公众误认的法律责任是错误的。涉案模型均为被上诉人赛野公司制作、搬运、并摆放在被上诉人的客户处，始终处于被上诉人及其客户的控制下，让上诉人承担举证责任是没有道理的。被上诉人提交的公证书不具有证据效力，该公证书表明是一位公证员进行的公证，违反了程序规则，公证书所附载的照片，并不能完整体现涉案模型的参展状态。

赛野公司服从原审判决。

【二审查明事实】

二审审理期间，双方当事人均未提交新证据。二审法院认定的事实与原审法院查明的事实相同。

【二审审理结果】

二审法院认为：赛野公司以署名权被侵犯主张赔偿损失 5 万元，缺乏依据，本院不予支持。被上诉人赛野公司系"万润家园"、"光华欣居"、"东方太阳城"、"亮马水晶"、"新华经典丽园"5 个房地产项目的建筑模型作品的作者，其对上述模型作品依法享有著作权。

上述建筑模型作品在公开参展中均被粘贴有上诉人京一天成中心的商业标识，上诉人否认其实施了制作和粘贴该标贴的行为，其应就其反驳主张承担举证责任。被上诉人与上诉人均为参展单位，又存在同业竞争关系，涉案建筑模型在参展时是处于可公开接触状态；涉案标贴为京一天成特有的商业标识，对外粘贴该标贴即向公众表明了被粘贴物与京一天成之间存在关联性和该粘贴行为人系京一天成中心或与京一天成中心存在有某种联系；且在参展会相对确定的范围内，涉案标贴被公开粘贴和展示，上诉人作为参展单位对此状态应是明知或应知的，在整个展会期间及本案诉讼之前，上诉人并未就该标贴的存在提出异议，现上诉人就此否认该标贴系其制作和粘贴，但又未能提交任何证据证明该标贴的制作和粘贴与其无关，亦无充分的理由支持其提出的该标贴系他人制作和粘贴的主张。综合上述理由，应认定上诉人对涉案标贴的粘贴行为承担相应的法律责任，本院对上诉人提出的涉案标贴的制作和粘贴与其无关的上诉主张，不予支持。

上诉人京一天成中心的标识粘贴在被上诉人赛野公司公开展示的建筑模型作品上，对赛野公司所享有的该模型作品的署名权构成了侵害，同时亦误导了相关公众，使相关公众对该建筑模型的制作者产生了混淆，也使该建筑模型制作者附载在该模型作品上的商业利益受到了侵害，构成了不正当竞争。上诉人京一天成公司应承担停止侵权、赔偿损失、赔礼道歉的法律责任。被上诉人赛野公司所提赔偿数额偏高，原审法院酌情判定的赔偿数额合理。赛野公司以署名权被侵犯主张赔偿损失 5 万元，缺乏依据，本院不予支持。关于上诉人所提涉案公证书证明效力问题，原审法院认定并无不当，公证书文字记载内容与附载的照片可以相互印证，对于上诉人的此项上诉主张，本院亦不予支持。

综上，上诉人京一天成中心的上诉请求，缺乏依据，本院不予支持，原审法院判决认定事实清楚，适用法律正确，应予维持。依据《中华人民共和国著作权法》第四十六条第（三）项，《中华人民共和国反不正当竞争法》第二条第一款、第九条第一款、第二十条，《中华人民共和国民事诉讼法》第一百五十三条第（一）项之规定，判决如下：

驳回上诉，维持原判。

原审案件受理费 4 535 元，由北京赛野模型有限公司负担 1 800 元，由北京市京一天成模型制作中心负担 2 735 元；二审案件受理费 4 535 元，由北京市京一天成模型制作中心负担。

33. 壮剧《瓦氏夫人》剧本著作权侵权纠纷案
——张淳诉中国戏剧家协会、广西
壮族自治区壮剧团、宋安群等

原告：张淳
被告：中国戏剧家协会
被告：广西壮族自治区壮剧团
被告：宋安群
被告：谢国权
被告：常剑钧
案由：著作权侵权纠纷

一审案号：北京市第二中级人民法院（2002）二中民初字第 10140 号
一审合议庭成员：邵明艳、何暄、张晓津
一审结案日期：2003 年 3 月 20 日

【判决要旨】

对不可以分割使用的合作作品，合作作者对著作权的行使不能协商一致的，任何一方无正当理由不得阻止他方行使。但行使权利的合作作者应当尽到与其他作者进行协商的义务，并在诉讼中对该"协商"的事实承担举证责任。

【起诉与答辩】

原告张淳诉称：原告与被告宋安群、谢国权于 1988 年共同创作完成了大型历史壮剧《瓦氏夫人》（以下简称《瓦》剧），并首次发表在 1988 年 11 月 1 日出版的《影剧艺术》杂志 1988 年第 6 期上。但是，从 2001 年开始，被告广西壮族自治区壮剧团（以下简称广西壮剧团）、宋安群、谢国权和常剑钧以"修改"、"新编"为名，未与原告协商，对《瓦》剧进行了歪曲篡改，并将修改后的剧本进行编排公演，同时交由被告中国戏剧家协会（以下简称戏剧家协会）发表在其出版发行的《剧本》杂志 2002 年 8 月号上。同时，在发表的剧本上、该剧的演出宣传中及对外演出节目单上均称《瓦》剧的编剧为宋安群、谢国权、常剑钧，而没有原告的署名。上述五被告的行为侵犯了原告的署名权、修改权、保护作品完整权和获得报酬权，并给原告带来精神创伤。原告遂

诉至法院，要求判令：五被告立即停止侵权；在《剧本》杂志、一家全国性综合报纸和一家广西主要报纸上向原告公开赔礼道歉，消除影响，恢复名誉；赔偿原告经济损失、精神损失 5 万元；承担本案的受理费。

被告戏剧家协会辩称：我们刊登《瓦》剧是按照广西壮剧团交付的剧本署名的，并按规定支付了稿酬，后又按照广西壮剧团的来函刊登了更正启事。我们遵循了正常的组织和工作程序，编辑部没有界定作品权利归属的义务，因此，我们的行为不构成侵权，也不应承担赔偿责任。

被告广西壮剧团、宋安群、谢国权和常剑钧共同辩称：张淳、宋安群与谢国权于 1988 年创作完成的《瓦》剧为职务作品，广西壮剧团有权进行改编重排。2001 年，广西壮剧团决定改编此剧，考虑到原告张淳身在北京，遂由宋安群、谢国权外邀常剑钧先进行改编，并于 2001 年 10 月赴京征求张淳对改编初稿的意见，张淳表示不参加改编，亦不署名，但未表示不同意二合作作者改编。被告广西壮剧团后根据原告张淳的意见，在排演剧本和演出宣传品上标注了"根据《瓦氏夫人》1988 年创作演出本改编"及"根据《瓦氏夫人》1988 年张淳、宋安群、谢国权创作演出本改编"字样。被告宋安群、谢国权和常剑钧在《剧本》月刊上刊出该剧剧本，由于疏漏，忽略了标明《瓦》剧改编本的出处，后及时进行了更正。《瓦》剧改编本的演出仅三场，均为公益性演出，没有营业性收入。被告宋安群、谢国权和常剑钧曾派人赴京将剧本的奖金 2 000 元交付原告，但原告拒收。综上，四被告并未侵犯原告的著作权。

【一审查明事实】

一审法院经审理查明：《瓦》剧剧本首次发表在 1988 年 11 月 1 日出版的《影剧艺术》杂志 1988 年第 6 期上，编剧署名为张淳、宋安群、谢国权。同年，广西壮剧团联合南宁供电局文艺演出队按照该剧本演排并在 1988 年"庆祝广西壮族自治区成立三十周年文艺晚会"上进行了首演。2001 年，宋安群、谢国权、常剑钧事先未与张淳协商，在 1988 年张淳、宋安群、谢国权合著《瓦》剧剧本的基础上进行了改编。2001 年 11 月，广西壮剧团根据改编后的剧本排演的《瓦》剧在南宁"第七界中国戏剧节"上展演，演出节目单上署名编剧宋安群、谢国权、常剑钧（根据 1988 年演出本改编），该剧目获得第七界中国戏剧节"中国曹禺戏剧奖、优秀剧目奖"。2002 年 9 月，广西壮剧团又在柳州举办的广西戏剧优秀剧目展演上演出该剧，演出节目单上署名编剧宋安群、谢国权、常剑钧（根据 1988 年演出本改编）。2002 年 8 月，戏剧家协会《剧本》杂志社出版发行的 2002 年第 8 期（总第 447 期）《剧本》杂志上刊登了《瓦》剧剧本，作者署名为宋安群、谢国权、常剑钧；2002 年第 10 期（总第

449期）《剧本》杂志上又刊登"广西戏剧优秀剧目展演举行"的信息报道，该报道在介绍参加展演的剧目时，写明"壮剧《瓦氏夫人》（编剧宋安群、谢国权、常剑钧)"。2002 年 11 月，2002 年第 11 期（总第 450 期）《剧本》杂志上刊登了广西壮剧团启事，内容为"《剧本》杂志 2002 年第 8 期刊登的新编历史壮剧《瓦氏夫人》，因我们疏忽，未署上'根据张淳、宋安群、谢国权 1988 年演出剧本改编'。谨此声明，并向张淳同志道歉"。现广西壮剧团在《瓦》剧演出宣传册中署名编剧宋安群、谢国权、常剑钧（根据张淳、宋安群、谢国权 1988 年演出剧本创编）。

另查，2001 年宋安群、谢国权、常剑钧所写《瓦》剧剧本是以 1988 年张淳、宋安群、谢国权所写《瓦》剧剧本为基础，某些人物、故事情节进行了增删和较大的调整，对此双方当事人不持异议。张淳现为广西壮剧团离休导演，谢国权现为广西壮剧团副团长。二人于 1988 年参加《瓦》剧创作时均为广西壮剧团职员。

【一审审理结果】

一审法院认为：根据本院确认的证据，张淳、宋安群、谢国权是 1988 年《瓦》剧剧本的合作作者，三人共同享有该剧本的著作权。张淳作为合作作者之一，其对该剧本所享有的著作权应受法律保护。

根据法律规定，合作作品不可以分割使用的，合作作者对著作权的行使如果不能协商一致，任何一方无正当理由不得阻止他方行使。本案《瓦》剧剧本作为合作作品是不可以分割使用的，张淳、宋安群、谢国权作为 1988 年《瓦》剧剧本的合作作者，行使该剧的著作权应共同进行协商。宋安群、谢国权与常剑钧共同对该剧本进行再度创作，在原剧本的基础上，部分人物、故事情节等均发生了较大的变化，形成了在 1988 年《瓦》剧剧本基础上的改编剧本，但宋安群、谢国权并未就改编原剧本一事与张淳协商，且在《剧本》杂志上以宋安群、谢国权、常剑钧的名义发表三人改编后的《瓦》剧剧本，并未为原剧本作者署名，由此，宋安群、谢国权、常剑钧共同侵害了张淳对 1988 年《瓦》剧剧本所享有的改编权、获得报酬权、署名权，应承担停止侵权、赔礼道歉、赔偿经济损失的法律责任。

法律规定作者对其创作的作品享有的改编权，是指改变作品，创作出具有独创性的新作品的权利。而改变作品不仅指在作品内容不改变的情况下，将作品的表达方式进行改变，还包括将作品进行扩写、缩写和虽未改变作品类型但进行了具有独创性的改写。本案 2001 年宋安群、谢国权、常剑钧所写《瓦》剧剧本是在 1988 年张淳、宋安群、谢国权创作的《瓦》剧剧本基础上进行的再度创作，具有其独创性，应视为改编作品。张淳提出 2001 年宋安群、谢国权、常剑钧所写《瓦》剧剧本是对 1988 年《瓦》剧剧本的修改和篡改，宋安群、谢国权、常剑钧等五被告侵犯了其对 1988 年《瓦》剧剧本所享有的修改权、破坏作品完整权的主张，因其未能提交充分的证据予以证明，本院对此不予支持。

鉴于本院依据现有证据不能确认宋安群、谢国权就改编原剧本一事与张淳进行过协商，宋安群、谢国权、常剑钧也未按照改编作品的使用方式进行署名，因此，宋安群、谢国权、常剑钧提出在其共同完成 2001 年《瓦》剧改编剧本之前，曾与张淳进行过协商，张淳虽不同意改编，但没有正当理由，其行为未侵害张淳所享有的改编权、署名权及获酬权的主张，缺乏证据，本院不予采纳。

广西壮剧团使用 2001 年 11 月《瓦》剧改编剧本排演成壮剧参加展演，并在展演节目单上未按照改编剧本的使用方式予以署名，构成了对张淳所享有的著作权的侵犯，其应承担停止侵权、赔礼道歉和赔偿损失的法律责任。戏剧家协会在其主办的《剧本》杂志上刊登了 2001 年《瓦》剧改编剧本和介绍该剧目的报道文章，其对于所刊登作品是否存在权利瑕疵并未尽相应的审查义务，并对该改编作品未予正确署名，其应对造成张淳著作权受到侵害的法律后果承担相应的法律责任。鉴于广西壮剧团、戏剧家协会在《剧本》杂志上刊登的更正署名启事，并非是针对本院确认的侵权行为所进行的致歉，因此，广西壮剧团、戏剧家协会提出其已刊登改正署名启事并已向张淳致歉、其不需再承担赔礼道歉法律责任、也无需承担赔偿责任的主张，缺乏依据，本院不予采纳。又鉴于 1988 年《瓦》剧剧本的著作权归属于合作作者，双方当事人对于广西壮剧团排演该剧并不持有异议，因此，五被告以该剧本为职务作品、对 1988 年《瓦》剧剧本的改编和使用行为不构成对张淳著作权的侵害的主张，于法无据，本院亦不予采纳。

综上，宋安群、谢国权、常剑钧、广西壮剧团、戏剧家协会的行为构成了对张淳著作权的侵犯，应承担停止侵权、赔礼道歉、赔偿经济损失的法律责任。张淳请求 50 000 的赔偿数额，缺乏合理的依据，本院不予全额支持，本院将根据本案侵权行为的方式、性质、后果及原告为诉讼支出费用的合理性等因素，酌情判定本案的赔偿数额。鉴于责令五被告承担公开赔礼道歉的法律责任足以消除被告侵权行为对张淳所造成的影响，可弥补张淳因此受到的精神损害，故张淳要求五被告赔偿其精神损失的诉讼请求，本院不予支持。鉴于涉案《瓦》剧剧本为不可分割的合作作品，本院将结合本案的具体实际情况确定被告承担停止侵权、赔礼道歉法律责任的具体方式。故依据《中华人民共和国著作权法》第十条第一款第（二）项和第（十四）项第二款、第四十六条第（六）项、第四十七条第（一）项之规定，判决如下：

一、宋安群、谢国权、常剑钧、广西壮族自治区壮剧团、中国戏剧家协会以任何方式使用 2001 年宋安群、谢国权、常剑钧改编的《瓦氏夫人》剧本时，均应在该改编作品作者署名的同时注明"根据 1988 年张淳、宋安群、谢国权所著《瓦氏夫人》剧本改编"；

二、宋安群、谢国权、常剑钧、广西壮族自治区壮剧团、中国戏剧家协会于本判决生效后 30 日内在涉案《剧本》杂志上刊登向张淳赔礼道歉的声明（致歉内容需经本院审核，逾期不执行，本院将在一家全国发行的报纸上公布本判决主要内容，相关费用由宋安群、谢国权、常剑钧、广西壮族自治区壮剧团、中国戏剧家协会共同负担）；

三、宋安群、谢国权、常剑钧共同赔偿张淳经济损失 4 800 元，共同赔偿张淳因诉讼支出的合理费用 900 元（于本判决生效后 10 日内给付）；

四、广西壮族自治区壮剧团赔偿张淳经济损失 3 200 元，赔偿张淳因诉讼支出的合理费用 884.2 元（于本判决生效后 10 日内给付）；

五、中国戏剧家协会赔偿张淳经济损失 1 000 元，赔偿张淳因诉讼支出的合理费用 200 元（于本判决生效后 10 日内给付）；

六、驳回原告张淳的其他诉讼请求。

案件受理费 2 010 元，由宋安群、谢国权、常剑钧共同负担 600 元，由广西壮族自治区壮剧团负担 450 元，由中国戏剧家协会负担 150 元，由张淳负担 810 元。

各方当事人均服从一审判决。

34.《肝胆相照》剧本署名权侵权纠纷案

——唐灏诉北京主题文化发展中心、中国人民解放军八一电影制片厂、赵继烈等

原告：唐灏

被告：北京主题文化发展中心

被告：赵继烈

被告：郝在今

被告：中国人民解放军八一电影制片厂

案由：署名权侵权纠纷

一审案号：北京市第二中级人民法院（2002）二中民初字第 7584 号

一审合议庭成员：刘薇、宋光、梁立君

一审结案日期：2003 年 3 月 20 日

【判决要旨】

如作者与作品使用权人就使用作品的署名方式进行了约定，则使用权人应当履行该义务，违反该义务则构成对作者署名权的侵犯。

【起诉与答辩】

原告唐灏诉称：本人于 1997 年创作完成了影片剧本《肝胆相照》并在江苏省版权局进行了作品登记。为将该剧本拍摄成影片，本人于 1998 年 7 月与赵继烈取得联系，赵继烈对该剧本予以极大认可，不仅提出了修改意见，还欣然同意如该剧本投入拍摄，其将出任导演。同年 11 月 25 日，在中国人民解放军八一电影制片厂（以下简称八一厂）召开了包括本人、赵继烈、郝在今及北京主题文化发展中心（以下简称主题中心）法定代表人王桂茹等人在内有关该剧本的修改等问题的座谈会。会后，赵继烈、郝在今出于抛开本人、冒名编剧的用心，提出剧本存在问题需修改，但又不让本人修改，进而于同年 12 月 28 日私自代表八一厂与主题中心签订合作拍片合同并授意主题中心向本人购买该剧本。在本人拒绝时，他们又以剧本涉及的题材是公知的历史资料，如本人不出卖剧本，其将找人另行创作同题材的剧本相要挟。本人当时只身在京且身患疾病，为了使剧本早日搬上银幕，本人在万般无奈的境况下，与主题中心签订

了合同，将剧本的版权转让给该中心。但为了维护自身权益，在本人的坚持下，在合同中明确约定在拍摄完成的影片中，本人应署名剧本原著，位置在编剧之前。但在八一厂最终拍摄完成的影片《肝胆相照》中，本人署名原著的位置被放在了片头字幕的最后，不仅如此，赵继烈竟署名为编剧，郝在今署名编剧（执笔），而且郝在今同时署名为原著的责任编辑。本案四被告的行为，侵犯了本人的权益，故诉至法院，请求判决：(1) 四被告立即停止侵权；(2) 四被告在公开媒体上向原告赔礼道歉；(3) 被告八一厂、主题中心立即采取措施更正影片《肝胆相照》中错误的署名，即将本人剧本原著的署名置于编剧之前；(4) 四被告赔偿本人经济损失 10 万元；(5) 四被告承担本案诉讼费用。

被告主题中心辩称：本中心与原告所签合同系双方的真实意思表示，不存在原告所称的胁迫签约问题。本中心与原告间应属合同法律关系而非侵权法律关系，我中心已按双方合同的约定履行了付款、保证原告署名剧本原著的主要义务，只是八一厂最终拍摄完成的影片《肝胆相照》中原告的署名位置与本中心与原告签订的合同约定的署名位置不符。就此问题，本中心愿向原告表示歉意，但因该影片的具体拍摄方不是本中心，因此原告要求本中心予以更正的诉讼请求显然无法实现。综上，本中心与原告起诉的本侵权案无关，请求法院驳回原告针对本中心的诉讼请求。

被告赵继烈辩称：本人从未胁迫原告与主题中心签订合同，原告系在完全自愿的前提下将《肝胆相照》剧本的版权转让给该中心的。在主题中心与八一厂签订拍片合同后，本人受八一厂的指派担任导演。因原告的剧本不符合拍摄要求，根据八一厂与主题中心签订的拍摄合同的约定，本人又作为编剧，与郝在今一起重新创作了最终投入拍摄的剧本，此剧本除题材与原告的剧本相同外，没有其他任何相同之处，况且此种情况完全符合原告与主题中心签订的合同的约定。本人系八一厂的工作人员，无论出任该片的导演还是署名编剧均是履行职务的行为。在最终拍摄完成的影片《肝胆相照》中已署名原告为原著，因此，不存在侵犯原告权利问题。综上，请求驳回原告针对本人的诉讼请求。

被告郝在今辩称：本人系八一厂的工作人员，受该厂指派参加了影片《肝胆相照》剧本的创作工作。本人参与创作的剧本除题材与原告著作相同外，其他均与原告著作不同，系本人独立收集创作而成。本人与原告无直接关系，在最终拍摄完成的影片中的署名也是八一厂决定的，与本人无关。本人从未挟过原告，原告起诉本人毫无道理，请求驳回原告针对本人的诉讼请求。

被告八一厂辩称：本厂系依据与主题中心签订的合同拍摄影片《肝胆相照》的。此前，原告已与主题中心签订了转让其剧本版权的合同并书写了"作者版权转让书"，主题中心依约有权就同一题材另请编剧创作最终送审与拍摄剧本。本厂拍摄使用的剧本是本厂根据与主题中心签订的合同的约定，组织人员重新创作的，除题材外与原告的原剧本均不同，因此原告不可能是此剧本的编剧。本厂在最终拍摄完成的影片中已署名原告为原著，此亦符合原告与主题中心签订的合同的约定。署名顺序不是我国著作权法的保护范畴，本厂与原告也无任何约定。因此，原告指控本厂侵权不能成立，请求驳回原告针对本厂的诉讼请求。

【一审查明事实】

一审法院经审理查明：原告于 1997 年创作完成了影片剧本《肝胆相照》并于 1999 年 4 月 1 日在江苏省版权局进行了作品登记，登记号为：作登字，10W – 1999 – A – 01 号。

1998 年 12 月 28 日，主题中心分别与原告及八一厂签订合同。其中主题中心与原告签订的合同约定：该中心以 3 万元的费用购买原告创作的影片剧本《肝胆相照》的版权；主题中心在购买该剧本版权后，有权另行聘请编剧再创作同一题材影片的最终送审与拍摄剧本，原告不得以任何名义或方式干涉；原告在拍摄完成的影片作品上署名为剧本原著，位置在编剧之前；剧本策划彭成梁也应署名，策划费占稿酬的 20％；主题中心的 3 万元费用分两次支付，其中开机前支付 2 万元，停机前支付 1 万元；主题中心支付转让费后，原告不再使用该剧本有关版权的一切权利并一次性办理版权转让手续；原告保证拥有该剧本的完整版权，若在本合同签订之日起，无论合同前或合同后，因第三方与原告发生版权纠纷，主题中心均不负责；若因原告引起的版权纠纷影响主题中心行使相关版权，由此给该中心造成经济或名誉损失，该中心保留向原告的诉讼权。在签订上述合同的同日，原告给主题中心签写了《作者著作权转让书》，具体内容为："根据本人与北京主题文化发展中心签署的影片文学剧本《肝胆相照》影片拍摄版权转让合同之精神，现将本人创作并享有无可争议著作权的影片文学剧本《肝胆相照》（版权号：作登字，10W – 1999 – A – 01）出让给北京主题文化发展中心，由该中心组织影片拍摄制作及有关市场运作事宜。"

主题中心与八一厂签订的合同主要约定：双方共同拍摄影片《肝胆相照》；该片剧本原著为原告，编剧为赵继烈、郝在今（执笔）；摄制经费由主题中心全额投入，八一厂负责具体拍摄工作并保证影片的质量；八一厂厂长郑振环出任出品人，主题中心王桂茹出任总策划，刘东江出任制片人；影片的版权、邻接权、中国境内外的发行权双方共有。双方还在合同中就影片的拍摄进度、费用的投入与使用、收益分成等其他内容进行了约定。

主题中心在分别与原告及八一厂签约后，按约向原告支付了 3 万元转让费，影片《肝胆相照》的拍摄工作也如期展开。该影片拍摄完成后进行了公开放映，片头字幕中署名编剧赵继烈、郝在今（执笔）；片尾字幕中署名原著唐灏，在原告的署名后署名责任编辑郝在今。

在本院审理期间，原告明确表示本案仅针对影片《肝胆相照》片头字幕中将其原著的署名位置放在编剧之后这一事实指控四被告侵权。

在本院审理期间，八一厂认可赵继烈、郝在今参与影片《肝胆相照》的拍摄工作系受该厂指派履行职务的行为，其二人在该影片片头字幕的署名系该厂所为。

【一审审理结果】

一审法院认为：主题中心分别与原告及八一厂所签合同均属合法有效。主题中心作为影片《肝胆相照》的两个拍摄方之一，其应保证按照与原告所签合同约定在拍摄完成的影片《肝胆相照》中为原告署名，此为主题中心因双方合同的约定而负有的义务，也是原告所享有的权利。主题中心与原告所签合同中关于原告在拍摄完成的影片《肝胆相照》中的署名方式和署名顺序，构成了原告就该影片享有的署名权的两个方面。

主题中心在与八一厂签订拍摄影片《肝胆相照》的合同时，未约定在该影片中原告署名原著的位置在编剧之前。而在该影片的拍摄过程中，主题中心作为该影片的两个拍摄方之一，也没有采取措施保证原告在该影片中的署名位置在编剧之前。主题中心的上述行为不仅违反了其与原告所签合同的约定构成违约，也构成对原告就影片《肝胆相照》享有的署名权的侵犯。鉴于原告明确表示在本案中仅以侵犯署名权指控主题中心，因此主题中心应承担侵犯原告署名权的侵权责任。

八一厂作为影片《肝胆相照》的两个拍摄方之一，虽然未就原告在该影片中的署名位置与原告或主题中心有过约定，但因系其的拍摄行为导致侵犯原告署名权的事实得以最终实现，因此，该厂仍应承担停止侵权并进行更正的法律责任。

因八一厂已明确承认赵继烈、郝在今参与影片《肝胆相照》的拍摄及其二人在该影片中的署名系受该厂指派，属履行职务的行为，因此原告关于赵继烈、郝在今侵犯其署名权的主张，本院不予支持。

综上，原告诉讼请求1、请求2、请求3、请求5项中的合理部分，本院予以支持；原告诉讼请求中的第4项，因缺乏事实及法律依据，本院不予支持。依照《中华人民共和国著作权法》第十条第（二）项、第四十六条第（十一）项及最高人民法院《关于审理著作权民事纠纷案件适用法律若干问题的解释》

第十一条之规定，判决如下：

一、被告北京主题文化发展中心、中国人民解放军八一电影制片厂在未将影片《肝胆相照》中原告唐灏为原著的署名置于编剧署名之前时，不得再以任何方式使用该影片；

二、被告北京主题文化发展中心于本判决生效后 1 个月内，在一家全国发行的报纸上就其侵权行为公开向原告唐灏致歉（致歉内容须经本院核准），逾期不执行，本院将在报纸上公开本判决，相关费用由北京主题文化发展中心负担；

三、驳回原告唐灏其他诉讼请求。

案件受理费 3 510 元，由原告唐灏负担 1 510 元，由被告北京主题文化发展中心负担 2 000 元。

各方当事人均服从一审判决。

35.《小学信息技术》教材著作权侵权纠纷案

——北京今日园丁科技文化有限公司诉科学出版社

原告（被上诉人）： 北京今日园丁科技文化有限公司

被告（上诉人）： 科学出版社

案由： 著作权侵权纠纷

原审案号： 北京市第二中级人民法院（2003）二中民初字第 43 号

原审合议庭成员： 邵明艳、何暄、张晓津

原审结案日期： 2003 年 4 月 18 日

二审案号： 北京市高级人民法院（2003）高民终字第 556 号

二审合议庭成员： 陈锦川、周翔、张冬梅

二审结案日期： 2003 年 3 月 20 日

【判决要旨】

专有出版权人在合同期满且未续约的情况下，无权继续出版发行涉案作品。专有出版权人在合同期满后出版涉案图书的行为事后得到了著作权人的认可，亦不能据此推断著作权人许可其继续出版。

【起诉与答辩】

原告北京今日园丁科技文化有限公司（以下简称今日园丁公司）诉称：原告于 1999 年 3 月 18 日与《小学计算机》、《中学计算机》教材的著作权人签订协议，约定二书的著作稿、配套教参与软件的著作权及专有出版权在 10 年内归属原告。同年 5 月 7 日，原告与被告科学出版社签订图书出版合同，协议约定：原告将《小学计算机》、《中学计算机》二书的专有出版权转让给被告，期限为自 1999 年 9 月 1 日起 2 年。2000 年 4 月 25 日，原告与该教材的著作权人又签订了补充协议，约定该教材与修订版教材的著作权在 10 年协议期内归属原告，并将教材改名为《小学信息技术》、《中学信息技术》。科学出版社在合同期内履行了约定义务。2002 年 6 月，被告在图书出版协议已经到期的情况下未经原告许可，出版了《小学信息技术》第一册（上）、第二册（上）、第三册（上）、第四册（上）及《中学信息技术》第一册（上）五本图书，侵害了原告的著作权，并给原告带来了巨大的经济损失，故原告诉至法院，要求法院

判令被告停止侵害，并在《中国教育报》上向原告公开赔礼道歉；判令被告赔偿原告经济损失 50 万元；并承担本案的诉讼费用。

被告科学出版社辩称：涉案教材是多位作者的合作作品，原告仅与主编签订协议并没有真正获得该教材的著作权，其无权提起诉讼；原告并非国家批准的出版单位，不能享有涉案教材的专有出版权；原告、被告图书出版协议到期后，双方仍存在着事实上的合作；双方合作过程中原告已获得了巨大的利益，被告的行为未给原告带来经济损失。综上，不同意原告的诉讼请求。

【原审查明事实】

原审法院经审理查明：1999 年 3 月 18 日，北京中教信巨艺文化教育有限公司（以下简称巨艺公司）与《小学计算机》、《中学计算机》教材的主编之一邓立言签订协议，约定：由邓立言代表全体作者将该书的著作稿、配套教参及软件的著作权授权归属巨艺公司，期限为 10 年；巨艺公司有权以各种版本形式同各出版社合作出版，并向全国发行；巨艺公司亦有权选择出版社印制该书。

1999 年 5 月 7 日，巨艺公司与科学出版社签订了一份图书出版合同，约定：由巨艺公司将《小学信息技术》、《中学信息技术》教材在国内的专有出版权转授予科学出版社，权限为 2 年（自 1999 年 9 月 1 日起算）。

2000 年 4 月 25 日，巨艺公司与邓立言又就上述教材的修订版本签订了协议，约定该教材与修订版教材的著作权在 10 年协议期内归属原告，并将教材改名为《小学信息技术》、《中学信息技术》。

科学出版社在实际履行合同过程中，根据其与巨艺公司签订的原图书出版协议，出版了《小学信息技术》和《中学信息技术》教材。至 2001 年 9 月合同期满后，双方未再续签。

在 2002 年 1～2 月间，科学出版社出版了部分《小学信息技术》下册和《中学信息技术》下册教材。之后，科学出版社又于同年 6 月出版了部分《小学信息技术》上册和《中学信息技术》上册教材。其中，《小学信息技术》第一册（上），印数为 40 000 册，每册定价为 7.00 元；《小学信息技术》第二册（上），印数为 30 000 册，每册定价为 7.50 元；《小学信息技术》第三册（上），印数为 10 000 册，每册定价为 8.00 元；《小学信息技术》第四册（上），印数为 10 000 册，每册定价为 8.80 元；《中学信息技术》第一册（上），印数为 20 000 册，每册定价为 7.20 元。

另查，为编写《小学信息技术》和《中学信息技术》教材，成立了编委会，主编为邓立言、汪燮华，并有其他编者若干人。

再查，经国家工商行政管理部门核准，巨艺公司现已更名为今日园丁公司。

诉讼中，科学出版社向法庭提交了两张时间为2002年7月16日的安徽新华印刷厂计价清单和一张金额为127 742.20元的银行汇票。科学出版社称，该清单上原告工作人员的签字及银行汇票表明双方在合同期满后存在事实上的合作，原告许可其延续该出版合同。今日园丁公司对此不予认可，称被告在2002年1～2月间出版的《小学信息技术》下册和《中学信息技术》下册教材，是考虑到2001～2002年度下半学期学生使用教材的连续性这一客观情况而许可被告出版的，被告提交的有原告工作人员签字的清单中，亦明确记载了所印刷的教材是下册。今日园丁公司另向法庭提交了一张科学出版社成都发行社的结账清单，该清单表明至2002年9月17日，科学出版社应向今日园丁公司支付127 742.20元。对此，今日园丁公司称，该结账清单是双方在合同届满前为结算而出具的，被告提交的银行汇票应属于合同期满时的结款行为，但其中并不包括科学出版社在2002年6月出版《小学信息技术》下册和《中学信息技术》下册教材的任何款项。科学出版社亦承认该笔汇款中不含此笔款项。

对于索赔额一项，今日园丁公司称鉴于目前尚未掌握被告出版、发行涉案侵权图书的实际数量，因此无法确定其实际损失，故根据有关司法解释的精神，选择酌定赔偿方式。对此，科学出版社称，在其出版的该批涉案教材中，虽然在《中学信息技术》第一册（上）所标明的印数为20 000册，但实际只印刷了10 000册。此外，科学出版社还向法庭提交了一份盈利情况的说明，称其出版的该批10万册涉案侵权图书已发行，并销售了约9万册，实际获利125 745.50元。今日园丁公司对科学出版社的上述说法及证据不予认可，但未能提出相反证据。

【原审审理结果】

原审法院认为：今日园丁公司与《小学信息技术》和《中学信息技术》教材的主编之一邓立言签订了该书的著作权许可合同，鉴于被告未能提供证据证明该书全体作者对此持有异议，因此，本院根据现有证据，确认今日园丁公司对《小学信息技术》和《中学信息技术》教材依法享有专有使用权，并享有许可他人复制、发行的权利。

科学出版社依据其与今日园丁公司签订的图书出版合同取得了涉案教材的专有出版权。鉴于该出版合同期满后双方未再续约，科学出版社应在2001年9月后停止对涉案教材的出版、发行行为。科学出版社提供的有原告工作人员签字的计价清单上所反映出印制的图书均为《小学信息技术》和《中学信息技术》教材的下册，其印制时间虽然在 2002 年 1～2 月间，但原告称该批教材系考虑到 2001～2002 学年下半学期学生使用教材的连续性而许可被告出版的，该说法有一定的合理性，本院予以采信。被告仅以上述证据证明双方在出版合同终止后仍然存在事实上的许可出版合同关系，其证据不足，本院不予支持。科学出版社提交的汇款证据虽表明汇款时间在 2002 年 6 月以后，但是今日园丁公司提供的证据能够证明该笔款项系双方履行合同期内的结款行为，科学出版社亦认可此笔款项中不涉及该批涉案教材。因此，科学出版社于 2002 年 6 月出版、发行涉案《小学信息技术》和《中学信息技术》教材未经原告许可，构成了对原告著作权的侵犯，其应依法承担停止侵权、赔偿损失的法律责任。鉴于原告对涉案教材的著作权系通过受让方式取得，根据我国著作权法的规定，其受让取得的只是涉案教材著作权中的财产权利。因此，对原告要求被告向其赔礼道歉的请求，本院不予支持。

按照我国著作权法中关于侵权赔偿的有关规定，原告因遭受侵权而造成的实际损失是确认赔偿额的首要依据。鉴于原告现无法查清被告出版、发行涉案教材的实际印数，其要求按照有关法律规定酌定本案的赔偿数额，本院予以支持。本院将考虑被告的实际获利情况以及双方对许可出版、发行涉案教材中关于分享盈利方面的约定等因素，酌情确定本案赔偿的具体数额。

综上，依照《中华人民共和国著作权法》第四十七条第一款第（一）项，判决如下：

一、科学出版社于本判决生效后，未经北京今日园丁科技文化有限公司许可，不得出版、发行《小学信息技术》和《中学信息技术》教材；

二、科学出版社于本判决生效后 15 日内，赔偿北京今日园丁科技文化有限公司损失 147 060 元；

三、驳回北京今日园丁科技文化有限公司的其他诉讼请求。

科学出版社不服原审判决，提起上诉。其上诉理由为：涉案教材是由多位作者合作编写完成的，邓立言并未参与创作，也未得到全体著作权人的授权，故被上诉人不能据其与邓立言签订的协议主张对涉案教材的著作权、专有出版权、专有使用权等权益，原审判决在此问题上分配举证责任错误；在上诉人与被上诉人的图书出版合同到期的情况下，考虑到教材使用的连续性，双方协商继续执行原合同，故上诉人出版涉案教材并不构成对被上诉人的侵权；被上诉人起诉称上诉人出版发行涉案五本教材侵犯了其著作权，并未涉及整套教材中的其他教材，原审判决判令上诉人未经许可不得出版发行整套教材是不对的；原审判决判令上诉人支付给被上诉人的赔偿数额的计算缺乏依据。故请求二审法院依法撤销原审判决，由被上诉人承担本案原、二审全部诉讼费用。

今日园丁公司服从原审判决。

【二审查明事实】

二审法院经审理查明：被上诉人今日园丁公司的原名为北京中教信巨艺文化教育有限公司，该公司经国家工商行政管理部门核准，于1999年12月21日更名为北京巨艺文化发展有限公司，又于2000年11月30日更名为北京巨艺科技文化有限公司，于2001年7月30日更名为现用名称。

《小学计算机》和《中学计算机》教材的主编为邓立言、汪燮华，《小学计算机》和《中学计算机》教材编委会中有其他编者若干人。该套教材包括《小学计算机》第一册至第四册、《中学计算机》第一册至第四册，每册均包含上、下册，共计16本书。1999年3月5日，汪燮华签署书面意见，请邓立言代表两位主编，与被上诉人商谈并签署出版协议。1999年3月18日，邓立言与被上诉人签订协议，约定由邓立言代表全体作者将上述教材的著作稿、配套教参及软件的著作权授权归属被上诉人，期限为10年；被上诉人有权以各种版本形式同各出版社合作出版并向全国发行；被上诉人亦有权选择出版社印制该书。2000年4月25日，邓立言又与被上诉人就上述教材的修订版本签订了协议，约定该教材与修订版教材的著作权在10年协议期内归属被上诉人。

1999年5月7日，被上诉人与上诉人科学出版社签订了图书出版合同，约定被上诉人将《小学计算机》、《中学计算机》教材在国内的专有出版权转授予上诉人，期限为自1999年9月1日起2年。上诉人根据与被上诉人的合同约定，出版了该套教材，并改名为《小学信息技术》、《中学信息技术》。2001年9月合同期满后，双方未再续约。

2002年1～2月间，上诉人出版了部分《小学信息技术》下册和《中学信息技术》下册教材。上诉人又于2002年6月出版了部分《小学信息技术》上册和《中学信息技术》上册教材，其中《小学信息技术》第一册（上）印数为40 000册，定价7.00元；《小学信息技术》第二册（上）印数为30 000册，定价7.50元；《小学信息技术》第三册（上）印数为10 000册，定价8.00元；《小学信息技术》第四册（上）印数为10 000册，定价8.80元；《中学信息技术》第一册（上）印数为20 000册，定价7.20元。

上诉人提交了两张时间为2002年7月16日的安徽新华印刷厂计价清单和一张日期为2002年10月24日、金额为127 742.20元的银行汇票，主张该清单上被上诉人工作人员的签字及银行汇票表明双方在合同期满后存在事实上的合作，被上诉人许可其延续该出版合同。被上诉人对此主张不予认可，称其认可上诉人在2002年1～2月间出版的《小学信息技术》下册和《中学信息技术》下册教材，是其考虑到 2001～2002 年度下半学期学生使用教材的连续性这一客观情况而许可上诉人出版的，上诉人所提交的有被上诉人工作人员签字的清单中亦明确记载了所印刷的教材是下册。被上诉人提交了一张科学出版社成都发行社 2002 年 9 月 17 日的结账清单，该清单表明上诉人应向被上诉人支付 127 740.20 元。被上诉人称该结账清单是双方在合同届满前为结算而出具的，上诉人提交的银行汇票应属于合同期满时的结款行为，其中并不包括上诉人在 2002 年 6 月出版《小学信息技术》上册和《中学信息技术》上册教材的任何款项，上诉人亦承认汇款中不含此笔款项。

上诉人称，在涉案图书中，《中学信息技术》第一册（上）虽标明印数为 20 000 册，但实际只印刷了 10 000 册；其出版的 10 万册涉案图书已发行，并销售了约 9 万册，实际获利 125 745.50 元。被上诉人对上诉人上述说法及证据不予认可，但未能提出相反证据。

二审期间，被上诉人提交了《小学信息技术》、《中学信息技术》作者的声明，证明邓立言与被上诉人分别于 1999 年 3 月 18 日、2000 年 4 月 25 日签订的两份协议，事先已得到了全部作者的授权，全部作者对这两份协议的内容及效力予以认可。作者夏阳、朱赉影因故无法签字，电话授权作者王颂赞代签。被上诉人同时还提交了各位作者的身份证复印件及联系电话。上诉人认为上述证据并非二审中的新证据，且证人并未出庭作证，签名存在代签的问题，作者身份证复印件并未经与原件核对，对其真实性有异议，故主张不应予以采信。

【二审审理结果】

二审法院认为：上诉人与被上诉人在 1999 年 5 月即签订了图书出版合同，约定被上诉人将《小学信息技术》、《中学信息技术》教材在国内的专有出版权转授予上诉人，在为期两年的合同履行过程中，上诉人从未对被上诉人是否拥有该套教材的著作权质疑过，也依约出版了该套教材；被上诉人在与上诉人签订图书出版合同之前，与该套教材主编邓立言签订了协议，在本案诉讼过程中，其亦提交了全体作者对其与邓立言所签协议予以认可的证明，该证明虽尚缺两位作者的亲笔签名，但这两位作者已通过电话授权他人代签，且对他们不能亲自签名亦有合理解释，在此种情况下，对于被上诉人是否已获得涉案教材的著作权，应由上诉人负举证责任。原审法院认为上诉人未举证证明涉案教材的作者对被上诉人与邓立言所签协议存有异议，并根据现有证据，确认被上诉人对涉案教材依法享有专有使用权，并享有许可他人复制、发行的权利，是正确的。上诉人关于原审判决对此问题错误分配举证责任的上诉理由，缺乏法律依据，不予支持。上诉人关于被上诉人并未获得涉案教材著作权的上诉理由，缺乏事实根据，不予支持。

图书出版者出版图书应当和著作权人订立出版合同。上诉人在合同期满且未续约的情况下，无权继续出版发行该套教材。上诉人在2002年1~2月间出版《小学信息技术》和《中学信息技术》教材下册，虽事后得到被上诉人的认可，但不能据此推断出被上诉人许可其继续出版《小学信息技术》和《中学信息技术》教材上册；上诉人于2002年10月24日向被上诉人支付的127 742.20元并不包括2002年6月出版涉案教材向被上诉人支付的费用，其无证据证明此次出版已取得被上诉人的许可。故上诉人的行为侵犯了被上诉人对涉案教材享有的著作权。原审法院认为上诉人应承担停止侵权、赔偿经济损失的民事责任，并无不妥。上诉人关于其与被上诉人存在事实上的合作出版关系，其出版涉案教材并不侵犯被上诉人的著作权的上诉理由，缺乏事实根据，不予支持。

鉴于被上诉人无法查清上诉人出版、发行涉案教材的实际印数，无法确定其因上诉人侵权所遭受的实际损失，其要求按有关法律规定酌定本案赔偿数额并无不可，原审法院综合考虑上诉人的实际获利情况以及双方对许可出版、发行涉案教材中关于分享盈利方面的约定等因素，酌情确定本案的具体赔偿数额并无不妥。上诉人关于原审判决的赔偿数额缺乏计算依据的上诉主张，缺乏事实和法律依据，不予支持。

被上诉人在原审起诉时指控上诉人未经许可，出版了《小学信息技术》第一册（上）、第二册（上）、第三册（上）、第四册（上）及《中学信息技术》第一册（上）五本教材，请求法院判令上诉人停止侵害，原审判决主文第一项判令上诉人未经被上诉人许可，不得出版、发行《小学信息技术》和《中学信息技术》教材，超出了被上诉人的诉讼请求范围，应予纠正，上诉人关于此问题的上诉理由成立，应予支持。

综上，原审判决认定事实基本清楚，但适用法律有误。上诉人的上诉请求部分合理，本院对其合理部分予以支持。依据《中华人民共和国著作权法》第四十七条第（一）项、《中华人民共和国民事诉讼法》第一百五十三条第一款第（二）项的规定，判决如下：

一、维持北京市第二中级人民法院（2003）二中民初字第43号民事判决第二、第三项，即科学出版社于本判决生效后15日内，赔偿北京今日园丁科技文化有限公司损失147 060元；驳回北京今日园丁科技文化有限公司的其他诉讼请求；

二、撤销北京市第二中级人民法院（2003）二中民初字第43号民事判决第一项，即科学出版社于本判决生效后，未经北京今日园丁科技文化有限公司许可，不得出版、发行《小学信息技术》和《中学信息技术》教材；

三、科学出版社于本判决生效后，未经北京今日园丁科技文化有限公司许可，不得出版、发行《小学信息技术》第一册（上）、第二册（上）、第三册（上）、第四册（上）和《中学信息技术》第一册（上）教材。

原审案件受理费 10 010 元，由北京今日园丁科技文化有限公司负担 4 010 元，由科学出版社负担 6 000 元；二审案件受理费 10 010 元，由北京今日园丁科技文化有限公司负担 4 010 元，由科学出版社负担 6 000 元。

36. "皇城老妈"广告语著作权侵权纠纷案

——成都市皇城老妈酒店有限公司诉北京皇蓉老妈火锅店

原告（上诉人）：成都市皇城老妈酒店有限公司
被告（被上诉人）：北京皇蓉老妈火锅店
案由：著作权侵权纠纷

原审案号：北京市第一中级人民法院（2002）一中民初字第 4738 号
原审合议庭成员：张广良、仪军、彭文毅
原审结案日期：2002 年 11 月 13 日
二审案号：北京市高级人民法院（2003）高民终字第 114 号
二审合议庭成员：张鲁民、任忠萍、张雪松
二审结案日期：2003 年 4 月 10 日

【判决要旨】

具有独创性的广告语符合文字作品的构成要件，应当受到著作权法的保护。

【起诉与答辩】

原告成都市皇城老妈酒店有限公司（以下简称皇城老妈酒店）诉称：皇城老妈酒店自 1986 年开始经营川味火锅以来，已在全国餐饮行业享有了一定的知名度。为彰显独特的企业文化和形象，原告自行设计了具有独特风格的"皇城老妈"宣传册供成都及北京等地的加盟连锁店使用。此外，原告还独立创作了"川人川味，蜀地蜀风"、"岁岁年年，滋味如一"、"有空来皇城老妈坐坐，是缘份……"等广告用语，其中"川人川味，蜀地蜀风"作为企业形象广告用语还于 1999 年 9 月 13 日向四川省版权局申请了版权登记。作为原告的智力劳动成果，原告对以上广告用语及宣传册所享有的权利应当受到法律保护。与原告经营范围相同的北京皇蓉老妈火锅店（以下简称皇蓉老妈火锅店）自 2000年 12 月开业至今，制作并使用了风格、版式与原告基本一致的"皇蓉老妈"宣传册，其中直接套用了原告的"岁岁年年，滋味如一"、"有空来老妈坐坐，是缘份……"等广告用语，并在介绍卡片和纸袋上使用了字体与原告完全相同的"川人川味，蜀地蜀风"的广告语。被告未经许可，擅自使用原告享有著作

权的广告用语和版式设计，不仅对消费者构成了误导，还侵犯了原告依法享有的著作权，故请求法院判令被告：（1）立即停止侵犯原告著作权的行为并销毁全部侵权广告宣传品；（2）向原告公开赔礼道歉、消除影响；（3）赔偿原告经济损失50万元；（4）承担本案诉讼费。

被告未向原审法院提交书面答辩意见，其当庭辩称：原告主张权利的"川人川味，蜀地蜀风"、"岁岁年年，滋味如一"、"有空来皇城老妈坐坐，是缘份……"等广告用语不具有独创性，不构成著作权法所保护的作品，故被告的行为不构成侵权，请求法院驳回原告的诉讼请求。

【原审查明事实】

原审法院经审理查明：原告成立于1997年2月17日，其主要经营范围为餐饮服务、销售定型包装食品、茶水服务等。在其经营过程中，原告创作了"川人川味，蜀地蜀风"、"岁岁年年，滋味如一"、"有空来皇城老妈坐坐，是缘份……"等广告语。其中，"川人川味，蜀地蜀风"作为其企业形象广告用语于1999年9月13日在四川省版权局进行了作品登记。作品登记证书载明：作品类型为文字作品，作者为胡海、杨亚丽，著作权人为成都市皇城老妈酒店有限公司，作品完成日期为1998年7月8日，作品登记号为作登字021 - 1999 - A - （0364）- 0053。

原告分别于1998年7月17日、1998年9月17日与成都华声印刷厂签订了印数为5 000及6 000的手提袋印刷合同，2001年5月30日与九兴印刷包装有限公司签订了数量为15 000册的宣传册印刷合同。

原告在店内使用的皇城老妈皇城店的宣传手册封面的正中央有纵向排列的"皇城老妈皇城店"字样，其中的"皇城老妈"四字为美术字体。原告当庭陈述该美术字体为四川省著名书法家刘云泉先生为原告专门书写。封面左下方有纵向排列的"岁岁年年、滋味如一"的字样。在该宣传手册封底的正中偏下部位有横向排列、分两行书写的"有空来皇城老妈坐坐，是缘份……"。此外，原告还在其店内发放皇城老妈酒店的介绍卡片及手提袋。手提袋一面标有纵向排列、分两列以美术字体书写的"川人川味、蜀地蜀风"的广告用语；另外一面有纵向排列的"皇城老妈"字样，其字体与宣传手册一致。手提袋两面的底部均装饰有以古代人物生活为主题的版画。

原告于2002年6月25日在《生活时报》上刊登的皇城老妈酒店的宣传广告上亦使用了"岁岁年年，滋味如一"的广告语。

原告在庭后向本院提交的刘云泉于2002年9月29日书写的申明的主要内容为："'皇城老妈'作品系本人于1994年3月12书写，……从书写之日起，作品除署名权、修改权、保护作品完整权外的其他著作权，授予成都市皇城老妈酒店有限公司行使……"。

在庭审过程中，原告明确其主张著作权的客体为："川人川味，蜀地蜀风"、"岁岁年年，滋味如一"、"有空来皇城老妈坐坐，是缘份……"三句广告用语；"皇城老妈"四字的美术字体；宣传手册及手提袋的版式设计。

2001年6月6日，被告经北京市工商行政管理局西城分局核准成立，其经营范围为主营火锅。在经营过程中，被告对外发放了宣传手册、手提袋、介绍卡片等宣传材料。被告的宣传手册封面正中有"皇蓉老妈西便门店"的字样，其中"皇"、"老"、"妈"三字经庭审对比，与原告"皇城老妈"四个美术字中相对应的字在字体上完全相同。该宣传手册的封底正中偏下部位写有"有空来老妈坐坐，是缘份……"的字样。宣传手册内页使用了"有空来皇蓉老妈坐坐是缘份……"、"川人川味，蜀地蜀风"、"岁岁年年，滋味如一"的用语。被告的手提袋一面有纵向书写的"川人川味、蜀地蜀风"，字体及排列方式与原告手提袋相一致；另一面有纵向书写的"皇蓉老妈"四字，除"蓉"字外的其他三字的字体与原告的美术字体相一致。被告手提袋两面的底部亦装饰有与原告手提袋相似的版画图案，版画下方标有"北京皇蓉老妈火锅饮食有限公司"的字样，同时还标注了西便门店和郑州店的地址、订餐电话。被告在其店面悬挂的广告灯箱上使用了字体与宣传手册和手提袋相同的"皇蓉老妈"四字。被告在其介绍卡片上亦使用了"川人川味，蜀地蜀风"、"有空来皇蓉老妈坐坐，是缘份……"的广告语。

【原审审理结果】

原审法院认为：原告指控被告的侵权行为持续至我国修改后的著作权法施行之后，故本案的审理应适用修改后的著作权法。

本案涉及三个焦点问题：（一）原告的"川人川味，蜀地蜀风"、"岁岁年年，滋味如一"、"有空来皇城老妈坐坐，是缘份……"三句广告用语是否构成作品及原告对"皇城老妈"四字的美术字体是否享有著作权；（二）原告所使用的宣传手册及手提袋的版式设计是否受到著作权法的保护；（三）被告的行为是否构成侵权及侵权责任的确定。

首先，关于原告的上述广告用语是否构成作品及其对"皇城老妈"四字的美术字体是否享有著作权的问题。

我国著作权法所保护的作品是指文学、艺术和科学领域内，具有独创性并能以某种有形形式复制的智力创作成果。独创性，是指作品是作者独立创作而不是模仿或者抄袭他人作品而完成的，其主要体现在作者对相关素材的取舍、选择、设计或组合上。著作权法中的独创性不同于专利法中的创造性或新颖性，它并不要求作品所表达的思想或采用的形式是前所未有的，只要它是作者独立完成并体现出某种个性化的特点便应被认定为具有了著作权法上的独创性。

著作权法并不排斥在前人已有智力成果的基础上进行的创作活动，只要这种创作没有采用抄袭或模仿的方式，其独创性价值便不应被否定。本案中，原告主张著作权的"川人川味，蜀地蜀风"、"岁岁年年，滋味如一"及"有空来皇城老妈坐坐，是缘份……"三句广告用语，是原告为彰显其独特的企业文化和企业形象而在其经营活动中逐渐形成和长期使用的标识性用语。这些用语所使用的词汇虽然不是由原告独创的，但通过原告的拣选、组合及排列，这些广告语体现出了与前人作品不同的个性化色彩，具有独创性，符合文字作品的构成要件，应当受到著作权法的保护。而原告对部分广告语进行作品登记和在相关宣传资料中对上述广告语予以使用的事实，足以证明其为这些文字作品的著作权人。被告关于这些广告用语只是以非独创方式吸收公有领域中的素材形成的商务标语，如"川人"、"蜀风"等词均非原告原创，不是著作权法上的作品从而不应受到著作权法保护的抗辩理由本院不予支持。

原告在本案中尚对"皇城老妈"美术字体主张著作权，并当庭陈述此四字是其委托刘云泉所书写。本院认为，"皇城老妈"美术字体本身具有独创性，构成我国著作权法所保护的美术作品。"皇城老妈"四字作为受委托创作的美术作品，其著作权的归属应由委托人（本案原告）与受托人（刘云泉）通过合同约定。但在本案中，原告并未向本院提交其与刘云泉订立的关于该著作权归属的合同，故依照《中华人民共和国著作权法》第十七条之规定，该美术作品的著作权应归刘云泉享有。刘云泉向本院提交的证言亦可证明这一点。同样，刘云泉的证言并不能证明原告对该美术作品享有专有使用权，因此，原告在本案中对该美术作品主张著作权，证据不足，本院不予支持。

其次，原告使用的宣传册及手提袋的版式设计是否应当得到著作权法保护的问题。

我国著作权法赋予出版者许可或禁止他人使用其出版的图书、期刊的版式设计的权利。根据著作权法的该项规定，可以受到保护的版式设计必须以图书或者期刊为载体。因此，原告要求保护宣传册及手提袋的版式设计缺乏相关的法律依据，本院不予支持。

第三，被告的行为是否构成侵权及侵权责任的确定问题。

著作权人的精神权利和财产权利应当得到社会的尊重和法律的保护，任何组织或个人均不得侵犯他人依法享有的著作权。被告皇蓉老妈火锅店在未取得著作权人皇城老妈酒店许可的情况下，擅自在其对外发放的手提袋、宣传手册和介绍卡片上使用原告享有著作权的"川人川味，蜀地蜀风"等广告语，侵犯了原告对上述文字作品依法享有的著作权，应当承担相应的法律责任，包括停止侵害、销毁库存的侵权广告宣传品（包括宣传册、手提袋及介绍卡片）、赔偿损失。因被告的行为仅构成对原告上述文字作品财产权利的侵害，且原告未证明被告的侵权行为给其造成何种不良影响，故原告要求被告公开赔礼道歉、消除影响的诉讼请求，本院不予支持。关于赔偿数额，由于原告无法向本院提供其实际损失的证明，被告的违法所得数额亦不能准确查清，故本院将综合被告侵权行为所持续的时间、程度及后果等因素酌情确定。

综上所述，依照《中华人民共和国著作权法》第三条、第四十六条、第四十八条第二款之规定，判决如下：

一、自本判决生效之日起，被告北京皇蓉老妈火锅店立即停止使用"川人川味，蜀地蜀风"、"岁岁年年，滋味如一"、"有空来老妈坐坐，是缘份……"、"有空来皇蓉老妈坐坐，是缘份……"等广告用语，立即销毁库存的侵权广告宣传品；

二、自本判决生效之日起10日内，被告北京皇蓉老妈火锅店赔偿原告成都市皇城老妈酒店有限公司经济损失人民币2万元；

三、驳回原告成都市皇城老妈酒店有限公司其他诉讼请求。

皇城老妈酒店不服原审判决，提起上诉，其理由是：作者刘云泉的申明充分表明已将"皇城老妈"美术作品的使用权赠与了上诉人。上诉人作为与著作权有关的权利人，完全有权利对未经允许而非法使用的行为予以制止。故请求判令：上诉人对"皇城老妈"美术作品享有著作权，被上诉人停止侵权，销毁侵权物品并赔偿经济损失。

皇蓉老妈火锅店服从原审判决。

【二审查明事实】

二审法院经审理查明：成都市皇城老妈餐饮娱乐公司成立于1993年2月25日，1997年2月17日该公司变更登记为成都市皇城老妈酒店有限公司，即本案上诉人，其主要经营范围为餐饮服务等。上诉人皇城老妈酒店在经营过程中发放了宣传册、宣传卡及手提袋，在宣传册封面、手提袋外侧均有书法"皇城老妈"字样。上诉人皇城老妈酒店在一审期间提交了刘云泉的"申明"，在二审期间又提交了经公证的刘云泉的"申明"，二者内容完全相同。刘云泉在"申明"中称，"'皇城老妈'系本人于1994年3月12日书写。……从书写之日起，作品除署名权、修改权、保护作品完整权外的其他著作权，授予成都市皇城老妈酒店有限公司行使。成都市皇城老妈酒店有限公司以上述权利的行使是专有的……。"

被上诉人皇蓉老妈火锅店于 2001 年 6 月 6 日成立,其经营范围为主营火锅。被上诉人皇蓉老妈火锅店在经营过程中发放了宣传册、手提袋,在宣传册的封面、手提袋的外侧均有"皇蓉老妈"字样,其中"皇"、"老"、"妈"三字与上诉人皇城老妈酒店使用的"皇城老妈"字样完全一致。其在店面悬挂的广告灯箱上亦使用了与宣传册、手提袋相同的"皇蓉老妈"四字。

【二审审理结果】

二审法院认为:书法作品"皇城老妈"系刘云泉创作,该作品属于著作权法中美术作品的范畴,其作者及相关权利人的合法权利应当受到著作权法保护。该作品系上诉人皇城老妈酒店委托刘云泉书写,并用于企业牌匾及宣传文字。根据著作权法的相关规定,受委托创作的作品,著作权的归属由委托人和受托人通过合同约定。合同未作明确约定或者没有订立合同的,著作权属于受托人。本案证据可以证明,"皇城老妈"美术作品的著作权属于受托人即作者刘云泉享有,他有权许可他人以各种方式使用该作品。本案中,刘云泉证明:该美术作品除署名权、修改权、保护作品完整权外的其他著作权,授予本案上诉人皇城老妈酒店行使,且行使的权利是专有的。同时,该作品内容的特定性以及上诉人皇城老妈酒店对该作品使用的时间,已经足以证明,上诉人皇城老妈酒店虽非该作品的著作权人,但通过著作权人的许可,已经享有了对该作品的专有使用权,其有权禁止他人对该作品的擅自使用。

被上诉人皇蓉老妈火锅店未经许可,在其印制并使用的宣传册、手提袋上使用了"皇蓉老妈"书法作品,该作品中重要且主要部分与"皇城老妈"美术作品完全相同,侵犯了上诉人皇城老妈酒店的专有使用权,应当承担相应的民事责任。同时,因上诉人皇城老妈酒店未证明被上诉人皇蓉老妈火锅店的行为给其造成何种不良影响,且该侵权行为仅构成对上诉人皇城老妈酒店财产权利的侵害,故上诉人皇城老妈有关赔礼道歉、消除影响的诉讼请求,本院不予支持。关于赔偿数额,由于上诉人皇城老妈酒店未提供充分证据证明其实际损失,且被上诉人皇蓉老妈火锅店因侵权的获利也不能准确查清,故本院根据被告过错程度和侵权时间、程度、后果等因素予以酌定。

综上所述,原审判决认定事实不清,适用法律不当,应予改判。本院依照《中华人民共和国著作权法》第四十七条第一款第(一)项、第四十八条第二款,《中华人民共和国著作权法实施条例》第二十四条,《中华人民共和国民法通则》第一百三十四条第一款第(一)项、第(七)项,《中华人民共和国民事诉讼法》第一百五十三条第一款第（二）、（三）项之规定，判决如下：

一、维持（2002）一中民初字第 4738 号民事判决第一项，即北京皇蓉老妈火锅店立即停止使用"川人川味，蜀地蜀风"、"岁岁年年，滋味如一"、"有空来皇蓉老妈坐坐，是缘份……"等广告用语，立即销毁库存的侵权广告宣传品；

二、撤销（2002）一中民初字第 4738 号民事判决第二项、第三项，即自判决生效之日起 10 日内，北京皇蓉老妈火锅店赔偿成都市皇城老妈酒店有限公司经济损失人民币 2 万元；驳回成都市皇城老妈酒店有限公司其他诉讼请求；

三、北京皇蓉老妈火锅店立即停止将"皇蓉老妈"美术字体用于牌匾、广告宣传品等经营活动，立即销毁库存的侵权广告宣传品；

四、自本判决生效之日起 10 日内，北京皇蓉老妈火锅店赔偿成都市皇城老妈酒店有限公司经济损失 5 万元；

五、驳回成都市皇城老妈酒店有限公司的其他诉讼请求。

原审案件受理费 10 010 元，由成都市皇城老妈酒店有限公司负担 5 000 元，由北京皇蓉老妈火锅店负担 5 010 元；二审案件受理费 10 010 元，由成都市皇城老妈酒店有限公司负担 5 000 元，由北京皇蓉老妈火锅店负担 5 010 元。

37.《金融控股公司理论与实践》著作权侵权纠纷案

—— 中国国际信托投资公司诉经济管理出版社、王志强等

原告（被上诉人）：中国国际信托投资公司

被告（原审被告）：王志强

被告（原审被告）：熊波

被告（原审被告）：陈柳

被告（上诉人）：经济管理出版社

案由：著作权侵权纠纷

原审案号：北京市海淀区人民法院（2002）海民初字第 12049 号

原审合议庭成员：宋鱼水、马秀荣、孟均平

原审结案日期：2002 年 11 月 20 日

二审案号：北京市第一中级人民法院（2003）一中民终字第 1864 号

二审合议庭成员：刘海旗、李燕蓉、胡雪莹

二审结案日期：2003 年 5 月 12 日

【判决要旨】

出版社与作者在图书出版合同中约定的免责条款，仅对合同双方当事人有效，不能约束合同以外的第三方，更不能损害他人的合法权益；当作品构成侵权时，如出版社不能就尽到合理审查义务提供充分证据，则该合同约定不能成为出版社对合同外第三方不承担侵权责任的理由。

【起诉与答辩】

原告中国国际信托投资公司（以下简称中信公司）诉称：我公司下属的中信国际研究所（以下简称国研所）由国研所国际合作室主任、高级研究员安志达、张春子、舒志军及张秋艳组成课题组，自 1998 年起组织课题组着手研究"金融控股公司"问题，分别于 1999 年、2000 年、2001 年发表了一批相关的学术论文：《金融控股公司类型》（作者：安志达）、《美国金融控股公司立法的现代化》（作者：舒志军）、《金融控股公司——金融多元化经营的高级形式》（作者：安志达）、《日本金融改革与金融控股公司的发展趋势》（作者：安志达）、《英德两国金融集团的比较》（作者：舒志军）、《德意志银行集团的全球化战

略》(作者：张秋艳、舒志军)、《多元化金融服务发展的动因与现实选择》(作者：张春子)、《走向全能化的美国花旗集团》(作者：舒志军、张秋艳)、《汇丰集团的发展战略》(作者：舒志军)，上述作品属于职务作品，作者对其作品享有署名权，我公司对这些作品享有著作权。上述作品分别发表于我公司内部刊物《研究与动态》(以下简称《动态》)及我公司对外互联网站 www.citic.com.cn 上。根据我公司的总体规划，将上述作品逐步进行汇总、编辑，2002年准备出版名为《金融控股公司——法律制度与实务》(以下简称《实务》)一书。2002年2月，当我公司准备出版《实务》一书时，发现由经济管理出版社2002年2月出版的《金融控股公司理论与实践》(以下简称《实践》)一书中，有大量章节抄袭了我公司的上述论文，且相关作者对抄袭的论文没有加一处引注。根据《中华人民共和国民法通则》第一百一十八条、《中华人民共和国著作权法》第四十六条及相关法律，我公司认为，经济管理出版社《实践》一书的作者中国人民大学国际经济系99级经济学博士生王志强的抄袭行为侵犯了我公司的著作权及作者的署名权；根据《中华人民共和国民法通则》第一百零六条、第一百三十条和《中华人民共和国著作权法》第四十六条的规定，《实践》一书的作者中科院研究生管理学院管理学博士生熊波、西南财经大学经济学博士生陈柳对该书的抄袭行为在主观上也有过错，应承担连带侵权责任；根据《中华人民共和国民法通则》第一百零六条、第一百一十八条、第一百三十条、《中华人民共和国著作权法》第四十六条以及《中华人民共和国出版管理条例》第四十条的规定，经济管理出版社作为出版单位对该书没有尽到应负的审查义务和注意义务，严重地侵犯了我公司的著作权，应共同承担连带侵权责任。特请求法院判令：(1)被告立即停止侵权行为，收回所有已发行和正在销售的《实践》一书；(2)在出版界公认的报刊上以适当的方式消除《实践》一书的侵权给我公司造成的不良影响；(3)在《法制日报》或其他全国性报刊杂志上对其侵权行为公开向我公司赔礼道歉；(4)赔偿我公司经济损失32万元。诉讼期间，中信公司表示放弃与《实践》一书田晓东、王志强合著的第一章相关的诉讼请求。

被告王志强辩称：第一，中信公司对涉案作品没有著作权，作为本案原告，其不具备诉讼主体资格。涉案作品均为抄袭、翻译和编译作品，署名作者没有外国作者授权，为侵权作品，不受法律保护。没有任何证据证明涉案作品系职务作品且中信公司对上述作品享有著作权。涉案作品多以个人名义发表，在网站上和内部刊物上也以个人署名发表，属个人作品。中信公司的作品与中国金融出版社2001年9月出版的《金融控股公司研究》(以下简称《研究》，夏斌等著)收集作品一致，夏斌等人明确表示自己拥有涉案作品的完全著作权。中信公司涉嫌侵犯夏斌等人的著作权。中信公司的网站作品不能作为有效证据提交法庭。中信公司根据其取证可以随时更改网站内容，没有证据证明涉案作品 2001 年 10 月前曾在网站上存在。至 2002 年 10 月，中信公司提交的涉案作品仍有两篇不在网站上：《金融控股公司类型》《金融控股公司——金融多元化经营的高级形式》。涉案作品作者的"承诺函"不能证明涉案作品为职务作品：其一，涉案作品作者不能出示中信公司为其提供资金、资料合同；其二，提供资金、资料也不能证明涉案作品系职务作品，因为依据惯例，社科类高校、科研机构每年都给研究人员下达发表文章任务，提供资料等资源，并补贴稿酬，这些作品仍为个人作品，单位不能据为己有；其三、夏斌等人所著《研究》一书扉页上写道"本书是'金融控股公司'课题组的研究成果结晶。本课题组由中国人民银行夏斌司长主持"，证明作者是利用这一课题经费及资源完成涉案作品的，现真正的著作权人是全体课题参加人员，与中信公司无关；其四，《中华人民共和国著作权法》第十六条规定，职务作品的著作权由作者享有，只有在法律、法规或合同约定时著作权才能由法人或非法人组织享有。原告没有与外国作者的使用合同，也没有与涉案作品作者有关著作权的合同。我参考和引用了大量的外文原文，对外文原文进行了整理。若与涉案作品有雷同之处，纯属巧合。我参考和引用了夏斌等人所著的《研究》一书，若是涉嫌侵权，也没有侵犯中信公司的著作权。由于《实践》一书第二章不当使用了《研究》一书，我已经三次当面向著作权人口头和书面致歉，著作权人同意接受并不追究我的任何责任。第二，关于《实践》一书编写和出版的事实是，2001 年 5 月，我与熊波、陈柳、田晓东自发决定对金融控股公司进行研究。熊波和陈柳负责第三、四、五章，我和田晓东负责第一、二章和附录。我写作的目的在于响应中央银行的号召，探索我国金融控股公司最优发展模式，并无商业目的，仅作学习、研究之用，停留在学术讨论和研究的范围内。我花费了大量的精力和时间以及复印、打印、交通等费用，并以零稿酬出版此书。第三，中信公司要求的赔偿数额没有依据。涉案作品以作者个人名义多次发表，已经获得经济收益和社会效益，已经全部占有市场。涉案作品由夏斌等人结集出版，再次出版已无市场销路，没有经济效益。同时中信公司不能出示其曾与任何出版社签订出版《实务》一书的合同。第四，涉案作品系介绍性材料，为外国金融机构互联网公开披露信息或案例，不具有原创性或独创性。我借鉴和参考了其他国内外材料，在《实践》一书的前言中作了详细说明，并向有关作者、编者及出版社表示了感谢。本书有关议论性和借鉴性的段落都是我自己的观点。原告所指控的第二章只是参考内容，不是本书的观点所在。本书 309 页，第二章 80 页，其中涉案作品 45 页，仅占总书的 15%，作为一个整体，本书具有原创性和独创性的特征。第二章只是说明性材料，去掉这一章，本书也能独立成文，自成体系。本书的特色、创新之处在于第三、四、五章。请求法院驳回中信公司的诉讼请求。

被告熊波、陈柳辩称：2001年5月，我们与王志强、田晓东自发组织对金融控股公司进行研究并分别撰写论文，准备出书。《实践》一书的前言中有所说明，各个部分自成体系。经济管理出版社定于2002年2月出版此书，双方约定出版社不收取出版费，作者获得零稿酬。本书包括附录在内共6章，各章节各自独立。我们对其他作者所写章节的参考文献情况并不知情，只对自己所写的章节负责。从《实践》一书内容上看，王志强所写的第二章所占比例非常低，此书的创新观点在于第三、四、五章。本书的创新观点、写作特点及风格、得出的结论、研究方法都是独树一帜的，与原告的指控没有任何关系。本书只是用于学习、研究，没有商业目的。我们自己为写此书花费了数千元的费用，出版时，获得零稿酬。在该书的写作、出版上，我们没有获得任何利益。此外，截至8月中旬，出版社共印5 000册，每册定价18.00元，发行1 433册，每册以0.57折批发，共获14 703元，库存3 522册，盈亏平衡点为3 000册。可见出版社也无利可图，处于亏损状况。请求法院驳回中信公司的诉讼请求。

被告经济管理出版社辩称：关于《实践》一书的作者熊波等人是否有抄袭行为，我社并不知情。在此问题上，我社无过失。我社在与熊波等人签订的出版合同中对该书的著作权问题有以下明确规定："第一条、甲方（熊波）授权乙方（经济管理出版社）在合同有效期内，在（中国大陆、中国香港、中国台湾、或其他国家和地区、全世界）以图书形式出版发行上述作品（汉文、X文）文本的专有使用权。……第三条、甲方保证拥有第一条授予乙方的权利，因上述权利的行使侵犯他人著作权的，甲方承担全部责任并赔偿因此给乙方造成的损失，乙方可以终止合同。"据此，即使作者熊波等人在此案中有某种责任，也与我社无关。并且，如果我社因侵权人的行为而受到损失的话，我社有提出赔偿请求的权利。请求法院依法驳回中信公司的诉讼请求。

【原审查明事实】

原审法院经审理查明：

一、中信公司国研所高级研究员安志达、高级研究员张春子、高级研究员舒志军及张秋艳，分别于1999年至2001年在中信公司内部刊物《动态》上发表了《美国金融控股公司立法的现代化》、《金融控股公司——金融多元化经营的高级形式》、《日本金融改革与金融控股公司的发展趋势》、《英德两国金融集团的比较》、《德意志银行集团的全球化战略》、《多元化金融服务发展的动因与现实选择》等论文。中信公司将上述论文公开在了其对外互联网站www.citic.com.cn上。

二、2002年6月10、11日，舒志军、张春子、安志达、张秋艳分别出具证明，证明自己参加了中信公司国研所金融控股公司课题组，利用国研所的条件和资金进行研究，自己所著的文章为职务作品，中信公司享有著作权，自己享有署名权。

三、2001年9月，中国金融出版社出版了《研究》一书，夏斌等著，印数6 090册，字数458千字，定价39.00元。书中注明：本书是"金融控股公司"课题组的研究成果的结晶。本课题组由中国人民银行夏斌司长主持。本书的撰稿人还有：……安志达、舒志军、张春子……。

四、2001年10月23日，熊波与经济管理出版社签订图书出版合同。合同主要内容为：作品名称为"中国金融控股公司研究（暂名）"；作者署名为"熊波、王志强、陈柳、田晓东"；甲方（熊波）授权乙方（经济管理出版社）在合同有效期内，在（中国大陆、中国香港、中国台湾、或其他国家和地区、全世界）以图书形式出版发行上述作品（汉文、X文）文本的专有使用权；甲方保证拥有第一条授予乙方的权利，因上述权利的行使侵犯他人著作权的，甲方承担全部责任并赔偿因此给乙方造成的损失，乙方可以终止合同；基本稿酬加印数稿酬0元；一次性付酬0元；版税0元。

五、2002年2月，经济管理出版社出版了《实践》一书，熊波、王志强、陈柳、田晓东著，印数5 000册，字数229千字，定价18.00元。该书分为前言、第一章至第五章、附录、参考文献八部分。其中，第一章由王志强、田晓东合写，第二章由王志强撰写，第三章由熊波、陈柳合写，第四章由熊波撰写，第五章由陈柳撰写，附录由田晓东撰写。

六、2002年9月，机械工业出版社出版了《金融控股公司——法律、制度与实务》一书，安志达著，印数4 000册，字数310千字，定价25.00元。

七、（1）《实践》一书第二章第58页倒数第1段至第67页的文字与《动态》1999年第12期《美国金融控股公司立法的现代化》一文第1页至第8页的文字基本一致，字数约为6 300字；（2）《实践》一书第二章第68页第1段至第71页第1段、第89页倒数第2段至第92页第1段的文字与《动态》1999年第20期《金融控股公司——金融多元化经营的高级形式》一文第2页第3段至第5页第1段、第6页至第9页的文字基本一致，字数约为3 900字；（3）《实践》一书第二章第71页第2段至第89页第1行的文字与《动态》2001年第6期《日本金融改革与金融控股公司的发展趋势》一文第1页至第23页的文字基本一致，字数约为 13 300 字；（4）《实践》一书第二章第 92 页第 2 段至第 93 页第 3 段、第 93 页倒数第 1 段至第 97 页第 1 段、第 98 页第 5 段至 101 页第 2 段、第 106 页倒数第 2 段至第 111 页第 1 段的文字与《动态》1999 年第 19 期《英德两国金融集团的比较》一文第 1 页第 2 段至第 2 页倒数第 1 段、第 3 页第 2 段、第 4 页第 3 段至第 8 页倒数第 2 段、第 9 页倒数第 2 段至第 13 页第 1 段的文字基本一致，字数约为 8 400 字；（5）《实践》一书第二章第 101 页倒数第 3 段至第 106 页倒数第 3 段的文字与《动态》1999 年第 14 期《德意志银行集团的全球化战略》一文第 1 页第 2 段至第 8 页第 1 段的文字基本一致，字数约为 3 500 字；（6）《实践》一书第二章第 111 页倒数第 2 段至第 132 页的文字与《动态》2000 年第 11 期《多元化金融服务发展的动因与现实选择》一文第 3 页至第 6 页、第 7 页倒数第 1 段至第 24 页倒数第 2 段的文字基本一致，字数约为 14 800 字。以上字数总计约为 5 万字。

八、《实践》一书第 43 页第 14 行表述为"……最主要的原由有三点"，与《动态》2000 年第 10 期《金融控股公司类型》第 11 页第 2 段中的表述一致，使用的均是"原由"一词，而《研究》一书第 27 页第 11 行的相关表述为"最主要的缘由有三点"，使用的是"缘由"一词；《实践》一书第 116 页第 23 行表述为"……届时该银行的经营业绩……"，与《动态》2000 年第 33 期《多元化金融服务的动因与现实选择》第 8 页第 11 行表述一致，使用的均是"届时"一词，而《研究》一书第 52 页第 10 行的相关表述为"……当时该银行的经营业绩……"，使用的是"当时"一词；《实践》一书第 121 页第 3 行至第 127 页第 10 行的内容与《动态》2000 年第 33 期第 12 页第 4 段至第 18 页第 3 段内容一致，《研究》一书第 56 页结尾到第 57 页第 1 行没有相关的内容。

此外，王志强提交了一些国内外中英文材料以及中信公司员工论文与这些材料的比对表，但王志强没有对其提交的英文材料提供中文译本，同时其未提供中信公司员工论文是全部翻译自外文材料的证据。

【原审审理结果】

原审法院认为：《中华人民共和国著作权法》第十三条第（二）项规定，合作作品可以分割使用的，作者对各自创作的作品可以单独享有著作权。本案中熊波、王志强、陈柳、田晓东合作完成的《实践》一书，前言部分明确了四人之间的写作分工，其中，涉及本案争诉部分的作品为王志强和田晓东所著，并不涉及熊波、陈柳写作的内容，在中信公司提供的比对表中中信公司也充分承认了这一点。故中信公司以合作作品不可分割为由，要求熊波、陈柳也承担侵权责任的理由不成立，该起诉部分应予以驳回。

抄袭，在通常的意义上是指将他人作品部分或全部据为己有，并予以发表，公之于众的行为。庭审中，将王志强写作的《实践》一书第二章内容与中信公司国研所高级研究员安志达、张春子、舒志军及张秋艳写作的六篇文章进行比对，相同字数达到 5 万字左右，显然构成严重抄袭。王志强不承认抄袭的理由有两点：（1）王志强辩称双方参考国外资料各自形成的作品内容一致是一种巧合。王志强的文章与安志达等四人写作的作品比对，相同部分几乎一字不差，甚至特殊用词都一样，而安志达等四人写作的作品发表在先。著作权法保护的是语言的表达形式，因为不同的人会有不同的表达方式。也就是说，将英文翻译成中文，不同的人会有不同的翻译表达，王志强与安志达等四人的翻译一模一样是不可能的，且安志达等四人写作的作品并不是完全来自国外作品；（2）王志强辩称安志达等四人发表的作品也抄袭了国外作品。对此，王志强提供了一些英文资料及比对表。本院认为，本案审理的是中信公司与王志强的侵权纠纷，中信公司与他人之间的侵权纠纷并不在本案受案范围之内；王志强提供给法院的英文资料，并没有中文译本，不宜作为证据使用；中信公司主张的作品付出了自己创造性的劳动，应受著作权法保护。故王志强的辩称理由，本院不予以采纳。

但问题的争议还在于：作品的权利人安志达等四人所写的六篇作品在不同的书刊上发表，有的是以单位的名义发表，有的是以作者本人的名义发表，使第三人难以对著作权人进行准确判断，王志强等被告也由此提出著作权归夏斌课题组所有、中信公司不应为著作权人的抗辩理由。本院从三个方面对该问题进行分析：第一，著作权法规定，职务作品的著作权归属由作者与工作单位之间进行合同约定。这里的"合同"不应仅理解为书面合同，在当事人意思表示一致的情况下，口头的约定也是一种合同；也不应仅局限于作品发表前的约定，在不损害善意第三人利益的情况下，当事人之间的合意自始至终受合同法保护。中信公司的证据及安志达等四人的身份能够证明安志达等四人为中信公司课题组成员并从事金融控股公司方面的研究工作；安志达等四人明示其作品的著作权归中信公司所有，在双方意思表示一致并无争议的情况下，应理解为中信公司与安志达等四人关于权属问题已经形成归中信公司所有的合意。第二，王志强抄袭的内容并不是来源于夏斌等人所著的《研究》。在本案诉讼中，王志强将其所写部分与《研究》进行比对，以此证明其借鉴了《研究》一书，而该书的著作权人并没有明示为中信公司。在庭审比对中发现，《研究》一书没有的内容，《实践》一书与安志达等四人在中信公司期刊、网页上发表的文章上有；《研究》一书没有的用词，《实践》一书与安志达等四人在中信公司期刊、网页上发表的文章上有。以上事实，足以说明王志强抄袭了安志达等四人发表在中信公司期刊、网页上的文章，而不是《研究》一书；第三，中信公司与安志达等四人事后对著作权的确权并没有损害被告的利益。正常情况下，他人之间的权属问题不会影响到第三人，也就是说，如果王志强不抄袭安志达等四人的作品，仅仅是进行合理引用，无论是中信公司还是安志达等四人都不会影响到王志强；王志强在抄袭上述作品时，既未向安志达等四人，也未向中信公司、夏斌等人核实权属问题，未尽第三人的注意义务。本案中的王志强不属于善意第三人。

侵权作品构成后，侵权人应根据侵权程度、侵权字数等对被侵权人承担侵权责任。本案中，王志强作为在读博士生，主要任务是进行研究工作，大量抄袭他人作品，侵权程度严重，其以零稿酬欲获取免责，本院不予以支持。但本院将根据原告作品的独创性程度酌定侵权损失。

经济管理出版社对其发表的作品，没有尽严格审查义务，而且，以盈利为目的对本书进行出版，理应与王志强共同承担侵权责任。

综上所述，依据《中华人民共和国著作权法》第四十六条第（五）项、第十三条第（二）项之规定，判决如下：

一、自本判决生效之日起，被告王志强、被告经济管理出版社立即停止侵权，在删除侵权内容之前停止对《金融控股公司理论与实践》一书的出版发行；

二、被告王志强、被告经济管理出版社自本判决生效之日起30日内在《金融时报》上刊登向原告中国国际信托投资公司赔礼道歉的声明，其内容须经本院审查，逾期不履行，本院将拟定一份公告刊登于相关媒体，费用由被告王志强、被告经济管理出版社负担；

三、自本判决生效之日起10日内被告王志强、被告经济管理出版社向原告中国国际信托投资公司赔偿损失1万元；

四、驳回原告中国国际信托投资公司对被告熊波、被告陈柳的起诉。

经济管理出版社不服原审判决，提起上诉。其上诉称：原审判决未考虑经济管理出版社与作者所签出版合同的有效性，是错误的。（1）对于该书作者中是否有抄袭行为，经济管理出版社并不知情；（2）在作者与经济管理出版社所签出版合同中，明确约定由作者承担全部侵权责任；（3）国家版权局《关于颁发〈图书出版合同〉（标准样式）修订本的通知》规定，图书出版合同可以对著作权合同仲裁机关、人民法院和著作权行政管理部门仲裁、审理和调解著作权合同纠纷起参考作用；（4）原审判决中认定的被抄袭的内容，并非是在全国有重大影响的理论论述，而是一般的理论观点，出版社不可能对其了解，而且，出版社已经严格执行了"三级审稿制度"。综上，请求二审法院撤销原审判决，依法改判，支持上诉人的原审诉讼请求，诉讼费用由被上诉人承担。

针对经济管理出版社的上诉请求，被上诉人中信公司辩称，《中华人民共和国出版管理条例》规定，出版社的职责就是要审查自己的出版物不得含有法律、法规禁止的内容。该书作者有抄袭行为，证明经济管理出版社未尽到审查和注意义务。经济管理出版社与作者签订的出版合同只对合同双方具有约束力，经济管理出版社不能以合同中的免责条款来对抗第三方，且该出版合同属格式合同，经济管理出版社提交的证据不能证明其采取了合理方式对免责条款提请对方注意，该条款无效。著作权法保护的是作品的内容的表现形式，该内容不为著作权法保护。综上，经济管理出版社的上诉理由均不能成立，请求二审法院维持原审判决。

熊波、陈柳服从原审判决。王志强不服从原审判决，但其在法定期限内未提出上诉。

【二审查明事实】

在二审审理期间，各方当事人对原审法院审理查明的事实均没有异议，故二审法院对原审法院审理查明的事实予以认定。

【二审审理结果】

二审法院认为：经济管理出版社上诉主张其履行了必要的审查义务，但因出版物数量繁多，本案中被抄袭的内容又不是具有重大影响的理论，故其并不知道且不可能知道作者存在抄袭行为。但是，经济管理出版社无论在一审还是在二审审理期间，均未就其履行了必要的审查义务提交相关证据，故本院不能认定经济管理出版社已经履行了应尽的审查义务。出版物数量繁多，亦不能成为其免除侵权责任的理由。另外，虽然经济管理出版社在与作者签订的图书出版合同中约定了免责条款，但该条款仅对合同双方当事人有效，不能约束合同以外的第三方，更不能损害他人的合法权益，故该合同不能成为经济管理出版社对合同外第三方不承担侵权责任的理由。综上，原审法院认定经济管理出版社作为出版单位懈怠了应尽的审查义务，应承担相应的侵权责任是正确的。经济管理出版社的上诉理由均不能成立，本院不予支持。

综上所述，原审法院认定事实清楚，适用法律正确，判决结果正确，应予维持。依照《中华人民共和国民事诉讼法》第一百五十三条第一款第（一）项之规定，本院判决如下：

驳回上诉，维持原判。

本案原审案件受理费7 310元，由经济管理出版社、王志强共同负担，二审案件受理费7 310元，由经济管理出版社负担。

38. 小说《作女》著作权侵权纠纷案

——张抗抗诉北京东方广场有限公司

原告（上诉人）： 张抗抗
被告（被上诉人）： 北京东方广场有限公司
案由： 著作权侵权纠纷

原审案号： 北京市第二中级人民法院（2002）二中民初字第 9817 号
原审合议庭成员： 邵明艳、何暄、张晓津
原审结案日期： 2002 年 12 月 17 日
二审案号： 北京市高级人民法院（2003）高民终字第 103 号
二审合议庭成员： 陈锦川、张冬梅、何马根
二审结案日期： 2003 年 4 月 17 日

【判决要旨】

一般情况下，仅实施场地出租行为的，出租者不应对承租者在该场地上实施的侵犯著作权的行为承担责任。

【起诉与答辩】

原告张抗抗诉称：2002 年 5 月，原告创作的小说《作女》由华艺出版社出版发行。为了防止盗版，华艺出版社在每本正版小说《作女》一书上加贴了中国保护消费者基金会防伪标记。同年 9 月，原告发现被告在东方新天地商场销售盗版《作女》一书。被告的行为对原告享有的著作权构成了侵犯。故请求法院判令被告：停止侵权，销毁侵权复制品《作女》；向原告作出书面解释；承担全部诉讼费用。

被告北京东方广场有限公司（以下简称东方广场公司）辩称：被告是以业主身份将独立经营场地，即东方新天地商场地铁层的 BB86 号店铺以短期租约方式给中国图书进出口（集团）总公司（以下简称中图公司）经营中图公司市场销售部特卖场，销售图书和音像制品。2002 年 8 月 5 日，被告与中图公司签订了《北京东方广场场地租用协议》，租期 40 天，租金收取采取扣率方式，按中图公司在特卖场内销售总额的 10％计收租金。中图公司保证其销售行为及出售的商品符合国家法律，中图公司销售图书应向消费者开具三联售货小票，

但由被告负责收银，故在中图公司出具的销售小票上有被告的"RECEIVED 收讫"的收银章，而正式的销售发票则应由中图公司开具。原告购买的指控为盗版的图书的销售者应为中图公司。被告本身无非法复制、发行和出售行为，未侵犯原告的著作权。

【原审查明事实】

原审法院经审理查明：原告为小说《作女》一书的作者，2002 年 5 月 20 日，该书由华艺出版社出版发行。由华艺出版社出版发行的小说《作女》图书封面设计中的文字等呈凸起状，封底上加贴有中国保护消费者基金会防伪标记。

被告成立于 1999 年 1 月 25 日，以建设、经营、管理北京东方广场及出租场地、提供展览设施及服务等为经营主业。2002 年 8 月 6 日，被告与中图公司签订了《北京东方广场场地租用协议》，协议约定：被告同意将位于东方广场新天地商场地铁层 BB86 号场地交付中图公司作销售国内、进口图书及音像制品之用；租期为 40 天，自 2002 年 8 月 7 日至 2002 年 9 月 15 日止；场地租金费采取扣率租金方式，按中图公司在租用场地的销售额的 10% 计取，由被告在中图公司销售款中扣除。

2002 年 9 月 6 日，案外人李剑在北京东方广场新天地 BB86 号中图公司市场销售部特卖场购买了原告指控为盗版的图书《作女》两本，取得中图公司连锁店购书小票一张，该购书小票上盖有被告"RECEIVED 收讫"印章，并标明两本图书的售价为 28.5 元。被控盗版图书《作女》与原告所提交的正版图书《作女》相比，在出版社、作者署名、版号、版权页、价格标记、版式设计及封面、封底设计、封皮颜色等方面均相同，但从外表上看，被控盗版图书《作女》封面设计中的文字等不呈凸起状，封底未有中国保护消费者基金会防伪标记，与原告所提交的正版图书《作女》在图书纸张的颜色上亦存有差异。

另外，中图公司在租用北京东方广场新天地 BB86 号场地期间，举办了进出口图书特卖会，并招租了北京紫香苑书刊经营部等三家国内版书商参加了该图书特卖会。北京紫香苑书刊经营部系个体经营户，其在特卖会期间销售了包括被控盗版的两本图书在内的小说《作女》图书 24 本，其提供了从图书批发市场购进上述小说《作女》图书的凭证。图书特卖会所售图书的购书小票均加盖有被告的收银章，被控盗版图书《作女》的正式购书发票应由北京紫香苑书刊经营部出具。

【原审审理结果】

原审法院认为：原告张抗抗是小说《作女》的作者，其对该作品享有的著作权受法律保护，他人未经许可，不得擅自复制、发行该作品。

我国著作权法规定，被控侵权的复制品的发行者不能证明其发行的复制品有合法来源的，应当承担法律责任。依据上述规定，销售者实施了销售被控侵权的复制品的行为，如未尽到法定的举证义务，其应承担侵犯他人著作权的法律责任。本案原告主张被告为被控盗版图书《作女》的销售者，其首先应就被告是否存在销售被控盗版图书的行为承担举证责任。

原告用来证明本案被告为被控盗版图书《作女》销售者的关键证据是一份证明被控盗版图书《作女》购买经过的公证书及其所附带的购书小票。关于公证书所载明的事实，本案现有的其他证据可以进一步证实，被控盗版图书《作女》是在北京东方广场新天地 BB86 号中图公司市场销售部举办的图书特卖会购得，该特卖场场地的使用者及该图书特卖会的举办者均为中图公司，被控盗版图书《作女》的直接销售者为中图公司招租的北京紫香苑书刊经营部。关于加盖有被告收银章的购书小票，从一般意义上讲，购物小票可以作为销售行为的凭证，该购物小票的出具单位和出具印章的单位应视为销售者。涉案购书小票的出具者为中图公司，出具收银章者为被告，但根据本案查明的事实，并不能认定被告是被控盗版图书的销售者。因为，首先被告是以出租、物业管理等为其经营主业，其不具有批发、零售商品的经营范围，对于一般消费者来说，其也不具有公示意义上的销售者的身份。其次，被控盗版图书的销售行为发生于中图公司举办的图书特卖会，直接销售行为人为北京紫香苑书刊经营部，被告作为中图公司举办图书特卖会场地的出租者，按照场地租用协议约定从中图公司的销售额中扣除 10% 作为租金，特卖会购书小票加盖被告收银章目的是为了实际计算特卖会的销售额，该特卖会的正式购书发票系由直接销售行为人出具，而非被告出具。再则，被告对该场地租用者所销售的商品是否含有侵权内容，除法律规定及合同约定之外，不具有进行审查的权利或义务。因此，虽涉案购书小票加盖了被告的收银章，但不能就此认定本案被告实施了销售被控盗版图书的行为，亦不能认定其应承担被控盗版图书销售者的法律责任。

综上，原告主张被告为被控盗版图书《作女》的销售者，并请求被告承担停止侵权行为、销毁侵权图书及向被告作出书面解释的诉讼请求，缺乏依据，本院不予支持。依照《中华人民共和国著作权法》第十条第一款第（五）项和第（六）项、第五十二条的规定，判决如下：

驳回原告张抗抗的诉讼请求。

　　张抗抗不服原审判决，提起上诉，其上诉理由是：（1）公证书及购书小票能够证明东方广场公司是被控盗版图书的销售者，盖有东方广场公司收讫印章的购书小票是证明买卖关系成立的重要凭证。（2）《北京"东方广场"场地租用协议》表明，东方广场公司是以场地和管理作为投资，参与和支持中图公司举办销售图书的特卖场；其采取"扣率"的方式收取"租用费"，实为销售利润的提成，故能得出其参与销售的结论。请求二审法院依法改判，支持张抗抗的在原审中的诉讼请求。

　　东方广场公司服从原审判决。

【二审查明事实】

　　二审法院经审理查明：张抗抗为小说《作女》一书的作者，2002 年 5 月 20 日，该书由华艺出版社出版发行。

　　2002 年 9 月 6 日，案外人李剑在东方广场东方新天地 BB86 号中图公司市场销售部特卖场购买了张抗抗指控为盗版的图书《作女》两本，取得中图公司连锁店出具的购书小票一张，该购书小票上盖有东方广场公司"RECEIVED 收讫"印章，并标明两本图书的售价为 28.5 元。上述事实由北京市公证处进行了现场公证。

　　2002 年 8 月 6 日，东方广场公司与中图公司签定了《北京"东方广场"场地租用协议》，协议约定：东方广场公司同意将位于东方广场新天地商场地铁层的 BB86 号场地交付中图公司作销售国内、进口图书及音像制品之用；租期为 40 天，自 2002 年 8 月 7 日至 2002 年 9 月 15 日止；场地租金费采取扣率租金方式，按中图公司在租用场地的销售总额的 10％计取，由东方广场公司在中图公司销售款中扣除。

　　图书特卖会所售图书的购书小票均加盖有东方广场公司的收银章。

　　证人宋宏光的证言证明，在租用东方广场新天地 BB86 号场地期间，中图公司举办了进出口图书特卖会，在特卖场门口有中图公司的招牌。当时，中图公司招租了北京紫香苑书刊经营部等三家国内版书商参加了该图书特卖会。北京紫香苑书刊经营部个体经营户庞秋月出具的书面说明材料、图书批发单及庞秋阳出具的证言，证明北京紫香苑书刊经营部在特卖会期间销售了被控盗版图书《作女》，被控盗版图书《作女》的正式购书发票应由北京紫香苑书刊经营部出具。

【二审审理结果】

　　二审法院认为：本案的焦点是东方广场公司是否参与了被控盗版图书的销

售，是否应承担著作权侵权责任。

　　虽然从一般意义上讲，购书小票可以作为买卖关系成立的凭证，在购书小票上盖章的单位应视为销售者，但本案查明的东方广场公司与中图公司存在着场地租赁关系、涉案图书系在挂有醒目招牌的中图公司图书销售特卖场购得、购书小票系由中图公司连锁店出具、正式购书发票应由直接销售者北京紫香苑书刊经营部出具等一系列事实充分表明，涉案图书的销售者是显而易见的，东方广场公司仅仅在购书小票上加盖"收讫"印章的行为不能使之成为涉案图书的销售者；而且东方广场公司在购书小票上盖章仅仅是为了依据租赁协议计算中图公司特卖会的销售额以收取场地租金，其出租场地、在他人购书小票上盖章的行为亦不构成参与图书销售的行为。张抗抗关于东方广场公司是涉案图书的销售者的主张不能成立。

　　东方广场公司与中图公司仅具有场地租赁关系，东方广场公司作为场地出租方没有权利和义务审查场地承租方在所承租场地销售图书的著作权问题，在本案中，东方广场公司不应承担著作权法意义上的侵权责任。

　　综上，原审判决认定事实清楚、适用法律正确。张抗抗的上诉理由缺乏事实和法律依据，对其上诉请求，本院不予支持。据此，依据《中华人民共和国民事诉讼法》第一百五十三条第一款第（一）项之规定，判决如下：

　　驳回上诉，维持原判。

　　原、二审案件受理费各 1 000 元，均由张抗抗负担。

39. 网络转载《澳大利亚留学点滴》著作权侵权纠纷案
——谈宇清诉北京光明网业科技中心、光明日报社

原告：谈宇清
被告：北京光明网业科技中心
被告：光明日报社
案由：著作权侵权纠纷

一审案号：北京市第一中级人民法院（2002）一中民初字第 8902 号
一审合议庭成员：赵静、胡雪莹、李隽
一审结案日期：2003 年 4 月 18 日

【判决要旨】

作品在网络刊登时，如作者声明不得转载，其他报刊、网络的转载行为构成对作者著作权的侵犯。

【起诉与答辩】

原告谈宇清诉称：原告于 2000 年 5 月 29 日在深圳市滴答信息技术有限公司主办的滴答出国资讯网（http：//www.tigtag.com）发表了题为《澳大利亚留学点滴：存钱与换汇》的文章，该文章所在网页地址为：http：//www.tigtag.com/community/column/575 _ 29.html。在发表上述文章时，原告授权该网站作出声明："未经授权，不得转载。"2002 年 10 月 22 日，原告发现北京光明网业科技中心（以下简称光明网业中心）运行的光明网未经授权擅自刊载上述文章，链接地址为：http：//www.gmw.com.cn/0 _ shsb/2000/11/20001122/gb/11^1535^0^SH9 - 2216.htm。由于该页面内容来源于光明日报社主办的《生活时报》，且该报在登载上述文章时将署名篡改为周林风，故其亦应承担相应侵权责任。原告认为，二被告未经作者同意，擅自使用原告文章并署名他人的行为侵犯了原告对文章所享有的署名权、发表权、修改权、保护作品完整权、使用权及获得报酬权，故请求法院：（1）判令二被告立即停止侵权、消除影响并公开赔礼道歉；（2）判令二被告赔偿原告损失人民币 1 万元；（3）判决由被告承担本案诉讼费用。

被告北京光明网业科技中心（以下简称光明网业中心）辩称：第一，其所

属的光明网转载《生活时报》上的文章注明了出处，并按原文署名方式注明了作者，根据光明网业中心与光明日报社之间的惯例，由光明日报社解决网上转载其文章所涉及的作者稿酬问题。依照相关规定，网络服务提供者承担的应当是一种过错责任，光明网业中心尽到了转载作品的所有义务，没有过错，不应承担侵权责任。第二，即使转载文章抄袭了原告的作品，该文章只有 800 字，原告索赔 1 万元的要求是不合理的。第三，作为媒体，如果所发表的作品系作者抄袭他人的作品，其所承担的责任应当仅限于在法院认定侵权成立后，作出更正说明和赔礼道歉，不应当作经济赔偿。

被告光明日报社辩称：首先，《生活时报》采用的稿件系作者周林风向报社投稿，光明日报社已向周林风付过稿酬，并非系光明日报社自行转载并将作者姓名变更。原告的作品没有在公开出版的媒体上发表过，仅是在某个网站发表，而网络上是海量信息，被告无从得知从而无法审查周林风的来稿是否抄自他人。此稿编发两年来，原告并没有通知过第一被告或光明日报社该文存在侵权的情况。其后两项抗辩理由同光明网业中心。

【一审查明事实】

一审法院经审理查明：原告于 2002 年 10 月 22 日就其作品发表的情况和被告使用该作品的情况，请求北京市公证处在因特网上进行了证据保全。由北京市公证处出具的（2002）京证内字第 09927 号公证书足以证明如下事实：滴答出国资讯网（http://www.tigtag.com）于 2000 年 5 月 29 日刊载了题为《澳大利亚留学点滴：存钱与换汇》的文章，文章标题下署名"谈宇清"，所在网页地址为：http://www.tigtag.com/community/column/575_29.html。文章后有如下声明："未经授权，不得转载。"2002 年 10 月 22 日，被告光明网业中心运行的光明网刊载有题为《在澳洲存钱与换汇》的文章，署名"周林风"，链接地址为：http://www.gmw.com.cn/0_shsb/2000/11/20001122/gb/11^1535^0^SH9-2216.htm。该文章的页眉上标明"生活时报 2000 年 11 月 22 日"。

庭审质证中，双方就原告的《澳大利亚留学点滴：存钱与换汇》与被告使用的《在澳洲存钱与换汇》两篇文章内容进行了比对。原告陈述比对的情况如下：原告全文约 1 000 字，被控侵权文章全文约 880 字，其中缺少原告文章第 2 段中"澳洲所有银行的取款机都是联了网的，全国范围内通存通兑"之后的内容，其余部分基本相同。二被告对原告陈述的上述对比情况明确表示认可，故本院予以确认。

原告向本院提交的《生活时报》稿费单载明内容如下：作者姓名，周林风；地址，兰州市 102 信箱；邮编，730094；稿件名称，《在澳洲存钱与换汇》；字数，884；稿酬，71（元）；年月日期版，2000 年 11 月 22 日；填表时间，2000 年 12 月 11 日。庭审质证中，原告对该稿费单的真实性及证明力有异议。

另查明，原告因本诉讼向北京市公证处支付证据保全费 800 元，向其代理人支付律师调查费 3 000 元。

【一审审理结果】

一审法院认为：根据《中华人民共和国著作权法》第十一条的规定，"如无相反证明，在作品上署名的公民、法人或者其他组织为作者"。除法律特别规定外，著作权属于作者。鉴于被告没有相反证据证明，故原告对其发表在滴答出国资讯网的《澳大利亚留学点滴：存钱与换汇》一文依法享有署名权、修改权、使用权及其获酬权。

由查明事实可知，被告光明日报社主办的《生活时报》及被告光明网业中心运行的光明网登载了与原告文章实质相同的文章。

原告指控被告光明日报社侵权的行为发生在 2000 年 11 月 22 日，故应适用修改前的著作权法。虽然，被告光明日报社辩称该文系作者周林风投稿，报社无法审查其是否抄袭自他人作品，报社的责任就是来稿照登并向作者付稿酬，但其不能提供相应证据予以佐证。被告所提交的付稿费登记单，因该登记单上没有周林风本人的签字，系被告单位内部的单方记录，在原告对其真实性有异议的情况下，不能证明已向周林风支付了报酬，并取得了发表署名"周林风"作品的合法授权。综上，被告光明日报社的现有证据不能证明其已尽了合理审查义务。因此，被告光明日报社在其《生活时报》登载署名为周林风的《在澳洲存钱与换汇》一文的行为构成对原告署名权、修改权、使用权、获酬权的侵犯，依法应承担相应的侵权责任，包括向原告公开赔礼道歉、消除影响、赔偿原告因此所受损失。由于发表权是作者决定作品是否公之于众的权利，被告光明日报社登载原告已发表的文章，不构成对原告发表权的侵犯。保护作品完整权是指作者有保护作品不受歪曲、篡改的权利，被告光明日报社登载的文章并未歪曲、篡改原告的文章内容，故被告光明日报社的行为也不构成对原告保护作品完整权的侵犯。

原告指控被告光明网业中心的侵权行为发生时间为 2002 年 10 月 22 日，故应适用修改后的著作权法。根据修改后的《中华人民共和国著作权法》第三十二条第二款的规定，作品刊登后，除著作权人声明不得转载、摘编的外，其他报刊可以转载或者作为文摘、资料刊登，但应当按照规定向著作权人支付报酬。被告光明网业中心在其光明网上转载《生活时报》上登载的《在澳洲存钱与换汇》一文的行为，符合上述法律规定。被告光明网业中心转载该文虽造成侵犯原告署名权的后果，但因其主观上没有过错。因此，被告光明网业中心的转载行为既不构成对原告署名权的侵犯，也不构成对原告发表权、修改权、保护作品完整权、使用权的侵犯。因被告光明网业中心未能提供足够的证据证明其依法向作者周林风支付了稿酬，故其转载行为侵犯了原告的获酬权。被告光明网业中心亦负有对该文署名进行更正的义务。光明网业中心主张向作者支付转载稿酬的义务由光明日报社负责，因缺乏事实与法律根据，本院不予支持。

光明网业中心、光明日报社系不同的民事法律主体，二者在使用原告作品时并无共同的过错，二者对原告实施的侵权行为不同，对原告造成的侵害后果也不完全相同。原告要求两个被告间应对其承担连带侵权责任的诉讼请求，因缺乏事实与法律根据，本院不予支持。

关于赔偿数额，本院认为，本案所涉侵权作品不足 1 000 字，原告主张 5 000 元的稿费损失显然过高，本院不予支持。本院根据文字稿酬的相关规定、原告作品的独创性程度、二被告分别实施的侵权行为情节及其过错程度等因素予以酌定二被告赔付原告的稿费数额。原告主张其为诉讼支出的合理费用，包括公证费 800 元及律师调查费 3 000 元。本院认为，原告为本案调查取证采用了公证的形式，公证费属于合理支出，应予支持；律师调查费则应根据国家相关规定及本案具体情况酌定其数额。原告另提出精神损害赔偿的要求，本院认为，本案被告的侵权行为限于在报纸及网络上刊载侵权文章，其在同样的媒体上刊登更正声明并向原告公开赔礼道歉，即能达到消除影响的效果，故对原告该项诉讼请求本院不予支持。

关于本案诉讼费的承担问题，本院将考虑原告的索赔要求及本院支持的数额，确定双方的分担比例。

综上，依照修改前的《中华人民共和国著作权法》第十一条第四款、第三十二条第二款、第四十五条第（五）项，修改后的《中华人民共和国著作权法》第四十六条第（七）项、第四十八条第一款之规定，判决如下：

一、被告光明日报社于本判决生效之日起 30 日内在其《生活时报》上刊登致歉声明，就其侵权行为消除影响，并向原告谈宇清公开赔礼道歉。声明内容需经本院审核，逾期不履行，本院将在相关媒体公布判决主文，由被告光明日报社承担相关费用。

二、被告北京光明网页科技中心于本判决生效之日起 30 日内在光明网上刊登声明，就其转载《在澳洲存钱与换汇》一文的署名问题消除影响。声明内容需经本院审核，声明登载时间不得低于 24 小时。逾期不履行，本院将在相关媒体公布判决主文，由被告北京光明网页科技中心承担相关费用。

三、被告北京光明网页科技中心赔偿原告谈宇清经济损失 1 240 元（于本判决生效之日起 10 日内支付）。

四、被告光明日报社赔偿原告谈宇清经济损失 270 元（于本判决生效之日起 10 日内支付）。

案件受理费 410 元，由原告谈宇清负担 300 元，被告北京光明网页科技中心负担 50 元，被告光明日报社负担 60 元。

各方当事人均服从一审判决。

40.《中文期刊数据库》著作权侵权纠纷案

——中国工商杂志社诉重庆维普资讯有限公司

原告（被上诉人）： 中国工商杂志社

被告（上诉人）： 重庆维普资讯有限公司

案由： 著作权和版式设计专有使用权侵权纠纷

原审案号： 北京市第一中级人民法院（2002）一中民初字第 3723 号

原审合议庭成员： 刘勇、刘海旗、娄宇红

原审结案日期： 2002 年 12 月 6 日

二审案号： 北京市高级人民法院（2003）高民终字第 145 号

二审合议庭成员： 陈锦川、何马根、张冬梅

二审结案日期： 2003 年 4 月 18 日

【判决要旨】

制作作为编辑作品的数据库应当同时取得期刊社和原作品著作权人的许可。制作数据库时，未经许可使用了期刊的版式设计，构成对版式设计著作权人权利的侵犯。

【起诉与答辩】

原告中国工商杂志社诉称：被告重庆维普资讯有限公司（以下简称维普公司）自 1997 年 7 月开始，采用扫描录入的方式，将原告享有著作权的《中国工商》期刊非法收录制成《中文期刊数据库》，并以光盘、镜像磁盘、网络等形式进行非法销售。被告未经原告许可，以盈利为目的的擅自将原告享有著作权的期刊进行原文原版的复制并发行，侵犯了原告的编辑作品著作权及期刊版式设计的专有使用权。为维护原告的合法权益，根据我国著作权法的有关规定，请求法院判令被告：（1）立即停止侵权；（2）赔偿原告损失 1 万元；（3）承担本案的保全费、调查取证费、律师费；（4）承担本案诉讼费。

被告维普公司辩称：

1. 被告没有侵犯原告期刊的版式著作权。根据京高法发（1996）460 号《关于审理著作权纠纷案件若干问题的解答》第 24 条规定：版式设计指由文字排列的顺序、字体及其他排版材料选用、行间和段间的空距、版面的布局等因

素构成的印刷物总体。可见，版式设计指的是一个由多元素组成的总体，由于当今出版行业在版式设计方面存在诸多的基本相同或相近似的情况，所以在判断版式著作权归属时就特别应当注重"印刷物总体"这一概念。著作权法保护的也只是这个"总体"的权利，而不是任一组成元素。被告制作《中文科技期刊数据库》时并未对原告期刊版式总体使用，只是将某些页次内容摘选使用，单独个页或多页并不能体现出总体，可见被告未侵犯原告的期刊版式著作权。

2. 被告未侵犯原告的编辑作品著作权。被告制作《中文科技期刊数据库》选用了原告期刊中的某些文章，但这完全是一种对于具体文章作品转载行为，同时又注明了作者及文章出处并支付了相关报酬，这种做法应参照《中华人民共和国著作权法》第三十二条第二款及最高人民法院《关于审理涉及计算机网络著作权纠纷案件适用法律若干问题的解释》第三条的规定而予以认定，即被告未侵犯原告编辑作品著作权。

3. 被告履行了保护著作权人权益的法定义务。被告制作的《中文科技期刊数据库》属于数字化制品，内存容量大，选用作品多，涉及著作权人广。由于被告地处西南地区，信息闭塞，管理落后，更加大了被告的工作难度。经过多方努力，被告于 2000 年 5 月 16 日与中国著作权使用报酬收转中心重庆代理处签订了《著作权委托书》（见证据 2、证据 3）。此后，被告根据国家版权局 2000 年 3 月 1 日颁布的《关于制作数字化制品的著作权规定》第三条、第四条、第六条和中国版权保护中心 2000 年 8 月 1 日颁布的《关于落实国家版权局〈关于制作数字化制品的著作权规定〉的通知》第一条、第二条、第三条、第五条的有关规定，于 2000 年 12 月 5 日与中国版权保护中心签订了《制作数字化制品许可合同》（见证据 4），并支付了著作权使用费用（见证据 5）。

4. 被告主观上无过错或过失，不应承担赔偿责任。被告认真履行了法定的著作权保护义务，先后与地方和国家著作权管理部门签订实施著作权保护工作的文件并支付了相关著作权使用费，可见在主观上并无侵犯原告著作权的故意或过失，被告是没有过错的。另外，被告制作《中文科技期刊数据库》使用的原告期刊均为过期刊物，并未影响原告出版发行工作。被告愿意按照有关规定向有关著作权人支付著作权使用报酬（见证据 6），但不应向原告赔偿任何经济损失。被告制作的《中文科技期刊数据库》制品已经被重庆市版权局全部查封没收销毁，造成了被告的重大经济损失（见证据 7）。所以，被告不应向原告承担任何赔偿责任。

综上，鉴于被告制作发行《中文科技期刊数据库》的行为不构成对原告著作权的侵犯，原告起诉的理由不能成立，故请求人民法院依法驳回原告的诉讼请求。

【原审查明事实】

原审法院经审理查明：原告中国工商杂志社系经有关机关批准成立的事业单位法人，其业务范围为主刊出版、主刊合订本出版、相关印刷发行、广告业务。《中国工商》杂志版权页载明：主办，中华全国工商业联合会、中国民间商会；编辑出版，中国工商杂志社。

被告维普公司未经原告中国工商杂志社的许可，采用扫描录入的方式，将原告的《中国工商》期刊制作成《中文科技期刊数据库》，2000 年 1 月该数据库更名为《中文期刊数据库》（以下简称《数据库》）。原告期刊 1999 年第 1、3、4 期及第 6 ~ 12 期、2000 年第 1、2、4 期中所载文章 374 篇，被告收录了 113 篇，计 277 页，共 8 282 300 字。被告在将原告期刊刊载文章的 30.2% 扫描录入制作为数据库光盘的同时，亦将原告期刊的字体设计、格式的编排等一并原样收录。

被告《数据库》的产品简介载明：《数据库》已由文摘版升级到全文版，包含自然科学、工程技术、农业、医药卫生、经济、教育和图书情报等学科 8 000 余种期刊刊载的 500 余万篇文献，并以每年 100 万篇的速度递增。保证阅读、打印的质量媲美原刊。通过发行光盘、建立镜像站、包库服务等多种方式组成一个网络化售后服务集成，其主力网站 www.cqvip.com 和 www.tydata.com 直接提供远程检索服务。此外，在被告的信息资源系统订单及用户使用手册、服务协议、《数据库》订单、文献资讯网服务站合作协议、《数据库》数字化全文资源、专辑及专题目录、《数据库通讯》等被告的宣传品和订单上，亦对《数据库》的内容及相关系统的建立和使用作了较为详尽的介绍。

2000 年 4 月，国家版权局委托重庆市版权局处理维普公司的著作权侵权行为。重庆市版权局于 2000 年 5 月 18 日以渝版权（2000）2 号文作出"关于对重庆维普资讯公司行政处罚的决定"，认定维普公司未经著作权人许可，擅自对其收集的期刊刊载的作品进行复制，汇编制作成《数据库》光盘并进行征订销售，其行为直接损害了著作权人的合法权益，已构成严重侵权行为，决定对维普公司处以罚款 1 万元的行政处罚。重庆市版权局又于 2000 年 10 月 24 日以渝版权（2000）5 号文向国家版权局作出"重庆维普资讯公司有关著作权问题的报告"，其主要内容为：2000 年 4 月，我局受国家版权局委托处理维普公司侵权案，指出维普公司未经著作权人许可、擅自制作数字化光盘侵权事实及其危害性。维普公司认识到错误的严重性质，对行政处罚决定照办执行。在处罚的同时，我局要求维普公司与著作权集体管理组织联系，并督促维普公司直接从著作权人处取得授权，维普公司目前已经取得部分作者和期刊社的授权。2000 年 12 月 1 日，新闻出版署、全国"扫黄"工作小组办公室以新出联（2000）41 号文，联合向重庆市新闻出版局、重庆市"扫黄""打非"工作小组办公室出发"关于查处重庆维普资讯公司违规出版《中文期刊数据库》的通知"，认定维普公司超出行政主管机关批准的范围，出版《数据库》的行为严重违反有关出版管理规定，扰乱了正常的出版秩序，涉嫌侵害著作权人和期刊出版者的合法权益。该通知要求重庆市版权局对维普公司已出版的《数据库》光盘按非法出版物予以查缴，立即收回已售出的光盘并集中销毁。维普公司不得以任何其他媒体形式继续出版、发行《数据库》。重庆市新闻出版局、重庆市版权局分别于 2000 年 12 月 18 日及 2001 年 1 月 19 日查缴维普公司制作的《数据库》光盘共计 44 600 张。

在本案审理过程中，本院曾依原告的申请，对被告进行了证据保全和财产保全，并委托北京天正华会计师事务所对本院采取证据保全措施查封的被告财务账册进行了审计。审计的结果表明被告销售《数据库》光盘及《数据库》的其他相关产品所开出的发票都标示了"数据费"，2000 年 9 月至 2001 年 6 月共计获利（毛利）1 527 148.31 元。

原告为本案诉讼支付财产保全费 120 元。原告在本案审理过程中明确表示放弃对被告将其杂志进行镜像磁盘、网络形式销售的指控及要求被告赔偿调查取证费、律师费的诉讼请求，对此本院不持异议。

【原审审理结果】

原审法院认为：由于本案诉争的事实发生在《中华人民共和国著作权法》修改前，因此，根据最高人民法院《关于审理著作权民事纠纷案件适用法律若干问题的解释》第三十一条的规定，本案适用修改前的《中华人民共和国著作权法》及《中华人民共和国著作权法实施条例》。

根据双方当事人的诉、辩主张，本案的争议焦点为以下三个问题：（一）原告是否享有争议期刊的编辑作品著作权，被告的行为是否构成对该权利的侵犯；（二）原告是否享有争议期刊的版式设计专有使用权，被告的行为是否构成对该权利的侵犯；（三）如被告的行为构成侵权，其在本案诉争事实发生后所采取的补救措施，是否可以免除侵权责任。

第一，原告通过约稿和作者投稿的方式，将作者的作品进行宣传、编排，为此原告付出了独创性劳动，使得涉案期刊杂志具有著作权法规定的编辑作品的属性，是受著作权保护的编辑作品。根据我国著作权法的规定，编辑作品著作权由编辑者享有。原告系在《中国工商》杂志版权页上署名的编辑者，被告对此无异议，因此原告中国工商杂志社是涉案杂志的著作权人，享有著作权法规定的相关权利。被告未经原告许可亦未支付报酬，以盈利为目的，将原告享有编辑作品著作权的期刊杂志所刊载的文章30.2%采用扫描录入的方式，制作成《数据库》光盘的行为，侵犯了原告享有的编辑作品著作权，被告对此承担相应的法律责任。被告辩称其制作的《数据库》仅选用了原告期刊中的某些文章，是一种对具体作品转载行为，其行为符合有关法律规定，不构成侵权的抗辩理由，没有事实和法律依据，本院不予支持。

第二，《中华人民共和国著作权法实施条例》第三十八条规定：出版者对其出版的图书、报纸、杂志的版式、装帧设计，享有专有使用权。版式设计是指由文字排列的顺序、字体及其他排版材料选用、行间和段间的空距、版面的布局等因素构成的印刷物总体，权利人对图书、期刊杂志等出版物的字体设计、格式的编排等方面付出的创造性劳动。因此，版式设计专有使用权应依法受到保护。就本案而言，编辑作品版式设计专有使用权的法律保护，应考虑形成作品的印刷物总体，印刷物总体又是由各篇文章组合而成。本案中，被告在将原告期刊刊载文章的30.2%扫描录入制作为《数据库》光盘的同时，亦将原告期刊的字体设计、格式的编排等一并原样收录，使得原告期刊的文章被被告以盈利为目的使用，无偿地占有了原告为此而付出的创造性劳动，其行为构成对原告版式设计专有使用权的侵犯，应承担相应的法律责任。被告辩称在其制作《数据库》时只是将原告期刊的某些页次内容摘选使用，不构成对原告版式设计专有使用权侵犯的抗辩理由，没有事实和法律依据，本院不予支持。

第三，本案中被告辩称其根据重庆市版权局的要求，已与著作权集体管理组织签订了著作权许可使用协议，支付了相关的费用，并以此证明已经履行了保护著作权人权益的法定义务。但被告并没有向法庭提交相应的证据证明原告是著作权集体管理组织的成员，因此，被告即使与著作权集体管理组织在本案诉争事实发生后补充签订了著作权使用许可协议，仍不能视为被告已经取得了原告的许可。因此，被告应对其侵权行为产生的法律后果承担相应的法律责任。由于被告的行为已构成对原告编辑作品著作权的版式设计专有使用权的侵犯，故应承担停止侵权、赔偿损失的法律责任。

本案中，由于原告没有向法庭说明其请求赔偿数额的计算方法，亦未能举证证明被告的侵权行为给其造成实际损失的具体数额，通过对被告财务账册的审计也不能确定被告销售《数据库》光盘的实际获利情况，因此本案赔偿额可以依据国家版权局1999年4月颁布的《出版文字作品报酬规定》确定，该规定为：编辑作品付酬标准为每千字3～10元。本案中，被告使用原告编辑作品的字数共为8 282 300字，即使按最低的稿酬标准计算，也已超过了原告请求赔偿的数额。此外，被告还应支付侵犯原告版式设计专有使用权的经济损失，因此，本院对于原告要求被告赔偿 10 000 元的请求予以全额支持。被告亦应承担原告为本案诉讼支付的财产保全费 120 元。

综上所述，依据修改前的《中华人民共和国著作权法》第十四条第一款、第四十六条第（二）项和《中华人民共和国著作权法实施条例》第三十八条之规定，判决如下：

一、被告重庆维普资讯有限公司于本判决生效之日起，立即停止对《中国工商》杂志的复制、发行；

二、被告重庆维普资讯有限公司于本判决生效之日起 10 日内，赔偿原告中国工商杂志社经济损失人民币 1 万元；

案件受理费 410 元、财产保全费 120 元，均由被告重庆维普资讯有限公司承担。

维普公司不服原审判决，提出上诉，其理由为：（1）上诉人在国家和地方版权行政管理部门指导和帮助下，依据国家版权行政管理部门的规章，就《数据库》制品与重庆版权局、中国著作权使用报酬收转中心重庆代理处签订了《著作权委托书》，与中国版权保护中心集体管理部签订了《制作数字化制品许可合同》，履行了应尽的保护著作权人合法权益的法定义务，原审判决认定其侵权是错误的；（2）上诉人无侵权的故意或过失，《数据库》使用的是过期刊物，没有给被上诉人造成损失，上诉人不应承担赔偿责任，且原审判决认定《数据库》使用《中国工商》杂志的字数错误；（3）《数据库》制品是电子出版物，不适用《出版文字作品报酬规定》，原审判决依此为计算赔偿的依据错误；（4）被上诉人权利资格证明《期刊许可证》未经质证，原审判决却予以认定，违反了法律规定。

中国工商杂志社服从原审判决。

【二审查明事实】

二审法院经审理查明：中国工商杂志社是《中国工商》杂志的编辑和出版者，维普公司是《中文科技期刊数据库》的制作者和发行者，2000 年 1 月，《中文科技期刊数据库》更名为《中文期刊数据库》。维普公司的《数据库》以扫描录入方式，收录了《中国工商》杂志 1999 年第 1、3、4 期及第 6～12 期，2000 年第 1、2、4 期所载 374 篇文章中的 113 篇 277 页，共 637 100 字，该杂志的字体设计、格式编排等也一并被原样收录。《数据库》使用《中国工商》杂志的文章量占《中国工商》杂志 1999 年第 1、3、4 期及第 6～12 期及 2000 年第 1、2、4 期所载文章的 30.2%。

2000 年 4 月，重庆市版权局受国家版权局的委托，对维普公司未经著作权人许可，擅自将他人期刊刊载文章汇编制作成《数据库》的行为进行处罚，并要求维普公司取得著作权人授权，向著作权人支付报酬，与著作权集体管理组织联系处理版权事宜。2000 年 5 月 16 日，维普公司与重庆市版权局、中国著作权使用报酬收转中心重庆代理处签订著作权委托书，委托重庆市版权局、中国著作权使用报酬收转中心重庆代理处全权处理其著作权事宜。2000 年 12 月 4 日，维普公司与中国版权保护中心版权集体管理部就制作《数据库》的许可问题签订《制作数字化制品许可合同》，约定，中国版权保护中心版权集体管理部许可维普公司使用中国版权保护中心版权集体管理部管理的作品制作数字化制品，维普公司向中国版权保护中心版权集体管理部支付著作权使用费。同年 12 月 26 日，维普公司以支付版税的名义向中国著作权使用报酬收转中心电汇 411 999 元。重庆市新闻出版局、重庆市版权局于 2000 年 12 月 18 日、2001 年 1 月 10 日查缴维普公司的《数据库》光盘共计 44 600 张。

原审审理期间，经审计，维普公司销售《数据库》光盘及《数据库》的其他相关产品所开出的发票都标示为"数据费"，2000 年 9 月至 2001 年 6 月共计获利（毛利）1 527 148.31 元。

【二审审理结果】

二审法院认为：编辑作品由编辑人享有著作权，除法律另有规定外，使用他人作品应当同著作权人或者著作权人授权其行使著作权的集体管理组织订立合同或者取得许可。中国工商杂志社对《中国工商》杂志所刊载的作品进行选择、编排，付出了创造性劳动，是该杂志的著作权人和版式设计专有使用权人。维普公司使用《中国工商》杂志制作《数据库》没有取得中国工商杂志社的许可。维普公司虽在事后就制作《数据库》的许可问题与重庆市版权局、中国著作权使用报酬收转中心重庆代理处、中国版权保护中心版权集体管理部签订了有关合同，并向中国著作权使用报酬收转中心、中国版权保护中心版权集体管理部支付著作权使用费，但中国工商杂志社没有授权上述机构行使著作权和版式设计专有使用权，故维普公司使用《中国工商》杂志的行为仍然是未经著作权人许可的行为。维普公司使用《中国工商》杂志制作《数据库》侵犯了中国工商杂志社的著作权及版式设计专有使用权，应当承担停止侵权、赔偿损失的民事责任。维普公司关于中国工商杂志社的《期刊许可证》未经质证、不能证明中国工商杂志社为著作权人以及其履行了应尽的保护著作权人合法权益的义务、没有侵权的故意或过失、不应承担赔偿责任的主张不能成立。

原审判决对《数据库》使用《中国工商》杂志作品字数的认定有误，本院予以纠正。在著作权人的实际损失、侵权人的违法所得不能确定的情况下，原审判决根据《数据库》使用《中国工商》杂志的字数、参照国家版权局的《出版文字作品报酬规定》，酌情确定维普公司的赔偿责任并无不妥。虽然原审判决关于《数据库》使用《中国工商》杂志作品字数的认定有误，但根据二审查明的实际使用量及维普公司同时侵犯了中国工商杂志社的版式设计专有使用权的情况，原审判决判令维普公司承担 10 000 元的赔偿责任并无不当。维普公司关于原审判决以《出版文字作品报酬规定》为依据计算赔偿是错误的主张亦不能成立。

综上，原审判决认定事实清楚、适用法律正确，维普公司的上诉请求不能成立。依据《中华人民共和国民事诉讼法》第一百五十三条第一款第（一）项，判决如下：

驳回上诉，维持原判。

原审案件受理费 410 元、财产保全费 120 元，由重庆维普资讯有限公司负担；二审案件受理费 410 元，由重庆维普资讯有限公司负担。

41. 《深蓝易思多媒体网络教室软件 V3.0》著作权侵权纠纷案

——北京佛氏深蓝世纪软件有限公司诉
北京星澜拓展科技有限公司

原告（被上诉人）：北京佛氏深蓝世纪软件有限公司
被告（上诉人）：北京星澜拓展科技有限公司
案由：计算机软件著作权侵权纠纷

原审案号：北京市第一中级人民法院（2002）一中民初字第 4242 号
原审合议庭成员：刘勇、赵静、仪军
原审结案日期：2002 年 12 月 20 日
二审案号：北京市高级人民法院（2003）高民终字第 111 号
二审合议庭成员：陈锦川、张冬梅、张雪松
二审结案日期：2003 年 4 月 21 日

【判决要旨】

对被控侵权软件绝大部分核心代码程序与权利人的软件相同，被控侵权人未能给出合理的解释和提供有效的证据予以证明的，应认定侵犯了权利人的计算机软件著作权。

【起诉与答辩】

原告北京佛氏深蓝世纪软件有限公司（以下简称佛氏深蓝公司）诉称：《深蓝易思多媒体网络教室软件 V3.0》系北京深蓝世纪计算机有限责任公司（以下简称深蓝世纪公司）开发，通过《资产转让协议》和《软件与商标许可合同》将著作权转让至我公司的计算机软件。2001 年 8 月，我公司获得该软件的著作权登记证书。因此，我公司是《深蓝易思多媒体网络教室软件 V3.0》软件的著作权人。近来，我公司发现市场上出售的多媒体网络教室软件有与《深蓝易思多媒体网络教室软件 V3.0》软件主要界面、使用手册等基本相同的多媒体教室软件，售价 1 250 元。经调查，该软件系由北京星澜拓展科技有限公司（以下简称星澜拓展公司）销售。根据《计算机软件保护条例》规定，星澜拓展公司未经原告许可擅自复制、修改并向公众发行我公司享有著作权的计算机软件，并使用和我公司软件完全相同的说明书，侵犯了我公司依法享有的

软件著作权，请求法院依法判令被告星澜拓展公司：停止侵害，消除影响，在国家级媒体上公开赔礼道歉；赔偿我公司经济损失 100 万元。

被告星澜拓展公司辩称：《深蓝易思多媒体网络教室软件 V3.0》系深蓝世纪公司开发，深蓝世纪公司系该软件的著作权人，佛氏深蓝公司不是该软件的著作权人，因此，不具有诉讼主体资格，请求法院依法驳回原告的诉讼请求。

【原审查明事实】

原审法院经审理查明：北京佛莱信深蓝世纪软件有限公司是筹建时暂用名称，公司成立后正式使用的名称为北京佛氏深蓝世纪软件有限公司，即本案中简称的"佛氏深蓝公司"。2000 年 11 月 3 日，佛氏深蓝公司作为买方，深蓝世纪公司作为卖方，盛理评、侯树明、朱云三人作为卖方的股东，零创公司作为买方指定的临时受让人，签订了《资产转让协议》和《软件与商标许可合同》。在《资产转让协议》第 2 条中规定，买方同意从卖方购买且卖方同意向买方出售、转让和交付列表中的全部财产，在 2.01 条款中的（Ⅳ）项载明，附表 E 所述的"知识产权"，在附表 E 清单中包括了本案争议的《纯软件多媒体网络教室 Easy Clss 3.0》，即《深蓝易思多媒体网络教室软件 V3.0》。在该清单中载明了该软件的所有人为深蓝世纪公司，发表/受许可时间为 1999 年 4 月 25 日，未登记等事项。在 2.06 关于交付与所有权转移的条款（C）项中规定，在本协议签署日即完全由卖方转移至买方指定的受让人零创公司。在 3.11 条中规定，卖方承诺及保证向买方及其代理人提供一切所需之协助以令买方或其代理人取得知识产权之注册。在该协议第 5 条的 5.05（i）中规定，卖方和卖方股东不得使用或注册附表 E 中所列的深蓝产品的软件及界面风格的著作权，还规定卖方和卖方股东保证不使用或注册附表 E 中所列软件产品的名称或买方认为近似或令人产生混淆的名称。卖方和卖方股东同意从"交付日"起 5 年期间内，除非买方授权外，不得直接或间接从事任何与买方业务竞争的业务，尤其计算机软件的开发、许可及销售。不得向任何人销售或提供使用深蓝产品的知识产权。在该协议的 14.2 规定，在买方成立的营业执照签发日，已转让予零创公司的"被收购资产"的所有权及其项下的收益无需通知卖方即自动由零创公司转让予买方。本协议在各方签署后即刻生效。该协议规定了争议解决的方式为提交中国国际经济贸易仲裁委员会仲裁。在诉讼中，《资产转让协议》的各方当事人未就已生效协议提起仲裁。原告依据该资产转让协议取得了《深蓝易思多媒体网络教室软件 V3.0》软件的著作权，并于 2001 年 8 月在国家版权局对该软件进行了登记。软件登记证书为软著登字第 0009726 号，软件名称《深蓝易思多媒体网络教室软件 V3.0》，著作权人为佛氏深蓝公司，推定该软件的著作权人自 2001 年 5 月 17 日起，在法定的期限内享有该软件著作权。

2001 年 7 月 2 日，北京市国信公证处出具（2001）京国证民字第 2260 号公证书，该公证书载明：2001 年 6 月 26 日在北京市海淀区北四环中路 229 号海泰大厦 1206 室对佛氏深蓝公司代理人邢健以北京嘉德科贸有限公司的名义向星澜拓展公司购买多媒体教室软件二套的全过程进行了现场监督。星澜拓展公司的工作人员向邢健提供了包装为北京腾龙立达科技有限公司的多媒体教室软件，邢健要求提供该公司的产品，星澜拓展公司工作人员称该公司包装还未到货，故使用北京腾龙立达科技有限公司的包装，但包装内的产品保证是星澜拓展公司的，并承诺该产品的销售服务方是星澜拓展公司，同时取出标有"深蓝易思"字样的空包装二个，建议如果有用也可以更换此包装。星澜拓展公司工作人员当场出具 No.9826229 号北京市商业企业专业发票一张，邢健当场交付货款 2 500 元。公证处将上述二套多媒体教室软件中的一套及两个标有"深蓝易思"字样的空包装中的一个封存于公证处。

经对公证产品勘验，在该产品上标有"北京深蓝世纪计算机有限责任公司"。在光盘盒的彩页包装下方标有"北京腾龙嘉业科技有限公司"。在包装内的光盘彩页上标有"星澜多媒体网络交互教学平台"，下方标有"北京星澜拓展科技有限公司"等字样。在公证购买的产品中，不带软件使用手册。

在本案审理过程中，在法庭主持下，将法院证据保全的被告源程序与原告源程序及原告公证购买的被告产品进行技术勘验。在对该软件勘验前，被告提出书面申请，称法院证据保全的源程序系其公司的商业秘密，不同意委托他人鉴定，亦不同意在双方当事人之间自行进行技术对比。为尊重被告的诉讼权利及保守其商业秘密，本院决定在法庭主持和双方当事人参加下，对该软件进行技术勘验，并分别采用电话和传票等形式，三次通知原、被告双方到庭，对本案争议软件进行技术勘验。但是被告无正当理由拒不到庭参加技术勘验。在此情况下，为查清案件事实，保证案件正常审理，法庭在对技术勘验的环境、人员范围、保密措施作出明确且严格规定的情况下，当庭对争诉软件进行了技术勘验。具体言之，勘验人员仅限于法庭及双方当事人的范围之内，明确告之相互承担保密义务及泄密的法律责任；勘验环境仅限于在法庭内进行；在保密措施上，采取了勘验时现场临时装入软件，勘验结束后，现场删除所装的软件，包括删除后存入回收站的全部文件；在软件保管上，勘验前该软件从公证处封存取回，勘验后该软件由法庭封存保管。

技术勘验的平台及工具为：在 Windows2000 的操作系统下，采用 Microsoft 的 Microsoft Visual Studio 6.0 下 Microsoft Visual Studio 6.0 Tools 中 Windiff。勘验结果为：教师机目录下，核心程序 47 个文件完全一样；学生机目录下，核心程序 36 个文件完全一样，核心代码程序相同部分占 80% 以上，其他部分的相同代码占总代码行数的 65% 以上。星澜拓展公司产品的源程序与佛氏深蓝公司的源程序的核心软件是相同的。就本案情况而言，仅证明被告与原告的源程序相同，还不能证明被告实施了侵权行为，需要进一步证明被告产品与原告源程序之间的关系。原告产品的核心程序为教师机端执行程序 Teacher.exe 和学生机端执行程序 Student.exe。通过对被告相应的源程序进行编译，替换被告产品中的相应的 Teacher.exe 和 Student.exe 的执行程序，结果证实替换后的 Teacher.exe 和 Student.exe 的执行程序，不但可以正常运行，且运行情况和替换之前的教师机程序和学生机程序基本相同。被告源程序与产品之间，功能设计和运行过程一样，调用文件一样，界面基本一致，可以证明被告产品由源程序编译而成。

对此勘验结果，由法庭交被告质证，但被告以原告不是争诉软件的著作权人为由，对勘验结果没有发表质证意见。

在本案审理中，本院依原告申请，于 2001 年 10 月 19 日作出民事裁定，查封了被告星澜拓展公司自 2000 年 11 月至 2001 年 10 月期间的财务账簿、银行对账单、税务报表、工商报表、损益表、资产负债表、现金流量表、销售发票、资金往来发票、收据，并委托北京天正华会计师事务所对被告自 2000 年 11 月至 2001 年 10 月期间销售《多媒体网络教室》的数量、收入、利润情况予以审计。审计表明被告销售多媒体网络教室软件 20 套，收入 26 923 元。在有关事项说明中表明：2001 年 6、8、9 月结转三次，共结转加密锁 187 套共计 2 027 元，光盘 256 片共计 506 元。

【原审审理结果】

原审法院认为：本案被控侵权行为发生在《中华人民共和国计算机软件保护条例》修改之前，故本案应适用修改前的《中华人民共和国计算机软件保护条例》。

《深蓝易思多媒体网络教室软件 V3.0》的原始著作权人为深蓝世纪公司。原告佛氏深蓝公司通过《资产转移协议》和《软件与商标许可合同》获得该软件著作权，并对该软件进行了著作权登记。原告在法定的期限内享有该软件著作权，并受法律保护。在诉讼期间，深蓝世纪公司的股东侯树明称其对《资产转移协议》存有异议，但未按《资产转让协议》约定程序提起仲裁，该异议是否成立不是本案审理的范围。另外，本案被告星澜拓展公司无权对本案涉及的《资产转让协议》提出异议，在本案诉讼中，也无他人对争诉软件权属提出异议。被告所述的其他案外因素，不属本案审理的范围。因此，被告以原告不享有争诉软件著作权、不是本案适格的原告为由进行抗辩、请求法庭驳回原告的诉讼请求的抗辩理由，缺乏事实和法律依据，本院不予支持。

原告通过公证购买的被告软件产品，在内装光盘彩页上标有"星澜多媒体网络交互教学平台"，下方标有"北京星澜拓展科技有限公司"等字样。由此可以认定该产品系被告星澜拓展公司产品。被告对此也不持异议。

从技术勘验结果看，被告软件与原告的核心软件，在教师机目录中 47 个文件相同，在学生机目录中 36 个文件相同。核心代码程序相同部分占 80% 以上，其他部分的相同代码占总代码行数的 65% 以上，被告所销售的产品由其源程序编译而成。对此勘验结果，由法庭交被告质证，但被告仍坚持原告不是争诉软件的著作权人，没有发表质证意见。鉴于被告对勘验结果未能给出合理的解释和提供有效的证据予以反驳。因此，本院确认，被告星澜拓展公司未经原告许可，复制、修改、销售原告享有著作权的《深蓝易思多媒体网络教室软件 V3.0》软件，其行为侵犯了原告的计算机软件著作权。对此，被告应当承担停止侵害、消除影响、公开赔礼道歉、赔偿损失的法律责任。因在公证购买的产品中不带有使用手册，对原告指控被告侵犯其文档的著作权，缺乏事实依据，本院对原告的该诉讼请求不予支持。

关于赔偿问题，原告请求法院判令被告赔偿经济损失 100 万元，但未向法庭提交其实际损失情况，从审计情况看，也难以确定被告获利情况，故本院将根据软件开发的一般情况，考虑软件开发人力与财力的投入、软件的应用范围、同类软件的市场情况、软件生命周期、被告侵权情节及本案实际情况等因素，对赔偿数额予以酌定。

综上所述，依照《中华人民共和国计算机软件保护条例》第十七条第一款，第三十条第（五）项、第（六）项、第（七）项之规定，判决如下：

一、被告北京星澜拓展科技有限公司自本判决生效之日起，立即停止对原告北京佛氏深蓝世纪软件有限公司的《深蓝易思多媒体网络教室软件 V3.0》计算机软件的侵权行为；

二、被告北京星澜拓展科技有限公司自本判决生效之日起 30 日内，赔偿原告北京佛氏深蓝世纪软件有限公司经济损失 16 万元；

三、被告北京星澜拓展科技有限公司自本判决生效之日起 30 日内，在《计算机世界》报上刊登致歉声明，向原告北京佛氏深蓝世纪软件有限公司公开赔礼道歉。

星澜拓展公司不服原审判决，提出上诉，其理由为：（1）佛氏深蓝公司不是《深蓝易思多媒体网络教室软件 V3.0》软件的原创著作权人，也没有证据证明佛氏深蓝公司继受取得了该软件的著作权；（2）深蓝公司股东侯树明及他人已对该软件的权属提出异议，而依据《资产转让协议》和《软件与商标许可合同》，权属争议不属于法院管辖；（3）佛氏深蓝公司的源程序不具客观真实性，原审法院的勘验程序违法，勘验结果不具客观合法性、且是完全错误的，从勘验结果不能得出星澜拓展公司与佛氏深蓝公司的源程序一致的结论；（4）在佛氏深蓝公司没有提交任何损失及软件开发人力与财力投入、软件的应用范围等方面的证明材料、且原审法院已确认审计报告效力的情况下，原审法院判决其赔偿 16 万元不符合法律规定。

佛氏深蓝公司服从原审判决。

【二审查明事实】

二审法院经审理查明：2000 年 9 月 11 日，FlexSystem Holding Limited 与深蓝世纪公司签订《投资合作协议书》，约定由 FlexSystem Holding Limited 或其下属公司向深蓝世纪公司投资，将深蓝世纪公司进行重组并依法设立为中外合资公司。

2000 年 9 月 25 日，FlexSystem Holding Limited 作为甲方、Finestar Pacific Limited（嘉达太平洋有限公司）作为乙方、深蓝世纪公司作为丙方及深蓝世纪公司的三位股东盛理评、侯树明、朱云作为丁方鉴订《补充协议书》，对《投资合作协议书》拟定的合作关系进行变更。该协议书约定：由甲方或其下属公司与丁方依照香港特别行政区的法律共同合资经营一家新的香港公司（即乙方），由乙方依据《中华人民共和国外资企业法》的规定，在中国申请成立外商独资公司（以下简称独资公司），以该独资公司的名义收购丙方所拥有的全部资产（包括但不限于所有电脑软件、"深蓝"、"易思"等商标、其他知识产权等）；由于独资公司尚未成立，将由甲方代表独资公司与丁方、丙方于 2000 年 10 月 15 日前签订《资产转让协议》；协议经各方签订后生效。协议书签订后，各方当事人均在协议书上签名、盖章。

2000 年 11 月 3 日，Flexmultimedia Limited、Cyber People Limited、Finestar Pacific Limited 与盛理评、侯树明、朱云签订《有关 Finestar Pacific Limited（嘉达太平洋有限公司）及 Cyber People Limited 的股东协议》，以规范彼此对合资公司之出资义务、合资公司之管理经营和有关合资公司及独资公司的其他事项。根据该协议，所谓独资公司是指将在北京成立的北京佛莱信深蓝世纪软件有限公司（或有关审批机关核准的其他企业名称），其惟一股东及投资者为合资公司；成立合资公司的惟一目的为通过独资公司经营有关电脑软、硬件的开发、生产、销售、租赁、许可经营、技术转让等；协议以契约形式签署，任何协议方一经签署，即对其产生法律效力。该协议的附表三载明：独资公司的名称为北京佛莱信深蓝世纪软件有限公司；企业类型为外商独资企业；投资总额和注册资本均为人民币 2 500 000 元；惟一股东为在香港注册成立的 Finestar Pacific Limited（嘉达太平洋有限公司），即合资公司。协议书签订后，各方当事人均在协议书上签名、盖章。

2000 年 11 月 3 日，北京佛莱信深蓝世纪软件有限公司（筹）（暂用名）由 FlexSystem Holding Limited 代理作为买方，深蓝世纪公司作为卖方，盛理评、侯树明、朱云三人作为卖方的股东，广州市零创科技有限公司（零创公司）作为买方指定的临时受让人，签订了《资产转让协议》；又由北京佛莱信深蓝世纪软件有限公司（筹）（暂用名）、零创公司作为许可方，深蓝世纪公司作为受许可方、盛理评、侯树明、朱云三人作为受许可方的股东签订了《软件与商标许可合同》。《资产转让协议》第 2 条规定，买方同意从卖方购买且卖方同意向买方出售、转让和交付包括附表 E 所述的"知识产权"在内的全部财产；附表 E 清单中包括了本案争议的《纯软件多媒体网络教室 Easy Class 3.0》，即《深蓝易思多媒体网络教室软件 V3.0》。该清单载明该软件的所有人为深蓝世纪公司，发表/受许可时间为 1999 年 4 月 25 日，未登记等事项。协议 2.06 关于交付与所有权转移的条款（C）项规定，在本协议签署日附表中所述的有关资产的所有权利即完全由卖方转移至买方指定的受让人零创公司。协议 3.11 条规定，卖方承诺及保证向买方及其代理人提供一切所需之协助以令买方或其代理人取得知识产权之注册。协议第 5 条 5.05（i）规定，卖方和卖方股东不得使用或注册附表 E 中所列的深蓝产品的软件及界面风格的著作权，卖方和卖方股东保证不使用或注册附表 E 中所列软件产品的名称或买方认为近似或令人产生混淆的名称。卖方和卖方股东同意从"交付日"起 5 年期间内，除非买方授权外，不得直接或间接从事任何与买方竞争的业务，尤其计算机软件的开发、许可及销售。不得向任何人销售或提供使用深蓝产品的知识产权。协议 14.2 规定，在买方成立的营业执照签发日，已转让予零创公司的"被收购资产"的所有权及其项下的收益无需通知卖方即自动由零创公司转让予买方。本协议在各方签署后即刻生效。该协议规定，争议解决的方式为提交中国国际经济贸易仲裁委员会仲裁。《软件与商标许可合同》约定，由于深蓝世纪公司在有关资产转让后还需履行部分在《资产转让协议》签署前与第三方签署的合同，需要使用已转让的软件和商标，故零创公司同意许可深蓝世纪公司在履行转让前合同的范围内使用所转让的软件和商标；这种许可是非独家的且深蓝世纪公司无权进行任何分许可；协议自《资产转让协议》规定的签署日起生效。上述合同、协议书签订后，各方当事人均在合同、协议书上签名、盖章。

2001 年 6 月 19 日，佛氏深蓝公司取得《企业法人营业执照》。北京市人民政府颁发的《中华人民共和国台港澳侨投资企业批准证书》载明，佛氏深蓝公司的注册资本为 2 500 000 元人民币；企业类型为外资企业；投资者名称为香港嘉达太平洋有限公司（Finestar Pacific Limited）；经营范围为开发、生产计算机软硬件等。

佛氏深蓝公司于 2001 年 8 月在国家版权局对《深蓝易思多媒体网络教室软件 V3.0》软件进行了登记，软件登记证书为软著登字第 0009726 号。登记证书载明，软件名称：深蓝易思多媒体网络教室软件；版本：V 3.0；软件作品类型：原创软件；开发完成日期：2001.5.15；首次发表日期：2001.5.17；开发形式：单独开发；软件开发者情况：佛氏深蓝公司。该证书推定该软件的著作权人佛氏深蓝公司自 2001 年 5 月 17 日起，在法定的期限内享有该软件著作权。

2001 年 7 月 2 日，北京市国信公证处出具（2001）京国证民字第 2260 号公证书，该公证书载明：2001 年 6 月 26 日在北京市海淀区北四环中路 229 号海泰大厦 1206 室对佛氏深蓝公司代理人邢健以北京嘉德科贸有限公司的名义向星澜拓展公司购买多媒体教室软件二套的全过程进行了现场监督。星澜拓展公司的工作人员向邢健提供了包装为北京腾龙立达科技有限公司的多媒体教室软件，邢健要求提供该公司的产品，星澜拓展公司工作人员称该公司包装还未到货，故使用北京腾龙立达科技有限公司的包装，但包装内的产品保证是星澜拓展公司的，并承诺该产品的销售服务方是星澜拓展公司，同时取出标有“深蓝易思”字样的空包装二个，建议如果有用也可以更换此包装。星澜拓展公司工作人员当场出具 No.9826229 号北京市商业企业专业发票一张，邢健当场交付货款 2 500 元。公证处将上述二套多媒体教室软件中的一套及二个标有“深蓝易思”字样的空包装中的一个封存于公证处。

北京市第一中级人民法院于 2002 年 9 月 18 日、9 月 27 日和 10 月 24 日三次主持对本案进行了技术勘验。在 9 月 18 日的勘验中，确认、打开了佛氏深蓝公司提交的源程序，对法院通过证据保全取得的星澜拓展公司的源程序进行开封，并予以打开。在进行勘验时，原审法院进行技术勘验的平台及工具为：在 windows 2000 的操作系统下，采用 Microsoft 的 Microsoft Visual Studio 6.0 下 Microsoft Visual Studio 6.0 Tools 中的 windiff。勘验结果为：教师机目录下，核心程序 47 个文件完全一样；学生机目录下，核心程序 36 个文件完全一样，核心代码程序相同部分占 80% 以上，其他部分的相同代码占总代码行数的 65% 以上。为进一步证明佛氏深蓝公司的源程序与星澜拓展公司的产品之间的关系，又对星澜拓展公司源程序中的核心程序教师机端执行程序 Teacher.exe 和学生机端执行程序 Student.exe 进行编译，然后替换星澜拓展公司产品中相应的 Teacher.exe 和 Student.exe 执行程序，结果表明，替换后的 Teacher.exe 和 Student.exe 执行程序不但可以正常运行，且运行情况和替换之前的教师机程序和学生机程序基本相同。另外，星澜拓展公司的源程序与产品之间，功能设计和运行过程一样，调用文件一样，界面基本一致。本案双方当事人参加了 9 月 18 日的勘验；星澜拓展公司在接到原审法院电话通知的情况下，没有参加 9 月 27 日的勘验；星澜拓展公司接到原审法院的传票后，无正当理由拒不参加 10 月 24 日的勘验。

原审法院依佛氏深蓝公司的申请，于 2001 年 1 月 19 日作出民事裁定，查封了星澜拓展公司自 2000 年 11 月至 2001 年 10 月期间的财务账簿、银行对账单、税务报表、工商报表、损益表、资产负债表、现金流量表、销售发票、资金往来发票、收据，并委托北京天正华会计师事务所对星澜拓展公司自 2000 年 11 月至 2001 年 10 月销售《多媒体网络教室》的数量、收入、利润情况予以审计。审计表明，星澜拓展公司销售多媒体网络教室软件 20 套，收入 26 923 元。在有关事项说明中表明：2001 年 6、8、9 月结转三次，共结转加密锁 187 套共计 2 027 元，光盘 256 片共计 506 元。

另查，星澜拓展公司的法定代表人侯树明以深蓝世纪公司股东的名义于 2003 年 3 月 19 日向 FlexSystem Holding Limited 发出书面异议，声明：FlexSystem Holding Limited 没有完全履行合同规定的义务，《合作协议书》、《补充协议书》、《第二补充协议书》至今尚未成立，其保留向中国国际经济贸易仲裁委员会提起仲裁的权利。

【二审审理结果】

二审法院认为：综合分析 2000 年 9 月 25 日的《补充协议书》、2000 年 11 月 3 日的《有关 Finestar Pacific Limited（嘉达太平洋有限公司）及 Cyber People Limited 的股东协议》及《资产转让协议》、《软件与商标许可合同》，结合佛氏深蓝公司的《企业法人营业执照》和北京市人民政府颁发的《中华人民共和国台港澳侨投资企业批准证书》，可以认定，北京佛莱信深蓝世纪软件有限公司即本案的当事人佛氏深蓝公司。原审判决关于北京佛莱信深蓝世纪软件有限公司是筹建时暂用名称，公司成立后正式使用的名称为北京佛氏深蓝世纪软件有限公司的认定是正确的。

在侵权诉讼中，通常首先需要对被侵害之权利的归属进行确认，侵权诉讼中的一方当事人对权利归属提出异议并不妨碍受诉法院对侵权诉讼的管辖和审理。但如一方当事人就权属提出反诉，而该反诉不属于审理本诉的法院管辖，或者在侵权诉讼之外，对该权利的归属存在其他诉讼、仲裁等情况时，侵权诉讼应中止，待其他程序结束后，方恢复诉讼。本案中，星澜拓展公司的法定代表人、同时亦是深蓝世纪公司股东之一的侯树明主张《补充协议书》、《有关 Finestar Pacific Limited（嘉达太平洋有限公司）及 Cyber People Limited 的股东协议》及《资产转让协议》、《软件与商标许可合同》等尚未成立，对本案争诉之软件权属提出异议；案外人周明涛对争诉软件使用手册主张权利，但均没有提起诉讼、仲裁等解决民事权利归属的法定程序。上述主张和异议，均不能构成本案中止诉讼的理由，不妨碍法院根据现有证据对本案争诉软件权利归属的确认。故星澜拓展公司提出的侯树明及他人已对争诉软件的权属提出异议、而权属争议不属法院管辖的理由不能成立。本院将依据现有证据对争诉软件的权利归属进行确认。

依法成立的合同，自成立时生效。《补充协议书》、《有关 Finestar Pacific Limited（嘉达太平洋有限公司）及 Cyber People Limited 的股东协议》及《资产转让协议》、《软件与商标许可合同》约定，合同自各方签署后生效。上述协议签订后，各方当事人均已在协议书上签名、盖章，故上述合同已发生法律效力，当事人各方应按约定履行义务、享受权利。星澜拓展公司的法定代表人侯树明以深蓝世纪公司股东的名义声明 FlexSystem Holding Limited 没有完全履行合同规定的义务且《合作协议书》、《补充协议书》、《第二补充协议书》至今尚未成立，但有关当事人没有向中国国际经济贸易仲裁委员会就此提起仲裁，故其声明不能妨碍上述合同的效力。依据《资产转让协议》，在协议签署日，争诉软件的所有权即转让予零创公司，并在北京佛莱信深蓝世纪软件有限公司的营业执照签发日由零创公司自动转让予北京佛莱信深蓝世纪软件有限公司，故佛氏深蓝公司已继受取得了本案争诉软件的著作权。虽然佛氏深蓝公司在计算机软件著作权登记中的有关资料不真实，但不影响佛氏深蓝公司根据《资产转让协议》对本案争诉软件所取得的著作权。原审判决关于佛氏深蓝公司在法定期间享有争诉软件著作权的认定是正确的，星澜拓展公司提出的没有证据证明佛氏深蓝公司继受取得争诉软件著作权的主张不能成立。

原审法院对涉诉软件进行技术勘验没有违反法律的规定，所作的勘验严格按照程序进行，其勘验结果是客观的、合法的，可以作为认定本案事实的根据。勘验结果表明，星澜拓展公司的软件与佛氏深蓝公司的核心软件，在教师机目录中有 47 个文件相同，在学生机目录中有 36 个文件相同。核心代码程序相同部分占 80% 以上，其他部分的相同代码占总代码行数的 65% 以上。对星澜拓展公司源程序中的核心程序教师机端执行程序 Teacher.exe 和学生机端执行程序 Student.exe 进行编译，替换星澜拓展公司产品中相应的 Teacher.exe 和 Student.exe 执行程序，替换后的 Teacher.exe 和 Student.exe 执行程序，不但可以正常运行，且运行情况和替换之前的教师机程序和学生机程序基本相同；另外，星澜拓展公司的源程序与产品之间，功能设计和运行过程一样，调用文件一样，界面基本一致。这一结果足以证明，星澜拓展公司的源程序与佛氏深蓝公司的源程序的核心软件是相同的，星澜拓展公司销售的产品由其源程序编译而成。故可以认定，星澜拓展公司复制、修改、销售了佛氏深蓝公司享有著作权的计算机软件。原审法院关于星澜拓展公司未经佛氏深蓝公司许可，复制、修改、销售《深蓝易思多媒体网络教室软件 V3.0》，侵犯了佛氏深蓝公司的计算机软件著作权的认定是正确的。星澜拓展公司关于佛氏深蓝公司的源程序不具客观真实性。原审法院的勘验程序违法。勘验结果不具客观合法性。从勘验结果不能得出星澜拓展公司与佛氏深蓝公司的源程序一致的结论的主张不能成立。

在权利人的损失、侵权人的违法所得不能确定的情况下，人民法院可以根据侵权行为的情节，确定侵权人的赔偿数额。原审法院根据本案的实际情况，考虑软件的应用范围、星澜拓展公司的侵权情节等因素，酌情决定星澜拓展公司应负的赔偿责任及赔偿数额并无不妥。

综上，原审判决认定事实清楚，适用法律正确，星澜拓展公司的上诉理由不能成立，对其上诉请求不应支持。依据《中华人民共和国民事诉讼法》第一百五十三条第一款第（一）项，判决如下：

驳回上诉，维持原判。

原审案件受理费 15 010 元，审计费 20 000 元，由上诉人北京星澜拓展科技有限公司负担；二审案件受理费 15 010 元，由上诉人北京星澜拓展科技有限公司负担。

42.《同一首歌 MP3 - 100 首》著作权侵权纠纷案

——中国音乐著作权协会诉北京伟地电子出版社、北京中联鸿远光盘科技发展有限公司

原告：中国音乐著作权协会
被告：北京伟地电子出版社
被告：北京中联鸿远光盘科技发展有限公司
案由：著作权侵权纠纷

一审案号：北京市第二中级人民法院（2003）二中民初字第 174 号
一审合议庭成员：淳于国平、邵明艳、董建中
一审结案日期：2003 年 4 月 23 日

【判决要旨】

光盘为数字化录音制品，其与一般的数字化录音制品的差别在于其数据记录或存储格式不同，在著作权上并不具有特殊性。在著作权人没有作出不许使用的声明时，出版发行者应当按照著作权法的规定向著作权人支付报酬，否则构成侵权。

【起诉与答辩】

原告中国音乐著作权协会（以下简称音乐著作权协会）诉称：原告是经国家行政主管部门依据《中华人民共和国著作权法》的规定批准成立的音乐著作权集体管理机构，按照有关法律规定和原告与音乐著作权人所签订的协议，原告有权对入会会员的音乐作品进行管理、处分，并且有权对侵犯原告会员音乐著作权的行为，以原告自己的名义提起诉讼。原告发现被告北京伟地电子出版社（以下简称伟地出版社）出版发行的《同一首歌 MP3 - 100 首》中，未经许可使用了原告 70 位会员的 54 首音乐作品，并没有向著作权人支付使用费。原告就此向伟地出版社提出交涉，要求按照原告的标准支付音乐作品使用费，但被拒绝。经查，被告北京中联鸿远光盘科技发展有限公司（以下简称中联光盘公司）在接受复制光盘委托时，未履行验证著作权人授权书的义务，致使内容侵权的光盘大量复制发行，使得音乐著作权人的合法权利受到侵害。原告认为，伟地出版社未经许可使用他人享有著作权的音乐作品制作 MP3 光盘，并

且拒不支付使用费,是侵权行为。中联光盘公司未履行验证义务,大量复制了内容侵权的光盘。二被告共同实施了侵权行为,应相互承担连带责任,故请求法院判令二被告:(1)停止发行、销售侵权出版物《同一首歌 MP3 - 100 首》;(2)支付侵权赔偿金 380 000 元;(3)向原告公开赔礼道歉;(4)负担原告为制止侵权的合理支出 5 000 元;(5)负担本案诉讼费用。

被告伟地出版社辩称:原告不能以自己的名义提起本案诉讼;MP3 光盘作为新型的数字载体,既不是录音、录像带,也不是集成电路 IC 或只读光盘 CD - ROM,从技术上讲,不能认为 MP3 光盘是对原录音录像制品的复制,从法律强制性规范上讲,目前我国法律、法规尚没有关于出版、发行 MP3 光盘方面的禁止性规定,故我公司并未侵权;原告请求的赔偿数额也没有法律依据;虽被告中联光盘公司提交的涉案 MP3 光盘的电子出版物复制委托书是由我社出具的,但该光盘复制委托合同是北京恒磁科技有限公司(以下简称恒磁公司)与中联光盘公司签订的,且节目源及复制母带均由恒磁公司提供,复制成品 4 000 张 MP3 光盘也由恒磁公司接收,故应由恒磁公司承担相应的责任。

被告中联光盘公司辩称:我公司是根据伟地出版社的委托制作加工涉案光盘的,加工费用是由恒磁公司支付的,所加工的涉案光盘交给了恒磁公司指定的包装厂,我公司履行了相应的审查义务,不应承担法律责任。

【一审查明事实】

一审法院经审理查明:涉案 54 首音乐作品中有 39 首音乐作品的词曲作者、9 首音乐作品的词或曲作者、6 首音乐作品的编译配作者共 70 人及高枫的继承人与原告音乐著作权协会依法签订了《音乐著作权合同》,上述作者同意将其创作的音乐作品及高枫的继承人同意将高枫创作的音乐作品的公开表演权、广播权、录制发行权授权原告以信托的方式管理,原告为有效管理上述作者及高枫的继承人授权的权利,有权以自己的名义向侵权者提起诉讼。

《同一首歌 MP3 - 100 首》光盘由中联光盘公司于 2001 年 4 月复制,由伟地出版社出版发行。该光盘套封上标明"ISBN 7 - 980001 - 45 - 1;北京伟地电子出版社出版;世纪起点工作室;E - MAIL: CSTART2000 @ 263.NET;网址:www.cstart21.net,定价 25 元"。

2001 年 4 月,伟地出版社与中联光盘公司签订了"同一首歌 MP3"电子出版物复制委托书,标准书号为 ISBN 7 - 980001 - 45 - 1,复制数量为 10 000 张。后,恒磁公司与中联光盘公司签订了"同一首歌 MP3"光盘委托复制合同,合同约定的光盘加工数量为 4 000 张,委托复制费为每张光盘单价人民币 1.50元,共计人民币 6 000 元。

2001 年 7 月 26 日，原告致函伟地出版社，要求该出版社就其未经原告许可使用涉案音乐作品出版、发行涉案光盘，并未支付使用费等事宜进行协商。但伟地出版社并未与原告进行协商，也未支付使用费。

另查，涉案 54 首音乐作品均于 2000 年以前公开发表。

庭审中，原告主张《同一首歌 MP3 – 100 首》光盘为数字化录音制品，并要求伟地出版社、中联光盘公司按照国家版权局审定的《使用音乐作品制作数字化制品著作权许可使用费标准》向其支付侵权赔偿金。具体计算方法为：以该数字化制品所包含的音乐作品数量，乘以每首音乐作品的付酬标准人民币 0.12 元，再乘以该数字化制品的复制数量来计算许可使用费，同时，再按照国家版权局权办字（1994）第 64 号文件第 3 条的规定，侵权赔偿数额按著作权人合理预期收入的 2 ~ 5 倍计算。原告按照上述计算方法以涉案光盘复制数量 12 500 张，按许可使用费的 5 倍计算的赔偿数额为人民币 380 000 元。但原告未就其主张的 12 500 张涉案光盘复制数量提供充分的证据。

伟地出版社主张《同一首歌 MP3 – 100 首》光盘不是数字化录音制品，并认可该光盘的复制数量为 4 000 张。

【一审审理结果】

一审法院认为：原告音乐著作权协会作为依法成立的音乐作品著作权集体管理机构，根据我国法律的相关规定及原告与涉案音乐作品著作权人及其继承人签订的合同，其有权对涉案音乐作品的公开表演权、广播权、录制发行权进行管理，并有权以自己的名义提起侵权诉讼。

中联光盘公司复制、伟地出版社出版与发行《同一首歌 MP3 – 100 首》光盘的时间在我国著作权法修正之前，本案的审理应适用修正之前的著作权法。

《同一首歌 MP3 – 100 首》光盘为数字化录音制品，其与一般的数字化录音制品的差别在于其数据记录或存储格式不同，在著作权上并不具有特殊性。

依据本院查明的事实，涉案 54 首音乐作品均于涉案光盘复制出版前公开发表。按照我国修正前的《中华人民共和国著作权法》第三十七条的规定，使用他人已发表的作品制作录音制品，可以不经著作权人的许可，但应当按照规定支付报酬；著作权人声明不许使用的不得使用。本案原告并未主张涉案音乐作品著作权人已声明不许使用该作品，故中联光盘公司及伟地出版社在使用涉案音乐作品制作数字化录音制品时，可以不经原告的许可，但伟地出版社作为出版发行者，应当支付报酬。伟地出版社没有按照著作权法的规定向原告支付报酬，构成了对涉案音乐作品著作权的侵犯，其应承担相应的赔偿责任。伟地出版社提出的关于原告无权提起本案诉讼、涉案 MP3 光盘不是数字化录音制品、其出版与发行涉案光盘的行为不构成侵权的主张，缺乏依据，本院不予采纳。中联光盘公司作为涉案光盘复制单位，其复制涉案光盘的行为按照上述法律规定未构成对涉案音乐作品著作权的侵犯。原告请求中联光盘公司承担著作权侵权责任，于法无据，本院不予支持。

关于原告要求被告立即停止发行、销售侵权出版物《同一首歌 MP3 - 100 首》的诉讼请求，由于伟地出版社侵权行为是未按照法律规定支付报酬，其承担相应的赔偿责任后，可以继续发行涉案光盘，因此，对于原告的上述请求，本院不予支持。

关于原告要求被告向其公开赔礼道歉的诉讼请求，由于原告经涉案音乐作品著作权人及其继承人授权取得的以信托方式管理的相应权利属于涉案音乐作品著作权中的财产权利，同时伟地出版社因未按照法律规定支付报酬，是对原告主张的获得报酬权这一著作权中的财产权利的侵害，故原告主张本案被告公开赔礼道歉，缺乏依据，本院不予支持。

关于原告要求被告支付赔偿金 380 000 元及 5 000 元律师费的诉讼请求，由于原告未能提供充分的证据，本院不予全额支持。关于涉案光盘的复制数量，由于伟地出版社与中联光盘公司签订的《电子出版物复制委托书》中表明涉案光盘的复制数量为 10 000 张，原告对该复制委托书不持异议，本院对此予以确认。伟地出版社主张涉案光盘实际复制数量为 4 000 张，依据不足，本院不予采纳。对于伟地出版社应向原告赔偿的具体数额，本院将根据伟地出版社侵权行为的性质、数字化录音制品支付使用费的相关规定、合理费用支出的合法依据等予以判定。

综上，依据 2001 年 10 月 27 日修正前的《中华人民共和国著作权法》第三十七条第一款、第四十五条第（六）项、1991 年 6 月 1 日实施的《中华人民共和国著作权法实施条例》第五十四条的规定，判决如下：

一、北京伟地电子出版社于本判决生效之日起 10 日内赔偿中国音乐著作权协会人民币 118 800 元，赔偿中国音乐著作权协会合理费用支出人民币 2 500 元；

二、驳回中国音乐著作权协会的其他诉讼请求。

案件受理费 8 285 元，由北京伟地电子出版社负担 6 628 元，由中国音乐著作权协会负担 1 657 元。

各方当事人均服从一审判决。

43. "神农灵芝王精华素"广告著作权侵权纠纷案

——北京科学教育电影制片厂、上海绿谷(集团)有限公司、
北京麦斯隆生物技术有限责任公司诉华纶(香港)发展有
限公司、北京李扬广告有限公司、厦门市怡丰达生物技术
有限公司

原告: 北京科学教育电影制片厂
原告: 上海绿谷(集团)有限公司
原告: 北京麦斯隆生物技术有限责任公司
被告: 华纶(香港)发展有限公司
被告: 北京李扬广告有限公司
被告: 厦门市怡丰达生物技术有限公司
案由: 著作权侵权纠纷

一审案号: 北京市第一中级人民法院(2001)一中知初字第 83 号
一审合议庭成员: 马来客、李燕蓉、姜颖
一审结案日期: 2003 年 4 月 23 日

【判决要旨】

未经许可在电视广告中使用他人电影作品片断的,广告的广告主、广告制
作者应承担著作权侵权责任。

【起诉与答辩】

原告北京科学教育电影制片厂(以下简称科教电影制片厂)、上海绿谷
(集团)有限公司(以下简称绿谷公司)、北京麦斯隆生物技术有限责任公司
(以下简称麦斯隆公司)诉称:三原告为了进行科学知识的宣传普及,共同制
作发行了《中华灵芝——走出神化》的科普影片,在 2000 年 7 月中旬公开发
行。三原告为共同的著作权人。2000 年 12 月,原告发现在中国教育电视台第
三套节目(CETV-3)电视购物栏目播出的广告节目中,被告大量使用了原告
制作发行的《中华灵芝——走出神化》一片片段,用于"神农灵芝王精华素"
的广告宣传。该广告节目是以华纶(香港)发展有限公司(以下简称华纶公
司)提供的原告影片《中华灵芝——走出神化》的光盘作为制作广告节目的素
材,厦门市怡丰达生物技术有限公司(以下简称怡丰达公司)与北京李扬广告

有限公司（以下简称李扬公司）签订广告合同，制作并发布了“神农灵芝王精华素”的广告节目。三被告的行为侵犯了原告的合法权益，故起诉至法院，请求法院判令被告：（1）消除影响，公开赔礼道歉；（2）赔偿原告经济损失40万元；（3）赔偿律师费及其他费用3万元。

被告华纶公司辩称：其并非原告所诉侵权广告“神农灵芝王精华素”的广告主，该片的广告主为怡丰达公司，华纶公司只是“神农灵芝王”活性多糖精华素产品在中国境外的总经销商。故原告所诉主体有误，请求驳回原告的诉讼请求。

被告李扬公司辩称：（1）其不应承担赔偿责任。该广告节目是由广告主怡丰达公司向电视购物节目组提供《中华灵芝——走出神化》光盘，电视节目组根据怡丰达公司的要求制作的。原告已经公开发行了《中华灵芝——走出神化》，电视节目所采用的部分画面属于公有领域的内容，该部分内容不具有著作权法规定的独创性，而且这部分内容是作为背景素材使用，数量很少。（2）原告的赔偿请求于法无据。原告为制作《中华灵芝——走出神化》付出的劳动和资金，已经通过发行行为得到回报，电视购物节目采用其部分画面的行为，没有影响其发行，没有给原告造成经济损失，原告所诉赔偿数额与电视购物节目采用其部分画面的行为无因果关系。（3）李扬公司没有因该电视购物节目获利。该电视购物节目仅播出7天，共销售产品4件，获取差价1 792元。（4）电视购物节目属于著作权法意义上的“广播、电视节目”，著作权属于中国教育电视台北京台而不属于李扬公司。综上，请求法院驳回原告的诉讼请求。

被告怡丰达公司辩称：（1）怡丰达公司不具有侵害原告版权的行为和过错。怡丰达公司与李扬公司签订了《ETV电视购物广告合同》，但如何制作广告、采用何素材制作广告、采用何种形式发布广告，都是李扬公司的权利和责任，怡丰达公司未委托李扬公司使用原告享有版权的电影片段，电视购物节目的版权亦不属于怡丰达公司所有。怡丰达公司没有主观上的故意或者过失。（2）该电视购物节目仅播出7天，怡丰达公司未因电视购物节目而受益。（3）电视购物节目不构成对原告的侵权。原告的《中华灵芝——走出神化》已公开发行，其内容是宣传、介绍灵芝的一般功效，李扬公司制作的电视购物节目也是在介绍说明普遍存在的灵芝的一般功效时，才使用了原告的部分画面，没有歪曲影片的本意，没有损害原告的利益。所使用的部分未构成电视购物节目的主要内容或实质内容，属于著作权法所规定的合理使用。综上，请求法院驳回原告的诉讼请求。

【一审查明事实】

一审法院经审理查明：1999 年 4 月 16 日，中国教育电视台北京台（甲方）与李扬公司签订合作协议，约定双方合作的形式为乙方买断甲方全年广告时间，乙方独家经营、销售甲方的全部广告时间，全部广告收入归乙方所有，合作年限为 3 年等。

1999 年 8 月 13 日，绿谷公司（甲方）与麦斯隆公司（乙方）为委托乙方组织摄制《中国灵芝》的科教电影专题片签订合同。合同主要约定由甲方负责提供影片拍摄的全部费用，预计 96.8 万元；乙方组织剧本的编写、组织拍摄；影片著作权和获奖权除甲、乙双方拥有外，摄制单位也共同享有等。1999 年 9 月 15 日，双方又就费用的支付方式及时间签订了合同部分条款的修改说明。

2000 年 5 月，《中华灵芝——走出神化》科普片制作完成，片长 29 分 19 秒，科教电影制片厂、绿谷公司、麦斯隆公司为共同出品厂。2000 年 7 月 12 日，国家广播电影电视总局电影事业管理局批准该影片在国内外公开发行。

2000 年 10 月 11 日，李扬公司（甲方）与怡丰达公司（乙方）就乙方产品"神农灵芝王"活性多糖精华素签订《ETV 电视购物广告合同》，主要约定乙方委托甲方制作"神农灵芝王"活性多糖精华素产品的电视广告，并安排在中国教育电视台北京台"电视购物"栏目播出，乙方对电视购物栏目热线电话所接产品订单，按每件产品供货价 550 元提供，并以与零售价的差额向甲方支付电视广告传播补偿费，电视广告的版权归甲方所有等。

2000 年 12 月 2 日起至 12 月 8 日连续 7 天，中国教育电视台北京台（CETV – 3）电视购物栏目播出了"神农灵芝王精华素"的广告，每天播出一次。该广告片长度 14 分 27 秒，在介绍"神农灵芝王精华素"产品时，以《中华灵芝——走出神化》科普片的片段作为背景使用。

该电视购物节目播出后，共销售"神农灵芝王精华素"产品四件，单价 998 元，销售收入 3 992 元。

2000 年 12 月 7 日，华纶公司传真给中国教育电视台北京 ETV 电视购物节目组，称其"寄上的灵芝科普 VCD 是北京科技电影制片厂拍摄已公开发行，属于科普教育性质的影片，供贵处制作时参考。据了解上海绿谷企业属于赞助单位，版权应属于北京科技电影制片厂……"。

2001 年 10 月 16 日，ETV 电视购物节目组出具说明，主要内容为：2000 年 11 月，中国教育电视台第三套《电视购物》节目承接怡丰达公司的"神农灵芝王精华素胶囊"节目制作合同，为其产品"神农灵芝王精华素胶囊"制作电视购物节目，厂家为该节目提供了一盘 VCD 光盘，并强调是市场上公开发行的，节目拍摄过程中，厂家派代表进行了现场指导，最后由厂家和电视台共同审查才播出。

原告为本案支付律师费3万元。

【一审审理结果】

一审法院认为：本案所涉《中华灵芝——走出神化》科普片由科教电影制片厂、绿谷公司、麦斯隆公司共同出品，属于著作权法所称的电影作品，科教电影制片厂、绿谷公司、麦斯隆公司是《中华灵芝——走出神化》的制作者，对电影《中华灵芝——走出神化》享有著作权，受法律保护。

我国广告法规定，广告是指商品经营者或者服务提供者承担费用，通过一定媒介和形式直接或者间接地介绍自己所推销的商品或者所提供的服务的商业广告。本案争议的电视购物节目"神农灵芝王精华素胶囊"以电视为传播媒介，向公众介绍和推销"神农灵芝王精华素胶囊"商品，应认定为广告，不是著作权法所称的广播、电视节目。根据本院查明的李扬公司与中国教育电视台北京台签订了买断电视广告时间的合同及李扬公司与怡丰达公司签订了为怡丰达公司制作电视购物广告合同的事实，可以认定，在"神农灵芝王精华素胶囊"电视广告中，怡丰达公司是广告主，李扬公司为广告经营者，中国教育电视台北京台是广告发布者。

我国著作权法规定，使用他人作品应与著作权人订立合同或者取得许可，在制作广告过程中，使用他人作品同样应取得著作权人的许可，并向著作权人支付报酬。根据本院查明的事实，由怡丰达公司委托李扬公司制作的"神农灵芝王精华素胶囊"电视广告中使用了原告科教电影制片厂、绿谷公司、麦斯隆公司享有著作权的《中华灵芝——走出神化》一片片段，但没有就使用电影作品与原告签订书面许可使用合同，亦没有向原告支付报酬，该电视广告侵犯了原告就相关电影作品所享有的著作权。怡丰达公司作为广告主，李扬公司作为广告经营者，在制作电视广告过程中，使用原告拥有著作权的作品、未取得著作权人的许可、并未向原告支付报酬的行为侵犯了原告的著作权，应承担侵权责任。怡丰达公司、李扬公司以原告的电影作品已公开发行、原告已经通过发行的方式获得了经济回报、电视广告所使用的部分是作为广告背景、不占广告的主要内容和实质性内容、是合理使用原告的作品以及原告没有因被告的使用行为造成损失为由，认为其使用原告电影作品的行为没有侵犯原告著作权，没有法律依据，本院不予支持。故原告关于判令被告怡丰达公司、李扬公司赔礼道歉、赔偿经济损失的诉讼请求，于法有据，本院予以支持。由于原告仅向本院提交了华纶公司给中国教育电视台北京台的函，该函内容仅表明华纶公司向中国教育电视台北京台提供原告作品以供其制作广告时参考，并标明了该片版权属原告所有，该证据尚不足以证明华纶公司是侵权广告的制作者或者广告主，故原告提出华纶公司侵犯其著作权的主张不能成立，对其有关华纶公司的诉讼请求，本院不予支持。

根据著作权法规定，赔偿损失的计算方法是权利人的实际损失或者侵权人的违法所得，赔偿数额还应当包括权利人为制止侵权行为所支付的合理开支。权利人的实际损失或者侵权人的违法所得不能确定的，可以给予 50 万元以下的赔偿。本案原告不能证明其实际损失，侵权人的违法所得又不能仅以其销售的 4 件产品来计算，故本院将根据被告的侵权行为持续的时间、侵权广告播出的范围、销售的商品数量等情节，参考正常的作品使用费，并考虑原告为本案支付的合理费用，确定本案的赔偿数额。

综上，依照《中华人民共和国著作权法》第四十七条第（一）项、第四十八条之规定，判决如下：

一、被告北京李扬广告有限公司、厦门市怡丰达生物技术有限公司自本判决生效之日起，在《中国电视报》上公开向原告北京科学教育电影制片厂、上海绿谷（集团）有限公司、北京麦斯隆生物技术有限责任公司赔礼道歉，逾期不履行，本院将公开本判决书主文，费用由被告北京李扬广告有限公司、厦门市怡丰达生物技术有限公司共同承担；

二、被告北京李扬广告有限公司、厦门市怡丰达生物技术有限公司自本判决生效之日起 30 日内，共同赔偿原告北京科学教育电影制片厂、上海绿谷（集团）有限公司、北京麦斯隆生物技术有限责任公司人民币 6 万元；

三、驳回原告北京科学教育电影制片厂、上海绿谷（集团）有限公司、北京麦斯隆生物技术有限责任公司对被告华纶（香港）发展有限公司的诉讼请求；

四、驳回原告北京科学教育电影制片厂、上海绿谷（集团）有限公司、北京麦斯隆生物技术有限责任公司的其他诉讼请求。

案件受理费 8 960 元，由被告北京李扬广告有限公司、厦门市怡丰达生物技术有限公司负担。

各方当事人均服从一审判决。

44. 网络评论《中国有多少大学排行榜》著作权侵权纠纷案

——武书连、北京国立中网信息技术开发有限公司诉北京
讯能网络有限公司、北京雷霆万钧网络科技有限
公司、汤姆网络有限公司

原告：武书连
原告：北京国立中网信息技术开发有限公司
被告：北京讯能网络有限公司
被告：北京雷霆万钧网络科技有限公司
被告：汤姆网络有限公司（TOM.COM.LIMITED）
案由：著作权侵权纠纷

一审案号：北京市第一中级人民法院（2001）一中知初字第 203 号
一审合议庭成员：刘海旗、赵静、仪军
一审结案日期：2003 年 6 月 20 日

【判决要旨】

侵权网站收到作者关于要求删除侵权文章的通知后，在正常登录网站的路径内对该文进行了删除，但未在服务器内删除，因此登录相关网站后通过搜索引擎或在了解原刊载页面网址的情况下仍可浏览并下载的，可认定侵权行为仍在继续。

【起诉与答辩】

原告武书连、原告北京国立中网信息技术开发有限公司（以下简称国立中网公司）共同诉称：第一原告长期致力于中国大学评价和排名的研究，系《中国有多少大学排行榜》一文（以下简称《排行榜》）的作者。大学园网站由第二原告开设。2000 年 9 月，第二原告为扩大大学园网站在中国大学评价和网络领域的影响，委托第一原告写了一篇关于中国大学评价、排名研究状况的综述性评论文章供其上载、传播。根据双方约定，《排行榜》一文的署名权、修改权、保护作品完整权属于第一原告，该文的网上使用权属于第二原告，获得报酬权属双方共有。2000 年 9 月 28 日，第二原告的大学园网站将第一原告创作的《排行榜》上载并传播至今。原告在《排行榜》于大学园网站发表后不久

就发现汤姆网站自 2000 年 10 月 20 日起，在未获原告允许和不向原告支付报酬的情况下，擅自下载、传播《排行榜》一文。汤姆网站侵权的事实为：(1) 汤姆网站在传播《排行榜》时，将原来的标题《中国有多少大学排行榜》，改为《拒绝再玩！中国有多少大学排行榜?》。这种改动背离了该文的评论价值取向，抵消了该文的积极意义。(2) 汤姆网站在传播《排行榜》时，擅自改动该文正文达 8 处之多，降低了该文的质量、水平。(3) 汤姆网站在传播《排行榜》时，故意删除第一原告的工作单位、署名和肖像。(4) 第三被告还将《排行榜》一文著作权据为己有。(5) 原告发现被告侵权的事实以后，由第一原告代表两原告与被告进行了长时间的交涉。但是，在整个交涉期间，甚至在原告通知被告其侵权行为已经被公证的情况下，被告仍然将《排行榜》在汤姆网站传播，并未中断侵权行为。由于被告缺乏诚意，双方的交涉毫无成果。直至本起诉状签署之日，被告的侵权行为仍在继续。经原告了解，汤姆网站是第三被告于 2000 年初推出的入门网站，在 2001 年 5 月 18 日以前，第一被告是汤姆网站在中国内地网站的经营性所有者、经营者。2001 年 5 月 18 日以后，第二被告是汤姆网站在中国内地网站的所有者、经营者。第三被告汤姆网站拥有该网站的版权。由于第一原告是我国大学评价和排名研究领域的知名学者，第一原告创作的《排行榜》在刊出网站的传播势必增加该网站的访问量，提升网站的商誉和商机。互联网络是传播速度极高的全球性行为，汤姆网站长时间非法传播原告作品给原告造成的直接损失和预期利益的损失均是无法计算的，原告亦无法计算三被告的侵权所得。由于三被告在汤姆网站上同时实施了歪曲、篡改、窃取、未经许可传播作品的侵权行为，且持续时间长，虽经交涉仍拒不改正，主观过错明显，故请求法院：(1) 判令三被告立即停止侵犯第一原告对《排行榜》一文享有的作品署名权、修改权、保护作品完整权和第二原告对《排行榜》拥有的作品使用权。(2) 判令三被告在其网站首页显著位置登载启事，公开向原告赔礼道歉，登载时间应与其侵权持续时间相同。(3) 判令三被告连带赔偿原告 30 万元人民币。(4) 判令三被告连带赔偿原告证据保全公证费 2 500 元人民币。(5) 判令第一被告、第二被告分别赔偿原告为调查侵权而支出的档案查询费 200 元人民币。(6) 案件受理费由三被告共同承担。

北京讯能网络有限公司（以下简称讯能公司）辩称：(1) 我公司并没有篡改原告的文章，涉案文章系由我公司的工作人员转载自其他网站，转载时由于该网站没有标明文章的作者，因此我公司也就无法知道涉案文章的作者为武书连先生，更不知道文章已被他人篡改。同时汤姆网站是一个综合性的门户网站，不是专业教育网站，也不从事大学排行榜研究工作，我公司并没有修改涉案文章，也不具有修改该文章的能力和可能性。《排行榜》被擅自改动之处为

8处，大都是增加了对研究者、大学院校的一些注释，并未构成对所涉文章的实质性改动。（2）我公司于2000年12月26日收到了原告武书连先生发来的电子邮件，声称我公司侵犯了其著作权。我公司立即于2000年12月底将涉案文章从网站中删除，网络用户进入汤姆网站，在该网站的页面中已不能看到涉案文章的标题，已经避免了网络用户通过直接登陆汤姆网站而浏览或下载涉案文章，及时制止了该文章在汤姆网站中的传播。但是，由于我公司的工作人员没有及时将该文章从服务器中彻底删除，导致事先知道涉案文章的页面网址或网络链接的人通过输入该页面网址，仍然可能会看到该文章。原告于2001年2月16日和2001年6月29日所采取的证据保全行为均没有直接登陆汤姆网站，而是通过网页链接或直接输入网页地址进入该文章所在页面，这也恰恰说明了我公司已经从汤姆网站中删除了涉案文章，原告并不能通过登陆汤姆网站而下载该文章。因此，原告在起诉状中诉称的我公司在收到侵权通知后仍然将文章在汤姆网站中传播的情况是不真实的。（3）我公司于2000年10月20日在汤姆网站中登载涉案文章，在2000年12月26日收到原告武书连先生的邮件后，立即将文章删除，及时避免了文章的扩散，防止了损失的发生。原告在起诉状中诉称的《排行榜》在刊出网站的传播势必增加刊出网站的访问量，提升该网站的商誉和商机没有任何证据支持。我公司经营的汤姆网站是一个综合性的门户网站而并不是专业教育网站，我公司并没有通过该文章获取高额价值。原告在起诉状中诉称的由于三被告的汤姆网站同时犯有歪曲、篡改、窃取、未经许可传播作品以及不支付报酬等侵权行为，且持续时间长，虽经交涉仍拒不改正，是不正确的。首先应当澄清的是汤姆网站并不是我公司同汤姆网络有限公司（以下简称汤姆公司）及北京雷霆万钧网络科技有限公司（以下简称雷霆万钧公司）共同所有，2001年5月18日前，该网站属于我公司所有，2001年5月18日以后，该网站属于雷霆万钧公司所有，该网站并不属于汤姆公司所有，这一点原告在起诉状中也是予以承认的。其次我公司在收到原告武书连先生的邮件后立即采取措施，从汤姆网站中删除了涉案文章，及时制止了可能出现的侵权行为。因此原告陈述的情况和观点是错误的，原告据此主张赔偿30万元是没有依据的，不能援引最高人民法院《关于审理计算机网络著作权纠纷案件适用法律若干问题的解释》第10条的规定索要高额赔偿。综上，原告高额的诉讼请求没有证据支持，同时，根据最高人民法院《关于审理计算机网络著作权纠纷案件适用法律若干问题的解释》第7条的规定，原告发现侵权信息向答辩人提出警告，不能出示身份证明、著作权权属证明及侵权情况证明的，视为未提出警告。在本案中，原告仅仅通过电子邮件向我公司发出警告，并没有出示身份证明和著作权权属证明。在这种情况下，我公司完全可以拒绝原告的警告和要求。但是为慎重起见，我公司还是积极采取了相应的措施，并一直以合作的态度与原告协商有关事宜。综上，恳请法院查清事实，依法作出公正的判决。

雷霆万钧公司辩称：汤姆网站登载涉案文章时，我公司并不是汤姆网站的所有者和经营者，原告主张侵权行为系由汤姆网站实施，那么，原告就应对实施侵权行为时汤姆网站的所有者和经营者提起诉讼，而不应对我公司提起诉讼。原告主张权利的涉案文章于 2000 年 10 月 20 日被登载在汤姆网站中，但是我公司在当时并不是汤姆网站的所有者和经营者。原告诉称的侵权行为发生于我公司成为汤姆网站的所有者和经营者之前，汤姆网站当时的所有者与经营者系讯能公司，该公司并没有因把网站的所有权与经营权转移给我公司而失去独立法人地位，也没有把其权利与义务转让给我公司承接，该公司仍作为独立法人依法独立承担民事责任、享有民事权利。因此，我公司并没有实施侵权行为，不是侵权行为人，不应成为本案被告，更不应承担任何责任。恳请人民法院依法驳回原告的诉讼请求。

汤姆公司辩称：我公司不是侵权行为实施者，不应作为本案被告。原告诉称汤姆网站在未获原告许可和未向原告支付报酬的情况下擅自下载、传播《排行榜》一文，并在诉状中列举了汤姆网站侵权的事实。由此可见，原告既然主张侵权行为系由汤姆网站实施，那么原告就应对汤姆网站的所有者、经营者提出诉讼请求，而不应对我公司提起诉讼，因为我公司不是汤姆网站的所有者、经营者。汤姆网站有三个名称即"TOM"、"汤姆"、"北京汤姆"，域名有 WWW.TOM.COM 和 WWW.CN.TOM.COM。汤姆网站的所有者、经营者在 2001 年 5 月 18 日前为讯能公司，在 2001 年 5 月 18 日以后为雷霆万钧公司。根据《中华人民共和国民法通则》的规定，承担侵权责任的条件是侵权行为人实施了侵权行为、侵权事实造成损害后果。而在本案中我公司并不是原告所诉称的侵权行为实施者汤姆网站的所有者、经营者，因此我公司不应作为本案被告。此外，我公司没有实施原告诉称的将《排行榜》一文著作权据为己有的行为，原告诉称我公司利用汤姆网站网页下端的版权声明将涉案文章的著作权据为己有的观点是错误的。在互联网惯例中，网页下端的版权声明是针对网站设计及网页设计本身，并不是针对网站乃至网页登载内容所言，因为在大多数情况下，网页所登载内容的著作权等知识产权并不属于网站所有者、经营者，这种版权声明目的是要表明网站所有者、经营者及网页设计者的身份及权利。第二原告作为网站的所有者、经营者对此种惯例是知悉的并且也是经常使用的。第二原告也是利用网页下端的版权声明表明网站所有者、经营者及网页设计者的身份及权利，而不是直接针对网页所登载的文章本身主张版权。因此我公司并没有将《排行榜》一文著作权据为己有，我公司不应作为本案被告，不应承担任何责任。根据《中华人民共和国著作权法》及最高人民法院《关于审理涉及计算机网络著作权纠纷案件适用法律若干问题的解释》的规定，承担网络著作权侵权责任的主体应当是侵权行为人，包括自然人、网络服务提供商及网络内容提供商。在本案中，我公司既不是汤姆网站的所有者、经营者，也没有实施侵犯原告著作权的行为，因此，我公司并不是侵权行为人，不应作为本案被告，不应承担任何责任。综上，请求法院驳回原告针对我公司的诉讼请求。

【一审查明事实】

一审法院经审理查明：原告武书连受原告国立中网公司委托撰写了《排行榜》一文，双方约定，该文发表须署名武书连，未经武书连同意不得修改，该文在互联网上发表、传播的权利由国立中网公司大学校园网站享有，该文著作权以及使用该文发生的收入由双方共同享有。此后《排行榜》一文发表在国立中网公司的大学校园网站上，该文首页配有原告武书连的照片及广东管理科学研究院武书连的署名，文章结尾处有广东管理科学研究院、国立中网信息技术开发有限公司版权所有的字样。

2000 年 12 月间，原告武书连发现汤姆网站校园网页刊载了《拒绝再玩！中国有多少大学排行榜？》的文章，刊载时间为 2000 年 10 月 20 日，遂于同年 12 月 26 日致函汤姆网站，对该网站未经许可发表涉案文章提出质疑，汤姆网站于同年 12 月 27 日以电子邮件形式致函原告武书连称："如果确实侵犯了您的权益，首先我们向您表示歉意，如果双方都有意愿，我们愿意与您进一步洽谈双方的合作。"

2001 年 2 月间，原告国立中网公司发现汤姆网站仍未彻底删除该文，遂于同年 2 月 16 日向长安公证处申请公证证据保全。长安公证处于同年 2 月 19 日出具的公证书载明，通过网易网站进行搜索，可以进入刊载了《拒绝再玩！中国有多少大学排行榜？》文章的标称为汤姆网站校园网页的页面，浏览并下载该文。网页下端标有 Copyright 2000 TOM.COM LIMITED. All rights reserved 的字样。

原告武书连于 2001 年 2 月 22 日以电子邮件的形式致函被告讯能公司称："我曾于 2000 年 12 月 26 日就贵公司侵犯我的著作权和名誉权一事致函贵公司，但直到今天贵公司未就此事明确答复，贵公司的侵权行为已经对我造成了精神伤害，为了公平、合理、迅速地解决此事，我不得已在公证处对贵公司的侵权行为作了证据保全。我希望贵公司在 10 日内派员到广东协商解决此事。逾期我将按有关法律在北京对贵公司提起民事诉讼。"同日，汤姆网站以电子邮件形式致函原告武书连，承诺愿意协商解决纠纷，并表示如果需要可派员前往广东协商解决，同时要求武书连提供电话号码并将汤姆网站法律顾问窦丽君的联系电话及地址告知武书连。同年 3 月 27 日，讯能公司行政人事部总监苏英琦以电子邮件形式致函武书连，表示其愿意帮助武书连解决与讯能公司的纠纷。在苏英琦发给武书连的电子邮件中载明，讯能公司是汤姆公司的附属机构。

2001 年 6 月 29 日，国立中网公司再次向长安公证处申请证据保全，根据该公证处于同年 7 月 2 日出具的公证书载明，输入 http：//cn.tom.com/campus/Archive/2000/10/20 - 59685.html 网址进入相应的页面，仍可浏览并下载《拒绝再玩！中国有多少大学排行榜?》的文章。

另查，汤姆公司简介载明，汤姆公司于 1999 年 12 月成立，2000 年初推出 tom.com 超级入门网站，网址为 www.tom.com，在中国内地的网址为 www.cn.tom.com。

再查，根据登录工商行政管理机关相关网站查询经营性网站备案登记信息证实，网站名称分别为 TOM、汤姆、北京汤姆，域名分别为 www.tom.com、www.cn.tom.com 网站的经营期限自 2000 年 1 月 20 日至 2030 年 1 月 19 日，该网站的所有者、经营者为迅能公司，2001 年 5 月 18 日后该网站的所有者、经营者为雷霆万钧公司。

在本案审理过程中，经原、被告各方当事人确认，《排行榜》一文的字数为 6 500 字。此外，三被告确认原告武书连就汤姆网站上刊载的《拒绝再玩！中国有多少大学排行榜?》一文与《排行榜》一文比较后的差别仅限于：（1）将标题改为《拒绝再玩！中国有多少大学排行榜?》；（2）在第一部分第 5 自然段尾部增加"多项指标的大学排名"；（3）在第五部分第 3 自然段第 6、7 行增加"中国大学研究与发展成果评价（节录）学位委员会审批的博士研究生导师"；（4）在第五部分第 5 自然段第 6、7 行增加"《中国大学评价——1997 研究与发展》标志着中国造出世界一流大学，需要创造奇迹"；（5）在第五部分第 8 自然段第 2 行增加"2000 年 9 月 28 日经广东管理科学研究院授权，utop.com 网站发表了"；（6）在第八部分第 1 自然段第 4 行增加了"CSCD 收录的论文最多的前 20 所大学，以后该中心每年公布一次"；（7）在第十部分第 1 自然段第 13 行增加了"北京大学高交所阎凤桥副教授等参加了该排行榜的研究工作"；（8）在最后一个自然段第 11、12 行增加了"中国科学院文献情报中心、中南工业大学、兼比格信息技术（深圳）有限公司"的字样。

原告国立中网公司为本案诉讼支付了公证费 2 500 元、档案查询费 200 元。

【一审审理结果】

一审法院认为：本案诉争的事实发生在《中华人民共和国著作权法》修改前，因此本案适用修改前的著作权法。根据原、被告各方当事人的诉辩主张，本案的焦点问题为：（1）作品性质及二原告对该作品分别享有何种权利，二原告在本案中主张的权利是否应受到法律保护；（2）三被告是否均系本案的适格被告，三被告的行为是否分别或共同构成对二原告权利的侵犯；（3）本案的赔偿是否适用最高人民法院《关于审理涉及计算机网络著作权纠纷案件适用法律若干问题的解释》第 10 条的规定。

根据本案查明的事实可以确认，《排行榜》一文系原告武书连受原告国立中网公司委托创作而完成。根据修改前的《中华人民共和国著作权法》第十七条规定，受委托创作的作品，著作权的归属由委托人和受托人通过合同约定，合同未作明确约定或者没有订立合同的，著作权属于受托人。本案中，原告武书连及原告国立中网公司虽然未向本院提交双方就《排行榜》一文订立的委托创作合同，但在二原告向本院提交的证据 4 中，已明确了二原告之间的委托创作关系及著作权的归属及收益分配方式，二原告意思表示一致且未违反法律规定，因此《排行榜》一文的著作权归原告武书连和原告国立中网公司共同享有。在原告国立中网公司大学校园网站发表的《排行榜》一文尾页所载明的广东管理科学研究院、国立中网信息技术开发有限公司版权所有的文字，并结合该文首页的署名及作者照片已明示了作品的作者和相关权利人。根据双方约定，该文由原告武书连授权原告国立中网公司在其网站上发表，双方共同享有使用该文的收益，因此二原告的上述权益应当受到著作权法的保护。由于著作权包括著作人身权和著作财产权，故武书连作为该文的作者还享有著作人身权方面的发表权、署名权、修改权和保护作品完整权。未经作者许可或授权，实施涉及上述著作人身权的行为均为法律所禁止，行为人应承担相应的法律责任。

汤姆网站系汤姆公司的超级入门网站，其总部设在香港特别行政区。根据工商行政管理机关的企业登记档案载明，讯能公司系经汤姆公司的授权使用该公司域名，作为汤姆网站的所有者在中国大陆注册，并在该网站进行经营活动的网络公司，原告武书连发现汤姆网站使用其作品后，讯能公司一直在作为汤姆网站的经营者与原告武书连交涉协商解决纠纷。在迅能公司行政人事部总监苏英琦发给武书连的电子邮件中载明，讯能公司是汤姆公司的附属机构。迅能公司未经原告武书连及国立中网公司的许可，擅自在汤姆网站上刊载原告武书连的作品，并对该作品的标题进行改动，删除作者姓名、照片及国立中网公司的权利声明，不支付报酬，并对该作品进行修改的行为，分别侵犯了国立中网公司因授权获得的发表权、获得报酬权及武书连的署名权、修改权、获得报酬权。虽然汤姆网站在收到原告武书连关于要求其删除侵权文章的电子邮件后，在正常登录汤姆网站的路径内对该文进行了删除，但是未在服务器内删除，因此登录相关网站后通过搜索引擎或在了解原刊载页面网址的情况下，仍可浏览并下载，从而导致侵权行为仍在继续，被告讯能公司和汤姆公司均应对上述侵权行为承担相应的连带法律责任。讯能公司关于侵权文章并非系其对原文进行修改、删除作者署名、照片和权利证明的抗辩理由没有相应的证据支持，本院不予采信。汤姆网站的页面上标有汤姆公司的版权标记，故汤姆公司应对汤姆网站的内容承担责任。汤姆公司关于其不应作为本案被告的抗辩理由，本院不予支持。雷霆万钧公司于 2001 年 5 月 18 日接替讯能公司继续对汤姆网站进行经营活动，此时侵权文章仍在汤姆网站的服务器中，由于二原告没有提供相应的证据证明雷霆万钧公司在收到原告的警告后仍拒绝从汤姆网站的服务器中删除侵权文章，因此该公司没有主观过错，其行为未构成对二原告著作权的侵犯，但应当承担从服务器中删除侵权文章，停止在网络上使用的法律责任。二原告要求雷霆万钧公司承担赔礼道歉、赔偿损失的诉讼请求，本院不予支持。庭审中经对比，汤姆网站刊载的侵权文章并未对《排行榜》一文构成贬损或实质性改动，该文的完整性未受到破坏，因此原告武书连主张其作品完整权受到侵犯的诉讼请求，缺乏事实根据，对该请求本院不予支持。

　　最高人民法院《关于审理涉及计算机网络著作权纠纷案件适用法律若干问题的解释》第 10 条规定：人民法院在确定侵权赔偿数额时，可以根据被侵权人的请求，按照侵权行为所受直接经济损失和所失预期应得利益计算赔偿数额；也可以按照侵权人因侵权行为所得利益计算赔偿数额。侵权人不能证明其成本或者必要费用的，其因侵权行为所得收入，即为所得利益。《排行榜》一文是原告武书连对中国大陆大学排名的研究成果，在庭审中双方当事人确认该文为 6 500 字，同时三被告均认可二原告关于侵权文章对《排行榜》一文修改的对比。根据庭审查明的事实可以确认，二原告未能按照最高人民法院司法解释的规定向本院提交其所受直接经济损失和所失预期应得利益的相关证据，讯能公司和汤姆网站也未能提交其因侵权行为所得利益具体数额的证据，因此具体赔偿数额的确定本院将根据本案的事实、被告的主观过错程度，按照最高人民法院的司法解释并结合相关稿酬规定确定。因二原告的索赔数额明显过高，故二原告应对超出合理数额部分的案件受理费承担相应的责任。

　　综上所述，依照修改前的《中华人民共和国著作权法》第四十五条第（一）、（四）、（五）、（六）项，第四十六条第（一）项及最高人民法院《关于审理涉及计算机网络著作权纠纷案件适用法律若干问题的解释》第 10 条之规定，判决如下：

一、被告北京讯能网络有限公司、被告汤姆网络有限公司自本判决生效之日起立即停止侵权行为；

二、被告北京雷霆万钧网络科技有限公司自本判决生效之日从汤姆网站服务器中删除《拒绝再玩！中国有多少大学排行榜?》一文；

三、被告北京讯能网络有限公司、被告汤姆网络有限公司自本判决生效之日起 30 日内，就其侵权行为在《北京晚报》上刊登致歉声明，分别向原告武书连及原告北京国立中网信息技术开发有限公司赔礼道歉（致歉内容须经本院审核，逾期不履行，本院将在相关媒体公布判决主文，所需费用由被告北京讯能网络有限公司、被告汤姆网络有限公司共同承担）；

四、被告北京讯能网络有限公司、被告汤姆网络有限公司自本判决生效之日起 10 日内，共同连带赔偿原告武书连、原告北京国立中网信息技术开发有限公司人民币 2 275 元；

五、被告北京讯能网络有限公司、被告汤姆网络有限公司自本判决生效之日起 10 日内，共同连带赔偿原告武书连、原告北京国立中网信息技术开发有限公司为本案诉讼支出的调查取证费人民币 2 600 元；

六、驳回原告武书连、原告北京国立中网信息技术开发有限公司的其他诉讼请求。

案件受理费 7 010 元，由被告北京讯能网络有限公司、被告汤姆网络有限公司共同承担 410 元，由原告武书连、原告北京国立中网信息技术开发有限公司共同承担 6 600 元。

各方当事人均服从一审判决。

45.《白蛇传》邮票专题册著作权侵权纠纷案

——任梦璋、任梦龙、任梦熊等诉河南省集邮公司、北京市东区邮票公司、北京市东区邮电局水碓子邮电支局、北京邮政局西区邮电局西外大街支局

原告（上诉人）：任梦璋
原告（上诉人）：任梦龙
原告（上诉人）：任梦熊
原告（上诉人）：任梦云
原告（上诉人）：任梦虎
原告（上诉人）：任梦强
原告（上诉人）：任萍
被告（被上诉人）：河南省集邮公司
被告（被上诉人）：北京市东区邮票公司
被告（被上诉人）：北京市东区邮电局水碓子邮电支局
被告（被上诉人）：北京邮政局西区邮电局西外大街支局
案由：著作权侵权纠纷

原审案号：北京市朝阳区人民法院（2003）朝民初字第 3172 号
原审合议庭成员：林子英、谢甄珂、党淑平
原审结案日期：2003 年 4 月 21 日
二审案号：北京市第二中级人民法院（2003）二中民终字第 05256 号
二审合议庭成员：邵明艳、张晓津、何暄
二审结案日期：2003 年 8 月 4 日

【判决要旨】

　　未经许可使用部分作品时，遮盖作品的中心部分，对作品的主要内容作了改动，此种使用方式是对作品的割裂性使用，破坏了此部分作品的完整性，应认定侵犯著作权人享有的保护作品完整权；在使用作品时，只是对作品进行了消色和虚化处理，未对作品作实质性改动，未歪曲和篡改作品的主要内容，应认定未侵犯著作权人享有的保护作品完整权。

【起诉与答辩】

任梦璋等 7 人诉称：我们的父亲任率英在 20 世纪 50 年代初创作了一部 16 幅彩色连环年画《白蛇传》，该作品自问世至今曾多次以年画、连环画、挂历等形式出版。2002 年我们发现北京市东区邮票公司、北京市东区邮电局水碓子邮电支局和北京市邮政局西区邮电局西外大街支局都在销售河南省集邮公司出版的，印有任率英《白蛇传》作品 12 幅的《白蛇传邮票专题册》。我们认为四被告的行为侵犯了任率英对其作品享有的署名权、发表权、修改权、保护作品完整权、发行权、改编权和获得报酬权。现任率英已经去世，故我们作为其继承人要求四被告立即停止侵权、赔礼道歉、消除影响、赔偿 20 万元。

河南省集邮公司辩称：我们承认侵犯了任率英等人的权利，并为此表示歉意，同意赔偿一定的经济损失。但任梦璋等 7 人提出的赔偿数额过高，没有法律依据，故不同意赔偿 20 万元。

北京市东区邮票公司（以下简称东区邮票公司）、北京市东区邮电局水碓子邮电支局（以下简称水碓子支局）、北京邮政局西区邮电局西外大街支局（以下简称西外大街支局）辩称：我们曾于 2002 年为河南省集邮公司代销该邮册，但该邮册是否侵犯任率英等人的权利，我们没有义务审查。而且接到起诉书后，我们已经立即停止了销售，把剩余的邮册退回了河南省集邮公司。由于我们没有主观过错，故不同意承担法律责任。

【原审查明事实】

原审法院经审理查明：1953 年 11 月，人民美术出版社出版了任率英创作的《白蛇传》四条屏连环年画；2000 年 6 月，人民美术出版社又出版了《白蛇传》连环画册。任率英于 1989 年 8 月 15 日去世，其妻于 2000 年 11 月 7 日去世，二人共有 7 位子女，即任梦璋等 7 人。

2001 年河南省集邮公司出版了《白蛇传邮票专题册》，该专题册的盒套、封面、前言底衬、内图、纪念票及其底衬上，使用了任率英创作的 16 幅作品中的 12 幅，共计使用 22 次。在内图中使用时，从原作的方形构图中截取了椭圆形的局部；在前言底衬中使用时，对原作进行了虚化和消色处理；在纪念票底衬上使用时，从原作的方形构图中截取了圆形的局部，且纪念票遮盖了底衬图中心部分。该使用未经任率英继承人的同意，也未支付报酬。2002 年东区邮票公司、水碓子支局、西外大街支局销售了该邮票专题册，成本价 96 元，销售价 120 元。

另，河南省集邮公司认可其行为侵权，并曾就此与任梦璋等 7 人进行过协商，但未能达成协议。

【原审审理结果】

原审法院审理认为：河南省集邮公司未经许可，使用任率英的作品《白蛇传》连环年画，出版发行了《白蛇传邮票专题册》，侵犯了任率英对该作品享有的著作权。现任率英已去世，作为其法定继承人的7原告，即任梦璋等7人，依据我国继承法和著作权法的相关规定，有权继承任率英享有的著作财产权，并保护任率英享有的著作人身权。

发表权是作者决定作品是否公之于众的权利。根据发表权"一次用尽"的原则，作品一旦公之于众，则著作权人的发表权即告丧失。由于任率英创作的连环年画《白蛇传》已经多次出版发行，使该作品已经公之于社会，从而使该作品的发表权已经用尽，即任率英对该作品已经不再享有发表权。故在此前提下，虽然河南省集邮公司未经许可，使用了任率英的作品《白蛇传》，但并不侵犯任率英的发表权。

署名权是表明作者身份的权利。任何人在使用他人作品时都应当以适当的方式来表明作者的身份。河南省集邮公司在邮票专题册中使用任率英的作品，没有采取任何的合理方式表明作者的身份，这种做法侵犯了任率英对该作品享有的署名权。

修改权是作者对其作品进行修改或授权他人进行修改的权利。作者在许可使用时，有权保持其作品的完整性。一幅美术作品，由色彩、造型和构图等方面构成。作者通过不同的颜色和构图，表现不同的风格、审美观念、艺术功底和文化素质。因此改动构成作品的任何一个环节，均构成对作品进行修改。本案中，河南省集邮公司对原作进行虚化和消色处理，从原作的方形构图中截取椭圆形或圆形的局部进行使用以及用纪念票来遮挡原作部分内容的行为，均形成了对作品的删节、改动。这些删节、改动就是对作者修改权的侵犯。

河南省集邮公司对任率英作品色彩的淡化及截取使用的行为，并未改变作品的主题、思想、内涵，也并未产生任何有损作者声誉或名声的歪曲或贬低的后果。因而，河南省集邮公司的使用行为并未违反著作权法对作品完整权保护范围的规定，即作者保护其作品的内容、观点、形式等不受歪曲、篡改的权利。故河南省集邮公司的使用行为不构成对任率英享有作品完整权的侵犯。

综上，河南省集邮公司的使用行为，侵犯了任率英享有的署名权、修改权。为此，作为继承人的任梦璋等7人，有权就此主张保护该权利，但无权主张该作品发表权、保护作品完整权被侵犯的诉讼请求。

改编权是作者决定是否对原作品的改变，从而创作出具有独创性的新作品的权利。本案中，虽然河南省集邮公司对《白蛇传》连环年画进行了上述的改变，但这种改变并未达到创作出新作品的程度，因此河南省集邮公司的使用行为没有侵犯就该作品产生的改编权，故任梦璋等 7 人无权就此主张著作财产权。

河南省集邮公司未经任梦璋等 7 人许可，使用《白蛇传》连环年画印制邮票专题册出版发行，是对该作品权利人发行权的侵犯，即是对任梦璋等 7 人享有的著作财产权的侵犯。河南省集邮公司的出版发行行为，对任梦璋等 7 人造成经济上的损失，对此应承担赔偿责任。故任梦璋等 7 人针对河南省集邮公司上述侵权行为，有权主张停止侵权、赔礼道歉、赔偿经济损失的诉讼请求。但考虑到任梦璋等 7 人提出的赔偿数额缺乏依据，故本院将根据权利人的实际损失确定赔偿数额。

作为涉案邮票专题册销售者的东区邮票公司、水碓子支局和西外大街支局，仅需对其销售的邮票专题册在出版手续上或出版程序上是否属于合法出版物进行审查。由于其在进货、销售过程中，均属合法正当，不存在过错，因此其不应承担侵权的法律责任。但由于该邮票专题册侵犯了任率英的著作权，故东区邮票公司、水碓子支局和西外大街支局作为销售者，应承担停止销售的法律责任。

现依据《中华人民共和国著作权法》第十九条第一款、第二十条、第二十一条第一款、第四十七条第（一）项、第四十八条第一款，《中华人民共和国著作权法实施条例》第十五条第一款的规定，判决如下：

一、河南省集邮公司立即停止出版发行《白蛇传邮票专题册》；

二、河南省集邮公司于本判决生效之日起 10 日内向任梦璋、任梦龙、任梦熊、任梦云、任梦虎、任梦强、任萍书面致歉（致歉内容须经本院审核，逾期不执行，本院将公开本判决书的内容，所需费用由河南省集邮公司负担）；

三、河南省集邮公司于本判决生效之日起 10 日内赔偿任梦璋、任梦龙、任梦熊、任梦云、任梦虎、任梦强、任萍 34 000 元；

四、北京市东区邮票公司、北京市东区邮电局水碓子邮电支局、北京邮政局西区邮电局西外大街支局不得销售《白蛇传邮票专题册》；

五、驳回任梦璋、任梦龙、任梦熊、任梦云、任梦虎、任梦强、任萍的其他诉讼请求。

任梦璋、任梦龙、任梦熊、任梦云、任梦虎、任梦强、任萍不服原审判决，提起上诉，请求撤销原审判决，支持上诉人原审诉讼请求。其上诉理由为：原审认定事实部分有误，侵权范围未充分认定，被告使用涉案作品的行为构成对任率英涉案作品完整性的破坏，侵犯了任率英对涉案作品所享有的保护作品完整权，同时其使用行为侵犯了任率英所享有的改编权；原审赔偿数额计算依据不足，损失和利润未确定，适用《中华人民共和国著作权法》第四十八条不当。因此，请求法院考虑被侵权作品是名家名画、侵权行为的恶劣程度等情况，判决被上诉人赔偿上诉人经济损失20万元。

河南省集邮公司服从原审判决并辩称：上诉人所称侵权范围未充分确定没有事实和法律依据，原审认定侵犯其四项权利是正确的；赔偿数额的确定是符合《中华人民共和国著作权法》第四十八条的规定的，根据文化部出版局发布的《美术出版物稿酬试行办法》的规定，彩色连环画的最高稿酬标准为每幅28元，即使考虑使用次数和惩罚性赔偿，也与上诉人的请求相去甚远。因此请求驳回上诉人的上诉请求。

东区邮票公司、水碓子支局、西外大街支局服从原审判决并辩称：在代销涉案邮册过程中，其严把进货渠道，并按照规定进行登记备案。其并无义务审查邮册版权的合法性，不存在主观故意，原审认定其无过错是正确的，且上诉人亦未对此提出上诉，其上诉请求均与其无关，故请求驳回上诉，维持原判。

【二审查明事实】

二审法院经审理查明：1953年11月，人民美术出版社出版了任率英创作的《白蛇传》年画4张，每张包括作品4幅，计16幅美术作品，并注明其为"四幅屏"。2000年6月，人民美术出版社又出版了《白蛇传》连环画册，包括上述16幅作品。此外该连环画册中还包括连环画收藏卡1张，其上载有该画册中第8幅美术作品中的人物像1幅。任率英于1989年8月15日去世，其妻于2000年11月7日去世，二人共有7位子女，即任梦璋等7人。

河南省集邮公司于2001年出版了《白蛇传邮票专题册》，该专题册使用《白蛇传》连环画册收藏卡所载美术作品作为该专题册的盒套和封面，除底色与收藏卡底色不同外，所使用的美术作品与之相同；该专题册还使用《白蛇传》连环画册16幅作品中的第1幅作品和第13幅作品作为该专题册前言页的底衬，使用时对该两幅作品作了虚化和消色处理；使用第2、3、7、8、11、12、14、16幅作品作为该专题册的内图使用，使用时将原作品方形结构图中的主要部分截取为椭圆形结构；使用第12幅作品作为"白蛇传纪念张"页的底衬，使用时除作椭圆形处理外，还在其中心主要部分覆盖了纪念邮票图案9枚。该9枚纪念邮票图案除使用内图所使用的8幅作品外，还使用了第9幅作品。被上诉人河南省集邮公司在其出版的专题册中共使用涉案作品11幅，其中重复使用11次。

另查明，东区邮票公司于2002年3月28日自河南省郑州市集邮公司购进涉案专题册 100 册，并于 2002 年 7 月 8 日退回 77 册；被上诉人水碓子支局于 2002 年 4 月 17 日自东区邮票公司购进涉案专题册 4 册；被上诉人西外大街支局于 2002 年 4 月 25 日自北京市西区邮票公司购进涉案专题册 2 册。东区邮票公司、水碓子支局、西外大街支局销售涉案专题册的价格为每册 120 元，进货单价为每册 96 元。经查，河南省集邮公司于 2001 年 3 月 19 日成立，是负责该省集邮品的开发、组织和销售工作的事业法人，河南省郑州市集邮公司是河南省集邮公司的下级单位；东区邮票公司于 1998 年 6 月 18 日成立，其经营范围包括与邮政、电信有关的销售业务；北京市西区邮票公司于 1999 年 2 月 1 日成立，其经营范围包括销售邮务用品。

在原审审理过程中，河南省集邮公司认可其行为构成著作权侵权，并曾就此与任梦璋等 7 人进行过协商，但未能达成协议。

另查明，2003 年 4 月 28 日，天津市集邮公司第二分公司销售涉案专题册一册，售价为 120 元。

【二审审理结果】

二审法院认为：根据我国著作权法及其实施条例的有关规定，上诉人作为涉案作品《白蛇传》连环画的著作权人任率英的继承人，可就任率英享有的著作权中的署名权、修改权和保护作品完整权请求予以保护，并可就其继承取得的著作权中的财产权利主张权利。

根据上诉人任梦璋等 7 人的上诉主张，本案审理的焦点问题是被上诉人河南省集邮公司出版发行涉案专题册的行为是否侵犯了任率英对《白蛇传》连环画作品所享有的保护作品完整权和改编权，如何确定被上诉人河南省集邮公司应承担的赔偿经济损失的数额。

保护作品完整权，是指保护作品不受歪曲、篡改的权利。著作权人有权保护其作品的完整性，保护其作品不被他人丑化，不被他人作违背其思想的删除、增添或者其他损害性的变动。被上诉人河南省集邮公司在纪念邮票页上使用第 12 幅作品时，遮盖了该作品的中心部分，对该作品的主要内容作了改动，此种作品使用方式是对该作品的割裂性使用，破坏了该作品的完整性，侵犯了任率英所享有的保护作品完整权，上诉人作为其继承人有权请求予以保护。上诉人有关河南省集邮公司使用该作品的行为侵犯了任率英所享有的保护作品完整权的上诉理由成立，本院予以支持。河南省集邮公司虽在使用第 2、3、7、8、11、12、14、16 幅作品时，对作品进行了椭圆形处理，在使用第 1 幅和第 13 幅作品时，对该两幅作品进行了消色和虚化处理，但由于该种使用方式未对上述作品作实质性改动，并未歪曲和篡改上述作品的主要内容，因此并未破坏上述作品的完整性，未侵犯任率英所享有的保护作品完整权。上诉人主张被上诉人使用上述作品的行为侵犯了任率英享有的保护作品完整权，依据不足，本院不予支持。鉴于任率英创作的《白蛇传》连环画所包含的 16 幅作品的创作来源于传统民间故事，其每幅作品均为可独立存在的美术作品，上诉人关于河南省集邮公司使用涉案 11 幅作品的行为破坏了《白蛇传》连环画的连贯性和故事情节的整体表达，亦侵犯了任率英的保护作品完整权的主张，缺乏事实和法律依据，本院不予支持。

改编权，是指改变作品，创作出具有独创性的新作品的权利。本案中被告河南省集邮公司使用涉案作品的行为并非对作品形式的改变，不是对原作的改编行为，未侵犯其改编权。上诉人关于被上诉人河南省集邮公司的行为侵犯其改编权的主张，依据不足，本院不予支持。

被上诉人河南省集邮公司的涉案使用行为侵犯了任率英所享有的署名权、修改权和保护作品完整权，被上诉人应就其侵权行为予以赔礼道歉。上诉人任梦璋等 7 人作为任率英的继承人请求被上诉人河南省集邮公司书面致歉，被上诉人河南省集邮公司应就涉案侵权行为向上诉人交付书面致歉函。原判就此表述不妥，本院予以更正。

关于赔偿经济损失的数额问题，上诉人请求赔偿其经济损失 20 万元，其主张根据被告侵权的严重程度，适用《中华人民共和国著作权法》第四十八条第二款的规定确定赔偿数额，其上述主张缺乏事实和法律依据，本院不予全额支持。原审确定赔偿数额的计算方法不妥，本院根据已查明的事实及认定的涉案侵权行为的性质，依据文化部出版局《美术出版物稿酬试行办法》及相关规定，参考相关作品使用的付酬标准，综合考虑被上诉人河南省集邮公司侵权的方式、范围、主观过错程度及被侵权作品的具体情况等因素，酌情确定被上诉人河南省集邮公司赔偿上诉人经济损失的数额。

综上，被上诉人河南省集邮公司的涉案使用行为侵犯了任率英所享有的署名权、修改权、保护作品完整权、发行权和获得报酬权，上诉人请求法院判令被上诉人河南省集邮公司承担停止侵权、消除影响、书面赔礼道歉及赔偿经济损失的法律责任的主张，请求法院判令被上诉人东区邮票公司、水碓子支局、西外大街支局承担停止销售行为的法律责任的主张，理由正当，本院予以支持。上诉人任梦璋等 7 人还提出被上诉人河南省集邮公司侵犯了任率英所享有的发表权和改编权，根据本案已查明的事实，其上述主张缺乏依据，本院不予支持。上诉人还主张被上诉人东区邮票公司、水碓子支局和西外大街支局侵犯了任率英的著作权，鉴于其所售涉案侵权专题册有合法来源，其不应承担侵权的法律责任，因此上诉人的上述诉讼主张依据不足，本院不予支持。但由于涉案专题册侵犯了任率英所享有的著作权，故被上诉人东区邮票公司、水碓子支局和西外大街支局应承担停止销售的法律责任。上诉人任梦璋等7人所提上诉理由部分成立，其相应的上诉请求本院予以支持。原审法院认定事实部分不清，适用法律部分有误，本院予以纠正。依照《中华人民共和国著作权法》第十九条第一款、第二十条、第二十一条第一款、第四十七条第（一）项、第四十八条第一款，《中华人民共和国民事诉讼法》第一百五十三条第一款第（三）项之规定，判决如下：

一、维持北京市朝阳区人民法院（2003）朝民初字第3172号民事判决第一、四项；

二、撤销北京市朝阳区人民法院（2003）朝民初字第3172号民事判决第二、三、五项；

三、河南省集邮公司于本判决生效之日起10日内就涉案侵权行为向任梦璋、任梦龙、任梦熊、任梦云、任梦虎、任梦强、任萍交付书面致歉声明（内容须经本院核准，逾期不履行，本院将在一家全国发行的报纸登载本判决内容，所需费用由河南省集邮公司负担）；

四、河南省集邮公司于本判决生效之日起10日内赔偿任梦璋、任梦龙、任梦熊、任梦云、任梦虎、任梦强、任萍经济损失83 000元；

五、驳回任梦璋、任梦龙、任梦熊、任梦云、任梦虎、任梦强、任萍的其他诉讼请求。

案件原审受理费5 510元，由任梦璋、任梦龙、任梦熊、任梦云、任梦虎、任梦强、任萍共同负担1 000元，由河南省集邮公司负担4 510元；案件二审受理费5 510元，由任梦璋、任梦龙、任梦熊、任梦云、任梦虎、任梦强、任萍共同负担1 000元，由河南省集邮公司负担4 510元。

46. 纪实文学《拂晓的较量》著作权侵权纠纷案

——时锋诉中央文献出版社、龚江辉（笔名南石）

原告（上诉人）：时锋
被告（被上诉人）：中央文献出版社
被告（被上诉人）：龚江辉（笔名南石）
案由：著作权侵权纠纷

原审案号：北京市第一中级人民法院（2002）一中民初字第 1026 号
原审合议庭成员：娄宇红、赵静、王霄蕙
原审结案日期：2002 年 11 月 20 日
二审案号：北京市高级人民法院（2003）高民终字第 505 号
二审合议庭成员：陈锦川、周翔、张冬梅
二审结案日期：2003 年 8 月 26 日

【判决要旨】

纪实文学作为文学作品的一种形式，所描写的历史事件中的基本情节及主要人物是真实发生、存在的历史事实，不同作者以此为素材以纪实文学的方式描写相同的历史事件时，在内容上不可避免地会有相同或雷同之处，每部纪实文学作品受著作权法保护的部分应为作者各自独创性的表达。

【起诉与答辩】

原告时锋诉称：《保卫毛主席访苏》（以下简称《保卫》）一书是由原告经过实地采访写成的，1990 年由山东文艺出版社出版。被告中央文献出版社 2001 年出版的署名为南石的《拂晓的较量》（以下简称《拂晓》一书从 76 页至 90 页（第五章）以及 242 页至 256 页（第十六章）将原告《保卫》书进行改头换面抄袭剽窃，共计 35 页，2.64 万字。被告的行为损害了原告的署名权和出版权，要求人民法院判令被告停止侵权，并赔偿原告经济损失 6 000 元。

被告中央文献出版社辩称：在《拂晓》一书出版前，我社按照有关法律和行业管理的规定，履行了相关手续。该书的全部内容经过中共中央党史研究室审查同意，是国家新闻出版总署批准发行的一本严肃的出版物。在接到原告的起诉后，我出版社会同作者对《拂晓》一书的有关内容进行了认真核对，认为

该书逻辑结构完整，行文风格统一，内容叙述和文字创作具有鲜明的个性。该书与抄袭、拼凑而成的图书比较具有本质上的不同和原则上的区别。该书是一部具有整体性、前后统一的原创作品，没有任何抄袭他人作品的痕迹或疑点。

被告龚江辉辩称：《拂晓》一书创作于 1996 年 7 月至 9 月，经过修改后，1999 年 6 月交给出版社，2000 年 1 月由中央文献出版社出版。该书是一本全面系统介绍新中国成立初期"镇反"和剿匪两大事件的纪实文学作品。该书是作者在查阅了大量新闻报道、党史文献和其他作者的纪实作品并尊重历史事实的基础上写作而成的。该书中第五章"刺杀毛泽东"和第十六章"炮轰天安门"是建国初非常著名的两个大案件，许多作者从不同的角度进行过描写。被告也是在参考大量作品的基础上写成的，其中包括原告所写的《保卫》书。原告所称的"抄袭"内容大致可以分为两类：一类是涉及到相同的史实，这样的事实在两本书中相同是完全正常的，但是，两本书在叙述同一历史事实时，文字风格及涉及史实的细节均是完全不同的；第二类是偶然出现的一些用词上的相近，这些都是最平常使用的语言，两者相同也是正常的。两书在这些相同之外，却有着重大差异。因此，首先原告所提出的"剽窃"是完全没有根据的。其次，原告的起诉书中存在以下错误：一是页码数错误。原告诉称"抄袭"内容共计 35 页，然而按照原告在起诉书中所附的"页码对照"仅有 19 个页面，如果按"75～90 页""242～256 页"计算，一共是 30 个页面，均非所谓的"共计 35 页"。二是字数计算错误。在"页码对照"中所标出的对应内容大多情况是全页只有一句话甚至一个词，无法按"每页 756 字"计算出 26 460 字的"剽窃"量。三是法律常识错误。原告在起诉书中先是声称"剽窃"和"改头换面抄袭"，最后又提出"改编"，混淆了"剽窃"与"改编"两个不同的法律概念，况且《拂晓》一书也不存在改编的问题。综上所述，被告龚江辉认为原告的起诉书中所提出的诉讼事由完全是子虚乌有，请求法院根据事实与法律作出公正处理。

【原审查明事实】

原审法院经审理查明：原告时锋著《保卫》一书分别于 1990 年 1 月、1992 年 6 月、1992 年 7 月由山东文艺出版社出版。该书是一部反映共和国初期我国公安战线反间谍的纪实文学。该书为 32 开本，印数共计 51 000 册，该书定价为每册 6.10 元。

南石编著《拂晓》一书，于 2000 年 1 月由中央文献出版社出版发行，南石为本案被告龚江辉的笔名。该书是一部反映新中国剿匪与镇压反革命的纪实。该书为 32 开本，印数 5 000 册，定价为 16.00 元。

经对原告指控被告《拂晓》一书中侵权的章节与《保卫》一书中相应章节进行比较，其结果为：两书所涉的该部分内容为同一历史题材，具有相同史实，但是，被告《拂晓》一书与原告《保卫》一书的文字表达形式存在明显的不同。如，在《拂晓》一书中描写为："台湾，草山别墅。……'布莱德上校到了。'一个小特务进来向毛人凤报告。……布莱德上校是国民党保密局的美国顾问，不论毛人凤对别人怎么傲慢，对布莱德却还得毕恭毕敬。"而在《保卫》一书中描写为："台湾近郊的草山别墅笼罩在清晨的山岚雾霭之中……他（毛人凤）正与美国顾问布莱德上校共进早餐，同时密谋如何在毛泽东访苏中采取行动。布莱德是美国派驻台湾的'军事援助顾问团'顾问。"在该段中，除个别词相同外，表达的方式完全不同。

又如，在《拂晓》一书中描写为："1949 年的 12 月 21 日是苏联领袖斯大林的 70 岁寿辰，不久前，中国共产党和中央人民政府正式决定，毛泽东主席和兼任外交部长的周恩来总理将在斯大林寿辰之时出访苏联。此举从表面上看是去给斯大林祝寿，实际上是新中国在成立之后开展的外交工作的最重要的一环。"而在《保卫》一书中描写为："1949 年 12 月 21 日是斯大林 70 寿辰，毛主席决定率代表团前往祝寿，并就两党之间所关心的问题交换意见，商讨和签订有关条约、协定等。"在该段中，只有"寿辰"、"祝寿"两个词和时间、人物上的相同。

又如，在《拂晓》一书中描写为：毛泽东的指示很快被送到了公安部，公安部长罗瑞卿此时正在外地视察工作，破获特务潜伏台，保卫毛主席安全访问苏联的任务便交到了公安部副部长杨奇清的身上。而在《保卫》一书中描写为：恰巧，当时的公安部部长罗瑞卿同志正在外地视察工作，而后将去青岛疗养。侦破此案的重任自然而然地落在杨奇清副部长的肩上。该段文字完全不同。

又如，在《拂晓》一书中描写为：与此同时，李朋指挥的公安部电侦组日夜不停地监听着潜伏台的发报情况，每次神秘电波一出现，几台分布在不同位置的无线电测向机便同时开动，指示出发报位置与测向机所在位置的相对方位，技术人员利用几个测向机提供的相对方位的组合，便可发现电台的相对位置。电侦组测到一次方位后，便移动测向机，向目标靠近一步，再进行更精确地探测。经过几次之后，已经确定那个潜伏电台的位置也正在南池子一带。而在《保卫》一书中描写为：肩负着特殊使命的公安部电侦组，几台测向侦察机正昼夜不停地工作着。看不见的电磁波束，在茫茫的天空中不停地搜寻着，警惕地捕捉着随时可能出现的信号。电侦组的同志三班值日，不断地调整频率，大幅度地旋转着角度的测向机天线在室外的寒风中顽强地晃动着脑袋，坚强地与西伯利亚吹来的寒风抗衡。……敌台相思线交叉点测定线就在前门以北的地方。两书在此处的描写也是不同的。

又如，在《拂晓》一书中描写为："曹纯之将计兆祥一案的全部情况汇总起来，向负责全国锄奸工作的中共中央社会部部长李克农汇报。……李克农部长是中共在白区的老地下工作者，早在1928年，他就受党中央派遣，打入国民党中央组织部调查科（CC特务组织）。由于才华出众，李克农进入'CC'不久就被提升为电务股长，成为全国国民党特务报务员的顶头上司。他和钱壮飞、胡北风一起，……被称为我党地下工作中的"龙潭三杰"。而在《保卫》一书中描写为：肩负着侦破潜伏台第一线侦察工作重任的老曹，第一次到中央社会部李克农部长家汇报侦察工作。李克农部长是我党我军赫赫有名的保卫工作的卓越领导人之一。……他曾和我党地下工作者胡北风、钱壮飞长期在敌人内部与敌特进行惊心动魄的斗争，给党提供了许多重要情报，立下了不朽的功勋。主持中央特委工作的周恩来称誉他们为"三杰"。

又如，在《拂晓》一书中描写为：他们要用一门隐藏已久的六零迫击炮轰击天安门城楼，他们都是潜伏多年的间谍，深谙射击技术，只要有一发炮弹击中城楼，就能造成惊人的影响，中国就将陷入一片混乱之中。在《保卫》一书中描写为："一发炮弹的爆炸威力是120平方米。所以，即使有一颗击中，也可以把天安门炸毁，让他们飞上天去。我相信，我们意大利的火器是非常可靠的。""炮轰了天安门，中国就是一片大乱！"山口隆一又兴奋地说。

【原审审理结果】

原审法院认为：本案被控侵权行为发生在著作权法修改之前，故本案应适用修改前的著作权法。

文字作品是著作权法所保护的一种作品。所谓文字作品，是指小说、诗词、散文、论文等以文字形式表现的作品。原告《保卫》一书符合我国著作权法保护客体的要件，原告对该书享有的著作权应受法律保护，任何个人或其他组织不得侵犯。但被告《拂晓》一书是否侵犯了原告的著作权，仍应根据《拂晓》一书是否使用了《保卫》一书具有独创性的内容来判断。在本案审理中，将原告指控被告《拂晓》一书侵犯原告《保卫》一书著作权的相关内容进行比较，虽然原、被告两作品系采用相同题材和史实材料创作的作品，但是，由于两作品在整体构思上、结构上、语言文字表达上均表现出较为明显的差异，应认定为是两作者分别独立创作完成的不同风格的作品。《拂晓》一书未使用原告作品具有独创性的内容。《拂晓》一书的作者没有剽窃、抄袭原告《保卫》一书作品的行为。据此，本院认为，《保卫》和《拂晓》一书的作者各自享有独立的著作权。原告指控被告《拂晓》一书剽窃、抄袭原告《保卫》一书，缺乏事实和法律依据，本院不予支持。

综上所述，依照《中华人民共和国著作权法》第四十六条第（一）项之规定，判决如下：

驳回原告时锋的诉讼请求。

时锋不服原审判决，提起上诉。其上诉理由为：《保卫》一书系我亲自采访创作而成，《拂晓》一书有大量内容与我的作品雷同，被上诉人称其为史实，那么被上诉人究竟采访了谁，谁对这段史实负责？被上诉人将我的作品改头换面窃为己有，侵犯了我的著作权。原审判决认定事实不清，适用法律不当。请求二审法院撤销原审判决，判决被上诉人赔偿 6 000 元。

中央文献出版社、龚江辉服从原审判决。

【二审查明事实】

二审法院经审理查明：时锋所著《保卫》一书分别于 1990 年 1 月、1992 年 6 月、1992 年 7 月由山东文艺出版社出版，是一部反映共和国初期我国公安战线反间谍的纪实文学作品。该书分为两个部分，分别讲述了"保卫毛主席访苏"和"炮击天安门阴谋的破灭"两个历史事件。该书共 26.4 万字，印数共计 51 000 册，定价 6.10 元。龚江辉以笔名"南石"编著的《拂晓》一书于 2000 年 1 月由中央文献出版社出版发行，是一部反映新中国剿匪与镇压反革命的纪实作品。该书共分十八章，其中第五章"刺杀毛泽东"和第十六章"炮轰天安门"讲述了与《保卫》一书中相同的历史事件。该书共 25 万字，印数 5 000 册，定价 16 元。

时锋就其主张的《拂晓》一书侵犯其著作权部分中最具代表性的内容举例对比如下：

《保卫》一书第 127 页第 1 段和第 4 段的内容为：台湾近郊的草山别墅笼罩在清晨的山岚雾霭之中。……他（毛人凤）正与美国顾问布莱德上校共进早餐，同时密谋如何在毛泽东访苏中采取行动。布莱德是美国派驻台湾的"军事援助顾问团"顾问。 《拂晓》一书第 76 页相关内容为：台湾，草山别墅。……布莱德上校到了。"一个小特务进来向毛人凤报告。……布莱德上校是国民党保密局的美国顾问，不论毛人凤对别人怎么傲慢，对布莱德却还是毕恭毕敬。

《保卫》一书第 59 页第 2 段和第 4 段的内容为：肩负着特殊使命的公安部电侦组，几台测向侦察机正昼夜不停地工作着。看不见的电磁波束，在茫茫的天空中不停地搜寻着，警惕地捕捉着随时可能出现的信号。电侦组的同志三班值日，不断地调整频率，大幅度地旋转着角度的测向机天线在室外的寒风中顽强地晃动着脑袋，坚强地与西伯利亚吹来的寒风抗衡。……"敌台相思线交叉点测定就在前门以北的地方。"《拂晓》一书第81页最后一段的相关内容为：李朋指挥的公安部电侦组日夜不停地监听着潜伏台的发报情况，每次神秘电波一出现，几台分布在不同位置的无线电测向机便同时开动，指示出发报位置与测向机所在位置的相对方位，技术人员利用几个测向机提供的相对方位的组合，便可发现电台的相对位置。电侦组测到一次方位后，便移动测向机，向目标靠近一步，再进行更精确的探测。经过几次之后，已经确定那个潜伏电台的位置也正在南池子一带。

《保卫》一书第159页第2段和第3段的内容为：约7点钟，一架没有任何国籍标志的飞机，正悄悄地沿着朝鲜的东海岸向北飞行。他小心地绕过边界高射炮火网，窜过了鸭绿江，又越过吉林，在离哈尔滨不远的山林里，低低地盘旋，寻找着合适的空投地点。旋转了片刻，突然从飞机中部跳下两个神秘的怪物。稍顷，飞机便怪叫着在漆黑的夜空中消失了。《拂晓》一书第85页第3段的相应内容为：这天晚上，一架没有国籍标志的飞机绕过鸭绿江上密集的高射炮火网，飞进中国东北地区。在哈尔滨附近的一片山林上空，飞机盘旋了几圈，突然从肚子里吐出两个小黑点，小黑点向下垂直地下降，快接近地面时，各自抛出了一个降落伞，徐徐着陆。

《保卫》一书第163页最后一段的内容为：马司令操纵的这个东北技术纵队，在大陆与"0409"电台单线联络。是保密局潜伏在大陆的秘密武装之一。解放前，保密局在全国有三个技术纵队，一队在南京，一队在广州，一队在哈尔滨。所有成员均经过中美合作所严格的技术训练，都能熟练地掌握射击、爆破、投毒等特工技能。他们在保密局的统一领导下，专门从事重大暗杀、爆破等恐怖活动。解放前，这支人马大部分打入国民党起义部队，经过改编混入人民解放军，另一部分则散落在社会上，潜伏起来以伺机行动。《拂晓》一书第86页第4段的相关内容为：东北技术纵队是国民党保密局在解放前布下的三大潜伏武装力量之一，其余的两个技术纵队分别在广州和南京。马耐和他的手下都经过中美合作所的特殊训练，擅长射击、爆破及其他各种暗杀和破坏技术。在全国解放前，毛人凤将他们派进国民党部队之中，有的在战斗中假装投诚，随后进入解放区，有的则趁部队起义之机混入革命队伍，还有的则是潜伏在各即将解放的城市中，伪装老实，转入地下。

《保卫》一书第162页倒数第2、3段的内容为："准备分三路进攻：一路从正面进攻，打个快速歼灭；一路从背后堵击，防止他们撤退；剩下的一路，迎击中共援军。事成之后，撤退到长白山区，建立武装游击根据地。明年开春以后，美军一定会打过鸭绿江，到那时配合国军反攻大陆！"特派员点点头，满意地说："很好，我们这次来，为你们带来了黄金、电台，并代表国府颁发奖金、委任状。"《拂晓》一书第 87 页第 4 段的相关内容为：马耐听说毛人凤带了东西来，几乎连想都不用想便知道是委任状，欣喜之下迫不及待地将行动方案向成润之和盘托出："毛泽东的专列明天晚上八点能够到达哈尔滨，我们准备在满洲里、哈尔滨和长春三个地点设伏。事成之后，所有人仍潜伏回原来的单位，如果事情泄露，就撤退到长白山打游击，等待国军反攻。"

《保卫》一书第 155 页最后一段及第 156 页第 1 段的内容为：这时，李克农部长正以无可仿效的口气说："毛人凤，经你精心策划，潜伏在中华人民共和国首都北京的万能台被我们挖出来了，企图破坏毛主席访苏的阴谋也已经彻底破产了！我们有强大的人民民主专政，有雄厚的群众反特力量，你们的阴谋是不能得逞的。你们在中国大地上洒满了怨恨，你们活动到哪里，就会在哪里陷入人民的包围之中，我们的专政机关就会立刻侦破你们。你们如果执迷不悟，来多少就歼灭你多少，保你有来无回。你还有本事吗？你有本事你来嘛！告诉你，给你讲话的是李克农。不要怕嘛！好好地听着：得人心者昌，失人心者亡。这是不可抗拒的历史规律。你们有丧师 800 万，逃往海岛的教训。你们现在'寄人篱下'，受人庇护，好景不会长久。人民政府对你们有国人共睹的政策，立功受奖，不咎既往。你若率部归来，我李克农可以保证你们的安全。告诉你，发报的报务员，就是你新提拔的上校万能台台长计兆祥。"《拂晓》一书第 90 页倒数第 4 段相关内容为："毛人凤，"李克农背着手向计兆祥口授电文，"经你精心策划，在中华人民共和国首都北京潜伏的万能台，你向美国人吹得神乎其神，发报只有两三次就被我们侦破了……给你说话的是李克农。不要怕，好好地听着：得人心者昌，失人心者亡。这是不可抗拒的历史规律。你们有丧师八百万，逃往海岛的教训。你们现在'寄人篱下'，好景不会长久。人民政府对你们有国人共睹的政策，立功受奖，不咎既往。你若率部来归，我李克农可以保证你们的安全……"

《保卫》一书第 287 页倒数第 1、2 段的内容为："一发炮弹的爆炸威力为 120 平方米。所以，即使有一颗击中，就可以把天安门炸毁，让他们飞上天去。我相信，我们意大利的火器是非常可靠的！""炮轰了天安门，中国就是一片大乱！"山口隆一又兴奋地说。《拂晓》一书第 244 页第 2 段的相关内容为：他们要用一门隐藏已久的六零迫击炮轰击天安门城楼，他们都是潜伏多年的间谍，深谙射击技术，只要有一发炮弹击中城楼，就能造成惊人的影响，中国就将陷入一片混乱之中。

《保卫》一书第 355 页倒数第 7 行的内容为：（甘纳斯说）"我没有罪！我

是你们合法的侨民，凭什么押我?",《拂晓》一书第253页最后一段相关内容为，李安东……挣扎着叫嚣起来："我是外国侨民，你们凭什么抓我?"

《保卫》一书第360页第1、2段的内容为：9月28日这一天，意大利人李安东起得特别早。他心绪不宁地从墙上拿起意大利造的"红叶"牌双管猎枪，对准院子里红彤彤的赖葡萄作试验性射击。《拂晓》一书第253页第3段相关内容为：9月26日这天，李安东心有所感，起得很早。他走到院子里，看了看早晨的太阳。

《保卫》一书第367页倒数第2段的内容为：李安东的精神防线完全垮了，他双腿一软，像瘫了一样倒在地上。《拂晓》一书第255页第3段相关内容为：曹纯之这一声断喝，吓得他腿一下子就软了，身边的两名公安人员一把架住了他，他才没有倒下去。

时锋用以对比的内容中，《拂晓》一书约为1 100字，占全书25万字的0.44%；《保卫》一书约为1 400字，占全书26.4万字的0.53%。经对比，两书除上述例举的部分内容表述相似外，在篇章整体结构的安排上、故事情节的发展上、描写相同场景时语言文字的运用上都有根本不同。

【二审审理结果】

二审法院认为：纪实文学作品作为文学作品的一种形式，所描写的历史事件中的基本情节及主要人物是真实发生、存在过的历史事实，不同作者以此为素材以纪实文学的方式描写相同的历史事件时，在内容上不可避免地会有相同或雷同之处，每部纪实文学作品受著作权法保护的部分应为作者各自独创性的表达。时锋创作的纪实文学作品《保卫》一书属于我国著作权法保护的文学作品，原审法院认为时锋对该书享有的著作权应受法律保护是正确的。

龚江辉编著的纪实文学作品《拂晓》一书，部分章节使用了与《保卫》一书相同的历史题材，涉及到了相同的史实。经对比，两书内容相同部分数量极少、在各自作品中所占比例极低；表达相同的部分有地名如"草山别墅"、"哈尔滨"、"鸭绿江"，人名如"布莱德上校"、"李克农"，"东北技术纵队"等，但两书以此为基础所进行的描写根本不同；还有一些情节，如用电侦机破案、无国籍飞机偷越边界、发委任状、特务被捕时腿软了等，属于一般性的细节描写，常见于反特题材的作品中，且两书对这些情节的描写亦基本不同。故不能因仅出现数量极少、占全书比例很低的相同内容即认定《拂晓》一书抄袭了《保卫》一书。时锋的上诉主张缺乏事实根据，本院不予支持。原审法院认定涉案两书是两作者分别独立创作完成的不同风格的作品，《拂晓》一书的作者并未剽窃、抄袭《保卫》一书，是正确的。

　　综上，原审判决认定事实清楚，适用法律正确，应予维持。上诉人的上诉理由不能成立，对其上诉请求，应予驳回。依据《中华人民共和国民事诉讼法》第一百五十三条第一款第（一）项的规定，判决如下：

　　驳回上诉，维持原判。

　　原、二审案件受理费各 250 元，均由时锋负担。

47. "中央电视台台标" 著作权侵权纠纷案

——张德生诉中央电视台

原告（上诉人）： 张德生
被告（被上诉人）： 中央电视台
案由： 著作权侵权纠纷

原审案号： 北京市海淀区人民法院（2001）海知初字第 43 号
原审合议庭成员： 鲍建南、王宏丞、李东涛
原审结案日期： 2001 年 11 月 26 日
二审案号： 北京市第一中级人民法院（2002）一中民终字第 485 号
二审合议庭成员： 马来客、赵静、苏杭
二审结案日期： 2003 年 8 月 26 日

【判决要旨】

被控侵权行为发生于民法通则和著作权法实施前，人民法院可以根据当事人的意思表示并参照民法基本原则确定争议事实的法律性质。

【起诉与答辩】

原告张德生诉称：1978 年，我参加了中央电视台征集台标的活动。因我的台标设计方案独特，被中央电视台确定为台标，供节目播出时使用。当时双方没有约定台标的版权归属，中央电视台也没有向我支付任何报酬。以后中央电视台就一直使用该台标。1998 年 6 月，中央电视台未经我同意擅自在《电视研究》1998 年第 6 期上对我设计的台标图案及色彩进行了部分改动，也未提及作者的姓名。我向中央电视台反映，但未得到任何答复。后经调查，中央电视台多年来在多种非公益性活动中未经我许可使用我设计的台标，从中获得利润，但从未向我支付任何报酬。我认为，在台标征集、选定过程中，原、被告之间形成了实践性委托创作合同关系，台标图案是我个人设计的作品，依据我国著作权法的规定，我对该作品享有无可争议的著作权。中央电视台虽得到许可使用权，但长期未向我支付相应的报酬，且擅自修改台标，其行为侵犯了我对台标这一美术作品享有的获得报酬权、保护作品完整权和修改权。故请求法院判决：（1）确认中央电视台台标的著作权归我所有；（2）中央电视台停止

侵权活动，并在《电视研究》上发表声明向我赔礼道歉；（3）中央电视台向我支付至今使用台标的有偿使用费 20 万元；（4）中央电视台向我支付自 1979 年至今将台标作品用于赢利目的的使用费 10 万元。

被告中央电视台辩称：原告张德生原是中央电视台的新闻部美工组工作人员。当时其接受领导下达的任务并利用单位物质条件设计出的台标属于职务作品。该台标为我台的特殊标志，具有专属性，不能由台外的任何人享有权利。我台与原告虽然因当时历史条件原因没有签订协议，但在长期的履行过程中其未对我台使用台标行为提出异议，依著作权法的规定，我台对该台标享有著作权。我台使用该台标没有侵犯原告的任何权利。因此，请求法院依法驳回原告的诉讼请求。

【原审查明事实】

原审法院经审理查明，原、被告双方当事人对下列事实无争议：

1978 年，当时在中央电视台新闻部工作的张德生为中央电视台设计了 CCTV 台标图案，电视台领导同意将张德生设计的图案作为中央电视台的台标使用，并派张德生前往上海完成该图标的后期制作任务，出差费用由中央电视台负担。中央电视台自 1979 年 1 月起正式使用该台标，但未向张德生支付过费用。1998 年，中央电视台在其主办的《电视研究》1998 年第 6 期上，对该台标图案及色彩作了部分改动，未提及张德生为台标设计人。1998 年 10 月 28 日，张德生给台领导写信，提出台标著作权应归其个人，中央电视台对此未作答复。1998 年 7 月 2 日，张德生委托北京市海淀区第三公证处对在中央电视台商品销售服务部销售的部分商品（50 余种）上标有台标图案的情况作了公证。

双方当事人对以下事实有争议：当时张德生是自愿参加中央电视台的台标征集活动后设计了台标，还是按照领导下达的任务才完成了设计台标图案这项工作。

原告张德生称：当时台领导宣布征集台标，包括我在内的台内外人士均自愿参加了征集台标活动。为此，张德生提供了 8 份证人证言。其中当时的台长戴临风在证人证言中表述："确定搞台标后，台里就在会上宣布，台里的人谁有本事谁就提供方案，台外的人谁有本事也可以提供方案，实际上带有招标性质，只是不正规。后来台里的一些人和台外的一些人都提供了一些设计方案，在一个大屋子里展览，就选中了张德生设计的方案。""当时不是交给张德生的任务，是他自己设计的，我们没有向台里的人下过设计台标方案的任务"。当时的副台长王枫、孟启予和原台内工作人员王南生、张绍华、苏实、王若芳、冯玉英等人也在出具的证人证言中证明当时台内有征集台标的活动。另外，张德生还提供了原中央工艺美术学院教师陈汉民、邱承德的证人证言及他们所设计的未被选上的台标图案复印件,以证明当时他们参加了台标的征集设计活动的情况。张德生还提供了在台标图案设计稿背面有当时 4 位台长批阅的"经台内讨论最后选定这一方案,报局审定"内容的证明材料。中央电视台对上述证人证言证据材料来源合法性无异议,但认为内容不真实。

被告中央电视台称:张德生设计台标是为了完成领导下达的工作任务,当时没有征集活动。被告提供了原中央电视台新闻部主任夏之平、副主任朱继峰证人证言,其中夏之平证言内容是:"张德生是新闻部美工组的负责人,新闻部提出了设计对外宣传的标志,我直接把这项工作交给了张德生,要张自己设计或对外找几个美术界人士设计该标志,并派他前往上海美术电影制片厂,因为那里美术人才最集中,他回来后就提交了几个设计方案,我们认为这个标志很好,就报到了台里。我不知道台里有过征集台标设计的活动。"朱继峰的证言内容与夏之平相似。还有当时新闻部工作人员谭爱民、王新中证人证言,内容是"记得张德生受新闻部领导指派,利用工作时间进行台标设计,利用台里名义和经费到处进行搜集台标资料的活动"。张德生对上述证人证言证据材料来源合法性无异议,但对内容真实性有异议。

本院对上述证据分析认为:张德生提供的证据已形成一个完整的体系。既有当时的台长、副台长以及张德生同事证人证言证明材料,又有台外美术界参加征集活动人士的证明,还有当时四位台长在台标图案背面的批复,可以表现出当时中央电视台征集台标活动的事实过程。中央电视台提供的证据材料主要是证人证言,其中夏之平、朱继峰在证言中称他们"不知道"有征集台标的活动;其他证人用"记得"等词语表述事实,缺乏确定性,且除了上述证人证言外,中央电视台未提供其他证据加以佐证,仅上述证言不足以否认对方证据所证明的事项。因此本院确认张德生提供的证明材料的证明效力,并确定如下事实:1978 年上半年中央电视台领导通过不正规的征集方式,在台内外征集台标设计方案,张德生自愿参加了征集活动,其设计的台标被台领导选中。

【原审审理结果】

原审法院认为:原告张德生在诉讼请求中提出了确定台标的著作权归属和要求对方承担侵权责任的主张,其中确定权属是基础,只有在确定台标著作权归张德生的情况下,才能判断中央电视台的侵权行为是否存在。因此,确定台标权属是解决本案纠纷的关键。

确定一项权利归属应当适用权利产生时的法律,没有相关法律的,可以根据当事人的意思表示并参照民法原则确定。1978 年,中央电视台通过征集方式选用了张德生设计的台标图案，此行为使双方在事实上已形成了一种合同关系。由于当时社会法律状况的原因，双方未就台标权属事宜签订书面协议。因此，当事人对权属的意思表示，应当根据合同表现的内容确定。由于台标图案必须要有 CCTV 英文字母，这一特点决定台标只能由中央电视台使用或用于与中央电视台有关的范围，不能用于其他用途。这种应征专门为某种用途设计的特殊美术作品，设计人不享有控制作品的使用或可以另外许可他人使用的权利，作品整体著作权可以由征集者享有。在当时历史环境下，结合张德生所处的岗位和职责，双方的意思表示不存在代表中央电视台形象的台标权属归张德生所有，中央电视台需经其许可才能使用的情形。中央电视台台标于 1979 年 1 月起正式使用，至 1998 年 10 月张德生第一次向中央电视台提出台标权属问题，在近二十年时间中，国家陆续颁发了民法通则及著作权法等保护知识产权的法律，但张德生均未主张过台标著作权，而是任中央电视台使用。我国合同法对合同的实际履行作了原则规定：当事人未采用书面形式订立合同，但一方已经履行主要义务，对方接受的，该合同成立。这一民事原则表明，张德生在事实上承认了台标权属归中央电视台这一客观现状。因此，结合当时的历史背景及以后合同履行的过程，可以确定，中央电视台与张德生设立合同关系时双方对台标权属归中央电视台是没有争议的，中央电视台对该台标享有著作权。

中央电视台作为台标著作权的权利主体可以自主使用台标，包括修改和用于与中央电视台有关的范围。其在行使权利过程中未侵犯他人合法权益。张德生以其享有台标著作权为基础，要求法院确认其享有台标著作权和判令中央电视台停止侵犯其对台标的修改权、保护作品完整权、使用及获得报酬权并承担侵权责任、支付使用费的诉讼请求，因与本案事实相悖，本院不予支持。

综上所述，本院依法判决如下：

驳回原告张德生要求确认其享有中央电视台台标著作权以及要求被告中央电视台恢复台标原貌、向其赔礼道歉并支付台标使用费的诉讼请求。

张德生不服原审判决，提起上诉，诉称：原审判决内容没有法律根据，其依据均是合议庭主观臆断与错误的学理分析。本案应适用著作权法。著作权法实施后，著作权才成为一种法定权利。因此，是否拥有著作权，应依著作权法确定。根据著作权法和著作权法实施条例，我国对著作权的取得采取自动保护主义。作品自创作完成之时自动产生著作权，而无需履行任何手续。在作品完成创作之日，著作权除产生之外，从那一时刻起，就应受到著作权法保护。因此，张德生完成台标作品的创作之时，即产生台标著作权，并受著作权法的保护和调整。根据《中华人民共和国著作权法》第五十五条第一款的规定，受著作权法保护应具备两个条件：具有依照著作权法规定的著作权人的权利；第二，在1991年6月1日著作权法施行之日，著作权人的权利尚未超过著作权法规定的保护期。本案完全具备上述两个条件。本案争诉作品从创作之日起，原告就享有该作品的著作权，且从未将其转移给他人。本案诉争作品正处于法定的保护期内。本案在确权的认定上，应适用现行的著作权法。因中央电视台的侵权行为发生在著作权法实施后，所以侵权的认定及对其的判决，也应适用现行的著作权法。因此，当台标作品的著作权产生后，就应依据著作权法确定该著作权的归属。《中华人民共和国著作权法》第十一条规定"创作作品的公民是作者"，"著作权属于作者，法律另有规定的除外"。根据认定的事实，本案不具备法律另有规定的情形，那么该著作权就应该属于张德生，而且张德生无需履行任何手续。原审判决认定的"结合当时的历史背景及以后合同履行的过程，可以确定，中央电视台与张德生设立合同关系时双方对台标权属归中央电视台是没有争议的"的结论是错误的。征集台标时，双方仅对作品使用权作出意思表示：中央电视台作出谁都可以设计、提交作品，并将由中央电视台使用某一作品的意思表示；据此张德生将自己的作品交于中央电视台，作出同意中央电视台使用的意思表示。因为当时不存在'著作权'的法律概念，张德生根本无法作出、也未作出将台标作品著作权归中央电视台所有的意思表示。原审判决以著作权法实施后，张德生未主张过台标为由，认定张德生在事实上承认了台标权属归中央电视台，明显违法。既然著作权法实施了，就应依该法确定著作权的归属，而著作权法不以"主张著作权"来确定著作权归属，因此这种确定著作权的方法是错误的。对张德生行为的正确认定是：著作权法实施后，张德生以其行动表明，同意中央电视台继续使用张德生的作品。原审判决适用民法及合同法的原理的方法是错误的。著作权法是一项特殊的民事权利，有著作权法作为特别法来专门调整。根据特别法优于普通法的原则，在处理著作权纠纷案件时，首先应适用著作权法，而原审判决适用的原则明显违法。原审判决将作品使用权与著作权混为一谈，认定取得了作品使用权即取得了著作权，存在逻辑错误，有违法律，系错误推论。请求依法撤销原审判决，依法改判，支持张德生全部上诉请求。

中央电视台服从原审判决，其辩称：关于法律依据问题。原审判决关于张德生与中央电视台之间确定的合同关系已实际履行的认定符合《中华人民共和国合同法》的规定。该法第三十六条明确规定："法律、行政法规规定或者当事人约定采用书面形式订立合同，当事人未采用书面形式但一方已经履行主要义务，对方接受的，该合同成立。"《中华人民共和国著作权法》第十六条、第十七条的规定，可以通过合同约定著作权权属。张德生与中央电视台间已存在实际由张德生创作、中央电视台享有著作权的实际履行合同，符合法律。关于原审判决是否有法不依问题。张德生完成台标创作之时即产生了著作权是不争的事实。本案所涉及的由中央电视台享有著作权的台标，尽管由张德生创作产生，却因为其与中央电视台间的职务关系而由实际履行合同确定为中央电视台是完全的台标著作权人。这恰恰是著作权法中区别于一般作品归属的特别规定。原审判决在对事实的认定上存在失误，对张德生接受工作任务、完成本职工作的事实未予认定，但在推论方面基本符合法律精神。中央电视台的专用台标本身就具有不可分割的紧密依附性，除中央电视台以外任何单位或个人不可能使用由 CCTV 组成的标志。这使台标的著作权中的人身权利和财产权利紧密结合在一起只能归中央电视台所有。从 1979 年 1 月中央电视台正式使用张德生创作的台标，至 1998 年 10 月张德生提出台标权属问题，根本不存在张德生许可中央电视台使用台标这一事实。事实是台标从创作到完成，其包括作品使用权在内的著作权就由中央电视台所有。张德生的诉讼请求应予驳回。

【二审查明事实】

二审法院经审理查明：对于原审判决认定的事实，张德生表示没有异议，中央电视台主张张德生是完成工作任务创作的台标。但由于中央电视台未提起上诉，且对其主张未提供充分证据，故本院对原审判决认定的事实予以确认。另查，张德生系于 1998 年 10 月第一次向中央电视台提出台标权属问题。2000年 3 月，张德生曾就台标权属争议在原审法院对中央电视台提起诉讼，后于2000 年 11 月 6 日撤诉。2001 年 3 月 20 日，张德生向一审法院提起本案诉讼。

【二审审理结果】

二审法院认为：本案双方争议的台标作品创作及使用时，《中华人民共和国民法通则》及著作权法均未颁布，对著作权及其他民事权利予以保护的法律根据尚不明确，但这并不意味着当时没有与之相关的权益观念，实际上，在当时特定历史时期，许多民事权益的确定及转让行为仍然被认可和保护。因此，双方当事人在当时对台标作品相关权益的约定应具有法律效力，原审判决认定可以根据当事人的意思表示并参照民法基本原则确定台标作品的权属无不当之处。张德生虽为台标作品的设计者，但由于台标作品在内容及创作目的、使用用途等方面具有特殊性，该作品的设计及认可须以中央电视台的同意为前提，其创作体现着中央电视台的意志，对该作品的使用所产生的责任亦只能由中央电视台来承担。对于此类作品，现行著作权法亦未排除当事人根据约定确定其权益归属。根据本院认定的事实，张德生是应中央电视台领导的征集活动设计台标作品，其设计及向中央电视台提交该作品的目的是为将该作品作为中央电视台的台标，故双方存在着将台标作品作为中央电视台台标使用的约定，且张德生并未对此附任何条件；对于电视台的台标而言，一般情况下，其作品的相关权益只能由电视台所享有；从实际履行情况来看，本案台标作品的相关权益自作品创作完成之日起一直由中央电视台行使，张德生自1998年以前一直未提出异议。因此，可以认定在当时中央电视台与张德生间存在着台标作品的相关权益归中央电视台所有的意思表示。

民法通则及著作权法颁布、实施后，出现了著作权及与之相关的权属概念。台标作品产生后，中央电视台一直将该作品当做其台标使用，台标作品已成为中央电视台的标识，故与台标有关的著作权权益一直是由中央电视台行使的。张德生如主张其为台标作品的著作权人，在民法通则及著作权法实施后应已认识到中央电视台存在侵犯其著作权的可能。因此，张德生如对台标作品的著作权归属存在异议，应在民法通则或著作权法实施后两年内提出。而张德生未提供证据证明其在该期限内曾对台标作品的著作权问题主张过权利。至张德生1998年10月向中央电视台第一次主张权利时，已超过法律规定的两年的诉讼时效。故张德生主张其为台标作品著作权人的诉讼请求，不应予以支持。

综上所述，上诉人张德生的上诉理由缺乏事实与法律根据，本院不予支持。原审判决认定事实清楚，适用法律并无不当，应予维持。依据《中华人民共和国民事诉讼法》第一百五十三条第一款第（一）项的规定，判决如下：

驳回上诉，维持原判。

原、二审案件受理费各7 010元，均由上诉人张德生负担。

48. "方正 RIP v2.1 版软件" 最终用户侵权纠纷案

—— 北京北大方正集团公司、北京红楼计算机科学技术
研究所诉北京宝蕾元科技发展有限责任公司

原告（上诉人）：北京北大方正集团公司
原告（上诉人）：北京红楼计算机科学技术研究所
被告（被上诉人）：北京宝蕾元科技发展有限责任公司
案由：计算机软件著作权侵权纠纷

原审案号：北京市朝阳区人民法院（2003）朝民初字第 3518 号
原审合议庭成员：林子英、党淑平、谢甄珂
原审结案日期：2003 年 4 月 18 日
二审案号：北京市第二中级人民法院（2003）二中民终字第 05255 号
二审合议庭成员：邵明艳、张晓津、何暄
二审结案日期：2003 年 8 月 29 日

【判决要旨】
软件最终用户未经许可商业性使用盗版软件构成侵权，应以正版软件的价格为基础进行赔偿。

【起诉与答辩】
北京北大方正集团公司（以下简称方正集团公司）、北京红楼计算机科学技术研究所（以下简称红楼研究所）诉称：我们共同为方正 RIP v2.1 版软件的著作权人。2002 年 11 月我们发现被告北京宝蕾元科技发展有限责任公司（以下简称宝蕾元公司）未经许可，在其照排机中非法安装使用上述软件用于商业性服务。该行为侵犯了我们所享有的计算机软件著作权，故起诉要求宝蕾元公司立即停止侵权，删除所有侵权软件，赔偿经济损失 15 万元，并承担本案的诉讼费用。

被告宝蕾元公司辩称：方正集团公司及红楼研究所指控我公司使用的侵权软件，是我公司的股东从北京众信经济信息咨询公司（以下简称众信公司）购买的，众信公司从方正集团公司授权的销售单位北京高术科技公司（以下简称高术公司）购买该照排机时，已经随机装有方正 RIPv2.1 版软件，我们并不知晓该软件为盗版软件。2002 年我公司接到工商部门的通知后，马上删除了上

述软件的全部内容并马上购买了正版软件。因此，不同意方正集团公司、红楼研究所提出的诉讼请求。

【原审查明事实】

原审法院经审理查明：方正集团公司、红楼研究所依法拥有方正 RIPv2.1 版计算机软件的著作权。宝蕾元公司使用了上述软件对外提供照排服务。方正集团公司于 2002 年 11 月 21 日向朝阳区工商行政管理局投诉宝蕾元公司使用盗版 RIP 2.1 版软件，并通过公证部门将宝蕾元公司使用该软件的情况予以公证。宝蕾元公司未能提供上述软件的合法来源。嗣后，宝蕾元公司删除了上述软件内容，并于 2002 年 12 月 5 日自方正集团公司授权的销售单位北京高术华力科技有限公司处购买了全套的方正 RIP 2.1 版软件。

【原审审理结果】

原审法院认为：方正集团公司及红楼研究所系方正 RIPv2.1 版软件的著作权人，任何民事主体均有义务予以尊重且不得侵犯其合法权利，否则将承担相应的法律责任。

宝蕾元公司使用了方正 RIP 2.1 版的计算机软件，但不能提供该软件的合法来源，亦未举证证明其不知道或者没有合理理由知道该软件为侵权软件，因此在其不能证明具有合法前提的情况下使用上述软件，构成了对方正集团公司、红楼研究所对该软件享有的著作权的侵犯。因此，对于宝蕾元公司以其不知晓所使用的软件为侵权软件为由提出不构成侵权的抗辩，本院不予支持。

宝蕾元公司对侵犯方正集团公司、红楼研究所著作权的行为，应承担相应的法律责任。考虑到宝蕾元公司使用上述计算机软件对外提供照排服务，系商业性使用行为，故应依据著作权法关于复制的侵权行为追究其民事责任，因此宝蕾元公司除应停止侵权外，还应承担赔偿损失的法律责任。现宝蕾元公司已经采用删除侵权软件、购买正版软件的方式停止了侵权行为，故对于方正集团公司、红楼研究所提出停止侵权的诉讼请求，本院不再作处理。鉴于方正集团公司及红楼研究所未举证证明因宝蕾元公司使用方正 RIP 2.1 版软件而遭受损失的具体数额，本院将综合考虑宝蕾元公司实施侵权行为的主观过错、侵权情节、侵权后果等因素，酌情判定其应承担的赔偿数额。

依据《中华人民共和国著作权法》第四十七条第（一）项之规定，判决如下：

一、北京宝蕾元科技发展有限责任公司赔偿北京北大方正集团公司、北京红楼计算机科学技术研究所经济损失 48 000 元（于本判决生效之日起 10 日内给付）。

二、驳回北京北大方正集团公司、北京红楼计算机科学技术研究所的其他诉讼请求。

方正公司、红楼研究院不服原审判决，向本院提起上诉。其上诉理由为：北京高术科技公司和北京高术华力科技有限公司是两个完全独立的企业法人，上诉人 1999 年前曾授权北京高术科技公司销售上诉人的 RIP v2.1 软件，1999 年后取消了其代理权，而上诉人从未授权北京高术华力科技有限公司销售涉案软件，因此原审认定北京高术华力科技有限公司为上诉人授权的销售商是错误的；上诉人 RIP v2.1 软件的正常市场价格应为 8 万元，原审认定为 48 000 元是错误的；原审判令被上诉人承担赔偿责任的数额明显偏低，不足以弥补上诉人的经济损失，更起不到对侵权行为的惩罚作用。故请求法院撤销原审判决第二、三项；判令被上诉人赔偿上诉人经济损失 15 万元；判令被上诉人承担一、二审全部诉讼费用。

宝蕾元公司同意原审判决并辩称：原审已认定我公司自北京高术华力科技有限公司购买的涉案软件为正版软件；软件的市场价格并不固定，原审认定上诉人的 RIP v2.1 软件价格为 48 000 元是正确的。故请求驳回上诉人的上诉请求，维持原判。

【二审查明事实】

二审法院经审理查明：宝蕾元公司于 2002 年 12 月 5 日自北京高术华力科技有限公司处购买了方正 RIP v2.1 软件一套，价格为 48 000 元。

北京高术科技公司成立于 1994 年 3 月 14 日，注册号为 1101081438140，住所地为北京市海淀区苏州街 78 号（物资管理局）；北京高术华力科技有限公司成立于 2001 年 11 月 6 日，注册号为 1101082338023，住所地为北京市海淀区苏州街 78 号 505 室。

上诉人方正公司、红楼研究所称 1999 年以前曾授权北京高术科技公司销售上诉人的 RIP v2.1 软件，1999 年后取消了该授权；上诉人称从未授权北京高术华力科技有限公司销售其软件。

另查，北京北大方正电子有限公司于 2001 年 9 月 21 日向北京天泽润科贸有限公司出具了北京增值税专用发票一张，号码为 00563147，其中列明"方正彩色照排系统软件包" 1 套，单价为 59 829.06 元，税额为 10 170.94 元。以上两项合计为 7 万元。

北京北大方正电子有限公司于 2002 年 3 月 21 日向北京图文天地文化信息有限公司出具了北京增值税专用发票 1 张，号码为 03201930，其中列明"方正彩色照排系统软件包"1 套，单价为 68 376.07 元，税额为 11 623.93 元。以上两项合计为 8 万元。

本院查明的其他事实与原审相同。

【二审审理结果】

二审法院认为：上诉人方正公司、红楼研究所作为方正 RIP v2.1 软件的著作权人，其依法享有的著作权受我国著作权法保护。

被上诉人宝蕾元公司作为上诉人享有著作权的方正 RIP v2.1 软件的最终用户，在其商业经营中使用了方正 RIP v2.1 软件，但不能提供持有该软件的合法手续，不能证明其使用该软件所具有的合法性，因此应认定其运行使用的软件为侵权复制品，其使用该软件的行为侵犯了上诉人对方正 RIP v2.1 软件享有的著作权，应承担停止侵权、赔偿损失的民事责任。

根据二审查明的事实，北京高术科技公司与北京高术华力科技有限公司并非同一主体。上诉人表示从未授权北京高术华力科技有限公司销售其享有著作权的软件，且宝蕾元公司不能提供证据证明其从北京高术华力科技有限公司购买的方正 RIP v2.1 软件经过上诉人的合法授权，因此，其购买该软件的价格不能证明上诉人授权销售方正 RIP v2.1 软件的合理价格，亦不能据此认定上诉人有偿许可他人使用时所收取合理费用的数额。原审对上述事实认定有误，本院予以更正。

关于赔偿经济损失的数额问题，上诉人请求赔偿其经济损失 15 万元，主张根据 RIP v2.1 软件市场价格的 2 倍计算侵权赔偿数额，其上述主张缺乏事实和法律依据，本院不予全额支持。原审确定赔偿数额的计算方法不妥，本院根据已查明的事实确定上诉人有偿许可他人使用时所收取合理费用的数额，并以此为基准，综合考虑被上诉人宝蕾元公司侵权的方式、程度、主观过错程度等因素，酌情确定宝蕾元公司赔偿方正公司、红楼研究所经济损失的具体数额。

综上，依据《中华人民共和国著作权法》第四十七条第（一）项、第四十八条第二款，《计算机软件保护条例》第二十四条第（一）项，《中华人民共和国民事诉讼法》第一百五十三条第一款第（三）项之规定，判决如下：

一、维持北京市朝阳区人民法院（2003）朝民初字第 3518 号民事判决第一项；

二、撤销北京市朝阳区人民法院（2003）朝民初字第 3518 号民事判决第二、三项；

三、北京宝蕾元科技发展有限责任公司于本判决生效之日起 10 日内赔偿北京北大方正集团公司、北京红楼计算机科学技术研究所经济损失 7 万元；

四、驳回北京北大方正集团公司、北京红楼计算机科学技术研究所的其他诉讼请求。

原审案件受理费 4 510 元，由北京北大方正集团公司、北京红楼计算机科学技术研究所共同负担 1 000 元，由北京宝蕾元科技发展有限责任公司负担 3 510 元；原审案件财产保全费 1 270 元，由北京宝蕾元科技发展有限责任公司负担；二审案件受理费 4 510 元，由北京北大方正集团公司、北京红楼计算机科学技术研究所共同负担 1 000 元，由北京宝蕾元科技发展有限责任公司负担 3 510 元。

49.《鲁迅与我七十年》著作权侵权纠纷案

——周海婴诉光明日报社

原告（被上诉人）：周海婴
被告（上诉人）：光明日报社
案由：著作权侵权纠纷

原审案号：北京市第一中级人民法院（2003）一中民初字第 941 号
原审合议庭成员：刘勇、姜颖、白剑峰
原审结案日期：2003 年 4 月 28 日
二审案号：北京市高级人民法院（2003）高民终字第 541 号
二审合议庭成员：陈锦川、周翔、张冬梅
二审结案日期：2003 年 9 月 5 日

【判决要旨】

著作权人与他人签定的出版合同中，严格限定了他人许可第三人使用作品的权利，在未征得著作权人同意的情况下，他人无权擅自许可第三人使用作品，否则，应认定为侵权。

【起诉与答辩】

原告周海婴诉称：2001 年 11 月 16 日前后，原告发现被告未经原告许可，在其所属的《生活时报》上，以连载的方式将原告的《鲁迅与我七十年》一书连续刊出，共计 28 期。原告随即通知被告，要求被告停止侵权行为。被告不同意，并表示要向原告支付稿酬，但拒绝与原告商议稿酬数额。无奈之下，为了减小负面影响，原告随即向被告寄去了《正误表》。原告认为，被告的行为侵犯了原告的修改权和发行权，减少了原告正版图书的正常发行量。被告恶意侵权的行为，给原告造成了一定的精神痛苦和极大经济损失。故请求法院判令被告：在一家全国性报纸上向原告公开道歉；赔偿经济损失 15 万元和为制止侵权的费用 2.5 万元。

被告光明日报社辩称：被告所属的《生活时报》转载原告《鲁迅与我七十年》一书作品，已征得南海出版公司的书面同意，并商定稿酬为每千字 50 元。在连载前也已经与原告联系并取得了其本人同意。现原告以《生活时报》未经

同意转载其作品起诉，不符合客观实际情况。被告确因客观原因没有及时向原告支付稿酬，对此，被告同意向原告支付所拖欠的稿酬及相应的利息，但原告的索赔要求不合理。综上，请求法院作出公正判决。

【原审查明事实】

原审法院经审理查明：2001 年 4 月，周海婴（甲方）与南海出版公司（乙方）签订了关于《海婴回忆录》（暂名）一书的图书出版合同。在合同第一条约定：甲方授予乙方在合同有效期内，在中国大陆，以图书形式、简体文版出版发行《鲁迅与我七十年》的专有使用权。第三条约定：在合同有效期内，未经双方同意，任何一方不得将第一条约定的权利许可第三方使用，如有违约，另一方有权要求经济赔偿并终止合同。第九条约定：未经甲方书面许可，乙方不得行使合同第一条授权范围以外的权利。2001 年 9 月南海出版公司出版发行了该书，更名为《鲁迅与我七十年》，署名作者为周海婴。

2001 年 10 月 18 日，南海出版公司出具信函载明：南海出版公司同意《光明日报》所属的《生活时报》连载《鲁迅与我七十年》一书，稿酬按每千字50 元支付。

《生活时报》系光明日报社主办的报刊，自 2001 年 10 月 30 日至 2002 年 2月 8 日，分 28 期转载了《鲁迅与我七十年》一书的部分内容。

2002 年 1 月 16 日，原告周海婴给《生活时报》编辑肖燕的信函载明：11月底我们通信之后，一直看到贵报连载。……我一直在收集，但是缺少第一、四、五期，如有可能代找给我。……奉上最近的正误表，麻烦你在刊出时改正一下，是不断接到各方面朋友来信纠正的。

2002 年 3 月 10 日，原告周海婴给《生活时报》编辑肖燕的信函载明：1月 19 日汇寄的复印报纸，早已收到，我的集报完成了。直至今日，未见贵刊结算稿酬，或许中间有何困难。希告知为盼。

本案涉及的《生活时报》编辑肖燕，经庭审核实应为肖燕立。

被告制作的转载原告《鲁迅与我七十年》一书的稿酬结算单，字数 10.6万，共 28 期，稿酬 5 300 元。原告认为被告统计数字有误，应为 14.6 万字。被告认为，其统计字数是用计算机对电子文本进行统计的，原告按照行数、标题、图片进行统计的方法不符合行业要求。

【原审审理结果】

原审法院认为：我国著作权法规定，如无相反证明，在作品上署名的公民、法人或者其他组织为作者。《鲁迅与我七十年》一书的作品署名为周海婴，可以认定周海婴为该书的著作权人。

我国著作权法规定，使用他人作品应当同著作权人订立许可使用合同。光明日报社主办的《生活时报》以连载的方式使用原告的《鲁迅与我七十年》一书，应当依法同原告订立该作品的著作权许可使用合同。在本案中，被告以南海出版公司出具的函件和原告给《生活时报》编辑肖燕立的信件为由，认为其转载的行为是获得原告许可的。对此，本院认为：首先，《鲁迅与我七十年》一书的著作权人系周海婴。虽然南海出版公司与原告签订了图书出版合同，但是在该合同中明确限定了南海出版公司许可第三人使用作品的权利。因此，南海出版公司无权许可他人使用原告的作品，其所出具的关于许可被告转载原告《鲁迅与我七十年》一书的函件应属无效，本院不予采信。因此，被告不能由此获得使用原告作品的权利。被告以南海出版公司许可其使用原告作品为理由进行抗辩，缺乏事实和法律依据，本院不予支持。其次，关于原告给《生活时报》编辑肖燕立的信件，本院认为，第一，从信件发生的时间看，其是被告使用原告作品的行为发生后原告写给被告方的，被告使用原告作品的行为在先；第二，从信件的内容看，仅表明原告向被告收集连载报刊、向被告寄出《正误表》、询问稿酬的情况，但没有表明原告授权或追认被告使用作品的行为。被告以原告该两份信件为由，认为原告许可或追认了其使用作品的行为，证据不足。本院不予采信。

综上，光明日报社在未经著作权人许可的情况下，以报刊连载的方式使用原告作品，侵犯了原告著作权。对此，被告应当承担公开赔礼道歉、赔偿损失的法律责任。

关于损失赔偿一节，出版图书与在报刊上刊登稿件在计酬方法上是不同的，原告以版税计酬的方法作为损失赔偿的依据，证据不足。本院参照国务院著作权行政管理部门制定的付酬标准，根据被告侵权行为的情节，对本案的赔偿数额予以酌定。原告请求被告赔偿其为制止侵权支付的费用2.5万元，但未向法庭提供相应的证据证明，本院不予支持。

综上所述，依照《中华人民共和国著作权法》第二十四条第一款、第四十七条第（一）项、第四十八条第二款之规定，判决如下：

一、自本判决生效之日起30日内，被告光明日报社在《新闻出版报》上发表致歉声明，向原告周海婴公开赔礼道歉。致歉声明内容须经本院审核。

二、自本判决生效之日起30日内，被告光明日报社赔偿原告周海婴经济损失人民币22 000元。

三、驳回原告周海婴的其他诉讼请求。

光明日报社不服原审判决，提出上诉，其理由为：原审判决处理诉讼主体存在错误，周海婴在起诉书上列明的被告为光明日报社和生活时报社，开庭时将被告变更为光明日报社和光明日报报业集团，原审法院对光明日报报业集团既未作出任何裁定也未在判决书中列明并作出处理，此为程序上的错误；原审判决事实认定存在严重错误，上诉人使用周海婴作品是经周海婴同意并且是可以用周海婴本人的信件来证明的，上诉人仅因拖欠了稿酬而侵犯了周海婴的获酬权；原审判决对赔偿数额的确定明显过高，上诉人在刊载涉案作品前，已获得该书出版者的书面授权，商定了稿酬，得到了出版者"取得作者同意"的口头承诺，周海婴在与我方的多次联系中，从未表示不同意连载，且在默许我方连载的情况下索要过稿酬，故我方应赔偿的仅是拖欠周海婴的稿酬；原审判决要求上诉人在《新闻出版报》致歉不妥，因赔礼道歉的范围应限于民事侵权的范围，我方刊载作品在《生活时报》上，如需进行公开致歉，也应在《生活时报》上。故请求二审法院撤销原审判决，改判为：上诉人仅负延迟支付稿酬之责，上诉人在《生活时报》上就延迟支付稿酬向周海婴致歉，上诉人向周海婴支付稿酬 4 706.4 元。

周海婴服从原审判决。

【二审查明事实】

二审法院审理查明的事实与原审查明的事实基本一致，另查明：二审审理过程中，光明日报社原编辑肖燕立到庭陈述了证言。肖燕立称，光明日报社连载《鲁迅与我七十年》一书之前取得了南海出版公司的许可，并约定了稿酬标准，南海出版公司承诺通知作者周海婴；开始连载后周海婴通过电话表示同意我们连载，但未签定书面许可使用合同，也无其他书面证据；对于应支付给周海婴的稿酬，光明日报社已于连载完成后的 2002 年第一季度制作出稿酬结算单，但并未实际支付稿酬。周海婴认为肖燕立曾为光明日报社的编辑，并具体负责连载《鲁迅与我七十年》一书，其与本案有利害关系；肖燕立证明周海婴许可光明日报社连载《鲁迅与我七十年》一书，仅是个人口头证言，并无其他证据佐证，不足为信；肖燕立所述稿酬结算单的制作日期与光明日报社在原审中提交的稿酬结算单上的日期出入很大，其证言不可信。本院对周海婴的质证意见予以采纳，对肖燕立的证言不予采信。

【二审审理结果】

二审法院认为：对于光明日报社提出的原审程序上存在的问题，经核查原审庭审笔录，周海婴在法庭调查阶段，即向法庭明确了所诉被告只有光明日报社，光明日报社在原审期间亦未对此提出异议，故原审程序并无不妥，光明日报社此项上诉理由不成立。

使用他人作品应当同著作权人订立许可使用合同。周海婴作为《鲁迅与我七十年》一书的著作权人，在与南海出版公司签定的出版合同中，严格限定了南海出版公司许可第三人使用作品的权利，故在未征得周海婴同意的情况下，南海出版公司无权擅自许可光明日报社连载周海婴的作品。光明日报社仅获得南海出版公司的同意，但未得到周海婴的许可即转载了周海婴的作品。周海婴书信的内容虽未明确反对光明日报社连载其作品，但从周海婴向光明日报社收集连载报纸、寄正误表、询问稿酬等情况，也不能得出其对光明日报社的连载行为表示同意的结论。故光明日报社关于周海婴的信件并未明确反对连载、周海婴索要稿酬表明其已同意连载的主张，证据不足；光明日报社据此主张其连载《鲁迅与我七十年》一书的行为已获周海婴许可的上诉理由，缺乏事实根据，本院不予支持。光明日报社以其与南海出版公司已事先商定稿酬，其仅应支付拖欠周海婴的稿酬的上诉理由，亦不能成立。光明日报社连载《鲁迅与我七十年》一书的行为，事先没有取得周海婴的许可，事后亦未获得周海婴的同意，其行为侵犯了周海婴的著作权，应承担相应的民事责任。原审法院参照国务院著作权行政管理部门制定的付酬标准，根据光明日报社侵权行为的情节，对本案的赔偿数额予以酌定，并根据侵权给周海婴造成的影响判令光明日报社在《新闻出版报》上公开致歉，并无不妥。

综上，原审判决认定事实清楚，适用法律正确，应予维持。上诉人的上诉理由不能成立，对其上诉请求，应予驳回。依据《中华人民共和国民事诉讼法》第一百五十三条第一款第（一）项的规定，判决如下：

驳回上诉，维持原判。

原、二审案件受理费各 5 010 元，均由光明日报社负担。

50.《旧时儿戏》著作权侵权纠纷案

——赵华川、赵成伟诉中国书店、天津古籍出版社

原告（被上诉人）： 赵华川

原告（被上诉人）： 赵成伟

被告（原审被告）： 中国书店

被告（上诉人）： 天津古籍出版社

案由： 著作权侵权纠纷

原审案号： 北京市第一中级人民法院（2002）一中民初字第 8548 号

原审合议庭成员： 刘勇、仪军、彭文毅

原审结案日期： 2003 年 3 月 20 日

二审案号： 北京市高级人民法院（2003）高民终字第 550 号

二审合议庭成员： 陈锦川、张冬梅、周翔

二审结案日期： 2003 年 9 月 9 日

【判决要旨】

出版社未经许可出版他人作品，如作者接受了出版社事后给予的经济补偿，且并未在诉讼时效期间主张权利，可以认为作者认可了此种补偿方式，但这并不意味作者许可了出版社可以继续出版该作品。

【起诉与答辩】

原告赵华川、赵成伟诉称：2002 年 4 月，原告发现被告中国书店正在销售《旧时儿戏》一书第二版，该书中收录了由原告绘制的美术作品 218 幅。被告天津古籍出版社在未取得原告授权的情况下，擅自出版发行该书，严重侵害了原告的著作权。为此，原告依据《中华人民共和国著作权法》和《中华人民共和国民法通则》的相关规定，请求人民法院判令：（1）二被告停止发行销售该书；（2）被告天津古籍出版社赔偿原告人民币 65 400 元。

被告中国书店辩称：其销售的《旧时儿戏》一书是从天津古籍出版社直接进货，且手续合法。作为图书销售商，中国书店无法审查图书的著作权问题，如涉及侵权问题，中国书店也不应当承担任何过错责任。

被告天津古籍出版社辩称：（1）案外人周子俊持原告的书面授权和原稿来

与我社商谈《旧时儿戏》的出版事宜并签订了图书出版合同，且大量证据表明原告对该合同也是认可的，其对《旧时儿戏》的第一次印刷并无异议；（2）我社对该书的第二次印刷发行并没有违反合同；（3）即使合同无效，原告也只能得到印数稿酬或出版社第二次印刷该书的所得。综上，请求法院驳回原告的诉讼请求并由原告承担本案的诉讼费。

【原审查明事实】

原审法院经审理查明：1998 年 10 月 28 日，案外人周子俊作为甲方与乙方天津古籍出版社第二编辑部签订了《旧时儿戏》一书的图书出版合同。合同约定：乙方将对全稿内容进行终审，并保留版权权益 5 年；该次选题的投入资金（含全部）经协商均由甲方负责，乙方不承担任何费用……该合同未就稿酬问题作出约定。另查，经时任北京市版权局版权争议调解处处长刘志伟的协调，周子俊在 1999 年 2 月的图书订货会之后，应原告的要求向其支付了《旧时儿戏》一书的经济补偿 3 000 元，原告当庭对此事实予以认可。

1999 年 3 月，被告天津古籍出版社出版了《旧时儿戏》一书，该书版权页上标明：天津古籍出版社出版，新华书店天津发行所发行，作者赵华川、赵成伟，1999 年 3 月第一版第一次印刷，印数 1～3 000 册，定价 19.8 元。该书采取了图文相结合的形式，每页以一种老北京的儿童游戏如"抓周"、"拔萝卜"、"吹糖人儿"等为主题绘制图画，再配以相关的文字说明，全书共含图画218 幅。2001 年 8 月，该书进行了第二次印刷，在内容上与第一次印刷相同，印数为 3 001～8 000 册，定价为 15.8 元。

2002 年 4 月 2 日，原告在被告中国书店处以 15.8 元购得《旧时儿戏》（第二版）一本。购书后，被告中国书店为其开具了含《旧时儿戏》书名的销售发票。

2002 年 6 月，原告赵华川、赵成伟曾与被告天津古籍出版社就《旧时儿戏》一书的稿酬问题进行过协商，但双方最终并未签订书面合同。

【原审审理结果】

原审法院认为：

一、关于著作权人的认定

根据我国著作权法的规定，著作权属于作者，如无相反证明，在作品上署名的公民、法人或者其他组织为作者。本案中，在被控侵权作品《旧时儿戏》一书上的署名为：绘画赵华川、赵成伟，且原告当庭向本院出示了《旧时儿戏》中部分作品的原件，被告亦对此表示认可，故可以确认本案原告赵华川、赵成伟是《旧时儿戏》中 218 幅美术作品的著作权人，其依法享有的著作权受到法律的保护。

二、关于二被告的行为是否构成侵权的问题

首先，关于被告天津古籍出版社的行为性质。

被告天津古籍出版社在诉讼中向本院提交的证据二图书出版合同系由案外人周子俊与被告下属的第二编辑部所签订，证据三系一份没有任何签名和印章的空白委托书，以上证据均不能证明周子俊在与被告天津古籍出版社签订《旧时儿戏》一书的出版合同时已经获得了原告的合法授权，亦无法证明被告天津古籍出版社出版该书时得到了原告的同意。被告天津古籍出版社称周子俊在与其签订合同时曾出具了原告的书面授权，但其陈述并无相应的证据予以佐证，故被告天津古籍出版社未经许可使用原告作品出版图书的行为已经构成对原告依法享有的著作权的侵犯。

被告天津古籍出版社在本案审理过程中提出，根据其提交的证据八刘志伟的证言及原告的当庭陈述可知，1999 年 2 月前后原告已经接受了周子俊就《旧时儿戏》一书第一版向其支付的报酬 3 000 元，故应视为原告已经认可了被告天津古籍出版社与周子俊所订立的出版合同。本院认为，该 3 000 元报酬只是被告天津古籍出版社出版《旧时儿戏》一书第一版后原告获得的经济补偿。由于两原告并未与被告天津古籍出版社签订图书出版合同，故该款的性质既不是稿酬也不能作为计算稿酬的标准。同时，原告接受这一补偿的行为不能视为对出版合同的认可，亦不能证明原告已经许可被告天津古籍出版社出版该书。但是，原告在知道《旧时儿戏》一书第一版出版并接受了周子俊向其支付的第一版的 3 000 元报酬后，并未在法律规定的诉讼时效期间内向被告天津古籍出版社主张权利，应视为其已经认可了这种补偿方式和补偿数额，即《旧时儿戏》一书第一版的纠纷双方已经解决，故原告就被告天津古籍出版社出版《旧时儿戏》一书第一版所提出的诉讼请求本院不予支持。但是，被告天津古籍出版社对其未经许可、擅自使用原告的作品出版《旧时儿戏》一书第二版的行为仍应承担停止侵权并赔偿经济损失的法律责任。

其次，关于被告中国书店的行为性质。

被告中国书店在诉讼中向本院提交了一份"天津古籍出版社批销业务清单"用以证明其销售《旧时儿戏》一书具有合法的进货渠道。本院认为，作为图书的销售者，被告中国书店向本院提交的证据材料证明其已经尽到了必要注意义务，其只需承担停止销售侵权图书的法律责任即可。

三、关于本案赔偿数额的确定

《旧时儿戏》一书使用的原告享有著作权的 218 幅美术作品，均是围绕老北京儿童游戏这一主题所形成，它们风格一致，内容也具有一定的关联性，其性质更为接近于画册或成套画辑。故本院将依照 1984 年《美术出版物稿酬标准》（中高级画册 15～50 元/幅）并依据 1990 年《国家版权局关于适当提高美术出版物稿酬的通知》相应提高 50% 的标准，结合使用原告作品的数量和被告的侵权情节酌情确定本案的赔偿数额。对于原告主张以单幅美术作品确定赔偿数额的请求，因其缺乏必要的事实依据，故本院不予支持。

综上所述，依照《中华人民共和国著作权法》第四十七条第（一）项之规定，判决如下：

一、被告天津古籍出版社自本判决生效之日起，立即停止出版、发行《旧时儿戏》（2001 年 8 月第二次印刷）一书；

二、被告天津古籍出版社自本判决生效之日起 10 日内，赔偿原告赵华川、赵成伟经济损失人民币 30 520 元；

三、被告中国书店自本判决生效之日起，立即停止销售《旧时儿戏》（2001 年 8 月第二次印刷）一书；

四、驳回原告赵华川、赵成伟的其他诉讼请求。

天津古籍出版社不服原审判决，提起上诉。请求二审法院撤销原审判决第一、二、四项，上诉费由被上诉人承担。

赵华川、赵成伟、中国书店服从原审判决。

【二审查明事实】

二审法院经审理查明：1998 年 10 月 28 日，案外人周子俊作为甲方与乙方天津古籍出版社第二编辑部签订了《旧时儿戏》一书的图书出版合同，约定：乙方将对全稿内容进行终审，并保留版权权益 5 年；该次选题的投入资金（含全部）经协商均由甲方负责，乙方不承担任何费用……该合同未就稿酬问题作出约定。另查，经时任北京市版权局版权争议调解处处长刘志伟的协调，周子俊在 1999 年 2 月的图书订货会之后，应赵华川、赵成伟的要求向其支付了《旧时儿戏》一书的经济补偿 3 000 元，赵华川、赵成伟当庭对此事实予以认可。

1999 年 3 月，天津古籍出版社出版了《旧时儿戏》一书，该书版权页上标明：天津古籍出版社出版，新华书店天津发行所发行，作者赵华川、赵成伟，1999 年 3 月第一版第一次印刷，印数 1～3 000 册，定价 19.8 元。该书采取了图文相结合的形式，每页以一种老北京的儿童游戏如："抓周"、"拔萝卜"、"吹糖人儿"等为主题绘制图画，再配以相关的文字说明，全书共含图画 218 幅。2001 年 8 月，该书进行了第二次印刷，在内容上与第一次印刷相同，印数为 3 001 ~ 8 000 册，定价为 15.8 元。

2002 年 4 月 2 日，赵华川、赵成伟在中国书店处以 15.8 元购得《旧时儿戏》（第二版）一本。购书后，中国书店为其开具了含《旧时儿戏》署名的销售发票。

2002 年 6 月，赵华川、赵成伟曾与天津古籍出版社就《旧时儿戏》一书的稿酬问题进行过协商，但双方最终并未签订书面合同。

【二审审理结果】

本案在二审审理过程中，经法院主持调解，各方当事人自愿达成如下协议：

一、天津古籍出版社自调解书生效之日起，立即停止出版、发行《旧时儿戏》（2001 年 8 月第二次印刷）一书。

二、天津古籍出版社自调解书生效之日起，立即赔偿赵华川、赵成伟经济损失人民币 23 000 元；另自调解书生效之日起 1 个月内给付赵华川、赵成伟一定数量的《旧时儿戏》以冲抵 7 000 元的经济损失，按该书定价的 40％计算；由天津古籍出版社将书运至该社在北京的业务联系单位，赵华川、赵成伟自取。

三、中国书店自调解书生效之日起立即停止销售《旧时儿戏》（2001 年 8 月第二次印刷）一书。

四、一审案件受理费 2 472 元，由天津古籍出版社负担；二审案件受理费 2 472 元，由天津古籍出版社负担。

五、各方当事人就本案纠纷再无争议。

上述协议，符合有关法律规定，本院予以确认。

本调解书经双方当事人签收后，即具有法律效力。

51. "舞龙"剪纸著作权侵权纠纷案

——徐阳诉北京民俗博物馆

原告（上诉人）： 徐阳
被告（被上诉人）： 北京民俗博物馆
案由： 著作权侵权纠纷

原审案号： 北京市朝阳区人民法院（2003）朝民初字第 07778 号
原审合议庭成员： 李有光、谢甄珂、党淑平
原审结案日期： 2003 年 5 月 21 日
二审案号： 北京市第二中级人民法院（2003）二中民终字第 5951 号
二审合议庭成员： 刘薇、梁立君、宋光
二审结案日期： 2003 年 9 月 10 日

【判决要旨】

未经许可使用他人美术作品时，如改变了作品的构图与美术形象的个数，则构成对作者修改权的侵犯；同时，如修改使用并没有破坏该作品所要表达的主题，也未产生任何有损作者声誉或名声的后果，未达到对作品内容、观点、形式等进行歪曲、篡改的程度，则不构成对作者保护作品完整权的侵犯。

【起诉与答辩】

原告徐阳诉称：2003 年 1 月 28 日，北京民俗博物馆在东岳庙围墙上设立了 29 个大型灯箱广告，其中 25 个灯箱图案取自我的 4 幅剪纸作品。经交涉及《劳动午报》报道，其于 2 月 14 日将灯箱拆除。为宣传其主办的东岳庙会暨北京第二届民俗文化艺术节，北京民俗博物馆未经许可、未署名、未支付报酬，擅自使用并改动我的作品制作临街大型灯箱广告，严重侵犯了我的著作权。现起诉要求其公开赔礼道歉，赔偿损失 10 万元及律师费 3 000 元，并负担本案诉讼费。

被告北京民俗博物馆辩称：作为社教公益机构，应区政府要求，我馆投资对东岳庙两侧的环境进行布置、装饰、并组织了一些公益性演出活动，并未因此取得任何效益。使用剪纸图案的灯箱树立在街道外侧，与庙内文化节少量售票参观文物无关。2003 年 2 月 13 日，受委托进行义务设计的俞伯华通知我馆，

其所设计的朝外大街道路北侧、东岳庙东西两侧的装饰灯箱剪纸图案有可能发生纠纷，故我馆于次日将灯箱拆除，并促使俞伯华与剪纸作者妥善解决，俞伯华也已赔礼道歉。我馆并无侵权故意，也非侵权人。徐阳的诉讼请求亦缺乏依据。因此我馆不同意其诉讼请求。

【原审查明事实】

原审法院经审理查明：2001 年出版的《美术　书法　摄影　民间艺术精品展览作品集》发表了徐阳创作的《舞龙》、《踩高跷》、《赛龙舟》、《舞狮·秧歌·腰鼓》4 幅剪纸作品。

为活跃市民春节文化生活，展示全国文明城区的风采，北京市朝阳区人民政府于 2003 年 1 月 31 日至 2 月 7 日主办"第二届北京民俗文化节及第五届东岳庙春节文化庙会"（以下简称文化节及庙会），由北京民俗博物馆出资具体承办。该活动主要以公益性为主，开辟露天演出舞台形成免费庙会，为保证文物古建和游客安全，庙内以赠票为主，适当出售门票。

为配合该活动的开展，落实区政府关于门前及两侧装点出喜庆节日气氛的要求，1 月 28 日，北京民俗博物馆在朝外大街东岳庙外墙上、大门两侧树立了灯箱。其中 25 个灯箱分别以徐阳的上述 4 幅剪纸作品为图案。《舞狮·秧歌·腰鼓》一幅有被截取使用的情形。2 月 14 日，北京民俗博物馆将有争议的灯箱拆除。

另，北京民俗博物馆未就上述使用征得徐阳的许可并支付报酬，其虽提出有争议的灯箱系委托俞伯华无偿设计，但未就此举证。徐阳为诉讼支出律师费 3 000 元。

【原审审理结果】

原审法院认为：徐阳是《舞龙》等 4 幅剪纸作品的作者，依法对其作品享有著作权。

北京民俗博物馆未经许可将徐阳的剪纸作品用作灯箱图案，且未支付任何报酬，侵犯了徐阳对其作品的使用权及因此获得报酬的权利。

署名权是表明作者身份的权利。任何人在使用他人作品时都应当以适当的方式表明作者身份。北京民俗博物馆在使用上述剪纸作品时没有以合理的方式表明徐阳的作者身份，侵犯了徐阳对其剪纸作品所享有的署名权。

北京民俗博物馆未经许可截取《舞狮·秧歌·腰鼓》的一部分并将之作为独立作品使用在灯箱上，这种使用改变了剪纸作品的构图与美术形象的个数。只有作者才有权决定对作品进行修改或授权他人修改，任何人未经授权均不能对他人作品进行删减或分割。因此北京民俗博物馆未经许可修改徐阳的作品，侵犯了徐阳所享有的对其作品的修改权。鉴于这种截取使用并没有破坏该作品所要表达的欢乐喜庆主题，也未产生任何有损作者声誉或名声的后果，未达到对作品内容、观点、形式等进行歪曲、篡改的程度，因此未侵犯徐阳所享有的保护作品完整权。

北京民俗博物馆应当就上述侵权行为承担赔礼道歉、赔偿损失的民事责任。

游客的数量与活动的形式、内容、宣传程度、往届情况等有着密切的关系，涉案的文化节及庙会均非首届，且分为庙内、庙外两部分，又汇集免费表演、古建文物展览等多项内容，徐阳并没有举证证明网络报道的游客数量与使用其剪纸作品之间存在必然联系。因此徐阳以此估算北京民俗博物馆的侵权获利，并作为确定赔偿数额的依据，本院不予支持。鉴于徐阳因侵权所产生的实际损失及北京民俗博物馆的侵权违法所得均不能确定，故本院将综合考虑以下因素酌情确定本案的赔偿数额：（1）北京民俗博物馆承办的文化节及庙会是政府出于公益目的主办的，该活动庙外免费，庙内主要赠票以公益性为主；（2）徐阳的剪纸作品被用于庙外免费活动区域内，其装饰街道的目的较为突出；（3）北京民俗博物馆的主观过错程度及其使用作品的数量、时间；（4）徐阳为诉讼支出律师费。

综上，依据《中华人民共和国著作权法》第四十七条第（一）项、第四十八条第二款之规定，判决如下：

一、北京民俗博物馆于本判决生效之日起30日内向徐阳书面赔礼道歉（致歉内容须经本院审核，逾期不执行，本院将依法公开本判决的主要内容，相关费用由北京民俗博物馆负担）；

二、北京民俗博物馆于本判决生效之日起10日内赔偿徐阳6 500元；

三、驳回徐阳的其他诉讼请求。

徐阳不服原审判决，提起上诉，理由是原审法院认定事实有误。民俗博物馆使用徐阳的剪纸作品制作灯箱的目的是宣传其举办的文化节及庙会，以吸引游客；原审法院认定灯箱用于庙外免费区域、目的是装饰街道没有依据。"朝阳文化网"登载的文章记载了庙会期间参观人数达164 790人，每张门票10元，民俗博物馆获利很大，但其提供的证明门票主要为赠票的证据缺乏证明力，原审法院认定庙会主要为赠票没有事实依据。民俗博物馆是北京市朝阳区人民政府的下属单位，区政府作为地方政府在案件审理过程中为一方当事人出具带有倾向性意见的证明文件，是一种干预司法的行为。徐阳是北京民间工艺大师，制作的剪纸作品色彩复杂、人物景物众多，制作难度大；民俗博物馆使用徐阳的四幅剪纸作品制作了 25 个大型灯箱广告，设置于东岳庙沿街的围墙上，地处闹市、时间长、游人多、影响大。原审法院判决没有体现出公正性，请求二审法院撤销原审判决，判决民俗博物馆在报纸上向徐阳公开赔礼道歉、赔偿经济损失及律师费总计 103 000 元。

民俗博物馆服从原审判决。

【二审查明事实】

二审法院经审理查明：上诉人徐阳是北京二级民间工艺大师，其创作的剪纸作品《舞龙》、《踩高跷》、《赛龙舟》、《舞狮·秧歌·腰鼓》发表在 2001 年出版的《美术　书法　摄影　民间艺术精品展览作品集》中。

为活跃市民春节文化生活，展示全国文明城区的风采，北京市朝阳区人民政府于 2003 年 1 月 31 日至 2 月 7 日主办"文化节及庙会"，由民俗博物馆出资具体承办。为装点喜庆的节日气氛，北京民俗博物馆于 1 月 28 日在朝阳区朝外大街北侧、东岳庙外墙上及大门两侧树立了灯箱，共计 25 个灯箱分别以徐阳创作的上述四幅剪纸作品为图案，其中《舞狮·秧歌·腰鼓》一幅有被截取使用的情形。2 月 14 日，民俗博物馆将有争议的灯箱拆除。

在本案原审判决后，徐阳与案外人北京美好景象图片有限公司签订图片委托代理协议，约定了在不同情况下使用徐阳创作的剪纸作品的价格标准。

徐阳为本案诉讼支出律师费 3 000 元。

【二审审理结果】

二审法院认为：剪纸作为美术作品中的一种类型，属于我国著作权法保护的客体。徐阳是《舞龙》、《踩高跷》、《赛龙舟》、《舞狮·秧歌·腰鼓》四幅剪纸作品的作者，依法享有著作权。

北京民俗博物馆使用徐阳创作的四幅剪纸作品制作灯箱并设置于公共场所，未以适当方式表明作者身份，未取得著作权人的许可且未支付报酬，侵害了徐阳对作品享有的署名权、复制权、展览权及获得报酬权。

修改权是指作者对其创作的作品进行修改或授权他人进行修改的权利；保护作品完整权是指作者保护其作品的内容、观点、形式等不受歪曲、篡改的权利，作者有权保护其作品不被他人作违背其思想的删除、增添或其他损害性的改动。两项权利相互关联，前者强调维护作者的意志；后者从维护作者的尊严和人格出发，防止他人对作品进行歪曲性处理以维护作者的荣誉。本案中，北京民俗博物馆在使用徐阳创作的剪纸作品《舞狮·秧歌·腰鼓》制作灯箱时，截取图案中的一部分单独使用，此种未取得著作权人许可而改变作品构图的使用方式侵害了徐阳享有的修改权。原审法院依据客观使用情况，确认北京民俗博物馆的截取使用方式没有达到对原作品内容、观点、形式进行歪曲、篡改的程度，因此不侵害徐阳的保护作品完整权，本院对此不持异议。

北京民俗博物馆基于上述侵权行为，应承担向著作权人赔礼道歉、赔偿经济损失的法律责任。原审法院在综合考虑北京民俗博物馆承办的文化节及庙会是北京市朝阳区人民政府出于公益目的举办及北京民俗博物馆使用涉案剪纸作品的时间、地点等因素，酌情确定书面赔礼道歉的方式及赔偿经济损失的数额，并不违反相关法律的规定，本院对此予以维持。鉴于徐阳将其与案外人约定的剪纸作品使用价格作为在本案中主张赔偿数额的标准缺乏充分的法律依据，本院对其上诉请求不予支持。

综上，依照《中华人民共和国民事诉讼法》第一百五十三条第一款第（一）项之规定，判决如下：

驳回上诉，维持原判。

原审案件受理费 3 570 元，由徐阳负担 1 070 元，由北京民俗博物馆负担 2 500 元；二审案件受理费 3 570 元，由徐阳负担。

52.《四用辞典》著作权侵权纠纷案

——齐中服诉何国贵、任俊杰

原告（被上诉人）： 齐中服
被告（上诉人）： 何国贵
被告（上诉人）： 任俊杰
案由： 著作权侵权纠纷

原审案号： 北京市海淀区人民法院（2002）海民初字第 16447 号
原审合议庭成员： 宋鱼水、马秀荣、石红英
原审结案日期： 2002 年 12 月 20 日
二审案号： 北京市第一中级人民法院（2003）一中民终字第 4839 号
二审合议庭成员： 赵静、姜颖、苏杭
二审结案日期： 2003 年 9 月 18 日

【判决要旨】

在参阅先出辞书的基础上，根据辞书的规范性和专业特点的要求，添加新的词条、释义和例句，并创造性地对辞书进行内容选择和编排，应认为形成了受著作权法保护的新作品。

【起诉与答辩】

原告齐中服诉称：1999 年初，何国贵、任俊杰约我和其他十几位老师共同编写"中级英语双解四用辞典"。何国贵、任俊杰称此书是世界图书出版西安公司（以下简称世图出版公司）约稿，承诺撰稿人享有署名权等权利，并按每千字 70 元向我们支付稿酬。经协商，由我承担字母 P、Q 辞条的撰写，要求 1999 年 6 月底完成初稿，并交文稿和软盘。我们按照约定，按时在 1999 年 6 月底前完成了所承担的辞条的撰写、修改、校订工作，将稿件文稿和软盘交给了何国贵、任俊杰；后何国贵、任俊杰又要求在原稿中增加词汇辨析表，马上交给他们；我们按时完成了再次修改，并将原稿及时交付。此后，何国贵、任俊杰召集我与其他作者，表示因世图出版公司未按合同出书，准备另找出版社出书，并承诺保证撰稿人的利益不受损失。此后，我们多次找到何国贵、任俊杰了解出书信息，他们均以与世图出版公司联系不上为由答复。2001 年 12 月，

我们在书店发现辞典已经出版发行，书名改为《中学英汉双解释义、文法句型、固定搭配、词汇辨义四用辞典》（以下简称《四用辞典》），辞典的作者署名仅有何国贵、任俊杰二人。我们和其他编写人员此后多次交涉，要求支付稿酬，但他们拒绝履行。何国贵、任俊杰的行为违反了著作权法的规定，侵犯了我的合法利益，特请求法院判令：何国贵、任俊杰停止侵权，赔礼道歉，消除影响；支付稿酬 21 007 元；承担我为制止侵权行为支付的律师费、通讯费等。

被告何国贵、任俊杰辩称：我们确实在 1999 年初组织包括齐中服在内的教师编写辞典，拟由世图出版公司出版，在 1999 年 1 月的编写会议上由任俊杰代表编写人员与世图出版公司签订了出版合同，会后仅十多天时间齐中服等就交来了二、三十万字的样稿。我们发现其基本内容是从《牛津高阶英汉双解辞典》（以下简称《牛津辞典》）上扫描下来的，内容庞杂，体例不一。为此我们组织他们进行了修改。1999 年 7 月，我们将书稿交给了世图出版公司，世图出版公司认为稿件有严重的质量问题，达不到出版要求。为此我们又组织编写人员进行修改，但仍未能达到要求，并被世图出版公司拒绝出版。后我们重新确立了编写体例，对原稿进行了重新编写。2000 年底，书稿达到了出版要求，我们与北京教育出版社接洽自费出版。本书现处于试用阶段，试印了1000 册，让有关学校免费试用，并没有在书店进行过销售。我们重新编写的辞典并非是对齐中服等老师的稿件整体使用。我们所利用的部分除个别词句外，其他内容均是齐中服等抄自牛津辞典和其他辞典，其对此并不享有著作权。我方愿意对齐中服等人的劳动给予合理的补偿，但不同意其诉讼请求。

【原审查明事实】

原审法院经审理查明：1999 年 1 月 31 日，任俊杰（乙方）与世图出版公司（甲方）于西安签订了一份图书出版合同，合同注明作品名称为"学生英汉（双解作文文法辨义）四用辞典"，作者姓名为"任俊杰、王学文等 24 人"。合同主要内容为：第一条，在本合同有效期间内，乙方授予甲方将上述作品用中文（简体字、繁体字）以各种版本形式在我国大陆地区出版、在世界各地发行的专有使用权；……第五条，乙方应于 1999 年 6 月 30 日前将上述作品的誊清稿交付甲方，该稿应为定稿。乙方因故不能按时交稿，应在交稿期限届满前15 日通知甲方，双方另行约定交稿日期……；第六条，本作品签订合同后，最迟应在 1999 年第三季度出版，如出现甲方无法控制的特殊情况而需要推迟出版日期，甲方应与乙方另议出版日期，如更改后的出版日期期满时本作品仍未出版，乙方可收回原稿并可终止出版合同，甲方按合同第九条约定的稿酬的30％向乙方支付赔偿费；……第九条，本作品的稿酬支付方式、标准及支付期限为：稿费按每千字 70 元结算，于图书出版后 3 个月内径支作者。主编费按每千字 15 元结算，于图书出版后 3 个月内径支主编人。审稿费按每千字 15 元结算，于图书出版后 3 个月内径支主审人。此外，在该合同的附件中双方对书稿明确了具体要求，主要内容为：（1）该辞典应将中学范围的单词全部录入，超出中学范围的单词可适当录入，但收词范围不宜过大；（2）原则上该辞典按 7 500 单词编写，具体按第一条标准执行，对辞典中辞条总数不作具体限制；（3）辞典中每个辞条应包括解意、文法、作文、辨义四个方面，如果可能还应包括反义词，但反义词不体现于书名中；（4）文稿质量由乙方负责，印装质量由甲方负责。

图书出版合同签订后，各撰稿人按照事先商议的分工开始辞典的编写工作，约定参考范围为《牛津辞典》、《英汉求解作文文法辨义四用辞典》等，稿酬为每千字 70 元。齐中服负责字母 P、Q 辞条编写，编写过程中，其对中学常用的词汇进行了收录，加入了自己编写的例句、中学课本中的一些人名以及"共产党员"、"西藏高原"、"中国经济政策"、"东方红"等词汇，其内容与《牛津辞典》不完全一致。1999 年 2 月，齐中服等撰稿人将样稿交付何国贵、任俊杰，又应要求对样稿进行了修改，于同年 7 月前将稿件修订完毕并交付。但世图出版公司未按合同约定出版该辞典，并将稿件退回。世图出版公司表示不再进行出版后，何国贵、任俊杰告知了齐中服等撰稿人并将各人的稿件原件退还，同时表示另找出版社出版。

2000 年 11 月，北京教育出版社出版《四用辞典》。该辞典封面注明："何国贵 任俊杰编写，王学文　何国贵　主审"；版权页注明：字数 3 500 千字；印数 10 000 册；定价 65 元；该辞典的编写说明中注明："本辞典体现《双解释义》、《文法句型》、《固定搭配》、《词汇辨义》等四个方面。"

庭审中，齐中服提出《四用辞典》629 页至 725 页字母 P、Q 部分，使用了其编写的内容，约 96.5 页，何国贵、任俊杰表示同意。经查，何国贵、任俊杰在使用齐中服的稿件时简化了词汇释义并对内容进行了修改、整理和补充，编排上也有所不同。以 quality 一词为例，《四用辞典》在单词之后集中列举释义，在释义后集中列举例句和词组，与齐中服一个释义跟一个例句的编排不同，与《牛津辞典》亦有所区别。就何国贵、任俊杰所使用的字数问题，双方产生较大分歧，但均表示愿意按照行业惯例对字数进行统计。经查，国家版权局于 1999 年 4 月发布的《出版文字作品报酬规定》中第七条规定："支付基本稿酬以千字为单位，不足千字部分按千字计算。支付报酬的字数按实有正文计算，即以排印的版面每行字数乘以全部实有的行数计算。末尾排不足一行或占行题目的，按一行计算。"另外，按照行业惯例，由于英文字典中英汉文在一起，所以通常以汉字字数为准进行计算。按照此种算法，《四用辞典》每行有 40 个汉字，每页有 62 行共 2 480 字，可得出使用了齐中服编写的内容约 240 千字。

【原审审理结果】

原审法院认为：编辑作品受到我国著作权法的保护。字典的整体编排和内容选择体现了编辑作品的特点，作者通常要为其付出创造性的劳动并因此而享有汇编权等著作权。本案中，齐中服作为一名中学老师，有着从事英语教学的多年经验，了解中学生对英语字典的需求及中学生英语字典需要收集的词条、例句、释义。其在参阅《牛津字典》等先出词典的基础上，根据自己的教学经验和成果对后出词典进行了内容选择和编排，这种选择和编排同时要符合字典的规范性和专业特点的要求，故其劳动是创造性的。字典的例句要求具备突出、鲜明的特点或具有典型意义，以便给读者留下深刻的印象，使读者读后经久不忘。齐中服在编选中，使用了教学中的常用词，比如"共产党员"、"西藏高原"、"东方红"等等，这些词语，中学生都比较熟悉，有亲切感，在教学中反复使用，放到词典当中可谓恰到好处，有画龙点睛之妙，故齐中服的选用是其智力劳动的结果，应受著作权法的保护。

《四用词典》与齐中服的原创作品相比较有所不同：齐中服的原创是一释一义，《四用词典》是释义分开，先释后义；对齐中服的原创部分的释义，《四用词典》中有所简化和补充，对于上述内容，何国贵、任俊杰为此也付出了自己的智力劳动，由于这些劳动已经超出了一般意义上的关于"编辑"的理解和通常关于编辑者的劳动范围，齐中服否认其智力创造是没有法律根据的，本院不予以支持。故二人对其所付出独创性劳动的部分享有著作权。

但是，何国贵、任俊杰二人的劳动不能抹煞齐中服的独创性劳动，因此何国贵、任俊杰无权独占该劳动成果，独自以作者名义单独署名。故何国贵、任俊杰以其另行付出劳动为由独享著作权成果不符合著作权法的规定，主观过错明显，已经侵犯了齐中服的署名权，应当对此予以更正，并向齐中服致歉。鉴于齐中服已授权何国贵、任俊杰出版，双方存在合作关系，与未经授权的出版行为亦应有别，且其须履行更正署名责任，采用书面致歉的方式较为合理。

基于《四用词典》P、Q 部分的著作权是齐中服与何国贵、任俊杰共同创作的结果，本院将根据双方付出的独创性劳动范围、大小、程度，以及何国贵、任俊杰对《四用字典》最终公之于世所付出的劳动等情节，予以酌定相关费用。关于合理支出，因未提供证据，本院不予支持。

综上，本院依据《中华人民共和国著作权法》第四十六条第（二）项、第五十三条，《中华人民共和国合同法》第一百零九条之规定，判决如下：

一、自本判决生效之日起被告何国贵、被告任俊杰应为原告齐中服在《中学英汉双解释义、文法句型、固定搭配、词汇辨义四用辞典》一书中署名；

二、本判决生效之日起 30 日内被告何国贵、被告任俊杰向原告齐中服书面致歉（致歉内容须经本院审核，逾期不履行，本院将自行拟订一份公告，刊登于相关媒体，费用由不履行该项义务的被告负担）；

三、本判决生效之日起 10 日内被告何国贵、被告任俊杰给付原告齐中服稿酬 10 080 元。

何国贵、任俊杰不服，提起上诉认为：齐中服文稿的大部分内容均与《牛津辞典》的内容一致，无独创性，不应享有著作权；《四用辞典》与齐中服的文稿相比，仅在所使用的例句方面有部分相同之处，而这部分相同的例句均源自《牛津辞典》。原审法院在对齐中服文稿的定性以及《四用辞典》与齐中服文稿之间的关系等事实认定上存在错误。因此，原审判决缺乏事实和法律依据，请求本院予以撤销，并驳回齐中服的诉讼请求。

齐中服服从原审判决。

【二审查明事实】

二审法院经审理查明：1999 年 1 月 31 日，任俊杰（乙方）与世图出版公司（甲方）于西安签订了一份图书出版合同，合同注明作品名称为"学生英汉（双解作文文法辨义）四用辞典"，作者姓名为"任俊杰、王学文等 24 人"。合同约定稿费按每千字 70 元结算。此后，各撰稿人按照事先商议的分工开始辞典的编写工作，约定参考范围为《牛津辞典》、《英汉求解作文文法辨义四用辞典》等，稿酬为每千字 70 元。齐中服负责字母 P、Q 辞条的编写。1999 年 2 月，齐中服将样稿交付何国贵、任俊杰，又应要求对样稿进行了修改，于同年 7 月前将稿件修订完毕并交付。但世图出版公司未按合同约定出版该辞典，并将稿件退回。世图出版公司表示不再进行出版后，何国贵、任俊杰告知齐中服并将其稿件原件退还，同时表示另找其他出版社出版。

2000 年 11 月，北京教育出版社出版了《中学英汉双解释义、文法句型、固定搭配、词汇辨义四用辞典》。该辞典封面注明"何国贵 任俊杰 编写，王学文 何国贵 主审"；版权页注明：字数 3 500 千字；印数 10 000 册；定价 65 元；该辞典的编写说明中注明"本辞典体现《双解释义》、《文法句型》、《固定搭配》、《词汇辨义》等四个方面"。

齐中服认为《四用辞典》使用了其编写的稿件内容，但何国贵和任俊杰未给其署名，也未支付报酬，侵犯了其合法权益，因此诉至法院。

【二审审理结果】

在二审开庭审理过程中，经本院主持调解，双方当事人自愿达成如下协议：

一、何国贵、任俊杰给付齐中服报酬 8 500 元。

二、一审案件受理费 850 元，由齐中服负担；二审案件受理费 850 元，由何国贵、任俊杰负担。

三、双方当事人就本案无其他争议。

上述协议，符合法律有关规定，本院予以确认。

本调解书经双方当事人签收后，即具有法律效力。

53. "道"字书法作品著作权侵权纠纷案

——关东升诉赵淑雯、道琼斯公司

原告： 关东升

被告： 赵淑雯

被告： 道琼斯公司（DOW JONES & COMPANY，INC）

案由： 著作权侵权纠纷

一审案号： 北京市第一中级人民法院（2003）一中民初字第 2944 号

一审合议庭成员： 马来客、仪军、彭文毅

一审结案日期： 2003 年 9 月 19 日

【判决要旨】

著作权法未限定许可使用必须采用书面合同方式，但使用人如主张已获得了著作权人实际或口头的许可，就必须证明著作权人曾作出过明确的、直接的许可其使用作品的意思表示。

【起诉与答辩】

原告关东升诉称：1994 年春夏之交，原告为道琼斯公司总裁康彼得先生题写具有独特风格的"道"字，并题写"君子爱财，取之有道。康比德先生正"作为落款。2002 年 2 月，原告得知道琼斯公司未经其许可将该款"道"字用于其公司的商业标识，其运用范围包括网络、报纸广告、图书、户外广告、公司简介、各种宣传材料等。而且，所用"道"字将原告所题"君子爱财、取之有道"、"康比德先生正"及原告名章、闲章等题跋、落款全部删掉，只使用了"道"字，侵犯了原告对其作品享有的署名权、修改权、保护作品完整权、复制权、信息网络传输权等著作权权益。原告认为，原告所创作的"道"字构成美术作品，应受著作权法保护。原告创作的"道"字书法作品是为赠给道琼斯公司总裁，该书法作品原件所有权应归受赠者，但该书法作品的著作权在双方没有约定的情况下应属原告。道琼斯公司总裁在受赠该书法作品后，有权展览其受赠的书法作品，但不能以商业目的复制使用或许可他人复制使用该作品。道琼斯公司从未提供原告专门为道琼斯公司商业目的使用而创作该"道"字，也没有证据证明被告商业目的使用该书法作品得到了原告的许

可。因此，道琼斯公司在商业活动中使用书法作品"道"字，属于未经著作权人许可，已构成侵权。侵权事实给原告身心造成极大伤害。原告曾多次向道琼斯公司主张权利并力求达到双方接受的解决方案，但道琼斯公司非但不承认事实，反而抵赖和推卸责任。为此，请求法院判令两被告停止侵权行为；判令道琼斯公司在《人民日报》（海外版）及其公司网站首页向原告公开赔礼道歉；判令道琼斯公司赔偿原告经济损失及精神损失人民币 500 万元；判令道琼斯公司赔偿原告为本案支付的合理费用。

被告赵淑雯辩称：其所经营的北京市海淀区青龙桥盛祥书店（以下简称盛祥书店）销售的只是有可能侵犯原告著作权的图书，所以，其承担法律责任是建立在道琼斯公司侵权行为成立的基础上的，而且，由于其不存在任何故意，其所承担的责任应仅限于停止销售相关图书。

被告道琼斯公司辩称：其使用的商业标识中包含的"道"字确为原告所写，但其使用是经过原告许可的，并不构成对原告著作权的侵犯。双方于1994 年就书写"道"字进行接洽，虽然没有签订书面协议，但双方达成一致，原告在有见证人在场的情况下同意为道琼斯公司书写一幅"道"字，道琼斯公司可以将其用于本企业的商业活动，具体包括将其用于企业商标、LOGO 等商业标识。并且原告谢绝了被告给付相应报酬的提议。在原告为道琼斯公司创作"道"字作品后近十年间，双方一直保持友好往来，而且原告至 2002 年初从未对道琼斯公司将"道"字用于商业用途表示反对。道琼斯公司将原告的题字、名章等与公司企业身份无关的题跋、落款删掉也是由使用方式的性质所决定的。因此道琼斯公司认为其使用"道"字是有合法依据的，并表示希望与原告协商以达成谅解，恢复友好关系。

【一审查明事实】

一审法院经审理查明：1994 年下半年，原告书写了一幅"道"字书画，其中包括"道"字、"君子爱财、取之有道"及"康比德先生正"的题跋、落款、原告名章、闲章。原告将该幅书画交付给道琼斯公司委派来的人员。

1994 年 11 月开始，道琼斯公司将原告书画中的"道"字用于商业标识。

1996 年 4 月，道琼斯公司中国首席代表向原告发出中文和英文书面邀请。中文邀请函表示将原告作为惟一的书法界代表，邀请原告参加当年 5 月在香港举行的道琼斯新指数发布会及道琼斯指数发行 100 周年纪念活动。英文邀请函中有称原告为"我们商标中的'道'字的创作者"的内容。1996 年 5 月 25 日，原告收到道琼斯公司北京办事处支付的费用 1 000 美元，收据表明为对原告在道琼斯平均工业指数 100 周年纪念推广活动中所做工作的酬谢。

1996 年 5 月 26 日，原告再次书写了"道"字书画，并标有"道琼斯指数发行一百周年纪念"的落款。

在《关东升书法篆刻》一书中，收集了原告书写的"道"字，并附有"1995 年，为美国道琼斯公司题写'道'字"的内容。

2002 年 11 月 21 日，经原告及公证人员上网查询，"道琼斯国际财讯"网页上，使用了原告书写的"道"字、侧面的"道琼斯"印章及下面的英文"DOWJONES"作为标识。

2002 年 11 月 21 日，原告及其委托代理人在北京市朝阳区光华路 12 号科伦大厦 A 座对其外部的广告牌及大厅的指示牌现场进行拍摄，取得照片 7 张，公证人员对拍照过程进行了公证。照片显示广告有原告书写的"道"字、侧面的"道琼斯"印章及下面的英文"DOWJONES"作为标识。

道琼斯公司在其公司的手提袋、信封、贺年卡、职员名片、公司简介封面、报刊广告上均使用了原告书写的"道"字作为标识。上述商业标识均包括"道"字、侧面的"道琼斯"印章及下面的英文"DOWJONES"字样。

2003 年 1 月 20 日，原告在被告赵淑雯所经营的北京市海淀区青龙桥盛祥书店购买了《道琼斯教你理财》一书。该书封面标明为"道琼斯财经系列之一"，上有原告书写的"道"字作为装潢。

原告为购买《道琼斯教你理财》一书（两本）支付费用 68 元，支付公证费 4 850 元，支付工商登记信息查询费 20 元，支付翻译费 780 元。

就原告于 1994 年书写的"道"字作品，原告与道琼斯公司之间未就作品的使用问题达成过书面协议，道琼斯公司亦未就此向原告支付过费用。

2002 年间，原告曾与道琼斯公司就"道"字作品的使用纠纷的处理进行过协商。

【一审审理结果】

一审法院认为：本案被控侵权行为发生于 2001 年 10 月 27 日修改后的《中华人民共和国著作权法》实施前，并持续到该日期之后，故本案审理应适用修改后的著作权法的相关规定。

本案原告主张权利的作品为其于 1994 年所书写的"道"字书画。该书画为书法艺术创作成果，属于美术作品中的书法作品。该作品内容包括"道"字、"君子爱财、取之有道"及"康比德先生正"的题跋、落款、原告名章、闲章，"道"字为该作品的主要内容，亦独立构成作品。原告作为上述作品的创作者，对该作品享有著作权。未经原告许可，以复制、发行、信息网络传播的方式使用原告上述作品，均属于侵犯原告著作权的行为。

　　道琼斯公司将原告书写的“道”字用于其商业标识，在其广告、商业招牌、互联网网页上使用，属于法律所规定的以复制、发行、信息网络传播的方式使用作品的行为。根据著作权法的规定，道琼斯公司以上述方式使用原告的作品，应当同著作权人订立许可使用合同。

　　根据查明的事实，原告与道琼斯公司未就“道”字书法作品的使用签订书面许可使用合同，且原告现否认自己曾许可道琼斯公司以商业标识的方式使用该作品，在这种情况下，道琼斯公司应就其已实际获得原告许可承担举证责任。道琼斯公司主张原告口头同意道琼斯公司将其书写“道”字用于其商业标识，且谢绝了道琼斯公司支付报酬的要求，但道琼斯公司未就该主张提供充分证据，对此本院不予认定。道琼斯公司主张该作品是原告为道琼斯公司创作的，故可得出原告许可道琼斯公司使用该作品的结论。对此，本院认为，即使该作品是原告为道琼斯公司所创作，也只能认定原告将作品原件的所有权转让与道琼斯公司，根据著作权法的规定，道琼斯公司虽然受赠获得该作品的原件，并未获得该作品的著作权，道琼斯公司可以以展览作品原件的方式使用该作品，但不能据此认为原告已许可其将该作品作为商业标识使用。道琼斯公司以原告对道琼斯公司将该作品作为商业标识使用长期未表示异议为理由，主张原告已实际许可其使用作品，该观点亦不能成立。著作权法确实未限定许可必须采用书面方式，但道琼斯公司如主张自己获得原告实际或口头的许可，必须证明原告作出过明确的、直接的许可其使用作品的意思表示。原告对道琼斯公司将该作品作为商业标识使用未及时提出异议，以及原告参加道琼斯公司的纪念活动，均不能证明原告作出过明确及直接的许可道琼斯公司使用其作品的意思表示。因此，道琼斯公司关于自己将原告作品作为商业标识使用已获得原告许可的主张，本院不予支持。根据以上理由，道琼斯公司未经原告许可，将原告的“道”字书法作品用于其商业标识，在其广告、商业招牌、互联网网页上使用，其行为侵犯了原告对其作品享有的复制权、发行权及信息网络传播权。道琼斯公司在以商业标识方式使用原告作品过程中，未给原告署名，同时将原告书法作品的题跋、落款、名章、闲章删去，虽然道琼斯公司主张这是因将“道”字作为商标使用而造成的，但在原告未许可道琼斯公司将其作品作为商标使用的情况下，道琼斯公司的上述行为构成对原告就其作品所享有的署名权、修改权的侵犯。根据著作权法的规定，道琼斯公司应就上述侵权行为承担停止侵害、赔礼道歉、赔偿原告因此所遭受的经济损失的民事责任。

　　关于赔偿数额。由于原告因道琼斯公司侵权行为所遭受的损失及道琼斯公司因此所获得的利益不能确定，故本院根据著作权法的规定酌情确定赔偿数额。原告主张道琼斯公司存在数十种使用原告“道”字作品的侵权行为，每种使用方式均可赔偿 50 万元。对此，本院认为，虽然道琼斯公司的侵权行为包括在广告、网页、名片等多种作品使用方式，但均是作为其商业标识来使用的，各种使用方式只是标识的载体有所不同，其性质是同一的。正常情况下，道琼斯公司只要取得原告同意其将"道"字作品作为商业标识使用这一项许可，即可以以上述多种方式使用作品。因此，道琼斯公司的多种作品使用方式应视为一项侵权行为，对原告要求每种使用方式均可赔偿 50 万元的主张本院不予支持。本院将根据道琼斯公司的侵权情节，在 50 万元以内确定赔偿数额。原告因诉讼所支出的合理费用，亦应包含在内。原告主张的赔偿数额过高，本院不予全额支持。原告未就道琼斯公司侵权行为给其造成精神损失的实际费用提供证据，对其要求赔偿精神损失的诉讼请求本院不予支持。

由于被告赵淑雯所经营的北京市海淀区青龙桥盛祥书店所销售的《道琼斯教你理财》一书属于正式出版物，作为销售商，该书店不可能知道该书存在侵犯原告著作权的问题，故其主观无过错，不应承担侵权责任。

综上所述，依照《中华人民共和国著作权法》第三条第（四）项、第十八条、第二十四条第一款、第四十七条第（一）项、第四十八条第二款，《中华人民共和国著作权法实施条例》第四条第（八）项，最高人民法院《关于审理著作权民事纠纷案件适用法律若干问题的解释》第三十一条之规定，判决如下：

一、被告道琼斯公司自本判决生效之日起，立即停止将原告书写的"道"字作品作为商业标识使用的侵权行为。

二、被告道琼斯公司自本判决生效之日起 30 日内，就其侵权行为向原告关东升书面赔礼道歉。道歉内容需经本院审核。逾期不执行，本院将公布判决主要内容，其费用由被告道琼斯公司承担。

三、被告道琼斯公司自本判决生效之日起 10 日内，赔偿原告关东升经济损失 4 005 684 元。

四、驳回原告关东升其他诉讼请求。

案件受理费 35 010 元，由被告道琼斯公司负担 10 010 元；由原告关东升负担 25 000 元。

各方当事人均服从一审判决。

54.《海尔兄弟》VCD 专有出版权侵权纠纷案

——中国青少年音像出版社诉北京当代商城实业
公司、青岛海尔广告艺术中心

原告（被上诉人）：中国青少年音像出版社
被告（原审被告）：北京当代商城实业公司
被告（上诉人）：青岛海尔广告艺术中心
案由：专有出版权侵权纠纷

原审案号：北京市海淀区人民法院（2002）海知初字第 14338 号
原审合议庭成员：李东涛、杨凤新、方斌
原审结案日期：2002 年 12 月 6 日
二审案号：北京市第一中级人民法院（2003）一中民终字第 03496 号
二审合议庭成员：刘勇、仪军、彭文毅
二审结案日期：2003 年 9 月 28 日

【判决要旨】

著作权人将部分财产权利转让之后，如无特别约定，自己无权行使已转让
的权利，也不能禁止受让人许可第三方行使该权利。

【起诉与答辩】

原告中国青少年音像出版社（以下简称青少年出版社）诉称：我社于
2001 年 2 月 23 日与北京红叶电脑动画制作技术有限公司（以下简称红叶电脑
公司）签订了协议书，约定红叶电脑公司将 159 集动画片《海尔兄弟》在大
陆、香港、澳门的专有出版权授予青少年出版社，为期 5 年。签约时红叶电脑
公司出示了青岛海尔广告艺术中心（以下简称海尔广告中心）于 1999 年 8 月
签署的证明书，内容为证明红叶电脑公司享有《海尔兄弟》播映权与经营权。
协议签订后，我社于 2001 年 5 月中旬出版了 10 000 套《海尔兄弟》VCD，并
陆续上市。后我社在北京当代商城实业公司（以下简称当代商城）购得由齐鲁
音像出版社出版，海尔广告中心、红叶广告公司联合出品，广州俏佳人文化传
播公司总经销的《海尔兄弟》VCD。经调查，发现齐鲁音像出版社出版的《海
尔兄弟》VCD 系由海尔广告中心书面授权。当代商城与海尔广告中心的行为

侵犯了我社享有的专有出版权，故诉至法院，请求判令：（1）当代商城停止销售由齐鲁音像出版社出版的《海尔兄弟》音像制品；（2）海尔广告中心在一家全国发行的报纸上向我社赔礼道歉；（3）海尔广告中心赔偿我社经济损失 69 万元。

被告当代商城辩称：青少年出版社不具备诉讼主体资格，起诉我方没有法律依据。2000 年 9 月，我方与北京牡丹四星音像公司（以下简称四星音像公司）签订了销售协议，我方严格审查了四星音像公司的资质，并由四星音像公司出具了保证书，保证其销售的音像制品是合法的。对四星音像公司的行为我方不应负法律责任；而且青少年出版社不能证明其购买的《海尔兄弟》VCD 是在我方购买的。请求法院依法驳回青少年出版社的诉讼请求。

被告海尔广告中心辩称：（1）我中心拥有《海尔兄弟》的全部著作权。我中心投入巨资委托承制方制作了动画片《海尔兄弟》，并与承制方在 1999 年 3 月 24 日的补充协议中约定《海尔兄弟》（第一部至第四部）的经营权及二次开发权归我中心和承制方共同所有；我中心有权进行《海尔兄弟》动画片及二次开发产品的出版、发行和制造、销售。后又在 2000 年 12 月的补充协议中约定该动画片制作发行的各种条件，以及如果承制方不能完成上述条件，我中心有权收回《海尔兄弟》第一部至第四部的经营权、发行权、播映权等。由于承制方违反与我中心的约定，未能按时完成《海尔兄弟》第四部的制作，我中心在通知承制方的情况下收回了《海尔兄弟》的各种权利。因此，我中心是《海尔兄弟》全部著作权的所有人，且已将上述权利在山东省版权局登记。（2）青少年出版社的行为构成了对我中心享有权利的侵权。由于红叶电脑公司在 1999 年 8 月并不存在，所以该公司的授权依据，即我中心在当时给该公司的一份文件自然应属于无效文件。因此红叶电脑公司与青少年出版社的授权协议并没有法律效力。青少年出版社在未得到我中心授权的情况下，出版发行了《海尔兄弟》，损害了我中心的合法权益。请求法院依法驳回青少年出版社的诉讼请求。

【原审查明事实】

原审法院经审理查明：

一、1995 年 3 月 17 日，海尔广告中心与北京市方圆图形技术中心（以下简称方圆中心）签订了《海尔兄弟》系列动画片联合制作补充协议书（以下简称 95 协议），约定由方圆中心负责《海尔兄弟》第一部共 55 集的制作工作。协议书第四条约定海尔广告中心将《海尔兄弟》动画片的经营交由方圆中心负责，该片经营项目（不含连环画书）所得纯利润，由海尔广告中心与方圆中心按 3:7 分成。

二、1996 年 10 月 8 日海尔广告中心（甲方）与北京红叶广告公司（乙方）（以下简称红叶广告公司）签订了《海尔兄弟》第二部系列动画片联合制作基本协议书（以下简称 96 协议）。约定海尔广告中心投资 715.5 万元，红叶广告公司制作第二部共 53 集《海尔兄弟》；版权归海尔广告中心所有，经营权及二次开发权归红叶广告公司所有。协议书第七条约定：如乙方制作水准达不到国内一级片，甲方有权终止合同，并追回全部投资，乙方赔偿甲方合同损失费10 万元。

三、1998 年 11 月 5 日海尔广告中心与北京东方红叶广告公司（以下简称东方红叶广告公司）签订了《海尔兄弟》系列动画片第三部、第四部联合制作协议书（以下简称 98 协议）。约定东方红叶广告公司制作《海尔兄弟》第三部、第四部共 106 集，海尔广告中心投资 1 590 万元；版权归海尔广告中心所有，经营权及二次开发权归东方红叶广告公司所有，经营所得收入归东方红叶广告公司。

四、1999 年 3 月 24 日海尔广告中心与红叶广告公司签订了《海尔兄弟》第二部系列动画片联合制作基本协议书、《海尔兄弟》系列动画片第三部、第四部联合制作协议书的补充协议（以下简称 99 协议）。约定《海尔兄弟》系列动画片（第一部至第四部）的电视发行权、播映权归红叶广告公司独家所有；经营权及二次开发权归双方共有，海尔广告中心有权进行《海尔兄弟》系列动画片第一部至第四部及二次开发产品的出版发行和制造销售。

五、1999 年 8 月海尔广告中心出具证明书（以下简称 99 证明书），证明四部 212 集《海尔兄弟》动画片为该单位与红叶电脑公司联合制作，播映权与经营权归红叶电脑公司所有。在庭审过程中，海尔广告中心与青少年出版社均认可经营权即"包括但不限于出版、复制、发行等"权利。

六、2000 年 8 月 15 日，红叶电脑公司成立。

七、2000 年 12 月，青岛海尔销售公司与东方红叶广告公司签订了《海尔兄弟》系列动画片制作发行补充协议合同。约定东方红叶广告公司应在 2000年 6 月 1 日前将第四部 53 集《海尔兄弟》制作完毕，如东方红叶广告公司未能履行，则海尔广告中心有权收回第一、二、三、四部《海尔兄弟》动画片的经营权、发行权、播映权。

八、2001 年 2 月 23 日，红叶电脑公司与青少年出版社发行部签订协议书，约定由红叶电脑公司将《海尔兄弟》159 集的发行权在为期 5 年内授予青少年出版社。

九、2001 年 7 月 17 日，海尔广告中心与齐鲁音像出版社签订协议书，授权齐鲁音像出版社出版《海尔兄弟》前三部 159 集的 VCD 光盘。协议书"义务"第二条约定：该 VCD 的发行权归海尔广告中心所有。海尔广告中心有权委托除齐鲁音像出版社以外的任何第三方出版该 VCD。2001 年 8 月 23 日，齐鲁音像出版社出具《录音录像制品复制委托书》，其中《海尔兄弟》1～72 集复制 5 000 张，73～159 集复制 10 000 张。

十、2001 年 8 月 6 日，海尔广告中心获得了山东省版权局颁发的《海尔兄弟》录像作品著作权登记证书，但未注明集数。

十一、2002 年 1 月 8 日，青少年出版社于当代商城购买了《海尔兄弟》VCD 一套，当代商城出具的发票上注明商品名称为"VCD 盘（海尔兄弟）"，金额为"二百三十元"。VCD 外包装上注明"（1～159 集）"、"俏佳人荣誉出品"、"广州俏佳人文化传播有限公司 VCD 总经销"、"青岛海尔广告艺术中心　北京东方红叶广告公司　联合出品"、"齐鲁音像出版社出版发行"。

【原审审理结果】

原审法院认为：

一、我国著作权法规定，如无相反证明，在作品上署名的人即为作者，虽然在当代商城销售的《海尔兄弟》VCD 上注明"青岛海尔广告艺术中心　北京东方红叶广告公司　联合出品"，但海尔广告中心通过订立 95 协议、96 协议、98 协议和 99 协议，已确定此作品（第一部至第四部）的著作权归其所有，因此，这种署名方式并未改变海尔广告中心作为著作权人的事实。

二、使用作品是著作权人的专有权利。这种专有性表现为作者对其创作的作品享有支配的权利，即作者有权自己使用作品或许可他人使用作品。海尔广告中心在 99 证明书中明确表示"播映权与经营权为北京红叶电脑动画技术有限公司"，意思表示真实，应视为将作品的播映权与经营权转让给红叶电脑公司；虽然当时红叶电脑公司尚未成立，权利属预先设定，但此行为应属企业法人对其设立期间的行为的法定继受，因此，红叶电脑公司据此在其成立后与青少年出版社发行部订立合同，授予该单位此作品的专有出版权，该合同依法成立，亦属有效，青少年出版社出版《海尔兄弟》并无过错。海尔广告中心辩称该证明系无效文件，但证据不足，其辩称本院不予支持。

三、著作权人应在法律规定的范围内行使权利，否则将承担相应的民事责任。海尔广告中心在未收回相关权利的情况下与齐鲁音像出版社订立合同，许可该单位出版涉案作品，并将发行权据为己有，造成权利的冲突，对此海尔广告中心应预测自己的行为可能发生的损害后果，但却任其发生，主观过错明显，行为构成侵权，对造成本案纠纷负有主要责任，故其应停止侵权，向青少年出版社赔礼道歉并赔偿损失。海尔广告中心以其已收回相关权利为由辩称否认侵权，与事实不符，于法相悖，本院不予采信。

四、当事人对自己的主张负有举证责任。当代商城辩称拒绝承担责任，但鉴于海尔广告中心作为发行者已在先侵权，此辩称证据不足，本院不予采信，故青少年出版社要求当代商城停止销售的请求应予支持。但青少年出版社要求海尔广告中心赔偿经济损失69万元未提供足够的证据，本院将依海尔广告中心的过错程度及与相关权利人约定的收益情况依法确定赔偿额，不再全额支持青少年出版社的诉讼请求。

据此，依据《中华人民共和国著作权法》第十一条第一款、第三款，第四十七条第（一）项，第四十八条第二款之规定，判决如下：

一、自本判决生效之日起，被告北京当代商城实业公司停止销售由齐鲁音像出版社出版的《海尔兄弟》VCD；

二、自本判决生效之日起30日内被告青岛海尔广告艺术中心在《新闻出版报》上刊登声明，向原告中国青少年音像出版社赔礼道歉（声明内容须经本院审核，逾期不履行，本院将在该报上刊登判决书有关内容，费用由被告青岛海尔广告艺术中心负担）；

三、自本判决生效之日起10日内，被告青岛海尔广告艺术中心赔偿原告中国青少年音像出版经济损失40万元。

海尔广告中心不服原审判决，提起上诉，其诉称：（1）原审查明事实不清。海尔广告中心在1996年10月7日、1998年11月5日、1999年3月24日、2000年12月签订的四份协议及1999年8月海尔广告中心为红叶电脑公司出具的证明显示，海尔广告中心是与3个不同的单位签订的5份内容不同的协议。原审法院将3个单位混为1个主体，并把3个主体不同的权利义务混为一谈，所作的判决必然是错误的；红叶电脑公司在与青少年出版社签订的协议中称自己对《海尔兄弟》享有永久著作权，有权独家转让使用权的说法没有证据。原审法院亦未查清红叶电脑公司取得《海尔兄弟》的播映权和经营权的依据；此外，海尔广告中心为红叶电脑公司出具其具有播映权和经营权的证明是基于重大误解，且即使这份证明是有效的，但未经著作权人的许可，其也不能将专有出版权转让给第三人；（2）根据《中华人民共和国著作权法实施条例》第二十四条的规定：除合同另有约定外，被许可人许可第三人行使同一权利，必须取得著作权人的许可。故即使红叶电脑公司取得播映权和经营权，也必须经过著作权人海尔广告中心许可后才能再行转让。请二审法院认定红叶电脑公司与被上诉人之间转让《海尔兄弟》出版权的行为属于无效法律行为；（3）青少年出版社不享有《海尔兄弟》的出版权，故海尔广告中心与齐鲁音像出版社约定由其出版《海尔兄弟》的行为未侵犯青少年出版社的权利；（4）原审法院未查明青少年出版社的实际损失。而海尔广告中心委托齐鲁音像出版社复制的目的是为了馈赠，并未获得任何利润，原审判决海尔广告中心赔偿的数额过大。综上，请求二审法院撤销原审判决，驳回青少年出版社的诉讼请求。

青少年出版社及当代商城均服从原审判决。

【二审查明事实】

二审法院经审理查明：1995 年 3 月 17 日，海尔广告中心与方圆中心签订了《海尔兄弟》系列动画片 95 协议，约定由方圆中心负责《海尔兄弟》第一部共 55 集的制作工作。协议书第四条约定海尔广告中心将《海尔兄弟》动画片的经营交由方圆中心负责，该片经营项目（不含连环画书）所得纯利润，由海尔广告中心与方圆中心按 3∶7 分成。

1996 年 10 月 8 日，海尔广告中心（甲方）与红叶广告公司（乙方）签订了《海尔兄弟》第二部系列动画片 96 协议。约定海尔广告中心投资 715.5 万元，红叶广告公司制作第二部共 53 集《海尔兄弟》；版权归海尔广告中心所有，经营权及二次开发权归红叶广告公司所有，经营所得收入甲乙双方按 3∶7 比例分成。

1998 年 11 月 5 日，海尔广告中心与东方红叶广告公司签订了《海尔兄弟》系列动画片 98 协议。该协议中，双方一致认为："海尔广告中心和东方红叶广告公司在《海尔兄弟》第一部、第二部成功合作的基础之上，经友好协商决定继续联合制作本片的第三部和第四部。"并约定，东方红叶广告公司制作《海尔兄弟》第三部、第四部共 106 集，海尔广告中心投资 1 590 万元；版权归海尔广告中心所有，经营权及二次开发权归东方红叶广告公司所有，经营所得收入归东方红叶广告公司。

1999 年 3 月 24 日，海尔广告中心与红叶广告公司签订了《海尔兄弟》第二部系列动画片联合制作基本协议书、《海尔兄弟》系列动画片 99 协议。该协议明确表明，双方就联合制作《海尔兄弟》系列动画片分别达成了 96 协议和 98 协议，现经友好协商，约定《海尔兄弟》系列动画片（第一部至第四部）的电视发行权、播映权归红叶广告公司独家所有；经营权及二次开发权归双方共有，海尔广告中心有权进行《海尔兄弟》系列动画片第一部至第四部及二次开发产品的出版发行和制造销售。

1999 年 8 月，海尔广告中心出具 99 证明书，证明四部 212 集《海尔兄弟》动画片为该单位与红叶电脑公司联合制作，播映权与经营权归红叶电脑公司所有。在一审庭审过程中，海尔广告中心与青少年出版社均认可经营权即"包括但不限于出版、复制、发行等"权利。

2000 年 8 月 15 日，红叶电脑公司成立。

2000 年 12 月 28 日，青岛海尔销售公司与东方红叶广告公司签订了《海尔兄弟》系列动画片制作发行补充协议合同（以下简称 2000 协议）。约定东方红叶广告公司应在 2000 年 6 月 1 日前将第四部 53 集《海尔兄弟》制作完毕，如东方红叶广告公司未能履行，则海尔广告中心有权收回第一、二、三、四部《海尔兄弟》动画片的经营权、发行权、播映权。

2001 年 2 月 23 日，红叶电脑公司与青少年出版社发行部签订协议书，约定由红叶电脑公司将《海尔兄弟》159 集的发行权在为期 5 年内独家授予青少年出版社。

2001 年 7 月 17 日，海尔广告中心与齐鲁音像出版社签订协议书，授权齐鲁音像出版社出版《海尔兄弟》前三部 159 集的 VCD 光盘。在协议书中"甲方义务"第二条约定：该 VCD 的发行权归海尔广告中心所有。海尔广告中心有权委托除齐鲁音像出版社以外的任何第三方出版该 VCD。2001 年 8 月 23 日，齐鲁音像出版社出具《录音录像制品复制委托书》，其中《海尔兄弟》1～72 集复制 5 000 张，73～159 集复制 10 000 张。

2001 年 8 月 6 日，海尔广告中心获得了山东省版权局颁发的《海尔兄弟》录像作品著作权登记证书，但未注明集数。

同日，海尔广告中心和青岛海尔销售公司针对 2000 年 12 月 28 日签订的《海尔兄弟》系列动画片制作发行补充协议合同的履行问题致函东方红叶广告公司和红叶广告公司，告知海尔广告中心和青岛海尔销售公司准备再另行投入费用利用暑假期间进行连环画、VCD 光盘的发行和《海尔兄弟》动画片电视播放。在本案一、二审审理过程中，海尔广告中心均以该证据作为其收回有关权利的证据。

2002 年 1 月 8 日，青少年出版社于当代商城购买了《海尔兄弟》VCD 一套，当代商城出具的发票上注明商品名称为"VCD 盘（海尔兄弟）"，金额为"二百三十元"。VCD 外包装上注明"（1～159 集）"、"俏佳人荣誉出品"、"广州俏佳人文化传播有限公司 VCD 总经销"、"青岛海尔广告艺术中心　北京东方红叶广告公司　联合出品"、"齐鲁音像出版社出版发行"。

在本案审理过程中，为查明事实，本院向红叶电脑公司进行了调查。红叶电脑公司向本院提交了由北京市西城区第二公证处出具的（2003）西二证字第 0525 号公证书，与该公证书粘连的一份东方红叶广告公司于 2000 年 8 月 14 日出具的"确认书"（以下简称 2000 确认书）载明：我单位拥有《海尔兄弟》系列动画片第一部至第四部的经营权和开发权，为支持发展国产动画事业和支持红叶电脑公司从我公司分拆后能健康地独立发展及迅速壮大，现将上述权益全部转给红叶电脑公司。该公证书主文内容表明，东方红叶广告公司的法定代表人孟金枝本人到公证处确认了 2000 确认书上所加盖公章为东方红叶广告公司的公章。

此后，本院将（2003）西二证字第 0525 号公证书交海尔广告中心进行质证。海尔广告中心认为公证书中没有 2000 确认书的原件，且对 2000 确认书的签署日期提出质疑，认为 2000 确认书是伪造的。

另查明，东方红叶广告公司于 1997 年 8 月 25 日成立，法定代表人为孟金枝。

【二审审理结果】

二审法院认为：

一、红叶电脑公司取得《海尔兄弟》的播映权和经营权的依据

1. 根据查明的事实，红叶广告公司、东方红叶广告公司、红叶电脑公司确系三个各自独立的企业法人，但是从 95 协议、96 协议和 98 协议的内容可以看出，98 协议是 95 协议和 96 协议的延续，且 98 协议中对协议目的的表述已经明确表明红叶广告公司和东方红叶广告公司在制作《海尔兄弟》动画片业务上的关联性，海尔广告中心的上述签约行为表明其认可东方红叶广告公司与红叶广告公司在业务上的这种联系。同时，99 协议的内容也证明了这一情况。因此，红叶广告公司和东方红叶广告公司因《海尔兄弟》动画片的制作均与海尔广告中心存在业务上的合作，并且具有连续性和权利义务的承继关系。

2. 关于 2000 确认书的真实性。首先，虽然在（2003）西二证字第 0525 号公证书中没有该确认书的原件，但是通过该公证书可以确认东方红叶广告公司的法定代表人孟金枝本人到公证处确认了 2000 确认书的内容，在此情况下，2000 确认书内容的真实性可以确认。其次，尽管 2000 确认书的实际签署日期无法确认，但即使该确认书是事后签署的，通过 2000 确认书的有关表述也可以认定东方红叶广告公司对在 2000 年 8 月 14 日将《海尔兄弟》系列动画片第一部至第四部的经营权和开发权转让给红叶电脑公司至今没有异议。且在本案诉讼过程中，东方红叶广告公司始终没有对红叶电脑公司将专有出版权授予青少年出版社，以及青少年出版社向海尔广告中心主张权利等事宜提出异议，也印证了上述事实。

3. 对于 99 证明书真实性，海尔广告中心在本案庭审过程中明确予以认可。同时，海尔广告中心与青少年出版社均认可经营权内容是指"包括但不限于出版、复制、发行等"。因此，海尔广告中心出具的 99 证明书确认了"播映权与经营权为红叶电脑公司"，其意思表示真实，明确了作品的播映权与经营

权，即出版、复制、发行等权利属于红叶电脑公司。同时，东方红叶广告公司通过2000确认书将有关权利转让给红叶电脑公司，故红叶电脑公司通过联合出品《海尔兄弟》系列动画片的双方分别出具的99证明书和2000确认书已经完整地获得了《海尔兄弟》系列动画片第一部至第四部的经营权和播映权。海尔广告中心关于其出具99证明书是基于重大误解的主张与其在本案一、二审过程中对经营权的解释相互矛盾，且海尔广告中心也没有提交证据证明其是在误解的情况下出具了99证明书，故海尔广告中心的上述主张缺乏事实依据，本院不予支持。

4. 海尔广告中心关于其收回有关权利的证据是其单方致东方红叶广告公司和红叶广告公司的函，而不是双方协商一致的意思表示，不能证明海尔广告中心主张的事实，本院不予采信。另外，根据95协议、96协议和98协议的内容，海尔广告中心与东方红叶广告公司和红叶广告公司是对联合制作的《海尔兄弟》系列动画片的有关权利进行划分，而不存在许可关系，因此，海尔广告中心关于红叶电脑公司即使取得播映权和经营权，也必须经过著作权人海尔广告中心许可后才能再行转让的主张没有事实和法律依据，本院不予支持。

二、海尔广告中心是否侵犯了青少年出版社的专有出版权

1. 红叶电脑公司成立前，海尔广告中心和东方红叶广告公司通过预先设定将《海尔兄弟》系列动画片第一部至第四部的经营权和开发权转让给红叶电脑公司。红叶电脑公司在其成立后具备民事行为能力的情况下，与青少年出版社签订合同将该权利授予青少年出版社，未违反法律规定，该合同合法有效。

2. 海尔广告中心作为《海尔兄弟》系列动画片第一部至第四部的著作权人，其权利受法律保护。但其行使权利应当在法律规定以及与他人签订合同约定的范围内进行。海尔广告中心与齐鲁音像出版社签订合同，许可该单位出版《海尔兄弟》动画片，超越了其行使权利的范畴，并形成了权利的冲突，侵害了青少年出版社的权利。对此，海尔广告中心应当承担停止侵害、赔礼道歉以及赔偿损失的民事责任。

3. 一审法院根据海尔广告中心的过错程度及与相关权利人约定的收益情况确定的赔偿额在合理范围之内。尽管海尔广告中心上诉称其委托齐鲁音像出版社复制是为了馈赠，其没有获得利润，但海尔广告中心没有提交证据证明，故本院对其主张不予支持。

原审被告当代商城没有提出上诉，经本院审查，原审判决对与其有关的事实认定和法律适用并无不当。

综上，北京市海淀区人民法院作出的（2002）海民初字第14338号民事判决认定事实清楚，适用法律正确，程序合法，应予维持。依照《中华人民共和

国民事诉讼法》第一百五十三条第一款第（三）项之规定，判决如下：

驳回上诉，维持原判。

原审案件受理费 11 910 元，由上诉人青岛海尔广告艺术中心负担；二审案件受理费 11 910 元，由上诉人青岛海尔广告艺术中心负担。

55. "万科星园"工程设计方案著作权侵权纠纷案

——北京恒真科技有限责任公司诉北京万科企业有限公司、北京万科物业管理有限公司

原告（上诉人）：北京恒真科技有限责任公司
被告（被上诉人）：北京万科企业有限公司
被告（被上诉人）：北京万科物业管理有限公司
案由：著作权侵权纠纷

原审案号：北京市第二中级人民法院（2003）二中民初字第 02954 号
原审合议庭成员：邵明艳、张晓津、何暄
原审结案日期：2003 年 6 月 19 日
二审案号：北京市高级人民法院（2003）高民终字第 668 号
二审合议庭成员：陈锦川、周翔、张冬梅
二审结案日期：2003 年 10 月 22 日

【判决要旨】

虽然作品是根据使用人的要求而创作，但如双方并未就使用费用达成一致，使用人未向作者支付任何费用，可认定双方之间并未形成委托创作关系。使用人未经许可使用该作品则构成对作者著作权的侵犯。

【起诉与答辩】

原告北京恒真科技有限责任公司（以下简称恒真公司）起诉称：原告与被告北京万科企业有限公司（以下简称万科公司）一直保持在装饰设计、施工方面的业务往来关系。2001 年 7 月中旬，万科公司就其开发的万科星园项目地下车库墙面、柱体形象设计、粉刷工程和万科星园 1 号楼、15 号楼、16 号楼室内标识系统的设计制作安装工程向原告发出项目招标邀请，并于 2001 年 8 月 8 日向原告正式发出招标书。在原告提供了竞标的设计方案后，万科公司告知原告该设计方案中选，可以参与竞标。原告于 2001 年 8 月 15 日正式向万科公司提交了标书，在标书中包含了设计报价、工期等内容。后万科公司告知原告，该方案竞标落选。原告接到通知后，即向万科公司发出声明不得随意使用其已知悉的设计方案。后原告发现被告北京万科物业管理有限公司（以下简称

万科物业管理公司）在其管理的万科星园地下车库的墙面及柱体和万科星园的所有楼内识别系统均使用了原告设计的上述方案。原告认为二被告未经原告许可，擅自使用原告的设计方案的行为侵犯了原告的著作权，因二被告擅自使用原告的设计方案，导致原告与重庆指点广告传播有限公司（以下简称重庆指点公司）就小区 VIS 总体系统设计而签订的设计委托合同终止，原告不但承担了违约责任，而且预期利益亦无法实现。故原告诉至法院，请求判令被告在《北京青年报》上以整版版面向原告公开赔礼道歉；被告立即停止侵害，去除侵权标识；被告向原告赔偿经济损失 30 万元；被告承担律师代理费 1 万元并承担本案诉讼费。

被告万科公司和万科物业管理公司共同辩称：第一，原告与被告之间并非著作权侵权纠纷，而是因委托设计合同而引起的债权债务纠纷。万科公司于2001 年 7 月口头委托原告对万科星园地下车库墙面及柱体粉刷工程和万科星园 1 号楼、15 号楼、16 号楼室内标识牌工程（以下简称涉案工程）进行设计，随后原告向万科公司提供了设计方案，万科公司通知原告采用其设计方案。因此，双方之间存在委托设计合同，且双方没有就委托设计费用进行约定，此后也未就此达成一致。2001 年 8 月 8 日，万科公司就涉案工程施工向原告发出招标书。双方之间存在委托设计和工程施工招标两个不同的法律行为，原告的陈述与事实不符；第二，原告明知涉案工程设计方案是接受万科公司的委托、根据该公司的要求作出的，是专用于涉案工程的，原告也明知其与重庆指点公司签订的合同中对设计方案有"独创性、新颖性"的要求，还在合同履行过程中使用涉案工程设计方案，导致重庆指点公司与其解除设计委托合同并要求其承担违约责任的结果，是由于原告的过错造成的，原告因此造成的损失应由其自行承担。因此，万科公司是根据双方的委托设计合同使用涉案工程设计方案的，万科物业管理公司是自万科公司取得该方案的，原告起诉万科物业管理公司没有道理。故请求法院依法驳回原告的诉讼请求。

【原审查明事实】

原审法院经审理查明：恒真公司于 1995 年 11 月 26 日成立，该公司的经营范围包括"图文、多媒体、网页、视频、美术、装饰、广告设计、制作"等。2001 年 7 月，万科公司口头委托恒真公司对万科星园地下车库墙面及柱体和万科星园 1 号楼、15 号楼、16 号楼室内标识牌工程进行设计。恒真公司向万科公司提供涉案工程设计方案后，万科公司电话告知恒真公司可据此参与涉案工程施工招投标。2001 年 8 月 8 日，万科公司就涉案工程施工向恒真公司发出"装饰装修工程招标文件"，该招标文件附件包括万科星园地下车库粉刷施工图、1号楼、15号楼和16号楼室内标识牌施工图各一套。2001年8月15日，恒真公司向万科公司提交了投标书。后万科公司电话告知恒真公司竞标落选。此后，原告与被告万科公司曾多次就涉案设计方案的使用和付费问题进行沟通，但双方未能就此达成一致，万科公司未就涉案工程设计方案向原告恒真公司支付费用。

恒真公司创作完成的涉案工程设计方案包括《万科星园一期楼内导引系统设计说明方案》（以下简称导引系统设计方案）2页和《万科星园一期地下车库墙面、柱面应用图形设计方案》（以下简称地下车库设计方案）7页。其中导引系统设计方案包括"消防栓"、"设备间"、"管道井"等公共设施牌、楼层导示牌和门牌；地下车库设计方案包括猎户座、天兔座、英仙座、麒麟座、凤凰座、天鸽座6种柱面图形设计以及不同色彩的墙面图形设计1种。

2002年3月8日，北京市海淀第二公证处出具了（2002）京海民证字第0314号公证书，对万科公司和万科物业管理公司使用涉案工程设计方案的万科星园一期工程地下车库及部分住宅楼内状况进行了摄影，并取得数码照片22张。在本案审理过程中，万科公司和万科物业管理公司认可在涉案工程中使用了原告恒真公司的上述设计方案，但二者并不完全相同。经比对，被告除未使用"设备间"、"管道井"的公共设施牌、门牌号码颜色与底色互换、楼层导示牌中间未在图案上写明楼层号码外，其他与原告导引系统设计方案相同；被告使用了原告地下车库设计方案中的6种柱面图形设计和墙面设计，但所使用猎户座、天兔座、麒麟座、天鸽座柱面图形的主色彩以及全部墙面图形的色彩与原告的设计方案不同。

2002年5月，恒真公司与重庆指点公司签订《企业视觉形象识别体系（VIS）策划、设计委托合同》。合同第三条之10约定恒真公司须保证所设计方案的独创性、新颖性及可适用性。后重庆指点公司以恒真公司提交的设计草案与万科星园所使用的系统基本一致为由，向恒真公司发出了合同终止通知书并要求赔偿其经济损失。

另查明，恒真公司为本案诉讼支出律师代理费1万元。

【原审审理结果】

原审法院认为：本案的焦点问题是被告万科公司、万科物业管理公司使用涉案工程设计方案的行为是否侵犯原告恒真公司对该设计方案所享有的著作权问题。

原告恒真公司根据万科公司的要求，创作完成了涉案工程导引系统设计方案和地下车库设计方案。该设计方案系恒真公司对相关图形设计、楼层导引系统等的智力创作，体现了其独特的设计风格，具有独创性，应当受到我国著作权法的保护。原告恒真公司作为该设计方案的创作完成人，其对该设计方案所享有的著作权应当受到法律的保护。

虽然该设计方案系根据万科公司的要求而为其设计的，但双方并未就委托设计费用达成一致，万科公司也未向恒真公司支付任何设计费用，因此双方之间并未形成委托创作关系。万科公司和万科物业管理公司在涉案工程中使用了与该设计方案基本相同的设计，侵犯了原告恒真公司的著作权。原告主张被告万科公司、万科物业管理公司侵犯了其对涉案工程设计方案的发表权、署名权、修改权、保护作品完整权、复制权，本院予以支持。原告还主张被告的行为侵犯了其所享有的发行权和展览权，缺乏事实和法律根据，本院不予支持。被告提出涉案设计方案是原告接受其委托为其专门设计的，双方之间存在委托设计关系，原告同意其使用该设计方案的抗辩主张，依据不足，本院不予支持。

本案原告恒真公司请求法院判令被告承担立即停止侵权、公开赔礼道歉及赔偿经济损失的法律责任的主张，理由正当，本院予以支持。本院将根据被告侵权行为的影响和范围等因素确定公开赔礼道歉的方式。关于赔偿经济损失的数额问题，原告所提赔偿请求数额过高，缺乏事实和法律依据，本院不予全额支持。本院将根据本案的具体情况，综合考虑被告侵权的方式、范围、主观过错程度、被告的侵权行为给原告造成的损失等因素，酌情确定被告赔偿原告经济损失的数额。

综上，依照《中华人民共和国著作权法》第十条第一款第（一）、（二）、（三）、（四）、（五）项及第二款，第四十六条第（一）项、第四十七条第（一）项，第四十八条第一款之规定，判决如下：

一、北京万科企业有限公司、北京万科物业管理有限公司自本判决生效之日起，立即停止在万科星园地下车库和 1 号楼、15 号楼、16 号楼使用涉案工程导引系统设计方案和地下车库设计方案；

二、北京万科企业有限公司、北京万科物业管理有限公司于本判决生效之日起 10 日内在涉案万科星园地下车库工程和万科星园 1 号楼、15 号楼、16 号楼的显著位置张贴向北京恒真科技有限责任公司赔礼道歉的声明 1 个月（内容须经本院核准，逾期不履行，本院将在一家全国发行的报纸上登载本判决内容，所需费用由北京万科企业有限公司、北京万科物业管理有限公司负担）；

三、北京万科企业有限公司、北京万科物业管理有限公司于本判决生效之日起 15 日内赔偿北京恒真科技有限责任公司经济损失 29 000 元人民币；赔偿北京恒真科技有限责任公司因本案诉讼而支出的合理费用 2 000 元人民币；

四、驳回北京恒真科技有限责任公司的其他诉讼请求。

恒真公司不服原审判决，提起上诉。其上诉理由为：（1）上诉人提出的索赔数额有事实和法律依据，原审判决赔额过低，且上诉人与重庆指点公司的合同及解约通知书证明了上诉人受到的实际损失及预期利益的损失，原审判决对此并未予以充分考虑，也未充分考虑上诉人的律师费支出，有失妥当；（2）被上诉人故意扩大侵权标识使用范围，在原审起诉后交付使用的其他楼内继续使用涉案设计方案，造成上诉人的损失进一步扩大。故请求二审法院依法变更原审判决第三项，判令被上诉人赔偿上诉人经济损失、为诉讼支出的合理费用共31万元人民币；判令被上诉人清除在原审起诉后交付使用的其他楼内使用的涉案设计方案；判令被上诉人承担原、二审诉讼费用。

万科公司、万科物业公司服从原审判决。

【二审查明事实】

二审法院经审理查明的事实与原审查明的事实基本相同。另查明：二审审理过程中，恒真公司提交了重庆指点公司为其出具的两张发票，一张金额为5万元，一张金额为2万元。两张发票上均没有开票日期，也未表明款项性质。恒真公司称此系向重庆指点公司支付的违约金5万元、定金2万元，主张其因两被上诉人万科公司、万科物业公司侵权所遭受的损失已实际发生。两被上诉人认为发票没有日期，且不能表明系为何事由支付的款项，与本案缺乏关联性，不应予以采信。鉴于此，本院对上诉人提交的这两份证据不予采信。

【二审审理结果】

二审法院认为：上诉人主张其因两被上诉人侵权致与重庆指点公司的合同被解除，遭受了实际损失及预期利益的损失，但上诉人与重庆指点公司签订合同前，已获知两被上诉人已将涉案设计方案应用在涉案工程中，其向重庆指点公司所提设计方案也已因此丧失了合同约定的新颖性标准，故其以此为据主张赔偿缺乏事实根据，不予支持。原审法院根据本案的具体情况，综合考虑两被上诉人侵权的方式、范围、主观过错程度及给恒真公司造成的损失等因素，酌情确定赔偿数额，并无不妥。

上诉人主张两被上诉人除在涉案工程中使用涉案设计方案外，在万科星园其他楼宇内继续使用涉案设计方案，造成侵权范围进一步扩大，要求两被上诉人在扩大使用的范围内停止侵权的上诉请求，已超出其在原审起诉时的诉讼请求范围，属在二审期间增加的独立的诉讼请求，鉴于两被上诉人不同意对新增加的诉讼请求进行调解，故本院不予审理，上诉人应另行起诉。

综上，原审判决认定事实清楚，适用法律正确，应予维持。上诉人的上诉理由不能成立，对其上诉请求，应予驳回。依据《中华人民共和国民事诉讼法》第一百五十三条第一款第（一）项、最高人民法院《关于适用〈中华人民共和国民事诉讼法〉若干问题的意见》第一百八十四条的规定，判决如下：

驳回上诉，维持原判。

原审案件受理费7 160元，由北京恒真科技有限责任公司负担3 160元，由北京万科企业有限公司、北京万科物业管理有限公司负担4 000元；二审案件受理费7 160元，由北京恒真科技有限责任公司负担。

56.《网络法：课文和案例》著作权侵权纠纷案
——张楚诉社会科学文献出版社

原告（上诉人）： 张楚

被告（被上诉人）： 社会科学文献出版社

案由： 署名权侵权纠纷

原审案号： 北京市第二中级人民法院（2003）二中民初字第 04689 号

原审合议庭成员： 邵明艳、张晓津、何暄

原审结案日期： 2003 年 6 月 19 日

二审案号： 北京市高级人民法院（2003）高民终字第 669 号

二审合议庭成员： 陈锦川、周翔、张冬梅

二审结案日期： 2003 年 10 月 22 日

【判决要旨】

出版社虽然未给作者在图书封面上署名，但在该图书封面折页、扉页、图书在版编目（CIP）数据页、版权页上标明作者姓名，表明了作者的身份，不构成对作者署名权的侵犯。

【起诉与答辩】

原告张楚诉称：2001 年 6 月，其与社会科学文献出版社（以下简称社科出版社）就"CYBERLAW：TEXT AND CASES（网络法：课文和案例）"一书签订了图书翻译出版合同。合同约定，社科出版社尊重张楚确定的署名方式。在合同履行过程中，社科出版社不仅未按张楚的要求在封面上署名其为译者，而且未经其同意，擅自在该书封面和封面折页处以主编身份印上"廖理"的名字。而廖理并未参与该书的翻译工作，社科出版社将其排在译者姓名之前，使之成为该书的第一创作者，一方面严重侵犯了原告的署名权，另一方面也给原告造成了精神痛苦。因此，原告认为社科出版社的上述违约行为侵犯了其署名权，故诉至法院，请求判令：被告在译著《网络法：课文和案例》一书的封面上署名原告为第一译者；被告在该书中去掉非翻译人员廖理的姓名；被告在《光明日报》等全国性报纸上刊登声明向原告道歉；被告承担诉讼费用。

被告社科出版社辩称：第一，该社充分尊重了原告张楚的署名权，未侵犯

其署名权。署名方式是指在作品上记载作者的笔名还是真实姓名，有多名作者时，按何顺序记载，而不是指在作品上记载的位置。该社在《网络法：课文和案例》一书的封面折页、扉页、图书在版编目（CIP）数据页以及版权页等页面上均清楚地记载了译者张楚的姓名，并将其排在译者的第一位，对其署名权给予了充分尊重。且涉案图书为翻译作品，为尊重原作者，按照出版惯例，翻译作品的封面只记载原作者姓名，不记载译者的姓名。因此，张楚认为涉案图书封面未记载其姓名侵犯了其署名权的主张不能成立；第二，涉案图书是该社出版的丛书《创世纪工商管理译库》中的一本，廖理是该丛书的主编。涉案图书的封面和封面折页只是记载了廖理作为丛书主编的身份，并未将其作为涉案图书的译者之一，因此没有使廖理成为涉案图书的第一创作者，也不会使读者产生廖理是创作者的印象；第三，涉案图书尚未发行，即使该社未尊重张楚确定的署名方式的主张成立，也不存在给张楚造成不良影响的后果，其要求公开赔礼道歉缺乏依据。因此，该社未违反与张楚签订的合同，未侵犯其署名权，请求法院驳回原告的诉讼请求。

【原审查明事实】

原审法院经审理查明：2001 年 6 月 21 日，张楚与社科出版社签订《图书翻译出版合同》。合同约定，社科出版社委托张楚将 "CYBERLAW：TEXT AND CASES" 一书由英文翻译成中文，该翻译作品的著作权归社科出版社所有。合同还约定，社科出版社尊重张楚确定的署名方式。合同签订后，社科出版社在合同履行过程中，曾向张楚寄交涉案图书封面及版权页设计样稿。该封面和版权页设计样稿上均署有译者张楚等三人的姓名。

2001 年 5 月，社科出版社出版《网络法：课文和案例》一书。该书封面标注有著者姓名，未署译者姓名，封面上方标有 "创世纪工商管理译库　主编：廖理"；该书封面折页和扉页上方标有 "主编：廖理　译者：张楚　乔延春　孙晔　出版人：谢寿光"；该书图书在版编目（CIP）数据页载明 "网络法：课文和案例/格拉德佛里拉等著；张楚等译"；该书版权页载明 "译者/张楚　乔延春　孙晔"。

社科出版社 2003 年第 1 期和第 2 期图书征订目录包括涉案图书，载明涉案图书的著者、出版年月、定价等内容，但未载明该书译者姓名。在本案审理过程中，社科出版社称涉案图书尚未发行，仍封存在北京市焦王庄装订厂。张楚对此提出异议，但除提供该社图书征订目录外，未提供其他证据证明其主张。

【原审审理结果】

原审法院认为：根据双方合同的约定和涉案图书已有的署名方式，张楚享有《网络法：课文和案例》一书译者的署名权。被告社科出版社提出涉案图书为委托创作的作品，双方在合同中对著作权归属作出了约定，因此包括署名权在内的著作权均由该出版社享有的主张，依据不足，本院不予支持。

根据我国著作权法的有关规定，署名权是指表明作者身份，在作品上署名的权利。被告社科出版社在涉案图书封面折页、扉页、图书在版编目（CIP）数据页、版权页上署名张楚为该书译者，表明了张楚作为该书译者的作者身份。原告张楚主张被告社科出版社未给其在该书封面上署名，侵犯了其署名权，应当承担相应的法律责任，缺乏法律依据，本院不予支持。原告还提出被告社科出版社的侵权行为是由于其违反双方图书翻译出版合同中有关署名方式的约定所致的主张，鉴于本案为著作权侵权之诉，对于双方之间的合同法律关系，本院在本案中不予处理。

原告张楚和案外人乔延春、孙晔作为涉案图书的共同译者，共同对该书享有译者署名权。现张楚在本案中主张被告社科出版社侵犯了其署名权并请求判令被告在该书中去掉非翻译人员廖理的姓名，而廖理并非本案当事人，且张楚亦不能在本案中就其与案外人共同享有的权利单独提出主张，故与廖理有关的署名问题应另案解决。

综上，依照《中华人民共和国著作权法》第十条第一款第（二）项之规定，判决如下：

驳回张楚的诉讼请求。

张楚不服原审判决，提起上诉。其上诉理由为：（1）原审程序严重违法，原审法院并未核对翻译出版合同原件即作为定案依据；上诉人曾要求在庭审笔录的每一页都签名，原审法院不允许，上诉人日后再查看笔录时，发现记录已明显不同。（2）被上诉人未在作品封面给我署名，侵犯了我的署名权。（3）署名权是作者的基本精神权利，被上诉人应对侵犯我署名权的行为公开赔礼道歉。（4）署名权属精神性人格权利，不存在与他人共有的问题，上诉人作为独立的民事主体，享有独立的诉权。故请求二审法院依法撤销原审判决，支持上诉人的诉讼请求。

社科出版社服从原审判决。

【二审查明事实】

二审法院经审理查明：2001 年 6 月 21 日，张楚与社科出版社签订《图书翻译出版合同》，约定：社科出版社委托张楚将"CYBERLAW：TEXT AND CASES"一书由英文翻译成中文；翻译作品的著作权归社科出版社所有，社科出版社尊重张楚确定的署名方式。张楚与社科出版社均提交了该翻译出版合同复印件，经比对，两份合同上张楚的签名字迹虽不同，合同内容完全相同。

社科出版社在合同履行过程中，曾向张楚寄交涉案图书设计样稿两页，两页上均标有译者张楚等三人姓名，双方当事人对其中一页为版权页设计样稿无异议；对另一页，张楚主张为封面，社科出版社认为是扉页的环衬面。

2001年5月，社科出版社出版《网络法：课文和案例》一书。该书封面上标注有著者姓名，未署译者姓名，封面上方标有"创世纪工商管理译库 主编：廖理"；封面折页和扉页上方标有"主编：廖理 译者：张楚 乔延春 孙晔 出版人：谢寿光"；该书图书在版编目（CIP）数据页载明"网络法：课文和案例/格拉德佛里拉等著；张楚等译"；该书版权页载明"译者/张楚 乔延春 孙晔"。

社科出版社2003年第1期和第2期图书征订目录包括涉案图书，载明涉案图书的著者、出版年月、定价等内容，但未载明该书译者姓名。社科出版社称涉案图书尚未发行，仍封存在北京市焦王庄装订厂。张楚对此虽有异议，但未提供其他相反证据。

【二审审理结果】

二审法院认为：张楚虽对社科出版社所提交的翻译出版合同复印件提出异议，但该份合同复印件与张楚自己所提交的翻译出版合同复印件内容完全相同，张楚主张以其自己所提交的文本为准，在此情况下，已无必要要求社科出版社提交合同原件。张楚关于原审法院未核对社科出版社所提合同原件违反程序的上诉主张，缺乏法律依据，不予支持。关于原审法院擅自改动庭审笔录的上诉主张，上诉人并未指出在双方当事人当庭签署原审庭审笔录后，该笔录在何处有何改动，故其此项上诉主张缺乏事实依据，不予支持。

署名权，即表明作者身份、在作品上署名的权利。社科出版社在涉案图书封面折页、扉页、图书在版编目（CIP）数据页、版权页上标明张楚为该书译者的行为，表明了张楚作为译者的身份，并已为张楚在该作品上予以署名。张楚关于社科出版社未给其在该书封面上署名，侵犯了其署名权的上诉主张，缺乏法律依据，不予支持。关于张楚主张社科出版社并未按照双方约定的方式在封面上为其署名一节，属于是否违反合同约定之争议，鉴于张楚以社科出版社侵犯其署名权为由提起本案诉讼，故原审法院基于本案为侵权之诉对双方当事人之间的合同法律关系不予处理并无不当。

作者根据其署名权，有权禁止他人在自己的作品上署名。但鉴于张楚主张在该书上去掉廖理署名，涉及到廖理的署名权问题，而廖理并非本案当事人，故原审法院认为此问题应另案解决并无不当。张楚此项上诉主张缺乏法律依据，不予支持。

综上，原审判决认定事实清楚，适用法律正确，应予维持。上诉人的上诉理由不能成立，对其上诉请求，应予驳回。依据《中华人民共和国民事诉讼法》第一百五十三条第一款第（一）项的规定，判决如下：

驳回上诉，维持原判。

原、二审案件受理费各 1 000 元，均由张楚负担。

57. "MP3——谭咏麟精选"录音制作者权侵权纠纷案

——环球唱片有限公司诉安徽文化音像出版社、广州网易计算机系统有限公司

原告（被上诉人）：环球唱片有限公司（UNIVERSAL MUSIC LIMITED）

被告（上诉人）：安徽文化音像出版社

被告（原审被告）：广州网易计算机系统有限公司

案由：录音制作者权侵权纠纷

原审案号：北京市第一中级人民法院（2002）一中民初字第 4009 号

原审合议庭成员：马来客、仪军、彭文毅

原审结案日期：2002 年 12 月 20 日

二审案号：北京市高级人民法院（2003）高民终字第 483 号

二审合议庭成员：陈锦川、周翔、李嵘

二审结案日期：2003 年 11 月 4 日

【判决要旨】

根据有关规定，音像出版单位出版海外音像制品，应履行相应的审批手续，经销商疏于审查就予以销售，主观上有过错，应承担相应的民事责任，经销商以其与他人合作经营为由进行抗辩不能成立。

【起诉与答辩】

原告环球唱片有限公司（UNIVERSAL MUSIC LIMITED，以下简称环球唱片公司）诉称：原告于 2001 年 9 月在广州网易计算机系统有限公司（以下简称广州网易公司）经营的网站（HTTP：//JOYO.163.COM/SHOP/）上通过网上订购，购得由安徽文化音像出版社（以下简称安徽音像社）出版发行的包装盒彩封标为"MP3—流行风珍藏版"的 MP3 格式歌曲光盘合辑，此合辑中含有一张标为"MP3—谭咏麟精选"的 MP3 格式歌曲光盘。经审查，该盘上含有的《暴风女神》、《世外情》、《问》等 11 首歌曲的录音制作者权均为原告享有。两被告未经原告授权许可，擅自出版、发行上述 11 首歌曲的 MP3 格式的歌曲光盘，严重侵犯了原告的合法权益。请求判令：（1）广州网易公司立即停止对原告拥有录音制作者权的歌曲发行权的侵害，向原告移交销毁并不再销售发行侵

犯原告录音制作者权的 MP3 格式录音制品；安徽音像社立即停止对涉案原告拥有录音制作者的歌曲出版权、发行权的侵害，向原告移交销毁并不再出版、发行侵犯原告录音制作者权的 MP3 格式的录音制品。（2）两被告在《人民日报》海外版上发表声明，向原告公开赔礼道歉。（3）两被告共同赔偿原告经济损失 31.8 万元人民币以及为诉讼支付的合理费用 5 万元人民币，并承担连带责任。（4）两被告承担本案全部诉讼费用。

被告广州网易公司辩称：我公司与北京卓越公司签订有合作协议，约定双方合作设立、运作"网易 – 卓越商城"，现原告撤回了对北京卓越公司的起诉，对我公司不公正，请求法院依法追加其为本案第三人。如判决我公司承担赔偿责任则应将北京卓越公司应当承担的部分予以扣除。

被告安徽音像社辩称：我社出版发行的 MP3 格式音乐光盘由合肥绿都电脑市场国康软件专营店制作。其在出版发行前，已经安徽省版权局许可，并向中国音乐著作权协会交纳了音乐作品使用费，故未侵犯原告的录音制作者权。请求法院驳回原告的诉讼请求。

【原审查明事实】

原审法院经审理查明：由谭咏麟演唱的《暴风女神》、《世外情》、《问》、《楚河汉界》、《你要等我》、《命运战士》、《编织》、《午夜骑士》、《吻别》、《冬之寒号》、《朋友》等 11 首歌曲（以下简称涉诉 11 首歌曲），于 1985 年由宝丽金唱片有限公司（Polygram Records Limited）录制完成。1999 年 4 月 23 日，宝丽金唱片有限公司更名为环球唱片有限公司。2001 年 10 月 4 日由原告向国际唱片业协会进行了录音制作者登记，国际唱片业协会亚洲区办事处为原告出具了版权认证报告，证明涉诉 11 首歌曲的录音制作者权拥有人为原告。

2000 年 8 月 15 日，北京网易公司与北京卓越公司签订《网易 – 卓越策略性商城合作协议》，约定：北京网易公司委任北京卓越公司作为"策略商城合作伙伴"。2001 年 1 月 1 日，北京网易公司与北京卓越公司签订《互联网在线合作协议》，约定北京卓越公司成为其"策略商城合作伙伴"，双方的合作项目名称为"网易 – 卓越商城"（域名为 HTTP：//JOYO.163.COM）。在协议有效期内，北京网易公司配合北京卓越公司建设合作网站，并且在"音像制品"二级页面、"书刊杂志"二级页面、"计算机产品"二级页面栏目专卖区内各为北京卓越公司提供一个卓越专卖区。

2001 年 9 月 21 日，案外人沙京伟向中华人民共和国长安公证处申请对其在互联网上订购商品的过程进行公证。在公证人员的监督下，沙京伟输入 http：//www.163.com 网址，点击"网易商城"并进入其页面，在该页面"影视音像"项下的"MP3 大全"中以沙京伟的名义订购包括"MP3 流行风超值套装"在内的音像制品。2001 年 9 月 24 日，一名送货人将沙京伟订购的上述音像制品一式两份交给沙京伟，同时向沙京伟出示了《卓越网发货单》，并由沙京伟在该单上签字。长安公证处对该购买过程进行了公证，并出具了（2001）长证内经字第 1788 号公证书。经原、被告共同认可，在该套装中，有一名称为"MP3 流行风珍藏版"的包装盒，在包装盒封套上载明："MP3 流行风珍藏版，安徽文化音像出版社，ISBN 7－88413－025－4，定价 32 元"。在该包装盒中含有一张标为"MP3—谭咏麟精选"的 MP3 格式歌曲光盘，盘上载有谭咏麟演唱的歌曲 123 首，其中包含涉诉 11 首歌曲。

2001 年 10 月 9 日，安徽音像社委托北京中联光盘有限公司复制《谭咏麟精选》等 7 个 MP3 节目，每个节目复制 2 500 片。

原告 2002 年 2 月 4 日委托国际唱片业协会北京代表处的王燕东代理其处理本案纠纷。2002 年 3 月 7 日，王燕东依据原告授权，转委托北京市天为律师事务所律师刘平、管冰作为原告的委托代理人处理本案纠纷。国际唱片协会北京代表处为本案诉讼支付北京市天为律师事务所律师代理费 3 万元人民币。在本案审理过程中，国际唱片协会北京代表处就本案纠纷与北京卓越公司于2002 年 4 月 17 日达成和解协议，约定由北京卓越公司赔偿 15 万元人民币的损失。2002 年 8 月 7 日，原告撤回对北京卓越公司的起诉。

【原审审理结果】

原审法院认为：鉴于本案被告制作、销售被控侵权录音制品的行为均发生在我国著作权法修改之前，故本案应当适用修改前的著作权法。

针对当事人各方的诉辩主张，本案主要涉及以下几方面问题：

1. 安徽音像社的行为是否构成侵权

我国著作权法规定，录音录像制作者对其制作的录音录像制品，享有许可他人复制发行并获得报酬的权利。该权利的保护期为 50 年，截止于该制品首次出版后第 50 年的 12 月 31 日。被许可复制发行的录音录像制作者还应当按照规定向著作权人和表演者支付报酬。

涉诉 11 首歌曲的录音制作者为原告，两被告对此未提出异议，故原告依法对涉诉 11 首歌曲享有录音制作者权。安徽音像社未经其授权，换用 MP3 格式录制并发行该录音制品，违反了《中华人民共和国著作权法》第四十一条之规定，侵犯了原告对该录音制品的复制权、发行权。就此，安徽音像社应当承担停止出版发行含有侵权录音制品的 MP3 光盘、赔偿原告经济损失和向原告赔礼道歉等民事责任。

2. 广州网易公司的行为是否构成侵权

根据国家版权局、文化部有关对音像制品市场的管理规定，音像出版单位出版外国、香港特别行政区、澳门特别行政区、台湾地区的音像制品，应与著作权人或音像制品制作者签订合同，音像出版单位应在音像制品上注明合同登记号；出版进口音像制品必须标明文化部的批准文号。

广州网易公司对原告指控其为"网易－卓越商城"的共同经营者未提出异议，其作为网站经营者，在合作网站上经营音像制品，应当遵守有关法律法规的规定，对合作经营的产品尽到适当的审查义务。广州网易公司参与销售的音像制品涉及香港特别行政区录音制作者权益，但在该音像制品上既没有合同登记号，也没有文化部的批准文号。广州网易公司未进行审查就予以销售，导致侵犯原告录音制作者权的后果发生，对此，广州网易公司具有主观过错，应承担相应的民事责任。虽然广州网易公司提出其与北京卓越公司签订的合同中约定涉及侵权应由北京卓越公司承担侵权责任，但从其提交的两份合同内容来看，广州网易公司并非合同的一方当事人，且广州网易公司也没有提交其与北京网易公司关系的证据，因此，广州网易公司提出上述抗辩理由不能成立。

3. 关于赔偿数额的确定

虽然安徽音像社对涉诉 11 首歌曲的 MP3 光盘的复制数量提交了复制委托书作为证据，但该委托书仅可以证明其委托北京中联光盘有限公司印制的数量，而不能说明其复制的全部情况，本院不予采信。而原告主张安徽音像社的复制数量为 20 000 张，有证据佐证且基本符合市场经营状况，本院予以采信。鉴于港台歌曲 MP3 格式光盘的复制、发行的许可使用费没有固定标准，原告提出一般港台歌曲引进 CD 光盘的版税为每张港币 15 元的标准可以作为参照。同时，考虑到 MP3 格式自身具有的特点，其在版税上相应应低于一般 CD 光盘，故本院将参照 CD 光盘的版税，作适当降低，并以此乘以 20 000 张的复制数量作为计算赔偿数额的依据。

尽管北京卓越公司与原告达成的和解协议中确定了由其赔偿原告的数额，但该协议仅是北京卓越公司与原告之间的协议，与广州网易公司无关，且北京卓越公司通过该协议获得了其希望获得的相应对价。因此，广州网易公司主张在该和解协议中确定的由北京卓越公司承担的赔偿数额应当在计算本案赔偿数额时予以相应扣除没有事实和法律依据，本院不予支持。但考虑到安徽音像社出版的侵权录音制品并非全部由广州网易公司销售，本院将对广州网易公司在本案纠纷中应当承担的赔偿数额酌情予以确定。

原告因本案纠纷支付的律师费属于合理诉讼支出，亦应由被告承担。但由于数额偏高，本院仅对其中的合理部分予以支持。

综上所述，本院依照《中华人民共和国著作权法》第三十九条第一款、第四十六条第（五）项之规定，判决如下：

一、被告安徽文化音像出版社自本判决生效之日起立即停止出版发行含有侵犯原告环球唱片有限公司录音制作者权的"MP3流行风珍藏版—MP3谭咏麟精选"；

二、被告广州网易计算机系统有限公司自本判决生效之日起立即停止销售含有侵犯原告环球唱片有限公司录音制作者权的"MP3流行风珍藏版—MP3谭咏麟精选"；

三、被告安徽文化音像出版社赔偿原告环球唱片有限公司经济损失15万元，被告广州网易计算机系统有限公司就上述赔偿数额中的3 000元承担连带责任；

四、被告安徽文化音像出版社、被告广州网易计算机系统有限公司赔偿原告环球唱片有限公司因诉讼而支出的合理费用1万元；

五、被告安徽文化音像出版社、被告广州网易计算机系统有限公司书面向原告环球唱片有限公司致歉；

六、驳回原告环球唱片有限公司的其他诉讼请求。

安徽音像社不服原审判决，提出上诉，其理由为：（1）录音制作者权作为一项邻接权，并不必然具有惟一性与排他性，任何经原始作品作者同意的录音制作者，均有权对作品进行录音制作，从而享有对其录音制品的邻接权。被上诉人从未举证证明上诉人出版发行的是被上诉人享有录音制作者权的作品，故不能证明上诉人实施了所谓的侵权行为，原审判决认定上诉人侵权是错误的。（2）原审判决认定涉案光盘的复制数量为2万张，没有事实根据，上诉人仅复制了2 500张。（3）原审判决认定的赔偿数额过高，计算方式没有依据。请求二审法院依法撤销原审判决，驳回被上诉人的所有诉讼请求，由被上诉人承担原、二审的全部诉讼费用。

环球唱片公司、广州网易公司服从原审判决。

【二审查明事实】

二审法院经审理查明的事实与原审查明的事实相同。

【二审审理结果】

二审法院认为：当事人对自己提出的主张，有责任提供证据。环球唱片公司已提交证据证明其是涉案11首由谭咏麟演唱的歌曲的录音制品的录音制作者，安徽音像社主张环球唱片公司并非涉案歌曲的惟一录音制作者，对此应负举证责任。但安徽音像社未能提交证据证明除环球唱片公司外，还有其他的录音制作者曾对上述由谭咏麟演唱的歌曲进行过合法录制，亦不能证明其出版发行的被控侵权录音制品的出处，故其关于其出版发行的被控侵权光盘并非复制自环球唱片公司录制的录音制品的上诉理由，缺乏事实根据，不予支持。

我国著作权法规定，录音录像制作者对其制作的录音录像制品，享有许可他人复制、发行、出租、通过信息网络向公众传播并获得报酬的权利。安徽音像社未经许可，换用 MP3 格式录制并发行涉案录音制品，侵犯了环球唱片公司对该录音制品的复制权、发行权。原审法院认为安徽音像社应承担停止出版发行含有侵权录音制品的 MP3 光盘、赔偿经济损失和向环球唱片公司赔礼道歉等民事责任，是正确的。

安徽音像社主张其仅复制了涉案光盘 2 500 张，但其提交的复制委托书的日期为 2001 年 10 月 9 日，晚于环球唱片公司对被控侵权产品公证购买的日期，不足以证实其复制涉案光盘的实际数量。原审法院以有证据佐证且基本符合市场经营状况为由，采信环球唱片公司关于安徽音像社复制涉案光盘的数量为 2 万张的主张，并无不妥。安徽音像社关于其仅复制涉案光盘 2 500 张的上诉理由，缺乏事实根据，不予支持。

关于安徽音像社应赔偿环球唱片公司的经济损失的数额，原审法院参照一般港台歌曲引进 CD 光盘的版税为每张港币 15 元的标准，考虑到 MP3 格式自身具有的特点，在 CD 光盘的版税标准上作适当降低，并以此乘以 2 万张的复制数量作为计算赔偿数额的依据，并无不当。安徽音像社关于原审法院判令其赔偿的数额过高、缺乏计算依据的上诉理由，缺乏事实和法律依据，不予支持。

综上，原审判决认定事实清楚，适用法律正确，应予维持。上诉人的上诉理由不能成立，对其上诉请求，应予驳回。依据《中华人民共和国民事诉讼法》第一百五十三条第一款第（一）项的规定，判决如下：

驳回上诉，维持原判。

原审案件受理费 8 030 元，由安徽文化音像出版社负担 7 030 元，由广州网易计算机系统有限公司负担 1 000 元；二审案件受理费 8 030 元，由安徽文化音像出版社负担。

58.《三十六闭手》著作权侵权纠纷案

——张培莲诉四川科学技术出版社、北京市新华书店王府井书店

原告（上诉人）：张培莲

被告（被上诉人）：四川科学技术出版社

被告（原审被告）：北京市新华书店王府井书店

案由：著作权侵权纠纷

原审案号：北京市第二中级人民法院（2003）二中民初字第 4267 号

原审合议庭成员：刘薇、宋光、梁立君

原审结案日期：2003 年 6 月 20 日

二审案号：北京市高级人民法院（2003）高民终字第 639 号

二审合议庭成员：陈锦川、张冬梅、周翔

二审结案日期：2003 年 11 月 13 日

【判决要旨】

人民法院的生效判决具有约束力，当事人应当履行。同一当事人不得对同一诉讼标的、同一事实和理由再行起诉。

【起诉与答辩】

原告张培莲诉称：1985 年，张培莲与四川科学技术出版社（以下简称科技出版社）达成口头协议，将其编写的《三十六闭手》一书交由科技出版社出版，当时约定稿酬为每千字 40 元。1986 年 8 月，科技出版社出版了《三十六闭手》一书，仅按每千字 12 元支付了稿酬。张培莲当即收回版权，明确宣布不准再版。但科技出版社擅自多次重印该书，并于 1992 年 6 月又一次再版，至 1997 年 8 月五次重印该书。张培莲发现后于 1998 年 3 月向重庆市渝中区人民法院起诉科技出版社侵权，但科技出版社仅承认 1986 年 8 月出版《三十六闭手》一书后至 1997 年 8 月只重印了 4 次，没有再版。最终该案于 2001 年 8 月由重庆市高级人民法院判决科技出版社立即停止侵权，并赔偿张培莲经济损失 50 930 元。2002 年 10 月及 2003 年 4 月，张培莲在北京市新华书店王府井书店（以下简称王府井书店）发现该店又在销售科技出版社于 1992 年再版的

《三十六闭手》一书，而且据王府井书店的销售员讲该书是王府井书店新进的货，这说明侵权行为在继续。科技出版社及王府井书店的行为侵犯了张培莲对《三十六闭手》一书的复制发行权。另外，科技出版社1992年6月出版的《三十六闭手》一书以及以后重印的该书，将原书封面使用的照片进行了更换，更换后的封面使用的照片人物动作架势与《三十六闭手》一书中介绍的拳技风格全然不同，严重歪曲篡改了原书的本意，书号及版次等也被修改过，侵犯了张培莲享有的修改权及保护作品完整权。科技出版社的连续侵权行为给张培莲造成了严重的经济损失及精神损失，故请求人民法院判令：（1）科技出版社必须立即收回并销毁全部侵权版本；（2）科技出版社及王府井书店必须立即停止侵权，并在《中国体育报》上公开赔礼道歉，消除影响，恢复名誉；（3）科技出版社必须赔偿张培莲经济损失582 390元；（4）科技出版社及王府井书店必须赔偿张培莲因调查取证支出的合理费用5 000元；（5）科技出版社及王府井书店必须赔偿张培莲精神损失费50 000元；（6）合计本案总标的为637 390元；（7）科技出版社及王府井书店承担本案诉讼费用。

被告科技出版社辩称：自张培莲与科技出版社于1998年发生著作权纠纷起，科技出版社就停止了《三十六闭手》一书的再版印刷，以后没有实施新的侵权行为。张培莲在王府井书店购买的涉案图书是科技出版社于1997年8月最后一次印刷发行该书的存货。科技出版社对于已经进入全国新华书店销售、网络销售的图书没有办法做到全部收回。张培莲与科技出版社的侵权纠纷已经重庆市渝中区人民法院、重庆市第一中级人民法院、重庆市高级人民法院、四川省成都市中级人民法院、四川省绵阳市中级人民法院、四川省高级人民法院多次审理并作出了生效判决。原告在本案中提出的诉讼请求与上述法院审理的案件属于同一诉讼标的、同一理由和同一当事人。故请求法院裁定驳回张培莲的诉讼请求，并由其承担本案全部诉讼费。

王府井书店未做答辩。

【原审查明事实】

原审法院经审理查明：1985年，张培莲与科技出版社达成口头协议，由张培莲将其撰写的《三十六闭手》一书书稿交由科技出版社出版。1986年8月，科技出版社出版发行该书并且向张培莲支付了此次出版该书的稿酬。1987年5月、1989年5月、1997年1月、1997年8月，科技出版社又对《三十六闭手》一书进行了四次重印。上述四次重印，科技出版社均未告知张培莲且未支付稿酬。

1998年2月，张培莲在重庆新华书店发现了科技出版社1997年重印的

《三十六闭手》一书，遂起诉至重庆市渝中区人民法院，要求科技出版社向其支付稿酬、利息及赔偿财产损失合计 505 332 元。该案经重庆市渝中区人民法院及重庆市第一中级人民法院审理，作出了终审判决。但张培莲不服，向重庆市高级人民法院提起申诉，重庆市高级人民法院受理了张培莲的申诉并提审此案，认定张培莲依法享有《三十六闭手》一书的著作权，科技出版社于 1997 年 1 月和 1997 年 8 月两次重印该书未经张培莲许可且没有支付报酬，构成对张培莲著作权的侵害，判决：（1）撤销重庆市渝中区人民法院及重庆市第一中级人民法院作出的判决；（2）科技出版社立即停止侵权行为；（3）科技出版社赔偿张培莲损失 50 930 元并承担全部案件受理费。对于科技出版社于 1987 年 5 月、1989 年 5 月两次重印、发行《三十六闭手》一书的行为，重庆市高级人民法院认为张培莲的诉请已超过诉讼时效，故对其提出的赔偿请求未予支持。

此后，张培莲在四川省成都市及四川省绵阳市发现科技出版社有继续侵权的行为，故起诉至上述两地的中级人民法院，均被法院认定为张培莲的起诉是与重庆市高级人民法院判决的侵权案件属同一诉讼标的、同一理由、同一当事人，张培莲如有不服应按照申诉程序处理，法院不应重复受理张培莲的起诉，故裁定驳回了张培莲的起诉。

2002 年 10 月 26 日、29 日，2003 年 3 月 30 日、4 月 12 日，张培莲四次到王府井书店购买了《三十六闭手》一书，书价均为 7.5 元。故以科技出版社实施了新的侵权行为为由起诉至本院。

张培莲在王府井书店四次购买的《三十六闭手》一书均为 1992 年 6 月第一版，1997 年 8 月第五次印刷的版本。该书的版权页中写明：版次 1992 年 6 月成都第一版、印次 1997 年 8 月第五次印刷、印数 56 301～61 300 册、字数 162 千字、版号 ISBN7－5364－1219－3/G·323。本院将该书与 1986 年 8 月第一版第一次印刷的《三十六闭手》一书进行对比，有以下不同之处：（1）该书将 1986 年 8 月第一版第一次印刷的图书封面——上、下两组共 5 人表演拳技的人物照片改为了 1 名女子表演拳技的照片；（2）该书在版权页上更换了版次、字数、版号（1986 年 8 月第一版第一次印刷的图书书号为 7298·189、字数为 158 千字）。另外，该书中所绘插图的人物在着衣及轮廓线条的描绘上也与 1986 年 8 月第一版第一次印刷的图书略有不同，但张培莲在庭审过程中明确表示其起诉不涉及书中内容。

本院于 2003 年 6 月 13 日到王府井书店调查其有关《三十六闭手》一书的有关进货和销售的情况。王府井书店总经理助理甄全录通过电脑查询，向本院出具了一书面证明材料，内容为：我店于 2002 年 6 月 28 日自科技出版社进货《三十六闭手》一书 13 册，货单号：2061783；2003 年 2 月 17 日进货 10 册，货单号：2003021005。现已售完。张培莲对王府井书店进货的时间没有异议，但对其进货的数量不予认可。科技出版社收到王府井书店的此份证明后，向本院提交了一份 1992 年第一版，1997 年 8 月第五次印刷的《三十六闭手》一书发行情况清单，承认在 2001 年 8 月至 2003 年 6 月期间，向包括王府井书店在内的 12 家单位发行此书 87 册。科技出版社还有库存 2 648 册。张培莲对此不予认可，但未提交相应证据材料。

张培莲向本院提交的往返于北京及重庆之间的 9 张火车票的时间分别是 2002 年 9 月、11 月，2003 年 3 月、4 月、6 月，合计 3 086 元。张培莲向本院提交的在北京住宿的 11 张发票的时间分别是 2002 年 10 月、11 月，2003 年 4 月，合计 1 564 元。

【原审审理结果】

原审法院认为：张培莲享有《三十六闭手》一书的著作权，依法应受保护。

张培莲曾就科技出版社未经许可再版、重印、发行《三十六闭手》一书且未付酬的行为侵犯其著作权一节，向重庆市渝中区人民法院提起诉讼。此案重庆市高级人民法院已经作出了生效的（2001）渝高法民再字第 30 号民事判决。此判决认定的事实及判决双方当事人承担的法律责任，应作为本案纠纷处理的依据。

按照（2001）渝高法民再字第 30 号判决的认定，科技出版社在 1986 年 8 月出版《三十六闭手》一书后，在 1987 年 5 月、1989 年 5 月、1997 年 1 月、1997 年 8 月又四次重印该书。针对科技出版社于 1997 年 1 月、1997 年 8 月两次重印《三十六闭手》一书的行为，判决科技出版社立即停止侵权行为并赔偿张培莲 50 930 元。但，张培莲对此认定并不认可，并在本案中提出科技出版社在 1992 年 6 月再版了《三十六闭手》一书，并从 1992 年 6 月至 1997 年 8 月，科技出版社将此书重印了 5 次，对此主张张培莲并没有提供证据加以证明，且对于重庆市高级人民法院作出的生效民事判决认定的事实，本院予以确认。张培莲如有不服应通过申诉程序提出主张，故对张培莲的这一主张本院不予支持。

自重庆市高级人民法院作出（2001）渝高法民再字第 30 号判决后，科技出版社应立即停止发行张培莲所著《三十六闭手》一书，但科技出版社拒不执行法院判决，在 2001 年 8 月至 2003 年 6 月期间，仍在发行《三十六闭手》一书，构成了对张培莲著作权的再次侵害。科技出版社应立即销毁库存书籍，并承担停止发行、公开赔礼道歉的法律责任。至于张培莲请求科技出版社赔偿其经济损失的请求，本院不予支持。因为张培莲并没有提供证据证明科技出版社向王府井书店发行的《三十六闭手》一书系继 1997 年 8 月第五次印刷之后又重新印刷发行的，而对于科技出版社 1997 年 8 月第五次重印发行《三十六闭手》一书的行为，张培莲经重庆市高级人民法院作出的（2001）渝高法民再字第 30 号判决已获得了赔偿，张培莲不得重复请求科技出版社赔偿。但张培莲为本案诉讼所支出的合理费用，本院予以酌情支持。

王府井书店销售了侵权的《三十六闭手》一书，应承担停止销售的法律责任。

张培莲主张 1997 年 8 月第五次印刷的《三十六闭手》一书，科技出版社使用的封面严重歪曲篡改了其作品原意，侵犯了其享有的修改权和保护作品完整权，但是，书的封面设计、装帧及版号、版次不属于作品内容，由封面、装帧设计产生的权利应由设计人享有。张培莲没有举出证据证明曾与科技出版社约定必须使用何种封面，也没有举出证据证明科技出版社更换封面后，导致了读者对作品本意的误解。故对张培莲的上述主张本院不予支持。

张培莲主张科技出版社的侵权行为使其精神遭受严重损失，请求赔偿 5 万元，但张培莲没有提供充分的事实依据，故对此请求本院不予支持。

综上，本院依照《中华人民共和国著作权法》第四十七条第一款第（一）项之规定，判决如下：

一、四川科学技术出版社于本判决生效之日起立即停止发行张培莲所著《三十六闭手》一书，并立即销毁所有库存的张培莲所著《三十六闭手》一书；

二、四川科学技术出版社于本判决生效之日起 30 日内，在《中国体育报》上公开向张培莲赔礼道歉，消除影响（内容须经本院核准），逾期不执行，本院将在全国发行的报纸上公布本判决内容，费用由四川科学技术出版社负担；

三、四川科学技术出版社于本判决生效之日起 10 日内赔偿张培莲因诉讼支出的合理费用 4 000 元人民币；

四、北京市新华书店王府井书店于本判决生效之日起立即停止销售张培莲所著《三十六闭手》一书；

五、驳回张培莲其他诉讼请求。

张培莲不服原审判决，提起上诉，其上诉理由是：（1）原审法院将被上诉人在北京实施的 1992 年版至 1997 年五次盗版发行这一新的侵权事实和与本案无关的 1986 年版的五次重印混为一谈；1992 年至 1997 年五次盗版发行的事实没有审理和判决过，不存在重复请求赔偿的问题，原审不支持上诉人关于赔偿的主张，证据不足；新发现的证据足以证明 1992 年版《三十六闭手》是客观存在的事实。（2）原审法院认定我没有提供充分的证据证明我因本案著作权纠纷受到精神损害，这不是事实。（3）被上诉人违背作者的意愿，把一个与本书内容毫不相干的长拳动作摆在封面正中央，使本书的峨嵋派传统武术套路遭到严重的歪曲、篡改，原审法院没有认定被上诉人的行为构成侵犯我的作品修改权和保护作品完整权是错误的。请求撤销原审判决，重新审理此案；支持上诉人在原审中提出的诉讼主张；判令被上诉人支付我因上诉而遭受的经济损失；原、二审诉讼费用由被上诉人承担。

科技出版社、王府井书店服从原审判决。

【二审查明事实】

二审法院经审理查明：1985 年，张培莲将其《三十六闭手》一书书稿交由科技出版社出版。科技出版社 1986 年 8 月出版发行了该书且支付了此次出版的稿酬。后科技出版社在未告知张培莲且未支付稿酬的情况下，又于 1987 年 5 月、1989 年 5 月、1997 年 1 月、1997 年 8 月将该书进行了四次印刷。1998 年，张培莲诉至重庆市渝中区人民法院，理由是：1998 年 2 月其在重庆市渝中区新华书店发现该社未经其同意将《三十六闭手》一书改换封面再版，侵犯其著作权，要求该社支付稿酬等经济损失。该院经审理查明，四川科技出版社于 1986 年 8 月出版《三十六闭手》一书并支付第一版稿酬后，又于 1987 年 5 月和 1989 年 5 月再版《三十六闭手》两次，也通过邮局汇给张培莲两次再版的印数稿酬。四川科技出版社还于 1997 年 1 月和 8 月再版《三十六闭手》两次，印数分别为 7 000 册和 5 000 册，但印数稿酬未支付给张培莲。上述事实，有《三十六闭手》第一版、第二版、第三版、第四版、第五版的版权页为凭。该院认为，四川科技出版社已经支付了第一次、第二次再版《三十六闭手》应付的印数稿酬，但未支付第三次和第四次再版《三十六闭手》应付的印数稿酬，构成侵犯著作权，赔偿数额应当根据具体情况按张培莲所应得印数稿酬的 2 ~ 5 倍之间来确定。判决：四川科技出版社赔偿张培莲 1 555.2 元、驳回张培莲其他诉讼请求。上述事实，有重庆市渝中区人民法院（1998）中区民二初字第 321 号民事判决书为证。

张培莲不服上述判决，向重庆市第一中级人民法院提起上诉。该院认为，重庆市渝中区人民法院认定四川科技出版社最后两次再版《三十六闭手》一书侵犯张培莲的著作权正确，判决由四川科技出版社承担的赔偿金额也无不当，但认定该社前两次再版《三十六闭手》未构成侵权不当，应予纠正。于 1999 年 9 月作出判决：维持原审判决；四川科技出版社赔偿张培莲 288 元。上述事实，有（1999）渝一中民终字第 883 号民事判决为证。

张培莲不服，向重庆市高级人民法院申诉。其申诉的理由包括"认定只有四次侵权不合理"、"侵权赔偿额的计算有误"。重庆市高级人民法院受理其申诉并再审此案，经审理认为，张培莲关于科技出版社于1987年5月、1989年5月两次重印、发行行为的诉请已超过诉讼时效，对其赔偿请求不予支持；根据《中华人民共和国著作权法》第四十六条第（二）项之规定，四川科技出版社1997年1月和1997年8月重印《三十六闭手》一书的行为构成侵犯著作权。根据国家版权局（1994）权办字第64号《关于如何确定摄影等美术作品侵权赔偿的请示答复函》第3条规定，图书可按照国家颁布的稿酬标准的2~5倍计算赔偿额，及根据国家版权局1990年发布的《书籍稿酬暂行规定》中的标准，经计算，张培莲应得稿酬10 186元，结合其侵权程度以5倍于该稿酬的数额即50 930元作为赔偿数额。2001年8月14日该院判决：（一）撤销重庆市第一中级人民法院（1999）渝一中民终字第833号民事判决和渝中区人民法院（1998）中区民初字第321号民事判决；（二）由科技出版社赔偿张培莲损失50 930元；（三）科技出版社立即停止对张培莲的著作权的侵害行为。上述事实，有（2001）渝高法民再字第30号民事判决书为证。

此后，2002年10月至2003年4月，张培莲发现王府井书店销售《三十六闭手》一书。该书版权页内容均为：版次1992年6月成都市第一版、印次1997年8月第五次印刷、印数56 301~61 300册、字数162千字、版号ISBN7-5364-1219-3/G.323。经与1986年8月第一版第一次印刷的《三十六闭手》一书进行对比，确认有以下几点不同之处：（1）该书将1986年8月第一版第一次印刷的图书封面——上、下两组共5人表演拳技的人物照片改为了1名女子表演拳技的照片；（2）该书在版权页上更换了版次、字数、版号（1986年8月第一版第一次印刷的图书书号为7 298.189，字数为158千字）。另外，该书中所绘插图的人物在着衣及轮廓线条的描绘上也与1986年8月第一版第一次印刷的图书略有不同。

本院查阅了上述重庆法院所审理的案件的卷宗材料。在重庆市渝中区法院审理的张培莲一案的卷宗中，张培莲于1998年5月30日向法院提交的书面材料中所附的证据"《三十六闭手》1997年8月第五次印刷版权页"即"版次1992年6月成都第一版　印次为1997年8月第五次印刷"的《三十六闭手》一书的版权页。科技出版社向法院提交的有关证据中有四个版权页，分别是：《三十六闭手》1986年8月第一版、1986年8月第一次印刷、印数1~18 300；《三十六闭手》1986年8月第一版、1987年5月第二次印刷、印数18 301~28 300；《三十六闭手》1986年8月第一版、1989年5月第三次印刷、印数28 801~49 300；《三十六闭手》1992年6月成都第一版、1997年1月第四次印刷、印数49 301~56 300。又查，在庭审笔录中载明："原代：请被告方解释一下 92 年为成都第一版？""审：被告方解释。""被代：因为该书 1989 年出版后未再版，因这本书归类于中华武术绝招，总计八本，为丛书，故才将该书拿了进来，为吸引读者故改为第一版，主要是基于市场考虑。"上述事实，有重庆市渝中区法院卷宗材料复印件为证。

应本院要求，科技出版社就《三十六闭手》1992 年 6 月成都第一版与 1986 年 8 月第一版的不同之处进行了补充陈述称，版号变化是因为国家推行了新的版号；插图方面有所变化是因为三次印刷后的印刷模板有磨损，人物线条不清楚，为了从印刷装帧质量上有所提高，对原图不清楚的地方重新进行了修补。

原审法院于 2003 年 6 月 13 日到王府井书店调查有关《三十六闭手》一书的进货和销售情况，王府井书店通过电脑查询，向法院提供了书面材料，内容为：2002 年 6 月 28 日进货 13 册，2003 年 2 月 17 日进货 10 册，现已售完。科技出版社向法院提交了一份 1992 年第一版、1997 年 8 月第五次印刷的《三十六闭手》一书发行情况清单，承认在 2001 年 8 月重庆高级法院（2001）渝高法民再字第 30 号民事判决作出以后，即 2001 年 8 月至 2003 年 6 月期间，向包括王府井书店在内的 12 家单位发行了 87 册，库存 2 648 册。张培莲认为科技出版社所提交的发行情况清单是伪造的，理由是科技出版社提交的发货清单上载明"2002 年 6 月 17 日发货 23 册"，而王府井书店的进货单上载明为"2002 年 6 月 28 日 13 册、2003 年 2 月 17 日 10 册"，二者在时间上不一致，故对此发货清单不予认可。科技出版社称其在时间上搞错了，但法院是直接向王府井书店调查取证的，数量上没有搞错，时间上应当以王府井书店的进货清单为准。张培莲在本案中未提交相应证据证明科技出版社在重庆高级法院的判决作出后实施了不同于"1992 年 6 月成都第一版、1997 年 1 月第四次印刷、印数 56 301～61 300 册"的《三十六闭手》一书的复制发行行为。

【二审审理结果】

二审法院认为：人民法院的生效判决具有约束力。当事人应履行人民法院的生效判决；同一当事人不得对同一诉讼标的、同一事实和理由再行起诉。重庆市高级人民法院终审判决认定科技出版社 1997 年 1 月和 1997 年 8 月重印《三十六闭手》一书的行为侵犯了张培莲的著作权，责令科技出版社立即停止侵权行为、赔偿张培莲经济损失。科技出版社在上述判决生效后，又对"1992 年 6 月成都市第一版、1997 年 8 月第五次印刷"的《三十六闭手》一书进行了发行，其行为属于不执行法院生效判决的行为。张培莲以该书为证据，以科技出版社侵犯其复制权、发行权为由提起诉讼，人民法院不应受理。对科技出版社不履行重庆市高级人民法院生效判决的行为，张培莲可以向有关法院申请通过执行程序来解决。原审法院认定科技出版社上述行为构成对张培莲著作权的再次侵害，根据著作权法第四十七条第一款第（一）项的规定判决科技出版社立即销毁库存书籍，承担停止发行、公开赔礼道歉的法律责任，在认定事实以及适用法律上均有错误，本院对此应予纠正。

1992年更换的《三十六闭手》一书的封面设计不属于张培莲享有著作权的作品的内容，张培莲也并未提供证据证明封面的更换造成了对其作品内容、观点等的歪曲、篡改，故张培莲关于科技出版社侵犯其修改权和保护作品完整权的主张不能成立。

因张培莲指控科技出版社侵犯其复制发行权一节属于重复起诉，其指控该社侵犯其修改权和保护作品完整权一节亦无事实依据，其主张科技出版社的侵权行为使其受到精神损害要求赔偿其精神损失不能成立，主张王府井书店销售涉案图书的行为对其造成精神损害也不能成立。故对其相关诉讼请求，本院不予支持。张培莲要求科技出版社、王府井书店支付其因上诉而受到的损失缺乏法律依据，本院亦不予支持。

王府井书店从正规渠道进货，对销售侵权的《三十六闭手》一书没有过错，不应承担赔偿责任。原审法院基于王府井书店销售侵权图书的事实确认王府井书店应承担停止销售的责任是正确的。

综上，原审判决认定事实和适用法律均有错误，本院应予纠正。依照《中华人民共和国民事诉讼法》第一百一十一条第一款第（五）项，第一百五十三条第一款第（二）项、第（三）项，判决如下：

一、维持北京市第二中级人民法院（2003）二中民初字第4267号民事判决的第四项，即北京市新华书店王府井书店立即停止销售张培莲所著《三十六闭手》一书。

二、撤销北京市第二中级人民法院（2003）二中民初字第4267号民事判决的第一、二、三、五项，即第一项：科技出版社立即停止发行张培莲所著《三十六闭手》一书，并立即销毁所有库存的张培莲所著《三十六闭手》一书；第二项：科技出版社在《中国体育报》上公开向张培莲赔礼道歉，消除影响；第三项：科技出版社赔偿张培莲因诉讼支出的合理费用4 000元人民币；第五项：驳回张培莲其他诉讼请求。

三、驳回张培莲其他诉讼请求。

一审案件受理费2 210元，由张培莲负担2 100元，由北京市新华书店王府井书店负担110元；二审案件受理费2 210元，由张培莲负担。

59. "阻击非典"图片著作权侵权纠纷案

——赵半狄诉北京日报报业集团

原告：赵半狄

被告：北京日报报业集团

案由：著作权侵权纠纷

一审案号：北京市第二中级人民法院（2003）二中民初字第 9273 号

一审合议庭成员：刘薇、梁立君、宋光

一审结案日期：2003 年 11 月 18 日

【判决要旨】

使用他人具有公益性质的作品亦应取得著作权人的许可。

【起诉与答辩】

原告赵半狄诉称：原告以熊猫咪为搭档创作公益作品，于 2003 年 4 月 21 日为抗击"非典"专门创作了一幅名为"阻击非典　保卫家园"的作品，表达了"以坦然和轻松的心态来面对'非典'这场严峻的战斗"的思想。同日，该图片发表在新浪网上。4 月 22 日，被告出版的《北京晚报》刊登《面对"非典"全球抗击》一文时，使用原告的作品"阻击非典　保卫家园"作为配图，没有标明作品名称、没有为作者署名、也没有向著作权人支付报酬。原告认为被告的上述行为侵害了其享有的署名权、保护作品完整权及复制权，请求法院判令被告停止侵害、公开赔礼道歉、向原告支付使用作品的报酬并赔偿经济损失共计 180 000 元。

被告北京日报报业集团辩称：被告在使用原告作品时由于疏忽没有标明作者，对此表示道歉，但原告主张的赔偿数额过高，被告不能接受，请求法院依法公正判决。

【一审查明事实】

一审法院经审理查明：原告赵半狄于 2003 年 4 月拍摄完成抗击"非典"公益宣传图片，用计算机对该图片进行后期制作，在图片上方添加作品名称即"阻击非典　保卫家园"、在图片左下角添加"赵半狄和熊猫咪"字样。该图片

于4月21日12时53分在新浪网（sina.com.cn）上发表，图片下方有"图为艺术家赵半狄创作的抗击非典公益宣传图片"字样。5月7日的《解放日报》、5月8日的《北京青年报》、6月2日的《南方都市报》等报刊分别登载了该作品。

被告北京日报报业集团2003年4月22日出版的《北京晚报》在"阻击非典专版"上刊登了《面对"非典"全球抗击》一文，并将原告的"阻击非典保卫家园"图片作为该文的插图。被告使用该图片时删除了图片上方的作品名称即"阻击非典保　卫家园"及图片左下角的"赵半狄和熊猫咪"字样，且没有注明该图片的作者，亦未向著作权人支付报酬。

原告为进行本案诉讼，支出了公证费400元、交通费60元，并聘请了律师。

【一审审理结果】

一审法院认为：原告赵半狄以拍摄方式创作完成名称为"阻击非典　保卫家园"的摄影作品，于2003年4月21日将该作品发表在新浪网上，发表时作品的表现形式是在摄影作品上方添加了作品名称并在作品左下角添加作品人物名称，作品署名为赵半狄。原告作为该作品的著作权人，其享有的著作权受法律保护。

被告北京日报报业集团2003年4月22日出版的《北京晚报》将原告的"阻击非典　保卫家园"摄影作品作为文章插图使用，使用前没有取得著作权人的许可，使用时没有以合理方式注明作者姓名，且未向著作权人支付报酬，侵害了赵半狄享有的署名权、复制权及获得报酬权。被告提出，原告作品在首次刊登时没有作出禁止他人未经许可进行转载、摘编的声明，因此其他报刊可以在不征求作者许可的情况下转载该作品。对此，本院认为，我国著作权法规定，作品只有在报纸、期刊上发表时，著作权人未声明不得转载、摘编的，其他报刊才可以不经著作权人许可进行转载。但本案中，原告是在网络上发表的涉案作品，而网络与报纸或期刊属于不同形式的媒体，我国著作权法中有关未经许可进行转载的规定在此并不适用，因此被告的该项抗辩主张没有法律依据，本院不予支持。被告就其侵权行为应承担向原告公开赔礼道歉、消除影响并赔偿经济损失的法律责任。本院将根据案件实际情况确定被告在大致相同的范围内向原告致歉及消除影响；并根据原告作品的影响程度、被告侵权行为的性质，参照国家版权局1990年发布的《关于适当提高美术出版物稿酬的通知》规定的稿酬标准酌情确定赔偿数额；原告为本案诉讼实际支出的合理费用，本院予以支持。原告提出的赔偿经济损失180 000元的诉讼请求缺乏充分的事实及法律依据，本院不予全额支持。

关于原告提出的被告使用作品的方式侵害了原告的保护作品完整权的主张，本院认为，被告将涉案作品用作《面对"非典"全球抗击》一文的插图，其使用方式与原告创作该作品时的初衷并不矛盾，虽然被告在使用时删除了图片上方的作品名称及图片左下角的"赵半狄和熊猫咪"字样，但并没有对原告摄影作品的内容进行修改，也没有产生对原作品内容、观点、形式进行歪曲、篡改的后果，因此不存在侵害原告保护作品完整权的事实。对原告的该项诉讼请求，本院不予支持。

综上，依据《中华人民共和国著作权法》第十条第一款第（二）项、第（四）项、第（五）项及第二款，第四十七条第（一）项的规定，判决如下：

一、被告北京日报报业集团于本判决生效之日起 10 日内在《北京晚报》上刊登向原告赵半狄致歉的声明（致歉内容需经本院审核，逾期不执行，法院将在一家全国发行的报纸上公开本判决的主要内容，相关费用由北京日报报业集团负担）；

二、被告北京日报报业集团于本判决生效之日起 10 日内赔偿原告赵半狄经济损失 1 200 元；

三、被告北京日报报业集团于本判决生效之日起 10 日内赔偿原告赵半狄合理诉讼支出 1 000 元；

四、驳回原告赵半狄的其他诉讼请求。

案件受理费 5 510 元，由原告赵半狄负担 3 000 元，由被告北京日报报业集团负担 2 510 元。

双方当事人均服从一审判决。

60. "陈慧琳歌曲 MTV" 著作权侵权纠纷案

—— 正东唱片有限公司诉北京纯音歌舞娱乐有限责任公司

原告： 正东唱片有限公司（Go East Entertainment Company Limited）
被告： 北京纯音歌舞娱乐有限责任公司
案由： 著作权侵权纠纷

一审案号： 北京市第一中级人民法院（2003）一中民初字第 6185 号
一审合议庭成员： 马来客、李燕蓉、任进
一审结案日期： 2003 年 11 月 18 日

【判决要旨】

MTV 作品是制作者根据音乐或者歌曲作品的内容，创作的具有一定情节画面并有演员表演的作品，属于著作权法规定的以类似摄制电影的方法创作的作品，应受到著作权法的保护。MTV 作品的制片者是该作品的著作权人，未经著作权人许可，放映该作品的行为属于侵犯著作权的行为。

【起诉与答辩】

原告正东唱片有限公司（以下简称正东唱片公司）诉称：原告于 2003 年 2 月 25 日在被告经营的海市蜃楼自助式 KTV 中发现被告以营利为目的，将原告享有著作权的作品（MTV）以卡拉 OK 的形式向公众放映。这些作品（MTV）为：陈慧琳演唱的《对你太在乎》、《光年》、《回情》。原告为上述 3 首作品的权利人，从未许可被告以上述方式使用上述作品，被告未经许可擅自放映原告作品的行为，严重侵犯了原告的权益，给原告造成重大经济损失。故请求法院判令：（1）被告立即停止对原告拥有著作权的作品放映权的侵害，不再公开放映原告享有著作权的作品；（2）被告在《法制日报》上发表声明，向原告公开赔礼道歉；（3）被告赔偿原告经济损失 30 万元人民币及原告为调查被告侵权行为和起诉被告所支出的合理费用 5 万元人民币，以上合计 35 万元人民币；（4）被告承担本案诉讼费。

被告北京纯音歌舞娱乐有限责任公司（以下简称纯音歌舞公司）辩称：我公司与北京视点电子技术有限公司于 2002 年 9 月 17 日签订了《JOYOK 综合娱乐服务系统安装合同》，并在合同中明确约定了"北京视点电子技术有限公司

保证提供全部软件（此软件为点播、播放及有卡拉 OK 功能的综合歌曲载体，原告所称的歌曲著作权也在此软件内）均为合法版权的正版软件，并对此软件的设计拥有自主权或使用权，同时保证我公司在使用软件系统时不被任何第三方提出侵权索赔或认定为侵权"。我公司合法购买此系统与播放软件，我公司取得的歌曲均为付费方式，并在价款中包含了原告所称的著作权使用费。现在我公司已经将 3 首歌曲消除。原告是将歌曲以 VCD 光盘形式发行，而我公司是以卡拉 OK 形式使用的，所以原告要求赔偿的金额不合理，没有依据。综上，我公司为善意的第三人，不是侵权人，请求法院维护善意人的合法权益。

【一审查明事实】

一审法院经审理查明：1999 年正东唱片公司制作了《陈慧琳　对你太在乎》卡拉 OK MTV VCD 光盘，在该光盘中，收录了陈慧琳演唱或与他人对唱的《对你太在乎》、《光年》、《回情》三首粤语歌曲的卡拉 OK MTV，在上述 MTV 中均数次出现正东唱片公司的标志。该光盘的外包装上标有 O&©1999 Go East Entertainment Co., Ltd 的标识。

2002 年 9 月 17 日，纯音歌舞公司作为甲方与案外人北京视点电子技术有限公司（乙方）签订《JOYOK 综合娱乐服务系统合同书》，约定乙方为甲方提供并安装 JOYOK 综合娱乐服务系统，乙方提供全套 KTV 点歌系统及歌曲库的实施方案，乙方负责综合娱乐服务系统的国内安装、调试及相应的售后服务和软件升级工作，乙方承诺所提供全部软件均为具有合法版权的正版软件，乙方对此软件的设计拥有自主权或使用权，同时保证甲方在使用软件系统时不被任何第三方提出侵权索赔或认定为侵权等。在合同有关结算方式中，约定的合同价款为 58 565 元（含税）。

在该合同的附件 1、JOYOK 综合娱乐服务系统报价单（46 个 KTV 包间）中载明：（1）JOYOK 综合娱乐服务系统包房点歌系统价格为 KTV 点歌软件 400×46＝18 400（元）；（2）JOYOK 综合娱乐服务系统机房系统价格为 KTV 中央播控及歌曲调度软件 15 000 元、KTV 歌曲管理软件 15 000 元、消息/广告/火警发布软件 4 600 元；（3）其他费用：免费培训、一年之内软件免费升级及维护。系统总价 53 000 元（未税）。

2002 年 10 月，纯音歌舞公司经营的海市蜃楼自助式 KTV 开始营业。

2003 年 2 月 25 日，应北京市天为律师事务所申请，长安公证处两名公证人员在北京市西城区西单北大街 176 号中友大厦 9 层海市蜃楼自助式 KTV B02 室，对北京市天为律师事务所的代理人李宏宇对陈慧琳演唱或与他人对唱的《对你太在乎》、《光年》、《回情》3 首粤语歌曲的 MTV 进行点播并对播放过程进行录像的行为进行了现场公证，记载在（2003）长证内经字第 01003 号公证书中。在上述公证过程中，李宏宇共对 14 首歌曲进行点播并对播放过程进行了录像，纯音歌舞公司开具了金额为 86 元的北京市服务业、娱乐业、文化体育业专用发票。

　　经本院组织勘验，正东唱片公司、纯音歌舞公司对经公证的在北京市西城区西单北大街 176 号中友大厦 9 层海市蜃楼自助式 KTV 中播放《对你太在乎》、《光年》、《回情》3 首歌曲的卡拉 OK MTV 的事实没有异议，并对其中《对你太在乎》MTV 中多次出现环球唱片有限公司的标志、《光年》MTV 中多次出现正东唱片公司的标志、《回情》MTV 中多次出现宝丽金的标志的事实予以确认。

　　国际唱片业协会亚洲区办事处于 2003 年 5 月 2 日出具版权认证报告：证明《对你太在乎》、《光年》、《回情》3 首歌曲 MTV 作品的版权拥有人为正东唱片公司，其所称版权指录音制作者权。在该版权认证报告后附有正版权利制品封面的复印件。该复印件与原告提交本院的原件一致。

　　国际唱片业协会（香港会）有限公司于 2003 年 7 月 17 日出具证明：该协会各会员对其创作的香港流行歌星 MTV 曲目，在香港卡拉 OK 歌厅等娱乐场所提供商业性优先使用时，惯用的方式是一次性许可，使用期为 1 个月至 3 个月不等，每首 MTV 曲目收费亦由港币 5 万元至 50 万元不等。其后，会员之 MTV 曲目只可在已经由会员授权公开放映之场所使用。

　　正东唱片公司为本案诉讼支付的律师费为 3 万元人民币，公证费 1 000 元人民币及香港律师费、公证费 7 730 元港币（其中用于证明正东唱片公司主体资格、授权委托书等的香港律师费、公证费为 4 300 元港币，用于版权认证报告的香港律师费、公证费为 3 430 元港币）。

　　另查：纯音歌舞公司未提交证据证明其向北京视点电子技术有限公司实际交付的费用，亦未提交证据证明北京视点电子技术有限公司向其提供的歌曲库的歌曲数量以及其对北京视点电子技术有限公司是否有权许可他人使用著作权人的作品事宜进行过审查。

【一审审理结果】

　　一审法院认为：我国著作权法规定，电影作品和以类似摄制电影的方法创作的作品受到著作权法的保护。著作权法实施条例规定，电影作品和以类似摄制电影的方法创作的作品，是指摄制在一定的介质上，由一系列有伴音或者无伴音的画面组成，并借助适当装置放映或者以其他方式传播的作品。MTV 作品是制作者以类似摄制电影的方法根据音乐或者歌曲作品的内容，创作的具有一定情节画面并有演员表演的作品，属于著作权法规定的以类似摄制电影的方法创作的作品，应受到著作权法的保护。MTV 作品的制片者是该作品的著作权人，未经著作权人许可，放映该作品的行为属于侵犯著作权的行为。

正东唱片公司提交的经过香港律师公证的版权认证报告所证明的内容为正东唱片公司为《对你太在乎》、《光年》、《回情》3 首歌曲的录音制作者权人，不能证明正东唱片公司在本案中主张的著作权，对该部分内容本院不予采信。但是，该版权认证报告中还附有正东唱片公司制作发行的正版《陈慧琳　对你太在乎》卡拉 OK MTV VCD 光盘盘封的复印件，可以证明正东唱片公司制作发行了正版《陈慧琳　对你太在乎》卡拉 OK MTV VCD 光盘，本院对此予以采信。

在没有相反证据的情况下，根据正东唱片公司提交的其正式出版的《陈慧琳　对你太在乎》卡拉 OK MTV VCD 光盘盘封及《对你太在乎》、《光年》、《回情》3 首歌曲 MTV 作品中的署名，本院认定正东唱片公司享有陈慧琳演唱的《对你太在乎》、《光年》、《回情》3 首歌曲 MTV 作品的著作权。该权利依法受到保护，任何一方有侵犯正东唱片公司作品著作权的行为均应承担相应的法律责任。

纯音歌舞公司未经正东唱片公司许可，在其经营的海市蜃楼自助式 KTV 的歌曲库中提供了《对你太在乎》、《光年》、《回情》3 首歌曲的 MTV 作品，顾客对这 3 首歌曲进行点播时，纯音歌舞公司即会放映正东唱片公司享有著作权的《对你太在乎》、《光年》、《回情》3 首歌曲的 MTV 作品，并且根据北京市公证处的公证书可以证明，纯音歌舞公司也已经放映了正东唱片公司享有著作权的《对你太在乎》、《光年》、《回情》3 首歌曲的 MTV 作品。因此，纯音歌舞公司在其歌曲库中提供《对你太在乎》、《光年》、《回情》3 首歌曲的 MTV 作品的行为，属于以放映的方式传播作品的行为。纯音歌舞公司主张其是依据与北京视点电子技术有限公司签订的 JOYOK 综合娱乐服务系统合同，有偿使用上述作品的。但纯音歌舞公司未提供证据证明北京视点电子技术有限公司是涉案 MTV 作品的著作权人，也未提供证据证明其对歌曲库中所提供的作品是否经过著作权人许可这一问题进行过审查，故纯音歌舞公司的主张不能成立。纯音歌舞公司在使用上述作品进行经营活动时，依法应该取得著作权人的授权，但其未经著作权人的许可，即以放映的方式传播著作权人的作品，侵犯了著作权人的著作权，应承担停止侵害、消除影响、赔礼道歉、赔偿损失的民事责任。纯音歌舞公司的抗辩理由没有事实和法律依据，本院不予采信。

关于赔礼道歉的方式，由于纯音歌舞公司系在其经营的海市蜃楼自助式

KTV 中放映，正东唱片公司要求其在《法制日报》上公开赔礼道歉与其造成的影响不相适应，本院不予支持，但是，纯音歌舞公司应书面向正东唱片公司赔礼道歉。

关于本案的赔偿数额，由于本案中纯音歌舞公司因放映上述 3 首歌曲的 MTV 作品所获得的利润无法计算，正东唱片公司系根据国际唱片业协会（香港会）有限公司出具的证明计算其因侵权行为而遭受的损失数额来计算赔偿数额的。但由于该证明仅能证明一部 MTV 作品在香港地区以商业性优先使用时的费用，而正东唱片公司不能证明本案中纯音歌舞公司系在大陆地区优先使用了上述 3 首歌曲的 MTV 作品，故本院对该标准不予采信。本院将根据纯音歌舞公司放映该 3 首 MTV 作品的时间、主观过错程度等侵权行为的情节以及正东唱片公司为制止侵权行为而支付的公证费、律师费等合理开支，在法律规定的数额内酌情予以考虑。

综上所述，纯音歌舞公司未经正东唱片公司许可，在其经营的海市蜃楼自助式 KTV 歌曲库中提供《对你太在乎》、《光年》、《回情》3 首歌曲的 MTV 作品以供顾客点播的行为，侵犯了正东唱片公司对该作品享有的著作权。依据《中华人民共和国著作权法》第三条第（六）项、第十条第（十）项、第四十七条第（一）项，《中华人民共和国著作权法实施条例》第四条第（十一）项之规定，判决如下：

一、被告北京纯音歌舞娱乐有限责任公司于本判决生效之日起，立即停止侵犯原告正东唱片有限公司著作权的行为；

二、被告北京纯音歌舞娱乐有限责任公司自本判决生效之日起 30 日内，就其侵权行为以书面形式向原告正东唱片有限公司赔礼道歉（致歉内容须经本院审核），逾期不履行，本院将公开判决主要内容，费用由被告北京纯音歌舞娱乐有限责任公司承担；

三、被告北京纯音歌舞娱乐有限责任公司自本判决生效之日起 10 日内，赔偿原告正东唱片有限公司经济损失人民币 3 万元及为本案诉讼支出的合理费用人民币 26 376 元，以上两项共计人民币 56 376 元；

四、驳回原告正东唱片有限公司的其他诉讼请求。

案件受理费 7 760 元，由被告北京纯音歌舞娱乐有限责任公司负担。

双方当事人均服从一审判决。

61. 评书《三侠剑》著作权侵权纠纷案

——张玉和、张玉芳、张玉明等诉单田方、群众出版社、内蒙古少年儿童出版社

原告： 张玉和

原告： 张玉芳

原告： 张玉明

原告： 张文勇

原告： 张金元

原告： 张仲茂

原告： 张凤侠

原告： 钱大苹

原告： 程德军

原告： 程淑红

原告： 张淑芸

原告： 张淑芳

被告： 单田芳

被告： 群众出版社

被告： 内蒙古少年儿童出版社

案由： 著作权侵权纠纷

一审案号： 北京市朝阳区人民法院（2003）朝民初字第 24219 号

一审合议庭成员： 林子英、谢甄珂、党淑平

一审结案日期： 2003 年 11 月 20 日

【判决要旨】

进入公有领域的作品，对作者的继承人就著作财产权提出的诉讼请求，法院不应支持；但对作者继承人为维护著作权人的精神权利提出的诉讼请求应予支持。

【起诉与答辩】

张玉和等 12 人诉称：张杰鑫 1875 年出生，1895 年师承名评书家王致久学

艺评书，深得其师亲传。1916 年以来，张杰鑫就在天津书坛说讲"永清升平"和自编自演的"明清八义三侠剑"，深得听众好评，同行推举为天津市艺人工会主席，成为北派代表人物。1930 年应新天津报社社长刘髯公邀请，在该报副刊晚报上连载"三侠剑"，后成书出版发行，署作者张杰鑫，并在当时的内政部商标局注册。1997 年长春吉林文史出版社出版发行原著"三侠剑"，著者张杰鑫。单田芳于 1986 年委托内蒙古少年儿童出版社（以下简称内蒙少儿出版社）出版发行《三侠剑》三本，署名作者单田芳。1999 年又由群众出版社出版《三侠剑》全二册，仍署名单田芳。

张玉和等 12 人认为单田芳、群众出版社、内蒙古少儿出版社的行为侵犯了张杰鑫的署名权、修改权、保护作品完整权，故起诉要求：单田芳公开赔礼道歉，群众出版社、内蒙古少儿出版社停止出版发行《三侠剑》一书。

另，张玉和、张玉芳和张玉明认为单田芳、群众出版社、内蒙古少儿出版社的行为还侵犯了其作为张杰鑫的后代所享有的使用权和获得报酬权，故另要求单田芳、群众出版社、内蒙古少儿出版社共同赔偿损失 40 万元。

单田芳辩称：张玉和等 12 人未能向法庭提供任何与本案纠纷相关的证据，同时亦未向法庭提出任何事实、理由来说明张杰鑫所依法享有的著作权中的署名权、修改权及保护作品完整权受到任何侵犯。另，张杰鑫死于 1927 年，其作品已过保护期，且本案已超过诉讼时效，故请求法院驳回张玉和等 12 人的起诉。

群众出版社辩称：我社与单田芳订立有合同，属合理合法出版该书，故望法院驳回张玉和等 12 人的诉讼请求。

内蒙古少儿出版社辩称：我社与单田芳订有出版合同，约定著作权归属有问题由单田芳自负。我社没有主观错误，且本案已过诉讼时效，故望法院驳回张玉和等 12 人的诉讼请求。

【一审查明事实】

一审法院经审理查明："新天津丛书出版部"曾于中华民国二十六年四月（公元 1937 年 4 月）出版了署名为张杰鑫的《明清八义三侠剑》一书，但该书内容无从考证。中华民国三十八年二月（公元 1949 年）由（上海）正气书局出版了署名为张杰鑫著的《三侠剑》一书前十卷。以该书一至六卷为蓝本，1995 年 3 月北京十月文艺出版社、1996 年 10 月吉林文史出版社出版了张杰鑫著《三侠剑》一书。

内蒙古少儿出版社于 1986 年 12 月、群众出版社于 1999 年 1 月分别出版发行了署名为"单田芳 著"的《三侠剑》一书。

1990 年 9 月，何远景、王志彬、哈森接受内蒙古版权处委托对张杰鑫著《三侠剑》和单田芳著《三侠剑》进行鉴定，并分别出具鉴定意见。2000 年 6 月 12 日，内蒙古版权处在该 3 份鉴定意见上盖章确认。上述鉴定意见中表明内蒙古少儿出版社出版的单田芳著《三侠剑》与张杰鑫著《三侠剑》前一部分内容"大同小异，故事情节基本相同"。

张杰鑫死于公元 1933 年前（包括该年），其妻现亦死亡。双方共有子女 6 人：张淑芳（女）、张弘午（学名张文忠，男）、张文孝（男）、张淑芸（女）、张文勇（男）、张淑敏（女）。张弘午于 2000 年 8 月 6 日死亡，其妻在此之前已死亡，双方共有子女 3 人：张玉和、张玉芳、张玉明。张文孝于 1984 年 5 月 31 日死亡，与其妻许淑珍育有子女 5 人：张金元、张仲茂、张金英、张国庆、张凤侠。许淑珍、张金英、张国庆表示不参加本案诉讼，并放弃其享有的权利。张淑敏于 1998 年 9 月 8 日死亡，其丈夫现亦死亡。张淑敏有子女 3 人：钱大苹、程德军、程淑红。

【一审审理结果】

一审法院认为：根据著作权法的规定，如无相反证据，在作品上署名的是作者。张玉和等 12 人据以主张权利的作品——上海正气书局公元 1949 年出版的《三侠剑》署名为张杰鑫，单田芳对此并未提出异议，且在群众出版社出版的《三侠剑》后记中亦认可最初的《三侠剑》故事创作者是张杰鑫，故可以认定张杰鑫享有该书著作权。

我国著作权法明确规定，公民作品著作财产权的保护期为作者终身及其死亡后 50 年。由于张杰鑫已于公元 1933 年前（包括该年）去世，故其对《三侠剑》一书享有的著作财产权截止到 1983 年。由于群众出版社和内蒙古少儿出版社出版涉案图书时，张杰鑫所著《三侠剑》一书已进入公有领域，故对于张玉和等 12 人就著作财产权提出的诉讼请求，本院不予支持。但张杰鑫对该书仍享有署名权、修改权和保护作品完整权，其继承人有权予以保护。

虽然单田芳提出《三侠剑》中的主要人物均源自在此之前的几部小说，该书属民间文学作品，任何人均有权整理，故其并未侵权。但本院认为，虽然《三侠剑》中的主要人物源自其前的几部小说，但首次将该人物及情节集于一书的是张杰鑫，即张杰鑫最早创作了《三侠剑》。且，经内蒙古版权处鉴定认为单田芳的《三侠剑》和张杰鑫著《三侠剑》一书前一部分"大同小异，故事情节基本相同"。单田芳虽对此提出异议，但其并未提供相反证据，故本院认定单田芳的《三侠剑》与张杰鑫著《三侠剑》一至六卷内容雷同。由于单田芳在其《三侠剑》中未以适当的方式表明张杰鑫的作者身份，且对张杰鑫著《三侠剑》的内容进行了改动，故其在内蒙古少儿出版社和群众出版社出版的《三侠剑》上仅署名"单田芳著"的行为，显属不当，侵犯了张杰鑫对其作品享有的署名权和修改权。对于张玉和等12人据此要求单田芳就其侵权行为承担停止侵权、赔礼道歉责任的诉请，本院予以支持。张玉和等12人提出单田芳侵犯了张杰鑫作品完整性，因其未就此举证，故本院对此不予支持。

张杰鑫著《三侠剑》是一部流传已久的作品，且单田芳在其《三侠剑》后记中明确表示该书故事的最初创作者是张杰鑫，因此群众出版社和内蒙古少儿出版社应当知晓单田芳在其《三侠剑》上的署名方式不当。由于群众出版社和内蒙古少儿出版社对于涉案图书的署名未尽到出版者的审查义务，故其应当承担停止侵权、赔礼道歉的民事责任。在更正署名方式以前，其不得再出版发行涉案图书。

由于单田芳、群众出版社和内蒙古少儿出版社未举证证明张杰鑫的所有继承人在1998年5月前均已知晓或应当知晓侵权事实，故对其提出本案已过诉讼时效的辩称，本院不予支持。

综上，依据2001年10月27日修改前的《中华人民共和国著作权法》第十条第（二）项、第（三）项、第十九条第一款、第二十条、第二十一条第一款、第四十五条第（八）项，《中华人民共和国著作权法实施条例》第二十条第一款之规定，判决如下：

一、群众出版社立即更正涉案图书的署名，在署名更正前不得再出版发行涉案图书；

二、内蒙古少年儿童出版社立即更正涉案图书的署名，在署名更正前不得再出版发行涉案图书；

三、单田芳、群众出版社和内蒙古少年儿童出版社于本判决生效之日起10日内就侵犯张杰鑫署名权和修改权的行为向张玉和、张玉芳、张玉明、张文勇、张金元、张仲茂、张凤侠、钱大苹、程德军、程淑红、张淑芳、张淑芸交付书面致歉声明（致歉内容须经本院核准，逾期不履行，本院将在北京市内一家全国发行的报纸上登载本判决书的主要内容，所需费用由单田芳、群众出版社和内蒙古少年儿童出版社负担）；

四、驳回张玉和、张玉芳、张玉明、张文勇、张金元、张仲茂、张凤侠、钱大苹、程德军、程淑红、张淑芳、张淑芸的其他诉讼请求。

案件受理费8 510元，由张玉和、张玉芳、张玉明负担7 510元；由单田芳、群众出版社和内蒙古少年儿童出版社负担1 000元。

各方当事人均服从一审判决。

62. "韩美林画作"羊年挂历著作权侵权纠纷案

——韩美林诉广州市彩丰月历有限公司、广州市 彩丰月历有限公司北京销售分公司等

原告：韩美林

被告：广州市彩丰月历有限公司

被告：广州市彩丰月历有限公司北京销售分公司

被告：北京恒利经贸有限公司

被告：张远林

案由：复制权侵权纠纷

一审案号：北京市第二中级人民法院（2003）二中民初字第 7185 号
一审合议庭成员：刘薇、宋光、梁立君
一审结案日期：2003 年 11 月 20 日

【判决要旨】

未经作者许可使用他人作品用于营利活动，作品的提供者、印制者、销售者均应承担侵权责任。

【起诉与答辩】

原告韩美林诉称：本人于 2002 年 12 月发现市场上出售的由被告广州市彩丰月历有限公司（以下简称彩丰公司）印制、由被告广州市彩丰月历有限公司北京销售分公司（以下简称彩丰北京分公司）及被告北京恒利经贸有限公司（以下简称恒利公司）销售的 2003 年挂历《羊年好运来》中，未经本人许可，使用了本人创作的作品。经了解，前述挂历中被非法使用的本人作品系被告张远林设计并提供给被告彩丰公司的。四被告的上述行为，已构成对本人著作权的侵犯，故诉至法院，请求判决四被告：（1）立即停止侵权；（2）在《北京日报》和《广州日报》上公开向本人赔礼道歉、消除影响；（3）赔偿本人经济损失 40 万元；（4）承担本人支出的合理费用 38 220 元（包括律师费 32 000 元、公证费 1 000 元、购买侵权挂历费用 2 600 元、调查取证费 2 620 元）；（5）承担本案诉讼费用。

被告彩丰公司辩称：原告指控本公司侵权的挂历是由被告张远林设计并提

供给本公司进行印制的，当时张远林称其已获得原告授权并表示承担一切责任，因此本公司已尽到合理注意义务，不应承担侵权责任。综上，请求法院依法驳回原告针对本公司的诉讼请求。

被告彩丰北京分公司辩称：原告指控本公司侵权的 2003 年挂历《羊年好运来》中的部分是本公司应原告的要求在市场上零星购买的，还有部分是从被告彩丰公司进的货。本公司不知道该挂历是否为侵权产品，本公司作为销售商无任何过错，请求法院判决驳回原告针对本公司的诉讼请求。

被告恒利公司辩称：本公司未销售原告指控侵权的挂历，且本公司已停止经营活动，正在办理注销手续，故请求法院驳回原告针对本公司的诉讼请求。

被告张远林辩称：2001 年 9 月 6 日，本人支付了 2.5 万元的足额对价后，韩美林艺术有限公司授权本人使用《韩美林动物画》中的 12 幅原告创作的美术作品印制 2002 年挂历。但事实上，本人 2002 年只使用了 6 幅原告的美术作品印制 2002 年挂历。因本人支付给原告的价款是针对《韩美林动物画》中 12 幅原告创作的美术作品的，因此本人有权继续使用《韩美林动物画》中的另 6 幅原告创作的美术作品印制 2003 年挂历。故原告本案起诉本人侵犯其著作权没有道理，请求法院驳回原告针对本人的诉讼请求。

【一审查明事实】

一审法院经审理查明：2000 年 5 月，安徽美术出版社出版了《韩美林动物画》画册，其中收录了 208 幅原告创作的动物画。

2001 年 9 月 6 日，被告张远林在向韩美林艺术有限公司支付了 2.5 万元后，取得了该公司开具的《委托书》，其内容为："本公司今委托深圳张远林先生根据 2000 年安徽美术出版社出版的《韩美林动物画》中的部分（12 张）作品，印制 2002 年年历。付本公司稿酬贰万伍千元整，年历拾本。"被告彩丰公司称其曾支付给张远林挂历设计费、制版费、印刷制版菲林费共计 15 万元，前述被告张远林支付给韩美林艺术有限公司的 2.5 万元稿酬即出自该 15 万元。被告张远林对彩丰公司的前述主张不否认。

2003 年 1 月 4 日，经北京市朝阳区公证处公证，原告的委托代理人陈丽华在北京市崇文区东革新里 42 号永外城礼品大楼 2213 号被告恒利公司处以 2 600 元购买了 176 本 2003 年《羊年好运来》挂历，并当场取得《北京市商业企业专用发票》一张，其上盖有被告彩丰北京分公司的财务专用章。该挂历包括封面在内共 7 页，每页印有一幅经过加工的《韩美林动物画》中收录的原告创作的内容为羊的美术作品，其中封面及第 6 页印制的美术作品相同。该挂历最后一页右下端注明该挂历为福建科学技术出版社出版发行，广州市彩之源印务有限公司印刷，责任编辑陈晖，书号：ISBN7－5335－2104－8/J.37，定价158元。

被告恒利公司称原告公证购买前述挂历时，其已停止经营行为并在办理企业注销手续，向原告销售前述挂历的行为是彩丰北京分公司实施的。而被告彩丰北京分公司承认向原告销售176本2003年挂历《羊年好运来》的事实，并称其是依据原告的请求，从市场上及彩丰公司购进该挂历后再销售给原告的，其不知道该挂历是否存在侵犯原告权利问题。但被告彩丰北京分公司未提交证明其系从合法途径购进2003年挂历《羊年好运来》的任何证据。

被告彩丰公司承认前述原告公证购买的2003年《羊年好运来》挂历是其依据被告张远林提供的设计稿印制的，但挂历上标明的印制单位是广州市彩之源印务有限公司。该公司表示不能提供其印制该挂历的数量、发行量、库存量及成本、获利情况。

在诉讼中，被告张远林称依据前述韩美林艺术有限公司开具的《委托书》的授权，其仅使用了6幅《韩美林动物画》中的原告美术作品印制了2002年年历，因此其有权继续使用《韩美林动物画》中的其他6幅原告美术作品印制本案双方争议的2003年挂历《羊年好运来》。原告认可前述《委托书》系韩美林艺术有限公司代表其向被告张远林出具的，但认为被告张远林仅能依据该《委托书》使用《韩美林动物画》中的原告创作的美术作品印制2002年年历，而无权使用《韩美林动物画》中的其他原告创作的美术作品印制本案双方争议的2003年挂历《羊年好运来》。

在诉讼中，原告另提交了一本封面下部标有"南方高科"字样的挂历，该挂历除封面的版面设计与2003年挂历《羊年好运来》稍有不同外，其余与2003年挂历《羊年好运来》均相同，但该挂历上未标明印刷、出版单位。原告称该挂历系广州南方高科有限公司提供的，系该公司通过广州市联广互动策划有限公司向彩丰公司定制的，主要用于该公司的广告宣传。原告据此认为该挂历也是被告张远林提供设计稿并由被告彩丰公司印制的，与2003年挂历《羊年好运来》系不同版本。对此，被告彩丰公司称其从未印制该挂历，被告张远林也称其对此不知情。

【一审审理结果】

一审法院认为：原告系《韩美林动物画》收录的美术作品的作者，其就这些美术作品享有的著作权受法律保护。除非属于我国著作权法规定的权利限制情况，否则任何人在使用该部分美术作品时均须取得原告的许可并支付相应的报酬且不得侵害原告享有的著作权的其他部分。

被告彩丰公司系采用被告张远林提供的设计稿印制了 2003 年挂历《羊年好运来》，而被告张远林用以支持其抗辩主张的《委托书》仅能理解为原告通过韩美林艺术有限公司许可其使用《韩美林动物画》中的 12 幅原告创作的美术作品印制 2002 年年历，不含有允许被告张远林使用《韩美林动物画》中原告创作的美术作品印制 2003 年年历的意思表示。因此，被告张远林使用《韩美林动物画》中原告创作的美术作品进行 2003 年挂历《羊年好运来》印刷稿的设计并将其设计完成的相关稿件交给被告彩丰公司印制挂历的行为，已构成对原告就其美术作品所享有的复制权及获酬权的侵犯，应承担相应的侵权法律责任。

被告彩丰公司明知被告张远林没有取得原告的许可，即采用其提供的原告美术作品的印刷设计稿印制 2003 年挂历《羊年好运来》的行为亦构成对原告就其美术作品所享有的复制权及获得报酬权的侵犯，亦应承担相应的侵权法律责任。

鉴于被告彩丰北京分公司已明确承认是其实施了销售 2003 年挂历《羊年好运来》的行为，而原告公证购买该挂历的发票也确属被告彩丰北京分公司，且恒利公司也否认其销售了该挂历，因此本院认定系被告彩丰北京分公司实施了销售该挂历的行为，原告关于被告恒利公司亦系该挂历的销售者的主张，本院不予支持。被告彩丰北京分公司作为涉案侵权挂历的销售商，在其不能提供涉案侵权挂历合法来源的证据的情况下，本院认定该公司销售 2003 年挂历《羊年好运来》的行为亦构成对原告著作权的侵犯，该公司应承担停止销售、将其所获销售利润赔偿给原告并向原告公开赔礼道歉的法律责任。

现有证据尚不能认定被告彩丰公司、张远林与原告提交的封面印有"南方高科"字样的挂历有关，故对原告关于被告彩丰公司、张远林应就该挂历承担侵权责任的主张，本院不予支持。

基于以上理由，原告所提要求判令被告彩丰公司、彩丰北京分公司及张远林停止侵权、赔偿经济损失的诉讼请求，本院予以支持。但因原告所提 40 万元的赔偿数额过高，本院将综合考虑原告的知名度及其作品的合理使用费、被告侵权的程度及性质等因素，确定三被告应承担的具体赔偿数额。原告所提要求被告彩丰公司、彩丰北京分公司及张远林在报纸上公开赔礼道歉消除影响的诉讼请求，本院予以支持并将根据该三被告侵权的范围及程度确定其应承担的向原告公开赔礼道歉、消除影响的具体方式。原告所提要求三被告支付其为诉讼支出的合理费用的请求虽属合理，但数额亦过高，本院将根据原告支出该部分费用的必要程度、合理程度及各被告的过错程度并结合有关规定，确定三被告应承担的该部分费用的具体数额。

综上，依照《中华人民共和国著作权法》第四十七条第（一）项及最高人民法院《关于审理著作权民事纠纷案件适用法律问题的解释》（法释〔2002〕31号）第十九条之规定，判决如下：

一、被告广州市彩丰月历有限公司、张远林自本判决生效之日起，立即停止使用本案涉及的原告韩美林创作的美术作品设计、印制、销售2003年挂历《羊年好运来》的行为，并应立即销毁库存的该挂历及该挂历的印刷设计稿及印刷制版菲林；

二、被告彩丰月历有限公司北京销售分公司自本判决生效之日起，立即停止销售2003年挂历《羊年好运来》的行为；

三、被告广州市彩丰月历有限公司、广州市彩丰月历有限公司北京销售分公司及张远林自本判决生效之日起30日内，在《北京日报》及《广州日报》上公开向原告韩美林赔礼道歉（致歉内容须经本院核准），逾期不执行，本院将在报纸上公布本判决内容，相关费用由被告广州市彩丰月历有限公司、广州市彩丰月历有限公司北京销售分公司及张远林负担；

四、自本判决生效之日起10日内，被告广州市彩丰月历有限公司、张远林共同赔偿原告韩美林经济损失62 500元，被告广州市彩丰月历有限公司北京销售分公司赔偿原告韩美林经济损失1 300元；

五、自本判决生效之日起10日内，被告广州市彩丰月历有限公司、张远林共同赔偿原告韩美林本案合理诉讼支出7 500元，被告广州市彩丰月历有限公司北京销售分公司赔偿原告韩美林本案合理诉讼支出300元；

六、驳回原告韩美林其他诉讼请求。

案件受理费7 668元，由原告韩美林负担3 000元，由被告广州市彩丰月历有限公司、张远林负担4 000元，由被告广州市彩丰月历有限公司北京销售分公司负担668元。

各方当事人均服从一审判决。

63. "京剧脸谱" 剪纸著作权侵权纠纷案

——北京汉坤东方文化策划有限公司诉北京德艺轩工艺品开发中心

原告（反诉被告，被上诉人）： 北京汉坤东方文化策划有限公司
被告（反诉原告，上诉人）： 北京德艺轩工艺品开发中心
案由： 著作权侵权纠纷

原审案号： 北京市海淀区人民法院（2002）海民知初字第 5857 号
原审合议庭成员： 马秀荣、沈晋军、张家荣
原审结案日期： 2002 年 12 月 6 日
二审案号： 北京市第一中级人民法院（2003）一中民终字第 3320 号
二审合议庭成员： 赵静、姜颖、任进
二审结案日期： 2003 年 12 月 5 日

【判决要旨】

如在整理、使用民间文学艺术作品的过程中加入创造性成分，即独立完成且完成的成果与已有表达包括民间表达相比具有个人性，则会产生排他性，作品与作者特定化，该作品构成著作权法一般意义的作品。

【起诉与答辩】

原告北京汉坤东方文化策划有限公司（以下简称汉坤公司）诉称：我公司于 2001 年设计制作了《中国剪纸京剧脸谱》（以下简称《京剧脸谱》）、《中国剪纸十二生肖》（以下简称《十二生肖》）剪纸册，并于 2001 年 4 月 28 日交付北京地大印刷厂印刷。北京德艺轩工艺品开发中心（以下简称德艺轩中心）曾有一段时间从我处大量购买上述两本剪纸册。不久，我公司发现德艺轩中心在销售上述两本剪纸册的盗印本。该行为侵犯了我公司对剪纸册的装帧设计、文字、剪纸及作为整体汇编作品所享有的著作权。行为发生时间是礼品热销的旺季，给我公司造成了巨大的经济损失，故诉至法院，请求判令：德艺轩中心立即停止侵权行为并书面赔礼道歉；赔偿经济损失 40 万元。

被告德艺轩中心辩称：第一，汉坤公司所主张的著作权不具有合法性，不应受到保护。根据我国著作权法规定，该法所保护的作品应具有独创性及合法

性。汉坤公司印刷、销售的《京剧脸谱》、《十二生肖》两本剪纸册中，配图和手工剪纸构成了剪纸册的主要内容。但配图系抄袭于天津杨柳青画社和其他著名画家的作品，系擅自使用他人享有著作权的作品，因此两本剪纸册丧失了独创性。同时，手工剪纸的图案也早已有之，两本剪纸册不具备著作权法规定的编辑作品的特征，不是著作权法保护的作品，汉坤公司不享有著作权。第二，我中心出版、发行的《京剧脸谱》、《十二生肖》剪纸册不构成侵权。首先，汉坤公司所提供的证据无法证明其就是《京剧脸谱》、《十二生肖》剪纸册作品的合法权利人。其次，我中心早在 2001 年 11 月就已经开始印刷《京剧脸谱》、《十二生肖》两本剪纸册，早于在汉坤公司购买剪纸册的时间，可以证明我中心的剪纸册并非抄袭汉坤公司的作品。再次，我中心已于 2001 年 12 月和 2002 年 3 月分别向国家专利局就《京剧脸谱》、《十二生肖》剪纸册申请了专利保护，如果是侵权产品，就不可能得到国家的保护。第三，汉坤公司请求的赔偿数额无事实与法律依据。汉坤公司提供的证据不能证明其所受到的实际损失。综上，请求人民法院驳回其诉讼请求。

反诉原告德艺轩中心诉称：2000 年 12 月 1 日我中心与天津杨柳青画社签订《杨柳青木版年画授权协议》，获得了在全国范围内独家使用《连环套》、《三岔口》两幅年画的权利，双方同时约定我中心享有向侵权者追偿的权利。汉坤公司自 2001 年起擅自在其制作的剪纸册中使用上述两幅木版年画，并大量发行，给我中心造成了巨大的经济损失。故反诉要求判令汉坤公司停止侵权；向我中心赔礼道歉；赔偿经济损失 50 万元。

反诉被告汉坤公司辩称：德艺轩中心称天津杨柳青画社的授权是值得怀疑的，其权利基础在授权中没有反映，没有获得某种专有使用权。并且杨柳青画社也不是两幅年画的著作权人，无权授权使用和追诉。

【原审查明事实】

原审法院经审理查明：

一、剪纸册由封套、画册组成。画册包括封面、封底、封二、封三、前言页和正页。《京剧脸谱》规格为 250mm×265mm，封套为暗红色带花纹，上有以黄色龙图为底"中国剪纸"字样，其中"剪"字红色，其他三字黑色；下有"京剧脸谱"字样，以白色圆形为底。画册封面为暗红色，中间书"中国剪纸京剧脸谱"，其中"中国剪纸"比"京剧脸谱"字体大，封面左侧为脸谱半面的线条。封二白色，上有"中国剪纸"及"京剧脸谱"字样，在京剧脸谱之上有一幅一半为黑色、一半为红色的小脸谱。内页首先为前言页，左开白色底，为剪纸艺术的中英文介绍，题目中的"剪"字远远大于其他字，配以孟良脸谱局部图；右开底色黑色，系脸谱的中英文介绍，文字中心系一幅孙悟空舞台照，右上角为红底白字"京剧脸谱"。正页右开白色，塑膜下为脸谱剪纸，附以该人物脸谱特征说明；左开上为红色，下为黑色，中间系配图，左上角设人物脸谱眉标，附以人物简介，页底设有小底标，为小型灰黑色京剧脸谱，下书"京剧脸谱"四字，分别为红、黄、绿、蓝四色；页脚处有灰色"老生、小生、武生、铜锤、架子、武净、青衣、花旦、武旦、老旦、文丑、武丑"小字。正页最左端为黑底红字"中国剪纸"之右半部，最右端为白底红字"Paper Cut in China"。封三印有一幅红色戏曲人物剪纸图。右下角注明"策划关时先、设计姚芳、撰稿付学斌、译文蔡立杰、设计制作北京汉坤文化有限公司"。《十二生肖》剪纸册规格为 210mm × 230mm，封套为橙黄色带花纹，上有以黄色龙图为底的"中国剪纸"字样，其中"剪"字橙黄色，其他三字黑色；下为明黄色圆形底的黑色"十二生肖"字样。画册封面封底均为白色，分别注有绿色"中国剪纸十二生肖"字样，"中国剪纸"字体大于"十二生肖"，主体为剪纸龙的印刷图。封二白色，上有"中国剪纸"、"十二生肖"字样，页底为两只面对面的红色剪纸猪印刷图。内页首先为前言页，左开灰色底，为剪纸艺术的中英文介绍，左上角的红色"剪"字和右下角的"纸"字远远大于其他字，配以剪纸虎局部图；右开底色灰色，系生肖的中英文介绍，文字中心系一幅十二生肖环状图，右上角为红底白字"生肖"。正页右开白色，右侧塑膜下为生肖剪纸；左开白色，左侧为裱图形式的国画，剪纸与图画之间系生肖性格的中英文说明，字体较小，中文开始处设一传统娃娃与生肖造型的小图标，并有一篆体表地支的文字。封三有一幅剪纸龙的印刷图，右下注明："策划关时先、设计姚芳、撰稿夏在、译文炜胜、设计制作北京汉坤文化有限公司"。

德艺轩中心销售的剪纸册与汉坤公司剪纸册在名称、封套、内容、版式及装帧上完全一致，但未署名。二者相比不同之处在于：汉坤公司剪纸册封套的底纹花碎小与底色的反差小、中文"剪"字为大宋体、剪纸介绍页的中文字体为书宋，内页各页的用纸为 250 克无光铜、过油、底纹为碎皮纹；德艺轩中心剪纸册封套的底纹花大与底色反差大、中文"剪"字为粗宋体、剪纸介绍页的中文字体为中宋、内页用纸为 250 克光铜、没过油、底纹为细梨纹，文字的版式略有不同；剪纸的大小、着色深浅及纹理略有差异。

二、关于剪纸。2000 年底，汉坤公司委托原北京京剧院高级舞台美术设计师傅学斌确定脸谱人物的选择，标准是喜闻乐见的英雄人物，选定人物为张飞、孙悟空、焦赞、孟良、包拯、李逵、牛皋和窦尔墩，排列顺序按剧目朝代先后。汉坤公司与河北蔚县剪纸厂联系，由剪纸厂提供脸谱剪纸图样，经汉坤公司确认并在规格方面提出最好是 140mm×210mm 要求后,由该厂加工。对十二生肖剪纸,剪纸厂按汉坤公司"将原双十二生肖分开,重新按 190mm×100mm 设计,另加山、水、花、草等,图案要热闹点"的要求,于 2001 年 1 月 15 日前设计出样品。2001 年 5 月河北蔚县剪纸厂批量供货,汉坤公司向其支付了报酬。

剪纸中采用阴刻技法,白色宣纸点染彩色而成。脸谱剪纸除保留脸谱的固定谱式如张飞的白膛蝴蝶脸、孙悟空的象形脸等之外,胡须、耳毛的毛发条纹细腻,头饰花纹色彩绚烂。除窦尔墩为正面脸外,其余均是八分侧面脸。生肖剪纸系四周辅以花、草、树、石的生肖动物的动态造型,色彩绚丽,动物与花草、山石的大小各占剪纸的一半。

对剪纸册中剪纸的独创性,德艺轩中心以《中国剪纸艺术研究》、《中国民间戏曲剪纸》、《一九九九月历缩样集》、《中国戏曲脸谱艺术》提出异议。经对比:黑龙江美术出版社 2000 年 9 月出版的《中国剪纸艺术研究》刊登二幅署名河北卢海的十二生肖彩色剪纸图片。每一幅中有 3 帧剪纸图案,分别为鼠与牛、虎与兔、龙与蛇、马与羊、猴与鸡、狗与猪。《十二生肖》与此对比,剪纸共 12 帧,每一生肖独立一幅,围绕生肖的花草、山石不同,用色有不同,大小有明显差异。其中鼠、狗的造型不同;牛、虎、马、鸡的造型基本一致;兔的整体造型相近,增加了部分细节;龙有龙尾;蛇的造型相仿,但头部造型为侧面;羊、猴的动作设计完全不同;猪的身体细节一致,但方向及在环境中所处位置不同。卢海系河北蔚县剪纸者。

江西美术出版社 1999 年 6 月出版的《中国民间戏曲剪纸》的彩页脸谱中的孙悟空与《京剧脸谱》中孙悟空造型一致,仅大小不同;与《京剧脸谱》中张飞相比,面部相近,但头饰不同。彩页中包公赔情的包拯与《京剧脸谱》中包拯的面部相近。该书中注明戏曲脸谱为河北蔚县。

由某印务公司出版的《一九九九月历缩样集》收集的《中国剪纸艺术1999》挂历中的一幅李逵剪纸,与《京剧脸谱》中李逵造型除眼睛、嘴存在细微差别外,造型一致。

江西美术出版社 1997 年出版的《中国戏曲脸谱艺术》一书,由中国艺术研究院戏曲研究所编写,其中"戏曲脸谱与民间美术"部分收录 5 幅脸谱剪纸,与《京剧脸谱》中孟良在面部、胡须、头饰的造型和构图方面一致,二者着色、尺寸不同,头盔的细节不同,护背旗设计图案不同。该节在介绍另 3 幅剪纸时注明作者,但对该 5 幅脸谱剪纸未指明出处,作为民间脸谱剪纸加以介绍。

德艺轩中心对剪纸的来源、剪纸的编选未提供证据或作出说明。

三、关于文字眉标及其他。傅学斌为《京剧脸谱》撰写了前言，为每幅脸谱撰写了说明文字及人物介绍，如包拯脸谱剪纸的说明是："剪纸包拯的脸谱为黑色整脸，白眉直翘衬托月形额光，好似白山上悬明月，象征他执法如山，能断阴阳。头戴相貂。改黑色为三蓝是剪纸的夸张上色，帽口镶花饰、冠顶缠彩球，示其受到加封。"傅学斌将其创作的《脸谱钩奇》一书中的7幅脸谱及另外创作的一幅牛皋脸谱提供给汉坤公司作为剪纸册中左开左上角的眉标，汉坤公司支付了报酬。傅学斌在出庭作证中表示文字及受托创作的脸谱著作权由汉坤公司享有。对于配图的选择，傅学斌在文字原稿中称"配图（指孙悟空）尽量用真假猴王，如没有也要用取经后的猴王，不能用五行山之前的图。应以金箍为佳。《三打白骨精》中也有悟空被贬回山的情节，是猴王的扮相"。汉坤公司在《京剧脸谱》首页中使用京剧人物孙悟空照片一张，获得了摄制者尚君义授权并支付报酬。

《十二生肖》前言及说明文字由汉坤公司工作人员完成。其说明文字为生肖性格介绍，如"龙，辰年生人，其性刚毅活泼，因循傲慢，致与长上之意见不和……"，计约3 500字。

德艺轩中心未提供文字、配图说明、图片来源的证据或说明。

四、关于装帧设计。汉坤公司的设计说明为：脸谱画册为正十二开，画册打开正页右侧腾空，以剪纸为主体；右侧为白色，左侧为暗色，故左图为烘托右侧剪纸；为平衡色彩对比，色彩自左向右作了延伸；左侧加设眉标、底标，并有文字，以丰富内容，增加细节，突出艺术性。在装帧上选择传统的图案及传统的红色。生肖画册的内容选择十二生肖，与脸谱相比，文化性较弱、民俗性强，且为方便携带，尺寸比脸谱画册小；设计时减少大气势；配图围绕剪纸选择；由于剪纸颜色丰富，除文字外，版面为白色；配图设计成传统的裱画形式。

德艺轩中心提供员工陈积盛2002年4月16日出具的证明，证明剪纸册系其在任职期间设计。德艺轩中心未提供证人身份证明，证人未出庭作证，汉坤公司对证言真实性提出异议，德艺轩中心亦未就具体设计作出说明，故该证言不予采纳。

剪纸册设计完成后，汉坤公司委托北京地大彩印厂于2001年4月28日印刷。此后进行了销售，其中2001年6月1日中国气象局外事司购买过《中国剪纸》，2001年6月13日汉坤公司与北京友谊商店股份有限公司订立《中国剪纸》代销合同。2001年12月9日德艺轩中心从汉坤公司购买《十二生肖》剪纸册150册，12月16日购买《十二生肖》390册、《京剧脸谱》120册，单价均为42元。

德艺轩中心提供2001年11月20日其与深圳市天木广告装帧设计有限公司的印制合同，内容为委托该公司印制《京剧脸谱》和《十二生肖》剪纸册各1000册，2001年12月5日交货。

五、关于配图。《京剧脸谱》中的配图《忠义堂》、《三岔口》、《连环套》、《长坂坡》、《牛头山》、《孙悟空》出自《中国杨柳青木版年画集》和《中国杨柳青木版年画选》，双方不持异议。另二幅配图，汉坤公司提供证据证明出自《苏联馆藏中国民间年画珍品集》。对十二生肖配图，德艺轩中心提供证据证明牛、猪出自《刘继卣绘画精品选》，马、狗出自《刘奎龄画集》，羊选自《荣宝斋画谱》，汉坤公司表示认可。对其他配图来源，汉坤公司称从图书馆的图册中获取，未提供证据；德艺轩中心未予说明。

德艺轩中心为证明配图授权，提供一份其作为乙方与甲方天津杨柳青画社的协议。内容为：甲方为杨柳青木版年画版权的惟一所有方，乙方应向甲方说明所需画面的用途，并提供设计说明；甲方授权乙方所需《连环套》、《三岔口》两幅画面在乙方设计的《京剧脸谱》剪纸册里永久使用，在全国范围内独家享有使用权，乙方向甲方支付费用5000元，合计人民币10000元整；甲方授权乙方拥有追究侵权者的权利；印有甲方提供画面的乙方的产品和活动，如出现问题均由乙方负责，甲方概不承担任何责任；甲方拥有对杨柳青木版年画画面的解释权；自2000年12月1日起生效。协议注明日期为2000年12月1日。同日天津杨柳青画社出具了10000元版权使用费收据。该收据上注明"只作为一切单位之间的应收应付款暂收暂付款、结算往来账款凭证，不得以本收据代替发票使用"。汉坤公司主张德艺轩中心依据协议仅获得了两幅授权，其余的图案均侵权使用。此外，汉坤公司还对德艺轩中心在2000年画册尚未出现时，便称之为《京剧脸谱》画册这一主张提出质疑，进而对协议签订时间表示怀疑，并要求对方提供与收据号相连的其他收据。对此德艺轩中心未再作出解释或提供证据。

六、2001年12月20日，德艺轩中心向国家知识产权局申请《十二生肖》剪纸册的外观设计专利，2002年3月1日，国家知识产权局对剪纸《京剧脸谱》作出授予外观设计专利权及办理登记手续的通知，外观设计所附图片与本案所涉剪纸册一致。2002年6月12日，剪纸《京剧脸谱》获得外观设计专利。

汉坤公司以香港收藏协会有限公司代表处的名义从德艺轩中心处购买剪纸册各30册，支付3000元。支付公证费2500元。其称2001年4月28日至年底，第一次印刷8000册，第二次和第三次均约3000册。对印刷数量，德艺轩中心称只有2000册，且未售完。

2002年5月28日，经汉坤公司申请，本院对德艺轩中心作出在诉讼中停止复制发行《京剧脸谱》和《十二生肖》剪纸册的裁定，执行中德艺轩中心称涉诉剪纸册已经售完。

【原审审理结果】

原审法院认为：著作权法规定，民间文学艺术作品的保护方法由国务院另行制定。说明无论具体保护方法如何，民间文学艺术作品享有著作权，具体保护方法尚未制定不影响对民间文学艺术作品著作权的认定。著作权法所讲的民间文学艺术是指在某一特定地域基于特定的地理环境、文化与历史传统而形成的文学艺术表现形式。

与著作权法所称的一般作品相比，民间作品因属集体创作，主体不确定或难以确定；由于表达的传承关系，作品在一定的造型（或其他特色形式）基础上有多种类似的表现，表达形式不够确定；保护时间不受限制。该区域人群有权利继续使用作品，有权控制区域外的复制性使用，以便支持该项民间成果的存续。严格来说，作品的创作或多或少会涉及到吸收民间作品的成分，故民间作品的权利应受到相应限制。他人如果在整理、使用过程中加入创造性成分，即独立完成且完成的成果与已有表达包括民间表达相比具有个人性，则会产生排他性，作品与作者特定化，构成著作权法一般意义之作品。

本案争议焦点之一系剪纸的属性及著作权。剪纸册中所涉剪纸，系由白色宣纸，用阴阳结合的刻制技法，采用点染着色而成，人物造型吸取了年画特点因而形象饱满、构图简单、色彩丰富，在我国剪纸中具有明确的地方特色，即产生并发扬于河北蔚县地区的剪纸，一般被称为蔚县剪纸。戏曲人物是蔚县剪纸中最为广泛的题材，20世纪50年代增加了戏剧脸谱题材，形成了百脸谱直至千脸谱。脸谱剪纸主要包括脸部和头饰，脸部本来已有固定的谱式，如包拯，其脸部构图及色彩相对固定。因此区别主要表现于头饰及细节花纹，该部分细节表现余地较大，但通常不会构成脸谱间的实质性差别。本案所涉剪纸人物广为人知，其造型与已有剪纸多相同或相似，均未指出特定设计人员。同时脸谱剪纸的制作过程系由蔚县剪纸厂先提供图样，由汉坤公司确定，证据中未表明设计过程及设计人员。故京剧脸谱中每幅独立剪纸的造型、构图与蔚县民间剪纸相比，没有突出的特别之处，创作者不确定，其原始设计应属于河北蔚县民间作品。

民间艺术尤其是工艺美术作品与民间工艺有关，不掌握该种工艺则无法创作完成该作品，至少不能完整真实地保留民间艺术的特点，剪纸本身的制作属于此种情况。该区域之外的人进行商业性复制应当征得许可。我国对民间作品的具体保护方法尚未制定，因此特定的保护部门尚未指定，蔚县剪纸厂作为当地合法注册成立的剪纸厂，其有权利制作当地民间剪纸作品、亦有权利通过合同的方式许可他人商业使用，但其无权利约定民间作品的著作权归属。汉坤公司通过合同获得脸谱剪纸，有权利在尊重民间艺术特点的情形下商业使用。

民间艺术的保护目的在于保障该种特别表达形式的存在和发展，并为其存续提供经济回报，对区域外的使用予以一定的控制。但如上所述，只要使用者付出了创造性劳动，区别于民间艺术作品，使用者就会成为新的作者而得到独立保护。该种使用应以尊重和保护民间文学艺术的精髓，即不能危害民间艺术的生存为限。独立的脸谱剪纸属于民间作品，但是当这些独立的剪纸被以特定的规格、特定顺序加以编选时，其作为系列剪纸体现了编选者的创意和理解，与其他已有的作品或作品系列区别开来，编选者汉坤公司因此享有新的著作权。

十二生肖亦属于蔚县剪纸中之常见造型，本案中的生肖剪纸与卢海的剪纸有相似又有不同，卢海系河北蔚县的剪纸者，故剪纸的相同之处反映了蔚县民间剪纸的共通性。剪纸中的山、石、花、草等与生肖动物各占剪纸的一半，因此其与卢海剪纸的不同应属于本质性的不同。生肖剪纸与脸谱剪纸不同，它是应汉坤公司的具体要求专门设计的结果。基于特定人的特定要求所进行的设计体现了委托人的理解，不是民间互相临摹变化的结果，其表达形式特定化，属于一般作品，委托人根据合同享有著作权。

根据约定，汉坤公司对委托他人撰写的文字享有著作权。对眉标，因 7 幅眉标均出自已有作品，因此委托创作之说不能成立，仅专为剪纸册设计的牛皋属于委托创作，双方对著作权归属的约定有效，故汉坤公司有权对牛皋眉标主张著作权。

同时汉坤公司对剪纸册的装帧设计体现了汉坤公司对剪纸本身、对剪纸为主体的画册的艺术理解，画册的实质是对剪纸的包装设计，构成美术作品，汉坤公司拥有著作权。

同时，汉坤公司对委托设计的剪纸、编选的剪纸系列、编撰的文字、收集的图片及画册辅助标志所进行的编排、选择和组合，使得画册构成新的智力成果，属于汇编作品。画册中包含的主要内容为文字、图画和剪纸。剪纸与文字均是汉坤公司通过合同获得。剪纸册所用配图，有的属于古画，有的为现代画家所画，有的则是杨柳青年画。对于受著作权法保护、尚在保护期的作品，这种汇编使用应当征得著作权人的许可。汉坤公司使用权利状态明确的美术作品未征得许可，其汇编权利有瑕疵。

尽管汉坤公司的剪纸册在作品来源上有权利瑕疵，但是汉坤公司的使用并非单纯的复制性使用，而是附加了创造性劳动的演绎行为。依据著作权法，作品一旦创作完成，只要该创作系独立完成并形成区别于公有领域的表达形式就具有著作权。本院认为，汉坤公司设计制作的剪纸册中包含了配图等要素，但是整体设计均是为烘托剪纸，名称亦为剪纸册，其主要部分应是剪纸。配图并非最主要的部分，除却配图，剪纸册的汇编独创性仍然存在，因此其权利应当不受配图授权的影响。

德艺轩中心印制和销售与汉坤公司剪纸册完全相同的产品，并未提供剪纸、文字、装帧设计、整体编排与汉坤公司相同的理由，尽管提供部分配图来源说明，但是也不能解释配图与上述作品间结合相同的理由。德艺轩中心一方面在诉讼中对剪纸册及剪纸的合法来源及独创性提出异议，一方面制作相同剪纸及剪纸册，且将上述剪纸册向国家知识产权局申请了外观设计专利，对此也不能给出合理的解释。德艺轩中心作为工艺品经销商，有机会接触到汉坤公司的剪纸册，其印刷销售与汉坤公司在先制作的剪纸册相同的作品，没有创作来源，可以认定，其剪纸册系完全复制的结果。

他人擅自复制、抄袭的行为无偿地完全占有了汉坤公司的劳动成果，这种复制本身除了物质上的必要付出外没有任何独创性智力劳动，行为人没有任何理由占有该劳动并获得利益。汉坤公司对无偿使用其独创性智力劳动的行为有权利制止，并有权利为剪纸、文字、装帧设计及汇编被侵权使用获得赔偿，由于抄袭行为混淆作品来源，故汉坤公司要求致歉的请求亦应支持。德艺轩中心在执行诉讼禁令中称，涉案作品已无，故不再作出物质性处理，如有发现，除承担拒不履行判决的法律责任外，应当收归汉坤公司。

德艺轩中心提供的证据表明其在 2001 年 12 月 5 日印制 2 000 册侵权复制品，几天后其又从汉坤公司购进 660 册，足以表明临近年节时该作品的市场需求。结合其一方面自行印制，一方面从汉坤公司进货的事实，并考虑直至 2002 年 3 月仍有 60 册公证侵权复制品销售的情节，复制与发行的数量应不止一个印次，德艺轩中心提供的证据不能作为全部数量的根据。德艺轩中心选择侵权的时间正是礼品销售旺季、其实施的侵权方式是几乎没有任何改变的完全复制；从 2001 年 12 月 9 日其尚在购买汉坤公司的剪纸册，而 12 月 20 日已向国家知识产权局申请外观设计专利的行为，足见德艺轩中心占有汉坤公司劳动获取非法利益的恶意；鉴于本院在诉讼期间作出临时禁令，复制发行未予进一步扩大。根据上述情节，本院参考销售价格，并考虑剪纸复制的手工成本因素，在法定赔偿额幅度内予以确定。

关于杨柳青年画，杨柳青年画流传已久，工艺特别，具有浓厚的地方特色，应属民间艺术。由于民间艺术代行权利的部门国家尚未通过法律的形式予以限定，因此作为天津杨柳青年画社，对其拥有版本的年画行使民间艺术作品的著作权应当允许，同时年画在制作完成的过程中年画社可能因付出不可忽视的劳动而作为整理者和修改者享有相应的著作权。但本案中对《京剧脸谱》所使用杨柳青年画是否属于此种情况，德艺轩中心未提供证据证明。德艺轩中心在诉讼中提供的与天津杨柳青年画社的合同，合同注明的时间为 2000 年 12 月，如果该时间是真实的，那么德艺轩中心对下述矛盾未能给予合理的解释，亦未提供证据说明：2000 年获得授权却在 2001 年安然经销汉坤公司的《京剧脸谱》，其画册出现时间却晚于汉坤公司；在 2000 年获得了《京剧脸谱》的授权，但却不能指出画册中最主要的部分即脸谱和文字的来源；获得了二幅配图的授权，却并未就使用的全部杨柳青年画协商许可；合同中注明是在对设计作出说明的前提下获得授权，但在庭审中却不能就设计予以说明。据此，本院有理由怀疑合同签订时间的真实性。同时，合同所赋予的权利为用于《京剧脸谱》。对某一作品获得专有使用权的被许可人有权制止以同样使用方式侵权的行为人，专有使用权是指以某种著作权法上的使用方式使用的专有权利，如复制、播放等。在著作权法上，用于某物与以某种方式使用并非同样性质，仅用于《京剧脸谱》这一特定的画册并不等同于获得了某种使用方式如复制的专有使用权。因此，德艺轩中心的解释没有合同依据也没有法律根据，不能被认定其为某种使用权的专有使用人。综上，本院认为，德艺轩中心以该合同作为反诉汉坤公司的依据，证据不足，其诉讼请求不能得到支持。

权利人行使权利不得损害原作品著作权人的利益，汉坤公司应纠正其使用作品中的错误，维持作品整体权利的完整状态。

综上，依据《中华人民共和国著作权法》第六条、第四十七条第（一）项、第四十八条第二款之规定判决如下：

一、被告北京德艺轩工艺品开发中心立即停止复制、发行与北京汉坤东方文化策划有限公司《中国剪纸京剧脸谱》、《中国剪纸十二生肖》相同的画册；

二、本判决生效之日起 10 日内，被告北京德艺轩工艺品开发中心向原告北京汉坤东方文化策划有限公司书面致歉（内容须经本院审核），逾期不履行，本院将拟定一份公告刊登于相关媒体，费用由被告北京德艺轩工艺品开发中心负担；

三、本判决生效之日起 10 日内，被告北京德艺轩工艺品开发中心赔偿原告北京汉坤东方文化策划有限公司 15 万元；

四、驳回反诉原告北京德艺轩工艺品开发中心的诉讼请求。

德艺轩中心不服原审判决，提起上诉。

【二审审理结果】

在二审审理期间，德艺轩中心以与汉坤公司已达成和解协议为由提出撤诉申请，二审法院予以准许。

案件受理费 8 510 元，减半收取 4 255 元，由德艺轩中心负担。

64.《中国特警》剧本著作权侵权纠纷案

——俞进军诉杨凡、崔麟

原告（上诉人）： 俞进军

被告（上诉人）： 杨凡

被告（上诉人）： 崔麟

案由： 著作权侵权纠纷

原审案号： 北京市海淀区人民法院（2003）海民初字第 2603 号

原审合议庭成员： 宋鱼水、马秀荣、金维克

原审结案日期： 2003 年 6 月 12 日

二审案号： 北京市第一中级人民法院（2003）一中民终字第 9510 号

二审合议庭成员： 赵静、姜颖、苏杭

二审结案日期： 2003 年 12 月 15 日

【判决要旨】

当事人主张对作品享有著作权，应就此承担相应的举证责任；若双方当事人对著作权权属发生争议，则人民法院应运用证据规则对权属进行确认。

【起诉与答辩】

原告俞进军诉称：2001 年初，被告杨凡请我编写反映特警题材的电视剧剧本，又介绍我与北京电影制片厂的制片人高敏如见面，高敏如要求我编写剧本大纲，安排我到武警直属支队体验生活，并提供了创作场地。此后高敏如介绍我与中国电影集团第一制片分公司（以下简称制片分公司）常务副总经理曹彪见面。2001 年 6 月 5 日，我与制片分公司签订了版权收购合同。2001 年 9 月底，我完成了电视剧《中国特警（暂定名）》第一稿的剧本创作，制片分公司依约支付我稿酬 80 000 元。杨凡和崔麟得知剧本完工后，要求我将剧本版权转让给海南重德影视文化传播有限公司（以下简称重德公司），于是我于 2001 年 12 月 17 日与制片分公司解除了合同，并与重德公司签订了版权收购合同。杨凡、崔麟以重德公司代表的身份与我协商修改剧本，我按照要求进行了修改，每修改完一集，就交由杨凡、崔麟打印，直至第二稿完成。2002 年 8 月 2 日下午，二被告以暴力胁迫我放弃剧本著作权，我被迫在放弃声明上签字。此

后，二被告又假冒《中国特警（暂定名）》编剧身份。二被告的行为侵犯了我的著作权，故诉至法院，请求法院判令确认我对电视连续剧《中国特警（暂定名）》的剧本享有全部的著作权。

被告杨凡辩称：我由于工作关系，结识和了解了一批武警特警战士，为他们在战斗和生活中体现出的人格风范所感动，早在1997年即开始萌发了创作特警题材电视剧本的想法，并为此开始收集相关素材。1998年，我与人艺演员崔麟结识，决定共同策划、编写特警题材的剧本。1999年底，我们共同形成了该剧完整的主题思想、故事梗概及情节安排并决定由人物原形担任角色，拟定了导演和武打设计人员等创作班子的构成。2000年9月，我结识了北影厂（现中影集团）的制片人高敏茹，双方就该剧的投拍、审批、立项进行了分工合作。最终该剧得到了武警总部及北影厂的认同，由领导更名为《武装特警》。由于我们都不会用计算机打字，故决定找一执笔人。2001年3月，俞进军主动表示愿意作执笔人，我们当即答应。我将全部构思口述给原告，要求尽快写出故事梗概。故事梗概完成后被高敏茹强烈否定，于是我为俞进军安排场所到基层体验生活、了解人物原形等创作准备工作，并将全部构思、题材、结构安排、情节详细口述给原告。不久由于我们与高敏茹发生分歧，导致最初合作改变。据此我们与原告重新分工，由我们找投资人和办理其他事宜，并在俞进军的提议下三人签订了一份协议书，约定三人均为编剧。俞进军在创作完剧本后，背着我们私下与高敏茹、北影厂签约，将剧本以80 000元的价格卖出，稿酬归其个人所有。俞进军为独享80 000元稿酬，事后又炮制了一份声明，由于俞进军的违约行为，我们终止了与俞进军的合作。2001年8月，我们找到了投资方重德公司法人邓锦雄，然而2001年12月俞进军在与北影厂解约后再次背着我们与重德公司签约。在俞进军屡次违约并与我们终止合作后，我们二人找到原参考消息编辑部副主任，现北京恒利通广告公司董事长刘壮，邀请他执笔，从2001年11月至2002年7月经修改完成剧本，后又经导演提出修改意见，最终定稿为72万多字。期间我们还邀请了武警特警学院的相关人员参与创作。2002年9月13日，我们获得了剧本的版权登记证，同时由权威机构中影集团对由俞进军执笔的三人合作剧本和我们独立创作的剧本出具了鉴定意见，结论是与俞进军的剧本并不相同。综上，我们拍摄所用剧本与俞进军创作的剧本并无关系，俞进军无主张权利，请求法院驳回俞进军的诉讼请求。

【原审查明事实】

原审法院经审理查明：

一、俞进军与杨凡、崔麟的合同关系

　　2001 年 3 月 28 日，俞进军与杨凡、崔麟共同签订协议书，约定：杨凡、俞进军、崔麟兄弟三人本着精诚团结、互惠互利、保证各自基本利益前提下，共同合作，策划并创作 20 集连续剧《中国特警（暂定名）》：（1）剧本作者为俞进军，且为策划人之一；（2）杨凡出任男主角，且为策划人之一；（3）崔麟出任主线贯穿人物角色，并为策划人之一；（4）保证俞进军创作费每集人民币 1 万元；（5）不论与任何方合作，三人都共同遵守上述原则，同进同退，一荣均荣，一辱均辱；（6）如有变通，三人协议处理。2001 年 6 月 5 日，俞进军与制片分公司签订版权购买合同书，购买的标的是 20 集电视连续剧《中国特警（暂定名）》剧本的创作、改编、审定及拍摄权。2001 年 12 月 17 日，双方又签订了解除原"剧本《中国特警》版权购买合同书"的协议，协议内未提解除的原因，制片分公司方的协议签订人是曹彪。2001 年 12 月 18 日，俞进军与重德公司签订版权购买合同书，俞进军将《中国特警（暂定名）》的（电视、影视）剧本的创作、改编、审定权及拍摄权出售给重德公司。重德公司给付俞进军 80 000 元。2002 年 8 月 2 日，俞进军向杨凡、崔麟出具一份声明，声明内容如下：本人俞进军于 2001 年 12 月 18 日与重德公司签订的《中国特警（暂定名）》"版权购买合同书"声明作废。有关 20 集电视连续剧《中国特警（暂定名）》的版权归属问题与本人无关。并由此而派生出的一切副产品（包括出书、音像制品等）均与本人无关。本人俞进军特与重德公司郑重声明：放弃《中国特警（暂定名）》版权所有权及署名权，并保留重德公司给付的 80 000 元稿酬所有权（个人所得税由本人承担）。此声明自签字之日起生效，本人如有违背，愿承担一切有关法律和经济责任。2002 年 4 月 4 日，国家广播电影电视总局授予北京电影学院电视剧制作中心《中国武装特警》电视剧制作许可证。2002 年 8 月 6 日，北京电影学院电视剧制作中心与重德公司、北京一代天骄广告公司签订合作意向书，约定获准拍摄题材批复后正式签订合同，拍摄由崔麟、杨凡编剧的 20 集电视连续剧《中国特警（暂定名）》，意向书的上面还有杨凡的签字。2002 年 8 月 7 日，崔麟、杨凡与重德公司签订版权购买合同书。2002 年 9 月 20 日，北京电影学院电视剧制作中心、北京一代天骄广告公司函致重德公司，合作意向书终止履行。后重德公司退出《中国特警（暂定名）》电视剧的拍摄，现该电视剧处在后期制作阶段。以上事实有俞进军、崔麟、杨凡提供的书面合同文本为证。

　　二、关于创作

　　本案的焦点问题在于俞进军是否完成了第二稿的修改，俞进军所主张的剧本（以下简称剧本二）的作者是否为俞进军。对此，俞进军向法庭提供了剧本二，杨凡、崔麟主要向法庭提供了两个剧本，两个剧本在外包装袋上分别注明俞进军剧本《中国特警（暂定名）》（以下简称剧本一）、崔麟、杨凡剧本《武装特警（暂定名）》（以下简称剧本三）。其中，剧本三由崔麟、杨凡于 2002 年 8 月 28 日在北京市版权局以著作权人身份登记，并于 2002 年 9 月 13 日获得登记证书。后因俞进军也去登记，产生权属争议。崔麟、杨凡委托制片分公司对剧本一及剧本三进行鉴定，制片分公司于 2002 年 10 月 18 日、10 月 20 日向北京市版权局分别提供证明及剧本鉴定意见，说明崔、杨稿与俞稿无关，系独立创作完成。经比较三个剧本，剧本二与剧本三基本相同，但不完全一致。剧本一与剧本二、剧本三差别很大，比如，剧本一没有主次人物的区别，反映了特警包打天下，大家都行的主题，剧本二、三强化对一个主线人物杨智的刻画，形成了以杨智为核心的人物故事结构。剧本一描述的是杨智未与农村姑娘燕燕结婚导致杨智道义上一直牵挂燕燕，因未得知燕燕下落总是回避与记者刘诗娟的恋情，于是燕燕悄然离走，在开饭店时结识王勇春并与之结婚等，由此展开了人物、故事情节的描写，剧本二、剧本三则把杨智描写成一个成熟的与燕燕已婚的队员，记者房丽是以第三者的身份暗恋杨智。剧本一涉及的主要事件与剧本二、剧本三也有很大的不同。三个剧本均为打印件。俞进军为证明其所提供的剧本系其修改后完成，向法庭提供了制片分公司致武警总部政治宣传部商借函、武警总部电视艺术中心丁临一于 2001 年 12 月 6 日关于《中国特警（暂定名）》二稿肯定性的审读意见及邓锦雄、朱文斌、金鹏翔等人的证言。其中，商借函的主要内容是请求武警总部政治宣传部批准俞进军自 2001 年 11 月 1 日起到 2002 年元月 1 日止全身心地投入《中国特警（暂定名）》剧本的后期修改工作。朱文斌的证言主要是证明俞进军向其请教如何把握和修改后期的剧本及其对俞进军的指导。金鹏翔的证言主要是证明崔麟、杨凡为俞进军的写作提供过后勤保障，俞进军在电脑中丢失后五集稿件后由其帮助搜索恢复。邓锦雄的证言主要证明俞进军修改稿件及其向杨凡、崔麟支付费用的过程，稿件出来后，被丁临一审阅通过。杨凡、崔麟承认存在商借函的事实，但提供了制片分公司 2003 年 2 月 24 日的证明，该证明认为盖有制片分公司印章的"商借函"并非制片分公司出具。因其在否认时只是提出了怀疑的理由，对加盖公章的事实并不置疑，杨凡、崔麟意欲推翻该证据的理由不能采纳。杨凡、崔麟提供了丁临一的证言，证明其未直接接触过作者，不清楚作者是谁，在丁临一的审读意见中也未说明作者是俞进军，故该证据只能证明第二稿是通过稿，不能证明其他事实。朱文斌、金鹏翔未出庭作证，杨凡、崔麟对其证言予以否认。杨凡、崔麟为证明剧本二由其所写，提供了李吉荣、高敏茹、曹彪、刘壮、徐春雷、梁行永、王德权的证言，其中，李吉荣的证言证明杨凡已将《中国特警（暂定名）》的故事构思好，巧遇俞进军说能帮助杨写，二人决定一起做。制片分公司高敏茹的证言证明杨凡告知其关于《中国特警（暂定名）》的整体构思，二人约定其负责筹措资金，杨凡负责剧本的策划和创作；杨凡介绍俞进军为《中国特警（暂定名）》执笔人，并安排其体验生活，当俞进军将他写的故事梗概给高敏茹看时，高认为其写作水平太差；高与杨凡、崔麟对剧本创作产生不同看法，高强调突出作品的商业化，杨、崔强调突出政治，结果商定杨凡自己找资金，高负责制片；俞进军背着杨凡、崔麟与高签约，谎称杨凡、崔麟清楚此事；杨凡引见了投资方邓锦雄，制片分公司与俞进军解除了合同。制片分公司副总曹彪的证言证明其公司高敏茹联系了此事，《中国特警（暂定名）》是杨凡、崔麟多年运作的成果，俞进军只是后来加入的执笔人，由于其剧本不能用，制片分公司与其解除了合同。刘壮的证言证明 2001 年 11 月至 2002 年 7 月其与杨凡、崔麟创作并修改了 5 稿，有关特警专业术语和特警日常训练以及处置突发事件时的战术程序由特警学院相关人员王德权、徐春雷、梁行永、姚德强等人参与创作。徐春雷、王德权均到庭证明其参与创作了上述专业部分。俞进军对上述证言的质证意见归纳为三点：俞进军与制片分公司的有关人员是通过杨凡介绍的，俞进军背着杨凡、崔麟与制片分公司签约理由不成立；刘壮等人参与创作的稿件晚于俞进军二稿完成的时间，故不应以刘壮等人参与创作来否定俞进军完成了二稿。杨凡、崔麟还主张俞进军持有的剧本二是俞进军从邓锦雄处取得的，并非俞进军所写，但邓锦雄否定此说法，其向法庭表示，俞进军提交的剧本是俞进军完成的，是俞进军交给邓锦雄而不是邓锦雄交给俞进军的。

三、关于声明

声明的制作过程，俞进军说是崔麟写的，让其在上面签的字，签完字，被杨凡、崔麟拿走，后其默写了一份，提交本案的声明是从邓锦雄处得到的。但俞进军在回答被告的提问时表现得比较犹豫。杨凡、崔麟提出声明的产生是因为俞进军执笔的剧本为三人合作，但其独自拿走 80 000 元，崔麟一直追要稿酬，俞进军出于独自占有 80 000 元稿酬的目的，在我们保证不再追要稿酬的前提下，俞进军放弃了著作权。放弃声明为打印件。俞进军提供了李晓强等人的证言用以证明其受到杨凡、崔麟的威胁被迫签订了声明。但李晓强的几份证言，前后说法矛盾，有的说其在现场，有的说其不在现场，关于其在现场的证言大意是，杨凡说俞进军偷偷把剧本卖了，所以他很生气，杨凡拿出一份协议要俞进军签字，俞不签，杨凡就不让他走，一把把他推到床上，还踢了他一脚，崔麟堵着门不让俞走，我看要打架，就把杨凡拉出屋，崔麟和俞进军谈，过了半个小时，崔麟、俞进军出来，说谈好了。李晓强在另一份笔录里陈述，杨凡只是挥拳吓唬俞进军，但并没有打俞进军。武警政治部宣传部副部长凤一飞证言陈述,俞进军事后曾向其反映了受杨凡威胁的情况,其骂过俞进军在拳脚下签字没骨气,俞进军很后悔,凤一飞同时还陈述相信此事是真的,但没有进行调查。其他证人,只是表述听到了俞进军在事后的陈述,并没有亲自经历发生在房间里的事实。俞进军没有制止邓锦雄与杨凡、崔麟签订拍摄协议。

【原审审理结果】

原审法院认为:

一、关于剧本二的著作权

1. 合同约定的著作权问题。俞进军、杨凡、崔麟三人订立的合同约定了两个主要内容:一是关于创作剧本的约定,二是关于拍摄电视剧的约定。协议规定剧本作者为俞进军,保证俞进军创作费每集1万元,但对著作权的归属没有约定。关于该条的解释,首先应该理解为俞进军承担了该剧本的写作义务,其次,应该解释为俞进军完成剧本后,著作权归属俞进军。依据我国著作权法的规定,作者享有当然的著作权;受委托创作的作品,著作权的归属由委托人和受托人通过合同约定,合同未作明确约定的,著作权仍属于作者。俞进军、杨凡、崔麟之间的合同关系即使是一种委托创作关系,因为三人协议没有约定权属问题,著作权的权属仍为作者。直至2002年8月2日之前,双方没有进行变更或解除合同,故应视为该合同对双方一直有拘束力。

2. 关于创作事实的认定。分析俞进军提供的三组证据,第一组证据能够证明俞进军是剧本的持有者,第二组证据商借函能够证明俞进军在固定的时间和场所内从事二稿的写作,第三组证据能够补充证明俞进军完成二稿的创作时间、地点等情况,但关于俞进军将其电脑里完成的剧本二,每集拷贝给杨凡、崔麟的说法因为证人没有亲眼目睹,不具有完全的可信性。综观俞进军提供的三组证据,作为剧本的约定作者,在合同约定的时间内提供了创作时间、创作剧本的证据,举证责任已经完成,杨凡、崔麟如有异议应承担相反的举证责任。杨凡、崔麟二人向法庭提供了俞进军创作的剧本一,本院认同剧本一与剧本二的实质区别,但因剧本一不是俞进军主张的剧本,故不属于本院审理的内容。杨凡、崔麟提举了创作剧本二的参与人和创作过程,与俞进军主张的写作时间没有先后之别;但本院认为杨凡、崔麟的证据不能推翻俞进军的主张,主要有下述理由:其一,杨凡、崔麟当时并未与俞进军解除协议,俞进军还是双方认可的作者。其二,杨凡、崔麟怀疑俞进军从邓锦雄处得到了剧本二的辩称没有证据支持,因而,只能推定俞进军自己创作了剧本二。其三,刘壮的证言表明其是根据杨凡、崔麟的讲述进行润色,徐春雷等人表明其仅对专业技术部分的内容进行了指导，真正的作者是杨凡、崔麟。刘壮没有出庭作证，证言的证据效力要有其他证据予以佐证，杨凡、崔麟阅读过俞进军的一稿，且不能当然地排除对二稿的接触，因为三人存在合同关系，向俞进军索要作品是其合同上的正当权利，也是俞进军应履行的合同义务。结合杨凡、崔麟提供的剧本三，合议庭推定二人对俞进军的剧本二进行了修改，而不是独立创作。第四，著作权保护的是创作的表达而不是创作的思想，杨凡、崔麟关于其提供素材和对作品进行构思的证据不能证明其就是作者。第五，剧本可以单独行使著作权，杨凡、崔麟关于筹划、拍摄影视作品的证据不能证明剧本的权属问题。此外，俞进军与杨凡、崔麟均认为 2002 年 8 月 2 日俞进军声明放弃的著作权是针对俞进军写作的所有剧本，这说明杨凡、崔麟还是认可俞进军写作的内容不仅仅是剧本一。重德公司向俞进军支付 80 000 元，放弃声明里也明确提到 80 000 元不退，可以证明剧本二不可能与俞进军无关。故本院认为，剧本二为俞进军创作的可信度较高。

二、关于胁迫

最高人民法院《关于贯彻执行中华人民共和国民法通则若干问题的意见（试行）》第 69 条规定，以给公民及其亲友的生命健康、荣誉、名誉、财产等造成损害为要挟，迫使对方作出违背真实的意思表示的，可以认定为胁迫行为。但为俞进军作证的证人没有出庭接受当事人的质询，这使证人证言的可信度降低。除李晓强外其他证人不在事发现场，对俞进军陈述的胁迫事实未进行核实；按俞进军所说，签订声明的地点是在李晓强家（北京市海淀区花园东路甲 9 号院 2 单元 1 楼 1 门 211 号），该地点位于部队大院内，有驻军人员及门卫站岗，这样的场所，其安全性有一定的保障，作为部队人员，也是比较熟悉这样的地方；签订声明的时间是下午 1:00 钟后，该时间是白天，并不是一个很危险的时间；李晓强是俞进军和杨凡、崔麟共同的朋友，即使按李晓强在现场的说法，李晓强把杨凡推出门外的行为是在帮助俞进军解围，崔麟与俞进军一起走出门外是双方和解的意思表示，这些事实表明，即使俞进军遭到了杨凡、崔麟无礼的行为，但难以认定俞进军受到了胁迫；事后，俞进军并没有马上报案，也没有求助于相关负责部门查实；自 2002 年 8 月 2 日至 8 月 7 日近一周的时间内，俞进军向李晓强、金鹏翔等人诉说其受到的胁迫，但其从邓锦雄处取得声明时，却没有告知邓锦雄此事以阻止邓锦雄与杨凡、崔麟签订合同；俞进军签订的声明是一个有偿声明，在签订声明之前已经取得了 80 000 元的费用。上述事实不足以说明俞进军因恐惧心理而在声明上签字，俞进军主张胁迫的证据不充分，且主观上放任了该种结果的发生。故其关于是在胁迫的情况下书写声明的意见，证据不足，本院不予支持。

三、关于放弃声明

著作权包括财产权和以署名权为核心的精神权利。其中，财产权部分法律没有禁止性规定，当事人有权自行处理。俞进军采用放弃的形式处理《中国特警（暂定名）》剧本著作权的财产权，本院对此不持异议。但俞进军与杨凡、崔麟设立了有关剧本的合作协议，与重德公司订立了摄制权转让协议，两份协议都为俞进军设立了合同义务，受合作协议的制约，俞进军必须允许三人共同认可的合作方以拍摄电视剧的方式使用其剧本，受后一份协议的制约，尤其在重德公司已付对价的情况下，俞进军也须保证重德公司取得剧本的拍摄权，因此，俞进军在放弃声明里不应侵犯合同相对人的权利。从俞进军交给杨凡、崔麟放弃声明以及重德公司同意杨凡、崔麟代替俞进军重新签订合同的事实看，俞进军没有违反协议，重德公司同意俞进军与其解除合同的声明，俞进军放弃的财产权也有意归属了杨凡、崔麟。本院认为，杨凡、崔麟作为使用剧本的共有人，对剧本享有拍摄权，故其先占的事实既符合共有人的法律规定，也符合取得无主物财产所有权的法律原则，故本院对俞进军的主张不予以支持。

剧本的精神权利应从两个方面进行理解。一方面，其与人的身份有关，具有不可转让和不得放弃的特点。我国著作权法仅规定许可他人行使和转让财产权，但对署名权等精神权利没有规定，不应作扩大解释，放弃署名权的行为是无效的民事行为，本院不应予以支持。另一方面，剧本属于精神权利受限的作品。影视作品需要巨额的投资和多方主体的合作才能完成，为促使剧本最后能够变成影视作品，作者行使保护作品完整权和修改权，通常不应阻碍影视作品的完成。俞进军在诉讼中对杨凡、崔麟的修改一直没有提出异议，说明其同意杨凡、崔麟将其作品修改直至拍成电视剧，但这种使用仅限于为拍摄影视作品使用，并不能解释为包括杨凡、崔麟在内的第三人可以以拍摄之外的方式使用。

委托创作的作品，著作权法有特别的规定，即当事人对著作权的归属问题可以进行约定。由于在该条中，没有提到人身权的特殊属性问题，通常会解释为约定的客体为全部著作权。尽管放弃声明的结果导致了杨凡、崔麟实际取得了剧本财产权，但放弃声明不等于双方重新设定了合同关系，合同是双方当事人共同的意思表示，订立合同需要协商，反映出双方协商的结果，而放弃则是一种不再享有权利的单方意思表示，没有转让或者将权利归属他人的意思。鉴于作者撤回放弃声明并不会损害拍摄方的利益，符合著作权法保护精神权利的要求及对权利人放弃权利应采取限缩性解释的民法原则，"放弃声明"的含义不应理解为俞进军将署名权等精神权利转让给杨凡、崔麟。所谓"放弃署名权"，只能解释为作者同意不署名，而并不意味着他人在其作品上有权署名。

综上所述，本院依据《中华人民共和国著作权法》第十条，第十一条第一款、第二款，第十五条第二款，第十七条之规定，判决如下：

确认原告俞进军为《中国特警（暂定名）》剧本的作者，享有该剧本的署名权、保护作品完整权和修改权。

原审宣判后，俞进军、杨凡、崔麟均不服上述判决，在法定期限内向本院提起上诉。

俞进军不服原审判决，提起上诉称：俞进军系在杨凡、崔麟对其进行暴力威胁的情况下签署放弃《中国特警（暂定名）》剧本著作权声明的，该声明违背了俞进军的意志，因此，不具有法律效力。据此，俞进军请求法院判决确认俞进军享有电视剧《中国特警（暂定名）》剧本全部著作权。

杨凡、崔麟不服原审判决，提起上诉称：2001 年 3 月，杨凡、崔麟与俞进军签订合作创作合同，开始合作创作《中国特警（暂定名）》剧本。创作主要由杨凡口述，由崔麟创作部分内容或将杨凡口述的内容用文字剧本的方式表现出来，俞进军主要负责记录。之后，由俞进军执笔完成的剧本故事梗概质量很差。2001 年 6 月 5 日，在杨凡、崔麟不知情的情况下，俞进军与制片分公司签订了"版权购买合同书"。但俞进军完成的剧本一稿未通过审读。因俞进军违反了与杨凡、崔麟的协议，故杨凡、崔麟口头通知俞进军解除合作关系。2001 年 11 月，杨凡、崔麟开始与刘壮合作，由刘壮执笔，在其他人的参与下，于 2002 年 1 月完成《中国特警（暂定名）》剧本一稿，由杨凡送武警政治部宣传部审读。后经杨凡、崔麟等人多次修改，完成剧本六稿。本案争议的剧本并非俞进军创作完成，其不应享有著作权。因此，一审判决认定事实不清，请求二审法院予以撤销，并驳回俞进军的全部诉讼请求。

【二审查明事实】

二审法院经审理查明：

一、关于俞进军创作的《中国特警（暂定名）》剧本一稿

2000 年北京电影制片厂（后更名为中国电影集团公司第一制片分公司）提出了筹拍电视连续剧《中国特警（暂定名）》的可行性报告，策划为：杨凡、崔麟、高敏茹。2000 年 11 月 21 日，北京电影制片厂提出了拍摄方案。同时，致函武警总部，希望得到武警总部的支持，并报送了电视剧的策划书、拍摄方案、可行性报告。

杨凡、崔麟因工作忙，且不会使用电脑，欲寻一人执笔创作《中国特警（暂定名）》剧本。此间遇到俞进军，因俞进军称擅长文学创作，又对杨凡、崔麟关于《中国特警（暂定名）》的创意和素材感兴趣，故三人决定合作。2001

年 3 月 28 日，俞进军与杨凡、崔麟签订协议书，协议书主要内容为：杨凡、俞进军、崔麟三人本着精诚团结，互惠互利，保证各自基本利益前提下，共同合作，策划并创作 20 集连续剧《中国特警（暂定名）》。并约定剧本作者为俞进军，杨凡出任男主角，崔麟出任主线贯穿人物角色，三人均为策划人。保证俞进军创作费每集人民币 1 万元。不论与任何方合作，三人都共同遵守上述原则，同进同退，一荣均荣，一辱均辱。

经杨凡、崔麟介绍，俞进军结识了制片分公司的制片人高敏茹。2001 年 6 月 5 日，俞进军与制片分公司签订版权购买合同书，约定制片分公司在 3 年内享有对俞进军的电视连续剧《中国特警（暂定名）》剧本进行创作、改编、审定及拍摄的权利，制片分公司支付俞进军创作版权费，每集 8 000 元，按三期支付。创作前支付 20%，完成 10 集支付 30%，全部完成后再支付 50%。签约后，俞进军执笔，创作完成了剧本一稿，制片分公司送武警总部审读，并先后支付俞进军稿酬 8 万元。2001 年 12 月 6 日，武警总部电视艺术中心副主任丁临一出具了审读意见，指出了剧本的不足，认为该剧本尚需较大内容的修改。

经杨凡、崔麟介绍，俞进军结识了重德公司经理邓锦雄。杨凡、崔麟称，其并不知道俞进军与制片分公司签约的情况，其是在重德公司表示愿意投资电视连续剧《中国特警（暂定名）》后，电话通知高敏茹时，才得知俞进军已私自与制片分公司订立了合同。杨凡、崔麟认为俞进军与制片分公司订立合同时，剧本尚未完成，故俞进军出卖的是杨凡、崔麟的创意和素材。因俞进军违反了三人协议，杨凡、崔麟遂通知俞进军，解除与俞进军的合作关系。杨凡、崔麟并将该情况通知了高敏茹，高敏茹遂决定与俞进军解除合同。

2001 年 12 月 17 日，俞进军与制片分公司签订了解除原"剧本《中国特警》版权购买合同书"的协议。次日，俞进军与重德公司签订版权购买合同书，约定俞进军将《中国特警（暂定名）》的（电视、影视）剧本的创作、改编、审定及拍摄权出售给重德公司。重德公司支付给制片分公司 8 万元版权费。俞进军于 2001 年 12 月 17 日出具受到重德公司稿酬 8 万元的收条。杨凡、崔麟称，俞进军系在杨凡、崔麟不知情的情况下与重德公司签约的。杨凡、崔麟认为俞进军与制片分公司签约出售的是其剧本一稿，而一稿只是由俞进军执笔，其创作素材、情节构思均是杨凡、崔麟口述给俞进军的，因此一稿是合作作品，俞进军不应独自享有制片分公司支付的 8 万元稿酬。

二、关于俞进军签署的放弃声明

2002 年 8 月 2 日，俞进军签署了一份声明，主要内容为：本人俞进军于 2001 年 12 月 18 日与重德公司签订的《中国特警（暂定名）》"版权购买合同书"声明作废。有关 20 集电视连续剧《中国特警（暂定名）》的版权归属问题与本人无关。并由此而派生出的一切副产品（包括出书、音像制品等）均与本人无关。本人俞进军特与重德公司郑重声明：放弃《中国特警（暂定名）》版权所有权及署名权，并保留重德公司给付的 80 000 元稿酬所有权（个人所得税由本人承担）。

俞进军提出，该声明系在杨凡、崔麟的威胁下被迫签署的，并提供了李晓强的证言和律师的调查笔录以及律师与武警总部政治部宣传部副部长凤一飞的谈话笔录用以证明该主张。

李晓强在 2003 年 1 月 17 日出具的证言中称：俞进军与杨凡、崔麟在李晓强的房间谈话大约 40 分钟左右，其当时并不在现场。在 2003 年 1 月 17 日俞进军的委托代理人所做调查笔录中，李晓强的陈述与前述证言内容基本一致，并提到听俞进军说受到杨凡等的威胁，签署了声明。在 2003 年 1 月 24 日俞进军的委托代理人所做调查笔录中，李晓强称 2002 年 8 月 2 日，杨凡让李晓强约俞进军到李晓强宿舍。俞进军进门后，杨凡和崔麟将带来的协议让俞进军签字，俞进军不签，杨凡大骂俞进军，并向俞进军挥拳，俞进军不情愿地在协议上签字了。同日，李晓强又出具了一份证言，内容与调查笔录中的陈述基本一致。2003 年 3 月 5 日，一审法院对李晓强进行了询问，其陈述与 2002 年 8 月 2 日的证言基本一致。在俞进军的委托代理人与凤一飞的谈话笔录中，凤一飞陈述称，俞进军事后曾向其反映受到杨凡威胁的情况。凤一飞同时还陈述相信此事是真的，但没有进行调查。其他证人，只是表述听到了俞进军在事后的陈述，并没有亲自经历发生在房间里的事实。

俞进军称，弃权声明涉及的是俞进军创作的剧本二稿，而杨凡、崔麟认为俞进军只创作了剧本一稿，该弃权声明与剧本二稿没有关系。

就俞进军签署该弃权声明的缘由，杨凡、崔麟的解释称，因俞进军自制片分公司取得 8 万元稿酬，而俞进军系将应归三人共有的剧本出售，故杨凡、崔麟向俞进军追索稿酬。此时，俞进军才告知杨凡、崔麟其已与重德公司签约，该 8 万元系重德公司所付。为了达到独吞稿酬的目的，俞进军主动签署了弃权声明，保证以后不再干预拍摄。该声明针对的是重德公司，而非杨凡、崔麟。重德公司给付俞进军稿酬只是为了锁定《中国特警（暂定名）》这个题材。因俞进军同意解除与重德公司的协议，杨凡、崔麟为使《中国特警（暂定名）》得以拍摄，同意不再追究稿酬问题。

三、关于电视连续剧《中国特警（暂定名）》的拍摄

2002 年 4 月 4 日，国家广播电影电视总局（以下简称广电总局）授予北京电影学院电视剧制作中心《中国武装特警》电视剧制作许可证。2002 年 7 月 19 日，武警总部政治部宣传部致函广电总局，认为电视连续剧《中国特警

（暂定名）》剧本通过审读，可以拍摄。2002 年 8 月 6 日，北京电影学院电视剧制作中心与重德公司、北京一代天骄广告公司签订合作意向书，约定获准拍摄题材批复后正式签订合同，拍摄由崔麟、杨凡编剧的 20 集电视连续剧《中国特警（暂定名）》。2002 年 8 月 7 日，崔麟、杨凡与重德公司签订版权购买合同书，同意由重德公司享有《中国特警（暂定名）》剧本的改编、审定权。2002 年 9 月 20 日，北京电影学院电视剧制作中心、北京一代天骄广告公司函致重德公司，合作意向书终止履行。后重德公司退出《中国特警（暂定名）》电视剧的拍摄，现该电视剧已录制完成。

四、关于《中国特警（暂定名）》剧本二稿的创作

俞进军在本案中主张的是《中国特警（暂定名）》剧本二稿的著作权。杨凡、崔麟则认为俞进军只创作过一稿，根本不存在俞进军创作的二稿。俞进军主张的二稿，实际上是由杨凡、崔麟创作的三稿。

俞进军和杨凡、崔麟均认可俞进军创作的剧本一稿与其主张的二稿的内容有较大差异。

俞进军称其主张的剧本二稿的完成时间为 2002 年 1 月 25 日。为证明其是作者，俞进军向法庭提供了剧本二稿，制片分公司致武警总部政治宣传部商借函原件、丁临一于 2002 年 2 月 19 日关于《中国特警（暂定名）》二稿肯定性的审读意见及邓锦雄、朱文斌、金鹏翔、韩水平等人的证言。

商借函系由制片分公司于 2001 年 10 月 25 日出具的，主要内容是请求武警总部政治部宣传部批准俞进军自 2001 年 11 月 1 日起到 2002 年元月 1 日止进行《中国特警（暂定名）》剧本的后期修改工作。此外，商借函还载有如下内容："但目前的剧本仅是初稿，还存在一些不足之处，我方在综合各方面（包括贵部所提修改意见）后，认为该剧本应再做进一步修改……"制片分公司于 2003 年 2 月 24 日出具证明，认为盖有制片分公司印章的"商借函"并非制片分公司出具，并提出，丁临一系 2001 年 12 月 6 日出具审读意见，商借函是 2001 年 10 月 25 日出具的，在没有得到武警总部审读意见之前，制片分公司没有依据和理由商借俞进军修改剧本。制片分公司同时提供了 2001 年用章登记记录，该记录中没有关于商借函用章的记载。经武警总部宣传部文化处处长张恒光核实，武警总部政治部宣传部并无该商借函存档。杨凡、崔麟否认存在借用俞进军修改剧本的事实，认为如果存在商借的话，那么商借函的原件应该在俞进军的所在单位，而不应该在俞进军手中。俞进军称商借函的原件来自重德公司的邓锦雄。

丁临一的审读意见中无关于作者的内容，并且俞进军提供的审读意见内容经过篡改。

邓锦雄在一审中出庭作证称，其购买的剧本作者的身份不清，其从制片分公司买的是俞进军的一稿，并向俞进军交待了修改要求。一直到二稿修改完毕，其没有和俞进军通电话或者见面，都是与杨凡、崔麟联系。朱文斌的证言主要是证明俞进军向其请教如何把握和修改后期的剧本。金鹏翔的证言主要是证明 2002 年元月，俞进军在电脑中的后五集稿件丢失后，由其帮助搜索恢复（第 135～173 页）。俞进军的同学韩水平出具证言证明 2001 年 12 月，其在俞进军的宿舍读过俞进军的修改稿。朱文斌、金鹏翔、韩水平未出庭作证，杨凡、崔麟对其证言予以否认。对于邓锦雄的证言，杨凡、崔麟认为，证言内容前后矛盾，并且证明他从没有目睹过俞进军创作了剧本二稿，不能证明俞进军是作者。杨凡、崔麟还主张俞进军持有的剧本二稿是俞进军从邓锦雄处取得的，并非俞进军所写，但邓锦雄否定此说法。

杨凡、崔麟为证明其是俞进军主张的《中国特警（暂定名）》剧本二稿的作者，向本院提供了 1～6 稿剧本的打印件，以及 4 集剧本的手写稿，并提出剧本中很多情节都是杨凡的亲身经历，如杨凡父亲病故、与妻子的矛盾等。

对于手稿，俞进军在二审开庭过程中表示认可，并当庭陈述：手稿的内容都采用了。当时我每写完一集，他们就看一集，进行修改，他们修改都是手写。这些手稿都是他们拿给我看后，他们再拿走，我没有留下。对于杨凡的个人经历，俞进军表示在剧本中也使用了。杨凡、崔麟对俞进军的陈述表示异议，提出他们从来没有将这些手稿交给过俞进军，杨凡的个人经历也没有告诉过俞进军。如果手稿交给了俞进军，那么这些手稿就应当在俞进军手中，俞进军将手稿用后再交还杨凡、崔麟不合情理。在二审庭审过程中，杨凡提出剧本第 19 集有在飞机上关于孙子兵法的讨论的情节，要求俞进军当庭复述。俞进军称，这些细节不可能记得那么清楚。

杨凡、崔麟为证明其是争议剧本的作者，还提供了证人证言。其中，丁临一的证言证明，其未直接接触过作者，不清楚作者是谁。李吉荣的证言证明杨凡已将《中国特警（暂定名）》的故事构思好，巧遇俞进军说能帮助杨写，二人决定一起做。高敏茹的证言证明杨凡告知其关于《中国特警（暂定名）》的整体构思，二人约定其负责筹措资金，杨凡负责剧本的策划和创作；杨凡介绍俞进军为《中国特警（暂定名）》执笔人，并安排其体验生活，当俞进军将他写的故事梗概给高敏茹看时，高敏茹认为其写作水平太差；俞进军背着杨凡、崔麟与高敏茹签约，谎称杨凡、崔麟清楚此事；杨凡引见了投资方邓锦雄，制片分公司与俞进军解除了合同。制片分公司副总曹彪的证言证明其公司高敏茹联系了此事，《中国特警（暂定名）》是杨凡、崔麟多年运作的成果，俞进军只是后来加入的执笔人，由于其剧本不能用，制片分公司与其解除了合同。刘壮的证言证明 2001 年 11 月至 2002 年 7 月其与杨凡、崔麟创作并修改了 5 稿，剧本主要内容是杨凡、崔麟讲述的，刘壮为剧本的文学统筹。有关特警专业术语和特警日常训练以及处置突发事件时的战术程序由特警学院相关人员王德权、徐春雷、梁行永、姚德强等人参与创作。徐春雷、王德权均到庭证明其参与创作了上述专业部分，并证明剧本的主要工作系杨凡、崔麟完成。杨凡、崔麟口述，王德权还负责打字、记录。俞进军认为，其与制片分公司系杨凡介绍的，俞进军背着杨凡、崔麟与制片分公司签约的理由不成立；刘壮等人参与创作的稿件晚于俞进军二稿完成的时间，不应以刘壮等人参与创作来否定俞进军完成了剧本二稿。

丁临一于 2002 年 2 月 19 日出具《中国特警（暂定名）》二稿审读意见，认为该剧本已基本成型，并提出建议修改意见为："一、第 11 集（第 99 页）因囚犯逃逸及袭警的情节画面可用背景画处理交待……"俞进军提供的该审读意见复印件只有一页，没有关于修改意见的部分。而杨凡、崔麟提交的该审读意见系两页，内容完整。俞进军认可杨凡、崔麟提交的该审读意见。杨凡、崔麟提出，俞进军之所以篡改该审读意见，是因为在审读意见中提到的应修改的第 99 页与杨凡、崔麟提交的剧本三稿是对应的，而与俞进军主张的剧本二稿不对应，因此送审的剧本应是杨凡、崔麟的剧本三稿。

杨凡、崔麟的剧本三稿与俞进军主张的剧本二稿的内容基本一致。剧本六稿是拍摄稿，由崔麟、杨凡于 2002 年 8 月 28 日在北京市版权局以著作权人身份进行了版权登记，并于 2002 年 9 月 13 日获得登记证书。

【二审审理结果】

二审法院认为：根据著作权法的规定，著作权属于作者。创作作品的公民是作者。俞进军若主张对剧本二稿独立享有著作权，应证明该作品系其独自创作完成。

俞进军为证明其是创作剧本二稿的作者，主要提供了剧本、审读意见、商借函以及证人证言。由于其提供的剧本系打印件，在存在从他处取得该剧本的可能性的情况下，仅凭持有剧本不能证明该剧本是俞进军创作的。审读意见中并无关于剧本作者或者剧本创作过程的内容，不能证明俞进军是剧本的作者。商借函上虽然加盖有制片分公司的印章，但是制片分公司印章使用记录中并无该商借函的记载，制片分公司也否认存在商借俞进军从事二稿创作的事实。俞进军持有的该商借函的原件并非来自其工作单位，俞进军的工作单位也没有该商借函的存档。从商借函的内容上看，商借函系由制片分公司于 2001 年 10 月 25 日出具的，商借函中载有"我方在综合各方面（包括贵部所提修改意见）

后，认为该剧本应再做进一步修改"，但是，根据查明的事实，丁临一出具审读意见的时间是 2001 年 12 月 6 日，在该商借函的落款时间之后，因此，商借函的内容与事实是矛盾的。综合各方面因素可以看出，商借函不能证明存在制片分公司借用俞进军从事剧本二稿创作的事实。为俞进军出具证言的证人朱文斌、金鹏翔、韩水平未出庭作证，在杨凡、崔麟对他们的证言提出异议，并且没有其他证据佐证这些证人证言的情况下，本院对这些证人证言不予采信。邓锦雄并未目睹俞进军创作剧本二稿，故其证言也不能直接证明俞进军从事了剧本二稿的创作。因此，俞进军提供的证据均不能证明其是剧本二稿的作者。原审法院认定商借函和证人证言可以证明俞进军存在创作的时间和地点，没有证据支持，系认定事实错误，本院予以纠正。

虽然俞进军与杨凡、崔麟曾约定俞进军为《中国特警（暂定名）》剧本的作者，但是双方认可，俞进军完成的是剧本一稿的创作，该剧本与本案中双方争议的剧本内容有很大差异，在俞进军没有证据证明剧本二稿是其创作的情况下，其不能按照该合同约定作为剧本二稿的作者主张著作权。

同理，因俞进军不能证明其参与了剧本二稿的创作，则其签署的弃权声明也不能证明是针对剧本二稿。杨凡、崔麟对俞进军签署该弃权声明的解释合乎情理。

杨凡、崔麟为证明其是创作剧本二稿的作者，提供了 4 集剧本的手写原稿以及剧本 1~6 稿的打印件，同时，参与创作或提供素材的刘壮、李吉荣、徐春雷、梁行永、王德权等提供了证人证言，证明争议剧本主要由杨凡、崔麟创作完成。这些证据多为直接证据，与俞进军提供的证据相比，具有较高的证明力，因此，杨凡、崔麟是争议剧本的作者，对该作品享有著作权。

综上，原审判决关于剧本二稿为俞进军创作的可信度较高的认定，缺乏事实依据，因此，其基于该认定确认俞进军是争议剧本作者，享有该剧本署名权、保护作品完成权和修改权的结论错误，本院予以撤销。上诉人杨凡、崔麟关于剧本二稿并非俞进军创作，俞进军不是剧本二稿作者的主张有事实和法律依据，对于其提出的撤销原审判决的诉讼请求，本院予以支持。上诉人俞进军主张其是剧本二稿的作者，没有相应的证据支持，对于其提出的确认其享有剧本二稿全部著作权的诉讼请求，本院不予支持。依照《中华人民共和国著作权法》第十一条第一款、第二款、第四款，《中华人民共和国民事诉讼法》第一百五十三条第一款第（三）项之规定，本院判决如下：

一、撤销北京市海淀区人民法院（2003）海民初字第 2603 号民事判决；

二、驳回俞进军的诉讼请求。

原、二审案件受理费各 50 元，均由上诉人俞进军负担。

65. 报告文学《蝉蜕的翅膀》著作权侵权纠纷案

——刘元举诉张建伟

原告（上诉人）： 刘元举
被告（上诉人）： 张建伟
案由： 著作权侵权纠纷

原审案号： 北京市第二中级人民法院（2003）二中民初字第 3676 号
原审合议庭成员： 刘薇、梁立君、宋光
原审结案日期： 2003 年 9 月 17 日
二审案号： 北京市高级人民法院（2003）高民终字第 985 号
二审合议庭成员： 陈锦川、胡平、张冬梅
二审结案日期： 2003 年 12 月 16 日

【判决要旨】

使用他人作品虽然注明了原作作者及其作品名称等在内的所引用参考的文献，但如果采用的是将所使用的内容当成自己创作内容的写作手法，引用参考文献的方式亦不能将他人创作与自己的创作区别开来，则符合抄袭的构成要件。

【起诉与答辩】

原告刘元举诉称：我从 1988 年起深入到我国西部地区体验生活，历经 7 年的时间，写出了散文集《西部生命》一书，于 1996 年 1 月由春风文艺出版社出版发行。该书受到社会的好评，并获得"首届中华铁人文学奖"等多项奖项。2000 年 12 月，我发现中国青年出版社出版发行的张建伟所著报告文学《蝉蜕的翅膀——秦文贵的故事》（以下简称《蝉蜕的翅膀》）大量抄袭剽窃了我创作的《西部生命》一书的内容，包括哲思、细节、具象化描写、故事情节和极具特色的西部感悟，另外，张建伟还把我对西部的独特的艺术感受移植到了《蝉蜕的翅膀》的主人公身上。张建伟的行为严重侵犯了我的著作权，故请求人民法院判令张建伟：（1）立即停止侵害；（2）公开赔礼道歉、消除影响；（3）赔偿经济损失 8 万元。

被告张建伟辩称：报告文学《蝉蜕的翅膀》是我接受中国共产主义青年团

中央委员会（以下简称团中央）等单位的委派，为宣传秦文贵的先进事迹而创作的，是职务行为，应由团中央承担责任。我在写这部报告文学时确实使用了刘元举所著《西部生命》一书的部分内容，但在引用文献目录中已经列明了出处，应属合理引用，并非抄袭剽窃。而且为了尊重刘元举的著作权，我曾向青海油田的负责人提出请他和刘元举打招呼，青海油田的负责人也确实和刘元举打过招呼了，刘元举是知道此事的，故我不构成侵犯刘元举的著作权，请求法院驳回刘元举的诉讼请求。

【原审查明事实】

原审法院经审理查明：1996 年 1 月，春风文艺出版社出版发行了刘元举创作的《西部生命》一书。该书是刘元举两次考察中国西部后创作的散文集。全书共 11.8 万字，售价 10 元。

1999 年 4 月，张建伟接受中共中央宣传部、团中央、中国青年出版社等单位指派，随采访团赴柴达木油田采访青海石油管理局青年高级钻井工程师秦文贵，并根据秦文贵的先进事迹创作了《蝉蜕的翅膀》一书。1999 年 5 月，该书由中国青年出版社出版发行。全书共 17 万字，印数 2 万册，定价 14 元。中国青年出版社出具了《蝉蜕的翅膀》一书的销售统计表，证明其销售了 19 076 册，总收款 111 901.26 元，并赠送了 397 册。刘元举对此数据不予认可。

另外，《蝉蜕的翅膀》一书还于 2001 年 3 月在《青海石油报》上进行了连载。

经本院对比，《蝉蜕的翅膀》一书多处使用了与《西部生命》相同或相似的文字，共计 4 000 余字。内容包括刘元举通过采访获知的故事、刘元举对中国西部景象的描绘、刘元举对中国西部的独特的感悟和思索，并且《蝉蜕的翅膀》一书有多处把刘元举对中国西部的感受和思索移植到了其主人公秦文贵的身上。

另外，《蝉蜕的翅膀》一书中还引用了《西部生命》中 6 段文字，共计 1 000 余字，没有指明作者姓名及作品名称。

在《蝉蜕的翅膀》书后所附"引用参考文献"中列举了刘元举所著《西部生命》一书。

刘元举提交了为参加本案诉讼购买的飞机票 8 张，计 5 080 元；机场建设费 9 张，计 450 元；保险费 1 张，计 20 元；火车票 1 张，计 191 元；住宿费发票 2 张，计 786.4 元；特快专递费发票 2 张，计 40 元；购书发票 1 张，计 14 元；律师费发票 1 张，计 2 万元。另提交辽宁省物价局与辽宁省司法厅联合颁发的辽价发〔2002〕73号关于印发《辽宁省律师服务收费标准（暂行）》的通知，用以证明其为诉讼支出的费用。

【原审审理结果】

原审法院认为：本案被告张建伟所著《蝉蜕的翅膀》一书发行于1999年5月，故应适用2001年10月27日修正以前的《中华人民共和国著作权法》。

原告刘元举对自己创作的《西部生命》一书享有著作权，受著作权法保护。

被告张建伟在其撰写的《蝉蜕的翅膀》一书中未经刘元举许可使用了与刘元举创作的《西部生命》作品中内容相同或相似的文字，虽然张建伟在《蝉蜕的翅膀》书后所附"引用参考文献"列出了刘元举所著《西部生命》一书，但张建伟使用刘元举作品的行为不属于著作权法规定的合理使用他人作品的情形，在书后附录的参考文献的书目也不能认定为作者署名，故张建伟的行为已构成侵犯刘元举著作权的行为，依法应承担停止侵权、赔礼道歉、赔偿经济损失的法律责任。具体的赔偿数额，本院将依据张建伟使用刘元举作品的字数，结合《蝉蜕的翅膀》一书发行的情况及该书在《青海石油报》连载的情况，依法予以酌定。刘元举提出的为诉讼支出的合理费用及律师费，本院予以支持，但有关律师费用应按照司法部、财政部及国家物价局制定的《律师业务收费标准》计算数额，刘元举所提2万元律师费显然过高，本院不予全额支持。

关于张建伟在《蝉蜕的翅膀》一书中引用刘元举作品1 000余字一节，根据我国著作权法的规定虽然可以不经刘元举许可，不向其支付报酬，但其未为刘元举署名并未指明作品名称的行为仍应认定构成侵犯刘元举的著作权。

张建伟提出其创作《蝉蜕的翅膀》一书是接受团中央等单位的委派，该书的一切法律责任应由委派单位承担的主张，缺乏事实及法律依据，团中央等单位虽委派张建伟采访并撰写秦文贵的先进事迹，但没有证据证明团中央等单位曾指示张建伟使用刘元举的作品，也没有证据证明团中央等单位对该书享有了除署名以外的其他任何权利，故对张建伟的主张本院不予支持。

综上，根据2001年10月27日修正前的《中华人民共和国著作权法》第二十二条第一款第（二）项、第四十六条第一款第（一）项之规定，判决如下：

一、张建伟于本判决生效之日立即停止侵权行为；

二、张建伟于本判决生效之日起10日内在《中国新闻出版报》上向刘元举公开赔礼道歉（内容须经本院核准），逾期不执行，本院将在一家全国发行的报纸上，公布本判决内容，费用由张建伟承担；

三、张建伟于本判决生效之日起 10 日内向刘元举赔偿经济损失人民币 3 600 元；

四、张建伟于本判决生效之日起 10 日内向刘元举赔偿为本案诉讼合理支出的费用及律师费共计人民币 7 981 元；

五、驳回刘元举其他诉讼请求。

刘元举、张建伟不服原审判决，提起上诉。刘元举请求撤销原审判决第三、四项，判决张建伟赔偿经济损失、为诉讼支出的合理费用和律师费 8 万元，承担原、二审案件受理费。其上诉理由是：《蝉蜕的翅膀》共出版发行 2 万册，在报纸上连载，张建伟还获奖金 5 000 元，原审判决的赔偿数额过低；其为诉讼支出的费用为 12 000 元、律师费 2 万元，原审判决仅支持了一部分。张建伟请求撤销原审判决，判令由刘元举承担上诉费用。其上诉理由是：（1）其没有隐瞒《蝉蜕的翅膀》使用《西部生命》一书 4 000 余字的事实，已在书后的"引用参考文献"中注明了作者姓名、作品名称以及所使用内容的篇章和页码，原审判决对此认定为抄袭剽窃是错误的；（2）所引用《西部生命》800 余字的内容，在《蝉蜕的翅膀》中改变了字型和字号，注明了作者姓名、作品名称以及所使用内容的篇章和页码，属于合理使用，原审判决仍认定构成侵权没有根据；（3）创作《蝉蜕的翅膀》是上级委派的政治任务，属于职务创作，所产生的法律后果应由委托创作方承担。

【二审查明事实】

二审法院经审理查明：在深入我国西部地区体验生活后，刘元举创作了散文集《西部生命》，并于 1996 年 1 月由春风文艺出版社出版。该书共 11.8 万字，售价 10 元。1999 年 4 月，张建伟受中共中央宣传部、团中央、中国青年出版社等单位指派，赴柴达木油田采访青海石油管理局某青年高级钻井工程师，并根据该工程师的先进事迹创作了《蝉蜕的翅膀》一书。1999 年 5 月，该书由中国青年出版社出版发行。全书共 17 万字，印数 2 万册，定价 14 元。2001 年 3 月，《青海石油报》连载了《蝉蜕的翅膀》一书。

在创作《蝉蜕的翅膀》一书时，张建伟使用、参考了一些作品，如《青海史志——石油工业志》（青海人民出版社）、《生命是一面旗帜》（朱向峰、祝贺）、《他与骆驼同在》（晓月）等。《西部生命》一书亦被引用和参考。《蝉蜕的翅膀》一书多处使用了与《西部生命》相同或相似的文字，内容包括刘元举通过采访获知的故事、刘元举对中国西部景象的描绘、刘元举对中国西部的独特的感悟和思索等，并且《蝉蜕的翅膀》一书有多处把刘元举对中国西部的感受和思索移植到了《蝉蜕的翅膀》一书主人公某工程师的身上。所使用内容共计 4 000 余字。《蝉蜕的翅膀》一书还在第 36 页、37 页、43 页和 119 页引用了《西部生命》中的 5 段文字，共计 1 000 余字。在引用该 5 段文字时，《蝉蜕的翅膀》一书说明该段文字的内容是一位作家"描述"或者"说"的，并改变了所引用文字的字型和字号。在《蝉蜕的翅膀》书后所附"引用参考文献"中列举了包括刘元举所著《西部生命》在内的作品。其中，对《西部生命》的列举情况是：《西部生命》，刘元举著，春风文艺出版社 1996 年 1 月版。《从渤海到瀚海》，载刘元举著《西部生命》第 3 ~ 9 页。《河西大走廊》，载刘元举著《西部生命》第 10 ~ 20 页。《西部生命》，载刘元举著《西部生命》第 21 ~ 34 页。《一种生命现象的诠释》，载刘元举著《西部生命》第 35 ~ 44 页。《悟沙》，载刘元举著《西部生命》第 45 ~ 55 页。《冷湖纪念碑》，载刘元举著《西部生命》第 56 ~ 60 页。《花土沟》，载刘元举著《西部生命》第 61 ~ 74 页。《永远的会堂》，载刘元举著《西部生命》第 75 ~ 87 页。《沙棘》，载刘元举著《西部生命》第 88 ~ 102 页。

原审期间，刘元举提交了为参加本案诉讼购买的飞机票 8 张，计 5 080 元；机场建设费 9 张，计 450 元；保险费 1 张，计 20 元；火车票 1 张，计 191 元；住宿费发票 2 张，计 786.4 元；特快专递费发票 2 张，计 40 元；购书发票 1 张，计 14 元；律师费发票 1 张，计 2 万元。

【二审审理结果】

二审法院认为：著作权法规定的抄袭是指将他人创作的作品当作自己的作品加以使用的行为。因此，抄袭的主要特征在于将他人创作当作抄袭者自己创作，它的结果会使读者对所使用内容的创作者身份产生误解，误以为所使用部分是使用者独立创作完成的。在《蝉蜕的翅膀》一书中，张建伟虽然列举了包括刘元举及其作品《西部生命》等在内的所引用参考的文献，但其《蝉蜕的翅膀》一书的写作，采用的是将所使用《西部生命》内容当成自己创作内容的写作手法，引用参考文献的方式亦不能将他人创作与张建伟的创作区别开来，因此符合抄袭的构成要件。一审法院认定张建伟使用《西部生命》4 000 余字内容构成对刘元举著作权的侵犯是正确的。张建伟关于一审判决对此认定为抄袭剽窃是错误的理由不能成立，本院不予支持。

指明作者姓名、作品名称是构成著作权法规定的合理使用的前提条件之一。要求注明出处，目的在于使读者了解所引用作品的创作者和作品的名称，尊重所引用作品著作权人的精神劳动。张建伟在《蝉蜕的翅膀》一书中引用《西部生命》部分内容时，虽然说明该部分内容的作者是"一位作家"，对引用部分使用特殊字体和字型，并在引用参考文献中注明了所引用参考的书目，但所采用的方式难以让读者明了所引用内容的出处和作者的身份。故一审法院认定张建伟在《蝉蜕的翅膀》一书中对《西部生命》内容1 000余字的引用构成侵权是符合法律规定的,张建伟关于《蝉蜕的翅膀》所引用内容构成合理使用的主张不能成立。

张建伟创作《蝉蜕的翅膀》一书系接受团中央等单位的委派,《蝉蜕的翅膀》属于张建伟为完成单位任务创作的职务作品。但张建伟作为该书的著作权人,对该书侵犯他人著作权应承担相应的法律责任。张建伟关于创作《蝉蜕的翅膀》所产生的法律后果应由委托创作方承担的主张不符合法律规定,原审法院判令其承担停止侵权、赔礼道歉、赔偿经济损失的法律责任是正确的。

损害赔偿的数额应根据权利被侵害造成的实际损失确定,实际损失难以计算的,可以按照侵权人的违法所得给予赔偿。《蝉蜕的翅膀》一书使用《西部生命》一书的内容约5 000余字,赔偿数额应以此为基础计算。原审法院依据张建伟使用刘元举作品的字数,结合《蝉蜕的翅膀》一书发行的情况及该书在《青海石油报》连载的情况,酌定本案的赔偿数额是妥当的。权利人为制止侵权行为所支付的开支应是合理的,并应有证据支持。原审法院依据刘元举提供的票据确定本案的诉讼合理支出有事实根据。是否将律师费计算在赔偿范围内以及如何确定应赔偿的律师费,应根据当事人的诉讼请求和具体案情决定。鉴于刘元举支付的2万元律师费是根据其请求赔偿8万元计算的,而原审法院仅支持了3 600元的赔偿主张,故原审法院所确定的本案的律师费是合理的。刘元举关于原审法院判决赔偿的数额过低的主张,本院不予支持。

综上,原审判决认定事实清楚,适用法律正确,刘元举、张建伟的上诉理由均不能成立,对其上诉请求,不应支持。依据《中华人民共和国民事诉讼法》第一百五十三条第一款第(一)项,判决如下:

驳回上诉,维持原判。

原审案件受理费2 910元,由刘元举负担500元,由张建伟负担2 410元;二审案件受理费2 910元,由刘元举负担500元,由张建伟负担2 410元。

66. 电视剧《天下粮仓》片名题字著作权侵权纠纷案

——都本基诉作家出版社

原告（被上诉人）：都本基
被告（上诉人）：作家出版社
案由：著作权侵权纠纷

原审案号：北京市朝阳区人民法院（2003）朝民初字第 19137 号
原审合议庭成员：李有光、谢甄珂、党淑平
原审结案日期：2003 年 10 月 20 日
二审案号：北京市第二中级人民法院（2003）二中民终字第 10610 号
二审合议庭成员：邵明艳、张晓津、何暄
二审结案日期：2003 年 12 月 16 日

【判决要旨】

侵权部分仅占侵权作品小部分的，一般只应判令侵权人就侵权部分内容停止侵权。

【起诉与答辩】

原告都本基诉称：2002 年我经过苦思冥想，为电视剧《天下粮仓》专门创作了片名"天下粮仓"四个大字，对该美术作品享有著作权。作家出版社在未经我许可，也未署名的情况下，将该题字中的墨迹删除后用于其出版的《天下粮仓》图书封面和封底，并许可台湾尖端出版社将该题字篡改后使用于同名图书封面。作家出版社的行为侵犯了我对该美术作品享有的发表权、署名权、修改权、保护作品完整权、复制权、发行权和获得报酬权，并侵犯了我的名誉权，故起诉要求法院判令作家出版社立即停止侵权行为，在全国及北京市一家报纸上刊登声明公开致歉，赔偿经济损失 16 万元和为本次诉讼支出的调查取证费、交通费等 1 077 元，停止非法许可他人使用的行为，并承担本案诉讼费用。

被告作家出版社辩称：我社未经都本基许可使用其作品，侵犯了都本基的署名权、使用权和获得报酬权。由于我社是从电视剧摄制组获得的"天下粮仓"四字，未作任何修改就用在了图书上，且我社的图书出版于电视剧片名题

字公之于众之后，故没有侵犯其发表权、修改权和保护作品完整权。而台湾尖端出版社出版的图书，与我社无关。由于我社仅将都本基的作品用于图书封面题字，并非直接用于营利，且系过失所致，故侵权情节较轻。都本基提出的赔偿数额过高，我社不同意其诉讼请求。

【原审查明事实】

原审法院经审理查明：2001 年 9 月，《天下粮仓》剧组约请都本基为该剧题写片名。该月中下旬，都本基将创作完成的"天下粮仓"四字的书法作品交给剧组。该作品各字间散落很多墨迹，代表血泪和粮食。同年 9 月 27 日，《天下粮仓》剧组付给都本基稿酬 1 000 元和装裱费 500 元。后剧组将该作品中的墨迹去掉后作为电视剧片头，保留了原作上都本基的署名。该剧于 2001 年 12 月 24 日召开新闻发布会，"天下粮仓"四字的片头题字在会上展示。2002 年 1 月 7 日，该剧正式播出。

2002 年 1 月，作家出版社出版《天下粮仓》一书。在出书前的 2001 年 11 月，作家出版社从《天下粮仓》剧组取得了该剧片名题字，删掉都本基署名后，用于该书封面和封底。该书共印刷 2 次，总计印数 8 万册，单价 29 元。作家出版社使用该作品未经都本基许可。2002 年 11 月 8 日，作家出版社曾向都本基汇款 1 940 元，但被都本基退回。

另查明，都本基取得了文化部颁发的 ISC2000 证书；是中国书画家联谊会理事，并取得了该会颁发的资质证书，其书法作品曾被"毛主席纪念堂"和"天安门城楼"收藏。都本基曾许可他人将"天下粮仓"四字用于商标，并收取了许可费。都本基为本次诉讼支出了购书费、打字复印费和交通费。都本基未举证证明作家出版社曾许可台湾尖端出版社使用"天下粮仓"四字。

【原审审理结果】

原审法院认为：都本基接受《天下粮仓》剧组委托创作了"天下粮仓"四字的书法作品，在该书法作品和电视剧片头题字上均有其署名，作家出版社也认可都本基是"天下粮仓"四字的著作权人，故该书法作品的著作权应由都本基享有。都本基作为该作品的著作权人，有权禁止他人未经许可使用该作品。

作家出版社在其出版的图书封面和封底使用涉案作品，是对作品的一种再现，这种再现没有经过都本基的许可，故侵犯了都本基对该作品享有的复制权。而且这种使用将作品的全部展现给读者，达到了向公众提供作品的程度，因而也侵犯了都本基对该作品享有的发行权。

发表权是决定作品是否公之于众的权利。根据最高人民法院的司法解释，发表权中的"公之于众"，是指著作权人自行或者经著作权人许可将作品向不特定的人公开，但不以公众知晓为构成条件。本案中，都本基接受《天下粮仓》剧组委托创作了涉案作品，并于 2001 年 9 月中下旬将作品交给剧组，故都本基知道且认可该作品将用于电视剧片头，并随剧一同播出。因此都本基交付作品时，涉案作品即已处于向不特定人公开的状态。由于都本基交付作品的行为，不仅表达了其向不特定公众公开作品的意愿，更是一种公开作品的行为，故该行为即为行使发表权的行为。根据发表权"一次用尽"的原则，作品一经发表，作者的发表权即丧失。涉案图书出版于都本基交付作品之后，也就是在都本基行使发表权之后，因此并未侵犯都本基对该作品享有的发表权。但该书在使用涉案作品时，并未以合理的方式表明都本基的作者身份，故侵犯了都本基对该作品享有的署名权。

关于修改权，本院认为，虽然作家出版社并未对所取得的片头题字作任何改动，只是沿用了片头题字的"天下粮仓"四字，但其使用的"天下粮仓"四字与原作之间确实存在差异。而片头题字中含有都本基的署名，故作家出版社完全可以通过征得作者许可而了解作品的原状。但其未经作者许可而直接使用修改后的作品，在客观上导致了侵犯修改权的后果，主观上存在过错，因此作家出版社侵犯了都本基对该作品享有的修改权。

由于原作"天下粮仓"四字间散落的墨迹具有代表"血泪"和"粮食"的独特含义，而作家出版社所使用的"天下粮仓"四字删除了这些墨迹，使得原作所要表达的思想不能得到完整的体现，破坏了原作的完整性，故作家出版社还侵犯了都本基对其作品享有的保护作品完整权。

由于作家出版社侵犯了都本基对涉案作品享有的署名权、修改权、保护作品完整权、复制权、发行权，故应当承担停止侵权、赔礼道歉、赔偿损失的民事责任。由于涉案图书系全国发行，因此作家出版社应当在一家全国发行的报纸上向都本基公开赔礼道歉。鉴于全国发行的报纸已经覆盖了北京市的范围，故无需另行在北京市发行的报纸上公开赔礼道歉。就赔偿数额，本院将根据都本基许可他人使用涉案作品的不同价格、作家出版社的侵权情节和主观过错程度、都本基为诉讼支出的合理费用等因素酌情判处。鉴于此，作家出版社虽曾向都本基邮寄过稿费，但由于其使用"天下粮仓"四字并未经都本基许可，且该稿费数额并非双方协商确认，亦不足以弥补都本基所受损失，故作家出版社还侵犯了都本基对其作品享有的获得报酬权。

至于都本基要求作家出版社停止非法许可行为，即许可台湾尖端出版社使用涉案作品行为的诉讼请求，因其未能就此举证，故本院不予支持。由于都本基追加被告的申请，系在法庭辩论终结后提出，故本院对此亦不予支持。

对于都本基就名誉权提出的请求，不属本案审理范畴，故本院对此不予处理。

综上，根据最高人民法院《关于适用〈中华人民共和国民事诉讼法〉若干问题的意见》第一百五十六条，《中华人民共和国著作权法》第十条第（一）项、第（二）项、第（三）项、第（四）项、第（五）项、第（六）项以及第四十七条第（一）项和第四十八条第二款之规定，判决如下：

一、作家出版社立即停止出版发行《天下粮仓》一书；

二、作家出版社于本判决生效之日起1个月内在北京一家全国发行的非专业报纸上向都本基公开赔礼道歉（致歉内容须经本院审核，逾期不执行，本院将依法公开本判决书的主要内容，所需费用由作家出版社负担）；

三、作家出版社于本判决生效之日起 10 日内赔偿都本基经济损失 65 000 元；

四、驳回都本基的其他诉讼请求。

作家出版社不服原审判决，提起上诉，请求撤销原判第一、三、四项并予以改判。其上诉理由为：第一，被上诉人都本基并不完全拥有去除墨迹的涉案作品的著作权，去除墨迹的作品系都本基与电视剧组共同创作的作品；第二，上诉人自电视剧组取得去除墨迹的涉案作品后未作修改，未侵犯都本基所享有的修改权和保护作品完整权；第三，原审判定上诉人作家出版社停止出版发行涉案图书有误，因为仅该书封面和封底使用了涉案作品，不应禁止该社对涉案图书的出版发行；第四，原审确定的赔偿数额过高，作家出版社涉案使用方式对《天下粮仓》一书的出版发行并无多大的提升作用，侵权程度并不严重，原审采纳都本基将涉案作品作为商标内容许可他人使用的费用标准不妥，应当参考国家有关稿酬支付标准确定赔偿标准；第五，原审诉讼费用分担不妥，被上诉人提起的诉讼请求过高，其仅承担 10%的诉讼费欠妥。

都本基服从原审判决并辩称：第一，都本基对受委托创作的涉案作品享有著作权，提供辅助工作的人不能成为著作权人；第二，上诉人所使用的作品与其原作不一致，应认定其对原作进行了修改，同时删除字间的墨迹使得都本基所要表达的思想不能得到完整体现，侵犯了其对作品所享有的保护作品完整权；第三，上诉人作为专业出版部门并非没有主观故意，且图书的封面和封底在图书销售中也起到很重要的作用，原审法院在法定赔偿数额范围内确定 65 000 元的赔偿数额是妥当的；第四，原审判定上诉人停止出版发行涉案图书及确定的双方诉讼费用负担数额并无不妥。因此，请求法院驳回上诉，维持原判。

【二审查明事实】

二审法院经审理查明：在本案二审审理期间，浙江省电视剧制作中心、浙江省电视剧制作中心电视剧《天下粮仓》摄制组于 2003 年 11 月 13 日出具《关于电视剧〈天下粮仓〉片名书写的情况》说明表明：该剧组曾委托都本基创作涉案"天下粮仓"书法作品并支付了稿酬，在使用时将字间散落的墨迹除去，对于修改后的作品的著作权归属是否由都本基和该剧组双方共有问题请法院判定；对于都本基将涉案书法作品作为商标内容许可他人在酒类产品上使用问题，如果都本基的行为侵犯了该剧组和电视剧投资方的利益，其保留追究都本基法律责任的权利。

在本案审理过程中，上诉人作家出版社称涉案《天下粮仓》一书尚库存 3 万余册，被上诉人都本基对此不予认可，作家出版社未就此提供证据予以证明。被上诉人都本基在审理过程中对于电视剧组修改其作品的行为未表示认可，并保留就此提出主张的权利。

本院对原审法院查明的其他事实予以认可。

【二审审理结果】

二审法院认为：本案双方当事人在二审审理期间争议的主要焦点问题是：除去墨迹的涉案书法作品的著作权是否归属都本基和电视剧组共有；上诉人使用涉案作品的行为是否侵犯了被上诉人都本基对涉案作品所享有的修改权和保护作品完整权；如何确定本案上诉人因涉案侵权行为应承担的法律责任，包括停止侵权的方式以及赔偿数额的确定问题。

第一，关于去除墨迹的涉案书法作品的著作权是否归属都本基和电视剧组共有问题。

上诉人作家出版社主张除去墨迹的涉案书法作品为都本基和电视剧组共有著作权的作品，但都本基是接受电视剧组的委托创作涉案书法作品，我国著作权法规定，对著作权归属未作约定的，委托创作作品的著作权应归属受托人，本案中受托人都本基应为涉案书法作品的著作权人；电视剧组虽将涉案作品中散落字间的墨迹除去后在电视剧片头使用，但根据我国著作权法的规定，创作是指直接产生文学、艺术和科学作品的智力活动，电视剧组所做的墨迹除去工作并不属于创作活动，其不能据此成为除去墨迹的涉案书法作品的著作权共有人；根据上诉人作家出版社二审审理期间提交的电视剧组出具的说明材料，该剧组未明确主张其为涉案作品的共有人，且被上诉人都本基对于电视剧组除去涉案作品墨迹的行为不予认可，因此上诉人的上述主张不能成立，本院不予支持。

第二，关于上诉人使用涉案作品的行为是否侵犯了都本基对涉案作品所享有的著作权中的修改权和保护作品完整权问题。

上诉人主张其使用的涉案作品是自电视剧组取得的，其所取得的作品即为除去墨迹的涉案作品，其未对作品进行修改，未侵犯修改权和保护作品完整权，但二审审理过程中，都本基对于电视剧组的修改行为并未表示认可，因此，在考虑是否构成侵犯修改权和保护作品完整权问题时，仍应以都本基主张权利的涉案原创书法作品为基准。

经比对，都本基原作"天下粮仓"四字间散落了一些墨迹，都本基称该墨迹是在创作过程中自然形成的，代表了"血泪和粮食"的含义。作家出版社在图书封面上所使用的书法作品是不包括上述墨迹的作品，与原作相比进行了改动，应当认定上诉人作家出版社侵犯了都本基所享有的修改权。保护作品完整权，是指保护作品不受歪曲、篡改的权利。著作权人有权保护其作品的完整性，保护其作品不被他人丑化，不被他人作违背其思想的删除、增添或者其他损害性的变动。作家出版社所使用的作品虽然与都本基创作的涉案作品在墨迹上有所区别，但并非对作品主要内容的改动，并未产生歪曲、篡改涉案作品的客观后果，未破坏涉案作品的完整性，原审法院认定上诉人侵犯了都本基对涉案作品所享有的保护作品完整权不妥，本院予以纠正。被上诉人都本基提出的上诉人作家出版社涉案使用行为侵犯其保护作品完整权的诉讼主张，缺乏依据，本院不予支持。

第三，关于上诉人应承担的法律责任的确定问题。

关于上诉人作家出版社停止侵权行为的方式问题，鉴于上诉人作家出版社仅在涉案图书的封面和封底上使用了涉案书法作品，原审判令作家出版社停止出版发行涉案图书不妥，本院对此予以纠正。

关于上诉人作家出版社应赔偿都本基经济损失的数额问题，都本基所提赔偿请求数额过高，且缺乏相应的计算依据，本院不予全额支持。鉴于本案上诉人作家出版社对涉案作品的使用方式系将涉案作品用于图书出版，原审法院参考被上诉人都本基许可电视剧组使用涉案作品的费用和其许可他人将该作品用于商标使用的许可费用确定赔偿数额的计算方式欠妥，本院将根据已查明的事实及认定的涉案侵权行为的性质，依据文化部出版局《美术出版物稿酬试行办法》及相关规定，参考相关作品使用的付酬标准，综合考虑上诉人作家出版社侵权的方式、范围、主观过错程度及被侵权作品的具体情况等因素，酌情确定上诉人作家出版社赔偿被上诉人都本基经济损失的数额。

综上，上诉人作家出版社的涉案使用行为侵犯了都本基所享有的署名权、修改权、复制权、发行权和获得报酬权，被上诉人请求法院判令上诉人作家出

版社承担停止侵权、公开赔礼道歉及赔偿经济损失和因本案诉讼而支出的合理
费用的法律责任的主张，理由正当，本院予以支持。被上诉人都本基还提出了
作家出版社的行为侵犯了其所享有的发表权、保护作品完整权的诉讼主张，鉴
于其上述主张依据不足，本院不予支持。上诉人作家出版社所提上诉理由部分
成立，其相应的上诉请求本院予以支持。原审法院认定事实部分不清，适用法
律部分有误，本院予以纠正。依照《中华人民共和国著作权法》第十条第一款
第（一）项、第（二）项、第（三）项、第（四）项、第（五）项、第（六）
项和第二款，第四十七条第（一）项，第四十八条以及《中华人民共和国民事
诉讼法》第一百五十三条第一款第（三）项之规定，判决如下：

　　一、维持北京市朝阳区人民法院（2003）朝民初字第 19137 号民事判决第
二项；

　　二、撤销北京市朝阳区人民法院（2003）朝民初字第 19137 号民事判决第
一、三、四项；

　　三、作家出版社于本判决生效之日起，停止在其出版发行的《天下粮仓》
一书中使用涉案"天下粮仓"书法作品；

　　四、作家出版社于本判决生效之日起 15 日内赔偿都本基经济损
失 8 000 元，赔偿都本基因本案诉讼支出的合理费用 200 元；

　　五、驳回都本基的其他诉讼请求。

　　案件原审受理费 5 880 元，由都本基负担 1 176 元，由作家出版社负
担 4 704 元；案件二审受理费 5 880 元，由都本基负担 1 176 元，由作家出版
社负担 4 704 元。

67. 歌曲《乌苏里船歌》著作权侵权纠纷案

——黑龙江省饶河县四排赫哲族乡人民政府诉郭颂、中央电视台、北京北辰购物中心

原告（被上诉人）： 黑龙江省饶河县四排赫哲族乡人民政府

被告（上诉人）： 郭颂

被告（上诉人）： 中央电视台

被告（原审被告）： 北京北辰购物中心

案由： 著作权侵权纠纷

原审案号： 北京市第二中级人民法院（2001）二中知初字第 223 号

原审合议庭成员： 王范武、张晓津、梁立君

原审结案日期： 2002 年 12 月 27 日

二审案号： 北京市高级人民法院（2003）高民终字第 246 号

二审合议庭成员： 陈锦川、张冬梅、周翔

二审结案日期： 2003 年 12 月 17 日

【判决要旨】

民族乡政府可就涉及该民族的民间文学艺术作品的著作权争议提起诉讼，对民间文学艺术作品著作权的保护在国务院制定出保护办法之前，应当依据《中华人民共和国著作权法》的精神，积极、慎重地予以保护。

【起诉与答辩】

原告黑龙江省饶河县四排赫哲族乡人民政府（以下简称赫哲族乡政府）诉称：《乌苏里船歌》是赫哲族人民在长期劳动和生活中逐渐产生的反映赫哲族民族特点、精神风貌和文化特征的民歌。该首歌曲属于著作权法规定的"民间文学艺术作品"，应当受到我国著作权法的保护，赫哲族人民依法享有署名权等精神权利和获得报酬权等经济权利。但在 1999 年 11 月 12 日，"'99 南宁国际民歌艺术节"晚会上，中央电视台宣称：《乌苏里船歌》作曲汪云才、郭颂。晚会主持人还特别强调："刚才郭颂老师唱的《乌苏里船歌》明明是一首创作的歌曲，可长期以来我们一直把它当作是赫哲族民歌。"该民歌艺术节晚会由南宁市人民政府艺术节组委会和中央电视台共同主办。该晚会还被录制成

VCD 向全国发行，使侵权行为的影响进一步扩大。北京北辰购物中心（以下简称北辰购物中心）销售了包含原告享有著作权的《乌苏里船歌》的侵权 CD 复制品、图书和磁带。原告认为被告的行为侵犯了其著作权，伤害了每一位赫哲族人的自尊心和民族感情。故诉至法院，请求判令：（1）被告在中央电视台播放《乌苏里船歌》数次，说明其为赫哲族民歌，并对侵犯著作权之事作出道歉；（2）被告赔偿原告经济损失 40 万元，精神损失 10 万元；（3）被告承担本案诉讼费以及因诉讼支出的费用 8 305.43 元。

在庭审过程中，原告明确仅指控音乐作品《乌苏里船歌》曲调的著作权侵权行为，而不涉及该音乐作品的歌词部分。

被告郭颂辩称：《乌苏里船歌》是郭颂、胡小石、汪云才借鉴西洋音乐的创作手法共同创作的。作品充分反映了当家做主的赫哲族人民感谢党、歌颂新生活的欢乐心情，使全国少数民族中人口最少的民族为世界所了解。目前全国赫哲族成建制的民族乡有三个，原告只是其中之一，他们无资格和理由代表全体赫哲族人提起诉讼；以《想情郎》为代表的赫哲族民间传统曲调，只是一首古老的四句萧曲，并没有歌词，而《乌苏里船歌》既有新创作的曲子又有歌词。原告提出侵权指控，却未明确郭颂侵犯了原告的何种权利，也未指出在哪个环节侵权，应当将原告享有著作权的作品与音乐作品《乌苏里船歌》加以对比。故不同意原告的诉讼请求。

被告中央电视台辩称：原告的主体资格值得质疑，原告没有证据证明有权代表所有赫哲族人民就有关民间文学艺术作品主张权利；对于民间文学艺术作品的保护，著作权法只是规定了应受法律保护的原则，并没有就其特殊性明确应如何保护。迄今国务院尚未出台相关法规，因此，著作权法有关著作权人及其权利归属等相关规定并不适用于民间文学艺术作品；中央电视台播出的节目中有关《乌苏里船歌》的署名完全是在尊重历史事实的基础上，经多方查阅资料而得出的结论。作为播出单位已经尽到了审查义务。且晚会主持人的一段话只是对客观事实泛泛议论，并未侵犯原告著作权；原告诉称该晚会节目被录制成 VCD 向全国发行没有任何证据，因为该艺术节组委会录制的数量仅有 8 000 套，且不公开发行，只是作为资料和礼品赠送，并没有以此而进行营利活动；原告无法证明其为著作权人，也无法证明我方实施了何种侵权行为，原告的诉讼请求不能成立。请求依法驳回原告的诉讼请求。

被告北京北辰购物中心辩称：该购物中心销售的商品是有合法、严格的进货渠道和合同的；对于知识产权问题，该中心并无审查义务，因此该中心不应成为本案被告。

在本案审理过程中，《乌苏里船歌》的曲作者之一汪云才书面表示，郭颂有权代表作者处理与该音乐作品有关的事项。

【原审查明事实】

原审法院经审理查明：赫哲族是一个世代生息繁衍在东北地区，历史上以打渔狩猎为生的少数民族。《想情郎》是一首世代流传在乌苏里江流域赫哲族中的民间曲调，已无法考证该曲调的最初形成时间和创作人。该曲调在 20 世纪 50 年代末第一次被记录下来。在同一时期，还首次收集记录了与上述曲调基本相同的赫哲族歌曲《狩猎的哥哥回来了》。

1962 年，郭颂、汪云才、胡小石到乌苏里江流域的赫哲族聚居区进行采风，收集到了包括《想情郎》等在内的赫哲族民间曲调。在此基础上，郭颂、汪云才、胡小石共同创作完成了《乌苏里船歌》音乐作品。1963 年，该音乐作品首次在中央人民广播电台进行了录制。在中央人民广播电台的录制记录上载明："录制：63 年 12 月 28 日；名称：《乌苏里船歌》；时间：3 分 20 秒；作者：东北赫哲族民歌；演播：黑龙江歌舞团郭颂；伴奏：武汉歌舞剧院乐队。"1964 年 10 月，百花文艺出版社出版的《红色的歌》第 6 期刊载了歌曲《乌苏里船歌》，在署名时注明为赫哲族民歌，汪云才、郭颂编曲。

1999 年 11 月 12 日，中央电视台与南宁市人民政府共同主办了"'99 南宁国际民歌艺术节"开幕式晚会。在郭颂演唱完《乌苏里船歌》后，中央电视台节目主持人说：刚才郭颂老师演唱的《乌苏里船歌》明明是一首创作歌曲，但我们一直以为它是赫哲族人的传统民歌。南宁国际民歌艺术节组委会将此次开幕式晚会录制成 VCD 光盘，中央电视台认可共复制 8 000 套作为礼品赠送。原告没有证据证明主办者进行了商业销售。

郭颂在采风时，赫哲族的民间艺人曾为其吹奏过《想情郎》曲调。《想情郎》是一首流传在赫哲族民间只有四句曲调的萧曲，是赫哲族最具代表性的曲调。作品《乌苏里船歌》主曲调开始部分，使用了《想情郎》的部分曲调。为了适应填词演唱，郭颂等人在基本保留了原曲调第一句的基础上对该曲调作了较大的改变，并运用西洋创作手法进行了全新的创作。因此郭颂坚持认为《乌苏里船歌》是其创作的歌曲。

中央电视台坚持认为，有关音乐作品《乌苏里船歌》的署名是经多方查阅资料而得出的结论，迄今未发现与该署名相抵触的权威性资料。

另查明，北京北辰购物中心销售的刊载《乌苏里船歌》音乐作品的各类出版物上，署名方式均为"作曲：汪云才、郭颂"，其中包括郭颂演唱的民歌专集录音带《20 世纪中华歌坛名人百集珍藏版·郭颂》。郭颂向本院提交的《〈歌声中的 20 世纪〉——百年中国歌曲精选》及 1979 年以来刊登《乌苏里船歌》

的部分刊物，署名方式也均为"作曲：汪云才、郭颂"。

审理中，双方当事人一致同意由中国音乐著作权协会作为鉴定机构。中国音乐著作权协会接受本院委托，从双方当事人认可的 10 名候选人中，确定了 3 位专家作为鉴定人进行了鉴定。中国音乐著作权协会的鉴定结论为："1.《乌苏里船歌》的主部即中部主题曲调与《想情郎》、《狩猎的哥哥回来了》的曲调基本相同，《乌苏里船歌》的引子及尾声为创作；2.《乌苏里船歌》是在《想情郎》、《狩猎的哥哥回来了》原主题曲调的基础上改编完成的，应属改编或编曲，而不是作曲。"

关于原告主张因本案的诉讼支出约 8 300 元一节，经本院核定，合理费用支出为 3 000 元。

【原审审理结果】

原审法院认为：以《想情郎》和《狩猎的哥哥回来了》为代表，世代在赫哲族中流传的民间音乐曲调，属于赫哲族传统的一种民间文学艺术作品形式。依据我国相关法律规定，民间文学艺术作品作为我国各民族优秀的文化遗产资源，受法律保护。

本案争议的焦点问题是：（一）原告赫哲族乡政府是否有权以自己的名义提起对赫哲族民间音乐作品保护的诉讼；（二）《乌苏里船歌》音乐作品的曲调是否根据赫哲族民间曲调改编。

首先，关于原告赫哲族乡政府是否有权以自己的名义提起对赫哲族民间音乐作品保护的诉讼问题。

民间文学艺术是指某一区域内的群体在长期生产、生活中，直接创作并广泛流传的、反映该区域群体的历史渊源、生活习俗、生产方式、心理特征、宗教信仰且不断演绎的民间文化表现形式的总称。由于民间文学艺术具有创作主体不确定和表达形式在传承中不断演绎的特点，因此，在民间文学艺术的权利归属问题上是有其特殊性的。一方面它已进入公有领域，另一方面它又与某一区域内的群体有无法分割的历史和心理联系。赫哲族世代传承的民间曲调，是赫哲族民间文学艺术的组成部分，也是赫哲族每一个群体和每一个成员共同创作并拥有的精神文化财富。它不归属于赫哲族某一成员，但又与每一个赫哲族成员的权益有关。因此该民族中的每一个群体、每一个成员都有维护本民族民间文学艺术不受侵害的权利。原告作为一个民族乡政府虽不是民族自治地方的自治机关，但该民族乡政府是依据我国宪法和特别法的规定，在少数民族聚居区内设立的乡级地方国家政权，体现了我国宪法规定的民族区域自治法律制度的特点。该民族乡政府既是赫哲族部分群体的政治代表，也是赫哲族部分群体公共利益的代表。在赫哲族民间文学艺术可能受到侵害时，鉴于权利主体状态的特殊性，为维护本区域内的赫哲族公众的权益，在体现我国宪法和特别法律关于民族区域自治法律制度的原则，且不违反法律禁止性规定的前提下，原告作为民族乡政府，可以以自己的名义提起诉讼。本案被告提出原告赫哲族乡政府不具有诉讼主体资格的抗辩主张，本院不予采纳。

其次，关于《乌苏里船歌》音乐作品的曲调是否是根据赫哲族民间曲调改编的问题。

比较《乌苏里船歌》与《想情郎》曲调，无论从创作的艺术水平或作品整体的思想表达形式上都发生了质的变化。作品《乌苏里船歌》充分反映了当家做主的赫哲族人民感谢党、歌颂新生活的欢乐心情。作为一首脍炙人口、家喻户晓的民歌音乐作品，通过郭颂等人的再度创作及郭颂本人的演唱，不仅向人们展示了赫哲族优秀的民族文化，也使我国人口最少的少数民族为世界所了解。

依据本院查明的事实，《乌苏里船歌》音乐作品是郭颂等人在赫哲族世代流传的民间曲调的基础上，运用现代音乐创作手法再度创作完成的。郭颂作为该作品的合作作者之一，享有《乌苏里船歌》音乐作品的著作权。

虽然《乌苏里船歌》在创作时运用了现代音乐艺术手法，在艺术创作水平上有了极大的提高，但是《乌苏里船歌》曲调的作者在创作中吸收了《想情郎》等最具代表性的赫哲族传统民间曲调。审理中，被告郭颂并不否认在创作《乌苏里船歌》主曲调时使用了部分《想情郎》曲调，中国音乐著作权协会所作鉴定也表明该音乐作品主部即中部主题曲调与《想情郎》、《狩猎的哥哥回来了》的曲调基本相同。因此，应认定，《乌苏里船歌》主曲调是郭颂等人在赫哲族民间曲调《想情郎》的基础上，进行了艺术再创作，改编完成的作品。

民间文学艺术保护的宗旨是：在禁止歪曲和商业滥用民间文学艺术的前提下，鼓励合理开发、利用民间文学艺术，使其发扬光大，不断传承发展。但是任何人利用民间文学艺术进行再创作，必须要说明所创作的新作品的出处。这是我国民法通则中的公平原则和著作权法中保护民间文学艺术作品的法律原则的具体体现和最低要求。因此，郭颂等人在使用音乐作品《乌苏里船歌》时，应客观地注明该歌曲曲调是源于赫哲族传统民间曲调改编的作品。

郭颂在'99南宁国际民歌艺术节开幕式晚会的演出中对主持人意为《乌苏里船歌》系郭颂原创作品的失当的"更正性说明"未作解释，同时对相关出版物中所标注的不当署名方式予以认可，且在本案审理中坚持认为《乌苏里船歌》曲调是其原创作品，其上述行为表明郭颂是有过错的。郭颂、中央电视台坚持认为《乌苏里船歌》属原创作品，缺乏依据，本院不予采纳。

在中央电视台主办的'99南宁国际民歌艺术节开幕式晚会上，主持人发表的陈述与事实不符，中央电视台作为演出组织者，对其工作人员就未经核实的问题，过于轻率地发表议论的不当行为，应采取适当的方式消除影响。

被告北京北辰购物中心销售了载有未注明改编出处的《乌苏里船歌》音乐作品的出版物，应停止销售行为。但北京北辰购物中心能够提供涉案出版物的合法来源，主观上没有过错，不应承担赔偿责任。

鉴于民间文学艺术作品具有其特殊性，且原告未举证证明被告的行为造成其经济损失，故原告依据我国著作权法的规定，请求法院判令郭颂、中央电视台、北京北辰购物中心承担公开赔礼道歉、赔偿经济损失和精神损失的主张缺乏事实和法律依据，本院不予支持。本院将根据案件的具体情况确定郭颂、中央电视台消除影响的方式。郭颂、中央电视台除承担标注改编出处、消除影响的法律责任外，还应承担原告因诉讼而支出的合理费用。

综上所述，依照《中华人民共和国民法通则》第四条、第一百三十四条第一款第（九）项和2001年10月27日修正前的《中华人民共和国著作权法》第六条、第十二条之规定，判决如下：

一、郭颂、中央电视台以任何方式再使用音乐作品《乌苏里船歌》时，应当注明"根据赫哲族民间曲调改编"；

二、郭颂、中央电视台于本判决生效之日起30日内在《法制日报》上发表音乐作品《乌苏里船歌》系根据赫哲族民间曲调改编的声明（声明内容需经本院准许，逾期不执行，本院将在全国发行的报纸上公布本判决内容，相关费用由郭颂、中央电视台负担）；

三、北京北辰购物中心立即停止销售任何刊载未注明改编出处的音乐作品《乌苏里船歌》的出版物；

四、郭颂、中央电视台于本判决生效之日起30日内各给付黑龙江省饶河县四排赫哲族乡人民政府因本案诉讼而支出的合理费用1 500元；

五、驳回黑龙江省饶河县四排赫哲族乡人民政府的其他诉讼请求。

郭颂和中央电视台不服原审判决，提起上诉。郭颂请求撤销原审判决，驳回四排赫哲族乡政府的诉讼请求。其上诉理由是：（1）四排赫哲族乡政府不具备原告的主体资格；（2）原审判决存在"判非所诉"的问题；（3）中国音乐著作权协会所作的鉴定在程序和实体方面均存在问题；（4）原审判决适用法律错误。中央电视台请求重新裁判本案，其上诉理由：（1）四排赫哲族乡政府不具备原告的主体资格；（2）原审判决存在"判非所诉"的问题；（3）上诉人已经尽到了合理的审查义务，不构成侵权行为，如《乌苏里船歌》的署名确有不当，上诉人将停止传播错误的信息，但不应承担刊登声明、支付原告诉讼费用等侵权的法律责任。

四排赫哲族乡政府、北京北辰购物中心服从原审判决。

【二审查明事实】

二审法院经审理查明：《想情郎》是一首世代流传在乌苏里江流域赫哲族中的民间曲调，现已无法考证该曲调的最初形成时间和创作人。该曲调在 20 世纪 50 年代末第一次被记录下来。在同一时期，还首次收集记录了与上述曲调基本相同的赫哲族歌曲《狩猎的哥哥回来了》。根据现有证据，《想情郎》最早刊载于 1958 年 12 月 31 日由黑龙江省少数民族文学艺术调查小组编的《赫哲族文学艺术概况（草稿）》，《狩猎的哥哥回来了》最早刊载于 1959 年 6 月 17 日由音乐出版社出版的《歌曲》杂志。

1962 年，郭颂、汪云才、胡小石到乌苏里江流域的赫哲族聚居区采风，收集到了包括《想情郎》等在内的赫哲族民间曲调。在此基础上，郭颂、汪云才、胡小石共同创作完成了《乌苏里船歌》音乐作品。1963 年 12 月 28 日，由郭颂演唱的《乌苏里船歌》音乐作品首次在中央人民广播电台进行了录制。

1964 年百花文艺出版社出版的《红色的歌》、1980 年版《中国歌曲选》刊载的《乌苏里船歌》，均标明其为赫哲族民歌，汪云才、郭颂编曲；1991 年民族出版社《中国少数民族艺术词典》载明"乌苏里船歌赫哲族歌曲。汪云才、郭颂根据赫哲族传统民歌《想情郎》作词编曲"。《〈歌声中的 20 世纪〉——百年中国歌曲精选》及 1979 年至 1980 年期间刊登《乌苏里船歌》的部分刊物，署名方式则为"作曲：汪云才、郭颂"。

1999 年 11 月 12 日，中央电视台与南宁市人民政府共同主办了"'99 南宁国际民歌艺术节"开幕式晚会。在郭颂演唱《乌苏里船歌》之前，中央电视台一位节目主持人说：下面有请郭颂老师为我们演唱根据赫哲族音乐元素创作的歌曲《乌苏里船歌》。在郭颂演唱《乌苏里船歌》之后，中央电视台另一位节目主持人说："《乌苏里船歌》明明是一首创作歌曲，但我们一直以为它是赫哲族人的传统民歌。"南宁国际民歌艺术节组委会将此次开幕式晚会录制成 VCD 光盘，中央电视台认可共复制 8 000 套，均作为礼品赠送。四排赫哲族乡政府没有证据证明主办者进行了商业销售。

北京北辰购物中心销售了刊载有《乌苏里船歌》音乐作品的有关出版物。出版物上《乌苏里船歌》的署名方式均为"作曲：汪云才、郭颂"。北京北辰购物中心在原审中向法院提供了其与北京大世界音像店、北京儒士源精品书店所签引厂进店协议书，北京儒士源精品书店和北京大世界音像店出具的涉案出版物进货证明。

　　原审庭审过程中，赫哲族乡政府变更了诉讼请求，明确仅指控《乌苏里船歌》歌曲部分的著作权侵权行为；认为《乌苏里船歌》歌曲系改编自赫哲族民间曲调。

　　原审期间，郭颂提出由中国音乐著作权协会对《乌苏里船歌》与《想情郎》、《狩猎的哥哥回来了》的关系进行鉴定，各方当事人一致同意。中国音乐著作权协会向当事人公开了10名候选专家的名单并经双方当事人认可。按照双方对鉴定人员的专业背景提出的要求，鉴定机构实际选择的3位专家分别是作曲家、音乐理论家、少数民族音乐理论家。3位专家分别就《乌苏里船歌》与《想情郎》、《狩猎的哥哥回来了》的曲调的异同阐述了各自的鉴定意见。中国音乐著作权协会经三位鉴定人同意，出具了鉴定结论。鉴定结论为："1.《乌苏里船歌》的主部即中部主题曲调与《想情郎》、《狩猎的哥哥回来了》的曲调基本相同，《乌苏里船歌》的引子及尾声为创作；2.《乌苏里船歌》是在《想情郎》、《狩猎的哥哥回来了》原主题曲调的基础上改编完成的，应属改编或编曲，而不是作曲。"

　　双方当事人对鉴定结论进行了质证。赫哲族乡政府同意该鉴定结论，郭颂、中央电视台均对鉴定结论提出异议。经过法院准许，鉴定人通过书面形式对双方提出的质询意见进行了答复。

　　二审中，郭颂为了证明中国音乐著作权协会在鉴定人员的推荐及鉴定结论的最终形成等方面存在程序上的问题，提供了郭颂的代理律师对中国音乐著作权协会名誉会长吴祖强的调查笔录以及该协会常务理事徐沛东、赵季平、张丕基出具的书面证言。四位证人表示不知道三位鉴定人的推荐及最终确定以及讨论鉴定结论的事宜。郭颂还提交了2003年1月26日由中国轻音乐协会和黑龙江省音乐家协会主办的《继承发展民族民间音乐创作研讨会》上的专家论证意见，以证明音乐界权威专家与一审法院所认可的鉴定结论持有截然相反的看法。赫哲族乡政府同时提出了一个新的证据以证明鉴定结论是正确的，该证据是黑龙江省电视台播放的电视节目VCD复制品，节目中包括对《乌苏里船歌》的曲作者之一汪云才的采访，汪云才在接受采访时表示，歌曲的序唱是赫哲族的原始资料、原始唱法，是赫哲族人吴进才唱的伊玛堪；歌曲创作源于赫哲族民歌《想情郎》；《乌苏里船歌》是赫哲族歌曲，是赫哲族音乐。郭颂也向法院提交了汪云才的书面申明意见，以证明赫哲族乡政府所提交的上述VCD中涉及汪云才被采访的部分内容是不真实的。

　　《乌苏里船歌》的曲作者之一汪云才向法院书面表示，郭颂有权代表作者处理与该音乐作品有关的事项。

　　原告因本案诉讼支出的合理费用为3 000元。

【二审审理结果】

二审法院认为：世代在赫哲族中流传、以《想情郎》和《狩猎的哥哥回来了》为代表的赫哲族民间音乐曲调形式，属于民间文学艺术作品，应当受到法律保护。涉案的赫哲族民间音乐曲调形式作为赫哲族民间文学艺术作品，是赫哲族成员共同创作并拥有的精神文化财富。它不归属于赫哲族某一成员，但又与每一个赫哲族成员的权益有关。该民族中的任何群体、任何成员都有维护本民族民间文学艺术作品不受侵害的权利。赫哲族乡政府作为一个民族乡政府是依据我国宪法和法律的规定在少数民族聚居区内设立的乡级地方国家政权，可以作为赫哲族部分群体公共利益的代表。故在符合我国宪法规定的基本原则、不违反法律禁止性规定的前提下，赫哲族乡政府为维护本区域内的赫哲族公众的权益，可以自己的名义对侵犯赫哲族民间文学艺术作品合法权益的行为提起诉讼。郭颂、中央电视台关于民间文学艺术作品的权利人难以确定、现行法律法规对如何确定民间文学艺术作品的权利人的问题未有规定，因而赫哲族乡政府不具备原告的诉讼主体资格的上诉理由不能成立，本院不予支持。

因原审庭审中赫哲族乡政府当庭变更了诉讼请求为确认《乌苏里船歌》乐曲属于改编作品，且郭颂也对此进行了答辩，二审法院根据当事人变更的诉讼请求对《乌苏里船歌》乐曲是否属于改编作品进行了审理，符合法律规定。原审法院未明确赫哲族乡政府当庭变更了诉讼请求一节有不妥之处，但并不属于上诉人郭颂、中央电视台所称的"判非所诉"。

二审中郭颂提供的四位证人的书面证言，其内容并不能证明中国音乐著作权协会所作的鉴定在程序上存在问题，不能予以采信。原审中虽然本案鉴定人员未出庭接受质询，但经过法院准许，以书面形式答复了当事人的质询，并不属于程序不当。郭颂提出的其他关于鉴定在程序方面存在问题的上诉理由均缺乏事实和法律依据，本院亦不予支持。

著作权法上的改编，是指在原有作品的基础上，通过改变作品的表现形式或者用途，创作出具有独创性的新作品。改编作为一种再创作，应主要是利用了已有作品中的独创部分。对音乐作品的改编而言，改编作品应是使用了原音乐作品的基本内容或重要内容，应对原作的旋律作了创造性修改，却又没有使原有旋律消失。根据鉴定报告关于《乌苏里船歌》的中部乐曲的主题曲调与《想情郎》和《狩猎的哥哥回来了》的曲调基本相同的鉴定结论，以及《乌苏里船歌》的乐曲中部与《想情郎》和《狩猎的哥哥回来了》相比又有不同之处和创新之处的事实，《乌苏里船歌》的乐曲中部应系根据《想情郎》和《狩猎的哥哥回来了》的基本曲调改编而成。《乌苏里船歌》乐曲的中部是展示歌词的部分，且在整首乐曲中反复 3 次，虽然《乌苏里船歌》的首部和尾部均为新创作的内容，且达到了极高的艺术水平，但就《乌苏里船歌》乐曲整体而言，如果舍去中间部分，整首乐曲也将失去根本，因此可以认定《乌苏里船歌》的中部乐曲系整首乐曲的主要部分。在《乌苏里船歌》的乐曲中部系改编而成、中部又构成整首乐曲的主部的情况下，《乌苏里船歌》的整首乐曲应为改编作品。郭颂关于《乌苏里船歌》与《想情郎》、《狩猎的哥哥回来了》的乐曲存在不同之处和创新之处且在表达上已发生了质的变化的上诉理由，并不能否定《乌苏里船歌》的乐曲基本保留了赫哲族民歌基本曲调的事实，郭颂上诉认为中国音乐著作权协会所作的鉴定在实体上存在问题，与事实不符。郭颂关于《乌苏里船歌》的首部和尾部均为创作、其整首乐曲在结构上为单三部曲式因而全曲不应认定为改编作品的上诉主张不能成立，本院不予支持。

中央电视台主持人的陈述虽然已经表明《乌苏里船歌》系根据赫哲族音乐元素创作的歌曲，但主持人陈述的本意仍为《乌苏里船歌》系郭颂原创，主持人发表的陈述与事实不符。中央电视台对其工作人员所发表的与事实不符的议论，应当采取适当的方式消除影响。原审法院判决中央电视台在《法制日报》上发表更正声明、酌定由中央电视台承担部分诉讼费并无不当。

综上，原审判决认定事实清楚，适用法律正确。郭颂、中央电视台所提上诉理由均不能成立，对其上诉请求，本院均不予支持。依据《中华人民共和国民事诉讼法》第一百五十三条第一款第（一）项之规定，判决如下：

驳回上诉，维持原判。

原审案件受理费 10 093 元，由黑龙江省饶河县四排赫哲族乡人民政府负担 3 365 元，由郭颂、中央电视台各负担 3 364 元；鉴定费 6 000 元，由郭颂、中央电视台各负担 3 000 元；二审案件受理费 10 093 元，由郭颂负担 7 093 元，由中央电视台负担 3 000 元。

68.《邓丽君经典回顾》MP3 光盘录音制作者权侵权纠纷案

——环球唱片有限公司诉中科多媒体电子出版社、
北京中新联数码科技股份有限公司

原告（被上诉人）：环球唱片有限公司（UNIVERSAL MUSIC LIMITED）

被告（被上诉人）：中科多媒体电子出版社

被告（上诉人）：北京中新联数码科技股份有限公司

案由：录音制作者权侵权纠纷

原审案号：北京市第一中级人民法院（2002）一中民初字第 2480 号

原审合议庭成员：娄宇红、苏杭、赵静

原审结案日期：2003 年 8 月 20 日

二审案号：北京市高级人民法院（2003）高民终字第 1268 号

二审合议庭成员：张鲁民、张雪松、焦彦

二审结案日期：2003 年 12 月 17 日

【判决要旨】

对于海外音像制品的出版发行，我国新闻出版行政部门明确规定必须履行相应的手续，音像制品的制作商和光盘复制商应当严格按照规定履行审查手续，未尽审查义务应承担相应责任。

【起诉与答辩】

原告环球唱片有限公司（以下简称环球公司）诉称：我公司于 2001 年 9 月购得由第一被告中科多媒体电子出版社（以下简称中科出版社）出版发行、第二被告北京中新联数码科技股份有限公司（以下简称中新联公司）复制的包装盒彩封及盘芯标为《邓丽君经典回顾》的 MP3 歌曲光盘（盘芯 SID 码为 G209）专辑。其中的 12 首歌曲即《爱的开始》、《爱的理想》、《爱的使者》、《爱像一首歌》、《独上西楼》、《何日君再来》、《襟裳岬（国）》、《我只在乎你》、《香港之夜》、《小城故事》、《又见炊烟》、《在水一方》的录音制作者权均为原告享有。两被告在未经我公司授权许可的情况下，擅自出版、发行上述 12 首歌曲的 MP3 歌曲光盘，严重侵犯了我公司的合法权益，给我公司造成了经济损失。为此，依据《中华人民共和国著作权法》及有关音像制品的法律法规，

请求人民法院判令两被告:(1)立即停止对涉案歌曲出版权、复制权、发行权的侵害,向原告移交销毁并不再出版、复制、发行侵权 MP3 录音制品;(2)两被告在《人民日报》海外版上发表声明,向我公司公开致歉;(3)两被告共同赔偿我公司经济损失人民币 318 000 元、为调查及起诉所支付的合理费用人民币 50 000 元,两项合计人民币 368 000 元;(4)两被告共同承担本案全部诉讼费。

中科出版社在答辩期内未提交书面答辩意见,其在庭审中辩称:我单位在《邓丽君经典回顾》MP3 光盘事件中只提供了一个书号,没有具体出版、发行行为,因此不同意原告的诉讼请求。

被告中新联公司的答辩意见为:我公司受中科出版社的委托承接加工《邓丽君经典回顾》MP3 光盘,在生产过程中办理了符合出版行业行政管理要求的复制委托手续,履行了法律义务,没有任何过错,不应承担任何侵权责任。原告的著作权权属证明,不能证明作为数字化产品的 MP3 的音乐著作权是否归属于作为音像制品制作人的原告,也不能证明该 MP3 光盘的音乐是否来源于原告的音像制品,其同一性也未得到证明。故请求人民法院驳回原告对我公司的指控。

【原审查明事实】

原审法院经审理查明:1970 年 3 月 17 日,原告前身 WHEREAS POLYDOR LIMITED 成立,1979 年 2 月 9 日,其更名为 POLYGRAM RECORDS LIMITED(宝丽金唱片有限公司),1999 年 4 月 23 日,该公司更名为原告现名称环球唱片有限公司(UNIVERSAL MUSIC LIMITED)。被告中新联公司原名称为北京中新联光盘有限责任公司,2002 年 4 月 9 日变更为现名称。

原告以原宝丽金唱片有限公司的名义,出版发行了邓丽君演唱的歌曲《难忘的·TERESA TENG》CD 光盘,其中收录了 1979 年出版的《小城故事》、1987 年出版的《我只在乎你》;1998 年版之《漫步人生三步曲》CD 光盘中,收录了《爱像一首歌》、《何日君再来》、《襟裳岬(国)》、《独上西楼》、《在水一方》、《又见炊烟》;1999 年版之《爱的使者》CD 光盘中,收录了《爱的开始》、《爱的使者》;《再见我的爱人——岛国之情歌第一集》CD 光盘中,收录了《爱的理想》;《香港之恋——岛国之情歌第四集》CD 光盘中,收录了《香港之夜》。上述光盘的外包装上均标有 PolyGram 或 Polydor 标识。2002 年 6 月 27 日,国际唱片业协会亚洲区办事处出具《版权认证报告》,确认上述 12 首歌曲的录音制作者权拥有人为环球唱片有限公司。

2001 年 3 月 22 日,被告中科出版社与被告中新联公司签订《电子出版物复制委托书》，约定由中科出版社委托中新联公司复制涉案的光盘《邓丽君经典回顾》3 000 张。中新联公司基于上述委托复制的光盘为 MP3 压缩盘，共收录了 104 首歌曲，其外包装上印有《邓丽君经典回顾》和中科多媒体出版社出版、ISBN 7 - 900025 - 47 - 2、定价 25 元、条形码等内容。其中收录了原告享有录音制作者权的《爱的开始》、《爱的理想》、《爱的使者》、《爱像一首歌》、《独上西楼》、《何日君再来》、《襟裳岬（国）》、《我只在乎你》、《香港之夜》、《小城故事》、《又见炊烟》、《在水一方》合计 12 首歌曲。原告主张权利的曲目数占该光盘总曲目数的比例为 12%。二被告对上述事实均予以确认。

庭审中，被告中新联公司自认其共复制涉案 MP3 光盘 3 000 张。原告主张应按 2 万张乘以 15 元港币再乘以 1.06 汇率，合计人民币 318 000 元计算二被告共同应承担的赔偿数额。原告为本案诉讼支付律师费人民币 3 万元及港币 4 180 元。

【原审审理结果】

原审法院认为：由于本案诉争事实发生在《中华人民共和国著作权法》修改前，因此，根据最高人民法院《关于审理著作权民事纠纷案件适用法律若干问题的解释》第三十一条的规定，本案适用修改前的《中华人民共和国著作权法》和《中华人民共和国著作权法实施条例》的相关规定。

根据原告提交的其正式出版的 CD 光盘上的署名内容、环球唱片公司企业名称的变更证明，并结合《版权认证报告》的证明内容，可以认定原告环球唱片公司享有邓丽君演唱的上述《爱的开始》等 12 首歌曲的录音制作者权。我国著作权法规定，录音录像制作者对其制作的录音录像作品，享有许可他人复制发行并获得报酬的权利。该权利依法受到保护，任何侵犯录音制作者权利的行为均应承担相应的法律责任。中新联公司辩称原告的现有证据，既不能证明涉案 MP3 光盘的音乐著作权归属原告，也不能证明该 MP3 光盘的音源来自原告的音像制品。对此，本院认为，原告对涉案的 12 首歌曲享有的录音制作者权包括了所有录音制作方式范畴内的使用权，MP3 是数字化录音制作方式，属于录音制作方式的一种形式，原告依法享有禁止他人未经许可实施该项侵权行为的权利。中新联公司在未提出相反证据的情况下，其抗辩理由不能成立。该公司对被控侵权 MP3 光盘中的歌曲与原告享有权利的歌曲的音源同一性提出异议，应当负有举证义务，因其未对所主张的事实提出证据，故其该项抗辩理由亦不能成立。

被告中科出版社作为国家批准的正式出版单位，在出版音像制品时，对于出版物是否侵犯他人著作权，本应负有严格的注意义务。但其却未经原告许可，在所出版的《邓丽君经典回顾》MP3 中使用原告享有录音制作者权的 12 首录音作品，故意侵犯原告的合法权利。其辩称只提供了一个书号，没有具体出版、发行行为，不构成侵权，但由查明的事实可知，中科出版社不仅未经权利人的许可以委托方的名义与中新联公司签订电子出版物复制委托书出版被控侵权音像制品，而且所出版的被控音像制品包装上也明确标有中科出版社出版的字样，中科出版社故意实施被控侵权行为的事实清楚，证据确实足以成立。即使其实际仅实施了提供书号的行为，因利用出版资质，向其他单位提供书号，系违反国家出版管理规定的行为，更系放任审查义务故意实施侵权的行为。因此，中科出版社已经构成了对原告权利的侵害，应当依法停止实施出版、发行、复制侵权音像制品的行为，并向原告公开赔礼道歉，赔偿原告因侵权行为所遭受的损失和原告因本次诉讼而支出的合理费用。

中新联公司承认受中科出版社的委托实施了加工《邓丽君经典回顾》MP3 光盘的行为，但辩称其与中科出版社签有符合出版行业行政管理要求的复制委托手续，也审查了中科出版社出具的中国音乐著作权协会收费证明，因而履行了法律义务，没有任何过错。但中国音乐著作权协会仅对歌曲的词曲作者实行法定许可收费管理，其管理范围并不涉及对录音制作者权的管理，中新联公司理应了解中国音乐著作权协会授权许可的范围并不包括录音制作者的权利，但中新联公司与中科出版社签订相关复制委托手续时，并未要求中科出版社出具有关录音制品版权授权证明，因而懈怠了应尽的审查义务。由于中新联公司上述主观上的过错，其应当与被告中科出版社连带共同承担未经许可擅自复制原告享有录音制作者权之录音制品的民事责任，包括停止侵权、向原告赔礼道歉、连带赔偿原告因其侵权行为而遭受的损失，并承担原告因本次诉讼而支出的合理费用。中新联公司抗辩理由没有法律依据，本院不予支持。

由于被告中新联公司承认复制侵权音像制品 3 000 张，故原告因侵权行为而遭受的损失数额可以参照每张光盘版税的行业惯例按复制 3 000 张的数量计算。由于中新联公司出版的 MP3 光盘共有 104 首歌曲，原告主张权利的为其中 12 首，可视为一张 CD 光盘所载曲目。本院综合考虑二被告的侵权事实及其主观过错程度，酌情确定本案的具体赔偿数额，对原告请求赔偿的数额不予全额支持。此外，原告为本案诉讼所支付的部分律师费等费用应视为合理支出，在酌情减除过高数额后本院予以支持。

综上所述，依据修改前的《中华人民共和国著作权法》第四十六条第（五）项之规定，判决如下：

一、被告中科多媒体电子出版社于本判决生效之日起，立即停止出版载有邓丽君演唱的《爱的开始》、《爱的理想》、《爱的使者》、《爱像一首歌》、《独上西楼》、《何日君再来》、《襟裳岬（国）》、《我只在乎你》、《香港之夜》、《小城故事》、《又见炊烟》、《在水一方》12 首歌曲的名称为《邓丽君经典回顾》MP3光盘；

二、被告北京中新联数码科技股份有限公司立即停止复制载有上述曲目的名称为《邓丽君经典回顾》MP3 光盘；

三、被告中科多媒体电子出版社于本判决生效之日起 30 日内，在《人民日报》海外版上刊登声明，就其侵权行为公开向原告环球唱片有限公司赔礼道歉（致歉内容须经本院审核），逾期不履行，本院将公开判决主要内容，费用由被告中科多媒体电子出版社承担；

四、被告北京中新联数码科技股份有限公司自本判决生效之日起 30 日内，在《人民日报》海外版上刊登声明，就其侵权行为公开向原告环球唱片有限公司赔礼道歉（致歉内容须经本院审核），逾期不履行，本院将公开判决主要内容，费用由被告北京中新联数码科技股份有限公司承担；

五、被告中科多媒体电子出版社、被告北京中新联数码科技股份有限公司自本判决生效之日起 10 日内，共同连带赔偿原告环球唱片有限公司经济损失人民币 22 500 元及因本案诉讼支出的合理费用人民币 9 180 元，以上合计人民币 31 680 元；

六、驳回原告环球唱片有限公司的其他诉讼请求。

中新联公司不服原审判决，提出上诉，理由为：（1）该公司在原审期间提交的 3 份证据，即电子出版物复制委托书、中科出版社出版决定单和向音著协的缴费证明，均证明其已经尽到审查义务。（2）光盘复制厂商虽然无义务审查录音制品授权人及被授权人之间的法律关系，但是该公司还是审查了中科出版社与案外人北京启亮广告公司签订的授权合同，表明其完全符合有关规定，不应承担责任。（3）《电子出版物复制委托书》明确规定委托方（出版社）对委托复制的电子出版物的内容、著作权关系负全部法律责任。因此，该公司不应承担责任。（4）北京市第一中级人民法院审理的另一案情相似的案件中光盘复制商未承担责任，而本案却判令其承担责任，于法于理不通。据此要求撤销原判，依法改判。

环球唱片公司和中科出版社服从原审判决。

【二审查明事实】

二审法院经审理查明：1970 年 3 月 17 日，被上诉人环球唱片公司前身WHEREAS POLYDOR LIMITED 成立，1979 年 2 月 9 日，该公司更名为 POLY-GRAM RECORDS LIMITED（宝丽金唱片有限公司），1999 年 4 月 23 日，该公司再度更名为环球唱片有限公司（UNIVERSAL MUSIC LIMITED）。环球唱片公司以宝丽金唱片有限公司的名义出版发行的《难忘的·TERESA TENG》、《漫步人生三步曲》、《再见我的爱人——岛国之情歌》、《香港之恋·岛国之情歌第四辑》、《爱的使者——岛国之情歌第八辑》5 套 7 张 CD 光盘中，收录了《小城故事》、《我只在乎你》、《爱像一首歌》、《何日君再来》、《襟裳岬（国）》、《独上西楼》、《在水一方》、《又见炊烟》、《爱的开始》、《爱的使者》、《爱的理想》、《香港之夜》12 首歌曲。经查，上述歌曲均为我国台湾地区歌手邓丽君演唱，所述光盘的外包装上也均标有 Poly Gram 或 Polydor 标识。2002 年 6 月 27 日，国际唱片业协会亚洲区办事处出具《版权认证报告》，确认上述 12 首歌曲的录音制作者权人为环球唱片公司。

上诉人中新联公司原名称为北京中新联光盘有限责任公司，2002 年 4 月 9 日变更为现名称。2001 年 3 月 22 日，中新联公司以北京中新联光盘有限责任公司的名称与被上诉人中科出版社签订《电子出版物复制委托书》，约定由中科出版社委托中新联公司复制涉案的光盘《邓丽君经典回顾》3 000 张。中新联公司基于上述委托复制的光盘为 MP3 压缩盘，共收录了 104 首歌曲，其外包装上印有《邓丽君经典回顾》和中科多媒体出版社出版、ISBN 7 - 900025 - 47 - 2 等内容，其中收录了环球唱片公司享有录音制作者权的上述 12 首歌曲。经查，中科出版社出版涉案光盘并未得到上述 12 首歌曲的录音制作者权人环球唱片公司的许可。

二审期间，上诉人中新联公司提交了案外人北京启亮广告有限公司与被上诉人中科出版社签订的出版合同，合同内容为北京启亮广告有限公司授权中科出版社出版涉案光盘。中新联公司提供这份证据用于证明其已审查了中科出版社获得的授权。根据最高人民法院《关于民事诉讼证据的若干规定》第 41 条的规定，该证据并非新证据，本院不予认可。

【二审审理结果】

二审法院认为：由于本案诉争事实发生在 2002 年 10 月 27 日《中华人民共和国著作权法》修改前，因此，根据最高人民法院《关于审理著作权民事纠纷案件适用法律若干问题的解释》第三十一条之规定，本案适用修改前的《中华人民共和国著作权法》和《中华人民共和国著作权法实施条例》的相关规定。

根据我国 2001 年 10 月 27 日修改前的著作权法之规定，录音录像制作者对其制作的录音录像制品享有许可他人复制发行并获得报酬的权利。环球唱片公司作为涉案 12 首由邓丽君演唱的歌曲的录音制作者，其依法享有的录音制作者权受我国法律保护。

　　被上诉人中科出版社作为国家批准的正式音像制品出版单位，在出版音像制品时，对于出版物是否侵犯他人著作权，应负有严格的审查义务，但其在出版《邓丽君经典回顾》MP3 光盘的过程中未经许可，使用被上诉人环球唱片公司享有录音制作者权的 12 首录音作品，故意侵犯环球唱片公司的合法权利，主观过错明显。原审法院认为中科出版社故意实施被控侵权行为，构成对环球唱片公司合法权利的侵害，应当依法停止实施出版、发行、复制侵权音像制品的行为，并向环球唱片公司公开赔礼道歉，赔偿环球唱片公司因侵权行为所遭受的损失和因本次诉讼而支出的合理费用，并无不当。

　　根据 1994 年 10 月 1 日实施的《音像制品管理条例》第二十五条之规定，音像复制单位接受委托复制音像制品时，应当要求委托单位提交其《音像制品出版经营许可证》和营业执照副本、委托单位主要负责人或者法定代表人签字或者盖章的委托书、《音像制品发行许可证》以及著作权人的授权书。对于出版涉我国港、澳、台地区和涉外录音制品，根据我国《电子出版物管理规定》第三十三条之规定，出版单位履行报批手续取得引进出版许可证和登记证件，方可出版。上诉人中新联公司作为经国家出版行政部门审批成立的音像复制单位，具备音像复制单位应有的资质和业务水平，应当熟知上述规定。在接受被上诉人中科出版社的委托复制加工涉案 MP3 光盘时，上诉人中新联公司应当严格审查中科出版社的上述证明材料和手续是否真实、齐全。但中新联公司在审查过程中，仅注意审查中科出版社是否具有有关证明材料，而疏于审查有关证明材料是否真实、齐全，即仅注重形式审查而忽视实质审查，明显具有过失。

　　上诉人中新联公司上诉称其审查了中国音乐著作权协会《音乐著作权使用收费证明》、中科出版社《出版决定单》、《电子出版物复制委托书》及中科出版社与案外人北京启亮广告有限责任公司签订的《合作出版合同》，并称已尽到审查义务。本院认为，中国音乐著作权协会仅对歌曲的词曲作者实行法定许可收费管理，其管理范围并不涉及对录音制作者权的管理，中新联公司理应了解中国音乐著作权协会授权许可的范围并不包括录音制作者的权利。中科出版社《出版决定单》仅为中科出版社内部流程管理证明，与本案无关。中科出版社与案外人签订的《合作出版合同》不符合有关法律法规所要求的授权的形式要件和实质要件，且并非新证据，本院不予认可。原审法院认为中新联公司应当与中科出版社连带共同承担未经许可擅自复制环球公司享有录音制作者权之录音制品的民事责任，包括停止侵权、向原告赔礼道歉、连带赔偿原告因其侵权行为而遭受的损失，并承担环球公司因诉讼而支出的合理费用，并无不当。

综上，原审判决认定事实清楚，适用法律正确，应予维持。上诉人的上诉理由不能成立，对其上诉请求，应予驳回。依据《中华人民共和国民事诉讼法》第一百五十三条第一款第（一）项的规定，判决如下：

驳回上诉，维持原判。

原审案件受理费 8 030 元，由中科多媒体电子出版社、北京中新联数码科技股份有限公司共同负担 5 000 元，由环球唱片有限公司负担 3 030 元；二审案件受理费 8 030 元，由北京中新联数码科技股份有限公司负担。

69. "高秀敏小品" VCD 著作邻接权侵权纠纷案

——高秀敏诉辽宁电视台、辽宁广播电视音像出版社、广州市鸿翔音像制作有限公司、北京市新华书店王府井书店

原告：高秀敏
被告：辽宁电视台
被告：辽宁广播电视音像出版社
被告：广州市鸿翔音像制作有限公司
被告：北京市新华书店王府井书店
案由：著作邻接权侵权纠纷

一审案号：北京市第二中级人民法院（2003）二中民初字第 11384 号
一审合议庭成员：刘薇、宋光、梁立君
一审结案日期：2003 年 12 月 18 日

【判决要旨】

电视台虽经表演者许可录制节目，并已向表演者支付了报酬，但如无特殊约定，其权利范围仅包括对表演进行现场直播和重播等。未经许可，将表演者的表演出版的行为构成对表演者权的侵犯，依法应当承担相应的责任。

【起诉与答辩】

原告高秀敏诉称：《四喜临门》、《卖拐》、《有钱了》、《破烂王》、《寡妇门前》、《卖车》、《老姑来了》、《告别》、《越唱越明白》、《退货》、《龙飞凤舞》、《南方女婿》等 12 部小品是高秀敏参与表演的，高秀敏依法享有表演者权。辽宁电视台在未经高秀敏许可、未向其付费的情况下擅自将上述 12 部小品制作成 VCD 盘——《高秀敏小品专辑（二）、（三）、（四）》，并由辽宁广播电视音像出版社出版发行，由广州市鸿翔音像制作有限公司（以下简称鸿翔公司）负责总经销，由新华书店王府井书店（以下简称王府井书店）进行分销。上述四被告的行为严重侵犯了高秀敏的表演者权，给高秀敏造成了经济损失。因此请求法院判令：（1）四被告立即停止侵权行为；（2）辽宁电视台、辽宁广播电视音像出版社、鸿翔公司在《法制日报》上公开致歉；（3）辽宁电视台、辽宁广播电视音像出版社、鸿翔公司赔偿高秀敏经济损失 50 万元人民币；（4）四被

告承担本案诉讼费用。

被告辽宁电视台辩称：本案诉争的《高秀敏小品专辑》VCD 盘的包装盒上虽然印有辽宁电视台制作，但实际我台并未制作该 VCD 盘，故不应成为本案被告。我台在录制高秀敏参与表演的《四喜临门》等小品时得到了高秀敏的同意，并已支付了报酬，因此，我台对自己制作的高秀敏小品享有录音录像制作者权。我台基于此项权利，曾与辽宁广播电视音像出版社签订合同，许可辽宁广播电视音像出版社将上述小品制作成 VCD 盘出版发行，但向表演者支付报酬的责任应由辽宁广播电视音像出版社履行，与我台无关。故我台不存在侵犯高秀敏表演者权的行为，请求法院驳回高秀敏对我台的诉讼请求。

被告辽宁广播电视音像出版社辩称：2002 年 9 月，我社与辽宁电视台签订了一份合作协议，我社以 8 万元的价格购买了对辽宁电视台录制的 30 部小品制作 VCD 盘的出版发行权，以此为基础出版发行了《高秀敏小品专辑（二）、（三）、（四）》。因此，涉案光盘的制作人并非辽宁电视台。涉案光盘的发行是我社委托鸿翔公司在全国范围内进行发行的；我社与鸿翔公司为此签订了《销售分账协议书》。所以本案与辽宁电视台及鸿翔公司均无关系。我社在没有征得演员同意的情况下，出版发行了涉案《高秀敏小品专辑（二）、（三）、（四）》，确实损害了高秀敏的合法权益，但请人民法院根据事实情况，对我社作出合情合理的判决。

被告鸿翔公司辩称：我公司是根据 2002 年 7 月 28 日与辽宁广播电视音像出版社签订的《销售分账协议书》的约定，为其销售涉案光盘的。协议书中约定辽宁广播电视音像出版社拥有合法版权，若因版权引起的法律纠纷和经济赔偿概由其负责。我公司在发行涉案光盘时已经进行了相关审查，履行了审查义务，且发行数量不大，没有造成不良影响，所以，我公司无需承担相应法律责任，请求人民法院驳回高秀敏针对我公司的诉讼请求。

被告王府井书店未提交答辩意见。

【一审查明事实】

一审法院经审理查明：2003 年 1 月 7 日，高秀敏经北京市西城区公证处公证，在王府井书店购买了《高秀敏小品专辑（二）、（三）、（四）》VCD 盘 1 套，共 3 张，每张 10 元。为此北京市西城区公证处制作了（2003）京西证字第0027 号公证书。该 VCD 盘封面上印有辽宁电视台制作、辽宁广播电视音像出版社出版发行、鸿翔公司总经销。

上述 VCD 盘中录制了由高秀敏参与表演的 12 部小品，小品名称为：《四喜临门》、《破烂王》、《寡妇门前》、《卖车》、《卖拐》、《退货》、《龙飞凤舞》、《南方女婿》、《有钱了》、《老姑来了》、《告别》、《越唱越明白》。

涉案 12 部小品均由辽宁电视台录制，并均已在电视台播出。高秀敏认可辽宁电视台在录制及播出上述节目时已向其支付了报酬。

2002 年 9 月 28 日，辽宁电视台与辽宁广播电视音像出版社签订合同，约定辽宁电视台授权辽宁广播电视音像出版社将涉案《四喜临门》、《卖车》、《卖拐》、《退货》、《龙飞凤舞》、《有钱了》、《破烂王》等共 30 部小品制成音像制品出版发行。辽宁电视台负责提供母版，并负责版权，辽宁广播电视音像出版社向辽宁电视台支付 8 万元版费。涉案其余 5 部小品辽宁广播电视音像出版社是基于 1996 年 10 月 22 日与辽宁电视台签订的另外一份合同从辽宁电视台处取得的。

辽宁广播电视音像出版社向本院出具了其 2002 年 9 月 28 日给佛山金声电子有限公司的《录音录像制品复制委托书》，委托书上载明：复制内容为《笑笑大世界小品之高秀敏专辑（2~4）》，复制数量为 3 张 VCD 盘，分别有各自的版号。每张盘各印制 2 000 张，共计 6 000 张。高秀敏对此复制数量不予认可。

辽宁广播电视音像出版社于 2002 年 7 月 28 日与鸿翔公司签订了一份《销售分账协议书》，该协议书约定，辽宁广播电视音像出版社授权鸿翔公司独家经销其制作的涉案 VCD 盘，销售分账形式为扣除必要成本，利润按 7:3 分成。辽宁广播电视音像出版社拥有其出版发行的小品的合法版权，若因版权引起的法律纠纷和经济赔偿概由辽宁广播电视音像出版社负责。鸿翔公司向本院提交证据证明在合同签订后，佛山金声电子有限公司向鸿翔公司送货，交付了 6 000 张涉案光盘，鸿翔公司的销售数量只有 6 000 张。高秀敏对此销售数量亦不认可。

【一审审理结果】

一审法院认为：我国著作权法规定，表演者有权许可他人复制、发行录有其表演的录音录像制品，并获得报酬。

辽宁电视台是在原告许可的情况下录制的《四喜临门》等涉案 12 部小品，并已向原告支付了报酬，但其权利范围仅包括对上述小品进行现场直播和重播等。辽宁电视台未经表演者许可，将该 12 部小品的母版交由辽宁广播电视音像出版社制作成 VCD 盘，其行为构成对原告表演者权的侵犯，依法应当承担相应的责任。

辽宁广播电视音像出版社虽然取得了辽宁电视台的授权，但却未征得表演者高秀敏的许可,擅自将由高秀敏参与表演的涉案 12 部小品制作成 VCD 盘出版发行,且没有向高秀敏支付报酬,其行为侵犯了高秀敏享有的表演者权,依法应承担停止侵权、公开赔礼道歉、赔偿损失的民事责任。辽宁广播电视音像出版社以其提交的《录音录像制品复制委托书》证明其只复制了涉案 VCD 盘共 6 000 张,但该复制委托书显示辽宁广播电视音像出版社将有各自版号的涉案 3 张 VCD 盘的复制数量一并填写在本张复制委托书上,此行为显然是违反新闻出版署《关于加强光盘复制管理若干问题的通知》的相关规定,故本院对于该复制委托书有关印制数量的证明力不予认定。

本院将综合考虑辽宁电视台和辽宁广播电视音像出版社侵权行为的性质、情节、涉案 VCD 盘的发行范围、表演者许可他人出版发行其表演作品收取费用的一般标准、涉案 12 部小品的影响程度、高秀敏在涉案 12 部小品中的表演戏份等因素,酌定辽宁电视台和辽宁广播电视音像出版社赔礼致歉的方式及具体赔偿数额。同时,辽宁电视台和辽宁广播电视音像出版社还应承担原告为本案诉讼支出的律师费。有关律师费本院将依据司法部、财政部、国家物价局制定的律师收费标准予以计算。

鸿翔公司作为总经销商,虽然发行了涉案侵权的 VCD 盘,但其提供了合法来源,故不应承担侵权责任。但鸿翔公司应该停止销售涉案侵权 VCD 盘。

王府井书店作为销售商,没有向本院提交证据证明其销售的涉案 VCD 盘有合法来源,故应承担侵权责任,依法应向高秀敏赔偿其销售利润,具体数额由本院酌定。

综上,依照《中华人民共和国著作权法》第三十七条第一款第(五)项、第四十七条第(三)项、第四十八条第一款之规定,判决如下:

一、辽宁电视台、辽宁广播电视音像出版社、广州市鸿翔音像制作有限公司于本判决生效之日起立即停止出版、发行侵犯高秀敏表演者权的《高秀敏小品专辑(二)、(三)、(四)》VCD 盘;

二、辽宁电视台和辽宁广播电视音像出版社于本判决生效之日起 30 日内分别在《法制日报》上公开向高秀敏赔礼道歉(内容须经本院核准),逾期不执行,本院将在该报上公布本判决内容,费用由辽宁电视台和辽宁广播电视音像出版社负担;

三、辽宁电视台和辽宁广播电视音像出版社于本判决生效之日起 10 日内共同赔偿高秀敏损失人民币 5 万元;

四、辽宁电视台和辽宁广播电视音像出版社于本判决生效之日起 10 日内共同赔偿高秀敏为诉讼支出的合理费用及律师费人民币 2 600 元;

五、北京市新华书店王府井书店于本判决生效之日起 10 日内赔偿高秀敏损失人民币 300 元；

六、驳回高秀敏其他诉讼请求。

案件受理费 10 010 元，由高秀敏负担 4 000 元；由辽宁电视台和辽宁广播电视音像出版社共同负担 5 960 元，由北京市新华书店王府井书店负担 50 元。

各方当事人均服从一审判决。

70.《郑北京爆破作文》著作权侵权纠纷案

——郑北京诉储晋、丁延清、东方出版中心等

原告（上诉人）：郑北京

被告（被上诉人）：储晋

被告（被上诉人）：丁延清

被告（被上诉人）：东方出版中心

被告（被上诉人）：化学工业出版社印刷厂

案由：著作权侵权纠纷

原审案号：北京市第二中级人民法院（2003）二中民初字第 3586 号

原审合议庭成员：董建中、梁立君、周序中

原审结案日期：2003 年 9 月 16 日

二审案号：北京市高级人民法院（2003）高民终字第 1261 号

二审合议庭成员：陈锦川、胡平、张冬梅

二审结案日期：2003 年 12 月 18 日

【判决要旨】

著作权法只保护作品创作者对作品的外在表现、表述或表达，不能延及思想、过程、方法、制度、操作方法、概念、原则或者发现，不论这些因素是以何种方式被描述、解释、说明或体现于作品之中。

【起诉与答辩】

原告郑北京诉称：原告长期致力于中小学作文教学与研究工作，2001 年 7 月出版《郑北京爆破作文》（以下简称《郑文》）一书，书中创造性的提出"爆破思维"、"作文点"、"立体补激式教学法"等概念，形成一套独特的表达方式，并进而按照产业发展的要求开展专业化作文教学研究。被告储晋、丁延清编写的《储晋快乐作文训练教程》（以下简称《储文》）一书中大量抄袭、篡改《郑文》中具有独特表达形式、独特理论内涵的内容，雷同或相似达 14 处，侵害了原告的著作权。被告储晋在北京、江苏等地利用办作文讲座、培训班等手段，大量向讲座班学员发放侵权书籍，扩大侵权范围。《储文》一书由被告东方出版中心出版发行，出版者有义务审查出版物的内容，不得出版侵犯他人著

作权的出版物；该书由被告化学工业出版社印刷厂印刷，印刷单位不得印刷侵犯他人著作权的出版物。原告认为，四被告的行为侵害了其享有的著作权，并为此诉至法院，请求判令四被告停止侵权行为，在全国发行的报刊上公开赔礼道歉、消除对原告的不利影响，赔偿原告经济损失 505 409 元。

被告储晋辩称：《储文》是我与丁延清合作编写的，原告起诉侵权的第九章内容是由丁延清创作的，合作作者应为各自编写的部分负责，故原告起诉的主体有误。其次，本案不存在抄袭的问题，被控第九章内容是丁延清独立创作的，没有与原告作品重复的内容。抄袭应指重复别人的篇章，而不是重复语句、字词、专业术语、基本概念和原则等。常用汉词只有二三千字，同样写作文问题，再缩小到作文中的选材问题，字词、语句、概念、原则等不可能不重复，因为这都是共有的。此外，原告自称"爆破思维"、"作文点"等为其独创，但这些提法早在原告作品出版之前已在很多同领域作品中出现，根本不是原告的首创。因此，原告的主张无法成立，请求法院驳回原告的诉讼请求。

被告丁延清辩称：我和储晋合作编写的《储文》向读者介绍了两种快速拟题法，均源自西方作文教学理论的文字指导模式。语文教育领域的许多理论基础知识是人类共同的财富，不能因为某个人写了某个题材的文章，别人就不能再写这个题材了。我所编写的第九章内容没有一个句子是抄袭原告作品的。原告所提的"爆破思维"、"立体补激式教学法"在教学思想中早已成熟；而"作文点"只是一个中文词语，任何人都可以使用；原告指控侵权的"联想、树枝图、选材要创新大胆合乎情理"等都是教育科学中经常用到的基础知识。因此，我根本没有侵犯原告的著作权，请求法院驳回原告的诉讼请求。

被告东方出版中心辩称：我中心出版的《储文》一书不存在侵犯原告著作权的内容，出版者已经尽到了合理的注意义务，请求法院驳回原告的诉讼请求。

被告化学工业出版社印刷厂辩称：按照《出版管理条例》的规定，印刷单位在进行印刷图书等出版物时，应当与出版单位签订印刷合同，并由出版单位出具委托书及新闻出版行政单位的批准文件和准印证。我厂与东方出版中心从未签订委托印刷合同，也从未印刷过被控侵权的图书。原告仅凭诉争作品上刊载的印刷企业名称，便认定我厂为诉争作品的印刷人，是不负责任的。请求法院驳回原告对其提出的诉讼请求。

【原审查明事实】

原审法院经审理查明：北京教育出版社 2001 年 7 月出版发行《郑文》一书，该书由原告郑北京创作完成，主要内容是教授学生如何更好、更快地完成作文的写作。作品中提到了"创造力 – 知识 × （联想 + 想像）"、"能构成一篇作文的事、物、观点，都是作文点"、"只要没有偏离题意，所找的作文点就无所谓正确与错误"、"找作文点的原则：大胆、创新、合情理"、"定作文点的三条原则：最符合题意、最有新意、最有把握驾驭"等观点及内容。

东方出版中心于 2002 年 9 月出版发行了由储晋、丁延清编写的《储文》一书，该书第九章由丁延清创作完成，主要内容是如何在写作文时快速、准确地选材。文章中具体表达的内容有"创造性的形象思维 – 知识 × （联想 + 想像）"、"能构成一篇作文的事、物、现象、观点、情感叫做作文点"、"作文点没什么对错的区别"、"找作文点就是要扩大选材面，因此要大胆；找作文点进行选材的目的……因此要创新；与众不同的思维……因此要合情理"、"如果非要讲确定材料的原则不可的话，它应有三个原则：①最符合题意……②最有新意……③最有把握驾驭……"等。

将郑北京创作的《郑文》与储晋、丁延清编写的《储文》进行对比，二者均属于学生作文写作的辅导用书，不存在相同的文字表达。

在本案审理过程中，东方出版中心认可其出版的《储文》一书不是委托化学工业出版社印刷厂印刷的。

【原审审理结果】

原审法院认为：受我国著作权法保护的作品应具有独创性，但一切处于公有领域中的作品、只有惟一一种表达形式的内容以及不具有可复制性的思想、理论均不受著作权法的保护。任何人都可以对同一领域内的问题进行研究，不同作者可以通过自己的独立构思、运用自己的创作方法及技巧创作出反映自己个性和特点的作品。

通过对比可知，《郑文》与《储文》虽然都提到了作文点的含义、寻找作文点的原则以及确定作文点的原则等内容，但两书具体文字表达的方式并不相同；而原告提出的"爆破思维"、"作文点"、"立体补激式教学法"等概念属于语文教学中的某种观点或思想，不属于著作权法保护的范畴。郑北京是《郑文》一书的作者，储晋、丁延清是《储文》一书的作者，两本书的创作目的都是教授学生如何写好作文，属于不同作者对同一领域内的问题进行研究、并分别独立创作出反映自身特色的作品。

综上，《储文》一书不存在剽窃原告作品的情况，原告指控储晋、丁延清侵犯其著作权的主张没有事实依据，本院不予支持。由于被控图书不存在侵权内容，故原告所提东方出版中心未尽出版者审查义务的主张亦缺乏事实依据，本院亦不予支持。鉴于东方出版中心认可其出版的《储文》一书不是化学工业出版社印刷厂所印刷的,且相关法律并未要求印刷企业对所印刷出版物的内容是否侵犯他人著作权承担审查义务,故原告要求该印刷厂承担侵犯著作权责任的主张既无事实依据,亦无法律依据,本院对原告的该项诉讼请求亦不予支持。依据《中华人民共和国著作权法》第十条、第十三条、第四十六条之规定,判决如下:

驳回原告郑北京的诉讼请求。

郑北京不服原审法院判决,提起上诉。其上诉理由为:对同一思想的表述方式多种多样,但一旦作者对思想独立运用自己的方式表达出来,其作品就依法享有著作权,他人作品对此思想的表述与作者大量雷同或相近的话,就是对作品的剽窃。本案两份作品内容对比中,被上诉人的作品有 13 处与上诉人的作品雷同或相近,被上诉人的作品剽窃了上诉人的著作权。"爆破思维"、"立体补激式教学法"、"作文点"等概念是上诉人用自己精练独到的表达方式创造的,上诉人享有对此表述的著作权。原审法院认定上诉人提出的某些概念不属于著作权法保护的范畴是错误的。请求二审法院依法撤销原审法院判决,判令被上诉人停止侵权、赔礼道歉并赔偿经济损失 505 409 元。

储晋、丁延清、东方出版中心、化学工业出版社印刷厂服从原审判决。

【二审查明事实】

二审法院经审理查明:《郑文》一书系郑北京创作完成,于 2001 年 7 月由北京教育出版社出版发行。《郑文》中有这样的表述:"创造力 = 知识 × (联想 + 想像)"、"能构成一篇作文的事、物、观点,都是作文点"、"只要没有偏离题意,所找的作文点就无所谓正确与错误"、"找作文点的原则:大胆、创新、合情理"、"定作文点的三条原则:最符合题意、最有新意、最有把握驾驭"、"'爆破思维'……可以这样理解:通过找作文点训练,使人迅速提高联想和想像能力,瞬间爆发思维能量,就某一个概念找出与该概念相联系的无数个概念的思维,便叫做'爆破思维'"、"我们要求找作文点时一般要用'树枝图'的形式来体现"等。

《储文》一书由储晋任主编,丁延清任副主编,于 2002 年 9 月由东方出版中心出版发行。在丁延清创作完成的第九章《冲破选材关》中有这样的表述"创造性的形象思维 = 知识 × (联想 + 想像)"、"能构成一篇作文的事、物、现象、观点、情感叫做作文点"、"作文点没什么对错的区别"、"找作文点就是要扩大选材面,因此要大胆:找作文点进行选材的目的……因此要创新:与众不同的思维……因此要合情理"、"如果非要讲确定材料的原则不可的话,它应有三个原则:①最符合题意……。②最有新意……。③最有把握驾驭……。"、

"用树枝图进行找'作文点'的训练,是快速选材的重要形式"、"树枝图犹如树枝一样,大树枝上长小树枝,小树枝长权……一层一层,无穷无尽。"

《储文》一书的版权页上标明该书由化学工业出版社印刷厂印刷。但经本院及原审法院当庭询问,东方出版中心承认该书并未委托化学工业出版社印刷厂印刷。

在本院审理过程中,郑北京称,由于《储文》一书剽窃了《郑文》,致使其无法正常举办爆破作文辅导班,损失了 505 409 元人民币,要求对方当事人承担。

【二审审理结果】

二审法院认为:著作权法所称作品,是指文学、艺术和科学领域内具有独创性并能以某种有形形式复制的智力成果。著作权法只保护作品创作者对作品的外在表现、表述或表达,不能延及任何思想、过程、方法、制度、操作方法、概念、原则或者发现,不论这些因素是以何种方式被描述、解释、说明或体现于作品之中。

本案《郑文》一书与《储文》一书虽然都表述了作文点的含义、寻找作文点、确定作文点的原则,但两书具体表达的方式并不相同,《储文》并未构成对《郑文》的剽窃。由于《郑文》提出的"爆破作文"、"作文点"、"立体补激式教学法"、"树枝图"等词语属于语文教学中的概念或某种思想,原审法院认定其不属于著作权法保护的范畴,并无不妥。郑北京据此主张《储文》侵犯其著作权,并要求储晋、丁延清、东方出版中心、化学工业出版社印刷厂停止侵权、赔礼道歉并赔偿损失,没有道理,本院对其上诉请求依法不予支持。

综上,原审法院判决事实清楚,适用法律正确。依照《中华人民共和国民事诉讼法》第一百五十三条第一款第(一)项之规定,判决如下:

驳回上诉,维持原判。

原、二审案件受理费各 10 064 元,均由郑北京负担。

71.《汤加丽人体艺术写真》著作权侵权纠纷案

——张旭龙诉人民美术出版社

原告（上诉人）：张旭龙

被告（被上诉人）：人民美术出版社

案由：著作权侵权纠纷

原审案号：北京市第二中级人民法院（2003）二中民初字第 06631 号

原审合议庭成员：邵明艳、何暄、张晓津

原审结案日期：2003 年 9 月 11 日

二审案号：北京市高级人民法院（2003）高民终字第 1006 号

二审合议庭成员：陈锦川、胡平、张冬梅

二审结案日期：2003 年 12 月 19 日

【判决要旨】

未经作者许可，对其人体摄影作品的部分人体、背景或道具进行裁剪，超出了其为了版式整齐美观而进行边缘性裁切的限度，损害了作者对其作品的构思和艺术追求，破坏了作品的构图和视觉效果，则构成对其保护作品完整权的侵犯。

【起诉与答辩】

原告张旭龙诉称：原告为专业人像摄影师，2001 年 3 月，原告与模特汤加丽签订了《拍摄协议》，协议约定拍摄作品著作权归属原告。此后，原告创作完成了一批人体写真摄影作品。2002 年 7 月，原告授权汤加丽使用原告的摄影作品出版她的个人写真集，并为其提供了相关的图片资料。2002 年 9 月，市场上出现了由被告人民美术出版社出版的、署名为"汤加丽　著"的《汤加丽人体艺术写真》（以下简称《汤加丽写真》）摄影集。此书中，原告的艺术创作被无端地署上了模特的名字，严重侵犯了原告的署名权。同时，被告在未经原告许可的情况下，对书中作品任意裁剪，且未支付报酬，严重损害了原告对其作品的整体构思和艺术追求，践踏了作品的完整性。自 2002 年 9 月至今，被告对该书已经连续加印了四五次，印数已逾 5 万册，导致侵权作品广为流传，而被告却从中大量获利。故原告诉至法院，请求法院判令被告：立即停止对涉案侵权书籍的发行和销售，销毁库存的《汤加丽写真》一书；在《中国摄影报》上向原告公开赔礼道歉；支付使用原告作品（该书已售出部分）的报酬150 000元及其他合理支出5 802元；承担本案的诉讼费用。

被告人民美术出版社辩称：我社出版的《汤加丽写真》一书中文字为汤加丽所著，图片为汤加丽和原告共同享有，我社与汤加丽签订了出版合同，且原告对其作品出版已经提供了授权书，我社已尽了严格的审查义务。该书为汇编作品，作者为汤加丽，同时我社在书中也明确标明摄影人为原告，因此，我社未侵犯原告的署名权；我社在出版过程中对部分稿件进行边缘性裁切是为了提高作品的表现力以及便于版式整齐美观，原告关于该图片用于出版的授权中应包含出版过程中对图片进行必要加工，同时，所有对图片的加工行为均得到了图片作者之一汤加丽的认可，因此，我社未侵犯原告的保护作品完整权；我社已向汤加丽支付了17.6万元的稿酬，其中包括张旭龙的稿酬，我社未侵犯原告的使用权和获得报酬权。综上，请求驳回原告的诉讼请求。

【原审查明事实】

原审法院经审理查明：2001年3月28日，原告张旭龙与模特汤加丽签订《拍摄协议》，双方约定："本次人体拍摄隶属于创作摄影供人像摄影等专业学刊发表及展出，其相关本次拍摄的各类技术资料归属于摄影师。著作权隶属于摄影师。"

此后，原告为汤加丽拍摄了20余组人体摄影照片。

2002年7月9日，原告出具了一份《授权书》，授权书表明：张旭龙授权其与汤加丽合作拍摄的照片用于汤加丽个人写真集的出版、发行及展览。

2002年7月15日，汤加丽（甲方）与被告人民美术出版社（乙方）签订了《出版合同》，编号为：020049。合同约定：甲方为《汤加丽写真》书稿的作者，乙方为上述书稿的出版者；甲方授权乙方5年内在中国大陆以图书（含图片、挂图）出版各类文字（包括中文简体、繁体）及版本（包括精装、平装）的上述书稿，乙方享有该书稿的专有使用权；甲方按照乙方的编辑体例和出版计划提供著文2千字左右，彩色图120幅左右；甲方负责稿件的齐、清及著作权等事宜，乙方支付甲方人民币4万元为稿酬（签约同时付2万，出书后付2万），同时支付甲方成书500本，除此其他相关费用届时协商（如宣传活动等），再版稿酬按8%支付。

2002年9月人民美术出版社出版、发行了《汤加丽人体艺术写真》一书，该书版权页署名为"汤加丽 著",定价为 68 元。图书在版编目（CIP）数据显示：汤加丽人体艺术写真/汤加丽著 . – 北京：人民美术出版社，2002.9；ISBN 7 – 102 – 02623 – 4。封面内侧折页标明"摄影：张旭龙"。封底内侧折页载有摄影者张旭龙的简介。

《汤加丽写真》一书共收录图片 144 幅，其中除第 4 页、第 7 页、第 8 页左数第 1 幅和第 3 幅、第 9 页右侧照片上数第 1～3 幅、第 10 页左侧照片上数第 1 幅外，其余 136 幅原告均主张为其享有著作权的作品。其中封面、封底和第 2 页的图片为重复使用。被告对此未提出异议。

原告主张书中有 39 幅图片侵犯了原告对其作品享有的保护作品完整权，页码分别为：17、19、24～27、33、34、37、41、44、47、50、52（2 幅）、58、59、62、64、75、81～83、86、87、89、90、98、102～107、109、115、117、120、125。原告主张，被告未经许可对以上 39 幅作品进行剪裁，破坏了原告构图的完整性和视觉效果；其中第 17、19、24、25、26、44、89、105、120 页共 9 幅作品中人体的部分被裁切；其中页码为 24、25、34、37、41、47、50、52（2 幅）、58、59、64、81～83、86、87、89、90、98、102、103、105～107、109、117 的作品中，原告精心设计的大量背景和道具被剪裁。

原告提供的《汤加丽写真》一书显示，该书于 2003 年 2 月第 5 次印刷，印数为 30 000～40 000 册。被告人民美术出版社认可《汤加丽写真》一书现已印刷 5 万余册，但获利状况目前无法统计，有亏损的可能。

另查，2003 年 6 月 25 日，原告在王府井书店购买涉案图书 2 册，共支出 136 元；2003 年 7 月 9 日原告为举证支出图片制作费 666 元；2003 年 7 月 23 日原告向华龙律师事务所支付律师费 5 000 元。

【一审审理结果】

一审法院认为：本案原告张旭龙作为摄影师，为模特汤加丽拍摄了涉案人体写真图片，根据双方签订的《拍摄协议》的约定，涉案图片的著作权归属张旭龙所有，本院对此予以确认。张旭龙作为涉案人体写真图片的著作权人，对其作品依法所享有的著作权受到我国著作权法的保护。人民美术出版社提出汤加丽为涉案图片合作作者之一、该社对涉案图书出版已尽到严格审查义务的主张，依据不足，本院不予采纳。

汇编作品是指汇编若干作品、作品的片段或者不构成作品的数据或者其他材料，对其内容的选择或者编排体现独创性的作品。汇编作品的著作权由汇编人享有，但行使著作权时，不得侵犯原作品的著作权。汤加丽经过涉案摄影作品著作权人张旭龙的书面授权，对为其拍摄的人体写真图片进行选择和编排，并加入部分文字，汇集成《汤加丽写真》一书，其在内容的选择和编排上具有一定的独创性，因此，《汤加丽写真》一书为汇编作品，汤加丽作为该汇编作品的汇编人，依法对其汇编作品享有著作权。汇编作品的著作权人在其作品上署名时，应体现其为汇编人的身份，同时尊重被汇编作品著作权人的著作权。本案中，《汤加丽写真》一书中虽然有汤加丽撰写的部分文字，但该书汇编的主要内容应为原告享有著作权的涉案摄影作品。因此，汤加丽在涉案作品《汤加丽写真》一书中以"汤加丽　著"的方式署名不妥，该种署名方式构成了对该汇编作品汇编的单幅摄影作品著作权人所享有的署名权的侵犯，应承担相应的法律责任。本案原告请求法院判令被告承担停止侵权、公开赔礼道歉、赔偿因本案诉讼而支出的合理费用的法律责任的主张，理由正当，本院予以支持。

保护作品完整权，是指保护作品不受歪曲、篡改的权利。著作权人有权保护其作品的完整性，保护其作品不被他人丑化，不被他人作违背其思想的删除、增添或者其他损害性的变动。本案中，被告人民美术出版社在使用原告享有著作权的部分作品时，对其图片中的背景和人体进行了剪裁，但由于该种使用方式未对上述作品作实质性改动，并未歪曲和篡改上述作品的主要内容，因此并未破坏上述作品的完整性，未侵犯张旭龙对上述作品享有的保护作品完整权。原告主张被告人民美术出版社对其享有著作权的39幅图片的剪裁行为破坏了原作品的构图和视觉效果，侵犯了原告对上述作品享有的保护作品完整权，依据不足，本院不予支持。

出版汇编已有作品而产生的作品，应当取得汇编作品的著作权人和原作品的著作权人许可，并支付报酬，但著作权人另有约定的除外。本案原告已经书面授权汤加丽出版、发行其享有著作权的摄影作品，汤加丽作为《汤加丽写真》一书的著作权人，其同被告人民美术出版社签订图书出版合同，应视为其行使了汇编作者著作权及从原告处取得的相关权利。鉴于人民美术出版社与原告张旭龙之间不存在出版合同关系，亦不存在侵犯著作财产权的法律关系，原告主张人民美术出版社使用其享有著作权的摄影作品，侵犯了其所享有的使用和获得报酬权，并据此向人民美术出版社提出支付作品使用费的主张，缺乏事实和法律依据，本院不予支持。

综上，依照《中华人民共和国著作权法》第十条第一款第（二）项、第十四条、第三十四条、第四十六条第（十一）项之规定，判决如下：

一、人民美术出版社于本判决生效之日起停止发行涉案署名"汤加丽著"的《汤加丽人体艺术写真》一书，再版、重印该书时不得以"汤加丽著"的方式署名；

二、人民美术出版社于本判决生效之日起30日内就涉案侵权行为在《中国摄影报》上刊登向张旭龙赔礼道歉的声明（内容须经本院核准，逾期不履行，本院将在一家全国发行的报纸登载本判决内容，所需费用由人民美术出版社负担）；

三、人民美术出版社于本判决生效之日起 10 日内赔偿原告因本案诉讼支出的合理费用 802 元；

四、驳回张旭龙的其他诉讼请求。

张旭龙不服原审判决，提起上诉。其上诉理由为：（1）《中华人民共和国著作权法》第三十四条的规定明确体现了谁使用作品谁支付报酬的原则，向原作品著作权人支付报酬是人民美术出版社作为演绎作品出版者的法定义务，但原审法院却错误地免除了人民美术出版社的法定义务；（2）人民美术出版社将汤加丽视为"作者"，与其订立了《出版合同》，为汇编人汤加丽赋予了作者的一切权利，严重违背了著作权法的相关规定，侵犯了自己的合法权益；（3）人民美术出版社在出版过程中，不经自己同意，即对自己的作品任意剪裁修改，甚至在一幅全身人像摄影图片中斩掉整个首级，破坏了作品的构图和原有意境，侵犯了自己享有的保护作品完整权；（4）原审法院审理期间，自己依据最高人民法院《关于审理著作权民事纠纷案件适用法律若干问题的解释》第二十六条的规定，明确提出了律师费的赔偿请求，但原审法院判决却没有涉及该问题。故请求二审法院依法改判。

人民美术出版社服从原审判决。

【二审查明事实】

二审法院经审理查明：张旭龙系专业人像摄影师，其曾为案外人模特汤加丽拍摄了 20 余组人体艺术照片，并拥有上述摄影作品的著作权。2002 年 7 月 9 日，张旭龙为汤加丽出具了一份《授权书》，内容是："我授权将我与汤加丽合作拍摄的照片用于她个人写真集的出版、发行及展览。"

2002 年 7 月 15 日，汤加丽以作者的名义作为甲方与作为乙方的人民美术出版社签订了名称为《汤加丽人体艺术写真》的出版合同。合同主要内容是：甲方授予乙方在合同有效期内，在中国大陆以图书（含图片、挂图）形式出版各种文字及版本的《汤加丽写真》，乙方享有《汤加丽写真》书稿的专有使用权；甲方许可将《汤加丽写真》书稿与其他作品汇集在一起由乙方出版，乙方享有该编辑作品的整体著作权和专有出版权，并有权向第三者转让整体著作权，但转让时不得损害甲方作品的著作权益；甲方保证拥有《汤加丽写真》书稿的著作权（翻译稿、改编稿需附原作者或原出版者的授权书），不存在侵犯他人著作权益问题，如有抄袭、盗用或在编辑、改编、翻译他人作品及在利用单位、个人收藏的美术作品编纂图书时未取得著作权人的许可等侵权行为，由甲方负全部责任，并赔偿由此给乙方造成的经济损失；乙方支付甲方人民币 4 万元为稿酬（签合同时付 2 万，出书后付 2 万），同时支付甲方成书 500 本，除此其他相关费用届时商量（如宣传活动等），再版稿酬按 8% 支付；合同的有效期为 5 年。此外，双方还就书稿的要求、出版的时间、争议的解决方式等问题作了约定。

2002 年 9 月，人民美术出版社出版、发行了《汤加丽写真》一书。该书收录了汤加丽的个人简介，陈醉作的序，汤加丽撰写的文章——《美丽的女人无处不在》以及 144 幅摄影图片，其中张旭龙享有著作权的摄影图片 136 幅（3 幅系重复使用）。该书定价 68 元，截至 2003 年 2 月已第 5 次印刷，实际印数已达 5 万余册。图书在版编目（CIP）数据和版权页均显示"汤加丽著"，封面内侧折页标明摄影为张旭龙，封底内侧折页载有摄影者张旭龙的简介。《汤加丽写真》一书中第 17、19、24、25、26、27、33、34、37、41、44、47、50、52（2 幅）、58、59、62、64、75、81、82、83、86、87、89、90、98、102、103、104、105、106、107、109、115、117、120、125 页，共计 39 幅张旭龙享有著作权的摄影作品部分人体、背景或道具被剪裁。

另查，在原审法院审理期间，张旭龙为购买涉案图书（2 册）支付 136 元，图片制作支付 666 元，聘请律师支付原审律师费 5 000 元。在本院审理期间，人民美术出版社称，自 2002 年 7 月至 2003 年 6 月，已分 7 次向汤加丽支付了 176 000 元人民币的稿酬。张旭龙向本院提交了其支付二审律师费 5 000 元的发票一张。

【二审审理结果】

二审法院认为：汇编若干作品、作品的片段或者不构成作品的数据或者其他材料，对其内容的选择或者编排体现独创性的作品，为汇编作品，其著作权由汇编人享有，但行使著作权时，不得侵犯原作品的著作权。汤加丽经张旭龙授权在其汇编作品《汤加丽写真》一书中使用了张旭龙摄影并享有著作权的 136 幅摄影作品（重复使用 3 幅），该书的著作权由汤加丽享有，故汤加丽依法享有署名权。

《汤加丽写真》一书已在封面内侧折页标明摄影为张旭龙，且在封底内侧折页载有摄影者张旭龙的简介，张旭龙作为《汤加丽写真》一书摄影作者的身份已得到体现。虽然汤加丽在《汤加丽写真》一书中以"汤加丽　著"署名未明示其汇编人的身份，但原审法院据此认定人民美术出版社侵犯了张旭龙的署名权，并判令其承担民事责任是错误的，本院在此予以纠正。

　　图书出版者经作者许可，可以对作品进行修改、删节。人民美术出版社出版、发行《汤加丽写真》时，明知张旭龙系涉案136幅作品的摄影者及著作权人，但其未经张旭龙同意，对张旭龙享有著作权的39幅摄影作品的部分人体、背景或道具进行裁剪，超出了其为了版式整齐美观而进行边缘性裁切的限度，损害了张旭龙对其作品的构思和艺术追求，破坏了上述作品的构图和视觉效果，侵犯了张旭龙对上述作品的保护作品完整权。原审法院以该种使用方式未对上述作品作实质性改动、并未歪曲和篡改上述作品的主要内容为理由，驳回张旭龙保护作品完整权的诉讼请求不妥。

　　出版改编、翻译、注释、整理、汇编已有作品而产生的作品，应当取得改编、翻译、注释、整理、汇编作品的著作权人和原作品的著作权人的许可，并支付报酬。鉴于张旭龙在向汤加丽出具的授权书中没有涉及稿酬支付问题，人民美术出版社已向汤加丽支付了《汤加丽写真》一书的全部稿酬，且人民美术出版社与张旭龙之间不存在出版合同关系，张旭龙可以另行向汤加丽主张付酬，原审法院驳回其要求人民美术出版社支付稿酬的诉讼请求，并无不妥。

　　最高人民法院《关于审理著作权民事纠纷案件适用法律若干问题的解释》第二十六条第二款规定，人民法院根据当事人的诉讼请求和具体案情，可以将符合国家有关部门规定的律师费用计算在赔偿范围内。原审法院审理期间，张旭龙已经提出了要求人民美术出版社赔偿律师费的诉讼请求，原审法院未说明理由，将张旭龙的上述请求全部予以驳回，尚有不妥。人民美术出版社应支付张旭龙为本案诉讼支出的合理费用。具体数额，本院将根据案件的实际情况酌定。

　　综上，根据《中华人民共和国著作权法》第十条第一款第（四）项、第四十六条第（四）项，《中华人民共和国民事诉讼法》第一百五十三条第一款第（三）项之规定，判决如下：

　　一、撤销北京市第二中级人民法院（2003）二中民初字第06631号民事判决书；

　　二、人民美术出版社于本判决生效之日起立即停止出版、发行侵犯张旭龙作品完整权的《汤加丽人体艺术写真》一书；

　　三、人民美术出版社于本判决生效之日起30日内，就其侵犯张旭龙涉案39幅摄影作品完整权的行为在《中国摄影报》上刊登向张旭龙赔礼道歉的声明（内容须经原审法院核准，逾期不履行，法院将在一家全国性报纸上刊登本判决内容，所需费用由人民美术出版社负担）；

　　四、人民美术出版社于本判决生效之日起10日内赔偿张旭龙因本案诉讼支出的合理费用人民币 3 802 元；

五、驳回张旭龙其他诉讼请求。

原审案件受理费 4 627 元，由张旭龙负担 1 000 元，由人民美术出版社负担 3 627 元；二审案件受理费 4 627 元，由张旭龙负担 1 000 元，由人民美术出版社负担 3 627 元。

72.《高等数学》教材著作权侵权及不正当竞争纠纷案

——高等教育出版社诉机械工业出版社

原告：高等教育出版社

被告：机械工业出版社

案由：专有出版权、改编权、版式设计权侵权及不正当竞争纠纷

一审案号：北京市第一中级人民法院（2003）一中民初字第 8895 号

一审合议庭成员：赵静、苏杭、徐媛媛

一审结案日期：2003 年 12 月 19 日

【判决要旨】

根据著作权法关于改编权的法律含义，所谓"改变作品"应当是对作品本身内容进行修改、变化，而对作品的部分内容或全部内容完整引用，再独立创作出新的作品的行为，不属于"改变作品"，不构成对作品改编权的侵犯。

【起诉与答辩】

原告高等教育出版社诉称：我社依法享有《高等数学》第五版上、下册（以下简称《高等数学》）的专有出版权和改编权。1997 年，由同济大学应用数学系邱伯骓、骆承钦主编，我社出版的《高等数学》第三版获得该年普通高等院校国家级教学成果一等奖。该书是用于高等院校本科生教育的在全国有影响的教材。2002 年 4 月 1 日，我社与邱伯骓、骆承钦签订了图书出版合同，依法取得《高等数学》的专有使用权和改编权，于 2002 年 7 月由我社出版。由被告出版、保定市印刷厂印刷的《〈高等数学习题解析〉同济五版〈高等数学〉配套习题解析》（以下简称《高等数学习题解析》）一书，系未经我社允许，抄袭剽窃我社上述《高等数学》的全部习题、并将全部习题解析的侵权图书，该书总计达 11.2 万字。该侵权图书还使用我社《高等数学》的封面设计，被告的行为侵犯了我社的改编权和封面设计著作权。根据《中华人民共和国著作权法》第四十六条的规定，被告应当承担停止侵害、消除影响、赔礼道歉、赔偿损失的法律责任。同时，因我社的《高等数学》原有版次曾获得国家级教学一等奖，在全国各高校具有广泛的影响和极高的知名度，是知名商品。被告在明知该书是全国流行已久的"经典教材"的情况下，擅自大量抄袭剽窃该书内

容，盗用该书封面设计，误导学生，更对我社后续出版、销售《高等数学》习题集产生严重影响，带来巨大的经济损失。被告的行为亦触犯了《中华人民共和国反不正当竞争法》第二十条的规定。故请求法院判令：（1）被告停止销售并收回已销售的《高等数学习题解析》一书，对收回的及尚未售出的该书以及库存予以销毁；（2）被告赔偿因其侵犯著作权给我社造成的损失 50 万元；（3）被告就其侵犯我方著作权的行为，在《新闻出版报》、《中华读书报》上公开赔礼道歉；（4）被告承担本案诉讼费 11 010 元；（5）被告赔偿我方因本案发生的律师费 10 万元；（6）被告停止不正当竞争行为，封存、销毁不正当竞争产品并在《新闻出版报》、《中华读书报》上向原告公开赔礼道歉，被告承担因实施不正当竞争行为产生的损害赔偿责任。

被告机械工业出版社辩称：（1）原告并没有取得《高等数学》的专有出版权和改编权，原告主体不适格，原告与邱伯驹、骆承钦签订的《图书出版合同》无效。（2）原告指控我社既侵犯了原告的出版权，又侵犯了原告的改编权，自相矛盾。习题解析和法律定义的改编，是完全不同的两回事。法律并未禁止对习题作解析，著作权法对翻译、注释、整理或介绍、评论等情况，均一一作了详细规定，但对习题解析却未作说明。法律未禁止，即视同可为，如"无罪推定"，这是一个公认的法理原则。禁止出教材的习题解析无法律依据。如果一定要将习题解析行为和著作权法中规定的行为相比较，比较接近的是介绍或说明某一问题，在作品中适当引用他人已经发表的作品，即《中华人民共和国著作权法》第二十二条第（二）项中的内容，是一种法定许可，因为不能禁止他人对习题作解析。同时，我方为了习题解析，为了说明某一问题，必须在我方作品中适当引用他人已经发表的作品（习题）。《高等数学习题解析》的方式符合国家新闻出版署署长石宗源有关著作权法的补充说明中讲到的合理使用原则，即不损害原作品的正常使用。在两个相关知识产权国际公约中，也是适用合理使用原则的。《高等数学习题解析》不会给原告的《高等数学》造成任何不利影响，也绝对不会影响《高等数学》的正常使用，很多在校或毕业的大学生均同意此看法。（3）关于封面的使用，符合合理使用原则。《高等数学》封面上标注有"高等学校教材"，教材具有一定的公用范畴，不同于其他普通作品，不能禁止他人解析其习题。同时，将两书放在一起，绝对不会造成混淆或误认。（4）原告提出 50 万元经济损失，其在法定证据提供日即 8 月 18 日前，并未提供任何相关证据。原告认为《高等数学习题解析》一书给原告的《习题解析》一书造成巨大经济损失，但原告是告我方侵犯了《高等数学》一书的专有出版权和改编权，被侵权图书是《高等数学》而非原告的《习题解析》。既然被侵权作品为《高等数学》而非其他作品，则应以《高等数学》的销量是否下降或是否影响《高等数学》正常使用作为标准衡量。（5）根据反不正当竞争法以及最高人民法院相关司法解释，不正当竞争行为的处罚是以被侵害产品的损害程度来计算。《高等数学》的损害为零，我社不应赔偿。（6）实施不正当竞争行为的非被告，而是原告。原告作为教育部下属的具有独占地位的经营者，具有排挤其他出版社进入高教领域，排挤其他出版社《习题解析》和其《习题解析》的公平竞争的目的。（7）即使我社构成对原告的侵权，因我社未对原告造成任何恶劣的影响，不应判令我社登报致歉。原告提出的律师费为10万元，是明显的敲诈行为。原告在法定举证期限内，并未就律师费用提供相应证据。总之，我社的图书对原告的《高等数学》不构成侵权，我社的行为完全属于合理使用，原告指控我社给其造成损失50万元，没有证据支持。请求人民法院依法驳回原告的诉讼请求。

【一审查明事实】

一审法院经审理查明：1997年10月24日，由原告高等教育出版社出版的《高等数学》第三版教材获得国家级教学成果一等奖，获奖者为同济大学教授王福楹、王章炎、邱伯骀、骆承钦。2002年4月1日，同济大学应用数学系指派邱伯骀、骆承钦作为合同甲方（著作权人）与作为合同乙方的原告，两次签订《图书出版合同》。两份合同的主要内容为：在合同约定的有效期内，甲方授予乙方享有如下权利，即将中文《高等数学》以各种版本形式在中国大陆地区出版、在世界各地发行的专有使用权；享有该作品的外文版权、改编权、录音权、录像权、软件制品权；乙方可以授权第三人出版、发行、表演、播放、摄制影片、制作幻灯片、光盘、注释、编辑、整理本作品。该书字数360千字。乙方按4%的版税率支付甲方版税稿酬。2002年7月，原告依据上述《图书出版合同》出版了《高等数学》。该书封面由上、下深浅不同的长方形绿色构成，下方深绿色长方形中有扭曲碎格图案，封面自上而下标注有：普通高等教育"十五"国家级规划教材、高等数学、第五版上册（或下册）、同济大学应用数学系主编、高等教育出版社字样。该书版权页载有：1978年10月第1版、2002年7月第5版、字数420 000、定价23.9元、高等教育出版社出版发行等内容。

2003年7月8日，原告在王府井大街218号王府井书店，购得《高等数学习题解析》一书。该书封面由上、下深浅不同的长方形绿色构成，下方深绿色长方形中有扭曲碎格图案。封面自上而下标注有"高等学校数学教材配套辅导用书、高等数学习题解析、同济五版《高等数学》配套习题解析、主编北京大学数学科学学院田勇、编写双博士数学课题组、总策划胡东华、机械工业出版社"等字样。版权页载有"2002 年 11 月第 1 版第 1 次印刷、字数 693 千字、定价 22 元"等内容。前言载有以下内容:"同济大学应用数学系主编的《高等数学》第五版,与原四版相比,有质的突破……本书是《高等数学辅导》的姊妹篇,同时作为同济版《高等数学》的配套参考书,也伴随着同济版《高等数学》的数次修订而一版再版……同济版《高等数学》是全国流行已久的经典教材……为此我们特编写了与同济《高等数学》第五版习题完全相配套的习题解析。"封底框格内载有"本书与同济五版严格配套……等内容"。

在诉讼中,被告承认所出版的《高等数学习题解析》一书,使用了原告《高等数学》中的全部习题。

【一审审理结果】

一审法院认为:根据我国著作权法的规定,图书出版者对著作权人交付出版的作品,按照与著作权人的约定享有专有出版权。著作权人可以通过签订著作权转让合同转让其作品修改权。因原告出版的《高等数学》一书的署名主编同济大学应用数学系已经出具证明,确认原告签订的《图书出版合同》签约一方著作权人授权的合法性,在无相反证据的情况下,被告有关因原告签订的《图书出版合同》不具有合同效力、原告不是本案适格的当事人的主张,缺乏事实根据,不能成立,本院不予采信。在本案中,原告通过与著作权人签订《图书出版合同》,合法取得了《高等数学》一书的专有出版权和改编权,享有在我国大陆地区出版、在世界各地发行的专有出版权和许可他人出版、发行该图书的权利以及改变作品、创作出具有独创性的新作品的权利。

由查明的事实可知,被告出版的《高等数学习题解析》一书与原告享有专有出版权的《高等数学》,在内容、体裁上均不相同,与原告该图书的核心内容或实质内容亦不同。因此,被告未对原告的专有出版权造成侵犯。根据著作权法关于改编权的法律含义,所谓"改变作品"应当是对作品本身内容进行修改、变化。对作品的部分内容或全部内容完整引用,再独立创作出新的作品的行为,不属于"改变作品"。被告出版的《高等数学习题解析》不属于改变原告《高等数学》而创作的具有独创性的新作品。因此,被告出版发行上述作品的行为不构成对原告改编权的侵犯。被告使用《高等数学》一书中的全部习题,对全部习题独立进行解析后,创作了具有独创性的新作品《高等数学习题解析》,这种使用方式,是对原告权利图书中的部分内容即习题的完整引用,并未改变习题本身的作品内容。综上,原告主张被告的行为侵犯其专有出版权、改编权,因缺乏事实和法律依据,均不能成立,本院不予支持。

根据查明的事实,原告出版发行的《高等数学》一书,不仅曾经获得国家级教学成果一等奖，而且自1978年以来长达20余年，先后有5个版本正式出版，在全国高等院校本科生教育领域具有一定的知名度。原告独立完成的《高等数学》封面版式设计也已为相关读者所熟知，原告享有该图书的版式设计权。被告出版的《高等数学习题解析》一书的封面设计，在整体色彩、图案设计上与原告出版的《高等数学》封面设计的整体色彩、图案设计基本相同，属于相近似的版式设计，被告的行为侵犯了原告《高等数学》的版式设计权。不仅如此，被告在其出版的该作品封面、前言、封底等显著位置，大量标注诸如"本书是同济版《高等数学》的配套参考书"等足以使读者产生两书的质量标准、来源有某种联系的词语，被告的行为已经构成在商品上伪造产地，对商品质量作引人误解的虚假表示的不正当竞争。因此，被告的行为不仅侵犯了原告的《高等数学》版式设计权，亦对原告构成了不正当竞争，应当承担因实施侵权行为而产生的民事责任，即包括停止侵权行为、向原告公开赔礼道歉、赔偿损失的责任。

由于原告索赔50万元以及律师费10万元的诉讼请求均无证据佐证，故本院将综合考虑被告实施不正当竞争行为和侵犯原告版式设计权行为所产生的影响、被告行为的方式和给原告预期利益造成的损害等情节，酌情确定被告应当承担的具体赔偿数额。

综上所述，依据《中华人民共和国著作权法》第三十五条、第四十六条第（九）项和《中华人民共和国反不正当竞争法》第五条第（四）项、第二十条第一款之规定，判决如下：

一、被告机械工业出版社于本判决生效之日起，立即停止出版、发行侵犯原告高等教育出版社出版的《高等数学》一书版式设计权、载有不正当竞争内容的《〈高等数学习题解析〉同济五版〈高等数学〉配套习题解析》一书；

二、被告机械工业出版社于本判决生效之日起30日内，在《新闻出版报》上，就其侵权行为向原告高等教育出版社公开赔礼道歉。道歉内容需经本院审核，逾期不执行，本院将公布判决主要内容，所需费用由被告机械工业出版社承担；

三、被告机械工业出版社于本判决生效之日起10日内，赔偿原告高等教育出版社经济损失10万元；

四、驳回原告高等教育出版社其他诉讼请求。

案件受理费11 010元，由被告机械工业出版社负担。

双方均服从一审判决。

73. "搜狐与新浪手机图片"著作权侵权纠纷案

——北京新浪信息技术有限公司、北京新浪互联信息服务
有限公司诉搜狐爱特信信息技术（北京）有限公司、
北京搜狐在线网络信息服务有限公司

原告（反诉被告）：北京新浪信息技术有限公司（前身为北京四通利方信
息技术有限公司）
原告（反诉被告）：北京新浪互联信息服务有限公司
被告（反诉原告）：搜狐爱特信信息技术（北京）有限公司
被告（反诉原告）：北京搜狐在线网络信息服务有限公司
案由：著作权侵权及不正当竞争纠纷

一审案号：北京市第二中级人民法院（2003）二中民初字第 06290 号
一审合议庭成员：董建中、邵明艳、刘薇
一审结案日期：2003 年 12 月 19 日

【判决要旨】

手机图片如具有一定独创性，并能为某种有形形式复制，无论其创作水平
和艺术价值的高低，都属于我国著作权法保护的美术作品的范畴，未经著作权
人许可使用的，构成侵权。

【起诉与答辩】

原告北京新浪信息技术有限公司（以下简称新浪公司）和北京新浪互联信
息服务有限公司（以下简称新浪互联公司）共同起诉称：新浪公司与新浪互联
公司是新浪网北京网站（包括用户界面设计和页面具体内容）的共同版权人。
被告搜狐爱特信信息技术（北京）有限公司（以下简称搜狐爱特信公司）和北
京搜狐在线网络信息服务有限公司（以下简称搜狐在线公司）所有和经营的搜
狐网站上剽窃、抄袭新浪网手机短信频道的 526 幅手机图片、新浪网体育频道
3 篇文章和新浪网财经频道的 5 份表格和 5 份名单，侵犯了原告依法享有的著
作权。新浪网与搜狐网同为中国的门户网站，业务上存在直接的竞争关系，被
告大肆剽窃、抄袭新浪网的页面内容，为其带来了可观的商业利益，却不必支
出任何创作成本，违反了诚实信用的商业习惯和商业道德，侵害原告的合法利

益，构成了不正当竞争。故请求法院判令二被告：停止侵犯原告著作权的行为及不正当竞争行为，移除其网站上的侵权图片、文章、表格和名单；共同赔偿原告经济损失 30 万元；在搜狐网站首页发布致歉声明，消除侵权影响；承担原告因本案诉讼支付的合理费用 61 813 元及本案的诉讼费用。

被告搜狐爱特信公司和搜狐在线公司共同答辩称：二原告没有充分证据证明其系涉案争议作品的著作权人，其作为原告的主体资格存在严重问题。二原告提交的证据不具有证明力，除了没有公证的、自己打印的材料外，作为证据提交的公证书公证的内容与其主张的内容也完全不同。二被告没有二原告指控的侵权行为，请求法院依法驳回原告的起诉。

反诉原告搜狐爱特信公司和搜狐在线公司共同反诉称：新浪公司、新浪互联公司指控我方抄袭的 526 幅手机图片中有 434 幅是反诉原告自行设计完成的，我方对上述 434 幅手机图片享有著作权，反诉被告在其网站中未经我方许可使用了上述图片，侵犯了我方享有的著作权，请求法院判令：二反诉被告停止侵权，删除侵权内容；向二反诉原告公开赔礼道歉、消除影响；赔偿我方经济损失 10 万元；承担诉讼费用。

反诉被告新浪公司和新浪互联公司共同答辩称：我方对上述 434 幅手机图片享有著作权，不同意反诉原告的诉讼请求。

【一审查明事实】

一审法院经审理查明：北京四通利方信息技术有限公司成立于 1993 年 12 月 18 日，主要从事计算机软件及配套硬件产品开发、销售与服务，2002 年 7 月 29 日，北京四通利方信息技术有限公司经核准变更名称为新浪公司。新浪互联公司成立于 1999 年 10 月 27 日，主要从事互联网信息服务。1999 年底至 2000 年 3 月，新浪公司进行业务重组，将其经营的互联网信息服务业务转给新浪互联公司经营。新浪公司将其拥有的域名"sina.com.cn"、商标和用户界面设计的版权授权许可给新浪互联公司使用。

新浪网（www.sina.com.cn）系新浪公司、新浪互联公司共同所有和经营，搜狐网（www.sohu.com）为搜狐爱特信公司、搜狐在线公司共同所有和经营。上述二网站均为国内著名的门户网站，各自向公众提供包括手机图片下载、体育、财经信息在内的多项经营性网络服务。原告于 2001 年 12 月至 2002 年 1 月期间，先后在新浪网上载了包括涉案的 526 幅在内的手机图片（参见附表，其中"新浪编号"指该图片在新浪网上的图片编号，"搜狐编号"指该图片在搜狐网上的图片编号）。在此期间，搜狐网也先后上载了与涉案的 526 幅手机图片相同的图片。

二原告为证明其享有涉案 526 幅手机图片的著作权及二被告侵犯了二原告对上述图片享有的著作权，采用了先后的网页公证方式，即通过先公证新浪网上载某图片的网页页面，继而公证搜狐网的相关页面，证明搜狐网在公证时没有相关图片，隔数小时或数日后公证搜狐页面上抄袭了相关图片。根据二原告提供的相关证据显示，附表序号为 1～38、40～42、44～46、48、49、51～53、55～57、59～61、63～65、67、69～164、166～175、178、180、181、184、187～192、194～199、201、203～237、239～241、243、245、247、249、251、253、255、256、258～274、276、278、280、282～422 的共 389 幅图片采用了上述证明方式。

二原告还提交了相关证据，通过提存在先的方式证明其对相关图片享有著作权及证明二被告侵犯了二原告对上述作品享有的著作权。根据二原告提供的相关证据显示，附表序号为 39、43、47、50、54、58、62、66、68、165、176、177、179、182、183、185、186、193、200、202、238、242、244、246、248、250、252、254、257、275、277、279、281 的共 33 幅图片采用了上述证明方式。

二原告还通过作者出具书面证言签署确认的方式证明其对涉案 526 幅手机图片享有著作权。

反诉原告搜狐爱特信公司、搜狐在线公司于 2003 年 7 月 22 日向本院提交反诉状，指控新浪公司、新浪互联公司抄袭其员工欧阳宇红、陈晓宇、路晶、戴鹏创作完成的手机图片 519 幅，在本案庭审中，二反诉原告指控二反诉被告抄袭其手机图片的数量变更为 434 幅，但根据其提交的相应材料，其反诉状中所附图片仅有 432 幅与原告指控被告抄袭的涉案 526 幅图片相同，其中附表序号为 2、4、6、7、9、10、11、13、14、16～22、24～27、29、30、32、34～38、40、42、44、45、48、49、51、52、55、59、60、63、64、67、69、87、90、93、96、98、101、129、146、150、151、153、163、166、168、171、174、177、180、213、254、255、271、282、286、289、298、332、336、345、355、357～360、373、376、380、393、398、400、401、404、408、410、411、419、492、494、504、505、514 的共 94 幅图片在其反诉状所附手机图片中没有相对应的图片。

经比对，在二反诉原告主张其享有著作权的 434 幅手机图片中，其未针对附表序号为 1、23、39、43、54、68、80、98、120、133、134、170、178、183、198、205、209、215、216、217、218、220、222、224、226、228、229、234、237、244、246、248、254、255、261、263、271、280、282、318、324、331、333、334、338、351、352、362、380、385、386、390、394、398、400、401、

408、494 的共 58 幅图片提供相应证据。

经比对，下列 17 组附表序号中各序号所对应的图片相同：4 与 55；13 与 51 与 60；19 与 48 与 180；15 与 91；24 与 44 与 59；26 与 35；29 与 52 与 63；92 与 94；153 与 271；198 与 282；283 与 392；337 与 338；351 与 352；373 与 380；375 与 376；388 与 406；389 与 400。

二原告主张搜狐网抄袭新浪网体育频道的三篇文章为：《中国队安全飞抵北京首都机场将立即转机飞赴沈阳》、《F1 美国大奖赛排位赛大舒马赫压倒哈基宁再夺杆位》和《〔F1 美国站〕大舒马赫驾驶法拉利风驰电掣》。

二原告于 2001 年 11 月 12 日在新浪网上载了 "《福布斯全球》2001 年中国大陆 100 首富企业家成功之路" 表格和 "《福布斯全球》2001 年中国大陆 100 首富企业家" 名单，原告主张为 5 份表格和 5 份名单，经查，上述表格和名单系 1 份表格和 1 份名单被分为了 5 个部分。二被告于 2002 年 1 月 24 日在搜狐网上载了与新浪网相同的表格和名单。

另查，本案二原告为本案诉讼支出公证费 61 813 元。

【一审审理结果】

一审法院认为：双方争议的焦点是二原告是否有权主张涉案 526 幅手机图片、体育频道的 3 篇文章、财经频道的 1 份表格和 1 份名单的相关权利，二被告的涉案行为是否侵犯了二原告的著作权，并构成不正当竞争；二反诉原告是否享有其反诉请求中涉及的 434 幅手机图片的著作权，二反诉被告的涉案行为是否侵犯了二反诉原告的著作权。

第一，关于手机图片的问题。

本案中，鉴于原告主张著作权的 526 幅图片中存在部分图片重复的情况，根据本院查明的事实，本院对附表编号为 4、35、44、48、51、52、59、60、63、91、94、180、271、282、338、352、376、380、392、400、406 共 21 幅重复图片不予处理。在除上述 21 幅图片外的 505 幅涉案图片中，附表序号为 1 的手机图片使用了党徽作为其图片的主体内容；附表序号为 2、11、16、17、19、21、24～26、29、30、36、45、49、64、69、233、351 的共 18 幅图片所表现的内容违反社会公序良俗。依据我国著作权法的相关规定，上述共 19 幅涉案手机图片作品不受我国著作权法的保护。本案二原告提出其享有上述图片的著作权，二被告侵犯了其对上述作品享有的著作权的主张，缺乏依据，本院不予支持。除上述 40 幅外的涉案 486 幅手机图片，无论其创作水平和艺术价值的高低，都是具有一定的独创性，并能为某种有形形式复制的智力成果，属于我国著作权法保护的美术作品的范畴。

　　根据我国著作权法的规定，作品创作完成即产生了著作权并受法律保护。手机图片的首次上载应视为作品的发表。根据我国著作权法的规定，如无相反证据，在作品上署名的公民、法人和其他组织视为作者。由于手机图片面积有限、用途特定，且参考本案纠纷发生期间我国的信息产业的技术水平，著作权人难以直接在每一幅手机图片上表明其作为著作权人的身份，在被告无相反证据，也没有其他人主张权利的情况下，原告通过前述的先后的网页的公证方式和提存在先的方式证明了其在先将附表序号为 3、5～10、12～15、18、20、22、23、27、28、31～34、37～43、46、47、50、53～58、61、62、65～68、70～90、92、93、95～179、181～232、234～270、272～281、283～337、339～350、353～375、377～379、381～391、393～399、401～405、407～422 的共 382 幅手机图片上载到标明二原告的名称、商标等标识及版权声明的新浪网页面上，根据我国著作权法的规定，可推定二原告即为上述手机图片的著作权人。二被告未经著作权人许可，擅自将二原告享有著作权的上述手机图片上载于搜狐网，供用户下载，侵犯了二原告对上述作品享有的著作权，应承担相应的法律责任。二被告提出二原告不享有上述图片的著作权的主张，缺乏事实和法律依据，本院不予采信。二被告还提出原告证明其对相关手机图片享有著作权的方式存在瑕疵的主张，依据不足，本院不予采信。

　　二原告还通过作者出具书面证言签署确认的方式证明其对附表序号 423～526 的共 104 幅手机图片享有著作权，鉴于本院对其提供的相应证据未予确认，其针对上述图片提出的诉讼请求，缺乏依据，本院不予支持。

　　本案二原告还主张二被告的行为同时构成了不正当竞争，鉴于本院已认定二被告的行为侵犯了二原告享有的涉案 382 幅手机图片的著作权，其基于同一事实提出的上述主张缺乏依据，本院不予支持；鉴于本院认定二原告对涉案的 144 幅作品不享有著作权，其针对上述作品所提出的上述主张，缺乏事实和法律依据，本院不予支持。

　　二反诉原告通过作者出具书面证言签署确认的方式及公证电脑硬盘中部分图片的方式主张其对附表中共 434 幅手机图片享有著作权，鉴于本院对其提供的相应证据未予确认，且其未能对部分上述图片提供相应的证据，其针对上述 434 幅图片提出的反诉请求，缺乏事实和法律依据，本院不予支持。

　　第二，关于体育频道 3 条信息的问题。

　　本案涉及的体育频道的 3 条信息是客观已经发生的事实，且被媒体以体育新闻形式广泛报道，经对比，二原告提交的证据所显示的双方网站上上载的涉案 3 条体育信息，在具体表述上不完全相同。二原告没有充分的证据证明其对涉案的体育频道的 3 篇信息享有独家采编报道的权利，且其未能提供充分证据证明被告侵犯了其相关权益，故二原告关于二被告侵犯其对体育频道的 3 篇信息享有的著作权、并构成不正当竞争的诉讼请求，缺乏事实和法律依据，本院不予支持。

第三，关于财经频道的一份表格和一份名单的问题。

根据当事人的陈述及上述表格和名单反映的内容，本院确认上述表格和名单的相关材料来源于案外人，原告缺乏证据证明其所上载的表格和名单经过其编创等劳动，从而证明其对上述表格和名单享有相关权益。因此，二原告主张其享有上述表格和名单的著作权、并指控二被告的行为侵犯了其对上述表格和名单享有的著作权、同时构成不正当竞争、应承担相应的法律责任的诉讼请求，缺乏事实和法律依据，本院不予支持。

综上，原告新浪公司、新浪互联公司主张被告搜狐爱特信公司、搜狐在线公司侵犯了其对涉案 382 幅手机图片享有的著作权，请求判令二被告承担停止侵权、公开赔礼道歉、消除影响、赔偿经济损失及承担二原告为诉讼支出的合理费用的诉讼请求，理由正当，本院予以支持。关于赔礼道歉的方式，本院将根据二被告侵权行为所造成的影响等因素予以确定。关于赔偿经济损失的数额问题，二原告请求赔偿数额过高，本院不予全额支持。本院将根据本案的具体情况，综合考虑二被告侵权行为的方式、范围和主观恶意程度等因素，酌情确定二被告赔偿二原告经济损失的数额。同时，本院将根据本案的具体情况确定二被告支付二原告因本案诉讼支出的合理费用的数额。本院依照《中华人民共和国著作权法》第十条第一款第（二）项、第（五）项、第（十二）项和第二款，第十一条，第四十七条第（一）项，第四十八条的规定，判决如下：

一、搜狐爱特信信息技术（北京）有限公司、北京搜狐在线网络信息服务有限公司自本判决生效之日起未经许可不得在搜狐网（www.sohu.com）上使用北京新浪信息技术有限公司、北京新浪互联信息服务有限公司享有著作权的涉案附表序号为 3、5～10、12～15、18、20、22、23、27、28、31～34、37～43、46、47、50、53～58、61、62、65～68、70～90、92、93、95～179、181～232、234～270、272～281、283～337、339～350、353～375、377～379、381～391、393～399、401～405、407～422 的共 382 幅手机图片；

二、搜狐爱特信信息技术（北京）有限公司、北京搜狐在线网络信息服务有限公司自本判决生效后 15 日内，在搜狐网（www.sohu.com）首页上就涉案侵权行为刊载向北京新浪信息技术有限公司、北京新浪互联信息服务有限公司赔礼道歉的声明，时间为持续的 24 小时（致歉内容需经本院审核，逾期不履行，本院将在一家全国发行的报纸上公布本判决主要内容，所需费用由搜狐爱特信信息技术（北京）有限公司、北京搜狐在线网络信息服务有限公司共同负担）；

三、搜狐爱特信信息技术（北京）有限公司、北京搜狐在线网络信息服务有限公司自本判决生效后 10 日内，共同赔偿北京新浪信息技术有限公司、北京新浪互联信息服务有限公司经济损失 15 万元，共同赔偿北京新浪信息技术有限公司、北京新浪互联信息服务有限公司为本案诉讼支出的合理费用 61 813 元；

四、驳回北京新浪信息技术有限公司、北京新浪互联信息服务有限公司的其他诉讼请求；

五、驳回搜狐爱特信信息技术（北京）有限公司、北京搜狐在线网络信息服务有限公司的反诉请求。

本诉案件受理费 7 937 元，由北京新浪信息技术有限公司、北京新浪互联信息服务有限公司共同负担 1 937 元，由搜狐爱特信信息技术（北京）有限公司、北京搜狐在线网络信息服务有限公司共同负担 6 000 元；反诉案件受理费 3 510 元，由搜狐爱特信信息技术（北京）有限公司、北京搜狐在线网络信息服务有限公司共同负担。

各方当事人均服从一审判决。

74. "长春体育馆"建筑设计图署名权纠纷案

——何家炎诉北京京冶建筑设计院

原告：何家炎
被告：北京京冶建筑设计院
案由：署名权侵权纠纷

一审案号：北京市海淀区人民法院（2003）海民初字第 9303 号
一审合议庭成员：马秀荣、袁东风、郎静媛
一审结案日期：2003 年 12 月 25 日

【判决要旨】

职务作品的作者享有署名权。职务作品著作权人不主张职务作品著作权时，作者对身份权益的主张也应得到尊重、理解和支持，不影响其署名权的行使。如使用采用的是保密方式，未给作者造成不良影响，则侵权人无须承担公开致歉及消除影响的责任。

【起诉与答辩】

原告何家炎诉称：我所在的单位中国航空工业规划设计研究院（以下简称航空设计院）与长春长顺体育综合开发集团公司（以下简称长顺公司）于1995 年 10 月 15 日签订《工程设计合同》，约定由航空设计院承担长春万人综合体育馆（后改名为长春五环体育馆，以下简称长春体育馆）"长春体育馆钢球形壳屋盖工程"项目的钢球形壳屋盖结构、檩条、顶部走道、挂架的设计。合同签订后，航空设计院安排我作为该设计项目的项目负责人进行设计，我与其他设计人员按照合同的约定完成了工程的各项设计，形成了全部设计图纸。由于航空设计院与长顺公司在合同履行过程中发生纠纷，长顺公司另行委托北京京冶建筑设计院（以下简称京冶设计院）参与合同项目的设计。京冶设计院抄袭了我的设计成果，将我负责完成的设计图变为其自行完成的作品，并以该院的名义向长顺公司和长春体育馆的施工、设计、监理等单位和建设行政主管部门提交。同时，该院对外宣称合同项目的设计工作是由其上级单位中国冶金建设集团建筑研究总院（原冶金工业部建筑研究总院）完成的，并在杂志、网站上将"长春体育馆屋盖钢网壳"工程的钢结构设计作者署名为"冶金部建筑

研究总院钢结构工程研究所"。京冶设计院的行为侵犯了我的署名权，应将我署名为项目负责人。故诉至法院，请求判令：京冶设计院停止侵权；在有关媒体上公开赔礼道歉，消除影响；赔偿我律师费等费用 800 元。

被告京冶设计院辩称：我方认为何家炎不能作为本案原告。涉案工程是委托方先与何所在的航空设计院订立设计协议，但后来与该院解除协议而委托我方进行设计。航空设计院的图纸未被使用，我方独立完成了该工程的设计。因此该工程设计图的著作权人是我方，且航空设计院未提出异议。在何所在单位对涉案图纸不享有著作权的情况下，原告主张署名权是不合法的，而且没有证据证明何就是航空设计院所设计图纸的设计者，因此何不具备诉讼主体资格。

【一审查明事实】

一审法院经审理查明：长春体育馆的建筑方案由加拿大安诺建筑事务所设计，建筑设计及下部结构由吉林省建筑设计院承担。

何家炎所在单位航空设计院经过竞标中标屋盖钢结构工程。1995 年 5 月 15 日，航空设计院与山西省汾阳县建筑金属结构工业公司订立工程施工合同。

1995 年 10 月 17 日，航空设计院与长顺公司订立工程设计合同，由航空设计院承接的设计任务包括技术设计及施工详图设计。

航空设计院根据标书、加拿大方案图、吉林省建筑设计院的设计条件设计，先后进行了风洞试验、节点试验和构件试验，在何家炎的主持与组织下于 1996 年 1 月完成技术设计。

何家炎作为当时的主任工程师提出总体思路，经总校对刘赓启，设计高维元、裴永忠、牛建平、全昌英、王超、赵天佑、安运昌、管志忠、郭艳军，计算校对王文柏、周晓红等人共同劳动，最终形成施工图，并于 1996 年 6 月交付。交付前夕，何家炎提出自己仅签署所审之名，经过协商，高维元签署为项目负责人，何家炎签署为所审，当时的设计所所长毛志忠亦签名表示同意。同时签署了一份材料，写明何家炎仍为该项目的负责人。

1996 年 11 月，山西省汾阳县建筑金属结构工业公司退出工程施工，另由吉林省安装公司承建。因工程总价及追加设计费用航空设计院与长顺公司产生矛盾。

1998 年长春电影节和 1999 年冬运会的场馆为长春体育馆。1996 年 12 月 10 日，长顺公司在未与航空设计院终止合同的情况下，与冶金部建筑研究总院设计所（京冶设计院前身）订立设计合同，由京冶设计院设计网壳屋架结构设计、屋架施工及节点详图设计、屋架三维象限图、屋架檩条施工详图设计、屋架全部马道施工详图设计。此时，该屋顶的拱点基础部分即支撑座已经施工，屋顶部分业已下料。京冶设计院的设计必须建立在原设计的基础之上。鉴于此，长顺公司将航空设计院图纸交付京冶设计院。双方合同第7条第（6）项约定：由于甲方已按定尺进料且部分型材已下料，乙方设计中应充分考虑到这一特殊情况，结构外形尺寸应与已有建筑方案图及其他设计资料配合。节点可作修改但不改变节点型式。乙方设计中必须保证原进口材质型号不变及理论用量不得突破原方案。京冶设计院于1996年12月完成了施工图的设计。

比较航空设计院图纸（以下简称航图）的透视图、桁架图、节点图与京冶设计院图纸（以下简称京图）的网壳平面投影及立面图、拱架图及节点图，二者相同之处为：纵向跨度191682毫米、横向跨度146000毫米、高度42097毫米、1条屋脊桁架、两侧径向桁架各19条、拱架支撑点为40个、拱腿外露、节点设计均加有垫板、形成米字形结构。

二者不同之处主要为：环向桁架航图为8个，京图9个；航图有斜向桁架，京图取消斜向桁架，在环向和径向之间上弦加交叉杆；航图在中间拱腿加4个连续交叉撑，京图交叉撑为2加2中间空2个拱柱的方式；关于桁架，航图采用等距设计，京图则是间距设计；关于支撑，航图为斜向桁架刚性支撑，京图为间层柔性支撑；关于拱腿，航图为N型腹杆，京图则为空腹。

关于设计中的共同之处，因屋架基础已行施工，因此长度、宽度、高度和支撑点须遵循原设计；1条屋脊桁架、两侧径向桁架各19条及有关跨度均系总建筑方案单位加拿大安诺建筑事务所设计。

2002年9月24日航空设计院第二设计研究所证明何家炎为所审。

京图载明项目负责人为吴耀华。

1997年3月28日航空设计院就京冶设计院设计版权问题致函建设部勘察设计司。

1998年6月28日，长春体育馆工程主体完工。

2001年11月19日至22日的管结构技术交流会上收录了北京工业大学建筑工程学院、该网壳结构工程的顾问张毅刚的论文《长春五环体育馆钢管网壳结构设计与施工》，在结语中提到："中国航空工业规划设计研究院进行了网壳结构设计的前期工作和试验研究，最终方案和设计由冶金建筑设计研究总院完成，山西汾阳建筑金属结构工业公司进行了网壳施工方案的前期论证，最终由吉林省安装公司完成制作与施工。"

京冶设计院在其宣传材料及其网页（http://www.buildingstructure.com.cn）上均将自己标注为长春体育馆屋盖网壳钢结构设计的惟一单位。

航空设计院在本案中不主张权利。

【一审审理结果】

一审法院认为：建筑设计图纸属于《中华人民共和国著作权法》第十六条第二款第（一）项规定的职务作品，作者享有署名权，著作权的其他权利由法人享有。航空设计院 1996 年 1 月完成的长春体育馆屋盖网壳钢结构的技术设计与 1996 年 6 月完成的施工详图设计的整体著作权由航空设计院享有，包括对图纸的使用权、发表权、修改权和保护作品完整权，同时设计单位也有权利表明设计单位的名称。具体参与创作的作者则有权利表明作者身份。

项目负责人是设计方案的主要提出者，属于著作权法上的作者称谓。何家炎在图纸上仅署名所审而非项目负责人，著作权法规定，在作品上署名的是作者，有相反证据证明的除外。屋盖网壳钢结构的设计图包括技术设计和施工图设计两部分。该项目的承接由当时任主任工程师的何家炎负责，技术设计的总体方案由何家炎提出，经各参与人员的讨论后分工协作，分工协作的具体协调和实施亦由何家炎负责，项目的对外联络协调亦是何家炎，各项试验的方案亦由何家炎主要提出，施工图的细化、施工图的统一均需经过何家炎审核，何家炎是实际上的项目负责人。对此，项目负责人的署名者高维元亦表示认可，何家炎应为项目负责人。

京冶设计院的施工图设计并未构成完全独立于原设计图的新作品，属于对航空设计院图纸的修改图。对图纸使用及修改的权利由航空设计院控制，现航空设计院未主张上述权利，对于使用及修改是否合法不在本案处理范围内。关键在于对京冶设计院的修改图，何家炎有否署名为作者的权利。京冶设计院承接该工程后亦需组成项目组，亦有相应的项目负责人。理论上讲，何家炎是原图纸的作者之一，亦应成为修改图的作者之一。但在作者的标识上必须遵循建筑设计的惯例，因项目负责人兼具主要方案提供和组织协调项目的含义，且图纸设计单位与作者间具有特定的职务关系，不宜将何家炎径行加列为京冶设计院修改图纸的项目负责人。

但是，由于项目最终图纸系航空设计院与京冶设计院共同劳动的结果，京冶设计院将自己作为该项目的惟一设计单位，导致了航空设计院劳动被抹煞的结果。作为航空设计院该项目的负责人即图纸的主要作者，何家炎为图纸设计所付出的从技术设计到施工图设计历时数月多次试验的劳动亦因此无从体现。署名权的本质在于表明作者的身份，意即向公众表明作者为某项作品所付出的某项独创性劳动。京冶设计院将自己作为惟一设计单位的行为割断了作品与作者之间的联系，何家炎作为作者的身份已被剥夺，对此京冶设计院具有过错。何家炎的作者身份不应受到航空设计院未主张侵权的影响，相反，在其任职单位不主张职务作品的著作权时,作者对身份权益的主张应得到尊重、理解和支持。京冶设计院应当修正自身的行为,并在需要指明上述设计的全部项目负责人时,对何家炎作为原图纸的作者身份予以明确。京冶设计院的行为仅间接地影响了何家炎的作者权益。因本案中建筑图纸的使用采用保密方式,故未给何家炎造成不良影响,无须承担公开致歉及消除影响的责任。何家炎所提律师费用并无证据证明,该请求亦不予支持。

综上,依据《中华人民共和国著作权法》第十条第一款第(二)项、第十一条第四款、第十六条第二款第(一)项、第二十条、第四十六条第(十一)项之规定,判决如下:

一、被告北京京冶建筑设计院停止以长春体育馆屋盖网壳钢结构全部惟一设计单位的方式署名或者在署名时注明修改设计;在需要指明项目负责人时,明确原施工图的项目负责人为原告何家炎。

二、驳回原告何家炎对被告北京京冶建筑设计院的其他诉讼请求。

案件受理费100元,由被告北京京冶建筑设计院负担。

双方当事人均服从一审判决。

反不正当竞争

75. 公安部第一研究所与黄志竞业禁止纠纷案
——公安部第一研究所诉黄志

原告（被上诉人）：公安部第一研究所
被告（上诉人）：黄志
案由：不正当竞争纠纷

原审案号：北京市海淀区人民法院（2002）海民初字第 15021 号
原审合议庭成员：宋鱼水、马秀荣、李东涛
原审结案日期：2002 年 11 月 15 日
二审案号：北京市第一中级人民法院（2003）一中民终字第 495 号
二审合议庭成员：刘勇、仪军、彭文毅
二审结案日期：2003 年 1 月 29 日

【判决要旨】
竞业限制合同中未约定补偿费的支付方式，双方当事人可以任意选择。单位在个人离职后以其他非现金方式的给付也应认为是履行支付补偿费义务。

【起诉与答辩】
原告公安部第一研究所（以下简称公安部一所）诉称：黄志原为我所销售部门负责人。2001 年黄志要求辞职，因其属于业务骨干，掌握客户资源、价格体系、产品构成等商业秘密，在 2001 年 3 月 22 日离职时与我所签订了协议书。双方作了黄志在 "2 年内不得到经营、销售、生产安检 X 射线机的单位工作"；我所 "给予其生活与再就业补贴 12 万元" 的竞业限制约定。但其离职后不久，就到我所在国内的主要竞争对手——生产销售同类设备的德国海曼系统有限责任公司（以下简称海曼公司）北京代表处工作，并利用其掌握的客户情况代表海曼公司北京代表处与我所竞争，在用户中诋毁我所信誉，使我所蒙受了信誉和经济上的重大损失。黄志的行为在我所起到了恶劣的示范作用。现我所诉至法院，要求判决黄志自判决之日起2年内不得在经营、销售、生产安检设备的单位工作；赔偿我所经济损失14万元（我方支付给黄志的12万元补偿费损失和2万元律师费）。

被告黄志辩称：（1）我确与公安部一所签订了竞业禁止协议书，但公安部一所违约在先，其并未按照协议书支付给我12万元的补偿费，我因为生活原因不得不另找工作，我有在先履行抗辩权。公安部一所所称的以现金支付的69 980元，我以为是以前住房公积金、保险金等费用的退款，而不是协议书约定的补偿费。并且公安部一所没有说明这笔款项是补偿费。我认为补偿费的支付均应以现金的形式支付。（2）我并不是如公安部一所所说在离职2个月后就参加海曼公司经营活动，我于2001年2月离开公安部一所，因为工资只支付到2月。2002年6月5日我才加入了海曼公司。我没有参加与公安部一所竞争的西安机场的投标活动，我只是帮助他人带了一份投标书。我也没有参加其他的经营活动。我与他人交换名片只是与他人交往，没有进行不正当竞争行为。（3）公安部一所是事业单位，不适用《劳动法》。（4）公安部一所提供律师费用发票已经超出了举证期限，并且费用过高。我请求法院判令原协议解除，驳回原告的诉讼请求。

【原审查明事实】

原审法院经审理查明：黄志原为公安部一所工作人员，1998年1月1日，被公安部一所任命为销售三科科长。2001年3月前黄志提出辞职，2001年3月22日与公安部一所签订了一份竞业限制协议书。该协议书主要内容是：经所领导批准，同意黄志（乙方）调离公安部一所（甲方），根据国家和研究所有关规定，经甲乙双方协商同意，为维护国家利益和研究所的有关经营、销售、生产及技术等秘密和权益，黄志调出后，双方必须履行以下协议："一、乙方必须严格保守国家和一所的经营、销售、生产及技术等秘密，不得损害一所的权益和经济利益；二、乙方在离开甲方2年内（2001年3月1日起至2003年3月1日止），不得应聘到经营、销售、生产安检X射线机的单位工作；三、甲方给予乙方生活与再就业补贴12万元。"上述事实有公安部一所的任免通知、协议书为证。

公安部一所于2001年3月开始停发黄志工资，2001年3月24日以"其他"名目给付黄志现金69 980元。1997年开始，公安部一所在中国人寿保险公司北京市崇文区支公司给职工办理了养老金保险，其中黄志的投保情况如下：月交保费204元（已交至2000年10月），累计7 344元；趸交保费 36 872 元；趸交保费 702 元。以上合计保险费 44 918 元。与黄志签订竞业禁止协议后，公安部一所将上述养老金转到黄志个人名下，并为黄志办理了分户卡号分别为 03001891，970310324，99 - Y10 - 18 - 1 的养老保险金证，三证现在公安部一所存放。关于上述保险事宜，公安部一所称，给黄志办完手续后，通知黄志领取保险证及自行去交纳 2000 年投保费（该投保费 4 146 元，通常在次年的 3 ~ 4 月份交纳，因黄志辞职，单位只能给黄志现金，由其自行交付），黄志没有到单位，故证、款一直放在单位。但黄志不认可公安部一所的陈述。经查，如果黄志不继续投保的话，可领取退保金 44 572 元（不含手续费）。此外，公安部一所在中国人寿保险公司北京市分公司为黄志办理了国寿个人养老金保险，保单号 2000 - 110103 - Y14 - 00005769 - 9，交保费 1 089.71 元，已退保金 1 089.71 元，现在公安部一所存放。以上事实有付款凭证及投保资料在案佐证。

上述两笔款项，公安部一所称是付给黄志的补偿金，黄志称收取的不是补偿金，而是住房公积金、保险金等费用的退款，但其没有证据证明。

黄志从公安部一所离职后，于 2002 年 6 月 5 日与外国企业服务公司签订了一份劳动合同书，成为海曼公司的职员，在海曼公司北京代表处工作，海曼公司主要生产 X 射线的安检设备，与公安部一所之间存在同业竞争关系。上述事实有北京市外国企业服务总公司与黄志签订的劳动合同书为证。但公安部一所认为黄志离职后即在海曼公司任职，其为此提供了三份证人证言：

证言一，公安部一所业务经理朱建平的证言。其证明黄志对原单位的客户情况和其他情况特别熟悉，2002 年 8 月 28 日，其在空军后勤部南苑机场物资设备部安检设备招标会议上见到代表德国海曼公司投标的黄志；2001 年 6 月 1 日之前，其在武夷山机场安检站张站长下榻的华都饭店大堂处碰到了黄志将张站长接走，当天下午，黄志和另一个原公安部一所的售后服务负责人陆晓明又去了空军政治部将海曼公司放在那里的检测设备拉走送往西安机场。

证言二，公安部一所经营部业务经理赵征的证言。其证明 2002 年 4 月 29 日，其到上海国际机场股份公司送投标书时，在上海国际机场附近的华港宾馆一层电梯口下电梯时碰到代表海曼公司去投标的黄志。

证言三，公安部一所经营部业务经理王宇光的证言。其证明 2002 年 8 月 21 日至 23 日，成都机场安检站庆祝建站 10 周年，其与代表海曼公司的黄志均出席了庆祝会，黄志向有关人员交换了名片，其也接到了一张黄志的名片，上写“黄志　德国海曼系统有限责任公司　北京代表处”；2001 年上半年，上海虹桥机场安检技术科梁志峰到北京，王宇光在新世纪饭店与腾达大厦的路口与其道别时，见到代表海曼公司的黄志也去了。

黄志认为，三份证言均是公安部一所工作人员出示；我只是和他人见面并没有参与经营活动；我在 2002 年帮助他人带了一份投标书，并没有投标行为；我交换名片，只是与他人交往的行为，没有不正当竞争的行为。黄志提交了陆晓明的证言，该证言内容为，公安部一所朱建平所反映的在 2001 年 6 月 1 日和黄志一起去空军政治部将海曼公司放在那里的检测设备拉走送往西安机场一事，现说明如下：去空军政治部将海曼公司放在那里的检测设备拉走送往西安机场，自始至终是我经办的，黄志从来没有参加过。合议庭认为，三位证人提到的与黄志见面的地点及交换名片的事实，因黄志没有提出否认，应予以确认。黄志在这些特定的经营场所多次与公安部一所的工作人员相遇，代表海曼公司送投标书，并在一次社交场所代表海曼公司出席宴会，显然不是一种简单的、与经营目的无关的单纯的会面，故认定黄志已经参与了海曼公司的经营行为，三位证人的证言本院予以确认；陆晓明的证言并没有说明黄志随同的合理原因，本院不予以采信。

【原审审理结果】

原审法院认为：黄志作为公安部一所的常年工作人员及部门负责人，在其职责范围内对公安部一所的有关经营、销售、生产及技术等秘密和权益熟悉和了解。在黄志离职时，公安部一所为了防止秘密泄露及妥善处理黄志离职后与本所的利害关系，与其共同签订了竞业禁止协议，该协议属双方自愿签订，是双方的真实意思表示，于法不悖，应确认为合法有效。

依据协议约定，公安部一所应向黄志支付 12 万元竞业禁止费，但该笔费用的支付方式协议里并没有明确约定。通常，如果合同里没有特殊说明，应理解为现金支付，但并不排除采用其他方式。本案中，公安部一所能够证明其已经交付黄志 69 980 元现金并为黄志办理了养老保险。这两笔费用能否视为竞业禁止费？本院认为，69 980 元现金是黄志与公安部一所竞业禁止协议签订之后收取的，此时，双方工作关系已经结束，除收取竞业禁止费外黄志以其他理由收取该笔费用的理由不充分；公安部一所为职工设立的养老保险是商业养老保险，根据商业养老保险的性质，单位有权放弃投保，退保金归单位，因此，公安部一所自愿为黄志办理养老金保险证的行为不是法定义务，黄志没有理由要求当然取得；竞业禁止是单位对禁止职工劳动就业的一种补偿，单位为职工办理养老金保险，可以使职工在退休后获得必要的经济生活保障，解除后顾之忧，安度晚年。所以，养老保险是解决单位与职工之间竞业禁止补偿问题的一种比较合适的办法。基于以上因素的考虑，本院认定公安部一所的上述行为是履行协议第三条的行为。黄志在开庭时，一方面认为其收取的现金不是竞业禁止费，另一方面又强调如果按竞业禁止费处理，应补足保险公司扣除的手续费。本院认为，协议一经签订对双方当事人即具有法律效力，黄志如果认为公安部一所未支付竞业禁止费，完全可以依法向公安部一所主张权利。协议中，对公安部一所支付费用的时间并没有具体约定。诉讼期间，公安部一所也始终没有表示不应该支付竞业禁止费，故黄志随时可以依法向公安部一所主张竞业禁止费。但本案事实表明，黄志并未采取法律措施，反而置法律与协议约定于不顾。故黄志以公安部一所未支付竞业禁止费为由从业是没有法律根据的，抗辩理由并不成立。

竞业禁止是对职工择业权的一种限制，法律之所以准许职工与单位设立竞业条款是为了充分保护单位的商业秘密等财产权益，在单位和职工之间寻求利益平衡。所以，单位对职工的竞业限制是有条件的，即单位应支付一定的竞业禁止费，并有经济利益存在的前提下才允许。同时，由于商业秘密的价值具有时间效力，对职工的就业权不能无限期进行限制。即使单位的利益受损，法律也规定了其他救济措施。故竞业禁止需要依照法律或当事人之间的协议明确竞业限制时间，且不宜随意更改。本案中，双方约定的限制时间是 2001 年 3 月 1 日至 2003 年 3 月 1 日，双方应遵从协议的约定。协议期限届满后，黄志亦应当遵循诚实信用原则，在从业中严守原公司的秘密，不得侵犯原公司的利益。故公安部一所要求自判决生效之日起再重新计算 2 年的禁业时间，本院不予以支持。

诉讼期间，双方均不否认海曼公司与公安部一所在安检、X 射线机生产经营领域属于具有竞争关系的单位，黄志到海曼公司任职显然违反了竞业禁止协议第二条的规定。黄志辩称其在海曼公司没有从事经营活动，但这些场所属于特定的业务场所，与黄志相遇在该场所通常不应理解为一种巧合，黄志的辩称显然没有说服力，本院不予以采信。故认定黄志的行为是一种违约行为，应承担违约责任。

黄志在协议约定的期限内从业，应对其违约行为承担违约责任，即应赔偿由此给公安部一所造成的损失。公安部一所对此主张 12 万元补偿费及 2 万元律师费。本院认为，按竞业禁止补偿费计算损失是一种最低损失计算标准，本院根据公安部一所应支付给黄志的补偿费、实际支付给黄志的补偿费及黄志违反协议期间应退回的补偿费和黄志的违约程度酌定公安部一所的损失为 90 000 元。公安部一所为黄志办理的养老金保险证没有实际交付给黄志，但愿意立即给付；如黄志不同意续保，其可以用取得的养老退保金偿还公安部一所。20 000 元律师费用，黄志主张费用过高，本院亦认为应予以酌减，宜按 3 000 元计算。

综上所述，依据《中华人民共和国合同法》第一百零七条之规定，判决如下：

一、自 2001 年 3 月 1 日起至 2003 年 3 月 1 日止，被告黄志不得在经营、销售、生产安检 X 射线机的单位工作；

二、自本判决生效之日起 20 日内被告黄志赔偿原告公安部第一研究所损失 9 万元及因诉讼支出的合理费用 3 000 元。

黄志不服原审判决，提出上诉，理由是：（1）公安部一所违约在先，上诉人依法享有先履行抗辩权；（2）上诉人应聘的时间是 2002 年 6 月，原审法院对该事实认定有误；（3）在竞业限制协议中，没有约定竞业限制补偿费的支付方式，公安部一所应当以现金方式支付所有的竞业限制补偿费；（4）原审判令上诉人赔偿 9 万元损失及律师费 3 000 元，没有法律依据。

公安部一所服从原审判决。

【二审查明事实】

二审法院经审理查明：黄志原为公安部一所工作人员，1998 年 1 月 1 日，被公安部一所任命为销售三科科长。2001 年 3 月前黄志提出辞职。2001 年 3 月 22 日，公安部一所作为甲方，黄志作为乙方，双方签订了一份竞业限制协议书。该协议书主要内容是：经所领导批准，同意黄志调离公安部一所，根据国家和研究所有关规定，经甲乙双方协商同意，为维护国家利益和研究所的有关经营、销售、生产及技术等秘密和权益，黄志调出后，双方必须履行以下协议："一、乙方必须严格遵守国家和公安部一所的经营、销售、生产及技术等秘密，不得损害公安部一所的权益和经济利益；二、乙方在离开甲方 2 年内（2001 年 3 月 1 日起至 2003 年 3 月 1 日止），不得应聘到经营、销售、生产安检 X 射线机的单位工作；三、甲方给予乙方生活与再就业补贴 12 万元。"

经查，黄志于 2001 年 3 月前提出辞职，公安部一所于 2001 年 3 月开始停发其工资，向其支付了 12 万元的竞业限制补偿费。12 万元由以下四项组成：（1）公安部一所于 2001 年 3 月 4 日以"其他"名目向黄志支付 69 980 元现金；（2）于 2001 年 4 月 12 日，以补充养老保险金分户转移到黄志个人名下，补偿黄志竞业限制费 36 872 元，该部分款项已转移到黄志名下，其所有权已归黄志所有，黄志可以凭借身份证明随时到保险公司领取该费用；（3）2001 年 5 月 14 日，公安部一所付给黄志 2000 年度职工补充养老保险费 4 146 元；（4）2001 年 6 月 20 日，中国人寿保险公司 2000 - 110103 - Y14 - 00005769 - 9 保单退保金 1 089.71 元；以上四项共计 120 133.71 元。其中第（1）项已向黄志支付，第（2）、（3）、（4）项在公安部一所存放，该所并向法庭出示了原件。

2002 年 6 月 5 日，黄志与外国企业服务公司签订了一份劳动合同书，成为海曼公司的职员，在海曼公司北京代表处工作，海曼公司主要生产 X 射线的安检设备。

公安部一所提供了三份证人证言，证明黄志离职后即在海曼公司任职。

证言一，为公安部一所业务经理朱建平的证言。证明黄志熟悉原单位的客户情况。2001 年 6 月 1 日之前，其在武夷山机场安检站张站长下榻的华都饭店大堂处看到黄志将张站长接走，当天下午，黄志和另一个原公安部一所的售后服务负责人陆晓明又去了空军政治部将海曼公司放在那里的检测设备拉走送往西安机场。2002 年 8 月 28 日，在空军后勤部南苑机场物资设备部安检设备招标会议上，朱建平见到黄志代表海曼公司投标。

证言二，为公安部一所经营部业务经理赵征的证言。其证明 2002 年 4 月 29 日，其到上海国际机场股份公司送投标书时，在该机场附近的华港宾馆一层电梯口下电梯时，看到黄志代表海曼公司投标。

证言三，为公安部一所经营部业务经理王宇光的证言。其证明 2001 年上半年，上海虹桥机场安检技术科梁志峰到北京，王宇光在新世纪饭店与腾达大厦的路口与其道别时，看到黄志代表海曼公司也去了。2002 年 8 月 21 日至 23 日，成都机场安检站庆祝建站 10 周年，其与代表海曼公司的黄志均出席了庆祝会，黄志向有关人员交换了名片，其也接到了一张黄志的名片，上写"黄志德国海曼系统有限责任公司 北京代表处"。

对该三份证人证言，黄志认为，三份证言均是公安部一所工作人员出示；我只是和他人见面并没有参与经营活动；我在 2002 年帮助他人带了一份投标书，并没有投标行为；我交换名片，只是与他人交往的行为，没有不正当竞争的行为。在本案审理期间，黄志提交了陆晓明和彭敬远的证人证言，拟证明 2001 年 6 月将海曼公司的检测设备运往西安机场一事，与黄志无关。合议庭认为，在一审审理中，黄志对三位证人提到的见面地点及交换名片的事实没有否认，应予以确认。黄志在这些特定的经营场所多次与公安部一所的工作人员相遇，代表海曼公司送投标书，并在社交场所代表海曼公司出席宴会，显然不是一种简单的、与经营目的无关的单纯的会面，故认定黄志已经参与了海曼公司的经营行为，三位证人的证言本院予以确认。

【二审审理结果】

二审法院认为：公安部一所与黄志签定的协议书，属双方当事人自愿签订，系双方的真实意思表示，未违反法律规定，该协议合法有效，一经签订对双方当事人即发生法律效力。黄志作为公安部一所销售部门的负责人，知悉该所有关安检设备的经营、销售及技术秘密，其应当恪守履行协议中有关保密和竞业限制的义务。黄志于 2001 年 3 月辞职后，公安部一所于 2001 年 3 月、4 月、5 月、6 月以现金、补充养老金等方式支付了竞业限制的补偿金 120 133.71 元。根据查明的事实，可以认定公安部一所履行了合同约定的义务，不存在违约在先的事实。关于竞业限制补偿费的支付方式，在双方所签的协议中并没有明确规定，也就是说，在补偿费的支付方式上，双方当事人是可以选择的。黄志以公安部一所对竞业限制补偿费没有全部以现金方式支付，认为其违约，缺乏事实和法律依据，本院不予支持。黄志置法律于不顾，应聘到与原工作单位有竞争的单位工作，该行为侵犯了公安部一所的合法权益，根据协议约定，黄志应当承担违约的法律责任。

关于黄志认为一审判决其赔偿公安部一所 9 万元数额过高一节，从公安部一所提交的三份证人证言看，黄志违反竞业限制的行为，在 2002 年 6 月以前已有发生。一审法院根据双方当事人签订的竞业限制协议、公安部一所应向黄志支付补偿金额、实际支付给的情况和黄志的违约程度，酌定赔偿公安部一所 9 万元，将律师费酌减为 3 000 元，并无不当，本院予以维持。

综上所述，原审法院认定事实清楚，证据充分，适用法律正确。上诉人的上诉理由不能成立，本院不予支持。依据《中华人民共和国民事诉讼法》第一百五十三条第一款第（一）项之规定，判决如下：

驳回上诉，维持原判。

原、二审案件受理费各 3 910 元，均由黄志负担。

76. 燕园未名语言中心商业诋毁案

——北京燕园博雅语言教育研究中心诉北京燕园未名语言教育中心、北京蓝院作为外语教育研究中心

原告（反诉被告、被上诉人）：北京燕园博雅语言教育研究中心

被告（反诉原告、上诉人）：北京燕园未名语言教育中心

被告（上诉人）：北京蓝院作为外语教育研究中心

案由：不正当竞争纠纷

原审案号：北京市海淀区人民法院（2002）海民初字第 5683 号

原审合议庭成员：马秀荣、马媛、金运珍

原审结案日期：2002 年 7 月 10 日

二审案号：北京市第一中级人民法院（2002）一中民终字第 7682 号

二审合议庭成员：刘海旗、姜颖、李燕蓉

二审结案日期：2003 年 3 月 14 日

【判决要旨】

捏造虚假事实，且通过主办刊物进行散布，损害同业竞争者的商业信誉，构成不正当竞争。其他法人未经核实予以转载应承担相应的责任。法律法规规定应当履行行政审批方可获得经营资质的法人未办理相应手续进行经营的，所获利益为非法利益，此项损失也不应得到赔偿。

【起诉与答辩】

北京燕园博雅语言教育研究中心（以下简称燕园博雅）诉称：我中心是一家在北京市工商行政管理局海淀分局合法注册的以开展语言教育为主要业务的企业，自成立以来，以科学的管理、较低的培训费和良好的培训效果赢得了学员的好评，在语言教育市场树立了一定的形象。2002 年 3 月，北京燕园未名语言教育中心（以下简称燕园未名）在其印制的《未名月报》上刊载文章《燕园未名收购沪杭燕园博雅》，称"北京燕园博雅由于经营不善，管理高层思路混乱，连年高额亏损，以致资不抵债"、"燕园博雅在北京信誉不佳，债务过多且纠纷不断"、"燕园博雅面临倒闭"等虚假信息。北京蓝院作为外语教育研究中心（以下简称蓝院作为）在其 2002 年 3 月 6 日印制的《蓝院学报》上以大

字刊载"热烈祝贺燕园未名成功收购燕园博雅"的虚假信息。三月份正值招生之际，燕园未名与蓝院作为的这种行为，导致我中心的招生人数锐减，已经报名的学员也要求退费。同为开展语言教育的企业，理应公平竞争，燕园未名与蓝院作为却采取非法手段，捏造、散布虚假事实，损害了我中心的商业信誉，造成了经济损失，请求判令燕园未名与蓝院作为停止侵害、消除影响、公开赔礼道歉、共同赔偿经济损失 5 万元。

被告燕园未名辩称：我中心的月报从未公开发行，只是提供给学员。我方在此对将"拟收购"写成了"已收购"表示歉意，但燕园博雅高层管理混乱是真实的，并且没有办学资格。

被告蓝院作为辩称：我中心与燕园未名不构成共同侵权，我中心是从学员处获知收购一事的，作为同业的企业，为表示祝贺，在我中心的学报上刊登了祝贺词。我中心的祝贺词与燕园未名的报道是不同的，因此将我中心列为共同被告是错误的，请求法院驳回对我中心的起诉。

反诉原告燕园未名诉称：燕园博雅在其网站、自办刊物上发布《重要声明》、《燕园未名之预测与狂想》，散布对我中心的侮辱性言论，诋毁我方的形象，请求法院判令燕园博雅立即停止侵害、消除影响、赔礼道歉并赔偿我方损失 1 元。

反诉被告燕园博雅辩称：文章并非我方发布，是撰写人的个人行为，与我中心无关。

【原审查明事实】

原审法院经审理查明：2002 年 3 月燕园未名主办的宣传材料《未名月报》的头版文章名为《负债累累　管理混乱　燕园博雅面临倒闭　燕园未名收购沪杭燕园博雅 全力打造民族外语教育战舰》，其内容称："北京燕园未名语言教育中心日前与上海燕园博雅……签署了收购协议……全面收购上海、杭州两地的燕园博雅，组建成为目前国内最大的外语教育中心之一……北京燕园博雅由于经营不善，管理高层混乱，连年高额亏损，以致资不抵债……燕园博雅在北京信誉不佳，债务过多且纠纷不断……现在面临倒闭的培训中心不止燕园博雅一家。"

2002 年 3 月 6 日蓝院作为主办的宣传材料《蓝院学报》中缝以大幅加黑字体称："热烈祝贺燕园未名成功收购燕园博雅。"

对收购燕园博雅一节，燕园未名承认该事实不存在。蓝院作为称消息来源于学员。

对管理混乱一节，燕园未名提供燕园博雅的声明，该声明中称其杭州、上海分部的公章、营业执照丢失。燕园未名认为这证明燕园博雅经营不善。

燕园未名法定代表人原系燕园博雅上海分部负责人，其称燕园博雅在全国的各个分部都发生了资不抵债的情况，但未提供证据。

蓝院作为未提供证据。

对于所称损失，燕园博雅提供统计表一张，证明退费学员退费情况。对该证据，因其自行打印，燕园未名提出异议，亦没有相关财务凭证佐证，不予采纳。

上述三个中心在进行外语培训中都没有申办许可。

经当庭上网，在燕园博雅的网站（http：//www.yyby.com）有署名"行正"的《燕园未名之预测与狂想》和署名"工作人员"的《重要声明》两篇文章，其中《燕园未名之预测与狂想》中内容为燕园博雅看到《未名月报》关于收购的文章之后所作议论，该议论中有"脸皮厚"、"出名欲极强"、"极会编故事"等文字。《重要声明》中称"从未与其他任何语言中心（如燕园未名语言中心）洽谈兼并事宜"。上述文章的作者系燕园博雅的法定代表人。

《未名月报》和《蓝院学报》主要在各大学散发。

【原审审理结果】

原审法院认为：燕园博雅、燕园未名、蓝院作为的经营范围类似，属于同业竞争者。谋求竞争优势是企业生存的重要策略，但取得这种优势应采取合法的方式，依靠诚实努力的劳动获取，任何通过诋毁对方声誉压低竞争对手的行为都是法律予以制止的行为。成立、变更和终止均属企业的重要事项，收购事关企业存续。燕园未名虚构收购信息，并在宣传材料上作为头版宣传，对一个企业的形象和经营必然产生重要影响，严重地损害了燕园博雅的商业声誉。蓝院作为对于收购这样一条重要信息未进行任何核实，仅凭传说便在其宣传材料上表示祝贺，不仅在主观上反映了其对自身言论可能损害其他竞争者正当竞争利益的放任，而且在客观上亦有不利影响。由于三者均属同业经营者，客户在进行选择时，从燕园未名处获知有关燕园博雅的消息后，再接收到蓝院作为的收购消息，将会加深这一印象并增加确信的程度。因此尽管没有证据表明蓝院作为与燕园未名有虚构事实损害燕园博雅的意思联络，但是蓝院作为对燕园未名散布的消息不予核实即予祝贺的行为在客观上帮助了燕园未名的侵权行为，蓝院作为与燕园未名因此而获得了某种共同的利益，二者应对共同造成的损害承担法律责任。

对于高层管理混乱、经营不善之说，本院认为，无论这种信息真实与否，燕园未名并非新闻机构或职能部门，对他人的经营状况无义务也无权予以监督。同时作为同业竞争者，其身份亦与普通消费者不同，对其他经营者的经营和管理，亦无权依据言论自由发表评论。因为经营中的问题，自然会通过市场加以检验。燕园未名的法定代表人曾负责燕园博雅上海分部，其离开燕园博雅之后经营燕园未名，并以了解燕园博雅的经营管理为名发表贬低意见并非出于善意的批评或者监督，而是出于竞争之目的。

　　虚构收购事实、对他人经营状况擅自进行贬损的行为出于不正当的竞争目的，客观上会造成毁损竞争者形象从而提升自身竞争优势的后果，这种行为有悖于诚实守信的商业道德，不利于形成良好的竞争秩序，构成商业诋毁的不正当竞争。燕园未名、蓝院作为应立即停止此种不正当竞争行为。

　　商业诋毁的不正当竞争行为客观上在一定范围内损毁了竞争对手的商业信誉，行为人应采取必要的措施消除这种不良影响。燕园未名与蓝院作为的宣传材料不是正式出版物，但其影响应不限于其经营地的范围，因此其应在有一定影响的媒体刊登声明，消除影响。同时，由于燕园未名的行为具有明显的恶意，蓝院作为的行为具有放任的故意，且其行为均具有明确的指向，该不正当竞争行为具有清楚的针对性，因此应在消除影响的同时，向燕园博雅致歉。

　　竞争权并非纯粹的私人权利，其必然要受到行政规制。燕园博雅、燕园未名和蓝院作为经营范围均明确指明需经审批许可，此外，根据《教育法》和《社会力量办学条例》的有关规定，外语培训无论属于职业技能培训还是文化补习，其经营均需具备相应的师资等条件，因此目前经营此类业务应当办理有关的教育行政许可。本案中燕园博雅、燕园未名和蓝院作为在进行外语培训时均未办理许可证，对此应予补办，否则不得经营此类业务。尽管燕园博雅未办理许可证，但是不能因此而认为其不具备经营者的合法权益，因为其经营业务不限于此，值得注意的是，商业诋毁所损毁的是竞争者的整体形象，并非外语培训这一项，因此因市场形象毁损导致的市场损失应予赔偿。

　　民事主体有权利对他人的虚构和贬低予以澄清和反驳，但是不能超出反驳的限度。燕园博雅网站上所发文章的撰稿人系燕园博雅法定代表人，燕园博雅应对该行为承担法律责任。该文章中的某些文字具有侮辱性，不属于澄清事实的范畴，从制止滥用言论和维护公共政策的角度，燕园博雅应停止上述言论。但是由于燕园博雅所发言论事出有因，与燕园未名之完全出于不正当竞争目的的无端诋毁不尽相同，且言论主要表现为情绪化，并无虚构事实或故意散布引人误解之事实的情形，因此对燕园未名的其他请求，本院不予支持。

　　综上，根据《中华人民共和国反不正当竞争法》第十四条、第二条第一款之规定，判决如下：

　　一、被告北京燕园未名语言教育中心、被告北京蓝院作为外语教育研究中心立即停止损害原告北京燕园博雅语言教育研究中心商誉的行为；

二、本判决生效之日起 30 日内，被告北京燕园未名语言教育中心、被告北京蓝院作为外语教育研究中心在《北京青年报》向原告北京燕园博雅语言教育研究中心公开致歉、消除影响，逾期不履行，本院将自行拟制一份公告或者将判决书刊登于相关媒体，费用由不履行义务的被告负担；

三、本判决生效之日起 10 日内，被告北京燕园未名语言教育中心赔偿原告北京燕园博雅语言教育研究中心损失 1 万元，被告北京蓝院作为外语教育研究中心承担连带责任；

四、反诉被告北京燕园博雅语言教育研究中心立即将《燕园未名之预测与狂想》一文从其网站（http：//www.yyby.com）中删除；

五、驳回反诉原告北京燕园未名语言教育中心的其他诉讼请求。

燕园未名不服原审判决，提出上诉，其理由为：（一）我方的行为是否给被上诉人造成损害，以及造成多大的损害，都应以事实为依据。我方的《未名学报》仅向学员散发，原审法院认定"其影响应不限于经营地的范围"并判决我方停止损害行为并赔偿损失没有事实依据。（二）原审法院经过调查已经确认燕园博雅没有办学资格，那么其围绕办学而产生的一切经营活动都是违法活动，因此产生的相关收益和所谓的"商业信誉"也都是违法所得，不能受到法律的保护。因此原审法院判决我方赔偿 1 万元没有事实和法律依据。（三）根据《中华人民共和国消费者权益保护法》和《中华人民共和国宪法》的规定，我方有权对损害消费者合法权益的行为进行社会监督并享有言论自由。《未名月报》将燕园博雅的真实情况刊出，据实反映其经营不善、管理混乱的行为不但是合法的，且理应得到鼓励。（四）被上诉人借侮辱我方法人代表的名誉权侵害我方的名誉权，在客观上会造成损毁我方形象从而提升其自身竞争优势的后果，有悖诚实守信的商业道德，不利于形成良好的竞争秩序，构成商业诋毁的不正当竞争。综上，我方请求二审法院判决：（1）撤销原审判决第一、二、三、五项；（2）支持我方在原审的反诉请求；（3）诉讼费由被上诉人承担。

蓝院作为不服原审判决，提出上诉，其理由为：（一）蓝院作为与燕园未名实施的是分别的行为，二者没有虚构事实损害燕园博雅的意思联络，也无共同侵权的故意，不存在共同侵权，蓝院作为不应对燕园未名承担连带责任。（二）燕园博雅无办学资格，其经营收入均为违法所得，法律不应保护其非法利益，因此原审法院判决支持其 1 万元损失没有事实和法律依据。综上，蓝院作为请求二审法院判决撤销原审判决，并依法公正审理。

燕园博雅服从原审判决。

【二审查明事实】

二审法院经审理查明：燕园博雅成立于2000年3月8日，主营语言、教育的研究等业务；燕园未名成立于2002年2月25日，主要从事语言教育；蓝院作为成立于2001年3月22日，主营外语教育研究等项目。上述三个中心未就外语培训申办办学许可证。

2002年3月1日，燕园未名在其主办的宣传材料《未名月报》第11期的头版上刊登了名为《负债累累　管理混乱　燕园博雅面临倒闭　燕园未名收购沪杭燕园博雅　全力打造民族外语教育战舰》的文章，文中称："北京燕园未名语言教育中心日前与上海燕园博雅签署了收购协议。按照协议内容燕园未名全面收购上海、杭州两地的燕园博雅，组建成为目前国内最大的外语教育中心之一。……北京燕园博雅由于经营不善，管理高层混乱，连年高额亏损，以致资不抵债，……燕园博雅在北京信誉不佳，债务过多且纠纷不断……现在面临倒闭的培训中心不止燕园博雅一家……。"

2002年3月6日，蓝院作为在其主办的宣传材料《蓝院学报》第18期中缝以大号黑字体称："热烈祝贺燕园未名成功收购燕园博雅。"

燕园未名承认不存在收购燕园博雅的事实。对于管理混乱一节，燕园未名提供了燕园博雅的声明，该声明中称其杭州、上海分部的公章、营业执照丢失。

2002年3月9日，燕园博雅的网站（http：//www.yyby.com）上刊登了署名"行正"的《燕园未名之预测与狂想》和署名"工作人员"的《重要声明》两篇文章。其中，《燕园未名之预测与狂想》为燕园博雅看到《未名月报》关于收购的文章之后所作议论，该议论中针对燕园未名的法定代表人使用了"脸皮厚"、"出名欲极强"、"极会编故事"、"敢于无限拔高自己"、"品德极为'端正'"等文字。《重要声明》中称"从未与其他任何语言中心（如燕园未名语言中心）洽谈兼并事宜"。上述文章的作者系燕园博雅的法定代表人。

《未名月报》和《蓝院学报》分别向到燕园未名和蓝院作为咨询和报名学习的学员散发。

在二审审理过程中，燕园未名向本院提交了9份新证据，其中8份为2002年7月之后报刊和互联网站上刊登的关于燕园博雅的报道和评论，用以证明燕园博雅经营不善，管理混乱，纠纷不断。由于这些报道和评论系在《未名月报》发表《负债累累　管理混乱　燕园博雅面临倒闭　燕园未名收购沪杭燕园博雅　全力打造民族外语教育战舰》一文后发生的，不能用于证明该文发表前的状态，即不能证明在燕园未名发表该文前，燕园博雅已存在经营不善、管理混乱、纠纷不断的事实。燕园未名另提交了廊坊市安坎区铎凯印刷厂于 2002 年 3 月 1 日出具的收款收据，其载明的收款项目为第 11 期《未名月报》1 500 张；蓝院作为亦提交了廊坊市安坎区铎凯印刷厂于 2002 年 3 月 9 日出具的收款收据，其载明的收款项目为第 18 期《蓝院学报》2 000 张。两中心提交收款收据用于证明《未名月报》和《蓝院学报》的发行数量。由于这两份收款收据并非正规财务收款凭证，且无其他证据予以佐证，不具有证明力，本院不予采信。

【二审审理结果】

二审法院认为：我国有关法律规定，公民享有言论自由的权利，但其在行使权利时，不能损害他人的合法权益。燕园博雅、燕园未名和蓝院作为均为主要从事语言研究的教育机构，属同业竞争者，在经营中应遵循诚实信用的原则，并遵守公认的商业道德。《中华人民共和国反不正当竞争法》第十四条规定：经营者不得捏造、散布虚伪事实，损害竞争对手的商业信誉、商品声誉。作为燕园博雅的同业竞争者，燕园未名捏造燕园博雅经营不善、管理混乱、连年亏损、资不抵债并将其收购的虚假事实，且通过其发行的《未名月报》进行散布，其主观上存在侵权的故意，其行为损害了燕园博雅的商业信誉，构成不正当竞争。对于燕园未名提出的其有权对损害消费者的行为进行监督并刊出真实事实的上诉理由，因其未能举证证明其发表《负债累累　管理混乱　燕园博雅面临倒闭　燕园未名收购沪杭燕园博雅　全力打造民族外语教育战舰》一文系出于保护消费者的目的，亦不能证明文中提到的事实属实，故该理由不能成立。蓝院作为未对燕园未名在《未名月报》上所称的"收购"一事进行核实，便在其发行的《蓝院学报》上予以祝贺，客观上损害了燕园博雅的商业信誉，其主观上存在过失，亦构成不正当竞争。虽然燕园未名和蓝院作为的行为均导致燕园博雅的商业信誉受到损害的后果，但二者没有共同的侵权故意，也没有共同实施不正当竞争行为，其行为给燕园博雅造成的损害程度亦不相同，因此，不属于共同侵权，二者应就其各自的行为分别承担相应的法律责任。原审法院认定二者为共同侵权，应承担连带责任的结论错误，本院予以纠正。

由于燕园未名和蓝院作为均未举证证明《未名月报》和《蓝院学报》的发行数量和范围，无法确定其侵权行为造成的损害后果，二者应在有一定影响的媒体上就其各自行为向燕园博雅赔礼道歉，以消除影响。原审法院判决二者在《北京青年报》上公开致歉、消除影响并无不当，应予维持。

法律保护的是公民、法人的合法权益。《中华人民共和国教育法》第二十七条规定：学校及其他教育机构的设立、变更和终止，应当按照国家有关规定办理审核、批准、注册或者备案手续。按照《社会力量办学条例》的规定，国家对社会力量办学实行办学许可证制度，未经有关行政主管部门审核同意并取得办学许可证的，不得开展教育、教学活动。由于被上诉人燕园博雅索赔的依据是因学员减少而遭受的损失，而该中心没有取得办学许可证，不具备办学资格，其因办学所获利益为非法利益，故此项损失不应得到赔偿。上诉人燕园未名和蓝院作为关于燕园博雅的非法利益不应得到保护的上诉理由具有事实和法律依据，本院予以支持。

关于燕园未名的反诉请求，由于燕园博雅在其网站上刊登的《燕园未名之预测与狂想》和《重要声明》均系因燕园未名的不正当竞争引起的。其中，《重要声明》的主要目的为澄清事实，《燕园未名之预测与狂想》则是针对燕园未名的法定代表人所发议论，其中使用的均系情绪化语言，两文并不存在虚构事实损害竞争对手的情形，未对燕园未名商业信誉造成损害，不构成不正当竞争。但是，《燕园未名之预测与狂想》一文多处使用了非文明用语，从维护社会公德和公共秩序的角度考虑，燕园博雅应停止在其网站上刊登该文。一审法院判决燕园博雅在网站上删除该文，驳回燕园未名反诉请求的处理正确，应予维持。

综上，原审判决对燕园未名和蓝院作为的行为构成不正当竞争，应承担停止侵权、公开赔礼道歉、消除影响的法律责任的认定正确，本院予以维持。但是，其认定燕园未名和蓝院作为的行为为共同侵权，并判决二者连带赔偿 1 万元，没有事实和法律依据，本院予以撤销。原审法院对于反诉部分的处理并无不当，应予维持。本院依照《中华人民共和国民事诉讼法》第一百五十三条第一款第（三）项之规定，判决如下：

一、维持北京市海淀区人民法院（2002）海民初字第 5683 号民事判决第一项、第二项、第四项和第五项；

二、撤销北京市海淀区人民法院（2002）海民初字第 5683 号民事判决第三项。

原审本诉案件受理费 2 010 元，由被上诉人北京燕园博雅语言教育研究中心负担 600 元，由上诉人北京燕园未名语言教育中心负担 1 200 元，由上诉人北京蓝院作为外语教育研究中心负担 210 元。二审本诉案件受理费 2 010 元，由被上诉人北京燕园博雅语言教育研究中心负担 1 005 元，由上诉人北京燕园未名语言教育中心负担 1 005 元。

原审、二审反诉案件受理费各 50 元，均由上诉人北京燕园未名语言教育中心负担。

77. "84" 消毒液产品不正当竞争纠纷案

——北京地坛医院诉江苏爱特福药物保健品有限公司、金湖县爱特福化工有限公司、北京庆余药品经营部

原告（被上诉人）： 北京地坛医院
被告（上诉人）： 江苏爱特福药物保健品有限公司
被告（原审被告）： 金湖县爱特福化工有限公司
被告（原审被告）： 北京庆余药品经营部
案由： 不正当竞争纠纷

原审案号： 北京市高级人民法院（2001）高知初字第 79 号
原审合议庭成员： 刘继祥、魏湘玲、周翔
原审结案日期： 2001 年 11 月 15 日
二审案号： 最高人民法院（2002）民三终字第 1 号
二审合议庭成员： 蒋志培、段立红、夏君丽
二审结案日期： 2003 年 3 月 23 日

【判决要旨】

经过多年的使用，对于为本行业普遍认可的表示某类商品的名词，已作为商品名称所使用的，应认定为该商品的通用名称，不属于某一特定企业所有。

【起诉与答辩】

原告北京地坛医院（以下简称地坛医院）诉称："84" 消毒液又名 "84" 肝炎洗消剂，系原告前身 "北京第一传染病医院" 开发完成，由于 "84" 消毒液是在 1984 年研制成功并投放市场，故原告将该消毒液名称命名为 "84"。经过原告近 20 年的不懈努力，"84" 消毒液产品在市场上取得了良好的声誉，为普通消费者所认知，成为知名商品。1987 年 8 月 21 日，金湖县爱特福化工有限公司（以下简称爱特福化工公司）的前身金湖县有机化工厂与原告签订《关于联合生产 "84" 肝炎洗消剂合同书》，合同约定：原告许可金湖县有机化工厂生产并销售由原告研制并负责监制的 "84" 消毒液；原告保留对上述技术成果的所有权和转让权。1992 年 7 月 2 日，金湖县有机化工厂以其厂房、设备和原告向其转让的 "84" 消毒液的生产技术与香港励锵行有限公司合资，在金湖

县有机化工厂厂址内注册成立了江苏爱特福药物保健品有限公司（以下简称爱特福药物保健品公司）；该公司成立当年即大量生产消毒液，并将该消毒液名称亦命名为"84"。爱特福药物保健品公司在生产、销售"84"消毒液过程中，使用与原告龙安牌"84"消毒液相同的名称和相近似的包装装潢；同时还以"84"消毒液知名商品名称享有者自居，向公众做虚假广告；特别是近期爱特福药物保健品公司连续以电视广告和广告招贴等形式宣传其生产的"84"消毒液，足以造成与原告产品的混淆和消费者的误认。其行为严重侵犯了原告的产品声誉和商业信誉。北京庆余药品经营部经销爱特福药物保健品公司生产的"84"消毒液的行为，侵犯了原告的合法利益，应承担连带责任。请求法院判令：（1）三被告立即停止在其生产销售的消毒液产品上使用"84"名称，停止在媒体上以"84"消毒液为名称的广告宣传；（2）三被告向原告公开赔礼道歉、消除影响；（3）三被告赔偿原告经济损失人民币 360 万元。

被告爱特福药物保健品公司、爱特福化工公司辩称：（1）原告对"84"消毒液不享有知名商品名称专用权。"84"消毒液因被全国数十家生产企业在冠以不同品牌后使用，已客观地成为一种通用产品名称；原告并非是"84"消毒液商品的生产者与经营者，其无商品，岂有知名商品存在的可能？目前，全国市场上经批准销售"84"消毒液的各厂商均有各自的品牌，不存在将被告生产经营的爱特福牌"84"消毒液误认为龙安公司生产的龙安牌"84"消毒液的事实和可能。（2）爱特福药物保健品公司生产销售爱特福牌"84"消毒液合法有据。爱特福药物保健品公司自行研制与开发"84"系列产品，"84"是爱特福药物保健品公司三类注册商标；销售爱特福牌"84"消毒液是经省、部卫生管理部门批准的。（3）爱特福化工公司不应承担本案任何民事责任。爱特福化工公司与爱特福药物保健品公司是两个不同性质的企业法人，两者之间除有投资关系外，并无其他法律上的权利、义务关系；原告称爱特福化工公司将有关"84"消毒液的技术转让给爱特福药物保健品公司无事实依据；爱特福化工公司与原告有关联合生产"84"肝炎洗消剂的合同争议，目前仍在有关法院审理中，与本案无任何关系。请求法院依法驳回原告的诉讼请求。

被告北京庆余药品经营部辩称：我方不是"84"消毒液商品名称的使用人，本案诉讼前，没有任何人告知我方爱特福牌"84"消毒液是侵权产品，故请求法院依法驳回原告的诉讼请求。

【原审查明事实】

原审法院经审理查明：1984 年，原告北京地坛医院的前身北京第一传染病医院研制成功能迅速杀灭各类肝炎病毒的消毒液，经北京市卫生局组织专家鉴定，授予应用成果二等奖，定名为"84"肝炎洗消液，后更名为"84 消毒液"。1985 年 3 月，北京市人民政府授予原告科技成果三等奖。

1984 年，原告设立了"北京第一传染病医院劳动服务公司"，委托该公司生产销售"84"肝炎洗消液。1992 年 6 月，原告出资设立"北京龙安医学技术开发公司"，该公司由北京第一传染病医院劳动服务公司改制设立，原告遂授权委托该公司生产销售"84"消毒液。当时双方约定，凡今后在"84"消毒液的生产、研制开发及经营销售中处理有关法律纠纷均以原告的名义，由原告出面解决。原告事业单位法人证书上载明其资金来源为差额补贴。原告除自己开发市场外，还于 1997 年 3 月通过组建集团公司的形式，联合全国众多的生产厂家，许可其使用原告的生产技术和产品名称生产、销售"84"消毒液，从而使该产品在全国同类产品中占有了相当大的市场份额。

近年来，随着"84"消毒液知名度的提高，在全国各地相继出现了多家仿冒其产品名称生产同类产品的厂家，严重扰乱了市场秩序，损害了广大消费者的合法权益。为此，国家工商行政管理局公平交易局于 2000 年 5 月 30 日发函，要求对仿冒"84"消毒液知名商品的行为进行查处。

原告在推广该项技术过程中，曾于 1987 年 8 月 21 日与金湖县有机化工厂签订《关于联合生产"84"肝炎洗消剂合同书》。该合同约定：双方联合生产"84"肝炎洗消剂，由原告提供技术，为被告培训生产技术人员和检测人员；金湖县有机化工厂向原告支付科研经费 1 万元。同时约定原告保留本技术成果的所有权和转让权。

1992 年 7 月 2 日，金湖县有机化工厂以现金、厂房、设备及商标专用权与香港励锵行有限公司合资成立了爱特福药物保健品公司，金湖县有机化工厂的法定代表人沈开成出任合营公司的董事长。合营公司主要生产经营消毒清洁、卫生及日化用品、蚊香、饮料及保健食品。该公司成立当年即大量生产消毒液，并将该消毒液名称亦命名为"84"。爱特福药物保健品公司在生产、销售"84"消毒液过程中，使用与原告龙安牌"84"消毒液相同的名称。自 1994 年 5 月至今爱特福药物保健品公司先后以报刊广告、电视广告及广告招贴等形式大肆宣传其生产的爱特福牌"84"消毒液。

1991 年 8 月 30 日，金湖县有机化工厂在第三类商品上获得"84"商标注册，核定使用商品为沐浴露、洗涤剂。1999 年 10 月，金湖县有机化工厂变更名称为爱特福化工公司。

另查，北京庆余药品经营部在京销售的"爱特福牌 84 消毒液"，系从北京安琪华尔纳医药发展有限公司进的货，其性质为代销。北京安琪华尔纳医药发展有限公司系经北京市工商行政管理局核准登记注册的企业法人，持有北京市卫生局核发的药品经营企业许可证。

【原审审理结果】

原审法院认为：知名商品，是指在市场上具有一定的知名度，为相关公众所知悉的商品。根据本案查明的事实，“84”消毒液自1985年投放市场以来，由于其能迅速杀灭各类肝炎病毒，功效显著，且产品性能稳定，质量不断提高，受到消费者的普遍欢迎和广泛认同。原告为“84”消毒液的市场化投入了大量的人力、物力，经过近20年的不懈努力，其产品在全国同类产品中已占有相当大的市场份额，其产品的知名度已远远超出了行业范围。随着“84”消毒液知名度的提高，近年来，在全国各地相继出现了多家仿冒其产品名称生产同类产品的厂家，扰乱了市场秩序，损害了广大消费者的合法权益。为此，国家工商行政管理部门曾发函，要求对假冒“84”消毒液知名商品名称权的行为进行查处。由于该商品在市场上具有一定的知名度，属于为公众所知悉的商品，故应认定该商品为知名商品。

知名商品特有的名称，是指知名商品特有的与通用名称有显著区别的商品名称。知名商品特有的名称不需要任何部门的认定和授予，只要这种商品名称在市场上具有了区分相关商品的作用，就应认定具有了特有名称的意义。“84”作为一种消毒液的名称系由原告北京地坛医院最早使用，且系由原告的使用而知名。“84”一词已经与北京地坛医院及其研制生产的消毒液密切相关，不可分割，成为该商品的代表和象征，使公众看到这一名称时，立刻会与北京地坛医院联系在一起。故“84”已经具有了与其他相关商品相区别的显著特征，应认定“84”为原告生产的消毒液的特有名称。

从1984年至今，北京地坛医院作为“84”消毒液生产技术的研制者和该产品名称的最早使用者，其无论是委托劳动服务公司还是北京龙安医学技术开发公司生产、销售“84”消毒液，从未将权利转移或者转让，而仅仅是授权有关单位使用其研制的“84”消毒液的生产技术和该产品的名称生产、销售“84”消毒液。原告虽不是该产品的生产经营者，但由于其资金来源为差额补贴，根据国家有关政策精神，其完全有权委托他人生产、销售“84”消毒液，且不影响原告作为权利主体来主张权利。鉴于“84”消毒液产品名称为原告首先在国内消毒剂市场上使用，且自1985年投放市场至今，原告一直使用“84”消毒液名称从未间断，故原告依法享有该知名商品特有的名称权。

被告爱特福药物保健品公司仅在第三类商品上获得商标注册，商品使用范围仅限于沐浴露和洗涤剂，其在第五类商品上，即消毒液产品上并未取得“84”商标注册。被告爱特福药物保健品公司未经原告许可，擅自使用“84”

消毒液作为其产品名称在市场上销售自己生产的消毒液产品，足以造成与原告产品的混淆和消费者的误认，严重损害了原告的合法权益，其行为已构成不正当竞争，应承担相应的民事责任。原告要求其停止侵权、公开赔礼道歉、消除影响、赔偿损失，理由正当，本院应予支持。原告指控爱特福化工公司将有关"84"消毒液的技术转让给爱特福药物保健品公司无事实依据；北京庆余药品经营部系从合法、正式渠道购进的"爱特福牌84消毒液"，其在本案中没有过错。故爱特福化工公司、北京庆余药品经营部不应承担侵权责任。根据现有证据对原告的损失额与被告的获利额均不能准确计算并予以确认，本院根据最高人民法院1998年7月20日《关于全国部分法院知识产权审判工作座谈会纪要》的相关规定，并考虑本案的具体情况，酌情确定本案的赔偿数额。

综上，本院依照《中华人民共和国反不正当竞争法》第五条第一款第（二）项、第二十条第一款的规定，判决如下：

一、江苏爱特福药物保健品有限公司立即停止在其生产销售的消毒液上使用"84"作为其商品名称，停止在各媒体上以"84"消毒液为名称进行广告宣传；

二、江苏爱特福药物保健品有限公司于本判决生效之日起30日内，在《新民晚报》、《北京晚报》上，向北京地坛医院公开赔礼道歉；

三、江苏爱特福药物保健品有限公司于本判决生效之日起10日内，赔偿北京地坛医院经济损失25万元。

爱特福保健品公司不服原审判决，提出上诉，理由是：（1）原审判决认定"84消毒液"系由被上诉人的使用而成为知名商品属认定事实错误；被上诉人没有提供证据证明该技术如何市场化及在全国同类市场上占有的份额；"84消毒液"是因上诉人生产的"爱特福牌'84'消毒液"而知名。（2）"84"系同类消毒液产品的通用名称，不应认定为被上诉人所特有。（3）被上诉人不具备原告的诉讼主体资格。故请求撤销原判，驳回被上诉人的诉讼请求。

地坛医院答辩称：（1）"84"消毒液产品名称由"消毒液"的通用名称部分和"84"特有名称部分组成，与通用名称有显著区别，系答辩人生产的含氯消毒液产品的特有名称，而非所有含氯消毒液产品的通用名称。（2）"84"消毒液在市场上具有一定知名度，为相关公众所知悉，系知名商品。（3）答辩人依法具备本案的诉讼主体资格。（4）上诉人未经答辩人同意，在其消毒液产品上擅自使用"84"这一特有名称，构成不正当竞争。

【二审查明事实】

二审法院经审理认为：原审法院所查明的事实基本属实，但对影响本案处理结果的案件事实有所遗漏。

另查明，1984 年地坛医院的前身北京第一传染病医院研制成功"84"肝炎洗消剂后，先后在全国范围内转让该项技术达三十余家。各受让企业在其产品上均标明商标及"84"肝炎洗消液或"84"消毒液名称。1987 年 8 月 21 日，地坛医院亦与金湖化工厂签订《关于联合生产"84"肝炎洗消剂合同书》，约定地坛医院提供有关技术资料，保留本技术成果的所有权和转让权，但在江苏省长江以北及南京市范围内不得再行转让或联营；金湖化工厂支付科研经费 1 万元，并每年由本项产品纯利润中提取 10% 作为地坛医院联合生产的分得利润，每年十二月份结清。该联合生产合同只对"84"肝炎洗消剂技术成果的权利归属作出约定，并未约定该产品的其他知识产权等及归属。1988 年 3 月 14 日，金湖化工厂依合同约定向地坛医院支付了技术转让费 1 万元，并开始批量生产"84"消毒液。地坛医院和金湖化工厂以及多家企业以组成松散的"84"药械集团的形式进行宣传，推广"84"消毒液生产技术，扩大商品市场销售。1990 年 2 月，金湖化工厂依约支付地坛医院 2 310 元利润分成。1992 年前后，金湖化工厂以地坛医院违反合同约定，在江苏省长江以北及南京市再行转让"84"消毒液技术为由，未再向地坛医院支付产品利润分成。1992 年 7 月 2 日，金湖化工厂与香港励锵行合资成立爱特福药物保健品公司，生产销售"84"消毒液。

爱特福药物保健品公司于 1994 年 7 月获得江苏省卫生厅生产"84"消毒液卫生许可证，1997 年 8 月该卫生许可证获得复核。1999 年 10 月，该公司生产的"爱特福'84'消毒液"获得卫生部国产消毒剂和消毒器械卫生许可证批件。爱特福药物保健品公司对"爱特福'84'消毒液"产品的广告投入逐年增加。

1996 年 8 月 29 日，爱特福药物保健品公司向国家工商行政管理局商标局（以下简称商标局）申请在第五类商品上注册"84"商标。经商标局审查认为，该商标表示了本商品的型号、特点，于 1997 年 8 月驳回爱特福药物保健品公司的注册申请。

1999 年 1 月 29 日，由地坛医院出资设立的龙安公司也向商标局申请在第五类消毒剂上注册"龙安 84"商标。由于该商标中"84"直接表示了本商品的型号特点，商标局于 1999 年 4 月 8 日向龙安公司发出审查意见书，要求申请人龙安公司修正。由于龙安公司未作修正，该注册申请被商标局驳回。

另查明：1999 年 3 月，地坛医院向国家工商行政管理局商标评审委员会（以下简称商标评审委员会）申请撤销商标局误发给爱特福药物保健品公司在第五类（消毒剂类）商品第 1104561 号"84"商标注册证。地坛医院在申请书中称："84"消毒液技术已在国内转让达 38 家企业，在消毒液市场占有重要的一席之地，该类产品被统称为"84 消毒液"。

地坛医院在该申请书中还承认其将"84"消毒液注册了"龙安"牌商标，各受让企业也分别注册了商标，其中一受让企业武汉市口扬子洗消剂厂于1990 年 4 月 29 日向商标局申请拟在第五类商品中注册"84"牌，被商标局以商标法第八条第一款第（5）项即商标不得使用通用名称和图形的规定驳回。

1999 年 12 月 6 日，商标评审委员会以商评字（1999）第 2750 号《"84"商标驳回复审终局决定书》，驳回爱特福药物保健品公司在第五类消毒剂商品上申请注册"84"商标的复审申请。《"84"商标驳回复审终局决定书》称，经评审，申请商标"84"虽然已有图形变化，但仍能清晰认读。目前，市场上尚有其他企业生产的"84"消毒液销售，此种称谓已成为该种产品的俗称，不应由一家注册专用。该决定书已经发生法律效力。

还查明：2000 年 4 月 30 日，地坛医院向国家工商行政管理局公平交易局投诉市场中的假冒产品，请求保护"84"消毒剂产品的信誉。同年 5 月 30 日，国家工商行政管理局公平交易局向山东、河北、河南、江苏、湖南省工商行政管理局公平交易局（经济检查处）发出公函字〔2000〕第 26 号函，要求组织力量进行调查，依法严肃查处仿冒"84"消毒液的行为。经查，各地工商行政管理部门从未依据上述公函对爱特福药物保健品公司生产销售"爱特福牌'84'消毒液"的行为进行过查处。

2001 年 4 月 11 日，卫生部发布《卫生部关于印发健康相关产品命名规定的通知》，对包括消毒剂、消毒器械在内的健康相关产品的命名提出了要求。《健康相关产品命名规定》第四条第（三）项规定，健康相关产品命名必须符合的原则包括：名称由商标名、通用名、属性名三部分组成。截至 2002 年 9 月，已经获得卫生部卫生许可批件并在有效期内的"84"消毒液有五个，除龙安公司"龙安牌'84'消毒液"、爱特福药物保健品公司"爱特福牌'84'消毒液"外，尚有青岛剑盾洗消剂厂"剑盾牌'84'消毒液"、安徽省蚌埠防疫制品厂"亚康牌'84'消毒液"、南京江南消毒剂厂"众智牌'84'消毒液"等。

【二审审理结果】

二审法院认为：地坛医院虽然不是"84"消毒液产品的直接生产经营者，但是其事业单位的资金来源为差额补贴，其委托龙安公司生产销售"84"消毒液，并不违反国家法律规定。地坛医院与龙安公司达成的以地坛医院名义处理涉及"84"消毒液生产、研制开发及经营销售中的有关法律纠纷的约定，合法有效,因此,地坛医院依法享有本案原告诉讼主体资格。上诉人爱特福药物保健品公司关于地坛医院不具备原告诉讼主体资格的上诉理由缺乏事实和法律依据,本院不予支持。

根据《中华人民共和国反不正当竞争法》第五条第(二)项之规定,知名商品的特有名称应当受到法律保护,未经许可,任何人不得擅自使用他人知名商品的特有名称。本案涉及的"84"消毒液为知名商品,地坛医院和爱特福药物保健品公司均无异议,但双方对"84"是否为该商品的特有名称,谁的经营使"84"消毒液知名各执一词,尖锐对立,形成本案主要争议焦点。所谓知名商品的特有名称,是指不为相关商品所通用,具有显著区别性特征,并通过在商品上的使用,使消费者能够将该商品与其他经营者的同类商品相区别的商品名称,但已经注册为商标就不再具有知名商品特有名称的属性,而具有了注册商标权的专有性。特有名称又相对于商品的通用名称,商品的通用名称不能获得知名商品特有名称的独占使用权。判断通用名称时,不仅国家或者行业标准以及专业工具书、辞典中已经列入的商品名称,应当认定为通用名称,而且对于已为同行业经营者约定俗成、普遍使用的表示某类商品的名词,也应认定为该商品的通用名称。本案被上诉人地坛医院自1984年研制开发"84"肝炎洗消液(后更名为"84"消毒液)以来,向全国多家企业转让该技术,许可其生产销售"84"消毒液。在有关技术转让许可合同中,并未对"84"名称有何特殊约定,以至于"84"消毒液作为该类商品的名称被普遍使用,且各个受让企业均在使用该商品名称的同时,标明各自所使用的商标。目前市场上生产销售"84"消毒液企业获得的经卫生部批准的许可批件上,按照卫生部发布的《健康相关产品命名规定》的要求,其产品名称均是各生产企业的商标与"84"消毒液的文字组合,仅凭"'84'消毒液"的名称已不能区别该商品来源。区别该类产品的标志是各生产厂家的商标,而非"84"消毒液的商品名称,因此,地坛医院所提出的"84"消毒液为其知名商品的特有名称,进而由其专有的主张实难支持。

实际上双方当事人对"84"作为消毒液商品名称的使用状况是明知的,双方都为专有使用"84"的名称而向商标局申请将"84"注册为商标。特别应提到,地坛医院曾以"84"为消毒剂类商品的通用名称为由,向商标评审委员会申请撤销他人在第五类(消毒剂类)商品上注册"84"商标。地坛医院在商标注册争议过程中所认可的"84"为该类商品的通用名称的内容,如实地反映了"84"名称使用的真实情况,又对其反悔这种陈述并以知名商品特有名称起诉他人侵犯其民事权益的请求,具有一定的约束力。多年来,涉及"84"消毒液生产经销的卫生部、涉及"84"商标的注册争议的商标评审委员会等有关主管部门，也将"84"作为消毒剂的一种通用名称管理，或者认定"84"表现了本商品的型号特点不予注册商标。"84"消毒液已作为本行业普遍认可的商品名称所使用，除本案诉争的双方当事人以外，尚有其他企业经国家卫生行政部门批准合法使用该名称，因此，上诉人爱特福药物保健品公司关于"84"系同类消毒液产品的通用名称的上诉理由成立，本院应予支持。

　　综上，知名商品的特有名称依法受到保护，权利人有权制止他人未经许可擅自使用其知名商品特有名称进行不正当竞争的行为。但是本案诉争的"84"消毒液不是知名商品的特有名称，不能为一家所独占使用。原审判决对"84"消毒液是否为知名商品特有名称的事实认定不清，适用法律错误，应当予以纠正。本院为公正、合理解决双方当事人之间的纠纷，曾在诉讼中做了充分的调解工作，又给双方当事人安排自行协商解决纠纷的机会，但双方当事人仍各执己见，未能达成协议，故此，本院根据《中华人民共和国反不正当竞争法》第五条第（二）项、《中华人民共和国民事诉讼法》第一百五十三条第一款第（三）项的规定，判决如下：

　　一、撤销北京市高级人民法院（2001）高知初字第 79 号民事判决。

　　二、驳回北京地坛医院的诉讼请求。

　　三、原、二审案件受理费共计56 020元，由北京地坛医院承担。

78. 侵犯"新肤螨灵霜"商品名称、包装、装潢不正当竞争纠纷案

——济南东风制药厂有限公司诉江苏肤美灵化妆品总厂、虹雨集团公司等

原告（上诉人）：济南东风制药厂有限公司
被告（上诉人）：江苏肤美灵化妆品总厂
被告（被上诉人）：虹雨集团公司
被告（被上诉人）：泰州市肤美灵化妆品有限公司
被告（原审被告）：北京市新街口百货商场
案由：不正当竞争纠纷

原审案号：北京市第一中级人民法院（2001）一中知初字第 175 号
原审合议庭成员：马来客、苏杭、李燕蓉
原审结案日期：2002 年 11 月 8 日
二审案号：北京市高级人民法院（2003）高民终字第 120 号
二审合议庭成员：刘继祥、孙苏理、魏湘玲
二审结案日期：2003 年 4 月 21 日

【判决要旨】

行为人利用知名商品在消费者中的良好信誉，将其商品名称改为知名商品的名称，使消费者在不知情的情况下产生误认，这是一种违背公平、诚信的不正当竞争行为，应承担相应的民事责任。

【起诉与答辩】

原告济南东风制药厂有限公司（以下简称济南东风制药厂）诉称：原告于 1986 年通过技术转让方式取得授权后，在国内首家以"新肤螨灵霜"为产品名称生产杀螨护肤化妆品。后经不断改进工艺配方和临床试验，于 1991 年取得"健"字药品文号。新肤螨灵霜投放市场后，以良好的产品质量赢得广大消费者欢迎，先后获得中国新产品新技术博览会金奖、中国优质保健品金奖、山东省著名商标等多项荣誉。尤其在授权吉林九鑫药业作为该产品国内独家代理后，每年在宣传上投入的资金超过亿元，使新肤螨灵霜产品的知名度和销售量

均大幅度增加，在杀螨护肤产品中独占鳌头，占居绝对领先地位，成为无可争议的知名产品。被告江苏肤美灵总厂主要产品是肤美灵系列化妆品，技术来源与原告同出一家，产品名称分别为肤美灵嫩肤霜、肤美灵洗面奶等，是原告主要竞争对手。由于近年来新肤螨灵霜凭借巨大宣传投入和良好的产品信誉，在市场上知名度日益提高。出于利益驱动，自 2000 年以来，江苏肤美灵化妆品总厂（以下简称江苏肤美灵总厂）"毅然"摒弃其经营多年的产品名称，采用与原告产品相同的名称和相似的包装、装潢，将自己的肤美灵系列产品一变成为新肤螨灵霜系列产品，利用原告产品的知名度进行不正当竞争。虹雨集团公司（以下简称虹雨集团）、江苏肤美灵总厂、泰州市肤美灵化妆品有限公司（以下简称泰州肤美灵公司）组成基本相同，办公地点同为一处。在本案的侵权行为中，具体生产销售由泰州肤美灵公司实施，对外则利用虹雨集团和江苏肤美灵总厂的名义生产和销售，属于共同侵权。原告认为，江苏肤美灵总厂的行为系利用原告产品的知名度，使消费者产生混淆误认，从而攫取非法利益，属于典型的不正当竞争行为。北京市新街口百货商场（以下简称新街口商场）销售侵权产品，亦应承担相应责任。故请求法院判令：（1）被告新街口商场停止销售侵权产品，被告江苏肤美灵总厂、虹雨集团、泰州肤美灵公司停止侵权；（2）被告江苏肤美灵总厂、虹雨集团、泰州肤美灵公司公开致歉，消除影响；（3）被告江苏肤美灵总厂、虹雨集团、泰州肤美灵公司赔偿原告经济损失300 万元；（4）四被告承担本案律师费、诉讼费、保全费等费用。

被告江苏肤美灵总厂、被告虹雨集团、被告泰州肤美灵公司辩称：（1）原告诉称的新肤螨灵霜产品不是知名商品，不能获得合法保护；（2）"新肤螨灵霜"不是特有名称，不能获得保护；（3）原告的诉称无事实与法律依据；（4）原告要求三被告承担连带责任，无依据。

被告新街口商场未作答辩。

【原审查明事实】

原审法院经审理查明：1986 年 6 月 17 日，济南东风制药厂与青岛医学院皮肤病研究所签订合同，青岛医学院向济南东风制药厂有偿转让新肤螨灵（肤螨灵第二代）配方和生产工艺，济南东风制药厂以化妆美容产品出售，并享有国内独家生产经营权。

1991 年 8 月 1 日，山东省卫生厅同意济南东风制药厂研制的中药保健品新肤螨灵霜按所附质量标准生产，批准生产文号为"鲁卫药健字（91）-03"；质量标准载明该产品具有杀螨、抑菌、消炎、止痒作用。1996 年 3 月 15 日，山东省卫生厅要求有关药品生产企业，自同年 4 月 1 日起按新的批准文号和执行标准安排生产，济南东风制药厂生产的新肤螨灵霜的批准文号为鲁卫药健字[1995]第 0062 号。

1992 年、1993 年，济南东风制药厂生产的扬帆牌新肤螨灵霜荣获中国优质保健产品金奖、中国新产品新技术博览会金奖、山东省著名商标证书、1993 年度国家级新产品、93 山东青年科技经贸博览会金奖。2000 年 10 月，中国保健科技学会、中国名牌商品协会、中国调查统计事务所组办的 2000 年（首届）中国保健品"无假冒无投诉"调查活动中，济南东风制药厂生产的新肤螨灵霜"的品牌知名度、品牌忠诚率、质量投诉率、服务满意度等指标名列前茅，被列为本次活动的十大品牌并获荣誉证书。

1994 年 5 月 21 日，济南东风制药厂注册取得第 690135 号商标，商标为"扬帆"中文、拼音文字及帆船图案，核定使用商品为新肤螨灵霜，注册有效期限自 1994 年 5 月 21 日至 2004 年 5 月 20 日。

2000 年 4 月 14 日的化妆品周刊第 3 版登载的 2000 年 1～2 月份护肤系列电视广告投放费用、时长前十名排行榜中，济南东风制药厂生产的新肤螨灵霜名列第 2 名，广告费用为 26 321 261 元，时长 131 176 秒；电视广告次数前十名排行榜中，该"新肤螨灵霜"名列第 3 名，次数为 3 680 次。

2000 年 6 月 27 日，国家工商行政管理局公平交易局以公函字[2000]第 33 号文件发往全国各省、自治区、直辖市工商行政管理局公平交易局，认为山东省工商行政管理局对江苏肤美灵总厂仿冒了济南东风制药厂新肤螨灵霜商品特有的包装装潢的不正当竞争行为的定性符合《中华人民共和国反不正当竞争法》有关规定，要求各局立即开展调查，依法严肃处理，并报处理结果。

2000 年 8 月 15 日，济南东风制药厂改制为济南东风制药厂有限公司。

2000 年 8 月 30 日至 2001 年 6 月 13 日，吉林九鑫实业有限责任公司在《扬子晚报》登载的原告生产的新肤螨灵霜广告载明"本品不含激素"。

2001 年 5 月 30 日、6 月 22 日以及 7～8 月，扬帆牌新肤螨灵霜在贵州有线电视台、重庆晨报、江西卫视一套刊播（登）的广告因未经审批、异地未换号、使用过期文号等原因分别被国家药品监督局查处。2002 年 3 月 1 日，江苏省药品监督管理局向济南东风药厂发出《关于停止在江苏省境内发布济南东风制药厂新肤螨灵霜药品广告的通知》，理由是江苏省药品检验所抽查检验标示为山东济南东风制药厂的批号 0110222 的新肤螨灵霜含有处方中没有的醋酸地塞米松和地塞米松成分。上海电视台、《南京晨报》等媒体对原告新肤螨灵霜产品的说明书及是否含有激素等问题进行过报道。

2002 年 3 月 18 日，山东省工商行政管理局在鲁工商公字[2002]80 号文中认定济南东风制药厂有限公司产品新肤螨灵霜为知名商品、"新肤螨灵霜"

为该知名商品的特有名称，并依法予以保护。

2002 年 4 月 17 日，江苏省泰州工商行政管理局向泰州市广源堂大药房发出行政处罚决定书，称其销售的济南东风制药厂生产的新肤螨灵霜外包装标注的"日内瓦第十四届国际发明展览会银质奖牌"与该产品实际情况不符，构成虚假表示，故对其销售行为给予行政处罚。

2001 年 5 月 18 日，原告委托代理人在新街口商场购买被告虹雨集团·江苏肤美灵总厂生产的新肤螨灵霜产品，中华人民共和国长安公证处对购买过程及所购物品的封存过程进行了公证。

济南东风制药厂的新肤螨灵霜产品的外包装为：（1）粉红色正方形盒。（2）盒盖印有已注册的扬帆商标的中文、拼音字样及图形，图形左上角为 R。（3）盒的 4 个侧面斜穿双黄直线，其中：1 个盒面的双黄线上面为白底灰框的椭圆形，椭圆形里的灰色字母为 XFML、粉红字母为 Cream；椭圆形右下角紧贴一条与双黄线平行的灰线，灰线与双黄线之间的白色字样为"新肤螨灵霜"，双黄线下面的黑色字样为净含量：20 克；1 个盒面的双黄线上部为产品说明、批准文号及批号，双黄线下部为中国济南东风制药厂山东及网址，上述文字均为黑色字样；1 个盒面的双黄线中间为白底灰框圆形标志，标志下方注明为日内瓦第十四届国际发明展览会银质奖牌，标志的右下角为红底白框的正方形，框内的白色字样为"外"；最后 1 个盒面的双双黄线下部的黑色字样为英文说明，中间的灰白双色字母为 Cream。内包装瓶为圆型，粉红色，瓶柱体与瓶盖和瓶底的边角圆滑，瓶盖与瓶体交接处有两道金线，瓶盖上有"扬帆"文字商标及图形，瓶体上有"新肤螨灵霜"字样，字样旁标明"净含量：20 克"，字样下有拼音 XINFUMANLINGSHUANG。

虹雨集团·江苏肤美灵总厂生产的第一代新肤螨灵霜产品的外包装为：（1）粉红色正方形盒。（2）颜色比原告包装盒使用的颜色略浅。（3）盒盖贴有肤美灵（繁体）防伪商标。（4）盒的 4 个侧面斜穿 3 条黄线，其中：1 个盒面的黄线上面为白底灰框的椭圆形，椭圆形里的灰色字母为 XFML、粉红字母为 Cream；椭圆形右下角紧贴一条与双黄线平行的灰线，灰线与黄线之间字体较小的黑色字样为肤美灵（繁体）R、字体较大的白色字样为"新肤螨灵霜"，黄线下面的黑色字样为"净含量：20 克"；1 个盒面的黄线上部为产品说明，黄线下部为"虹雨集团·江苏肤美灵化妆品总厂制造"及地址等，上述文字均为黑色字样；1 个盒面的黄线中间为白底灰框圆形标志，标志下方注明为十四届日内瓦国际发明展览会银质奖的科技成果应用产品，标志的右下角为红底白框的正方形，框内的白色字样为新；最后 1 个盒面的黄线下部的黑色字样为英文说明，中间的白灰双色字母为 Cream。（5）盒的底部为生产许可证号、批号等及条形码。第二代产品外包装的颜色、形状、盒盖及盒底的设计未作改变。盒的每 2 个侧面斜穿 3 条黄色曲线,其中:1 个盒面的黄色上部为灰色字母 Skinice、字母下面的黑色字样为肤美灵(繁体)R、白色字样为"新肤螨灵霜",黄线下部的黑色字样为"净含量:20 克";1 个盒面的黄线上部为产品说明,黄线下部为虹雨集团·江苏肤美灵化妆品总厂制造及地址等,上述文字均为黑色字样;1 个盒面的黄线上部字体较小的黑色字母"NEW"和"Cream"之间为字体较大的白色字母"SKINICE",黄线下部为英文说明;最后 1 个盒面的黄线下部为白色圆形标志,标志下方注明为十四届日内瓦国际发明展览会银质奖的科技成果应用产品,标志的右下角为红底白边的圆形,圆内的白色字样为"新"。第三代产品的金色外包装与前二代产品外包装差异显著,产品名称为肤美灵牌新肤螨灵霜。三代产品的内包装瓶一致,均为圆型,粉红色,颜色比原告内包装瓶使用的颜色略浅;瓶柱体与瓶盖和瓶底的边角圆滑,瓶盖与瓶体交接处有两道金线,瓶盖上有 Skinice 商标,瓶体上有"新肤螨灵霜"字样,字样旁标明"净含量:20 克",字样下有 SKINICE CREAM 文字。

肤美灵牌新肤螨灵系列产品价目表载明:20 克的塑料瓶装新肤螨灵霜的货号为螨 – 201,每箱 200 瓶,含税批发价为 38 元/瓶;30 克的真空瓶装新肤螨灵霜的货号为螨 – 202,每箱 72 瓶,含税批发价为 40 元/瓶。

庭审中,江苏肤美灵总厂确认:2000 年 3 月,该厂开始生产粉色包装的新肤螨灵霜,6 月初将粉红色包装改为金黄色包装。自 2000 年 4 月 3 日至 7 月 18 日,该厂生产的粉红色包装盒新肤螨灵霜销售量为 88 746 瓶,价值 939 537 元;自 2000 年 7 月至 2001 年 12 月,金黄色包装盒新肤螨灵霜生产销售量为 725 000 瓶,价值 870 万元。

1999 年 7 月 14 日江苏肤美灵总厂与泰州肤美灵公司签订固定资产租赁协议书及附件,其内容为江苏肤美灵总厂将附件所列设备和房屋租赁给泰州肤美灵公司使用,租赁期限 10 年,年租金为泰州肤美灵公司当年税前利润的 15%。

另查,新街口商场在销售肤美灵牌新肤螨灵霜之前,审查了虹雨集团的全国工业产品生产许可证、江苏肤美灵总厂 1999 年 6 月以来的生产销售账目的企业法人营业执照、化妆品生产企业卫生许可证、销售代理委托书、"肤美灵"(繁体字)商标的商标注册证及江苏省卫生防疫站对该产品的检验报告、北京市销售化妆品卫生审核证明。

在本案审理过程中,本院根据原告申请,于 2001 年 8 月 7 日作出 (2001) 一中知初字第 175 号民事裁定书,裁定查封江苏肤美灵总厂 1999 年 6 月以来的生产销售账目。但在执行过程中,江苏肤美灵总厂未予配合,致使裁定未予执行。原告通过本院支付了随同前往协助查封账目的审计人员的劳务费 2 000 元。原告主张其新肤螨灵霜产品每瓶（20 克）单价 46 元，利润为 28.08 元。

【原审审理结果】

原审法院认为：根据《中华人民共和国反不正当竞争法》的规定，擅自使用知名商品的特有名称及包装、装潢，构成不正当竞争。一种商品是否属于知名商品，应根据其投入市场的时间、销售量、广告费用的投入等因素来进行判断。知名商品并不一定是非常著名的商品，只要该商品具备一定的知名度，别人使用该商品的特有名称及包装装潢有可能使消费者产生混淆并有可能无偿占有权利人为该商品的知名度所付出的努力，该商品就可以认定为知名商品。原告自 1991 起开始生产新肤螨灵霜产品并投入市场。根据已查证的事实，原告的新肤螨灵霜产品先后获得多次奖项及荣誉证书，并进行了相当数量的广告宣传，应认定为知名商品。被告江苏肤美灵总厂、虹雨集团、泰州肤美灵公司主张原告的新肤螨灵霜产品因广告手续不合法、说明书存在虚假表示等问题曾被行政管理部门查处及被媒体曝光，不应认定为知名商品。对此，本院认为，被告江苏肤美灵总厂、虹雨集团就此所举证据中所反映的问题虽会对原告新肤螨灵霜产品的声誉产生一定的负面作用，但这些问题尚不足以对原告产品的知名度及影响力产生大的冲击和影响，且原告产品被曝光及查处的规模和地域范围有限，不能据此否定原告的新肤螨灵霜产品为知名商品这一客观事实。故被告江苏肤美灵总厂、虹雨集团、泰州肤美灵公司的相关主张本院不予支持。

原告在诉讼中主张"新肤螨灵霜"为其产品的特有名称。根据 1990 年 8 月 29 日实施的卫生部《关于进一步加强药品标准及名称管理的通知》的规定，国家药品标准和省、自治区、直辖市卫生厅（局）药品标准中收载的药品名称即为法定名称，也是通用名称。根据已查证的事实，原告的新肤螨灵霜产品于 1991 年即获得山东省中药保健药品的质量标准，1996 年再次获得山东省新的药品批准文号。因此，原告产品使用的"新肤螨灵霜"已成为药品的通用名称，原告对其不享有专有权。虽然现行《中华人民共和国药品管理法》系于 2001 年 12 月开始实施，卫生部《关于进一步加强药品标准及名称管理的通知》是依照修改前的《中华人民共和国药品管理法》作出的，但该通知规定的内容并未废止。且在《中华人民共和国药品管理法》修改前，原告的产品名称已成为通用名称，不可能因《中华人民共和国药品管理法》的修改而重新成为特有名称。根据以上理由，"新肤螨灵霜"不能作为原告产品的特有名称予以保护。原告主张被告使用"新肤螨灵霜"作为产品名称的行为构成不正当竞争，不能成立。

　　关于原告新肤螨灵霜产品的包装、装潢。原告产品的粉红色外包装盒的图案、色彩均具有特色，且对消费者选择商品具有识别作用，属于原告商品的特有包装、装潢。原告产品的粉红色内包装瓶的形状、图案、色彩亦具有特色，且在图案与色彩上与产品外包装盒的包装、装潢相配套。消费者在挑选此类商品时，经常会有将样品或已购商品的外包装盒开启进行检查的情况，故内包装瓶的外观对消费者识别产品也产生一定的影响。同时，此类产品在使用过程中一般是内包装瓶单独使用，其他经营者在同类产品上使用与原告相同的内包装瓶，会降低原告产品的显著性，给原告的权益造成损害。故原告产品的内包装瓶的形状、图案、色彩亦属于其产品的包装、装潢。在原告的新肤螨灵霜产品属于知名商品的情况下，该产品的包装、装潢受法律保护，其他经营者未经原告许可不得擅自使用，否则构成不正当竞争。

　　肤美灵牌新肤螨灵霜表明的生产厂商为被告江苏肤美灵总厂、虹雨集团，故被告江苏肤美灵总厂、虹雨集团应被认定为该产品的制造者。原告虽主张泰州肤美灵公司也是该产品的制造者，但在该产品标明的厂商仅为被告江苏肤美灵总厂、虹雨集团的情况下，原告对其主张负有举证责任。原告在诉讼中提供的证据仅为该厂与江苏肤美灵总厂签订的固定资产租赁协议书及附件。该协议仅涉及固定资产和设备的租赁，并无合作生产新肤螨灵霜产品的内容。原告提交的证据25（虹雨集团出库单）上虽有泰州肤美灵公司的财务专用章，但原告未说明该证据来源，故其真实性无法认定。同时，仅凭产品的出库单亦不能证明该公司从事了被控侵权产品的生产和销售行为。故原告有关泰州肤美灵公司也是被控侵权产品制造者的主张不能成立，本院不予支持。

　　被告江苏肤美灵总厂、虹雨集团制造的肤美灵牌新肤螨灵霜第一代和第二代产品的粉红色外包装盒的大小、形状与原告的产品完全相同，构图及色彩与原告基本相似。因双方产品名称相同，普通消费者不经仔细辨认，极易对双方产品产生混淆。被告江苏肤美灵总厂、虹雨集团在其新肤螨灵霜产品上使用与原告相近似的包装、装潢，该行为侵犯了原告的合法权益，其行为构成不正当竞争。被告江苏肤美灵总厂、虹雨集团的第三代产品使用的金黄色外包装盒与原告产品外包装盒的外观差异较大，但该产品的内包装瓶与原告产品内包装瓶的外观相近似。如上所述，此类产品内包装瓶的外观对消费者购买商品有一定的引导作用，被告江苏肤美灵总厂、虹雨集团在其产品上使用与原告相同的内包装瓶，会使消费者在一定程度上产生误认，并降低原告产品的显著性。特别在双方产品名称相同且原告产品属于知名商品的情况下，被告江苏肤美灵总厂、虹雨集团应负有义务使自己产品内、外包装外观与原告的相区别，以免对原告的权益造成损害。被告未尽此义务，在其第三代产品的内包装瓶上使用了与原告产品相近似的包装、装潢，其行为同样构成不正当竞争。

对于产品的销售商来说，只要其履行了必要的注意义务，即便销售了侵权产品，亦不应承担侵权责任。必要的注意义务应体现在对其销售的产品的来源、合法性、权利证明等内容进行了形式上的审查。新街口商场虽销售了被告江苏肤美灵总厂、虹雨集团生产的侵权产品，但根据被告新街口商场出具的证据，可以认定其在销售肤美灵牌新肤螨灵霜之前，对该产品的有关内容进行了审查，履行了必要的注意义务。因此，新街口商场主观上不具备过错，不应承担侵权责任，但负有停止销售侵权产品的义务。

根据以上理由，被告江苏肤美灵总厂、虹雨集团在其生产、销售的肤美灵牌新肤螨灵霜产品上，使用与原告扬帆牌新肤螨灵霜产品相近似的包装、装潢，其行为构成不正当竞争。两被告生产、销售的使用与原告扬帆牌新肤螨灵霜产品相近似的包装、装潢的产品，属于侵权产品。被告江苏肤美灵总厂、虹雨集团应承担侵权责任。被告江苏肤美灵总厂、虹雨集团应停止侵权行为，向原告公开赔礼道歉、消除影响，赔偿因其侵权行为给原告造成的经济损失。关于赔偿数额，本院曾裁定查封被告江苏肤美灵总厂的生产销售账目，以确定其生产、销售侵权产品的数量和利润，但江苏肤美灵总厂未予配合，致使裁定无法执行。江苏肤美灵总厂虽在诉讼过程中出具了其两种包装的产品的生产数量及价值，但未对其陈述提供证据予以证明。根据原告所举证据，使用粉红色外包装盒的侵权产品在 2001 年 5 月间仍有销售。故江苏肤美灵总厂主张其自2000 年 7 月起不再生产使用粉红色外包装盒的侵权产品，对此该厂应负举证责任。江苏肤美灵总厂未举出相关证据，对其主张本院不予认定。由于江苏肤美灵总厂不执行本院的裁定，致使侵权产品的利润、使用两种包装盒的侵权产品各自的数量等内容无法查清。对此被告江苏肤美灵总厂、虹雨集团应承担不利后果，且原告主张的赔偿数额远低于江苏肤美灵总厂自己所承认的其生产的侵权产品的价值，对原告主张的损失数额本院予以认定，对其相关诉讼请求本院予以支持。原告虽主张对方赔偿自己的律师费，但未提供付费收据等证据，对原告的该项主张本院不予支持。

综上所述，依照《中华人民共和国民法通则》第一百三十四条第一款第（九）项、第（十）项及《中华人民共和国反不正当竞争法》第五条第（二）项之规定，判决如下：

一、被告江苏肤美灵化妆品总厂、虹雨集团公司自本判决生效之日起，立即停止不正当竞争行为；

二、被告江苏肤美灵化妆品总厂、虹雨集团公司自本判决生效之日起 30日内，在《法制日报》上刊登声明，就其不正当竞争行为向原告济南东风制药厂有限公司公开赔礼道歉、消除影响；

三、被告江苏肤美灵化妆品总厂、虹雨集团公司自本判决生效之日起 10 日内，共同赔偿原告济南东风制药厂有限公司经济损失人民币 300 万元；

四、被告北京市新街口百货商场自本判决生效之日起，立即停止销售被告江苏肤美灵化妆品总厂、虹雨集团公司制造的侵权产品；

五、驳回原告济南东风制药厂有限公司其他诉讼请求。

济南东风制药厂不服原审判决，提出上诉，其理由为：(1)"新肤螨灵霜"是济南东风制药厂知名商品，也应当是特有名称。(2)泰州肤美灵公司侵权事实清楚，应当与江苏肤美灵总厂和虹雨集团共同承担侵权责任。请求二审法院在查明事实的基础上依法改判。

江苏肤美灵总厂不服原审判决，提出上诉，其理由为：(1)原审判决认定济南东风制药厂的产品为知名产品与事实不符。关于济南东风制药厂支付审计人员劳务费问题，江苏肤美灵总厂并不知情。一审法院对此所作判决程序违法。江苏肤美灵总厂在一审期间提交了该厂已于 2000 年 3 月停止使用原产品包装的相关证据，但一审判决却未作认定。(2)原审判决适用法律错误。济南东风制药厂在其产品"新肤螨灵霜"包装上对产品质量作了明显引人误解的虚假表示，还进行虚假宣传。原审法院不顾客观事实认定济南东风制药厂的"新肤螨灵霜"为知名商品，明显存在适用法律错误。(3)江苏肤美灵总厂在本案审理期间已经向法院提交了其生产的两种所谓被控侵权产品的包装盒数量及价格的相关证据。因此，原审判决以江苏肤美灵总厂不执行法院裁定致使侵权产品利润及侵权产品数量等内容无法查清为由，判决江苏肤美灵总厂和虹雨集团应承担不利后果，缺乏事实和法律依据。鉴于原审判决在认定事实和适用法律上均存在错误，故请求二审法院撤销原审判决，并根据济南东风制药厂生产和销售的"新肤螨灵霜"产品的非法性，依法驳回济南东风制药厂的诉讼请求。

新街口百货公司、虹雨集团和泰州肤美灵公司服从原审判决。

【二审查明事实】

二审法院经审理查明：1986 年 6 月 17 日，济南东风制药厂（原济南东风制药厂，该厂于 2000 年 8 月 15 日改制为济南东风制药厂有限公司，简称为济南东风制药厂）与青岛医学院皮肤病研究所签订合同，青岛医学院向济南东风制药厂有偿转让新肤螨灵（肤螨灵第二代）配方和生产工艺，济南东风制药厂以化妆美容产品生产、出售，并享有国内独家生产经营权。

1991 年 8 月 1 日，山东省卫生厅同意济南东风制药厂研制的中药保健品"新肤螨灵霜"按所附质量标准生产，批准生产文号为"鲁卫药健字（91）－

03";质量标准载明该产品具有杀螨、抑菌、消炎、止痒作用。1996 年 3 月 15 日,山东省卫生厅要求有关药品生产企业,自同年 4 月 1 日起按新的批准文号和执行标准安排生产,济南东风制药厂生产的"新肤螨灵霜"的批准文号为鲁卫药健字〔1995〕第 0062 号。

1992 年、1993 年,济南东风制药厂生产的扬帆牌"新肤螨灵霜"荣获中国优质保健产品金奖、中国新产品新技术博览会金奖、山东省著名商标证书、1993 年度国家级新产品、93 山东青年科技经贸博览会金奖。2000 年 10 月,中国保健科技学会、中国名牌商品协会、中国调查统计事务所组办的 2000 年(首届)中国保健品"无假冒无投诉"调查活动中,济南东风制药厂生产的"新肤螨灵霜"的品牌知名度、品牌忠诚率、质量投诉率、服务满意度等指标名列前茅,被列为本次活动的十大品牌并获荣誉证书。

2000 年 4 月 14 日的化妆品周刊第 3 版登载的 2000 年 1~2 月份护肤系列电视广告投放费用、时长前十名排行榜中,济南东风制药厂生产的"新肤螨灵霜"名列第 2 名,广告费用为 26 321 261 元,时长 131 176 秒;电视广告 3 680 次,为前十名排行榜第三名。

2002 年 3 月 18 日,山东省工商行政管理局在鲁工商公字〔2002〕80 号文中认定济南东风制药厂产品"新肤螨灵霜"为知名商品、"新肤螨灵霜"为该知名商品的特有名称,并依法予以保护。

2001 年 5 月 18 日,济南东风制药厂在长安公证处公证员在场的情况下从新街口百货公司购得江苏肤美灵总厂生产的化妆品"新肤螨灵霜",并由公证员对该购买及封存过程进行了公证。

济南东风制药厂的药品"新肤螨灵霜"的外包装为粉红色正方形纸盒,内包装为粉红色圆型塑料瓶。

江苏肤美灵总厂为化妆品生产企业。该厂产品来源于青岛医学院皮肤病研究所与扬州美容化妆品厂和泰兴县技术咨询服务部 1987 年 10 月 1 日签订的关于肤美灵嫩肤霜科研成果转让协议书。其生产的系列护肤产品名称自投放市场至 2000 年 3 月一直为"肤美灵",该厂还注册了繁体字"肤美灵"商标。

江苏肤美灵总厂于 2000 年 4 月将其产品"肤美灵"改名为"新肤螨灵霜",与济南东风制药厂生产的药品"新肤螨灵霜"名称完全相同。江苏肤美灵总厂生产的第一代和第二代化妆品"新肤螨灵霜"外包装为粉红色正方形纸盒,颜色比济南东风制药厂生产的药品"新肤螨灵霜"包装盒颜色略浅。江苏肤美灵总厂生产的第三代化妆品"新肤螨灵霜"的外包装为金色,与前两代产品外包装差异显著。上述三代产品的内包装均为圆型粉红色塑料瓶,瓶体比济南东风制药厂生产的药品"新肤螨灵霜"粉红色内包装瓶稍大,颜色略浅。江苏肤美灵总厂的产品瓶盖上印有注册商标"Skinice"，瓶体上有产品名称"新肤螨灵霜"。

江苏肤美灵总厂与泰州肤美灵公司为租赁关系。

新街口百货公司在销售江苏肤美灵总厂生产的化妆品"新肤螨灵霜"之前，审查了该厂的企业法人营业执照、化妆品生产企业卫生许可证、"肤美灵"（繁体字）商标的商标注册证及江苏省卫生防疫站对该产品的检验报告、北京市销售化妆品卫生审核证明等。

原审法院在审理本案期间，根据济南东风制药厂的申请，于2001年8月7日以（2001）一中知初字第175号民事裁定书，查封江苏肤美灵总厂1999年6月以来的生产销售账目。在执行过程中，因江苏肤美灵总厂不予配合，致使该裁定未能执行。济南东风制药厂通过法院支付了随同前往协助查封账目的审计人员劳务费2 000元。

另查明，根据2001年4月12日卫生部发布的卫法监发〔2001〕109号《卫生部关于印发健康相关产品命名规定的通知》的规定，健康相关产品命名必须符合国家有关法律、法规、规章、标准、规范的规定，禁止使用已经批准的药品名称。该规定自发布之日起实施，在此之前对健康相关产品命名与该规定不一致的，在卫生许可批件有效期内允许使用，但在换发卫生许可批件时应按该规定更改。江苏肤美灵总厂生产的化妆品"新肤螨灵霜"属于健康相关产品，2002年9月23日，该厂经江苏省卫生厅批准换发"化妆品生产企业卫生许可证"，证号为：（90）卫妆准字07－XK－0003。该厂在换发卫生许可证至今生产、销售的"肤美灵"牌化妆品仍然使用已被列入国家药品名称的"新肤螨灵霜"。

【二审审理结果】

二审法院认为：本案争议涉及济南东风制药厂生产的"新肤螨灵霜"是否为知名商品；济南东风制药厂与江苏肤美灵总厂诉前已有的有关产品虚假宣传和假药争议尚在有关行政机关查处之中，法院应否重复审理；济南东风制药厂生产的"新肤螨灵霜"的名称是否为特有名称，该商品的包装、装潢是否为特有包装装潢；江苏肤美灵总厂生产的化妆品使用"新肤螨灵霜"名称及包装、装潢是否构成对济南东风制药厂的不正当竞争，如何确定赔偿数额等问题。

关于济南东风制药厂生产的"新肤螨灵霜"是否为知名商品问题。对知名商品的保护，属反不正当竞争法调整的范围。由于我国法律、法规目前对知名商品的定义、认定标准尚无具体规定，故法院和有关行政执法部门在审理和查处侵犯商标权及不正当竞争纠纷时，应当根据个案的具体情况对涉案商品是否为知名商品作出认定。认定某一商品是否知名，应当参照该商品上市时间长短、在相同或类似商品中的市场占有率高低、生产厂家为该产品投入的宣传广告覆盖区域大小及费用多少、消费者对该产品的知晓程度及使用效果满意率的高低等综合指标。就本案而言，济南东风制药厂生产的"新肤螨灵霜"已投放市场十几年，其为该产品投入了大量的宣传广告费用，该产品行销全国大部分省市和地区，且已经在消费者中具有较高的知名度和使用满意率。济南东风制药厂向法院提供的有关部门所作广告调查结果及该产品曾多次获得相关奖项及荣誉证书对上述事实给予了充分证明。因此，济南东风制药厂生产的"新肤螨灵霜"应为知名商品。且该产品在本案诉讼期间已被山东省工商行政管理局认定为知名商品。关于济南东风制药厂对其生产的药品"新肤螨灵霜"是否进行了虚假宣传，以及该行为是否影响"新肤螨灵霜"产品的合法性问题，现有证据证明在本案成讼之前，卫生部已经责成有关部门立案查处。鉴于此，江苏肤美灵总厂所提济南东风制药厂对其产品"新肤螨灵霜"所含药物成分进行虚假宣传损害消费者利益，该商品并非知名商品而是假药的上诉理由本院不予审理，其该项上诉请求不予支持。

关于"新肤螨灵霜"是否为特有名称问题。在医药卫生行业，已为国家药典、卫生部部颁药品标准和省、自治区、直辖市药品标准收载的药品名称，均为法定名称，也称通用名称。"新肤螨灵霜"早已由济南东风制药厂向国家医药卫生管理部门申报并被批准其质量标准，该药品名称业已被载入药品标准。因此，一审法院认定"新肤螨灵霜"为药品的通用名称并无不当。济南东风制药厂上诉请求将"新肤螨灵霜"作为特有名称予以保护于法无据，本院不予支持。

知名商品的包装、装潢是否为特有的包装、装潢，应当注重该商品包装、装潢的"特有性"，即与其他商品包装、装潢相比较所具有的"显著区别性"。济南东风制药厂主张其生产的"新肤螨灵霜"的包装、装潢是特有的包装、装潢，更多的是强调江苏肤美灵总厂产品的内外包装盒与其产品内外包装盒形状和颜色相近似。但是，济南东风制药厂的产品虽为药品，但多年来一直被消费者作为护肤品使用。该产品内外包装盒的形状、颜色在护肤品中是普通、常见的。对于消费者在认购时，该商品包装、装潢的形状和颜色并不具有显著的区别特征，消费者对该商品的识别注意力主要体现在其已经熟知的"新肤螨灵霜"这一商品名称上。济南东风制药厂生产的"新肤螨灵霜"虽为知名商品，但该商品的包装、装潢缺乏特有性，因此，不能作为特有包装、装潢予以保护。江苏肤美灵总厂生产的"肤美灵"牌"新肤螨灵霜"的包装、装潢虽与济南东风制药厂生产的"扬帆"牌"新肤螨灵霜"的包装、装潢的形状、颜色相近似，但并不足以由此使消费者对济南东风制药厂的产品和江苏肤美灵总厂的产品产生误认。一审法院认定济南东风制药厂的"新肤螨灵霜"产品包装、装潢为特有包装、装潢证据不足。江苏肤美灵总厂就此所提上诉理由成立，应予支持。

由于济南东风制药厂的"扬帆"牌"新肤螨灵霜"投放市场时间远远早于江苏肤美灵化妆品总厂的"肤美灵"牌"新肤螨灵霜"，且济南东风制药厂的"扬帆"牌"新肤螨灵霜"在消费者中已经具有较高的知名度和使用满意率，才使得消费者在购买该商品时注意辨认的则是已经熟知的"新肤螨灵霜"这一商品名称。而江苏肤美灵总厂在明知济南东风制药厂的"新肤螨灵霜"已为消费者所熟知，该产品为知名商品已经是客观事实的情况下，将其多年来名称为"肤美灵"的护肤产品，改为与济南东风制药厂的产品"新肤螨灵霜"完全相同的名称，足以使消费者在购买济南东风制药厂的"新肤螨灵霜"时产生误认。江苏肤美灵总厂在卫生部有关行政法规颁布实施后换发卫生许可证时，不顾化妆品禁止使用药品名称之强制性规定，继续使用"新肤螨灵霜"名称。江苏肤美灵总厂这一行为具有明显的搭知名商品便车之故意，有悖于经营者在市场交易中应当遵循的公平、诚实信用原则和商业道德，构成对济南东风制药厂的不正当竞争，损害了济南东风制药厂的合法利益。一审法院对此未作认定显属不当。济南东风制药厂请求判令江苏肤美灵总厂不得使用"新肤螨灵霜"这一商品名称、公开赔礼道歉、消除影响、赔偿经济损失理由正当，应予支持。虹雨集团虽不是侵权产品的生产厂家，但其在江苏肤美灵总厂生产的侵权产品包装上冠名，此行为与江苏肤美灵总厂构成共同侵权，应当与江苏肤美灵总厂共同承担侵权责任。泰州肤美灵公司与江苏肤美灵总厂仅为财产租赁关系，济南东风制药厂并无确凿证据证明泰州肤美灵公司生产、销售涉案侵权产品。济南东风制药厂请求追究泰州肤美灵公司承担侵权责任缺乏事实和法律依据，本院不予支持。

关于损失赔偿数额的确定问题。江苏肤美灵总厂未向法院提供其非法获利的有效证据，济南东风制药厂也未对其实际损失数额提供可信的计算依据。在此情况下，原审法院全额支持济南东风制药厂的赔偿请求依据不足。本院将根据江苏肤美灵总厂和虹雨集团侵权故意程度、侵权行为持续时间及侵权行为给济南东风制药厂造成的损害后果酌定赔偿数额。

综上，原审判决认定事实和适用法律均有错误，应予纠正。依照《中华人民共和国反不正当竞争法》第二条、《中华人民共和国民事诉讼法》第一百五十三条第一款第（二）项和第（三）项之规定，判决如下：

一、维持北京市第一中级人民法院（2001）一中知初字第 175 号民事判决第二、四、五项，即江苏肤美灵化妆品总厂和虹雨集团公司自本判决生效之日起 30 日内，在《法制日报》上刊登声明，就其不正当竞争行为向济南东风制药厂有限公司公开赔礼道歉、消除影响；新街口百货有限公司自本判决生效之日起，立即停止销售江苏肤美灵化妆品总厂和虹雨集团公司制造的侵权产品；驳回济南东风制药厂有限公司其他诉讼请求。

二、撤销北京市第一中级人民法院（2001）一中知初字第 175 号民事判决第一项和第三项，即江苏肤美灵化妆品总厂和虹雨集团公司自本判决生效之日起，立即停止不正当竞争行为；江苏肤美灵化妆品总厂和虹雨集团公司自本判决生效之日起 10 日内，共同赔偿济南东风制药厂有限公司经济损失人民币 300 万元。

三、江苏肤美灵化妆品总厂和虹雨集团公司自本判决生效之日起，不得在其生产、销售的"肤美灵"牌化妆品上使用"新肤螨灵霜"名称。

四、江苏肤美灵化妆品总厂和虹雨集团公司自本判决生效之日起 10 日内，共同赔偿济南东风制药厂有限公司经济损失人民币 50 万元。

原审案件受理费 25 010 元，由上诉人济南东风制药厂有限公司负担 15 010 元，上诉人江苏肤美灵化妆品总厂和被上诉人虹雨集团公司各负担 5 000 元；二审案件受理费 25 010 元，由上诉人济南东风制药厂有限公司负担 12 505 元，上诉人江苏肤美灵化妆品总厂负担 12 505 元。诉讼保全费 15 520 元、审计劳务费 2 000 元，共计 17 520 元，由上诉人江苏肤美灵化妆品总厂和被上诉人虹雨集团公司各负担 8 760 元。

79. "PICC" 计算机网络域名纠纷案

——中国人民保险公司诉北京三笑书店

原告（被上诉人）：中国人民保险公司

被告（上诉人）：北京三笑书店

案由：计算机网络域名纠纷

原审案号：北京市第二中级人民法院（2002）二中民初字第 8034 号

原审合议庭成员：刘薇、宋光、梁立君

原审结案日期：2002 年 12 月 4 日

二审案号：北京市高级人民法院（2003）高民终字第 248 号

二审合议庭成员：刘继祥、魏湘玲、李嵘

二审结案日期：2003 年 5 月 8 日

【判决要旨】

被告人在不享有任何在先权利，也无注册使用该域名的正当理由的情况下，将他人注册商标中的核心部分注册为域名，构成不正当竞争，应承担相应的民事责任。

【起诉与答辩】

原告中国人民保险公司诉称：原告成立于 1949 年 10 月 20 日，是目前国内最大的财产保险公司，机构网点遍布全国各地。"PICC" 是原告英文名称（The People's Insurance Company of China）的惯用英文缩写，是原告广泛使用和宣传的服务标识，已享誉国内外。原告于 1996 年 11 月 21 日，经原国家工商行政管理局商标局（以下简称国家商标局）核准，将"保 PICC"注册为商标，该商标在中国保险市场享有极高声誉，为中国公众所熟知。"PICC" 是原告注册商标的核心部分。被告于 1998 年 3 月 10 日注册了"picc.com.cn"域名却没有使用，被告对该域名不享有权益，也无注册、使用该域名的正当理由，其行为足以造成相关公众的误认，具有明显的恶意，构成了侵犯原告商标权和不正当竞争。请求法院依法判令被告：（1）无偿将"picc.com.cn"域名转让给原告；（2）赔偿原告诉讼支出 5 万元；（3）承担本案全部诉讼费。庭后，原告增加诉讼请求，请求法院依法判令被告在一家全国发行的报刊上赔礼道歉。

被告北京三笑书店辩称：被告合法注册的域名与原告的商标根本不同。被告注册的域名是取英文"piccolo"（中文含义是小型的、微小的）的前四个字母，由于被告书店很小，故注册了"picc.com.cn"域名。被告注册该域名后从未闲置。在被告网站开通 4 年 5 个月之后原告起诉是无理的，已超过诉讼时效。请求法院依法驳回原告的诉讼请求。

【原审查明事实】

原审法院经审理查明：原告是目前国内最大的财产保险公司，企业性质为国有独资的有限责任公司，机构网点遍布全国各地。原告于 1994 年 12 月 16 日向国家商标局申请注册"保 PICC"商标，1996 年 11 月 21 日，国家商标局正式予以核准注册，注册号为：903823 号。该商标的形式为：上面是一个"人"字的变形，弯曲下来形成一个灯笼的轮廓，中间为"PICC"，下面是"保"字。核定使用的服务类别为第三十六类。另，原告于 2001 年 6 月 7 日申请注册"PICC"商标，已被驳回。

原告为本案诉讼支出了 3 000 元公证费、304 元查询费和 1 万元律师费。

被告于 1998 年 3 月 10 日注册了"picc.com.cn"域名。1999 年及 2000 年，被告向中国互联网络信息中心交纳了"picc.com.cn"域名年费各 300 元。2000 年 8 月 15 日，被告与北京中联时代信息科技有限公司办理了"picc.com.cn"域名终身注册代理，并向该公司交纳了"终身国内域名注册费"7 500 元。但中国互联网络信息中心不接受所谓域名终身注册。

另查，"PICC"商标系中国人民保险公司再保险有限公司的注册商标。

【原审审理结果】

原审法院认为：原告是国内著名的保险公司，为相关公众熟知，具有一定的知名度。"picc"是原告名称的英文缩写，也是其注册商标"保 PICC"中具有明显识别性的部分，原告对"picc"享有合法的民事权益，该权益应依法受到保护。

在计算机网络商务环境下，域名作为具有识别功能的标识可以为其持有人带来相应的经济利益，因此域名具有民事权益的属性。被告注册的"picc.com.cn"域名中具有标识作用的部分即"picc"，其与原告注册商标"保 PICC"中的"PICC"除英文字母的大小写不同外完全相同，且域名只能以小写字母组成。被告对该域名的主要标识部分不享有其他在先权利，注册该域名的时间晚于原告注册商标"保 PICC"被核准的时间。被告称"picc"系"piccolo"前四个字母，"piccolo"是小型的、微小的含义，指被告是一家小型书店，这一解释显系牵强，不能作为注册、使用该域名的正当理由。被告将"picc"注册为域名的行为不仅足以造成相关公众的误认，而且还阻碍了原告将自己的企业名称英文缩写和注册商标中具有标识性的部分注册为域名及利用该域名在网络上从事经营性活动的实现。被告的行为具有明显的主观恶意，违背了商业活动中公平及诚实信用的基本准则，构成了不正当竞争，被告应承担相应的民事责任。

原告没有证据证明被告注册"picc.com.cn"域名给原告造成损害，且原告要求被告公开赔礼道歉的诉讼请求系庭后提出，故对原告上述两项主张，本院不予支持。

原告关于被告承担其公证费、查询费、律师费及经济损失的诉讼请求，本院将根据本案实际情况，支持其中的合理部分。鉴于原告自愿放弃其请求的超出司法部规定的律师收费标准部分的律师费用，本院不持异议。

综上所述，根据《中华人民共和国反不正当竞争法》第二条、第二十条之规定，判决如下：

一、被告北京三笑书店于本判决生效后 10 日内注销"picc.com.cn"域名；

二、被告北京三笑书店于本判决生效后 10 日内赔偿原告中国人民保险公司因诉讼支出的合理费用 1 000 元及律师费 900 元；

三、驳回原告中国人民保险公司的其他诉讼请求。

北京三笑书店不服原审判决，提出上诉，理由是：（1）原审判决认定事实不清。中国人民保险公司在原审中始终未出示《商标注册证》，无法确认其合法权益，故其不具备诉讼主体资格，其诉讼请求应予驳回。原审法院在未查清案件事实的情况下，贸然作出判决，有悖于法理，因而是错误的。（2）原审判决适用法律不当。请求二审法院撤销原审判决，以事实为根据，以法律为准绳，作出公正判决；原、二审案件受理费、调查取证费及律师费均由中国人民保险公司承担；中国人民保险公司向上诉人公开赔礼道歉，并在所有报道过此案的新闻媒体上原版面、原位置重新报道。

中国人民保险公司服从原审判决。

【二审查明事实】

二审法院经审理查明：1994 年 12 月 16 日，中国人民保险公司向国家商标局申请注册"保　PICC"商标，1996 年 11 月 21 日，该商标注册申请经国家商标局核准正式予以注册。其商标注册证号为 903823，核定使用的服务项目为第三十六类保险，有效期自 1996 年 11 月 21 日至 2006 年 11 月 20 日。该商标的上方为一个变形的"人"字，"人"字的一撇一捺弯曲成灯笼的形状，灯笼的中间为"PICC"四个大写的英文字母，下方为一中文"保"字。

1998 年 3 月 10 日，北京三笑书店在中国互联网络信息中心（CNNIC）注册了域名"picc.com.cn"，并于 2000 年 8 月 15 日在北京中联时代信息科技有限公司办理了"picc.com.cn"终身国内域名注册证书，但中国互联网络信息中心对该域名终身注册不予认可。1999 年 12 月 15 日，北京三笑书店被工商行政管理部门吊销营业执照。

另查，1995 年 10 月，中国人民保险公司经国务院批准，更名为中国人民保险（集团）公司。该集团公司下设三个专业子公司，即中保财产保险有限责任公司、中保人寿保险有限责任公司、中保再保险有限责任公司。1996 年 8 月 22 日，国家工商行政管理局为中保财产保险有限责任公司换发了更名后的企业法人营业执照。1998 年 10 月 7 日，经国务院批准，中国人民保险（集团）公司被撤销，原中保财产保险有限责任公司继承中国人民保险公司的品牌，更名为中国人民保险公司，原中保人寿保险有限责任公司更名为中国人寿保险公司；原中保再保险有限责任公司更名为中国再保险公司。1999 年 1 月 18 日，国家工商行政管理局为中国人民保险公司换发了更名后的企业法人营业执照。

应北京三笑书店的请求，本院于 2003 年 4 月 18 日到中国互联网络信息中心（CNNIC）查询中国人民保险（集团）公司和中国人民保险公司在该中心共注册了多少带"PICC"的中文及英文域名。中国互联网络信息中心（CNNIC）出具的检索结果表明：中国人民保险（集团）公司和中国人民保险公司在该中心共注册了 13 个带"PICC"的中文及英文域名，但未注册"保 PICC"域名。

中国人民保险公司为本案诉讼共支出公证费 3 000 元、查询费 304 元、律师费 1 万元。

北京三笑书店在二审诉讼中称：在上诉人 1998 年 3 月 10 日合法注册域名前，中国人民保险公司不具有合法注册的主体资格。该公司系于 1999 年 1 月 18 日由中保财产保险公司变更而来，故其提交的 1994 年申请，1996 年核准注册的"保 PICC"商标注册证的商标注册人应为中保财产保险有限公司，中国人民保险公司提交的商标注册证中的商标注册人与之相矛盾，故该商标注册证不应被采信。即使中国人民保险公司所谓"保 PICC"注册商标存在，其过去、现在均可以直接注册"保 PICC"域名，而中国人民保险公司却从未注册过"保 PICC"域名。"PICC"系另一法人单位中国再保险有限公司的注册商标，且在上诉人注册域名之后才注册为商标。既然国家商标局都认可同类企业的不同法人在同类别上均可注册含有"PICC"的商标，那么不是同行、同类别的"picc.com.cn"域名更不构成侵权。

【二审审理结果】

二审法院认为：本案中双方当事人争议的焦点在于：中国人民保险公司是否为 "保 PICC" 注册商标的合法权利人，是否具有本案的诉讼主体资格；北京三笑书店注册 "picc.com.cn" 域名的行为是否构成不正当竞争。

关于中国人民保险公司是否为 "保 PICC" 注册商标的合法权利人，是否具有本案合格的诉讼主体资格的问题。中国人民保险公司在一审中因客观原因未能向一审法院提交 903823 号《商标注册证》原件，二审诉讼中其补充提交了 903823 号《商标注册证》原件。经本院审查，该《商标注册证》原件真实有效，应当认定中国人民保险公司是 "保 PICC" 注册商标的合法权利人，其具有本案合格的诉讼主体资格。"picc" 不仅是中国人民保险公司的英文缩写，亦是其注册商标 "保 PICC" 的核心部分，且该公司一直将 "PICC" 作为其服务标识，因此，一审判决认定中国人民保险公司对 "PICC" 一词享有的在先民事权利合法有效、应当受到我国法律的保护，并无不当。

中国人民银行银发〔1995〕301 号《关于改革中国人民保险公司机构体制的通知》及两个附件、中保财产保险有限公司变更登记申请书、中保财产保险有限公司企业法人营业执照证明、国务院国函〔1998〕85 号《关于撤销中国人民保险（集团）公司实施方案的批复》、中国人民保险公司人保发〔1999〕324 号《关于在对外交往中统一确定我公司更名时间的通知》、国家工商行政管理总局企业变更情况查询等证据均相互印证了中国人民保险公司名称变更的实际情况以及该公司在 1995 年 10 月之前的名称即为中国人民保险公司的事实。因此，北京三笑书店关于在其 1998 年 3 月 10 日合法注册域名前，中国人民保险公司不具有合法注册的主体资格的主张没有事实依据。

关于北京三笑书店注册域名 "picc.com.cn" 的行为是否构成不正当竞争的问题。域名作为用户在计算机网络中的名称和地址，在网络应用中具有与商标、企业名称类似的识别功能。本案中，北京三笑书店注册的 "picc.com.cn" 域名中最具有识别性的部分是其三级域名 "picc"，而 "picc" 与中国人民保险公司的注册商标 "保 PICC" 中的核心部分 "PICC" 除英文字母大小写之分外完全相同，足以造成相关公众的误认。北京三笑书店在对 "picc" 不享有任何在先权利、也无注册使用该域名的正当理由的情况下，将其注册为域名，客观上妨碍了中国人民保险公司以 "picc" 一词注册为 "picc.com.cn" 域名的权利，其行为违反了我国法律所确立的诚实信用原则，侵害了中国人民保险公司的合法权益，具有明显的主观故意。根据最高人民法院《关于审理涉及计算机网络域名民事纠纷案件适用法律若干问题的解释》第四条的规定，北京三笑书店的上述行为已构成不正当竞争，应承担相应的民事责任。国家商标局认可同类企业的不同法人在同类别上注册含有"PICC"商标的问题以及中国互联网络信息中心（CNNIC）出具的检索结果均与本案无关。

原审法院根据本案的实际情况，将中国人民保险公司为本案诉讼所支付的公证费、查询费、律师费中的合理部分确定为其实际损失，并判令北京三笑书店予以赔偿并无不当。

综上，原审判决认定事实清楚，适用法律正确，应予维持。北京三笑书店的上诉理由不能成立，对其上诉请求本院不予支持。依照《中华人民共和国民事诉讼法》第一百五十三条第一款第（一）项之规定，判决如下：

驳回上诉，维持原判。

原审案件受理费 2 010 元，由中国人民保险公司负担 1 010 元，由北京三笑书店负担 1 000 元；二审案件受理费 2 010 元，由北京三笑书店负担。

80. 乐夏童星文化发展有限公司宣传彩页虚假广告纠纷案

——北京兰夏文化发展有限公司诉北京乐夏童星文化发展有限公司

原告：北京兰夏文化发展有限公司
被告：北京乐夏童星文化发展有限公司
案由：不正当竞争纠纷

一审案号：北京市海淀区人民法院（2003）海民初字第 3278 号
一审合议庭成员：靳学军、宋鱼水、李东涛
一审结案日期：2003 年 5 月 15 日

【判决要旨】

未经他人许可，使用并剪辑与本单位无关的、反映他人个人教学成果的图片用以自身宣传的行为构成了虚假宣传。

【起诉与答辩】

原告北京兰夏文化发展有限公司（以下简称兰夏公司）诉称：2002 年 5 月，北京乐夏童星文化发展有限公司（以下简称乐夏公司）与小提琴演奏家夏明友解除口头劳务合同，声明不得再利用夏明友的个人影响进行广告宣传，随后，我公司与夏明友签订协议，约定夏明友在我公司业务范围内教授小提琴，并支付了劳务费用。2002 年 7 月，乐夏公司宣传材料中使用夏明友近几年的工作照片，属于虚假宣传，损害了我公司的合法权利。乐夏公司的行为构成了不正当竞争，故请求法院判令被告：立即停止侵害；公开赔礼道歉；赔偿损失 2 万元。

被告乐夏公司辩称：兰夏公司诉称不符合事实，夏明友离开我公司后从未声明过不得使用其图片。这些宣传材料印刷时夏明友是我公司股东，他对宣传是同意的，夏明友离开后我公司不能提供他的小提琴教学，当然也不会再做这样的宣传，至于兰夏公司和夏明友签订协议约定由其独家使用夏明友的教学成果与我公司无关。我公司没有进行虚假宣传，未给兰夏公司造成损失，故请求法院驳回其诉讼请求。

【一审查明事实】

一审法院经审理查明：2001 年 6 月 1 日，乐夏公司成立，夏明友出资 2 万元，任公司股东之一，同时，夏明友在乐夏公司开设小提琴课程。

同年 6 月 18 日，乐夏公司委托北京市宾图图文设计工作室印制宣传彩页，随后进行了散发，宣传彩页背景底色为黄色，标题为"独辟蹊径 de 小提琴教学"，正面和背面附有文字说明"北京乐夏童星文化发展有限公司是一家专心致力于儿童艺术教育的机构，尤其在小提琴教学上独具特点。该教学由中国歌舞团小提琴演奏家、著名小提琴教育家夏明友老师亲自执教，近十几年来已经培养了数以百计爱好小提琴演奏的少年儿童。大部分孩子还参加了全国七运会开幕式、庆祝香港回归祖国时应邀参加了在人民大会堂及赴港的演出……"，宣传彩页还发了 7 张图片，有"夏明友老师精心指导"、"助申奥北京剧院夏明友学生小提琴演奏会"、"2000 年夏明友学生演奏团部分小提琴手应邀在北京音乐台 FM97.4 与主持人交流"、"97 年夏明友学生演奏团赴港演出"等。上述照片系乐夏公司成立之前夏明友的个人成果。

2002 年 5 月，夏明友因故离开乐夏公司，并于 7 月 2 日成立兰夏公司，夏明友任该公司法定代表人。

兰夏公司还提交其于 2002 年 7 月 2 日与夏明友个人签订的协议书，证明其独家享有使用夏明友教学成果及肖像进行宣传的权利，乐夏公司认为该协议与本案没有直接的关系。

争议之宣传材料为蓝色宣传彩页，与黄色宣传彩页不同，文字内容为"北京乐夏童星文化发展有限公司是一家致力于儿童艺术教学的机构。通过近几年的教学实践与探索，乐夏童星总结出了一套能使大多数儿童学好小提琴的新方法……"，所配发图片"我公司专业老师对小提琴学生的精心指导"与"夏明友老师精心指导"相比，将教师形象删除，仅保留学生形象；"助申奥北京剧院我公司学生小提琴演奏会"与"助申奥北京剧院夏明友学生小提琴演奏会"相比，无演出现场的"助申奥庆五一夏明友学生小提琴演奏会"横幅；"97 年我公司小提琴学生演奏团赴港演出"、"我公司部分小提琴手应邀在北京音乐台与主持人进行交流"在题目中去除了原材料中的"夏明友学生演奏团"字样。对该宣传材料兰夏公司提供署名为施仲霞、李亚欣的证言，证明乐夏公司于 2002 年 7 月在航天机械公司幼儿园（以下简称幼儿园）招生时，以夏明友为指导老师的名义进行了散发。乐夏公司对证言提出身份质疑，并称该材料的印制时间系与黄色宣传彩页同时印刷，在夏明友离开后并未散发，乐夏公司以印制合同作为佐证。经查，2001 年 6 月 18 日乐夏公司与北京市宾图图文设计工作室的印制合同中，设计内容明确注明：宣传彩色单页，背景底为黄色。该合同与乐夏公司的蓝色宣传页无关。

关于赔偿数额的计算，兰夏公司提供注明学费每月400元（每学期或每月缴费皆可）、按每学期交费的为1 520元（共4个月）的乐夏公司报名表，兰夏公司据此以30人计算乐夏公司的收入应超过5万元，其收入的50%应归夏明友，故兰夏公司主张赔偿损失2万元。

【一审审理结果】

一审法院认为：依乐夏公司之辩称，其对印制争议之宣传材料一节认可，但对印制时间及是否散发提出异议。蓝色宣传页与夏明友认可的黄色宣传页相比，在文字上有调整，将有关夏明友作为教师的部分删除。部分图片一致，图片中及图片名称中有关夏明友的信息亦相应删除，两份宣传材料中一份着意强调的内容而在另一份却刻意回避，乐夏公司所称上述两份材料同时印制显然缺少合理性。乐夏公司所提供的印制合同仅能说明黄色宣传页的来源，其所载明内容与本案争议之蓝色宣传材料无关。乐夏公司对其所称之印制时间没有证据证明，印制于夏明友离开前的辩称不予采信。

兰夏公司用以证实宣传材料散发的证人证言因未提供证人身份证明且未出庭作证，不予采纳。但兰夏公司通过正常渠道获得该材料的事实足以表明有过散发，上述材料的信息已进入公开渠道。

经营者在经营活动中，可以对外宣传自我的经营方式以及所取得的成果，增进社会了解，提高知名度，展示竞争优势，但宣传应当诚实信用，不得虚构事实，误导消费者。对于从事艺术培训的经营者，师资能力是体现竞争能力的主要因素。乐夏公司在夏明友任教期间，经过夏明友的同意使用夏明友此前的个人教学成果包括教学图片用以说明其师资优势，应属常情。但是，随着夏明友任教的结束，并非夏明友在此期间工作成果的个人教学成果便与乐夏公司失去了内在联系。乐夏公司蓝色宣传材料中所使用部分图片明显可以看出是对原图片修改的结果，尽管图片本身没有使用夏明友的名义，但乐夏公司的宣传图片将夏明友教授的学生称之为本公司的学生的方式，传达了这样的信息：其所培养的学生参加了上述大型活动。而客观上这些信息与乐夏公司无关，故其将这些剪辑后的图片用以自身宣传的行为构成了虚假宣传。这一宣传可能造成公众对其教学成果的误解。乐夏公司的这一夸大教学成果的行为，对于同业竞争者设置了不应有的障碍，同时由于夏明友系兰夏公司的法定代表人及教师，这种行为也会给兰夏公司正当使用夏明友的教学成果造成障碍。乐夏公司应当停止这种不实宣传。

就本案而言，原告兰夏公司以被告乐夏公司实施虚假宣传而进行不正当竞争为由起诉，根据相关法律规定，不正当竞争行为的损害赔偿额为被侵害的经营者的损失或侵权人在侵权期间因侵权所获得利润，原告兰夏公司未提出被侵害所造成的损失，其所提出的被告乐夏公司之所得，也未有充分证据证明，故其损失赔偿要求本院不予支持。原告兰夏公司提出的公开赔礼道歉的请求，因乐夏公司虚假宣传并未针对特定的原告，不予支持。

综上，依据《中华人民共和国反不正当竞争法》第九条第一款的规定，判决如下：

一、被告北京乐夏童星文化发展有限公司立即停止使用夏明友个人教学成果进行虚假宣传的不正当竞争行为；

二、驳回原告北京兰夏文化发展有限公司其他诉讼请求。

案件受理费810元，由被告北京乐夏童星文化发展有限公司负担。

双方当事人均服从一审判决。

81.《金山影霸 2003》商业诋毁案

——北京世纪豪杰计算机技术有限公司诉北京金山软件有限公司

原告（被上诉人）： 北京世纪豪杰计算机技术有限公司
被告（上诉人）： 北京金山软件有限公司
案由： 不正当竞争纠纷

原审案号： 北京市海淀区人民法院（2002）海民初字第 13323 号
原审合议庭成员： 马秀荣、王丽娟、孟均平
原审结案日期： 2002 年 10 月 28 日
二审案号： 北京市第一中级人民法院（2003）一中民终字第 2421 号
二审合议庭成员： 赵静、苏杭、胡雪莹
二审结案日期： 2003 年 6 月 6 日

【判决要旨】

被告人以缺乏真实性、客观性、全面性的对比方式贬低竞争对手的产品，并在没有确实和全面的事实依据的情况下对竞争对手所作的误导性对比宣传，构成了商业诋毁，应承担相应的民事责任。

【起诉与答辩】

原告北京世纪豪杰计算机技术有限公司（以下简称豪杰公司）诉称：2002 年 7 月 23 日，北京金山软件有限公司（以下简称金山公司）在北京友谊宾馆会议厅面向众多 IT 业内媒体召开《金山影霸》视听会，宣传其软件新品《金山影霸 2003》。金山公司在视听会上以及散发的材料中发布了大量诋毁我公司商业信誉、商品声誉及法定代表人梁肇新名誉的言词，虚构我公司核心代码均由梁肇新一人编写的事实，称我公司单枪匹马；称我公司 DVD 产品不具备某些已有的功能，将在竞争中被淘汰；虚构梁肇新与其技术人员鲍金龙相识等事实和谈话内容。金山公司发布侵权言论、散发侵权新闻材料的行为属于不正当竞争行为，严重侵犯我公司的合法权益。请求判令金山公司向我公司公开赔礼道歉、消除影响；赔偿经济损失 10 万元；承担本案律师代理费 2 万元。

被告金山公司辩称：我公司的宣传材料中关于对梁肇新的叙述未构成贬损，对梁肇新个人的表述不构成对豪杰公司的侵害；对产品的介绍也属于展

望，使用的是"将"会怎样，没有诋毁的意思，对方在理解上有偏差；对DVD进行比较基本上也属于事实，不存在诋毁。我方在接到对方的通知后即停止对有关材料的散发，通知新闻媒体暂不予发表，未给对方造成任何后果，不同意其诉讼请求。

【原审查明事实】

原审法院经审理查明：2002年7月23日，金山公司在友谊宾馆举行新产品《金山影霸2003》视听会，所使用的宣传材料包括市场稿《历史的激情与宿命》、人物介绍《中国DVD之鲍金龙》、横向评测《播放软件综合功能性评测》、新闻稿《金山影霸2003强力发布，播放软件抢先进入DVD2.0时代》、产品评测稿《超值影音娱乐享受》五部分。

《历史的激情与宿命》开篇提到："播放软件市场又将面临着新一轮洗牌的时候，还有人能够创造激情四溢的历史吗？谁又将引领市场的下一个潮流呢？"在"激情的历史即将重演"部分提到"也正是这样的市场机遇使梁肇新单飞之后的《超级解霸》获得了几乎不可能的事实垄断地位"，"而梁则成为了VCD时代真正的惟一英雄"，"时代造就的英雄只能够被另一个时代所颠覆"。"历史的宿命"中称"在《金山影霸2003》推出市场的半年前，豪杰就早早地发布了自己的DVD播放产品……起了大早的《超级解霸DVD》恐怕将不得不面临赶个晚集的难堪局面。而《金山影霸》似乎更显得从容不迫一些"。

《中国DVD时代之鲍金龙》第2段"在记忆的深处"描述了1997年7月的一个下午鲍金龙与梁肇新的一次会面，其中提到梁肇新"还是一个光杆司令的他"……"梁肇新是穿着拖鞋从清河走路到北大的"。最后提到"现在我们和梁肇新的《超级解霸》比，最关键的优势在于梁是单枪匹马和我们成型的团队打，可能现在还是势均力敌的，但随着时间的推移，这种优势将越来越快"。金山公司对于梁鲍会面、单枪匹马的说法未提供事实依据。

《播放软件综合功能性评测》中金山公司自行将其产品与豪杰公司、讯连科技和英特维数位科技进行41项对比，对金山产品的某些功能作出有或无、效果很差、效果差等评价。对评测的标准金山公司未提供依据。

《金山影霸2003强力发布，播放软件抢先进入DVD2.0时代》中提到"梁肇新虽然至今仍是一个人编写核心代码"。

2002年8月14日，与宣传材料一致的《中国DVD时代之鲍金龙》被上载于卓越网（http://www.joyo.com）软硬件项下金山影霸2003栏目，9月3日被删除。

2002年7月24日、26日、29日豪杰公司分别向金山公司提出三份律师函，要求金山公司停止侵害、公开致歉。7 月 26 日金山公司回函一封，对材料内容进行解释。

参加《金山影霸 2003》视听会人员主要是 IT 界新闻媒体和业内人士，大约一二百人左右。宣传材料除一篇上网，其他未发现大规模发布。召开视听会的同时《金山影霸》产品正式上市。

【原审审理结果】

原审法院认为：经营者对自身进行宣传系正常商业行为，但经营者不能在宣传中对竞争对手本身、对竞争对手的产品进行不正当的评价，借此提高自身的竞争地位。在宣传中为了体现某种优势，进行适当的对比在所难免。但是由于受宣传自身的目的所限，对比项目及对比标准的选择常常具有明显的倾向性，因此对比宣传必须真实、全面，避免片面、虚假、无关或引人误解。否则将会不适当地毁损竞争者的商业形象，构成不正当竞争。

金山公司与豪杰公司均开发和经营播放软件，属于同业竞争者。金山公司在推出《金山影霸》产品并进行宣传时可以寄望于该产品"重新擦亮金山影霸的牌子"，可以倡导优秀的团队精神，可以努力成为 DVD 时代的英雄，也可以向用户展示新产品的某些功能。但是金山公司在宣传材料中对上述印象的确立均是以明确的竞争对手豪杰公司为参照物进行的。其所采用的方式是将自身的团队精神与对方的单枪匹马对比，将自己的产品与对方的产品功能相比，将自身的技术人员与对方的法定代表人相联系，对于上述重点事实，金山公司均未提供证据加以证明其客观性，由于现代经营理念中一般认为团队精神优于单枪匹马，因此此项对比尽管不存在污蔑性语言，但显然属于贬低竞争对手；对于 DVD 产品的评测系其自行进行，没有证据表明该对比的真实和全面，且有对豪杰公司产品某项功能"差"或者"很差"的评价，因此已经构成了不当的对比，贬低了对手产品；关于梁、鲍会面，金山公司没有证据加以证明事实的真实性，且即便确系曾经发生的事实，金山公司将竞争对手法定代表人与自身技术人员个人之间的过往用于宣传自身产品的材料中，除了利用对方的知名度以外，没有合理的解释，这种借助于"VCD 时代的惟一的真正的英雄"介绍自身的方式属于搭便车的行为，属于不正当的宣传。对不正当对比的范围不仅包括直接对竞争者、对竞争者的产品进行对比，也包括对竞争者的人员的对比，因此金山公司关于与梁肇新有关的内容不构成对豪杰公司的竞争行为的辩称，本院不予采纳。综合看来，金山公司的宣传可能给人造成豪杰公司不具有团队精神、产品功能欠缺且有问题、其技术人员孤军奋战，而金山公司团队努力、技术人员技术能力不亚于豪杰公司、产品功能更齐全、技术性能更优的印象。

总之，金山公司既非普通消费者对产品进行评价，也非新闻媒体行使舆论监督权，更非具有特定职权的部门行使测试、检验和公示的权力，在没有确实和全面的事实依据的情况下所作的误导性对比宣传，构成了商业诋毁。金山公司应予立即停止。

商誉与经营者的知名程度、产品影响力有密切的联系，损害商誉的行为采用的方式、范围、持续的时间、面对的对象不同，损害程度亦会有所不同。本案中，金山公司、豪杰公司均是在软件行业有一定知名度的企业，正如金山公司所述豪杰公司的超级解霸在同类产品中具有垄断地位，金山公司在新产品上市之时，选择这样一位竞争对手作为对比参照，面对的对象为同业人员和新闻媒体，尽管宣传材料未在纸质媒体和广播电视中扩散，但是金山公司宣传所形成的印象可能留下；另一方面，在收到豪杰公司要求停止的函件后，宣传材料中的一篇文章仍然在互联网上传播，在一定程度上加重了损害后果。金山公司与豪杰公司均系开发和经营软件的企业，互联网的用户应当均是其潜在的客户，其可能的不良影响不容忽视。本院采纳豪杰公司主张，金山公司应在国内一家 IT 媒体上向豪杰公司公开致歉。对于损失额，本院认为，至少不良宣传所直接面对的对象可能成为流失的客户，互联网上的扩散尽管只是宣传材料中的一份，但基于上述理由，其后果应不亚于一次视听会，因此豪杰公司所受损失至少应是视听会参会人员流失的 2 倍。对于代理费，豪杰公司未提供证据，本院不予采信。

综上，依据《中华人民共和国反不正当竞争法》第二条第一款、第十四条的规定，判决如下：

一、被告北京金山软件有限公司立即停止散布不当言论的不正当竞争行为；

二、本判决生效之日起 30 日内，被告北京金山软件有限公司在《中国计算机报》上刊登致歉声明、消除影响，逾期不履行，本院将拟定一份公告刊登于相关媒体，费用由被告北京金山软件有限公司负担；

三、本判决生效之日起 10 日内，被告北京金山软件有限公司赔偿原告北京世纪豪杰计算机技术有限公司损失 5 万元。

金山公司不服原审判决，提出上诉，其理由为：首先，上诉人的相关宣传材料在被上诉人提出意见后，便通知各媒体该材料有争议，不要进行宣传报道，相关媒体至今未作任何报道。在得知《中国 DVD 时代之鲍金龙》一文被上传于卓越网后，上诉人及时通知卓越网删除了登载的相关内容，当时该网站相关网页点击人数仅有 500 人。而原审法院判决要求上诉人在全国发行的《中国计算机报》上刊登致歉声明，其影响超出上诉人给被上诉人造成影响的范围，对上诉人显属不公。其次，被上诉人在原审中未提出明确、具体的赔偿范围，没有任何证据和法律依据支持其赔偿请求，原审法院判决上诉人赔偿 3 万元缺乏事实和法律依据。最后，被上诉人在原审中主张 10 万元赔偿的诉讼请求，原审法院判决上诉人赔偿 3 万元，但诉讼费却判决由上诉人全部承担，缺乏法律依据。请求二审法院撤销原审法院判决，由上诉人在造成影响的同一媒体上或同等范围内刊登致歉声明；撤销原审法院判决第三项中的赔偿内容；由双方当事人各自承担案件受理费的相应份额。

豪杰公司辩称：上诉人不正当宣传行为面对的人数众多，对象广泛，所造成的不良影响持续时间长，至今仍未消除，且该行为具有较大潜在的不良影响。原审法院判决其公开赔礼道歉消除影响是必要的、适当的，符合法律规定。上诉人的不正当竞争行为造成了被上诉人现在及潜在的大量客户流失，包括豪杰 DVD 播放软件在内的软件产品销量下降，被上诉人商业信誉造成了严重的损害，因此原审法院判决上诉人的赔偿数额是适当的。对于一审案件受理费的分担，原审法院充分考虑知识产权案件中赔偿数额难以确定及上诉人的主观过错程度，依职权确定，上诉人无权对此提出上诉。

【二审查明事实】

二审法院经审理查明：2002 年 7 月 23 日，金山公司在友谊宾馆举行新产品《金山影霸 2003》视听会，所使用的宣传材料包括市场稿《历史的激情与宿命》、人物介绍《中国 DVD 之鲍金龙》、横向评测《播放软件综合功能性评测》、新闻稿《金山影霸 2003 强力发布，播放软件抢先进入 DVD2.0 时代》、产品评测稿《超值影音娱乐享受》五部分。

《历史的激情与宿命》开篇提道"播放软件市场又将面临着新一轮洗牌的时候，还有人能够创造激情四溢的历史吗？谁又将引领市场的下一个潮流呢？"在"激情的历史即将重演"部分提到"也正是这样的市场机遇使梁肇新单飞之后的《超级解霸》获得了几乎不可能的事实垄断地位"，"而梁则成为了 VCD 时代真正的惟一英雄"，"时代造就的英雄只能够被另一个时代所颠覆"。"历史的宿命"中称"在《金山影霸 2003》推出市场的半年前，豪杰就早早地发布了自己的 DVD 播放产品……起了大早的《超级解霸 DVD》恐怕将不得不面临赶个晚集的难堪局面。而《金山影霸》似乎更显得从容不迫一些"。

《中国 DVD 时代之鲍金龙》第 2 段"在记忆的深处"描述了 1997 年 7 月的一个下午鲍金龙与梁肇新的一次会面，其中提到梁肇新"还是一个光杆司令的他"，"梁肇新是穿着拖鞋从清河走路到北大的"。最后提到"现在我们和梁肇新的《超级解霸》比，最关键的优势在于梁是单枪匹马和我们成型的团队打，可能现在还是势均力敌的，但随着时间的推移，这种优势将越来越快"。金山公司对于梁鲍会面、单枪匹马的说法未提供事实依据。

《播放软件综合功能性评测》中，金山公司自行将其产品与豪杰公司、讯连科技和英特维数位科技进行 41 项对比，对金山产品的某些功能作出有或无、效果很差、效果差等评价。对评测的标准金山公司未提供依据。

《金山影霸 2003 强力发布，播放软件抢先进入 DVD2.0 时代》中提道"梁肇新虽然至今仍是一个人编写核心代码"。

2002 年 8 月 14 日，与宣传材料一致的《中国 DVD 时代之鲍金龙》被上载于卓越网（http：//www.joyo.com）软硬件项下金山影霸 2003 栏目，9 月 3 日被删除。

2002 年 7 月 24 日、26 日、29 日豪杰公司分别向金山公司提出三份律师函，要求金山公司停止侵害、公开致歉。7 月 26 日金山公司回函一封，对材料内容进行解释。

2002 年 8 月 19 日，豪杰公司向原审法院起诉，请求判令金山公司向其公开赔礼道歉，消除影响，赔偿经济损失 10 万元，并承担律师代理费 2 万元和诉讼费。

参加《金山影霸 2003》视听会人员主要是 IT 界新闻媒体和业内人士，大约一二百人左右。宣传材料除一篇上网，其他未发现大规模发布。视听会召开的同时，《金山影霸》产品正式上市。

豪杰公司对主张 2 万元律师代理费的诉讼请求未提供证据支持。

【二审审理结果】

二审法院认为：依照《中华人民共和国反不正当竞争法》第十四条之规定，竞争者不得捏造、散布虚伪事实，损害竞争对手的商业信誉、商品声誉。在本案中，金山公司在经营过程中以举行新产品视听会的形式树立企业的良好形象，推销介绍本企业的新产品本应视为正常的商业行为。其向公众散发的宣传材料内容应当客观，表述方式应当逻辑严谨，不应使公众对其内容的理解产生歧义。但在其宣传材料中，金山公司将自身的团队精神与豪杰公司的单枪匹马对比，由于现代经营理念中一般认为团队精神优于单枪匹马，因此此项对比尽管不存在污蔑性语言，但显然属于贬低竞争对手；金山公司将自己的产品与对方的产品功能相比，由于对 DVD 产品的评测系其自行进行，亦无具有鉴定资质的单位出具鉴定报告，因此，金山公司的对比缺乏真实性、客观性、全面性，其中对豪杰公司产品某项功能"差"或者"很差"的评价，已经构成了不当的对比，贬低了对手豪杰公司的产品；金山公司将自身的技术人员与对方的法定代表人相联系。对此，金山公司未提供证据加以证明其客观性。关于梁肇新与鲍金龙的会面，金山公司没有证据加以证明事实的真实性，且即便确系曾经发生的事实，金山公司将竞争对手法定代表人与自身技术人员个人之间的过往用于宣传自身产品的材料中，除了利用对方的知名度以外，没有合理的解释，这种借助于"VCD 时代的惟一的真正的英雄"介绍自身的方式属于搭便车的行为，属于不正当的宣传。金山公司的以上对比，会给公众造成豪杰公司不具有团队精神、产品功能欠缺且有问题、其技术人员孤军奋战，而金山公司团队努力、技术人员技术能力不亚于豪杰公司、产品功能更齐全、技术性能更优的印象。金山公司在没有确实和全面的事实依据的情况下所作的误导性对比宣传，构成了商业诋毁。此外，金山公司、豪杰公司均是在软件行业有一定知名度的企业，金山公司亦承认豪杰公司的超级解霸在同类产品中具有垄断地位，而金山公司在新产品上市之时，选择这样一位竞争对手作为对比参照，面对的对象为同业人员和新闻媒体，尽管宣传材料未在纸质媒体和广播电视中扩散，但是金山公司宣传所形成的印象可能留下；另一方面，金山公司在收到豪杰公司要求停止的函件后，宣传材料中的一篇文章仍然在互联网上传播，在一定程度上加重了损害后果。金山公司与豪杰公司均系开发和经营软件的企业，互联网的用户应当均是其潜在的客户，其可能的不良影响不容忽视。金山公司关于相关网站点击人数仅为 500 人的抗辩理由缺乏事实依据，本院不予采信，其认为原审法院刊登致歉声明的范围超出本案影响范围的诉讼请求亦不予支持。

对于侵权赔偿数额的确定，由于《中国 DVD 时代之鲍金龙》一文被上载于卓越网后，双方当事人虽然对访问网站相关网页的人员数量没有提供客观依据，但均对参加视听会的人员数量并无异议，原审法院将访问网站相关网页的人员数量比照参加视听会人员的数量，并结合豪杰公司的超级解霸产品销售单价酌定侵权赔偿数额并无不妥，上诉人关于撤销一审判决第三项赔偿内容的诉讼主张，本院不予支持。

对于案件受理费的分担问题，由于豪杰公司在本案中并无恶意诉讼的主观故意，索赔损失数额也有一定的客观依据，不存在滥用诉权，因此对于金山公司请求判令双方当事人各自承担案件受理费相应份额的诉讼主张，本院不予支持。

综上所述，上诉人北京金山软件有限公司的上诉理由缺乏事实与法律根据，本院不予支持。一审判决认定事实清楚，适用法律并无不当，应予维持。依据《中华人民共和国民事诉讼法》第一百五十三条第一款第（一）项的规定，判决如下：

驳回上诉，维持原判。

原、二审案件受理费各 3 910 元，均由北京金山软件有限公司负担。

82. 侵犯法律出版社名称权及不正当竞争纠纷案

——法律出版社诉珠海金山软件股份有限公司、 北京金山软件有限公司

原告（被上诉人）：法律出版社

被告（上诉人）：珠海金山软件股份有限公司

被告（上诉人）：北京金山软件有限公司

案由：不正当竞争纠纷

原审案号：北京市第一中级人民法院（2002）一中民初字第 03522 号

原审合议庭成员：刘海旗、李燕蓉、王霄蕙

原审结案日期：2002 年 12 月 17 日

二审案号：北京市高级人民法院（2003）高民终字第 468 号

二审合议庭成员：刘继祥、孙苏理、魏湘玲

二审结案日期：2003 年 6 月 18 日

【判决要旨】

未经许可擅自使用他人享有一定的知名度和信誉的名称标注在其商品或商品介绍上，使人误认为是他人的产品的，构成对他人的不正当竞争。他人从未出版发行过该商品的，亦构成虚假广告。

【起诉与答辩】

原告法律出版社诉称：原告创建于 1954 年，是中国最大、最权威的法律专业出版社，每年出版图书、电子出版物 400 余种，年出书品种、年创利税额、市场份额占有率等在我国同类出版社中均居首位，被国家新闻出版署评定为良好出版社。法律出版社自 20 世纪 50 年代以来先后出版了《新汉英法学词典》、《常用汉英法律词典》、《简明英汉法律词典》、《英汉商业法律词典》、《英汉·汉英法律词典》等 10 余本法律英语词典，是出版同类词典最早、品种最多、销量最大的出版社。2001 年 9 月，不断有读者向法律出版社询问《金山词霸 2002 年专业版》的有关情况。原告由此发现两被告的产品《金山词霸 2002 年专业版》的外包装及被告网站、主页上宣传该产品有以下内容："金山词霸 2002 所含 12 本权威词典……《新汉英英汉法律词典》——7.6 万词条

法律出版社包含总计 400 万条以上的通译专业词库，12 000 万字的翔实内容，同时增补了 200 万条词汇，相当于厚达 45 000 页的科技类大词海。"两被告系关联企业，共同生产销售"金山词霸 2002"产品。原告从未出版过《新汉英英汉法律词典》这本词典，只出版过《新汉英法学词典》、《英汉法律词典》、《英汉法律大词典》等词典。原告未收到来自被告任何形式的通知。原告亦从未授权被告使用"法律出版社"的名称。《中华人民共和国反不正当竞争法》第五条第（三）款规定："经营者不得采用下列不正当手段从事市场交易，损害竞争对手……（三）擅自使用他人的企业名称或者姓名，引人误认为是他人的商品"；第九条规定"经营者不得利用广告或者其他方法，对商品的质量、制作成分、性能、用途、生产者、有效期限、产地等作引人误解的虚假宣传"。两被告在其产品的外包装和宣传网站、主页上擅自使用原告的名称，进行虚假宣传，使消费者误认为被告产品中包含有法律出版社出版的权威词典，误认为被告产品与原告之间存在某种联系，从而获得了竞争优势，已构成不正当竞争，损害了原告和消费者的合法权益。故请求法院判令两被告：（1）停止不正当竞争行为，删除在其产品和网站上擅自使用的原告名称和虚假宣传用语，立即停止销售并收回侵权产品；（2）在《法制日报》、《北京晚报》和原告的网站及两被告的网站上刊登启事，向原告赔礼道歉；（3）两被告共同赔偿原告人民币 15 万元；（4）承担本案诉讼费、原告因本案支出的调查取证费用、公证费、律师费 52 317 元。

被告珠海金山软件股份有限公司（以下简称珠海金山公司）未提交书面答辩意见，其当庭口头辩称：珠海金山公司只是"金山词霸 2002 专业版"软件的开发者，原告所诉的"金山词霸 2002 专业版"不是珠海金山公司生产、销售的，珠海金山公司没有实施原告指控的侵权行为，不应承担任何侵权责任。

被告北京金山软件有限公司（以下简称北京金山公司）未提交书面答辩意见，其当庭口头辩称：北京金山公司与原告之间不存在竞争关系，本案不适用《中华人民共和国反不正当竞争法》。适用此法的前提是两主体之间存在相同业务，有竞争的利害关系。北京金山公司的行为没有违反任何法律法规，也没有给他人造成损害，北京金山公司的行为达不到原告诉称冒用他人企业名称所造成的法律后果。

【原审查明事实】

原审法院经审理查明：1992 年 12 月 17 日，法律出版社出版的《中华人民共和国宪法讲话》荣获第六届全国图书金钥匙奖优胜奖。1995 年 7 月 26 日，法律出版社出版的《中华人民共和国涉外法律法规常用手册·经济卷》被中国书刊发行行业协会评为第八批全国优秀畅销书（法律类）。1995 年，法律出版社获得第九届中国图书奖。

1996 年 12 月，法律出版社出版《英汉、汉英知识产权保护词典》。

1998 年 1 月，法律出版社出版《新汉英法学词典》、《简明英汉法律词典》。

1999 年 1 月，法律出版社出版《英汉商业法律词典》、《英汉法律词典》、《英汉法律大词典》。

2001 年 2 月 6 日，珠海金山公司申报"互联网信息服务备案登记表"，其填写的 ICP 单位全称为：珠海金山软件股份有限公司，网站名称或域名为：iciba. net, iciba. com, ICP 开设的栏目及其主要内容为：金山词霸站点主要介绍词霸、金山快译系列电子词典软件相关内容。2001 年 4 月 20 日，经广东省通信管理局批准，珠海金山公司获得从事非经营性互联网信息服务与开办 BBS 的许可，其备案号为粤 ICP 备 010030 号。

2001 年 7 月 14 日，北京金山公司在国家工商行政管理局商标局获准注册图形商标，商标注册证号为 1602549，核定使用的商品为第九类计算机器、计算机软件、电脑软件、电子字典等。该注册商标的图形为以正方形为衬底，中部为近似"K"形的图形，该注册商标指定颜色。

2001 年 9 月 27 日，由珠海金山公司研制开发完成的"金山词霸 2002 专业版"正式出版发行，由北京金山公司负责该产品的生产、销售。

2001 年 12 月 24 日，新闻出版总署音像和电子出版物管理司向司法部办公厅出具新出音管［2001］546 号文，同意法律出版社出版《电信业法律实务》等 4 种只读光盘（CD－ROM），并要求将批准文号、中国标准书号及条码刊印在装帧纸的显著位置，并在装帧纸及首页画面分别注明"电子出版物数据中心"和"法律出版社出品"字样。

2002 年 2 月 27 日，法律出版社委托代理人吴中华在北京图书大厦三层的音像世界购买了"金山词霸 2002 专业版"一盒，并当场取得购物小票及编号为"0409531"的北京图书大厦商品销售专用发票一张，载明金额为 49 元。北京市公证处对上述购买行为进行了公证，并制作了（2002）京证经字第 01206 号公证书。

2002 年 2 月 27 日，吴中华在北京市公证处在公证员王瑞林、杨明君的监督下，通过 169 拨号，进入"词霸在线"（www. iciba. net）主页，在该主页"词库列表"项下的"使用技巧"栏目中，记载有："《新汉英英汉法律词典》——7.8 万词条　法律出版社包含总计 400 万条以上的通译专业词库，12 000 万字的翔实内容，同时增补了 200 万条词汇，相当于厚达 45 000 页的科技类大词海。"进入"eNet 商城"（www. eshop. com. cn）主页，键入"金山词霸"进行检索，在 www. eshop. com. cn/new _ pro – ductsearch _ out. jsp 页面可见"金山词霸 2002 专业版"的价格为 49 ~ 54 元。进入 www. hoyodo. com 中的"hoyodo 中国最大软件商务网"可见"金山词霸 2002 专业版"的介绍及产品价格为 39 元。在产品介绍中，未出现"法律出版社"字样。进入"卓越网"（www. joyo. com）主页，键入"软件"进行检索，在"软件热卖排行"项下点击"金山词霸 2002 专业版"，进入该页面，可见"金山词霸 2002 专业版"的介绍及产品价格为 39 元。在产品介绍中，未出现"法律出版社"字样，制作公司网址为 http：//www. kingsoft. net/。北京市公证处两名公证员对上述过程进行了现场监督，并于 2002 年 2 月 28 日出具了（2002）京证经字第 01205 号公证书。

2002 年 6 月 12 日，新闻出版总署音像电子和网络出版管理司向司法部司法宣传司出具新出音管〔2002〕206 号文，同意法律出版社出版《知识产权法律法规精选》等 2 种只读光盘（CD – ROM），并要求将批准文号、中国标准书号及条码刊印在装帧纸的显著位置，并在装帧纸及首页画面分别注明"电子出版物数据中心"和"法律出版社出品"字样。

2002 年 8 月 15 日及 8 月 20 日，本院组织双方当事人对上述公证购买的"金山词霸 2002 专业版"进行了勘验。"金山词霸 2002 专业版"外包装正面标有产品名称、出版发行单位、金山及图注册商标，其外包装背面有金山词霸内容的简介，其中载明：金山词霸 2002 所含 12 本权威辞典，其中第 12 本为"《新汉英英汉法律词典》——7.8 万词条　法律出版社包含总计 400 万条以上的通译专业库，12 000 万字的翔实内容，同时增补了 200 万条词汇，相当于厚达 45 000 页的科技类大词海"。另外，在其外包装背面"词海"的介绍中，载明内含的词典总数突破 50 本，下部载明：北京大学出版社出版发行，并标明金山软件股份有限公司的名称、地址：北京市 9605 信箱、网址 www. kingsoft. net、总机、技术支持热线、金山及图注册商标等内容。

在计算机中安装"金山词霸 2002 专业版"后，可以运行"金山词霸 2002 专业版"，在其"词典管理"模块下，可以进入"新汉英法学大词典"和"新英汉法学大词典"的查询，在"金山词霸 2002 专业版"安装和使用查询过程中，未对上述两本词典进行介绍，亦未出现"法律出版社"字样。双方当事人对上述勘验结果不持异议。

另查：法律出版社拟与华建机器翻译有限公司共同出品《华建法宝英汉法律大典》，该产品尚未发行。

法律出版社从未出版发行《新汉英英汉法律词典》、《新汉英法学大词典》和《新英汉法学大词典》。

2002年3月5日，法律出版社支付公证费2 000元，2002年8月23日，法律出版社向北京市中伦金通律师事务所支付律师费9 000元。法律出版社为本案支付调查费共317元。

再查，截至2002年7月31日，"金山词霸2002专业版"共销售83 901套，实际销售金额2 187 162.42元。其中，向北京分销商、外地经销商的销售价格为35元。

法律出版社、北京金山公司、珠海金山公司共同认可的"金山词霸2002专业版"的平均利润率为10%。

【原审审理结果】

原审法院认为：根据原告的诉讼主张，本案涉及以下问题：原告与被告是否存在竞争关系；被告在其产品上使用"法律出版社"名称是否构成不正当竞争；如何计算赔偿数额。

一、关于原告与被告是否存在竞争关系

我国反不正当竞争法所称的经营者是指向市场提供商品或者服务的法人、其他组织和个人，其为一广泛、普遍的概念。根据我国电子出版物管理规定，电子出版物是指以数字代码方式将图文声像等信息编辑加工后存储在磁、光、电介质上，通过计算机或者具有类似功能的设备读取使用，用以表达思想、普及知识和积累文化，并可复制发行的大众传播媒体。本案中，由珠海金山公司研制开发完成，由北京金山公司复制、销售的"金山词霸2002专业版"是在计算机上使用的电子词典类图书，从其性质上看属于电子出版物范畴。原告是专业的图书出版发行单位，根据新闻出版总署许可法律出版社出版只读类光盘的函，可以认定，法律出版社亦可以从事出版发行电子出版物的业务。作为电子词典类图书的"金山词霸2002专业版"，可以提供英、汉词语间互译的查询，其中包括法律类英、汉词汇互译的查询。而根据本院查明的事实，原告作为专业的图书出版发行单位，近年来出版、发行了多部法律类英汉、汉英的词典，虽然两者的载体、查询方式、所含词汇量不同，但内容有所交叉，消费群体亦会有所重叠，故原告与两被告应属于具有竞争关系的市场经营者。被告北京金山公司关于原、被告之间不存在竞争关系，本案不适用反不正当竞争法的抗辩理由，本院不予采信。

二、关于被告在其产品上使用"法律出版社"名称是否构成虚假广告和不正当竞争

名称权是法人、个体工商户和个人合伙依法享有的决定、使用、改变或者转让自己的名称并不受他人侵害的权利。法人和非法人团体的名称，是其作为

民事主体存在的重要条件，也是其区别于其他民事主体的特定标志。法律禁止经营者擅自使用他人的企业名称，使人误认为是他人的产品。

从本院查明的事实可以认定，法律出版社作为法律专业的图书出版社，其近年来出版了多部法律类外文词典，在该领域享有一定的知名度和信誉。在"金山词霸2002专业版"以及"iciba.net"网站上"金山词霸2002专业版"的相关法律词汇部分的介绍中，擅自使用了"法律出版社"的名称，足以使人误认为该词典中含有的法律类外文词汇部分来自于法律出版社出版的《新汉英英汉法律词典》，该行为违反了反不正当竞争法的相关规定，构成对法律出版社的不正当竞争。并且，根据本院查明的事实，法律出版社从未出版发行过《新汉英英汉法律词典》、《新汉英法学大词典》和《新英汉法学大词典》，故"金山词霸2002专业版"外包装及"iciba.net"网站上的介绍，没有事实依据，使人对该产品的内容产生误解，已构成虚假广告。由于北京金山公司是"金山词霸2002专业版"的发行者，亦是金山图形的注册商标专用权人，并且"金山词霸2002专业版"的包装为北京金山公司制作，故北京金山公司应对"金山词霸2002专业版"的外包装上擅自使用"法律出版社"名称以及所作虚假广告的行为承担侵权责任，应删除其尚未发行的"金山词霸2002专业版"外包装上的侵权内容、赔偿原告经济损失、并向原告赔礼道歉。同时，根据本院查明的事实，iciba.net，iciba.com网站为珠海金山公司所有，其开设的栏目及其主要内容为：金山词霸站点主要介绍词霸、金山快译系列电子词典软件相关内容，故珠海金山公司应对在该网站上出现的关于"金山词霸2002专业版"的相关法律词汇部分的介绍中擅自使用"法律出版社"名称以及虚假广告的行为承担侵权责任，删除其网站中的侵权内容、赔偿原告经济损失、向原告赔礼道歉。因北京金山公司、珠海金山公司的行为均针对同一产品——"金山词霸2002专业版"，且珠海金山公司承认其会从"金山词霸2002专业版"的发行中获取利益，故北京金山公司、珠海金山公司对上述行为应承担共同的赔偿责任。由于北京金山公司、珠海金山公司赔礼道歉、删除侵权内容足以消除对法律出版社的影响，故对法律出版社要求销毁侵权产品的主张，本院不予支持。

三、关于赔偿数额计算的问题

原告依据其统计的被告复制、发行"金山词霸2002专业版"的数量、法律类词汇所占该词典的比例、被告的获利情况，请求判令被告赔偿原告15万元。根据本院查明的事实，被告共销售"金山词霸2002专业版"83 901套，实际销售金额2 187 162.42元。故本院将依据被告复制、发行的"金山词霸2002专业版"的数量、《新汉英英汉法律词典》所占该产品标明的权威辞典的比例、被告的获利情况、双方共同认可的该产品的平均利润率、侵权后果等因素确定赔偿数额。法律出版社因本案支出的合理费用，包括公证费、律师费、调查费，亦应由北京金山公司、珠海金山公司共同承担。法律出版社要求被告赔偿15万元的请求，本院不予全额支持。

综上所述，北京金山公司在其"金山词霸2002专业版"的外包装上擅自使用"法律出版社"名称以及进行虚假广告宣传、珠海金山公司在该网站上关于"金山词霸2002专业版"的介绍中，擅自使用"法律出版社"名称以及进行虚假广告宣传的行为已构成不正当竞争，依据《中华人民共和国反不正当竞争法》第五条第（三）项、第九条第一款、第二十条之规定，判决如下：

一、被告珠海金山软件股份有限公司、北京金山软件有限公司于本判决生效之日起，立即停止不正当竞争行为；

二、本判决生效之日起30日内，被告珠海金山软件股份有限公司在其网站上连续24小时、北京金山软件有限公司在《法制日报》上，刊登致歉声明，公开向原告法律出版社致歉；

三、被告珠海金山软件股份有限公司、北京金山软件有限公司于本判决生效之日起10日内，共同赔偿原告因侵权所受损失及诉讼合理支出29 543元；

四、驳回原告法律出版社的其他诉讼请求。

珠海金山公司、北京金山公司均不服原审判决，提出上诉，请求二审法院：撤销原审判决，依法改判；驳回法律出版社的全部诉讼请求；由法律出版社承担本案全部诉讼费用。

法律出版社服从原审判决。

【二审查明事实】

二审法院经审理查明：法律出版社作为我国一家大型专业图书出版社，近年来出版发行了包括《英汉、汉英知识产权保护词典》、《新汉英法学词典》、《简明英汉法律词典》、《英汉商业法律词典》、《英汉法律词典》、《英汉法律大词典》等多部法律类外文词典。

2001年4月20日，珠海金山公司经广东省通信管理局批准，获得从事非经营性互联网信息服务与开办BBS的许可，其备案号为粤ICP备010030号。珠海金山公司在其填报的"互联网信息服务备案登记表"中，填写的ICP单位全称为：珠海金山软件股份有限公司，网站名称或域名为：iciba. net, iciba. com, ICP开设的栏目及其主要内容为：金山词霸站点主要介绍金山词霸、金山快译系列电子词典软件相关内容。

2001年9月27日，由珠海金山公司研制开发完成的"金山词霸2002专业版"正式出版发行，该产品由北京金山公司负责生产和销售。

2001 年 12 月 24 日，新闻出版总署音像和电子出版物管理司向司法部办公厅出具新出音管〔2001〕546 号文，同意法律出版社出版《电信业法律实务》等 4 种只读光盘（CD－ROM），并要求将批准文号、中国标准书号及条码刊印在装帧纸的显著位置，并在装帧纸及首页画面分别注明"电子出版物数据中心"和"法律出版社出品"字样。

2002 年 2 月 27 日，法律出版社的委托代理人吴中华在北京图书大厦三层的音像世界购买了"金山词霸 2002 专业版"一盒，并当场取得北京图书大厦购物小票一张及编号为"0409531"的商品销售专用发票一张，载明金额为 49 元。北京市公证处对上述购买行为进行了公证，并制作了（2002）京证经字第 01206 号公证书。

2002 年 2 月 27 日，吴中华在北京市公证处通过 169 拨号，进入"词霸在线"（www. iciba. net）主页，在该主页"词库列表"项下的"使用技巧"栏目中，记载有："《新汉英英汉法律词典》——7.8 万词条　法律出版社包含总计 400 万条以上的通译专业词库，12 000 万字的翔实内容，同时增补了 200 万条词汇，相对于厚达 45 000 页的科技类大词海。"进入"eNet 商城"（www. es-hop. com. cn）主页，键入"金山词霸"进行检索，在 www. eshop. com. cn/new＿pro－ductsearch＿out. jsp 页面可见"金山词霸 2002 专业版"的价格为 49～54 元。进入 www. hoyodo. com 中的"hoyodo 中国最大软件商务网"可见"金山词霸 2002 专业版"的介绍及产品价格为 39 元。在产品介绍中，未出现"法律出版社"字样。进入"卓越网"（www. joyo. com）主页，键入"软件"进行检索，在"软件热卖排行"项下点击"金山词霸 2002 专业版"，进入该页面，可见"金山词霸 2002 专业版"的介绍及产品价格为 39 元。在产品介绍中，未出现"法律出版社"字样，制作公司网址为 http：//www. kingsoft. net/。北京市公证处公证员王瑞林、杨明君对上述过程进行了现场监督，并于 2002 年 2 月 28 日出具了（2002）京证经字第 01205 号公证书。

2002 年 6 月 12 日，新闻出版总署音像电子和网络出版管理司向司法部司法宣传司出具新出音管〔2002〕206 号文，同意法律出版社出版《知识产权法律法规精选》等 2 种只读光盘（CD－ROM），并要求将批准文号、中国标准书号及条码刊印在装帧纸的显著位置，并在装帧纸及首页画面分别注明"电子出版物数据中心"和"法律出版社出品"字样。

2002 年 8 月 15 日和 8 月 20 日，一审法院组织双方当事人对上述公证购买的"金山词霸 2002 专业版"进行了勘验。"金山词霸 2002 专业版"外包装正面标有产品名称、出版发行单位、金山及图注册商标，其外包装背面有金山词霸内容简介，其中载明：金山词霸 2002 所含 12 本权威词典，其中第 12 本为

"《新汉英英汉法律词典》——7.8万词条　法律出版社包含总计400万条以上的通译专业库，12 000万字的翔实内容，同时增补了200万条词汇，相当于厚达45 000页的科技类大词海"。另外，在其外包装背面"词海"的介绍中，载明内含的词典总数突破50本，下部载明：北京大学出版社出版发行，并标明金山软件股份有限公司的名称、地址：北京市9605信箱、网址www. kingsoft. net、总机、技术支持热线、金山及图注册商标等内容。在计算机中安装"金山词霸2002专业版"后，可以运行"金山词霸2002专业版"，在其"词典管理"模块下，可以进入"新汉英法学大词典"和"新英汉法学大词典"进行查询，在"金山词霸2002专业版"的安装和使用查询过程中，未对上述两本词典进行介绍，亦未出现"法律出版社"字样。双方当事人对上述勘验结果不持异议。

另查：法律出版社从未出版发行过《新汉英英汉法律词典》、《新汉英法学大词典》和《新英汉法学大词典》。该社拟与华建机器翻译有限公司共同出品《华建法宝英汉法律大典》，目前该产品尚未发行。

法律出版社为本案诉讼支付公证费2 000元、律师费9 000元，调查费317元。

【二审审理结果】

在本案审理过程中，经二审法院主持调解，双方当事人自愿达成如下协议：

一、珠海金山软件股份有限公司、北京金山软件有限公司于本调解书生效之日起3日内在其网站上发表更正声明；

二、珠海金山软件股份有限公司、北京金山软件有限公司就北京市高级人民法院（2003）高民终字第468号不正当竞争纠纷上诉一案，以书面形式向法律出版社致歉，法律出版社不得将该致歉书向第三方公开；

三、珠海金山软件股份有限公司、北京金山软件有限公司于本调解书生效之日起3日内，共同给付法律出版社人民币55 000元；

四、本案原审案件受理费5 544.76元，由法律出版社负担；二审案件受理费5 544.76元，由珠海金山软件股份有限公司、北京金山软件有限公司共同负担。

83. "小感量核子秤"不正当竞争纠纷案

——北京清大科技股份有限责任公司诉北京中乾机电设备有限责任公司

原告（被上诉人）：北京清大科技股份有限责任公司

被告（上诉人）：北京中乾机电设备有限责任公司

案由：不正当竞争纠纷

原审案号：北京市海淀区人民法院（2002）海民初字第 14978 号

原审合议庭成员：李东涛、李春梅、张宇

原审结案日期：2002 年 11 月 20 日

二审案号：北京市第一中级人民法院（2003）一中民终字第 2428 号

二审合议庭成员：刘海旗、李燕蓉、任进

二审结案日期：2003 年 6 月 18 日

【判决要旨】

在经营活动中使用虚假信息误导社会公众，主观过错明显的，属于不正当竞争行为，行为人应承担相应的民事责任。

【起诉与答辩】

原告北京清大科技股份有限责任公司（以下简称清大公司）诉称：我公司与北京中乾机电设备有限责任公司（以下简称中乾公司）都是生产用于测量轻质物料核子秤的公司。我公司在自己于 1995 年 6 月 16 日享有的 95106808.3 号"一种小感量高精度核子秤"发明专利产品中已经开始使用"变参数技术"。曾担任我公司顾问的邸生才在 1998 年 8 月 10 日向国家知识产权局提出了名称为"一种物料的高精度测量方法及用该方法制造的核子秤"的发明专利申请，申请号为"99111339.X"，而该发明专利申请的核心内容也是"变参数技术"。故我公司与邸生才就"99111339.X 号"发明专利申请权归属发生纠纷并诉至法院。后经两级法院审理均判决邸生才享有该号发明专利的申请权，但未判决其享有该号发明的专利权。2000 年 7 月 10 日，邸生才与中乾公司签订了转让协议书，将上述"99111339.X 号"发明专利的申请权转让给中乾公司。邸生才与中乾公司明知自己只享有"申请权"，但仍故意在其向公众和我公司客户大

量散发的《有关专利99111339.X所有权的说明》、《关于专利99111339.X号的有关情况说明》等宣传资料中，虚假宣称其为该号发明专利的"专利权人"，意指我公司使用"变参数技术"生产的产品是侵害其"专利权"的侵权产品。北京市知识产权局于2002年6月28日对其作出了《冒充专利行为行政处罚决定书》。我公司取得的95106808.3号一种小感量高精度核子秤的发明专利权，证实我公司称"小感量秤是清大公司的专利产品"符合法律规定，中乾公司却广泛散布这是"不实宣传"，损害了我公司的商业信誉。被告的不正当竞争行为给我公司造成经济损失，并扰乱了正常的核子秤市场。故诉至法院，请求判令中乾公司：立即停止侵权行为，收回虚假宣传材料；在《东方烟草报》上公开赔礼道歉，消除影响；赔偿经济损失33万元。

被告中乾公司辩称：（1）我公司未实施任何不正当竞争行为。1999年，国家知识产权局受理了邸生才的"一种物料的高精度测量方法及用该方法制造的核子秤"发明专利申请，申请号为99111339.X，并于2000年3月29日公布了该申请，现已进入实质审查阶段。后因发生纠纷经法院两审判决，该发明申请权归邸所有。2000年7月10日，我公司与邸生才签订协议书，约定将该专利申请权转让与我公司，其发明技术由我公司所有，待专利授权后独家转让给我公司。因此，我公司对上述发明技术享有所有权，清大公司借以证明我公司对其实施"不正当竞争"行为的两份宣传材料，应为我公司为推广产品及为澄清目前市场上某些不实传闻所制作。其内容属实，并未做虚假宣传，也未侵犯清大公司的合法权益。（2）清大公司所称我公司"冒充专利"借以实施不正当竞争行为，没有法律依据。北京市知识产权局作出的"冒充专利行为行政处罚决定书"，是建立在对我公司的宣传材料断章取义的基础上的错误决定。对此，我公司已向法院提起行政诉讼。综上，我公司从未实施不正当竞争行为，不应承担民事责任，故请求驳回原告的诉讼请求。

【原审查明事实】

原审法院经审理查明：

一、1998年6月20日，清大公司获得中华人民共和国专利局颁发的"小感量高精度皮带核子秤"发明专利证书（专利号为：ZL 95 1 06808.3）。2000年7月11日，中乾公司取得0.5级高精度小感量核子秤的制造计量器具许可证。

二、邸生才于1999年8月10日向国家知识产权局专利局申请了99111339.X号"一种物料的高精度测量方法及用该方法制造的核子秤"发明专利，该专利申请于2000年3月29日公开。2000年8月23日，清大公司以上述发明专利技术成果系职务发明为由向北京市知识产权局提出调处请求，请求确认上述发明专利的申请权归属清大公司。2000 年 12 月 1 日，北京市知识产权局确认 99111339.X 号发明专利的申请权归属于清大公司。邸生才不服，向北京市第一中级人民法院提起行政诉讼。2001 年 11 月 29 日，北京市第一中级人民法院以（2001）一中知初字第 90 号判决撤销北京市知识产权局的处理决定，认定 99111339.X 号发明专利技术成果不是清大公司的职务发明创造。2002 年 4 月 22 日，北京市高级人民法院以（2002）高民终字第 133 号判决书维持了一审判决。

三、2001 年 12 月 16 日，中乾公司发表标题为《关于专利 99111339.X 号的有关情况说明》的宣传材料。该材料共分三段内容，第一段主要内容为"清大公司先后于 2000 年 12 月 2 日和 2001 年 3 月向用户及有关单位大量散发宣传材料声称'99111339.X'号发明专利为清大公司所有，其他任何生产、经营小感量核子秤的行为均属违法。中乾公司利用清大公司专利技术推出的所谓第二代小感量核子秤为非法侵权产品，清大公司将依法追究其应负的法律责任"；第二段主要内容为"北京市第一中级人民法院于 2001 年 11 月 29 日以（2001）一中知初字第 90 号文作出了判决：'99111339.X'发明专利的申请权归邸生才所有。为了消除清大公司广泛散发的'小感量秤是清大公司的专利产品'不实宣传的影响，特此敬告用户"；第三段主要内容为"99111339.X 号发明专利的核心技术是变参数技术"，"目前我们未向任何单位或个人授权使用该项技术，凡其他厂家依此技术生产的产品均属侵权产品"。该材料落款部分为三行，第一行内容为"99111339.X 专利权人：邸生才"，第二行内容为"北京中乾机电设备有限责任公司"，第三行内容为"2001 年 12 月 16 日"。

四、2002 年 4 月 23 日，中乾公司发表标题为《有关专利 99111339.X 所有权的说明》的宣传材料。该材料共分三段内容，第一段主要内容为"北京市高级人民法院于 2002 年 4 月 22 日已就专利 99111339.X 发明申请权一审作出了终审判决"，"至此，有关发明专利 99111339.X 的所有权属邸生才个人已经有了法律依据"；第二段主要内容为"'99111339.X'发明专利的核心技术是变参数技术，是目前能使核子秤计量精度达到 0.5% 以上惟一的方法"；第三段主要内容为"北京中乾机电设备有限责任公司和邸生才决定继续履行原签署的有关该专利的独家转让协议，因此中乾公司是该专利惟一的合法使用者。凡其他厂家依此技术生产的产品均属侵权产品，我们将依法追究其相应法律责任。若该专利的终审判决给贵单位同清大公司已经签订的合同的执行带来了不便，我公司愿意本着对用户负责的态度与贵单位进行协商"。该材料落款部分为两行，第一行内容为"北京中乾机电设备有限责任公司"，第二行内容为"2002 年 4

月 23 日"。

五、2002 年 4 月 28 日，中乾公司向国家知识产权局提交著录项目变更申报书，变更项目为 99111339.X 号发明专利的申请人。同年 9 月 13 日，国家知识产权局向中乾公司送达了《手续合格通知书》，准予将上述发明专利的申请人由邸生才变更为中乾公司。

六、2002 年 6 月 28 日，根据中乾公司上述两份宣传材料及其他宣传材料中的内容，北京市知识产权局在京知执字（2002）—01 号《冒充专利行为行政处罚决定书》中指出："鉴于 99111339.X 属申请专利状态，目前尚未获得专利权，因此，中乾公司的行为已构成冒充专利的行为"；并对中乾公司作出如下行政处罚："1. 责令停止冒充专利行为，消除影响。2. 收缴有关冒充专利行为的宣传材料。"在该行政处罚决定书尚未生效期间，中乾公司于 2002 年 9 月 23 日向北京市第一中级人民法院提出行政诉讼。

【原审审理结果】

原审法院认为：企业法人在市场竞争中应当遵循诚实信用的原则，不得以虚假或引人误解的手段误导社会公众、谋取竞争优势。中乾公司在未经司法审查程序的情况下，在经营活动中使用含有"中乾公司是该专利惟一的合法使用者。凡其他厂家依此技术生产的产品均属侵权产品"等用语的宣传材料，误导了社会公众，扰乱了市场竞争秩序，侵犯了清大公司的合法竞争权利，主观过错明显，属于不正当竞争行为，故其应立即停止侵权，并依法承担侵权责任。中乾公司否认侵权的辩称，与事实不符，与法相悖，本院不予采信。清大公司要求中乾公司赔偿其商誉损失 33 万元，但其并未就此举证，故本院不予支持。

据此，依据《中华人民共和国反不正当竞争法》第二条第一款、第九条第一款的规定，判决如下：

一、自本判决生效之日起，被告北京中乾机电设备有限责任公司停止散发《关于专利"99111339.X 号"的有关情况说明》、《有关专利 99111339.X 所有权的说明》等含有虚假内容的宣传材料；

二、自本判决生效之日起 10 日内，被告北京中乾机电设备有限责任公司在《东方烟草报》上刊登声明，向原告北京清大科技股份有限责任公司公开致歉；

三、驳回原告北京清大科技股份有限责任公司的其他诉讼请求。

中乾公司不服原审判决，提出上诉，其理由为：（1）原审法院认定事实不清，上诉人是具有生产核子秤资格的厂家，"一种物料的高精度测量方法及用该方法制造的核子秤"技术的发明人邸生才先生已将 99111339.X 专利的申请权及该发明的核心技术转让给上诉人,上诉人对该核心技术依法享有所有权。被上诉人无视事实,仍然对外宣称上诉人的产品为非法产品,故上诉人作出了一些解释工作,但并未对被上诉人实施不正当竞争行为。原审法院认定我方侵权是没有事实依据的。(2) 原审法院适用法律错误,原审法院在错误认定上诉人侵权的基础上,导致适用法律错误,作出了由上诉人向被上诉人致歉的判决,是不符合法律规定的。综上,请求二审法院撤销原审判决,依法改判。

清大公司服从原审判决。

【二审查明事实】

二审法院经审理查明:1998 年 6 月 20 日,清大公司获得中华人民共和国专利局颁发的"小感量高精度皮带核子秤"发明专利证书(专利号为:ZL 95 1 06808.3)。2000 年 7 月 11 日,中乾公司取得 0.5 级高精度小感量核子秤的制造计量器具许可证。

案外人邸生才于 1999 年 8 月 10 日向国家知识产权局专利局申请了99111339.X 号"一种物料的高精度测量方法及用该方法制造的核子秤"发明专利,该专利申请于 2000 年 3 月 29 日公开。2000 年 8 月 23 日,清大公司以上述发明专利技术成果系职务发明为由向北京市知识产权局提出调处请求,请求确认上述发明专利的申请权归属清大公司。2000 年 12 月 1 日,北京市知识产权局确认 99111339.X 号发明专利的申请权归属于清大公司。邸生才不服,向北京市第一中级人民法院提起行政诉讼。2001 年 11 月 29 日,北京市第一中级人民法院以(2001)一中知初字第 90 号判决撤销北京市知识产权局的处理决定,认定 99111339.X 号发明专利技术成果不是清大公司的职务发明创造。2002 年 4 月 22 日,北京市高级人民法院以(2002)高民终字第 133 号判决书维持了原审判决。

2001 年 12 月 16 日,中乾公司发表标题为《关于专利 99111339.X 号的有关情况说明》的宣传材料。该材料共分三段内容,第一段主要内容为"清大公司先后于 2000 年 12 月 2 日和 2001 年 3 月向用户及有关单位大量散发宣传材料声称'99111339.X'号发明专利为清大公司所有,其他任何生产、经营小感量核子秤的行为均属违法。中乾公司利用清大公司专利技术推出的所谓第二代小感量核子秤为非法侵权产品,清大公司将依法追究其应负的法律责任";第二段主要内容为"北京市第一中级人民法院于 2001 年 11 月 29 日以(2001)一中知初字第 90 号文作出了判决:'99111339.X'发明专利的申请权归邸生才所有。为了消除清大公司广泛散发的'小感量秤是清大公司的专利产品'不实宣传的影响,特此敬告用户";第三段主要内容为"99111339.X 号发明专利的核心技术是变参数技术"，"目前我们未向任何单位或个人授权使用该项技术，凡其他厂家依此技术生产的产品均属侵权产品"。该材料落款部分为三行，第一行内容为"99111339.X专利权人：邸生才"，第二行内容为"北京中乾机电设备有限责任公司"，第三行内容为"2001年12月16日"。

2002年4月23日，中乾公司发表标题为《有关专利99111339.X所有权的说明》的宣传材料。该材料共分三段内容，第一段主要内容为"北京市高级人民法院于2002年4月22日已就专利99111339.X发明申请权一案作出了终审判决"，"至此，有关发明专利99111339.x的所有权属邸生才个人已经有了法律依据"；第二段主要内容为"'99111339.X'发明专利的核心技术是变参数技术，是目前能使核子秤计量精度达到0.5%以上惟一的方法"；第三段主要内容为"北京中乾机电设备有限责任公司和邸生才决定继续履行原签署的有关该专利的独家转让协议，因此中乾公司是该专利惟一的合法使用者。凡其他厂家依此技术生产的产品均属侵权产品，我们将依法追究其相应法律责任。若该专利的终审判决给贵单位同清大公司已经签订的合同的执行带来了不便，我公司愿意本着对用户负责的态度与贵单位进行协商"。该材料落款部分为两行，第一行内容为"北京中乾机电设备有限责任公司"，第二行内容为"2002年4月23日"。

2002年4月28日，中乾公司向国家知识产权局提交著录项目变更申报书，变更项目为99111339.X号发明专利的申请人。同年9月13日，国家知识产权局向中乾公司送达了《手续合格通知书》，准予将上述发明专利的申请人由邸生才变更为中乾公司。

2002年6月28日，根据中乾公司上述两份宣传材料及其他宣传材料中的内容，北京市知识产权局在京知执字（2002）—01号《冒充专利行为行政处罚决定书》中指出"鉴于99111339.X属申请专利状态，目前尚未获得专利权，因此，中乾公司的行为已构成冒充专利的行为"；并对中乾公司作出如下行政处罚："1.责令停止冒充专利行为，消除影响。2.收缴有关冒充专利行为的宣传材料"。在该行政处罚决定书尚未生效期间，中乾公司于2002年9月23日向北京市第一中级人民法院提起行政诉讼。

另查明，清大公司的前身为北京清大电子仪器联合公司，经北京市工商行政管理局核准，北京清大电子仪器联合公司于2001年8月30日将企业名称变更为北京清大科技股份有限公司。2000年12月2日，清大公司发表《小感量核子秤是清大公司的专利产品》一文，文中提到："中乾公司利用99111339.X等清大公司技术生产的所谓第二代小感量核子秤是非法、侵权产品。清大公司将依法追究其应负的法律责任。"2001年3月，清大公司与北京高朋律师事务所发表了名为《小感量核子秤是清大公司专利产品》的联合声明，文中亦提到"小感量核子秤是清大公司独家经营的专利产品，其专利技术 5106808 和 99111339.X 均为清大公司所有，其他任何生产、经营小感量核子秤的行为均属违法"。

【二审审理结果】

二审法院认为：经营者在市场经营活动中，应当秉承诚实信用和公平竞争的原则，尊重社会公德和商业道德。在开展自身业务的同时，亦应当对同业竞争者的合法权益给予尊重，不应当通过散布不实信息的手段来达到降低竞争对手的社会声誉、维护自己的竞争优势的目的。

本案中，中乾公司在清大公司享有"小感量高精度皮带核子秤"发明专利权的情况下，仍然在其对外发布的有关材料中使用"为了消除清大公司广泛散发的'小感量秤是清大公司的专利产品'不实宣传，特此敬告用户"、"中乾公司是该专利惟一的合法使用者。凡其他厂家依此技术生产的产品均属侵权产品"等用语，误导了社会公众，扰乱了市场正常的竞争秩序，也侵犯了清大公司合法的竞争权利。中乾公司的行为已经构成了不正当竞争，应当依法承担相应的侵权责任。关于中乾公司提出其发布的《关于专利"99111339.X 号"的有关情况说明》、《有关专利 99111339.X 所有权的说明》两份宣传材料系针对清大公司的对外声明而作出的解释，因此不构成侵权的抗辩一节，本院认为，中乾公司作为市场竞争者，负有规范自己的竞争行为的社会责任。如果中乾公司对清大公司的行为性质持有异议，应当通过正当的法律途径予以解决。中乾公司对外发放的两份宣传材料具有明确的针对性及误导作用，其措辞也已经超过了澄清事实和解释的范围，构成了对清大公司合法权益的侵害。所以，对于中乾公司的此项抗辩理由，本院不予支持。

综上所述，上诉人中乾公司的上诉理由不能成立，其要求撤销一审判决的上诉请求，本院不予支持，一审判决认定事实基本清楚，适用法律正确，判决结果亦无不当，本院依法予以维持。依照《中华人民共和国民事诉讼法》第一百五十三条第一款第（一）项之规定，本院判决如下：

驳回上诉，维持原判。

一审案件受理费 7 460 元，由北京清大科技股份有限公司负担 6 460 元，由北京中乾机电设备有限责任公司负担 1 000 元；二审案件受理费 7 460 元，由北京中乾机电设备有限责任公司负担。

84. "秋臣痘痘消"虚假广告不正当竞争纠纷案

——安徽省显臣制药有限责任公司诉北京振华伟业 生物技术有限公司、蚌埠秋臣化妆品有限公司

原告：安徽省显臣制药有限责任公司
被告：北京振华伟业生物技术有限公司
被告：蚌埠秋臣化妆品有限公司
案由：不正当竞争纠纷

一审案号： 北京市第一中级人民法院（2002）一中民初字第 2603 号
一审合议庭成员： 刘海旗、李燕蓉、姜颖
一审结案日期： 2003 年 7 月 3 日

【判决要旨】

发布的广告对与自己的商品有相同功效、用途的药品进行功效和安全性比较，对制作成分作引人误解的虚假宣传，贬低其他生产经营者的商品或者服务的，构成不正当竞争。

【起诉与答辩】

原告安徽省显臣制药有限责任公司（以下简称显臣公司）诉称：显臣粉刺净由原告开发并于 1995 年底投放市场，并已成为知名品牌。被告蚌埠秋臣化妆品有限公司（以下简称秋臣公司）成立后，推出秋臣痘痘消产品，与原告的知名商品显臣粉刺净系同类产品。为迅速占领市场，被告秋臣公司与被告北京振华伟业生物技术有限公司（以下简称振华伟业公司）利用发明人张显臣的名义于 2001 年 8 月 20 日在《卫视周刊》封二、同年 11 月 20 日在《北京电视》周刊封二刊登广告，影射原告的产品含有西药激素成分及副作用。针对上述被告的广告，张显臣本人于 2001 年 8 月 27 日在《卫视周刊》公开发表亲笔签名的《郑重声明》，证明被告所说的显臣粉刺净含有西药激素及其毒副作用纯属肆意诋毁。两被告利用广告对原告产品的质量、制作成分、性能等作引人误解的虚假宣传，误导了消费者，在市场上产生了恶劣影响，直接导致原告产品的销售额下降，损害了原告的商业信誉、商品声誉，给原告造成巨大经济损失，违反了《中华人民共和国反不正当竞争法》第九条、第十四条的规定，故请求

法院判令两被告：（1）停止广告诋毁、引人误解的宣传行为，并在《卫视周刊》、《北京电视》周刊上以同样版面向原告赔礼道歉、消除影响、恢复名誉；（2）连带赔偿原告损失 500 万元、律师费 12 万元、调查取证费 3 万元；（3）承担本案诉讼费、财产保全费。

被告振华伟业公司辩称：（1）2001 年 8 月 20 日的"严正声明"系张显臣医生本人所为，假借之名严重错误，"注意"事项内容真实。（2）2001 年 11 月 20 日的"张显臣医生忠告"及"发明人张显臣说"均系张显臣医生授意所为，显臣公司不顾事实真相，称振华伟业公司捏造事实，诋毁其商品声誉与事实不符。（3）2002 年 3 月 26 日，张显臣医生再次发表声明，声明上述两次广告及 2001 年 8 月 27 日在《卫视周刊》公开发表亲笔签名的《郑重声明》是其真实意思表示，且内容真实。综上，振华伟业公司所刊登的广告内容真实，形式合法，是正当的商业行为，请求法院驳回显臣公司的起诉。

被告秋臣公司辩称：（1）秋臣公司没有伙同振华伟业公司制作广告；（2）振华伟业公司所作广告内容，秋臣公司不知道；（3）振华伟业公司所作广告没有贬低显臣公司产品；（4）秋臣公司与显臣公司生产的产品也非同类产品；（5）2001 年 8 月 20 日及 11 月 20 日的广告系振华伟业公司经过张显臣本人同意而刊登的，不存在假借一说；（6）张显臣先生在 2001 年 8 月 27 日所发表的声明，并不是针对秋臣公司和振华伟业公司的。综上，显臣公司诉讼理由与事实不符，请求法院驳回原告显臣公司的诉讼请求。

【一审查明事实】

一审法院经审理查明：显臣公司成立于 1995 年 12 月 11 日，1996 年 7 月 9 日，安徽省卫生厅出具皖卫药健字（1996）第 0101 号药品批准证书，批准显臣公司按照皖 Q/WS－24－95（健）药品标准生产药品名称为显臣粉刺净的产品。根据该标准，显臣粉刺净产品中应含有不得少于 1.8％的氯霉素，其功能与主治为清热消炎，杀菌止痒，润肌泽肤，用于寻常痤疮。

2000 年 3 月 23 日，显臣公司委托安徽省药品检验所对其生产的显臣粉刺净（批号为 2000212）进行检验。2000 年 6 月 4 日安徽省药品检验所出具第 2000－S398 号药品检验报告书，载明：显臣粉刺净中含有 2.35％的氯霉素成分，结论是本品按安徽省药品标准皖 Q/WS－24－95 检验，结果符合规定。

振华伟业公司成立于 2000 年 2 月 18 日。秋臣公司成立于 2000 年 4 月 3 日，其生产的化妆品为"秋臣痘痘消"，用于祛除粉刺青春痘。2001 年 6 月 6 日，北京市卫生局颁发《在京销售化妆品卫生审核证明》，该证明载明：生产单位为秋臣公司，代理单位为振华伟业公司，产品名称为秋臣痘痘消。

2001 年 6 月 13 日至 12 月 10 日，显臣公司多次在《卫视周刊》上发布泽平粉刺立消净、华臣痘速消的广告，其中称泽平粉刺立消净为显臣第二代去痘产品。

2001 年 7 月 19 日、7 月 28 日、8 月 4 日、8 月 8 日、8 月 22 日，《每日新报》发布了秋臣痘痘消的广告，其内容是："针对市场有不法商贩假冒所谓张显臣第二代产品的不法行为，张显臣特发如下严正声明：在祛除粉刺青春痘上，我研制了两个产品：一个叫'显臣粉刺净'，原称一方，另一个叫'秋臣痘痘消'，又叫二方，秋臣痘痘消是我的继承人小女儿张寒秋开发生产的，问世之后，社会反映很好。"署名（中美合资）蚌埠化妆品有限公司、张显臣（天津）工作室。

2001 年 8 月 20 日，《卫视周刊》发布了秋臣痘痘消广告，该广告显要位置刊载有"严正声明"及"注意"。其中"严正声明"的内容为："针对市场有不法商家自称'张显臣第二代产品'的不法行为，张显臣本人发表如下严正声明：张显臣只研制了两个祛痘产品，一个是 1994 年研制的'显臣粉刺净'，另一个是 2000 年最新研制的'秋臣痘痘消'。新产品在原来基础上，去除其西药激素成分，用名贵中药替代，是我的继承人小女儿张寒秋开发生产的，故产品商标为秋臣®'。""注意"的内容为："提醒患者注意购买祛痘产品时，问清是否含有西药激素成分，因激素副作用较大，如刺激性大，损伤皮肤，用后干燥、皮损、脱皮，易出现严重过敏症状，红肿奇痒，易复发，用药后有依赖性。最好选用纯中药的祛痘产品。"该广告下方署名中美秋臣化妆品公司、振华伟业公司，阜成门四川大厦东楼 2705。张显臣在上述广告词小样上签字认可。

2001 年 8 月 27 日，《卫视周刊》发布了张显臣的郑重声明，其内容为："我是一位老中医，在治疗粉刺（又叫痤疮、青春痘、暗疮）这种皮肤病方面，我共研制了两种产品，第一个是'显臣粉刺净'，由安徽省显臣制药公司开发生产，第二个是'秋臣痘痘消'，由中美合资安徽蚌埠秋臣化妆品公司开发生产。这两个产品都是国家批准生产的合法产品，各有自己的独特优点，推出市场后，社会反应都很好，很受广大粉刺患者的欢迎。它们的配方及生产工艺完全受国家有关法律的保护，是任何人都无权探问的。最近有个别人以私利为目的，利用我的名义在媒体上发布严正声明，甚至说产品含什么什么成分之类的话语，严重侵犯了产品处方的保密权利，侵犯了我的名誉权，本人对此深感痛心和愤慨！今后，不管什么人，对'显臣粉刺净'和'秋臣痘痘消'两个合法产品，在文字上或者口头进行非议，本人将依法追究其法律责任！诚望广大消费者和有识之士予以明鉴是幸。"该声明下方署名张显臣。

2001年11月10日，振华伟业公司委托北京东方美恒广告有限公司在《北京电视》周刊上发布秋臣痘痘消的广告，刊登日期为11月20日，版面为封二。

2001年11月20日，《北京电视》周刊发布了秋臣痘痘消广告，该广告中间位置刊载有"张显臣医生忠告"及"发明人张显臣医生说"。其中"张显臣医生忠告"的内容为："提醒患者购买祛痘（粉刺）产品时，问清是否含有西药激素成分，因西药激素虽涂抹一至两次立见皮肤白细而光泽，痘痘干瘪等假愈现象，但对皮肤刺激极强，停用后即刻复发，且病情更重（依赖性极强），如使用超量超时（医学界定15天内为安全期），会产生皮肤灰暗、片状斑块、退皮、粗糙等毒副作用，严重的还会形成桔皮现象、绛紫色激素性皮肤炎等终身不治症状，长期使用还会诱发糖尿病、高血压、心脏病、骨质疏松等疾病，严重影响患者的生命安全。所以，我提倡安全除痘，决不用含有西药激素类产品。""发明人张显臣医生说"的内容为："1.我的除痘产品仅有两个，一方为中西药制剂，有依赖性，二方为不含西药无依赖性的'秋臣痘痘消'，其他宣传只是误导。2.秋臣不含激素，安全除痘无伤害，不含西药，愈后不反弹。3.使用秋臣除痘，不留色印及斑痕。4.'秋臣'可去油净肤，收缩毛孔，使皮肤健康红润细腻，坚持使用效果更佳，纠正油性肤质，保持中性肤质，用以确保粉刺不再发生。"该广告下方署名张显臣（北京）工作室，阜成门四川大厦东楼2705。张显臣在上述广告词小样上签字认可。

针对显臣公司对张显臣证言的真实性存在的异议，为证明张显臣证言的真实性，本院要求证人张显臣出庭作证。张显臣证明上述三次声明及广告词均系其亲自签字认可。

另查明，北京工商经济信息中心查明，在北京市工商局的数据库中，没有张显臣（北京）工作室的信息记录。

显臣公司于2002年1月10日与安徽国运律师事务所签订委托代理合同，委托安徽国运律师事务所的律师作为显臣公司与振华伟业公司、秋臣公司不正当竞争纠纷一案诉讼的代理人，代理费12万元。同年4月16日，显臣公司向安徽国运律师事务所支付律师代理费12万元。

2001年7月31日，安徽省蚌埠市公证处出具（2001）蚌证字第3387号公证书，对张显臣的声明书进行了公证，其中载明了：显臣粉刺净及秋臣痘痘消均为张显臣研制的祛痘产品。

【一审审理结果】

一审法院认为：根据原告的诉讼主张，本案涉及以下问题：原告与被告是否存在竞争关系，本案是否适用反不正当竞争法；被告所作广告宣传是否构成不正当竞争，被告是否应对广告承担民事责任；如何计算赔偿数额。

一、关于原告与被告是否存在竞争关系，本案是否适用反不正当竞争法

判断市场主体之间是否存在竞争关系，可以依其生产的产品或者提供的服务是否相同或者是否相近似为标准。就相近似而言，可以依产品的功能、用途、消费群体或者服务对象是否相近似、是否有所重合来判断。就本案而言，虽然显臣公司生产的显臣粉刺净属于药品，而秋臣公司生产的秋臣痘痘消属于化妆品，两种产品从产品分类上不属于相同类的产品，但是，两种产品都是用于治疗粉刺、暗疮的，其功能和用途有所交叉，消费群体亦会有所重叠，故两种产品在市场上具有竞争关系，原告与两被告应属于具有竞争关系的市场经营者。被告关于原、被告之间不存在竞争关系，本案不适用反不正当竞争法的抗辩理由，本院不予采信。

二、关于被告所作广告是否构成虚假广告和不正当竞争，被告是否应对本案诉争广告承担民事责任

经营者在市场交易中，应当遵循自愿、平等、公平、诚实信用的原则，不得利用广告或者其他方法，对商品的质量、制作成分、性能、用途、生产者等作引人误解的虚假宣传，亦不得捏造、散布虚伪事实，损害竞争对手的商业信誉、商品声誉。

2001 年 8 月 20 日《卫视周刊》发布的广告内容系为推销秋臣痘痘消产品，该广告的署名为中美秋臣化妆品公司、振华伟业公司。振华伟业公司是秋臣公司在北京的经销代理商，在本案诉讼中其自认该广告为己发布，而该广告中中美秋臣化妆品公司的名称与本案被告秋臣公司的企业名称不符，原告没有提交证据证明该广告系秋臣公司与振华伟业公司共同所为，故本院认定振华伟业公司系 2001 年 8 月 20 日《卫视周刊》发布的秋臣痘痘消广告的广告主，对该广告造成的损害后果，应由振华伟业公司承担。根据本案查明的事实，2001 年 8 月 20 日《卫视周刊》发布的广告告知消费者的信息是张显臣为显臣粉刺净及秋臣痘痘消的发明人，显臣粉刺净含有西药激素成分，秋臣痘痘消不含有西药激素成分，而西药激素成分虽然对消除痤疮有疗效，但会有一些副作用，所以消费者在购买除痘产品时，应选择不含西药激素成分的产品。至于显臣粉刺净中含有的西药激素成分的内容以及含量，是含有西药成分以及激素成分还是含有西药类激素成分，该广告却只采用了含糊其词的方式，没有明确指出。由于该广告未如实明确告知消费者显臣粉刺净所含有的西药激素成分的内容及其含量，仅告知消费者含有西药激素成分的严重后果，故该广告实际是在暗示消费者应选择秋臣痘痘消而不要选择显臣粉

刺净。而显臣粉刺净是按照皖 Q/WS – 24 – 95（健）药品标准生产的药品，在该药品标准中明确记载显臣粉刺净应含有不得少于 1.8％的氯霉素，而氯霉素就是公知的抗生素类药物，属于西药。振华伟业公司未举证证明其在发布广告前对显臣粉刺净的成分进行过检测，却利用该广告将两种产品的成分进行了比较，夸大和突出说明西药激素成分的副作用，其实质在于贬低显臣粉刺净，必将对消费者在这两种产品中进行选择时产生指导作用。根据《中华人民共和国广告法》第十二条、第十四条的规定，广告不得贬低其他生产经营者的商品或者服务。药品、医疗器械广告不得有与其他药品、医疗器械的功效和安全性比较的内容。该广告虽然是化妆品广告，但亦不应与与之有相同功效、用途的其他药品进行比较。振华伟业公司利用上述广告行为，对原告的商品的制作成分作引人误解的虚假宣传，损害了显臣公司的商业信誉和商品声誉，已构成对显臣公司的不正当竞争，振华伟业公司应承担相应的侵权民事责任。

根据本院查明的事实，2001 年 11 月 20 日《北京电视》周刊所发布的秋臣痘痘消的广告是振华伟业公司委托他人发布的，而在该广告上署名的张显臣（北京）工作室是不存在的，故本院认定振华伟业公司是该广告的广告主，应对该广告造成的损害后果承担责任。该广告首先以张显臣医生的口吻说明了除痘产品中含有西药激素成分对患者可能造成的后果（副作用），提倡消费者选择不含西药激素成分的产品。之后又以张显臣医生说的口吻告知消费者其研制了两个除痘产品，一方为中西药制剂，有依赖性，二方为不含西药的秋臣痘痘消。虽然该广告中没有明确指出一方所指的是显臣粉刺净，但对于熟悉显臣粉刺净产品的消费者以及了解秋臣痘痘消在其他媒体所作广告的消费者而言，不难得出该广告所称的一方即为显臣粉刺净、显臣粉刺净含有西药激素成分配方、而秋臣痘痘消不含西药激素成分的结论。该结论亦会在一定范围内对显臣粉刺净起到贬低作用，并将对消费者在选择购买显臣粉刺净和秋臣痘痘消两种产品时产生指导作用。上述行为同样损害了显臣公司的商业信誉和商品声誉，构成对显臣公司的不正当竞争，振华伟业公司应承担侵权的民事责任。

张显臣是显臣粉刺净及秋臣痘痘消的发明人，其有权将自己研制的产品的配方情况告知公众。但振华伟业公司作为经营者为推销其所经营的产品秋臣痘痘消，在未对显臣粉刺净产品进行检测鉴定的情况下，即利用商业广告形式以发明人张显臣的名义对显臣粉刺净和秋臣痘痘消两种产品的成分进行比较，即使得到发明人张显臣的认可，该行为仍违法律规定。

三、关于侵权责任的承担问题

对于上述两份侵权广告，振华伟业公司承担的民事侵权责任应包括立即停止侵权，在相同媒体上公开向原告赔礼道歉，消除影响，赔偿原告的经济损失。原告依据其统计的显臣粉刺净在京销售数额的下降、在京所作广告宣传的投入以及为诉讼支出的费用，请求判令被告赔偿原告515万元。但根据原告提交的证据，虽然其提交了广告费支出明细表，用以证明原告支出了大量广告费，但不能证明这些广告费是用于进行显臣粉刺净的广告宣传，以及为消除振华伟业公司发布侵权广告所造成的影响而进行广告宣传，并且原告在2001年6月即推出了泽平粉刺立消净和华臣痘速消，并对新产品进行了广告宣传，且将泽平粉刺立消净称为显臣第二代祛痘产品，势必会影响显臣粉刺净的销售量，故本院对于原告关于判令被告赔偿原告经济损失500万元的诉讼请求，不予全额支持。在本院指定期限内，原告未对其支出的合理调查费举证，故对其要求被告赔偿其3万元调查费的诉讼请求，本院不予支持。原告还请求判令由被告承担财产保全费，但本案原告并未申请法院采取财产保全的强制措施，原告没有支出财产保全费，故对此项请求，本院不予支持。本院将依据振华伟业公司侵权的主观故意程度、侵权情节、侵权行为持续的时间、侵权后果等因素酌情确定赔偿数额。原告因本案支出的合理律师费，亦应由被告振华伟业公司承担。

综上所述，振华伟业公司在《卫视周刊》、《北京电视》周刊上发布的秋臣痘痘消的广告，构成虚假广告宣传并损害了显臣公司的商业信誉和商品声誉，已构成不正当竞争，应承担侵权责任。原告主张上述两份侵权广告系秋臣公司与振华伟业公司共同发布，应与振华伟业公司共同承担侵权责任，但原告未对其主张提供相应证据，本院对原告关于秋臣公司侵权的诉讼主张，不予支持。依据《中华人民共和国反不正当竞争法》第九条第一款、第十四条、第二十条之规定，判决如下：

一、被告北京振华伟业生物技术有限公司于本判决生效之日起，立即停止不正当竞争行为；

二、被告北京振华伟业生物技术有限公司于本判决生效之日起30日内，分别在《卫视周刊》、《北京电视》周刊上刊登致歉声明，公开向原告安徽省显臣制药有限责任公司赔礼道歉（致歉内容须经本院审核），逾期不履行，本院将公开判决主要内容，费用由被告北京振华伟业生物技术有限公司承担；

三、被告北京振华伟业生物技术有限公司于本判决生效之日起10日内，赔偿原告安徽省显臣制药有限责任公司因侵权所受损失及诉讼合理支出4

万元；

四、驳回原告安徽省显臣制药有限责任公司的其他诉讼请求。

案件受理费 35 760 元，由被告北京振华伟业生物技术有限公司负担 10 010元，由原告安徽省显臣制药有限责任公司负担 25 750 元。

各方当事人均服从一审判决。

85. "潘瑞克牌" 鲜奶油派包装不正当竞争纠纷案

——北京潘瑞克食品加工中心诉北京市
金天坛食品有限责任公司

原告（上诉人）：北京潘瑞克食品加工中心
被告（被上诉人）：北京市金天坛食品有限责任公司
案由：不正当竞争纠纷

原审案号：北京市第二中级人民法院（2003）二中民初字第00465号
原审合议庭成员：邵明艳、张晓津、何暄
原审结案日期：2003年5月26日
二审案号：北京市高级人民法院（2003）高民终字第601号
二审合议庭成员：张鲁民、张雪松、焦彦
二审结案日期：2003年9月30日

【判决要旨】

权利人不能提供证据证明其商品为知名商品的，他人仿冒权利人的商品包装、装潢不构成不正当竞争。国家工商行政管理局《关于禁止仿冒知名商品特有的名称、包装、装潢的不正当竞争行为的若干意见》中关于"商品的名称、包装、装潢被他人擅自作相同或近似使用，足以造成购买者误认的，该商品即可认定为知名商品"的规定，在和其他因素相互印证的情况下，可以作为一个因素予以考虑，但其并非是对知名商品判定的标准。

【起诉与答辩】

原告北京潘瑞克食品加工中心（以下简称潘瑞克中心）诉称：该中心是中国和西班牙合作经营企业，是生产面包类食品的专业公司。2002年5月，其生产的长方形鲜奶油派投入市场，由于该产品质量好，价格合理，深受顾客欢迎，成为北京市场上畅销的知名产品。2002年底，该中心在市场上发现了被告北京市金天坛食品有限责任公司（以下简称金天坛公司）仿冒的鲜奶油派，该产品内包装袋和外包装盒上，除把潘瑞克商标改为绿伞金天坛、松软香甜改为香甜可口外，文字的位置、大小、图案、色彩的排列组合均与原告产品的名称、包装、装潢相同，被告的行为属于仿冒知名商品特有包装、装潢的行为。该仿冒产品质量差，冲击了原告商品的市场，对原告的信誉造成影响，给原告

造成了经济损失。故根据《中华人民共和国反不正当竞争法》第五条第二项以及第二十二条的规定,诉至法院,请求法院判令被告:停止侵权、销毁被告生产鲜奶油派产品包装、包装盒和相关材料;在《北京晚报》、《北京娱乐信报》、《京华时报》、《中国青年报》上公开赔礼道歉;赔偿原告经济损失 30 万元;并由被告承担诉讼费用。

被告金天坛公司辩称:第一,原告的涉案产品并非知名商品,被告生产的产品系经过有关部门认可的知名商品。原告自其公司成立后,一直以生产面包、多纳圈等为其主打产品。2002 年 5 月,原告才开始生产鲜奶油派产品。该产品上市时间短,消费者知之甚少,而被告的绿伞派系列产品为消费者所熟知,系知名商品。第二,该公司产品的包装装潢系设计使用在先,且已就该包装装潢向国家有关部门提出了外观设计专利申请。因此,原告的诉讼主张不能成立,请求法院依法判决驳回原告的诉讼请求。

【原审查明事实】

原审法院经审理查明:1996 年 2 月 8 日,中国和西班牙合作经营企业潘瑞克中心成立,该中心的经营范围为"生产面包;销售自产产品"。自 1997 年起,该中心投入大量资金对其产品进行广告宣传,但其未提供证据证明对涉案产品进行广告宣传。

2002 年 4 月,潘瑞克中心委托北京博润纸塑包装制品厂为其加工印制鲜奶油派外包装盒;2002 年 5 月,潘瑞克中心委托北京市昌平福利印刷厂为其加工印制鲜奶油派内包装膜。2002 年 5 月 20 日,北京市通州区产品质量监督检验所对该中心生产的条形鲜奶油派产品出具检验报告,并于同月 22 日颁发产品质量合格证。中国保护消费者基金会于本案审理过程中向潘瑞克中心颁发了《荣誉证书》及通知,推介该中心生产的潘瑞克牌巧克力派、鲜奶油派等系列食品为消费者信赖的知名品牌。在本案审理过程中,潘瑞克中心向本院提交了 2002 年度其生产的巧克力派和鲜奶油派的税前销售额为 18 693 625.80 元、占总销售额的 28.98% 的说明材料,但未提供其他证据予以佐证。

潘瑞克中心生产的潘瑞克牌鲜奶油派的外包装长方形纸盒和内包装长方形塑料袋整体采用黄色为主要色彩。外包装盒正面以"新鲜奶油派"、"Fresh Cream Pie"文字和鲜奶油派图案组合,其中"新"字和"派"字使用艺术字体,字形稍大。并在中部划有白色斜线,在左下角标明"潘瑞克集团"标识,右上角标明:"冷藏后食用味道会更好!"右下角标明"每块 0.50 元、净含量:25 克×30 个";该包装盒左、右侧面不包括"冷藏后食用味道会更好!"、"新"文字、左上角标有"松软"、"香甜"文字,此外其他文字和图案与该包装盒正面相同；该包装盒前侧面不包括鲜奶油派图案、价格和净含量文字、将"潘瑞克集团"标识置于右下角，正上方标有"请沿虚线将此处撕下！"，此外其他文字和图案与该包装盒左、右侧面相同；该包装盒后侧面以中英文记载了该产品配料表、制造商等内容，并标有产品条形码和"潘瑞克集团"标识。该产品的内包装袋正面除在右下角标明"建议价 0.50 元、净含量：25 克"外，其他文字和图案与该产品外包装盒左、右侧面相同。

2002 年 12 月 18 日，经北京市公证处公证，潘瑞克中心自北京海淀铁通综合服务公司商店购买被告金天坛公司生产的"绿伞"牌鲜奶油派两盒，每盒净含量为 26 克×30 个。该公证处出具的（2002）京证经字第 09123 号公证书记录了购买过程并对所购产品及其外包装盒和内包装袋进行了封存。该产品外包装长方形纸盒和内包装长方形塑料袋整体采用黄色为主要色彩。外包装盒正面以"新鲜奶油派"、"Fresh Cream Pie"文字和鲜奶油派图案组合，其中"新"字和"派"字使用艺术字体，字形稍大。并在中部划有淡黄色斜线，在右上角标明"冷藏后食用味道会更好"，右下角标明"每块建议售价 0.50 元、净含量：26 克×30 个、不含防腐剂"，左下角标明"金天坛"字样和"绿伞"商标；该包装盒左、右侧面不包括"冷藏后食用味道会更好"、"新"、"金天坛"文字和"绿伞"商标，"不含防腐剂"文字置于左下角，左上角标有"香甜"、"可口"字样，此外其他文字和图案与该包装盒正面相同；该包装盒前侧面不包括鲜奶油派图案、价格、净含量、"不含防腐剂"文字，正上方标有"请沿虚线将此处撕下"，此外其他文字和图案与该包装盒左、右侧面相同；该包装盒后侧面以中英文记载了该产品配料表、制造商等内容，并标有产品条形码和"不含防腐剂"文字。该产品的内包装袋正面除在右下角标明"建议售价 0.50 元、净含量：26 克、不含防腐剂"外，左下角标明"金天坛"字样和"绿伞"商标，此外其他文字和图案与该产品外包装盒左、右侧面相同。

被告金天坛公司自 1997 年开始生产"绿伞"牌派类食品，其产品涉及二十余种包装和规格，该公司曾对"绿伞"牌派类食品进行过广告宣传和媒体报道。1999 年，该公司生产的"绿伞"牌鲜奶油派产品已进入市场。2002 年 11 月 18 日，经崇文区卫生局食品卫生监督部门检验，该部门对被告金天坛公司生产的条形巧克力派和鲜奶油派产品出具了结论为"送检样品符合国家卫生标准"的卫生质量评价报告单。被告金天坛公司主张其自 2001 年 8 月开始生产涉案产品并使用涉案包装、装潢，但其未能提供充分证据予以证明。2002 年 10 月 25 日，金天坛公司就涉案产品包装装潢向国家知识产权局提出外观设计专利申请，该申请已予受理，但金天坛公司尚未取得授权。在本案审理过程中，被告金天坛公司称共计生产条形鲜奶油派 62.5 箱，每箱为 8 盒，每盒为

30块。

　　经将潘瑞克牌条形鲜奶油派与绿伞牌条形鲜奶油派的产品包装、装潢进行比对，除有关制造商名称和商标标识等内容、中部斜线的颜色与原告使用的有所不同、有关价格、净含量、“松软、香甜”、配料等文字部分以及文字字体与原告使用的相近似外，被告金天坛公司生产的“绿伞”牌条形鲜奶油派产品所使用的外包装盒和内包装袋包装与原告生产的涉案产品所使用的包装相同，包装装潢在文字、图案、色彩、构图等方面相同。被告认可二者包装、装潢相近似。

　　本院受理本案诉讼后，原告潘瑞克中心向本院提出证据保全和财产保全申请，请求查封被告金天坛公司自2002年6月1日至2002年12月31日的账目进行审计；同时请求冻结该公司银行存款30万元，不足部分以其他财产折抵，并就此提供了担保。本院于2003年1月20日作出证据保全和财产保全裁定，并查封扣押了该公司账目及其银行账户内存款30万元。对于本院查封扣押的账目，根据原告潘瑞克中心的申请，本院委托北京华庆会计师事务所对被告金天坛公司的“绿伞”牌鲜奶油派食品生产销售获利情况进行了审计。2003年2月14日，该事务所出具的（2003）京华庆审字第2045号审计报告表明，根据该公司提供的现有资料，“只查出绿伞派名称的派类食品，由于该公司未提供销售清单，无法查到具体的绿伞牌巧克力派和鲜奶油派，此次审计计算的销售利润为记载绿伞派为名称商品销售情况”。被告金天坛公司提供证据证明该公司还生产涉案产品之外的二十余种包装、规格的派类食品。该公司还提出由于涉案产品处于试销阶段，经销商尚未与该公司结算，故在其账目中未涉及涉案产品，原告对此不予认可。

【原审审理结果】

　　原审法院认为：根据《中华人民共和国反不正当竞争法》的规定，采用擅自使用知名商品特有的名称、包装、装潢，或者使用与知名商品近似的名称、包装、装潢，造成和他人的知名商品相混淆，使购买者误认为是该知名商品的不正当手段从事市场交易，损害竞争对手的，是不正当竞争行为。

　　本案的焦点问题是原告主张的涉案产品是否为知名商品，被告使用涉案包装、装潢的行为是否构成不正当竞争的问题。

　　知名商品是指在市场上具有一定知名度，为相关公众所知悉的商品。法院在认定知名商品时，应以该商品在相关的市场领域中有较高的知名度为条件，根据该商品的质量、销售时间、销售地域、市场份额、广告宣传、在相关消费者中的信誉度等因素综合判定。本案中潘瑞克中心主张其生产的潘瑞克牌条形鲜奶油派是知名商品，其应就此承担举证责任。根据本院已查明的事实，潘瑞克中心生产的潘瑞克牌条形鲜奶油派于 2002 年 5 月之后投放市场，此前金天坛公司生产的其他包装规格的鲜奶油派产品已进入市场，该公司生产的涉案绿伞牌条形鲜奶油派于 2002 年 11 月之后投放市场，在此期间潘瑞克中心未对涉案产品进行广告宣传。虽然该中心针对该企业本身和该中心的其他产品进行了广告宣传，但并不能证明涉案产品的知名度；且该中心提供的有关涉案产品销售额的说明并不能证明该产品的市场占有量，有关该中心为纳税十强等奖杯和奖牌也不能直接证明该产品的知名度。虽然在本案审理过程中，中国保护消费者基金会向潘瑞克中心颁发了"推介该公司生产的潘瑞克牌巧克力派、鲜奶油派等系列食品为消费者信赖的知名品牌"的荣誉证书，但仅凭该荣誉证书不能充分证明原告潘瑞克中心主张的其生产的涉案产品为知名商品的事实。因此，潘瑞克中心主张涉案产品为知名商品的证据不足，本院不予支持。潘瑞克中心主张被告的涉案行为损害其知名商品的包装、装潢，构成不正当竞争，并请求判令被告承担立即停止侵权、公开赔礼道歉及赔偿经济损失的法律责任，证据不足，本院不予支持。

综上，依照《中华人民共和国反不正当竞争法》第五条第（二）项之规定，判决如下：

驳回北京潘瑞克食品加工中心的诉讼请求。

潘瑞克中心不服原审判决，提出上诉，其理由为：国家工商行政管理局《关于禁止仿冒知名商品特有的名称、包装、装潢的不正当竞争行为的若干意见》中规定"商品的名称、包装、装潢被他人擅自作相同或近似使用，足以造成购买者误认的，该商品即可认定为知名商品"。原审法院不但认定了双方争议商品的外包装是相似的，而且也判定了该权利为潘瑞克中心使用在先，应当比照该规定认定上诉人的涉案产品为知名商品。上诉人亦有充分证据证明涉案产品为知名商品：（1）上诉人在电视台发布的电视广告虽然并无涉案产品的直接内容，但对潘瑞克集团的宣传就是为了树立"潘瑞克"牌产品的市场形象，增加产品在广大消费者中的认知度，从而达到增加相关产品所占市场份额的目的。广告本身提升了企业的知名度，也就提升了相关产品在消费者中的认知度。（2）上诉人原审期间提交的中国消费者保护基金会颁发的"推介该公司生产的鲜奶油派、巧克力派等系列食品为消费者信赖的知名品牌"的《荣誉证书》，科学、直观地证明了"潘瑞克"牌鲜奶油派的商品质量和在消费者中的信誉度。（3）上诉人提供的 2002 年度审计报告以及历年获奖情况的证据，都能够体现上诉人涉案商品的销售数量、所占集团本身销售额比例等情况，说明潘瑞克品牌的巨大效应和产品在消费者中具有的强大号召力。被上诉人恶意利用上诉人苦心经营起来的品牌效应，从而达到挤占上诉人市场份额的目的。据此，请求二审法院依法改判，维护上诉人的权益。

金天坛公司服从原审判决。

【二审查明事实】

二审法院经审理查明：上诉人潘瑞克中心成立于 1996 年 2 月 8 日，其经营范围为"生产面包，销售自产产品"。2002 年 4 月，潘瑞克中心委托北京博润纸塑包装制品厂为其加工印制鲜奶油派外包装盒；5 月，委托北京市昌平福利印刷厂为其加工印制鲜奶油派内包装膜。同年 5 月，北京市通州区产品质量监督检验所对潘瑞克中心生产的鲜奶油派产品出具检验报告，并颁发产品质量合格证。1997 年以来，潘瑞克中心对其企业和产品进行广告宣传，但未对涉案鲜奶油派产品进行专门宣传。1999 年以来，潘瑞克中心曾取得北京市通州区的优秀外来投资企业、十佳纳税大户等荣誉。本案原审期间，中国保护消费者基金会向潘瑞克中心颁发了《荣誉证书》及通知，推介潘瑞克中心生产的潘瑞克牌巧克力派、鲜奶油派等系列食品为消费者信赖的知名品牌；潘瑞克中心还向法院提交了其 2002 年度生产的巧克力派和鲜奶油派的税前销售额和占总销售额比例的说明材料。

被上诉人金天坛公司成立于 1997 年 12 月 8 日，其经营范围主要为"销售糖果糕点；加工制造糕点"等。金天坛公司成立后即开始生产、销售派类食品，并对其派类食品进行广告宣传和媒体报道。1999 年，金天坛公司生产的鲜奶油派产品已经进入市场。2002 年 11 月，北京市崇文区卫生局食品卫生监督部门为金天坛公司生产的鲜奶油派产品出具了卫生质量评价报告单。金天坛公司主张其自 2001 年 8 月开始生产涉案产品并使用涉案的包装、装潢，但未能提供充分证据予以证明，且其在本案中还同时主张涉案产品为试销产品，因此上述陈述互相矛盾，本院对上述主张均不予支持。

2002 年 12 月 18 日，潘瑞克中心自北京海淀铁通综合服务公司商店购买到金天坛公司生产的"绿伞"牌鲜奶油派两盒。北京市公证处对该事实进行了公证。

经将涉案潘瑞克牌鲜奶油派与绿伞牌鲜奶油派产品的外包装盒、装潢以及内包装膜、装潢进行对比，二者在整体上的色彩、图案、文字布局、大小、风格上基本相同，在商标、文字字体等局部和细节上虽有差异，但仍可认定二者相近似。对此，金天坛公司亦不持异议。

原审期间，原审法院依潘瑞克中心的申请，于 2003 年 1 月 20 日作出证据保全和财产保全裁定，并查封扣押了金天坛公司账目及其银行账户内存款 30

万元。对于查封扣押的账目，原审法院根据潘瑞克中心的申请，委托北京华庆会计师事务所对金天坛公司绿伞牌鲜奶油派食品的生产销售获利情况进行了审计。同年2月14日，该事务所出具了审计报告。

【二审审理结果】

二审法院认为：上诉人潘瑞克中心在原审起诉中请求人民法院依据《中华人民共和国反不正当竞争法》第五条第（二）项，即"擅自使用知名商品特有的名称、包装、装潢，或者使用与知名商品近似的名称、包装、装潢，造成和他人的知名商品相混淆，使购买者误认为是该知名商品"而构成不正当竞争行为的规定进行判决，在上诉中也明确表明被上诉人金天坛公司侵犯了其知名商品特有的包装、装潢，故本院将在潘瑞克中心的诉讼请求和上诉请求范围内进行审理。

知名商品是指在市场上具有一定知名度，为相关公众所知悉的商品。法院在认定知名商品时，应当根据该商品的广告宣传、销售时间、市场占有率、商品声誉、获奖情况等诸多因素综合判定。本院已经查明，潘瑞克中心在其生产的鲜奶油派食品中在先使用了涉案的包装、装潢，金天坛公司在后使用的包装、装潢与之相近似。但潘瑞克中心依据《中华人民共和国反不正当竞争法》第五条第（二）项的规定主张权利，首先应当证明其生产的鲜奶油派构成知名商品，并应当对此承担相应的举证责任。在本案中，虽然可以证明潘瑞克中心曾对本企业进行过广告宣传，且本企业曾取得过本地区"优秀外来投资企业"、"十佳纳税大户"等荣誉，但这些宣传及取得的荣誉均非针对涉案鲜奶油派产品；同时通过潘瑞克中心的陈述可知，其鲜奶油派和巧克力派仅占其总销售额的28.98%，也无法有力证明鲜奶油派产品为其企业的核心产品。因此，通过上述证据不能证明鲜奶油派产品的知名度，不能认定其为知名商品。本案中，潘瑞克中心提交的中国保护消费者基金会颁发的推介潘瑞克中心生产的"潘瑞克"牌鲜奶油派等系列食品为消费者信赖的知名品牌的《荣誉证书》及通知，是在原审审理期间提交，与被控侵权时间存在一定距离，而且该《荣誉证书》及通知也只是根据潘瑞克中心的申请参加推介有关"知名品牌"的活动，故不能直接证明潘瑞克中心生产的鲜奶油派为知名商品的事实。

国家工商行政管理局《关于禁止仿冒知名商品特有的名称、包装、装潢的不正当竞争行为的若干意见》中关于"商品的名称、包装、装潢被他人擅自作相同或近似使用，足以造成购买者误认的，该商品即可认定为知名商品"的规定，在和其他因素相互印证的情况下，可以作为一个因素予以考虑，但其并非是对知名商品判定的标准。因此，潘瑞克中心有关适用该规定的上诉理由本院不予支持。据此,上诉人潘瑞克中心的上诉理由不能成立,对其上诉请求,应予驳回。

综上,原审判决认定事实清楚,适用法律正确,应予维持。依据《中华人民共和国民事诉讼法》第一百五十三条第一款第(一)项的规定,判决如下:

驳回上诉,维持原判。

原审案件受理费7 010元、诉讼保全申请费2 020元、审计费4 750元,由北京潘瑞克食品加工中心负担;二审案件受理费7 010元由北京潘瑞克食品加工中心负担。

86. "宝葫芦瓶酸枣果汁"虚假广告不正当竞争纠纷案

——北京生命源科技有限公司诉北京福运泉有限责任公司、福运泉(天津)野酸枣开发有限公司

原告(反诉被告):北京生命源科技有限公司

被告(反诉原告):北京福运泉有限责任公司

被告(反诉原告):福运泉(天津)野酸枣开发有限公司

案由:不正当竞争纠纷

一审案号:北京市朝阳区人民法院(2003)朝民初字第 13361 号

一审合议庭成员:林子英、谢甄珂、党淑平

一审结案日期:2003 年 10 月 16 日

【判决要旨】

拥有不同的相关市场和消费群体的商品生产者不存在竞争关系,违反行政法规的行为应由相关的行政主管部门进行相应处理,不属于人民法院管辖范围。

【起诉与答辩】

原告北京生命源科技有限公司(以下简称生命源公司)诉称:2003 年 5 月,北京福运泉有限责任公司(以下简称北京福运泉公司)、福运泉(天津)野酸枣开发有限公司(以下简称福运泉(天津)公司)在《北京青年报》等报刊上刊登广告,宣称其生产的批准文号为卫食健字(2000)第 0536 号福运泉纯野生酸枣果汁具有免疫调节功效。其宣传夸大了产品的实际功效,产品食用说明中没有注明不适宜人群及使用量。该不实宣传严重影响了我公司生产的具有真正人身免疫调节功效的恩多牌口服液的销售,故起诉要求立即停止虚假广告宣传,公开赔礼道歉,并承担本案诉讼费用。

被告北京福运泉公司答辩并反诉称:涉案广告与我公司没有任何关联,广告行为是福运泉(天津)公司所为,故不同意生命源公司的诉讼请求。另外,由于生命源公司的起诉及其在北京青年报等刊物上发表的有损我公司声誉的言论,给我公司的名誉、产品销售和时间、劳务等方面造成了损失,故反诉要求生命源公司立即停止侵权行为,赔礼道歉,并赔偿经济损失 5 万元。

福运泉（天津）公司答辩并反诉称：我公司所发布的涉案广告中的宣传内容均是真实的，并无任何虚假成分，故不同意生命源公司的诉讼请求。另外，由于生命源公司的起诉及其在北京青年报上发表的有损我公司声誉的言论，给我公司的名誉、产品销售和时间、劳务等方面造成了损失，故反诉要求生命源公司立即停止侵权行为，赔礼道歉，并赔偿经济损失5万元。

生命源公司对北京福运泉公司和福运泉（天津）公司的反诉答辩称：北京福运泉公司和福运泉（天津）公司所讲的事实都是虚假的，我们对其虚假宣传已经进行了指证，故请法院驳回其反诉请求。

【一审查明事实】

一审法院经审理查明：生命源公司的经营范围中包括销售恩多牌免疫调节口服液。该产品于1997年经北京市海淀生命源卫生保健品研究所申报，取得卫食健字（1997）第532号保健食品批准证书，批准的保健功能为免疫调节。

福运泉（天津）公司是一家生产、销售食品、饮料系列产品的企业，其生产的酸枣果汁分为玻璃瓶和宝葫芦瓶两种包装的产品。两者的区别为主要原料，前者为蔗糖，后者为木糖醇。2003年以前只有玻璃瓶产品，宝葫芦瓶产品2003年上市销售。涉案的产品为宝葫芦瓶产品，该产品为非保健食品类的饮料产品。

北京福运泉公司是福运泉（天津）公司的下属企业，也是福田公司授权的"福田牌"木糖醇在北京地区的独家代理商。

福运泉（天津）公司分别与北京青年报、北京电视周刊和北京日报签订广告发布合同，先后于2003年5月17日、6月9日和6月19日在上述三份报刊上刊登了"具有健胃、强肾、增强人体免疫力、减肥、防龋齿、消除便秘等功能的木糖醇和饮用含木糖醇宝葫芦福运泉的注意事项"广告，并支付了广告费。该广告主要是针对宝葫芦瓶福运泉酸枣果汁中木糖醇功效的介绍，介绍内容取自《木糖醇生产和应用》一书及北京晚报的相关报道。

【一审审理结果】

一审法院经审理认为：本案本诉的争议焦点是生命源公司与福运泉（天津）公司之间是否存在竞争关系，福运泉（天津）公司和北京福运泉公司的行为是否构成不正当竞争行为。

市场的竞争是通过消费者、顾客对同行业商品的认知程度进行反映的，因此市场上生产或者销售同类产品或者提供同类服务的企业之间才存在竞争关系，互为竞争者。而竞争关系的实质就是具有替代关系商品（相同或近似的商品）的经营者之间相互争夺交易机会的关系，因而在统一的市场销售中具有替代关系商品的经营者是具有竞争关系的竞争者。本案中，生命源公司生产的"恩多牌口服液"属于保健类的口服液产品，而福运泉（天津）公司生产的"宝葫芦瓶酸枣果汁"则属于饮料类产品，即上述双方有着不同的相关市场和消费群体。而产品的消费群体是由产品用途的合理可互换性或者该产品及其替代品需求的交叉弹性所决定的。上述两种产品在市场上销售时，分别按照"保健品"和"饮料"进行分类，放置在不同的销售柜台。据此可以认定无论"宝葫芦瓶酸枣果汁"的广告上是否标明保健食品及绿色食品，"恩多牌口服液"和"宝葫芦瓶酸枣果汁"之间都不存在合理的可互换性和替代需求的交叉弹性，消费者的购买需求也是不同的。因此，两者的产品在市场销售中并不具有替代关系，不存在消费者及经济利益上的较量。

从市场经营的角度看，福运泉（天津）公司的宣传行为是否违背了诚实信用的原则，是确定其行为是否侵害其他经营者利益、剥夺他人竞争优势，进而影响市场销售的标准。竞争就是对顾客即交易对象的争夺，并且都是在争夺同一群体的消费公众。以不正当竞争手段谋取竞争优势或者破坏他人竞争优势的行为，在谋取或者破坏竞争优势的过程中，既可能损害竞争对手，又可能直接侵害消费者，并通过侵害消费者而间接地损害竞争对手以外的其他经营者，进而直接或间接地夺取交易机会。本案中，福运泉（天津）公司的广告宣传内容主要是对木糖醇功效的介绍。这些介绍均有出处，且并未超出相关书报刊中所介绍的木糖醇的功效范围，并非杜撰。而生命源公司并未举证证明该广告中关于木糖醇功效的内容与客观事实不符，因此不能认定涉案广告中关于木糖醇功效的内容为虚假。但涉案广告中对木糖醇功效的介绍以及标明保健食品批号的行为，违反了我国相关行政规章有关食品广告的规定，侵害了社会公众利益，应由相关的行政主管部门进行相应处理，故本院对此不予处理。

综上，生命源公司和福运泉（天津）公司之间不存在实际的竞争关系。

另，本案证据证明，涉案产品的制造及涉案广告的宣传行为均不是北京福运泉公司所为，故生命源公司对北京福运泉公司提起的诉讼请求，没有事实依据，本院不予支持。

综上所述，由于北京福运泉公司与涉案广告无关，而福运泉（天津）公司的行为并未构成不正当竞争，故对于生命源公司的诉讼请求，本院均不予支持。

就反诉部分，本院认为，反诉的目的在于抵消或者吞并本诉的诉讼请求，因此反诉的诉讼请求或者诉讼理由必须与本诉基于同一事实或者同一法律关系。只有反诉与本诉具有关联性时，人民法院才可以将反诉与本诉合并审理。

本案中，生命源公司提起本诉的事实是广告宣传行为、诉因是不正当竞争，而福运泉（天津）公司和北京福运泉公司提起反诉的事实是生命源公司的起诉行为、诉因是侵犯公司的名誉，二者之间并不具有关联性，因此本院不予合并审理。

综上，依据《中华人民共和国民事诉讼法》第五十三条第一款、《中华人民共和国反不正当竞争法》第二条第一款、第九条第一款之规定，判决如下：

一、驳回北京生命源科技有限公司的诉讼请求；

二、驳回北京福运泉有限责任公司的反诉请求；

三、驳回福运泉（天津）野酸枣开发有限公司的反诉请求。

本案诉讼费 50 元，由北京生命源科技有限公司负担；反诉费 4 020 元，由北京福运泉有限责任公司负担 2 010 元，由福运泉（天津）野酸枣开发有限公司负担 2 010 元。

各方当事人均服从一审判决。

87. "苏泊尔"标记不正当竞争纠纷案

——苏泊尔集团有限公司、浙江苏泊尔炊具股份有限公司 诉宁海县搪铝制品厂、北京天惠福商贸中心

原告（上诉人）： 苏泊尔集团有限公司
原告（上诉人）： 浙江苏泊尔炊具股份有限公司
被告（上诉人）： 宁海县搪铝制品厂
被告（原审被告）： 北京天惠福商贸中心
案由： 不正当竞争纠纷

原审案号： 北京市第二中级人民法院（2002）二中民初字第 05759 号
原审合议庭成员： 邵明艳、何暄、梁立君
原审结案日期： 2002 年 12 月 18 日
二审案号： 北京市高级人民法院（2003）高民终字第 376 号
二审合议庭成员： 刘继祥、孙苏理、魏湘玲
二审结案日期： 2003 年 10 月 22 日

【判决要旨】

在相同产品上以使消费者知晓产品所用商标来源为由，标有他人著名商标或驰名商标字样，导致消费者在认购产品时产生混淆和误认的，构成不正当竞争。

【起诉与答辩】

原告苏泊尔集团有限公司（以下简称苏泊尔集团公司）、浙江苏泊尔炊具股份有限公司（以下简称苏泊尔炊具公司）共同诉称：原告是专营生产压力锅及铝制品的企业。"苏泊尔"既是原告依法注册的商标，也是原告企业的字号。多年来，原告为提高企业的知名度，投入了大量的人力、物力和财力，并健全了产品售后服务体系，获得了多项荣誉称号，"苏泊尔"被国家工商行政管理部门评定为驰名商标，也已成为广大消费者心中的著名品牌，亦为原告带来了巨大的商业利益。2001 年，原告发现被告宁海县搪铝制品厂（以下简称宁海搪铝厂）生产、销售的"HOSDEN"牌压力锅，在内外包装、使用说明书、提示标签和锅盖上，均突出使用"苏泊尔"三个字，足以构成与原告商业标识的

混淆，造成消费者的误认。北京天惠福商贸中心（以下简称天惠福中心）在销售宁海搪铝厂生产的上述压力锅时，亦对购买者进行了误导。二被告的行为构成了不正当竞争行为，故原告请求判令：（1）宁海搪铝厂立即停止生产、销售本案被控侵权的产品；（2）二被告立即销毁本案被控侵权的产品，宁海搪铝厂同时销毁相关模具及印版；（3）二被告在《经济日报》上向原告连续致歉7次，每次间隔不得少于10日；（4）宁海搪铝厂赔偿苏泊尔集团公司损失680万元，赔偿苏泊尔炊具公司损失351.5934万元；（5）天惠福中心赔偿苏泊尔集团公司损失10万元，赔偿苏泊尔炊具公司损失10万元。

宁海搪铝厂辩称：该厂生产的压力锅使用的"HOSDEN"商标是经过苏泊尔集团（香港）有限公司合法授权，其在产品包装上如实标注了被许可人的名称、商品产地和商标许可的来源，尽到了注意的义务，不存在侵权的主观恶意；"苏泊尔"商标在被评定为驰名商标之前，只能得到普通商标的法律保护。由于该公司同时还生产其他品牌的压力锅，因此原告对赔偿额的计算过高，且该公司已于2002年3月停止生产本案被控侵权产品。综上，宁海搪铝厂不同意原告的诉讼请求。

天惠福中心辩称：由于业务人员缺乏经验，在进货时，误以为是原告分公司的产品，但仍然如实注明了产地。天惠福中心与宁海搪铝厂不存在供销关系，亦不具有侵权的故意，因此，不同意原告的诉讼请求。

【原审查明事实】

原审法院经审理查明：浙江苏泊尔有限公司成立于1996年5月，是一家专门生产压力锅及铝制品的企业。1998年9月，该公司首次更名为浙江苏泊尔集团有限公司，2000年6月再次更名为苏泊尔集团公司。苏泊尔炊具公司成立于1998年7月。

玉环县压力锅厂从1996年2月至1997年2月，向国家工商行政管理局商标局申请注册了多个"苏泊尔"文字及文字与图形组合商标，并获得了批准。苏泊尔集团公司经核准转让程序，依法成为该商标的注册人。2000年8月20日，苏泊尔集团公司与苏泊尔炊具公司签订协议，双方约定由苏泊尔炊具公司以每年10万元的价格有偿使用"苏泊尔"商标。

1999年12月，"苏泊尔"商标被浙江省工商行政管理部门评定为浙江省著名商标。2000年度，原告生产的"苏泊尔"牌压力锅在全国压力锅市场的占有率为52.11%。2002年2月8日，"苏泊尔"商标（高压锅）被国家工商行政管理总局商标局评定为驰名商标。苏泊尔集团公司在生产、销售上述产品过程中，为宣传自身商品、突出企业形象、维护自有知识产权，支出了包括广告费用在内的大量资金。

宁海搪铝厂是一家专门从事压力锅和金属制品生产的厂家。2001年1月8日，宁海搪铝厂与苏泊尔集团（香港）有限公司签订了技术合作协议，双方约定：苏泊尔集团（香港）有限公司许可宁海搪铝厂使用"HOSDEN"牌商标，并向宁海搪铝厂提供压力锅的外观、形状、表面处理技术；宁海搪铝厂每年向苏泊尔集团（香港）有限公司支付技术合作费9万元。在苏泊尔集团（香港）有限公司申请的"HOSDEN"牌商标获得注册后，双方又于2001年12月25日签订了商标许可使用协议，由宁海搪铝厂继续在其产品上使用"HOSDEN"牌商标。双方已就该许可协议向国家工商行政管理总局商标局办理了备案手续。

宁海搪铝厂于2001年1月开始生产"HOSDEN"牌压力锅，产品共分为5种规格，即18cm、20cm、22cm、24cm和26cm。在其产品外包装箱的四个主视面上，以彩色字体突出注明"商标由苏泊尔集团（香港）有限公司授权使用"；附随在压力锅锅盖的标签上，亦采用与上述相同的标注方式；在锅盖和内包装塑料袋上，印有"苏泊尔集团（香港）有限公司"字样；在产品使用说明书封底印有"商标由苏泊尔集团（香港）有限公司授权使用"字样。

诉讼中，原告为支持其向被告宁海搪铝厂提出的赔偿经济损失的数额，提交了两方面证据：第一方面的证据是为计算原告经济损失，苏泊尔集团公司自行委托上海科华资产评估有限公司进行了评估，该评估报告显示苏泊尔集团公司从2000年1月至2002年8月因遭受侵权而造成的损失为6 140 000元；苏泊尔炊具公司自行委托台州中天会计师事务所进行了审计，该审计报告显示苏泊尔炊具公司在2001年度的产品毛利润率为19.167%，现因遭受侵权而造成压力锅销售量下降，其利润损失为3 821 016元；第二方面的证据是为计算被告获利，即为证明宁海搪铝厂生产被控侵权产品的实际数量，原告提供出宁海搪铝厂在2001年1月至2002年7月期间，从宁波市威尔铝业有限公司购进压力锅专用铝材932 974片，参照苏泊尔炊具公司生产压力锅93%的成品率，折合为每生产一只压力锅需用2.1 505片铝材计算，共能生产压力锅433 840只，其中，在2001年1月8日至2002年3月31日，购进压力锅铝材732 904片，可生产压力锅340 806只。

宁海搪铝厂以原告在自行委托评估和审计时，向评估、审计部门提供的资料不全面、不真实为由，对原告提供的上述第一方面证据不予认可。对于第二方面的证据，宁海搪铝厂称其生产、销售被控侵权产品的时间是从2001年2月至2002年3月，在此期间，从宁波市威尔铝业有限公司购进的压力锅专用铝材除用于生产被控侵权的产品外，还生产包括"喜耐尔"、"富尔福"等在内的其他品牌的压力锅以及接受国外厂家的委托加工定做压力锅。为证明生产、销售被控侵权产品的实际情况，宁海搪铝厂亦自行委托宁海跃龙联合会计师事务所对该厂在上述期间内的财务凭证进行了审计，该审计报告显示，宁海搪铝厂在 2001 年 2 月至 2002 年 3 月期间，共生产 "HOSDEN" 牌压力锅 11 546 只，实现销售收入 835 343.59 元，共获利 66 722.02 元，平均每件产品获利 5.78 元。宁海搪铝厂认可其生产的被控侵权产品目前已无库存。

针对上述证据，原告以宁海搪铝厂在自行委托审计时，向审计部门提供的资料不全面、不真实为由不予认可。原告虽然对宁海搪铝厂曾生产"喜耐尔"、"富尔福"等其他品牌压力锅以及为国外厂家加工制作压力锅的事实予以认可，但认为宁海搪铝厂未能证明其生产上述产品的时间和具体数量，因此应推定其从宁波市威尔铝业有限公司购进的压力锅专用铝材全部用于生产被控侵权产品，并已全部销售。

此外，原告为证明宁海搪铝厂在本案诉讼期间仍在继续生产、销售被控侵权产品，向法庭提交了其于 2002 年 9 月从福建省厦门市某商店购买的带有宁海搪铝厂厂名和包装的压力锅一只，在该锅体上注明的生产时间为 2002 年 4 月。宁海搪铝厂对此证据的获取方式及证明力提出了质疑，认为在该证据未经公证的情况下，原告作为生产压力锅的同行，有可能对锅体上注明的生产时间予以改动，因此对该压力锅的证明效力不予认可。

天惠福中心认可其购进被控侵权产品 4 只，以 210 元的价格销售了 2 只，在诉讼发生后，其已将其余产品退货。但天惠福中心未能提供其进货渠道和退货的相关证据。

【原审审理结果】

原审法院认为：经营者在市场交易中，应当遵循公平、诚实信用的原则，遵守公认的商业道德。"苏泊尔"系原告苏泊尔集团的字号及注册商标，近些年来，原告生产的"苏泊尔"产品已为消费者所认知，并在相关消费者群体中获得了较高的知名度。一般消费者在识别原告公司的产品时，在商品外包装上标注的"苏泊尔"商标及原告企业名称中的"苏泊尔"字号是最引人注意的重要商业标识。

宁海搪铝厂生产的涉案压力锅产品虽取得了苏泊尔集团（香港）有限公司的商标授权使用许可，但其在对"HOSDEN"商标的实际使用过程中，除将该商标予以标注以外，在其产品的内、外包装及锅体等多处注明了"苏泊尔集团（香港）有限公司"、"商标由苏泊尔集团（香港）有限公司授权使用"字样。根据我国商标法对商标实施许可合同作出的规定以及商标管理部门向许可人与被许可人提供的有关商标实施许可格式合同条款中，仅要求在使用该注册商标的商品上注明被许可人的名称和商品产地，而均未包含有要求被许可人在该商品上注明许可人名称的规定。宁海搪铝厂与苏泊尔集团（香港）有限公司签订的授权使用合同中亦未有上述内容的约定。根据宁海搪铝厂提供的证据，"HOSDEN"商标从被提出注册申请至今，其时间段相对较短，且该商标的所有人苏泊尔集团（香港）有限公司并未有在内地实际生产压力锅或进口其压力锅产品的行为。而原告作为在先使用"苏泊尔"字号及注册商标的企业，其生产的"苏泊尔"压力锅产品已在相关消费者中享有较高的知名度，"苏泊尔"品牌所具有的较高市场声誉和较大的市场潜力，能够为该品牌的生产商带来较大的经济效益。被告作为也生产压力锅产品的企业，其上述行为客观上造成了消费者对其中的"苏泊尔"三个字的关注，易使相关消费者误认为"苏泊尔集团（香港）有限公司"为原告的关联企业，该产品系原告制造或经原告授权制造。被告涉案行为缺乏合理依据，旨在借用"苏泊尔集团公司"中"苏泊尔"之名搭便车，其利用原告"苏泊尔"品牌声誉的主观故意是明显的，该行为使消费者产生了混淆，抢占了原告应有的市场优势，违背了诚实信用的基本原则，构成了不正当竞争行为，应承担停止侵权、赔礼道歉、赔偿损失的民事责任。原告未能证明宁海搪铝厂仍在继续实施上述侵权行为，且本院责令其停止以涉案侵权方式生产、销售涉案侵权产品足以制止侵权行为的继续发生，故原告要求宁海搪铝厂销毁本案涉案侵权产品、模具及印版的请求，本院不予支持。

诉讼中，原告针对其因侵权行为而受到的实际损失和被告宁海搪铝厂的获利提出了请求赔偿的数额。鉴于原告自行委托评估、审计的结果缺乏客观性，且宁海搪铝厂不予认可，因此，该类证据无法证明原告因涉案侵权行为所受到的实际损失。现宁波市威尔铝业有限公司证明宁海搪铝厂在原告起诉的侵权期间向其购买了一定数量的用于生产压力锅的铝材，宁海搪铝厂对其购买行为予以认可，并确认使用了其中的一部分生产了被控侵权的"HOSDEN"牌压力锅，而且，原告与宁海搪铝厂均认可根据本行业的生产惯例，使用上述两片压力锅铝材，制作成一只压力锅，再刨去生产过程中的残次品率，即可推算出宁海搪铝厂生产被控产品的数量。

原告现已证明宁海搪铝厂从2001年1月在与苏泊尔集团（香港）有限公司签订了商标授权使用合同后即开始从宁波市威尔铝业有限公司购进压力锅铝材。因此，对宁海搪铝厂辩称其在2001年1月份购进的压力锅铝材并未用于生产被控侵权的"HOSDEN"牌压力锅的说法，本院不予采信。因此，该时间点应视为宁海搪铝厂实施侵权行为的起始日期。原告提出其于福建省厦门市某商店购买的标有宁海搪铝厂厂名的压力锅，因其未提交原始发票，且宁海搪铝厂对该证据的效力持有异议,本院对此不予确认。因此,依据现有证据,涉案侵权行为的期间应截止于 2002 年 3 月底。宁海搪铝厂称其在上述侵权期间所购买的压力锅铝材中,有使用于其他品牌及国外厂商定做压力锅的生产的情况,但其未提供充分证据予以佐证,本院对此不予采信。鉴于宁海搪铝厂亦未证明涉案侵权产品的库存情况,由此可以确认其在上述期间内购买的全部压力锅铝材均全部用于生产涉案侵权的"HOSDEN"牌压力锅,并已销售完毕。

在原告提供的审计报告中,虽然计算出了其压力锅产品的利润率,但未能证明宁海搪铝厂各种型号压力锅销售汇总后的平均利润额,鉴于在宁海搪铝厂提交的审计报告中已计算出其平均利润率,本院予以认可。对原告提出的自身产品的残次品率,宁海搪铝厂虽不予认可,但未向法庭提供其产品残次品率的证据,因此,本院将参照原告的产品残次品率计算宁海搪铝厂的获利数额。原告在本案中请求赔偿的数额过高,本院不予全部支持。对于天惠福中心实施的销售行为,因其未能证明进货行为的合法性,亦未能说明该货物的提供者,应承担相应的赔偿责任,具体数额由本院综合零售商的销售利润予以酌定。对诉讼中原告主张赔偿其公证费、公证物品费、律师费、调查费的请求,本院就其中的合理部分予以支持。鉴于苏泊尔集团公司与苏泊尔炊具公司之间系存在实施许可的合同关系,本案的赔偿额应由二原告共同所有。

综上所述,依照《中华人民共和国反不正当竞争法》第二条第一款、《中华人民共和国民法通则》第一款第(一)、第(七)、第(十)项之规定,判决如下:(一)宁海县搪铝制品厂于本判决生效后,立即停止在其生产、销售的压力锅产品及内、外包装上标注"苏泊尔集团(香港)有限公司"或"商标由苏泊尔集团(香港)有限公司授权使用"字样;(二)宁海县搪铝制品厂于本判决生效后 30 日内,在《经济日报》上就其涉案侵权行为向苏泊尔集团有限公司和浙江苏泊尔炊具股份有限公司刊登致歉声明;(三)宁海县搪铝制品厂赔偿苏泊尔集团有限公司和浙江苏泊尔炊具股份有限公司经济损失 197 万元人民币;(四)宁海县搪铝制品厂赔偿苏泊尔集团有限公司和浙江苏泊尔炊具股份有限公司因本案诉讼支出的合理费用 4 244 元人民币;(五)北京天惠福商贸中心立即停止销售涉案侵权的"HOSDEN"牌压力锅;(六)北京天惠福商贸中心赔偿苏泊尔集团有限公司和浙江苏泊尔炊具股份有限公司经济损失 200元人民币;(七)驳回苏泊尔集团有限公司和浙江苏泊尔炊具股份有限公司的其他诉讼请求。

苏泊尔集团公司、苏泊尔炊具公司不服原审判决,提出上诉,其理由为:原审判决整体上认定事实清楚,适用法律正确,应予维持。但在赔偿数额计算上有错误,应予纠正。请求二审法院变更原审判决第三项,判决宁海搪铝厂赔偿苏泊尔集团和苏泊尔炊具公司经济损失 4 536 127.86 元。

宁海搪铝厂不服原审判决，提出上诉，其理由为：宁海搪铝厂生产、销售的"HOSDEN"牌压力锅是合法使用香港企业的技术和注册商标，在该商品上如实告知公众商标许可人未违反任何法律规定，也不存在任何违反诚实信用的虚假宣传，并不构成不正当竞争；苏泊尔集团公司的商标被认定为驰名商标后，宁海搪铝厂已经主动停止了标注行为。原审判决程序上存在错误，认定宁海搪铝厂构成不正当竞争缺乏事实和法律依据，判决赔偿苏泊尔集团公司和苏泊尔炊具公司经济损失 197 万元计算依据错误，诉讼费用分担不当。请求二审法院查明事实，撤销原审判决，驳回苏泊尔集团公司和苏泊尔炊具公司的诉讼请求；或撤销原审判决，发回原审法院重审。

天惠福中心服从原审判决。

【二审查明事实】

二审法院经审理查明：浙江苏泊尔有限公司成立于 1996 年 5 月，是一家专门生产压力锅及铝制品的企业。1998 年 9 月，该公司首次更名为浙江苏泊尔集团有限公司，2000 年 6 月再次更名为苏泊尔集团公司。苏泊尔炊具公司成立于 1998 年 7 月。

"苏泊尔"为浙江玉环县压力锅厂向国家工商行政管理总局商标局申请并获准注册的两个字体不同的中文文字商标，商标证号分别为第 813427 号和第 874945 号，有效期分别自 1996 年 2 月 7 日至 2006 年 2 月 6 日和 1996 年 9 月 28 日至 2006 年 9 月 27 日。1996 年、1997 年，苏泊尔集团依法成为上述商标的受让人，对上述商标享有专用权。

苏泊尔集团（香港）有限公司的"HOSDEN"商标于 2001 年 12 月 21 日经国家工商行政管理总局商标局核准注册，并于 2001 年 12 月 25 日许可宁海搪铝厂在其生产的压力锅上使用。但在该商标获准注册之前，即在 2001 年 1 月 8 日双方签订的技术合作协议中，苏泊尔集团（香港）有限公司已经许可宁海搪铝厂使用该商标。宁海搪铝厂于此时在其生产的部分压力锅上使用"HOSDEN"商标，同时在该品牌压力锅及其包装上标有"苏泊尔"字样。苏泊尔集团公司和苏泊尔炊具公司 2001 年发现宁海搪铝厂标有"苏泊尔"字样的压力锅在天惠福中心有售，遂于 2002 年 7 月以宁海搪铝厂生产并销售标注"苏泊尔"字样压力锅及天惠福中心销售侵权产品的行为构成不正当竞争，侵犯了其合法权益为由，向原审法院提起本案诉讼，请求判令宁海搪铝厂和天惠福中心停止侵权，赔礼道歉，赔偿经济损失。

苏泊尔集团公司为支持其请求赔偿经济损失数额，向原审法院提交了其自行委托上海科华资产评估有限公司进行评估的评估报告。该报告载明苏泊尔集团公司从 2000 年 1 月至 2002 年 8 月因侵权所受损失为 614 万元。苏泊尔炊具公司提交了其自行委托台州中天会计师事务所进行审计的审计报告。该报告载明苏泊尔炊具公司遭受损失为 3 821 016 元。苏泊尔集团公司和苏泊尔炊具公司还提交了宁海搪铝厂在 2001 年 1 月至 2002 年 7 月期间，从宁波市威尔铝业有限公司购进压力锅专用铝材 932 974 片，苏泊尔集团公司和苏泊尔炊具公司参照苏泊尔炊具公司自己生产压力锅 93% 的成品率，折合为每生产一只压力锅需用 2.1505 片材计算，推断共能生产压力锅 433 840 只，其中，在 2001 年 1 月 8 日至 2002 年 3 月 31 日，购进压力锅铝材 732 904 片，可生产压力锅 340 806 只。

宁海搪铝厂以苏泊尔集团公司和苏泊尔炊具公司自行委托评估和审计时，向评估、审计部门提供的资料不全面、不真实为由，对该证据不予认可。同时，宁海搪铝厂认为其自 2001 年 2 月至 2002 年 3 月期间生产、销售被控侵权产品。在此期间，其从宁波市威尔铝业有限公司购进的压力锅专用铝材除用于生产被控侵权的产品外，还生产了"喜耐尔"、"富尔福"等其他品牌的压力锅。为证明生产、销售被控侵权产品的实际情况，宁海搪铝厂曾委托宁海跃龙联合会计师事务所对其上述期间内的财务凭证进行了审计，该审计报告显示，宁海搪铝厂在 2001 年 2 月至 2002 年 3 月期间，共生产"HOSDEN"牌压力锅 11 546 只，实现销售收入 835 343.59 元，共获利 66 722.02 元，平均每件产品获利 5.78 元。宁海搪铝厂认可其生产的被控侵权产品目前已无库存。

苏泊尔集团公司和苏泊尔炊具公司对宁海搪铝厂自行委托审计的结果不予认可。苏泊尔集团公司和苏泊尔炊具公司虽认可宁海搪铝厂曾生产"喜耐尔"、"富尔福"等其他品牌压力锅以及为国外厂家加工制作压力锅，但认为宁海搪铝厂未能证明其生产上述产品的时间和具体数量，理应推定宁海搪铝厂从宁波市威尔铝业有限公司购进的压力锅专用铝材全部用于生产被控侵权产品，并已全部销售。

苏泊尔集团公司和苏泊尔炊具公司为证明宁海搪铝厂在本案诉讼期间仍在继续生产、销售被控侵权产品，还向法庭提交了其于 2002 年 9 月购买的带有宁海搪铝厂厂名和包装的压力锅一只，在该锅体上注明的生产时间为 2002 年 4 月。宁海搪铝厂对此证据的获取方式及证明力不予认可，认为在该证据未经公证的情况下，苏泊尔集团公司和苏泊尔炊具公司作为生产压力锅的同行，有可能对锅体上注明的生产时间予以改动。

天惠福中心认可其购进被控侵权产品 4 只，以 210 元的价格销售了 2 只，在诉讼发生后，其已将其余产品退货。但天惠福中心未能提供其进货渠道和退货的相关证据。

在本院审理期间，为证明原审判决赔偿数额过高，宁海搪铝厂又于 2003 年 3 月 27 日向本院提交书面申请，请求本院委托审计部门对其生产、销售 "HOSDEN" 牌压力锅的数量和获利情况进行审计。2003 年 4 月 22 日，宁海搪铝厂将曾经被原审法院查封但又被解封发还的 2001 年 1～12 月和 2002 年 1～3 月的与涉嫌侵权产品生产、销售有关的财务账目以及该厂认为有必要向法院提交的财务账目一并送交本院。2003 年 5 月 9 日，本院在征得双方当事人同意的情况下，委托北京方诚会计师事务所有限责任公司对宁海搪铝厂提交的财务账目进行审计。2003 年 6 月 19 日，北京方诚会计师事务所有限责任公司向本院提交审计报告。该审计报告表明：2001 年 1～12 月和 2002 年 1～3 月宁海搪铝厂共生产、销售 "喜耐尔"、"富尔福" 和 "HOSDEN" 三个品牌的压力锅 504 444 个。2001 年 1～12 月销售 "HOSDEN" 压力锅 10 010 个，获取毛利 166 060.29 元，2002 年 1～3 月销售 "HOSDEN" 压力锅 1 536 个，获取毛利 25 567.40 元，合计获取毛利 191 627.69 元。

本院依法将上述审计报告送达双方当事人，并限定当事人在收到之日起 7 日内提交书面质证意见。宁海搪铝厂对该审计报告不持异议。苏泊尔集团和苏泊尔炊具公司对该审计报告中载明的各种品牌压力锅总数予以确认，但认为应全部作为侵权产品计算宁海搪铝厂的获利数额。据此，苏泊尔集团公司和苏泊尔炊具公司将共同请求赔偿数额变更为 8 368 725.96 元。

【二审审理结果】

二审法院认为：苏泊尔集团公司享有专有权的 "苏泊尔" 商标先后成为著名商标和驰名商标，"苏泊尔" 三个字又是该公司字号的显著标志，"苏泊尔" 压力锅早已为相关消费者所接受，且在相关消费者中享有较高的知名度。宁海搪铝厂作为同业竞争者，不顾上述事实，在其相同产品上以使消费者知晓产品所用商标来源为由标有 "苏泊尔" 字样，势必导致消费者在认购苏泊尔炊具公司生产的 "苏泊尔" 压力锅时产生混淆和误认。宁海搪铝厂的行为足以构成对苏泊尔集团公司和苏泊尔炊具公司的不正当竞争，并使苏泊尔集团公司和苏泊尔炊具公司的合法权益受到一定程度的损害。故宁海搪铝厂上诉称其行为不构成不正当竞争于法无据。宁海搪铝厂对其不正当竞争行为应当承担法律责任，停止在其生产的压力锅上标注带有 "苏泊尔" 字样的标识，对因其实施的不正当竞争行为致使苏泊尔集团和苏泊尔炊具公司遭受的经济损失及因本案诉讼而支出的合理费用予以赔偿。关于损失赔偿数额，根据本院委托审计部门对宁海搪铝厂涉嫌侵权产品生产、销售账目审计结果，宁海搪铝厂确有其他品牌的压力锅与侵权产品同时生产、销售。原审法院在未查明这一基本事实的情况下认定宁海搪铝厂将购进的原材料全部制成侵权产品进行销售,并以此为依据计算赔偿数额,证据不足。苏泊尔集团公司和苏泊尔炊具公司要求以北京方诚会计师事务所有限责任公司提交的审计报告中宁海搪铝厂侵权期间压力锅的生产总量全部作为侵权产品计算赔偿数额显失公平。本院将根据宁海搪铝厂从事不正当竞争行为的主观故意程度、持续时间、侵权产品生产及销售数量等因素,并参照审计部门的审计结果,对赔偿数额予以酌定。

综上,苏泊尔集团公司和苏泊尔炊具公司上诉所提损失计算方法依据不足,其上诉理由不能成立,赔偿数额不能全部支持。宁海搪铝厂上诉所称其在自己的产品上标准"苏泊尔"字样的行为不构成不正当竞争的理由因缺乏法律依据而不能成立,本院不予支持。一审判决对宁海搪铝厂的不正当竞争行为认定正确,但确定赔偿损失数额过高。依照《中华人民共和国民事诉讼法》第一百五十三条第一款第(四)项之规定,判决如下:

一、维持北京市第二中级人民法院(2002)二中民初字第05759号民事判决第一、二、四、五、六、七项,即宁海县搪铝制品厂于本判决生效后,立即停止在其生产、销售的压力锅产品及内、外包装上标注"苏泊尔集团(香港)有限公司"或"商标由苏泊尔集团(香港)有限公司授权使用"字样;宁海县搪铝制品厂于本判决生效后30日内,在《经济日报》上就其涉案侵权行为向苏泊尔集团有限公司和浙江苏泊尔炊具股份有限公司刊登致歉声明;宁海县搪铝制品厂赔偿苏泊尔集团有限公司和浙江苏泊尔炊具股份有限公司因本案诉讼支出的合理费用4 244元人民币;北京天惠福商贸中心立即停止销售涉案侵权的"HOSDEN"牌压力锅;北京天惠福商贸中心赔偿苏泊尔集团有限公司和浙江苏泊尔炊具股份有限公司经济损失200元人民币;驳回苏泊尔集团有限公司和浙江苏泊尔炊具股份有限公司的其他诉讼请求。

二、撤销北京市第二中级人民法院(2002)二中民初字第05759号民事判决第三项,即宁海县搪铝制品厂赔偿苏泊尔集团有限公司和浙江苏泊尔炊具股份有限公司经济损失197万元人民币。

三、宁海县搪铝制品厂赔偿苏泊尔集团有限公司和浙江苏泊尔炊具股份有限公司经济损失50万元。

一审案件受理费62 589.67元,由上诉人苏泊尔集团有限公司和浙江苏泊尔炊具股份有限公司负担52 589.67元,由上诉人宁海县搪铝制品厂负担10 000元;二审案件受理费62 589.67元,由上诉人苏泊尔集团有限公司和浙江苏泊尔炊具股份有限公司负担52 589.67元,由上诉人宁海县搪铝制品厂负担10 000元。诉讼保全费31 520元,由上诉人苏泊尔集团有限公司和浙江苏泊尔炊具股份有限公司负担21 520元,由上诉人宁海县搪铝制品厂负担10 000元。

88. "必胜宅急送" 不正当竞争纠纷案

——北京宅急送快运有限公司诉北京必胜客比萨有限公司

原告： 北京宅急送快运有限公司
被告： 北京必胜客比萨饼有限公司
案由： 不正当竞争纠纷

一审案号： 北京市朝阳区人民法院（2003）朝民初字第 22372 号
一审合议庭成员： 李有光、谢甄珂、党淑平
一审结案日期： 2003 年 11 月 26 日

【判决要旨】

对于某些具有直接描述该服务特点的属性的名称，经过长期使用，已经丧失显著性，成为该行业的通用名称的，不能成为特有名称。

【起诉与答辩】

原告北京宅急送快运有限公司（以下简称宅急送公司）诉称：我公司是依法成立的中外合资企业，是"宅急送"商标及商号的持有人。我公司自成立时起投入大量的人力、资金培养该品牌，进行了大量的广告宣传，使该品牌在社会中具有了较大的知名度和较高的声誉。北京必胜客比萨饼有限公司（以下简称必胜客公司）自 2003 年 9 月初在北京市朝阳区惠新西街 23 号成立"必胜宅急送"比萨饼店，未经我公司许可擅自将"必胜宅急送"作为牌匾，并将"必胜宅急送"字样用于宣传材料、产品包装和员工服装，以此诱导、暗示消费者必胜客公司与我公司有必然联系，获取不正当利益。同时必胜客公司还利用"必胜"二字贬损我公司的声誉。必胜客公司的行为侵犯了我公司的企业名称权、名誉权，并构成仿冒知名服务名称的不正当竞争行为，故起诉要求其立即停止使用含有"宅急送"字样的牌匾、宣传资料等；公开赔礼道歉、消除影响；赔偿损失 1 元；承担诉讼费用。

被告必胜客公司辩称：我公司经"必胜宅急送"商标权人——必胜客国际有限公司（以下简称必胜客国际公司）的许可依法使用该商标。"宅急送"三字已经成为快递行业的通用名称，宅急送公司对其并不享有商标权。而且宅急送公司的名称变更于 2003 年 7 月，晚于"必胜宅急送"商标注册时间，更名

前宅急送公司对"宅急送"并不享有企业名称权。"必胜宅急送"中的"必胜"译于英文"PIZZA",并没有贬损宅急送公司的意思。我公司也没有必要借助宅急送公司提升自己的知名度。总之,我公司合法使用"必胜宅急送"的行为并不侵权,故不同意宅急送公司的诉讼请求。

【一审查明事实】

一审法院经审理查明:宅急送公司成立于 1995 年 10 月 5 日,原名称为双臣一城公司,2003 年 7 月 16 日变更为现名称,经营范围包括:鲜花、礼品、办公用品快递;铁路包装、托运、搬家;快递咨询服务;特快专递服务;普通货物运输和仓储服务。北京双臣快运有限公司(以下简称双臣公司)作为宅急送公司的投资方之一,自 1994 年开始在快运服务中使用"宅急送"。1996 年 4月 18 日,双臣一城公司取得绿色猴子图形加"宅急送"文字商标注册,其中"宅急送"放弃专用权,核准服务项目为运输、运输预定、货运经纪、贵重物品的保护运输、商品包装。现宅急送公司的宣传材料和匾额上均使用该商标。

必胜客公司成立于 1989 年 2 月 3 日,经营范围包括:生产比萨饼食品、冷热饮料及配料;零售酒和有必胜客标志的纪念品;销售自产产品。必胜客国际公司先后于 2002 年 5 月 28 日、2002 年 10 月 14 日和 2003 年 5 月 7 日,在第三十类商品、第四十二类服务项目和第三十九类服务项目上取得"必胜宅急送"文字商标注册,后两个商标证上注明"宅急送"放弃专用权。

2003 年 5 月 8 日,必胜客国际公司与必胜客公司签订"必胜客商标许可合同",许可必胜客公司在其餐厅、服务设施(包括员工服装及外送产品的运输工具)、产品及其包装以及其他为经营餐厅而进行的商业活动中使用该商标。

2003 年 8 月 6 日,必胜客公司设立惠新餐厅(该餐厅仅领取了营业执照,没有独立注册资金),并于同年 9 月开始在该餐厅的牌匾、宣传册、产品包装、员工服装和运输工具上使用帽子图形加"必胜宅急送"字样。必胜客公司在上述使用中,均将"必胜宅急送"与比萨饼联系起来使用。

必胜客公司提出,"必胜客"译于"PIZZA HUT",意为"在小屋中吃比萨饼","客"代表"堂室","必胜宅急送"中的"必胜"来源于"必胜客"中的"必胜"。由于"必胜宅急送"不设餐厅,所以去掉了"客"字;因主要以比萨饼外送为主,是专业的比萨外卖店,故称"宅急送"。

【一审审理结果】

一审法院经审理认为:我国反不正当竞争法规定的"仿冒知名商品(或服务)"的不正当竞争行为,是指"擅自使用知名商品特有的名称"的行为,其中被仿冒的商品或服务的名称应当是"特有的"。虽然宅急送公司取得了猴子图形加"宅急送"文字商标，但其在商标证中明确表示"宅急送"放弃专用权。同样，必胜客公司被许可使用的"必胜宅急送"商标在第三十九类（快运及运输服务）中也放弃了专用权。由此可以说明，在第三十九类（快运及运输服务）中，"宅急送"三字具有直接描述该服务特点的属性，经过长期使用，在快运行业中已经丧失显著性，成为该行业的通用名称。综上，本院认为"宅急送"作为快运及运输服务的名称，并非特有名称。

"必胜宅急送"本身属注册商标，必胜客公司经商标权人许可而使用，具有合法依据；且"必胜宅急送"商标的核准时间和必胜客公司取得该商标使用许可的时间，均早于宅急送公司名称核准变更的时间，故必胜客公司对"必胜宅急送"享有在先权利。

本案中，必胜客公司并未使用宅急送公司的企业全称，更未单独或突出使用其中"宅急送"三字，而是将"必胜宅急送"与比萨饼联系起来使用。这种使用与宅急送公司的使用方式既不相同也不近似，不会使公众误认必胜客公司和宅急送公司具有关联关系。

综上，必胜客公司在惠新餐厅的匾额、宣传册、产品包装、员工服装和运输工具上使用"必胜宅急送"具有合法依据，且并未引起公众的混淆或误认，故其行为并不侵犯宅急送公司的名称权，也不构成仿冒知名服务的不正当竞争行为。对于宅急送公司依此提出的诉讼请求，本院不予支持。

对于宅急送公司提出必胜客公司侵犯其名誉权的请求，不属本案处理范围，本院不予处理。

综上，依据《中华人民共和国反不正当竞争法》第五条第（二）项的规定，判决如下：

驳回北京宅急送快运有限公司的诉讼请求。

案件受理费 100 元，由北京宅急送快运有限公司负担。

双方当事人均服从一审判决。

89. 销售假冒 RAD ASM—40 调制解调器不正当竞争纠纷案

——以色列 RAD 数据通信有限公司诉
北京苏创通讯设备有限公司

原告： 以色列 RAD 数据通信有限公司（RAD Data Communications Ltd.）
被告： 北京苏创通讯设备有限公司
案由： 不正当竞争纠纷

一审案号： 北京市第一中级人民法院（2003）一中民初字第 9751 号
一审合议庭成员： 马来客、李燕蓉、仪军
一审结案日期： 2003 年 11 月 26 日

【判决要旨】

销售擅自使用他人的企业名称的商品，引人误认为是他人的商品，且不能证明其销售的合法来源的，是一种不正当竞争行为。

【起诉与答辩】

原告以色列 RAD 数据通信有限公司（以下简称 RAD 公司）诉称：进入 2003 年以来，不断有经销商和客户反映市场上出现大量假冒 RAD 公司的产品，并且我公司在中国的销售业绩不断下滑。鉴于此，我公司委托部分经销商对此事展开调查。根据客户对被告北京苏创通讯设备有限公司（以下简称苏创公司）的投诉，2003 年 6 月 1 日，我公司委托南京联科通信设备有限公司（以下简称南京联科公司）向被告购买了 5 台规格型号为 ASM—40 的调制解调器。该产品外包装上封条胶带有 RAD 公司名称标识；在内包装上有红底白字"RAD"标识；在产品外形正面的调制按钮左上侧也有红底白字"RAD"标识。经仔细辨认和检测，无论在外观设计上还是在性能上该产品均与我公司在中国销售的 ASM—40 调制解调器有明显的不同。经我公司向全国的各级经销商了解和证实，被告没有经销或代销我公司 RAD 产品，其销售的 RAD 产品不是我公司分销的真品。根据《中华人民共和国反不正当竞争法》第五条、第二十条第一款之规定，现向贵院起诉，请求人民法院判令被告苏创公司：（1）立即停止销售假冒原告的产品，并在《人民邮电报》、《计算机世界报》上公开向原告赔礼道歉、消除影响；（2）赔偿经济损失人民币 150 万元；（3）支付原告为本

案所作调查的费用 23 500 元；（4）承担本案诉讼费、原告律师代理费 4 万元。

被告苏创公司辩称：2003 年 5 月中旬，潮阳市讯通贸易有限公司（以下简称潮阳讯通公司）经理王志给我公司打电话推销 RAD 公司的 ASM - 40 调制解调器，并称公司资金困难，可以低价售货，每台 4 500 元。5 月下旬，北京振远创新公司（以下简称振远公司）业务员王宇到我公司预订 5 台 RAD 公司的 ASM—40 型调制解调器，这样 5 月 26 日我公司向潮阳讯通公司订购 5 台设备。6 月 2 日，潮阳讯通公司将 5 台设备送到我公司，经外观审查确系 RAD 公司产品。同年 6 月 11 日，振远公司王宇告知我公司所购的 5 台设备卖给了南京联科公司，因振远公司不愿开发票，要求我公司直接给南京联科公司开具 5 台产品的发票。同日，我公司按照振远公司王宇要求将 5 台设备的增值税发票交给了王宇。6 月 25 日王宇将 23 500 元现金交给我公司。我公司从未与南京联科公司直接发生买卖行为。诉讼期间，我公司工作人员作市场调查，销售方明知是仿冒 RAD 公司的产品均不开发票。我公司销售 5 台调制解调器并不知该产品系他人仿冒原告产品，故不具有知假售假的主观故意。原告在起诉书中也认可只有在专业检验设备测试后方知非 RAD 公司产品，故我公司订货时根本不可能知道该调制解调器系他人伪造原告的产品。我公司每台售价 4 700 元扣除进货差价，每台获利 200 元，5 台获利 1 000 元，应属赢利微薄，且数额小。原告认可为获取证据委托南京联科公司向被告订购 5 台调制解调器，故购方南京联科公司并非消费者，不存在原告信誉损毁的后果。综上我公司的行为不构成不正当竞争行为。原告未提供经济损失 150 万元的证据，其要求赔偿 150 万元证据不足。原告出示南京联科公司购买我公司 5 台调制解调器的购货发票，应将该 5 台设备返还我公司。另外，原告提供被检测的样品并未通知我公司封存，被告未在检测现场，不能证实被检测的样品就是我公司售出的产品，该检测报告系原告进行的技术处理，不具备国家技术监督管理部门指定的检测机构出具的检测结论的效力，不能作为审判本案的证据。

【一审查明事实】

一审法院经审理查明：RAD 公司成立于 1981 年，是数据通信和电信应用网络接入设备生产商。苏创公司成立于 2002 年 11 月 29 日，其经营范围包括销售通讯设备、计算机软硬件及外围设备等。

2003 年 6 月 11 日，南京联科公司向苏创公司购买了 5 台规格型号为 ASM—40 的调制解调器，单价 4 017.0 940 171 元，总价 23 500 元（含税 3 414.53 元）。

同日，苏创公司开具了质保单，载明型号为 RAD ASM—40UB，机身序列号为 215002952、215002902、215002888、215002973、215002887。

　　在我院的主持下，双方当事人在庭审中对 RAD 公司提交的其自称为自己生产的 RAD ASM—40/UB 产品与其提交的被控侵权的苏创公司销售的 RAD ASM—40/UB 产品进行了现场勘验。其中 RAD 公司自己生产的 RAD ASM—40/UB 产品外包装为普通硬纸壳包装箱，其上有 RAD 公司英文企业全称标记的封条，被控侵权产品的外包装箱与其相同，其上同样印有 RAD 公司英文企业全称标记的封条，但其印刷字体比原告的粗；两包装箱内的泡沫塑料衬垫不同；被控侵权产品的包装塑料袋上印有 "RAD" 标识；双方产品上均有 "RAD" 标识，但被控侵权产品上有明黄色方块标识，RAD 公司的产品为暗黄色方块标识；双方产品按钮颜色不同，RAD 公司自己生产的 RAD ASM—40/UB 产品为黑色，被控侵权产品则不是；双方产品的设备接口构件不同，RAD 公司自己生产的 RAD ASM—40/UB 产品设备接口有字母标识，被控侵权产品没有；RAD 公司自己生产的 RAD ASM—40/UB 产品白色设备接口有数字标识，被控侵权产品没有；RAD 公司自己生产的 RAD ASM—40/UB 产品接口螺钉是圆头，且螺钉的凹口细，被控侵权产品是平头的且凹口粗；RAD 公司自己生产的 RAD ASM—40/UB 产品的紧固螺钉外围有金属圈，被控侵权产品没有金属圈；双方产品背面白色封贴不同。被控侵权产品附带光盘上也有 RAD 标识。苏创公司对以上对比差异均认可，但对 RAD 公司自己生产的 RAD ASM—40/UB 产品的来源不认可，对 RAD 公司提交的被控侵权产品也否认是其销售的。

　　在本院的主持下，本院对 RAD 公司提交法庭的被控侵权产品的产品序列号进行了勘验，双方认可 5 台产品的序列号为 215002952、215002902、215002888、215002973、215002887。

　　RAD 公司为本案支付的律师费为人民币 4 万元。

　　苏创公司提交了其于 2003 年 5 月 26 日与潮阳讯通公司签订的购销合同，合同约定潮阳讯通公司向苏创公司提供 5 台 RAD ASM–40/UB 产品，单价 4 500 元，总价 22 500 元，要求全新原装正品、原厂包装等，产品序列号为 215002952、215002902、215002888、215002887、215002973。但苏创公司未向本院提交潮阳讯通公司向其开具的购货发票及潮阳讯通公司有权销售 RAD 公司产品的证据。

　　RAD 公司未向本院提交证据证明其 RAD ASM–40 调制解调器的生产、销售、广告、市场占有率、产品信誉、质量等方面情况的证据。

　　RAD 公司在庭审中提交一份补充证据，即 2003 年 5 月 26 日出版的《计算机世界报》E 版的广告页复印件，用于证明苏创公司一直销售假冒 RAD 产品，但未提交该广告的刊登者即为苏创公司的证据。

【一审审理结果】

一审法院认为：《中华人民共和国反不正当竞争法》第五条第（二）项规定，经营者不得以擅自使用知名商品特有的名称、包装、装潢，或者使用与知名商品近似的名称、包装、装潢，造成和他人的知名商品相混淆，使购买者误认为是该知名商品的手段来从事市场交易，损害竞争对手。知名商品是指在特定市场有一定的知名度、为相关公众知悉的商品。是否知名商品不是凭空判断的，应当综合考虑该商品在特定市场的生产销售历史和市场占有率，商品的质量、信誉情况及其广告投资和覆盖面等情况。就此，原告负有向法庭举证证明其商品为知名商品的责任。本案中，RAD 公司未向本院提交其主张的 RAD ASM－40 调制解调器产品的生产、销售、广告投入情况、市场占有率等证据，故不能证明其产品 RAD ASM－40 调制解调器是知名商品，其关于苏创公司擅自使用知名商品特有的名称、包装、装潢，构成不正当竞争的主张，没有证据支持，对该项主张，本院不予支持。

《中华人民共和国反不正当竞争法》第五条第（三）项规定，擅自使用他人的企业名称或者姓名，引人误认为是他人的商品的，亦是不正当竞争行为。在苏创公司销售的 RAD ASM－40 调制解调器的外包装箱上有印有 RAD 公司英文企业名称全称的封条，而苏创公司作为经销商，其销售 RAD 公司的产品就应负有审查义务，以保证其销售的产品系合法取得。本案中，苏创公司除提交了其与潮阳讯通公司的购货合同外，没有提交相应的购货发票及提货单，故其提交的证据不足以证明该交易行为已经发生，并且，苏创公司亦未提交证据证明其就潮阳讯通公司是否有权销售 RAD 公司的产品进行过审查，故苏创公司不能证明其销售的 RAD ASM－40 调制解调器的合法来源。苏创公司销售的 RAD ASM－40 调制解调器，印有 RAD 公司英文企业名称全称，该产品会引人误认为是 RAD 公司的产品。苏创公司的行为违反了《中华人民共和国反不正当竞争法》第五条第（三）项的规定，已构成不正当竞争，苏创公司应承担侵权的民事责任。

RAD 公司主张由苏创公司赔偿其 150 万元的经济损失，但 RAD 公司提交的证据仅为其代理商出具的证明，没有相应的原始凭证与之佐证，故本院不予采信。本院将参照苏创公司销售侵权产品的数量，酌情予以确定。RAD 公司为调查苏创公司的不正当竞争行为，委托他人向苏创公司购买侵权产品应有合理数量，其购买 5 台产品已超出合理取证数量，对其主张赔偿 23 500 元调查费的请求，本院不予全额支持，其主张由苏创公司承担 4 万元律师费，亦属过高，本院不予全额支持。

　　关于 RAD 公司要求苏创公司在《人民邮电报》、《计算机世界报》上公开向其赔礼道歉、消除影响，本院认为，因苏创公司擅自使用了 RAD 公司的企业名称，已构成不正当竞争，故苏创公司应承担为 RAD 公司消除影响的民事责任，鉴于在一家媒体上刊登公开声明，已足以挽回苏创公司给 RAD 公司造成的影响，故 RAD 公司主张苏创公司在两家媒体上刊登声明的请求，本院不予支持。

　　综上所述，依照《中华人民共和国民事诉讼法》第六十四条第一款，《中华人民共和国反不正当竞争法》第五条第（二）项和第（三）项、第五条第一款，《中华人民共和国民法通则》第一百二十条之规定，判决如下：

　　一、被告北京苏创通讯设备有限公司立即停止销售印有原告以色列 RAD 数据通信有限公司企业名称全称的产品的不正当竞争行为；

　　二、被告北京苏创通讯设备有限公司于本判决生效之日起 10 日内，赔偿原告以色列 RAD 数据通信有限公司经济损失及合理调查费共计人民币 5 万元；

　　三、被告北京苏创通讯设备有限公司于本判决生效之日起 30 日内，在《计算机世界报》上刊登声明，公开就其不正当竞争行为给原告以色列 RAD 数据通信有限公司造成的损害消除影响；

　　四、驳回原告以色列 RAD 数据通信有限公司的其他诉讼请求。

　　案件受理费 17 828 元，由被告北京苏创通讯设备有限公司负担 3 510 元，由原告以色列 RAD 数据通信有限公司负担 14 318 元。

　　双方当事人均服从一审判决。

90. 侵犯"舒尔家用中央水调"商业秘密纠纷案

——北京舒尔科技有限公司诉张树清、于海兰、
杨明、北京市天水来科贸有限公司

原告（上诉人）：北京舒尔科技有限公司
被告（被上诉人）：张树清
被告（被上诉人）：于海兰
被告（被上诉人）：杨明
被告（被上诉人）：北京市天水来科贸有限公司
案由：侵犯商业秘密纠纷

原审案号：北京市第二中级人民法院（2003）二中民初字第 03708 号
原审合议庭成员：邵明艳、刘薇、张晓津
原审结案日期：2003 年 9 月 25 日
二审案号：北京市高级人民法院（2003）高民终字第 981 号
二审合议庭成员：刘继祥、魏湘玲、岑宏宇
二审结案日期：2003 年 12 月 18 日

【判决要旨】

无法提供证据证明他人非法获取了其商业秘密并向其他单位非法披露该商业秘密、并且其他单位非法使用该商业秘密的，不构成侵犯商业秘密。

【起诉与答辩】

原告北京舒尔科技有限公司（以下简称舒尔公司）诉称：该公司系经北京科学技术委员会认定的高新技术企业。自 2001 年 5 月成立以来，该公司投入近 400 余万元资金，经过近一年的时间研制成功舒尔家用中央水调。该产品属于国内首家自行打造模具生产制造的家用软化水自动控制调节产品。该公司为确保相关技术信息和经营信息的秘密性，在其有关规章制度和保守商业秘密的规定中规定了职员保守该公司商业秘密的义务。

2002 年 5 月 11 日，被告于海兰购买了该公司生产的舒尔家用中央水调一套。2002 年 9 月 27 日，于海兰与被告杨明共同投资成立了天水来公司。被告张树清曾于 2001 年 6 月至 2002 年 8 月在舒尔公司任总经理助理，后其受聘于

被告天水来公司。张树清利用在原告公司工作期间所掌握的商业秘密，在天水来公司从事天水来牌家用"傻瓜"全自动软水机的生产和经营工作。2003 年天水来公司产品投放市场以来，舒尔公司的产品受到巨大冲击并造成巨大的经济损失。舒尔公司认为上述四被告的行为已经严重侵害了该公司的商业秘密，故诉至法院请求判令：四被告立即停止侵权行为并销毁侵权产品及模具；四被告共同赔偿原告经济损失 100 万元，并承担连带责任；四被告在《北京晚报》上以其曾刊登广告的相同位置和版面公开向原告赔礼道歉；四被告 3 年内不得从事与原告涉案产品相同或类似的产品的开发、制造或销售；由四被告共同承担本案诉讼费用。

被告张树清辩称：原告舒尔公司诉称的商业秘密早已进入公知领域，且原告未制定任何保密措施，因此原告诉称的相关技术信息和经营信息不具备商业秘密的构成要件；在原告公司工作期间，其并不掌握软水机商业秘密，因此不具备泄露并使用原告商业秘密的条件。因此，原告主张其侵犯了原告的商业秘密，缺乏事实和法律依据，请求法院依法驳回原告的诉讼请求。

被告于海兰辩称：原告诉称的信息不具备商业秘密的构成条件，其从市场上购买可利尔软水机美国原装 5600SE 控制阀和舒尔中央水调进行研究、注册天水来公司从事软水机的技术开发及生产销售等行为完全合法，不存在侵权行为；其与本案无直接利害关系，不是适格的被告。因此，请求法院依法驳回原告的诉讼请求。

被告杨明辩称：作为天水来公司的股东，其应依据公司法和公司的章程对公司承担责任。其与本案没有直接的利害关系，不是适格的被告。因此，请求法院依法驳回原告的诉讼请求。

被告北京市天水来科贸有限公司（以下简称天水来公司）辩称：该公司成立于 2002 年 9 月 27 日，通过对可利尔软水机美国原装 5600SE 控制阀样品和原告的舒尔中央水调产品进行拆解分析，同时参考市场上的其他同类产品，该公司对软水机技术进行改进和创新，成功研制出程序更简化的电路板和比现有软水机的控制阀更先进的组合分流阀。该公司股东杨明已经就此技术向国家知识产权局提出实用新型专利申请并已被受理。该公司通过与几家加工方的合作，成功打造了模具，自行制造了软水机的相关配件，生产出天水来牌 TSL – 286A "傻瓜"全自动家用软水机。鉴于软水机产品及其技术原理早在 1998 年就已经进入公知领域，该公司认为原告诉称的软水机相关技术信息和经营信息不具备商业秘密的构成条件。且该公司聘用被告张树清的行为并未违反国家法律规定。综上，原告的诉讼主张缺乏法律和事实的依据，请求法院依法驳回原告的诉讼请求。

【原审查明事实】

原审法院经审理查明：原告舒尔公司的法定代表人郭新洪自 1997 年开始从事美国"润索"原装家用软水机的代理业务。1998 年在考察美国软水机生产企业的基础上，其与他人共同投资成立北京可利尔家用软水机公司并任总经理，该公司主要经营美国进口原件组装家用软水机的生产和销售。2001 年，郭新洪离开北京可利尔家用软水机公司，并将家用软水机自动控制系统的软硬件开发技术作为无形资产出资成立舒尔公司。2001 年 1 月 10 日，《关于建立北京舒尔科技有限公司的可行性研究报告》对软水机的市场开发进行了研究并对可行性进行了分析。舒尔公司在进行软水机相关技术国产化开发的基础上，于 2002 年 2 月生产出"舒尔家用中央水调"产品，售价每台 4 860 元。2002 年 7 月 15 日，舒尔公司就"家用中央水处理自动控制调节系统"向国家知识产权局提出实用新型专利申请并已予受理；2002 年 8 月 23 日，舒尔公司的法定代表人郭新洪就"一种软化水质的循环再生的方法"向国家知识产权局提出发明专利申请并已予受理。2001 年 12 月 12 日，舒尔公司取得北京市新技术产业开发实验区新技术企业批准证书。2003 年 2 月 14 日，舒尔公司取得北京市科学技术委员会高新技术企业批准证书。

在研制、生产"舒尔家用中央水调"产品期间，舒尔公司曾于 2001 年 8 月 15 日分别与北京宣武区光大模具厂、北京金马模具制品有限公司签订自动控制阀部件模具的加工承揽合同；于 2001 年 10 月 12 日与清苑塑胶制模有限公司签订再生桶等部件的承揽合同；于 2001 年 10 月 30 日与宁波声光电机厂签订了微电机加工定作合同。原告舒尔公司在其规章制度中要求所有员工保守商业秘密；2002 年 1 月，舒尔公司还制定了《关于保守公司商业秘密的若干规定》，划定了商业秘密范围并规定了侵犯商业秘密的法律责任；在舒尔公司与北京宣武区光大模具厂、宁波声光电机厂、清苑塑胶制模有限公司、北京金马模具制品有限公司的加工定作合同中订有保密条款。

2002 年 5 月 11 日，被告于海兰从原告舒尔公司处购买舒尔家用中央水调一套，此后曾多次向舒尔公司报修。2002 年 9 月 27 日，被告于海兰与杨明共同出资注册成立了天水来公司，于海兰任该公司的法定代表人。天水来公司的经营范围包括水处理设备的制造、销售、维修（其中水处理设备的制造需要取得审批后方可经营）。天水来公司称该公司在参考可利尔软水机美国原装5600SE控制阀塑料样品以及舒尔水调的基础上，研制成功了天水来牌软水机的核心技术——组合分流阀。2002 年 12 月 9 日，被告杨明就"组合分流阀"向国家知识产权局提出实用新型专利申请并已予受理。

2003 年 3 月，经北京市疾病预防控制中心检测，天水来牌 TSL - 286A 家用软水机的各项指标符合《生活饮用水水质处理器卫生安全与功能评价规范———一般水质处理器》的规定。2003 年 3 月，天水来公司生产的天水来牌家用"傻瓜"中央软水机上市并在《北京晚报》上进行广告宣传。在宣传广告中，使用了天水来牌家用"傻瓜"中央软水机、中央水调的产品名称，售价介于 2 800 元至 3 980 元之间。在生产上述产品过程中，天水来公司曾于 2002 年 10 月 25 日与北京美达福禄科技发展有限公司签订了 TSL - 2002A 控制主板的加工定作合同；于 2002 年 12 月 3 日与余姚市自控液位仪厂签订塑料件加工合同。

另查，2001 年 6 月至 2002 年 8 月被告张树清曾在原告舒尔公司担任总经理助理，参与了舒尔家用中央水调的委托加工、检测、安装等工作。2003 年初至今，张树清在天水来公司工作。

在本案审理过程中，原告主张其有关软水机的技术信息和经营信息于 2001 年底形成。其主要内容包括自动控制阀中的流量计涡轮轴套、主板设计程序、活塞阀、再生桶及部分零部件图纸、产品零件原材料、自动控制阀组装工艺、自动控制阀零件加工中容易出现的问题及解决办法等技术信息；市场研究报告及项目可行性评估报告、产品成本和利润率、模具加工厂家（含北京宣武区光大模具厂、宁波声光电机厂、清苑塑胶制模有限公司）、模具开发成本及各项加工与实验数据、零部件供应厂家（含自动控制阀上所使用的变压器、自动控制阀上的活塞及其他不锈钢零件）等经营信息。

经比对，被告天水来公司生产的软水机产品自动控制阀所使用的流量计的涡轮轴套使用铜材与舒尔公司的产品相同，但形状与原告舒尔公司所使用的有所不同；主板设计程序与原告所用主板设计程序在添加背光、主要步骤等处亦有区别；活塞阀所使用的材料为金属，与原告使用的塑料材料不同；再生桶未使用原告产品中的吸盐柱、以软管代替原告产品中的硬管等。

原告主张被告生产的涉案产品使用了原告的模具加工厂家和零部件加工厂家，但其未就此提供证据予以证明。原告还主张被告不可能通过对原告产品的分解研究生产出自己的产品，但其未能提供证据予以证明。

【原审审理结果】

原审法院认为：本案焦点问题是原告舒尔公司主张的与舒尔软水机有关的技术信息和经营信息是否为舒尔公司的商业秘密，四被告的涉案行为是否构成对原告商业秘密的侵犯。

首先，关于与舒尔软水机有关的技术信息和经营信息是否构成舒尔公司的商业秘密问题。

　　我国反不正当竞争法规定，商业秘密是指不为公众所知悉、能为权利人带来经济利益、具有实用性并经权利人采取保密措施的技术信息和经营信息。根据法律的规定和本院已经查明的事实，原告自行设计的软水机自动控制阀中的流量计涡轮轴套、主板设计程序、活塞阀、再生桶及部分零部件图纸、自动控制阀组装工艺、自动控制阀零件加工中容易出现的问题及解决办法等技术信息以及《关于建立北京舒尔科技有限公司的可行性研究报告》、产品成本和利润率等经营信息，具备一定的创新性，不能从公开渠道直接获取，且该技术信息能为原告带来相应的经济利益，具有一定的实用性；同时，原告通过制定保密规定及有关规章制度等形式采取了合理的保密措施，因此上述技术信息和经营信息符合商业秘密构成要件，应当获得我国法律的保护。四被告提出原告所主张的上述技术信息和经营信息不符合商业秘密的构成要件、不构成商业秘密的抗辩主张，缺乏事实和法律依据，本院不予采纳。原告还主张模具加工厂家、零部件加工厂家等经营信息以及产品名称、产品零件名称等技术信息属于该公司的商业秘密，但原告并未提供充分证据证明上述模具加工厂家与原告形成了特定的业务关系，系原告付出相应代价，能够为原告带来相应市场优势的特定客户，且原告亦未能证明上述其他信息内容属于原告特有的技术信息，这些技术信息亦难以与公知领域的信息相区别，因此上述信息内容不具备商业秘密的构成条件，对原告的上述主张，本院不予支持。

　　其次，关于四被告的行为是否侵犯了原告的商业秘密问题。依据本院查明的事实，被告张树清曾在原告舒尔公司工作过，鉴于张树清到被告天水来公司工作时，天水来公司已研制生产出涉案天水来牌软水机，因此原告未有证据证明其具有披露、使用或者允许他人使用其所掌握的商业秘密的行为，故原告主张其侵犯其商业秘密，本院不予支持。被告天水来公司在参考可利尔软水机美国原装 5600SE 控制阀塑料样品以及所购买的舒尔中央水调的基础上，以反向工程的方式进行研究，并通过与有关模具加工厂家的合作，最终研制出以组合分流阀为核心技术的天水来牌软水机，且由于不能认定张树清有披露原告涉案商业秘密的行为，亦不能认定被告天水来公司存在接触原告涉案商业秘密的事实，因此，虽然天水来公司涉案产品与原告的涉案产品在技术内容上有相同之处，但应当认定其所使用的技术信息具有合法来源，并未侵犯原告的商业秘密。原告主张被告天水来公司侵犯了其商业秘密，但未能提供充分证据证明其主张，因此，本院对其上述主张不予支持。

　　被告于海兰、被告杨明虽为天水来公司的董事长和股东，但原告无证据证明被告于海兰、杨明曾接触过其有关的商业秘密并有不当获取和使用其商业秘密的行为，因此不能认定上述两被告侵犯了原告的商业秘密。原告指控上述二被告侵犯了其商业秘密并应当承担相应法律责任的主张，证据不足，本院亦不予支持。

综上，本案原告请求法院判令被告承担停止侵权、公开赔礼道歉及赔偿经济损失的法律责任的主张，缺乏事实和法律依据，本院不予支持。依照《中华人民共和国反不正当竞争法》第十条之规定，判决如下：

驳回北京舒尔科技有限公司的诉讼请求。

舒尔公司不服原审判决，提出上诉，其理由为：第一，原审判决认定事实错误。原审判决认定张树清到天水来公司工作时，该公司已研制出软水机与事实不符，原审判决认定天水来公司系采用反向工程方法获取技术也违背事实。第二，原审法院在举证责任分配及认定上有误。舒尔公司在一审中提交了充分证据支持其主张，原审判决却不予认定。相反，对于天水来公司、张树清等被告则过分宽容，未要求其举证证明其主张。第三，原审判决在适用法律上有重大遗漏导致错判。原审判决还应当适用《中关村科技园区条例》、《北京市反不正当竞争条例》、国家工商局《关于禁止侵犯商业秘密行为的若干规定》等法规。依据上述法规，被上诉人侵害了舒尔公司的商业秘密，违反了竞业禁止的有关规定。请求二审法院撤销原审判决，依法作出公正裁判。

张树清、天水来公司、于海兰、杨明服从原审判决。

【二审查明事实】

二审法院经审理查明：郭新洪自 1997 年开始从事美国"润索"牌原装家用饮水机在中国大陆的代理业务。1998 年郭新洪与他人共同成立了北京可利尔家用饮水机公司，该公司主要经营美国进口散件组装家用饮水机的生产和销售。后郭新洪离开北京可利尔家用饮水机公司，筹备成立舒尔公司，并于 2001 年 1 月 10 日撰写了《关于建立北京舒尔科技有限公司的可行性研究报告》，对饮水机的市场开发进行了研究并对可行性进行了分析。舒尔公司于 2001 年 5 月 25 日成立。2002 年 1 月舒尔公司制定了《关于保守公司商业秘密的若干规定》，划定了商业秘密范围并规定了侵犯公司商业秘密范围的法律责任。2002 年 2 月舒尔公司在饮水机相关技术国产化开发的基础上，研制出了"舒尔家用中央水调"，每台售价 4 860 元。在研制、生产"舒尔家用中央水调"产品期间，舒尔公司曾于 2001 年 8 月分别与北京宣武区光大模具厂、北京金马模具制品有限公司签订自动控制阀部件模具加工合同；于 2001 年 10 月与清苑塑胶制模有限公司签订再生桶等部件加工合同；于 2001 年 10 月与宁波声光电机厂签订微电机加工定作合同。上述加工定作合同中均订有保密条款。

2002 年 5 月 11 日于海兰自舒尔公司购买舒尔家用中央水调产品一套，此后多次向舒尔公司报修，舒尔公司张树清等负责维修。张树清于 2001 年 6 月进入舒尔公司，曾担任总经理助理，参与了舒尔家用中央水调的委托加工、控制、安装等工作。2002 年 8 月张树清离开舒尔公司。2002 年 9 月 27 日杨明、于海兰共同出资成立了天水来公司。2002 年 10 月 25 日天水来公司与北京美达福禄科技发展有限公司签订 TSL – 2002A 控制主板加工定作合同。2002 年 12 月 3 日天水来公司与余姚市自控液位仪厂签订塑料件加工合同。2002 年 12 月 9 日杨明向国家知识产权局申请了"组合分流阀"实用新型专利。2003 年初张树清到天水来公司工作。2003 年 3 月天水来公司生产的 TSL – 286A 型家用饮水机通过北京市疾病预防控制中心的检测，并在《北京晚报》上宣传推广其"天水来"牌家用"傻瓜"中央饮水机，售价在 2 800 元至 3 980 元之间。此后，由于天水来公司低价之争，舒尔公司的代销商纷纷退货。2003 年 3 月 26 日舒尔公司以张树清、天水来公司、于海兰、杨明侵害其商业秘密从事不正当竞争为由，向北京市第二中级人民法院提起民事诉讼。

在本案原审审理过程中，舒尔公司主张其有关饮水机的技术信息和经营信息于 2001 年底形成。具体包括自动控制阀中的流量计涡轮轴套、主板设计程序、活塞阀、再生桶及部分零部件图纸、产品零件原材料、自动控制阀组装工艺、自动控制阀零件加工中易出现法律责任问题及解决办法等技术信息；市场研究报告及项目可行性评估报告、产品成本和利润率、模具加工厂家、模具开发成本及各项加工试验数据、零部件供应厂家等经营信息。天水来公司称其在参考可利尔饮水机美国原装 5600SE 控制阀塑料样品和舒尔家用中央水调以及市场上其他同类产品的基础上，研制成功了天水来牌饮水机的核心技术组合分流阀。经过对比，天水来公司饮水机产品自动控制阀所使用流量计的涡轮轴套系铜材，与舒尔公司产品相同，但形状有所不同；主板设计程序与舒尔公司所用主板设计程序在添加背光、主要步骤等处亦有区别；活塞阀所用材料为金属，舒尔公司所用材料为塑料；再生桶未使用舒尔公司产品中的吸盐柱、以软管代替舒尔公司产品中的硬管。舒尔公司主张天水来公司利用了其模具加工厂家和零部件加工厂家，但未提供证据予以证明。

【二审审理结果】

二审法院认为：依据本案事实，张树清于 2003 年初到天水来公司工作，此前天水来公司已于 2002 年 10 月 25 日与他人签订 TSL – 2002A 控制主板加工合同，又于 2002 年 12 月 3 日与他人签订塑料件加工合同，并且天水来公司股东杨明于 2002 年 12 月 9 日向国家知识产权局申请了"组合分流阀"实用新型专利，故一审判决认定张树清到天水来公司工作时，该公司已研制出天水来牌饮水机并无不当。舒尔公司若认为张树清参与了天水来牌饮水机的研制工作，则应提供相应证据予以证明，否则应承担不利的后果。舒尔公司作为本案原审原告指控他人侵犯其商业秘密，应当首先提供证据证明他人实施了侵权行为，即张树清非法获取了舒尔公司的商业秘密并向天水来公司非法披露了该商业秘密以及天水来公司非法使用了该商业秘密。本案中，在舒尔公司未能证明上述侵权行为并且天水来公司已提供证据初步证明其所使用的技术具有合法来源的情况下，一审法院判令舒尔公司承担举证不能的不利后果是正确的，并不存在举证责任分配不当的问题。舒尔公司认为，张树清原系舒尔公司职工，对其应当适用《中关村科技园区条例》等法规中有关竞业禁止的规定，但舒尔公司不能证明在其与张树清之间存在竞业禁止的约定并且舒尔公司已就竞业禁止问题专门向张树清支付了有关补偿费用，故舒尔公司无权主张对张树清及天水来公司适用竞业禁止的有关规定。综上，舒尔公司主张权利的技术信息和经营信息中，虽有部分构成商业秘密，但其不能证明张树清非法获取并向天水来公司披露了该商业秘密、天水来公司非法使用了该商业秘密，故本院认定张树清、天水来公司等并未侵害舒尔公司的商业秘密。舒尔公司与张树清之间并无竞业禁止的约定，其关于张树清违反了竞业禁止的有关规定的主张亦不能成立。原审判决认定事实清楚、适用法律正确，应予维持。上诉人舒尔公司的上诉理由不能成立，其上诉请求不予支持。据此，依照《中华人民共和国民事诉讼法》第一百五十三条第一款第（一）项之规定，判决如下：

驳回上诉，维持原判。

原、二审案件受理费共计 30 020 元，均由北京舒尔科技有限公司负担。

知识产权合同

91. "奥润"软件著作权及商标权转让合同纠纷案
——北京奥润办公设备技术公司诉北京
航天澳润电子有限公司

原告（被上诉人）： 北京奥润办公设备技术公司
被告（上诉人）： 北京航天澳润电子有限公司
案由： 计算机软件著作权及商标权转让合同纠纷

原审案号： 北京市高级人民法院（2000）高知初字第 38 号
原审合议庭成员： 刘继祥、周翔、岑宏宇
原审结案日期： 2002 年 7 月
二审案号： 中华人民共和国最高人民法院（2002）民三终字第 6 号
二审合议庭成员： 董天平、于晓白、段立红
二审结案日期： 2003 年 1 月 20 日

【判决要旨】

双方签订的著作权转让合同以及其后双方出让、受让商标权的行为均是双方当事人的真实意思表示，内容不违反法律法规，亦不损害他人利益，故应认定为有效。北京航天澳润电子有限公司（以下简称航天澳润公司）主张债权的依据与其应当承担本案债务的原因有本质上的不同。

【起诉与答辩】

原告北京奥润办公设备技术公司（以下简称北京奥润公司）诉称：1997年 9 月 15 日，我公司与被告签订了著作权转让合同，约定我公司将 7 项专业打印机软件著作权转让给被告。1998 年 1 月 28 日，我公司又将注册商标"BANK STAR"、"ORIEN"转让给了被告。1998 年 5 月 16 日，针对软件著作权及商标权转让费数额，被告同意确定为 500 万元，于被告增资后支付。但被告

于1998年6月18日增资完毕后并未支付我方转让费，故向人民法院起诉，请求判令：（1）被告支付我公司转让费500万元；（2）赔偿因逾期付款给我公司造成的损失300万元；（3）负担本案诉讼费用。

被告航天澳润公司辩称：我公司虽承诺支付500万元转让费，但附有条件，即须待航天澳润公司改制上市后，再履行购置手续。改制上市过程中，原告曾以承诺函的形式放弃了债权。而且改制上市后，我公司已归属哈尔滨航天风华科技股份有限公司（以下简称风华公司），原告对此明确表示同意并从中获益，原有的债权债务应另行解决，我公司不再负有支付转让费的义务，请求驳回原告的诉讼请求。

【原审查明事实】

原审法院经审理查明：北京奥润公司成立于1993年6月1日。航天澳润公司系由天通计算机应用技术中心、哈尔滨工业大学高新技术开发总公司、北京奥润公司三方共同出资设立，注册资金为300万元。1997年9月15日，北京奥润公司与航天澳润公司签订了计算机软件著作权转让合同，约定北京奥润公司将其所有的BANK STAR – 951、961、971、2000、2100、405、8600打印机的软件著作权转让给航天澳润公司；转让费由双方认可的中介机构评估后另行确定偿付办法。1998年1月28日，北京奥润公司又将其所有的注册商标"BANK STAR"、"ORIEN"转让给了航天澳润公司。1998年5月16日，航天澳润公司的三方股东天通计算机应用技术中心（甲方）、哈尔滨工业大学高新技术开发总公司（乙方）、北京奥润公司（丙方）共同签署协议，约定：（1）航天澳润公司增资至注册资金1 600万元，增资同时办理扩股和股权变更手续；（2）航天澳润公司扩股、股权变更和增资手续完成后，出资700万元购买丙方和深圳奥士达电子有限公司的技术、商标商誉和软件著作权等无形资产，其中500万元补偿给丙方，200万元补偿给深圳奥士达电子有限公司；（3）用于购置无形资产的700万元，在航天澳润公司增资后支出，该款项在上市前暂不在无形资产项下列支，待航天澳润公司改制上市完成后，再履行无形资产的购置手续。1998年6月16日航天澳润公司完成增资，并经北京市工商行政管理局确认。1998年6月30日，天通计算机应用技术中心、哈尔滨工业大学高新技术开发总公司、北京奥润公司共同致函风华公司（等），承诺：鉴于风华公司已经黑龙江省人民政府黑政函（1998）66号文批准成立，天通计算机应用技术中心、哈尔滨工业大学高新技术开发总公司、北京奥润公司作为股份公司的发起人，已于1998年1月12日与其他发起人一起共同签订了《发起人协议》，同意将其分别拥有的航天澳润公司的42%、36%、22%的权益作为发起人出资，投入拟以募集方式设立的股份公司。根据中国证监会关于"有形同无形不可分"的原则和有关规定，天通计算机应用技术中心、哈尔滨工业大学高新技术开发总公司、北京奥润公司决定将其拥有的航天澳润公司的商标、专有技术等无形资产不进行评估，全部无偿转入股份公司。具体包括：（1）航天澳润公司拥有的"BANK STAR"、"ORIEN"牌注册商标；（2）航天澳润公司拥有的生产专业打印机的持续高速打印、光电侦测等专有技术。本案审理过程中，航天澳润公司提交了"1998 年 6 月 29 日北京奥润公司致哈尔滨工业大学高新技术开发总公司的函"，在该函中，北京奥润公司承诺已转给航天澳润公司的商标和专有技术等无形资产是无偿的。北京奥润公司对该承诺函提出异议，认为承诺的对象应是航天澳润公司，而不可能是哈尔滨工业大学高新技术开发总公司；承诺函的公章没有盖在日期上，不符合有关规定；承诺函上也没有法定代表人签字。

另外查明，航天澳润公司与北京东方奥润科技发展有限责任公司（以下简称东方奥润公司）于 1999 年 1 月 6 日签订了债权债务及还款协议书，该协议书确认东方奥润公司欠航天澳润公司 349.45 万元，东方奥润公司保证在 1999 年 1 月 30 日前还清全部欠款，逾期按每日 4‰支付违约金。1999 年 1 月 8 日，北京奥润公司为航天澳润公司出具担保书，担保书载明："东方奥润公司欠航天澳润公司 349.45 万元，如东方奥润公司不能如约按时履行还款义务，我公司愿以对航天澳润公司享有的 500 万元无形资产的权益优先代东方奥润公司偿还欠款，同时我公司承诺向航天澳润公司承担不可撤销的连带保证责任，本担保书保证期间自本担保书签字之日起两年止。"因上述协议书及担保书均未得到履行，航天澳润公司遂于 2001 年向北京市海淀区人民法院提起民事诉讼，要求东方奥润公司及北京奥润公司偿还债务。2001 年 10 月 30 日北京市第一中级人民法院作出（2001）一中经终字第 1198 号终审判决，判令：（1）东方奥润公司给付航天澳润公司 349.45 万元并偿付逾期违约金；（2）北京奥润公司对东方奥润公司的付款义务承担连带担保责任。

【原审审理结果】

原审法院认为：北京奥润公司与航天澳润公司 1997 年 9 月 15 日签订的著作权转让合同以及其后双方出让、受让商标权的行为均是双方当事人的真实意思表示，且内容并不违反法律法规，亦不损害他人利益，故应认定为有效。在 1997 年 9 月 15 日签订的合同中，双方确曾约定转让费用由中介机构评估后另行确定偿付办法，但航天澳润公司的三方股东在 1998 年 5 月 16 日共同签署的合资协议中明确约定出资 500 万元购买北京奥润公司的软件著作权等无形资产，故软件著作权等已无需由中介机构评估作价，航天澳润公司关于付款条件不成就的辩解不能成立。航天澳润公司依据其提交的"北京奥润公司于 1998 年 6 月 29 日致哈尔滨工业大学高新技术开发总公司的承诺函"及航天澳润公司三方股东于 1998 年 6 月 30 日共同致风华公司（等）的承诺函主张北京奥润公司已放弃 500 万元债权，北京奥润公司就承诺对象、印章及日期等对前一份承诺函提出了质疑，航天澳润公司并未排除上述合理怀疑，故前一份承诺函不予采信，航天澳润公司向北京市海淀区人民法院提交并据以主张债权的北京奥润公司 1999 年 1 月 8 日出具的担保函也表明北京奥润公司并未放弃 500 万元的债权。后一份承诺函仅表明三方股东同意将航天澳润公司的无形资产无偿转入风华公司，并未表明北京奥润公司已放弃 500 万元债权，况且航天澳润公司向北京市海淀区人民法院提交并据以主张债权的北京奥润公司 1999 年 1 月 8 日出具的担保函也表明北京奥润公司并未放弃 500 万元的债权，故航天澳润公司关于北京奥润公司已放弃 500 万元的主张不能成立。

北京奥润公司 1999 年 1 月 8 日出具的担保函表明北京奥润公司以对航天澳润公司享有的 500 万元债权为东方奥润公司所欠的 349.45 万元提供了担保，故航天澳润公司诉东方奥润公司、北京奥润公司借款纠纷与本案关系密切，不可分割。本案中，航天澳润公司三方股东共同决定将该公司整体加入风华公司时，对该公司债权债务的处理并未作出明确约定，故本院依据公平诚信、权利义务对等的原则处理本案纠纷，航天澳润公司不能在享受债权的同时而不承担其债务，航天澳润公司关于其所有者权益已发生变化、被告主体不适格、不应承担付款义务的主张并不能成立。综上，北京奥润公司要求航天澳润公司支付 500 万元著作权及商标权转让费的理由正当，其相应的诉讼请求应予支持。据此，依照《中华人民共和国民法通则》第一百一十一条之规定，判决如下：

一、北京奥润办公设备技术公司与北京航天澳润电子有限公司 1997 年 9 月 15 日签订的著作权及商标权转让合同有效。

二、北京航天澳润电子有限公司给付北京奥润办公设备技术公司软件著作权及商标权转让费 500 万元，并偿付逾期付款违约金（自 1998 年 6 月 16 日起至欠款人全部还清时止，按同期中国人民银行规定的存款利率计算）。

三、驳回北京奥润办公设备技术公司的其他诉讼请求。

案件受理费 50 010 元，由北京航天澳润电子有限公司负担。

航天澳润公司不服一审判决，上诉称：重审判决认定的本案著作权是不存在的。根据上诉人原三股东与其他发起人为成立上市公司而签订的《发起人协议》，三股东已经将其分别拥有的在上诉人处的权益作为发起人出资，全部投入到风华公司，因此上诉人的全部资产依法属于风华公司所有，三股东之间就之前约定的转让费发生的纠纷，应当由三股东解决，与已经作为风华公司分公司的上诉人没有任何法律关系和事实关系，故被上诉人起诉上诉人主体资格不当。根据被上诉人出具的承诺函，该笔债权已经为其放弃，重审判决对该承诺函证据不予采信依据不足。重审判决将上诉人三个股东之间设立的民事法律行为与上诉人接受风华公司的指令以上诉人名义提起的诉讼的行为相混淆，进而判令上诉人承担偿还转让费责任错误。请求撤销原判，驳回被上诉人的诉讼请求。

北京奥润公司服从原审判决并辩称：本案著作权客观存在。上诉人实际占有、使用被上诉人的无形资产并获益，自然应当承担相应的还款义务。根据目前上诉人的内资企业登记情况、（2001）一中经终字第 1198 号民事判决书等证据，证明上诉人是独立存在的法人，应当承担民事责任。上诉人不应在享受权利时即认为自己是独立的法人，而在承担责任时就认为自己不再是独立的法人。请求维持原判。

【二审查明事实】

二审法院经审查，认为原审法院重审认定的事实基本属实。

【二审审理结果】

二审法院认为：本案系计算机软件著作权及商标权转让合同纠纷，转让方是被上诉人，受让方是上诉人。虽然上诉人上诉称所转让的著作权不存在，但其不否认相关打印机使用商标和软件的事实；上诉人三方股东的合资协议、向风华公司提供的承诺函，也验证了转让成立的事实。上诉人提供的证据，仅能够证明软件登记被撤回，但软件著作权是否存在，并不以登记为前提条件，故上诉人关于所转让的著作权不存在的主张，缺乏事实依据，本院不予支持。上诉人与被上诉人虽然在转让合同中没有明确约定转让费数额，但在 1998 年 5 月 16 日上诉人三方股东签订的增资、扩股《合资协议》中，确定该无形资产（包括著作权、商标权）的转让费数额为 500 万元，并约定该款项"在航天澳润公司增资后支出"。这一约定，由上诉人全体三方股东作出，能够代表上诉人的真实意思表示，其中，被上诉人同时又具有权利转让人的身份，故该约定确定了上诉人与被上诉人债权债务关系的具体数额，不违反法律规定，应属有效。1998 年 6 月 16 日，经北京市工商行政管理局确认上诉人完成了增资手续，自此，约定的付款条件已经成就，上诉人就负有向被上诉人履行债务支付 500 万元转让费的责任。

上诉人依据被上诉人致哈尔滨工业大学高新技术开发总公司的承诺函，主张被上诉人已经放弃了 500 万元债权。该函虽然有不规范之处，但被上诉人所称该函因发往对象不对、公章位置错误、没有法定代表人签字等原因不应采信的理由，缺乏法律依据。被上诉人未否认公章的真实性，也没有提出公章为他人盗用、冒用的主张和证据，故该函不能因上述理由不予采信。然而，该函是被上诉人应风华公司的筹办单位哈尔滨工业大学高新技术开发总公司的要求出具的证明函，函的内容是根据有形与无形不可分的原则处理被上诉人在上诉人处所享有的无形资产权利，即对该笔无形资产无偿放弃向风华公司主张权利。其与以后三方股东共同向风华公司作出的放弃在上诉人处享有的无形资产权利的承诺是一致的。根据这份承诺函以及三方股东的承诺函，只能得出包括被上诉人在内的三方股东放弃向风华公司主张相关无形资产权利的结论，而不能得出被上诉人放弃向上诉人主张债权的结论。故该函不能够作为支持上诉人本项主张的关联证据。重审判决没有采信该份证据虽然理由不当，但其结论正确。上诉人提供的《备忘录》，为风华公司内部有关人员签署的文件，不属于上诉人与被上诉人之间关于放弃债权的约定，北京风华澳润分公司与上诉人虽然在实际运作中为同一机构，但各自均有注册，在法律上仍然属于不同的实体，故该《备忘录》也不能作为免除上诉人债务的依据。上诉人未能提供其他证据证明被上诉人放弃向上诉人主张债权，故其这一上诉理由缺乏事实依据，本院不予支持。

上诉人三方股东作为风华公司的发起人，通过发起人协议决定将公司整体加入风华公司，上诉人的全部资产成为风华公司的资产。在风华公司成立后，上诉人全部资产转移给了风华公司，除本案涉及的因无形资产而产生的债务外的债权债务也整体由风华公司承受，上诉人已经不再具备独立承担民事责任的法人条件，本应注销；上诉人应当支付的 500 万元转让费也应当由三方股东进行清偿。在三方股东未予清偿、而上诉人并未注销、公司注册情况也未发生任何变化的情况下，被上诉人以上诉人作为债务人起诉，上诉人的诉讼主体资格与其债务人身份相一致，因此，本院对上诉人的诉讼主体资格予以确认。上诉人提出其由于三方股东抽走资金已经"空壳"，现在的资产属于中国航天机电集团公司以优良国有资产置换出来交给天通中心管理的国有资产的事实，经查证属实。本院也充分注意到上诉人原三方股东因抽走全部资产导致上诉人无能力履行债务，三方股东抽走资金后用于作为风华公司发起人的资产，受益于在风华公司享有的股权，在上诉人因资产置换后重新获得资产时三方股东的受益地位与状况并未改变等事实。但是，资产所有者和管理者发生变化的事实，在上诉人公司未注销、登记未发生变化的情况下，还不能够成为认定现在的上诉人是与资产置换前的上诉人完全不同的新的法人实体的足够事实依据。并且由于上诉人基于资产置换而得以目前无偿使用相关的无形资产，也有违当初三方股东放弃无形资产加入上市公司的初衷，上诉人不承担任何责任对债权人也不公平。在上诉人先行履行债务后，还可以根据三方股东抽走资金、受益于风华公司、受益地位没有因为资产置换发生变化等事实向该三方股东主张不当得利之债，依法保护国有资产，使其合法权益不致遭受损害。故本院对被上诉人主张债权，给予支持。

在上诉人的整体资产被三方股东经验资投入风华公司以后，其对外债权债务，除了本案无形资产债务以外，也因整体投入而进入风华公司。风华公司委托上诉人清理有关的债权债务，行使债权，有足够的事实依据，在资产置换后，上诉人自然接受了剥离出来的债权债务，其依法主张债权，受到人民法院支持，也有充分的依据。这些债权债务关系与本案的和风华公司毫无关联、债权债务人未发生变化、三方股东本应承担责任的债权债务关系有差别，上诉人主张债权的依据与其应当承担本案债务的原因有本质上的不同，故重审判决根据权利义务对等的原则以上诉人主张过债权也应承担债务的理由支持被上诉人的诉讼请求，难以成立。但如前所述，其判决上诉人承担清偿债务的结论并无不当，应当维持。

综上，本院依照《中华人民共和国民事诉讼法》第一百五十三条第一款第（一）项之规定，判决如下：

驳回上诉，维持原判决。

本案原二审案件受理费各 50 010 元，均由北京航天澳润电子有限公司负担。

92. "ZXH – A 型全自动纸浆模压生产线成型、热压控制系统"技术委托开发合同纠纷案

——北京应远思诺科技有限责任公司诉北京康拓科技开发总公司

原告（反诉被告）： 北京应远思诺科技有限责任公司
被告（反诉原告）： 北京康拓科技开发总公司
案由： 技术委托开发合同纠纷案

一审案号： 北京市海淀区人民法院（2003）海民初字第 337 号
一审合议庭成员： 宋鱼水、崔润华、吕春燕
一审结案日期： 2003 年 3 月 20 日

【判决要旨】

技术委托开发合同细节问题约定不明的，双方在合同履行期间应根据合同的性质、目的和交易习惯合理地履行通知、协助等义务，委托方和受托方均未履行应尽的义务，导致合同不能正常履行的，各自承担责任。合同解除后，对于开发方根据委托方要求开发的阶段性成果，能够达到一定技术效果的，双方对已经履行的部分应采取对价补偿的方式进行处理。

【起诉与答辩】

原告北京应远思诺科技有限责任公司（以下简称应远思诺公司）诉称：2002 年 1 月 22 日，我公司与北京康拓科技开发总公司（以下简称康拓公司）订立了项目名称为"ZXH – A 型全自动纸浆模压生产线成型、热压控制系统"的《技术开发合同书》。合同约定：康拓公司为我公司完成上述项目控制方案的选择与设计，成型、热压计算机过程测量、显示、控制、操作，模拟调试设备，控制过程的电器连接，后工序启动等工作。合同订立后，我公司给付康拓公司现金 9 万元，但该公司一直没有交付委托开发的成果。2002 年 10 月 17日，康拓公司告知我公司其已单方终止履行合同。我公司于 2002 年 11 月 21日致函康拓公司，要求其信守合同并在 3 日内提出解决方案并回复我公司，但康拓公司至今仍未履行合同义务。康拓公司不履行合同义务的行为给我公司造成了巨大的经济损失，构成违约，请求法院判令：（1）解除双方于 2002 年 1

月 22 日订立的技术开发合同；（2）康拓公司退还我公司支付的经费及报酬 9 万元并支付违约金 121 980 元，合计 211 980 元。

被告康拓公司辩称并反诉称：我公司已经按照合同约定完成了控制方案的选择与设计，成型热压计算机过程测量、显示、控制、操作、模拟调试设备等工作，没有任何违约行为。应远思诺公司在合同履行过程中多次要求改变合同内容，要求增加控制点数，改变控制方式等，影响了开发进度。2002 年 8 月，应远思诺公司将生产线的设计人、专利权人和技术协调人曾宪沪撤换，又不能提供相关技术参数，我公司在不能改变曾宪沪专利技术的生产工艺、又没有技术参数的情况下，无法进行下一步工作。后我公司致函应远思诺公司并提出解决方案，但应远思诺公司未作出任何答复，致使技术协调工作无法进行。合同约定双方应当与其他分设备协调进度，即我公司只完成生产线的控制台工作，生产线的主体设备由原告委托其他单位完成，2002 年 10 月 10 日，我公司与应远思诺公司协商时发现其他分设备还没有到位，各种电气管路也未安装，不具备主体设备本身与控制系统总体调试的条件，且应远思诺公司提供的一份初步定性的工艺流程说明中存在多处曾宪沪曾指出的明显错误。因此，合同不能履行是由于应远思诺公司的不履行合同导致的，我公司从未提出终止履行合同。应远思诺公司要求返还开发经费并支付违约金的诉讼请求没有法律依据，请求法院驳回其诉讼请求。现应远思诺公司提出解除合同，我公司同意，但其应承担违约责任。合同约定应远思诺公司支付我公司研发经费，前两套每套 19 万元，第三套开始每套 17 万元，并承担分设备协调进度工作，合同期限为 2 年，合同标的为 174 万元。现该公司只支付了 9 万元，我公司已经实际投入 197 670 元。应远思诺公司不履行合同义务给我公司造成了巨大经济损失，请求法院判令应远思诺公司支付我公司技术开发费用 107 670 元。

反诉被告应远思诺公司辩称：合同约定，康拓公司应在合同生效后 4 个月即 2002 年 5 月 22 日前完成模拟调试设备，但经我公司 2002 年 11 月 21 日致函催告直至向法院起诉，其也没有履行合同义务。康拓公司称我公司"在合同履行过程中多次要求改变合同内容"，违背事实，我公司从未要求对合同进行变更，是康拓公司在没有履行合同的情况下提出重新制定合同的意思表示。我公司对曾宪沪的撤换与否，是我公司内部问题，与康拓公司履行合同无关。合同明确规定了支付方式和期限，我公司已经按照合同约定履行了首付款义务，康拓公司在收到 9 万元首付款后，没有向我公司交付任何开发成果，因而其要求我公司支付技术开发费的反诉请求没有依据，请求法院驳回其反诉请求。

【一审查明事实】

一审法院经审理查明：2002 年 1 月 22 日，应远思诺公司（甲方）与康拓公司（乙方）签订关于"ZXH－A 型全自动纸浆模压生产线成型、热压控制系统"的《技术开发合同书》。合同主要内容如下：一、标的技术的内容、形式和要求：1. 控制方案选择与设计；2. 成型、热压计算机过程测量、显示、控制、操作；3. 模拟调试设备；4. 控制过程的电气连接；5. 后工序启动。二、应达到的技术指标和参数：1. 设有自动操作、手动操作及应急操作；2. 全屏模拟显示生产过程；3. 声光报警；4. 设有参数设定，修改人机对话的操作；5. 电器安全互锁功能。三、研究开发计划：1. 合同生效后 4 个月完成模拟调试设备；2. 与其他分设备协调进度。四、（一）研究开发经费及报酬：研发阶段 19 万元/套，其中甲方提供经费，乙方提供产品；（二）经费和报酬的支付方式及时限：分期支付：合同生效后支付项目经费 50%，产付产品后支付 40%，验收合格后 3 个月支付 10%，续生产控制系统从第三套开始每套 17 万元整。……十一、研究开发完成的技术成果，达到了本合同第二条所列技术指标，按双方商定标准，采用甲方主持乙方参加方式验收，由甲方出具技术项目验收证明。十二、（一）违反本合同第三条约定，乙方应当承担违约责任，承担方式和违约金为每天罚款合同金额 3‰；……（三）在履行合同过程中，由甲方造成的责任问题，由甲方负责；由乙方造成的责任问题，由乙方负责。该合同的附录一中列明了经费清单；附录二为乙方向甲方提供控制系统资料内容清单，包括：系统设计方案、部件配置清单、接线表、操作注意事项、控制流程图、控制程序文件清单及拷贝，以及使用操作手册。此外，合同还约定应远思诺公司联系人为曾宪沪，康拓公司联系人为王磊。

开发涉案控制系统须以曾宪沪的专利"全自动平面无网转移纸浆制品成型机"为基础。合同订立后曾宪沪负责与康拓公司的技术协调工作。

2002 年 2 月 5 日，应远思诺公司向康拓公司支付合同款 9 万元。

康拓公司于合同订立后开始进行控制系统的开发，2002 年 5 月，康拓公司完成模拟调试设备的开发。对此应远思诺公司以未进行验收为由予以否认。鉴于合同未约定模拟调试设备的验收时间，而经本院勘验该设备现已完成，且曾宪沪的证言证实完成时间为 5 月，故本院对此事实予以确认。

由于应远思诺公司对原设计方案进行改动，相关开发设备随之变化，2002 年 6 月 24 日，康拓公司出具"纸餐设备新增费用清单"，列出电源扩大容量、热压机驱动模块、数码显示及信号变换、热压机及辅助加热供电启停控制及附加加工费、工时费共新增费用 15 365 元，曾宪沪在该清单上写明"同意增项"

并签名。

开发过程中，应远思诺公司对工艺流程进行修改，相关参数发生变动，加之未能及时解决切边机等其他相关设备的同步协调问题，致使康拓公司未能按照原计划进行开发。2002 年 7 月，由于应远思诺公司人事变动等原因，曾宪沪离开公司，不再负责与康拓公司的协调工作，在其离开应远思诺公司前未能解决工艺流程中存在的问题并确定修改方案，亦未向康拓公司提供详尽的工艺流程。

2002 年 8 月 18 日，曾宪沪致函康拓公司，主要内容为其已不再负责技术协调工作，但应远思诺公司更换任何人，都不得在其工艺技术的基础上进行修改，否则应承担法律责任。

后康拓公司与应远思诺公司就技术协调人的确定及工艺流程的技术细节问题进行协商，但未达成一致。2002 年 9 月 26 日，康拓公司致函应远思诺公司，主要内容为康拓公司已经完成系统硬件配置、电器连接及总体程序框架，请曾宪沪与其协调技术细节问题，如果曾宪沪不能来，要求应远思诺公司尽快提出正确的技术指标和详细的工艺流程，否则将无法编制控制程序，推迟交货日期。

2002 年 10 月 10 日，应远思诺公司向康拓公司提供生产线工艺流程，内容为上进浆工作程序和下供浆工作程序，但没有确定具体参数。康拓公司认为该工艺流程并不详细，没有解决曾宪沪走前遗留的问题，且应远思诺公司未提供相关参数，无法依据该工艺流程完成开发，但康拓公司未提供证据证明其曾向应远思诺公司提出工艺流程存在的具体问题并明确所需的具体参数。

2002 年 10 月 17 日，康拓公司停止开发工作。

2002 年 10 月 23 日，应远思诺公司与第三方订立技术委托开发合同，委托第三方开发"ZXH－A 型全自动纸浆模压生产线成型、热压控制系统"。经本院 2003 年 2 月 13 日于应远思诺公司现场勘验，证实第三方已开发出模拟控制设备及控制台，控制台操作界面已完成，硬件齐全，包括上位机、三菱 PLC 计算机模块、触摸显示屏以及控制开关，但显示屏未接通电源。设备滑块可以运转。

2002 年 11 月 21 日，应远思诺公司向康拓公司发出"关于解决合同问题的催告书"，主要内容为康拓公司单方停止履行合同，没有交付开发成果或书面解释，希望康拓公司尽快提出合理的解决方案。

经本院 2003 年 2 月 13 日于康拓公司现场勘验，证实康拓公司已完成模拟调试设备以及控制台的制作，操作台硬件齐备，包括上位机、西门子 PLC 计算机模块、显示电路板（康拓公司自制）以及控制压机的通断开关。但控制台缺少有关真正运转程序的软件,该软件需要应远思诺公司提供的工艺流程才能完成。

在双方询问证人曾宪沪的过程中,应远思诺公司提出曾宪沪并不具备公司代理人的身份,合同设立时约定曾宪沪为本公司的联系人,对此应理解为其有权代表公司签订合同,而不应理解为其有权代表公司履行合同;曾宪沪与康拓公司对合同内容的修改意见并未向公司汇报,故应视为是其个人行为;曾宪沪现已离开公司,与本公司有利害关系。因此,应远思诺公司对证人曾宪沪的证言不予认可。合议庭认为,曾宪沪是应远思诺公司的股东、原副总经理兼总工程师,既代表应远思诺公司与康拓公司订立了合同,同时又在合同中特别示明其为应远思诺公司的联系人,在合同履行过程中,曾宪沪实际上也参与了履行,故曾宪沪在工作期间与康拓公司发生的行为应视为代表应远思诺公司的行为。根据曾宪沪在庭审中的证言及应远思诺公司的陈述,合议庭不能认定曾宪沪与康拓公司曾恶意串通。但曾宪沪对其离开应远思诺公司之后的陈述,因其与应远思诺公司有利害关系,本院不予采信。

【一审审理结果】

一审法院认为:应远思诺公司与康拓公司订立的技术委托开发合同系双方真实合意,未违反法律规定,应确定为合法有效。

技术委托开发合同不同于买卖、承揽等标的物相对明确的合同,合同的双方在合同订立之初通常仅能对开发事项作出大致的、方向性的约定,即将核心、重大的事项加以确定,而对细节问题确难以一次全部见诸于合同之中,最初确定的方案也很可能在实际履行过程中通过协商不断调整。这就更要求双方在合同履行期间根据合同的性质、目的和交易习惯合理地履行通知、协助等义务,本着诚信原则协商解决争议,最终实现订立合同的目的。本案中,双方就合同履行问题产生了争议,但未能充分协商并达成一致,最终导致康拓公司停止继续开发、应远思诺公司另行委托第三方进行开发的结果。根据合同履行的实际情况,本院对双方的责任作如下认定:

双方在履行过程中的争议源于两点:一是详细工艺流程和参数的提供;二是新技术协调人的确定。

尽管合同中没有约定工艺流程和参数应由应远思诺公司提供,但根据该合同的性质,控制系统需要以曾宪沪的专利为基础进行开发,这必然要求应远思诺公司应向受托方提供相应的技术指导和技术资料,且在实际履行过程中应远思诺公司确向康拓公司提供了工艺流程及一些技术资料,故提供工艺流程及相关参数应视为应远思诺公司协助义务中的一部分。对于工艺流程和参数的提供，应远思诺公司认为其已经提供完毕；而康拓公司认为现有的工艺流程和参数不够详细且存在缺陷。工艺流程和参数对完成开发至关重要，但双方未将相关标准在合同中予以确定。合同法规定，双方在合同中约定不明的，可以协议补充，不能达成补充协议的应当按照国家标准、行业标准、通常的标准或符合合同目的的标准确定。本案中，双方在产生争议后没能就标准达成补充协议，亦没有本着实现合同目的的意愿确定工艺流程的详细程度和修订方案。应远思诺公司在提供工艺流程后便等待对方履行义务；康拓公司则在未向对方明确提出工艺流程存在的问题及开发所需参数的情况下，以工艺流程存在缺陷及缺少参数为由停止开发工作，双方均未遵循诚实信用的原则为促成合同目的的实现作进一步努力，故均应承担相应的责任。

双方提交的证据及庭审查明的事实可以表明，应远思诺公司与第三方订立合同的日期是在2002年10月23日，而其向康拓公司发出催告函，要求康拓公司就合同的履行问题提出解决方案的日期为2002年11月21日。也就是说，应远思诺公司在通知康拓公司解决双方争议之前就已另行委托第三人进行开发。由此可以确定，应远思诺公司此前已经没有继续履行合同的诚意。应远思诺公司对此的解释是由于康拓公司没有按照约定履行合同所致。依照合同法的规定，当事人可以在对方迟延履行主要债务，经催告后在合理期限内仍未履行的情况下行使解除权。但在本案中，应远思诺公司不能证明其在2002年10月前已将完成开发必须的工艺流程提供给对方；曾宪沪在其证言中表明工艺流程未详告康拓公司的原因是应远思诺公司内部矛盾及人事变动所致，本院认为曾宪沪与应远思诺公司的矛盾尽管影响其证言的可信度，但通过庭审仍可以确认应远思诺公司未向康拓公司明示更换技术协调人并完全履行提供参数等协助义务；合同约定的履行期限是2002年1月22日至2004年1月22日，康拓公司的履行尚未超出约定期限；应远思诺公司亦未能提供证据证明康拓公司在其与第三方订立合同之前已经作出解除合同的意思表示。由此可见，应远思诺公司实际上是在单方解除合同后才对康拓公司进行催告，并未按照法律规定给对方以合理的履行期限。在既无双方约定又无法律规定的情况下，应远思诺公司违背诚信原则，单方解除了合同，应当承担违约责任，故其要求康拓公司承担违约责任并支付违约金的请求本院不予支持。

技术协调人作为技术委托开发合同双方沟通和协调的重要纽带，在合同的履行过程中是必不可少的。康拓公司作为受托方，得知对方技术协调人员发生变动后希望对方尽快解决相关人事问题本属合理要求。然而技术协调人的行为是职务行为而非个人行为，指定人员负责技术协调工作是应远思诺公司应有的义务，但具体人选的确定却是该公司的内部问题。康拓公司在明知曾宪沪已经离开应远思诺公司的情况下，仅强调没有曾宪沪就无法进行技术协调工作，而未就技术协调问题积极与对方进行协商；对应远思诺公司提出的工艺流程仅表示存在缺陷，而并未对工艺流程和所需参数提出明确要求，消极等待对方提供并停止开发工作。本院认为，应远思诺公司作为委托方，其义务仅为提供适当的协助；而康拓公司作为委托开发合同的受托方，在合同中承担着推进合同履行并完成开发成果的主义务，技术协调人的变更不能成为康拓公司怠于进行技术协调工作的理由，对方提供的工艺流程不完善亦不能作为其停止开发工作的原因，故由此导致的后果应由其自行承担，又鉴于本案中合同解除的根本原因在于双方无法就工艺流程和参数的标准问题协商一致，故对康拓公司要求对方支付全部开发费用的请求本院不予支持。

鉴于合同终止履行已为既成事实，继续履行合同已经失去意义，故本院对解除合同的结果予以确认。根据法律规定，合同解除后，尚未履行的，终止履行；已经履行的，根据履行情况和合同性质，当事人可以要求恢复原状、采取其他补救措施，并有权要求赔偿损失。本案中，康拓公司已将模拟调试设备及控制系统的硬件设备开发完毕，恢复原状已无可能，采取补救措施亦没有实际意义；又由于双方对解除合同的后果各自负有相应的责任，对受到的损失应各自承担。因此，本院认为对双方已经履行的部分应采取对价补偿的方式进行处理。鉴于康拓公司已经完成的模拟调试设备和控制系统的硬件部分是根据应远思诺公司的要求开发而成，其所有权应由应远思诺公司享有，故康拓公司应将上述设备交付给应远思诺公司。同时，应远思诺公司应对康拓公司为开发上述设备进行的投入给予对价补偿。但鉴于康拓公司并未完成全部控制系统的开发，本院将根据实际完成的情况酌定相关数额，不再全额支持康拓公司的反诉请求。应远思诺公司已向康拓公司支付的9万元将折抵部分价款。

综上所述，本院依据《中华人民共和国合同法》第六十条第二款、第六十一条、第九十七条之规定，判决如下：

一、北京应远思诺科技有限责任公司与北京康拓科技开发总公司于2002年1月22日订立的技术开发合同终止履行；

二、驳回原告北京应远思诺科技有限责任公司的其他诉讼请求；

三、反诉被告北京应远思诺科技有限责任公司给付反诉原告北京康拓科技开发总公司1万元；

四、反诉原告北京康拓科技开发总公司将模拟调试设备以及控制台（包括上位机、西门子PLC计算机模块、显示电路板以及控制压机的通断开关）等已经开发完成的设备交付反诉被告北京应远思诺科技有限责任公司。

　　案件受理费 5 690 元，由原告北京应远思诺科技有限责任公司负担。

　　反诉案件受理费 3 663 元，由反诉原告北京康拓科技开发总公司负担 3 000 元，由反诉被告北京应远思诺科技有限责任公司负担 663 元。

　　双方当事人均服从一审判决。

93. "INFORMIX 软件"使用合同纠纷案

—— 北京威福特网络技术有限公司诉
英孚美软件（中国）有限公司

原告（上诉人）： 北京威福特网络技术有限公司

被告（被上诉人）： 英孚美软件（中国）有限公司

案由： 软件许可使用合同纠纷

原审案号： 北京市第一中级人民法院（2002）一中民初字第 6618 号

原审合议庭成员： 马来客、彭文毅、仪军

原审结案日期： 2002 年 12 月 19 日

二审案号： 北京市高级人民法院（2003）高民终字第 112 号

二审合议庭成员： 陈锦川、张冬梅、张雪松

二审结案日期： 2003 年 4 月 17 日

【判决要旨】

人民法院确定合同无效，应当以全国人大及其常委会制定的法律和国务院制定的行政法规为依据，不得以地方性法规、行政规章为依据。

【起诉与答辩】

原告北京威福特网络技术有限公司（以下简称威福特公司）诉称：2001年 2 月 21 日，原、被告双方签订《INFORMIX 软件使用及服务协议》（以下简称协议），约定原告以 105.7 万元从被告处购买媒体 360 软件一套，被告向原告提供自收货之日起 1 年的支持服务（包括热线服务、升级服务、技术季刊）。同年 4 月 11 日，原告向被告支付货款 105.7 万元。同年 5 月，被告向原告交付了媒体 360 软件。签约前，被告曾向原告表示该销售软件已在中国办理了合法销售手续。签约后，原告多次向被告索要该软件登记文件，被告以种种理由予以推托。由于被告提供的软件是英文版本，且无中文说明，原告无法安装运行。原告购得软件后，专门购置设备、招聘人员对该软件进行开发，并向银行申请了贷款。但由于被告不能提供合法销售文件，不能提供该软件中文版本及技术支持，使得原告的开发、销售工作无法继续进行，经济上蒙受了巨大损失。原告认为，由于被告不能提供该软件在中国销售的合法手续，原被告签订

的协议应属无效。造成该协议无效的责任应由被告承担。请求法院判令:
(1) 确认双方签订的协议无效;(2) 原告退还所购媒体 360 软件,被告返还原
告货款 105.7 万元;(3) 被告赔偿原告经济损失 1 996 575.75 元。

被告英孚美软件(中国)有限公司(以下简称英孚美公司)辩称:(1) 协
议合法有效。被告在签约时未能办理软件产品登记,仅仅是违反了信息产业部
颁布的《软件产品管理办法》,而该办法不属于《中华人民共和国合同法》第
五十二条所述的"国家法律、行政法规"的范畴,不能因此而认定合同无效,
且被告已经补办了软件产品登记手续。(2) 原告以协议无效为由要求退货不能
成立。被告向原告许可使用的软件产品不存在任何质量或是权利上的瑕疵。原
告合法行使协议项下的各项权利不因软件产品是否登记受到任何影响。(3) 被
告没有义务提供中文版本的软件,而在原告没有提出要求的情况下,被告也无
法向其提供安装及支持服务。(4) 原告提出的损失赔偿请求与软件产品的登记
及质量无关,而且原告在未经被告同意的情况下将软件产品转售给第三人的行
为超出了协议规定的范围,由此造成的后果应由其自行承担。综上,请求法院
驳回原告威福特公司的诉讼请求。

【原审查明事实】

原审法院经审理查明:2001 年 2 月 21 日,原告与被告签订《INFORMIX 软
件使用及服务协议》,约定原告向被告购买媒体 360V2.0 软件,该软件的产品
费及标准支持服务费为 1 057 000 元,培训费及顾问咨询费为 242 775 元;被告
向原告提供标准支持服务,包括热线服务、升级服务及技术季刊;该软件只能
由原告在中国境内按照协议规定的用户数并依据协议所规定的计算机系统和应
用或解决方案使用;原告应于 2001 年 2 月 25 日前将产品费及标准支持服务
费 1 057 000 元付至被告账号,在原告需要培训及技术咨询前 1 周将培训费及
顾问咨询费 242 775 元付至被告账号;交货地为北京;安装地点由原告指定;
培训时间由原告提前 2 周传真确定,地点在北京;协议的第Ⅱ部分标准条款系
英文条款;该协议的附件一"费用表"及附件二"Informix 标准技术支持"是
本协议不可分割的组成部分,与本协议具有同等法律效力;本协议在双方签字
盖章后生效。原、被告均在协议上签字盖章。

同年 4 月 11 日,被告在收到原告支付的产品费及标准支持服务
费 1 057 000 元后,给原告出具了增值税发票。同年 5 月,被告向原告交付媒
体 360 V2.0 软件,同时提供了该软件的用户卡,该卡载明的最终用户并非
原告。

2002 年 4 月 16 日,被告取得信息产业部颁发的媒体 360 V2.0 软件的软件

产品登记证书，该证书有效期为 5 年。

在本案庭审中，原告提供了房屋租赁合同书、租金发票、购置设备发票、工资单、借款合同、意向书、通知书、借条、收条等证据，用于证明其为开发该软件所遭受的经济损失，共计 1 996 575.75 元。同时，原告当庭明确表示其只主张协议无效，不向被告主张违约责任。

【原审审理结果】

原审法院认为：针对原、被告的诉辩主张，本案争议的焦点在于：双方所签协议的效力问题。

根据最高人民法院《关于适用〈中华人民共和国合同法〉若干问题的解释（一）》第四条规定："合同法实施以后，人民法院确定合同无效，应当以全国人大及其常委会制定的法律和国务院制定的行政法规为依据，不得以地方性法规、行政规章为依据。"原告以被告未办理该软件的合法销售手续及未提供中文版本为由主张双方所签协议无效，其援引的是信息产业部颁布的《软件产品管理办法》，该办法属于行政规章，不能作为确定双方协议无效的依据。故原告依据《软件产品管理办法》要求确认双方所签协议无效，缺乏法律依据，本院不予支持。

原告签约时，理应对该软件是否有中文版本或中文说明、该软件的用途等情况有基本了解。被告向原告交付软件后，原告并未举证证明其曾在合理期限内对该软件缺少中文版本或中文说明书等情况提出异议，亦未举证证明曾要求被告对该软件进行安装或提供标准支持服务，且原告当庭表示在本案诉讼中不向被告主张违约责任，故原告以被告不能提供软件中文版本及技术支持要求被告赔偿损失，缺乏事实和法律依据，本院不予支持。

综上所述，原告与被告签订的《INFORMIX 软件使用及服务协议》，系双方当事人真实意思表示，未违反国家相关法律、法规的规定，当属有效，双方均应认真按约履行。原告向被告支付了媒体 360 V2.0 软件的产品费及标准支持费，被告亦向原告交付了该软件，原告、被告双方均按约履行了相应的义务。依照《中华人民共和国民事诉讼法》第六十四条之规定，判决如下：

驳回原告北京威福特网络技术有限公司的诉讼请求。

威福特公司不服原审判决，提出上诉，要求撤销原审判决，确认协议无效，由威福特公司返还英孚美公司所购软件，英孚美公司退还威福特公司货款并赔偿损失。其理由为：双方签订协议时，英孚美公司尚未取得《软件产品登记证书》，并迟迟不予提供，致使威福特公司与使用方签订的相关协议不能履行，给威福特公司造成巨大经济损失。信息产业部的《软件产品管理办法》第二十六条规定："任何单位和个人都不得销售未经登记和备案的软件产品。"属强制性规定，根据该规定，该协议应为无效协议。

英孚美公司服从原审判决。

【二审查明事实】

二审法院经审理查明：2001 年 2 月 21 日，威福特公司与英孚美公司签订《INFORMIX 软件使用及服务协议》。协议约定：威福特公司向英孚美公司购买媒体 360V2.0 软件，软件的产品费及标准支持服务费为 1 057 000 元，培训费及顾问咨询费为 242 775 元；英孚美公司向威福特公司提供标准支持服务，包括热线服务、升级服务及技术季刊；该软件只能由威福特公司在中国境内按照协议规定的用户数并依据协议所规定的计算机系统和应用或解决方案使用；威福特公司应于 2001 年 2 月 25 日前将产品费及标准支持服务费 1 057 000 元付至英孚美公司账号，在威福特公司需要培训及技术咨询前 1 周将培训费及顾问咨询费 242 775 元付至英孚美公司账号；交货地点为北京；安装地点由威福特公司指定；培训时间由原告提前 2 周传真确定，地点在北京；本协议在双方签字盖章后生效。威福特公司、英孚美公司均在协议上签字盖章。

2001 年 4 月 11 日，英孚美公司收到威福特公司支付的产品费及标准支持服务费 1 057 000 元。同年 5 月，英孚美公司向威福特公司交付媒体 360V2.0 软件，同时提供了该软件的用户卡，该卡载明的最终用户并非威福特公司。

2002 年 4 月 16 日，英孚美公司取得信息产业部颁发的媒体 360V2.0 软件的软件产品登记证书，该证书有效期为 5 年。

【二审审理结果】

二审法院认为：《中华人民共和国合同法》第四十四条规定，依法成立的合同，自成立时生效；最高人民法院《关于适用〈中华人民共和国合同法〉若干问题的解释（一）》第四条规定，人民法院确定合同无效，应当以全国人大及其常委会制定的法律和国务院制定的行政法规为依据，不得以地方性法规、行政规章为依据。威福特公司与英孚美公司签订的《INFORMIX 软件使用及服务协议》系双方当事人真实意思表示，未违反国家相关法律、法规的规定，当属有效。中华人民共和国信息产业部颁布的《软件产品管理办法》属于行政规章，不能作为确定双方协议无效的依据。故原审判决关于威福特公司依据《软件产品管理办法》要求确认双方所签协议无效缺乏法律依据的认定是正确的，对威福特公司要求确认双方所签协议无效、双方互相返还、英孚美公司赔偿其损失的上诉请求不应支持。

　　综上，原审判决认定事实清楚，适用法律正确，威福特公司的上诉请求不能成立，依照《中华人民共和国民事诉讼法》第一百五十三条第一款第（一）项之规定，判决如下：

　　驳回上诉，维持原判。

　　原审案件受理费 25 277 元、二审案件受理费 25 277 元，均由北京威福特网络技术有限公司负担。

94. "北京碧溪家居广场" 技术合同纠纷案

——天津市爱德科技发展有限公司诉
北京碧溪广场有限公司

原告（被上诉人）： 天津市爱德科技发展有限公司

被告（上诉人）： 北京碧溪广场有限公司

案由： 技术合同纠纷

原审案号： 北京市第二中级人民法院（2002）二中民初字第 04894 号

原审合议庭成员： 邵明艳、何暄、张晓津

原审结案日期： 2002 年 12 月 10 日

二审案号： 北京市高级人民法院（2003）高民终字第 107 号

二审合议庭成员： 刘继祥、魏湘玲、孙苏理

二审结案日期： 2003 年 4 月 18 日

【判决要旨】

技术服务合同就技术服务指标约定不明的，履行过程中发生纠纷时确定履约或违约的依据，应以技术开发服务实际达到的技术功能来确定，而不应以实际工作量为依据。

【起诉与答辩】

原告天津市爱德科技发展有限公司（以下简称爱德公司）诉称：根据我公司与北京碧溪广场有限公司（以下简称碧溪公司）签订的技术合同，我公司依约为被告公司开办的北京碧溪家居广场开发完成了管理及信息集散系统的全部需求软件，并已部分安装完毕。但碧溪公司未按照合同约定支付合同款项，其行为构成违约，现请求判令被告继续履行合同，并支付软件开发费809 984 元，及违约金 51 028.98 元。

被告碧溪公司辩称：爱德公司未按照合同约定完成软件的设计、开发、安装和调试工作，已安装的部分软件有错误，导致在营业中无法使用。在经该公司几次修改未成后，现不再派人进行技术服务工作，其行为已明确表示不履行合同义务。因此，我公司不同意原告的诉讼请求，并要求终止该合同的履行。

【原审查明事实】

原审法院经审理查明：2001年5月28日，爱德公司与碧溪公司签订了一份技术合同，由爱德公司为碧溪公司所开办的北京碧溪家居广场开发管理及信息集散系统软件。双方在合同中约定：该系统由多个子系统构成，由碧溪公司提供并签字认可的系统任务书将作为整个系统设计、开发、验收的依据；上述系统开发工作由爱德公司承担，开发费为1 012 480元；爱德公司按照双方约定的开发期限完成相应开发工作；爱德公司负责为碧溪公司培训工作人员；系统的阶段性验收以及总体验收工作由双方共同完成，并出具验收报告，由双方签字认可，作为阶段性开发以及总体开发结束的依据；碧溪公司应在合同签订后7个工作日内向爱德公司支付总开发费的40％，即404 992元；在该系统一期工程安装调试后7个工作日内，碧溪公司向爱德公司支付总开发费的40％，即404 992元；在该系统开发调试完毕后的7个工作日内，碧溪公司向爱德公司支付总开发费的10％，即101 248元；在该系统验收合格半年之后的7个工作日内，碧溪公司向爱德公司支付总开发费的10％，即101 248元。

合同签订后，爱德公司于2001年6月19日至9月30日进行了约定系统的开发、安装、调试与网络测试工作。

在系统安装、调试结束后，碧溪公司的工作人员先后向爱德公司出具了几份验收报告，证明爱德公司开发、安装、调试的触摸屏、多媒体演示合格；认可爱德公司已完成对售后服务、仓库管理和碧溪网站模块的开发。

诉讼中，双方均认可爱德公司所进行的开发、安装和调试工作系围绕收银子系统、售后服务子系统、招展子系统、支持子系统、电子导购子系统、半年维护和系统调研6个子系统展开的，但双方均未能提供有双方签字认可的含有对上述6个子系统具体技术需求的系统开发任务书，并分别向法庭提供了一份内容不同的系统开发任务书。碧溪公司对爱德公司提供的系统开发任务书不予认可，且对其自行提交的任务书中记载的内容以缺乏专业知识为由无法整理出具体需求；爱德公司认为碧溪公司提供的系统开发任务书所列内容系双方约定的开发意向，只不过对子系统的需求过于泛泛，爱德公司在实际开发过程中予以了细化。

在本案审理过程中，法庭在对北京碧溪家居广场计算机系统进行现场勘验的基础上，结合碧溪公司已签收认可的验收报告，委托北京紫图专利咨询中心对碧溪公司提供的系统开发任务书中所载明的各子系统的技术需求进行了整理，并对爱德公司实际完成的开发工作及技术效果是否符合该需求进行了技术鉴定，其结论为：

（一）碧溪公司提出的具体需求

1. 合同中约定的收银子系统在碧溪公司提出的系统开发任务书中体现为收银结算子系统、财务管理子系统和销售管理子系统。爱德公司在实际开发过程中与之对应改称为银台程序、结算程序。

（1）对银台程序提出的需求为：多种销售（零售、批发、折扣、优惠），多币付款，提供单联、多联、平推等多种形式小票打印，联网、单机模式，登记，收银统计，用户权限，计算器，组柜日清日结相关统计报表，收款统计报表，时段销售统计，经营方式销售统计，分类销售统计，商品销售统计，商品销售毛利率统计，退货商品统计，每笔业务到达市场管理部，每笔业务到达售后服务部；

（2）对结算程序提出的需求为：收款、登记、稽查、用户权限、调取、存储、输出、打印、收银统计、计算器、组柜日清日结相关统计报表、收款统计报表、时段销售统计、经营方式销售统计、分类销售统计、商品销售统计、商品销售毛利率统计、退货商品统计。

2. 售后服务子系统包括优惠卡、储值卡和售后服务三部分。

（1）对优惠卡提出的需求为：优惠金卡、优惠银卡、优惠铜卡、客户档案录入、发卡、优惠卡生效、客户购物金额累计查询、优惠卡升级、优惠卡失效；

（2）对储值卡提出的需求为：客户档案录入、制卡、售卡、添值、退卡、消费、挂卡、金额查询、失效；

（3）对售后服务提出的需求为：建立客户档案、记录客户地址、有关服务记录。

3. 合同约定的招展管理子系统，在碧溪公司提出的系统开发任务书中体现为收费管理子系统，但需求不明确，爱德公司在实际开发过程中与之对应改称为招商部。

4. 合同约定的支持子系统，在碧溪公司提出的系统开发任务书中既没有体现，亦无需求提出。

5. 合同约定的电子导购子系统在碧溪公司提交的系统开发任务书中体现为多媒体导购子系统（多媒体查询系统），爱德公司在实际开发过程中与之对应改称为碧溪多媒体演示，所提出的需求为：查询经营布局、查询物品、查询档次、查询价格。

（二）天津爱德公司在开发程序中，所实现上述需求的情况为

1. 收银子系统

（1）银台程序中没有实现的需求有：商品销售统计、商品销售毛利率统

计、退货商品统计、每笔业务到达市场管理部，部分实现的需求有：单联、多联、平推等多种形式小票打印。其他需求都已实现。

(2) 结算程序中没有实现的需求有：商品销售统计、商品销售毛利率统计、退货商品统计。其他需求都已实现。

2. 售后服务子系统

(1) 优惠卡部分没有实现的需求有发卡、优惠卡升级，其他需求都已实现；

(2) 储值卡部分所有功能均未实现；

(3) 售后服务部分所有需求均已全部实现。

3. 招展管理子系统

系统实现的功能为：展位信息录入、展位信息修改、展位合同录入、展位合同修改、展位使用统计、展位分配查询、展位收费标准、图号展位对照查询、图号信息查询、物业广告标准、厂商信息汇总、合同签订查询、合同变动查询、合同到期查询。

4. 支持子系统

系统实现的功能为：人员权限注册、人员权限修改、图号信息录入、银台信息录入、区域信息录入、厂商信息录入、厂商信息修改、商品分类录入、商品信息录入、商品信息修改。

5. 电子导购子系统

系统没有实现的需求为查询档次、查询价格，其他需求均已实现。

合同约定的半年期维护和系统调研，碧溪公司没有明确提出需求。

此外，爱德公司在诉讼中称已开发完成前台销售子系统、仓库管理子系统、信息集散子系统、电子商务网子系统，因碧溪公司尚未具备与之相应的硬件系统，遂以光盘形式交付给碧溪公司，其中，前台销售子系统已被包含在碧溪公司员工签署的验收报告的“等”字范畴内，信息集散子系统被包含在已开发完成的“碧溪网站”内容之中。对于爱德公司的上述主张，碧溪公司以爱德公司未能提供相应证据予以证明为由不予认可。

另查，双方在合同附件中约定的软件系统开发报价为：收银子系统48 000元，售后服务子系统96 000元，电子导购子系统72 000元，招展管理子系统24 000元，支持系统24 000元，半年期维护48 000元，系统调研8 000元，仓库管理子系统64 000元，电子商务网子系统128 000元。此外，双方约定的现场安装费为26 880元，设计费为35 840元。

碧溪公司现以爱德公司开发工作不符合约定、导致其计算机系统无法正常使用为由，未向爱德公司支付合同款项。

【原审审理结果】

原审法院认为：爱德公司与碧溪公司签订的合同系双方当事人真实意思的表示，合法有效，双方均应依约履行。现碧溪公司未按照合同约定的期限向爱德公司支付相应的合同款项，其行为构成违约，应承担相应的违约责任。爱德公司主张其按合同约定实际履行了合同的部分义务，并请求碧溪公司支付合同款项，继续履行合同，但碧溪公司明确表示不同意继续履行，考虑碧溪公司的现状和合同约定的服务项目对碧溪公司已无实际意义，合同目的已无法实现，故本合同宜终止履行。

关于爱德公司提出其已履行了合同义务的主张，根据合同约定，系统开发任务书应有碧溪公司的签字认可，由于爱德公司主张其已进行了部分软件的设计、安装和调试的工作，因此，其应负有向法庭提供经碧溪公司签字或认可的系统任务书的举证义务，但爱德公司未能提供。鉴于爱德公司对碧溪公司提供的技术需求较为笼统的系统任务书在总体上予以认可，本院根据该份任务书并结合现场勘验和技术鉴定手段对碧溪公司提出的技术需求予以固定，以此判断爱德公司按照合同约定所完成的工作量。

涉案鉴定工作程序合法，内容有效，本院对其鉴定结果予以认可。碧溪公司应根据爱德公司对收银子系统、售后服务子系统、电子导购子系统、招展管理子系统、支持子系统、半年期维护和系统调研已实际完成的工作量参照合同附件所约定的价格向其支付相应的开发费用。由于在碧溪公司员工签署的验收报告中，已明确认可爱德公司完成了仓库管理子系统和碧溪网站的开发工作，对此，碧溪公司亦应按约定的价格向爱德公司支付相应的费用，其中，对碧溪网站的开发费用，因提出的技术需求不清，本院将参考信息集散子系统和电子商务网子系统的开发报价予以酌定。对爱德公司称已完成前台销售子系统的开发及技术培训工作的说法，证据不足，且碧溪公司不予认可，本院不予采信。根据爱德公司已完成的软件设计和安装工作，碧溪公司还应依约按比例支付相应的设计、安装费用。对爱德公司主张碧溪公司应向其支付款项84万元，依据不足，本院不予支持。

鉴于双方在合同中明确约定了碧溪公司应在合同签订后7个工作日内向爱德公司支付合同价款的40%，因此，碧溪公司应根据爱德公司的请求就违约行为向其支付该笔款项的相应利息。虽然在合同中亦约定了在一期工程安装调试后，碧溪公司再向爱德公司支付合同价款的40%，但鉴于双方对一期工程安装调试的实际日期约定不明，诉讼中双方亦说法不一，因此，对爱德公司要求碧溪公司支付该笔款项相应利息的请求，本院不予支持。

综上所述，依照《中华人民共和国合同法》第八条、第六十条第一款、第九十一条第一款第（七）项、第一百零九条之规定，判决如下：

一、天津市爱德科技发展有限公司与北京碧溪广场有限公司终止履行双方于 2001 年 5 月 28 日签订的合同；

二、北京碧溪广场有限公司于本判决生效后 10 日内给付天津市爱德科技发展有限公司 447 995 元；

三、北京碧溪广场有限公司于本判决生效后 10 日内按照合同价款的 40%即 404 992 元向天津市爱德科技发展有限公司支付利息；

四、驳回天津市爱德科技发展有限公司的其他诉讼请求。

碧溪公司不服原审判决，提起上诉，理由是：（1）原审判决认定事实错误。爱德公司没有按照上诉人系统任务规划的要求开发相关系统，其业已开发的系统软件根本无法正常使用；原审法院根据爱德公司伪造的贾丛昀签字的验收报告，判定我方败诉是错误的；爱德公司没有做"系统调研"及"半年期维护"，没有理由收取相关费用；"支持子系统"是非独立的子系统，其包含在其他系统的程序当中，如作为单独的收费项目，对技术水平低下和缺乏技术力量的上诉人来说显失公平。（2）双方在"合同"中约定的相关系统的价格，与同期开发的同类技术的价格相比高出几倍，不应受到法律保护。（3）双方于 2001 年 5 月 28 日签订技术合同之后，又于 2001 年 8 月 14 日签署了计算机硬件的买卖合同，网络、硬件系统由爱德公司供应。故其在原审中提出的相关系统因上诉人的网络、硬件系统达不到要求所以没有使用的理由不能成立。综上，原审判决认定事实、适用法律均有错误，请求二审法院依法改判，驳回爱德公司的诉讼请求。

爱德公司服从原审判决。

【二审查明事实】

二审法院经审理查明：2000 年 9 月 26 日，碧溪公司制定了《碧溪广场计算机信息管理系统运营方案》（系统任务规划）。2001 年 5 月 28 日，爱德公司与碧溪公司签订了一份《技术合同》，由爱德公司为碧溪公司所开办的北京碧溪家居广场开发管理及信息集散系统软件。双方在合同中约定：该系统由集散子系统、办公自动化子系统、财务管理子系统等子系统构成，系统任务规划由碧溪公司提供，经其签字认可的系统任务书将作为整个系统设计、开发、验收的依据；上述系统开发工作由爱德公司承担，开发费为 1 012 480 元；爱德公司按照双方约定的开发期限完成相应开发工作；爱德公司负责为碧溪公司培训工作人员及系统维护人员；系统的阶段性验收以及总体验收工作由双方共同完成，并出具验收报告，由双方签字认可，作为阶段性开发以及总体开发结束的依据；碧溪公司应在合同签订后的 7 个工作日内向爱德公司支付总开发费的 40％，即人民币 404 992 元；在该系统一期工程安装调试后的 7 个工作日内，碧溪公司向爱德公司支付总开发费的 40％，即人民币 404 992 元；在该系统开发调试完毕后的 7 个工作日内，碧溪公司向爱德公司支付总开发费的 10％，即人民币 101 248 元；在该系统验收合格半年之后的 7 个工作日内，碧溪公司向爱德公司支付总开发费的 10％，即人民币 101 248 元。此外，双方在合同附件中对软件系统的开发报价及系统安装调试费用亦进行了约定，其中系统的开发报价为：前台销售子系统 48 000 元，收银子系统 48 000 元，售后服务子系统 96 000 元，仓库管理子系统 64 000 元，财务管理子系统 120 000 元，办公子系统 96 000 元，信息集散子系统 96 000 元，电子商务网子系统 128 000 元，电子导购子系统 72 000 元，人事管理子系统 24 000 元，招展管理子系统 24 000 元，支持系统 24 000 元，半年期维护 48 000 元，系统调研 8 000 元；系统的安装调试费用为：现场安装费 26 880 元，设计费 35 840 元。

合同签订后，爱德公司根据碧溪公司提供的系统任务规划制定出系统任务书和工程进度表，但碧溪公司并未在该系统任务书和工程进度表上签字。2001 年 6 月 19 日至 9 月 30 日，爱德公司按照合同约定进行了系统的开发、安装、调试与网络测试工作。2001 年 10 月 1 日，北京碧溪家居广场正式开业。一审诉讼中，碧溪公司和爱德公司均认可爱德公司所进行的开发、安装和调试工作系围绕收银子系统、售后服务子系统、招展子系统、支持子系统、电子导购子系统、半年维护和系统调研 7 个子系统展开的。2001 年 12 月 8 日、2001 年 12 月 20 日、2001 年 12 月 30 日、2002 年 1 月 17 日、2002 年 3 月 19 日碧溪公司分别对爱德公司设计开发的触摸屏系统、多媒体演示系统、系统基本信息维护模块、收银和统计查询子系统进行了验收，结论为验收合格，并出具了由其工作人员签字认可的验收报告。碧溪公司对其中经该公司工作人员贾丛昀签字的《碧溪家居广场信息管理系统验收报告》的真实性提出异议，并请求法院对该验收报告上贾丛昀的笔迹进行鉴定。一审法院委托北京大学司法鉴定室就该验收报告上贾丛昀的签名与贾丛昀书写的笔迹样本材料是否为同一个人书写进行鉴定。北京大学司法鉴定室于 2002 年 10 月 22 日向一审法院出具了一份《鉴定书》，其鉴定结论为：《碧溪家居广场信息管理系统验收报告》上"贾丛昀"的签名与其本人书写的笔迹样本为同一个人书写。

2002 年 8 月 8 日，原审法院与北京紫图专利咨询中心的专家一起对北京碧溪家居广场正在使用的由爱德公司开发的计算机系统进行了现场勘验，在该计算机系统中有系统维护的记录。原审庭审中，碧溪公司的代理人对该维护记录表示认可，但认为就整个系统而言，爱德公司所做的系统维护工作很少。

在本案诉讼中，碧溪公司对于爱德公司已经开发完成但没有安装验收的售后服务子系统、招展子系统同意分别给付 6 000 元和 4 000 元。

庭审中，碧溪公司承认其未按照合同约定的期限向爱德公司支付任何款项，理由是爱德公司开发工作不符合约定，导致其计算机系统无法正常使用。

【二审审理结果】

二审法院认为：爱德公司与碧溪公司于 2001 年 5 月 28 日签订的技术合同系双方当事人的真实意思表示，且合同内容未违反法律规定，应认定该合同有效，双方均应依照合同约定履行各自的义务。

按照合同约定，系统任务规划由碧溪公司提供，经其签字认可的系统任务书将作为整个系统设计、开发、验收的依据。本案中由于双方均未能提供经碧溪公司签字认可的系统开发任务书，因此，如何确定爱德公司为北京碧溪家居广场开发的管理及信息集散系统软件的验收标准就成为双方争议的焦点。对此，本院认为，鉴于碧溪公司对爱德公司设计开发的触摸屏系统、多媒体演示系统、系统基本信息维护模块、收银和统计查询子系统已进行了验收，并出具了由其工作人员签字认可的验收报告。因此，可视为爱德公司已经部分履行了合同约定的义务。本院将以碧溪公司签字认可的验收报告作为上述系统软件已经验收合格的依据。对碧溪公司在本案诉讼中明确表示同意支付给爱德公司售后服务子系统和招展管理子系统的开发费用，亦应视为爱德公司履行合同应得到的报酬。爱德公司根据碧溪公司提供的系统任务规划，经过系统调研制定出系统任务书，且原审法院对北京碧溪家居广场计算机系统进行现场勘验的结果表明，爱德公司对该计算机系统已进行了部分维护工作。因此，碧溪公司关于爱德公司没有做"系统调研"及"半年期维护"、没有理由收取相关费用的主张不能成立。对这部分费用本院将根据爱德公司实际履行合同的情况予以考虑。对碧溪公司已验收合格的软件设计和安装工作，碧溪公司亦应依约支付相应的设计、安装费用。双方在合同附件中对相关系统报价的约定，是经双方协商确定的，不存在显失公平的问题。本院将根据该系统报价来确定碧溪公司应支付给爱德公司的开发费数额。

经贾丛昀签字的《碧溪家居广场信息管理系统验收报告》，经原审法院委托相关部门进行笔迹鉴定，已证明该验收报告上"贾丛昀"的签名与贾丛昀书写的笔记样本材料为同一人书写，故原审法院对该份证据予以采信并无不妥。

双方在合同中明确约定碧溪公司应在合同签订后 7 个工作日内向爱德公司支付合同价款的 40%，即人民币 404 992 元。碧溪公司在庭审中承认其未按照合同约定的期限向爱德公司支付上述款项，故其行为已构成违约，应承担相应的违约责任。因此，碧溪公司还应向爱德公司支付此笔款项的相应利息。

综上，原审判决依据碧溪公司提交的系统任务规划，结合现场勘验和技术鉴定手段，以爱德公司实际完成的工作量，并参照合同附件中所约定的价格来确定碧溪公司应支付爱德公司的开发费数额显系不当，本院予以纠正。依照《中华人民共和国民事诉讼法》第一百五十三条第一款第（三）项的规定，判决如下：

一、维持北京市第二中级人民法院（2002）二中民初字第 04894 号民事判决的第一、第三、第四项，即：天津市爱德科技发展有限公司与北京碧溪广场有限公司终止履行双方于 2001 年 5 月 28 日签订的技术合同；北京碧溪广场有限公司于本判决生效后 10 日内按照合同价款的 40% 即人民币 404 992 元向天津市爱德科技发展有限公司支付利息；驳回天津市爱德科技发展有限公司的其他诉讼请求。

二、撤销北京市第二中级人民法院（2002）二中民初字第 04894 号民事判决的第二项，即北京碧溪广场有限公司于本判决生效后 10 日内给付天津市爱德科技发展有限公司 447 995 元。

三、北京碧溪广场有限公司于本判决生效之日起 10 日内给付天津市爱德科技发展有限公司技术开发费 217 360 元。

原审案件受理费 13 620 元，由天津市爱德科技发展有限公司负担 4 086 元，由北京碧溪广场有限公司负担 9 534 元；原审鉴定费 11 000 元，由天津市爱德科技发展有限公司负担 3 000 元，由北京碧溪广场有限公司负担 8 000 元。二审案件受理费 13 620 元，由天津市爱德科技发展有限公司负担 4 086 元，由北京碧溪广场有限公司负担 9 534 元。

95. 电视剧《大脚马皇后》委托创作合同纠纷案

——周晓文诉北京现代天幕影视文化传播有限公司、中国电视艺术家协会、辽宁电视台

原告（反诉被告）：周晓文
被告（反诉原告）：北京现代天幕影视文化传播有限公司
被告（反诉原告）：中国电视艺术家协会
被告（反诉原告）：辽宁电视台
案由：委托创作合同纠纷

一审案号：北京市海淀区人民法院（2002）海民初字第 10317 号
一审合议庭成员：马秀荣、熊烈锁、吴军
一审结案日期：2003 年 4 月 25 日

【判决要旨】
导演与制片方是否违约，应依据双方合同的约定作出判断。

【起诉与答辩】
原告周晓文诉称：2001 年 8 月 21 日，《大脚马皇后》剧组与我签订合同，聘请我为电视连续剧《大脚马皇后》的导演，合同约定由我全程执导该剧，片酬为每集 3 万元（税后），总计 90 万元。合同签订后，我如约完成导演工作。2002 年 5 月 17 日，该片通过审查，同日在南京电视台播出。已付片酬 60 万元，按照合同约定，剩余片酬依约应在该片审查通过之日付清，但北京现代天幕影视文化传播有限公司（以下简称天幕公司）至今未支付剩余片酬，对此该片的其他制片方中国电视艺术家协会（以下简称电视家协会）、辽宁电视台应承担连带责任。请求判令三被告支付剩余片酬 30 万元和违约之日起的利息（按照人民银行同期活期存款利息计算），并支付律师费 15 000 元。

被告天幕公司、电视家协会、辽宁电视台共同辩称：为了共同拍摄 30 集电视连续剧《大脚马皇后》，我们三方于 2001 年 8 月共同组建了《大脚马皇后》剧组，任命张硕萍为本剧制片人，具体负责日常拍摄事宜。由三家单位共同投资，共有版权。周晓文并没有参加后期制作，属于违约，所以剩余的 30 万元不应该支付。

　　反诉原告天幕公司、电视家协会、辽宁电视台共同诉称：2001 年 8 月 21 日，张硕萍代表《大脚马皇后》摄制组与周晓文签订的聘请其为本剧导演的合同书约定：导演应"全程亲自执导该剧直至后期制作完成全片"。合同签订后，周晓文违背职业道德，对本剧采取不负责任的态度。合同原定拍摄期为 85 天，而实际只用了 58 天即拍摄完成，并且其中有 8 天因周患病休息，未参加摄制。大量拍摄素材不能使用，对不合格和缺漏镜头的戏补拍累计 3 天，补拍是因为导演的过错，如演员有明显缺陷，造成了 132 727 元的损失，并且使原本剧本优秀、投资巨大、志在参加评奖活动的重要电视剧作品，被拍成一部反映平平、质量粗糙的一般作品。在后期制作过程中，周晓文擅离职守，剧组被迫另聘后期导演和剪辑师等主创人员，重新进行剪辑，共支付了劳务费119 851 元。由于电视剧创作具有高度的个性化，任何导演在接手后期工作后都需要对全剧的风格、节奏、叙述有一个重新整合的过程，致使后期制作工作极为困难，超出了合同规定的后期制作时间达 39 天，多付器材租金44 500 元。由于以上原因，还使影片错失发行商机并使商誉受损，与两家电视台（南京、成都电视台）签订的供片协议不能按时履行，导致电视台以迟延供片为由降低了价格，造成直接经济损失 255 000 元。综上，周晓文违背合同约定和诚实信用原则，对工作极端不负责任，并在后期擅离职守，给制片方造成了较大的经济损失。要求判令周晓文赔偿因此所造成的经济损失552 078 元。

　　反诉被告周晓文辩称：反诉原告称我在前期工作不认真与事实不符，合同对重拍没有约定，适当的重拍和补拍属于正常情况，这是导演根据创作有权决定的事项。拍摄的进度一直很快，节省高额费用，如果要求导演承担因重拍而增加的费用，那么节省的费用如何计算？反诉原告称我没有参加后期制作，并未证明，事实是在制作过程中投资方在没有经过我同意的情况下，以投资人要看片子为由，擅自强行将素材带、空白带等所有材料拿走，导致我不能正常行使导演的权利。我通过多种方式联系，但天幕公司总经理张硕萍不予理睬，即使这样，我还多次到摄影棚指导工作，张硕萍后来通知我不要再参加摄制，致使后期工作中断，即便如此，我也经常和副导演王安庆等人进行讨论，擅离职守的事实不存在。反诉原告所称逾期交付，我方已经在 2002 年 4 月 5 日凌晨 3 点多将所有的带子交付，并未逾期。如有不同看法所进行的修改属于对方的单方行为。合同没有以片子拍摄后获得什么奖项为条件，双方约定的只是我完成导演的工作。关于最终是否向电视台延误交片，这与我无关。制片方的理由均不能成立。

【一审查明事实】

一审法院经审理查明：《大脚马皇后》摄制组由天幕公司、辽宁电视台和电视家协会组成。2001 年 8 月 21 日，天幕公司法定代表人张硕萍代表《大脚马皇后》摄制组（甲方）与周晓文（乙方）签订合同。合同约定：甲方聘请乙方为 30 集电视连续剧《大脚马皇后》导演，全程亲自指导该剧直至后期制作完成全片；每集酬金人民币 3 万元，总计 90 万元；付款方式分为四期，签约三日内付 20 万元、开机日付 20 万元、停机日付 20 万元、余款工作完成日一次性付清 30 万元；甲方拟投资 1 100 万元，制作周期 225 天，实际拍摄工作日为 85 天（下雨天不另计），开机日约 10 月底，杀青约 2002 年 1 月 23 日，后期制作约为两个半月，交完成片日约为 2002 年 4 月 5 日；自签订合同始进入该剧筹备以至完成前期拍摄、后期制作和该剧审查后的修改工作，直到完成全剧通过审查之日，方可认定为乙方工作日；以乙方为主组建该剧主创班底，导演对其专业技能水准和工作状态负全面责任，并严格指导全摄制组认真按照质量要求、时间进度及规章制度保质保量完成摄制任务；甲方重点负责对全剧组的资金运用及费用审批，乙方对全剧的艺术把握、艺术质量负全面责任，甲方为乙方的艺术创作提供较大空间，尊重乙方的创作成果，如出现重大创作分歧，尽量达成共识，出现未果状态以甲方意见为主；所用演员双方挑选，主要演员原则上以甲方意见为主；乙方应在甲方投资额内合理安排制定生产拍摄计划并在计划拍摄期内完成全剧拍摄，按期停机，按期交片；因不可抗拒因素造成的停机实拍日应顺延，如乙方管理不善而造成的浪费或工作人员怠工等造成的延误由乙方承担经济责任；乙方本着少花钱多办事的原则配合甲方避免浪费，减少成本开支。

合同签订后，前三期报酬摄制组分别于签约三日内、2001 年 11 月 5 日开机及 2002 年 1 月 2 日停机支付给周晓文。2002 年 5 月 15 日《大脚马皇后》一片通过审查。2002 年 5 月 17 日，该片开始在南京电视台播放，收视效果在尼尔森收视指南中排名第四。5 月 17 日及 5 月 26 日，周晓文电话向张索要报酬，张含糊地称约 6 月 10 号左右付。

在后期制作中，周晓文完成初剪后，制片方决定将工作地点移至美林花园，双方产生分歧。2002 年 2 月 8 日，周晓文及制作人员联名致信制片方，执行制片人回复表示为保证资方及时掌握信息决定将后期制作地点安排在美林花园。2 月 10 日，张硕萍与其他人来到周晓文等人工作地点，将母带及资料带拿走，双方分歧进一步扩大，创作人员草拟了一份要求制片方道歉的协议，未能最终达成。2 月 19 日后周晓文除在演员录台词时到过录音棚指导外，未到美林花园上班。上述事实，当事人并无争议。

关于争议之周晓文是否指导后期制作中的其他工作，执行副导演王安庆、录音师洪毅、制片主任黄武成均出证称，周晓文多次要求上班，张硕萍均不予理睬；周未亲自到场，但后期制作开始前均与周有过多次沟通，工作期间也曾与周进行电话讨论。

关于争议之交片时间，洪毅与王安庆均出证称，2002年4月5日凌晨3时30分完成《大脚马皇后》DVW数字母带及工作带并交制片方。制片方称交付时间为2002年5月19日，证据"《大脚马皇后》摄制组工作人员一览表"及"后期工作参加人员表"中记载了后期工作人员的工作内容和工作时间。其中导演周晓文参加初剪，时间为元月4日至2月8日；执行导演王安庆参与指导剪辑，时间为元月4日至2月8日、2月19日至4月5日；统筹张蓉做台词本，时间为元月4日至2月8日、3月1日至3月9日；场记黄红梅做台词本，时间为元月4日至2月8日；制片主任黄武成负责日常工作，时间为元月4日至2月8日、3月1日至3月9日；作曲刘天华做音乐，时间为11月5日至4月22日；录音师洪毅录音，时间为2月1日至2月8日、2月24日至4月4日；剪辑师陈亚中剪辑，时间为元月4日至2月8日、2月19日至4月22日。对一览表中制片主任处的"黄武成"签字，黄武成出庭表示其曾应天幕公司要求在一些表格上签过字，但否认该表格的签字，因为3月9日他已经离开剧组，该表格上也有表明，此后的事情其并不知晓，因此不可能对此后的工作时间作出表示。后期工作参加人员表导演签字为王安庆，下有执行制片人、导演和财务总监的签字。王安庆出庭作证称，该签字系他人模仿，因为其工作截止日期为4月5日，其后期工作报酬此时业已支付完毕，其没有可能对所谓至4月22日的工作时间知晓和签字认可。

天幕公司提供的报销单、付酬单等票据表明，王安庆曾住在北京影桥招待所11天，离开时间为2002年3月16日，工作是录台词；之后，在北京适中伟业招待所住宿6天，2002年3月22日离开，工作是进行混录；3月22日到4月4日，工作人员在北京中视冠华技术有限公司工作；2002年4月4日，摄制组付给王安庆1月3日至4月5日的后期导演费用1万元。这一连续的过程反映了后期制作中主要工作的进行，录台词、录音及混录均已于4月5日之前进行，后期制作中的导演工作基本完成，天幕公司向后期导演支付了报酬。至于天幕公司提供的署名中视冠华石祜方称"制作工作于2002年4月28日至2002年5月8日结束"的证明，署名作曲刘天华称"片头片尾歌曲音乐被迫只能在4月29日进录音棚录制工作"在没有证人身份证明且未出庭的情况下，内容与前述证据及天幕公司提供的后期工作时间进度矛盾，实难采信。对王安庆、黄武成提出的疑问，在表格上签字的执行制片人包诚即天幕公司的代理人赵宝成在当庭质询时并未解释，同时亦未就当时事实状态对证人予以质询；结合上述有关时间的事实及当事人对证人质询的情况，有关工作时间已予确定，有否签名无关紧要，故勿须再交付鉴定足以判别。

关于制片方所称之损失，后期增加劳务费一节，天幕公司提供的原始票据表明 2002 年 4 月 20 日付陈亚中 3 000 元加班费；4 月 4 日向王安庆支付 1 万元后期导演费；付名为"杨老师"之费用 9 000 元系看片子提意见修改的费用；2002 年 4 月 23 日以导演名义付刘希汉 8 万元。

天幕公司提供的合同表明，2001 年 11 月 20 日曾租借北京海达百汇科技发展有限公司放像机、录像机、放机监视器、遥控电缆、视频电缆、音频电缆及电源线等设备，租期至 2002 年 2 月 20 日。2002 年 2 月 19 日另有一份租借合同，未注明租借期限，金额不明，租借设备与上述合同相似。设备于 4 月 22 日归还。

电视播映合同及证明证实，天幕公司与江苏城市台联购体、成都电视台订立的播映合同分别于 2002 年 4 月和 6 月进行了变更，每集价格前者从 57 000 元降至 53 000 元、后者从 29 500 元降至 25 000 元。

【一审审理结果】

一审法院认为：导演周晓文与制片方有否违约，应依合同约定判断。合同约定最后一笔酬金 30 万元于工作完成日一次性付清，按照合同对工作完成日的解释，该笔酬金应于全剧通过审查之日即 5 月 15 日支付。但是该酬金的获得应以导演按照约定履行义务为前提。

合同约定导演周晓文需全程亲自指导该剧直至后期制作完成全片。后期制作中，因与制片方就工作地点发生矛盾，周晓文作为导演除完成初剪及个别配音指导外，其他工作并未亲自参加，尽管事出有因，制片方的行为不够审慎以致矛盾激化，擅自变更工作地点且强行拿走素材带的做法对导演等创作人员不够尊重，但是合同规定对工作场所等事项以制片方意见为主，上述行为并不足以构成对合同条款的违反，周晓文据此不予全面履行导演职责没有根据，关于周晓文是拒绝履行还是被拒绝履行职责因合同赋予导演以指导的权利，如果制片人拒绝导演，导演有权利提出要求并行使权利，本案中并无证据证明此节，故应为周晓文拒绝全面履行。鉴于录音、执行导演等人与周长期合作，对周的风格及意图应有所了解，加之影视制作的前期筹备、拍摄与后期制作并非完全独立的部分，与具体工作人员尤其是执行导演的沟通应属指导，因此周对指导工作有所参与，其指导义务并非全部没有履行，但是配音等必须亲临现场的工作不亲自进行难以指导，由于合同中明确要求周晓文必须亲自指导，故周未亲自指导精剪、配音等主要工作未尽合同之责，未全面履行合同义务。因合同约定导演完成后期制作至片子审查通过之日制片方支付第四期报酬，在导演未全面履行后期制作义务时，制片方不支付全额稿酬的抗辩成立。但，对于周晓文已经履行的部分，制片方仍负有支付相应酬金的义务。应支付酬金的额度应与导演履行义务部分相对应。后期制作主要包括剪辑、录音和合成三部分（包括修改），周晓文指导完成了剪辑中的初剪，并对配音等有过个别指导，对执行导演及录音师等的工作有过参与指导，其应得报酬数额以后期全额酬金作为基础依完成工作所占比例确定。原告所要求之律师费损失因无票据支持，不予采信。

　　合同约定后期制作完成全片日为 2002 年 4 月 5 日。故周晓文不仅应当参加前期筹备、拍摄、后期制作及审查后的修改，而且应当保证按此日期完成后期制作并交付。周晓文称已按期交付，交片出示收据之例并不普遍，故不应因此而致其于不利。制片方对交片时间不置可否，仅提供表格以证明时间进度。从合同履行情况看，就在约定交片时间的前一天即 4 月 4 日，制片方向后期导演王安庆支付报酬，并特别注明"后期"字样，说明制片方对后期导演工作的认可，足以表明此时后期导演的主要工作基本完成。这一事实与此前一系列后期主要工作包括录音、录台词、混录等的完成综合起来表明于 4 月 5 日工作人员已将片子交付。在 4 月 5 日之后，仍然进行了有关的制作，但是在导演方交片后制片方自行进行的修改应为单方修改，不影响对导演交片的时间的确认，周晓文在交片时间上没有违约。

　　反诉原告主张赔偿责任成立的前提应为周晓文违约的存在、损失的存在及该违约行为与损失间存在因果关系。对前期拍摄部分，合同对重拍责任未予约定；合同约定制片方对演员有最终决定权，故反诉原告关于重拍三天系因导演选择演员失误之诉称，并无事实与合同根据，不足为信。后期费用中反诉原告主张的陈亚中、王安庆后期工作的餐费、住宿费、交通费和通讯费 14 851 元并无票据支持，不能证明损失的存在。因合同存在修改阶段，请他人提意见修改应属预算内的开支；后期系创作的必备阶段，没有证据显示王安庆的后期费用为异常增加费用；对刘希汉的支出，经王安庆、黄武成出庭作证，证明工作人员并不知道谁是刘希汉，在张硕萍提示形体特征后，方忆起刘曾以股东身份看过片子，从未以导演身份出现及工作过。故刘希汉并非导演身份亦未进行过导演工作，天幕公司因何支付 8 万元应系天幕公司与刘希汉之间私事，与本案无关。因此请他人提意见的支出、王安庆的后期支出及向刘希汉的支出均不构成损失。对器材租金、剪辑师的加班费用，因存在制片方收到片子后再行修改的事实，在修改阶段，制片方并未出示要求导演进行修改而导演拒绝修改的证据，属于单方修改，期间的加班费用或租借设备的费用不能当然归咎于周晓文；电视剧播放价格降低可能存在多种原因，不能说明系因周晓文未全部参与后期工作导致，不能得出该部分损失由周晓文负担的结论。故反诉原告要求周晓文承担之重拍费用、降价费用、后期劳务费、降价损失没有理由，其主张之租借费用、差旅费用未予证明，反诉请求不予支持。

综上，依据《中华人民共和国著作权法》第五十三条以及《中华人民共和国合同法》第六十七条、第一百零九条之规定，判决如下：

一、本判决生效之日起 10 日内，被告北京现代天幕影视文化传播有限公司、中国电视艺术家协会、辽宁电视台向原告周晓文支付后期制作报酬 10 万元及利息（按中国人民银行同期活期存款利率自 2002 年 5 月 15 日起算）。

二、驳回反诉原告的诉讼请求。

案件受理费 7 235 元，由原告周晓文负担 2 000 元，由被告北京现代天幕影视文化传播有限公司、中国电视艺术家协会、辽宁电视台负担 5 235 元。

反诉案件受理费 10 531 元，由反诉原告北京现代天幕影视文化传播有限公司、中国电视艺术家协会、辽宁电视台负担。

各方当事人均服从一审判决。

96. "智环工商企业计算机管理系统" 技术委托开发合同纠纷案

——深圳市万企实业有限公司诉智环
电子(北京)有限公司

原告(反诉被告、被上诉人): 深圳市万企实业有限公司
被告(反诉原告、上诉人): 智环电子(北京)有限公司
案由: 技术委托开发合同纠纷

原审案号: 北京市朝阳区人民法院(2002)朝民初字第 19021 号
原审合议庭成员: 李有光、谢甄珂、党淑平
原审结案日期: 2002 年 12 月 20 日
二审案号: 北京市第二中级人民法院(2003)二中民终字第 3400 号
二审合议庭成员: 刘薇、宋光、梁立君
二审结案日期: 2003 年 6 月 19 日

【判决要旨】

技术委托开发合同解除后,开发方提交的阶段性成果如果能够达到委托方要求的一定的技术效果,委托方应当支付相应的开发费用。

【起诉与答辩】

原告深圳市万企实业有限公司(以下简称万企公司)诉称:1999 年 4 月 5 日,我公司与智环电子(北京)有限公司(以下简称智环公司)签订《智环工商企业计算机管理系统销售合同》,约定智环公司向我公司提供一套智环计算机辅助管理系统(以下简称 SCMS 管理系统),总价款 40 万元,智环公司应在收到首期付款后的 45 天内,向我公司提供该系统方案说明、企业管理结构图及相关资料,在合同签订 4 个月内完成系统管理支撑、培训、考核及软件正式安装等工作。我公司如约支付首期款,并完成了合同约定的配合工作,但智环公司未履行约定的义务。我公司曾于同年 11 月 30 日书面通知其解除合同,并要求退还已支付的款项,此后又两次重申,但均无结果。现起诉,请求法院解除双方签订的销售合同,判令智环公司返还首期款 12 万元,自 1999 年 12 月 1 日起按每日 4‰支付违约金,并承担诉讼费。

被告智环公司反诉并辩称:双方 1999 年 4 月 5 日所签合同的实际内容是

我公司为万企公司开发企业管理软件系统。双方对我公司如期编制完成的管理方案进行论证后，签署了执行情况表，并将其确定为开发依据。万企公司不仅未如约支付第 2 期款项，还提出多项超出双方所确认的管理方案的需求，脱离我公司基本平台所可能开发的范围，导致合同履约期延长。双方本应根据实际情况，合理调整产品标准，给予我公司充分的设计开发时间，但万企公司反而以此提出解除合同，给我公司造成损失。因此我公司不同意万企公司的诉讼请求，并反诉要求其支付应付款 8 万元，赔偿损失 104 903.33 元，负担本案诉讼费。

万企公司对反诉答辩称：双方签订的是购销合同，经过两次论证，智环公司提供的管理方案仍然不能满足我公司的需求，因此我公司没有继续付款。合同履约期延长以及智环公司最终不能完成合同义务的根本原因是其工作经验不足，且在为我公司工作的同时，其也在开发自己的产品，从而削弱了对我公司所需产品的制作能力。我公司提出解除合同有法律依据，因此不同意智环公司的反诉请求。

【原审查明事实】

原审法院经审理查明：1999 年 4 月 5 日，万企公司与智环公司签订《智环工商企业计算机管理系统销售合同》。双方约定：智环公司提供一套用于万企公司日常现代化、智能化企业管理工作的 SCMS 管理系统，由管理方案、软件系统和技术支持三部分构成；管理方案部分，要求智环公司于收到首期款后的 45 天内，提供管理系统方案说明、企业管理结构图及相关资料，并与万企公司在两周内共同完成论证，双方在论证结果上签字后，作为合同附件一；软件系统部分包括《通用财务管理系统》、《生产管理系统》、《原辅料管理系统》、《市场营销管理系统》、《应收、应付账务管理系统》；技术支持工作分为营运准备阶段（即提供企业管理支撑）、培训实施与正式运行 3 个阶段；管理方案经双方签字确认后，智环公司售后服务人员应开始技术支持的第一阶段工作；在合同签字之日起 4 个月内，智环公司应完成 SCMS 管理支撑、培训、考核及软件正式安装等工作，如果因为配合原因造成工作拖延，完成时间应在此基础上顺延；系统软件安装完成之日起 3 个月是系统的磨合期，智环公司应在规定的时间内完成相应的修改内容，并经万企公司签字确认；万企公司应分 4 次付清合同总费用 40 万元，其中合同签订 3 日内支付首期款 12 万元，附件一确认后 3 日内支付 8 万元，正式软件安装完成后支付 16 万元，磨合期修改确认后支付 4 万元；SCMS 管理系统软件版权属于智环公司所有。此外，双方还就保密义务、违约责任等内容进行了约定，并以《智环软件实施方案》、《培训方案执行情况表》、《售后服务标准》作为合同附件。

同年 4 月 12 日，万企公司支付首期款 12 万元。4 月 14～16 日，双方对管理方案的主体流程达成一致，并确认万企公司此次暂不使用 DOS 版应用管理系统，智环公司开发内容为 WINDOWS 版管理系统。

同年 6 月 11 日至 16 日，双方对智环公司编制的万企公司管理方案进行了论证，万企公司对营销、原材料管理、生产、财务应收应付 4 个系统分别提出改进及增加功能的意见，双方共同在方案论证执行情况表上签字，并确认该论证内容将作为智环公司开发软件的依据，在系统开始运转后的磨合期内，智环公司将根据万企公司的需求进行适当的调整。

同年 7 月 3 日，双方针对开发工作进展情况、计划等制作备忘录。当月，智环公司分别给万企公司出具下一步工作计划与计划调整，提出：由于 SCMS 管理系统 7 月 29 日尚未调整完毕，原定计划需延期，支持工作将于 8 月 8 日为万企公司加盟客户完成演示工作后正式开始。

同年 8 月 30 日，万企公司致函智环公司，提出智环公司未能在合同规定的期限内履行义务，属违约行为，要求智环公司在 9 月 9 日前对违约行为作出正式解释并对如何继续履约作出说明。

后智环公司给万企公司出具附有标准版测试计划及调整计划的《关于万企合同开发延期的原因说明》。说明：由于万企公司所要求的产品为 WINDOWS 版，而智环公司 WINDOWS 标准版正在开发过程中，为提供符合万企公司特点又兼备智环公司全部标准产品设计功能的较完善产品，将万企信息管理系统的开发工作与智环公司标准版开发工作联合推行，因此开发过程中需求发生几次较大的变化，相关的工作量也比原计划成倍增长，加之智环公司在 WINDOWS 平台上开发管理经验不足，以至最终未能如期提供万企公司信息管理系统，对此智环公司应负主要责任。此外智环公司还承诺了最终的完成时间。

同年 8 月 31 日，双方再次制作备忘录，确认了《深圳万企第一期需实现的特殊需求》、《深圳万企后期需实现的特殊需求》，并明确了智环公司完成各系统模块的时间。即营销模块（包括 POS 系统）除远期合同管理外，10 月底前提供正式使用版本（万企公司正式安装使用），远期合同管理模块在 11 月底前提供正式使用版本，其他主体流程之外的未尽细小需求在 12 月底前完成；财务模块在 10 月底前提供正式的使用版本；生产模块 12 月底开始开发。

同年 11 月 6 日，万企公司收到智环公司交付的客户使用产品正式安装盘，即 SCMSSPWIN1.099110200655 及其备份盘 1 套，SCMSSPWIN1.099110200656 及其备份盘 1 套、说明书 1 份。诉讼中双方认可上述安装盘都是阶段性的成果，其中不包含生产模块和 POS 系统，且只具备部分功能。万企公司提出该产品缺模块,不能正常工作,不符合合同要求。智环公司曾提出技术鉴定,后撤回鉴定申请,并提出其提供最终产品后方可鉴定。

同年11月30日、12月30日,万企公司两次致函智环公司,分别以智环公司未在合同约定的期限及宽限期内履行义务、所提供的合同项下的部分软件无法维持正常的操作并满足要求为由,通知解除合同,要求退还已付款、支付违约赔偿金。智环公司对12月30日的函件回复为:如现在开始提供软件系统,能有较大的成功把握;至少已经完成了总体的70%,愿意继续履行。2000年1月13日,万企公司再次表示解除合同,要求退还12万元。

另,智环公司认可曾向万企公司提供过列举了诸多问题并保证2000年1月底提供POS系统成品的《关于万企公司问题答复要求》。

诉讼过程中,智环公司提出1999年11月其开发出WINDOWS版开发平台;8月31日备忘录所附的两个特殊需求均超出其基本平台所可能开发的范围;继续开发已无实际意义;同意解除合同。

【原审审理结果】

原审法院认为:由于SCMS管理系统需要智环公司利用自己的技术优势,结合万企公司的实际需求,有针对性地编制方案、开发软件,并进行技术支持才能创建完成。即合同的标的是双方订立合同时尚未掌握的系统。同时,万企公司作为合同一方,仅提出需求,进行配合与协助,并不从事系统开发工作。因此双方1999年4月5日签订的《智环工商企业计算机管理系统销售合同》名为销售实为技术委托开发性质。智环公司编制的管理方案以及双方于同年6月16日共同签字确认的论证结果作为该合同的附件一,是对合同内容的补充。两份备忘录分别是对合同部分条款内容的变更。签订上述合同是双方的真实意思表示,合同内容亦不违反国家法律、法规的规定,故合同合法有效。

依法成立的合同,双方应当按照约定履行自己的义务,以促成合同目的的实现。双方共同签署了论证执行情况表,确认了论证结果,《智环工商企业计算机管理系统销售合同》约定的万企公司支付第2笔款项的条件已经成就。万企公司没有如期支付该款,已构成违约。

双方8月31日的备忘录明确了系统相关模块(包括POS系统)的交付时间及应当实现的特殊需求。智环公司应依此履行义务。现其交付的安装盘只是阶段性开发成果,并不符合备忘录的要求,其没有履行在约定的时间内交付符合约定条件的开发成果之义务,亦构成违约。

虽然万企公司没有如期支付款项,在先违约,但其后的双方备忘录、智环公司的延期原因说明等材料均未涉及万企公司该违约行为对开发工作所造成的影响，且智环公司承诺了备忘录中的各项履行义务，因此，应认为万企公司的违约行为并未影响合同的继续履行。由于约定的 SCMS 管理系统由 3 个部分构成，并应满足附件一及备忘录中的需求，而智环公司提供的、缺乏 POS 系统及生产模块且只具备部分功能的阶段性开发成果，并不能实现万企公司将之用于日常现代化、智能化企业管理工作的目的；且智环公司承认备忘录中所列的特殊需求超出其基本平台的开发范围。因此智环公司的违约行为已致使万企公司不能实现合同目的，构成根本违约。万企公司据此有权解除合同。

当事人一方依法解除合同的应当通知对方，合同自通知到达对方时解除。因此，万企公司以信函通知智环公司解除合同之日，双方所签合同即解除。

合同解除后，尚未履行的，终止履行。已经履行的，当事人有权要求赔偿损失。因智环公司根本违约造成合同解除，故万企公司有权要求智环公司赔偿损失。鉴于双方没有明确 SCMS 管理系统各组成部分的开发价款。且智环公司已完成的文字管理方案只是开发的依据，并非开发成果；含有部分系统模块的安装盘是在智环公司自有开发平台上完成的，其承认备忘录的特殊需求超出其平台的开发范围，且表示继续开发已没有实际意义，愿意解除合同，故在原有开发平台上继续开发已不可能，而另寻平台则需重新开发。因此上述不能实现企业各部门系统化管理之全部功能的阶段性成果，对万企公司没有实用价值。智环公司应赔偿万企公司已支付的 12 万元价款损失。万企公司则应停止使用已收取的软件。由于通过诉讼才能明确智环公司的赔偿责任，因此万企公司关于自其发出解除合同通知之日计付违约金的请求，缺乏依据，本院不予支持。

鉴于合同已解除，且智环公司没有举证证明万企公司未如期支付第 2 笔价款的违约行为给其造成的实际损失，因此智环公司要求万企公司支付合同价款的反诉请求本院不予支持。因智环公司未履行开发义务才导致合同解除，故其应自行负担开发费损失。

综上，依据《中华人民共和国合同法》第九十四条第（四）项、第九十七条、第三百三十二条之规定，判决如下：

一、解除深圳市万企实业有限公司与智环电子（北京）有限公司于 1999 年 4 月 5 日、7 月 3 日、8 月 31 日签订的《智环工商企业计算机管理系统销售合同》及备忘录；

二、智环电子（北京）有限公司于本判决生效之日起 10 日内赔偿深圳市万企实业有限公司损失 12 万元；

三、深圳市万企实业有限公司于本判决生效之日起 10 日内停止使用智环电子（北京）有限公司编号为 SCMSSPWIN1.099110200655 及 SCMSSPWIN1.

099110200656 的客户使用产品正式安装盘及其备份盘中所装载的软件；

四、驳回深圳市万企实业有限公司的其他诉讼请求；

五、驳回智环电子（北京）有限公司的反诉请求。

智环公司不服原审判决，提出上诉，请求为：（1）撤销原审判决第二项、第五项；（2）改判驳回万企公司全部诉讼请求；（3）改判万企公司给付智环公司合同款 8 万元；（4）改判万企公司赔偿智环公司开发费用 104 903.33 元；（5）改判万企公司承担一、二审诉讼费。理由是：SCMC 管理系统的基本平台系本公司在双方签约前就已研发完成的，双方签订合同的目的在于将该平台作适应性的修改以应用于万企公司的管理中并由本公司对万企公司的人员进行培训及提供技术服务，因此，合同的性质应系技术咨询及服务合同，原审关于合同性质的认定是错误的；双方争议的《管理方案》是本公司按照双方合同的约定履行义务完成的第一阶段成果，不是起草合同的行为，原审将其仅认定为对合同文本的补充和附件，对本公司而言是极为不公平的；造成合同延期的原因是万企公司不断提出超出合同约定的要求，尽管如此，本公司还是本着诚意尽力予以满足；本公司交付万企公司的两张安装盘虽然不包括 POS 系统及生产模块，但除此以外的功能完全具备；按双方 1999 年 8 月 31 日所签《备忘录》的约定，生产模块在交付前述两张安装盘时尚未开发，而 POS 系统未与两张安装盘一并交付的原因在于万企公司当时不具备该系统的软、硬件条件，因此原审关于本公司构成根本违约的认定是错误的；按照双方合同的约定，在双方对《万企实业公司管理方案》进行论证并签字通过后，万企公司就应支付第二期 8 万元，但该公司违约未支付，在此情况下，本公司为继续履行合同，自行承担了相关费用，因此，本公司有权要求万企公司支付该 8 万元及赔偿损失 10 万余元，原审驳回本公司的反诉请求是错误的。

万企公司服从原审判决。

【二审查明事实】

二审法院经审理查明：1999 年 4 月 5 日，万企公司与智环公司签订合同，双方约定：智环公司提供一套用于万企公司日常现代化、智能化企业管理工作的 SCMS 管理系统，由《管理方案》、软件系统和技术支持三部分构成；《管理方案》部分，由智环公司于收到首期款后的 45 天内，提供管理系统方案说明、企业管理结构图及相关资料，并与万企公司在两周内共同完成论证，双方在论证结果上签字后，作为合同附件一；软件系统部分包括《通用财务管理系统》、《生产管理系统》、《原辅料管理系统》、《市场营销管理系统》、《应收、应付账务管理系统》；技术支持工作分为营运准备阶段（即提供企业管理支撑）、培训实施与正式运行 3 个阶段；《管理方案》经双方签字确认后，智环公司售后服务人员应开始技术支持的第一阶段工作；在合同签字之日起 4 个月内，智环公司应完成 SCMS 管理支撑、培训、考核及软件正式安装等工作，如果因为配合原因造成工作拖延，完成时间应在此基础上顺延；系统软件安装完成之日起 3 个月是系统的磨合期，智环公司应在规定的时间内完成相应的修改内容，并经万企公司签字确认；万企公司应分 4 次付清合同总费用 40 万元，其中合同签订 3 日内支付首期款 12 万元，附件一确认后 3 日内支付 8 万元，正式软件安装完成后支付 16 万元，磨合期修改确认后支付 4 万元；SCMS 管理系统软件版权属于智环公司所有。此外，双方还就保密义务、违约责任等内容进行了约定，并以《智环软件实施方案》、《培训方案执行情况表》、《售后服务标准》作为合同附件。

同年 4 月 12 日，万企公司向智环公司支付首期款 12 万元。同年 4 月 14 日至 16 日，双方对《管理方案》的主体流程达成一致，并确认万企公司此次暂不使用 DOS 版应用管理系统，智环公司开发内容为 WINDOWS 版管理系统。

同年 6 月 11 日至 16 日，双方对智环公司编制的《管理方案》进行了论证，万企公司对营销、原材料管理、生产、财务应收应付 4 个系统分别提出改进及增加功能的意见，双方共同在该方案论证执行情况表上签字，并确认该论证内容将作为智环公司开发软件的依据，在系统开始运转后的磨合期内，智环公司将根据万企公司的需求进行适当的调整。

同年 7 月 3 日，双方针对开发工作进展情况、计划等制作《备忘录》。当月，智环公司分别给万企公司出具《下一步工作计划》与《计划调整》材料，提出：由于 SCMS 管理系统 7 月 29 日尚未调整完毕，原定计划需延期，支持工作将于 8 月 8 日为万企公司加盟客户完成演示工作后正式开始。

同年 8 月 30 日，万企公司致函智环公司，提出智环公司未能在合同规定的期限内履行义务，属违约行为，要求智环公司在 9 月 9 日前对违约行为作出正式解释并对如何继续履约作出说明。

针对此函，智环公司给万企公司出具了附有标准版测试计划及调整计划的《关于万企合同开发延期的原因说明》，内容为：由于万企公司所要求的产品为 WINDOWS 版，而智环公司 WINDOWS 标准版正在开发过程中，为提供符合万企公司特点又兼备智环公司全部标准产品设计功能的较完善产品，将万企信息管理系统的开发工作与智环公司标准版开发工作联合推行，因此开发过程中需求发生几次较大的变化，相关的工作量也比原计划成倍增长，加之智环公司在 WINDOWS 平台上开发管理经验不足，以至最终未能如期提供万企公司信息管理系统，对此智环公司应负主要责任。此外智环公司还承诺了最终的完成时间：（1）除远期合同管理外，在 10 月底前提供正式使用版本；（2）远期合同管理模块在 11 月底前提供正式使用版本；（3）其他未尽细小需求（主体流程除外）12 月底前完成。

同年 8 月 31 日，双方再次形成《备忘录》并形成了《深圳万企第一期需实现的特殊需求》、《深圳万企后期需实现的特殊需求》两份材料，明确了智环公司完成各系统模块的最终时间。即营销模块（包括 POS 系统）除远期合同管理外，在 10 月底前提供正式使用版本（万企公司正式安装使用）；远期合同管理模块在 11 月底前提供正式使用版本（万企公司正式安装使用）；主体流程之外的其他未尽细小需求在 12 月底前完成；财务模块在 10 月底前提供正式的使用版本（万企公司正式安装使用）；生产模块 12 月底开始开发。

同年 11 月 6 日，万企公司收到智环公司交付的客户使用产品正式安装盘，即 SCMSSPWIN1.099110200655 及其备份盘 1 套，SCMSSPWIN1.099110200656 及其备份盘 1 套、说明书 1 份。

在本院审理期间，双方对前述两张安装盘是否符合双方合同及《备忘录》的约定持不同意见。智环公司认为相对于整体系统而言，由于缺少 POS 系统和生产模块，该两张安装盘系具备部分功能，但除该两部分外均可正常使用。万企公司认为该两张安装盘不仅缺少 POS 系统和生产模块，其余部分也存在严重问题，无法正常使用。

同年 11 月 30 日、12 月 20 日，万企公司两次致函智环公司，分别以智环公司未在合同约定的期限及宽限期内履行义务、所提供的合同项下的部分软件无法维持正常的操作并满足要求为由，通知解除合同，要求退还已付款、支付违约赔偿金。智环公司对 12 月 30 日的函件回复为：如现在开始提供软件系统，能有较大的成功把握；至少已经完成了总体的 70%，希望继续履行。2000 年 1 月 13 日，万企公司再次致函智环公司表示解除合同，要求退还 12 万元。

另，智环公司认可万企公司在其交付前述两张安装盘后，曾向其发出反映该两张安装盘问题的《万企人员对智环软件的意见》，智环公司就此向万企公司发出了就有关问题进行答复并保证 2000 年 1 月底提供 POS 系统成品的《关于万企公司问题答复要求》。

在本院审理期间，智环公司明确其同意解除双方合同的原因是现在距离双方 1999 年 4 月签约已有数年，在科技迅猛发展的情况下，继续履行数年前签订的合同已无实际意义。

在本院审理期间，当事人双方一致确认合同约定的智环 SCMC 管理系统在签约前已由智环公司完成研发，双方合同的目的是将该系统用于万企公司的日常现代化、智能化管理，为此须根据万企公司的需求特点作适应性的修改、增补、完善。

【二审审理结果】

二审法院认为：双方合同约定的 SCMC 管理系统虽然在签约前已由智环公司研发完成，不存在根据合同约定由智环公司从零开发的问题，但将该系统应用于万企公司的日常现代化管理仍须根据万企公司的需求特点进行相当程度的修改、增补、完善等复杂技术工作。双方履行合同的过程证明这种修改、增补、完善等复杂技术工作需要智环公司在其 SCMC 管理系统的基础上，根据万企公司的需求编制方案、开发软件并进行技术支持，此明显具有委托开发性质，因此双方合同应属委托开发合同，原审法院判决认定的合同性质正确。

双方所签合同合法有效，签约后形成的两次《备忘录》系对合同的变更，亦合法有效。

作为双方合同约定的附件一，智环公司编制的《管理方案》经双方于 1999 年 6 月共同论证并签字确认后，其内容即成为智环公司根据合同约定开发软件的依据。因此该《管理方案》为智环公司履行合同形成的阶段性成果。经过此次论证，合同约定的万企公司支付第二笔款项的条件已经成就，万企公司没有如期支付该款，属违约在先。

双方于同年 8 月 31 日形成的第二次《备忘录》中明确了系统相关模块（包括 POS 系统）的交付时间及应当实现的特殊需求。智环公司应依此履行义务。现智环公司于同年 11 月 6 日交付万企公司的安装盘中没有 POS 系统，不符合双方第二次《备忘录》的要求。虽然智环公司主张其交付万企公司的安装盘没有 POS 系统的原因是万企公司不具备 POS 系统的软、硬件条件，但双方在合同及《备忘录》中仅明确了智环公司交付 POS 系统的时间而未约定万企公司须具备 POS 系统的软、硬件条件，且智环公司也没有就其此主张提供任何证据。因此对智环公司此主张，本院不予支持。关于智环公司交付给万企公司的安装盘中除 POS 系统和生产模块外的其他部分是否能够正常使用并符合双方合同约定及《备忘录》要求问题，本院认为智环公司应就此负举证责任，即智环公司应举证证明其交付给万企公司的安装盘中除 POS 系统和生产模块外的其他部分是否能够正常使用并符合双方合同约定及《备忘录》要求。现智环公司就此问题所举出的证据并不充分。不仅如此，双方在智环公司将安装盘交付给万企公司后双方的信函往来也说明该安装盘中的软件仍存在须修改、完善的问题。因此，本院认定智环公司交付给万企公司的安装盘并不符合双方合同及《备忘录》的要求，其没有履行在约定的时间内交付符合约定条件的开发成果之义务，亦构成违约。

　　虽然万企公司没有如期支付合同约定的第二笔款项，违约在先，但其后的双方形成的两次《备忘录》及智环公司《关于万企合同开发延期的原因》等均未涉及万企公司该违约行为对智环公司开发工作所造成的影响及损失，且智环公司承诺了《备忘录》中的各项履行义务，因此，应认为万企公司的违约行为并未影响合同的继续履行，万企公司未构成根本违约。

　　由于双方合同约定的 SCMS 管理系统由 3 个部分构成，并应满足合同附件一及《备忘录》中的要求，而智环公司提供的、缺乏 POS 系统及生产模块且尚存问题的软件安装盘，致使万企公司不能实现合同目的。因此，智环公司的违约行为属根本违约，在此情况下，万企公司有权解除合同。

　　当事人一方依法解除合同的应当通知对方，合同自通知到达对方时解除。因此，万企公司以信函通知智环公司解除合同之日，双方所签合同即解除。

　　合同解除后，尚未履行的，终止履行。已经履行的，当事人有权要求赔偿损失。因智环公司根本违约造成合同解除，故万企公司有权要求智环公司赔偿损失。双方在合同及《备忘录》中没有明确 SCMS 管理系统各组成部分、阶段的开发价款，智环公司已完成的《管理方案》只是开发的依据而非符合万企公司合同目的的最终软件成果，且没有证据证明智环公司交付万企公司的缺少 POS 系统及生产模块且尚存其他问题的安装盘能够正常使用。因此智环公司完成的上述成果，对万企公司没有实用价值，智环公司应赔偿万企公司已支付的 12 万元价款损失。万企公司则应停止使用已收取的软件。

　　因智环公司未履行开发义务的根本违约行为导致双方合同解除，故其应自行负担开发费等损失，故其要求万企公司支付合同价款及赔偿损失的反诉请求，本院不予支持。

　　综上，原审法院判决认定事实清楚、适用法律正确、审判程序合法、处理结果亦无不当，应予维持。依照《中华人民共和国民事诉讼法》第一款第（一）项之规定，判决如下：

　　驳回上诉，维持原判。

　　原审案件受理费 4 035 元，由深圳万企实业有限公司负担 200 元，由智环电子（北京）有限公司负担 3 835 元；原审反诉费 5 208 元，由智环电子（北京）有限公司负担 3 835 元；二审案件受理费 9 253 元，由智环电子（北京）有限公司负担。

97. "PPNET 网站系统"技术委托开发合同纠纷案

——北京京泰网络科技有限公司诉联合生产力信息技术有限公司

原告（反诉被告、被上诉人）： 北京京泰网络科技有限公司
被告（反诉原告、上诉人）： 联合生产力信息技术有限公司
案由： 技术委托开发合同纠纷

原审案号： 北京市朝阳区人民法院（2003）朝民初字第 8 号
原审合议庭成员： 李有光、党淑平、谢甄珂
原审结案日期： 2003 年 6 月 19 日
二审案号： 北京市第二中级人民法院（2003）二中民终字第 7477 号
二审合议庭成员： 邵明艳、何暄、张晓津
二审结案日期： 2003 年 9 月 16 日

【判决要旨】

技术委托开发合同履行过程中委托方确认开发方提供的应用系统及相关文档符合验收要求，应认定开发方已经履行了约定的开发及交付成果的义务。

【起诉与答辩】

原告北京京泰网络科技有限公司（以下简称京泰公司）诉称：2000 年 12 月 5 日，我公司与联合生产力信息技术有限公司（以下简称联合生产力公司）就开发 PPNET 网站系统签订合同。现我公司已经依约完成了各项开发工作，按时提交了相关文档，并提供了技术支持与售后服务，该网站已经正式运行。但联合生产力公司仅支付了部分开发费，退还了部分投标押金。故我公司起诉，要求：联合生产力公司支付尚欠的开发费 319 641 元及违约金 31 731.71 元；退还尚欠的投标押金 1.7 万元；赔偿为本次诉讼支出的公证费 1 500 元及律师费 2.5 万元；承担案件诉讼费用。

被告联合生产力公司答辩并反诉称：双方签订合同后，我公司依约支付了开发费 38 万元，但京泰公司未依约完成开发工作。2001 年 5 月 16 日双方签订《关于 PPNET 网站建设合同的执行备忘录》（以下简称备忘录）后，我公司又依约支付 15 万元，然而京泰公司仍未能依约履行义务。涉案网站在存在错误

的情况下上线试运行，主要功能无法实现，且因京泰公司未提交程序源代码等技术文档，尤其是未提交修改程序所需密码，致使我公司无法对网站系统进行正常管理和使用。京泰公司的违约行为，给我公司造成了巨额损失，并导致合同目的不能实现。故反诉，要求：解除双方签订的合同及备忘录；京泰公司返还已收取的开发费 53 万元。

京泰公司针对联合生产力公司的反诉答辩称：我公司依约完成了全部的合同义务，联合生产力公司的合同目的已经实现，因此不同意其反诉请求。

【原审查明事实】

原审法院经审理查明：2000 年 10 月 17 日，京泰公司向联合生产力公司支付 11 万元作为开发联合生产力公司网站的投标押金。同年 12 月 4 日联合生产力公司退还其押金 9.3 万元，并支付开发费 38 万元。次日，双方就开发 PP-NET 网站一事签订合同。约定：联合生产力公司（甲方）向京泰公司（乙方）提供开发环境及运行环境所需资源，乙方应向甲方提供系统运行应用服务器、开发工具、包括完整 ORACLE8.0.4 数据库的部署、个性化主页子系统、主页制作、管理咨询及信息化咨询系统集成等内容的运行系统及系统源代码，并按开发阶段提交相应的技术文档；合同总价款 849 641 元，其中采购应用服务器及开发工具的价款为 149 641 元，开发费为 70 万元；甲方于合同签订日支付 38 万元，于系统安装和调试完成。并经双方验收通过或者开始试运行后 5 个工作日内支付 39 万元，于甲方验收投入正式运行 9 个月后 5 个工作日内支付余款 79 641 元；依据双方审定的项目概要设计进行验收，自验收之日起 1 年内，乙方为甲方提供免费技术支持和售后服务；任何一方未按协议规定适当全面地履行义务，应当承担相应的违约责任，造成损失的应予以赔偿。此外，双方还就演示原型、落实系统概要设计、系统详细设计与开发、系统测试设计与模块测试、系统整体测试与维护、系统试运行与移交、验收等内容的完成期限及各阶段应提交的文档进行了约定。

嗣后，双方对应用服务器及开发工具进行了交接，并对网站的结构、主要功能及相关功能的设置等问题多次进行协商。

2001 年 5 月 16 日，双方签订备忘录，确认：乙方进行的项目开发工作已经基本完成，但应用界面和一些功能细节没有满足上线试运行的需要；为了提高该网站的可使用性，经过前一段时间的上线测试，甲方提出了一些对该网站的修改意见，即经双方讨论认定的《PPNET 网站修改意见》（以下简称《修改意见》）。双方进一步约定：乙方应于 6 月 30 日前按照《修改意见》的要求修改 PPNET 软件，此项工作完成后，PPNET 开始上线试运行；在 5 月 18 日前甲方支付 15 万元；经双方确认系统上线正式运行后 5 个工作日，甲方再支付 24 万元；系统正式上线运行 9 个月，且满足在备忘录及合同中的要求，甲方支付余款 79 641 元。同月 18 日，联合生产力公司向京泰公司支付 15 万元。

2001 年 11 月 19 日，京泰公司所开发的系统与互联网连接。PPNET 网站刊登了若干介绍联合生产力公司举办网站开通仪式的报道。京泰公司提出其所开发的系统自该日上线正式运行，联合生产力公司则提出自该日上线试运行。

2002 年 5 月 8 日，联合生产力公司向京泰公司发传真确认：经过前一阶段的试运行，京泰公司开发的系统已日趋稳定，经验收，京泰公司提供的应用系统及相关文档符合验收要求。

2003 年 1 月 8 日，联合生产力公司登陆 PPNET 网站，能够浏览"用户注册"网页，但未能成功地实现注册功能，并就此进行了公证。联合生产力公司未就此向京泰公司提出修复要求。同年 1 月 25 日，联合生产力公司停止对京泰公司所开发系统的使用。

京泰公司为此次诉讼支出公证费 1 500 元及律师费 1 万元。

【原审审理结果】

原审法院认为：京泰公司与联合生产力公司签订的合同及备忘录，系双方的真实意思表示，其内容亦不违反我国法律的规定，故该合同及备忘录合法有效。对于合法有效的合同，双方均应遵循公平和诚实信用原则，依约履行各自的义务，以保证合同目的的顺利实现。京泰公司应依约完成开发工作，并按阶段交付技术文档；联合生产力公司则应接受开发成果和文档，并依约支付开发费用。

由于双方认可京泰公司所开发的系统在正式运行前需要经过上线试运行，现京泰公司未举证证明在 2001 年 11 月 19 日之前曾上线进行了试运行，亦未举证证明双方确认该日为正式运行，故应认定该日京泰公司所开发的系统开始上线试运行。京泰公司提出该日为正式运行的主张，因无证据支持，本院不予采信。

联合生产力公司已于 2002 年 5 月 8 日发函确认，京泰公司提供的应用系统及相关文档符合验收要求，故应认定从该日起京泰公司开发的系统正式运行。至此，京泰公司已经履行了约定的开发及交付成果的义务。

虽然 2003 年 1 月 8 日系统出现错误，但联合生产力公司并未要求京泰公司进行修复，且未就该系统正式运行后至被停止使用之前曾要求修复并遭到拒绝进行举证，故应当认定在该系统被停止使用之前，京泰公司依约履行了维护义务。由于联合生产力公司在约定的免费维护期届满前，自行停止对该系统的使用，使得京泰公司不可能继续履行维护义务，且联合生产力公司应该支付的开发费中亦不包括维护费用，故京泰公司有权要求联合生产力公司支付全部开发费用。京泰公司已经履行了全部义务，联合生产力公司实现了合同目的，故对于联合生产力公司以其合同目的不能实现为由提出的反诉请求，本院不予支持。

京泰公司未在约定的时间进行试运行，违约在先，故其要求联合生产力公司承担逾期付款违约责任的诉讼请求，本院不予支持。鉴于联合生产力公司并未举证证明京泰公司延迟履行的行为给其造成损失，因此本院对此不予处理。京泰公司为证明合同履行状态而进行了公证，公证费是其为诉讼的合理支出，对于该部分损失，联合生产力公司应予以赔偿。京泰公司索赔律师费，依据不足，故本院不予支持。

京泰公司与联合生产力公司基于交付及收取投标押金产生的法律关系，与本案引起争议的合同纠纷不属于同一个法律关系，应另案解决，故对于京泰公司索要投标押金的诉讼请求，本院不予支持。

依据《中华人民共和国合同法》第三百三十一条之规定，判决如下：

一、联合生产力信息技术有限公司于本判决生效之日起 10 日内给付北京京泰网络科技有限公司开发费 319 641 元；

二、联合生产力信息技术有限公司于本判决生效之日起 10 日内赔偿北京京泰网络科技有限公司经济损失 1 500 元；

三、驳回北京京泰网络科技有限公司的其他诉讼请求；

四、驳回联合生产力信息技术有限公司的反诉请求。

联合生产力公司不服原审判决，提出上诉，请求撤销原审判决，解除双方签订的合同及备忘录；京泰公司返还已收取的开发费 53 万元。

【二审查明事实】

二审法院经审理查明：2000 年 10 月 17 日，京泰公司向联合生产力公司支付 11 万元作为开发联合生产力公司网站的投标押金。同年 12 月 4 日，联合生产力公司退还其押金 9.3 万元，并支付开发费 38 万元。次日，双方就开发 PP-NET 网站一事签订合同。约定：联合生产力公司（甲方）向京泰公司（乙方）提供开发环境及运行环境所需资源，乙方应向甲方提供系统运行应用服务器、开发工具、包括完整 ORACLE8.0.4 数据库的部署、个性化主页子系统、主页制作、管理咨询及信息化咨询系统集成等内容的运行系统及系统源代码，并按开发阶段提交相应的技术文档；合同总价款 849 641 元，其中采购应用服务器及开发工具的价款为 149 641 元，开发费为 70 万元；甲方于合同签订日支付

38 万元，于系统安装和调试完成，并经双方验收通过或者开始试运行后 5 个工作日内，支付 39 万元，于甲方验收投入正式运行 9 个月后 5 个工作日内，支付余款 79 641 元；依据双方审定的项目概要设计进行验收，自验收之日起 1 年内，乙方为甲方提供免费技术支持和售后服务；任何一方未按协议规定适当全面地履行义务，应当承担相应的违约责任，造成损失的应予以赔偿。此外，双方还就演示原型、落实系统概要设计、系统详细设计与开发、系统测试设计与模块测试、系统整体测试与维护、系统试运行与移交、验收等内容的完成期限及各阶段应提交的文档进行了约定。

嗣后，双方对应用服务器及开发工具进行了交接，并对网站的结构、主要功能及相关功能的设置等问题多次进行协商。

2001 年 5 月 16 日，双方签订备忘录，确认：乙方进行的项目开发工作已经基本完成，但应用界面和一些功能细节没有满足上线试运行的需要；为了提高该网站的可使用性，经过前一段时间的上线测试，甲方提出了一些对该网站的修改意见，即经双方讨论认定的《PPNET 网站修改意见》。双方进一步约定：乙方应于 6 月 30 日前按照《修改意见》的要求修改 PPNET 软件，此项工作完成后，PPNET 开始上线试运行；在 5 月 18 日前甲方支付 15 万元；经双方确认系统上线正式运行后 5 个工作日，甲方再支付 24 万元；系统正式上线运行 9 个月，且满足在备忘录及合同中的要求，甲方支付余款 79 641 元。同月 18 日，联合生产力公司向京泰公司支付 15 万元。

2001 年 11 月 19 日，京泰公司所开发的系统与互联网连接。PPNET 网站刊登了若干介绍联合生产力公司举办网站开通仪式的报道。京泰公司提出其所开发的系统自该日上线正式运行，联合生产力公司则提出自该日上线试运行。

2002 年 5 月 8 日，联合生产力公司向京泰公司发传真确认：经过前一阶段的试运行，京泰公司开发的系统已日趋稳定，经验收，京泰公司提供的应用系统及相关文档符合验收要求。

2003 年 1 月 8 日，联合生产力公司登陆 PPNET 网站，能够浏览"用户注册"网页，但未能成功地实现注册功能，并就此进行了公证。联合生产力公司未就此向京泰公司提出修复要求。同年 1 月 25 日，联合生产力公司停止对京泰公司所开发系统的使用。

京泰公司为此次诉讼支出公证费 1 500 元及律师费 1 万元。

此外，京泰公司在诉讼中提出要求联合生产力公司返还投标押金 17 000 元。

【二审审理结果】

本案在审理过程中，经二审法院主持调解，双方当事人自愿达成如下协议：

一、自本调解书生效之日起 30 日内，联合生产力信息技术有限公司给付北京京泰网络科技有限公司技术开发费 24 万元（如逾期付款，按照中国人民银行同期贷款利率支付利息）；

二、联合生产力信息技术有限公司于本调解书生效之日起 30 日内，赔偿北京京泰网络科技有限公司经济损失 1 500 元；

三、原审案件受理费 8 433 元，由北京京泰网络科技有限公司负担 1 633 元，由联合生产力信息技术有限公司负担 6 800 元；原审反诉案件受理费 10 310 元，由联合生产力信息技术有限公司负担；二审案件受理费 8 433 元，由联合生产力信息技术有限公司负担 6 800 元，由北京京泰网络科技有限公司负担 1 633 元；二审反诉案件受理费 10 310 元，由联合生产力信息技术有限公司负担。

98. "超球面模型（MDSM）多元数据分析技术"
软件合作开发合同纠纷案

—— 白·图格吉扎布诉北京时空港科技有限公司

原告（被上诉人）： 白·图格吉扎布
被告（上诉人）： 北京时空港科技有限公司
案由： 计算机软件合作开发合同纠纷

原审案号： 北京市第一中级人民法院（2002）一中民初字第 7552 号
原审合议庭成员： 刘勇、李燕蓉、姜颖
原审结案日期： 2003 年 4 月 16 日
二审案号： 北京市高级人民法院（2003）高民终字第 636 号
二审合议庭成员： 刘继祥、孙苏理、李嵘
二审结案日期： 2003 年 9 月 19 日

【判决要旨】

"合作意向书"是否合同，应以其约定的内容是否具备合同成立的要件，已确定并已实际履行的，应视为合同已经履行。

【起诉与答辩】

原告白·图格吉扎布诉称：原、被告于 2000 年 5 月 12 日订立一名为"合作意向书"的软件合作开发合同，合同约定：由原告向被告提出供开发 MDSM 股市分析软件所需的超球面模型（MDSM）多元数据分析技术，由被告组成一个包括有证券工作经历、计算机经历研究人员在内的开发小组进行此项技术的开发工作，在半年内写出 MDSM 股市分析软件推向市场。如被告不能按时提交股市分析软件，则视为违约，应向原告支付 10 万元违约金。随后，原告按合同约定向被告提供了 MDSM 超球面模型多元数据分析技术的资料、文件、源程序，并为被告开办了培训班。培训班学员的实验报告表明，MDSM 多元分析对于股市分析是有效的，被告已掌握了 MDSM 多元数据分析技术。在培训期间，被告录制了讲课录像带，复制了原告的计算机硬盘。2000 年底，被告以市场因素等借口单方面停止研究开发工作，拒绝履行合同，原告多次催促未果，现在，双方约定的开发周期已过，被告不但已无偿取得了原告的科研技术成果，

而且严重影响了原告在中国和美国的整体科研计划，损害了原告的商业利益，对留学生回国参加西部开发的积极性造成了不良影响。为维护原告的合法权益，特向人民法院提起诉讼，请求人民法院判令被告：（1）向原告支付违约金10万元；（2）停止使用原告的技术成果；（3）承担本案的全部诉讼费用。

被告北京时空港科技有限公司（以下简称时空港公司）辩称：（1）对原告白·图格吉扎布身份证明真实性有异议。原告以"外国公民"的身份提起诉讼，其提供了一份英文复印件，没有经过公证、认证，且没有翻译成中文。（2）原告不是合作意向书的当事人，没有资格以合作意向书向我方提出诉讼主张。合作意向书是我方与所谓"MDSM（美多思美）有限公司"（以下简称美多思美公司）于2000年5月12日签订的，并非我方与原告白·图格吉扎布个人签订。虽然，原告自称是美多思美公司的法定代表人，但是，原告个人和美多思美公司在法律意义上有着本质的区别，原告是自然人主体，而美多思美公司是法人主体。原告不是合作意向书在法律意义上的当事人，因此，原告没有资格以个人的名义，依据合作意向书向我方提出诉讼主张。并且，合作意向书不是合同，白·图格吉扎布未向时空港公司提交技术，请求法院依照有关程序法和实体法的规定，驳回原告的一切诉讼请求。

【原审查明事实】

原审法院经审理查明：2000年5月12日，美多思美公司作为甲方，与乙方时空港公司签订了名为"合作意向书"的协议，约定就共同开发股市分析软件项目进行合作，主要内容为：（一）合作开发MDSM股市分析软件。（二）甲方拥有开发MDSM股市分析软件所需的MDSM超球面模型多元数据分析技术，甲方将其使用权转让乙方供开发软件使用。（三）乙方承诺负责软件开发的技术工作和在中国市场的开拓：（1）项目将以MDSM为标志；（2）乙方有将甲方提供的技术通过研究开发转换成股市分析软件的责任，不能在本意向书第五条规定的开发周期内提交软件成果则视为违约，需要向甲方交纳本意向书第八条规定的罚金；（3）乙方组成开发小组，完成软件开发工作；……（五）软件开发周期为半年，起始时间为甲方将开发软件模型所必需的基础数据资料、源程序及开发文档等资料提供给乙方之日起计算。（六）甲方享有乙方基于开发出的软件在中国进行的各种商业运作所取得利润的10%，……（八）由于乙方的原因造成不能按时提交该软件，甲方有权对其处以人民币10万元的罚金等。白·图格吉扎布代表甲方在意向书上签了字。

2000年5月22日，时空港公司向白·图格吉扎布发送电子邮件，向白·图格吉扎布通报其工作进展，称已确定5人，争取达到10人规模，然后请白·图格吉扎布进行培训，最终确定开发人员。

2000 年 5 月 25 日，时空港公司又向白·图格吉扎布发送电子邮件，称 24 日其与科技部科技创新基金评审小组人员进行了讨论，一致认为超球面模型完全符合科技创新基金无偿拨款的要求，该基金可对一个项目无偿拨款 100~200 万元。

2000 年 6 月 5 日，时空港公司先向白·图格吉扎布发送电子邮件，称收到白·图格吉扎布关于郝翰和邮来程序的电子邮件，等程序收到后会及时与您联系。之后又向白·图格吉扎布发送电子邮件，与白·图格吉扎布商讨能否接受来自内蒙古的人员问题。

2000 年 6 月 9 日，时空港公司向白·图格吉扎布发送电子邮件，称：您的特快专递已经收到。同日，白·图格吉扎布向时空港公司发送电子邮件，称：软件程序代码于 2000 年 6 月 6 日通过 EMS 邮寄，号码是 EG137751782CN，请时空港公司告知是否收到或向 185 查询。

2000 年 6 月 28 日，时空港公司向白·图格吉扎布发送电子邮件，称：关于 MDSM 的编程工作已找好人，询问白·图格吉扎布可否 7 月进行培训，该公司负责机票及食宿。

2000 年 7 月 1 日，白·图格吉扎布向时空港公司发送电子邮件，就培训时间、内容、日程安排等问题与时空港公司协商。还就王极进完成的算表发表了意见。

2000 年 7 月 19 日起，白·图格吉扎布为履行意向书举办了为期 7 日的培训班，讲授内容属"白捷博士多年研究成果"，并称"这是白捷博士与时空港公司进行商业合作的基础"。时空港公司部分员工及相关人员参加了培训。

2000 年 7 月 25 日，北京时空港超球面模型培训班学员吴兵、王极进撰写了《MDSM 股市监测和趋势分析实验报告》，内容为：为验证白博士的 MDSM 数学模型在股市监测和趋势分析方面的有效性，在深圳股市选取 28 支股票，在 2000 年 5 月 29 日至 7 月 24 日的时间里，利用 MDSM 数学模型在股市监测和趋势分析指导股票买卖操作。实验原理是根据 MDSM 数学模型制定买卖股票的原则，经过 38 天的实验，利用 MDSM 的趋势分析方法指导股票的买卖，共进行 5 次买卖交易，模拟投资从 28 000 元上升到 31 016.80 元，投资回报率 10.77%，增值 3 016.77 元……利用 MDSM 趋势分析指导的投资比平均随机投资多增值 176.61 元，投资回报率高出 4.22%……其结果是"总的来说，本次实验的结果是可信的，投资回报率是可以接受的"。

2000 年 11 月 30 日，时空港公司向白·图格吉扎布发送电子邮件，称：关于《超球面模型（MDSM）及其在股市分析上的应用》项目，我们几经调查分析和认真研究，期间征求和咨询了证券、金融、计算机、网络、数学、财务等多方面专业人士的意见，与有关股票分析软件开发公司进行了接洽和商业探讨，大家普遍认为，在目前情况和条件下，仅基于您目前的研究成果，开发一个股票分析系统软件，条件尚不具备，风险是显而易见的，并列举了四个理由：（1）超球面模型对股票价格走势有一定的揭示作用，但更多是反映在它的理论意义上的；（2）对于一个股票分析系统来说，仅有趋势分析功能是远远不够的，目前股票分析软件很多，功能也比较完善，股票分析软件市场已趋于饱和，而我们基于超球面模型开发的股票分析软件其主要特色及趋势分析与传统的均线理论雷同，因此我们的股票分析软件与其他软件没有互补性，更不具排他性，风险很大；（3）超球面模型更多的是给股民提供一个理念；（4）时空港公司是以盈利为目的的商业公司，对一个项目的决策慎之又慎。同时表示该公司决定停止（开发）《超球面股票分析系统软件》，并表示意向书不是法律意义上的承诺，提议延长开发软件的周期。该公司还表示白·图格吉扎布可以放弃与时空港公司的合作意向，与其他公司或者个人合作，时空港公司将放弃其在意向书中的权利。

2000年12月12日，白·图格吉扎布向时空港公司发送电子邮件，表示意向书就是双方的合同，双方已经实际履行了意向书，不同意终止意向书的履行。

2000年12月13日，时空港公司向白·图格吉扎布发送电子邮件，表示并非终止协议的执行，只是提议延长软件开发周期。

另查明，内蒙古美多思生态数据分析有限公司（以下简称美多思公司）曾就本案争议的合作意向书，以时空港公司为被告，向北京市海淀区人民法院起诉。北京市海淀区人民法院认为，该合同甲方处尽管写有MDSM（美多思美）有限公司字样，但该公司并不存在，由于原告美多思公司在合同签订时尚未成立，因此合同的甲方当事人应是合同的签名者白·图格吉扎布。美多思公司成立后，在合同履行的过程中无论是美多思公司提供的电子邮件还是时空港公司提供的有关票据等证据，其所表明的合同甲方均为白·图格吉扎布本人而非美多思公司，没有证据表明合同甲方的权利义务已经合法转让给了美多思公司。故北京市海淀区人民法院据此作出（2001）海知初字第154号民事裁定书，驳回了美多思公司的起诉。美多思公司及时空港公司在法定期限内均未提出上诉，该民事裁定书已经发生法律效力。

在本案审理过程中，双方当事人均认可白捷博士就是本案原告白·图格吉扎布。

另，原告白·图格吉扎布就其诉讼请求第二项向本院明确表示，在解除双方合同的前提下，被告时空港公司应停止使用原告的技术成果。

【原审审理结果】

原审法院认为：根据双方当事人的诉辩主张，本案主要涉及原告白·图格吉扎布是否为本案适格原告、双方意向书的法律性质与效力以及白·图格吉扎布的诉讼请求能否得到支持的问题。

本案争议的合作意向书注明的甲方是美多思美公司，白·图格吉扎布作为该公司的代表在意向书上签字。但是，美多思美公司当时并未注册成立，意向书的实际签字和履行者均为白·图格吉扎布，北京市海淀区人民法院在其已经发生法律效力的（2001）海知初字第154号民事裁定书中亦认定意向书的实际签订者与履行者为白·图格吉扎布，故本院认定，意向书的甲方为白·图格吉扎布。时空港公司虽认为其系与美多思美公司签订意向书且对北京市海淀区人民法院（2001）海知初字第154号民事裁定书认定的事实不服，但时空港公司不能向本院提交美多思美公司成立的相关证据，亦未对北京市海淀区人民法院（2001）海知初字第154号民事裁定书提起上诉，故本院对时空港公司对白·图格吉扎布合同主体资格所提异议，不予支持。白·图格吉扎布在向本院提起诉讼时，系其本人持由美国政府签发的护照原件到本院办理相关手续，向本院提交了起诉状、授权委托书，并经本院审核确认，足以证明其身份的真实性，被告关于白·图格吉扎布提交的是其身份证明复印件，未经过公证、认证手续，未翻译成中文的抗辩主张，本院不予支持。故白·图格吉扎布是本案的适格原告。

我国合同法规定，合同是平等主体的自然人、法人、其他组织之间设立、变更、终止民事权利义务关系的协议。合同的内容由当事人约定，一般包括以下条款：当事人的名称或者姓名和住所；标的；数量、质量、价款或者报酬；履行期限、履行地点和方式；违约责任；解决争议的方法等。可见，合同是合同双方确立、变更、终止民事权利义务关系的协议。只要合同双方有民事行为能力，双方就合同的标的、数量、价款、履行期限、履行地点和方式、违约责任承担、争议解决的方法等主要条款达成一致，且意思表示真实，合同就成立了，而无论是否使用了"合同书"这种表述方式。就本案而言，白·图格吉扎布与时空港公司签订的协议，虽然名为"合作意向书"，但该协议中已经包括了标的、双方的权利义务、履行期限、违约责任等主要内容，该意向书是双方当事人的真实意思表示，故应认定合作意向书是依法成立的合同。并且，根据本院查明的事实，双方签订意向书后，时空港公司为履行意向书招聘了开发人员，白·图格吉扎布以提供技术资料和进行人员培训的方式，向时空港公司交付了 MDSM 超球面模型多元数据分析技术，软件开发人员亦根据白·图格吉扎布提供的 MDSM 超球面模型多元数据分析技术进行了实验，作出了分析报告，故可以认定双方当事人已经实际履行了意向书。该意向书没有违反法律或损害他人利益，对双方当事人产生法律拘束力。根据该意向书的内容，该"合作意向书"应认定为计算机软件合作开发合同，白·图格吉扎布负责提供可供开发的 MDSM 超球面模型多元数据分析技术，时空港公司负责股市分析软件的开发。

　　众所周知，在市场经济中，任何经济活动都可能存在风险，订立合同也不例外。作为合同的一方当事人，为避免风险的发生，应该在合同签订前对项目进行认真、充分的市场分析、风险调研，而不能在合同签订后，将合同风险转嫁合同的对方当事人。本案中，时空港公司作为承担股市分析软件开发任务的一方当事人，其应在签订合同前，对白·图格吉扎布拥有的 MDSM 超球面模型多元数据分析技术情况、股市分析软件的市场行情等进行充分调研，而不应该在合同履行过程中，才对白·图格吉扎布拥有的技术、股市分析软件的市场情况、开发风险等进行考察。在合同履行期限届满之前，时空港公司以开发股市分析软件的条件尚不具备、风险是显而易见的为由，决定停止开发股市分析软件，提出延长软件的开发周期，并表示合作意向书并不是法律意义上的承诺、白·图格吉扎布可以放弃合作意向书另与其他人进行合作、时空港公司可以放弃其在合作意向书中的权利。这足以表明时空港公司已明确表示其将不继续履行开发软件的合同主要义务，其行为最终导致合同约定的软件未能按时开发完成，时空港公司的行为已经构成违约，应承担违约责任。原告白·图格吉扎布要求时空港公司按照合同约定支付 10 万元违约金，本院应予支持。时空港公司的违约行为足以导致合同目的不能实现，原告请求在解除合同的前提下，被告时空港公司不得再使用其 MDSM 超球面模型多元数据分析技术，符合《中华人民共和国合同法》第九十四条的规定，本院应予支持。时空港公司虽辩称其从未收到原告白·图格吉扎布的源程序和数据、文档，但从双方往来的电子邮件、白·图格吉扎布对软件开发人员进行了培训且培训内容是白·图格吉扎布的研究成果、时空港公司软件开发人员根据 MDSM 数学模型制作的实验报告以及在双方履行合同过程中时空港公司从未提出过白·图格吉扎布未提交有关技术资料的事实，本院认定白·图格吉扎布已经提交了有关源程序、数据和文档，本院对时空港公司的抗辩主张不予采信。

　　综上，原告白·图格吉扎布的诉讼请求具有事实与法律依据，对其要求被告时空港公司承担 10 万元违约金及不得再使用 MDSM 超球面模型多元数据分析技术的诉讼请求，本院予以支持。时空港公司的抗辩，缺乏事实和法律依据，本院不予支持。依照《中华人民共和国合同法》第一百零七条的规定，判决如下：

一、本判决生效之日起，被告北京时空港科技有限公司立即停止使用原告白·图格吉扎布的 MDSM 超球面模型多元数据分析技术；

二、本判决生效之日起 30 日内，被告北京时空港科技有限公司向原告白·图格吉扎布支付违约金人民币 10 万元。

时空港公司不服原审判决，提出上诉，理由是：（1）海淀区人民法院（2001）海知初字第 154 号民事裁定认定事实和适用法律错误，不应作为原审判决的依据。（2）即使以上述裁定有效为基础，原审判决仍认定事实有误。白·图格吉扎布以 MDSM 公司的名义与时空港公司签订合作意向书，其行为构成欺诈，上述意向书无效；原审法院没有查清白·图格吉扎布是否拥有超球面模型（MDSM）多元分析技术及是否根据意向书向时空港公司提供了该技术；原审法院对双方往来电子邮件内容没有逐一质证，对邮件内容理解不完整；白·图格吉扎布并未充分履行其为时空港公司举办培训班的义务；原审判决推断白·图格吉扎布已向时空港公司提交源程序、数据和文档是不成立的；白·图格吉扎布请求支付 10 万元违约金没有法律依据。

白·图格吉扎布辩称：原审判决认定事实清楚，适用法律正确，请求维持原判。理由是：（1）根据发生法律效力的（2001）海知初字第 154 号裁定所确认的事实，即白·图格吉扎布是涉案合同的甲方。（2）时空港公司已经如约履行了合同。（3）双方往来的电子邮件经庭前证据交换和当庭质证，可以作为定案依据，且时空港公司在海淀法院审理的案件中也曾对上述电子邮件的真实性予以认可。（4）合同虽然写明"甲方有权对其处以人民币 10 万元的罚金"，但合同应基于其法律特征来认识，上述条款的法律特征就是违约金。

【二审查明事实】

二审法院查明的事实与原审法院相同。另查明，意向书签订时，乙方的名称为"北京时空港网络科技有限公司"，该公司于 2001 年变更其名称为北京时空港科技有限公司。

二审庭审中，经时空港公司申请，白·图格吉扎布 2000 年 7 月举办的培训班中的学员王国强出庭作证。王国强认为，白·图格吉扎布的股票分析方法与其时的其他股票分析方法相比没有独创性，因此是没有价值的。时空港公司二审期间还提供了一盘光盘，称该光盘是白·图格吉扎布发来，其于 2000 年 6 月 9 日收到。

【二审审理结果】

二审法院认为：已为人民法院发生法律效力的裁判所确定的事实当事人无需举证。北京市海淀区人民法院（2001）海知初字第 154 号民事裁定书是已经发生法律效力的裁判文书，其中的事实本院应予确认，故白·图格吉扎布为合作意向书的甲方。时空港公司未能提供相反证据，证明该裁定存在错误，其相关上诉理由缺乏事实和法律依据，本院不予支持。

白·图格吉扎布与时空港公司所签订的意向书，是双方真实的意思表示，不存在欺诈。该意向书是依法成立的合同。

双方往来电子邮件，在原审期间已经质证，对其真实性双方均已予认可。根据双方往来的电子邮件的内容、举办培训班的事实及学员的分析报告，可以认定时空港公司履行了组成开发小组的合同义务，白·图格吉扎布履行了交付技术资料的合同义务，并对开发小组成员进行了培训。因合同中对技术内容没有明确约定，故该技术是否具有独创性及价值不能作为评价白·图格吉扎布是否履行了该合同的依据，故王国强的证言对白·图格吉扎布是否提供了合同所约定的技术没有证明力。时空港公司二审所提供的光盘，因缺乏其他证据佐证，不能证明该光盘系白·图格吉扎布在双方合作期间所提供，故上述证人证言及证据对合同履行情况没有证明力。

合作意向书第八条所称的"罚金"，在法律性质上是双方所约定的在乙方没有按期履行合同义务的情况下，即违约的情况下，乙方应付给甲方的违约金。其与行政执法中的"罚金"性质完全不同。合同双方就违约金的上述约定合法有效，本院予以支持。

综上，时空港公司的上诉理由缺乏事实及法律依据，其上诉请求本院不予支持。原审判决认定事实清楚，适用法律正确，应予维持。依照《中华人民共和国民事诉讼法》第一百五十三条第一款第（一）项的规定，判决如下：

驳回上诉，维持原判。

原审案件受理费 3 510 元，由北京时空港科技有限公司负担；二审案件受理费 3 510 元，由北京时空港科技有限公司负担。

99．"XDA－2型流动剧场"技术转让合同纠纷案

—— 内蒙古农家乐舞台技术研究所诉中国艺术科技研究所

原告： 内蒙古农家乐舞台技术研究所
被告： 中国艺术科技研究所
案由： 技术转让合同纠纷

一审案号： 北京市第一中级人民法院（2003）一中民初字第3625号
一审合议庭成员： 赵静、苏杭、姜颖
一审结案日期： 2003年11月20日

【判决要旨】

在缔约过程中双方约定的附效条件已经成就的，当事人一方违背缔约过程中应遵循的诚实信用原则、拒绝继续签订合同的，应当承担缔约过失责任。

【起诉与答辩】

原告内蒙古农家乐舞台技术研究所诉称：为了解决艺术表演团体下乡进行演出的实际困难并改善和提高广大农牧民群众的文化生活水平，我国第一座A－2型多功能流动剧场于1981年由原告的法定代表人杨维瀛先生研制成功。该项科研成果获文化部1981～1982年科技成果奖，1984年获国家发明奖，1982年获内蒙古自治区科学技术成果奖。A－2型流动剧场在实际应用中深受广大文艺工作者和农牧民朋友的好评，为此，《人民日报》、《光明日报》、《工人日报》、新华社等多家媒体都进行了报道。1999年在A－2型流动剧场的基础上，由原告投资120万元，经过技术更新，杨维瀛先生又成功地研制出了XDA－2型流动剧场，2001年12月在中国国际科技文化博览会全国文化产业成果交流会上获创新奖。

根据研发流动剧场和举办"西部万里行活动"的实际需要，2001年4月30日，原、被告双方经友好协商同意订立XDA－2型流动剧场《技术转让合同书》。

经过一年多的努力，流动剧场的研发工作取得了很大的进展，全国有30多个艺术团体和文化主管部门提出制作流动剧场和流动舞台，供文艺团体"三下乡"使用；中铁建材料总厂提出筹集资金400万元，组建"中国流动文化设

施开发中心";财政部也表示帮助解决研发经费;根据文化部的要求被告编制了流动文化设施项目申报书、项目可行性报告和项目评审报告。与此同时,"西部万里行活动"也得到了有关部、委、办和社会团体的大力支持。

正当各项工作顺利进行即将取得成效的时候,2002年3月初,被告突然宣布停止流动剧场及系列产品的研发和"西部万里行活动"的筹备工作,并单方解除了与包括原告在内的各合作单位的合同。2002年4月1日起,终止了同原告法定代表人杨维瀛先生的《聘用合同书》。

为了研发 XDA－2型流动剧场及系列产品,全面履行与被告达成的协议,原告作出了大量的努力和工作,由于被告的单方面违约,不但致使原告的合同目的不能实现,而且还给原告造成了严重的经济损失。故原告请求法院判令被告赔偿其以下损失:(1) XDA－2型流动剧场及配套设备自2001年8月31日至2002年7月31日共11个月,由被告管理和使用,根据有关标准,按月租金5万元计算,被告应支付使用费55万元;(2)被告使用原告的技术与中国铁道建筑总公司高碑店材料总厂综合加工厂及山东临清重型汽车改装厂签订合作开发合同,采用原告技术资料和成果以被告名义向全国印发宣传彩页和光盘,被告应支付技术使用费10万元;(3) XDA－2型流动剧场及配套设备返回内蒙,被告需支付人工费2 000元,油料费4 500元,交通费3 000元,食宿费1 500元,合计11 000元;(4)被告拖欠原告 XDA－2型流动剧场4名工作人员2002年4月至7月份工资应足额给付,按每人每月1 300元计算,合计20 800元;(5)被告终止了与中国铁道建筑总公司高碑店材料总厂综合加工厂的合作开发合同后,该厂开始收取 XDA－2型流动剧场及配套设备在该厂存放和流动剧场人员住宿费的费用,合计6 000元;(6)2002年10月给唐山燕东集团研制活动剧场时,因工期短、交货急,借用原告流动剧场减速器1套、价值3 500元,灭火器10个、价值750元,彩旗60面、价值180元,主柱支架2套、价值300元,以上合计4 430元,被告应支付相应价款;(7)判令被告承担本案的诉讼费用。

被告中国艺术科技研究所辩称:(1)本案案由为技术成果转让合同纠纷,但是原告的诉讼请求中还包括了租赁纠纷(诉讼请求第1项)、劳动纠纷(诉讼请求第4项)及一般债务纠纷(诉讼请求第3、5、6项)等5项与技术成果转让合同无关的诉讼请求,上述请求权不是基于同一法律关系产生的,不应当在同一案件中审理,该5项诉讼请求应当驳回。(2)被告与原告不存在技术成果转让法律关系,应当驳回原告的诉讼请求。原告诉讼所依据的《技术转让合同书》自始至终从未成立,未发生法律效力。该《技术转让合同书》第六条约定:"本合同书经双方签字盖章后生效,……"但被告并没有在该合同书上签字和盖章，故被告与原告之间没有技术成果转让法律关系。（3）XDA－2型流动剧场及配套设备始终由原告管理和控制，被告从未管理和使用 XDA－2型流动剧场及配套设备。原告把 XDA－2型流动剧场及配套设备从内蒙运到北京，是其法定代表人杨维瀛履行聘用合同行为，被告如期支付了杨维瀛工资并报销其差旅费、公务费用、药费等，全面适当地履行了自己的义务，其最终目的是为了宣传和推广该技术并得到文化部领导的认可。杨维瀛分别以被告总工程师、总指挥等负责人的身份参与起草、发布了《关于筹集"迈进新世纪流动剧场西部行"活动筹备组和工作队的决定》、《关于筹集"西部行"活动经费的有关规定》等文件并署名，被告则承担了 XDA－2型流动剧场来京及之后的全部运转费用，现原告诉请被告支付 XDA－2型流动剧场使用费55万元没有任何依据。（4）原告对其主张的第3、4、5和6项诉讼请求亦未提供相关证据和法律依据。综上，被告认为原告的诉讼请求无事实及法律根据，故请求法院依法驳回原告对被告的诉讼请求。

【一审查明事实】

一审法院经审理查明：2001年8月13日，被告与中铁建高碑店材料总厂综合加工厂签订一份《关于合作开发流动文化演出设施的合同书》。2001年9月6日，被告作为合同甲方与山东临清重型汽车改装厂（合同乙方）签订一份《关于合作开发系列流动舞台车的协议书》。在上述两份合同书中，均没有直接关于本案诉争的 XDA－2型流动剧场的内容。2002年3月22日，被告分别致函中铁建高碑店材料总厂综合加工厂、山东临清重型汽车改装厂，声明：从即日起，终止双方间签订的上述合同书。

2001年8月26日，被告向原告发出《关于 XDA－2型流动剧场进京应用汇报的函》，载明："……为了让部领导和有关部门能全面了解 XDA－2型流动剧场的性能和实际应用效果，我们希望将 XDA－2型流动剧场送到北京。经实际应用和验证合格后，再签订转让合同书。XDA－2型流动剧场可于9月上旬来京，9月30日前完成实际应用汇报工作，来京所需费用由我所支付。……"

2001年10月24日的《光明日报》刊登消息称："10月22日，文化部中国艺术科技研究所与河北省高碑店市在白沟镇举行了金秋十月'三下乡'流动剧场文艺演出首演式。文化部和保定市有关领导在讲话中对这一形式给予肯定。这次演出使用的 XDA－2型流动剧场，总面积1 200平方米，剧场内有成排对号座位1 600个，木制舞台90平方米，剧场内灯光、音响、防火、通风设施齐备，整个剧场只用一辆汽车即可拉走。"随后，2001年10月31日的《中国文化报》、2001年11月4日的《科技日报经济特刊》分别刊登消息，对10月

22 日在河北省高碑店市白沟镇举行的金秋十月'三下乡'流动剧场文艺演出首演式活动情况进行了介绍，均指出：这次演出使用的是 XDA - 2 型流动剧场。

2001 年 12 月 14 日，文化部社会文化司授予杨维瀛获奖证书，载明："在中国国际科技文化成果博览会全国文化产业成果交流会上，XDA - 2 型流动剧场荣获创新奖。"庭审中，杨维瀛作为原告的法定代表人主张 XDA - 2 型流动剧场是在其个人拥有的 A - 2 型流动剧场的基础上，由原告投资 120 万元，经过技术更新研制的职务成果，其技术所有权人为原告，其个人只是 XDA - 2 型流动剧场技术的主要发明设计人。而被告主张 XDA - 2 型流动剧场系杨维瀛作为被告的总工程师履行聘用合同的职务技术成果，其权属应归被告。

原告提交的《技术转让合同书》的落款时间为 2001 年 4 月 30 日，其上只有原告的盖章和法定代表人的签字，而没有被告的盖章和签字。被告在庭审中否认与原告就该合同书内容进行过具体协商。原告的第 2 项诉讼请求依据的是该合同书第二条的内容："甲方（指被告方）自本合同书签订生效后，首次付给乙方（即原告）技术转让费 10 万元。"

在被告提交的"流动剧场"运转和推广宣传等相关费用单据（即证据 4）中有一张领款人为杨维瀛的 2001 年 9 月 20 日的支出凭单，载明：付到内蒙接流动剧场燃油费 2 073.36 元、维修费 8 380 元、过路费 618 元、差旅交通费 1 315 元、补助费 3 600 元，共计 16 049.36 元。

【一审审理结果】

一审法院认为：本案系技术转让合同订立过程中发生的纠纷。被告在庭审中虽主张本案诉争的 XDA - 2 型流动剧场系杨维瀛作为被告的总工程师履行聘用合同的职务技术成果，其权属应归被告，但从被告向原告发出的《关于 XDA - 2 型流动剧场进京应用汇报的函》的具体内容可证明 XDA - 2 型流动剧场的技术转让方应为原告。基于 XDA - 2 型流动剧场是在原告法定代表人杨维瀛个人拥有的 A - 2 型流动剧场的基础上，由原告经过技术更新研制的成果，本院确认该技术所有权人为原告。

当事人行使权利、履行义务应当遵循诚实信用原则，依据《中华人民共和国合同法》第四十二条第（三）项之规定，当事人在订立合同过程中，若有违背诚实信用原则的行为，给对方造成损失的，应承担损害赔偿责任。由查明事实可知，被告明确承诺与原告签订技术转让合同书的时间为 2001 年 8 月 26 日，条件为"经实际应用和验证合格后"。被告主张原告将 XDA - 2 型流动剧场及配套设备从内蒙运到北京，是其法定代表人杨维瀛履行聘用合同行为，其最终目的是为了宣传和推广该技术并得到文化部领导的认可。被告的这一主张也足以证明原告将 XDA-2 型流动剧场及配套设备从内蒙运到北京,其目的是为了促成双方技术转让合同书签订的成就条件:经实际应用和验证合格。(得到文化部领导的认可)

由 2001 年 10 月 24 日的《光明日报》、2001 年 10 月 31 日的《中国文化报》、2001 年 11 月 4 日的《科技日报经济特刊》所刊登的消息可证明本案诉争的 XDA-2 型流动剧场至少已于 2001 年 10 月 22 日经实际应用和验证合格。自此,原、被告双方 XDA-2 型流动剧场签订技术转让合同的条件已成就。至此,原告有充分的理由相信双方会正式订立关于 XDA-2 型流动剧场的《技术转让合同书》,然而,在 2002 年 3 月初,被告明确表示不再与原告签订《技术转让合同书》。被告的这一行为已违背了缔约过程中应遵循的诚实信用原则,应依法赔偿由此给原告造成的实际损失。下面针对原告请求赔偿的 7 项诉讼请求的索赔费用是否属于被告应承担的缔约过失责任的赔偿范围逐一论述。

关于第 1 项诉讼请求:由于原告的现有证据仅能证明被告为了让文化部领导和有关部门全面了解 XDA-2 型流动剧场的性能和实际应用效果,只在河北省高碑店市白沟镇举行的演出中使用了 XDA-2 型流动剧场及配套设备。原告诉称自 2001 年 8 月 31 日至 2001 年 7 月 31 日的 11 月间,被告一直在管理和使用 XDA-2 型流动剧场及配套设备的主张,因缺乏证据支持,本院不予采信。由于被告在河北省高碑店市白沟镇举行的演出中使用了 XDA-2 型流动剧场及配套设备,故可参照月租金 5 万元的标准支付使用费。因此,本院对原告要求被告赔偿 11 个月的使用费共计 55 万元的第 1 项诉讼请求不予全额支持。

关于第 2 项诉讼请求:由于被告与中铁建高碑店材料总厂综合加工厂签订合同的时间早于 2001 年 8 月 26 日,且无论被告与山东临清重型汽车改装厂签订的合作开发合同,还是与中铁建高碑店材料总厂综合加工厂签订的合作开发合同,均没有具体指明合作开发的客体为本案诉争的 XDA-2 型流动剧场,在被告对这两份合同书与本案的关联性和证明力有异议的情况下,原告不能以此证明被告实际使用了 XDA-2 型流动剧场技术。原告虽称被告采用原告技术资料和成果以被告名义向全国印发宣传彩页和光盘,但未在规定期限内提交相关证据,在庭审中提交的光盘和宣传彩页,因被告以过期举证为由拒绝当庭质证,依据民事证据规则的有关规定,该光盘和宣传彩页不能作为认定本案事实的有效证据。此外,由于原告提交的《技术转让合同书》并未成立,对被告不产生法律约束力,故其第二条的内容不能作为权利主张的直接依据。综上,本院对原告指控被告以其名义实际使用 XDA-2 型流动剧场技术的相关主张及其第 2 项诉讼请求不予支持。

关于第3项诉讼请求：该诉讼请求的费用为XDA－2型流动剧场及配套设备返回内蒙所需的人工费2 000元、油料费4 500元、交通费3 000元、食宿费1 500元，合计11 000元。虽然原告庭审中称该诉讼请求属于预期费用，没有票据证明，但从被告的证据4即被告于2001年9月20日向杨维瀛付款的支出凭单可证明：XDA－2型流动剧场从内蒙到北京所发生的实际费用包括燃油费2 073.36元、维修费8 380元、过路费618元、差旅交通费1 315元、补助费3 600元，共计16 049.36元。由于该费用明显高于原告的该项诉讼请求数额，故可作为原告将XDA－2型流动剧场及配套设备由北京返回内蒙中所需的预期费用数额的确定依据。因此，本院对原告的该项诉讼请求予以全额支持。

关于第4项诉讼请求：原告请求按其证据23即《人员管理办法》的标准判令被告支付拖欠原告XDA－2型流动剧场4名工作人员（3名司机、1名保管）自2002年4月至7月份的工资共计20 800元。由于原告于2002年3月已明确知悉被告不会与其签订《技术转让合同书》，故应在合理的时间内将相关事宜处理妥当，而不应无限期地放任损失的扩大。本院确定该合理的期限为1个月的时间，即自2002年3月至2002年4月。因此，被告仅应支付原告XDA－2型流动剧场4名工作人员2002年4月份的工资共计5 200元。

关于第5、6项诉讼请求：因原告未在规定期限内提交相关证据，且被告对其当庭提交的证据以过期举证为由拒绝当庭质证，依据民事证据规则的有关规定，不能将其作为认定本案事实的有效证据。因此，该两项诉讼请求因无证据证明，本院不予支持。

关于第7项诉讼请求：由于双方并未正式签订《技术转让合同书》，被告承担的赔偿范围仅限于因其缔约过失给原告造成的实际损失，故原告对前6项诉讼请求赔偿额中的超额诉讼费用应自己承担。

综上，本院依照《中华人民共和国合同法》第四十二条第（三）项之规定，判决如下：

一、被告中国艺术科技研究所于本判决生效之日起10日内，支付原告内蒙古农家乐舞台技术研究所66 200元；

二、驳回原告的其他诉讼请求。

案件受理费11 932元，由原告内蒙古农家乐舞台技术研究所负担9 436元，由被告中国艺术科技研究所负担2 496元。

双方当事人均服从一审判决。

下编　调研督导

1. 北京市高级人民法院

——关于审理商标民事纠纷案件若干问题的解答

京高法发〔2004〕48号　2004年2月18日

1. 如何理解注册商标专用权的范围？

注册商标专用权人对其注册商标享有在核定使用的商品或者服务上使用的权利，以及禁止他人未经许可在相同或者类似的商品或者服务上使用与其注册商标相同或者近似的商标的权利。

注册商标是驰名商标的，注册商标专用权人有权禁止他人在不相同或者不相类似的商品或者服务上对驰名商标的误导公众并可能造成驰名商标注册人利益损害的使用行为。

2. 请求确认转让注册商标权合同效力的案件是否属于民事案件？

转让注册商标权引起的合同纠纷属于民事争议，权利人或者利害关系人起诉请求确认转让合同效力的，应作为民事案件予以受理，案由应定为商标权转让合同纠纷。

3. 如何认定转让注册商标专用权合同的生效时间？

商标权转让合同中没有特别约定的，合同在双方当事人签字或者盖章之日起成立并生效。自商标局核准公告之日起，受让人享有注册商标专用权。

4. 商标权转让合同生效后，核准公告前，受让人能否对侵犯注册商标专用权的行为起诉？

商标权转让合同生效后，核准公告前，注册商标专用权仍然由转让人享有，受让人对侵犯注册商标专用权的行为无权起诉。但是如果商标权转让合同中约定受让人在合同签订之日起可以使用该注册商标，并且授予受让人对侵犯注册商标专用权的行为起诉权的，受让人可以起诉。

5. 什么情况下应当受理商标普通使用许可合同的被许可人提起的侵权之诉？

普通使用许可合同的许可人在许可合同中明确授权或者在合同之外另行授权被许可人对侵犯注册商标专用权的行为提起诉讼，被许可人依授权对使用许可范围内的侵权行为起诉的，应予受理。

6. 在商标侵权案件中，被告申请撤销原告主张权利的注册商标的，是否中止诉讼？

在商标侵权案件中，被告向商标行政主管部门请求撤销原告主张权利的注册商标的，一般不中止诉讼。但被告依据《中华人民共和国商标法》第四十一条的规定请求撤销该注册商标，并有充分的证据或者理由否定该注册商标的效力的，可以中止诉讼。

7.《类似商品和服务区分表》的作用是什么？

《类似商品和服务区分表》可以作为判断商品或者服务是否类似的参考，但不是判断类似的惟一参考标准。如果当事人提出与《类似商品和服务区分表》的划分不一致的关于商品或者服务类似或者不类似的证据的，应当根据当事人提供的证据予以认定，否则应当参考《类似商品和服务区分表》认定商品或者服务是否类似。

8. 如何判断造成相关公众的混淆、误认？

造成相关公众的混淆、误认是指已经或可能对商品来源产生误认，已经或可能对商品的生产者、销售者或服务的提供者与商标注册人之间存在某种联系产生错误认识。判断造成相关公众的混淆、误认，应以相关公众的一般注意能力为标准，并参考商品或服务的具体特点、差异大小、价格高低、知名度等因素综合判断。

9. 如何判定文字商标是否近似？

判断文字商标是否近似应以是否造成相关公众的混淆、误认为标准，考虑所用文字在读音、字体、含义、排列顺序等方面是否容易引起误认，并应当将文字商标作为一个整体来看待。

一般情况下，属于下列情形之一的，可以判为近似商标：

（1）字形不同，但读音、含义相同的；

（2）文字不同，但读音相同、字形近似且文字无含义，会给消费者造成误认的；

（3）由三个以上的字组成、无确定含义但排列顺序相同的，或者虽然排列顺序不同但发音近似、字形近似的；

（4）由外文字母组成的无含义商标，部分字母相同且排列顺序相同，或者虽然排列顺序不同但发音、字形近似，容易造成误认的；

（5）可以判定为近似商标的其他情形。

10．如何判断商品与服务是否类似？

判断商品与服务是否类似应考虑下列标准：商品与服务在性质上的相关程度，在用途、用户、通常效用、销售渠道及销售习惯等方面的一致性，即在商品和服务中使用相同或类似商标，是否会导致相关公众误认为商品和服务来自于同一市场主体或者有某种联系的市场主体。

11．哪些行为可以认定为《中华人民共和国商标法》第五十七条规定的即将实施侵犯注册商标专用权的行为？

下列行为，可以认定为即将实施侵犯注册商标专用权的行为：

（1）以销售为目的持有侵权商品；

（2）以销售为目的发布侵权商品或者服务宣传广告；

（3）以制造或者销售侵权商品为目的，持有侵权标识或者带有侵权标识的包装物；

（4）其他可以认定为即将实施的侵权行为。

12．承揽加工带有他人注册商标的商品是否构成侵权？

承揽加工带有他人注册商标的商品的，承揽人应当对定作人是否享有注册商标专用权进行审查。承揽人加工侵犯注册商标专用权的商品的，与定作人构成共同侵权，应当与定作人共同承担侵权责任。承揽人不知道是侵犯注册商标专用权的商品而加工，并能够提供定作人及其商标权利证明的，不承担损害赔偿责任。

13．受境外商标权人委托定牌加工的商品仅用于出口，其商标与权利人的注册商标相同或者近似的，其行为是否构成侵权？

造成相关公众的混淆、误认是构成侵犯注册商标专用权的前提。定牌加工是基于有权使用商标的人的明确委托，并且受委托定牌加工的商品不在中国境内销售，不可能造成相关公众的混淆、误认，不应当认定构成侵权。

14．销售商品时搭赠侵犯注册商标专用权的商品是否构成侵权？

搭赠是销售的一种形式，因此搭赠侵犯他人注册商标专用权商品的行为是侵权行为，搭赠人应承担停止侵权的责任；明知或者应知所搭赠的商品是侵犯注册商标专用权的商品的，还应当承担损害赔偿责任。

15. 如何认定计算机软件商品的商标的使用？

使用商标的目的是使相关公众通过该商标使商标与商品的生产者、销售者或者服务的提供者联系起来。计算机软件必须安装在计算机系统上才能使用，因此在安装、运行计算机软件时，显示器所显示的对话框、标题栏、图标及版权页等界面上出现注册商标以表明该商品的生产者、销售者的，应当认定为商标的使用。

16. 商标使用许可合同终止之后，被许可人继续销售合同终止前生产的带有许可人注册商标的商品是否构成侵权？

商标使用许可合同有约定或者当事人就此问题达成协议的，按照当事人的约定处理。没有约定或者当事人不能达成协议的情况下，可以根据具体情况确定合理销售期限。在该期限内被许可人销售使用许可合同期限内制造的商品的，不认定为侵权；被许可人逾期销售的，构成侵权。

17. 原告指控被告侵犯其注册商标专用权，但被告对被控侵权标识享有注册商标专用权的，应当如何处理？

原告与被告的商标都是有效的注册商标的，不宜直接认定侵权成立，可以裁定中止诉讼，并要求当事人在一定期限内向商标行政主管部门提起撤销对方注册商标的申请。被告的商标最终被维持有效的，应当认定被告使用自己注册商标的行为不构成侵权。被告的商标被撤销，其注册商标专用权视为自始不存在的，应当认定被告行为构成侵权。原告的商标被撤销，其注册商标专用权视为自始不存在的，应当驳回起诉。

原告申请制止被告的行为或者采取防止损失扩大的措施，并提供了担保，经审查认为其申请符合有关规定的，可以在裁定中止诉讼的同时一并作出有关裁定。

18. 外观设计专利权或者著作权的保护期届满后，原权利人将外观设计、作品或者其中一部分注册为商标的，能否依据注册商标权排除他人对该外观设计的实施或者该作品的使用？

外观设计专利权或者著作权的保护期届满后，外观设计或者作品即进入公有领域，他人实施该外观设计或者使用该作品，属于使用公知设计或者公有作品，不构成对原权利人专利权或者著作权的侵犯。但如他人在该外观设计或者该作品上标示与原权利人的注册商标相同或者近似的标志，造成相关公众的混淆、误认的，则构成侵犯注册商标专用权。

19. 如何界定商标合理使用的构成要件及其行为表现？

商标合理使用应当具备以下构成要件：

(1) 使用出于善意；

(2) 不是作为商标使用；

(3) 使用只是为了说明或者描述自己的商品或者服务；

(4) 使用不会造成相关公众的混淆、误认。

下列行为，可以认定为商标合理使用行为：

(1) 使用注册商标中所含有的本商品的通用名称、图形、型号的；

(2) 使用注册商标中直接表示商品或者服务的性质、用途、质量、主要原料、种类及其他特征的标志的；

(3) 规范使用自己的企业名称及其字号的；

(4) 使用自己所在地的地名的；

(5) 其他可以认定为商标合理使用的行为。

20. 赔礼道歉的民事责任能否在商标侵权案件中适用？

注册商标专用权是一种财产权，因此在商标侵权案件中，不应判令侵权人承担赔礼道歉的民事责任。

21. 虽然侵权成立，但权利人从未使用或者许可他人使用其注册商标的，侵权人应否承担损害赔偿责任？

承担损害赔偿责任的前提是侵权行为给权利人造成了财产损失。权利人没有使用也没有许可他人使用其注册商标的，侵权行为虽然没有造成权利人的直接财产损失，但是侵权人因侵权行为所获得的收益属于权利人的间接损失，应当予以赔偿。

22. 能否以侵权人在报刊杂志等媒介上关于其侵权商品销售数量的宣传作为确定其销售侵权商品数量的参考？

在没有其他参考依据的情况下，可以根据侵权人在有关媒体上宣传的销售数量作为认定其销售侵权商品数量的参考。

附：

关于北京市法院审理
商标民事纠纷案件情况的调查报告

北京市高级人民法院民三庭

为掌握我市法院十年来商标民事纠纷案件的审理情况，总结审判经验，及时发现和研究商标民事纠纷案件审理中存在的新情况、新问题，加强对我市商标民事纠纷案件审判工作的监督指导，提高此类案件的审判质量，进一步为首都经济建设服务，2003 年初，市高院民三庭经研究决定，并报主管院长批准，将《关于审理商标民事纠纷案件情况的调查研究及规范性意见》作为 2003 年全市法院知识产权审判的重点调研课题。课题组由市高院，第一、二中级法院，海淀法院，朝阳法院知识产权审判业务庭的负责人及部分业务骨干组成。市高院民三庭张鲁民庭长担任主持人。

课题组考察了我市三级法院自 1993 年建立知识产权业务审判庭以来所审理的商标民事纠纷案件 251 件，经过分析研究后从中调取了 103 件典型案件卷宗作为研究的原始材料，并参考了部分外地法院审理的商标民事纠纷案件。具体的调研方法和步骤是：在调齐卷宗后，分别逐个阅读，集中汇总意见，在此基础上起草调研报告。现将调研情况汇报如下：

一、十年来我市法院审理商标民事纠纷案件的概况和特点

（一）概况

从我市法院受理的商标民事纠纷案件的数量看，1998 年前案件数量相对较少，1999 年以来则有较大幅度的增长。全市法院从 1993 年至 1998 年共受理商标民事纠纷案件 49 件，其中一审案件 35 件，二审案件 13 件，再审案件 1 件；1999 年至 2002 年共受理商标民事纠纷案件 209 件，是前 6 年受理案件总和的 4.27 倍，其中一审案件 161 件，比前 6 年增长 360%，二审案件 48 件，比前 6 年增长 269%。

从案件类型上看，我市法院审理的商标民事纠纷案件共有 7 种类型，即侵犯注册商标专用权纠纷的案件；商标许可使用合同纠纷案件；商标转让合同纠纷案件；商标权属纠纷案件；标识侵权案件；计算机网络域名纠纷案件；承认我国台湾地区法院商标民事纠纷判决的案件。

（二）特点

1. 商标民事纠纷案件增长幅度明显，案件数量越来越多

从时间跨度上看，基本上以 1998 年为转折点。1993 年至 1998 年我市法院每年受理的商标民事纠纷案件数量较少，增长幅度也不明显，但从 1998 年以来我市法院每年受理商标民事纠纷案件的数量都有较大幅度的增长。

2. 商标民事纠纷类型增多，但商标侵权案件和合同案件占据主要地位

近年来我市法院审理的商标民事纠纷案件的类型日益增多，出现了计算机网络域名纠纷案件、商标特许合同纠纷案件等新类型案件，但主要类型还是集中在侵犯商标专用权纠纷、商标转让合同纠纷和商标许可使用合同纠纷，这三者共计 209 件，占全部商标民事纠纷的 83.3%。

3. 商标民事纠纷案件越来越复杂

这突出表现在：第一，商标法律关系和其他法律关系相互交织，如商标侵权纠纷和不正当竞争纠纷的交织，商标权同专利权、著作权的交织等，增加了商标民事纠纷的审理难度。第二，商标民事纠纷案件适用的法律越来越复杂。早期审理的商标民事纠纷案件主要是适用商标法及其实施细则和最高人民法院有关商标法的司法解释，但近年来审理商标民事纠纷案件除了适用有关商标法的法律、法规和司法解释外，适用民法通则的案件也增多了，合同法、公司法、合伙企业法等与商标法关系不太密切的法律也越来越多地适用到商标民事纠纷案件中来。例如一中院 2001 年审理的陈体义与北京天正市场发展有限公司及沈伟侵犯商标专用权纠纷一案，审理的一个重点就是在公司被撤销后，公司股东能否起诉主张公司的权利以及公司被吊销营业执照后的诉讼主体资格问题，主要适用的就是公司法及相关法律、法规和司法解释。

4. 当事人争议的标的额越来越大

早期的商标民事纠纷案件的标的金额一般不大，在发生侵权或者违约时，权利人索赔额一直较低，1998 年以前的商标民事纠纷中原告索赔额一般不超过 100 万元。但在近年来的商标民事纠纷案件中，当事人争议的金额越来越大。例如在市高院 2001 年受理的北京蓝光电梯公司诉韩国 LG 产电株式会社、韩国 LG 电子株式会社侵犯商标权纠纷案中，当事人争议的金额高达 1 亿元人民币。

5. 侵犯商标专用权纠纷和不正当竞争纠纷相结合的案件占一定比例

在我市法院受理的侵犯商标专用权案件中，有相当部分是同不正当竞争结合在一起的，当事人同时起诉侵犯商标专用权和不正当竞争，法院通常也按两个案由审理。据统计，朝阳法院 2003 年第一季度受理的 9 件商标民事纠纷案件中，当事人同时起诉侵犯商标权和不正当竞争的案件有 8 件，占 88.9%。二

中院 2001 年受理的 14 件商标民事纠纷案件中，当事人同时起诉侵犯商标权和不正当竞争的有 6 件，占 42.9%。

6. 涉外和涉港、台案件占一定比例，且所涉及的都是知名企业具有一定知名度的商标

在我市法院审理的商标民事纠纷案件中，涉外和涉港、台案件占据了一定比例。2000 年全市法院受理的 37 件商标民事纠纷案件中，有 13 件为涉外和涉港、台案件，占 35.1%。2001 年全市法院受理的 54 件商标民事纠纷案件中，有 21 件为涉外和涉港、台案件，占 38.9%。2002 年全市法院受理的 86 件商标民事纠纷案件中，有 20 件为涉外和涉港、台案件，占 23.3%。

我市法院受理的涉外和涉港、台商标民事纠纷案件主要涉及欧美发达国家、韩国、日本等国和我国的香港、台湾地区的知名企业，如美国微软公司、日本奥林巴斯光学工业株式会社、韩国 LG 电子株式会社、新加坡鳄鱼国际机构私人有限公司等。涉外和涉港、台商标都是这些国家或地区具有一定知名度的商标，如美国"杜邦"商标、韩国"LG"商标等。

二、我市法院审理商标民事纠纷案件的基本做法

(一) 正确认定商标民事纠纷案件的性质

商标权虽然是一种民事权利，但它和一般的民事权利不同的地方在于，商标权是由特定国家机关授权产生的。根据我国商标法的有关规定，转让注册商标的，转让人和受让人应当签订转让协议，并共同向商标局提出申请。转让的注册商标经商标局核准后，予以公告，受让人自公告之日起享有商标专用权。商标使用许可合同应当报商标局备案。因此，根据商标权转让合同或者许可使用合同产生的民事权利以及由此产生的相关纠纷在一定程度上带有了某种行政色彩。我市法院在审理这类商标民事纠纷案件时，能够恰当把握案件纠纷的民事性质，准确适用相关法律法规，获得了良好的法律效果和社会效果。

例如，在北京世都百货有限责任公司诉北京世都商业管理有限公司及胡镇江商标转让合同纠纷案中，被告北京世都商业管理有限公司认为其商标转让协议是经过商标局核准登记的，只有国家商标局才有权确认商标转让行为无效，故本案不属于人民法院的主管范围。受诉两审法院均认为，商标专用权是一项民事权利，向行政机关申请、登记、注册只是获得权利所需要履行的程序，并不能改变商标专用权作为民事权利的性质。平等民事主体之间就商标专用权转让行为的效力发生的争议，是因民事法律关系而产生的纠纷，属于人民法院受理民事诉讼的主管范围，依法正确审理了此案。

（二）正确把握案件的涉外和涉港、台性质

涉外民事案件主要是指当事人一方或双方是外国人、无国籍人、外国企业或组织，或者当事人之间民事法律关系的设立、变更、终止的法律事实发生在外国，或者诉讼标的物在外国的民事案件。涉港、台民事案件主要是指当事人一方或双方是港、台当事人或者当事人之间民事法律关系的设立、变更、终止的法律事实发生在港、台，或者诉讼标的物在港、台的民事案件。我市法院审理的涉外和涉港、台商标民事纠纷案件较多，在审理这些案件的过程中，能够正确认定案件的涉外和涉港、台性质，并根据其涉外和涉港、台性质适用相应的法律。

在具体审理涉外和涉港、台商标民事纠纷案件过程中，往往涉及到冲突法律规范的适用问题，我市法院在审理商标涉外和涉港、台民事纠纷案件时，基本上能够做到准确适用冲突法律规范，为案件的正确审理打下基础。例如，在市高院审理的北京市蓝光电梯公司诉韩国 LG 电子株式会社、韩国 LG 产电株式会社侵犯商标权纠纷一案中，法院明确指出：原告诉称的侵权行为发生在我国，根据《中华人民共和国民法通则》有关冲突规范的规定，侵权行为的损害赔偿，适用侵权行为地法律，故本案的审理应适用中国法律。

在审理涉外商标和涉港、台民事纠纷案件时，我市法院能够做到正确适用我国参加的国际公约的有关规定，维护了我国良好的国际形象。例如，在审理美国杜邦公司诉北京国网公司计算机网络域名纠纷案件时，两审法院均正确适用《巴黎公约》来确定原告的商标权应受我国法律的保护，在国际上产生了良好影响。

（三）正确认定案件事实

近几年来我市法院受理的商标民事纠纷案件越来越多，一些案件的案情也越来越复杂，但从总体上看，我市法院基本上能够做到准确认定案件事实，为案件的正确审理打下了良好的基础。

1. 能够准确判断商标是否相同和近似

判断商标的相同和近似是判断商标侵权是否成立的关键。我市法院在审理侵犯商标专用权的案件中，基本上能够准确判断商标的相同或者相似。如在一中院审理的北京瑞嘉成衣行诉北京当代商城实业公司侵犯商标权一案中，原告的注册商标是图形"丰"字服务商标，而被告使用的是"丰"字外加边框的商标。一中院认为，原告对其"丰"字图形商标享有专用权，被告的商标图形以"丰"字为核心，"丰"字构成该商标的显著标志，与原告注册的"丰"字商标图形相比，被告的商标虽然在"丰"字外加一黑色边框，但仍与原告注册的"丰"字商标图形近似，并最终认定侵权成立，依法保护了原告的合法权益。

2. 能够依据被控侵权人对被控侵权标识的具体使用方式判断是否构成商标侵权并确定民事责任的承担

被控侵权人对被控侵权商标的具体使用方式不仅影响到是否侵权的判定，而且也会影响到民事责任的承担。我市法院在审理商标民事纠纷案件时，能够依据被控侵权人对被控侵权标识的具体使用方式来认定是否构成侵权，并根据不同的具体使用方式来确定相应的民事责任。如在一中院审理的西安三德工业制品有限公司诉秦皇岛金华精细日化有限公司及北京百盛购物中心侵犯商标权一案中，被告将被控侵权标识使用在产品包装盒的底部，两审法院均认为，产品包装盒的底部是消费者一般不容易注意到的地方，即使对原告的商标权有所损害，其情节也是轻微的，而且通常不会造成消费者的混淆，故判决被告停止使用被控侵权标识但不承担赔偿责任。

（四）正确适用法律

十年来，调整商标法律关系的法律规范不断完善，相关的法律、法规和司法解释不断出台。我市法院在审理商标民事纠纷案件中，基本上能够做到准确适用法律，取得了较好的效果。

我市法院审理的商标民事纠纷案件具有一定的复杂性，如何正确适用法律是审理此类案件的关键。法官们往往能在认真研究的基础上及时向有关专家咨询，并最终准确适用法律。例如，在北京市东城区景山炉灶曹维修服务部诉北京育德建筑安装工程公司侵犯商标专用权纠纷一案中，当事人对本案的事实均无争议，但对本案应如何适用法律、被告的行为是否构成侵权却存在较大争议。审理本案的法官就本案的法律适用走访了有关专家，最终认定了被告的行为构成侵权，但鉴于被告历史上对该商标的贡献，判决其不承担赔偿责任，取得了较好的社会效果。

三、我市法院审理商标民事纠纷案件存在的问题

（一）案由确定不规范

2000 年 10 月 30 日最高人民法院制定了《民事审判案由规定（试行）》（知识产权部分），统一了全国法院知识产权民事纠纷案件的案由，市高院此前发布的《关于规范知识产权纠纷案件案由的意见（试行）》也随之废止，我市法院在审理商标民事纠纷案件时应当按照最高人民法院的规定确定案由。但调查中发现我市法院审理的一些商标民事纠纷案件在确定案由时带有一定随意性，没有严格执行最高人民法院的相关规定。例如案由为侵犯商标专用权纠纷的案件，实践中出现的案由有侵犯商标权纠纷、侵犯商标专用权纠纷、商标专用权侵权纠纷、商标侵权纠纷、侵犯注册商标专用权纠纷、侵犯注册商标权纠纷、

注册商标侵权纠纷等。有的案件两审法院适用了不同的案由，如在厦门市雅宝电脑有限公司诉北京今点万维网络技术有限公司及北京雅宝拍卖有限公司商标民事纠纷案中，一审案由是侵犯商标专用权纠纷，二审案由是商标侵权纠纷。此外，在最高人民法院司法解释出台之后，域名纠纷案件的案由应为"计算机网络域名纠纷"，但有的案件只写"计算机域名纠纷"或"域名纠纷"。

（二）案件事实认定不够准确

在个别商标侵权案件中，被控侵权人在权利人起诉前或者在诉讼过程中已经停止了侵权行为，有的已经向权利人赔礼道歉，这本应作为案件的客观事实写进判决查明的事实部分，但有的法院在审理这些案件时并没有查明这部分事实，仍然判决停止侵权、赔礼道歉。例如，在北京潮好味海鲜酒楼诉北京市海淀区甘家口老康小吃侵犯商标权一案中，在法院判决前，被告已经在工商行政部门的主持下停止了侵权行为，并向原告数次致歉，但法院仍判决被告停止侵权并向原告赔礼道歉，显然是不恰当的。

（三）对商标权冲突的处理存在不同认识

在我市法院审理的商标民事纠纷案件中，有的案件双方当事人均享有注册商标专用权，一方当事人起诉另一方当事人侵犯了其注册商标专用权，而另一方当事人认为自己是正当行使其注册商标专用权，不存在侵犯对方当事人商标权的行为。法院在处理这类案件时存在不同认识。一种认识是，一方当事人应先向行政机关申请撤销另一方当事人的注册商标后，才能提起侵权诉讼。另一种认识是，一方当事人无需申请撤销另一方当事人的注册商标，可以直接起诉被告侵权，法院有权直接判断另一方当事人是否侵权，而无需考虑其是否享有注册商标专用权。在北京市蓝光电梯公司诉韩国 LG 电子株式会社、韩国 LG 产电株式会社侵犯商标权纠纷一案审理中，在判断被告是否侵犯原告注册商标专用权时，并没有考虑被告是不是正当使用其注册商标。在北京恒升远东电子计算机集团诉北京市恒生科技发展公司及北京市金恒生科技发展有限公司侵犯商标专用权及不正当竞争纠纷案，虽然被告也享有"恒生"注册商标专用权，但一审法院仍然认定了被告的侵权行为。

（四）涉外案件的性质把握不全面

在认定案件是否涉外时，应当从主体是否涉外，当事人所争议的标的是否涉外、引起民事法律关系设立、变更、终止的法律事实是否涉外这几个方面来把握。从主体是否涉外来把握案件的是否涉外是比较容易的，但从当事人所争议的标的或者引起民事法律关系设立、变更、终止的法律事实是否涉外来把握案件的涉外性质具有一定难度。从我市法院审理的涉外案件的情况来看，对于主体涉外的案件，基本上能够准确把握其涉外性质，但对于案件标的涉外的案件和引起民事法律关系设立、变更、终止的法律事实涉外的案件存在着认识不够准确的情形。我们认为出现这些问题的原因主要在于法官对案件涉外性质的全面把握上尚有欠缺，另一方面也和商标民事纠纷案件的复杂程度有关。

（五）判决书公开不充分

判决书必须写明当事人的诉辩主张和法院查明的案件事实、法院判决的理由及判决主文。但在我市法院审理的一些商标民事纠纷案件中，判决书公开的内容不够充分。有的判决书在判决理由部分的阐述上非常简略甚至没有；有的判决书表述不清，如在侵犯商标权纠纷案件中，对注册商标专用权中的专用权和禁用权范围未予以明确说明；有的判决书中没有写明有关损害赔偿计算方法，当事人不知道赔偿的依据何在。

（六）赔偿数额的确定标准不统一

1. 确定赔偿数额依据不统一

从我市法院审理的商标民事纠纷案件来看，如何确定商标侵权案件的赔偿数额一直是审理此类案件的难点。商标法及有关司法解释虽然规定了商标侵权案件的损害赔偿的计算方法，但如何确定赔偿数额仍然没有统一的依据。在多数案件中，当事人起诉索赔的数额远远大于法院判决所确定的赔偿数额，而判决最终确定的赔偿数额往往是法官根据案件的具体情况酌定的，并没有明确统一的标准，一方当事人总觉得自己的权利没有被充分保护，而另一方当事人却认为赔得太多。

2. 当事人为诉讼支付的合理开支是否应予赔偿、在判决主文中是否应单独列明做法不统一

在侵犯商标权纠纷案件中，当事人索赔数额除了因侵权人侵权行为造成的实际损失外，往往还包括一些合理支出费用，例如律师费用、调查取证费用等。《中华人民共和国商标法》第五十六条也明确规定"被侵权人为制止侵权所支付的合理开支"应予赔偿。在我市法院审理的商标民事纠纷案件中，有的权利人明确请求法院判决侵权人赔偿权利人为制止侵权行为所支出的合理开支，有的权利人只是笼统地请求法院判决被告赔偿其经济损失。法院在判决中往往也只是笼统地确定一个赔偿数额，而未写明是否包括对权利人合理开支的赔偿。在广州市德克赛诺科技有限公司诉北京北方德赛计算机技术有限责任公司侵犯商标权一案中，原告要求被告赔偿 50 万元，并承担诉讼费、调查费及律师费。一审判决认为原告未提供其经济损失人民币 30 万元的直接证据，对其索赔数额，法院将综合考虑被告的主观过错、侵权时间、原告所受的商誉损失等因素确定赔偿数额，但并未明确这一赔偿数额是否包括对原告合理开支的赔偿。

（七）侵权案件能否判决被告赔礼道歉的做法不统一

在侵犯商标权案件中，是否适用赔礼道歉的方式，法律并没有明确规定，各法院在运用时做法不统一，主要是看当事人是否申请，如果认定被告侵权，原告又主张赔礼道歉的，一般都予以支持。有的法院认为赔礼道歉是侵害精神权利造成当事人精神痛苦时侵权人应承担的民事责任，商标权是一种财产权利，不具备精神权利的内容，且当法人或组织是商标权人时，是没有精神权利可言的，故没有判决侵权人赔礼道歉。也有的法院认为，只有在因为侵犯商标权的行为损害了权利人的商业信誉时，才可以适用公开赔礼道歉，其目的在于挽回权利人信誉损失。如果没有信誉损失，只判决消除影响、恢复名誉即可。

（八）企业名称能否成为独立的知识产权类型认识不统一

在商标民事纠纷案件中，商标权与企业名称的冲突占有一定比例，商标注册在先、企业名称登记在后且在先的商标具有一定知名度，一般认定企业名称的突出使用可能导致侵犯注册商标专用权。但对于企业名称登记在先、商标注册在后且企业名称具有一定知名度的，如何保护企业名称存在不同认识。民法理论上一般是将企业名称权作为人身权的内容来对待，实践中通常将这类案件作为反不正当竞争案件审理，也有的案件对此不作审理。如在北京顺天府货仓式商业有限责任公司诉北京市广达社会服务公司侵犯商标权纠纷一案中，一审法院认为，原告诉称被告侵害企业名称权一节，因不属本案受理范围，法院不予处理。

（九）企业名称的使用侵犯他人在先注册商标专用权时是否应判决被告变更其企业名称的认识不统一

将他人在先注册的商标登记为企业名称中的字号，并在同类商品或者服务中突出使用其字号，从而导致与他人已经注册的商标专用权相冲突的商标民事纠纷案件，在认定侵权后是否应判决被告变更其企业名称，存在着不同认识。有的认为法院有权直接判决被告变更企业名称，有的认为法院不能直接判决被告变更其企业名称。我市法院在审理这类案件时，一般认为是否变更企业名称不属于人民法院的审理范围，法院不予审理。如在（台湾）蜜雪儿开发股份有限公司与（北京）蜜雪儿服饰有限公司侵犯商标专用权及不正当竞争纠纷案件中，一审判决认为被告的企业名称是经工商行政管理机关登记批准的，如何调整这种法律关系法无明文规定，且对企业名称的异议不属于人民法院案件管辖的范围，原告可向工商行政管理机关请求变更。在沈阳市小土豆餐饮有限公司诉北京东北小土豆餐饮有限公司侵犯注册商标专用权和不正当竞争纠纷一案中，原告请求法院责令被告变更其企业名称，但一审判决认为这不属于人民法院的审判职权范围，法院不予审理。

（十）判断商品或服务相同或类似的标准不够统一

在商标侵权案件中，判断双方当事人商标使用的商品或服务是否相同或类似具有重要意义。一般说来，除了驰名商标能够获得跨类保护外，注册商标通常只能使用在其注册登记的商品或服务上，被控侵权人只有将与商标权人注册商标相同或相似的商标使用在相同或类似的商品或服务上才可能侵犯他人注册商标专用权。但在判断被控侵权人商标使用的商品或服务与商标权人商标所使用的商品或服务是否相同或类似时，我市法院存在不同做法。有的案件在判断商品或服务的相同或类似时，对《商标注册商品和服务国际分类表》和《类似商品和服务区分表》的依赖比较大。我们认为，在判断商品或服务是否相同或类似时，《商标注册商品和服务国际分类表》和《类似商品和服务区分表》仅可作为参考，主要还得根据案件的具体情况来判断。

四、我市法院审理商标民事纠纷案件存在问题的原因及处理建议

（一）出现上述问题的原因

我们认为出现这些问题的原因是多方面的：

第一，我国虽然在 1982 年就制定了商标法，1993 年和 2001 年又对商标法作了两次修订，但应当说我国商标法一直处于不断发展和完善的过程中，商标法对一些问题规定得不细，对一些问题又没有明确规定，使得人民法院在审理商标民事纠纷案件时经常感到无法可依。从一定意义上讲，人民法院审理商标民事纠纷案件一直处于摸索之中。如在 2001 年商标法修订前，我国商标法一直没有驰名商标的规定，人民法院在审理涉及到驰名商标的案件时，能否认定驰名商标就存在不同的认识，因此产生了不同的做法。

第二，从总体上看，我市知识产权审判人员具有较高的业务素质和法律水平，但应当看到，商标民事纠纷的审理不仅要适用商标法，往往还会涉及到其他法律，例如合同法、公司法、合伙企业法等，一些审判人员在注重对商标法的学习的同时，忽略了对相关法律的学习，使得他们在审理一些商标民事纠纷时，存在着这样或那样的问题。

第三，商标民事纠纷案件本身的复杂性也是造成这些问题的一个重要原因。我市法院在审理商标民事纠纷时不断出现一些新问题，例如反向假冒是不是商标侵权行为，即反侵权是不是商标侵权行为，这些问题直到现在理论上仍存在不同争议，增加了案件审理的难度。

第四，与著作权、专利权案件相比，商标民事纠纷案件数量相对较少，法官缺乏足够的审判经验，对相关问题研究不够充分，这也是导致这些问题的重要原因之一。

（二）相应对策及建议

我们认为，可以从以下几个方面来解决这些问题：

1. 继续加强对法官的专业知识和法律素质的教育和培训，造就一支高素质的职业法官队伍

不仅要加强对新颁布的法律、法规、司法解释的学习和培训，更应当重视对常用法律、法规、司法解释的学习和培训，不断提高法官的综合法律知识和办案能力。1993年以来，审理商标民事纠纷案件所依据的法律、法规、司法解释不断出台，在市高院的统一安排下，全市法院从事知识产权审判的法官对新颁布的法律、法规、司法解释曾集中、统一地学习过，但这还很不够。我们认为，对法律的学习、理解、掌握和具体适用是一个长期的过程，除了开展必要的集中统一学习外，更应当注重在日常工作中的学习，提高法官审理商标民事纠纷案件的办案水平和业务能力。

既要注重对有关商标实体法的学习和培训，更要注重对程序法的学习和培训。近年来随着程序法的不断完善，长期以来形成的"重实体、轻程序"的观念在我市从事商标民事纠纷案件审理的法官中有了很大的改变，但是，这种现象并没有得到彻底的改观，对法官的学习和培训也主要集中在实体法方面。我们认为，今后不仅要开展有关商标实体法的学习和培训，更应当注重对程序法的学习和培训，使我市法官在审理商标民事纠纷案件时，不仅注重案件的实体结果，同时也注重诉讼过程中对当事人程序权利的保障，全面实现司法公正的价值目标。

加大对法官综合能力的培训力度，建设一支高素质的职业法官队伍。我国加入世贸组织后，对外交往越来越广泛，涉外商标民事纠纷案件必然会越来越多。随着市场经济的不断完善和社会经济活动的日益频繁，我市法院审理的商标民事纠纷案件越来越复杂，这要求法官具备全面的法律知识，不仅要懂商标法、专利法、著作权法、反不正当竞争法，也要懂公司法、合同法、外资企业法、税法等知识。此外，随着我市法院知识产权审判对外交往的日益频繁，还要求法官应当熟悉或精通一门甚至多门外语知识。因此我们应当加强这方面的学习和培训工作，努力造就一批高水平、懂外语、专业化的现代法官。

2. 及时总结审判经验，制定指导性意见，统一司法水平，为立法和司法解释提供依据

我市法院在审理商标民事纠纷案件过程中，经常会遇到一些新情况、新问题。市高院不但应当在实践中不断研究和探索解决这些问题的思路，还要在此基础上制定出一些指导性意见，统一全市法院此类案件的司法水平，同时及时

向最高人民法院汇报，为制定司法解释提供实践基础。

3. 加强同商标行政机关的交流，学习兄弟法院的经验，为进一步开展商标民事纠纷案件的审判工作作出贡献

我国商标行政机关特别是国家商标局和商标评审委员会在其长期的工作中积累了丰富的经验，我们应加强同商标行政机关的交流，互通信息，进一步提高我市法院审理商标民事纠纷案件的水平。

十年来我市法院审理了一批具有重大影响的商标民事纠纷案件，积累了一些审判经验。但应当看到，这十年是我国经济飞速发展的时期，其他兄弟法院也审理了大量商标民事纠纷案件，其中不乏在全国甚至全世界都具有一定影响的案件。在审理这些案件过程中，兄弟法院也积累了一些优秀经验和好的做法，我们应当加强同兄弟法院的沟通，互通有无，学习兄弟法院的先进经验和好的做法。我们一方面应迎头赶上，另一方面更应当大胆地走出去，到兄弟法院进行实地考察和学习，将其先进经验带回来，为我市商标民事纠纷案件的审判服务，同时为我国知识产权审判事业的发展作出首都法院应有的贡献。

4. 加强对商标案件的监督指导

要高质量地审理商标民事纠纷案件离不开调研工作，过去由于我市法院审理的商标纠纷案件数量相对较少，市高级法院对这方面的监督指导也做得不够，今后我们应加强对商标民事案件的监督指导，重视对商标民事案件疑难问题的学习和探讨。一方面既要注重以调研报告等形式深入系统地研究商标民事纠纷案件审理中遇到的实际问题，又要注意及时发现案件审理过程中的新情况、新问题。另一方面可以通过举办专题研讨会的形式探讨商标民事纠纷案件审判中具有普遍性的热点和难点问题的解决办法，邀请有关专家学者参加，以开阔法官思路，提高调研质量。此外，上级法院还应当加强对下级法院日常的监督指导，深入下级法院调研商标民事纠纷案件审理中的实际问题，并根据调研的情况确定研讨、培训计划。

5. 加强商标民事纠纷案件审判的国际交流

商标民事纠纷案件具有国际性，不同国家在商标立法和司法实践中有许多地方都可以相互借鉴。我国制定商标法的历史并不长，立法和司法工作都有许多借鉴外国优秀经验的地方。而一些发达国家保护商标的立法和司法已有数百年的历史，人民法院在审理商标民事纠纷案件时遇到的一些新问题在国外已有成功的做法，一些发达国家在审理类似的案件时已经积累了丰厚的经验，人民法院在审理这些案件时可以适当借鉴外国的成功经验，这就要求加强商标民事纠纷案件审理的国际交流。

　　目前我市法院知识产权审判业务对外交往频繁，我们应当抓住这个机会，加强同国际同行的交流与合作，借鉴外国同行对此类案件的审判经验，介绍我们审理商标民事纠纷案件的经验和做法，为树立中国法官的良好形象作出贡献。

二〇〇三年十一月十三日

2. 北京市高级人民法院
—— 关于涉外知识产权民事案件法律适用若干问题的解答

京高法发〔2004〕49号 2004年2月18日

一、如何理解本《解答》中的"外国人"的范围？

答：本《解答》中的外国人，是指具有他国国籍的自然人、法人及无国籍的自然人。

二、本《解答》中的知识产权民事案件包括哪些？

答：本《解答》所指的知识产权民事案件，是涉及专利权、商标权、著作权的侵权和权属以及不正当竞争民事纠纷案件。

三、我国对外国人的知识产权如何给予保护？

答：对外国人的知识产权，我国著作权法、专利法、商标法、反不正当竞争法等法律规定了以下保护途径：

（一）对外国人作品的保护

1. 单方面保护。根据《中华人民共和国著作权法》第二条第三款之规定，外国人、无国籍人的作品首先在中国境内出版的，依照我国著作权法享有著作权。

2. 通过订立双边协定或者共同参加的国际条约保护。根据《中华人民共和国著作权法》第二条第二款之规定，外国人、无国籍人的作品根据其作者所属国或者经常居住地国同中国签订的协议或者共同参加的国际条约享有的著作权，受我国著作权法保护。

（二）对外国人发明创造的保护

外国人的发明创造在外国取得专利权，在我国不具有效力，其发明创造欲在我国得到保护，必须在我国申请获得专利：

1. 在我国境内有经常居住地或者营业所的外国人可以在我国申请获得专利；

2. 在我国境内没有经常居住地或者营业所的外国人可以根据其所属国同我国签订的协议或者共同参加的国际条约，在我国申请专利；

3. 依照互惠原则，对外国人的发明创造给予专利保护。

（三）对外国人商标的保护

外国人欲得到我国商标法对其商标的保护，通常应在我国申请获得商标专用权：

1.外国人可以根据其所属国同我国签订的协议或者共同参加的国际条约，在我国申请商标注册；

2.对所属国与我国既无双边协议，又不属于任何一个国际条约的外国人，可以依照对等原则在我国获得商标权；

3.外国人的商标是未在我国注册的驰名商标的，亦受我国法律保护。

（四）对外国人要求制止不正当竞争的保护

对所属国与我国签订协议或共同参加国际条约的外国人，我国法律给予其制止不正当竞争的保护。

四、在涉外知识产权审判中，知识产权国际条约起到什么作用？

答：在知识产权国际保护中，国际条约的作用是协调各国的知识产权国内法，促成各缔约国按照国际条约的要求，依照本国的法律承认和保护外国人的知识产权。一国缔结或者加入国际条约，只是承诺对成员国国民的知识产权予以保护，但保护的具体根据不是国际条约，而主要是本国法。只有在本国法的保护水平低于国际条约的要求时，才依据国际条约。因此，在涉外知识产权审判中，对于外国人要求我国给予知识产权法保护的，除了我国法律另有规定的以外，首先要考虑的是主张权利的外国人所属国与我国是否缔结或共同参加了国际条约，我国是否承诺给该国国民知识产权保护；其次，在适用我国相关知识产权法给该外国人知识产权保护时，要考虑我国相关法律规定的保护标准是否达到了国际条约的要求。

五、双方当事人均为我国公民、法人或其他组织，但侵权行为发生在外国，或者被侵害之权利标的位于外国的，是否属于涉外知识产权民事案件？

答：根据最高人民法院《关于适用〈中华人民共和国民事诉讼法〉若干问题的意见》第304条规定，只要具备当事人为外国人，或者法律事实发生在外国，或者诉讼标的物在外国三个因素之一，即为涉外民事案件。因此，虽然双方当事人均为我国公民、法人或者其他组织，但侵犯知识产权的行为发生在外国，或者受到侵害之权利标的位于外国的，属于涉外知识产权民事案件。

六、在侵犯专利权、商标权或者不正当竞争案件中，侵权人或者不正当竞争行为人以其行为系经在外国取得权利的权利人合法授权为由提出抗辩的，是

否成立？

答：在一国取得的知识产权，其效力仅限于该国的范围内；在《巴黎公约》成员国内享有国民待遇的人，就同一项发明、同一商标在不同成员国享有的专利权、商标权，彼此互相独立、互不影响。故权利人在外国取得的专利权、商标权在我国不具有效力，被控侵权人不能以其使用的技术、外观设计、商标等是经他人依外国专利权、商标权授权为由进行抗辩。

七、未与我国签订协议或者共同参加国际条约的国家的作者能否在我国主张著作权？

答：未与我国签订协议或者共同参加国际条约的国家的作者的著作权欲得到我国法律保护，须符合以下条件之一：（1）该外国人的作品首先在中国出版；（2）该外国人的作品首次在我国参加的国际条约的成员国出版，或者在成员国和非成员国同时出版。

八、如何确定主张权利的外国人与相关国际条约的关系？

答：我国对外国人知识产权的保护主要是基于我国签订或者参加的国际条约所赋予的义务，因此确认外国人与相关国际条约成员国的关系，是审理涉外知识产权民事案件的前提。

在《巴黎公约》中，这种联系通过三个因素中的任何一个加以确定，即国籍、住所、营业所。自然人具有公约成员国的国籍、法人依法登记而获得法律主体资格的国家是公约成员国、非成员国国民的自然人在成员国有法律承认的住所、非成员国的法人在成员国有真实而有效的营业所的，该自然人或者法人即属成员国国民，可在我国主张权利。

《伯尔尼公约》根据自然人的国籍、惯常居所、作品国籍以及特殊作品（建筑、电影）来确定作者是否可以主张权利。凡是（1）具有任何一个公约成员国国籍的自然人；（2）虽无成员国国籍，但在任何一个成员国领土上有"惯常居所"的自然人；（3）虽非为任一成员国国民，但作者的作品首次于一个成员国出版，或者同时于一非成员国与一成员国出版的；（4）电影作品的制作人的总部或其惯常居所设立于某一公约成员国的；（5）涉及建筑作品时，只要建筑物或者结合于建筑物或其结构中的其他艺术作品坐落于或位于公约任一成员国的，均可以主张公约给予的保护。

《世界版权公约》以作者的国籍、住所，作品的国籍为联系点确定作者是否可享受该公约规定的保护。凡是作者具有任何一个公约成员国国籍，或者在任何一个成员国有住所，或者其作品在任何一个成员国领土上首次发表的，该作者可主张该公约保护。

《保护录音制品制作者防止未经许可复制其录音制品公约》（即录音制品公约）仅以国籍为标准来确定制作者是否可享受该公约规定的保护，如果制作者具有任一缔约国国籍，即有资格得到保护。

九、外国人要求制止在我国实施的不正当竞争行为，或者依据在外国出版的作品在我国主张著作权的，是否需要确认其有权在我国主张权利、所主张的权利受我国法律保护？

答：我国主要通过双边协议或者国际条约承诺对外国人的著作权、制止不正当竞争权予以保护；外国人的作品首先在我国出版的，则依照我国著作权法享有著作权。因此，在审理外国人在我国主张著作权、要求制止在我国实施不正当竞争的案件时，除外国人主张权利的作品是首先在我国出版的情况以外，应首先依照我国法律及其缔结、参加的国际条约确认该外国人是否有权在我国主张权利、所主张的权利是否受我国法律保护。

十、关于外国人在外国出版的作品是否产生著作权、著作权权利内容和归属等问题，应依哪国法来确认？

答：对外国人的作品进行保护，适用作品所在国的法律。因此，外国人就其在外国出版的作品在我国主张著作权的，该作品是否产生著作权、著作权权利内容和归属等问题，应依我国著作权法确认。

十一、对外国人主张我国专利权、商标权、著作权的民事案件的审理，是否需要适用冲突规范？

答：外国人的发明创造、商标在我国依照我国法律规定的程序取得的专利权、商标权是我国的专利权、商标权，受我国法律保护；同样，我国著作权法保护外国人的作品，也是把外国人的作品视为我国作品、依照我国著作权法赋予其著作权。因此，审理外国人主张我国专利权、商标权、著作权的民事案件，仅涉及专利权、商标权、著作权问题的，应适用我国相关法律，不存在适用外国法律的可能，故无需引用冲突规范。但表明我国在知识产权国际保护中在法律适用上的态度和立场是必要的，故应明确说明案件的审理适用我国法律。

十二、审理外国人要求制止在我国实施的不正当竞争行为的案件，是否需要引用冲突规范？

答：我国对外国人给予制止不正当竞争的保护，是基于我国通过国际条约所作的承诺。故外国人要求制止在我国实施的不正当竞争行为的，应适用我国反不正当竞争法，不需引用冲突规范。

十三、外国人向我国法院提起知识产权民事诉讼以保护其知识产权的法律依据是什么？

答：对外国人在我国提起知识产权民事诉讼以保护其知识产权的，要从两个方面审查：就起诉而言，其起诉是否符合受理条件，根据的是我国的民事诉讼法；其是否能在我国主张权利、是否拥有权利、权利的内容、被指控的行为是否构成侵权，依据的是我国参加的条约及我国民法、相关的知识产权法。前者是程序问题；后者则是在实体审理后应确认的问题。

十四、审理涉外知识产权民事案件，能否引用《与贸易有关的知识产权协议》（即"TRIPs协议"）、《巴黎公约》、《伯尔尼公约》等国际条约作为依据？

答：《中华人民共和国民法通则》第一百四十二条第二款的规定："中华人民共和国缔结或者参加的国际条约同中华人民共和国的民事法律有不同规定的，适用国际条约的规定，但中华人民共和国声明保留的条款除外。"故在审理涉外知识产权民事案件时，《巴黎公约》、《伯尔尼公约》等国际条约具有直接适用的效力。就包括"TRIPs协议"在内的世贸协定，我国只是承诺以制定或者修改国内法律的方式予以履行，并未赋予其在国内的直接适用效力。因此，不能直接援用该规则作为裁判的依据。

十五、在什么情况下，可以以国际条约直接作为裁判的依据？

答：根据《中华人民共和国民法通则》第一百四十二条第二款的规定，在审理涉外知识产权民事案件需要适用法律时，如我国法律与国际条约有相同规定的，仅需依照我国相关的知识产权法律。我国法律与《巴黎公约》、《伯尔尼公约》有不同规定的，可以援用《巴黎公约》、《伯尔尼公约》的规定作为裁判的依据，但我国声明保留的条款除外。

十六、在案件当事人所属国均为《伯尔尼公约》、《世界版权公约》成员国的情况下，是否同时引用该两个公约？

答：为协调《伯尔尼公约》与《世界版权公约》的关系，《世界版权公约》第17条规定："本公约完全不影响《伯尔尼公约》的规定。"在与第17条相关的附加声明中又指出："《伯尔尼公约》成员之间，关系到起源国是伯尔尼联盟的国家之一的作品的保护时，不适用《世界版权公约》。"因此，在参加两个公约的国家关系中，《伯尔尼公约》占优先地位。在案件当事人所属国均为《伯尔尼公约》、《世界版权公约》成员国的情况下，仅需引用《伯尔尼公约》。

十七、外国人非《巴黎公约》、《伯尔尼公约》等我国加入的知识产权国际条约成员的国民，但属于"TRIPs 协议"成员的国民的，对其知识产权是否给予保护？

答："TRIPs 协议"第一条第（三）项规定，世界贸易组织的全体成员亦应视为《巴黎公约》1967 年文本、《伯尔尼公约》1971 年文本、《罗马公约》及《集成电路知识产权条约》的全体成员。根据这一规定，TRIPs 协议扩大了《巴黎公约》、《伯尔尼公约》的适用范围，使那些不是两公约的缔约国要承受公约的约束。因此，外国人非《巴黎公约》、《伯尔尼公约》等我国加入的知识产权国际条约成员的国民，但属于 TRIPs 协议成员的国民的，可依据《巴黎公约》、《伯尔尼公约》在我国主张知识产权。

十八、在侵犯著作权、不正当竞争纠纷案件中，双方当事人均为我国自然人、法人，或者在我国均有住所，侵权行为发生在外国的，应如何适用法律？

答：根据《中华人民共和国民法通则》第一百四十六条第一款的规定，侵权行为的损害赔偿，当事人双方国籍相同或者在同一国家有住所的，可以适用当事人本国法律或者住所地法律。因此，侵犯著作权、实施不正当竞争纠纷案件，双方当事人均为我国自然人、法人，或者在我国均有住所，侵权行为发生在外国的，可以适用我国的著作权法、反不正当竞争法等法律。

附:

关于涉外知识产权
民事案件法律适用的调查报告

北京市高级人民法院民三庭

在我市法院审理的知识产权民事案件中,涉外知识产权民事案件一直占有较大比例;随着我国加入世界贸易组织、我国经济逐渐融入世界经济大潮,可以预见,涉外知识产权民事案件的数量还会增长。十几年来,我国相继加入了有关的知识产权国际条约,有关条约成为人民法院审判知识产权案件的重要依据,世界贸易组织的有关规则如 TRIPs 也对人民法院的审判产生约束力,并对我国的知识产权审判工作提出了更高的要求。如何应对这一要求,是人民法院知识产权审判工作面临的重大挑战。

对涉外民事法律关系的调整,通常有两种方法:一是直接调整方法,即以直接规定当事人权利义务的实体法来调整;二是间接调整方法,即以冲突规范指引出应适用的实体法来确定权利义务关系。相对应的,人民法院在审理涉外民事案件时,必然涉及到实体法和冲突法的适用问题。涉外知识产权民事案件作为涉外民事案件的一部分,在对其进行调整时也同样存在着实体法和冲突法的适用问题。同时,由于知识产权法律关系有其特殊性,有关知识产权的国际条约大量存在,使得涉外知识产权民事案件的法律适用有其特殊性。随着涉外知识产权民事案件数量的增加,人民法院在审理涉外知识产权案件时如何适用法律必将成为审判工作的一个重要问题。

为进一步了解我市法院审理涉外知识产权民事案件的法律适用情况,加强对涉外民事案件审判工作的指导,总结经验,提高审判质量,以适应涉外审判工作的需要,根据 2003 年北京市高级人民法院院长会议提出的任务要求,我庭于 2002 年对我市各级法院 1995 年至 2002 年审理的部分涉外知识产权民事案件进行了调查。现将调查的基本情况报告如下。

一、基本情况

此次调查,我们有选择性地调取了我市各级法院有代表性的民事判决书51 份,民事裁定书 2 份。其中,高级法院 20 份,第一中院 27 份,第二中院 5份,海淀法院 1 份;一审判决书 37 份,一审裁定书 1 份,二审判决书 14 份,二审裁定书 1 份。从年度上看,1995 年 4 份,1996 年 6 份,1997 年 2 份,1998

年 6 份, 1999 年 5 份, 2000 年 13 份, 2001 年 9 份, 2002 年 8 份。案件类别涉及到所有的知识产权民事案件, 其中, 著作权纠纷 (含计算机软件著作权纠纷) 23 件, 不正当竞争 (含计算机网络域名) 纠纷 14 件, 商标纠纷 10 件, 专利纠纷 2 件, 商标许可合同纠纷 1 件, 音像制品出版合同纠纷 1 件, 技术合同纠纷 2 件。

为扩大视野, 还参考了上海市高级人民法院的 2 份民事判决书, 上海浦东新区法院的 1 份民事判决书。

由于所选择民事判决书的典型性, 上述民事判决书具有代表性。从这些判决书可以看出我市法院受理的涉外知识产权民事案件有以下特点:

1. 从案件的涉外因素看, 以案件一方当事人为外国自然人、法人的因素最多。涉外民事案件, 即具有涉外因素的民事案件。涉外因素主要包含三个方面: 第一, 案件的当事人一方或双方是外国自然人、法人或者无国籍人; 第二, 产生、变更或者消灭民事法律关系的法律事实发生在外国; 第三, 当事人权利义务指向的对象或者标的物位于外国。在 53 件案件中, 当事人一方为外国自然人、法人的 48 件; 法律事实发生在国外的 2 件; 具有权利义务指向的对象或者标的物位于外国因素的 12 件。这个特点是由知识产权国际保护的权利独立原则和知识产权的地域性特点所决定的。

2. 外国自然人、法人作为原告的占多数。在 53 件案件中, 外国自然人、法人作为原告对中国大陆自然人、法人或者香港自然人、法人提起诉讼的 40 件; 中国大陆自然人、法人为原告, 外国自然人、法人为被告或者第三人的 12 件; 双方均为中国大陆自然人、法人的 1 件。

3. 外国自然人、法人的胜诉率较高。在 52 件一方为外国自然人、法人的案件中, 外国自然人、法人的诉讼主张得到审理法院支持的 38 件, 占 52 件案件的 73%。

4. 著作权案件占有较高比例。在 53 件案件中, 著作权纠纷案件 23 件, 占所有案件的 45%; 其次为不正当竞争纠纷 14 件, 占 26%; 商标纠纷案件为 10 件, 占 19%; 专利纠纷案件 2 件, 占 4%; 各类知识产权合同纠纷案件 4 件, 占 8%。

5. 侵权纠纷占绝大多数。53 件案件中, 侵权纠纷案件 46 件, 占 86.8%; 确权纠纷案件 3 件, 占 5.7%; 合同纠纷案件 4 件, 占 7.5%。

二、正确的做法和经验

1. 准确认定涉外民事案件的性质。涉外民事案件与不具有涉外因素的民事案件的审理在诉讼程序和法律适用上有着根本的不同, 正确区分涉外民事案件与不具有涉外因素的民事案件，是正确审理案件的前提。在调查的 53 件案件中，有 49 件案件准确地认定了案件所具有的涉外因素，从而为案件的正确审理打下了基础。

2. 正确适用法律。对于涉外民事关系的法律适用，我国民法通则及相关司法解释有明确的规定。从检查的 53 件案件看，我市法院正确区分连结点，把握了涉外知识产权民事案件的法律适用，对外国自然人的权利能力适用属人法，对涉外合同由当事人选择适用的法律，对侵犯著作权纠纷适用权利要求地国法律，对不正当竞争纠纷案件适用侵权行为地法律，等等。比如（2001）一中知初字第 82 号德国公民克里斯多夫、于尔根诉北京水晶石电脑图像开发有限责任公司、华东建筑设计研究院有限公司、上海万象国际广场有限责任公司侵犯著作权案，该案涉及两原告作为德国一合伙组织的合伙人能否以个人名义为保护著作权在我国提起诉讼的问题。审理法院根据对自然人的权利能力应适用属人法的原则，依照德国法律认定本案原告具有在我国以自己的名义代表其所在的事务所为民事行为，并承担相应责任的资格。在检查的 53 件案件中，有 49 件案件的统一规范的适用是正确的。

3. 正确区分外国人主张权利依据客体的来源，确定应给予保护的法律依据。外国人在中国经过申请授予的专利权和经过核准注册取得的商标权是中国的专利权和商标权，受到中国法律的保护自不待言。但著作权为自动产生，其情况与专利权、商标权不同，不正当竞争案件情况也有特殊性，因此在确认其权利基础时也应有所不同。我市法院在审理涉外知识产权案件中，注意区分外国人主张权利的客体的来源，确定应给予保护的法律依据。如（1998）一中知初字第 62 号微软公司诉北京民安投资咨询有限责任公司侵犯计算机软件著作权纠纷案，审理法院区分了几个客体的来源，认定原告主张权利的四个软件发表于我国，应依照我国的《计算机软件保护条例》第六条第二款给予保护；认定原告的两个软件发表于美国，应依照《伯尔尼公约》、《计算机软件保护条例》第六条第三款给予保护。在不正当竞争纠纷案件中，法院普遍依据《巴黎公约》作为确认外国当事人可在我国主张合法权益的根据。

4. 正确把握国内法与国际条约的关系。我国相继加入了有关知识产权国际条约，承诺对成员国国民提供我国法对我国公民、法人给予的保护，而且保护水平不低于有关国际条约的要求；同时我国民法通则、民事诉讼法对我国法律与我国参加的国际条约有不同规定时如何适用法律作了规定。我市法院在审理涉外知识产权案件时，有着较高的国际条约意识，注意处理国内法与国际条约的关系，正确适用国际条约，依据我国与当事人所在国共同参加有关知识产权国际条约的情况，确认外国当事人的合法权益应受我国法律保护；在我国法律与国际条约有相同规定的情况下，仅以我国法律为依据来审理案件；在我国法律提供的保护水平低于国际条约时，依据国际条约提供保护。比如在（2000）一中知初字第 11 号杜邦公司诉北京国网信息有限责任公司侵犯商标权及不正当竞争纠纷一案中，审理法院根据我国法律尚未对驰名商标作出规定而我国参加的《巴黎公约》要求成员国承诺对驰名商标给予保护的情况，依据《巴黎公约》对原告的驰名商标提供了保护。

三、存在问题及原因

1. 没有全面掌握涉外民事案件的三大因素

只要案件具有当事人为外国人、法律事实发生在国外或者争议的标的物在国外的三个因素之一，即属于涉外案件。从所调查的案件看，在当事人一方为外国人时，审理法院一般能清楚认识到案件的涉外性质，但当当事人均为中国人或者侵权事实发生在中国又延续到外国时，涉外因素则往往被忽视。如（1995）海民初字第 963 号北影录音录像公司诉北京电影学院侵犯著作权纠纷案，被告未经原告许可将原告享有改编权、拍摄电影权的小说《受戒》改编、拍摄成电影并分别在中国和在法国放映。在法国放映属于在法国实施侵权行为，故该案应属于涉外知识产权纠纷案件，但审理法院却按照一般著作权纠纷案件予以处理。（1998）高知终字第 6 号栾述兵诉北京鸿钛文化艺术传播有限公司、日本 JVC 唱片公司侵犯著作权纠纷案，审理法院依据我国著作权法认为，鸿钛公司、JVC 公司联合制作的新版"黑豹 1—光芒之神"盒式录音磁带和 CD 唱片的彩封上未表明原告的表演者和著作权人的身份，侵害了原告的署名权；被告在我国境外联合发行 CD 唱片，没有付给原告任何报酬，侵害了原告的获酬权。很显然，该案作为涉外案件来审理，主要是因为当事人之一是外国人，并没有考虑到"在我国境外实施侵权"亦是涉外因素之一这一情况。

2. 没有掌握知识产权地域性这一基本特征

知识产权具有地域性的特点，这一特点决定了依一国法律产生的知识产权只在该国有效，原则上不具有域外效力。这就要求我们在审理知识产权纠纷案件时，要严格把握知识产权地域性这一特点，注意把当事人主张的知识产权的效力限定在依其法律产生的国家的范围内。从调查案件可以看出，有的审判人员没有完全掌握知识产权地域性这一特点，经常把依一国法律产生的知识产权的效力延伸到另一国。上述（1995）海民初字第 963 号北影录音录像公司诉北京电影学院侵犯著作权纠纷案、（1998）高知终字第 6 号栾述兵诉北京鸿钛文化艺术传播有限公司、日本 JVC 唱片公司侵犯著作权纠纷案即存在这个问题。在这两起案件中，原告所主张的是中国的著作权，因此其权利效力只能在中国域内发生，但审理法院却确认了原告所主张的中国著作权具有域外效力，并依中国著作权法认定被告在域外实施的行为侵犯原告享有的中国著作权。另外如(1998) 一中知初字第 113 号鲍斯公司诉北京凯菲食品有限公司侵犯商标权、著作权纠纷案，原告主张其享有中文"加菲猫"、英文"GARFIELD"的商标权及"加菲猫"形象的著作权，认为被告使用"加菲猫"、"GARFIELD"和"加菲猫"形象的行为侵犯了其商标权和著作权；被告抗辩的理由之一是：其美国总部也使用了原告上述商标及"加菲猫"形象，自己也有权使用。对此，审理法院认为被告的理由不成立，因为被告是一个独立的企业法人，其美国总部并未授权其使用上述商标及"加菲猫"形象。实际上，被告的抗辩不成立，根本的原因应在于，即使其美国总部享有商标权，其商标权也是"美国"的商标权，在中国没有任何效力。

3. 没有明确指出保护外国人的合法权益的法律依据

知识产权具有地域性的特点，同时，知识产权国际保护的基本原则之一即独立保护原则。所谓独立保护原则，在工业产权中是指，在《巴黎公约》成员国内有资格享有国民待遇的人，就其同一项发明或者同一商标而在不同成员国内享有的专利权、商标权，彼此是独立的，互不影响的；在版权中是指，享有国民待遇的作者在公约成员国所得到的保护，不依赖其作品来源国受到的保护，在符合公约最低要求的前提下，只有被要求给以保护的国家的法律才能决定保护范围以及为保护作者的权利而向其提供的补救方法。因此，我国对外国人知识产权权益的保护是有条件的，或者是外国人在我国经过法律程序取得了权利，或者是我国与该外国人所在国订有双边条约或共同参加有国际公约而承诺给予保护等。《中华人民共和国著作权法》第二条第二、三、四款就对外国人的著作权在我国受到保护的条件作了规定。因此，不能因主张权利的外国人在他国享有著作权、专利权、商标权，就直接承认他的权利。在审理涉外知识产权纠纷案件时，尤其是著作权纠纷案和不正当竞争纠纷案，首先应依法确认作为原告的外国人能否在我国主张权利、所主张的权利是否应得到我国法律的保护。但是，我市法院审理的不少知识产权案件，尤其是 2000 年以前的案件，往往忽视这个问题，没有适用法律说明保护主张权利的外国人的权利的依据，而是直接认可其权利。如 (1995) 一中知初字第 2 号美国公民牛满江诉中国食用菌技术开发有限公司侵犯著作权纠纷案，原告主张对在我国创作完成的作品享有著作权。审理法院直接指出，本案原告为被告产品的题词手迹作为书法作品应受我国著作权法保护，但对于为什么我国法律要保护该外国原告在中国创作的作品没有说明理由。实际上《中华人民共和国著作权法》（修改前）第二条第二款对此作了明确的规定。(1998) 二中知初字第 101 号韩国奥林匹亚工业株式会社诉北京奥林匹亚热能设备开发有限责任公司侵犯著作权纠纷案，原告主张对在韩国已发表的椭圆形 OLYMPIA 艺术字体享有著作权。审理法院在判决书中没有适用法律说明保护原告在外国发表的作品的依据，而是直接表述为：原告作为椭圆形 OLYMPIA 艺术字体美术作品的著作权人。修改前的《中华人民共和国著作权法》第二条第三款规定：外国人在中国境外发表的作品，根据其所属国同中国签定的协议或者共同参加的国际条约享有的著作权，受本法保护。韩国与我国均是《世界版权公约》的成员国，因此保护原告著作权的依据应是我国著作权法的规定及《世界版权公约》。还有（2000）一中知初字第 28 号（新加坡）鳄鱼国际机构私人有限公司诉浙江鳄鱼制衣有限公司、北京城乡贸易中心股份有限公司侵犯商标权及不正当竞争纠纷案，原告主张被告侵犯其商标权并实施不正当竞争行为。为什么作为新加坡法人的原告能在中国主张正当竞争的权益呢？审理法院没有给出依据。实际上，原告之所以能在我国主张其权益，是因为我国与新加坡均为《巴黎公约》的成员国，我国承诺对联盟各国的国民给予取缔不正当竞争的有效保护，对非成员国国民，我国则无保护的义务。（2002）高民终字第 279 号（瑞士）英特莱格公司诉可高（天津）玩具有限公司、北京市复兴商业城侵犯著作权纠纷案也存在同样问题。

4. 没有适用冲突规范

涉外民事法律关系的调整方法之一即冲突法的调整方法，对某一涉外民事案件为什么适用某一国法处理，是通过冲突法指引出的结果。因此，在审理涉外民事案件时，审理法院应引用冲突规范，用以说明对所审理的案件应适用的实体规范（即准据法），否则，适用实体法律就没有依据。在所检查的大部分案件中，虽然所适用的准据法是正确的，但基本都没有引用冲突规范。如（2000）高知终字第 76 号（荷兰）英特艾基系统有限公司诉北京国网信息有限责任公司侵犯商标权及不正当竞争纠纷案，判决关于法律适用的意见是：中国与荷兰均为《巴黎公约》的成员国。英特艾基公司作为在荷兰注册成立的法人，在其认为正当权益在中国受到侵害时，有权依照《巴黎公约》的规定向中国法院起诉，中国法院应依据中国的法律和《巴黎公约》的规定进行审理。审理法院在判决中指出，本案的审理应依据中国的法律（即实体法），但却没有说明为什么荷兰公司的权益在中国受到侵害时要适用中国法律。（1996）一中知初字第 62 号（美国）二十世纪福克斯电影公司诉北京市先科激光商场侵犯著作权纠纷案，审理法院认为：被告的行为是否构成对原告著作权的侵犯，应从侵权行为的构成要件和著作权法包括国际著作权条约的规定来分析。（2002）二中知初字第 954 号北京国际医疗中心有限公司诉北京市维世达意远企业管理咨询有限公司朝阳维世达诊所、林富明（新加坡公民）、张凌云不正当竞争纠纷案，审理法院的判决直接指出：原告作为权利人对所主张的商业秘密享有的合法权益应当受到中华人民共和国反不正当竞争法保护。上述三份判决均指明应适用我国（实体）法律来处理案件，但对为什么要适用我国法没有说明理由。

如果说，知识产权因其地域性而被有的观点认为与冲突法无缘，因此是否在涉外知识产权民事案件中要适用冲突规范有争议，上述做法情有可原的话，在合同纠纷中不引用冲突规范，则显然是错误的。但在不少合同案件中，却存在这个问题。如（1997）一中知初字第 37 号日本国际友好交易株式会社诉北京市长阳功能食品厂侵犯著作权纠纷案，该案涉及双方当事人之间是否签有著作权许可使用合同的争议。对此审理法院认为，我国法律规定使用他人作品应当同著作权人订立合同或者取得许可。订立合同应当符合《中华人民共和国著作权法》第二十四条规定的内容，取得许可应当有著作权人书面的明确意思表示。法院没有指出适用我国著作权法的依据。（1995）中知初字第 11 号菲利普（法国公民）诉北京影音出版社录音制品出版合同纠纷案，双方所签订的合同为涉外合同，审理法院没有引用《中华人民共和国民法通则》第一百四十五条关于涉外合同争议应适用的法律的规定，而是直接指出：协议是双方真实意思表示，内容没有违反国家法律法规的规定，故为有效合同。

5. 没有根据冲突规范的指引适用调整争议法律关系应适用的准据法

准据法是特定的、确定当事人权利义务的实体法；冲突规范是法院在处理涉外民事案件时用来确定法律依据的准则，冲突规范的直接作用就是援引准据法。因此，法院在审理涉外民事案件、说明应适用的法律时，既要根据案件的"范围"（即争议的法律关系）引用冲突规范，又应根据冲突规范指引出该案应适用的具体的准据法。调查发现，有的案件的判决书引用了冲突规范，但却没有根据冲突规范说明应适用的实体法。如（2000）高知终字第 37 号徐州汉都实业发展有限公司诉（日本）奥林巴斯光学工业株式会社侵犯商标权纠纷案，判决仅指出：根据我国民法通则的规定，侵权行为的损害赔偿，适用侵权行为地法律，后面就直接根据我国商标法分析本案，对于为什么根据我国民法通则的规定应适用我国商标法没有说明。

6. 没有正确理解国内法与国际公约及国际公约之间的关系

如上所述，国际公约确立了知识产权国际保护的国民待遇原则、独立保护原则和最低保护原则，公约所要求的、成员国所承诺的是以成员国的国内法保护其他成员国国民的权利，且保护水平不低于国际条约规定的水平。据此，成员国保护外国人的权利，是以成员国的国内法为依据，并不首先适用国际条约；只有在成员国的国内法对外国人的保护水平低于国际条约的要求时，才适用国际条约。我国民法通则、民事诉讼法也规定了我国民事法律、民事诉讼法与国际条约的关系，根据规定，只有在我国缔结或参加的国际条约与我国的民法、民事诉讼法有不同规定的，国际条约才能适用。从调查的案件看，我市法院审理的涉外知识产权纠纷案件，当我国国内法规定与国际公约一致时，作出的判决结论仅依据我国的法律，这是正确的。但也存在三种情况：第一，同时依据有关条约和我国法律确认对外国人的某一权利给予保护。如（2002）高民终字第279号（瑞士）英特莱格公司诉可高（天津）玩具有限公司、北京市复兴商业城侵犯著作权纠纷案，该案法院同时以《伯尔尼公约》和我国《实施国际著作权条约的规定》为依据，认定属于《伯尔尼公约》成员国国家的原告的实用艺术作品受我国法律保护。实际上，《实施国际著作权条约的规定》是我国为了履行国际公约的义务将公约的有关内容转化为我国法律，对属于包括《伯尔尼公约》等公约的成员国国民的实用艺术作品的保护作了明确的规定，因此，本案以《实施国际著作权条约的规定》为保护原告的实用艺术作品的依据就已充分，无需再引用《伯尔尼公约》。第二，在理由部分指出案件应依据我国法律和有关条约进行审理。如（2000）高知终字第76号（荷兰）英特艾基系统有限公司诉北京国网信息有限责任公司侵犯商标权及不正当竞争纠纷案，判决关于法律适用的意见是：中国与荷兰均为《巴黎公约》的成员国。英特艾基公司作为在荷兰注册成立的法人，在其认为正当权益在中国受到侵害时，有权依照《巴黎公约》的规定向中国法院起诉，中国法院应依据中国的法律和《巴黎公约》的规定进行审理。第三，在理由部分指出被控侵权人的行为违反我国法律和有关国际条约。如（2002）高民终字第281号（美国）耐恩西部集团公司诉北京国网信息有限责任公司计算机网络域名纠纷案，该案判决认为：被告的行为违反了我国法律和《保护工业产权巴黎公约》中所确立的诚实信用原则，侵害了原告的合法权益，构成不正当竞争。在第二、三种情况下，对不正当竞争行为，我国民法通则、反不正当竞争法有明确的规定，其规定与《巴黎公约》并无不一致之处，保护水平也不低于公约的要求，因此适用我国法律审理本案就已足够，无需引用公约。

另外一个值得注意的问题是关于国际条约之间的关系。在（1997）一中知初字第37号日本国际友好交易株式会社诉北京市长阳功能食品厂侵犯著作权纠纷案的判决中，审理法院认为：我国和日本国都是《伯尔尼保护文学和艺术作品公约》和《世界版权公约》的成员国。我国著作权法规定，外国人在中国境外发表的作品，根据其所属国同中国签订的协议或者共同参加的国际条约享有著作权，并受我国著作权法保护。在我国与有关国家均是几个条约的成员国时，是否都要引用相关条约呢？应取决于条约之间的关系。《伯尔尼公约》规定的保护水平要高于《世界版权公约》的保护水平。同时，为协调《伯尔尼公约》与《世界版权公约》的关系，《世界版权公约》在与第17条相关的附加声明中规定：在伯尔尼公约成员之间，关系到起源国是伯尔尼联盟的国家之一的作品的保护时，不适用世界版权公约。因此案件当事人所在国均为《伯尔尼公约》、《世界版权公约》成员国的案件中，只需引用《伯尔尼公约》就行，无需引用《世界版权公约》。

7. 对外国人发表于外国的作品是否产生著作权及著作权归属依据哪国法律认定表述不清

知识产权是依一国法律产生的权利，某一智力成果是否符合授予知识产权的条件、权利属于哪个主体、权利的内容和范围等，均应依权利要求地国家的法律来认定，即使是发表于外国、在外国已受知识产权法保护的成果也是如此，这是由知识产权的地域性和知识产权国际保护的独立保护原则所决定的。因此，我国法院审理著作权纠纷案件，在需要对当事人主张权利的客体是否构成作品、权利属于谁作出认定时，应依据我国的著作权法的规定。但有的判决书对此问题不是很明确。如（1994）中经知初字第141号美国沃尔特·迪斯尼公司诉北京出版社、北京少年儿童出版社等侵犯著作权纠纷案，该案判决查明：《一本关于善良的书》、《一本关于助人的书》、《一本关于勇敢的书》于1987年11月30日在美国进行了版权登记，米奇老鼠形象于1987年9月2日在美国办理了版权登记手续，版权属于迪斯尼公司。法院认为：根据《中美备忘录》的规定，美国国民的作品自1992年3月17日起受中国法律保护。迪斯尼公司对本案涉及的卡通形象米奇老鼠、灰姑娘、白雪公主等美术作品享有版权。从判决查明部分和理由部分，看不出来法院依据哪国法律认定版权属于迪斯尼公司。还有如（1996）一中知初字第36号德国汽车摩托新闻国际出版集团诉中国国际广播出版社、北京新华彩印厂等侵犯著作权纠纷案，审理法院查明：《AUTO KATALOG》是原告出版的介绍汽车的年度专业性杂志，含有文字和图片内容，属于作品的范围。《AUTO KATALOG》中的文字和图片由原告的雇员供稿和拍摄，这些雇员已放弃就这些文章和照片向原告提出版权要求。原告有权许可他人将《AUTO KATALOG》中的文章和照片再版、部分翻译或者重新制作。法院认为：原告的出版物《AUTO KATALOG》受中国著作权法的保护，原告是该出版物整体和文字、照片的著作权人，对《AUTO KATALOG》的版式和装帧涉及享有专有使用权。为什么《AUTO KATALOG》杂志属于作品，根据本案事实，为什么原告享有著作权，是依什么法律认定的，判决没有给出明确的答案。

8. 对知识产权国际条约的性质表述不清

知识产权国际保护体系是以国际条约为基干创建起来的，国际条约确定了权利产生原则、国民待遇原则、独立保护原则和最低保护原则，通过这些原则，国际条约要求成员国承担以其国内法对符合条约规定条件的外国权利人给予保护的义务，且这种保护不能低于条约的要求。因此，国际条约所建立的知识产权国际保护体系，从实质上说，仍然是一国在其主权范围内由该国解决外国人的知识产权保护问题；对于某一成员国来说，缔结或加入条约，只是承诺要根据条约保护成员国国民的知识产权，但具体的保护不是来源于条约的具体规定，而是根据其国内法，包括其实体法、程序法、民法、刑法、行政法等，也就是说，该外国人是否有权在他国起诉，其起诉是否符合受理条件，要根据他国的诉讼法来确定；他是否拥有所主张的权利、权利的范围、所指控的对方是否实施了侵权行为，要根据他国的民法、知识产权法。但有的审判人员对此认识有误，没有搞清楚国际条约的性质。如（2000）高知终字第 76 号（荷兰）英特艾基系统有限公司诉北京国网信息有限责任公司侵犯商标权及不正当竞争纠纷案，审理法院对国际公约的认识是：中国与荷兰均为《巴黎公约》的成员国。英特艾基公司作为在荷兰注册成立的法人，在其认为正当权益在中国受到侵害时，有权依照《巴黎公约》的规定向中国法院起诉。这种表述容易使人误认为我国法院仅以《巴黎公约》作为支持外国人在中国法院起诉的理由。

四、值得研究的问题

1. 人民法院在审理涉外案件时能否直接适用国际条约

民法通则、民事诉讼法规定，在调整涉外民事关系时，人民法院可以适用国际条约的规定。在以往的司法实践中，人民法院也是这么做的。但在我国加入世贸组织后，我国法院能否直接适用 WTO 规则引起了较大争议。认为不能直接适用的主要理由是：我国宪法没有直接赋予所有国际条约在国内适用的效力；WTO 规则是一政治性条约；WTO 规则并不直接规范私人主体的法律关系，等等。最高人民法院对 WTO 规则在法院的直接适用也持否定态度。那么，依此理论，在以后的知识产权司法实践中，我们该如何对待有关的知识产权国际条约呢？

2. 侵犯知识产权的法律关系应否适用侵权行为的冲突规范

民法通则规定，侵权行为的损害赔偿，应适用侵权行为地法。侵犯知识产权的行为属于其中的一部分，应当适用这一规则。但在国际的通行做法以及国际条约所构筑的国际保护中的提法则是：侵犯版权的，适用权利要求地法；侵犯工业产权的，适用权利登记地法。二者有相似之处，但也存在区别，人民法院究竟应适用哪一冲突规范，是必须解决的。有关国际条约把排除不正当竞争权列入工业产权中，但不正当竞争权不具有知识产权特有的地域性的特点；在法律适用上，不少国家把不正当竞争作为特殊的侵权行为，并适用不同于一般侵权行为的冲突规范。不正当竞争确实有不同于一般侵权行为的特点，应根据其特点研究其应适用的冲突规范。

3. 对发生在我国域外的侵犯知识产权的行为，我国如何行使司法管辖权

我市法院受理了不少侵权行为发生在我国域外的侵犯知识产权案件。根据民事诉讼法的规定，我国人民法院对侵权行为发生在我国，或者被告在我国的侵权案件有司法管辖权。但在知识产权领域，在国际民事诉讼中，通常的做法是，跨国知识产权案件只能由发生此案件的国家专属管辖；在西方发达国家，对跨国知识产权案件，虽基本沿用一般民事案件的处理方法，但更多地引用公共政策或者不方便法院规则，限制对域外发生的案件的受理。这些有着深层次的原因。因此，研究、规范涉外知识产权案件的管辖制度和规则是一项紧迫任务。

4. 对在网络环境下发生的侵犯知识产权案件应如何管辖和审理

这几年，我市法院审理了不少涉及网络的知识产权纠纷案件，这些案件有一个特点，即侵权人的侵权行为，同时侵犯数个国家的知识产权，同时发生在所有联网的国家；另外，行为地难以确定。这些特点使得发生在网络上的侵犯知识产权行为没有明确的地域，因而不能像其他情况下侵犯知识产权可以较为容易确定管辖地和适用的法律。在这种情况下，如何确定管辖和法律适用，是我们不得不面对的问题。

五、建议

根据调查以及日常审判工作情况看，涉外知识产权民事审判工作存在上述问题，其主要原因是：首先，审判人员的国际法意识不强。长期以来，涉外知识产权案件较少，审判工作中适用国际法不多，因此造成审判人员国际法意识淡漠，在审理涉外知识产权案件时经常忘记涉外法律关系法律调整方法的特殊性。其次，审判人员对国际私法和知识产权国际保护的知识没有完全掌握。应该承认，虽然目前的审判人员均受过正规的法学教育，但对国际私法并没有系统掌握，不会运用；对涉外知识产权的法律调整方法的特殊性了解不多。另外，我国相关法律对涉外民事法律关系的法律调整规定较为笼统、相关法学理论对知识产权国际保护较少涉猎和研究，因此在这一领域存在诸多空白点，客观上也造成法律适用的困难。

针对存在的问题及其产生的原因，我们认为应做好以下工作：

1. 对涉外知识产权民事审判工作给予足够的重视

随着科学技术的发展和知识经济时代的到来，知识产权在各国经济、社会发展中的作用越来越大，各国尤其是发达国家高度重视对知识产权的保护，对他国的知识产权司法审判也给予高度关注，TRIPs 协议就是这一背景的产物。从这几年的情况看，我市法院受理的涉外知识产权案件数量一直呈上升趋势，且数量越来越多，涉外知识产权民事审判已成为了我市知识产权审判工作一个重要的组成部分；从涉外知识产权民事案件情况看，大多涉及外国的大公司、大企业，或者是较为有名的商标等。因此，尊重国际条约、准确适用法律、正确审理案件，做好涉外知识产权审判工作，既能有利于对我国知识产权及其国家利益的保护，促进我国经济、科技发展，又能树立起我国保护知识产权的良好形象和司法形象，为我国各方面创造好的环境。

2. 树立适用国际法正确审理涉外知识产权案件意识

准确适用法律是正确审理案件的前提。仅具有国内因素的民事法律关系和具有涉外因素的民事法律关系在法律调整方法和法律适用方面存在着很大的区别，国际私法正是以涉外民事法律关系为调整对象，其全部任务或主要目标是解决涉外民事法律关系的法律问题，因此正确运用国际私法是正确审判涉外民事案件的重要保证。但从调查情况反映出来的问题可以看出，审判人员的国际私法意识淡薄是较为普遍的现象，也是产生诸多问题的主要原因。应当要求审判人员树立起国际私法意识，在审查立案阶段，在审判阶段，都要意识到涉外案件与一般案件的区别，要对案件的受理、审判可能产生的后果保持高度警惕；在审理涉外案件时，要敏感地意识到冲突规范的运用、准据法的选择、国际条约的适用。

3. 加强对国际私法和知识产权国际条约的学习和培训

国际私法是调整涉外民事法律关系的法律规范，是选择适用准据法从而审理案件的依据；知识产权的特殊性使得对涉外知识产权法律关系的调整方法不完全等同于其他民事法律关系的调整方法，知识产权国际条约构筑了知识产权国际保护的基本架构和制度。掌握国际私法和知识产权国际条约的基本知识，才能正确运用国际私法规则，正确适用国际条约审理涉外知识产权民事案件。应该承认，由于运用场合不多，大多数审判人员并没有完全掌握国际私法，没有受过关于国际私法的系统教育，因此加强对国际私法和知识产权国际条约的学习和培训是紧迫任务。

4. 重视对涉外知识产权民事审判的研究和指导

涉外知识产权民事案件总体不多，审判人员缺乏这方面的经验，而我国关于国际私法的法学教育和研究较为薄弱，尤其对知识产权国际保护的研究更弱，司法实践中存在着很多问题没有解决。因此，应加强对有关国际私法问题和知识产权国际保护问题的研究，注意总结经验、做法和案例，对涉外知识产权民事审判中经常遇到的问题进行解释和解答，加强对涉外知识产权民事审判工作的指导。

二○○三年十一月

3. 北京市高级人民法院

——关于确定著作权侵权损害赔偿责任的指导意见

2005 年 1 月 11 日　京高法发〔2005〕12 号

为切实维护著作权人和与著作权有关的权利人的合法权益，有效制裁侵权行为，规范文化市场秩序，统一执法标准，根据《中华人民共和国民法通则》、《中华人民共和国著作权法》及《最高人民法院关于审理著作权民事纠纷案件适用法律若干问题的解释》的规定，结合北京市法院著作权审判工作实际，现就如何确定著作权侵权损害赔偿责任提出如下意见：

损害赔偿责任的认定

第一条　被告因过错侵犯著作权人或者与著作权有关的权利人的合法权利且造成损害的，应当承担赔偿损失的民事责任。

原告应当提交被告侵权的相关证据。被告主张自己没有过错的，应当承担举证责任，否则须承担不利的法律后果。

第二条　被告具有下列情形之一的，可以认定其具有过错：

（一）经权利人提出确有证据的警告，被告没有合理理由仍未停止其行为的；

（二）未尽到法律法规、行政规章规定的审查义务的；

（三）未尽到与公民年龄、文化程度、职业、社会经验和法人经营范围、行业要求等相适应的合理注意义务的；

（四）合同履行过程中或合同终止后侵犯合同相对人著作权或者与著作权有关的权利的；

（五）其他可以认定具有过错的情形。

第三条　被告虽无过错但侵犯著作权人或者与著作权有关的权利人的合法权利且造成损害的，不承担损害赔偿责任，但可判令其返还侵权所得利润。如果被告因其行为获利较大，或者给原告造成较大损失的，可以依据公平原则，酌情判令被告给予原告适当补偿。

第四条　共同被告构成共同侵权的，应当承担连带赔偿责任。

明知或者应知他人实施侵权行为，而仍为其提供经营场所或其他帮助的，应当承担连带赔偿责任。

商标许可人、特许经营的特许人，明知或者应知被许可人实施侵权行为，并有义务也有能力予以制止，却未采取有效措施的，应当承担连带赔偿责任。

两个以上被告均构成侵权，但不具有共同过错的，应当分别承担赔偿责任。

损害赔偿的原则及方法

第五条 确定的侵权赔偿数额应当能够全面而充分地弥补原告因被侵权而受到的损失。

在原告诉讼请求数额的范围内，如有证据表明被告侵权所得高于原告实际损失的，可以将被告侵权所得作为赔偿数额。

第六条 确定著作权侵权损害赔偿数额的主要方法有：

（一）权利人的实际损失；

（二）侵权人的违法所得；

（三）法定赔偿。

适用上述计算方法时，应将原告为制止侵权所支付的合理开支列入赔偿范围，并与其他损失一并作为赔偿数额在判决主文中表述。

对权利人的实际损失和侵权人的违法所得可以基本查清，或者根据案件的具体情况，依据充分证据，运用市场规律，可以对赔偿数额予以确定的，不应直接适用法定赔偿方法。

第七条 本规定第六条第一款第（一）项所称"权利人的实际损失"可以依据以下方法计算：

（一）被告侵权使原告利润减少的数额；

（二）被告以报刊、图书出版或类似方式侵权的，可参照国家有关稿酬的规定；

（三）原告合理的许可使用费；

（四）原告复制品销量减少的数量乘以该复制品每件利润之积；

（五）被告侵权复制品数量乘以原告每件复制品利润之积；

（六）因被告侵权导致原告许可使用合同不能履行或难以正常履行产生的预期利润损失；

（七）因被告侵权导致原告作品价值下降产生的损失；

（八）其他确定权利人实际损失的方法。

第八条 本规定第六条第一款第（二）项所称"侵权人的违法所得"包括以下三种情况：

（一）产品销售利润；

（二）营业利润；

（三）净利润。

一般情况下，应当以被告营业利润作为赔偿数额。

被告侵权情节或者后果严重的，可以产品销售利润作为赔偿数额。

侵权情节轻微，且诉讼期间已经主动停止侵权的，可以净利润作为赔偿数额。

适用上述方法，应当由原告初步举证证明被告侵权所得，或者阐述合理理由后，由被告举证反驳；被告没有证据，或者证据不足以证明其事实主张的，可以支持原告的主张。

第九条　适用本规定第六条第一款第（三）项所称"法定赔偿"应当根据以下因素综合确定赔偿数额：

（一）通常情况下，原告可能的损失或被告可能的获利；

（二）作品的类型，合理许可使用费，作品的知名度和市场价值，权利人的知名度，作品的独创性程度等；

（三）侵权人的主观过错、侵权方式、时间、范围、后果等。

第十条　适用法定赔偿方法应当以每件作品作为计算单位。

第十一条　原告提出象征性索赔的，在认定侵权成立，并查明原告存在实际损失基本事实的情况下，应当予以支持。

第十二条　被控侵权行为在诉讼期间仍在持续，原告在一审法庭辩论终结前提出增加赔偿的请求并提供相应证据，应当将诉讼期间原告扩大的损失一并列入赔偿范围。

二审诉讼期间原告损失扩大需要列入赔偿范围的，二审法院应当就赔偿数额进行调解，调解不成的，可以就赔偿数额重新作出判决，并在判决书中说明理由。

第十三条　本规定第六条第二款所称"合理开支"包括：

（一）律师费；

（二）公证费及其他调查取证费；

（三）审计费；

（四）交通食宿费；

（五）诉讼材料印制费；

（六）权利人为制止侵权或诉讼支付的其他合理开支。

对上述开支的合理性和必要性应当进行审查。

第十四条　本规定第十三条第一款第（一）项所称"律师费"是指当事人与其代理律师依法协议确定的律师费。可以按照以下原则确定予以支持的赔偿数额：

（一）根据案件的专业性或复杂程度，确实有必要委托律师代理诉讼的；

（二）被告侵权行为基本成立，且应当承担损害赔偿责任的，按照判决确定的赔偿数额与诉讼请求数额比例确定支持的律师费；同时判决支持其他诉讼请求的，应当适当提高赔偿数额；

（三）被告不承担损害赔偿责任，但被判令承担停止侵权、赔礼道歉等民事责任的，按照原告诉讼请求被支持情况酌情确定支持的律师费，但一般不高于律师费的三分之一。

第十五条　本规定第十三条第一款第（二）项所称"公证费"符合以下条件的由被告承担：

（一）侵权基本成立；

（二）公证证明被作为认定案件事实的证据。

第十六条　本规定第十三条第一款第（三）项所称"审计费"按照判决确定的赔偿数额占诉讼请求数额比例予以支持。

第十七条　被告因侵犯著作权或者与著作权有关的权利，曾经两次以上被追究刑事、行政或民事责任的，应当在依据本规定确定的赔偿数额的限度内，从重确定赔偿数额。

第十八条　判决书中针对赔偿数额所作论述的详略程度，应当根据案件的复杂程度、当事人的争议大小等具体情况分别确定。

第十九条　被告实施著作权法第四十七条规定的侵权行为，情节严重，并损害公共利益的，可以给予以下民事制裁：

（一）罚款。其数额不高于判决确定的赔偿数额的3倍；

（二）没收、销毁侵权复制品；

（三）没收主要用于制作侵权复制品的材料、工具、设备等。

第二十条　原告基于不正当目的，以提起诉讼为手段，虚构事实，被驳回起诉或诉讼请求的，可以判令原告支付被告为诉讼支付的合理开支，包括：

（一）律师费；

（二）交通食宿费；

（三）调查取证费；

（四）误工费；

（五）其他为诉讼支出的合理费用。

精神损害赔偿

第二十一条　侵犯原告著作人身权或者表演者人身权情节严重，适用停止侵权、消除影响、赔礼道歉仍不足以抚慰原告所受精神损害的，应当判令被告支付原告精神损害抚慰金。

法人或者其他组织以著作人身权或者表演者人身权受到侵害为由，起诉请求赔偿精神损害的，不予受理。

第二十二条　具有以下情形之一的，可以判令被告支付原告精神损害抚慰金：

（一）未经原告许可，严重违背其意愿发表其作品，并给原告的信誉、社会评价带来负面影响的；

（二）抄袭原告作品数量大、影响广，并使被告因此获得较大名誉的；

（三）严重歪曲、篡改他人作品的；

（四）未经许可，将原告主要参加创作的合作作品以个人名义发表，并使被告获得较大名誉的；

（五）没有参加创作，为谋取个人名利，在原告作品上署名的；

（六）严重歪曲表演形象，给原告的社会形象带来负面影响的；

（七）制作、出售假冒原告署名的作品，影响较大的；

（八）其他应当支付权利人精神损害抚慰金的情形。

第二十三条　精神损害抚慰金的数额应当根据被告的过错程度、侵权方式、侵权情节、影响范围、侵权获利情况、承担赔偿责任的能力等因素综合确定。

精神损害抚慰金一般不低于 2 000 元，不高于 5 万元。

第二十四条　著作权人或者表演者权人死亡后，其近亲属以被告侵犯著作人身权或表演者人身权使自己遭受精神痛苦为由，起诉请求赔偿精神损害的，应当受理。

常见侵权赔偿数额的确定

第二十五条　依据本规定第七条第一款第（二）项所述方法确定原告损失的，可以参考以下因素，在国家有关稿酬规定的 2 倍至 5 倍内确定赔偿数额：

（一）作品的知名度及侵权期间的市场影响力；

（二）作者的知名度；

（三）被告的过错程度；

（四）作品创作难度及投入的创作成本。

文字作品字数不足千字的以千字计算。

原告如证明类似情况下收取的合理稿酬标准，应予考虑。

第二十六条　在网络上传播文字、美术、摄影等作品的，可以参照国家有关稿酬规定确定赔偿数额。

第二十七条　以广告方式使用文字、美术、摄影等作品，包括用于报刊广告、户外广告、网络广告、店面广告、产品说明书等，可以根据广告主的广告投入、广告制作者收取的制作费、广告发布者收取的广告费，以及作品的知名度、在广告中的作用、被告的经营规模、侵权方式和范围等因素综合确定赔偿数额。

原告如证明类似情况下的合理许可使用费，应予考虑。

第二十八条 商业用途使用文字、美术、摄影等作品，如用于商品包装装潢、商品图案、有价票证、邮品等，可以根据作品的知名度、在产品中的显著性、被告的经营规模、侵权方式、范围、获利等因素综合确定赔偿数额，所确定的赔偿数额一般应高于按照本规定第七条第一款第（二）项及第二十五条确定的赔偿数额。

第二十九条 侵犯音乐作品著作权、音像制品权利人权利的，可以按照以下方法确定赔偿数额：

（一）原告合理的许可使用费；

（二）著作权集体管理组织提起诉讼的，按其许可费标准；

（三）商业用途使用的，可以参考本规定第二十八条确定赔偿数额的方法。

第三十条 提供图片、音乐等下载服务的，可以按照以下方法确定赔偿数额：

（一）原告合理的许可使用费；

（二）著作权集体管理组织提起诉讼的，按其许可费标准；

（三）被告提供侵权服务获得的利润。

第三十一条 软件最终用户侵犯计算机软件著作权的，可以按照以下方法确定赔偿数额：

（一）原告合理的许可使用费；

（二）正版软件市场价格。

第三十二条 依据本规定第二十六条至第三十一条的方法确定赔偿数额的，可以同时根据第二十五条第一款规定的因素，在上述数额的 2 至 5 倍内确定具体的赔偿数额。

第三十三条 被告在被控侵权出版物或者广告宣传中表明的侵权复制品的数量高于其在诉讼中的陈述，除其提供证据或者合理理由予以否认，应以出版物或广告宣传中表明的数量作为确定赔偿数额的依据。

第三十四条 图书、音像制品的出版商、复制商、发行商等侵犯著作权或者与著作权有关的权利的，其应当能够提供有关侵权复制品的具体数量却拒不举证，或所提证据不能采信的，可以按照以下数量确定侵权复制品数量：

（一）图书不低于 3 000 册；

（二）音像制品不低于 2 万盘。

附　　则

第三十五条　本规定自下发之日起施行。

附:

关于著作权侵权损害赔偿问题的调查报告
北京市高级人民法院民三庭

在我市法院审理的著作权纠纷案件中,侵权纠纷占绝大多数,而其中被人民法院认定侵权成立并判令被告承担赔偿损失民事责任的案件又占相当比例。正确认定损害赔偿责任以及确定赔偿数额对保护知识产权人的合法权益、制裁侵权行为具有十分重要的意义。多年来,我市法院在认定著作权侵权损害赔偿责任方面积累了一定经验,并依据法律法规、司法解释的规定制定了若干指导性意见。但随着著作权案件的大量增长,新情况、新问题的不断出现,如何进一步统一执法尺度、解决诸多疑难问题,已经成为我们面前的一个重要课题。为此,北京高院民三庭组织全市三级法院知识产权审判庭,对本市法院审理的著作权侵权案件中有关损害赔偿问题进行了专题调研。现将有关情况报告如下。

一、基本情况

2004 年初,高院民三庭结合当前审判实践的要求,提出将著作权侵权损害赔偿问题作为今年的重点调研内容,后经朱江副院长批准、报研究室审查,高院党组将该课题列为全市法院 2004 年重点调研课题之一。该课题由朱江副院长担任主持人,高院民三庭张鲁民庭长任负责人,全市三级法院知识产权审判庭负责同志以及部分审判业务骨干组成课题组。课题组成立后,各审判庭收集了本单位审结的相关典型案件,总结出审判中的成功做法和存在的问题。与此同时,课题组还随机抽取了全市法院的相关裁判文书,调取了部分卷宗,认真填写了阅卷表。随后,课题组多次召开研讨会,汇总和交流相关信息;张鲁民庭长及课题报告执笔人数次到基层法院进行专题调研。在上述工作的基础上,课题组听取了几位法律专家的意见,撰写了本调研报告,并起草了相关规范性意见讨论稿,提请高院审判委员会讨论。

此次调研共收集案例 225 件,均为 2002 年至 2003 年我市法院审结的著作权侵权纠纷案件。其中原告全部诉讼请求或损害赔偿请求被法院驳回的有 19 件,其余 206 件均为原告损害赔偿请求获得法院支持的案件,这是此次调研的案件范围。

在这 206 件案件中，高院 22 件，一中院 58 件，二中院 73 件，海淀法院 26 件，朝阳法院 27 件。从案件审级看，一审案件 162 件，占 79%；二审案件 44 件，占 21%。从案件类型看，一般著作权侵权纠纷案件 152 件，占 74%；著作邻接权侵权纠纷案件 45 件，占 22%；软件著作权侵权纠纷案件 9 件，占 4%。上述案件分布与目前我市法院著作权纠纷案件的受理情况和案件类型基本一致。通过对这些案件的调查分析，可以总结出我市法院在审理著作权侵权纠纷案件中，判令损害赔偿责任的主要特点。

1. 原告诉讼请求的数额与法院最终判决赔偿额存在较大差距（见下表）

支持 比率	0%~ 10%	11%~ 20%	21%~ 30%	31%~ 40%	41%~ 50%	51%~ 60%	61%~ 70%	71%~ 80%	81%~ 90%	91%~ 100%
案件数	38	28	25	24	19	9	4	1	1	13

从表中统计可以明显看出，在被调查的 162 件一审案件中，法院确定的赔偿额（含合理支出）与原告诉讼请求之比，绝大多数未超过 50%，而且支持的比例与案件数呈反比。这表明，原告请求赔偿的"期望值"普遍偏高，请求的具体赔偿额通常只有少部分得到法院的支持，有的甚至比例非常小。例如，海淀法院审理的陈某诉某大学出版社、席某侵犯著作权案，被告未经原告的许可，将其一篇 200 字的获奖作文编入某文集后出版，原告陈某请求赔偿 1 万元，但法院最终只判决被告赔偿其损失 600 元，支持比例仅为 6%。形成这一现象的主要原因是原告缺乏对著作权损害赔偿计算方法的了解，或者误以为被告的全部获利均为自己的损失，或者照搬国外的计算方法而脱离国情，也有一些案件是因为原告主张的部分侵权事实没有证据支持，而法院只根据查明的事实作出判决。

从以上统计还可以看到，原告全部赔偿请求得到法院支持的有 13 件。这些案件主要有以下 4 种情况：一是原告类似情况下的赔偿请求数额有先例判决支持；二是原告请求赔偿的计算方法符合法律的规定，并有充分证据予以支持；三是被告侵权情节严重，而且未提交相应证据，法院酌定赔偿；四是原告只提出数额极低的"象征性"索赔，而被法院全额支持。

2. 法院确定损害赔偿额的方法以权利人的经济损失和法定赔偿为主

在被调查的 162 件一审案件中，法院以权利人的经济损失作为赔偿额的 78 件，占 48%；以侵权人非法所得作为赔偿额的 10 件，占 6%；适用法定赔偿的 48 件，占 30%；其余主要为调解结案，占 16%。（见下图）

从以上统计可以看出，权利人的损失是人民法院确定赔偿额的主要方法，

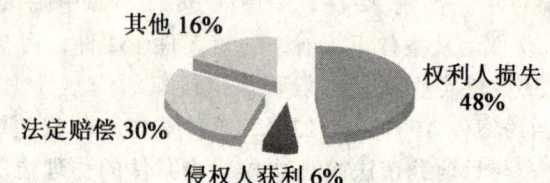

因为该方法能最直接地体现全面赔偿原则，能够有效弥补侵权行为给权利人造成的损失，同时该方法易于操作，往往有法规规定的稿酬和权利人许可使用费等作为参照的依据。侵权人的非法获利之所以在实践中运用较少，主要原因在于被告一般不提交获利的相关证据，使其非法获利额难以查清。

法定赔偿方法的相对广泛适用，从一个方面说明了确定著作权侵权损害赔偿额的难度，法官根据各种因素酌定一个合理数额，不失为既提高审判效率、又做到相对公平的好方法。法官酌定的主要因素包括侵权情节、性质、主观过错程度、原告作品的独创性程度、被告经营规模等。而所谓的侵权情节又包括侵权的方式、时间、范围等。

3. 原告请求精神损害赔偿一般难以得到法院支持

在被调查的 162 件一审案件中，有 28 件案件的原告提出了数额不等的精神损害赔偿诉讼请求，占案件总数的 17％，而最终无一件得到法院的支持。原告请求精神损害赔偿主要有以下几种情形：一是指控被告抄袭了自己的作品；二是被告未经许可使用自己的作品用于营利活动；三是侵犯了自己的署名权、修改权等人身权。而法院驳回原告该项诉讼请求的主要理由是认为判令被告承担公开致歉或消除影响的民事责任已经能够达到抚慰原告精神损害的目的。例如，朝阳法院审理的刘某诉某出版公司侵犯著作权案，被告未经许可将原告在网上发表的作品，选取其中 1 270 字与其他作品出版，并未给原告署名，法院只判决被告赔偿损失并在新浪网上致歉，同时依据上述理由驳回了原告提出的 1 000 元的精神损害赔偿请求。

4. 原告请求赔偿其合理开支的，基本都得到了法院的支持

在被调查的 162 件一审案件中，有 81 件原告请求赔偿为制止侵权或诉讼支付的合理开支，占案件总数的 50％，考虑到有些判决书和 20 余件调解书的相关内容表述不全面，实际提出赔偿合理开支的比例会远高于 50％。在提出请求的 81 件案件中，法院最终支持原告有关合理开支诉讼请求的有 69 件，占 85％。合理开支的具体内容包括律师费、公证费、调查取证费、翻译费等。虽然法院支持赔偿合理开支的比例较高，但很少全额支持，通常为部分支持。尤其是对于原告及其律师按照协议收取代理费的，法院一般只按照案件的具体情

况，酌定被告赔偿的数额。对于公证费、取证费等，如果原告胜诉，并举出相应证据，通常会得到法院的全额支持。例如，二中院审理的韩某诉广州某公司等三被告侵犯著作权案中，原告提出被告赔偿其经济损失 40 万元以及合理支出费 38 220 元，该合理支出费包括律师费 32 000 元、公证费 1 000 元、调查取证费 5 220 元。法院最终判决被告赔偿原告经济损失 63 800 元以及合理开支 7 800 元，其确定合理开支的具体因素包括上述费用的必要程度、合理程度及各被告的过错程度并结合有关规定，这里的所谓有关规定为司法部确定的有关律师收费标准。

5. 同一原告分别起诉不同被告以及不同原告分别起诉不同被告的案件数量较大，同一法院确定的赔偿额基本一致

上面所述的情况在审判实践中也被称为"串案"，这在著作权纠纷案件中比较常见，我市法院，尤其是同一法院在确定赔偿额时一般比较一致。在这次调查的 162 件一审案件中，北京鸟人艺术推广有限公司分别起诉音像销售商侵犯其音乐作品专有使用权、录音制作者权案件有 10 件，北京美好景象图片有限公司分别起诉报刊社等侵犯其摄影作品著作权案件有 8 件，北京嘉华苑科技有限公司分别起诉报刊社等侵犯其摄影作品著作权案件有 7 件，刘戎等作者分别起诉中国友谊出版公司侵犯其著作权案件有 18 件，上述案件共 43 件，占一审案件总数的 27%。此外，加上环球唱片有限公司、正东唱片有限公司等起诉出版社、光盘复制商等侵犯其录音制作者权的多起案件，串案总数超过被调查案件总数的 1/3。法院确定上述案件的赔偿额的计算方法和结果比较一致。例如，一中院在审理鸟人公司单独起诉光盘销售商的案件中，一般每盘侵权磁带赔偿损失 1 万元、CD 赔偿 2 万元；海淀法院在审理嘉华苑公司诉广告经营者、广告发布者的案件中，一般每幅摄影作品、使用一次赔偿损失 8 000 元。

6. 被告存在主观过错是法院判决被告承担民事责任的前提，过错程度对确定赔偿额有较大影响

在此次调查中可以看到，我市法院在确定民事责任时均适用了过错责任原则，包括部分案件适用过错推定原则。由于是否具有过错是认定民事责任的关键，因此在裁判文书中大多可以看到法院对被告具有主观过错的明确表述，进而判令被告承担相应的民事责任。同时，在法律有明确规定的情况下，法院也严格适用过错推定原则，其常见的情形是：图书或光盘的销售商出售了侵权复制品，如果其不能证明该制品有合法来源，则推定其具有主观过错。

侵权人的主观过错程度对确定赔偿额有直接的影响，例如，在参照国家版权局有关稿酬标准确定赔偿额时，如果侵权人的过错非常严重，法院一般以稿酬幅度内的上限作为参照值，然后在 2 ~ 5 倍幅度内，选择较高倍数相乘后作

为赔偿额；在查明了侵权人非法获利的情况下，如果侵权人的主观过错严重，法院则以其产品销售利润作为赔偿额；在法定赔偿情况下，主观过错程度对赔偿额的确定更为明显，在侵权情节类似的情况下，过错越严重，赔偿额往往越高。

7. 共同被告多承担连带赔偿责任

在被调查的162件一审案件中，被告方为共同被告的72件，占总数的44%。法院最终判决承担连带责任的有34件，其余部分为调解结案，或者不构成共同侵权而独立承担赔偿责任。在承担连带责任的案件中，又分为3种情况：一是被告对全部赔偿承担连带责任；二是部分被告承担全部赔偿责任，而另一部分被告对其中的部分赔偿承担连带责任；三是有3个以上共同被告的，部分被告之间承担连带责任，而另外部分被告承担连带责任。承担连带责任的情况多样，例如，在抄袭者和发表侵权作品的报刊社、出版社之间；侵权音像制品的出版社、光盘复制商之间；侵权广告的广告主、广告经营者、广告发布者之间等。连带赔偿责任的认定使著作权赔偿问题更加复杂。

8. 二审法院对一审判决赔偿额的改判率很低，对一审赔偿计算方法和结果大多予以肯定

在被调查的44件二审案件中，二审法院维持原判的35件，调解结案2件，改判7件，改判率为16%。在改判的案件中，有1件是二审法院认为一审判决定性错误而改判，从而使赔偿额发生改变。有3件是二审法院认为一审判决有关赔偿的主要事实没有查清而予以改判。例如，高院在审理中国科学杂志社与重庆维普资讯有限公司侵犯著作权上诉一案中认为，一审法院没有查明被告侵权的字数，因此在另行查明相关事实后，二审法院减少了一审的判决数额。有3件是一二审法院在确定赔偿额的方法上有不同意见，据此发生改判。例如，任某与河南省集邮公司侵犯著作权纠纷上诉一案，被告未经许可将原告享有著作权的美术作品作为邮册图案使用，一审法院根据"原告的实际损失确定赔偿数额"为3.4万元，二审法院则认为一审的计算方法"不妥"，而根据国家有关规定，综合考虑各种因素后确定赔偿数额为8.5万元。

二、经验与不足

自20世纪80年代初我市法院开始审理著作权纠纷案件以来，尤其是1991年著作权法颁布实施以后，著作权纠纷案件的数量增长非常迅速，2004年受理的一审著作权纠纷案件为717件，已经是10年前（即1994年）104件的7倍。损害赔偿问题作为著作权纠纷案件审判中的难点之一，各级法院始终给予了高度重视，并在审判工作中不断摸索和积累经验。多年来的审判实践表明，

我市法院在整体上能够保证依法、公平、合理地确定侵权人所应承担的损害赔偿责任，在法律效果和社会效果上基本令人满意，但同时也存在需要注意并亟待解决的问题。上述经验和问题主要包括以下几个方面。

1. 通过贯彻全面赔偿原则，切实维护权利人的合法权益，但在保护的力度上存在不同看法

全面赔偿原则是现代民法最基本的赔偿原则，也是我国民法通则和知识产权法确立的赔偿原则，我市法院确定著作权损害赔偿较好地贯彻了这一原则，即要求权利人因侵权所造成的损失应当全部得到赔偿，从理想状态讲，赔偿数额应当不大于也不少于权利人的损失。赔偿范围应当包括以下三个方面：第一，权利人的财产损失，一般包括所谓的直接损失和间接损失。前者主要指权利人利润的减少、作品商业价值的下降等，而后者指权利人可得利益的减少，包括权利人正常情况下可以获得的稿酬、许可使用费、因侵权导致权利人许可使用合同不能履行或者难以履行造成的利润损失等。由于知识产权为无形财产权，被告的侵权一般造成的多属于权利人的间接损失。对于权利人创作投入的成本不列入赔偿范围。第二，原告为制止侵权或诉讼支付的合理开支，包括律师费、公证费、审计费、交通食宿费等。虽然此类损失也是侵权行为导致的，但与其他损失的性质有明显不同，应该区别对待。第三，精神损害抚慰金。著作权由财产权和人身权共同构成，严重侵犯人身权的情况下给予精神损害赔偿是损害赔偿不可缺少的一个方面。此次调查中虽未发现法院对精神损害赔偿予以支持的案例，但造成这一结果的主要原因是原告的请求尚未达到需要给予精神损害赔偿的程度，而并非我市法院对精神损害赔偿不予认可。在本课题进行期间，即有法院判令被告赔偿原告精神损害抚慰金的案例。

在赔偿原则问题上，一直有关于应当引入惩罚性赔偿的主张，虽然我市法院尚未有明确支持惩罚性赔偿的案例，但在如何把握赔偿的力度上尚存在不同看法，这又必然反映在确定的具体赔偿额上。例如，在案情基本相同的情况下，可能都以相关稿酬作为赔偿的基数，但不同的法院、不同的合议庭却可能在稿酬的幅度内确定不同的标准，进而乘以不同的倍数。又如，在侵权人因多次类似侵权行为受到过处理的情况下，有的合议庭会出于"制裁"的需要因而加大赔偿力度，而有的合议庭却认为，这会使权利人得到额外的利益从而违背全面赔偿原则，因此仍按照一般标准赔偿。因此，统一执法标准首先必须在赔偿基本原则的理解上统一认识。

2. 严格依据法律规定的方法确定赔偿额，但对于法定赔偿的具体因素有必要予以规范

现行著作权法规定了3种损害赔偿的计算方法，这3种方法基本能够适应

审判实践的需要。使用这 3 种方法首先要解决的是如何处理好它们的关系，即有无适用的先后顺序。对此我市法院的做法是：第一，根据当事人的选择，即如果原告特别明确提出适用哪种方法则法院就应当适用该方法；第二，法院应当首先适用权利人损失或者侵权人违法所得这两种方法，不应直接适用法定赔偿，如原告直接提出适用法定赔偿一般不予支持；如果前两种方法均无法适用，且原告未提出适用法定赔偿，则法院应进行释明，使其明确可以适用法定赔偿；第三，在前两种方法均可以适用的情况下，应当适用对权利人更有利的方法。

通过调查可以看到，我市法院适用法定赔偿的比例较高，其在损害赔偿中的作用不言而喻，因此有必要对如何在法定的幅度内确定具体的赔偿额予以必要的规范，防止使法定赔偿成为随意性赔偿。法定赔偿的适用条件应该严格把握，其在赔偿方法中所占的比例应逐步减小，这也是保证执法严肃性的要求。

3. 从整体上看全市法院的执法标准统一，但对某些情况下出现的赔偿额失衡，应予避免

通过调查可以看到，我市法院确定著作权损害赔偿额，从整体上看效果较好，尤其体现在执法的标准比较统一、数额的确定相对比较一致，没有发现赔偿额相差过大的现象。总结多年来的审判工作，在此方面我市法院的主要经验有：第一，高院的有关指导性意见在审判实践中起到了积极作用；第二，通过积累审判实践经验以及对相关问题的研讨，尽量使法官在常见侵权的赔偿计算方法上达成共识；第三，在判决前注意参考在先的成功判例；第四，遇到类似的案件时，法院之间注意沟通信息，在判决数额上取得大致的平衡。

由于案件本身的复杂性，加之法官对赔偿力度的把握上不同，在赔偿额的确定上出现差异是审判实践中的正常现象，不能苛求在赔偿上完全一致。但是在今后的审判工作中仍需特别注意的是：第一，法院之间在赔偿的力度上仍应当尽量保持一致，这不仅包括上下级法院之间要统一标准，也包括不同地区之间的法院要保持基本的平衡；第二，对于影响赔偿额的有关事实推定问题要统一标准，例如，对于涉及侵犯非法复制音像制品的案件，在被告提交的有关复制侵权产品的证据难以采信的情况下，人民法院能否推定其复制的数量，推定多少？类似问题如果不能统一认识，将会使判赔的数额相差很大；第三，在保证赔偿基本一致的同时，也应避免确定赔偿额的过于简单化，例如，有的法院在审理某权利人起诉侵权光盘销售商的案件中，一般每发现一种侵权商品即酌定赔偿 1 万元，且不说这一赔偿数额是否合理，仅从法定赔偿的要求来看，即应该考虑到被告经营规模和涉案作品上市的时间，这种简单套用赔偿额的做法值得商榷。

4. 对赔偿额的具体计算已经形成一些比较成熟的做法，但对出现的新问题还存在较大的争议

侵权损害赔偿问题涉及的内容较广，但其最核心的问题还是赔偿额的确定。通过多年来的著作权纠纷案件的审判实践，我市法院已经在法律、司法解释规定的基础上，形成了一些普遍性的做法，这主要包括：第一，被告通过报刊、出版等方式侵权的，大多参照国家版权局有关稿酬的规定确定赔偿额，但很少适用稿酬标准的底限；第二，如果权利人在类似情况下有特殊约定的稿酬或者许可使用费的，应当优先以该标准确定赔偿额；第三，适用上述标准时，一般根据具体案情再乘以 2～5 倍的幅度；第四，以出版方式以外的商业性使用构成侵权的，应当考虑使用的具体方式、被告可能的获利、作品在侵权产品中的作用等因素酌定；第五，确定赔偿合理支出应当考虑该支出的必要性，原告及其代理人系按照协议收取并明显高于司法部规定标准的，一般不予全额支持，支持律师费的比例应当考虑原告诉讼请求被支持的情况。

以上列举了一般情况下赔偿额确定的方法，但著作权纠纷案件审判中的新情况、新问题不断出现，给确定赔偿数额带来了新的挑战。例如，对于未经许可将作品上载互联网构成侵权的，如何参照国家版权局有关稿酬的规定就分歧很大，有人认为可以直接参照比较合理，有人认为应低于稿酬标准，有人认为应当高于稿酬标准，对此至今还没有一个统一的认识，需要进一步研究确定。

5. 基本能够通过依法分担举证责任查明与赔偿有关的事实，但在强化当事人举证责任方面尚力度不够

合理分配举证责任是确定赔偿额的前提，对此我市法院基本能够按照民诉法和相关司法解释的规定确定举证责任，这主要体现在：第一，无论采用何种赔偿方法，首先应由原告进行举证；第二，如采用权利人损失的赔偿方法，被告应当举证证明造成该损失形成的其他因素；第三，如采用侵权人获利方法，原告应初步提供证据，然后由被告举证反驳，在被告能够举证却不举证或举证不充分的情况下，应支持原告的主张，或者按照市场规律进行合理推定；第四，在适用法定赔偿的情况下，不能免除原告的举证责任；第五，对原告有关合理支出的证据，人民法院需要对支出的必要性和合理性进行审查。

在审判实践中，有关赔偿的举证责任存在的问题主要表现为被告承担举证责任的力度不够，即在被告应当可以提交相应证据却不提交的情况下，法院没有适用证据规则，判决被告承担不利的法律后果，因而从社会效果上显得制裁侵权的力度偏弱。此外，有的法院混淆了侵犯人身权造成的经济损失和精神损害抚慰金，在判决中认为原告没有提交造成其精神损害的证据，据此驳回了原告相关诉讼请求，这种认定是不正确的。

6. 裁判文书中均对赔偿问题予以表述，但有些案件的表述过于简单

有关赔偿的事实以及确定赔偿额的依据是裁判文书中的一项重要内容，对此各级法院予以了高度重视。在此次被调查的案件中，法院均对相关问题有所表述，有的案件的论述还比较全面、详细。例如，海淀法院审理的胡某诉辽海出版社侵犯著作权案中，法院首先简述了不能采信当事双方的赔偿依据的理由，进而结合侵权图书的利润率、涉案作品的艺术价值，在综合侵权图书印制数量、定价的基础上，酌情确定了赔偿数额。

关于赔偿在裁判文书中的表述不能千篇一律，应当结合案件的标的大小、难易程度、当事人的争议大小等因素确定。但是在有的判决书中，法院对确定赔偿数额的依据表述过于简单，使人难以信服。

综上所述，著作权侵权赔偿是著作权审判工作中的一个难题，我市法院在该问题上既积累了比较丰富的经验，但同时也存在不少问题。这些问题主要是下列原因造成的。

第一，由知识产权本身的特点所决定。由于知识产权属于无形财产权，对其侵权行为不会造成如侵犯有形财产那种显而易见的直接损害，而主要表现为对权利人可得受益、市场份额的丧失或减少，也可能造成其知识产权价值的贬值，但亦可能使其价值反而提高，这也是知识产权（包括著作权）赔偿计算和其他民事侵权赔偿计算的根本区别。

第二，由著作权侵权诉讼本身的特点决定。著作权本身可以由一个权利主体享有，也可以由多主体享有；著作权本身包含多项权利，一件作品、一个著作权的载体又常常是多主体、多权利的集合；一个侵权行为既可能由一个主体实施，也可能是多个侵权人共同实施；侵权行为既可能是共同故意，也可能是过失与故意共同造成。加之权利人起诉时往往会选择不同的被告，如何确定被告在侵权行为中的作用、侵权行为与权利人损失之间的因果关系就显得非常复杂。

第三，与赔偿相关的一些法律制度尚不健全加大了准确确定赔偿的难度。如我国的证据制度没有对当事人提供虚假证据应承担的法律责任作出明确规定，这使得有些当事人敢于作出虚假陈述，甚至伪造证据。又如，我国的审计制度、会计制度也不健全，当事人提交的财物账册根本难以作为证据采信。因此有观点认为，只有从根本上解决好与赔偿有关的证据问题，才能使赔偿问题有一个质的突破。

第四，提高审限对确定赔偿数额产生影响。目前各级法院对案件的审判效率提出了非常严格的要求，由于知识产权案件无论事实还是法律问题都比较复杂，准确查清案件事实，进而研究解决有关法律难题已经占用了法官的大量时间和精力。如果要将与赔偿有关的事实完全查清，无疑将使审判周期进一步延长。在目前案件大量增长的形势下，延长案件的审限会造成案件的积压，这是各级法院所不能允许的，因此，法官常常会"牺牲"与赔偿相关的一些问题，在确定赔偿额时常常进行酌定，以保证案件的按时审结。

此外上面已经提及，目前著作权纠纷案件审判中的新情况、新问题不断出现，例如，网络侵权问题、数据库的保护问题、表演者权的保护问题等等，每一新问题都会最终涉及损害赔偿，对这些问题法官只能逐步摸索和积累经验，并尽可能地少走弯路，做到判决的相对公平。

三、建议

近年来，无论是全国的审判系统还是学术界，都对知识产权损害赔偿问题，尤其是著作权侵权损害赔偿问题给予了极大的关注，大量的案例和研究成果对解决著作权赔偿问题有不小的参考价值。在对这些研究成功进行认真研究的同时，针对著作权审判工作的特点，我们还提出如下建议。

第一，加强与著作权行政管理机关以及行业协会的联系和沟通，准确把握行业特点、惯例以及新进展。知识产权只有实施才能产生价值，在市场经济中，每一行业都有每一行业的运行规律，如果法官不掌握这些规律就无法正确认定侵权的成立和民事责任。例如，出版社出版图书和音像制品一般是什么程序？不同种类和内容的作品给付稿酬的方式有哪些？获利情况如何？如果不了解这些情况和规律，一律适用相同的标准确定赔偿额，显然会使赔偿额的确定有失公平和公正。因此，著作权侵权损害赔偿问题绝不是审判机关"闭门造车"就能妥善解决的，人民法院应当与有关行政机关和行业协会建立经常性的联系，及时了解相关行业知识和信息，使判决的赔偿符合市场的规律，符合当前经济发展的现状。

第二，加强宣传，引导权利人正确行使权利。目前，社会上对法院判决确定的赔偿额颇有微辞，主要认为赔偿额过低，没有对侵权人起到足够的震慑作用，还可能使权利人"赢了官司输了钱"。不可否认，目前人民法院在赔偿问题上确实有不尽合理之处，但通过这次调查我们看到，有些权利人请求的赔偿额缺少法律依据，在侵权获利和被告的全部利润关系上存在不正确的认识，这才是造成判决额和请求额存在较大差距的最主要原因。因此，人民法院有必要加大相关法律知识的普及与宣传，使著作权人在索赔时不是想当然地"漫天要价"，而是在事实的基础上，依据法律提出相对合理的诉讼请求，这也是其依法维权的重要方面。

第三，加强各级法院之间损害赔偿问题的信息沟通，注意参考在先判例。

我市法院知识产权审判目前为三级法院、五个知识产权庭的格局，虽然法院位于不同的区域，但经济、社会发展水平基本平衡，审判工作处于相同的环境，这就要求我们在案件处理上应当有统一的标准，取得相同的社会效果。因此，各级法院之间应当继续加强有关赔偿问题的及时沟通，尤其是对相同当事人针对类似的侵权行为提起的诉讼有基本一致的判决数额，避免出现明显的差距。对此，高院也需要加强对这方面的监督指导工作。对于生效判决确定的赔偿额，其他法院如果没有充分的反对理由一般应当适当参照，同一法院内的判决尺度更应该保持一致，坚决杜绝赔偿数额忽高忽低、前后判决产生矛盾的现象发生，造成当事人对法院执法的严肃性产生置疑。与此同时，我市法院还应当注意学习最高人民法院的相关判决，了解外省市法院的审判成果。

第四，加强赔偿问题的调查研究，制定相关规范性意见。应当说，损害赔偿不仅是一个值得研究的理论问题，而且是一个实践性很强的问题。在全国各地经济、社会发展水平并不平衡，案件情况十分复杂的情况下，法律法规和司法解释只能对赔偿的一些原则性问题作出规定，而大量的审判中的难题需要不断调查研究、不断在实践中加以解决。对于我市法院在赔偿问题中的成功做法，高院应当认真总结；对存在争议的问题，在充分研究、讨论后，也可以确定一个相对最合理的解决方案。目前，我庭已经在此次调研的基础上，拟定出《关于认定著作权侵权损害赔偿责任的指导意见（征求意见稿）》，待征求我市知识产权法官以及有关专家意见后，提交高院审判委员会讨论通过，以供全市法院参照执行。在著作权侵权赔偿问题上，我市法院应该在全国法院起到一定的示范作用。

2004 年 12 月

主持人：朱　江
负责人：张鲁民
课题组成员：
　　程永顺　陈锦川　刘　勇　董建中　宋鱼水　林子英
　　刘继祥　孙苏理　刘　辉　李　嵘　张雪松　张冬梅
　　焦　彦　刘晓军　张晓霞　刘　薇　马秀荣　谢甄珂等
报告执笔人：张雪松

4. 案件统计

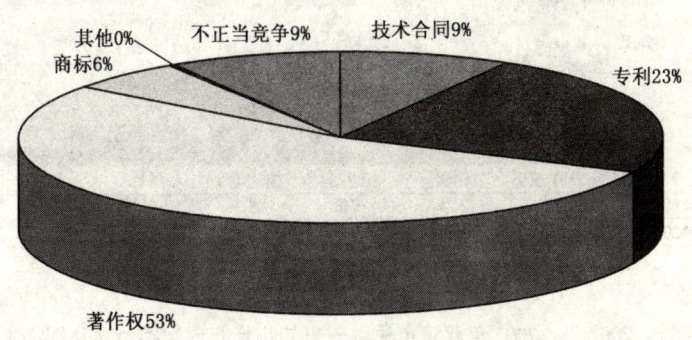

其他0% 不正当竞争9% 技术合同9%
商标6% 专利23%
著作权53%

技术合同 专利 著作权 商标 其他 不正当竞争

2003 年北京市法院一审知识产权收案类型比例图

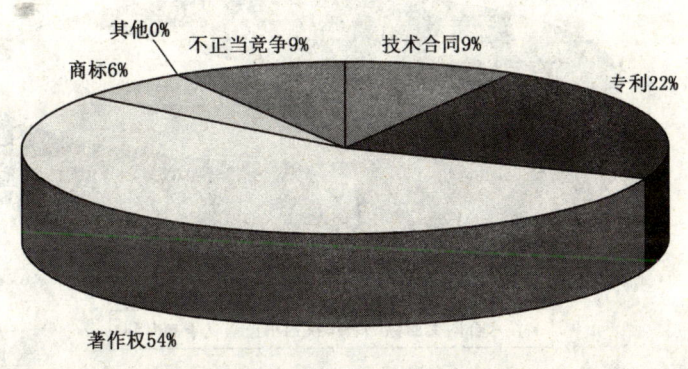

其他0% 不正当竞争9% 技术合同9%
商标6% 专利22%
著作权54%

技术合同 专利 著作权 商标 其他 不正当竞争

2003 年北京市法院一审知识产权结案类型比例图

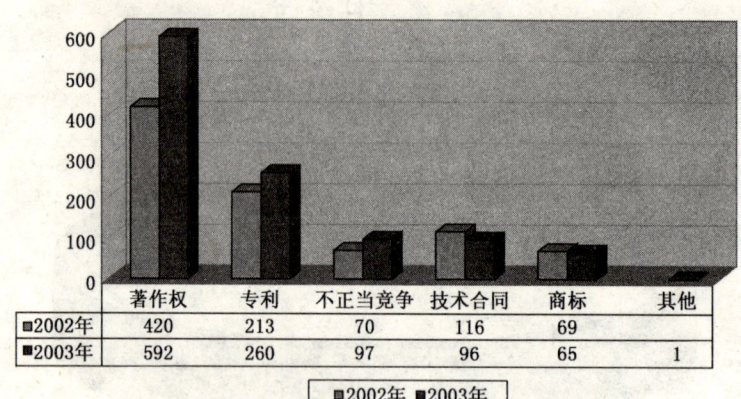

	著作权	专利	不正当竞争	技术合同	商标	其他
■2002年	420	213	70	116	69	
■2003年	592	260	97	96	65	1

■2002年 ■2003年

2002 年、2003 年北京市法院一审知识产权收案类型对比图

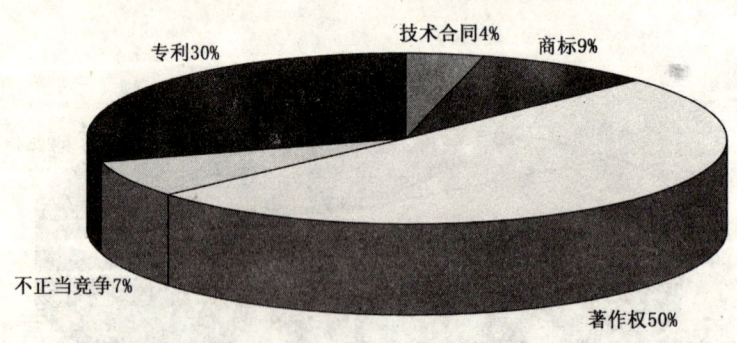

■技术合同 ■商标 □著作权 □不正当竞争 ■专利

2003 年北京市法院二审知识产权收案类型比例图

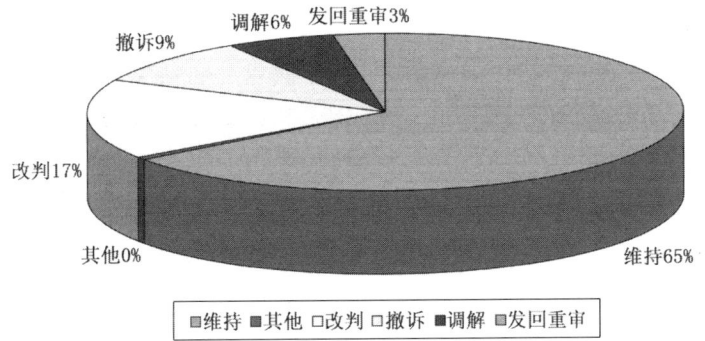

2003 年北京市法院二审知识产权结案方式比例图

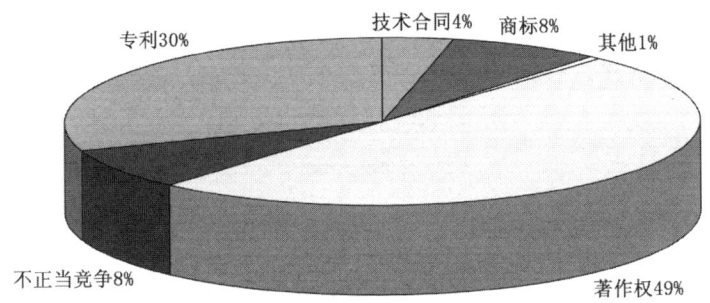

2003 年北京市法院二审知识产权结案类型比例图

图书在版编目（CIP）数据

北京知识产权审判年鉴／北京市高级人民法院民三庭主编．
—2版．—北京：知识产权出版社，2013.3
ISBN 978－7－5130－1888－3

Ⅰ.①北…　Ⅱ.①北…　Ⅲ.①知识产权法－审判－北京市－
2004－年鉴　Ⅳ.①D927.103.405－54

中国版本图书馆 CIP 数据核字（2013）第 031084 号

北京知识产权审判年鉴（第 2 版）

北京市高级人民法院民三庭　编

责任编辑：熊　莉	责任校对：韩秀天
文字编辑：刘　睿	责任出版：卢运霞

出版发行：知识产权出版社

社　　址：北京市海淀区马甸南村 1 号		邮　　编：100088
网　　址：http://www.cnipr.com		邮　　箱：BJB@cnipr.com
电　　话：010-82000893　82000860 转 8176		传　　真：010-82000893
印　　刷：北京白帆印务有限公司		经　　销：新华书店及相关销售网点
开　　本：710 毫米×965 毫米　1/16		印　　张：51.25
版　　次：2013 年 3 月第 2 版		印　　次：2013 年 3 月第 2 次印刷
字　　数：921 千字		定　　价：100.00 元

ISBN 978－7－5130－1888－3/D·1696（4734）